KODEX
DES INTERNATIONALEN RECHTS

Herausgeber: Univ-Prof. Dr. Werner Doralt

Redaktion: Dkfm. Dr. Anica Doralt

INTERNATIONALE RECHNUNGS- LEGUNG

bearbeitet von

Univ.-Prof. Dr. Dr. h. c. Alfred WAGENHOFER
Universität Graz

Linde

KODEX
DES INTERNATIONALEN RECHTS

ISBN: 978-3-7143-0208-0
LINDE VERLAG WIEN Ges. m. b. H., 1211 Wien, Scheydgasse 24
Telefon: 01/24 630 Serie, Telefax: 01/24 630-23 DW

Satz und Layout: psb, Auguststraße 62, 10117 Berlin

Druck: Hans Jentzsch & Co. Ges. m. b. H., 1210 Wien, Scheydgasse 31

Alle Angaben in diesem Fachbuch erfolgen trotz sorgfältiger Bearbeitung ohne Gewähr;
eine Haftung des Autors oder des Verlages ist ausgeschlossen.

VORWORT

Dieser Kodex umfasst alle bis zum 1.4.2011 in der Europäischen Union anerkannten International Financial Reporting Standards (IFRS), die vom International Accounting Standards Board (IASB) und dessen Vorgänger International Accounting Standards Committee (IASC) entwickelt wurden.

Die IFRS schließen neben den ebenso bezeichneten Standards auch die International Accounting Standards (IAS) sowie die Interpretationen des IFRS Interpretations Committee (IFRIC) und des früheren Standing Interpretations Committee (SIC) ein. Vom IASB zusätzlich zu den eigentlichen Standards veröffentlichtes Material (z.B. Implementierungsleitlinien, illustrierende Beispiele und Grundlagen der Beschlussfassung) wurde von der EU nicht ausdrücklich anerkannt und ist in diesem Band nicht enthalten.

Der Kodex enthält prinzipiell die neuesten Fassungen der anerkannten IFRS; für frühere Fassungen sowie deren Geltungsperioden wird auf die Vorauflagen des Kodex verwiesen. Überarbeitungen von Standards durch spätere Standards wurden zur Gänze in die betreffenden Textstellen eingearbeitet. Ein Hinweis auf die Überarbeitung findet sich am Beginn eines jeden Standards, aus dem auch die Quelle hervorgeht.

Zu beachten sind folgende Besonderheiten bei den in der EU anerkannten IFRS:

1. Die in der EU anerkannte Fassung von IAS 39 enthält einige Streichungen gegenüber der vom IASB beschlossenen Fassung bei den Regeln zu Sicherungsgeschäften, was durch Auslassungszeichen „[…]" im Text verdeutlicht ist.

2. Das IASB kennzeichnet in der Originalfassung seiner Verlautbarungen Absätze, die Prinzipien darstellen, durch Fettdruck. Die im November 2008 von der EU beschlossene konsolidierte Fassung der IFRS, die diesem Kodex zugrunde liegt, enthält hingegen keine fettgedruckten Absätze mehr. Hingegen enthalten die seither übernommenen Texte sehr wohl wieder Fettdruck. Daher wirkt der offizielle Text etwas uneinheitlich.

3. Der Anerkennungsprozess der EU dauert zum Teil relativ lange. Daher kommt es immer wieder zu Änderung von Standards, die nach den IFRS schon in Kraft treten, jedoch in der EU noch nicht anerkannt sind. Dies betrifft derzeit die im Mai 2010 veröffentlichten jährlichen Verbesserungen der IFRS, die zum Teil bereits für Geschäftsjahre, die ab dem 1.7.2010 beginnen, gelten würden.

Graz, am 1. April 2011 *Alfred Wagenhofer*

INHALTSVERZEICHNIS

1. Rechtliche Grundlagen
- 1/1. IAS-Verordnung (EG) Nr. 1606/2002 11
- 1/2. Kommentare zu bestimmten Artikeln der Verordnung (EG) Nr. 1606/2002 mit Rahmenkonzept des IASB 15
- 1/2a. Rahmenkonzept für die Aufstellung und Darstellung von Abschlüssen 23

2. International Accounting Standards
- 2/1. IAS 1: *Darstellung des Abschlusses* 41
- 2/2. IAS 2: *Vorräte* 61
- 2/3. IAS 7: *Kapitalflussrechnungen* 67
- 2/4. IAS 8: *Rechnungslegungsmethoden, Änderungen von rechnungslegungsbezogenen Schätzungen und Fehler* 75
- 2/5. IAS 10: *Ereignisse nach dem Abschlussstichtag* 83
- 2/6. IAS 11: *Fertigungsaufträge* 87
- 2/7. IAS 12: *Ertragsteuern* 93
- 2/8. IAS 16: *Sachanlagen* 113
- 2/9. IAS 17: *Leasingverhältnisse* 123
- 2/10. IAS 18: *Umsatzerlöse* 133
- 2/11. IAS 19: *Leistungen an Arbeitnehmer* 139
- 2/12. IAS 20: *Bilanzierung und Darstellung von Zuwendungen der öffentlichen Hand* 169
- 2/13. IAS 21: *Auswirkungen von Wechselkursänderungen* 175
- 2/14. IAS 23: *Fremdkapitalkosten* 185
- 2/15. IAS 24: *Angaben über Beziehungen zu nahe stehenden Unternehmen und Personen* 189
- 2/16. IAS 26: *Bilanzierung und Berichterstattung von Altersversorgungsplänen* 195
- 2/17. IAS 27: *Konzern- und Einzelabschlüsse* 201
- 2/18. IAS 28: *Anteile an assoziierten Unternehmen* 209
- 2/19. IAS 29: *Rechnungslegung in Hochinflationsländern* 217
- 2/20. IAS 31: *Anteile an Gemeinschaftsunternehmen* 221
- 2/21. IAS 32: *Finanzinstrumente: Darstellung* 229
- 2/22. IAS 33: *Ergebnis je Aktie* 253
- 2/23. IAS 34: *Zwischenberichterstattung* 267
- 2/24. IAS 36: *Wertminderung von Vermögenswerten* 275
- 2/25. IAS 37: *Rückstellungen, Eventualverbindlichkeiten und Eventualforderungen* 303
- 2/26. IAS 38: *Immaterielle Vermögenswerte* 313
- 2/27. IAS 39: *Finanzinstrumente: Ansatz und Bewertung* 333
- 2/28. IAS 40: *Als Finanzinvestition gehaltene Immobilien* 393
- 2/29. IAS 41: *Landwirtschaft* 407

3. International Financial Reporting Standards

3/1. IFRS 1: *Erstmalige Anwendung der International Financial Reporting Standards* 417
3/2. IFRS 2: *Anteilsbasierte Vergütung* 433
3/3. IFRS 3: *Unternehmenszusammenschlüsse* 455
3/4. IFRS 4: *Versicherungsverträge* 483
3/5. IFRS 5: *Zur Veräußerung gehaltene langfristige Vermögenswerte und aufgegebene Geschäftsbereiche* 499
3/6. IFRS 6: *Exploration und Evaluierung von Bodenschätzen* 509
3/7. IFRS 7: *Finanzinstrumente: Angaben* 513
3/8. IFRS 8: *Geschäftssegmente* 531

4. SIC-Interpretationen

4/1. SIC-7: *Einführung des Euro* 541
4/2. SIC-10: *Beihilfen der öffentlichen Hand – Kein spezifischer Zusammenhang mit betrieblichen Tätigkeiten* 542
4/3. SIC-12: *Konsolidierung – Zweckgesellschaften* 543
4/4. SIC-13: *Gemeinschaftlich geführte Unternehmen – Nicht monetäre Einlagen durch Partnerunternehmen* 545
4/5. SIC-15: *Operating-Leasingverhältnisse – Anreize* 547
4/6. SIC-21: *Ertragsteuern – Realisierung von neubewerteten, nicht planmäßig abzuschreibenden Vermögenswerten* 548
4/7. SIC-25: *Ertragsteuern – Änderungen im Steuerstatus eines Unternehmens oder seiner Anteilseigner* 549
4/8. SIC-27: *Beurteilung des wirtschaftlichen Gehalts von Transaktionen in der rechtlichen Form von Leasingverhältnissen* 550
4/9. SIC-29: *Dienstleistungskonzessionsvereinbarungen: Angaben* 553
4/10. SIC-31: *Umsatzerlöse – Tausch von Werbedienstleistungen* 555
4/11. SIC-32: *Immaterielle Vermögenswerte – Kosten von Internetseiten* 556

5. IFRIC-Interpretationen

5/1. IFRIC 1: *Änderungen bestehender Rückstellungen für Entsorgungs-, Wiederherstellungs- und ähnliche Verpflichtungen* 561
5/2. IFRIC 2: *Geschäftsanteile an Genossenschaften und ähnliche Instrumente* 563
5/3. IFRIC 4: *Feststellung, ob eine Vereinbarung ein Leasingverhältnis enthält* 569
5/4. IFRIC 5: *Rechte auf Anteile an Fonds für Entsorgung, Rekultivierung und Umweltsanierung* 573
5/5. IFRIC 6: *Verbindlichkeiten, die sich aus einer Teilnahme an einem spezifischen Markt ergeben – Elektro- und Elektronik-Altgeräte* 575
5/6. IFRIC 7: *Anwendung des Anpassungsansatzes unter IAS 29 „Rechnungslegung in Hochinflationsländern"* 577
5/7. IFRIC 9: *Neubeurteilung eingebetteter Derivate* 579
5/8. IFRIC 10: *Zwischenberichterstattung und Wertminderung* 581
5/9. IFRIC 12: *Dienstleistungskonzessionsvereinbarungen* 583
5/10. IFRIC 13: *Kundenbindungsprogramme* 588
5/11. IFRIC 14: *IAS 19 – Die Begrenzung eines leistungsorientierten Vermögenswertes, Mindestdotierungsverpflichtungen und ihre Wechselwirkung* 591

5/12. IFRIC 15: *Verträge über die Errichtung von Immobilien* 595
5/13. IFRIC 16: *Absicherung einer Nettoinvestition in einem ausländischen Geschäftsbetrieb* 598
5/14. IFRIC 17: *Sachdividenden an Eigentümer* 605
5/15. IFRIC 18: *Übertragung von Vermögenswerten durch einen Kunden* 608
5/16. IFRIC 19: *Tilgung finanzieller Verbindlichkeiten durch Eigenkapitalinstrumente* 611

Glossar Englisch-Deutsch 613
Glossar Deutsch-Englisch 615

Stichwortverzeichnis 617

1. Grundlagen

1. RECHTLICHE GRUNDLAGEN

1. **Rechtliche Grundlagen**
   - 1/1. IAS-Verordnung (EG) Nr. 1606/2002 11
   - 1/2. Kommentare zu bestimmten Artikeln der Verordnung (EG) Nr. 1606/2002 mit Rahmenkonzept des IASB 15
   - 1/2a. Rahmenkonzept für die Aufstellung und Darstellung von Abschlüssen 23

1/1. VERORDNUNG (EG) NR. 1606/2002 ANWENDUNG INTERNATIONALER RECHNUNGSLEGUNGSSTANDARDS

DAS EUROPÄISCHE PARLAMENT UND DER RAT DER EUROPÄISCHEN UNION –

gestützt auf den Vertrag zur Gründung der Europäischen Gemeinschaft, insbesondere auf Artikel 95 Absatz 1,

auf Vorschlag der Kommission ([1]),

([1]) ABl. C 154 E vom 29.5.2001, S. 285.

nach Stellungnahme des Wirtschafts- und Sozialausschusses ([2]),

---
([2]) ABl. C 260 vom 17.9.2001, S. 86.

gemäß dem Verfahren des Artikels 251 des Vertrags ([3]),

([3]) Stellungnahme des Europäischen Parlaments vom 12. März 2002 (noch nicht im Amtsblatt veröffentlicht) und Beschluss des Rates vom 7. Juni 2002.

in Erwägung nachstehender Gründe:

(1) Auf der Tagung des Europäischen Rates vom 23./24. März 2000 in Lissabon wurde die Notwendigkeit einer schnelleren Vollendung des Binnenmarktes für Finanzdienstleistungen hervorgehoben, das Jahr 2005 als Frist für die Umsetzung des Aktionsplans der Kommission für Finanzdienstleistungen gesetzt und darauf gedrängt, dass Schritte unternommen werden, um die Vergleichbarkeit der Abschlüsse kapitalmarktorientierter Unternehmen zu verbessern.

(2) Um zu einer Verbesserung der Funktionsweise des Binnenmarkts beizutragen, müssen kapitalmarktorientierte Unternehmen dazu verpflichtet werden, bei der Aufstellung ihrer konsolidierten Abschlüsse ein einheitliches Regelwerk internationaler Rechnungslegungsstandards von hoher Qualität anzuwenden. Überdies ist es von großer Bedeutung, dass an den Finanzmärkten teilnehmende Unternehmen der Gemeinschaft Rechnungslegungsstandards anwenden, die international anerkannt sind und wirkliche Weltstandards darstellen. Dazu bedarf es einer zunehmenden Konvergenz der derzeitig international angewandten Rechnungslegungsstandards, mit dem Ziel, letztlich zu einem einheitlichen Regelwerk weltweiter Rechnungslegungsstandards zu gelangen.

(3) Die Richtlinie 78/660/EWG des Rates vom 25. Juli 1978 über den Jahresabschluss von Gesellschaften bestimmter Rechtsformen ([4]), die Richtlinie 83/349/EWG des Rates vom 13. Juni 1983 über den konsolidierten Abschluss ([5]), die Richtlinie 86/635/EWG des Rates vom 8. Dezember 1986 über den Jahresabschluss und den konsolidierten Abschluss von Banken und anderen Finanzinstituten ([6]) und die Richtlinie 91/674/EWG des Rates vom 19. Dezember 1991 über den Jahresabschluss und den konsolidierten Abschluss von Versicherungsunternehmen ([7]) richten sich auch an kapitalmarktorientierte Gesellschaften in der Gemeinschaft. Die in diesen Richtlinien niedergelegten Rechnungslegungsvorschriften können den hohen Grad an Transparenz und Vergleichbarkeit der Rechnungslegung aller kapitalmarktorientierten Gesellschaften in der Gemeinschaft als unabdingbare Voraussetzung für den Aufbau eines integrierten Kapitalmarkts, der wirksam, reibungslos und effizient funktioniert, nicht gewährleisten. Daher ist es erforderlich, den für kapitalmarktorientierte Gesellschaften geltenden Rechtsrahmen zu ergänzen.

([4]) ABl. 222 vom 14.8.1978, S. 11. Richtlinie zuletzt geändert durch Richtlinie 2001/65/EG des Europäischen Parlaments und des Rates (ABl. 283 vom 27.10.2001, S. 28).
([5]) ABl. 193 vom 18.7.1983, S. 1. Richtlinie zuletzt geändert durch Richtlinie 2001/65/EG des Europäischen Parlaments und des Rates.
([6]) ABl. 372 vom 31.12.1986, S. 1. Richtlinie zuletzt geändert durch Richtlinie 2001/65/EG des Europäischen Parlaments und des Rates.
([7]) ABl. 374 vom 31.12.1991, S. 7.

(4) Diese Verordnung zielt darauf ab, einen Beitrag zur effizienten und kostengünstigen Funktionsweise des Kapitalmarkts zu leisten. Der Schutz der Anleger und der Erhalt des Vertrauens in die Finanzmärkte sind auch ein wichtiger Aspekt der Vollendung des Binnenmarkts in diesem Bereich. Mit dieser Verordnung wird der freie Kapitalverkehr im Binnenmarkt gestärkt und ein Beitrag dazu geleistet, dass die Unternehmen in der Gemeinschaft in die Lage versetzt werden, auf den gemeinschaftlichen Kapitalmärkten und auf den Weltkapitalmärkten unter gleichen Wettbewerbsbedingungen um Finanzmittel zu konkurrieren.

(5) Für die Wettbewerbsfähigkeit der gemeinschaftlichen Kapitalmärkte ist es von großer Bedeutung, dass eine Konvergenz der in Europa auf die Aufstellung von Abschlüssen angewendeten Normen mit internationalen Rechnungslegungsstandards erreicht wird, die weltweit für grenzübergreifende Geschäfte oder für die Zulassung an allen Börsen der Welt genutzt werden können.

(6) Am 13. Juni 2000 hat die Kommission ihre Mitteilung mit dem Titel „Rechnungslegungsstrategie der EU: Künftiges Vorgehen" veröffentlicht, in der vorgeschlagen wird, dass alle kapitalmarktorientierten Gesellschaften in der Gemeinschaft ihre konsolidierten Abschlüsse spätestens ab dem Jahr 2005 nach einheitlichen Rechnungslegungsstandards, den „International Accounting Standards" (IAS), aufstellen.

(7) Die „International Accounting Standards" (IAS) werden vom „International Accounting Standards Committee" (IASC) entwickelt, dessen Zweck darin besteht, ein einheitliches Regelwerk

1/1. IAS-VO
Präambel

weltweiter Rechnungslegungsstandards aufzubauen. Im Anschluss an die Umstrukturierung des IASC hat der neue Board als eine seiner ersten Entscheidungen am 1. April 2001 das IASC in „International Accounting Standards Board" (IASB) und die IAS mit Blick auf künftige internationale Rechnungslegungsstandards in „International Financial Reporting Standards" (IFRS) umbenannt. Die Anwendung dieser Standards sollte, so weit wie irgend möglich und sofern sie einen hohen Grad an Transparenz und Vergleichbarkeit der Rechnungslegung in der Gemeinschaft gewährleisten, für alle kapitalmarktorientierten Gesellschaften in der Gemeinschaft zur Pflicht gemacht werden.

(8) Die zur Durchführung dieser Verordnung erforderlichen Maßnahmen sollten gemäß dem Beschluss 1999/468/EG des Rates vom 28. Juni 1999 zur Festlegung der Modalitäten für die Ausübung der der Kommission übertragenen Durchführungsbefugnisse ([1]) erlassen werden; beim Erlass dieser Maßnahmen sollte die Erklärung zur Umsetzung der Rechtsvorschriften im Bereich der Finanzdienstleistungen, die die Kommission am 5. Februar 2002 vor dem Europäischen Parlament abgegeben hat, gebührend berücksichtigt wer- den.

([1]) ABl. 184 vom 17.7.1999, S. 23.

(9) Die Übernahme eines internationalen Rechnungslegungsstandards zur Anwendung in der Gemeinschaft setzt voraus, dass er erstens die Grundanforderung der genannten Richtlinien des Rates erfüllt, d. h. dass seine Anwendung ein den tatsächlichen Verhältnissen entsprechendes Bild der Vermögens-, Finanz- und Ertragslage eines Unternehmens vermittelt – ein Prinzip, das im Lichte der genannten Richtlinien des Rates zu verstehen ist, ohne dass damit eine strenge Einhaltung jeder einzelnen Bestimmung dieser Richtlinien erforderlich wäre; zweitens, dass er gemäß den Schlussfolgerungen des Rates vom 17. Juli 2000 dem europäischen öffentlichen Interesse entspricht und drittens, dass er grundlegende Kriterien hinsichtlich der Informationsqualität erfüllt, die gegeben sein muss, damit die Abschlüsse für die Adressaten von Nutzen sind.

(10) Ein Technischer Ausschuss für Rechnungslegung wird die Kommission bei der Bewertung internationaler Rechnungslegungsstandards unterstützen und beraten.

(11) Der Anerkennungsmechanismus sollte sich der vorgeschlagenen internationalen Rechnungslegungsstandards unverzüglich annehmen und auch die Möglichkeit bieten, über internationale Rechnungslegungsstandards im Kreise der Hauptbetroffenen, insbesondere der nationalen standardsetzenden Gremien für Rechnungslegung, der Aufsichtsbehörden in den Bereichen Wertpapiere, Banken und Versicherungen, der Zentralbanken einschließlich der EZB, der mit der Rechnungslegung befassten Berufsstände sowie der Adressaten und der Aufsteller von Abschlüssen, zu beraten, nachzudenken und Informationen dazu auszutauschen. Der Mechanismus sollte ein Mittel sein, das gemeinsame Verständnis übernommener internationaler Rechnungslegungsstandards in der Gemeinschaft zu fördern.

(12) Entsprechend dem Verhältnismäßigkeitsprinzip sind die in dieser Verordnung getroffenen Maßnahmen, welche die Anwendung eines einheitlichen Regelwerks von internationalen Rechnungslegungsgrundsätzen für alle kapitalmarktorientierten Gesellschaften vorsehen, notwendig, um das Ziel einer wirksamen und kostengünstigen Funktionsweise der Kapitalmärkte der Gemeinschaft und damit die Vollendung des Binnenmarktes zu erreichen.

(13) Nach demselben Grundsatz ist es erforderlich, dass den Mitgliedstaaten im Hinblick auf Jahresabschlüsse die Wahl gelassen wird, kapitalmarktorientierten Gesellschaften die Aufstellung nach den internationalen Rechnungslegungsstandards, die nach dem Verfahren dieser Verordnung angenommen wurden, zu gestatten oder vorzuschreiben. Die Mitgliedstaaten können diese Möglichkeit bzw. diese Vorschrift auch auf die konsolidierten Abschlüsse und/oder Jahresabschlüsse anderer Gesellschaften ausdehnen.

(14) Damit ein Gedankenaustausch erleichtert wird und die Mitgliedstaaten ihre Standpunkte koordinieren können, sollte die Kommission den Regelungsausschuss für Rechnungslegung regelmäßig über laufende Vorhaben, Thesenpapiere, spezielle Recherchen und Exposure Drafts, die vom IASB veröffentlicht werden, sowie über die anschließenden fachlichen Arbeiten des Technischen Ausschusses unterrichten. Ferner ist es wichtig, dass der Regelungsausschuss für Rechnungslegung frühzeitig unterrichtet wird, wenn die Kommission die Übernahme eines internationalen Rechnungslegungsstandards nicht vorschlagen will.

(15) Bei der Erörterung der vom IASB im Rahmen der Entwicklung von internationalen Rechnungslegungsstandards (IFRS und SIC/IFRIC) veröffentlichten Dokumente und Papiere und bei der Ausarbeitung diesbezüglicher Standpunkte sollte die Kommission der Notwendigkeit Rechnung tragen, Wettbewerbsnachteile für die auf dem Weltmarkt tätigen europäischen Unternehmen zu vermeiden; ferner sollte sie, so weit wie irgend möglich die von den Delegationen im Regelungsausschuss für Rechnungslegung zum Ausdruck gebrachten Ansichten berücksichtigen. Die Kommission wird in den Organen des IASB vertreten sein.

(16) Angemessene und strenge Durchsetzungsregelungen sind von zentraler Bedeutung, um das Vertrauen der Anleger in die Finanzmärkte zu stärken. Die Mitgliedstaaten müssen aufgrund von Artikel 10 des Vertrags alle geeigneten Maßnahmen zur Gewährleistung der Einhaltung internationaler Rechnungslegungsstandards treffen. Die Kommission beabsichtigt, sich mit den Mitgliedstaaten insbesondere über den Ausschuss der europäischen Wertpapierregulierungsbehörden

(CESR) ins Benehmen zu setzen, um ein gemeinsames Konzept für die Durchsetzung zu entwickeln.

(17) Ferner muss den Mitgliedstaaten gestattet werden, die Anwendung bestimmter Vorschriften bis 2007 zu verschieben, und zwar für alle Gemeinschaftsunternehmen, deren Wertpapiere sowohl in der Gemeinschaft als auch in einem Drittland zum Handel in einem geregelten Markt zugelassen sind und die ihren konsolidierten Abschlüssen bereits primär andere international anerkannte Rechnungslegungsgrundsätze zugrunde legen, sowie für Gesellschaften, von denen ausschließlich Schuldtitel zum Handel in einem geregelten Markt zugelassen sind. Es ist jedoch unverzichtbar, dass bis spätestens 2007 die IAS als einheitliches Regelwerk globaler internationaler Rechnungslegungsstandards für alle Gemeinschaftsunternehmen gelten, deren Wertpapiere zum Handel in einem geregelten Gemeinschaftsmarkt zugelassen sind.

(18) Um den Mitgliedstaaten und Gesellschaften die zur Anwendung internationaler Rechnungslegungsstandards erforderlichen Anpassungen zu ermöglichen, ist es erforderlich, dass bestimmte Vorschriften erst im Jahr 2005 Anwendung finden. Für die erstmalige Anwendung der IAS durch die Gesellschaften infolge des Inkrafttretens dieser Verordnung sollten geeignete Vorschriften erlassen werden. Diese Vorschriften sollten auf internationaler Ebene ausgearbeitet werden, damit die internationale Anerkennung der festgelegten Lösungen sichergestellt ist –

HABEN FOLGENDE VERORDNUNG ERLASSEN:

Artikel 1
Ziel

Gegenstand dieser Verordnung ist die Übernahme und Anwendung internationaler Rechnungslegungsstandards in der Gemeinschaft, mit dem Ziel, die von Gesellschaften im Sinne des Artikels 4 vorgelegten Finanzinformationen zu harmonisieren, um einen hohen Grad an Transparenz und Vergleichbarkeit der Abschlüsse und damit eine effiziente Funktionsweise des Kapitalmarkts in der Gemeinschaft und im Binnenmarkt sicherzustellen.

Artikel 2
Begriffsbestimmungen

Im Sinne dieser Verordnung bezeichnen „internationale Rechnungslegungsstandards" die „International Accounting Standards" (IAS), die „International Financial Reporting Standards" (IFRS) und damit verbundene Auslegungen (SIC/IFRIC-Interpretationen), spätere Änderungen dieser Standards und damit verbundene Auslegungen sowie künftige Standards und damit verbundene Auslegungen, die vom International Accounting Standards Board (IASB) herausgegeben oder angenommen wurden.

Artikel 3
Übernahme und Anwendung internationaler Rechnungslegungsstandards

(1) Die Kommission beschließt nach dem Verfahren des Artikels 6 Absatz 2 über die Anwendbarkeit von internationalen Rechnungslegungsstandards in der Gemeinschaft.

(2) Die internationalen Rechnungslegungsstandards können nur übernommen werden, wenn sie – dem Prinzip des Artikels 2 Absatz 3 der Richtlinie 78/660/EWG und des Artikels 16 Absatz 3 der Richtlinie 83/349/EWG nicht zuwiderlaufen sowie dem europäischen öffentlichen Interesse entsprechen und – den Kriterien der Verständlichkeit, Erheblichkeit, Verlässlichkeit und Vergleichbarkeit genügen, die Finanzinformationen erfüllen müssen, um wirtschaftliche Entscheidungen und die Bewertung der Leistung einer Unternehmensleitung zu ermöglichen.

(3) Bis zum 31. Dezember 2002 entscheidet die Kommission nach dem Verfahren des Artikels 6 Absatz 2 über die Anwendbarkeit der bei Inkrafttreten dieser Verordnung vorliegenden internationalen Rechnungslegungsstandards in der Gemeinschaft.

(4) Übernommene internationale Rechnungslegungsstandards werden als Kommissionsverordnung vollständig in allen Amtssprachen der Gemeinschaft im *Amtsblatt der Europäischen Gemeinschaften* veröffentlicht.

Artikel 4
Konsolidierte Abschlüsse von kapitalmarktorientierten Gesellschaften

Für Geschäftsjahre, die am oder nach dem 1. Januar 2005 beginnen, stellen Gesellschaften, die dem Recht eines Mitgliedstaates unterliegen, ihre konsolidierten Abschlüsse nach den internationalen Rechnungslegungsstandards auf, die nach dem Verfahren des Artikels 6 Absatz 2 übernommen wurden, wenn am jeweiligen Bilanzstichtag ihre Wertpapiere in einem beliebigen Mitgliedstaat zum Handel in einem geregelten Markt im Sinne des Artikels 1 Absatz 13 der Richtlinie 93/22/EWG des Rates vom 10. Mai 1993 über Wertpapierdienstleistungen ([1]) zugelassen sind.

([1]) ABl. 141 vom 11.6.1993, S. 27. Richtlinie zuletzt geändert durch die Richtlinie 2000/64/EG des Europäischen Parlaments und des Rates (ABl. 290 vom 17.11.2000, S. 27).

Artikel 5
Wahlrecht in Bezug auf Jahresabschlüsse und hinsichtlich nicht kapitalmarktorientierter Gesellschaften

Die Mitgliedstaaten können gestatten oder vorschreiben, dass

a) Gesellschaften im Sinne des Artikels 4 ihre Jahresabschlüsse,

b) Gesellschaften, die nicht solche im Sinne des Artikels 4 sind, ihre konsolidierten Abschlüsse und/oder ihre Jahresabschlüsse nach den internationalen Rechnungslegungsstandards aufstellen, die nach dem Verfahren des Artikels 6 Absatz 2 angenommen wurden.

Artikel 6
Ausschussverfahren

(1) Die Kommission wird durch einen Regelungsausschuss für Rechnungslegung (im Folgenden „Ausschuss" genannt) unterstützt.

(2) Wird auf diesen Absatz Bezug genommen, so gelten die Artikel 5 und 7 des Beschlusses 1999/468/EG unter Beachtung von dessen Artikel 8.

Der Zeitraum nach Artikel 5 Absatz 6 des Beschlusses 1999/468/EG wird auf drei Monate festgesetzt.

(3) Der Ausschuss gibt sich eine Geschäftsordnung.

Artikel 7
Berichterstattung und Koordinierung

(1) Die Kommission setzt sich mit dem Ausschuss regelmäßig über den Stand laufender Vorhaben des IASB und über die vom IASB veröffentlichten Dokumente ins Benehmen, um die Standpunkte zu koordinieren und um Erörterungen über die Übernahme von gegebenenfalls aus diesen Vorhaben und Dokumenten hervorgehenden Standards zu erleichtern.

(2) Die Kommission erstattet dem Ausschuss gebührend und frühzeitig Bericht, wenn sie die Übernahme eines Standards nicht vorschlagen will.

Artikel 8
Mitteilungspflicht

Ergreifen die Mitgliedstaaten Maßnahmen nach Artikel 5, so teilen sie diese der Kommission und den anderen Mitgliedstaaten unverzüglich mit.

Artikel 9
Übergangsbestimmungen

In Abweichung von Artikel 4 können die Mitgliedstaaten vorsehen, dass jener Artikel 4 für Gesellschaften,

a) von denen lediglich Schuldtitel zum Handel in einem geregelten Markt eines Mitgliedstaats im Sinne von Artikel 1 Absatz 13 der Richtlinie 93/22/EWG zugelassen sind oder

b) deren Wertpapiere zum öffentlichen Handel in einem Nichtmitgliedstaat zugelassen sind und die zu diesem Zweck seit einem Geschäftsjahr, das vor der Veröffentlichung dieser Verordnung im *Amtsblatt der Europäischen Gemeinschaften* begann, international anerkannte Standards anwenden,

erst für die Geschäftsjahre Anwendung finden, die am oder nach dem 1. Januar 2007 beginnen.

Artikel 10
Unterrichtung und Überprüfung

Die Kommission überprüft die Funktionsweise dieser Verordnung und erstattet dem Europäischen Parlament und dem Rat bis zum 1. Juli 2007 darüber Bericht.

Artikel 11
Inkrafttreten

Diese Verordnung tritt am dritten Tag nach ihrer Veröffentlichung im Amtsblatt der Europäischen Gemeinschaften in Kraft.

Diese Verordnung ist in allen ihren Teilen verbindlich und gilt unmittelbar in jedem Mitgliedstaat.

Geschehen zu Brüssel am 19. Juli 2002.

1/2. VERORDNUNG (EG) NR. 1606/2002 ANWENDUNG INTERNATIONALER RECHNUNGSLEGUNGSSTANDARDS

Kommentare zu bestimmten Artikeln der Verordnung (EG) Nr. 1606/2002 des Europäischen Parlaments und des Rates vom 19. Juli 2002 betreffend die Anwendung internationaler Rechnungslegungsstandards und zur Vierten Richtlinie 78/660/EWG des Rates vom 25. Juli 1978 sowie zur Siebenten Richtlinie 83/349/EWG des Rates vom 13. Juni 1983 über Rechnungslegung

INHALTSVERZEICHNIS

1. EINLEITUNG
2. DIE IAS-VERORDNUNG
2.1. Artikel 3: Übernahme und Anwendung internationaler Rechnungslegungsstandards
  2.1.1. Kriterien für die Freigabe der IAS
  2.1.2. Sprachen für die Veröffentlichung und Zugang zum Text der IAS
  2.1.3. Noch nicht freigegebene IAS und von der EU abgelehnte IAS
  2.1.4. In die Bilanzierungsgrundsätze aufzunehmende Erklärung
  2.1.5. Status des IASB-Rahmenkonzepts, der Anhänge zu den IAS und der Umsetzungsleitlinien für die IAS
2.2. Artikel 4: Konsolidierte Abschlüsse von kapitalmarktorientierten Gesellschaften
  2.2.1. Definition von „Gesellschaften"
  2.2.2. Definition der „konsolidierten Abschlüsse"
  a) *Allgemeine Anforderung*
  b) *Ausnahmen von der Erstellung konsolidierter Abschlüsse*
  c) *Ausschluss von der Konsolidierung*

  2.2.3. Vorschriften über die Zwischenberichterstattung
2.3. Anwendung der IAS vor 2005
2.4. Klärung von Artikel 9
3. INTERAKTION ZWISCHEN DER IAS-VERORDNUNG UND DEN RECHNUNGSLEGUNGSRICHTLINIEN
3.1. Jahresabschlüsse und konsolidierte Abschlüsse börsennotierter EU-Gesellschaften
3.2. Jahresabschlüsse und konsolidierte Abschlüsse nicht börsennotierter Gesellschaften
3.3. Artikel der umgesetzten Rechnungslegungsrichtlinien, die auch nach dem Erlass der IAS-Verordnung auf die Gesellschaften Anwendung finden
3.4. IAS als Teil der nationalen Rechnungslegungsvorschriften
4. ASPEKTE DER OFFENLEGUNG
4.1. Anforderungen der Mitgliedstaaten in Bezug auf weitere über die IAS hinausgehende Offenlegungen
4.2. IAS-Formate und Kontenrahmen
5. ANHANG

1. EINLEITUNG

1. Die Verordnung (EG) Nr. 1606/2002 des Europäischen Parlaments und des Rates vom 19. Juli 2002 betreffend die Anwendung internationaler Rechnungslegungsstandards[1] (IAS-Verordnung) harmonisiert die Finanzinformationen, die von kapitalmarktorientierten Unternehmen vorzulegen sind, um einen hohen Grad an Transparenz und Vergleichbarkeit der Abschlüsse zu gewährleisten.

[1] ABl. L 243 vom 11.9.2002, S. 1

2. Die Vierte Richtlinie 78/660/EWG des Rates vom 25. Juli 1978[2] und die Siebente Richtlinie 83/349/EWG des Rates vom 13. Juni 1983[3] sind die Hauptharmonisierungsinstrumente im Rechnungslegungsbereich der Europäischen Union.

[2] ABl. L 222 vom 14.8.1978, S. 11, Richtlinie zuletzt geändert durch Richtlinie 2003/51/EG des Europäischen Parlaments und des Rates (Abl. L 178 vom 17.07.2003, S.16)

[3] ABl. L 193 vom 18.7.1983, S. 1, Richtlinie zuletzt geändert durch Richtlinie 2003/51/EG des Europäischen Parlaments und des Rates (Abl. L 178 vom 17.07.2003, S 16)

3. In diesem Papier nimmt die Kommission zu Themen Stellung, die anscheinend einer maßgebenden Klärung bedürfen. Die Auswahl der Themen wurde infolge von Diskussionen im Regelungsausschuss für Rechnungslegung, der gemäß Artikel 6 der IAS-Verordnung eingesetzt wurde, und sowie Diskussionen im Kontaktausschuss getroffen, der aufgrund von Artikel 52 der Vierten Richtlinie besteht.

4. Die in diesem Arbeitspapier zum Ausdruck gebrachten Auffassungen entsprechen nicht unbedingt denen der Mitgliedstaaten und sollten für diese keinerlei Verpflichtungen darstellen. Auch greifen sie nicht der Interpretation durch den Europäischen Gerichtshof vor, die er – in seiner Funktion als letztverantwortliche Instanz für die Aus-

legung des Vertrages und des Sekundärrechts – für die betreffenden Fragen vornehmen könnte.

5. Sowohl der Regelungsausschuss für Rechnungslegung als auch der Kontaktausschuss bestehen aus Vertretern der Mitgliedstaaten und der Kommission. Ersterer unterstützt die Kommission bei der Freigabe von IAS; der Kontaktausschuss hat hingegen die wichtige Aufgabe, eine harmonisierte Anwendung der Rechnungslegungsrichtlinien mittels regelmäßiger Sitzungen zu erleichtern, in denen vor allem praktische Probleme zur Sprache kommen, die bei der Umsetzung der Richtlinien in die Praxis entstehen.

6. Die „International Accounting Standards" (IAS) und die „Interpretations of the Standing Interpretations Committee" (SIC), auf die in diesem Arbeitspapier Bezug genommen wird, sind jene, die vom „International Accounting Standards Board" (IASB) im April 2001 angenommen wurden, als der IASB den IAS-Korpus übernahm, der von seinem Vorgängergremium, dem „International Accounting Standards Committee" (IASC) ausgearbeitet worden war. Die internationalen Rechnungslegungsstandards, die der IASB entwickeln wird, werden „International Financial Reporting Standards" (IFRS) heißen und die Interpretationen der IFRS werden als Interpretationen (IFRIC) des „International Financial Reporting Interpretations Committee" veröffentlicht werden.

7. In diesem Arbeitspapier werden die IAS und die IFRS entweder als IAS oder IFRS bezeichnet; SIC und IFRIC werden entweder als SIC oder IFRIC bezeichnet.

2. DIE IAS-VERORDNUNG

2.1. Artikel 3: Übernahme und Anwendung internationaler Rechnungslegungsstandards

2.1.1. Kriterien für die Freigabe der IAS

Ob ein Standard für die Anwendung in der EU zweckmäßig sein wird, hängt davon ab, ob er bestimmte in der IAS-Verordnung festgeschriebene Kriterien erfüllt oder nicht. Diesen Kriterien zufolge:

– dürfen die IAS nicht dem Prinzip des Artikels 16 Absatz 3 der Richtlinie 83/349/EWG des Rates und des Artikels 2 Absatz 3 der Richtlinie 78/660/EWG des Rates zuwiderlaufen und

– haben dem europäischen öffentlichen Interesse zu entsprechen und

– müssen den Kriterien der Verständlichkeit, Erheblichkeit, Verlässlichkeit und Vergleichbarkeit genügen, die Finanzinformationen erfüllen müssen, um wirtschaftliche Entscheidungen und die Bewertung der Leistung einer Unternehmensleitung zu ermöglichen.

Die Analyse besteht nun darin, abzuwägen, ob die Anwendung eines bestimmten Standards zu einem den tatsächlichen Verhältnissen entsprechenden Bild der Finanzlage und der Leistungsfähigkeit eines Unternehmens im Lichte der oben genannten Richtlinien des Rates führt, ohne dasss dies eine strenge Konformität mit jeder einzelnen Richtlinienbestimmung zu beinhalten hätte.

2.1.2. Sprachen für die Veröffentlichung und Zugang zum Text der IAS

Die angenommenen IAS und SIC sind frei verfügbar (via Amtsblatt) in allen öffentlichen Sprachen der Gemeinschaft. Die angenommenen IAS und SIC werden in allen Sprachen der Gemeinschaft im Amtsblatt der Europäischen Union veröffentlicht. Sie sind auch auf folgender Website abzurufen:

http://europa.eu.int/comm/internal_market/accounting/index_en.htm

2.1.3. Noch nicht freigegebene IAS und von der EU abgelehnte IAS

In den Fällen, in denen die IAS-Verordnung Anwendung findet, schreibt sie vor, dass die Abschlüsse gemäß den freigegebenen IAS zu erstellen sind, d.h. IAS, die die EU aufgrund der IAS-Verordnung angenommen hat. Wurde ein Standard folglich noch nicht freigegeben, sind die Unternehmen, die ihre Abschlüsse gemäß der IAS-Verordnung erstellen, nicht gehalten und in bestimmten Fällen sogar nicht autorisiert, diesen Standard zugrunde zu legen.

In dem Maße, wie ein Standard der von der EU noch nicht freigegeben wurde mit den bereits freigegebenen Standards kohärent ist und auch den Bedingungen des IAS 1 Absatz 22[4] genügt, kann er als Anhaltspunkt verwendet werden.

---

[4] Wenn ein spezifischer International Accounting Standard und eine Interpretation des Standing Interpretations Committee fehlt, entwickelt das Management nach eigenem Urteil Bilanzierungs- und Bewertungsmethoden, die den Abschlussadressaten die jeweils nützlichsten Informationen zur Verfügung stellen. Bei diesem Urteil beachtet das Management Folgendes:
(a) die Anforderungen und Anwendungsleitlinien in International Accounting Standards, die ähnliche und verwandte Fragen behandeln;
(b) die Definitionen sowie die Ansatz- und Bewertungskriterien für Vermögenswerte, Schulden, Erträge und Aufwendungen, die im IASC-Rahmenkonzept dargelegt sind; und
(c) Erklärungen anderer Standardsetter und anerkannte Branchenpraktiken, soweit, aber nur soweit, als diese mit (a) und (b) dieses Paragraphen übereinstimmen.

In dem Maße, wie ein Standard der von der EU abgelehnt wurde mit den bereits freigegebenen Standards kohärent ist und auch den Bedingungen des IAS 1 Absatz 22 genügt, kann er als Anhaltspunkt verwendet werden.

In dem Maße, wie ein abgelehnter Standard mit einem bereits freigegebenen Standard kollidiert, z.B. wenn ein freigegebener Standard geändert wird, darf der abgelehnte Standard nicht angewandt werden. Das Unternehmen muss hingegen voll den von der EU freigegebenen Standard anwenden.

IAS 1 schreibt vor, dass der Anhang Informationen über die Grundlage der Erstellung des Abschlusses und die spezifischen ausgewählten und angewandten Bilanzierungsgrundsätze enthalten muss. Diesen Anforderungen zufolge bedarf es einer klaren Offenlegung sowohl der angewandten Standards als auch anderer Standards oder Leitlinien, die das Unternehmen infolge von IAS 1 Absatz 20 und 22 anwendet.

2.1.4. In die Bilanzierungsgrundsätze aufzunehmende Erklärung

In der IAS-Verordnung ist rechtlich festgeschrieben, dass die Abschlüsse gemäß den *angenommenen* IAS zu erstellen sind, d.h. gemäß den von der EU freigegebenen IAS. Auf diesen Punkt ist in den Bilanzierungsgrundsätzen deutlich einzugehen. Infolge der Umbenennung der International Accounting Standards in International Financial Reporting Standards und übereinstimmend mit den Leitlinien im ‚Vorwort zu den International Accounting Standards' sollte eine derartige Erklärung darauf Bezug nehmen, dass der Abschluss gemäß ‚… sämtlicher International Financial Reporting Standards' erstellt wurde, die ‚zwecks Anwendung in der Europäischen Union angenommen wurden.' Führt die Anwendung der angenommenen IFRS jedoch zu Abschlüssen, die mit sämtlichen IFRS kohärent sind, da keine Standards abgelehnt und alle vom IASB veröffentlichten Standards freigegeben wurden, dann müsste es nicht mehr ‚zwecks Anwendung in der Europäischen Union', sondern einfach ‚in Übereinstimmung mit allen International Financial Reporting Standards' heißen.

2.1.5. Status des IASB-Rahmenkonzepts, der Anhänge zu den IAS und der Umsetzungsleitlinien für die IAS

In IAS 1 heißt es, dass die Anwendung der International Accounting Standards (IAS) und der Interpretationen des Standing Interpretations Committee (SIC) (Interpretationen) ggf. ergänzt um zusätzliche Angaben in nahezu allen Fällen zu Abschlüssen führt, die ein den tatsächlichen Verhältnissen entsprechendes Bild vermitteln. Weiter heißt es in IAS 1, dass ein Abschluss nicht mit IAS und den Interpretationen als übereinstimmend bezeichnet werden kann, solange er nicht sämtlichen Anforderungen jedes anzuwendenden Standards und jeder anzuwendenden Interpretation genügt.

In den IAS sind die Vorschriften für den Ansatz, die Bewertung, die Darstellung und die Offenlegung festgelegt, die für Geschäfte und Geschäftsvorfälle gelten, die bei der Erstellung allgemeiner Abschlüssen von großer Bedeutung sind. Die IAS basieren auf auf dem *Rahmenkonzept für die Aufstellung und Darstellung von Abschlüssen* („das Rahmenkonzept"), das die Konzeptionen darlegt, die die Grundlage für die in den allgemeinen Abschlüssen präsentierten Informationen bilden. Ziel des Rahmenkonzepts ist es, die kohärente und logische Formulierung der IAS zu erleichtern.

Das Rahmenkonzept als solches ist kein IAS oder eine Interpretation und muss folglich auch nicht in das Gemeinschaftsrecht übernommen werden. Nichtsdestoweniger bildet es die Grundlage für die Urteilsbildung bei der Lösung von Rechnungslegungsproblemen. Dies ist vor allem in Situationen wichtig, in denen es keinen spezifischen Standard oder eine spezifische Interpretation zwecks Anwendung auf einen bestimmten Posten im Abschluss gibt. In diesen Fällen fordern die IAS von der Unternehmensleitung, ihren Sachverstand bei der Entwicklung und Anwendung von Bilanzierungsgrundsätzen einzusetzen, die zur Erstellung von einschlägigen und verlässlichen Informationen führen. Im Rahmen einer derartigen Urteilsbildung fordern die IAS von der Unternehmensleitung, u.a die Definitionen, Ansatzkriterien und Bewertungskonzepte des Rahmenkonzepts zu berücksichtigen.

Finden ein IAS oder eine Interpretation auf einen Abschlussposten Anwendung, ist die Unternehmensleitung in gleicher Weise gehalten, den auf diesen Posten anzuwendenden Bilanzierungsgrundsatz auszuwählen, indem sie auch die Anhänge zu dem Standard, die nicht Bestandteil des IAS sind (wie die Grundlage für Schlussfolgerungen) und die Anleitung zur Umsetzung berücksichtigt, die für den entsprechenden IAS veröffentlicht wurden.

Angesichts seiner Bedeutung bei der Lösung von Rechnungslegungsfragen wurde das IASB-Rahmenkonzept diesem Arbeitspapier angefügt. Die Anwender von IAS sollten zudem einzelne IAS und Interpretationen einsehen, um sicherzustellen, dass etwaige Anhänge und Umsetzungsleitlinien bei der Bestimmung der angemessenen Anwendung der IAS entsprechend berücksichtigt werden.

2.2. Artikel 4: Konsolidierte Abschlüsse von kapitalmarktorientierten Gesellschaften

2.2.1. Definition von „Gesellschaften"

Artikel 4 und 5 der IAS-Verordnung verweisen auf ‚Gesellschaften'. Diese sind im Vertrag von Rom in Artikel 48 (ex-Artikel 58) wie folgt definiert:

Artikel 48 (ex-Artikel 58) zweiter Absatz:

…

„Unter „Gesellschaften oder Unternehmen" versteht man Gesellschaften oder Unternehmen, die nach dem Zivil- oder dem Handelsrecht gegründet wurden, einschließlich Genossenschaften, und andere juristische Personen, die unter das öffentliche Recht oder unter das Privatrecht fallen, ausgenommen jener, die keinen Erwerbscharakter haben."

Diese Definition untermauert den Anwendungsbereich jeder der nachfolgend genannten einschlägigen Rechnungslegungsrichtlinien, die als Rechtsgrundlage Artikel 54 des Vertrags (neuer Artikel 44) haben, der wiederum auf Artikel 58 des Vertrags (neuer Artikel 48) Bezug nimmt:

- Vierte Richtlinie 78/660/EWG des Rates vom 25. Juli 1978 aufgrund von Artikel 54 Absatz

3 Buchstabe g des Vertrages (neue Vertragsversion: Artikel 44 Absatz 2 Buchstabe g) über den Jahresabschluss von Gesellschaften bestimmter Rechtsformen[5]; diese Richtlinie schreibt die Anforderungen für die Erstellung der Jahresabschlüsse fest.

[5] ABl. L 222 vom 14.8.1978, S. 11, Richtlinie zuletzt geändert durch Richtlinie 2003/51/EG (ABl. L 178 vom 17.07. 2003, S. 16)

- Siebente Richtlinie 83/349/EWG des Rates vom 13. Juni 1983 aufgrund von Artikel 54 Absatz 3 Buchstabe g des Vertrages (neue Vertragsversion: Artikel 44 Absatz 2 Buchstabe g) über den konsolidierten Abschluss[6]; diese Richtlinie schreibt die Anforderungen für die Erstellung konsolidierter Abschlüsse fest.

[6] ABl. L 193 vom 18.7.1983, S. 1, Richtlinie zuletzt geändert durch Richtlinie 2003/51/EG (ABl. L 178 vom 17.07.2003, S. 16)

- Richtlinie 86/635/EWG des Rates vom 8. Dezember 1986 über den Jahresabschluss und den konsolidierten Abschluss von Banken und anderen Finanzinstituten[7]; diese Richtlinie regelt die diese Institute betreffenden Fragen (unter Berücksichtigung von Artikel 54 Absatz 3 Buchstabe g des Vertrages/neue Vertragsversion: Artikel 44 Absatz 2 Buchstabe g); und

[7] ABl. L 372 vom 31. 12. 1986, S.1, Richtlinie zuletzt geändert durch Richtlinie 2003/51/EG (ABl. L 178 vom 17.07.2003, S.16)

- Richtlinie 91/674/EWG des Rates vom 19. Dezember 1991 über den Jahresabschluss und den konsolidierten Abschluss von Versicherungsunternehmen[8]; diese Richtlinie legt die spezifischen Anforderungen für die Erstellung der Abschlüsse dieser Unternehmen fest (unter Berücksichtigung von Artikel 54 des Vertrages/neue Vertragsversion: Artikel 44).

[8] ABl. L 374 vom 31. 12. 1991, S. 7, Richtlinie zuletzt geändert durch Richtlinie 2003/51/EG (ABl. L 178 vom 17.07. 2003, S.16)

Die IAS-Verordnung gilt lediglich für EU-Gesellschaften. Sie legt keinerlei Anforderungen für Nicht-EU-Gesellschaften fest.

2.2.2. Definition der „konsolidierten Abschlüsse"

Da sich die IAS-Verordnung lediglich auf ‚konsolidierte Abschlüsse' bezieht, wird sie nur dann wirksam, wenn diese konsolidierten Abschlüsse von anderer Seite gefordert werden.

Die Klärung der Frage, ob eine Gesellschaft zur Erstellung eines konsolidierten Abschlusses verpflichtet ist oder nicht, wird nach wie vor durch Bezugnahme auf das einzelstaatliche Recht erfolgen, das infolge der Siebenten Richtlinie erlassen wurde. Um alle Zweifel auszuräumen, sei an dieser Stelle darauf verwiesen, dass diesbezüglich die folgenden Artikel der Siebenten Richtlinie zugrunde gelegt werden: die Artikel 1, 2, 3(1) 4, 5–9, 11, und 12.

Auf diese Anforderungen wird nachfolgend weiter eingegangen.

a) Allgemeine Anforderungen

Vorbehaltlich bestimmter Ausnahmen (s. nachfolgend Buchstabe b), legt die Siebente Richtlinie 83/349/EWG des Rates die Fälle fest, in denen eine Gesellschaft konsolidierte Abschlüsse zu erstellen hat.

Ist in diesen Fällen (gemäß dem nationalen Recht) die Erstellung konsolidierter Abschlüsse erforderlich, so gelten die Anforderungen der IAS-Verordnung für derlei Abschlüsse.

b) Ausnahmen von der Erstellung konsolidierter Abschlüsse

Die Ausnahmen von der allgemeinen Anforderung zur Erstellung konsolidierter Abschlüsse sind in den Artikeln 5, 7–11 der Siebenten Richtlinie 83/349/EWG des Rates genannt. Darüber hinaus enthält Artikel 6 dieser Richtlinie eine Ausnahmeregelung, die sich allein an dem Kriterium der Größe ausrichtet.

Ist eine Gesellschaft, infolge einer Befreiung im nationalen Recht, die aus den Rechnungslegungsrichtlinien abgeleitet wurde, nicht gehalten konsolidierte Abschlüsse zu erstellen, finden die Anforderungen der IAS-Verordnung in Bezug auf diese Abschlüsse keine Anwendung, da es keine derartigen Abschlüsse gibt, auf die man diese Erfordernisse anwenden könnte.

c) Ausschluss von der Konsolidierung

Die Artikel 13 bis 15 der Siebenten Richtlinie enthalten bestimmte Ausnahmen vom Anwendungsbereich der Konsolidierung.

Wie oben erwähnt bestimmt das nationale aus den Rechnungslegungsrichtlinien abgeleitete Recht, ob konsolidierte Abschlüsse erforderlich sind oder nicht. Werden sie benötigt, so legen die in den übernommenen IAS festgelegten Anforderungen den Anwendungsbereich der Konsolidierung und folglich die Unternehmen fest, die in diese konsolidierten Abschlüsse einzubeziehen sind als auch die Art und Weise, wie dies geschehen soll.

Folglich sind die Ausschlüsse vom Anwendungsbereich der Konsolidierung, die aus den Rechnungslegungsrichtlinien abgeleitet wurden, nicht relevant, denn die konsolidierten Abschlüsse werden gemäß den freigegebenen IAS erstellt.

2.2.3. Vorschriften über die Zwischenberichterstattung

Es bestehen keine direkten Auswirkungen auf die Vorschriften über Zwischenberichterstattung, da der Anwendungsbereich der IAS-Verordnung lediglich den Jahresabschluss und den konsolidierten Abschluss abdeckt.

Ist ein Unternehmen jedoch gehalten, einen Zwischenbericht zu erstellen und erfolgt dies auf einer Basis, die mit dem Jahresabschluss (oder dem konsolidierten Abschluss) kohärent ist, ist klar, dass der Übergang zu den IAS indirekte Auswirkungen zeitigt.

An dieser Stelle sei darauf verwiesen, dass die Kommission unlängst einen Vorschlag für eine Richtlinie über die Harmonisierung der Transparenzanforderungen vorgelegt hat, die Informationen über Emittenten betreffen, deren Wertpapiere zum Handel auf einem geregelten Markt zugelassen sind und zur Änderung von Richtlinie 2001/34/EG. Diese Richtlinie schreibt Anforderungen für die Offenlegung periodischer und laufender Informationen über Emittenten fest, deren Wertpapiere bereits zum Handel auf einem geregelten Markt zugelassen sind, der in einem Mitgliedstaat belegen ist oder dort betrieben wird. Weitere diesbezügliche Informationen sind auf folgender Website abrufbar:

http://europa.eu.int/comm/internal_market/en/finances/mobil/transparency/index.htm

Der Ausschuss der europäischen Wertpapierregulierungsbehörden CESR („Committee of European Securities Regulators") hat den Entwurf einer Empfehlung betreffend zusätzliche Leitlinien für den Übergang zu den IFRS im Jahr 2005 zwecks öffentlicher Konsultation vorgelegt. In dieser Empfehlung werden eine Reihe von Vorschlägen für den reibungslosen Übergang zu den IAS im Jahr 2005 mittels angemessener Zwischeninformationen gemacht. So empfiehlt der CESR, dass die Marktteilnehmer während des gesamten Jahres 2005 Finanzinformationen erhalten, die mit den auf den IAS basierenden Informationen kohärent sind, die sie für das am oder nach dem 31. Dezember endende Geschäftsjahr 2005 erhalten werden. Börsennotierte Gesellschaften werden deshalb aufgefordert, bei der Erstellung von Zwischenberichten die gleichen IAS-Bewertungs- und -Ansatz-Prinzipien wie für ihren IAS-Jahresabschlussbericht zugrunde zu legen. Weitere Informationen sind auf der Website des CESR abrufbar unter: www.europefesco.org.

2.3. Anwendung der IAS vor 2005

Im Falle der börsennotierten Gesellschaften[9] ist die IAS-Verordnung direkt auf die konsolidierten Abschlüsse anwendbar. Artikel 4 der IAS-Verordnung legt indes keine Anforderungen vor 2005 fest und sieht auch keinerlei freiwillige vorzeitige Annahme vor.

---

[9] Unter ‚börsennotierten Gesellschaften' versteht man jene, deren Wertpapiere zum Handel auf einem geregelten Markt eines jeden Mitgliedstaats zugelassen sind (im Sinne von Artikel 1 Absatz 13 der Richtlinie 93/22/EWG des Rates vom 10. Mai 1993 über Wertpapierdienstleistungen).

Dies legt nahe, dass allein auf der Grundlage der IAS-Verordnung angenommene (d.h. freigegebene) IAS nicht vor 2005 statthaft sind oder verlangt werden können.

Am 13. Juni 2000 verabschiedete die Kommission jedoch ihre Mitteilung mit dem Titel „*Die Rechnungslegungsstrategie der EU: Das weitere Vorgehen*" (KOM (2000) 359, 13.06.2000). Darin wurde vorgeschlagen, allen börsennotierten EU-Unternehmen die Erstellung ihrer konsolidierten Abschlüsse auf der Grundlage einheitlicher Rechnungslegungsstandards, und zwar den „International Accounting Standards" (IAS), spätestens ab 2005 vorzuschreiben. Diese Strategie wurde von der Kommission und den Mitgliedstaaten mittels der IAS-Verordnung übernommen.

Wenn die Mitgliedstaaten folglich den börsennotierten Unternehmen auf der Grundlage nationaler Vorschriften die Erstellung ihrer konsolidierten Abschlüsse für das Geschäftsjahr vor 2005 gemäß den IAS gestatten oder obligatorisch vorschreiben, wäre dies durchaus mit der oben genannten Strategie vereinbar.

Im Falle nicht kapitalmarktorientierter Unternehmen (und der Jahresabschlüsse) gilt die IAS-Verordnung via der Option für die Mitgliedstaaten in Artikel 5. Dieser Artikel enthält keine zeitliche Referenz. Folglich können die Mitgliedstaaten – sobald es sie wünschen – den nicht notierten Gesellschaften die Erstellung ihrer Jahresabschlüsse und konsolidierten Abschlüsse gemäß den freigegebenen IAS gestatten oder vorschreiben.

2.4. Klärung von Artikel 9

Übt ein Mitgliedstaat die Option des Artikel 9 Buchstabe b der IAS-Verordnung aus, so gilt die Ausnahme bis 2007 lediglich für Gesellschaften, die international anerkannte Standards als Grundlage für ihre primären Abschlüsse im Rahmen der gesetzlich vorgeschriebenen konsolidierten Abschlüsse verwenden, sofern sie außerhalb der EU an einer Börse notiert sind. Diese Regelung gilt nicht bei Zugrundelegung der nationalen GAAP, selbst wenn eine Überleitung auf die international anerkannten Standards – entweder im Rahmen oder gesondert von den gesetzlich vorgeschriebenen konsolidierten Abschlüssen – vorgenommen wird. Auch gilt die Ausnahmeregelung bis 2007 nicht, wenn nicht gesetzlich vorgeschriebene Abschlüsse auf der Grundlage international anerkannter Standards erstellt werden.

Schließlich gilt die Ausnahmeregelung nicht für Fälle, in denen die geforderte Einhaltung der nationalen GAAP auch zur Einhaltung der international anerkannten Standards führt. Ein solche Übereinstimmung kann vorübergehend sein – ausschlaggebend ist vielmehr, ob die international anerkannten Standards als Grundlage für die Erstellung der primären Abschlüsse zulässig sind und ob sie so angenommen wurden.

3. INTERAKTION ZWISCHEN DER IAS-VERORDNUNG UND DEN RECHNUNGSLEGUNGSRICHTLINIEN

3.1. Jahresabschlüsse und konsolidierte Abschlüsse börsennotierter EU-Gesellschaften

Artikel 5 der IAS-Verordnung enthält eine Option, der zufolge die Mitgliedstaaten die Anwendung angenommener IAS bei der Erstellung des

Jahresabschlusses börsennotierter EU-Unternehmen gestatten oder vorschreiben können.

In Bezug auf die konsolidierten Abschlüsse börsennotierter EU-Gesellschaften ist die IAS-Verordnung unmittelbar anwendbar auf die Gesellschaft anwendbar, die den Abschluss erstellt. Die Rechnungslegungsrichtlinien gelten hingegen aufgrund ihrer Umsetzung in nationales Recht.

Folglich gibt es keine direkte Interaktion zwischen einer Richtlinie und einer Verordnung, da nur letztere unmittelbar auf die Gesellschaften anwendbar ist. Eher geht es um die Interaktion zwischen nationalem Recht und der IAS-Verordnung.

Die Frage der Interaktion ist nur in dem Maße relevant, wie die nationalen Rechtsvorschriften dasselbe Thema wie die IAS-Verordnung behandeln. Einige Aspekte des nationalen Rechts, die durch die Umsetzung der Rechnungslegungsrichtlinien eingeflossen sind, behandeln Fragen, die außerhalb des Anwendungsbereichs der IAS-Verordnung liegen und auch in Zukunft Anwendung finden, wie z.B. der Lagebericht (Vierte Richtlinie, Art. 46). Die IAS-Verordnung betrifft jedoch lediglich die ‚konsolidierten Abschlüsse' (zusammen mit bestimmten Optionen in Bezug auf den Jahresabschluss). Folglich fallen die zusätzlichen Informationen im Lagebericht selbst oder in ihn (und den konsolidierten Lagebericht) begleitenden Dokumenten nicht in den Anwendungsbereich der IAS-Verordnung.

Andere in den Rechnungslegungsrichtlinien behandelte Fragen, die nicht in den Anwendungsbereich der IAS-Verordnung fallen und auch in Zukunft Gültigkeit haben werden, sind:

- Veröffentlichung: Artikel 47 der Vierten und Artikel 38 der Siebenten Richtlinie;
- Abschlussprüfung: Artikel 48 und 51 der Vierten Richtlinie und Artikel 37 der Siebenten Richtlinie;
- Sonstige Fragen: Artikel 53 der Vierten Richtlinie.

In dem Maße, wie der Anwendungsbereich derselbe ist (d. h. wenn der konsolidierte Abschluss und der Jahresabschluss gleichermaßen betroffen sind), sieht die Interaktion wie folgt aus:

Gemäß der IAS-Verordnung darf keine aus den Rechnungslegungsrichtlinien umgesetzte Bestimmung eine Gesellschaft daran hindern oder dahingehend einschränken, dass sie die übernommenen IAS vollumfänglich anwendet oder deren Wahlmöglichkeit in Anspruch nimmt.

Anders ausgedrückt bedeutet dies, dass eine Gesellschaft die freigegebenen IAS anwendet, und zwar unabhängig von allen etwaigen den IAS zuwiderlaufenden, mit ihnen kollidierenden oder sie einschränkenden Bestimmungen des nationalen Rechts. Folglich können die Mitgliedstaaten in den IAS explizit enthaltene Wahlmöglichkeiten nicht einschränken.

In einem auf Grundsätzen basierenden System wie den IAS wird es immer Transaktionen oder Vereinbarungen geben, die nicht von expliziten Regeln abgedeckt sind. In diesen Fällen fordern die IAS vom Management, nach eigenem Urteil die zweckmäßigsten Bilanzierungs- und Bewertungsmethoden zu entwickeln (s. IAS 1, Ziffer 22). Dennoch handelt es sich bei diesem Urteil nicht um die freie Wahl des Managements, denn die IAS sehen vor, dass es sich auf das IASB-Rahmenkonzept, Definitionen, andere Standards und allgemein anerkannte Verhaltensregeln zu gründen hat. Infolge der Anwendung der gemäß der IAS-Verordnung angenommenen IAS können die nationalen Bestimmungen durch Festlegung besonderer Behandlungsweisen die erforderliche oben genannte Urteilsbildung weder einschränken noch behindern.

Da die IAS-Verordnung unmittelbar anwendbar ist, müssen die Mitgliedstaaten zusichern, dass nicht versuchen werden, die Gesellschaft zusätzlichen nationalen Bestimmungen zu unterwerfen, die diese daran hindern, die gemäß der IAS-Verordnung angenommenen IAS einzuhalten, weil sie diesen zuwiderlaufen, mit ihnen kollidieren oder diese einschränken.

3.2. Jahresabschlüsse und konsolidierte Abschlüsse nicht börsennotierter Gesellschaften

Artikel 5 der IAS-Verordnung enthält eine Option, der zufolge die Mitgliedstaaten die Anwendung angenommener IAS bei der Erstellung des Jahresabschlusses und/ oder des konsolidierten Abschlusses nicht börsennotierter EU-Unternehmen gestatten oder vorschreiben können.

Schreibt ein Mitgliedstaat die Zugrundelegung der IAS infolge von Artikel 5 der IAS-Verordnung vor, so sind die IAS direkt auf die Abschlüsse dieser Gesellschaft anwendbar.

Die gleiche Interaktion wie bei dem konsolidierten Abschluss börsennotierter EU-Gesellschaften erfolgt also auch bei dem Jahresabschluss und dem konsolidierten Abschluss nicht börsennotierter Gesellschaften, falls der Inanspruchnahme der Option von Artikel 5 der IAS-Verordnung durch die Mitgliedstaaten erstellt werden.

Diese Interaktion ist dieselbe, unabhängig davon, ob die Abschlüsse gemäß den IAS aufgrund einer *Verpflichtung* oder infolge einer *Option* erstellt werden, die der Gesellschaft durch das nationale Recht aufgrund von Artikel 5 eingeräumt wird.

3.3. Artikel der umgesetzten Rechnungslegungsrichtlinien, die auch nach dem Erlass der IAS-Verordnung auf die Gesellschaften Anwendung finden

Auf die allgemeine Interaktion zwischen der IAS-Verordnung und den umgesetzten Rechnungslegungsrichtlinien wird in den Absätzen 3.1. und 4.1. eingegangen. Die spezifische Interaktion betreffend die Unternehmensteile, die in den konsolidierten gemäß den angenommenen IAS zu erstellenden Abschlüsse einzubeziehen sind, ist Gegenstand von Absatz 2.2.2.

Ein Unternehmen, das gehalten ist, **konsolidierte Abschlüsse** zu erstellen und das in den Anwendungsbereich der IAS-Verordnung fällt, weil entweder Artikel 4 oder Artikel 5 der IAS-Verordnung anwendbar ist, ist gehalten, die nationalen Rechtsvorschriften einzuhalten, die aufgrund jener Artikel der Vierten und der Siebenten Richtlinie umgesetzt wurden, die Fragen der Abschlussprüfung, des konsolidierten Lageberichts und bestimmter Offenlegungsaspekte betreffen, die über den Anwendungsbereich der „International Accounting Standards" hinausgehen. Um alle Zweifel auszuräumen, seien hier noch einmal die Artikel der Vierten und der Siebenten Richtlinie genannt, die nach wie vor für die konsolidierten Abschlüsse relevant bleiben:

(a) Im Falle der Vierten Richtlinie: Artikel 58 Buchstabe c; und
(b) Im Falle der Siebenten Richtlinie: Artikel 34 Absatz 2 bis 5, Artikel 34 Absatz 9, Artikel 34 Absatz 12, Artikel 34 Absatz 13, Artikel 35 Absatz 1 sowie die Artikel 36, 37 und 38.

Ein Unternehmen, das gehalten ist, **Jahresabschlüsse** zu erstellen und das in den Anwendungsbereich der IAS-Verordnung fällt, weil Artikel 5 der IAS-Verordnung anwendbar ist, ist gehalten, die nationalen Rechtsvorschriften zu respektieren, die aufgrund jener Artikel der Vierten und der Siebenten Richtlinie umgesetzt wurden, die Fragen der Abschlussprüfung, des Lageberichts und bestimmter Offenlegungsaspekte betreffen, die über den Anwendungsbereich der „International Accounting Standards" hinausgehen. Um alle Zweifel auszuräumen, seien hier noch einmal die Artikel der Vierten und der Siebenten Richtlinie genannt, die nach wie vor für die Jahresabschlüsse relevant bleiben:

(a) Im Falle der Vierten Richtlinie: die Artikel 11, 12, 27, Artikel 43 Absatz 1 Ziffern 2, 9, 12, und 13, Artikel 45 Absatz 1, Artikel 46, Artikel 47 Absatz 1 und 1 a sowie Absatz 2 letzter Satz, die Artikel 48, 49, 51 und 51 a, 53, 56 Absatz 2 und die Artikel 57 und 58.
(b) Im Falle der Siebenten Richtlinie: Artikel 9 Absatz 2.

3.4. IAS als Teil der nationalen Rechnungslegungsvorschriften

Gesellschaften, die nicht unter die IAS-Verordnung fallen, müssen nach wie vor den Bestimmungen des einzelstaatlichen Rechts auf dem Gebiet der Rechnungslegung genügen, das aus den EU-Rechnungslegungsrichtlinien abgeleitet wurde und als Grundlage für ihre Abschlüsse dient.

Sofern ein bestimmter IAS mit einer Bestimmung der EU-Rechnungslegungsrichtlinien kohärent ist, können die Mitgliedstaaten vorschreiben, dass dieser IAS von den Unternehmen angewandt wird. Diese Anforderung könnte freilich auch auf alle IAS und Interpretationen ausgedehnt werden.

In diesen Fällen unterliegt die Gesellschaft weiterhin den Bestimmungen des nationalen Rechts und die Beschränkung bezüglich zusätzlicher Bewertungs- oder Offenlegungsanforderungen durch das nationale Recht, auf die in den Abschnitten 3.1. und 4.1. eingegangen wird, entfällt hier.

4. ASPEKTE DER OFFENLEGUNG

4.1. Anforderungen der Mitgliedstaaten in Bezug auf weitere über die IAS hinausgehende Offenlegungen

Der maximale Nutzen der Zugrundelegung eines einheitlichen Finanzberichterstattungsrahmens, so wie er von der IAS-Verordnung angestrebt wird, um alle relevanten Abschlüsse unmittelbar vergleichbar zu machen, wird dann erreicht, wenn die Mitgliedstaaten im Jahresabschluss oder im konsolidierten Abschluss, die gemäß der von der IAS-Verordnung freigegebenen IAS erstellt wurden, nicht qualitative oder quantitative Offenlegungen fordern, die für einen Abschluss mit allgemeinem Verwendungszweck nicht relevant sind, oder Informationen, die besser gesondert zu veröffentlichen sind.

Übereinstimmend mit der Interaktion zwischen einzelstaatlichem Recht und den IAS, auf die in Abschnitt 3.1. eingegangen wurde, können zusätzliche Offenlegungsanforderungen im nationalen Recht, die entweder aufgrund der EU-Rechnungslegungsrichtlinien umgesetzt oder aber aufgrund der Eigeninitiative der Mitgliedstaaten aufgenommen wurden, weiterhin Gültigkeit behalten, sofern sie für derlei Abschlüsse mit allgemeinem Verwendungszweck relevant sind und nicht in den Anwendungsbereich der freigegebenen IAS fallen.

Zusätzliche Offenlegung könnte beispielsweise von den Aufsichtsbehörden oder den Wertpapierregulierungsbehörden in Fragen gefordert werden, die Folgendes betreffen:

• Informationen sind offenzulegen, die außerhalb des durch die IAS-Verordnung geregelten Jahresabschlusses (oder des konsolidierten Abschlusses) fallen, wie z.B. jene im Lagebericht oder in einer gesonderten Aufstellung, die dem Abschluss beigefügt ist, oder

• Informationen, die im Anhang zum Jahresabschluss (oder zum konsolidierten Abschluss), die unter die IAS-Verordnung fallen, offenzulegen sind, wenn das betreffende Thema als für diese allgemeinen Abschlüsse von großer Bedeutung betrachtet wird (z.B. Offenlegungen im Zusammenhang mit der ‚Corporate Governance', wie die Einzelvergütung der Managementkräfte), aber außerhalb des Anwendungsbereichs der IAS fällt, da es für die Erstellung des den tatsächlichen Verhältnissen entsprechenden Bildes im Sinne der IAS nicht erforderlich ist.

4.2. IAS-Formate und Kontenrahmen

In den IAS wird die Art und Weise beschrieben, wie die Posten ermittelt werden, die in der Gewinn- und Verlustrechnung bzw. in der Bilanz auszuweisen sind.

In Bezug auf die Gewinn- und Verlustrechnung gestatten die IAS zwei Ansätze, und zwar der Ausweis nach *Funktion* oder nach *Wesensart* des Postens. Wurde der Ausweis nach Funktion gewählt, sind ebenfalls bestimmte zusätzliche Informationen über deren Wesensart beizubringen. Der Ausweis nach Funktion bzw. Wesensart folgt den gleichen Grundsätzen wie jene, die die alternativen Gliederungen in der Vierten Richtlinie regeln.

In Bezug auf die Bilanz werden die Aktiva entweder nach ihrer Liquidität oder nach dem Kriterium kurzfristig/nicht kurzfristig ausgewiesen. Diese Zuordnungen ähneln stark jenen, die in der Vierten Richtlinie verwendet werden, die eine Unterscheidung zwischen Anlage- und Umlaufvermögen sowie zwischen kurz- und langfristigen Verbindlichkeiten vorsieht.

Da die IAS lediglich für eine externe Finanzberichterstattung zu allgemeinen Zwecken gelten, sehen sie keinerlei explizite Anforderungen für die Struktur von internen Managementinformationen vor (wie z. B. den Kontenrahmen), die von einem Unternehmen geführt werden müssen. Allerdings sollten diese internen Informationen zumindest so ausreichend sein, dass sie die Erstellung von Informationen unterlegen, die für die externe Finanzberichterstattung benötigt werden.

Da die IAS-Verordnung direkt auf einzelne Gesellschaften anwendbar ist, können die Mitgliedstaaten nicht ihre eigenen Formate vorschreiben, sondern müssen die angenommenen IAS verwenden.

1/2a. RAHMENKONZEPT FÜR DIE AUFSTELLUNG UND DARSTELLUNG VON ABSCHLÜSSEN

5. ANHANG

Im April 1989 wurde vom Board die Veröffentlichung des IASC Rahmenkonzepts im Juli 1989 genehmigt; seine Annahme durch den IASB erfolgte im April 2001.

INHALTSVERZEICHNIS

	§§
VORWORT	
EINFÜHRUNG	1 11
Zweck und Status	1–4
Anwendungsbereich	5–8
Adressaten und ihre Informationsbedürfnisse	9–11
DIE ZIELSETZUNG VON ABSCHLÜSSEN	12–21
Vermögens-, Finanz- und Ertragslage sowie Veränderungen in der Vermögens- und Finanzlage	15–21
Anhang und ergänzende Übersichten	21
ZU GRUNDE LIEGENDE ANNAHMEN	22–23
Periodenabgrenzung	22
Unternehmensfortführung	23
QUALITATIVE ANFORDERUNGEN AN DEN ABSCHLUSS	24–46
Verständlichkeit	25
Relevanz	26–30
Wesentlichkeit	29–30
Verlässlichkeit	31–38
Glaubwürdige Darstellung	33–34
Wirtschaftliche Betrachtungsweise	35
Neutralität	36
Vorsicht	37
Vollständigkeit	38
Vergleichbarkeit	39–42
Beschränkungen für relevante und verlässliche Informationen	43–45
Zeitnähe	43
Abwägung von Nutzen und Kosten	44
Abwägung der qualitativen Anforderungen an den Abschluss	45
Vermittlung eines den tatsächlichen Verhältnissen entsprechenden Bildes	46
DIE ABSCHLUSSPOSTEN	47–81
Vermögens- und Finanzlage	49–52
Vermögenswerte	53–59
Schulden	60–64
Eigenkapital	65–68
Ertragskraft	69–73
Erträge	74–77
Aufwendungen	78–80
Kapitalerhaltungsanpassungen	81
ERFASSUNG VON ABSCHLUSSPOSTEN	82–98
Die Wahrscheinlichkeit eines künftigen wirtschaftlichen Nutzens	85
Verlässlichkeit der Bewertung	86–88
Ansatz von Vermögenswerten	89–90
Ansatz von Schulden	91

1/2a. Rahmenkonzept
Inhaltsverzeichnis, Vorwort, 1

Erfassung von Erträgen 92–93
Erfassung von Aufwendungen 94–98
BEWERTUNG DER ABSCHLUSSPOSTEN 99–101
KAPITAL- UND KAPITALERHALTUNGSKONZEPTE 102–110
Kapitalkonzepte 102–103
Kapitalerhaltungskonzepte und Gewinnermittlung 104–110

Vorwort

Weltweit werden von vielen Unternehmen Abschlüsse für externe Adressaten aufgestellt und dargestellt. Obwohl solche Abschlüsse von Land zu Land Ähnlichkeiten aufweisen, bestehen auch Unterschiede, die vermutlich auf einer Vielzahl von sozialen, wirtschaftlichen und rechtlichen Umständen sowie darauf beruhen, dass die einzelnen Länder bei der Festlegung nationaler Vorschriften die Bedürfnisse der verschiedenen Abschlussadressaten berücksichtigt haben.

Diese unterschiedlichen Gegebenheiten haben zur Verwendung verschiedener Definitionen für die Abschlussposten geführt, beispielsweise für die Termini Vermögenswerte, Schulden, Eigenkapital, Erträge und Aufwendungen. Sie haben ferner zur Verwendung unterschiedlicher Kriterien für die Darstellung von Sachverhalten im Abschluss sowie zu unterschiedlichen Bewertungsgrundlagen geführt. Auch der Anwendungsbereich der Abschlüsse sowie die darin aufgeführten Angaben waren davon betroffen.

Das International Accounting Standards Committee (IASC) ist bestrebt, diese Unterschiede durch Harmonisierung der Vorschriften, Rechnungslegungsstandards und Verfahren hinsichtlich der Aufstellung und Darstellung von Abschlüssen zu verringern. Es ist der Ansicht, dass eine weitere Harmonisierung am besten dadurch erreicht werden kann, dass man sich auf die Abschlüsse konzentriert, deren Aufstellung zum Ziel hat, nützliche Informationen für wirtschaftliche Entscheidungen zu liefern.

Der Board des IASC ist überzeugt, dass die zu diesem Zweck aufgestellten Abschlüsse den gemeinsamen Bedürfnissen der meisten Adressaten gerecht werden. Dies ist darauf zurückzuführen, dass fast alle Adressaten wirtschaftliche Entscheidungen treffen, beispielsweise, um:

(a) zu entscheiden, wann ein Kapitalanteil zu kaufen, zu halten oder zu verkaufen ist;
(b) die Handlungen oder die Verantwortlichkeit des Managements zu beurteilen;
(c) die Fähigkeit des Unternehmens zu beurteilen, seine Arbeitnehmer zu entlohnen und ihnen weitere Vergünstigungen zu bieten;
(d) die Sicherheit der dem Unternehmen geliehenen Beträge zu beurteilen;
(e) die Festlegung der Steuerpolitik;
(f) ausschüttbare Gewinne und Dividenden zu bestimmen;
(g) Statistiken über das Volkseinkommen aufzustellen und zu nutzen; oder

(h) die Tätigkeiten von Unternehmen zu reglementieren.

Der Board erkennt allerdings an, dass insbesondere Regierungen andere oder zusätzliche Anforderungen für eigene Zwecke formulieren können. Doch diese Anforderungen dürfen die zum Nutzen der anderen Adressaten veröffentlichten Abschlüsse nicht beeinträchtigen, es sei denn, dass sie ebenfalls den Bedürfnissen dieser anderen Adressaten entsprechen.

Abschlüsse werden in der Regel gemäß einem Rechnungslegungsmodell auf der Grundlage historischer Anschaffungs- oder Herstellungskosten und dem Konzept der nominalen Kapitalerhaltung aufgestellt. Andere Modelle und Konzepte können unter der Zielsetzung, nützliche Informationen für wirtschaftliche Entscheidungen bereitzustellen, angemessener sein. Gleichwohl besteht derzeit kein Einvernehmen über eine Änderung. Das vorliegende Rahmenkonzept wurde so entwickelt, dass es sich auf eine Reihe verschiedener Rechnungslegungsmodelle sowie Kapital- und Kapitalerhaltungskonzepte anwenden lässt.

Einführung

Zweck und Status

1. Dieses Rahmenkonzept legt die Konzeptionen dar, die der Aufstellung und Darstellung von Abschlüssen für externe Adressaten zugrunde liegen. Das Rahmenkonzept verfolgt die nachfolgenden Zwecke:

(a) Unterstützung des Board des IASC bei der Entwicklung zukünftiger International Accounting Standards sowie bei der Überprüfung bereits bestehender International Accounting Standards;
(b) Unterstützung des Board des IASC bei der Förderung der Harmonisierung von Vorschriften, Rechnungslegungsstandards und Verfahren hinsichtlich der Abschlüssen, indem eine Grundlage für die Reduzierung der Anzahl alternativer Bilanzierungsmethoden, die nach den International Accounting Standards zulässig sind, geschaffen wird;
(c) Unterstützung der nationalen Standardsetter bei der Entwicklung nationaler Standards;
(d) Unterstützung der mit der Aufstellung von Abschlüssen befassten Personen bei der Anwendung der International Accounting Standards sowie bei der Behandlung von Themen, die noch Gegenstand eines International Accounting Standard sein werden;

1/2a. Rahmenkonzept 1–9

(e) Unterstützung von Abschlussprüfern bei der Urteilsfindung, ob Abschlüsse den International Accounting Standards entsprechen;
(f) Unterstützung der Abschlussadressaten bei der Interpretation der Informationen aus den Abschlüssen, die gemäß den International Accounting Standards aufgestellt wurden; und
(g) Bereitstellung von Informationen über das Vorgehen bei der Formulierung der International Accounting Standards für die Personen, die sich für die Arbeit des IASC interessieren.

2. Dieses Rahmenkonzept ist kein International Accounting Standard und definiert damit keine Grundsätze für bestimmte Fragen der Bewertung oder von Angaben. Keine Passage aus diesem Rahmenkonzept geht einem International Accounting Standard vor.

3. Der Board des IASC erkennt an, dass in einer begrenzten Anzahl von Fällen Konflikte zwischen dem Rahmenkonzept und einem International Accounting Standard bestehen können. In diesen Fällen, in denen ein Konflikt besteht, haben die Anforderungen aus dem International Accounting Standard Vorrang vor denjenigen aus dem Rahmenkonzept. Da sich aber der Board des IASC bei der Ausarbeitung künftiger Standards sowie bei der Überprüfung bereits bestehender Standards an dem Rahmenkonzept orientiert, wird sich die Zahl der Konfliktpunkte zwischen diesem Rahmenkonzept und den International Accounting Standards mit der Zeit verringern.

4. Der Board wird das Rahmenkonzept regelmäßig auf der Grundlage der damit gemachten Erfahrungen überarbeiten.

Anwendungsbereich

5. Das Rahmenkonzept beschäftigt sich mit folgenden Punkten:
(a) der Zielsetzung von Abschlüssen;
(b) den qualitativen Anforderungen, die den Nutzen der im Abschluss enthaltenen Informationen bestimmen;
(c) der Definition, Ansatz und Bewertung der Abschlussposten, aus denen der Abschluss besteht; und
(d) Kapital- und Kapitalerhaltungskonzepten.

6. Das Rahmenkonzept befasst sich mit Abschlüssen für allgemeine Zwecke (nachstehend „Abschlüsse" genannt) einschließlich der Konzernabschlüsse. Solche Abschlüsse werden mindestens einmal jährlich aufgestellt und publiziert und richten sich nach den gemeinsamen Informationsbedürfnissen eines weiten Adressatenkreises. Einige Adressaten können Informationen benötigen, die nicht im Abschluss enthalten sind, haben aber eventuell Einfluss, diese Informationen zu erhalten. Viele Adressaten hingegen müssen sich auf die Abschlüsse als ihre Hauptquelle für Finanzinformationen verlassen, daher sind diese Abschlüsse unter Berücksichtigung ihrer Bedürfnisse aufzustellen und darzustellen. Finanzberichte für besondere Zwecke, beispielsweise Börsenprospekte und Berechnungen für steuerliche Zwecke, fallen nicht unter den Anwendungsbereich dieses Rahmenkonzeptes. Dennoch kann das Rahmenkonzept für die Erstellung solcher besonderen Berichte zugrundegelegt werden, wenn deren Anforderungen dies gestatten.

7. Abschlüsse sind Teil des Prozesses der Rechnungslegung. Ein vollständiger Abschluss umfasst im Regelfall eine Bilanz, eine Gewinn- und Verlustrechnung, eine Kapitalflussrechnung (hier sind verschiedene Darstellungsformen möglich, beispielsweise eine Darstellung der Barmittelzu- und abflüsse oder eine Darstellung (sonstiger) Mittelzu- und abflüsse) sowie den Anhang und weitere Aufstellungen und Erläuterungen, die integraler Bestandteil des Abschlusses sind. Ferner kann er ergänzende Übersichten und Informationen enthalten, die auf den Darstellungen beruhen oder daraus abgeleitet werden und von denen man erwartet, dass sie in Verbindung mit diesen gelesen werden. Diese Aufstellungen und ergänzenden Informationen können beispielsweise Finanzinformationen zu Geschäftsfeldern und geographischen Segmenten und Angaben zu Auswirkungen von Preisänderungen behandeln. Abschlüsse enthalten allerdings keine Elemente wie Berichte der Mitglieder des Geschäftsführungs- und/oder Aufsichtsorgans oder dessen Vorsitzender, Analysen des Managements oder ähnliche Bestandteile, die in einem Geschäftsbericht enthalten sein können.

8. Das Rahmenkonzept gilt für die Abschlüsse aller privaten und öffentlichen Handels-, Industrie- und Dienstleistungsunternehmen, die Bericht erstatten. Ein berichterstattendes Unternehmen ist ein Unternehmen, das Adressaten hat, die sich auf die Abschlüsse als ihre wichtigste Quelle für Finanzinformationen über das Unternehmen verlassen.

Adressaten und ihre Informationsbedürfnisse

9. Zu den Abschlussadressaten gehören derzeitige und potenzielle Investoren, Arbeitnehmer, Kreditgeber, Lieferanten und weitere Kreditoren, Kunden, Regierungen sowie deren Institutionen und die Öffentlichkeit. Sie verwenden die Abschlüsse, um einige ihrer unterschiedlichen Informationsbedürfnisse zu befriedigen. Dazu gehören:

(a) *Investoren.* Die Bereitsteller von Risikokapital und ihre Berater sind mit den Risiken und Erträgen ihrer Investitionen befasst. Sie benötigen Informationen, um besser beurteilen zu können, ob sie kaufen, halten oder veräußern sollen. Auch Aktionäre sind interessiert an Informationen, mit denen sie die Fähigkeit des Unternehmens zur Dividendenausschüttung beurteilen können.

(b) *Arbeitnehmer.* Arbeitnehmer und ihre Vertretungen sind interessiert an Informationen über die Stabilität und Rentabilität ihrer Arbeitgeber. Ferner sind sie interessiert an Informationen, anhand derer sie die Fähigkeit des Unternehmens zur Zahlung von Löhnen und

Gehältern, Altersversorgungsleistungen und zur Bereitstellung von Arbeitsplätzen beurteilen können.

(c) *Kreditgeber.* Kreditgeber sind interessiert an Informationen, mit denen sie beurteilen können, ob ihre Darlehen und die damit verbundenen Zinsen bei Fälligkeit gezahlt werden.

(d) *Lieferanten und andere Gläubiger.* Lieferanten und andere Gläubiger sind interessiert an Informationen, mit denen sie beurteilen können, ob die ihnen geschuldeten Beträge bei Fälligkeit gezahlt werden. Andere Gläubiger sind in der Regel kurzfristiger an einem Unternehmen interessiert als Gläubiger, sofern sie nicht von der Weiterführung des Unternehmens als wichtigem Kunden abhängen.

(e) *Kunden.* Kunden sind an Informationen über die Fortführung eines Unternehmens interessiert, vor allem dann, wenn sie eine langfristige Geschäftsbeziehung zu dem Unternehmen haben oder von diesem abhängen.

(f) *Regierungen und ihre Institutionen.* Regierungen und ihre Institutionen sind an der Zuteilung von Ressourcen und demnach an den Tätigkeiten der Unternehmen interessiert. Sie benötigen auch Informationen, um die Tätigkeiten der Unternehmen zu regulieren sowie die Steuerpolitik festzulegen, und sie benötigen Informationen als Grundlage für die Ermittlung des Volkseinkommens u. ä. Statistiken.

(g) *Öffentlichkeit.* Die Unternehmen können Mitglieder der Öffentlichkeit in vielerlei Hinsicht betreffen. So können Unternehmen beispielsweise in unterschiedlichster Form einen erheblichen Beitrag zur lokalen Wirtschaft leisten, dazu zählen auch die Anzahl der Beschäftigten des Unternehmens und ihre Unterstützung der lokalen Lieferanten. Abschlüsse können die Öffentlichkeit unterstützen, indem sie Informationen über die Tendenzen und jüngsten Entwicklungen der Prosperität des Unternehmens sowie über seine Tätigkeitsbereiche geben.

10. Obwohl die Abschlüsse nicht alle Informationsbedürfnisse dieser Adressaten erfüllen können, gibt es Bedürfnisse, die allen Adressaten gemein sind. Da Investoren dem Unternehmen Risikokapital zur Verfügung stellen, werden die Angaben aus den Abschlüssen, die ihrem Informationsbedarf entsprechen, auch den Informationsbedürfnissen der meisten anderen Adressaten entsprechen, die ein Abschluss erfüllen kann.

11. Das Management trägt die Hauptverantwortung für die Aufstellung und Darstellung des Abschlusses eines Unternehmens. Es ist ebenfalls an dem im Abschluss enthaltenen Informationen interessiert, obwohl es Zugang zu weiteren Management- und Finanzinformationen hat, mit denen es seine Planungen und seine Entscheidungsfindung besser vornehmen und seiner Kontrollverantwortung besser nachkommen kann. Das Management kann Form und Inhalt solcher zusätzlichen Informationen festlegen, um seinen eigenen Bedürfnissen Rechnung zu tragen. Die Bereitstellung solcher Informationen fällt jedoch nicht unter den Anwendungsbereich dieses Rahmenkonzeptes. Doch die veröffentlichten Abschlüsse basieren auf den vom Management verwendeten Informationen über die Vermögens-, Finanz- und Ertragslage sowie Veränderungen in der Vermögens- und Finanzlage des Unternehmens.

Die Zielsetzung von Abschlüssen

12. Zielsetzung von Abschlüssen ist es, Informationen über die Vermögens-, Finanz- und Ertragslage sowie Veränderungen in der Vermögens- und Finanzlage eines Unternehmens zu geben, die für eine weiten Adressatenkreis bei dessen wirtschaftlichen Entscheidungen nützlich sind.

13. Die zu diesem Zweck aufgestellten Abschlüsse erfüllen die gemeinsamen Bedürfnisse der meisten Adressaten. Die Abschlüsse erfüllen jedoch nicht alle Informationen, die die Adressaten gegebenenfalls für ihre wirtschaftlichen Entscheidungen benötigen, da sie vor allem die wirtschaftlichen Auswirkungen der Ereignisse der Vergangenheit zeigen und nicht notwendigerweise auch andere Informationen als Finanzinformationen wiedergeben.

14. Abschlüsse zeigen auch die Ergebnisse der Führung des Unternehmens durch das Management und dessen Verantwortlichkeit für das ihm anvertraute Vermögen. Die Adressaten, die die Qualität oder die Effizienz des Managements beurteilen möchten, tun dies, um wirtschaftliche Entscheidungen zu treffen. Dazu gehört die Entscheidung, die Anteile an dem Unternehmen zu halten oder zu veräußern, sowie die Entscheidung, die Unternehmensleitung zu bestätigen oder zu ersetzen.

Vermögens-, Finanz- und Ertragslage sowie Veränderungen in der Vermögens- und Finanzlage

15. Die von den Abschlussadressaten getroffenen wirtschaftlichen Entscheidungen erfordern eine Beurteilung der Fähigkeit des Unternehmens, Zahlungsmittel und Zahlungsmitteläquivalente zu erwirtschaften, ferner des Zeitpunktes und der Wahrscheinlichkeit ihres Entstehens. Hiernach bestimmt sich letztendlich etwa die Fähigkeit eines Unternehmens, seine Beschäftigten und Lieferanten zu bezahlen, Zinsverpflichtungen einzuhalten, Darlehen zurückzuzahlen und Ausschüttungen an seine Eigentümer vorzunehmen. Die Adressaten können diese Fähigkeit zur Erwirtschaftung von Zahlungsmitteln und Zahlungsmitteläquivalenten besser beurteilen, wenn sie Informationen erhalten, die sich auf die Vermögens-, Finanz- und Ertragslage sowie auf Veränderungen in der Vermögens- und Finanzlage eines Unternehmens konzentrieren.

16. Die Vermögens- und Finanzlage eines Unternehmens wird von den wirtschaftlichen Ressourcen bestimmt, über die ein Unternehmen die Verfügungsmacht besitzt, seiner Vermögens- und

Finanzstruktur, seiner Liquidität und Solvenz sowie seiner Anpassungsfähigkeit an Veränderungen in seinem Tätigkeitsumfeld. Informationen über die in der Verfügungsmacht des Unternehmens stehenden wirtschaftlichen Ressourcen und seine Fähigkeit in der Vergangenheit, den Ressourcenbestand zu ändern, sind nützlich, um die Fähigkeit des Unternehmens zur zukünftigen Erwirtschaftung von Zahlungsmitteln und Zahlungsmitteläquivalenten zu prognostizieren. Informationen über die Vermögens- und Finanzstruktur sind hilfreich bei der Beurteilung, wie viel Fremdkapital in der Zukunft benötigt wird und wie zukünftige Gewinne und Mittelzuflüsse unter denjenigen verteilt werden, die am Unternehmen beteiligt sind. Sie sind auch nützlich, um vorhersagen zu können, wie erfolgreich das Unternehmen voraussichtlich bei der Aufbringung weiterer Finanzmittel sein wird. Informationen über Liquidität und Solvenz helfen bei der Prognose, inwieweit das Unternehmen fähig sein wird, seinen finanziellen Verpflichtungen bei deren Fälligkeit nachzukommen. Liquidität bezieht sich auf die Verfügbarkeit von Zahlungsmitteln in der nahen Zukunft, nachdem die finanziellen Verpflichtungen für diesen Zeitraum berücksichtigt worden sind. Solvenz bezieht sich auf die langfristige Verfügbarkeit flüssiger Mittel zur Erfüllung finanzieller Verpflichtungen bei deren Fälligkeit.

17. Informationen über die Ertragskraft und insbesondere die Rentabilität eines Unternehmens sind für die Beurteilung potenzieller Veränderungen der wirtschaftlichen Ressourcen, über die das Unternehmen voraussichtlich in Zukunft die Verfügungsmacht besitzen wird, erforderlich. In dieser Hinsicht sind Informationen über die Schwankungen der Ertragskraft wichtig. Informationen über die Ertragskraft dienen der Vorhersage über die Fähigkeit des Unternehmens, Zahlungsmittel aus seiner bestehenden Ressourcengrundlage zu erwirtschaften. Mit ihnen kann auch beurteilt werden, wie wirksam das Unternehmen zusätzliche Ressourcen einsetzen könnte.

18. Informationen hinsichtlich der Veränderungen in der Vermögens- und Finanzlage eines Unternehmens helfen bei der Beurteilung seiner Investitions-, Finanzierungs- und betrieblichen Tätigkeiten während der Berichtsperiode. Diese Informationen bieten dem Adressaten eine Grundlage für die Beurteilung der Fähigkeit des Unternehmens zur Erwirtschaftung von Zahlungsmitteln und Zahlungsmitteläquivalenten sowie des Bedarfes des Unternehmens, diese Cashflows zu nutzen. Bei der Erstellung der Kapitalflussrechnung können die Fonds auf verschiedene Weise definiert werden, beispielsweise als Gesamtheit der finanziellen Ressourcen, Nettoumlaufvermögen, liquide Mittel oder Zahlungsmittel. In diesem Rahmenkonzept soll keine Definition von Fonds vorgegeben werden.

19. Informationen über die Vermögens- und Finanzlage werden in erster Linie über die Bilanz bereitgestellt. Informationen zur Ertragskraft werden in erster Linie über die Gewinn- und Verlustrechnung bereitgestellt. Informationen über Veränderungen in der Vermögens- und Finanzlage werden in den Abschlüssen in Form einer gesonderten Aufstellung bereitgestellt.

20. Die Bestandteile des Abschlusses stehen miteinander in Verbindung, da sie unterschiedliche Aspekte derselben Transaktionen oder anderer Ereignisse widerspiegeln. Obwohl jede Aufstellung Informationen enthält, die sich von denjenigen aus den anderen Aufstellungen unterscheiden, verfolgt keine nur einen einzigen Zweck oder liefert alle Informationen für einen spezifischen Bedarf der Adressaten. Eine Gewinn- und Verlustrechnung zeichnet beispielsweise nur ein unvollständiges Bild der Ertragskraft, wenn sie nicht in Verbindung mit der Bilanz und der Kapitalflussrechnung verwendet wird.

Anhang und ergänzende Übersichten

21. Der Abschluss enthält auch einen Anhang, ergänzende Übersichten und weitere Informationen. Er kann beispielsweise zusätzliche Angaben umfassen, die für die Informationsbedürfnis der Adressaten hinsichtlich der Posten in der Bilanz und der Gewinn- und Verlustrechnung relevant sind. Er kann Angaben über Risiken und Unsicherheiten enthalten, die das Unternehmen und seine Ressourcen betreffen (beispielsweise Bodenschätze), ferner Verpflichtungen, die in der Bilanz nicht erfasst sind. Informationen zu Geschäftssegmenten und geographischen Segmenten sowie die Auswirkungen von Preisänderungen auf das Unternehmen können ebenfalls in Form von ergänzenden Angaben gegeben werden.

Zu Grunde liegende Annahmen

Periodenabgrenzung

22. Damit die Abschlüsse ihren Zielen gerecht werden, werden sie nach dem Konzept der Periodenabgrenzung aufgestellt. Gemäß diesem Konzept werden die Auswirkungen von Geschäftsvorfällen und anderen Ereignissen erfasst, wenn sie auftreten (und nicht wenn ein Zahlungsmittel oder ein Zahlungsmitteläquivalent eingeht oder bezahlt wird). Sie werden in der Periode in der Buchhaltung erfasst und im Abschluss der Periode ausgewiesen, der sie zuzurechnen sind. Abschlüsse, die nach dem Konzept der Periodenabgrenzung erstellt sind, bieten den Adressaten nicht nur Informationen über vergangene Geschäftsvorfälle einschließlich geleisteter und erhaltener Zahlungen, sondern sie informieren auch über künftige Zahlungsverpflichtungen sowie Ressourcen, die in der Zukunft zu Zahlungsmittelzuflüssen führen. Somit liefern sie die Art von Informationen über zurückliegende Geschäftsvorfälle und andere Ereignisse, die für die Adressaten bei deren wirtschaftlichen Entscheidungen besonders nützlich sind.

Unternehmensfortführung

23. Bei der Aufstellung von Abschlüssen wird im Regelfall von der Annahme der Unternehmens-

1/2a. Rahmenkonzept
23 – 33

fortführung für den absehbaren Zeitraum ausgegangen. Daher wird angenommen, dass das Unternehmen weder die Absicht hat noch gezwungen ist, seine Tätigkeiten einzustellen oder deren Umfang wesentlich einzuschränken. Besteht eine derartige Absicht oder Notwendigkeit, so muss der Abschluss ggf. auf einer anderen Grundlage erstellt werden, die dann anzugeben ist.

Qualitative Anforderungen an den Abschluss

24. Als qualitative Anforderungen gelten die Merkmale, durch welche die im Abschluss erteilten Informationen für die Adressaten nützlich werden. Die vier wichtigsten qualitativen Anforderungen sind Verständlichkeit, Relevanz, Verlässlichkeit und Vergleichbarkeit.

Verständlichkeit

25. Es ist für die Qualität der im Abschluss erteilten Informationen wesentlich, dass diese für die Adressaten leicht verständlich sind. Zu diesem Zweck wird bei den Adressaten vorausgesetzt, dass sie eine angemessene Kenntnis geschäftlicher und wirtschaftlicher Tätigkeiten und der Rechnungslegung sowie die Bereitschaft besitzen, die Informationen mit entsprechender Sorgfalt zu lesen. Informationen zu komplexen Themen, die auf Grund ihrer Relevanz für wirtschaftliche Entscheidungen der Adressaten im Abschluss enthalten sein müssen, dürfen jedoch nicht allein deswegen weggelassen werden, weil sie für bestimmte Adressaten zu schwer verständlich sein könnten.

Relevanz

26. Um nützlich zu sein, müssen die Informationen für die wirtschaftlichen Entscheidungen der Adressaten relevant sein. Informationen gelten dann als relevant, wenn sie die wirtschaftlichen Entscheidungen der Adressaten beeinflussen, indem sie ihnen bei der Beurteilung vergangener, derzeitiger oder zukünftiger Ereignisse helfen oder ihre Beurteilungen aus der Vergangenheit bestätigen oder korrigieren.

27. Die Aspekte der Prognose und der Bestätigung durch Informationen sind miteinander verknüpft. So sind beispielsweise Informationen über den derzeitigen Bestand und die Struktur des Besitzes von Vermögenswerten für die Adressaten relevant, etwa wenn sie sich bemühen, die Fähigkeit des Unternehmens zu prognostizieren, Chancen zu nutzen und auf ungünstige Situationen zu reagieren. Dieselben Informationen haben einen bestätigenden Charakter im Hinblick auf frühere Prognosen, beispielsweise zur Strukturierung des Unternehmens oder zum Resultat geplanter Tätigkeiten.

28. Informationen über die Vermögens-, Finanz- und Ertragslage in der Vergangenheit werden häufig als Grundlage für die Prognose der zukünftigen Vermögens-, Finanz- und Ertragslage sowie anderer Punkte verwendet, an denen die Adressaten direkt interessiert sind, beispielsweise die Zahlung von Dividenden, Löhnen und Gehältern, Kursveränderungen bei Wertpapieren und die Fähigkeit des Unternehmens, seinen Verpflichtungen bei Fälligkeit nachzukommen. Um für Prognosen verwendbar zu sein, müssen die Informationen nicht unbedingt in Form einer konkreten Prognoserechnung vorliegen. Allerdings wird die Möglichkeit, auf der Grundlage des Abschlusses Prognosen zu machen, durch die Darstellungsform der Informationen zu vergangenen Geschäftsvorfällen und Ereignissen beeinflusst. So besitzt beispielsweise die Gewinn- und Verlustrechnung einen höheren Wert für Voraussagen, wenn außergewöhnliche, ungewöhnliche und seltene Erträge und Aufwendungen separat angegeben werden.

Wesentlichkeit

29. Die Relevanz einer Information wird durch ihre Art und Wesentlichkeit bedingt. In einigen Fällen reicht allein die Art der Information für die Bestimmung ihrer Relevanz aus. So kann beispielsweise die Berichterstattung über ein neues Segment die Beurteilung der Risiken und Chancen für das Unternehmen beeinflussen, und zwar unabhängig von der Wesentlichkeit der vom neuen Segment in der Berichtsperiode erzielten Ergebnisse. In anderen Fällen sind sowohl Art als auch Wesentlichkeit von Bedeutung, beispielsweise von Vorräten in jeder der Hauptkategorien, die für das Geschäft angemessen sind.

30. Informationen sind wesentlich, wenn ihr Weglassen oder ihre fehlerhafte Darstellung die auf der Basis des Abschlusses getroffenen wirtschaftlichen Entscheidungen der Adressaten beeinflussen könnten. Die Wesentlichkeit ist von der Größe des Postens oder des Fehlers abhängig, die sich nach den besonderen Umständen des Weglassens oder der fehlerhaften Darstellung ergibt. Somit ist die Wesentlichkeit eher eine Schwelle oder ein Grenzwert und weniger eine primäre qualitative Anforderung, die eine Information haben muss, um nützlich zu sein.

Verlässlichkeit

31. Um nützlich zu sein, müssen Informationen auch verlässlich sein. Informationen sind dann verlässlich, wenn sie keine wesentlichen Fehler enthalten und frei von verzerrenden Einflüssen sind und sich die Adressaten darauf verlassen können, dass sie glaubwürdig darstellen, was sie vorgeben darzustellen oder was vernünftigerweise inhaltlich von ihnen erwartet werden kann.

32. Informationen können zwar relevant, jedoch in ihrer Art oder Darstellung so unzuverlässig sein, dass ihr Ansatz möglicherweise irreführend ist. Sind beispielsweise Rechtsgültigkeit und Betrag eines Schadensersatzanspruches im Rahmen eines Gerichtsverfahrens strittig, kann es für das Unternehmen unangebracht sein, den vollen Betrag des Anspruches in der Bilanz anzusetzen. Gleichwohl kann es angebracht sein, den Betrag sowie die Umstände des Anspruches anzugeben.

Glaubwürdige Darstellung

33. Um verlässlich zu sein, müssen Informationen die Geschäftsvorfälle und anderen Ereignisse glaubwürdig darstellen, die sie zum Inhalt haben oder die sie entweder vorgeben darzustellen oder

von denen vernünftigerweise erwartet werden kann, dass sie sie darstellen. So hat beispielsweise eine Bilanz diejenigen Geschäftsvorfälle und Ereignisse glaubwürdig darzulegen, die bei einem Unternehmen am Abschlussstichtag zu Vermögenswerten, Schulden und Eigenkapital führen, die die Bedingungen für ihren Ansatz erfüllen.

34. Die meisten Finanzinformationen unterliegen dem Risiko, dass sie eine weniger glaubwürdige Darstellung dessen sind, was sie vorgeben darzustellen. Das ist nicht durch verzerrende Einflüsse bedingt, sondern vielmehr entweder den inhärenten Schwierigkeiten bei der Identifizierung der zu bewertenden Geschäftsvorfälle und anderen Ereignisse oder der Entwicklung und Anwendung von Bewertungs- und Darstellungstechniken zuzuschreiben, die diesen Geschäftsvorfällen und Ereignissen entsprechende Aussagen vermitteln können. In bestimmten Fällen kann die Bewertung der finanziellen Auswirkungen von Sachverhalten so ungewiss sein, dass die Unternehmen diese im Allgemeinen nicht in den Abschluss aufnehmen würden. Obwohl beispielsweise die meisten Unternehmen intern im Laufe der Zeit einen Geschäfts- oder Firmenwert erzeugen, ist es im Regelfall schwierig, diesen verlässlich zu bestimmen oder zu bewerten. In anderen Fällen kann es jedoch relevant sein, Sachverhalte zu erfassen und das mit ihrem Ansatz und ihrer Bewertung verbundene Fehlerrisiko anzugeben.

Wirtschaftliche Betrachtungsweise

35. Wenn die Informationen die Geschäftsvorfälle und anderen Ereignisse, die sie vorgeben darzustellen, glaubwürdig darstellen sollen, müssen sie gemäß ihrem tatsächlichen wirtschaftlichen Gehalt und nicht allein gemäß der rechtlichen Gestaltung bilanziert und dargestellt werden. Der wirtschaftliche Gehalt von Geschäftsvorfällen oder anderen Ereignissen stimmt nicht immer mit dem überein, was scheinbar aus ihrer rechtlichen Gestaltung oder Sachverhaltsgestaltung hervorgeht. Ein Unternehmen kann beispielsweise einen Vermögenswert an eine andere Partei so veräußern, dass das Eigentum formalrechtlich auf diese Partei übergeht. Es können Vereinbarungen bestehen, wonach dem Unternehmen der künftige wirtschaftliche Nutzen aus dem Vermögenswert weiterhin zukommt. Unter derartigen Umständen würde eine Berichterstattung über einen Verkauf den vorgenommenen Geschäftsvorfall nicht glaubwürdig darstellen (wenn tatsächlich eine Transaktion stattgefunden hat).

Neutralität

36. Damit die im Abschluss enthaltenen Informationen verlässlich sind, müssen sie neutral, also frei von verzerrenden Einflüssen sein. Abschlüsse sind nicht neutral, wenn sie durch Auswahl oder Darstellung der Informationen eine Entscheidung oder Beurteilung beeinflussen, um so ein vorher festgelegtes Resultat oder Ergebnis zu erzielen.

Vorsicht

37. Die mit der Aufstellung des Abschlusses befassten Personen müssen sich allerdings mit den Ungewissheiten auseinandersetzen, die mit vielen Ereignissen und Umständen unvermeidlich verbunden sind, beispielsweise mit der Wahrscheinlichkeit, zweifelhafte Forderungen einzutreiben, der voraussichtlichen Nutzungsdauer von technischen Anlagen und Betriebs- und Geschäftsausstattung sowie der Zahl von Garantieansprüchen, die auftreten können. Solchen Ungewissheiten wird durch die Angabe ihrer Art und ihres Umfanges sowie dadurch Rechnung getragen, dass bei der Aufstellung des Abschlusses die Vorsicht berücksichtigt wird. Vorsicht bedeutet, dass ein gewisses Maß an Sorgfalt bei der Ermessensausübung, die für die erforderlichen Schätzungen unter ungewissen Umständen erforderlich ist, einbezogen wird, so dass Vermögenswerte oder Erträge nicht zu hoch und Schulden oder Aufwendungen nicht zu niedrig angesetzt werden. Allerdings gestattet eine vorsichtige Vorgehensweise beispielsweise nicht, stille Reserven zu legen oder Rückstellungen überzubewerten, den bewusst zu niedrigen Ansatz von Vermögenswerten oder Erträgen oder den bewusst zu hohen Ansatz von Schulden oder Aufwendungen, da der Abschluss dann nicht neutral wäre und deshalb das Kriterium der Verlässlichkeit nicht erfüllen würde.

Vollständigkeit

38. Damit die im Abschluss enthaltenen Informationen verlässlich sind, müssen sie in den Grenzen von Wesentlichkeit und Kosten vollständig sein. Ein Weglassen kann dazu führen, dass die Informationen falsch oder irreführend und somit hinsichtlich ihrer Relevanz unzulässig und mangelhaft sind.

Vergleichbarkeit

39. Es muss den Adressaten möglich sein, die Abschlüsse eines Unternehmens über die Zeit hinweg zu vergleichen, damit sie Tendenzen in seiner Vermögens-, Finanz- und Ertragslage erkennen können. Die Adressaten müssen ebenfalls die Abschlüsse verschiedener Unternehmen vergleichen können, damit sie deren jeweilige Vermögens-, Finanz- und Ertragslage sowie Veränderungen in deren Vermögens- und Finanzlage beurteilen können. Daher müssen die Bewertung und Darstellung der ökonomischen Auswirkungen ähnlicher Geschäftsvorfälle und anderer Ereignisse innerhalb eines Unternehmens und für dieses über die Zeit hinweg sowie für verschiedene Unternehmen stetig vorgenommen werden.

40. Eine wichtige Folgerung aus der qualitativen Anforderung der Vergleichbarkeit schließt ein, dass die Adressaten über die bei der Aufstellung der Abschlüsse zu Grunde gelegten Bilanzierungs- und Bewertungsmethoden, Änderungen bei diesen Methoden und die Auswirkungen solcher Änderungen informiert werden. Adressaten müssen in der Lage sein, Unterschiede in den Bilanzierungs- und Bewertungsmethoden für ähnliche Geschäftsvorfälle und andere Ereignisse zu erkennen, die von einem Unternehmen von Periode zu Periode und von verschiedenen Unternehmen angewendet werden. Die Übereinstimmung mit den Internatio-

nal Accounting Standards, einschließlich der Angabe der Bilanzierungs- und Bewertungsmethoden, hilft, die Vergleichbarkeit zu erreichen.

41. Die Notwendigkeit der Vergleichbarkeit darf nicht mit einer bloßen Einheitlichkeit verwechselt und nicht zu einem Hindernis für die Einführung verbesserter Rechnungslegungsstandards werden. Es ist für ein Unternehmen nicht zweckmäßig, einen Geschäftsvorfall oder ein anderes Ereignis weiterhin in derselben Art und Weise zu bilanzieren, wenn die angewandte Methode nicht mit den qualitativen Anforderungen der Relevanz und Verlässlichkeit übereinstimmt. Ferner ist es für ein Unternehmen auch nicht sachgerecht, seine Bilanzierungs- und Bewertungsmethoden beizubehalten, wenn relevantere und verlässlichere Alternativen bestehen.

42. Da die Adressaten die Vermögens-, Finanz- und Ertragslage sowie Veränderungen in der Vermögens- und Finanzlage eines Unternehmens im Zeitablauf vergleichen möchten, ist es wichtig, dass die Abschlüsse auch die entsprechenden Informationen für die vorhergehenden Perioden anführen.

Beschränkungen für relevante und verlässliche Informationen

Zeitnähe

43. Kommt es bei der Berichterstattung zu einer unangemessenen Verzögerung, so können die Informationen ihre Relevanz verlieren. Das Management muss in vielen Fällen die jeweiligen Vorteile einer zeitnahen Berichterstattung und einer Bereitstellung verlässlicher Informationen gegeneinander abwägen. Um Informationen zeitnah bereitzustellen, kann es häufig erforderlich sein zu berichten, bevor alle Aspekte eines Geschäftsvorfalles oder eines Ereignisses bekannt sind, wodurch die Verlässlichkeit gemindert ist. Wird umgekehrt die Berichterstattung hinausgezögert, bis alle Aspekte bekannt sind, mag die Information zwar äußerst verlässlich sein, jedoch ist sie für die Adressaten, die in der Zwischenzeit Entscheidungen treffen mussten, nur von geringem Nutzen. Um eine Ausgewogenheit zwischen Relevanz und Verlässlichkeit zu erreichen, ist die übergeordnete Überlegung zu berücksichtigen, wie den Bedürfnissen der Adressaten im Hinblick auf ihre wirtschaftlichen Entscheidungen am besten entsprochen werden kann.

Abwägung von Nutzen und Kosten

44. Die Abwägung von Nutzen und Kosten ist weniger eine qualitative Anforderung als vielmehr ein vorherrschender Sachzwang. Der aus einer Information abzuleitende Nutzen muss höher sein als die Kosten für die Bereitstellung der Information. Die Abschätzung von Nutzen und Kosten ist jedoch im Wesentlichen eine Ermessensfrage. Darüber hinaus sind die Kosten nicht notwendigerweise von den Adressaten zu tragen, die in den Genuss des Nutzens kommen. Nutzen kann auch anderen zugute kommen als den Adressaten, für die die Informationen bereitgestellt werden. Beispielsweise kann die Bereitstellung zusätzlicher Informationen für Kreditgeber die Fremdkapitalkosten eines Unternehmens senken. Aus diesen Gründen ist es schwierig, in jedem besonderen Fall einen Kosten-Nutzen-Test durchzuführen. Dennoch müssen die Standardsetter und die Personen, die die Abschlüsse aufstellen, sowie deren Adressaten sich dieses Sachzwanges bewusst sein.

Abwägung der qualitativen Anforderungen an den Abschluss

45. In der Praxis ist häufig ein Abwägen der qualitativen Anforderungen notwendig. In der Regel wird eine angemessene Ausgewogenheit zwischen den Anforderungen angestrebt, damit die Zielsetzung des Abschlusses erreicht wird. Die relative Bedeutung der Anforderungen in den einzelnen Fällen ist eine Frage fachkundiger Beurteilung.

Vermittlung eines den tatsächlichen Verhältnissen entsprechenden Bildes

46. Abschlüsse verfolgen häufig das Konzept, ein den tatsächlichen Verhältnissen entsprechendes Bild der Vermögens-, Finanz- und Ertragslage des Unternehmens sowie der Veränderungen in dessen Vermögens- und Finanzlage zu vermitteln. Obwohl sich dieses Rahmenkonzept nicht direkt mit solchen Überlegungen befasst, führt die Anwendung der grundlegenden qualitativen Anforderungen und der einschlägigen Rechnungslegungsstandards im Regelfall zu einem Abschluss, der das widerspiegelt, was im Allgemeinen als Vermittlung eines den tatsächlichen Verhältnissen entsprechenden Bildes verstanden wird.

Die Abschlussposten

47. Der Abschluss zeigt die wirtschaftlichen Auswirkungen von Geschäftsvorfällen und anderen Ereignissen, indem er sie je nach ihren ökonomischen Merkmalen in große Klassen einteilt. Diese werden als Abschlussposten bezeichnet. Die in der Bilanz direkt mit der Ermittlung der Vermögens- und Finanzlage verbundenen Posten sind Vermögenswerte, Schulden und Eigenkapital. Die in der Gewinn- und Verlustrechnung direkt mit der Ermittlung der Ertragskraft verbundenen Posten sind Erträge und Aufwendungen. Die Kapitalflussrechnung spiegelt im Regelfall Posten aus der Gewinn- und Verlustrechnung und Veränderungen von Posten aus der Bilanz wider. Daher werden in diesem Rahmenkonzept keine Posten angesprochen, die nur dieser Darstellung zuzuordnen sind.

48. Die Darstellung dieser Posten in der Bilanz und in der Gewinn- und Verlustrechnung erfordert eine Untereinteilung. So können beispielsweise Vermögenswerte und Schulden nach ihrer Art oder Funktion in der Geschäftstätigkeit des Unternehmens eingeteilt werden, damit die Informationen bereitgestellt werden, die für die Adressaten bei deren wirtschaftlichen Entscheidungen von größtmöglichem Nutzen sind.

Vermögens- und Finanzlage

49. Die unmittelbar mit der Ermittlung der Vermögens- und Finanzlage verbundenen Posten sind Vermögenswerte, Schulden und Eigenkapital. Diese werden wie folgt definiert:

(a) Ein Vermögenswert ist eine Ressource, die auf Grund von Ereignissen der Vergangenheit in der Verfügungsmacht des Unternehmens steht, und von der erwartet wird, dass dem Unternehmen aus ihr künftiger wirtschaftlicher Nutzen zufließt.

(b) Eine Schuld ist eine gegenwärtige Verpflichtung des Unternehmens, die aus Ereignissen der Vergangenheit entsteht und deren Erfüllung für das Unternehmen erwartungsgemäß mit einem Abfluss von Ressourcen mit wirtschaftlichem Nutzen verbunden ist.

(c) Eigenkapital ist der nach Abzug aller Schulden verbleibende Restbetrag der Vermögenswerte des Unternehmens.

50. Die Definitionen eines Vermögenswertes und einer Schuld kennzeichnen deren wesentlichen Merkmale, aber sie versuchen nicht, Kriterien festzulegen, die im Vorfeld der Prüfung des Bilanzansatzes erfüllt sein müssen. Somit umfassen die Definitionen auch Sachverhalte, die in der Bilanz nicht als Vermögenswerte oder Schulden angesetzt werden, weil sie die in den Paragraphen 82 bis 98 erörterten Kriterien für einen Ansatz nicht erfüllen. Insbesondere muss die Erwartung, dass künftiger wirtschaftlicher Nutzen einem Unternehmen zu- oder aus diesem abfließen wird, hinreichend sicher sein, damit das Kriterium der Wahrscheinlichkeit aus Paragraph 83 erfüllt ist, bevor ein Vermögenswert oder eine Schuld angesetzt wird.

51. Bei der Beurteilung, ob ein Sachverhalt die Definition eines Vermögenswertes, einer Schuld oder des Eigenkapitals erfüllt, müssen sein tatsächlicher wirtschaftlicher Gehalt und nicht allein seine rechtliche Gestaltung berücksichtigt werden. So ist beispielsweise im Falle von Finanzierungsleasing der tatsächliche wirtschaftliche Gehalt so ausgestaltet, dass der Leasingnehmer den wirtschaftlichen Nutzen aus dem Gebrauch des geleasten Vermögenswertes für den Großteil seiner Nutzungsdauer als Gegenleistung dafür erwirbt, dass er für dieses Recht eine Zahlungsverpflichtung eingeht, die in etwa dem beizulegenden Zeitwert des Vermögenswertes und den damit verbundenen Finanzierungskosten entspricht. Dadurch entstehen bei Finanzierungsleasing Sachverhalte, die die Definition eines Vermögenswertes und einer Schuld erfüllen und als solche in der Bilanz des Leasingnehmers angesetzt werden.

52. Bilanzen, die gemäß den derzeit geltenden International Accounting Standards aufgestellt werden, können Posten enthalten, die die Definitionen eines Vermögenswertes oder des Eigenkapitals nicht erfüllen und nicht als Teil des Eigenkapitals gezeigt werden. Die Definitionen aus Paragraph 49 werden jedoch bei zukünftigen Überarbeitungen bestehender International Accounting Standards sowie bei der Formulierung neuer Standards zu Grunde gelegt werden.

Vermögenswerte

53. Der einem Vermögenswert innewohnende künftige wirtschaftliche Nutzen repräsentiert das Potenzial, direkt oder indirekt zum Zufluss von Zahlungsmitteln und Zahlungsmitteläquivalenten zum Unternehmen beizutragen. Dieses Potenzial kann zur Leistungserstellung als Teil der laufenden Geschäftstätigkeit des Unternehmens gehören. Es kann auch in der Konvertierbarkeit in Zahlungsmittel oder Zahlungsmitteläquivalente oder in der Fähigkeit bestehen, den Mittelabfluss zu verringern, beispielsweise wenn ein alternatives Herstellungsverfahren die Produktionskosten vermindert.

54. Im Regelfall setzt ein Unternehmen seine Vermögenswerte ein, um Güter oder Dienstleistungen zu erzeugen, mit denen die Wünsche oder Bedürfnisse der Kunden befriedigt werden können. Da diese Güter oder Dienstleistungen diese Wünsche oder Bedürfnisse befriedigen können, sind die Kunden bereit, dafür zu zahlen und somit zum Cashflow des Unternehmens beizutragen. Zahlungsmittel an sich leisten dem Unternehmen einen Dienst, weil dieses damit über andere Ressourcen verfügen kann.

55. Der einem Vermögenswert innewohnende künftige wirtschaftliche Nutzen kann dem Unternehmen auf verschiedene Weise zufließen. Ein Vermögenswert kann beispielsweise

(a) allein oder in Verbindung mit anderen Vermögenswerten bei der Produktion von Gütern oder Dienstleistungen, die vom Unternehmen verkauft werden, genutzt werden;

(b) gegen andere Vermögenswerte eingetauscht werden;

(c) für die Begleichung einer Schuld genutzt werden; oder

(d) an die Eigentümer des Unternehmens verteilt werden.

56. Viele Vermögenswerte, beispielsweise Sachanlagen, sind materieller Natur. Vermögenswerte brauchen jedoch nicht unbedingt materieller Natur zu sein, folglich sind beispielsweise Patente und Copyrights auch Vermögenswerte, sofern erwartet wird, dass dem Unternehmen aus ihnen ein künftiger wirtschaftlicher Nutzen zufließt und dass das Unternehmen die Verfügungsmacht über sie besitzt.

57. Viele Vermögenswerte, beispielsweise Forderungen sowie Grundstücke und Bauten, sind mit gesetzlichen Rechten einschließlich des Eigentumsrechtes verbunden. Bei der Bestimmung, ob ein Vermögenswert vorliegt, ist das Eigentumsrecht nicht entscheidend. So liegt beispielsweise bei Grundstücken und Bauten, die auf Grund eines Leasingverhältnisses gehalten werden, ein Vermögenswert vor, wenn das Unternehmen die Verfügungsmacht über den aus den Grundstücken und Bauten erwarteten Nutzen ausübt. Obwohl die Fähigkeit eines Unternehmens, die Verfügungsmacht

über den Nutzen auszuüben, im Regelfall auf gesetzlichen Rechten beruht, kann ein Sachverhalt auch ohne gesetzliche Verfügungsmacht der Definition eines Vermögenswertes entsprechen. Beispielsweise kann Know-how aus einer Entwicklungstätigkeit das Kriterium eines Vermögenswertes erfüllen, wenn ein Unternehmen durch Geheimhaltung dieses Know-hows die Verfügungsmacht über den daraus erwarteten Nutzen ausübt.

58. Die Vermögenswerte eines Unternehmens sind Ergebnis vergangener Geschäftsvorfälle oder anderer Ereignisse der Vergangenheit. Unternehmen erhalten Vermögenswerte im Regelfall durch Kauf oder Produktion, aber auch andere Geschäftsvorfälle oder Ereignisse können Vermögenswerte erzeugen. Zu den Beispielen zählen Grundstücke und Bauten, die ein Unternehmen vom Staat als Teil eines Programms zur Förderung des Wirtschaftswachstums in einem Gebiet erhält, sowie die Entdeckung von Erzlagerstätten. Geschäftsvorfälle oder Ereignisse, deren Eintreten für die Zukunft erwartet wird, erzeugen für sich gesehen keine Vermögenswerte, daher erfüllt beispielsweise die Absicht, Vorräte zu kaufen, nicht die Definition eines Vermögenswertes.

59. Es besteht eine enge Verknüpfung zwischen dem Tätigen von Ausgaben und dem Entstehen von Vermögenswerten, beides muss jedoch nicht notwendigerweise zusammenfallen. Folglich kann zwar die Tatsache, dass ein Unternehmen Ausgaben tätigt, ein substanzieller Hinweis darauf sein, dass künftiger wirtschaftlicher Nutzen angestrebt wurde, aber sie ist kein schlüssiger Beweis dafür, dass ein Posten beschafft wurde, der die Definition eines Vermögenswertes erfüllt. Gleichermaßen schließt das Fehlen einer dazugehörigen Ausgabe nicht aus, dass ein Sachverhalt die Definition eines Vermögenswertes erfüllt und damit für den Ansatz in der Bilanz in Frage kommt. Beispielsweise können auch Dinge, die dem Unternehmen geschenkt wurden, die Definition eines Vermögenswertes erfüllen.

Schulden

60. Ein wesentliches Merkmal einer Schuld ist die Tatsache, dass das Unternehmen eine gegenwärtige Verpflichtung hat. Eine Verpflichtung ist eine Pflicht oder Verantwortung, in bestimmter Weise zu handeln oder eine Leistung zu erbringen. Verpflichtungen können als Folge eines bindenden Vertrages oder einer gesetzlichen Vorschrift rechtlich durchsetzbar sein. Das gilt im Regelfall beispielsweise für Beträge, für erhaltene Waren und Dienstleistungen zu zahlen sind. Verpflichtungen erwachsen jedoch auch aus dem üblichen Geschäftsgebaren, aus den Usancen und aus dem Wunsch, gute Geschäftsbeziehungen zu pflegen oder in angemessener Weise zu handeln. Entscheidet sich ein Unternehmen beispielsweise im Rahmen seiner Unternehmenspolitik dafür, Fehler an seinen Produkten zu beheben, selbst wenn diese erst nach Ablauf der Garantiezeit auftreten, so sind die Beträge, die erwartungsgemäß für bereits verkaufte Waren aufzuwenden sind, Schulden.

61. Es muss zwischen einer gegenwärtigen und einer zukünftigen Verpflichtung unterschieden werden. Die Entscheidung des Managements, in der Zukunft Vermögenswerte zu erwerben, führt an sich nicht zu einer gegenwärtigen Verpflichtung. Eine gegenwärtige Verpflichtung erwächst im Regelfall nur bei Lieferung des Vermögenswertes oder dann, wenn das Unternehmen eine unwiderrufliche Vereinbarung über den Erwerb des Vermögenswertes abschließt. Im letzten Fall bedeutet die Unwiderruflichkeit der Vereinbarung, dass die wirtschaftlichen Konsequenzen eines Versäumnisses, dieser Verpflichtung nachzukommen, beispielsweise auf Grund einer wesentlichen Vertragsstrafe, dem Unternehmen nur wenig, wenn überhaupt, Ermessensfreiheit lassen, den Abfluss von Ressourcen an eine andere Partei zu vermeiden.

62. Die Erfüllung einer gegenwärtigen Verpflichtung führt in der Regel dazu, dass das Unternehmen Ressourcen, die wirtschaftlichen Nutzen enthalten, aufgeben muss, um die Ansprüche der anderen Partei zu erfüllen. Die Erfüllung einer gegenwärtigen Verpflichtung kann auf verschiedene Weise erfolgen, beispielsweise durch:

(a) Zahlung flüssiger Mittel;
(b) Übertragung anderer Vermögenswerte;
(c) Erbringung von Dienstleistungen;
(d) Ersatz dieser Verpflichtung durch eine andere Verpflichtung; oder
(e) Umwandlung der Verpflichtung in Eigenkapital.

Eine Verpflichtung kann auch auf anderem Wege erlöschen, beispielsweise dadurch, dass ein Gläubiger auf seine Ansprüche verzichtet oder diese verliert.

63. Schulden resultieren aus vergangenen Geschäftsvorfällen oder anderen Ereignissen der Vergangenheit. So entstehen beispielsweise durch den Erwerb von Waren und die Inanspruchnahme von Dienstleistungen Verbindlichkeiten aus Lieferungen und Leistungen (sofern sie nicht im Voraus oder bei Lieferung bezahlt wurden), und der Erhalt eines Bankdarlehens führt zu der Verpflichtung, das Darlehen zurückzuzahlen. Ein Unternehmen kann auch künftiger Preisnachlässe auf jährliche Einkäufe durch Kunden als Schulden ansetzen. In diesem Fall ist der Verkauf der Waren in der Vergangenheit der Geschäftsvorfall, der die Schulden verursacht.

64. Einige Schulden können nur mit einem erheblichen Maß an Schätzung bewertet werden. Einige Unternehmen beschreiben diese Schulden als Rückstellungen. In einigen Ländern werden derartige Rückstellungen nicht als Schulden im Sinne der Verbindlichkeit angesehen, weil der Begriff der Verbindlichkeit sehr eng gefasst ist und nur die Beträge umfasst, die ohne Schätzung ermittelt werden können. Die Definition der Schulden aus Paragraph 49 verfolgt einen weiteren Ansatz. Da-

nach stellt eine Rückstellung, wenn sie eine gegenwärtige Verpflichtung umfasst und den Rest der Definition erfüllt, eine Schuld dar, selbst wenn der Betrag geschätzt werden muss. Beispiele hierfür sind Rückstellungen für Garantieverpflichtungen und Rückstellungen für Pensionsverpflichtungen.

Eigenkapital

65. Obwohl das Eigenkapital in Paragraph 49 als eine Restgröße definiert ist, kann es in der Bilanz unterteilt werden. So können beispielsweise in einer Kapitalgesellschaft Gesellschafterbeiträge, Gewinnrücklagen vor oder nach Verwendung und Kapitalerhaltungsrücklagen gesondert ausgewiesen werden. Solche Aufgliederungen können für die Abschlussadressaten im Rahmen ihrer Entscheidungserfordernisse relevant sein, wenn sie auf gesetzliche oder andere Einschränkungen in der Fähigkeit des Unternehmens hinweisen, Ausschüttungen vorzunehmen oder das Eigenkapital anderweitig zu verwenden. Sie können auch die Tatsache widerspiegeln, dass Anteilseigner eines Unternehmens unterschiedliche Dividendenrechte oder unterschiedliche Rechte auf Rückzahlung von Kapital haben.

66. Die Dotierung von Rücklagen ist manchmal durch die gesellschaftsrechtlichen Statuten oder andere Gesetze vorgeschrieben, damit das Unternehmen und seine Gläubiger in höherem Maß vor den Auswirkungen von Verlusten geschützt sind. Andere Rücklagen können gebildet werden, wenn das nationale Steuerrecht bei einem Übertrag auf solche Rücklagen Befreiungen von der Besteuerung oder Steuervergünstigungen gewährt. Existenz und Höhe dieser gesetzlichen, statutarischen oder steuerlichen Rücklagen können für die Adressaten und deren wirtschaftliche Entscheidungen relevant sein. Zuführungen zu solchen Rücklagen sind als Verwendung von Gewinnrücklagen, nicht aber als Aufwendungen anzusehen.

67. Der Betrag, mit dem das Eigenkapital in der Bilanz ausgewiesen wird, hängt von der Ermittlung der Vermögenswerte und Schulden ab. Im Regelfall stimmt die Summe des Eigenkapitals nur zufällig überein mit dem Gesamtmarktwert der Aktien eines Unternehmens oder der Summe, die aus einer Veräußerung des Reinvermögens in Einzelteilen oder des Unternehmens als Ganzes auf Grundlage der Unternehmensfortführung erzielt werden könnte.

68. Handels-, Industrie- oder Dienstleistungstätigkeiten werden häufig von Unternehmen in Form von Einzelunternehmen, Personengesellschaften und Trusts sowie in verschiedenen Formen von staatlichen Unternehmen betrieben. Die rechtlichen Rahmenbedingungen für solche Unternehmen unterscheiden sich häufig von denjenigen, die für Kapitalgesellschaften gelten. Beispielsweise kann es, wenn überhaupt, nur sehr wenige Einschränkungen bezüglich der Verteilung von Eigenkapital an die Eigentümer oder andere Begünstigte geben. Dennoch sind die Definition des Eigenkapitals sowie die anderen Aspekte dieses Rahmenkonzeptes, die sich mit dem Eigenkapital befassen, auch für solche Unternehmen von Bedeutung.

Ertragskraft

69. Der Gewinn wird häufig herangezogen als Maßstab für die Ertragskraft oder als Grundlage für andere Berechnungen, wie beispielsweise der Verzinsung des eingesetzten Kapitals oder des Ergebnisses je Aktie. Die direkt mit der Ermittlung des Gewinnes verbundenen Posten sind Erträge und Aufwendungen. Die Erfassung und Bemessung von Erträgen und Aufwendungen und folglich des Gewinnes hängt teilweise von den Kapital- und Kapitalerhaltungskonzepten ab, das Unternehmen bei der Aufstellung seines Abschlusses anwendet. Diese Konzepte werden in den Paragraphen 102 bis 110 erörtert.

70. Die Posten Erträge und Aufwendungen werden wie folgt definiert:

(a) Erträge stellen eine Zunahme des wirtschaftlichen Nutzens in der Berichtsperiode in Form von Zuflüssen oder Erhöhungen von Vermögenswerten oder einer Abnahme von Schulden dar, die zu einer Erhöhung des Eigenkapitals führen, welche nicht auf eine Einlage der Anteilseigner zurückzuführen ist.

(b) Aufwendungen stellen eine Abnahme des wirtschaftlichen Nutzens in der Berichtsperiode in Form von Abflüssen oder Verminderungen von Vermögenswerten oder einer Erhöhung von Schulden dar, die zu einer Abnahme des Eigenkapitals führen, welche nicht auf Ausschüttungen an die Anteilseigner zurückzuführen ist.

71. Die Definitionen von Erträgen und Aufwendungen kennzeichnen deren wesentliche Merkmale, aber sie versuchen keine Kriterien festzulegen, die erfüllt sein müssen, bevor sie in der Gewinn- und Verlustrechnung erfasst werden. Die Kriterien für die Erfassung von Erträgen und Aufwendungen werden in den Paragraphen 82 bis 98 erörtert.

72. Erträge und Aufwendungen können in der Gewinn- und Verlustrechnung auf unterschiedliche Weise dargestellt werden, damit sie für wirtschaftliche Entscheidungen relevante Informationen liefern. So ist es beispielsweise übliche Praxis, zwischen Ertrags- und Aufwandsposten zu unterscheiden, die aus der gewöhnlichen Tätigkeit des Unternehmens entstehen, und jenen, bei denen dies nicht der Fall ist. Diese Unterscheidung erfolgt auf der Grundlage, dass die Quelle eines Postens für die Beurteilung der Fähigkeit eines Unternehmens relevant ist, in der Zukunft Zahlungsmittel und Zahlungsmitteläquivalenten zu erwirtschaften. Beispielsweise ist es bei gelegentlichen Tätigkeiten wie der Veräußerung einer langfristigen Finanzinvestition unwahrscheinlich, dass sie regelmäßig auftreten. Bei einer solchen Unterscheidung sind Art und Tätigkeit des Unternehmens zu beachten. Posten, die sich aus der gewöhnlichen Tätigkeit eines Unternehmens erge-

ben, können bei einem anderen Unternehmen ungewöhnlich sein.

73. Die Unterscheidung zwischen verschiedenen Aufwands- und Ertragsposten sowie die Möglichkeit, diese in unterschiedlicher Art und Weise zu strukturieren, lassen auch verschiedene Ermittlungsformen zu, die Ertragskraft eines Unternehmens zu zeigen. Diese weisen einen unterschiedlichen Aggregierungsgrad auf. Die Gewinn- und Verlustrechnung kann beispielsweise Bruttogewinnspanne, Gewinn der gewöhnlichen Tätigkeit vor Steuern, Gewinn der gewöhnlichen Tätigkeit nach Steuern und Nettogewinn angeben.

Erträge

74. Die Definition der Erträge umfasst Erlöse und andere Erträge. Die einen fallen im Rahmen der gewöhnlichen Tätigkeit eines Unternehmens an und haben verschiedene Bezeichnungen, wie Umsatzerlöse, Dienstleistungsentgelte, Zinsen, Mieten, Dividenden und Lizenzerträge.

75. Andere Erträge stehen für weitere Posten, die die Definition von Erträgen erfüllen. Sie können im Rahmen der gewöhnlichen Tätigkeit eines Unternehmens anfallen oder nicht. Die anderen Erträge stellen eine Zunahme des wirtschaftlichen Nutzens dar und unterscheiden sich insofern ihrer Art nach nicht von Erlösen. Folglich werden sie in diesem Rahmenkonzept nicht als eigenständige Posten betrachtet.

76. Zu den anderen Erträgen zählen beispielsweise Erträge aus der Veräußerung von langfristigen Vermögenswerten. Die Definition der Erträge umfasst auch unrealisierte Erträge, beispielsweise Erträge aus der Neubewertung marktfähiger Wertpapiere sowie Erträge aus der Erhöhung des Buchwertes langfristiger Vermögenswerte. Werden andere Erträge in der Gewinn- und Verlustrechnung erfasst, so werden sie gewöhnlich gesondert gezeigt, da ihre Kenntnis für den Zweck, wirtschaftliche Entscheidungen zu treffen, hilfreich ist. Die anderen Erträge werden häufig nach Abzug der damit verbundenen Aufwendungen dargestellt.

77. Zugänge, Erweiterungen und Verbesserungen verschiedener Arten von Vermögenswerten sind gegebenenfalls als Erträge zu erfassen. Dazu zählen Zahlungsmittel, Forderungen sowie Waren und Dienstleistungen im Austausch für gelieferte Waren und Dienstleistungen. Erträge können auch aus der Abgeltung von Schulden resultieren. Ein Unternehmen kann beispielsweise einem Darlehensgeber Waren und Dienstleistungen liefern, um die Schuld zu erfüllen und damit der Pflicht zu Rückzahlung eines noch ausstehenden Darlehens nachzukommen.

Aufwendungen

78. Die Definition der Aufwendungen umfasst sowohl Aufwendungen, die im Rahmen der gewöhnlichen Tätigkeit des Unternehmens anfallen, als auch andere Aufwendungen. Zu den Aufwendungen, die im Rahmen der gewöhnlichen Tätigkeit des Unternehmens anfallen, zählen beispielsweise die Umsatzkosten, Löhne und Gehälter sowie Abschreibungen. Gewöhnlich treten sie als Abfluss oder als Abnahme von Vermögenswerten auf, beispielsweise von Zahlungsmitteln und Zahlungsmitteläquivalenten, Vorräten und Sachanlagen.

79. Andere Aufwendungen stehen für weitere Posten, die die Definition von Aufwendungen erfüllen. Sie können im Rahmen der gewöhnlichen Tätigkeit eines Unternehmens entstehen oder nicht. Andere Aufwendungen stellen eine Abnahme des wirtschaftlichen Nutzens dar und unterscheiden sich insofern ihrer Art nach nicht von den Aufwendungen, die im Rahmen der gewöhnlichen Tätigkeit des Unternehmens anfallen. Folglich werden sie in diesem Rahmenkonzept nicht als eigenständige Posten betrachtet.

80. Zu den anderen Aufwendungen zählen beispielsweise auch Aufwendungen aus Naturkatastrophen, wie Brand und Überschwemmung, sowie Aufwendungen aus der Veräußerung von langfristigen Vermögenswerten. Die Definition der Aufwendungen umfasst auch unrealisierte andere Aufwendungen, beispielsweise Aufwendungen aus einem Anstieg des Wechselkurses einer Fremdwährung bei den aufgenommenen Krediten eines Unternehmens in der betreffenden Währung. Werden andere Aufwendungen in der Gewinn- und Verlustrechnung erfasst, so werden sie gewöhnlich gesondert gezeigt, da ihre Kenntnis für das Ziel, wirtschaftliche Entscheidungen zu treffen, hilfreich ist. Die anderen Aufwendungen werden häufig nach Abzug der damit verbundenen Erträge dargestellt.

Kapitalerhaltungsanpassungen

81. Die Neubewertung oder Anpassung von Vermögenswerten und Schulden führt zur Erhöhung oder Verminderung des Eigenkapitals. Obwohl solche Zunahmen oder Abnahmen der Definition von positiven und negativen Erfolgsbeiträgen entsprechen, werden sie entsprechend bestimmten Konzepten der Kapitalerhaltung nicht in die Gewinn- und Verlustrechnung aufgenommen. Stattdessen werden sie im Eigenkapital als Kapitalerhaltungsanpassungen oder Neubewertungsrücklagen aufgeführt. Diese Kapitalerhaltungskonzepte werden in den Paragraphen 102 bis 110 dieses Rahmenkonzeptes erörtert.

Erfassung von Abschlussposten

82. Unter Erfassung versteht man den Einbezug eines Sachverhaltes in der Bilanz oder in der Gewinn- und Verlustrechnung, der die Definition eines Abschlusspostens und die Kriterien für die Erfassung erfüllt und die in Paragraph 83 dargelegt sind. Dies erfordert eine verbale und quantitative Beschreibung des Sachverhaltes sowie die Einbeziehung in die Bilanz oder die Gewinn- und Verlustrechnung. Sachverhalte, die die Kriterien für die Erfassung erfüllen, sind in der Bilanz oder der Gewinn- und Verlustrechnung zu erfassen. Wird es unterlassen, solch einen Sachverhalt zu erfassen, kann dieses weder durch die Angabe der verwen-

deten Bilanzierungs- und Bewertungsmethoden noch durch Anhangangaben oder Erläuterungen berichtigt werden.

83. Ein Sachverhalt, der die Definition eines Abschlusspostens erfüllt, ist zu erfassen, wenn

(a) es wahrscheinlich ist, dass ein mit dem Sachverhalt verbundener künftiger wirtschaftlicher Nutzen dem Unternehmen zufließen oder von ihm abfließen wird; und

(b) die Anschaffungs- oder Herstellungskosten oder der Wert des Sachverhaltes verlässlich bewertet werden können.

84. Bei der Beurteilung, ob ein Sachverhalt diese Kriterien erfüllt und daher im Abschluss zu erfassen ist, muss den in den Paragraphen 29 und 30 beschriebenen Wesentlichkeitsüberlegungen Rechnung getragen werden. Der Zusammenhang zwischen den Abschlussposten bedeutet, dass ein Sachverhalt, der die Definition und die Kriterien für die Erfassung in einem bestimmten Postens erfüllt, beispielsweise die eines Vermögenswertes, automatisch die Erfassung eines anderen Postens, beispielsweise eines Ertrages oder einer Schuld, nach sich zieht.

Die Wahrscheinlichkeit eines künftigen wirtschaftlichen Nutzens

85. Das Konzept der Wahrscheinlichkeit wird in den Kriterien der Erfassung verwendet, um auf den Grad an Unsicherheit hinzuweisen, mit dem der mit dem Sachverhalt verbundene künftige wirtschaftliche Nutzen dem Unternehmen zufließen oder von ihm abfließen wird. Das Konzept trägt der Unsicherheit Rechnung, die das Umfeld, in dem ein Unternehmen tätig ist, kennzeichnet. Die Beurteilung des mit dem Zufluss eines künftigen wirtschaftlichen Nutzens verbundenen Grades an Unsicherheit erfolgt auf der Grundlage der zum Zeitpunkt der Aufstellung des Abschlusses verfügbaren substanziellen Hinweise. Ist es beispielsweise wahrscheinlich, dass eine ausstehende Forderung an ein Unternehmen bezahlt werden wird, so ist es berechtigt, die Forderung als Vermögenswert anzusetzen, solange kein gegenteiliger substanzieller Hinweis vorliegt. Bei einer großen Menge von Forderungen wird jedoch im Regelfall ein gewisses Ausmaß von Zahlungsausfällen als wahrscheinlich erachtet. Folglich wird die erwartete Verminderung des wirtschaftlichen Nutzens als Aufwand erfasst.

Verlässlichkeit der Bewertung

86. Als zweites Kriterium für die Erfassung im Abschluss müssen diesem Sachverhalt Anschaffungs- oder Herstellungskosten oder andere Werte beizumessen sein, die entsprechend den Paragraphen 31 bis 38 dieses Rahmenkonzeptes verlässlich bewertet werden können. In vielen Fällen müssen die Anschaffungs- oder Herstellungskosten oder ein anderer Wert geschätzt werden. Die Verwendung hinreichend genauer Schätzungen ist ein wesentlicher Teil der Aufstellung des Abschlusses, dessen Verlässlichkeit dadurch nicht beeinträchtigt wird. Ist eine hinreichend genaue Schätzung jedoch nicht möglich, wird der Sachverhalt nicht in der Bilanz oder in der Gewinn- und Verlustrechnung erfasst. So können beispielsweise die erwarteten Erlöse aus einem Rechtsstreit sowohl den Definitionen eines Vermögenswertes und eines Ertrages entsprechen und auch das Kriterium der Wahrscheinlichkeit für die Erfassung erfüllen. Kann die Höhe des Anspruches jedoch nicht verlässlich bewertet werden, so ist er nicht als Vermögenswert oder Ertrag zu erfassen. Die Existenz eines solchen Anspruches würde allerdings im Anhang, den Erläuterungen oder den ergänzenden Übersichten angegeben.

87. Ein Sachverhalt, der die Kriterien für die Erfassung aus Paragraph 83 zu einem bestimmten Zeitpunkt nicht erfüllt, kann diese zu einem späteren Zeitpunkt auf Grund nachfolgender Umstände oder Ereignisse erfüllen.

88. Bei einem Sachverhalt, der zwar die wesentlichen Merkmale eines Abschlusspostens aufweist, die Kriterien für die Erfassung jedoch nicht erfüllt, kann trotzdem eine Angabe im Anhang, in den Erläuterungen oder den ergänzenden Darstellungen gerechtfertigt sein. Dies ist angemessen, wenn die Kenntnis dieses Sachverhaltes als relevant für die Beurteilung der Vermögens-, Finanz- und Ertragslage sowie der Veränderungen der Vermögens- und Finanzlage eines Unternehmens durch die Abschlussadressaten angesehen wird.

Ansatz von Vermögenswerten

89. Ein Vermögenswert wird in der Bilanz angesetzt, wenn es wahrscheinlich ist, dass der künftige wirtschaftliche Nutzen dem Unternehmen zufließen wird, und wenn seine Anschaffungs- oder Herstellungskosten oder ein anderer Wert verlässlich bewertet werden können.

90. Ein Vermögenswert wird nicht in der Bilanz angesetzt, wenn Ausgaben getätigt wurden, bei denen es unwahrscheinlich ist, dass dem Unternehmen über die aktuelle Berichtsperiode hinaus wirtschaftlicher Nutzen zufließen wird. Stattdessen wird ein solcher Geschäftsvorfall in der Gewinn- und Verlustrechnung als Aufwand erfasst. Diese Behandlung impliziert weder, dass das Management mit der Ausgabe keinen künftigen wirtschaftlichen Nutzen für das Unternehmen erzielen wollte, noch, dass das Management eine falsche Entscheidung getroffen hat. Sie impliziert einzig und allein, dass der Grad der Gewissheit, dass künftige wirtschaftliche Nutzen, der dem Unternehmen über die aktuelle Berichtsperiode hinaus zufließen wird, nicht ausreicht, um den Ansatz eines Aktivpostens zu rechtfertigen.

Ansatz von Schulden

91. Eine Schuld wird in der Bilanz angesetzt, wenn es wahrscheinlich ist, dass sich aus der Erfüllung einer gegenwärtigen Verpflichtung ein direkter Abfluss von Ressourcen ergibt, der wirtschaftlichen Nutzen enthalten, und dass der Erfüllungsbetrag verlässlich bewertet werden kann. In der Praxis werden vertragliche Verpflichtungen,

die beidseitig anteilig nicht erfüllt sind (beispielsweise Schulden für bestellte, aber noch nicht erhaltene Vorräte) im Regelfall im Abschluss nicht als Schuld erfasst. Allerdings können solche Verpflichtungen definitionsgemäß Schulden sein und, unter der Voraussetzung, dass die Kriterien für die Erfassung unter den besonderen Umständen erfüllt sind, erfasst werden. Unter solchen Umständen erfordert der Ansatz von Schulden die Erfassung der korrespondierenden Vermögenswerte oder Aufwendungen.

Erfassung von Erträgen

92. Erträge werden in der Gewinn- und Verlustrechnung erfasst, wenn es zu einer Zunahme des künftigen wirtschaftlichen Nutzens in Verbindung mit einer Zunahme bei einem Vermögenswert oder einer Abnahme bei einer Schuld gekommen ist, die verlässlich bewertet werden kann. Dies bedeutet letztlich, dass mit der Erfassung von Erträgen gleichzeitig die Erfassung einer Zunahme bei Vermögenswerten oder einer Abnahme bei den Schulden verbunden ist (beispielsweise die Nettozunahme der Vermögenswerte beim Verkauf von Gütern oder Dienstleistungen oder die Abnahme der Schulden durch den Verzicht auf eine zu zahlende Verbindlichkeit).

93. Die Verfahren, die normalerweise in der Praxis für die Erfassung von Erträgen gewählt werden, beispielsweise die Anforderung, dass Erlöse, die regelmäßig im Rahmen der gewöhnlichen Tätigkeit anfallen, erfolgswirksam zu verrechnen sind, fallen unter die Anwendungsfälle der Kriterien dieses Rahmenkonzeptes. Solche Verfahren haben im Allgemeinen das Ziel, die Erfassung von Erträgen auf diejenigen Sachverhalte zu beschränken, die verlässlich bewertet werden können und die einen hinreichenden Grad an Sicherheit aufweisen.

Erfassung von Aufwendungen

94. Aufwendungen werden in der Gewinn- und Verlustrechnung erfasst, wenn es zu einer Abnahme des künftigen wirtschaftlichen Nutzens in Verbindung mit einer Abnahme bei einem Vermögenswert oder einer Zunahme bei einer Schuld gekommen ist, die verlässlich bewertet werden kann. Dies bedeutet letztlich, dass die Erfassung von Aufwendungen mit der gleichzeitigen Erfassung einer Zunahme bei den Schulden oder einer Abnahme bei den Vermögenswerten verbunden ist (beispielsweise die Rückstellung für Ansprüche der Arbeitnehmer oder die Abschreibung von Betriebs- und Geschäftsausstattung).

95. Aufwendungen werden in der Gewinn- und Verlustrechnung auf der Grundlage eines direkten Zusammenhanges zwischen den angefallenen Kosten und den entsprechenden Erträgen erfasst. Dieses Verfahren, das im Allgemeinen als Zuordnung von Aufwendungen zu Erlösen bezeichnet wird, umfasst die gleichzeitige und gemeinsame Erfassung von Erlösen und Aufwendungen, die unmittelbar und gemeinsam aus denselben Geschäftsvorfällen oder anderen Ereignissen resultieren. Beispielsweise werden die unterschiedlichen Komponenten der Umsatzkosten zur gleichen Zeit wie die Erträge aus dem Verkauf von Waren angesetzt. Die Anwendung dieses Konzeptes der sachlichen Abgrenzung gemäß dem Rahmenkonzept gestattet jedoch nicht die Erfassung von Posten in der Bilanz, die nicht die Definition von Vermögenswerten oder Schulden erfüllen.

96. Wenn zu erwarten ist, dass wirtschaftlicher Nutzen über mehrere Berichtsperioden hinweg entsteht, und wenn der Zusammenhang mit dem Ertrag nur grob oder indirekt ermittelt werden kann, werden die Aufwendungen in der Gewinn- und Verlustrechnung auf der Grundlage systematischer und vernünftiger Verteilungsverfahren erfasst. Dies ist häufig bei der Erfassung von Aufwendungen erforderlich, die mit dem Verbrauch von Vermögenswerten, beispielsweise Sachanlagen, Geschäfts- oder Firmenwert, Patenten und Schutzrechten, verbunden sind. In diesen Fällen wird der Aufwand als planmäßige Abschreibung bezeichnet. Mit diesen Verteilungsverfahren sollen Aufwendungen in den Perioden erfasst werden, in denen der mit diesen Sachverhalten verbundene wirtschaftliche Nutzen verbraucht wird oder ausläuft.

97. Ein Aufwand wird unverzüglich in der Gewinn- und Verlustrechnung erfasst, wenn eine Ausgabe keinen künftigen wirtschaftlichen Nutzen bewirkt oder wenn, und in dem Maße wie künftiger wirtschaftlicher Nutzen nicht oder nicht mehr für eine Erfassung als Vermögenswert in der Bilanz in Betracht kommt.

98. Ein Aufwand wird auch in den Fällen in der Gewinn- und Verlustrechnung erfasst, in denen eine Schuld besteht, ohne dass die Erfassung eines Vermögenswertes in Betracht kommt, beispielsweise wenn eine Schuld aus einer Produktgarantie erwächst.

Bewertung der Abschlussposten

99. Bewertung bezeichnet das Verfahren zur Bestimmung der Geldbeträge, mit denen die Abschlussposten zu erfassen und in der Bilanz und in der Gewinn- und Verlustrechnung anzusetzen sind. Dies erfordert die Wahl einer bestimmten Bewertungsgrundlage.

100. In Abschlüssen werden verschiedene Bewertungsgrundlagen in unterschiedlichem Maße und in unterschiedlichen Kombinationen eingesetzt. Dazu gehören:

(a) *Historische Anschaffungs- oder Herstellungskosten.* Vermögenswerte werden mit dem Betrag der entrichteten Zahlungsmittel oder Zahlungsmitteläquivalente oder dem beizulegenden Zeitwert der Gegenleistung für ihren Erwerb zum Erwerbszeitpunkt erfasst. Schulden werden mit dem Betrag des im Austausch für die Verpflichtung erhaltenen Erlöses erfasst, oder in manchen Fällen (beispielsweise bei Ertragsteuern) mit dem Betrag an Zahlungsmitteln oder Zahlungsmitteläquivalenten, der erwartungsgemäß gezahlt werden

muss, um die Schuld im normalen Geschäftsverlauf zu tilgen.
(b) *Tageswert.* Vermögenswerte werden mit dem Betrag an Zahlungsmitteln oder Zahlungsmitteläquivalenten erfasst, der für den Erwerb desselben oder eines entsprechenden Vermögenswertes zum gegenwärtigen Zeitpunkt gezahlt werden müsste. Schulden werden mit dem nicht diskontierten Betrag an Zahlungsmitteln oder Zahlungsmitteläquivalenten angesetzt, der für eine Begleichung der Verpflichtung zum gegenwärtigen Zeitpunkt erforderlich wäre.
(c) *Veräußerungswert (Erfüllungsbetrag).* Vermögenswerte werden mit dem Betrag an Zahlungsmitteln oder Zahlungsmitteläquivalenten angesetzt, der zum gegenwärtigen Zeitpunkt durch Veräußerung des Vermögenswertes im normalen Geschäftsverlauf erzielt werden könnte. Schulden werden mit dem Erfüllungsbetrag erfasst, d. h. zum nicht diskontierten Betrag an Zahlungsmitteln oder Zahlungsmitteläquivalenten, der erwartungsgemäß gezahlt werden muss, um die Schuld im normalen Geschäftsverlauf zu begleichen.
(d) *Barwert.* Vermögenswerte werden mit dem Barwert des künftigen Nettomittelzuflusses angesetzt, den dieser Posten erwartungsgemäß im normalen Geschäftsverlauf erzielen wird. Schulden werden zum Barwert des künftigen Nettomittelabflusses angesetzt, der erwartungsgemäß im normalen Geschäftsverlauf für eine Erfüllung der Schuld erforderlich ist.

101. Die von den Unternehmen bei der Aufstellung ihrer Abschlüsse am häufigsten eingesetzte Bewertungsgrundlage sind die historischen Anschaffungs- oder Herstellungskosten. Sie wird gewöhnlich mit anderen Bewertungsgrundlagen kombiniert. Beispielsweise werden Vorräte zum niedrigeren Betrag von Anschaffungs- oder Herstellungskosten und Nettoveräußerungswert geführt, marktfähige Wertpapiere können zum Marktwert und Pensionsverpflichtungen mit ihrem Barwert angesetzt werden. Ferner verwenden einige Unternehmen das Konzept der Tageswerte, um dem Umstand Rechnung zu tragen, dass das Rechnungslegungsmodell der historischen Anschaffungs- oder Herstellungskosten die Auswirkungen von Preisänderungen nicht monetärer Vermögenswerte nicht berücksichtigt.

Kapital- und Kapitalerhaltungskonzepte

Kapitalkonzepte

102. Die meisten Unternehmen wenden bei der Aufstellung ihrer Abschlüsse ein finanzwirtschaftliches Kapitalkonzept an. Im Rahmen eines finanzwirtschaftlichen Kapitalkonzeptes, wie investiertes Geld oder investierte Kaufkraft, ist Kapital ein Synonym für das Reinvermögen oder Eigenkapital des Unternehmens. Im Rahmen eines leistungswirtschaftlichen Kapitalkonzeptes, wie betriebliche Leistungsfähigkeit, wird Kapital als Produktionskapazität des Unternehmens, beispielsweise auf der Grundlage der Ausbringungsmenge pro Tag, angesehen.

103. Die Auswahl des geeigneten Kapitalkonzeptes durch das Unternehmen muss auf der Grundlage der Bedürfnisse der Abschlussadressaten erfolgen. Daher ist ein finanzwirtschaftliches Kapitalkonzept zu wählen, wenn die Adressaten des Abschlusses hauptsächlich an der Erhaltung des investierten Nominalkapitals oder der Kaufkraft des investierten Kapitals interessiert sind. Ist das Hauptanliegen der Adressaten jedoch die betriebliche Leistungsfähigkeit des Unternehmens, so ist ein leistungswirtschaftliches Kapitalkonzept anzuwenden. Das gewählte Konzept gibt einen Hinweis auf das bei der Ermittlung des Gewinnes angestrebte Ziel, selbst wenn bei der Umsetzung des Konzeptes einige Schwierigkeiten bei der Bewertung auftreten können.

Kapitalerhaltungskonzepte und Gewinnermittlung

104. Die Kapitalkonzepte in Paragraph 102 führen zu den folgenden Kapitalerhaltungskonzepten:
(a) *Finanzwirtschaftliche Kapitalerhaltung.* Nach diesem Konzept gilt ein Gewinn nur dann als erwirtschaftet, wenn der finanzielle (oder Geld-)Betrag des Reinvermögens am Ende der Berichtsperiode höher ist als der finanzielle (oder Geld-)Betrag des Reinvermögens zu Beginn der Berichtsperiode, nachdem alle Kapitalabführungen an die Anteilseigner und Kapitalzuführungen von den Anteilseignern im Laufe der Periode abgerechnet sind. Finanzwirtschaftliche Kapitalerhaltung kann entweder mit nominalen Geldeinheiten oder in Einheiten der konstanten Kaufkraft bewertet werden.
(b) *Leistungswirtschaftliche Kapitalerhaltung.* Nach diesem Konzept gilt ein Gewinn nur dann als erwirtschaftet, wenn die physische Produktionskapazität (oder betriebliche Leistungsfähigkeit) des Unternehmens (oder die für die Bereitstellung dieser Kapazität benötigten Ressourcen oder Mittel) am Ende der Periode höher ist als die physische Produktionskapazität zu Beginn der Periode, nachdem alle Kapitalabführungen an die Anteilseigner und Kapitalzuführungen von den Anteilseignern im Laufe der Periode abgerechnet sind.

105. Das Konzept der Kapitalerhaltung befasst sich damit, wie ein Unternehmen das Kapital definiert, das es erhalten möchte. Es liefert die Verbindung zwischen den Kapitalkonzepten und den Erfolgskonzepten, denn es liefert den Anhaltspunkt dafür, wie Gewinn bewertet wird. Es ist eine Voraussetzung für die Unterscheidung zwischen dem Kapitalertrag und der Kapitalrückzahlung eines Unternehmens. Nur jene Zuflüsse von Vermögenswerten über die zur Erhaltung von Kapital erforderlichen Beträge hinaus dürfen als Gewinn und

somit Kapitalertrag betrachtet werden. Folglich ist Gewinn der Restbetrag, nachdem die Aufwendungen (einschließlich angemessener Kapitalerhaltungsanpassungen) von den Erträgen abgezogen wurden. Übersteigen die Aufwendungen die Erträge, so ist der Restbetrag ein Periodenfehlbetrag.

106. Das Konzept der leistungswirtschaftlichen Kapitalerhaltung erfordert eine Bewertung auf der Grundlage von Tageswerten. Das Konzept der finanzwirtschaftlichen Kapitalerhaltung erfordert jedoch nicht die Verwendung einer bestimmten Bewertungsgrundlage. Die Auswahl einer Grundlage nach diesem Konzept ist abhängig von der Art des finanzwirtschaftlichen Kapitals, das das Unternehmen erhalten möchte.

107. Der grundlegende Unterschied zwischen den beiden Kapitalerhaltungskonzepten besteht in der Behandlung der Auswirkungen von Preisänderungen bei Vermögenswerten und Schulden des Unternehmens. Allgemein hat ein Unternehmen sein Kapital erhalten, wenn es am Ende der Periode so viel Kapital hat wie zu dessen Beginn. Jeder Betrag, der über denjenigen hinausgeht, der zur Erhaltung des zu Beginn der Periode vorhandenen Kapitals erforderlich ist, gilt als Gewinn.

108. Gemäß dem Konzept der finanzwirtschaftlichen Kapitalerhaltung, bei dem das Kapital in nominalen Geldeinheiten definiert wird, stellt der Gewinn die Zunahme des nominalen Geldkapitals im Laufe der Periode dar. Somit stellt der Anstieg der Preise für die Vermögenswerte, die in der Periode gehalten werden, üblicherweise als Wertzuwachs bezeichnet, nach diesem Konzept Gewinn dar. Allerdings dürfen sie als solche erst nach Veräußerung der Vermögenswerte in einem Austauschvorgang angesetzt werden. Wird das Konzept der finanzwirtschaftlichen Kapitalerhaltung mit konstanten Einheiten der Kaufkraft definiert, stellt der Gewinn die Zunahme der investierten Kaufkraft der Periode dar. Folglich wird nur der Teil des Anstieges der Preise für die Vermögenswerte, der über den allgemeinen Preisanstieg hinausgeht, als Gewinn angesehen. Der Rest der Zunahme wird als Kapitalerhaltungsanpassung und damit als Teil des Eigenkapitals betrachtet.

109. Gemäß dem Konzept der leistungswirtschaftlichen Kapitalerhaltung, bei dem das Kapital als physische Produktionskapazität definiert wird, ist der Gewinn die Erhöhung dieses Kapitals in der Periode. Sämtliche Preisänderungen, die die Vermögenswerte und Schulden des Unternehmens betreffen, werden als Änderungen bei der Ermittlung der physischen Produktionskapazität des Unternehmens betrachtet. Sie werden folglich als Kapitalerhaltungsanpassungen, die Teil des Eigenkapitals sind, und nicht als Gewinn behandelt.

110. Die Wahl der Bewertungsgrundlagen und des Konzeptes der Kapitalerhaltung bedingen das bei der Aufstellung des Abschlusses verwendete Rechnungslegungsmodell. Verschiedene Rechnungslegungsmodelle weisen unterschiedliche Grade an Relevanz und Verlässlichkeit auf, und das Management muss hier, wie in anderen Bereichen, einen Ausgleich zwischen Relevanz und Verlässlichkeit anstreben. Dieses Rahmenkonzept ist auf verschiedene Rechnungslegungsmodelle anwendbar und bietet Unterstützung für die Aufstellung und Darstellung des nach dem ausgewählten Modell erstellten Abschlusses. Derzeit hat der Board des IASC nicht die Absicht, ein bestimmtes Modell vorzuschreiben. Dies ist nur unter besonderen Umständen der Fall, wie beispielsweise für die Unternehmen, die in der Währung eines hochinflationären Landes berichten. Diese Absicht wird jedoch angesichts der weltweiten Entwicklungen überprüft.

2. IAS

2. INTERNATIONAL ACCOUNTING STANDARDS

2. International Accounting Standards

2/1.	IAS 1: Darstellung des Abschlusses	41
2/2.	IAS 2: Vorräte	61
2/3.	IAS 7: Kapitalflussrechnungen	67
2/4.	IAS 8: Rechnungslegungsmethoden, Änderungen von rechnungslegungsbezogenen Schätzungen und Fehler	75
2/5.	IAS 10: Ereignisse nach dem Abschlussstichtag	83
2/6.	IAS 11: Fertigungsaufträge	87
2/7.	IAS 12: Ertragsteuern	93
2/8.	IAS 16: Sachanlagen	113
2/9.	IAS 17: Leasingverhältnisse	123
2/10.	IAS 18: Umsatzerlöse	133
2/11.	IAS 19: Leistungen an Arbeitnehmer	139
2/12.	IAS 20: Bilanzierung und Darstellung von Zuwendungen der öffentlichen Hand	169
2/13.	IAS 21: Auswirkungen von Wechselkursänderungen	175
2/14.	IAS 23: Fremdkapitalkosten	185
2/15.	IAS 24: Angaben über Beziehungen zu nahe stehenden Unternehmen und Personen	189
2/16.	IAS 26: Bilanzierung und Berichterstattung von Altersversorgungsplänen	195
2/17.	IAS 27: Konzern- und Einzelabschlüsse	201
2/18.	IAS 28: Anteile an assoziierten Unternehmen	209
2/19.	IAS 29: Rechnungslegung in Hochinflationsländern	217
2/20.	IAS 31: Anteile an Gemeinschaftsunternehmen	221
2/21.	IAS 32: Finanzinstrumente: Darstellung	229
2/22.	IAS 33: Ergebnis je Aktie	253
2/23.	IAS 34: Zwischenberichterstattung	267
2/24.	IAS 36: Wertminderung von Vermögenswerten	275
2/25.	IAS 37: Rückstellungen, Eventualverbindlichkeiten und Eventualforderungen	303
2/26.	IAS 38: Immaterielle Vermögenswerte	313
2/27.	IAS 39: Finanzinstrumente: Ansatz und Bewertung	333
2/28.	IAS 40: Als Finanzinvestition gehaltene Immobilien	393
2/29.	IAS 41: Landwirtschaft	407

2/1. IAS 1

INTERNATIONAL ACCOUNTING STANDARD 1
Darstellung des Abschlusses (überarbeitet 2007)

IAS 1, VO (EG) Nr. 1274/2008 i.d.F.

1 VO (EG) Nr. 53/2009
3 VO (EG) Nr. 494/2009
5 VO (EG) Nr. 149/2011

2 VO (EG) Nr. 70/2009 [IFRS 5]
4 VO (EG) Nr. 243/2010

GLIEDERUNG	§§
ZIELSETZUNG	1
ANWENDUNGSBEREICH	2–6
DEFINITIONEN	7–8
ABSCHLUSS	9–46
Zweck des Abschlusses	9
Vollständiger Abschluss	10–14
Allgemeine Merkmale	15–46
Vermittlung eines den tatsächlichen Verhältnissen entsprechenden Bilds und Übereinstimmung mit den IFRS	15–24
Unternehmensfortführung	25–26
Konzept der Periodenabgrenzung	27–78
Wesentlichkeit und Zusammenfassung von Posten	29–31
Saldierung von Posten	32–35
Häufigkeit der Berichterstattung	36–37
Vergleichsinformationen	38–44
Darstellungsstetigkeit	45–46
STRUKTUR UND INHALT	47–137
Einführung	47–48
Bezeichnung des Abschlusses	49–53
Bilanz	54–80A
Informationen, die in der Bilanz darzustellen sind	54–59
Unterscheidung von Kurz- und Langfristigkeit	60–65
Kurzfristige Vermögenswerte	66–68
Kurzfristige Schulden	69–76
Informationen, die entweder in der Bilanz oder im Anhang darzustellen sind	77–80A
Gesamtergebnisrechnung	81–105
Informationen, die in der Gesamtergebnisrechnung darzustellen sind	82–87
Gewinn oder Verlust der Periode	88–89
Sonstiges Ergebnis in der Periode	90–96
Informationen, die entweder in der Gesamtergebnisrechnung oder im Anhang darzustellen sind	97–105
Eigenkapitalveränderungsrechnung	106–110
Informationen, die in der Eigenkapitalveränderungsrechnung darzustellen sind	106
Informationen, die in der Eigenkapitalveränderungsrechnung oder im Anhang darzustellen sind	106A–110
Kapitalflussrechnung	111
Anhangangaben	112–137
Struktur	112–116
Angabe der Rechnungslegungsmethoden	117–124
Quellen von Schätzungsunsicherheiten	125–133
Kapital	134–136
Als Eigenkapital eingestufte kündbare Finanzinstrumente	136A
Weitere Angaben	137
ÜBERGANGSVORSCHRIFTEN UND ZEITPUNKT DES INKRAFTTRETENS	139–139F
RÜCKNAHME VON IAS 1 (ÜBERARBEITET 2003)	140

ZIELSETZUNG

1. Dieser Standard schreibt die Grundlagen für die Darstellung eines Abschlusses für allgemeine Zwecke vor, um die Vergleichbarkeit sowohl mit den Abschlüssen des eigenen Unternehmens aus vorangegangenen Perioden als auch mit den Abschlüssen anderer Unternehmen zu gewährleisten. Er enthält grundlegende Vorschriften für die Darstellung von Abschlüssen, Anwendungsleitlinien für deren Struktur und Mindestanforderungen an deren Inhalt.

ANWENDUNGSBEREICH

2. Ein Unternehmen hat diesen Standard anzuwenden, wenn es Abschlüsse für allgemeine Zwecke in Übereinstimmung mit den International Financial Reporting Standards (IFRS) aufstellt und darstellt.

3. Die Erfassungs-, Bewertungs- und Angabenanforderungen für bestimmte Geschäftsvorfälle und andere Ereignisse werden in anderen IFRS behandelt.

4. Dieser Standard gilt nicht für die Struktur und den Inhalt verkürzter Zwischenabschlüsse, die gemäß IAS 34 *Zwischenberichterstattung* aufgestellt werden. Die Paragraphen 15—35 sind hingegen auf solche Zwischenabschlüsse anzuwenden. Dieser Standard gilt gleichermaßen für alle Unternehmen, unabhängig davon, ob sie einen Konzernabschluss oder einen Einzelabschluss gemäß IAS 27 *Konzern- und Einzelabschlüsse* vorlegen.

5. Die in diesem Standard verwendete Terminologie ist für gewinnorientierte Unternehmen einschließlich Unternehmen des öffentlichen Sektors geeignet. Nicht gewinnorientierte Unternehmen des privaten oder öffentlichen Sektors, die diesen Standard anwenden, müssen gegebenenfalls Bezeichnungen für einzelne Posten im Abschluss und für den Abschluss selbst anpassen.

6. In gleicher Weise haben Unternehmen, die kein Eigenkapital gemäß IAS 32 *Finanzinstrumente: Darstellung* haben (z. B. bestimmte offene Investmentfonds), sowie Unternehmen, deren Kapital kein Eigenkapital darstellt (z. B. bestimmte Genossenschaften) die Darstellung der Anteile der Mitglieder bzw. Anteilseigner im Abschluss entsprechend anzupassen.

DEFINITIONEN

7. Folgende Begriffe werden in diesem Standard mit der angegebenen Bedeutung verwendet:

Ein *Abschluss für allgemeine Zwecke* (auch als „Abschluss" bezeichnet) soll den Bedürfnissen von Adressaten gerecht werden, die nicht in der Lage sind, einem Unternehmen die Veröffentlichung von Berichten vorzuschreiben, die auf ihre spezifischen Informationsbedürfnisse zugeschnitten sind.

Undurchführbar: Die Anwendung einer Vorschrift ist undurchführbar, wenn sie trotz aller wirtschaftlich vernünftigen Anstrengungen des Unternehmens nicht angewandt werden kann.

International Financial Reporting Standards (IFRS) sind die vom International Accounting Standards Board (IASB) verabschiedeten Standards und Interpretationen. Sie umfassen:

(a) International Financial Reporting Standards;

(b) International Accounting Standards; und

(c) Interpretationen des *International Financial Reporting Interpretations Committee (IFRIC)* bzw. *des ehemaligen Standing Interpretations Committee (SIC)*.

Wesentlich: Auslassungen oder fehlerhafte Darstellungen eines Postens sind wesentlich, wenn sie einzeln oder insgesamt die auf der Basis des Abschlusses getroffenen wirtschaftlichen Entscheidungen der Adressaten beeinflussen könnten. Wesentlichkeit hängt vom Umfang und von der Art der Auslassung oder fehlerhaften Darstellung ab, wobei diese unter den gegebenen Begleitumständen beurteilt werden. Der Umfang oder die Art des Postens bzw. eine Kombination dieser beiden Aspekte, könnte dabei der entscheidende Faktor sein.

Ob eine Auslassung oder fehlerhafte Darstellung von Angaben die auf der Basis des Abschlusses getroffenen wirtschaftlichen Entscheidungen der Adressaten beeinflussen könnte und deshalb als wesentlich einzustufen ist, ist unter Berücksichtigung der Eigenschaften dieser Adressaten zu beurteilen. Paragraph 25 des *Rahmenkonzepts für die Aufstellung und Darstellung von Abschlüssen* besagt, dass „bei den Adressaten vorausgesetzt [wird], dass sie eine angemessene Kenntnis geschäftlicher und wirtschaftlicher Tätigkeiten und der Rechnungslegung sowie die Bereitschaft besitzen, die Informationen mit entsprechender Sorgfalt zu lesen". Deshalb ist bei der Beurteilung zu berücksichtigen, wie Adressaten mit den genannten Eigenschaften unter normalen Umständen in ihren wirtschaftlichen Entscheidungen beeinflusst werden könnten.

Der *Anhang* enthält zusätzliche Angaben zur Bilanz, zur Gesamtergebnisrechnung, zur gesonderten Gewinn- und Verlustrechnung (falls erstellt), zur Eigenkapitalveränderungsrechnung und zur Kapitalflussrechnung. Anhangangaben enthalten verbale Beschreibungen oder Aufgliederungen der im Abschluss enthaltenen Posten sowie Informationen über nicht ansatzpflichtige Posten.

Das sonstige Ergebnis umfasst Ertrags- und Aufwandsposten (einschließlich Umgliederungsbeträge), die nach anderen IFRS nicht im Gewinn oder Verlust erfasst werden dürfen oder müssen.

Das sonstige Ergebnis setzt sich aus folgenden Bestandteilen zusammen:

(a) Veränderungen der Neubewertungsrücklage (siehe IAS 16 *Sachanlagen* und IAS 38 *Immaterielle Vermögenswerte*);

(b) versicherungsmathematische Gewinne und Verluste aus leistungsorientierten Plänen, die gemäß Paragraph 93A von IAS 19 *Leistungen an Arbeitnehmer* erfasst werden;

(c) Gewinne und Verluste aus der Umrechnung des Abschlusses eines ausländischen Geschäftsbetriebs (siehe IAS 21 *Auswirkungen von Wechselkursänderungen*);

(d) Gewinne und Verluste aus der Neubewertung von zur Veräußerung verfügbaren finanziellen Vermögenswerten (siehe IAS 39 *Finanzinstrumente: Ansatz und Bewertung*);

(e) der effektive Teil der Gewinne und Verluste aus Sicherungsinstrumenten bei einer Absicherung von Zahlungsströmen (siehe IAS 39).

Eigentümer sind die Inhaber von Instrumenten, die als Eigenkapital eingestuft werden.

Gewinn oder Verlust ist die Summe der Erträge abzüglich Aufwendungen, ohne Berücksichtigung der Bestandteile des sonstigen Ergebnisses.

Umgliederungsbeträge sind Beträge, die in der aktuellen oder einer früheren Periode als sonstiges Ergebnis erfasst wurden und in der aktuellen Periode in den Gewinn oder Verlust umgegliedert werden.

Das Gesamtergebnis ist die Veränderung des Eigenkapitals in einer Periode infolge von Geschäftsvorfällen und anderen Ereignissen, mit Ausnahme von Veränderungen, die sich aus Geschäftsvorfällen mit Eigentümern ergeben, die in ihrer Eigenschaft als Eigentümer handeln.

Das Gesamtergebnis umfasst alle Bestandteile des „Gewinns oder Verlusts" und des „sonstigen Ergebnisses".

8. In diesem Standard werden die Begriffe „sonstiges Ergebnis", „Gewinn oder Verlust" und „Gesamtergebnis" verwendet. Es steht einem Unternehmen jedoch frei, hierfür andere Bezeichnungen zu verwenden, solange deren Bedeutung klar verständlich ist. Beispielsweise könnte der Gewinn oder Verlust mit dem Begriff „Überschuss" bzw. „Fehlbetrag" bezeichnet werden.

8A. Die folgenden Begriffe werden in IAS 32 *Finanzinstrumente: Darstellung* erläutert und im vorliegenden Standard in der in IAS 32 genannten Bedeutung verwendet:

(a) als Eigenkapitalinstrument eingestuftes kündbares Finanzinstrument (Erläuterung siehe IAS 32 Paragraphen 16A und 16B);

(b) als Eigenkapitalinstrument eingestuftes Instrument, das das Unternehmen dazu verpflichtet, einer anderen Partei im Falle der Liquidation einen proportionalen Anteil an seinem Nettovermögen zu liefern (Erläuterung siehe IAS 32 Paragraphen 16C und 16D).

ABSCHLUSS

Zweck des Abschlusses

9. Ein Abschluss ist eine strukturierte Abbildung der Vermögens-, Finanz- und Ertragslage eines Unternehmens. Die Zielsetzung eines Abschlusses ist es, Informationen über die Vermögens-, Finanz- und Ertragslage und die Cashflows eines Unternehmens bereitzustellen, die für ein breites Spektrum von Adressaten nützlich sind, um wirtschaftliche Entscheidungen zu treffen. Ein Abschluss legt ebenfalls Rechenschaft über die Ergebnisse der Verwaltung des dem Management anvertrauten Vermögens ab. Um diese Zielsetzung zu erfüllen, liefert ein Abschluss Informationen über:

(a) Vermögenswerte;

(b) Schulden;

(c) Eigenkapital;

(d) Erträge und Aufwendungen, einschließlich Gewinne und Verluste aus Veräußerungen langfristiger Vermögenswerte und aus Wertänderungen;

(e) Kapitalzuführungen von Eigentümern und Ausschüttungen an Eigentümer, die jeweils in ihrer Eigenschaft als Eigentümer handeln; und

(f) Cashflows eines Unternehmens.

Diese Informationen helfen den Adressaten zusammen mit den anderen Informationen im Anhang, die künftigen Cashflows des Unternehmens sowie insbesondere deren Zeitpunkt und Sicherheit des Entstehens vorauszusagen.

Vollständiger Abschluss

10. Ein vollständiger Abschluss besteht aus:

(a) einer Bilanz zum Abschlussstichtag;

(b) einer Gesamtergebnisrechnung für die Periode;

(c) einer Eigenkapitalveränderungsrechnung für die Periode;

(d) einer Kapitalflussrechnung für die Periode;

(e) dem Anhang, der eine zusammenfassende Darstellung der wesentlichen Rechnungslegungsmethoden und sonstige Erläuterungen enthält; und

(f) eine Bilanz zu Beginn der frühesten Vergleichsperiode, wenn ein Unternehmen eine Rechnungslegungsmethode rückwirkend anwendet oder Posten im Abschluss rückwirkend anpasst oder umgliedert.

Ein Unternehmen kann für die Aufstellungen andere Bezeichnungen als die in diesem Standard vorgesehenen Begriffe verwenden.

11. Ein Unternehmen hat alle Bestandteile des Abschlusses in einem vollständigen Abschluss gleichwertig darzustellen.

12. Gemäß Paragraph 81 darf ein Unternehmen die Ergebnisbestandteile im Rahmen einer einzigen Gesamtergebnisrechnung oder in einer gesonderten Gewinn- und Verlustrechnung darstellen. Wird eine Gewinn- und Verlustrechnung erstellt, so ist diese Bestandteil des vollständigen Abschlusses und muss der Gesamtergebnisrechnung unmittelbar vorangestellt werden.

13. Viele Unternehmen veröffentlichen neben dem Abschluss einen durch das Management erstellten Bericht über die Unternehmenslage, der die wesentlichen Merkmale der Vermögens-, Finanz- und Ertragslage des Unternehmens sowie

die wichtigsten Unsicherheiten, denen sich das Unternehmen gegenübersieht, beschreibt und erläutert. Ein solcher Bericht könnte einen Überblick geben über:

(a) die Hauptfaktoren und Einflüsse, welche die Ertragskraft bestimmen, einschließlich Veränderungen des Umfelds, in dem das Unternehmen tätig ist, die Reaktionen des Unternehmens auf diese Veränderungen und deren Auswirkungen sowie die Investitionspolitik des Unternehmens, durch die die Ertragskraft erhalten und verbessert werden soll, einschließlich der Dividendenpolitik;

(b) die Finanzierungsquellen des Unternehmens und das vom Unternehmen angestrebte Verhältnis von Fremd- zu Eigenkapital; sowie

(c) die gemäß den IFRS nicht in der Bilanz ausgewiesenen Ressourcen.

14. Viele Unternehmen veröffentlichen außerhalb ihres Abschlusses auch Berichte und Angaben, wie Umweltberichte und Wertschöpfungsrechnungen, insbesondere in Branchen, in denen Umweltfaktoren von Bedeutung sind, und in Fällen, in denen Arbeitnehmer als eine bedeutende Adressatengruppe betrachtet werden. Die Berichte und Angaben, die außerhalb des Abschlusses veröffentlicht werden, fallen nicht in den Anwendungsbereich der IFRS.

Allgemeine Merkmale

Vermittlung eines den tatsächlichen Verhältnissen entsprechenden Bilds und Übereinstimmung mit den IFRS

15. Abschlüsse haben die Vermögens-, Finanz- und Ertragslage sowie die Cashflows eines Unternehmens den tatsächlichen Verhältnissen entsprechend darzustellen. Eine den tatsächlichen Verhältnissen entsprechende Darstellung erfordert, dass die Auswirkungen der Geschäftsvorfälle sowie der sonstigen Ereignisse und Bedingungen übereinstimmend mit den im *Rahmenkonzept* enthaltenen Definitionen und Erfassungskriterien für Vermögenswerte, Schulden, Erträge und Aufwendungen glaubwürdig dargestellt werden. Die Anwendung der IFRS, gegebenenfalls um zusätzliche Angaben ergänzt, führt annahmegemäß zu Abschlüssen, die ein den tatsächlichen Verhältnissen entsprechendes Bild vermitteln.

16. Ein Unternehmen, dessen Abschluss mit den IFRS in Einklang steht, hat diese Tatsache in einer ausdrücklichen und uneingeschränkten Erklärung im Anhang anzugeben. Ein Unternehmen darf einen Abschluss nicht als mit den IFRS übereinstimmend bezeichnen, solange er nicht sämtliche Anforderungen der IFRS erfüllt.

17. Unter nahezu allen Umständen wird ein den tatsächlichen Verhältnissen entsprechendes Bild durch Übereinstimmung mit den anzuwendenden IFRS erreicht. Um ein den tatsächlichen Verhältnissen entsprechendes Bild zu vermitteln, hat ein Unternehmen außerdem Folgendes zu leisten:

(a) Auswahl und Anwendung der Rechnungslegungsmethoden gemäß IAS 8 *Rechnungslegungsmethoden, Änderungen von rechnungslegungsbezogenen Schätzungen und Fehler*. In IAS 8 ist eine Hierarchie der maßgeblichen Leitlinien aufgeführt, die das Management beim Fehlen eines spezifischen IFRS für einen Posten betrachtet;

(b) Darstellung von Informationen, einschließlich der Rechnungslegungsmethoden, auf eine Weise, die zu relevanten, verlässlichen, vergleichbaren und verständlichen Informationen führt; und

(c) Bereitstellung zusätzlicher Angaben, wenn die Anforderungen in den IFRS unzureichend sind, um es den Adressaten zu ermöglichen, die Auswirkungen einzelner Geschäftsvorfälle sowie sonstiger Ereignisse und Bedingungen auf die Vermögens-, Finanz- und Ertragslage des Unternehmens zu verstehen.

18. Die Anwendung ungeeigneter Rechnungslegungsmethoden kann weder durch die Angabe der angewandten Methoden noch durch Anhangangaben oder zusätzliche Erläuterungen behoben werden.

19. In den äußerst seltenen Fällen, in denen das Management zu dem Ergebnis gelangt, dass die Einhaltung einer in einem IFRS enthaltenen Anforderung so irreführend wäre, dass sie zu einem Konflikt mit dem im *Rahmenkonzept* dargestellten Zweck führen würde, hat ein Unternehmen von dieser Anforderung unter Beachtung der Vorgaben des Paragraphen 20 abzuweichen, sofern die geltenden gesetzlichen Rahmenbedingungen eine solche Abweichung erfordern oder ansonsten nicht untersagen.

20. Weicht ein Unternehmen von einer in einem IFRS enthaltenen Vorschrift gemäß Paragraph 19 ab, hat es Folgendes anzugeben:

(a) dass das Management zu dem Ergebnis gekommen ist, dass der Abschluss die Vermögens-, Finanz- und Ertragslage sowie die Cashflows des Unternehmens den tatsächlichen Verhältnissen entsprechend darstellt;

(b) dass es die anzuwendenden IFRS befolgt hat, mit der Ausnahme, dass von einer bestimmten Anforderung abgewichen wurde, um in den tatsächlichen Verhältnissen entsprechendes Bild zu vermitteln;

(c) die Bezeichnung des IFRS, von dem das Unternehmen abgewichen ist, die Art der Abweichung einschließlich der Bilanzierungsweise, die der IFRS erfordern würde, den Grund, warum diese Bilanzierungsweise unter den gegebenen Umständen so irreführend wäre, dass sie zu einem Konflikt mit der Zielsetzung des Abschlusses gemäß dem *Rahmenkonzept* führen würde, und die Bilanzierungsweise, die angewandt wurde; sowie

(d) für jede dargestellte Periode die finanziellen Auswirkungen der Abweichung auf jeden

Abschlussposten, der bei Einhaltung der Vorschrift berichtet worden wäre.

21. Ist ein Unternehmen in einer früheren Periode von einer in einem IFRS enthaltenen Bestimmung abgewichen und wirkt sich eine solche Abweichung auf Beträge im Abschluss der aktuellen Periode aus, sind die in den Paragraphen 20(c) und (d) vorgeschriebenen Angaben zu machen.

22. Paragraph 21 gilt beispielsweise dann, wenn ein Unternehmen in einer früheren Periode bei der Bewertung von Vermögenswerten oder Schulden von einer in einem IFRS enthaltenen Bestimmung abgewichen ist, und zwar so, dass sich aufgrund der Abweichung die Bewertung der Vermögenswerte und der Schulden ändert, die im Abschluss des Unternehmens für die aktuelle Periode ausgewiesen sind.

23. In den äußerst seltenen Fällen, in denen das Management zu dem Ergebnis gelangt, dass die Einhaltung einer in einem IFRS enthaltenen Anforderung so irreführend wäre, dass sie zu einem Konflikt mit der Zielsetzung des Abschlusses im Sinne des *Rahmenkonzepts* führen würde, aber die geltenden gesetzlichen Rahmenbedingungen ein Abweichen von der Anforderung verbieten, hat das Unternehmen die für irreführend erachteten Aspekte bestmöglich zu verringern, indem es Folgendes angibt:

(a) die Bezeichnung des betreffenden IFRS, die Art der Anforderung und den Grund, warum die Einhaltung der Anforderung unter den gegebenen Umständen so irreführend ist, dass sie nach Ansicht des Managements zu einem Konflikt mit der Zielsetzung des Abschlusses im Sinne des *Rahmenkonzepts* führt; sowie

(b) für jede dargestellte Periode die Anpassungen, die bei jedem Posten im Abschluss nach Ansicht des Managements zur Vermittlung eines den tatsächlichen Verhältnissen entsprechenden Bildes erforderlich wären.

24. Zwischen einer einzelnen Information und der Zielsetzung der Abschlüsse besteht dann ein Konflikt im Sinne der Paragraphen 19—23, wenn die einzelne Information die Geschäftsvorfälle, sonstigen Ereignisse und Bedingungen nicht so glaubwürdig darstellt, wie sie es entweder vorgibt oder wie es vernünftigerweise erwartet werden kann, und die einzelne Information folglich wahrscheinlich die wirtschaftlichen Entscheidungen der Abschlussadressaten beeinflusst. Wenn geprüft wird, ob die Einhaltung einer bestimmten Anforderung in einem IFRS so irreführend wäre, dass sie zu einem Konflikt mit der Zielsetzung des Abschlusses im Sinne des *Rahmenkonzepts* führen würde, prüft das Management,

(a) warum die Zielsetzung des Abschlusses unter den gegebenen Umständen nicht erreicht wird; und

(b) wie sich die besonderen Umstände des Unternehmens von denen anderer Unternehmen, die die Anforderung einhalten, unterscheiden. Wenn andere Unternehmen unter ähnlichen Umständen die Anforderung einhalten, gilt die widerlegbare Vermutung, dass die Einhaltung der Anforderung durch das Unternehmen nicht so irreführend wäre, dass sie zu einem Konflikt mit der Zielsetzung des Abschlusses im Sinne des *Rahmenkonzepts* führen würde.

Unternehmensfortführung

25. Bei der Aufstellung eines Abschlusses hat das Management die Fähigkeit des Unternehmens, den Geschäftsbetrieb fortzuführen, einzuschätzen. Ein Abschluss ist solange auf der Grundlage der Annahme der Unternehmensfortführung aufzustellen, bis das Management entweder beabsichtigt, das Unternehmen aufzulösen oder das Geschäft einzustellen oder bis das Management keine realistische Alternative mehr hat, als so zu handeln. Wenn dem Management bei seiner Einschätzung wesentliche Unsicherheiten bekannt sind, die sich auf Ereignisse oder Bedingungen beziehen und die erhebliche Zweifel an der Fortführungsfähigkeit des Unternehmens aufwerfen, sind diese Unsicherheiten anzugeben. Wird der Abschluss nicht auf der Grundlage der Annahme der Unternehmensfortführung aufgestellt, ist diese Tatsache gemeinsam mit den Grundlagen, auf denen der Abschluss basiert, und dem Grund, warum von einer Fortführung des Unternehmens nicht ausgegangen wird, anzugeben.

26. Bei der Einschätzung, ob die Annahme der Unternehmensfortführung angemessen ist, zieht das Management sämtliche verfügbaren Informationen über die Zukunft in Betracht, die mindestens zwölf Monate nach dem Abschlussstichtag umfasst, aber nicht auf diesen Zeitraum beschränkt ist. Der Umfang der Berücksichtigung ist von den Gegebenheiten jedes einzelnen Sachverhalts abhängig. Verfügte ein Unternehmen in der Vergangenheit über einen rentablen Geschäftsbetrieb und hat es schnellen Zugriff auf Finanzquellen, kann es ohne eine detaillierte Analyse die Schlussfolgerung ziehen, dass die Annahme der Unternehmensfortführung als Grundlage der Rechnungslegung angemessen ist. In anderen Fällen wird das Management zahlreiche Faktoren im Zusammenhang mit der derzeitigen und künftigen Rentabilität, Schuldentilgungsplänen und potenziellen Refinanzierungsquellen in Betracht ziehen müssen, bevor es sich davon überzeugt ist, dass die Annahme der Unternehmensfortführung angemessen ist.

Konzept der Periodenabgrenzung

27. Ein Unternehmen hat seinen Abschluss, mit Ausnahme der Kapitalflussrechnung, nach dem Konzept der Periodenabgrenzung aufzustellen.

28. Wird der Abschluss nach dem Konzept der Periodenabgrenzung erstellt, werden Posten als Vermögenswerte, Schulden, Eigenkapital, Erträge und Aufwendungen (die Bestandteile des Abschlusses) dann erfasst, wenn sie die im *Rahmenkonzept* für die betreffenden Elemente enthaltenen Definitionen und Erfassungskriterien erfüllen.

Wesentlichkeit und Zusammenfassung von Posten

29. Ein Unternehmen hat jede wesentliche Gruppe gleichartiger Posten gesondert darzustellen. Posten einer nicht ähnlichen Art oder Funktion werden gesondert dargestellt, sofern sie nicht unwesentlich sind.

30. Abschlüsse resultieren aus der Verarbeitung einer großen Anzahl von Geschäftsvorfällen oder sonstigen Ereignissen, die strukturiert werden, indem sie gemäß ihrer Art oder ihrer Funktion zu Gruppen zusammengefasst werden. In der abschließenden Phase des Zusammenfassungs- und Gliederungsprozesses werden die zusammengefassten und klassifizierten Daten dargestellt, die als Posten im Abschluss ausgewiesen werden. Ist ein Posten für sich allein betrachtet nicht von wesentlicher Bedeutung, wird er mit anderen Posten entweder in einem bestimmten Abschlussbestandteil oder in den Anhangangaben zusammengefasst. Ein Posten, der nicht wesentlich genug ist, eine gesonderte Darstellung in den genannten Abschlussbestandteilen zu rechtfertigen, kann dennoch eine gesonderte Darstellung in den Anhangangaben rechtfertigen.

31. Ein Unternehmen braucht einer bestimmten Angabeverpflichtung eines IFRS nicht nachzukommen, wenn die Information nicht wesentlich ist.

Saldierung von Posten

32. Ein Unternehmen darf Vermögenswerte und Schulden sowie Erträge und Aufwendungen nicht miteinander saldieren, sofern nicht die Saldierung von einem IFRS vorgeschrieben oder gestattet wird.

33. Ein Unternehmen hat Vermögenswerte und Schulden sowie Erträge und Aufwendungen gesondert auszuweisen. Saldierungen in der Gesamtergebnisrechnung, in der Bilanz oder in der gesonderten Gewinn- und Verlustrechnung (sofern erstellt) vermindern die Fähigkeit der Adressaten, Geschäftsvorfälle, sonstige Ereignisse oder Bedingungen zu verstehen und die künftigen Cashflows des Unternehmens zu schätzen, es sei denn, die Saldierung spiegelt den wirtschaftlichen Gehalt eines Geschäftsvorfalls oder eines sonstigen Ereignisses wider. Die Bewertung von Vermögenswerten nach Abzug von Wertberichtigungen – beispielsweise Abschläge für veraltete Bestände und Wertberichtigungen von Forderungen – ist keine Saldierung.

34. IAS 18 *Umsatzerlöse* definiert Umsatzerlöse und schreibt vor, dass Unternehmen diese zum beizulegenden Zeitwert der erhaltenen oder zu beanspruchenden Gegenleistung abzüglich der vom Unternehmen gewährten Preisnachlässe und Mengenrabatte bewerten. Ein Unternehmen wickelt im Verlaufe seiner gewöhnlichen Geschäftstätigkeit auch solche Geschäftsvorfälle ab, die selbst zu keinen Umsatzerlösen führen, die aber zusammen mit den Hauptumsatzaktivitäten anfallen. Die Ergebnisse solcher Geschäftsvorfälle sind durch die Saldierung aller Erträge mit den dazugehörigen Aufwendungen, die durch denselben Geschäftsvorfall entstehen, darzustellen, wenn diese Darstellung den Gehalt des Geschäftsvorfalles oder des sonstigen Ereignisses widerspiegelt. Einige Beispiele:

(a) Ein Unternehmen stellt Gewinne und Verluste aus der Veräußerung langfristiger Vermögenswerte einschließlich Finanzinvestitionen und betrieblicher Vermögenswerte dar, indem es von Veräußerungserlösen den Buchwert der Vermögenswerte und die damit in Zusammenhang stehenden Veräußerungskosten abzieht; und

(b) ein Unternehmen darf Ausgaben in Verbindung mit einer Rückstellung, die gemäß IAS 37 *Rückstellungen, Eventualverbindlichkeiten und Eventualforderungen* angesetzt wird und die gemäß einer vertraglichen Vereinbarung mit einem Dritten (z. B. Lieferantengewährleistung) erstattet wird, mit der entsprechenden Rückerstattung saldieren.

35. Außerdem stellt ein Unternehmen Gewinne und Verluste saldiert dar, die aus einer Gruppe von ähnlichen Geschäftsvorfällen entstehen, beispielsweise Gewinne und Verluste aus der Währungsumrechnung oder solche, die aus Finanzinstrumenten entstehen, die zu Handelszwekken gehalten werden. Ein Unternehmen hat solche Gewinne und Verluste jedoch, sofern sie wesentlich sind, gesondert auszuweisen.

Häufigkeit der Berichterstattung

36. Ein Unternehmen hat mindestens jährlich einen vollständigen Abschluss (einschließlich Vergleichsinformationen) aufzustellen. Wenn sich der Abschlussstichtag ändert und der Abschluss für einen Zeitraum aufgestellt wird, der länger oder kürzer als ein Jahr ist, hat ein Unternehmen zusätzlich zur Periode, auf die sich der Abschluss bezieht, Folgendes anzugeben:

(a) den Grund für die Verwendung einer längeren bzw. kürzeren Berichtsperiode und

(b) die Tatsache, dass Vergleichsbeträge des Abschlusses nicht vollständig vergleichbar sind.

37. Normalerweise stellt ein Unternehmen einen Abschluss gleichbleibend für einen Zeitraum von einem Jahr auf. Allerdings bevorzugen einige Unternehmen aus praktischen Gründen, über eine Periode von 52 Wochen zu berichten. Dieser Standard schließt diese Vorgehensweise nicht aus.

Vergleichsinformationen

38. Sofern die IFRS nichts anderes erlauben oder vorschreiben, hat ein Unternehmen für alle im Abschluss der aktuelle Periode enthaltenen quantitativen Informationen Vergleichsinformationen hinsichtlich der vorangegangenen Periode anzugeben. Vergleichsinformationen sind in die verbalen und beschreibenden Informationen einzubeziehen, wenn sie für das Verständnis des Abschlusses der aktuellen Periode von Bedeutung sind.

39. Ein Unternehmen, das Vergleichsinformationen angibt, hat mindestens zwei Bilanzen, zwei

Fassungen von jedem anderen Abschlussbestandteil und die zugehörigen Anhangangaben zu veröffentlichen. Wenn ein Unternehmen eine Rechnungslegungsmethode rückwirkend anwendet oder Abschlussposten rückwirkend anpasst oder Abschlussposten umgliedert, sind mindestens drei Bilanzen, zwei Fassungen von jedem anderen Abschlussbestandteil und die zugehörigen Anhangangaben erforderlich. Ein Unternehmen veröffentlicht Bilanzen zum:

(a) Ende der aktuellen Periode,
(b) Ende der vorangegangenen Periode (identisch mit dem Beginn der aktuellen Periode) und
(c) Beginn der frühesten Vergleichsperiode.

40. In manchen Fällen sind verbale Informationen, die in den Abschlüssen der vorangegangenen Periode(n) gemacht wurden, auch für die aktuelle Periode von Bedeutung. Beispielsweise hat ein Unternehmen die Einzelheiten eines Rechtsstreits anzugeben, dessen Ausgang am Ende der unmittelbar vorangegangenen Berichtsperiode unsicher war und der noch entschieden werden muss. Adressaten ziehen Nutzen aus der Information, dass am Ende der unmittelbar vorangegangenen Berichtsperiode eine Unsicherheit bestand, und über die Schritte, die unternommen worden sind, um diese Unsicherheit zu beseitigen.

41. Ändert ein Unternehmen die Darstellung oder Gliederung von Posten im Abschluss, hat es, außer wenn undurchführbar, auch die Vergleichsbeträge umzugliedern. Werden die Vergleichsbeträge umgegliedert, sind folgende Angaben zu machen:

(a) Art der Umgliederung;
(b) der Betrag jedes umgegliederten Postens bzw. jeder umgegliederten Postengruppe; sowie
(c) der Grund für die Umgliederung.

42. Ist die Umgliederung der Vergleichsbeträge undurchführbar, sind folgende Angaben erforderlich:

(a) der Grund für die unterlassene Umgliederung, sowie
(b) die Art der Anpassungen, die bei einer Umgliederung erfolgt wären.

43. Die Verbesserung der Vergleichbarkeit der Angaben zwischen den einzelnen Perioden hilft den Adressaten bei wirtschaftlichen Entscheidungen. Insbesondere können für Prognosezwecke Trends in den Finanzinformationen beurteilt werden. Unter bestimmten Umständen ist es undurchführbar, die Vergleichsbeträge für eine bestimmte vorangegangene Periode umzugliedern und so eine Vergleichbarkeit mit der aktuellen Periode zu erreichen. Beispielsweise ist es möglich, dass ein Unternehmen Daten in der(n) vorangegangenen Periode(n) auf eine Art erhoben hat, die eine Umgliederung nicht zulässt, und eine Wiederherstellung der Informationen undurchführbar ist.

44. IAS 8 führt aus, welche Anpassungen der Vergleichsinformationen bei der Änderung einer Rechnungslegungsmethode oder der Berichtigung eines Fehlers erforderlich sind.

Darstellungsstetigkeit

45. Ein Unternehmen hat die Darstellung und den Ausweis von Posten im Abschluss von einer Periode zur nächsten beizubehalten, es sei denn,

(a) aufgrund einer wesentlichen Änderung des Tätigkeitsfelds des Unternehmens oder eine Überprüfung der Darstellung seines Abschlusses zeigt sich, dass eine Änderung der Darstellung oder der Gliederung unter Berücksichtigung der in IAS 8 enthaltenen Kriterien zur Auswahl bzw. zur Anwendung der Rechnungslegungsmethoden zu einer besser geeigneten Darstellungsform führt; oder
(b) ein IFRS schreibt eine geänderte Darstellung vor.

46. Ein bedeutender Erwerb, eine bedeutende Veräußerung oder eine Überprüfung der Darstellungsform des Abschlusses könnte beispielsweise nahe legen, dass der Abschluss auf eine andere Art und Weise aufzustellen ist. Ein Unternehmen ändert die Darstellungsform nur dann, wenn aufgrund der Änderungen Informationen gegeben werden, die zuverlässig und für die Adressaten relevanter sind, und die geänderte Darstellungsform wahrscheinlich Bestand haben wird, damit die Vergleichbarkeit nicht beeinträchtigt wird. Wird die Darstellungsform in einer solchen Weise geändert, gliedert ein Unternehmen seine Vergleichsinformationen gemäß Paragraph 41 und 42 um.

STRUKTUR UND INHALT

Einführung

47. Dieser Standard verlangt bestimmte Angaben in der Bilanz, der Gesamtergebnisrechnung, der gesonderten Gewinn- und Verlustrechnung (sofern erstellt) und in der Eigenkapitalveränderungsrechnung und schreibt die Angabe weiterer Posten wahlweise in dem entsprechenden Abschlussbestandteil oder im Anhang vor. IAS 7 *Kapitalflussrechnungen* legt die Anforderungen an die Darstellung der Informationen zu Cashflows dar.

48. In diesem Standard wird der Begriff „Angabe" teilweise im weiteren Sinne als Posten verwendet, die im Abschluss aufzustellen sind. Angaben sind auch nach anderen IFRS vorgeschrieben. Sofern in diesem Standard oder in einem anderen IFRS nicht anders angegeben, sind solche Angaben im Abschluss zu machen.

Bezeichnung des Abschlusses

49. Ein Unternehmen hat einen Abschluss eindeutig als solchen zu bezeichnen und von anderen Informationen, die im gleichen Dokument veröffentlicht werden, zu unterscheiden.

50. IFRS werden nur auf den Abschluss angewandt und nicht unbedingt auf andere Informationen, die in einem Geschäftsbericht, in gesetzlich vorgeschriebenen Unterlagen oder in einem anderen Dokument dargestellt werden. Daher ist es

wichtig, dass Adressaten in der Lage sind, die auf der Grundlage der IFRS erstellten Informationen von anderen Informationen zu unterscheiden, die für Adressaten nützlich sein können, aber nicht Gegenstand der Standards sind.

51. Ein Unternehmen hat jeden Bestandteil des Abschlusses und die Anhangangaben eindeutig zu bezeichnen. Zusätzlich sind die folgenden Informationen deutlich sichtbar darzustellen und zu wiederholen, falls es für das Verständnis der dargestellten Informationen notwendig ist:

(a) der Name des berichtenden Unternehmens oder andere Mittel der Identifizierung sowie etwaige Änderungen dieser Angaben gegenüber dem vorangegangenen Abschlussstichtag;

(b) ob es sich um den Abschluss eines einzelnen Unternehmen oder einer Unternehmensgruppe handelt;

(c) der Abschlussstichtag oder die Periode, auf die sich der Abschluss oder die Anhangangaben beziehen;

(d) die Darstellungswährung laut Definition in IAS 21; und

(e) wie weit bei der Darstellung von Beträgen im Abschluss gerundet wurde.

52. Ein Unternehmen erfüllt die Vorschriften in Paragraph 51, indem es die Seiten, Aufstellungen, Anhangangaben, Spalten u. ä. mit entsprechenden Überschriften versieht. Die Wahl der besten Darstellungsform solcher Informationen erfordert ein ausgewogenes Urteilsvermögen. Veröffentlicht ein Unternehmen den Abschluss beispielsweise in elektronischer Form, werden möglicherweise keine getrennten Seiten verwendet; in diesem Fall sind die oben aufgeführten Angaben dergestalt zu machen, dass das Verständnis der im Abschluss enthaltenen Informationen gewährleistet ist.

53. Zum besseren Verständnis des Abschlusses stellt ein Unternehmen Informationen häufig in Tausend- oder Millioneneinheiten der Darstellungswährung dar. Dies ist akzeptabel, solange das Unternehmen angibt, wie weit gerundet wurde, und es keine wesentlichen Informationen weglässt.

Bilanz

Informationen, die in der Bilanz darzustellen sind

54. In der Bilanz sind zumindest nachfolgende Posten darzustellen:

(a) Sachanlagen;
(b) als Finanzinvestitionen gehaltene Immobilien;
(c) immaterielle Vermögenswerte;
(d) finanzielle Vermögenswerte (ohne die Beträge, die unter (e), (h) und (i) ausgewiesen werden);
(e) nach der Equity-Methode bilanzierte Finanzanlagen;
(f) biologische Vermögenswerte;
(g) Vorräte;
(h) Forderungen aus Lieferungen und Leistungen und sonstige Forderungen;
(i) Zahlungsmittel und Zahlungsmitteläquivalente;
(j) die Summe der Vermögenswerte, die gemäß IFRS 5 *Zur Veräußerung gehaltene langfristige Vermögenswerte und aufgegebene Geschäftsbereiche* als zur Veräußerung gehalten eingestuft werden, und der Vermögenswerte, die zu einer als zur Veräußerung gehalten eingestuften Veräußerungsgruppe gehören;
(k) Verbindlichkeiten aus Lieferungen und Leistungen und sonstige Verbindlichkeiten;
(l) Rückstellungen;
(m) finanzielle Verbindlichkeiten (ohne die Beträge, die unter (k) und (l) ausgewiesen werden);
(n) Steuerschulden und -erstattungsansprüche gemäß IAS 12 *Ertragsteuern*;
(o) latente Steueransprüche und -schulden gemäß IAS 12;
(p) die Schulden, die den Veräußerungsgruppen zugeordnet sind, die gemäß IFRS 5 als zur Veräußerung gehalten eingestuft werden;
(q) nicht beherrschende Anteile, die im Eigenkapital dargestellt werden; sowie
(r) gezeichnetes Kapital und Rücklagen, die den Eigentümern der Muttergesellschaft zuzuordnen sind.

55. Ein Unternehmen hat in der Bilanz zusätzliche Posten, Überschriften und Zwischensummen darzustellen, wenn eine solche Darstellung für das Verständnis der Vermögens- und Finanzlage des Unternehmens relevant ist.

56. Wenn ein Unternehmen lang- und kurzfristige Vermögenswerte bzw. lang- und kurzfristige Schulden in der Bilanz getrennt ausweist, dürfen latente Steueransprüche (-schulden) nicht als kurzfristige Vermögenswerte (Schulden) ausgewiesen werden.

57. Dieser Standard schreibt nicht die Reihenfolge oder die Gliederung vor, in der ein Unternehmen die Posten darstellt. Paragraph 54 enthält lediglich eine Liste von Posten, die ihrem Wesen oder ihrer Funktion nach so unterschiedlich sind, dass sie einen getrennten Ausweis in der Bilanz erforderlich machen. Ferner gilt:

(a) Posten werden hinzugefügt, wenn der Umfang, die Art oder die Funktion eines Postens oder eine Zusammenfassung ähnlicher Posten so sind, dass eine gesonderte Darstellung für das Verständnis der Vermögens- und Finanzlage des Unternehmens relevant ist; und

(b) die verwendeten Bezeichnungen, die Reihenfolge der Posten oder die Zusammenfassung ähnlicher Posten können der Art des Unternehmens und seinen Geschäftsvorfällen entsprechend geändert werden, um Informationen zu liefern, die für das Verständnis der Vermögenslage des Unternehmens relevant sind. Beispielsweise kann ein Finanzinstitut die oben stehenden Beschreibungen anpassen, um Informationen zu liefern, die für die Geschäftstätigkeit eines Finanzinstituts relevant sind.

58. Die Entscheidung des Unternehmens, ob zusätzliche Posten gesondert ausgewiesen werden, basiert auf einer Einschätzung:
(a) der Art und der Liquidität von Vermögenswerten;
(b) der Funktion der Vermögenswerte innerhalb des Unternehmens; und
(c) der Beträge, der Art und des Fälligkeitszeitpunkts von Schulden.

59. Die Anwendung unterschiedlicher Bewertungsgrundlagen für verschiedene Gruppen von Vermögenswerten lässt vermuten, dass sie sich in ihrer Art oder Funktion unterscheiden und deshalb als gesonderte Posten auszuweisen sind. Beispielsweise können bestimmte Gruppen von Sachanlagen gemäß IAS 16 zu Anschaffungs- oder Herstellungskosten oder zu neubewerteten Beträgen angesetzt werden.

Unterscheidung von Kurz- und Langfristigkeit

60. Ein Unternehmen hat gemäß den Paragraphen 66—76 kurzfristige und langfristige Vermögenswerte sowie kurzfristige und langfristige Schulden als getrennte Gliederungsgruppen in der Bilanz darzustellen, sofern nicht eine Darstellung nach der Liquidität zuverlässig und relevanter ist. Trifft diese Ausnahme zu, sind alle Vermögenswerte und Schulden nach ihrer Liquidität darzustellen.

61. Unabhängig davon, welche Methode der Darstellung gewählt wird, hat ein Unternehmen für jeden Vermögens- und Schuldposten, der Beträge zusammenfasst, von denen erwartet wird, dass sie:
(a) bis zu zwölf Monate nach dem Abschlussstichtag und
(b) nach mehr als zwölf Monaten nach dem Abschlussstichtag erfüllt werden,
den Betrag anzugeben, von dem erwartet wird, dass er nach mehr als zwölf Monaten realisiert oder erfüllt wird.

62. Bietet ein Unternehmen Güter oder Dienstleistungen innerhalb eines eindeutig identifizierbaren Geschäftszyklus an, so liefert eine getrennte Untergliederung von kurzfristigen und langfristigen Vermögenswerten und Schulden in der Bilanz nützliche Informationen, indem Nettovermögenswerte, die sich fortlaufend als kurzfristiges Nettobetriebskapital umschlagen, von denen unterschieden werden, die langfristigen Tätigkeiten des Unternehmens dienen. Zugleich werden Vermögenswerte, deren Realisierung innerhalb des laufenden Geschäftszyklus erwartet wird, und Schulden, deren Erfüllung in der gleichen Periode fällig wird, herausgestellt.

63. Bei bestimmten Unternehmen, wie beispielsweise Finanzinstituten, bietet die Darstellung der Vermögens- und Schuldposten aufsteigend oder absteigend nach Liquidität Informationen, die zuverlässig und gegenüber der Darstellung nach Fristigkeiten relevanter sind, da das Unternehmen keine Waren oder Dienstleistungen innerhalb eines eindeutig identifizierbaren Geschäftszyklus anbietet.

64. Bei der Anwendung von Paragraph 60 darf das Unternehmen einige Vermögenswerte und Schulden nach Liquidität anordnen und andere wiederum nach Fristigkeiten darstellen, wenn hierdurch zuverlässige und relevantere Informationen zu erzielen sind. Eine gemischte Aufstellung ist möglicherweise dann angezeigt, wenn das Unternehmen in unterschiedlichen Geschäftsfeldern tätig ist.

65. Informationen über die erwarteten Realisierungszeitpunkte von Vermögenswerten und Schulden sind nützlich, um die Liquidität und Zahlungsfähigkeit eines Unternehmens zu beurteilen. IFRS 7 *Finanzinstrumente: Angaben* verlangt die Angabe der Fälligkeitstermine sowohl von finanziellen Vermögenswerten als auch von finanziellen Verbindlichkeiten. Finanzielle Vermögenswerte enthalten Forderungen aus Lieferungen und Leistungen sowie sonstige Forderungen, und finanzielle Verbindlichkeiten enthalten Verbindlichkeiten aus Lieferungen und Leistungen sowie sonstige Verbindlichkeiten. Informationen über den erwarteten Zeitpunkt der Realisierung von nicht monetären Vermögenswerten, wie z. B. Vorräten, und der Erfüllung von nicht monetären Schulden, wie z. B. Rückstellungen, sind ebenfalls nützlich, und zwar unabhängig davon, ob die Vermögenswerte und Schulden als langfristig oder kurzfristig eingestuft werden oder nicht. Beispielsweise gibt ein Unternehmen den Buchwert der Vorräte an, deren Realisierung nach mehr als zwölf Monaten nach dem Abschlussstichtag erwartet wird.

Kurzfristige Vermögenswerte

66. Ein Unternehmen hat einen Vermögenswert in folgenden Fällen als kurzfristig einzustufen:
(a) die Realisierung des Vermögenswerts wird innerhalb des normalen Geschäftszyklus erwartet, oder der Vermögenswert wird zum Verkauf oder Verbrauch innerhalb dieses Zeitraums gehalten;
(b) der Vermögenswert wird primär für Handelszwecke gehalten;
(c) die Realisierung des Vermögenswerts wird innerhalb von zwölf Monaten nach dem Abschlussstichtag erwartet; oder
(d) es handelt sich um Zahlungsmittel oder Zahlungsmitteläquivalente (gemäß der Definition in IAS 7), es sei denn, der Tausch oder die Nutzung des Vermögenswerts zur Erfüllung einer Verpflichtung sind für einen Zeitraum von mindestens zwölf Monaten nach dem Abschlussstichtag eingeschränkt.

Alle anderen Vermögenswerte sind als langfristig einzustufen.

67. Dieser Standard verwendet den Begriff „langfristig", um damit materielle, immaterielle

und finanzielle Vermögenswerte mit langfristigem Charakter zu erfassen. Er untersagt nicht die Verwendung anderer Bezeichnungen, solange deren Bedeutung klar verständlich ist.

68. Der Geschäftszyklus eines Unternehmens ist der Zeitraum zwischen dem Erwerb von Vermögenswerten, die in einen Prozess eingehen, und deren Umwandlung in Zahlungsmittel oder Zahlungsmitteläquivalente. Ist der Geschäftszyklus des Unternehmens nicht eindeutig identifizierbar, wird von einem Zeitraum von zwölf Monaten ausgegangen. Kurzfristige Vermögenswerte umfassen Vorräte und Forderungen aus Lieferungen und Leistungen, die als Teil des gewöhnlichen Geschäftszyklus verkauft, verbraucht und realisiert werden, selbst wenn deren Realisierung nicht innerhalb von zwölf Monaten nach dem Abschlussstichtag erwartet wird. Zu kurzfristigen Vermögenswerten gehören ferner Vermögenswerte, die vorwiegend zu Handelszwecken gehalten werden (als Beispiel hierfür seien einige finanzielle Vermögenswerte angeführt, die gemäß IAS 39 als zu Handelszwecken gehalten eingestuft werden) sowie der kurzfristige Teil langfristiger finanzieller Vermögenswerte.

Kurzfristige Schulden

69. **Ein Unternehmen hat eine Schuld in folgenden Fällen als kurzfristig einzustufen:**

a) **die Erfüllung der Schuld wird innerhalb des normalen Geschäftszyklus erwartet;**

b) **die Schuld wird primär für Handelszwecke gehalten;**

c) **die Erfüllung der Schuld wird innerhalb von zwölf Monaten nach dem Bilanzstichtag erwartet; oder**

d) **das Unternehmen hat kein uneingeschränktes Recht, die Erfüllung der Schuld um mindestens zwölf Monate nach dem Bilanzstichtag zu verschieben (siehe Paragraph 73). Ist die Schuld mit Bedingungen verbunden, nach denen diese aufgrund einer Option der Gegenpartei durch die Ausgabe von Eigenkapitalinstrumenten erfüllt werden kann, so beeinflusst dies ihre Einstufung nicht.**

Alle anderen Schulden sind als langfristig einzustufen.

70. Einige kurzfristige Schulden, wie Verbindlichkeiten aus Lieferungen und Leistungen sowie Rückstellungen für personalbezogene Aufwendungen und andere betriebliche Aufwendungen, bilden einen Teil des kurzfristigen Betriebskapitals, das im normalen Geschäftszyklus des Unternehmens gebraucht wird. Solche betrieblichen Posten werden selbst dann als kurzfristige Schulden eingestuft, wenn sie später als zwölf Monate nach dem Abschlussstichtag fällig werden. Zur Unterteilung der Vermögenswerte und der Schulden des Unternehmens wird derselbe Geschäftszyklus herangezogen. Ist der Geschäftszyklus des Unternehmens nicht eindeutig identifizierbar, wird von einem Zeitraum von zwölf Monaten ausgegangen.

71. Andere kurzfristige Schulden werden nicht als Teil des laufenden Geschäftszyklus beglichen, ihre Erfüllung ist aber innerhalb von zwölf Monaten nach dem Abschlussstichtag fällig, oder sie werden vorwiegend zu Handelszwecken gehalten. Hierzu gehören beispielsweise einige finanzielle Verbindlichkeiten, die gemäß IAS 39 als zu Handelszwecken gehalten eingestuft werden, Kontokorrentkredite, der kurzfristige Teil langfristiger finanzieller Verbindlichkeiten, Dividendenverbindlichkeiten, Ertragsteuern und sonstige nicht handelbare Verbindlichkeiten. Finanzielle Verbindlichkeiten, die die langfristige Finanzierung sichern (und somit nicht zum im normalen Geschäftszyklus verwendeten Betriebskapital gehören) und die nicht innerhalb von zwölf Monaten nach dem Abschlussstichtag fällig sind, gelten vorbehaltlich der Paragraphen 74 und 75 als langfristige finanzielle Verbindlichkeiten.

72. Ein Unternehmen hat seine finanziellen Verbindlichkeiten als kurzfristig einzustufen, wenn deren Erfüllung innerhalb von zwölf Monaten nach dem Abschlussstichtag fällig wird, selbst wenn

(a) die ursprüngliche Laufzeit einen Zeitraum von mehr als zwölf Monaten umfasst, und

(b) eine Vereinbarung zur langfristigen Refinanzierung bzw. Umschuldung der Zahlungsverpflichtungen nach dem Abschlussstichtag, jedoch vor der Genehmigung zur Veröffentlichung des Abschlusses abgeschlossen wird.

73. Wenn das Unternehmen erwartet und verlangen kann, dass eine Verpflichtung im Rahmen einer bestehenden Kreditvereinbarung für mindestens zwölf Monate nach dem Abschlussstichtag refinanziert oder verlängert wird, gilt die Verpflichtung trotzdem selbst dann als langfristig, wenn sie sonst innerhalb eines kürzeren Zeitraums fällig wäre. In Situationen, in denen jedoch eine Refinanzierung bzw. eine Verlängerung nicht im Ermessen des Unternehmens liegt (was der Fall wäre, wenn keine Refinanzierungsvereinbarung vorläge), berücksichtigt das Unternehmen die Möglichkeit einer Refinanzierung nicht und stuft die betreffende Verpflichtung als kurzfristig ein.

74. Verletzt das Unternehmen am oder vor dem Abschlussstichtag eine Bestimmung einer langfristigen Kreditvereinbarung, so dass die Schuld sofort fällig wird, hat es die Schuld selbst dann als kurzfristig einzustufen, wenn der Kreditgeber nach dem Abschlussstichtag und vor der Genehmigung zur Veröffentlichung des Abschlusses nicht mehr auf Zahlung aufgrund der Verletzung besteht. Die Schuld wird deshalb als kurzfristig eingestuft, weil das Unternehmen am Abschlussstichtag kein uneingeschränktes Recht zur Verschiebung der Erfüllung der Verpflichtung um mindestens zwölf Monate nach dem Abschlussstichtag hat.

75. Ein Unternehmen stuft die Schuld hingegen als langfristig ein, falls der Kreditgeber bis zum Abschlussstichtag eine Nachfrist von mindestens zwölf Monaten nach dem Abschlussstichtag bewilligt, in der das Unternehmen die Verletzung be-

heben und der Kreditgeber keine sofortige Zahlung verlangen kann.

76. Bei Darlehen, die als kurzfristige Schulden eingestuft werden, gilt Folgendes: Wenn zwischen dem Abschlussstichtag und der Genehmigung zur Veröffentlichung des Abschlusses eines der nachfolgenden Ereignisse eintritt, sind diese als nicht berücksichtigungspflichtige Ereignisse gemäß IAS 10 *Ereignisse nach dem* Abschlussstichtag anzugeben:
(a) langfristige Refinanzierung;
(b) Behebung einer Verletzung einer langfristigen Kreditvereinbarung; sowie
(c) die Gewährung einer mindestens zwölf Monate nach dem Abschlussstichtag ablaufenden Nachfrist durch den Kreditgeber zur Behebung der Verletzung einer langfristigen Kreditvereinbarung.

Informationen, die entweder in der Bilanz oder im Anhang darzustellen sind

77. Ein Unternehmen hat weitere Unterposten entweder in der Bilanz oder in den Anhangangaben in einer für die Geschäftstätigkeit des Unternehmens geeigneten Weise anzugeben.

78. Der durch Untergliederungen gegebene Detaillierungsgrad hängt von den Anforderungen der IFRS und von Größe, Art und Funktion der einbezogenen Beträge ab. Zur Ermittlung der Grundlage von Untergliederungen zieht ein Unternehmen auch die in Paragraph 58 enthaltenen Entscheidungskriterien heran. Die Angabepflichten variieren für jeden Posten, beispielsweise:
(a) Sachanlagen werden gemäß IAS 16 in Gruppen aufgegliedert;
(b) Forderungen werden in Beträge, die von Handelskunden, nahe stehenden Unternehmen und Personen gefordert werden, sowie in Vorauszahlungen und sonstige Beträge gegliedert;
(c) Vorräte werden gemäß IAS 2 *Vorräte* in Klassen wie etwa Handelswaren, Roh-, Hilfs- und Betriebsstoffe, unfertige Erzeugnisse und Fertigerzeugnisse gegliedert;
(d) Rückstellungen werden in Rückstellungen für Leistungen an Arbeitnehmer und sonstige Rückstellungen gegliedert; und
(e) Eigenkapital und Rücklagen werden in verschiedene Gruppen, wie beispielsweise eingezahltes Kapital, Agio und Rücklagen gegliedert.

79. Ein Unternehmen hat entweder in der Bilanz oder in der Eigenkapitalveränderungsrechnung oder im Anhang Folgendes anzugeben:
(a) für jede Klasse von Anteilen:
  (i) die Zahl der genehmigten Anteile;
  (ii) die Zahl der ausgegebenen und voll eingezahlten Anteile und die Anzahl der ausgegebenen und nicht voll eingezahlten Anteile;
  (iii) den Nennwert der Anteile oder die Aussage, dass die Anteile keinen Nennwert haben;
  (iv) eine Überleitungsrechnung der Zahl der im Umlauf befindlichen Anteile am Anfang und am Abschlussstichtag;
  (v) die Rechte, Vorzugsrechte und Beschränkungen der jeweilige Kategorie von Anteilen einschließlich Beschränkungen bei der Ausschüttung von Dividenden und der Rückzahlung des Kapitals;
  (vi) Anteile an dem Unternehmen, die durch das Unternehmen selbst, seine Tochterunternehmen oder assoziierte Unternehmen gehalten werden; und
  (vii) Anteile, die für die Ausgabe aufgrund von Optionen und Verkaufsverträgen zurückgehalten werden, unter Angabe der Modalitäten und Beträge; sowie
(b) eine Beschreibung von Art und Zweck jeder Rücklage innerhalb des Eigenkapitals.

80. Ein Unternehmen ohne gezeichnetes Kapital, wie etwa eine Personengesellschaft oder ein Treuhandfonds, hat Informationen anzugeben, die dem in Paragraph 79(a) Geforderten gleichwertig sind und Bewegungen während der Periode in jeder Eigenkapitalkategorie sowie die Rechte, Vorzugsrechte und Beschränkungen jeder Eigenkapitalkategorie zeigen.

80A. Hat ein Unternehmen
(a) ein als Eigenkapitalinstrument eingestuftes kündbares Finanzinstrument oder
(b) ein als Eigenkapitalinstrument eingestuftes Instrument, das das Unternehmen dazu verpflichtet, einer anderen Partei im Falle der Liquidation einen proportionalen Anteil an seinem Nettovermögen zu liefern, zwischen finanziellen Verbindlichkeiten und Eigenkapital umgegliedert, so hat es den in jeder Kategorie (d.h. bei den finanziellen Verbindlichkeiten oder dem Eigenkapital) ein bzw. ausgegliederten Betrag sowie den Zeitpunkt und die Gründe für die Umgliederung anzugeben.

Gesamtergebnisrechnung

81. Ein Unternehmen hat alle in einer Periode erfassten Ertrags- und Aufwandsposten wie folgt darzustellen:
(a) in einer einzigen Gesamtergebnisrechnung oder
(b) in zwei Aufstellungen: einer Aufstellung der Ergebnisbestandteile (gesonderte Gewinn- und Verlustrechnung) und einer Überleitung vom Gewinn oder Verlust zum Gesamtergebnis mit Ausweis der Bestandteile des sonstigen Ergebnisses (Gesamtergebnisrechnung).

Informationen, die in der Gesamtergebnisrechnung darzustellen sind

82. In der Gesamtergebnisrechnung sind für die betreffende Periode zumindest nachfolgende Posten darzustellen:

(a) Umsatzerlöse;
(b) Finanzierungsaufwendungen;
(c) Gewinn- und Verlustanteile an assoziierten Unternehmen und Gemeinschaftsunternehmen, die nach der Equity-Methode bilanziert werden;
(d) Steueraufwendungen;
(e) ein gesonderter Betrag, welcher der Summe entspricht aus:
  (i) dem Ergebnis nach Steuern des aufgegebenen Geschäftsbereichs und
  (ii) dem Ergebnis nach Steuern, das bei der Bewertung mit dem beizulegenden Zeitwert abzüglich Veräußerungskosten oder bei der Veräußerung der Vermögenswerte oder Veräußerungsgruppe(n), die den aufgegebenen Geschäftsbereich darstellen, erfasst wurde.
(f) Gewinn oder Verlust;
(g) jeder Bestandteil des sonstigen Ergebnisses nach Art unterteilt (ohne die Beträge unter (h));
(h) Anteil am sonstigen Ergebnis, der auf assoziierte Unternehmen und Gemeinschaftsunternehmen entfällt, die nach der Equity-Methode bilanziert werden; und
(i) Gesamtergebnis.

83. Ein Unternehmen hat in der Gesamtergebnisrechnung für die Periode die folgenden Posten als Ergebniszuordnungen anzugeben:
(a) den Gewinn oder Verlust der Periode, der
  (i) den nicht beherrschenden Anteilen und
  (ii) den Eigentümern des Mutterunternehmens zuzurechnen ist;
(b) das Gesamtergebnis, das
  (i) den nicht beherrschenden Anteilen und
  (ii) den Eigentümern des Mutterunternehmens zuzurechnen ist.

84. Ein Unternehmen kann die Posten in Paragraph 82(a)—(f) und die Angaben in Paragraph 83(a) in einer gesonderten Gewinn- und Verlustrechnung (siehe Paragraph 81) darstellen.

85. Ein Unternehmen hat in der Gesamtergebnisrechnung und in der gesonderten Gewinn- und Verlustrechnung (falls erstellt) zusätzliche Posten, Überschriften und Zwischensummen einzufügen, wenn eine solche Darstellung für das Verständnis der Erfolgslage des Unternehmens relevant ist.

86. Da sich die Auswirkungen der verschiedenen Tätigkeiten, Geschäftsvorfälle und sonstigen Ereignisse hinsichtlich ihrer Häufigkeit, ihres Gewinn- oder Verlustpotenzials sowie ihrer Vorhersagbarkeit unterscheiden, hilft die Darstellung der Erfolgsbestandteile beim Verständnis der erreichten Erfolgslage des Unternehmens sowie bei der Vorhersage der künftigen Erfolgslage. Ein Unternehmen nimmt zusätzliche Posten in die Gesamtergebnisrechnung und die gesonderte Gewinn- und Verlustrechnung (falls erstellt) auf und ändert die Bezeichnung und Gliederung einzelner Posten, wenn dies notwendig ist, um Erfolgsbestandteile zu erklären. Dabei müssen Faktoren wie Wesentlichkeit, Art und Funktion der Ertrags- und Aufwandsposten berücksichtigt werden. Beispielsweise kann ein Finanzinstitut die oben beschriebenen Darstellungen anpassen, um Informationen zu liefern, die für die Geschäftstätigkeit eines Finanzinstituts relevant sind. Ertrags- und Aufwandsposten werden nur saldiert, wenn die Bedingungen des Paragraphen 32 erfüllt sind.

87. Ein Unternehmen darf weder in der Gesamtergebnisrechnung noch in der gesonderten Gewinn- und Verlustrechnung (falls erstellt) noch im Anhang Ertrags- oder Aufwandsposten als außerordentliche Posten darstellen.

Gewinn oder Verlust der Periode

88. Ein Unternehmen hat alle Ertrags- und Aufwandsposten der Periode im Gewinn oder Verlust zu erfassen, es sei denn, ein IFRS schreibt etwas anderes vor.

89. Einige IFRS nennen Umstände, aufgrund derer bestimmte Posten nicht in den Gewinn oder Verlust der aktuellen Periode eingehen. IAS 8 behandelt zwei solcher Fälle: die Berichtigung von Fehlern und die Auswirkungen von Änderungen der Rechnungslegungsmethoden. Andere IFRS verlangen oder gestatten, dass Bestandteile des sonstigen Ergebnisses, die im Sinne des *Rahmenkonzepts* als Erträge oder Aufwendungen zu definieren sind, bei der Ermittlung des Gewinns oder Verlusts nicht berücksichtigt werden (siehe Paragraph 7).

Sonstiges Ergebnis in der Periode

90. Ein Unternehmen hat entweder in der Gesamtergebnisrechnung oder im Anhang den Betrag der Ertragsteuern anzugeben, der auf die einzelnen Bestandteile des sonstigen Ergebnisses, einschließlich der Umgliederungsbeträge, entfällt.

91. Ein Unternehmen kann die Bestandteile des sonstigen Ergebnisses wie folgt darstellen:
(a) nach Berücksichtigung aller damit verbundenen steuerlichen Auswirkungen oder
(b) vor Berücksichtigung der damit verbundenen steuerlichen Auswirkungen, wobei die Summe der Ertragsteuern auf diese Bestandteile als zusammengefasster Betrag ausgewiesen wird.

92. Ein Unternehmen hat Umgliederungsbeträge anzugeben, die sich auf Bestandteile des sonstigen Ergebnisses beziehen.

93. In anderen IFRS ist festgelegt, ob und wann Beträge, die vorher unter dem sonstigen Ergebnis erfasst wurden, in den Gewinn oder Verlust umgegliedert werden. Solche Umgliederungen werden in diesem Standard als „Umgliederungsbeträge" bezeichnet. Ein Umgliederungsbetrag wird mit dem zugehörigen Bestandteil des sonstigen Ergebnisses in der Periode berücksichtigt, in welcher der Anpassungsbetrag in den Gewinn oder Verlust umgegliedert wird. Beispielsweise gehen realisierte Gewinne aus dem Verkauf von zur Veräußerung

verfügbaren finanziellen Vermögenswerte in den Gewinn oder Verlust der aktuellen Periode ein. Diese Beträge wurden in der aktuellen oder einer früheren Periode möglicherweise als nicht realisierte Gewinne im sonstigen Ergebnis ausgewiesen. Um eine doppelte Erfassung im Gesamtergebnis zu vermeiden, sind solche nicht realisierten Gewinne vom sonstigen Ergebnis in der Periode abzuziehen, in der die realisierten Gewinne in den Gewinn oder Verlust umgegliedert werden.

94. Ein Unternehmen kann Umgliederungsbeträge in der Gesamtergebnisrechnung oder in den Anhangangaben darstellen. Bei einer Darstellung im Anhang sind die Bestandteile des sonstigen Ergebnisses nach Berücksichtigung zugehöriger Umgliederungsbeträge anzugeben.

95. Umgliederungsbeträge entstehen beispielsweise beim Verkauf eines ausländischen Geschäftsbetriebs (siehe IAS 21), bei der Ausbuchung von zur Veräußerung verfügbaren finanziellen Vermögenswerten (siehe IAS 39) oder wenn eine abgesicherte erwartete Transaktion den Gewinn oder Verlust beeinflusst (siehe Paragraph 100 von IAS 39 in Zusammenhang mit der Absicherung von Zahlungsströmen).

96. Umgliederungsbeträge fallen nicht bei Veränderungen der Neubewertungsrücklage an, die gemäß IAS 16 oder IAS 38 bilanziert werden, oder bei versicherungsmathematischen Gewinnen und Verlusten aus leistungsorientierten Plänen, die gemäß Paragraph 93A von IAS 19 erfasst werden. Diese Bestandteile werden im sonstigen Ergebnis erfasst und in späteren Perioden nicht in den Gewinn oder Verlust umgegliedert. Veränderungen der Neubewertungsrücklage können in späteren Perioden bei Nutzung des Vermögenswerts oder bei seiner Ausbuchung in die Gewinnrücklagen umgegliedert werden (siehe IAS 16 und IAS 38). Versicherungsmathematische Gewinne und Verluste werden in der Periode, in der sie als sonstiges Ergebnis erfasst werden, unter den Gewinnrücklagen ausgewiesen (siehe IAS 19).

Informationen, die entweder in der Gesamtergebnisrechnung oder im Anhang darzustellen sind

97. Wenn Ertrags- oder Aufwandsposten wesentlich sind, hat ein Unternehmen Art und Betrag dieser Posten gesondert anzugeben.

98. Umstände, die zu einer gesonderten Angabe von Ertrags- und Aufwandsposten führen, können sein:

(a) außerplanmäßige Abschreibung der Vorräte auf den Nettoveräußerungswert oder der Sachanlagen auf den erzielbaren Betrag sowie die Wertaufholung solcher außerplanmäßigen Abschreibungen;
(b) eine Umstrukturierung der Tätigkeiten eines Unternehmens und die Auflösung von Rückstellungen für Umstrukturierungsaufwand;
(c) Veräußerung von Posten der Sachanlagen;
(d) Veräußerung von Finanzanlagen;
(e) aufgegebene Geschäftsbereiche;
(f) Beendigung von Rechtsstreitigkeiten; und
(g) sonstige Auflösungen von Rückstellungen.

99. Ein Unternehmen hat den im Gewinn oder Verlust erfassten Aufwand aufzugliedern und dabei Gliederungskriterien anzuwenden, die entweder auf der Art der Aufwendungen oder auf deren Funktion innerhalb des Unternehmens beruhen je nachdem, welche Darstellungsform verlässliche und relevantere Informationen ermöglicht.

100. Unternehmen wird empfohlen, die von Paragraph 99 geforderte Aufgliederung in der Gesamtergebnisrechnung oder in der gesonderten Gewinn- und Verlustrechnung (falls erstellt) darzustellen.

101. Aufwendungen werden unterteilt, um die Erfolgsbestandteile, die sich bezüglich Häufigkeit, Gewinn- oder Verlustpotenzial und Vorhersagbarkeit unterscheiden können, hervorzuheben. Diese Informationen können auf zwei verschiedene Arten dargestellt werden.

102. Die erste Art der Aufgliederung wird als „Gesamtkostenverfahren" bezeichnet. Aufwendungen werden im Gewinn oder Verlust nach ihrer Art zusammengefasst (beispielsweise Abschreibungen, Materialeinkauf, Transportkosten, Leistungen an Arbeitnehmer, Werbekosten) und nicht nach ihrer Zugehörigkeit zu einzelnen Funktionsbereichen des Unternehmens umverteilt. Diese Methode ist einfach anzuwenden, da die betrieblichen Aufwendungen den einzelnen Funktionsbereichen nicht zugeordnet werden müssen. Ein Beispiel für eine Gliederung nach dem Gesamtkostenverfahren ist:

Umsatzerlöse	X
Sonstige Erträge	X
Veränderung des Bestands an Fertigerzeugnissen und unfertigen Erzeugnissen	X
Aufwendungen für Roh-, Hilfs- und Betriebsstoffe	X
Aufwendungen für Leistungen an Arbeitnehmer	X
Aufwand für planmäßige Abschreibungen	X
Andere Aufwendungen	X
Gesamtaufwand	(X)
Gewinn vor Steuern	X

103. Die zweite Art der Aufgliederung wird als „Umsatzkostenverfahren" bezeichnet und unterteilt die Aufwendungen nach ihrer funktionalen Zugehörigkeit als Teile der Umsatzkosten, beispielsweise der Aufwendungen für Vertriebs- oder Verwaltungsaktivitäten. Das Unternehmen hat diesem Verfahren zufolge zumindest die Umsatzkosten gesondert von anderen Aufwendungen zu erfassen. Diese Methode liefert den Adressaten oft relevantere Informationen als die Aufteilung nach Aufwandsarten, aber die Zuordnung von Aufwendungen zu Funktionen kann willkürlich sein und beruht auf erheblichen Ermessensentscheidungen. Ein Beispiel für eine Gliederung nach dem Umsatzkostenverfahren ist:

2/1. IAS 1
103 – 110

Umsatzerlöse	X
Umsatzkosten	(X)
Bruttogewinn	X
Sonstige Erträge	X
Vertriebskosten	(X)
Verwaltungsaufwendungen	(X)
Andere Aufwendungen	(X)
Gewinn vor Steuern	X

104. Ein Unternehmen, welches das Umsatzkostenverfahren anwendet, hat zusätzliche Informationen über die Art der Aufwendungen, einschließlich des Aufwands für planmäßige Abschreibungen und Amortisationen sowie Leistungen an Arbeitnehmer, anzugeben.

105. Die Wahl zwischen dem Umsatzkosten- und dem Gesamtkostenverfahren hängt von historischen und branchenbezogenen Faktoren und von der Art des Unternehmens ab. Beide Verfahren liefern Hinweise auf die Kosten, die sich direkt oder indirekt mit der Höhe des Umsatzes oder der Produktion des Unternehmens verändern können. Da jede der beiden Darstellungsformen für unterschiedliche Unternehmenstypen vorteilhaft ist, verpflichtet dieser Standard das Management zur Wahl der Darstellungsform, die zuverlässig und relevanter ist. Da Informationen über die Art von Aufwendungen für die Prognose künftiger Cashflows nützlich sind, werden bei Anwendung des Umsatzkostenverfahrens zusätzliche Angaben gefordert. In Paragraph 104 hat der Begriff „Leistungen an Arbeitnehmer" dieselbe Bedeutung wie in IAS 19.

Eigenkapitalveränderungsrechnung

Informationen, die in der Eigenkapitalveränderungsrechnung darzustellen sind

106. Ein Unternehmen hat gemäß Paragraph 10 eine Eigenkapitalveränderungsrechnung zu erstellen. Diese muss Folgendes enthalten:

(a) das Gesamtergebnis in der Berichtsperiode, wobei die Beträge, die den Eigentümern des Mutterunternehmens und den nicht beherrschenden Anteilen insgesamt zuzurechnen sind, getrennt auszuweisen sind;

(b) für jede Eigenkapitalkomponente die Auswirkungen einer rückwirkenden Anwendung oder rückwirkenden Anpassung, die gemäß IAS 8 bilanziert wurden, und

(c) [gestrichen]

(d) für jede Eigenkapitalkomponente eine Überleitungsrechnung für die Buchwerte zu Beginn und am Ende der Berichtsperiode, wobei Veränderungen gesondert auszuweisen sind, die zurückzuführen sind auf

(i) Gewinn oder Verlust,

(ii) sonstiges Ergebnis und

(iii) Transaktionen mit Eigentümern, die in dieser Eigenschaft handeln, wobei Einzahlungen von Eigentümern und Ausschüttungen an Eigentümer sowie Veränderungen bei Eigentumsanteilen an Tochterunternehmen, die keinen Verlust der Beherrschung nach sich ziehen, gesondert auszuweisen sind.

Informationen, die in der Eigenkapitalveränderungsrechnung oder im Anhang darzustellen sind

106A. Ein Unternehmen hat in der Eigenkapitalveränderungsrechnung oder im Anhang für jede Eigenkapitalkomponente eine nach Posten gegliederte Analyse des sonstigen Einkommens vorzunehmen (siehe Paragraph 106 Buchstabe d Ziffer ii).

107. Ein Unternehmen hat in der Eigenkapitalveränderungsrechnung oder im Anhang die Höhe der Dividenden, die während der Berichtsperiode als Ausschüttungen an Eigentümer angesetzt werden, sowie den entsprechenden Dividendenbetrag pro Aktie anzugeben.

108. Zu den in Paragraph 106 genannten Eigenkapitalbestandteilen gehören beispielsweise jede Kategorie des eingebrachten Kapitals, der kumulierte Saldo jeder Kategorie des sonstigen Ergebnisses und die Gewinnrücklagen.

109. Veränderungen des Eigenkapitals eines Unternehmens zwischen dem Beginn und dem Ende der Berichtsperiode spiegeln die Zu- oder Abnahme seines Nettovermögens während der Periode wider. Mit Ausnahme von Änderungen, die sich aus Transaktionen mit Eigentümern, die in ihrer Eigenschaft als Eigentümer handeln (z. B. Kapitaleinzahlungen, Rückerwerb von Eigenkapitalinstrumenten des Unternehmens und Dividenden), sowie den unmittelbar damit zusammenhängenden Transaktionskosten ergeben, stellt die Gesamtveränderung des Eigenkapitals während der betreffenden Periode den Gesamtertrag bzw. -aufwand einschließlich der Gewinne und Verluste dar, die während der betreffenden Periode durch die Aktivitäten des Unternehmens entstehen.

110. Nach IAS 8 sind zur Berücksichtigung von Änderungen der Rechnungslegungsmethoden, soweit durchführbar, rückwirkende Anpassungen erforderlich, sofern die Übergangsbestimmungen in einem anderen IFRS keine andere Erfassung vorschreiben. Ebenso sind nach IAS 8, soweit durchführbar, rückwirkende Anpassungen zur Fehlerberichtigung erforderlich. Rückwirkende Anpassungen und rückwirkende Fehlerberichtigungen stellen keine Eigenkapitalveränderungen dar, sondern Berichtigungen des Anfangssaldos der Gewinnrücklagen, sofern ein IFRS keine rückwirkende Anpassung eines anderen Eigenkapitalbestandteils verlangt. Paragraph 106(b) schreibt die Angabe der Gesamtanpassung für jeden Eigenkapitalposten, die sich aus Änderungen der Rechnungslegungsmethoden und – getrennt davon –

aus der Fehlerberichtigung ergibt, in der Eigenkapitalveränderungsrechnung vor. Diese Anpassungen sind für jede Vorperiode sowie für den Periodenanfang anzugeben.

Kapitalflussrechnung

111. Die Kapitalflussrechnung bietet den Adressaten eine Grundlage für die Beurteilung der Fähigkeit des Unternehmens, Zahlungsmittel und Zahlungsmitteläquivalente zu erwirtschaften, sowie des Bedarfs des Unternehmens, diese Cashflows zu verwenden. IAS 7 legt die Anforderungen für die Darstellung und Angabe von Informationen zu Cashflows fest.

Anhangangaben

Struktur

112. Der Anhang soll:
(a) Informationen über die Grundlagen der Aufstellung des Abschlusses und die spezifischen Rechnungslegungsmethoden, die gemäß den Paragraphen 117—124 angewandt worden sind, darlegen;
(b) die nach IFRS erforderlichen Informationen offen legen, die nicht in den anderen Abschlussbestandteilen ausgewiesen sind, und
(c) Informationen liefern, die nicht in anderen Abschlussbestandteilen ausgewiesen werden, für das Verständnis derselben jedoch relevant sind.

113. Ein Unternehmen hat die Anhangangaben, soweit durchführbar, systematisch darzustellen. Jeder Posten in der Bilanz, der Gesamtergebnisrechnung, der gesonderten Gewinn- und Verlustrechnung (falls erstellt), der Eigenkapitalveränderungsrechnung und der Kapitalflussrechnung muss mit einem Querverweis auf sämtliche zugehörigen Informationen im Anhang versehen sein.

114. Ein Unternehmen stellt die Anhangangaben normalerweise in der folgenden Reihenfolge dar, die den Adressaten hilft, den Abschluss zu verstehen und ihn mit denen anderer Unternehmen zu vergleichen:
(a) Bestätigung der Übereinstimmung mit IFRS (siehe Paragraph 16);
(b) zusammenfassende Darstellung der wesentlichen angewandten Rechnungslegungsmethoden (siehe Paragraph 117);
(c) ergänzende Informationen zu den in der Bilanz, der Gesamtergebnisrechnung, der gesonderten Gewinn- und Verlustrechnung (falls erstellt), der Eigenkapitalveränderungsrechnung und der Kapitalflussrechnung dargestellten Posten in der Reihenfolge, in der jeder Abschlussbestandteil und jeder Posten dargestellt wird; und
(d) andere Angaben, einschließlich:
  (i) Eventualverbindlichkeiten (siehe IAS 37) und nicht bilanzierte vertragliche Verpflichtungen, und

  (ii) nicht finanzielle Angaben, z. B. die Ziele und Methoden des Finanzrisikomanagements des Unternehmens (siehe IFRS 7).

115. Unter bestimmten Umständen kann es notwendig oder wünschenswert sein, die Reihenfolge bestimmter Posten innerhalb des Anhangs zu ändern. Beispielsweise können Informationen über im Gewinn oder Verlust berücksichtigte Änderungen des beizulegenden Zeitwerts mit Informationen über Fälligkeitstermine von Finanzinstrumenten kombiniert werden, obwohl erstere Angaben zur Gesamtergebnisrechnung bzw. zur gesonderten Gewinn- und Verlustrechnung (falls erstellt) und letztere zur Bilanz gehören. Das Unternehmen hat jedoch eine systematische Struktur für den Anhang beizubehalten, soweit dies durchführbar ist.

116. Ein Unternehmen kann Informationen über die Grundlagen der Aufstellung des Abschlusses und die spezifischen Rechnungslegungsmethoden als gesonderten Teil des Abschlusses darstellen.

Angabe der Rechnungslegungsmethoden

117. Ein Unternehmen hat in der zusammenfassenden Darstellung der maßgeblichen Rechnungslegungsmethoden Folgendes anzugeben:
(a) die bei der Aufstellung des Abschlusses herangezogene(n) Bewertungsgrundlage(n), und
(b) sonstige angewandte Rechnungslegungsmethoden, die für das Verständnis des Abschlusses relevant sind.

118. Es ist wichtig, dass ein Unternehmen die Adressaten über die verwendete(n) Bewertungsgrundlage(n) (z. B. historische Anschaffungs- oder Herstellungskosten, Tageswert, Nettoveräußerungswert, beizulegender Zeitwert oder erzielbarer Betrag) informiert, da die Grundlage, auf der der gesamte Abschluss aufgestellt ist, die Analyse der Adressaten maßgeblich beeinflussen kann. Wendet ein Unternehmen im Abschluss mehr als eine Bewertungsgrundlage an, wenn beispielsweise bestimmte Gruppen von Vermögenswerten neu bewertet werden, ist es ausreichend, einen Hinweis auf die Gruppen von Vermögenswerten und Schulden zu geben, auf die die jeweilige Bewertungsgrundlage angewandt wird.

119. Bei der Entscheidung darüber, ob eine bestimmte Rechnungslegungsmethode anzugeben ist, wägt das Management ab, ob die Angaben über die Art und Weise, wie Geschäftsvorfälle, sonstige Ereignisse und Bedingungen in der dargestellten Vermögens-, Finanz- und Ertragslage wiedergegeben werden, zum Verständnis der Adressaten beitragen. Die Darstellung bestimmter Rechnungslegungsmethoden ist für Adressaten besonders vorteilhaft, wenn solche Methoden aus den in den IFRS zugelassenen Alternativen ausgewählt werden. Beispiel: Ein Partnerunternehmen gibt an, ob es seine Anteile an gemeinschaftlich geführten Unternehmen durch Quotenkonsolidierung oder nach der Equity-Methode bilanziert (siehe IAS 31 *Anteile an Gemeinschaftsunternehmen*). Einige IFRS schreiben ausdrücklich die Angabe der

Rechnungslegungsmethoden und der vom Management getroffenen Auswahl unter verschiedenen zulässigen Methoden vor. Beispielsweise ist nach IAS 16 die Bewertungsgrundlage für Sachanlagen anzugeben.

120. Jedes Unternehmen berücksichtigt die Art seiner Geschäftstätigkeit und die Rechnungslegungsmethoden, von denen die Adressaten des Abschlusses erwarten würden, dass sie für diesen Unternehmenstyp angegeben werden. Zum Beispiel erwarten Adressaten von einem ertragsteuerpflichtigen Unternehmen, dass es angibt, welche Rechnungslegungsmethode es für Ertragsteuern einschließlich der latenten Steuerschulden und Steueransprüche angibt. Wenn ein Unternehmen bedeutende Geschäftsvorfälle oder Transaktionen in Fremdwährungen tätigt, würde der Adressat erwarten, dass die bei der Erfassung der Gewinne und Verluste aus der Währungsumrechnung angewandten Rechnungslegungsmethoden angegeben werden.

121. Eine Rechnungslegungsmethode kann aufgrund der Tätigkeiten des Unternehmens eine wichtige Rolle spielen, selbst wenn die Beträge für die aktuelle sowie für frühere Perioden unwesentlich sind. Es ist ebenfalls zweckmäßig, jede wesentliche Rechnungslegungsmethode anzugeben, die zwar nicht von den IFRS vorgeschrieben ist, die das Unternehmen aber in Übereinstimmung mit IAS 8 auswählt und anwendet.

122. Ein Unternehmen hat in der zusammenfassenden Darstellung der wesentlichen Rechnungslegungsmethoden oder in den sonstigen Erläuterungen anzugeben, welche Ermessensentscheidungen — mit Ausnahme jener, bei denen Schätzungen einfließen (siehe Paragraph 125) — das Management bei der Anwendung der Rechnungslegungsmethoden getroffen hat und welche Ermessensentscheidungen die Beträge im Abschluss am wesentlichsten beeinflussen.

123. Die Anwendung der Rechnungslegungsmethoden unterliegt verschiedenen Ermessensausübungen des Managements — abgesehen von solchen, bei denen Schätzungen einfließen —, die die Beträge im Abschluss erheblich beeinflussen können. Das Management übt beispielsweise seinen Ermessensspielraum aus, wenn es festlegt,

(a) ob es sich bei den finanziellen Vermögenswerten um bis zur Endfälligkeit zu haltende Finanzinvestitionen handelt;

(b) wann alle wesentlichen mit dem rechtlichen Eigentum verbundenen Risiken und Chancen der finanziellen Vermögenswerte und des Leasingvermögens auf andere Unternehmen übertragen werden;

(c) ob es sich bei bestimmten Warenverkaufsgeschäften im Wesentlichen um Finanzierungsvereinbarungen handelt, durch die folglich keine Umsatzerlöse erzielt werden können; und

(d) ob die Art des Verhältnisses zwischen dem Unternehmen und einer Zweckgesellschaft darauf hinweist, dass die Zweckgesellschaft durch das Unternehmen beherrscht wird.

124. Einige der gemäß Paragraph 122 erforderlichen Angaben sind durch andere IFRS vorgeschrieben. Nach IAS 27 sind beispielsweise die Gründe anzugeben, warum der Anteil an einem Unternehmen, an dem eine Beteiligung besteht, das kein Tochtergesellschaft ist, kein Beherrschungsverhältnis begründet, auch wenn mehr als die Hälfte der tatsächlichen oder möglichen Stimmrechte mittelbar oder unmittelbar durch Tochterunternehmen gehalten wird. Nach IAS 40 *Als Finanzinvestition gehaltene Immobilien* sind die vom Unternehmen entwickelten Kriterien anzugeben, nach denen zwischen als Finanzinvestition gehaltenen, vom Eigentümer selbstgenutzten Immobilien und Immobilien, die zum Verkauf im Rahmen der gewöhnlichen Geschäftstätigkeit gehalten werden, unterschieden wird, sofern eine Zuordnung Schwierigkeiten bereitet.

Quellen von Schätzungsunsicherheiten

125. Ein Unternehmen hat im Anhang die wichtigsten zukunftsbezogenen Annahmen anzugeben sowie Angaben über sonstige am Abschlussstichtag wesentliche Quellen von Schätzungsunsicherheiten zu machen, durch die ein beträchtliches Risiko entstehen kann, dass innerhalb des nächsten Geschäftsjahres eine wesentliche Anpassung der Buchwerte der ausgewiesenen Vermögenswerte und Schulden erforderlich wird. Bezüglich solcher Vermögenswerte und Schulden sind im Anhang:

(a) ihre Art sowie

(b) ihre Buchwerte am Abschlussstichtag anzugeben.

126. Zur Bestimmung der Buchwerte bestimmter Vermögenswerte und Schulden ist eine Schätzung der Auswirkungen ungewisser künftiger Ereignisse auf solche Vermögenswerte und Schulden am Abschlussstichtag erforderlich. Fehlen beispielsweise kürzlich festgestellte Marktpreise, sind zukunftsbezogene Schätzungen erforderlich, um den erzielbaren Betrag bestimmter Gruppen von Sachanlagen, die Folgen technischer Veralterung für Bestände, Rückstellungen, die von dem künftigen Ausgang von Gerichtsverfahren abhängen, sowie langfristige Verpflichtungen gegenüber Arbeitnehmern, wie beispielsweise Pensionszusagen, zu bewerten. Diese Schätzungen beziehen Annahmen über Faktoren wie Risikoanpassungen von Cashflows oder der Abzinsungssätze, künftige Gehaltsentwicklungen und künftige, andere Kosten beeinflussende Preisänderungen mit ein.

127. Die Annahmen sowie andere Quellen von Schätzungsunsicherheiten, die gemäß Paragraph 125 angegeben werden, gelten für Schätzungen, die eine besonders schwierige, subjektive oder komplizierte Ermessensentscheidung des Managements erfordern. Je höher die Anzahl der Variablen bzw. der Annahmen, die sich auf die mögliche künftige Beseitigung bestehender Unsicherheiten auswirken, desto subjektiver und schwieriger wird die Ermessensausübung, so dass die Wahrscheinlichkeit einer nachträglichen, wesentlichen Anpas-

sung der angesetzten Buchwerte der betreffenden Vermögenswerte und Schulden in der Regel im gleichen Maße steigt.

128. Die in Paragraph 125 vorgeschriebenen Angaben sind nicht für Vermögenswerte und Schulden erforderlich, bei denen ein beträchtliches Risiko besteht, dass sich ihre Buchwerte innerhalb des nächsten Geschäftsjahres wesentlich verändern, wenn diese am Abschlussstichtag zum beizulegenden Zeitwert auf der Basis kurz zuvor festgestellter Marktpreise bewertet werden. Zwar besteht die Möglichkeit einer wesentlichen Änderung der beizulegenden Zeitwerte innerhalb des nächsten Geschäftsjahres, doch sind diese Änderungen nicht auf Annahmen oder sonstige Quellen einer Schätzungsunsicherheit am Abschlussstichtag zurückzuführen.

129. Ein Unternehmen macht die in Paragraph 125 vorgeschriebenen Angaben auf eine Weise, die es den Adressaten erleichtert, die Ermessensausübung des Managements bezüglich der Zukunft und anderer wesentlicher Quellen von Schätzungsunsicherheiten zu verstehen. Die Art und der Umfang der gemachten Angaben hängen von der Art der Annahmen sowie anderen Umständen ab. Beispiele für die Art der erforderlichen Angaben sind:

(a) die Art der Annahme bzw. der sonstigen Schätzungsunsicherheit;
(b) die Sensitivität der Buchwerte hinsichtlich der Methoden, der Annnahmen und der Schätzungen, die der Berechnung der Buchwerte zugrunde liegen unter Angabe der Gründe für die Sensitivität;
(c) die erwartete Beseitigung einer Unsicherheit sowie die Bandbreite der vernünftigerweise für möglich gehaltenen Gewinn oder Verlust innerhalb des nächsten Geschäftsjahres bezüglich der Buchwerte der betreffenden Vermögenswerte und Schulden; und
(d) eine Erläuterung der Anpassungen früherer Annahmen bezüglich solcher Vermögenswerte und Schulden, sofern die Unsicherheit weiter bestehen bleibt.

130. Dieser Standard schreibt einem Unternehmen nicht die Angabe von Budgets oder Prognosen im Rahmen des Paragraphen 125 vor.

131. Manchmal ist die Angabe des Umfangs der möglichen Auswirkungen einer Annahme bzw. einer anderen Quelle von Schätzungsunsicherheiten am Abschlussstichtag undurchführbar. In solchen Fällen hat das Unternehmen anzugeben, dass es aufgrund bestehender Kenntnisse im Rahmen des Möglichen liegt, dass innerhalb des nächsten Geschäftsjahres von den Annahmen abgewichen werden könnte, so dass eine wesentliche Anpassung des Buchwerts der betreffenden Vermögenswerte bzw. Schulden erforderlich ist. In allen Fällen hat das Unternehmen die Art und den Buchwert der durch die Annahme betroffenen einzelnen Vermögenswerte und Schulden (bzw. Vermögens- oder Schuldkategorien) anzugeben.

132. Die in Paragraph 122 vorgeschriebenen Angaben zu Ermessensentscheidungen des Managements bei der Anwendung der Rechnungslegungsmethoden des Unternehmens gelten nicht für die Angabe der Quellen von Schätzungsunsicherheiten gemäß Paragraph 125.

133. Andere IFRS verlangen die Angabe einiger Annahmen, die ansonsten gemäß Paragraph 125 erforderlich wären. Nach IAS 37 sind beispielsweise unter bestimmten Voraussetzungen die wesentlichen Annahmen bezüglich künftiger Ereignisse anzugeben, die die Rückstellungsarten beeinflussen könnten. Nach IFRS 7 sind die wesentlichen Annahmen anzugeben, die das Unternehmen zur Schätzung des beizulegenden Zeitwerts von finanziellen Vermögenswerten und finanziellen Verbindlichkeiten heranzieht, die mit dem beizulegenden Zeitwert bilanziert werden. Nach IAS 16 sind die wesentlichen Annahmen anzugeben, die das Unternehmen zur Schätzung des beizulegenden Zeitwerts neu bewerteter Sachanlagen verwendet.

Kapital

134. Ein Unternehmen hat Angaben zu veröffentlichen, die den Abschlussadressaten eine Beurteilung seiner Ziele, Methoden und Prozesse des Kapitalmanagements ermöglichen.

135. Zur Einhaltung des Paragraphen 134 hat das Unternehmen die folgenden Angaben zu machen:

(a) qualitative Angaben zu seinen Zielen, Methoden und Prozessen beim Kapitalmanagement, einschließlich
  (i) einer Beschreibung dessen, was als Kapital gemanagt wird;
  (ii) für den Fall, dass ein Unternehmen externen Mindestkapitalanforderungen unterliegt — der Art dieser Anforderungen und der Art und Weise, wie sie in das Kapitalmanagement einbezogen werden; und
  (iii) Angaben darüber, wie es seine Ziele für das Kapitalmanagement erfüllt;
(b) zusammenfassende quantitative Angaben darüber, was als Kapital gemanagt wird. Einige Unternehmen betrachten bestimmte finanzielle Verbindlichkeiten (wie einige Formen nachrangiger Verbindlichkeiten) als Teil des Kapitals. Für andere Unternehmen hingegen fallen bestimmte Eigenkapitalbestandteile (wie solche, die aus der Absicherung von Zahlungsströmen resultieren) nicht unter das Kapital;
(c) jede Veränderung, die gegenüber der vorangegangenen Periode bei (a) und (b) eingetreten ist.
(d) Angaben darüber, ob es in der Periode alle etwaigen externen Mindestkapitalanforderungen erfüllt hat, denen es unterliegt;
(e) für den Fall, dass das Unternehmen solche externen Mindestkapitalanforderungen nicht erfüllt hat, die Konsequenzen dieser Nichterfüllung.

Das Unternehmen stützt die vorstehend genannten Angaben auf die Informationen, die den Mitgliedern des Managements in Schlüsselpositionen intern vorgelegt werden.

136. Ein Unternehmen kann sein Kapital auf unterschiedliche Weise managen und einer Reihe unterschiedlicher Mindestkapitalanforderungen unterliegen. So kann ein Konglomerat im Versicherungs- und Bankgeschäft tätige Unternehmen umfassen, wobei diese Unternehmen ihrer Tätigkeit in verschiedenen Rechtskreisen nachgehen können. Würden zusammengefasste Angaben zu Mindestkapitalanforderungen und zur Art und Weise des Kapitalmanagements keine sachdienlichen Informationen liefern oder den Abschlussadressaten ein verzerrtes Bild der Kapitalressourcen eines Unternehmens vermitteln, so hat das Unternehmen zu jeder Mindestkapitalanforderung, der es unterliegt, gesonderte Angaben zu machen.

Als Eigenkapital eingestufte kündbare Finanzinstrumente

136A. Zu kündbaren Finanzinstrumenten, die als Eigenkapitalinstrumente eingestuft sind, hat ein Unternehmen folgende Angaben zu liefern (sofern diese nicht bereits an anderer Stelle zu finden sind):

(a) zusammengefasste quantitative Daten zu dem als Eigenkapital eingestuften Betrag;

(b) Ziele, Methoden und Verfahren, mit deren Hilfe das Unternehmen seiner Verpflichtung nachkommen will, die Instrumente zurückzukaufen oder zunehmen, wenn die Inhaber dies verlangen, einschließlich aller Änderungen gegenüber der vorangegangenen Periode;

(c) der bei Rücknahme oder Rückkauf dieser Klasse von Finanzinstrumenten erwartete Mittelabfluss; und

(d) Informationen darüber, wie der bei Rücknahme oder Rückkauf erwartete Mittelabfluss ermittelt wurde.

Weitere Angaben

137. Das Unternehmen hat im Anhang Folgendes anzugeben:

(a) die Dividendenzahlungen des Unternehmens, die vorgeschlagen oder beschlossen wurden, bevor der Abschluss zur Veröffentlichung freigegeben wurde, die aber nicht als Ausschüttungen an die Eigentümer während der Periode im Abschluss bilanziert wurden, sowie den Betrag je Anteil; und

(b) den Betrag der kumulierten noch nicht bilanzierten Vorzugsdividenden.

138. Ein Unternehmen hat Folgendes anzugeben, wenn es nicht an anderer Stelle in Informationen angegeben wird, die zusammen mit dem Abschluss veröffentlicht werden:

(a) den Sitz und die Rechtsform des Unternehmens, das Land, in dem es als juristische Person registriert ist, und die Adresse des eingetragenen Sitzes (oder des Hauptsitzes der Geschäftstätigkeit, wenn dieser vom eingetragenen Sitz abweicht);

(b) eine Beschreibung der Art der Geschäftstätigkeit des Unternehmens und seiner Haupttätigkeiten;

(c) den Namen des Mutterunternehmens und des obersten Mutterunternehmens der Unternehmensgruppe und

(d) wenn seine Lebensdauer begrenzt ist, die Angabe der Lebensdauer.

ÜBERGANGSVORSCHRIFTEN UND ZEITPUNKT DES INKRAFTTRETENS

139. Dieser Standard ist erstmals in der ersten Berichtsperiode eines am 1. Januar 2009 oder danach beginnenden Geschäftsjahres anzuwenden. Eine frühere Anwendung ist zulässig. Wenn ein Unternehmen diesen Standard für eine frühere Berichtsperiode anwendet, so ist diese Tatsache anzugeben.

139A Durch IAS 27 (in der vom International Accounting Standards Board 2008 geänderten Fassung) wurde Paragraph 106 geändert. Diese Änderung ist erstmals in der ersten Periode eines am 1. Juli 2009 oder danach beginnenden Geschäftsjahres anzuwenden. Wendet ein Unternehmen IAS 27 (in der 2008 geänderten Fassung) auf eine frühere Berichtsperiode an, so hat es auf diese Periode auch die genannte Änderung anzuwenden. Diese Änderung ist rückwirkend anzuwenden.

139B. Durch *Kündbare Finanzinstrumente und bei Liquidation entstehende Verpflichtungen* (im Februar 2008 veröffentlichte Änderungen an IAS 32 und IAS 1) wurden der Paragraph 138 geändert und die Paragraphen 8A, 80A und 136A eingefügt. Diese Änderungen sind erstmals auf Geschäftsjahre anzuwenden, die am oder nach dem 1. Januar 2009 beginnen. Eine frühere Anwendung ist zulässig. Wendet ein Unternehmen diese Änderungen auf eine frühere Periode an, so muss es dies angeben und gleichzeitig die verbundenen Änderungen an IAS 32, IAS 39, IFRS 7 und IFRIC 2 *Geschäftsanteile an Genossenschaften und ähnliche Instrumente* anwenden.

139C. Die Paragraphen 68 und 71 werden im Rahmen der *Verbesserungen der IFRS* vom Mai 2008 geändert. Diese Änderungen sind erstmals in der ersten Berichtsperiode eines am 1. Januar 2009 oder danach beginnenden Geschäftsjahres anzuwenden. Eine frühere Anwendung ist zulässig. Wendet ein Unternehmen diesen IFRS auf eine frühere Periode an, so ist dies anzugeben.

139D. Paragraph 69 wurde durch die *Verbesserungen der IFRS* vom April 2009 geändert. Diese Änderungen sind erstmals in der ersten Berichtsperiode eines am 1. Januar 2010 oder danach beginnenden Geschäftsjahres anzuwenden. Eine frühere Anwendung ist zulässig. Wendet ein Unternehmen die Änderung für ein früheres Geschäftsjahr an, hat es dies anzugeben.

139F. Durch die im Mai 2010 veröffentlichten *Verbesserungen an den IFRS* wurden die Paragraphen 106 und 107 geändert und der Paragraph 106A eingefügt. Diese Änderungen sind erstmals in der ersten Berichtsperiode eines am oder nach dem 1. Januar 2011 beginnenden Geschäftsjahres anzuwenden. Eine frühere Anwendung ist zulässig.

RÜCKNAHME VON IAS 1 (ÜBERARBEITET 2003)

140. Der vorliegende Standard ersetzt IAS 1 *Darstellung des Abschlusses* (überarbeitet 2003) in der im Jahr 2005 geänderten Fassung.

INTERNATIONAL ACCOUNTING STANDARD 2
Vorräte

IAS 2, VO (EG) Nr. 1126/2008 i.d.F.

1 VO (EG) Nr. 1274/2008 [IAS 1]   2 VO (EG) Nr. 70/2009 [IAS 41]

GLIEDERUNG	§§
ZIELSETZUNG	1
ANWENDUNGSBEREICH	2–5
DEFINITIONEN	6–8
BEWERTUNG VON VORRÄTEN	9–33
Anschaffungs- oder Herstellungskosten von Vorräten	10–22
Kosten des Erwerbs	11
Herstellungskosten	12–14
Sonstige Kosten	15–18
Herstellungskosten der Vorräte eines Dienstleistungsunternehmens	19
Kosten der landwirtschaftlichen Erzeugnisse in Form von Ernten biologischer Vermögenswerte	20
Verfahren zur Bewertung der Anschaffungs- oder Herstellungskosten	21–22
Kosten-Zuordnungsverfahren	23–27
Nettoveräußerungswert	28–33
ERFASSUNG ALS AUFWAND	34–35
ANGABEN	36–39
ZEITPUNKT DES INKRAFTTRETENS	40
RÜCKNAHME ANDERER VERLAUTBARUNGEN	41–42

ZIELSETZUNG

1. Zielsetzung dieses Standards ist die Regelung der Bilanzierung von Vorräten. Die primäre Fragestellung ist dabei die Höhe der Anschaffungs- oder Herstellungskosten, die als Vermögenswert anzusetzen und fortzuschreiben sind, bis die entsprechenden Erlöse erfasst werden. Dieser Standard gibt Anwendungsleitlinien für die Ermittlung der Anschaffungs- oder Herstellungskosten und deren nachfolgende Erfassung als Aufwand einschließlich etwaiger Abwertungen auf den Nettoveräußerungswert. Er enthält außerdem Anleitungen zu den Verfahren, wie Anschaffungs- oder Herstellungskosten den Vorräten zugeordnet werden.

ANWENDUNGSBEREICH

2. Dieser Standard ist auf alle Vorräte anzuwenden mit folgenden Ausnahmen:

(a) unfertige Erzeugnisse im Rahmen von Fertigungsaufträgen einschließlich damit unmittelbar zusammenhängender Dienstleistungsverträge (siehe IAS 11 *Fertigungsaufträge*);

(b) Finanzinstrumente (siehe IAS 32: *Finanzinstrumente: Darstellung* und IAS 39: *Finanzinstrumente: Ansatz und Bewertung*); und

(c) biologische Vermögenswerte, die mit landwirtschaftlicher Tätigkeit im Zusammenhang stehen, und landwirtschaftliche Erzeugnisse zum Zeitpunkt der Ernte (siehe IAS 41 *Landwirtschaft*).

3. Dieser Standard ist nicht auf die Bewertung folgender Vorräte anzuwenden:

(a) Vorräte von Erzeugern land- und forstwirtschaftlicher Erzeugnisse, landwirtschaftliche Erzeugnisse nach der Ernte sowie Mineralien und mineralische Stoffe jeweils insoweit, als diese Erzeugnisse in Übereinstimmung mit der gut eingeführten Praxis ihrer Branche mit dem Nettoveräußerungswert bewertet werden. Werden solche Vorräte mit dem Nettoveräußerungswert bewertet, werden Wertänderungen im Periodenergebnis in der Berichtsperiode der Änderung erfasst.

(b) Vorräte von Warenmaklern/-händlern, die ihre Vorräte mit dem beizulegenden Zeitwert abzüglich der Veräußerungskosten bewerten. Werden solche Vorräte mit dem beizulegenden Zeitwert abzüglich der Veräußerungskosten bewertet, werden die Wertänderungen im Periodenergebnis in der Berichtsperiode der Änderung erfasst.

4. Die in Paragraph 3(a) genannten Vorräte werden in bestimmten Stadien der Erzeugung mit dem Nettoveräußerungswert bewertet. Dies ist beispielsweise dann der Fall, wenn landwirtschaftliche Erzeugnisse geerntet oder Mineralien gefördert worden sind und ihr Verkauf durch ein Termingeschäft oder eine staatliche Garantie ge-

sichert ist; des Weiteren, wenn ein aktiver Markt besteht, auf dem das Risiko der Unverkäuflichkeit vernachlässigt werden kann. Diese Vorräte sind nur von den Bewertungsvorschriften dieses Standards ausgeschlossen.

5. Makler/Händler kaufen bzw. verkaufen Waren für andere oder auf eigene Rechnung. Die in Paragraph 3(b) genannten Vorräte werden hauptsächlich mit der Absicht erworben, sie kurzfristig zu verkaufen und einen Gewinn aus den Preisschwankungen oder der Makler-/Händlermarge zu erzielen. Wenn diese Vorräte mit dem beizulegenden Zeitwert abzüglich der Veräußerungskosten bewertet werden, sind sie nur von den Bewertungsvorschriften dieses Standards ausgeschlossen.

DEFINITIONEN

6. Die folgenden Begriffe werden in diesem Standard mit der angegebenen Bedeutung verwendet:

Vorräte sind Vermögenswerte,

(a) die zum Verkauf im normalen Geschäftsgang gehalten werden;

(b) die sich in der Herstellung für einen solchen Verkauf befinden; oder

(c) die als Roh-, Hilfs- und Betriebsstoffe dazu bestimmt sind, bei der Herstellung oder der Erbringung von Dienstleistungen verbraucht zu werden.

Der *Nettoveräußerungswert* ist der geschätzte, im normalen Geschäftsgang erzielbare Verkaufserlös abzüglich der geschätzten Kosten bis zur Fertigstellung und der geschätzten notwendigen Vertriebskosten.

Der *beizulegende Zeitwert* ist der Betrag, zu dem zwischen sachverständigen, vertragswilligen und voneinander unabhängigen Geschäftspartnern ein Vermögenswert getauscht oder eine Schuld beglichen werden könnte.

7. Der Nettoveräußerungswert bezieht sich auf den Nettobetrag, den ein Unternehmen aus dem Verkauf der Vorräte im Rahmen der gewöhnlichen Geschäftstätigkeit zu erzielen erwartet. Der beizulegende Zeitwert spiegelt den Betrag wider, für den dieselben Vorräte zwischen sachverständigen und vertragswilligen Käufern und Verkäufern auf dem Markt getauscht werden könnten. Ersterer ist ein unternehmensspezifischer Wert; letzterer ist es nicht. Der Nettoveräußerungswert von Vorräten kann von dem beizulegenden Zeitwert abzüglich der Veräußerungskosten abweichen.

8. Vorräte umfassen zum Weiterverkauf erworbene Waren, wie beispielsweise von einem Einzelhändler zum Weiterverkauf erworbene Handelswaren, oder Grundstücke und Gebäude, die zum Weiterverkauf gehalten werden. Des Weiteren umfassen Vorräte vom Unternehmen hergestellte Fertigerzeugnisse und unfertige Erzeugnisse sowie Roh-, Hilfs- und Betriebsstoffe vor Eingang in den Herstellungsprozess. Im Falle eines Dienstleistungsunternehmens enthalten Vorräte die Kosten der in Paragraph 19 beschriebenen Leistungen, für die das Unternehmen noch keine entsprechenden Erlöse angesetzt hat (siehe IAS 18 *Erträge*).

BEWERTUNG VON VORRÄTEN

9. Vorräte sind mit dem niedrigeren Wert aus Anschaffungs- oder Herstellungskosten und Nettoveräußerungswert zu bewerten.

Anschaffungs- oder Herstellungskosten von Vorräten

10. In die Anschaffungs- oder Herstellungskosten von Vorräten sind alle Kosten des Erwerbs und der Herstellung sowie sonstige Kosten einzubeziehen, die angefallen sind, um die Vorräte an ihren derzeitigen Ort und in ihren derzeitigen Zustand zu versetzen.

Kosten des Erwerbs

11. Die Kosten des Erwerbs von Vorräten umfassen den Erwerbspreis, Einfuhrzölle und andere Steuern (sofern es sich nicht um solche handelt, die das Unternehmen später von den Steuerbehörden zurückerlangen kann), Transport- und Abwicklungskosten sowie sonstige Kosten, die dem Erwerb von Fertigerzeugnissen, Materialien und Leistungen unmittelbar zugerechnet werden können. Skonti, Rabatte und andere vergleichbare Beträge werden bei der Ermittlung der Kosten des Erwerbs abgezogen.

Herstellungskosten

12. Die Herstellungskosten von Vorräten umfassen die Kosten, die den Produktionseinheiten direkt zuzurechnen sind, wie beispielsweise Fertigungslöhne. Weiterhin umfassen sie systematisch zugerechnete fixe und variable Produktionsgemeinkosten, die bei der Verarbeitung der Ausgangsstoffe zu Fertigerzeugnissen anfallen. Fixe Produktionsgemeinkosten sind solche nicht direkt der Produktion zurechenbaren Kosten, die unabhängig vom Produktionsvolumen relativ konstant anfallen, wie beispielsweise Abschreibungen und Instandhaltungskosten von Betriebsgebäuden und -einrichtungen sowie die Kosten des Managements und der Verwaltung. Variable Produktionsgemeinkosten sind solche nicht direkt der Produktion zurechenbaren Kosten, die unmittelbar oder nahezu unmittelbar mit dem Produktionsvolumen variieren, wie beispielsweise Materialgemeinkosten und Fertigungsgemeinkosten.

13. Die Zurechnung fixer Produktionsgemeinkosten zu den Herstellungskosten basiert auf der normalen Kapazität der Produktionsanlagen. Die normale Kapazität ist das Produktionsvolumen, das im Durchschnitt über eine Anzahl von Perioden oder Saisons unter normalen Umständen und unter Berücksichtigung von Ausfällen aufgrund planmäßiger Instandhaltungen erwartet werden kann. Das tatsächliche Produktionsniveau kann zu Grunde gelegt werden, wenn es der Normalkapazität nahe kommt. Der auf die einzelne Produktionseinheit entfallende Betrag der fixen Gemeinkosten erhöht sich infolge eines geringen

Produktionsvolumens oder eines Betriebsstillstandes nicht. Nicht zugerechnete fixe Gemeinkosten sind in der Periode ihres Anfalls als Aufwand zu erfassen. In Perioden mit ungewöhnlich hohem Produktionsvolumen mindert sich der auf die einzelne Produktionseinheit entfallende Betrag der fixen Gemeinkosten, so dass die Vorräte nicht über den Herstellungskosten bewertet werden. Variable Produktionsgemeinkosten werden den einzelnen Produktionseinheiten auf der Grundlage des tatsächlichen Einsatzes der Produktionsmittel zugerechnet.

14. Ein Produktionsprozess kann dazu führen, dass mehr als ein Produkt gleichzeitig produziert wird. Dies ist beispielsweise bei der Kuppelproduktion von zwei Hauptprodukten oder eines Haupt- und eines Nebenprodukts der Fall. Wenn die Herstellungskosten jedes Produkts nicht einzeln feststellbar sind, werden sie den Produkten auf einer vernünftigen und stetigen Basis zugerechnet. Die Zurechnung kann beispielsweise auf den jeweiligen Verkaufswerten der Produkte basieren, und zwar entweder in der Produktionsphase, in der die Produkte einzeln identifizierbar werden, oder nach Beendigung der Produktion. Die meisten Nebenprodukte sind ihrer Art nach unbedeutend. Wenn dies der Fall ist, werden sie häufig zum Nettoveräußerungswert bewertet, und dieser Wert wird von den Herstellungskosten des Hauptprodukts abgezogen. Damit unterscheidet sich der Buchwert des Hauptprodukts nicht wesentlich von seinen Herstellungskosten.

Sonstige Kosten

15. Sonstige Kosten werden nur insoweit in die Anschaffungs- oder Herstellungskosten der Vorräte einbezogen, als sie angefallen sind, um die Vorräte an ihren derzeitigen Ort und in ihren derzeitigen Zustand zu versetzen. Beispielsweise kann es sachgerecht sein, nicht produktionsbezogene Gemeinkosten oder die Kosten der Produktentwicklung für bestimmte Kunden in die Herstellungskosten der Vorräte einzubeziehen.

16. Beispiele für Kosten, die aus den Anschaffungs- oder Herstellungskosten von Vorräten ausgeschlossen sind und in der Periode ihres Anfalls als Aufwand behandelt werden, sind:

(a) anormale Beträge für Materialabfälle, Fertigungslöhne oder andere Produktionskosten;
(b) Lagerkosten, es sei denn, dass diese im Produktionsprozess vor einer weiteren Produktionsstufe erforderlich sind;
(c) Verwaltungsgemeinkosten, die nicht dazu beitragen, die Vorräte an ihren derzeitigen Ort und in ihren derzeitigen Zustand zu versetzen; und
(d) Vertriebskosten.

17. IAS 23 *Fremdkapitalkosten* identifiziert die bestimmten Umstände, bei denen Fremdkapitalkosten in die Anschaffungs- oder Herstellungskosten von Vorräten einbezogen werden.

18. Ein Unternehmen kann beim Erwerb von Vorräten Zahlungsziele in Anspruch nehmen. Wenn die Vereinbarung effektiv ein Finanzierungselement enthält, wird dieses Element, beispielsweise eine Differenz zwischen dem Erwerbspreis mit normalem Zahlungsziel und dem bezahlten Betrag, während des Finanzierungszeitraums als Zinsaufwand erfasst.

Herstellungskosten der Vorräte eines Dienstleistungsunternehmens

19. Sofern Dienstleistungsunternehmen Vorräte haben, werden sie mit den Herstellungskosten bewertet. Diese Kosten bestehen in erster Linie aus Löhnen und Gehältern sowie sonstigen Kosten des Personals, das unmittelbar für die Leistungserbringung eingesetzt ist; einschließlich der Kosten für die leitenden Angestellten und der zurechenbaren Gemeinkosten. Löhne und Gehälter sowie sonstige Kosten des Vertriebspersonals und des Personals der allgemeinen Verwaltung werden nicht einbezogen, sondern in der Periode ihres Anfalls als Aufwand erfasst. Herstellungskosten von Vorräten eines Dienstleistungsunternehmens umfassen weder Gewinnmargen noch nicht-zuzurechnende Gemeinkosten, die jedoch oft in die von Dienstleistungsunternehmen berechneten Preise mit einbezogen werden.

Kosten der landwirtschaftlichen Erzeugnisse in Form von Ernten biologischer Vermögenswerte

20. Gemäß IAS 41 *Landwirtschaft* werden Vorräte, die landwirtschaftliche Erzeugnisse umfassen und die ein Unternehmen von seinen biologischen Vermögenswerten geerntet hat, beim erstmaligen Ansatz zum Zeitpunkt der Ernte zum beizulegenden Zeitwert abzüglich der Verkaufskosten zum Verkaufszeitpunkt bewertet. Dies sind die Kosten der Vorräte zum Zeitpunkt der Anwendung dieses Standards.

Verfahren zur Bewertung der Anschaffungs- oder Herstellungskosten

21. Zur Bewertung der Anschaffungs- und Herstellungskosten von Vorräten können vereinfachende Verfahren, wie beispielsweise die Standardkostenmethode oder die im Einzelhandel übliche Methode angewandt werden, wenn die Ergebnisse den tatsächlichen Anschaffungs- oder Herstellungskosten nahe kommen. Standardkosten berücksichtigen die normale Höhe des Materialeinsatzes und der Löhne sowie die normale Leistungsfähigkeit und Kapazitätsauslastung. Sie werden regelmäßig überprüft und, falls notwendig, an die aktuellen Gegebenheiten angepasst.

22. Die im Einzelhandel verwendete Methode wird häufig angewandt, um eine große Anzahl rasch wechselnder Vorratsposten mit ähnlichen Bruttogewinnmargen zu bewerten, für die ein anderes Verfahren zur Bemessung der Anschaffungskosten nicht durchführbar oder wirtschaftlich nicht vertretbar ist. Die Anschaffungskosten der Vorräte werden durch Abzug einer angemessenen prozentualen Bruttogewinnmarge vom Verkaufspreis der Vorräte ermittelt. Der angewandte Prozentsatz be-

rücksichtigt dabei auch solche Vorräte, deren ursprünglicher Verkaufspreis herabgesetzt worden ist. Häufig wird ein Durchschnittsprozentsatz für jede Einzelhandelsabteilung verwendet.

Kosten-Zuordnungsverfahren

23. Die Anschaffungs- oder Herstellungskosten solcher Vorräte, die normalerweise nicht austauschbar sind, und solcher Erzeugnisse, Waren oder Leistungen, die für spezielle Projekte hergestellt und ausgesondert werden, sind durch Einzelzuordnung ihrer individuellen Anschaffungs- oder Herstellungskosten zu bestimmen.

24. Eine Einzelzuordnung der Anschaffungs- oder Herstellungskosten bedeutet, dass bestimmten Vorräten spezielle Anschaffungs- oder Herstellungskosten zugeordnet werden. Dies ist das geeignete Verfahren für solche Gegenstände, die für ein spezielles Projekt ausgesondert worden sind, unabhängig davon, ob sie angeschafft oder hergestellt worden sind. Eine Einzelzuordnung ist jedoch ungeeignet, wenn es sich um eine große Anzahl von Vorräten handelt, die normalerweise untereinander austauschbar sind. Unter diesen Umständen könnten die Gegenstände, die in den Vorräten verbleiben, danach ausgewählt werden, vorher bestimmte Auswirkungen auf das Periodenergebnis zu erzielen.

25. Die Anschaffungs- oder Herstellungskosten von Vorräten, die nicht in Paragraph 23 behandelt werden, sind nach dem *First-in-First-out*-Verfahren (FIFO) oder nach der Durchschnittsmethode zu ermitteln. Ein Unternehmen muss für alle Vorräte, die von ähnlicher Beschaffenheit und Verwendung für das Unternehmen sind, das gleiche Kosten-Zuordnungsverfahren anwenden. Für Vorräte von unterschiedlicher Beschaffenheit oder Verwendung können unterschiedliche Zuordnungsverfahren gerechtfertigt sein.

26. Vorräte, die in einem Geschäftssegment verwendet werden, können beispielsweise für das Unternehmen eine andere Verwendung haben als die gleiche Art von Vorräten, die in einem anderen Geschäftssegment eingesetzt werden. Ein Unterschied im geographischen Standort von Vorräten (oder in den jeweiligen Steuervorschriften) ist jedoch allein nicht ausreichend, um die Anwendung unterschiedlicher Kosten-Zuordnungsverfahren zu rechtfertigen.

27. Das FIFO-Verfahren geht von der Annahme aus, dass die zuerst erworbenen bzw. erzeugten Vorräte zuerst verkauft werden und folglich die am Ende der Berichtsperiode verbleibenden Vorräte diejenigen sind, die unmittelbar vorher gekauft oder hergestellt worden sind. Bei Anwendung der Durchschnittsmethode werden die Anschaffungs- oder Herstellungskosten von Vorräten als durchschnittlich gewichtete Kosten ähnlicher Vorräte zu Beginn der Periode und der Anschaffungs- oder Herstellungskosten ähnlicher, während der Periode gekaufter oder hergestellter Vorratsgegenstände ermittelt. Der gewogene Durchschnitt kann je nach den Gegebenheiten des Unternehmens auf Basis der Berichtsperiode oder gleitend bei jeder zusätzlich erhaltenen Lieferung berechnet werden.

Nettoveräußerungswert

28. Die Anschaffungs- oder Herstellungskosten von Vorräten sind unter Umständen nicht werthaltig, wenn die Vorräte beschädigt, ganz oder teilweise veraltet sind oder wenn ihr Verkaufspreis zurückgegangen ist. Die Anschaffungs- oder Herstellungskosten von Vorräten können auch nicht zu erzielen sein, wenn die geschätzten Kosten der Fertigstellung oder die geschätzten, bis zum Verkauf anfallenden Kosten gestiegen sind. Die Abwertung der Vorräte auf den niedrigeren Nettoveräußerungswert folgt der Ansicht, dass Vermögenswerte nicht mit höheren Beträgen angesetzt werden dürfen, als bei ihrem Verkauf oder Gebrauch voraussichtlich zu realisieren sind.

29. Wertminderungen von Vorräten auf den Nettoveräußerungswert erfolgen im Regelfall in Form von Einzelwertberichtigungen. In einigen Fällen kann es jedoch sinnvoll sein, ähnliche oder miteinander zusammenhängende Vorräte zusammenzufassen. Dies kann etwa bei Vorräten der Fall sein, die derselben Produktlinie angehören und einen ähnlichen Zweck oder Endverbleib haben, in demselben geografischen Gebiet produziert und vermarktet werden und praktisch nicht unabhängig von anderen Gegenständen aus dieser Produktlinie bewertet werden können. Es ist nicht sachgerecht, Vorräte auf Grundlage einer Untergliederung, wie zum Beispiel Fertigerzeugnisse, oder Vorräte eines bestimmten Geschäftssegmentes, niedriger zu bewerten. Dienstleistungsunternehmen erfassen im Allgemeinen die Herstellungskosten für jede mit einem gesonderten Verkaufspreis abzurechnende Leistung. Aus diesem Grund wird jede derartige Leistung als ein gesonderter Gegenstand des Vorratsvermögens behandelt.

30. Schätzungen des Nettoveräußerungswerts basieren auf den verlässlichsten substanziellen Hinweisen, die zum Zeitpunkt der Schätzungen im Hinblick auf den für die Vorräte voraussichtlich erzielbaren Betrag verfügbar sind. Diese Schätzungen berücksichtigen Preis- oder Kostenänderungen, die in unmittelbarem Zusammenhang mit Vorgängen nach der Berichtsperiode stehen insoweit, als diese Vorgänge Verhältnisse aufhellen, die bereits am Ende der Berichtsperiode bestanden haben.

31. Schätzungen des Nettoveräußerungswerts berücksichtigen weiterhin den Zweck, zu dem die Vorräte gehalten werden. Zum Beispiel basiert der Nettoveräußerungswert der Menge der Vorräte, die zur Erfüllung abgeschlossener Liefer- und Leistungsverträge gehalten werden, auf den vertraglich vereinbarten Preisen. Wenn die Verkaufsverträge nur einen Teil der Vorräte betreffen, basiert der Nettoveräußerungswert für den darüber hinausgehenden Teil auf allgemeinen Verkaufspreisen. Rückstellungen können von abgeschlossenen Verkaufsverträgen über Vorräte, die über die vorhandenen Bestände hinausgehen, oder von abgeschlossenen Einkaufsverträgen entstehen. Diese

Rückstellungen werden nach IAS 37 *Rückstellungen, Eventualschulden und Eventualforderungen* behandelt.

32. Roh-, Hilfs- und Betriebsstoffe, die für die Herstellung von Vorräten bestimmt sind, werden nicht auf einen unter ihren Anschaffungs- oder Herstellungskosten liegenden Wert abgewertet, wenn die Fertigerzeugnisse, in die sie eingehen, voraussichtlich zu den Herstellungskosten oder darüber verkauft werden können. Wenn jedoch ein Preisrückgang für diese Stoffe darauf hindeutet, dass die Herstellungskosten der Fertigerzeugnisse über dem Nettoveräußerungswert liegen, werden die Stoffe auf den Nettoveräußerungswert abgewertet. Unter diesen Umständen können die Wiederbeschaffungskosten der Stoffe die beste verfügbare Bewertungsgrundlage für den Nettoveräußerungswert sein.

33. Der Nettoveräußerungswert wird in jeder Folgeperiode neu ermittelt. Wenn die Umstände, die früher zu einer Wertminderung der Vorräte auf einen Wert unter ihren Anschaffungs- oder Herstellungskosten geführt haben, nicht länger bestehen, oder wenn es aufgrund geänderter wirtschaftlicher Gegebenheiten einen substanziellen Hinweis auf eine Erhöhung des Nettoveräußerungswerts gibt, wird der Betrag der Wertminderung insoweit rückgängig gemacht (d. h. der Rückgang beschränkt sich auf den Betrag der ursprünglichen Wertminderung), dass der neue Buchwert dem niedrigeren Wert aus Anschaffungs- oder Herstellungskosten und berichtigtem Nettoveräußerungswert entspricht. Dies ist beispielsweise der Fall, wenn sich Vorräte, die aufgrund eines Rückgangs ihres Verkaufspreises zum Nettoveräußerungswert angesetzt waren, in einer Folgeperiode noch im Bestand befinden und sich ihr Verkaufspreis wieder erhöht hat.

ERFASSUNG ALS AUFWAND

34. Wenn Vorräte verkauft worden sind, ist der Buchwert dieser Vorräte in der Berichtsperiode als Aufwand zu erfassen, in der die zugehörigen Erträge realisiert sind. Alle Wertminderungen von Vorräten auf den Nettoveräußerungswert sowie alle Verluste bei den Vorräten sind in der Periode als Aufwand zu erfassen, in der die Wertminderungen vorgenommen wurden oder die Verluste eingetreten sind. Alle Wertaufholungen bei Vorräten, die sich aus einer Erhöhung des Nettoveräußerungswerts ergeben, sind als Verminderung des Materialaufwands in der Periode zu erfassen, in der die Wertaufholung eintritt.

35. Vorräte können auch anderen Vermögenswerten zugeordnet werden, zum Beispiel dann, wenn Vorräte als Teil selbsterstellter Sachanlagen verwendet werden. Vorräte, die auf diese Weise einem anderen Vermögenswert zugeordnet worden sind, werden über die Nutzungsdauer dieses Vermögenswertes als Aufwand erfasst.

ANGABEN

36. Abschlüsse haben die folgenden Angaben zu enthalten:

(a) die angewandten Bilanzierungs- und Bewertungsmethoden für Vorräte einschließlich der Kosten-Zuordnungsverfahren;

(b) den Gesamtbuchwert der Vorräte und die Buchwerte in einer unternehmensspezifischen Untergliederung;

(c) den Buchwert der zum beizulegenden Zeitwert abzüglich Veräußerungskosten angesetzten Vorräte;

(d) den Betrag der Vorräte, die als Aufwand in der Berichtsperiode erfasst worden sind;

(e) den Betrag von Wertminderungen von Vorräten, die gemäß Paragraph 34 in der Berichtsperiode als Aufwand erfasst worden sind;

(f) den Betrag von vorgenommenen Wertaufholungen, die gemäß Paragraph 34 als Verminderung des Materialaufwands in der Berichtsperiode erfasst worden sind;

(g) die Umstände oder Ereignisse, die zu der Wertaufholung der Vorräte gemäß Paragraph 34 geführt haben; und

(h) den Buchwert der Vorräte, die als Sicherheit für Verbindlichkeiten verpfändet sind.

37. Informationen über die Buchwerte unterschiedlicher Arten von Vorräten und das Ausmaß der Veränderungen dieser Vermögenswerte sind für die Adressaten der Abschlüsse nützlich. Verbreitet sind Untergliederungen der Vorräte in Handelswaren, Roh-, Hilfs- und Betriebsstoffe, unfertige Erzeugnisse und Fertigerzeugnisse. Die Vorräte eines Dienstleistungsunternehmens können einfach als unfertige Erzeugnisse bezeichnet werden.

38. Der Buchwert der Vorräte, der während der Periode als Aufwand erfasst worden ist, und der oft als Umsatzkosten bezeichnet wird, umfasst die Kosten, die zuvor Teil der Bewertung der verkauften Vorräte waren, sowie die nicht zugeordneten Produktionsgemeinkosten und anormalen Produktionskosten der Vorräte. Die unternehmensspezifischen Umstände können die Einbeziehung weiterer Kosten, wie beispielsweise Vertriebskosten, rechtfertigen.

39. Einige Unternehmen verwenden eine Gliederung für die Gesamtergebnisrechnung, die dazu führt, dass mit Ausnahme von den Anschaffungs- und Herstellungskosten der Vorräte, die während der Berichtsperiode als Aufwand erfasst wurden, andere Beträge angegeben werden. In diesem Format stellt ein Unternehmen eine Aufwandsanalyse dar, die eine auf der Art der Aufwendungen beruhenden Gliederung zugrunde legt. In diesem Fall gibt das Unternehmen die in der Periode als Aufwand erfassten Kosten für Rohstoffe und Verbrauchsgüter, Personalkosten und andere Kosten zusammen mit dem Betrag der Nettobestandsveränderungen des Vorratsvermögens in der Berichtsperiode an.

ZEITPUNKT DES INKRAFTTRETENS

40. Dieser Standard ist erstmals in der ersten Berichtsperiode eines am 1. Januar 2005 oder da-

2/2. IAS 2
40 – 42

nach beginnenden Geschäftsjahres anzuwenden. Eine frühere Anwendung wird empfohlen. Wenn ein Unternehmen diesen Standard für Berichtsperioden anwendet, die vor dem 1. Januar 2005 beginnen, so ist diese Tatsache anzugeben.

RÜCKNAHME ANDERER VERLAUTBARUNGEN

41. Der vorliegende Standard ersetzt IAS 2 *Vorräte* (überarbeitet 1993).

42. Dieser Standard ersetzt SIC-1 *Stetigkeit – Unterschiedliche Verfahren zur Zuordnung der Anschaffungs- oder Herstellungskosten von Vorräten.*

2/3. IAS 7

INTERNATIONAL ACCOUNTING STANDARD 7
Kapitalflussrechnungen

IAS 7, VO (EG) Nr. 1126/2008 i.d.F.

1 VO (EG) Nr. 1260/2008 [IAS 23] **2** VO (EG) Nr. 1274/2008 [IAS 1]
3 VO (EG) Nr. 70/2009 [IAS 16] **4** VO (EG) Nr. 494/2009 [IAS 27]
5 VO (EG) Nr. 243/2010

GLIEDERUNG	§§
ZIELSETZUNG	1
ANWENDUNGSBEREICH	2–5
DEFINITIONEN	6–8
BEWERTUNG VON VORRÄTEN	9–33
Anschaffungs- oder Herstellungskosten von Vorräten	10–22
Kosten des Erwerbs	11
Herstellungskosten	12–14
Sonstige Kosten	15–18
Herstellungskosten der Vorräte eines Dienstleistungsunternehmens	19
Kosten der landwirtschaftlichen Erzeugnisse in Form von Ernten biologischer Vermögenswerte	20
Verfahren zur Bewertung der Anschaffungs- oder Herstellungskosten	21–22
Kosten-Zuordnungsverfahren	23–27
Nettoveräußerungswert	28–33
ERFASSUNG ALS AUFWAND	34–35
ANGABEN	36–39
ZEITPUNKT DES INKRAFTTRETENS	40
RÜCKNAHME ANDERER VERLAUTBARUNGEN	41–42
ZIELSETZUNG	
ANWENDUNGSBEREICH	1–3
NUTZEN VON KAPITALFLUSSINFORMATIONEN	4–5
DEFINITIONEN	6–9
Zahlungsmittel und Zahlungsmitteläquivalente	7–9
DARSTELLUNG DER KAPITALFLUSSRECHNUNG	10–17
Betriebliche Tätigkeit	13–15
Investitionstätigkeit	16
Finanzierungstätigkeit	17
DARSTELLUNG DER CASHFLOWS AUS DER BETRIEBLICHEN TÄTIGKEIT	18–20
DARSTELLUNG DER CASHFLOWS AUS INVESTITIONS- UND FINANZIERUNGSTÄTIGKEIT	21
SALDIERTE DARSTELLUNG DER CASHFLOWS	22–24
CASHFLOWS IN FREMDWÄHRUNG	25–30
ZINSEN UND DIVIDENDEN	31–34
ERTRAGSTEUERN	35–36
ANTEILE AN TOCHTERUNTERNEHMEN, ASSOZIIERTEN UNTERNEHMEN UND GEMEINSCHAFTSUNTERNEHMEN	37–38
Änderungen der Beteiligungsquote an Tochterunternehmen und sonstigen Geschäftseinheiten	39–42B
NICHT ZAHLUNGSWIRKSAME TRANSAKTIONEN	43–44
BESTANDTEILE DER ZAHLUNGSMITTEL UND ZAHLUNGSMITTELÄQUIVALENTE	45–47
WEITERE ANGABEN	48–52
ZEITPUNKT DES INKRAFTTRETENS	53–56

ZIELSETZUNG

Informationen über die Cashflows eines Unternehmens vermitteln den Abschlussadressaten eine Grundlage zur Beurteilung der Fähigkeit des Unternehmens, Zahlungsmittel und Zahlungsmitteläquivalente zu erwirtschaften, sowie zur Einschätzung des Liquiditätsbedarfs des Unternehmens. Die von den Adressaten getroffenen wirtschaftlichen Entscheidungen setzen eine Einschätzung der Fähigkeit eines Unternehmens zum Erwirtschaften von Zahlungsmitteln und Zahlungsmitteläquivalenten sowie des Zeitpunkts und der Wahrscheinlichkeit des Erwirtschaftens voraus.

Die Zielsetzung dieses Standards besteht darin, Informationen über die historischen Bewegungen der Zahlungsmittel und Zahlungsmitteläquivalente eines Unternehmens bereitzustellen. Diese Informationen werden durch eine Kapitalflussrechnung zur Verfügung gestellt, welche die Cashflows der Berichtsperiode nach der betrieblichen Tätigkeit, der Investitions- und der Finanzierungstätigkeit gliedert.

ANWENDUNGSBEREICH

1. Ein Unternehmen hat eine Kapitalflussrechnung gemäß den Anforderungen dieses Standards zu erstellen und als integralen Bestandteil des Abschlusses für jede Periode darzustellen, für die Abschlüsse aufgestellt werden.

2. Dieser Standard ersetzt den im Juli 1977 verabschiedeten IAS 7 *Kapitalflussrechnung*.

3. Die Adressaten des Abschlusses eines Unternehmens sind daran interessiert, auf welche Weise das Unternehmen Zahlungsmittel und Zahlungsmitteläquivalente erwirtschaftet und verwendet. Dies gilt unabhängig von der Art der Tätigkeiten des Unternehmens und unabhängig davon, ob Zahlungsmittel als das Produkt des Unternehmens betrachtet werden können, wie es bei einem Finanzinstitut der Fall ist. Im Grunde genommen benötigen Unternehmen Zahlungsmittel aus denselben Gründen, wie unterschiedlich ihre wesentlichen erlöswirksamen Tätigkeiten auch sein mögen. Sie benötigen Zahlungsmittel zur Durchführung ihrer Tätigkeiten, zur Erfüllung ihrer finanziellen Verpflichtungen sowie zur Zahlung von Dividenden an ihre Investoren. Deshalb sind diesem Standard zufolge alle Unternehmen zur Aufstellung von Kapitalflussrechnungen verpflichtet.

NUTZEN VON KAPITALFLUSS-INFORMATIONEN

4. In Verbindung mit den übrigen Bestandteilen des Abschlusses liefert die Kapitalflussrechnung Informationen, anhand derer die Abschlussadressaten die Änderungen im Nettovermögen eines Unternehmens und seine Finanzstruktur (einschließlich Liquidität und Solvenz) bewerten können. Weiterhin können die Adressaten die Fähigkeit des Unternehmens zur Beeinflussung der Höhe und des zeitlichen Anfalls von Cashflows bewerten, die es ihm erlaubt, auf veränderte Umstände und Möglichkeiten zu reagieren. Kapitalflussinformationen sind hilfreich für die Beurteilung der Fähigkeit eines Unternehmens, Zahlungsmittel und Zahlungsmitteläquivalente zu erwirtschaften, und ermöglichen den Abschlussadressaten die Entwicklung von Modellen zur Beurteilung und zum Vergleich des Barwerts der künftigen Cashflows verschiedener Unternehmen. Darüber hinaus verbessert eine Kapitalflussrechnung die Vergleichbarkeit der Darstellung der Ertragskraft unterschiedlicher Unternehmen, da die Auswirkungen der Verwendung verschiedener Bilanzierungs- und Bewertungsmethoden für dieselben Geschäftsvorfälle und Ereignisse eliminiert werden.

5. Historische Informationen über Cashflows werden häufig als Indikator für den Betrag, den Zeitpunkt und die Wahrscheinlichkeit künftiger Cashflows herangezogen. Außerdem sind die Informationen nützlich, um die Genauigkeit in der Vergangenheit vorgenommener Einschätzungen künftiger Cashflows zu prüfen und die Beziehung zwischen der Rentabilität und dem Netto-Cashflow sowie die Auswirkungen von Preisänderungen zu untersuchen.

DEFINITIONEN

6. Die folgenden Begriffe werden in diesem Standard mit der angegebenen Bedeutung verwendet:

Zahlungsmittel umfassen Barmittel und Sichteinlagen.

Zahlungsmitteläquivalente sind kurzfristige hochliquide Finanzinvestitionen, die jederzeit in festgelegte Zahlungsmittelbeträge umgewandelt werden können und nur unwesentlichen Wertschwankungsrisiken unterliegen.

Cashflows sind Zuflüsse und Abflüsse von Zahlungsmitteln und Zahlungsmitteläquivalenten.

Betriebliche Tätigkeiten sind die wesentlichen erlöswirksamen Tätigkeiten des Unternehmens sowie andere Tätigkeiten, die nicht den Investitions- oder Finanzierungstätigkeiten zuzuordnen sind.

Investitionstätigkeiten sind der Erwerb und die Veräußerung langfristiger Vermögenswerte und sonstiger Finanzinvestitionen, die nicht zu den Zahlungsmitteläquivalenten gehören.

Finanzierungstätigkeiten sind Tätigkeiten, die sich auf den Umfang und die Zusammensetzung des eingebrachten Kapitals und der Fremdkapitalaufnahme des Unternehmens auswirken.

Zahlungsmittel und Zahlungsmitteläquivalente

7. Zahlungsmitteläquivalente dienen dazu, kurzfristigen Zahlungsverpflichtungen nachkommen zu können. Sie werden gewöhnlich nicht zu Investitions- oder anderen Zwecken gehalten. Eine Finanzinvestition wird nur dann als Zahlungsmitteläquivalent eingestuft, wenn sie unmittelbar in einen festgelegten Zahlungsmittelbetrag umgewandelt werden kann und nur unwesentlichen Werteschwankungsrisiken unterliegt. Aus diesem Grund gehört eine Finanzinvestition im Regelfall nur dann zu den Zahlungsmitteläquivalenten,

wenn sie – gerechnet vom Erwerbszeitpunkt – eine Restlaufzeit von nicht mehr als etwa drei Monaten besitzt. Kapitalbeteiligungen gehören grundsätzlich nicht zu den Zahlungsmitteläquivalenten, es sei denn, sie sind ihrem Wesen nach Zahlungsmitteläquivalente, wie beispielsweise im Fall von Vorzugsaktien mit kurzer Restlaufzeit und festgelegtem Einlösungszeitpunkt.

8. Verbindlichkeiten gegenüber Banken gehören grundsätzlich zu den Finanzierungstätigkeiten. In einigen Ländern bilden Kontokorrentkredite, die auf Anforderung rückzahlbar sind, jedoch einen integralen Bestandteil der Zahlungsmitteldisposition des Unternehmens. In diesen Fällen werden Kontokorrentkredite den Zahlungsmitteln und Zahlungsmitteläquivalenten zugerechnet. Ein Merkmal solcher Vereinbarungen mit den Banken sind häufige Schwankungen des Kontosaldos zwischen Soll- und Haben-Beständen.

9. Bewegungen zwischen den Komponenten der Zahlungsmittel oder Zahlungsmitteläquivalente sind nicht als Cashflows zu betrachten, da diese Bewegungen Teil der Zahlungsmitteldisposition eines Unternehmens sind und nicht Teil der betrieblichen Tätigkeit, der Investitions- oder Finanzierungstätigkeit. Zur Zahlungsmitteldisposition gehört auch die Investition überschüssiger Zahlungsmittel in Zahlungsmitteläquivalente.

DARSTELLUNG DER KAPITAL-FLUSSRECHNUNG

10. Die Kapitalflussrechnung hat Cashflows der Periode zu enthalten, die nach betrieblichen Tätigkeiten, Investitionsund Finanzierungstätigkeiten gegliedert werden.

11. Ein Unternehmen stellt die Cashflows aus betrieblicher Tätigkeit, Investitions- und Finanzierungstätigkeit in einer Weise dar, die seiner jeweiligen Geschäftstätigkeit möglichst angemessen ist. Die Gliederung nach Tätigkeitsbereichen liefert Informationen, anhand derer die Adressaten die Auswirkungen dieser Tätigkeiten auf die Vermögens- und Finanzlage des Unternehmens und die Höhe der Zahlungsmittel und Zahlungsmitteläquivalente beurteilen können. Weiterhin können diese Informationen eingesetzt werden, um die Beziehungen zwischen diesen Tätigkeiten zu bewerten.

12. Eine einziger Geschäftsvorfall umfasst unter Umständen Cashflows, die unterschiedlichen Tätigkeiten zuzurechnen sind. Wenn die Rückzahlung eines Darlehens beispielsweise sowohl Zinsen als auch Tilgung umfasst, kann der Zinsanteil unter Umständen als betriebliche Tätigkeit, der Tilgungsanteil als Finanzierungstätigkeit eingestuft werden.

Betriebliche Tätigkeit

13. Die Cashflows aus der betrieblichen Tätigkeit sind ein Schlüsselindikator dafür, in welchem Ausmaß es durch die Unternehmenstätigkeit gelungen ist, Zahlungsmittelüberschüsse zu erwirtschaften, die ausreichen, um Verbindlichkeiten zu tilgen, die Leistungsfähigkeit des Unternehmens zu erhalten, Dividenden zu zahlen und Investitionen zu tätigen, ohne dabei auf Quellen der Außenfinanzierung angewiesen zu sein. Informationen über die genauen Bestandteile der historischen Cashflows aus betrieblicher Tätigkeit sind in Verbindung mit anderen Informationen von Nutzen, um künftige Cashflows aus betrieblicher Tätigkeit zu prognostizieren.

14. Cashflows aus der betrieblichen Tätigkeit stammen in erster Linie aus der erlöswirksamen Tätigkeit des Unternehmens. Daher resultieren sie im Allgemeinen aus Geschäftsvorfällen und anderen Ereignissen, die als Ertrag oder Aufwand das Periodenergebnis beeinflussen. Im Folgenden werden Beispiele für Cashflows aus der betrieblichen Tätigkeit angeführt:

(a) Zahlungseingänge aus dem Verkauf von Gütern und der Erbringung von Dienstleistungen;

(b) Zahlungseingänge aus Nutzungsentgelten, Honoraren, Provisionen und anderen Erlösen;

(c) Auszahlungen an Lieferanten von Gütern und Dienstleistungen;

(d) Auszahlungen an und für Beschäftigte;

(e) Einzahlungen und Auszahlungen von Versicherungsunternehmen für Prämien, Schadensregulierungen, Leibrenten und andere Versicherungsleistungen;

(f) Zahlungen oder Rückerstattungen von Ertragsteuern, es sei denn, die Zahlungen können der Finanzierungs- und Investitionstätigkeit zugeordnet werden; und

(g) Einzahlungen und Auszahlungen für Handelsverträge.

Einige Geschäftsvorfälle, wie der Verkauf eines Postens aus dem Anlagevermögen, führen zu einem Gewinn bzw. Verlust, der sich auf den Gewinn oder Verlust der Periode auswirkt. Die entsprechenden Cashflows sind jedoch Cashflows aus dem Bereich der Investitionstätigkeit. Einige Cash-Zahlungen zur Herstellung oder zum Erwerb von Vermögenswerten, die zur Weitervermietung und zum anschließenden Verkauf gehalten werden, so wie in Paragraph 68A von IAS 16 *Sachanlagen* beschrieben, sind Cashflows aus betrieblichen Tätigkeiten. Die Casheinnahmen aus Miete und anschließendem Verkauf dieser Vermögenswerte sind ebenfalls Cashflows aus betrieblichen Tätigkeiten.

15. Ein Unternehmen hält unter Umständen Wertpapiere und Anleihen zu Handelszwecken. In diesem Fall ähneln diese Posten den zur Weiterveräußerung bestimmten Vorräten. Aus diesem Grund werden Cashflows aus dem Erwerb und Verkauf derartiger Wertpapiere als betriebliche Tätigkeit eingestuft. Ähnlich gelten von Finanzinstituten gewährte Kredite und Darlehen im Regelfall als betriebliche Tätigkeit, da sie mit der wesentlichen erlöswirksamen Tätigkeit dieses Unternehmens in Zusammenhang stehen.

Investitionstätigkeit

16. Die gesonderte Angabe der Cashflows aus der Investitionstätigkeit ist von Bedeutung, da die Cashflows das Ausmaß angeben, in dem Aufwendungen für Ressourcen getätigt wurden, die künftige Erträge und Cashflows erwirtschaften sollen. Lediglich Ausgaben, die in der Bilanz als Vermögenswert erfasst werden, können als Investitionstätigkeit eingestuft werden. Im Folgenden werden Beispiele für Cashflows aus Investitionstätigkeit angeführt:

(a) Auszahlungen für die Beschaffung von Sachanlagen, immateriellen und anderen langfristigen Vermögenswerten. Hierzu zählen auch Auszahlungen für aktivierte Entwicklungskosten und für selbst erstellte Sachanlagen;

(b) Einzahlungen aus dem Verkauf von Sachanlagen, immateriellen und anderen langfristigen Vermögenswerten;

(c) Auszahlungen für den Erwerb von Eigenkapital- oder Schuldinstrumenten anderer Unternehmen und von Anteilen an Gemeinschaftsunternehmen (sofern diese Titel nicht als Zahlungsmitteläquivalente betrachtet oder zu Handelszwecken gehalten werden);

(d) Einzahlungen aus der Veräußerung von Eigenkapital- oder Schuldinstrumenten anderer Unternehmen und von Anteilen an Gemeinschaftsunternehmen (sofern diese Titel nicht als Zahlungsmitteläquivalente betrachtet oder zu Handelszwecken gehalten werden);

(e) Auszahlungen für Dritten gewährte Kredite und Darlehen (mit Ausnahme der von einem Finanzinstitut gewährten Kredite und Darlehen);

(f) Einzahlungen aus der Tilgung von Dritten gewährten Krediten und Darlehen (mit Ausnahme der von einem Finanzinstitut gewährten Kredite und Darlehen);

(g) Auszahlungen für standardisierte und andere Termingeschäfte, Options- und Swap-Geschäfte, es sei denn, diese Kontrakte werden zu Handelszwecken gehalten oder die Auszahlungen werden als Finanzierungstätigkeit eingestuft;

(h) Einzahlungen aus standardisierten und anderen Termingeschäften, Options- und Swap-Geschäften, es sei denn, diese Verträge werden zu Handelszwecken gehalten oder die Einzahlungen werden als Finanzierungstätigkeit eingestuft.

Wenn ein Kontrakt als Sicherungsgeschäft, das sich auf ein bestimmbares Grundgeschäft bezieht, behandelt wird, werden die Cashflows des Kontrakts auf dieselbe Art und Weise eingestuft wie die Cashflows des gesicherten Grundgeschäfts.

Finanzierungstätigkeit

17. Die gesonderte Angabe der Cashflows aus der Finanzierungstätigkeit ist von Bedeutung, da sie für die Schätzung zukünftiger Ansprüche der Kapitalgeber gegenüber dem Unternehmen nützlich sind. Im Folgenden werden Beispiele für Cashflows aus der Finanzierungstätigkeit angeführt:

(a) Einzahlungen aus der Ausgabe von Anteilen oder anderen Eigenkapitalinstrumenten;

(b) Auszahlungen an Eigentümer zum Erwerb oder Rückkauf von (eigenen) Anteilen an dem Unternehmen;

(c) Einzahlungen aus der Ausgabe von Schuldverschreibungen, Schuldscheinen, Anleihen und hypothekarisch unterlegten Schuldtiteln sowie aus der Aufnahme von Darlehen und Hypotheken oder aus der Aufnahme anderer kurz- oder langfristiger Ausleihungen;

(d) Auszahlungen für die Rückzahlung von Ausleihungen; und

(e) Auszahlungen von Leasingnehmern zur Tilgung von Verbindlichkeiten aus Finanzierungs-Leasingverträgen.

DARSTELLUNG DER CASHFLOWS AUS DER BETRIEBLICHEN TÄTIGKEIT

18. Ein Unternehmen hat Cashflows aus der betrieblichen Tätigkeit in einer der beiden folgenden Formen darzustellen:

(a) direkte Methode, wobei die Hauptgruppen der Bruttoeinzahlungen und Bruttoauszahlungen angegeben werden; oder

(b) indirekte Methode, wobei das Periodenergebnis um Auswirkungen nicht zahlungswirksamer Geschäftsvorfälle oder Abgrenzungen von vergangenen oder künftigen betrieblichen Ein- oder Auszahlungen (einschließlich Rückstellungen) sowie um Ertrags- oder Aufwandsposten, die dem Investitions- oder Finanzierungsbereich zuzurechnen sind, berichtigt wird.

19. Unternehmen wird empfohlen, die Cashflows aus der betrieblichen Tätigkeit nach der direkten Methode darzustellen. Die direkte Methode stellt Informationen zur Verfügung, welche die Schätzung künftiger Cashflows erleichtern und bei Anwendung der indirekten Methode nicht verfügbar sind. Bei Anwendung der direkten Methode können Informationen über die Hauptgruppen von Bruttoeinzahlungen und Bruttoauszahlungen folgendermaßen abgeleitet werden:

(a) aus der Buchhaltung des Unternehmens; oder

(b) durch Korrekturen der Umsatzerlöse und der Umsatzkosten (Zinsen und ähnliche Erträge sowie Zinsaufwendungen und ähnliche Aufwendungen bei einem Finanzinstitut) sowie anderer Posten der Gewinn- und Verlustrechnung um

(i) Bestandsveränderungen der Periode bei den Vorräten und den Forderungen und Verbindlichkeiten aus Lieferungen und Leistungen;

(ii) andere zahlungsunwirksame Posten; und

(iii) andere Posten, die Cashflows in den Bereichen der Investition oder der Finanzierung darstellen.

20. Bei Anwendung der indirekten Methode wird der Netto-Cashflow aus der betrieblichen Tätigkeit durch Korrektur des Periodenergebnisses um die folgenden Größen ermittelt:

(a) Bestandsveränderungen der Periode bei den Vorräten und den Forderungen und Verbindlichkeiten aus Lieferungen und Leistungen;

(b) zahlungsunwirksame Posten, wie beispielsweise Abschreibungen, Rückstellungen, latente Steuern, unrealisierte Fremdwährungsgewinne und -verluste, nicht ausgeschüttete Gewinne von assoziierten Unternehmen und nicht beherrschende Anteile; sowie

(c) alle anderen Posten, die Cashflows in den Bereichen der Investition oder Finanzierung darstellen.

Alternativ kann der Netto-Cashflow aus betrieblicher Tätigkeit auch in der indirekten Methode durch Gegenüberstellung der Aufwendungen und Erträge aus der Gesamtergebnisrechnung sowie der Änderungen der Vorräte und der Forderungen und Verbindlichkeiten aus Lieferungen und Leistungen im Laufe der Periode ermittelt werden.

DARSTELLUNG DER CASHFLOWS AUS INVESTITIONS- UND FINANZIERUNGSTÄTIGKEIT

21. Ein Unternehmen hat die Hauptgruppen der Bruttoeinzahlungen und Bruttoauszahlungen separat auszuweisen, die aus Investitions- und Finanzierungstätigkeiten entstehen. Ausgenommen sind die Fälle, in denen die in den Paragraphen 22 und 24 beschriebenen Cashflows saldiert ausgewiesen werden.

SALDIERTE DARSTELLUNG DER CASHFLOWS

22. Für Cashflows, die aus den folgenden betrieblichen Tätigkeiten, Investitions- oder Finanzierungstätigkeiten entstehen, ist ein saldierter Ausweis zulässig:

(a) Einzahlungen und Auszahlungen im Namen von Kunden, wenn die Cashflows eher auf Tätigkeiten des Kunden als auf Tätigkeiten des Unternehmens zurückzuführen sind;

(b) Einzahlungen und Auszahlungen für Posten mit großer Umschlagshäufigkeit, großen Beträgen und kurzen Laufzeiten.

23. Beispiele für die in Paragraph 22(a) erwähnten Einzahlungen und Auszahlungen sind:

(a) Annahme und Rückzahlung von Sichteinlagen bei einer Bank;

(b) von einer Anlagegesellschaft für Kunden gehaltene Finanzmittel;

(c) Mieten, die für Grundstückseigentümer eingezogen und an diese weitergeleitet werden.

Beispiele für die in Paragraph 22(b) erwähnten Einzahlungen und Auszahlungen sind Einzahlungen und Auszahlungen für:

(a) Darlehensbeträge gegenüber Kreditkartenkunden;

(b) den Kauf und Verkauf von Finanzinvestitionen;

(c) andere kurzfristige Ausleihungen, wie beispielsweise Kredite mit einer Laufzeit von bis zu drei Monaten.

24. Für Cashflows aus einer der folgenden Tätigkeiten eines Finanzinstituts ist eine saldierte Darstellung möglich:

(a) Einzahlungen und Auszahlungen für die Annahme und die Rückzahlung von Einlagen mit fester Laufzeit;

(b) Platzierung von Einlagen bei Finanzinstituten und Rücknahme von Einlagen anderer Finanzinstitute;

(c) Kredite und Darlehen für Kunden und die Rückzahlung dieser Kredite und Darlehen.

CASHFLOWS IN FREMDWÄHRUNG

25. Cashflows, die aus Geschäftsvorfällen in einer Fremdwährung entstehen, sind in der funktionalen Währung des Unternehmens zu erfassen, indem der Fremdwährungsbetrag mit dem zum Zahlungszeitpunkt gültigen Umrechnungskurs zwischen der funktionalen Währung und der Fremdwährung in die funktionale Währung umgerechnet wird.

26. Die Cashflows eines ausländischen Tochterunternehmens sind mit dem zum Zahlungszeitpunkt geltenden Wechselkurs zwischen der funktionalen Währung und der Fremdwährung in die funktionale Währung umzurechnen.

27. Cashflows, die in einer Fremdwährung abgewickelt werden, sind gemäß IAS 21 *Auswirkungen von Änderungen der Wechselkurse* auszuweisen. Dabei ist die Verwendung eines Wechselkurses zulässig, der dem tatsächlichen Kurs in etwa entspricht. So kann beispielsweise für die Erfassung von Fremdwährungstransaktionen oder für die Umrechnung der Cashflows eines ausländischen Tochterunternehmens ein gewogener Periodendurchschnittskurs verwendet werden. Eine Umrechnung der Cashflows eines ausländischen Tochterunternehmens zum Kurs am Abschlussstichtag ist jedoch gemäß IAS 21 nicht zulässig.

28. Nicht realisierte Gewinne und Verluste aus Wechselkursänderungen sind nicht als Cashflows zu betrachten. Die Auswirkungen von Wechselkursänderungen auf Zahlungsmittel und Zahlungsmitteläquivalente, die in Fremdwährung gehalten werden oder fällig sind, werden jedoch in der Kapitalflussrechnung erfasst, um den Bestand an Zahlungsmitteln und Zahlungsmitteläquivalenten zu Beginn und am Ende der Periode abzustimmen. Der Unterschiedsbetrag wird getrennt von den Cashflows aus betrieblicher Tätigkeit, Investitions- und Finanzierungstätigkeit ausgewiesen und umfasst die Differenzen etwaiger Wechselkursän-

derungen, die entstanden wären, wenn diese Cashflows mit dem Stichtagskurs umgerechnet worden wären.

29. [gestrichen]
30. [gestrichen]

ZINSEN UND DIVIDENDEN

31. Cashflows aus erhaltenen und gezahlten Zinsen und Dividenden sind jeweils gesondert anzugeben. Jede Ein- und Auszahlung ist stetig von Periode zu Periode entweder als betriebliche Tätigkeit, Investitions- oder Finanzierungstätigkeit zu einzustufen.

32. Der Gesamtbetrag der während einer Periode gezahlten Zinsen wird in der Kapitalflussrechnung angegeben unabhängig davon, ob der Betrag als Aufwand in der Gewinn- und Verlustrechnung erfasst oder gemäß IAS 23 *Fremdkapitalkosten* aktiviert wird.

33. Gezahlte Zinsen sowie erhaltene Zinsen und Dividenden werden bei einem Finanzinstitut im Normalfall als Cashflows aus der betrieblichen Tätigkeit eingestuft. Im Hinblick auf andere Unternehmen besteht jedoch kein Einvernehmen über die Zuordnung dieser Cashflows. Gezahlte Zinsen und erhaltene Zinsen und Dividenden können als Cashflows aus betrieblicher Tätigkeit eingestuft werden, da sie in die Ermittlung des Periodenergebnisses eingehen. Alternativ können gezahlte Zinsen und erhaltene Zinsen und Dividenden als Cashflows aus Finanzierungs- bzw. Investitionstätigkeit eingestuft werden, da sie Finanzierungsaufwendungen oder Erträge aus Investitionen sind.

34. Gezahlte Dividenden können als Finanzierungs-Cashflows eingestuft werden, da es sich um Finanzierungsaufwendungen handelt. Alternativ können gezahlte Dividenden als Bestandteil der Cashflows aus der betrieblichen Tätigkeit eingestuft werden, damit die Fähigkeit eines Unternehmens, Dividenden aus laufenden Cashflows zu zahlen, leichter beurteilt werden kann.

ERTRAGSTEUERN

35. Cashflows aus Ertragsteuern sind gesondert anzugeben und als Cashflows aus der betrieblichen Tätigkeit einzustufen, es sei denn, sie können bestimmten Finanzierungs- und Investitionsaktivitäten zugeordnet werden.

36. Ertragsteuern entstehen aus Geschäftsvorfällen, die zu Cashflows führen, die in einer Kapitalflussrechnung als betriebliche Tätigkeit, Investitions- oder Finanzierungstätigkeit eingestuft werden. Während Investitions- oder Finanzierungstätigkeiten in der Regel der entsprechende Steueraufwand zugeordnet werden kann, ist die Bestimmung der damit verbundenen steuerbezogenen Cashflows häufig nicht durchführbar, und Cashflows erfolgen unter Umständen in einer anderen Periode als die Cashflows des zugrunde liegenden Geschäftsvorfalls. Aus diesem Grund werden die gezahlten Steuern im Regelfall als Cashflows aus der betrieblichen Tätigkeit eingestuft. Wenn die Zuordnung der steuerbezogenen Cashflows zu einem Geschäftsvorfall, der zu Cashflows aus Investitions- oder Finanzierungstätigkeiten führt, jedoch praktisch möglich ist, werden die steuerbezogenen Cashflows ebenso als Investitions- bzw. Finanzierungstätigkeit eingestuft. Wenn die steuerbezogenen Cashflows mehr als einer Tätigkeit zugeordnet werden, wird der Gesamtbetrag der gezahlten Steuern angegeben.

ANTEILE AN TOCHTERUNTERNEHMEN, ASSOZIIERTEN UNTERNEHMEN UND GEMEINSCHAFTSUNTERNEHMEN

37. Bei der Bilanzierung von Anteilen an einem assoziierten Unternehmen oder an einem Tochterunternehmen nach der Equity- oder der Anschaffungskostenmethode beschränkt der Investor seine Angaben in der Kapitalflussrechnung auf die Cashflows zwischen ihm und dem Beteiligungsunternehmen, beispielsweise auf Dividenden und Kredite.

38. Ein Unternehmen, das seine Anteile an einem gemeinschaftlich geführten Unternehmen (siehe IAS 31 *Anteile an Gemeinschaftsunternehmen*) gemäß der Quotenkonsolidierung bilanziert, stellt in die konsolidierte Kapitalflussrechnung nur den entsprechenden Anteil an den Cashflows des gemeinschaftlich geführten Unternehmens ein. Ein Unternehmen, das solche Anteile nach der Equity-Methode bilanziert, nimmt nur die Cashflows in die Kapitalflussrechnung auf, die mit den Anteilen an dem gemeinschaftlich geführten Unternehmen sowie den Ausschüttungen und anderen Ein- und Auszahlungen zwischen ihm und dem gemeinschaftlich geführten Unternehmen in Zusammenhang stehen.

ÄNDERUNGEN DER BETEILIGUNGSQUOTE AN TOCHTERUNTERNEHMEN UND SONSTIGEN GESCHÄFTSEINHEITEN

39. Die Summe der Cashflows aus der Übernahme oder dem Verlust der Beherrschung über Tochterunternehmen oder sonstige Geschäftseinheiten sind gesondert darzustellen und als Investitionstätigkeit einzustufen.

40. Ein Unternehmen hat im Hinblick auf die Übernahme oder den Verlust der Beherrschung über Tochterunternehmen oder sonstige Geschäftseinheiten, die während der Periode erfolgten, die folgenden zusammenfassenden Angaben zu machen:

(a) das gesamte gezahlte oder erhaltene Entgelt;
(b) den Teil des Entgelts, der aus Zahlungsmitteln und Zahlungsmitteläquivalenten bestand;
(c) den Betrag der Zahlungsmittel und Zahlungsmitteläquivalente der Tochterunternehmen oder sonstigen Geschäftseinheiten, über welche die Beherrschung erlangt oder verloren wurde; sowie
(d) die Beträge der nach Hauptgruppen gegliederten Vermögenswerte und Schulden mit Ausnahme der Zahlungsmittel und Zahlungsmitteläquivalente der Tochterunternehmen oder sonstigen Geschäftseinheiten, über wel-

che die Beherrschung erlangt oder verloren wurde.

41. Die gesonderte Darstellung der Auswirkungen der Cashflows aus der Übernahme oder dem Verlust der Beherrschung über Tochterunternehmen oder sonstige Geschäftseinheiten als eigenständige Posten sowie die gesonderte Angabe der Beträge der erworbenen oder veräußerten Vermögenswerte und Schuldposten erleichtert die Unterscheidung dieser Cashflows von den Cashflows aus der übrigen betrieblichen Tätigkeit, Investitions- und Finanzierungstätigkeit. Die Auswirkungen der Cashflows aus dem Verlust der Beherrschung werden nicht mit denen aus der Übernahme der Beherrschung saldiert.

42. Die Summe des Betrags der als Entgelt für die Übernahme oder den Verlust der Beherrschung über Tochterunternehmen oder sonstige Geschäftseinheiten gezahlten oder erhaltenen Mittel wird in der Kapitalflussrechnung abzüglich der im Rahmen solcher Transaktionen, Ereignisse oder veränderten Umstände erworbenen oder veräußerten Zahlungsmittel und Zahlungsmitteläquivalenten ausgewiesen.

42A. Cashflows aus Änderungen der Eigentumsanteile an einem Tochterunternehmen, die nicht in einem Verlust der Beherrschung resultieren, sind als Cashflows aus Finanzierungstätigkeiten einzustufen.

42B. Änderungen der Eigentumsanteile an einem Tochterunternehmen, die nicht zu einem Verlust der Beherrschung führen, wie beispielsweise ein späterer Kauf oder Verkauf von Eigenkapitalinstrumenten eines Tochterunternehmens werden als Eigenkapitaltransaktionen bilanziert (siehe IAS 27 *Konzern- und Einzelabschlüsse* (in der vom International Accounting Standards Board 2008 geänderten Fassung). Demzufolge werden die daraus resultierenden Cashflows genauso wie die anderen, in Paragraph 17 beschriebenen Geschäftsvorfälle mit Eigentümern, eingestuft.

NICHT ZAHLUNGSWIRKSAME TRANSAKTIONEN

43. Investitions- und Finanzierungstransaktionen, für die keine Zahlungsmittel oder Zahlungsmitteläquivalente eingesetzt werden, sind nicht Bestandteil der Kapitalflussrechnung. Solche Transaktionen sind an anderer Stelle im Abschluss derart anzugeben, dass alle notwendigen Informationen über diese Investitions- und Finanzierungstransaktionen bereitgestellt werden.

44. Viele Investitions- und Finanzierungstätigkeiten haben keine direkten Auswirkungen auf die laufenden Cashflows, beeinflussen jedoch die Kapital- und Vermögensstruktur eines Unternehmens. Der Ausschluss nicht zahlungswirksamer Transaktionen aus der Kapitalflussrechnung ist mit der Zielsetzung der Kapitalflussrechnung konsistent, da sich diese Posten nicht auf Cashflows in der Berichtsperiode auswirken. Beispiele für nicht zahlungswirksame Transaktionen sind:

(a) der Erwerb von Vermögenswerten durch Übernahme direkt damit verbundener Schulden oder durch Finanzierungsleasing;

(b) der Erwerb eines Unternehmens gegen Ausgabe von Anteilen;

(c) die Umwandlung von Schulden in Eigenkapital.

BESTANDTEILE DER ZAHLUNGSMITTEL UND ZAHLUNGSMITTELÄQUIVALENTE

45. Ein Unternehmen hat die Bestandteile der Zahlungsmittel und Zahlungsmitteläquivalente anzugeben und eine Überleitungsrechnung zu erstellen, in der die Beträge der Kapitalflussrechnung den entsprechenden Bilanzposten gegenübergestellt werden.

46. Angesichts der Vielfalt der weltweiten Praktiken zur Zahlungsmitteldisposition und der Konditionen von Kreditinstituten sowie zur Erfüllung des IAS 1 *Darstellung des Abschlusses*, gibt ein Unternehmen die gewählte Methode für die Bestimmung der Zusammensetzung der Zahlungsmittel und Zahlungsmitteläquivalente an.

47. Die Auswirkungen von Änderungen der Methode zur Bestimmung der Zusammensetzung der Zahlungsmittel und Zahlungsmitteläquivalente, wie beispielsweise eine Änderung in der Einstufung von Finanzinstrumenten, die ursprünglich dem Beteiligungsportfolio des Unternehmens zugeordnet waren, werden gemäß IAS 8 *Rechnungslegungsmethoden, Änderungen rechnungslegungsbezogener Schätzungen und Fehler* offen gelegt.

WEITERE ANGABEN

48. Ein Unternehmen hat in Verbindung mit einer Stellungnahme des Managements den Betrag an wesentlichen Zahlungsmitteln und Zahlungsmitteläquivalenten anzugeben, die vom Unternehmen gehalten werden und über die der Konzern nicht verfügen kann.

49. Unter verschiedenen Umständen kann eine Unternehmensgruppe nicht über Zahlungsmittel und Zahlungsmitteläquivalente eines Unternehmens verfügen. Dazu zählen beispielsweise Zahlungsmittel und Zahlungsmitteläquivalente, die von einem Tochterunternehmen in einem Land gehalten werden, in dem Devisenverkehrskontrollen oder andere gesetzliche Einschränkungen zum Tragen kommen. Die Verfügbarkeit über die Bestände durch das Mutterunternehmen oder andere Tochterunternehmen ist dann eingeschränkt.

50. Zusätzliche Angaben können für die Adressaten von Bedeutung sein, um die Finanzlage und Liquidität eines Unternehmens einschätzen zu können. Die Angabe dieser Informationen (in Verbindung mit einer Stellungnahme des Managements) wird empfohlen und kann folgende Punkte enthalten:

(a) Betrag der nicht ausgenutzten Kreditlinien, die für die künftige betriebliche Tätigkeit und zur Erfüllung von Verpflichtungen eingesetzt werden könnten, unter Angabe aller Beschränkungen der Verwendung dieser Kreditlinien;

(b) die Summe des Betrags der Cashflows aus der betrieblichen Tätigkeit, aus der Investitionstätigkeit und aus der Finanzierungstätigkeit, die sich auf quotal konsolidierte Anteile an Gemeinschaftsunternehmen beziehen;

(c) die Summe des Betrags der Cashflows, die Erweiterungen der betrieblichen Kapazität betreffen, im Unterschied zu den Cashflows, die zur Erhaltung der Kapazität erforderlich sind; und

(d) Betrag der Cashflows aus betrieblicher Tätigkeit, aus der Investitionstätigkeit und aus der Finanzierungstätigkeit, aufgegliedert nach den einzelnen berichtspflichtigen Segmenten (siehe IFRS 8 *Segmentberichterstattung*).

51. Durch die gesonderte Angabe von Cashflows, die eine Erhöhung der Betriebskapazität darstellen, und Cashflows, die zur Erhaltung der Betriebskapazität erforderlich sind, kann der Adressat der Kapitalflussrechnung beurteilen, ob das Unternehmen geeignete Investitionen zur Erhaltung seiner Betriebskapazität vornimmt. Nimmt das Unternehmen nur unzureichende Investitionen zur Erhaltung seiner Betriebskapazität vor, schadet es unter Umständen der künftigen Rentabilität zu Gunsten der kurzfristigen Liquidität und der Ausschüttungen an Eigentümer.

52. Die Angabe segmentierter Cashflows verhilft den Adressaten der Kapitalflussrechnung zu einem besseren Verständnis der Beziehung zwischen den Cashflows des Unternehmens als Ganzem und den Cashflows seiner Bestandteile sowie der Verfügbarkeit und Variabilität der segmentierten Cashflows.

ZEITPUNKT DES INKRAFTTRETENS

53. Dieser Standard ist erstmals auf Abschlüsse für Perioden anzuwenden, die am oder nach dem 1. Januar 1994 beginnen.

54. Durch IAS 27 (in der vom International Accounting Standards Board 2008 geänderten Fassung) wurden die Paragraphen 39–42 geändert und die Paragraphen 42A und 42B hinzugefügt. Diese Änderungen sind erstmals in der ersten Periode eines am 1. Juli 2009 oder danach beginnenden Geschäftsjahres anzuwenden. Wendet ein Unternehmen IAS 27 (in der 2008 geänderten Fassung) auf eine frühere Periode an, so hat es auf diese Periode auch die genannten Änderungen anzuwenden. Diese Änderungen sind rückwirkend anzuwenden.

55. Paragraph 14 wird im Rahmen der *Verbesserungen der IFRS* vom Mai 2008 geändert. Diese Änderungen sind erstmals in der ersten Berichtsperiode eines am 1. Januar 2009 oder danach beginnenden Geschäftsjahres anzuwenden. Eine frühere Anwendung ist zulässig. Wenn ein Unternehmen diese Änderungen vor dem 1. Januar 2009 anwendet, hat es diese Tatsache anzugeben und Paragraph 68A von IAS 16 anzuwenden.

56. Paragraph 16 wurde durch die *Verbesserungen der IFRS* vom April 2009 geändert. Diese Änderungen sind erstmals in der ersten Berichtsperiode eines am 1. Januar 2010 oder danach beginnenden Geschäftsjahres anzuwenden. Eine frühere Anwendung ist zulässig. Wendet ein Unternehmen die Änderung für ein früheres Geschäftsjahr an, hat es dies anzugeben.

… 2/4. IAS 8
1 – 5

INTERNATIONAL ACCOUNTING STANDARD 8
Rechnungslegungsmethoden, Änderungen von rechnungslegungsbezogenen Schätzungen und Fehler

IAS 8

IAS 8, VO (EG) Nr. 1126/2008 i.d.F.

1 VO (EG) Nr. 1274/2008 [IAS 1]   **2** VO (EG) Nr. 70/2009

GLIEDERUNG	§§
ZIELSETZUNG	1–2
ANWENDUNGSBEREICH	2–4
DEFINITIONEN	5–6
RECHNUNGSLEGUNGSMETHODEN	7–31
Auswahl und Anwendung der Rechungslegungsmethoden	7–12
Stetigkeit der Rechnungslegungsmethoden	13
Änderungen von Rechnungslegungsmethoden	14–18
Anwendung von Änderungen der Rechnungslegungsmehoden	19–21
Rückwirkende Anwendungn	22
Einschränkungen im Hinblick auf rückwirkende Anwendungen	23-27
Angaben	28–31
ÄNDERUNGEN VON SCHÄTZUNGEN	32–40
Angaben	39–40
FEHLER	41–49
Einschränkungen bei rückwirkender Anpassung	43–48
Angaben von Fehlern aus früheren Perioden	49
UNDURCHFÜHRBARKEIT HINSICHTLICH RÜCKWIRKENDER ANWENDUNG UND RÜCKWIRKENDER ANPASSUNG	50–53
ZEITPUNKT DES INKRAFTTRETENS	54
RÜCKNAHME ANDERER VERLAUTBARUNGEN	55-56

ZIELSETZUNG

1. Dieser Standard schreibt die Kriterien zur Auswahl und Änderung der Rechnungslegungsmethoden sowie die bilanzielle Behandlung und Angabe von Änderungen der Rechnungslegungsmethoden, Änderungen von rechnungslegungsbezogenen Schatzungen sowie Fehlerkorrekturen vor. Der Standard soll die Relevanz und Zuverlässigkeit des Abschlusses eines Unternehmens sowie die Vergleichbarkeit dieser Abschlüsse im Zeitablauf sowie mit den Abschlüssen anderer Unternehmen verbessern.

2. Die Bestimmungen zur Angabe von Rechnungslegungsmethoden – davon ausgenommen: Änderungen von Rechnungslegungsmethoden – sind in IAS 1 *Darstellung des Abschlusses* aufgeführt.

ANWENDUNGSBEREICH

3. Dieser Standard ist bei der Auswahl und Anwendung von Rechnungslegungsmethoden sowie zur Berücksichtigung von Änderungen der Rechnungslegungsmethoden, Änderungen von rechnungslegungsbezogenen Schätzungen und Korrekturen von Fehlern aus früheren Perioden anzuwenden.

4. Die steuerlichen Auswirkungen der Korrekturen von Fehlern aus früheren Perioden und von rückwirkenden Anpassungen zur Umsetzung der Änderungen von Rechnungslegungsmethoden werden gemäß IAS 12 *Ertragsteuern* berücksichtigt und offen gelegt.

DEFINITIONEN

5. Die folgenden Begriffe werden in diesem Standard mit der angegebenen Bedeutung verwendet:

Rechnungslegungsmethoden sind die besonderen Prinzipien, grundlegende Überlegungen, Konventionen, Regeln und Praktiken, die ein Unternehmen bei der Aufstellung und Darstellung eines Abschlusses anwendet.

Eine *Änderung einer rechnungslegungsbezogenen Schätzung* ist eine Berichtigung des Buchwerts eines Vermögenswerts bzw. einer Schuld, oder der betragsmäßige, periodengerechte Verbrauch eines Vermögenswerts, der aus der Einschätzung des derzeitigen Status von Vermögenswerten und Schulden und aus der Einschätzung des künftigen Nutzens und künftiger Verpflichtungen im Zusammenhang mit Vermögenswerten und Schulden resultiert. Änderungen von rechnungslegungsbezogenen Schätzungen ergeben sich aus neuen Informationen oder Entwicklungen und sind somit keine Fehlerkorrekturen.

International Financial Reporting Standards (IFRS) sind die vom International Accounting Standards Board (IASB) verabschiedeten Standards und Interpretationen. Sie umfassen:

(a) International Financial Reporting Standards;

(b) International Accounting Standards und

(c) Interpretationen des International Financial Reporting Interpretations Committee (IFRIC) bzw. des ehemaligen Standing Interpretations Committee (SIC).

Wesentlich: Auslassungen oder fehlerhafte Darstellungen von Posten sind wesentlich, wenn sie einzeln oder insgesamt die auf der Basis des Abschlusses getroffenen wirtschaftlichen Entscheidungen der Adressaten beeinflussen könnten. Wesentlichkeit hängt vom Umfang und von der Art eines Postens ab, der jeweils unter den besonderen Umständen der Auslassung oder der fehlerhaften Darstellung einer Angabe beurteilt wird. Der Umfang oder die Art dieses Postens, bzw. eine Kombination dieser beiden Aspekte, könnte der entscheidende Faktor sein.

Fehler aus früheren Perioden sind Auslassungen oder fehlerhafte Darstellungen in den Abschlüssen eines Unternehmens für eine oder mehrere Perioden, die sich aus einer Nicht- oder Fehlanwendung von zuverlässigen Informationen ergeben haben, die

(a) zu dem Zeitpunkt, an dem die Abschlüsse für die entsprechenden Perioden zur Veröffentlichung genehmigt wurden, zur Verfügung standen; und

(b) hätten eingeholt und bei der Aufstellung und Darstellung der entsprechenden Abschlüsse berücksichtigt werden können.

Diese Fehler umfassen die Auswirkungen von Rechenfehlern, Fehlern bei der Anwendung von Rechnungslegungsmethoden, Flüchtigkeitsfehlern oder Fehlinterpretationen von Sachverhalten, sowie von Betrugsfällen.

Die *rückwirkende Anwendung* besteht darin, eine neue Rechnungslegungsmethode auf Geschäftsvorfälle, sonstige Ereignisse und Bedingungen so anzuwenden, als wäre die Rechnungslegungsmethode stets angewandt worden

Die *rückwirkende Anpassung* ist die Korrektur einer Erfassung, Bewertung und Angabe von Beträgen aus Bestandteilen eines Abschlusses, so als ob ein Fehler in einer früheren Periode nie aufgetreten wäre.

Undurchführbar: Die Anwendung einer Vorschrift gilt dann als undurchführbar, wenn sie trotz aller angemessenen Anstrengungen des Unternehmens nicht angewandt werden kann. Für eine bestimmte frühere Periode ist die rückwirkende Anwendung einer Änderung einer Rechnungslegungsmethode bzw. eine rückwirkende Anpassung zur Fehlerkorrektur dann undurchführbar, wenn

(a) die Auswirkungen der rückwirkenden Anwendung bzw. rückwirkenden Anpassung nicht zu ermitteln sind;

(b) die rückwirkende Anwendung bzw. rückwirkende Anpassung Annahmen über die mögliche Absicht des Managements in der entsprechenden Periode erfordert; oder

(c) die rückwirkende Anwendung bzw. rückwirkende Anpassung umfangreiche Schätzungen der Beträge erforderlich macht und es unmöglich ist, objektive die Informationen aus diesen Schätzungen, die

(i) einen Nachweis über die Sachverhalte vermitteln, die zu dem Zeitpunkt bestanden, zu dem die entsprechenden Beträge zu erfassen, zu bewerten oder anzugeben sind; und

(ii) zur Verfügung gestanden hätten, als der Abschluss für jene frühere Periode zur Veröffentlichung genehmigt wurde,

von sonstigen Informationen zu unterscheiden.

Die *prospektive Anwendung* der Änderung einer Rechnungslegungsmethode bzw. der Erfassung der Auswirkung der Änderung einer rechnungslegungsbezogenen Schätzung besteht darin,

(a) die neue Rechnungslegungsmethode auf Geschäftsvorfälle, sonstige Ereignisse und Bedingungen anzuwenden, die nach dem Zeitpunkt der Änderung der Rechnungslegungsmethode eintreten; und

(b) die Auswirkung der Änderung einer rechnungslegungsbezogenen Schätzung in der Berichtsperiode und in zukünftigen Perioden anzusetzen, die von der Änderung betroffen sind.

6. Die Beurteilung, ob die Auslassung oder fehlerhafte Darstellung von Angaben die auf der Basis des Abschlusses getroffenen wirtschaftlichen Entscheidungen der Adressaten beeinflussen könnten und deshalb als wesentlich einzustufen sind, bedarf einer Prüfung der Eigenschaften solcher Adressaten. Paragraph 25 des *Rahmenkonzepts für die Aufstellung und Darstellung von Abschlüssen* besagt, dass „bei den Adressaten vorausgesetzt wird, dass sie eine angemessene Kenntnis geschäftlicher und wirtschaftlicher Tätigkeiten und der Rechnungslegung sowie die Bereitschaft besitzen, die Informationen mit entsprechender Sorgfalt zu lesen". Deshalb hat eine solche Beurteilung die Frage zu berücksichtigen, wie solche Adressaten mit den genannten Eigenschaften erwartungsgemäß unter normalen Umständen bei den auf der Basis des Abschlusses getroffenen wirtschaftlichen Entscheidungen beeinflusst werden den könnten.

RECHNUNGSLEGUNGSMETHODEN

Auswahl und Anwendung der Rechungslegungsmethoden

7. Bezieht sich ein IFRS ausdrücklich auf einen Geschäftsvorfall oder auf sonstige Ereignisse oder Bedingungen, so ist bzw. sind die Rechnungslegungsmethode(n) für den entsprechenden Posten zu ermitteln, indem der IFRS angewandt wird.

8. Die IFRS legen Rechnungslegungsmethoden fest, die aufgrund einer Schlussfolgerung des IASB zu einem Abschluss führt, der relevante und zuverlässige Informationen über die Geschäftsvorfälle, sonstigen Ereignisse und Bedingungen enthält, auf die sie zutreffen. Diese Methoden müssen nicht angewandt werden, wenn die Auswirkung ihrer Anwendung unwesentlich ist. Es ist jedoch nicht angemessen, unwesentliche Abweichungen von den IFRS vorzunehmen oder unberichtigt zu lassen, um eine bestimmte Darstellung der Vermögens-, Finanz- und Ertragslage oder der Cashflows eines Unternehmens zu erzielen.

9. Die IFRS gehen mit Anwendungsleitlinien einher, um Unternehmen bei der Umsetzung der Vorschriften zu helfen. In den Anwendungsleitlinien wird klar festgelegt, ob sie ein integraler Bestandteil der IFRS sind. Ist letzteres der Fall, sind die Anwendungsleitlinien als obligatorisch zu betrachten. Anwendungsleitlinien, die kein integraler Bestandteil der IFRS sind, enthalten keine Vorschriften zu den Abschlüssen.

10. Beim Fehlen eines IFRS, der ausdrücklich auf einen Geschäftsvorfall oder sonstige Ereignisse oder Bedingungen zutrifft, hat das Management darüber zu entscheiden, welche Rechnungslegungsmethode zu entwickeln und anzuwenden ist, um zu Informationen zu führen, die
(a) für die Bedürfnisse der wirtschaftlichen Entscheidungsfindung der Adressaten von Bedeutung sind und
(b) zuverlässig sind, in dem Sinne, dass der Abschluss
   (i) die Vermögens-, Finanz- und Ertragslage sowie die Cashflows des Unternehmens den tatsächlichen Verhältnissen entsprechend darstellt;
   (ii) den wirtschaftlichen Gehalt von Geschäftsvorfällen und sonstigen Ereignissen und Bedingungen widerspiegelt und nicht nur deren rechtliche Form;
   (iii) neutral ist, das heißt frei von verzerrenden Einflüssen;
   (iv) vorsichtig
   (v) in allen wesentlichen Gesichtspunkten vollständig ist.

11. Bei seiner Entscheidungsfindung im Sinne des Paragraphen 10 hat das Management sich auf folgende Quellen – in absteigender Reihenfolge – zu beziehen und deren Anwendung zu berücksichtigen:
(a) die Vorschriften der IFRS, die ähnliche und verwandte Fragen behandeln; und
(b) die im *Rahmenkonzept* enthaltenen Definitionen, Erfassungskriterien und Bewertungskonzepte für Vermögenswerte, Schulden, Erträge und Aufwendungen.

12. Bei seiner Entscheidungsfindung gemäß Paragraph 10 kann das Management außerdem die jüngsten Verlautbarungen anderer Standardsetter, die ein ähnliches konzeptionelles Rahmenkonzept zur Entwicklung von Rechnungslegungsmethoden einsetzen, sowie sonstige Rechnungslegungs-Verlautbarungen und anerkannte Branchenpraktiken berücksichtigen, sofern sie nicht mit den in Paragraph 11 enthaltenen Quellen in Konflikt stehen.

Stetigkeit der Rechnungslegungsmethoden

13. Ein Unternehmen hat seine Rechnungslegungsmethoden für ähnliche Geschäftsvorfälle, sonstige Ereignisse und Bedingungen stetig auszuwählen und anzuwenden, es sei denn, ein IFRS erlaubt bzw. schreibt die Kategorisierung von Sachverhalten vor, für die andere Rechnungslegungsmethoden zutreffend sind. Sofern ein IFRS eine derartige Kategorisierung vorschreibt oder erlaubt, ist eine geeignete Rechnungslegungsmethode auszuwählen und stetig für jede Kategorie anzuwenden.

Änderungen von Rechnungslegungsmethoden

14. Ein Unternehmen darf eine Rechnungslegungsmethode nur dann ändern, wenn die Änderung
(a) aufgrund eines IFRS erforderlich ist; oder
(b) dazu führt, dass der Abschluss zuverlässige und relevantere Informationen über die Auswirkungen von Geschäftsvorfällen, sonstigen Ereignissen oder Bedingungen auf die Vermögens-, Finanz- oder Ertragslage oder die Cashflows des Unternehmens vermittelt.

15. Die Adressaten der Abschlüsse müssen in der Lage sein, die Abschlüsse eines Unternehmens im Zeitablauf vergleichen zu können, um Tendenzen in der Vermögens-, Finanz- und Ertragslage sowie der Cashflows zu erkennen. Daher sind in jeder Periode und von einer Periode auf die nächste stets die gleichen Rechnungslegungsmethoden anzuwenden, es sei denn, die Änderung einer Rechnungslegungsmethode entspricht einem der in Paragraph 14 enthaltenen Kriterien.

16. Die folgenden Fälle sind keine Änderung der Bilanzierungs- oder Bewertungsmethoden:
(a) die Anwendung einer Rechnungslegungsmethode auf Geschäftsvorfälle, sonstige Ereignisse oder Bedingungen, die sich grundsätzlich von früheren Geschäftsvorfällen oder sonstigen Ereignissen oder Bedingungen unterscheiden; und
(b) die Anwendung einer neuen Rechnungslegungsmethode auf Geschäftsvorfälle oder sonstige Ereignisse oder Bedingungen, die früher nicht vorgekommen sind oder unwesentlich waren.

17. Die erstmalige Anwendung einer Methode zur Neubewertung von Vermögenswerten nach IAS 16 *Sachanlagen* oder IAS 38 *Immaterielle Vermögenswerte* ist eine Änderung einer Rechnungslegungsmethode, die als Neubewertung im Rahmen des IAS 16 bzw. IAS 38 und nicht nach Maßgabe dieses Standards zu behandeln ist.

18. Die Paragraphen 19-31 finden auf die im Paragraphen 17 beschriebene Änderung der Rechnungslegungsmethode keine Anwendung.

Anwendung von Änderungen der Rechnungslegungsmehoden

19. Gemäß Paragraph 23

(a) hat ein Unternehmen eine Änderung der Rechnungslegungsmethoden aus der erstmaligen Anwendung eines IFRS nach den ggf. bestehenden spezifischen Übergangsvorschriften für den IFRS zu berücksichtigen; und

(b) sofern ein Unternehmen eine Rechnungslegungsmethode nach erstmaliger Anwendung eines IFRS ändert, der/die keine spezifischen Übergangsvorschriften zur entsprechenden Änderung enthält, oder aber die Rechnungslegungsmethoden freiwillig ändert, so hat es die Änderung rückwirkend anzuwenden.

20. Im Sinne dieses Standards handelt es sich bei einer früheren Anwendung eines IFRS nicht um eine freiwillige Änderung der Rechnungslegungsmethoden.

21. Bei Fehlen eines IFRS, der/die spezifisch auf eine oder sonstige Ereignisse oder Bedingungen zutrifft, kann das Management nach Paragraph 12 eine Rechnungslegungsmethode nach den jüngsten Verlautbarungen anderer Standardsetter anwenden, die ein ähnliches konzeptionelles Rahmenkonzept zur Entwicklung von Rechnungslegungsmethoden einsetzen. Falls das Unternehmen sich nach einer Änderung einer derartigen Verlautbarung dafür entscheidet, eine Rechnungslegungsmethode zu ändern, so ist diese Änderung entsprechend zu berücksichtigen und als freiwillige Änderung der Rechnungslegungsmethode auszuweisen.

Rückwirkende Anwendung

22. Wenn gemäß Paragraph 23 eine Rechnungslegungsmethoden in Übereinstimmung mit Paragraph 19(a) oder (b) rückwirkend geändert wird, hat das Unternehmen den Eröffnungsbilanzwert eines jeden Bestandteils des Eigenkapitals für die früheste dargestellte Periode sowie die sonstigen vergleichenden Beträge für jede frühere dargestellte Periode so anzupassen, als ob die neue Rechnungslegungsmethode stets angewandt worden wäre.

Einschränkungen im Hinblick auf rückwirkende Anwendung

23. Ist eine rückwirkende Anwendung nach Paragraph 19(a) oder (b) erforderlich, so ist eine Änderung der Rechnungslegungsmethoden rückwirkend anzuwenden, es sei denn, dass die Ermittlung der periodenspezifischen Effekte oder der kumulierten Auswirkung der Änderung undurchführbar ist.

24. Wenn die Ermittlung der periodenspezifischen Effekte einer Änderung der Rechnungslegungsmethoden bei vergleichbaren Informationen für eine oder mehrere ausgewiesene Perioden undurchführbar ist, so hat das Unternehmen die neue Rechnungslegungsmethode auf die Buchwerte der Vermögenswerte und Schulden zum Zeitpunkt der frühesten Periode, für die die rückwirkende Anwendung durchführbar ist – dies kann auch die Berichtsperiode sein – anzuwenden und die Eröffnungsbilanzwerte eines jeden betroffenen Eigenkapitalbestandteils für die entsprechende Periode entsprechend zu berichtigen.

25. Wenn die Ermittlung des kumulierten Effekts der Anwendung einer neuen Rechnungslegungsmethode auf alle früheren Perioden am Anfang der Berichtsperiode undurchführbar ist, so hat das Unternehmen die vergleichbaren Informationen dahingehend anzupassen, dass die neue Rechnungslegungsmethode prospektiv vom frühest möglichen Zeitpunkt an angewandt wird.

26. Wenn ein Unternehmen eine neue Rechnungslegungsmethode rückwirkend anwendet, so hat es die neue Rechnungslegungsmethode auf vergleichbare Informationen für frühere Perioden, so weit zurück, wie dies durchführbar ist, anzuwenden. Die rückwirkende Anwendung auf eine frühere Periode ist nur durchführbar, wenn die kumulierte Auswirkung auf die Beträge in sowohl der Eröffnungs- als auch der Abschlussbilanz für die entsprechende Periode ermittelt werden kann. Der Korrekturbetrag für frühere Perioden, die nicht im Abschluss dargestellt sind, wird im Eröffnungsbilanzwert jedes betroffenen Eigenkapitalbestandteils der frühesten dargestellten Periode verrechnet. Normalerweise werden die Gewinnrücklagen angepasst. Allerdings kann auch jeder andere Eigenkapitalbestandteil (beispielsweise, um einem IFRS zu entsprechen) angepasst werden. Jede andere Information, die sich auf frühere Perioden bezieht, beispielsweise Zeitreihen von Finanzkennzahlen, wird ebenfalls so weit zurück, wie dies durchführbar ist, rückwirkend angepasst.

27. Ist die rückwirkende Anwendung einer neuen Rechnungslegungsmethode für ein Unternehmen undurchführbar, weil es die kumulierte Auswirkung der Anwendung auf alle früheren Perioden nicht ermitteln kann, so hat das Unternehmen die neue Rechnungslegungsmethode in Übereinstimmung mit Paragraph 25 prospektiv ab Beginn der frühest möglichen Periode anzuwenden. Daher lässt das Unternehmen den Anteil der kumulierten Berichtigung der Vermögenswerte, Schulden und Eigenkapital vor dem entsprechenden Zeitpunkt außer Acht. Die Änderung einer Rechnungslegungsmethode ist selbst dann zulässig, wenn die prospektive Anwendung der entsprechenden Methode für keine frühere Periode durchführbar ist. Die Paragraphen 50-53 enthalten Leit-

linien dafür, wann die Anwendung einer neuen Rechnungslegungsmethode auf eine oder mehrere frühere Perioden undurchführbar ist.

Angaben

28. Wenn die erstmalige Anwendung eines IFRS Auswirkungen auf die Berichtsperiode oder irgendeine frühere Periode hat oder derartige Auswirkungen haben könnte, es sei denn, die Ermittlung des Korrekturbetrags wäre undurchführbar, oder wenn die Anwendung eventuell Auswirkungen auf künftige Perioden hätte, hat das Unternehmen Folgendes anzugeben:

(a) den Titel des IFRS;
(b) falls zutreffend, dass die Rechnungslegungsmethode in Übereinstimmung mit den Übergangsvorschriften geändert wird;
(c) die Art der Änderung der Rechnungslegungsmethoden;
(d) falls zutreffend, eine Beschreibung der Übergangsvorschriften;
(e) falls zutreffend, die Übergangsvorschriften, die eventuell eine Auswirkung auf zukünftige Perioden haben könnten;
(f) den Korrekturbetrag für die Berichtsperiode sowie, soweit durchführbar, für jede frühere dargestellte Periode:
  (i) für jeden einzelnen betroffenen Posten des Abschlusses; und
  (ii) sofern IAS 33 *Ergebnis je Aktie* auf das Unternehmen anwendbar ist, für das unverwässerte und das verwässerte Ergebnis je Aktie;
(g) den Korrekturbetrag, sofern durchführbar, im Hinblick auf Perioden vor denjenigen, die ausgewiesen werden; und
(h) sofern eine rückwirkende Anwendung nach Paragraph 19(a) oder (b) für eine bestimmte frühere Periode, oder aber für Perioden, die vor den ausgewiesenen Perioden liegen, undurchführbar ist, so sind die Umstände darzustellen, die zu jenem Zustand geführt haben, unter Angabe wie und ab wann die Änderung der Rechnungslegungsmethode angewandt wurde.

In den Abschlüssen späterer Perioden müssen diese Angaben nicht wiederholt werden.

29. Sofern eine freiwillige Änderung der Rechnungslegungsmethoden Auswirkungen auf die Berichtsperiode oder irgendeine frühere Periode hat oder derartige Auswirkungen haben könnte, es sei denn, die Ermittlung des Korrekturbetrags ist undurchführbar oder hätte eventuell Auswirkungen auf künftige Perioden, hat das Unternehmen Folgendes anzugeben:

(a) die Art der Änderung der Rechnungslegungsmethoden;
(b) die Gründe, weswegen die Anwendung der neuen Rechnungslegungsmethode zuverlässige und relevantere Informationen vermittelt;

(c) den Korrekturbetrag für die Berichtsperiode sowie, soweit durchführbar, für jede frühere dargestellte Periode:
  (i) für jeden einzelnen betroffenen Posten des Abschlusses; und
  (ii) sofern IAS 33 auf das Unternehmen anwendbar ist, für das unverwässerte und das verwässerte Ergebnis je Aktie;
(d) den Korrekturbetrag, sofern durchführbar, im Hinblick auf Perioden vor denjenigen, die ausgewiesen werden; und
(e) sofern eine rückwirkende Anwendung für eine bestimmte frühere Periode, oder aber für Perioden, die vor den ausgewiesenen Perioden liegen, undurchführbar ist, so sind die Umstände darzustellen, die zu jenem Zustand geführt haben, unter Angabe wie und ab wann die Änderung der Rechnungslegungsmethode angewandt wurde.

In den Abschlüssen späterer Perioden müssen diese Angaben nicht wiederholt werden.

30. Wenn ein Unternehmen einen neuen IFRS nicht angewandt hat, der herausgegeben wurde, aber noch nicht in Kraft getreten ist, so hat das Unternehmen folgende Angaben zu machen:

(a) diese Tatsache; und
(b) bekannte bzw. einigermaßen zuverlässig einschätzbare Informationen, die zur Beurteilung der möglichen Auswirkungen einer Anwendung des neuen IFRS auf den Abschluss des Unternehmens in der Periode der erstmaligen Anwendung relevant sind.

31. Unter Berücksichtigung des Paragraphen 30 erwägt ein Unternehmen die Angabe:

(a) des Titels des neuen IFRS;
(b) die Art der bevorstehenden Änderung/en der Rechnungslegungsmethoden;
(c) des Zeitpunkts, ab welchem die Anwendung des IFRS verlangt wird;
(d) des Zeitpunkts, ab welchem es die erstmalige Anwendung des IFRS beabsichtigt; und
(e) entweder
  (i) einer Diskussion der erwarteten Auswirkungen der erstmaligen Anwendung des IFRS auf den Abschluss des Unternehmens; oder
  (ii) wenn diese Auswirkungen unbekannt oder nicht verlässlich abzuschätzen sind, einer Erklärung mit diesem Inhalt.

ÄNDERUNGEN VON SCHÄTZUNGEN

32. Aufgrund der mit Geschäftstätigkeiten verbundenen Unsicherheiten können viele Posten in den Abschlüssen nicht präzise bewertet, sondern nur geschätzt werden. Eine Schätzung erfolgt auf der Grundlage der zuletzt verfügbaren verlässlichen Informationen. Beispielsweise können Schätzungen für folgende Sachverhalte erforderlich sein:

(a) risikobehaftete Forderungen;

(b) Überalterung von Vorräten;
(c) der beizulegende Zeitwert finanzieller Vermögenswerte oder Schulden;
(d) die Nutzungsdauer oder der erwartete Abschreibungsverlauf des künftigen wirtschaftlichen Nutzens von abschreibungsfähigen Vermögenswerten; und
(e) Gewährleistungsverpflichtungen.

33. Die Verwendung vernünftiger Schätzungen ist bei der Aufstellung von Abschlüssen unumgänglich und beeinträchtigt deren Verlässlichkeit nicht.

34. Eine Schätzung muss überarbeitet werden, wenn sich die Umstände, auf deren Grundlage die Schätzung erfolgt ist, oder als Ergebnis von neuen Informationen oder zunehmender Erfahrung ändern. Naturgemäß kann sich die Überarbeitung einer Schätzung nicht auf frühere Perioden beziehen und gilt auch nicht als Fehlerkorrektur.

35. Eine Änderung der verwendeten Bewertungsgrundlage ist eine Änderung der Rechnungslegungsmethoden und keine Änderung einer rechnungslegungsbezogenen Schätzung. Wenn es schwierig ist, eine Änderung der Rechnungslegungsmethoden von einer Änderung einer rechnungslegungsbezogenen Schätzung zu unterscheiden, gilt die entsprechende Änderung als eine Änderung einer rechnungslegungsbezogenen Schätzung.

36. Die Auswirkung der Änderung einer rechnungslegungsbezogenen Schätzung, außer es handelt sich um eine Änderung im Sinne des Paragraphen 37, ist prospektiv im Gewinn oder Verlust zu erfassen in:
(a) der Periode der Änderung, wenn die Änderung nur diese Periode betrifft; oder
(b) der Periode der Änderung und in späteren Perioden, sofern die Änderung sowohl die Berichtsperiode als auch spätere Perioden betrifft.

37. Soweit eine Änderung einer rechnungslegungsbezogenen Schätzung zu Änderungen der Vermögenswerte oder Schulden führt oder sich auf einen Eigenkapitalposten bezieht, hat die Erfassung dadurch zu erfolgen, dass der Buchwert des entsprechenden Vermögenswerts oder der Schuld oder Eigenkapitalposition in der Periode der Änderung angepasst wird.

38. Die prospektive Erfassung der Auswirkung der Änderung einer rechnungslegungsbezogenen Schätzung bedeutet, dass die Änderung auf Geschäftsvorfälle und sonstige Ereignisse und Bedingungen ab dem Zeitpunkt der Änderung der Schätzung angewandt wird. Eine Änderung einer rechnungslegungsbezogenen Schätzung kann nur den Gewinn oder Verlust der Berichtsperiode, oder aber den Gewinn oder Verlust sowohl der Berichtsperiode als auch zukünftiger Perioden betreffen. Beispielsweise betrifft die Änderung der Schätzung einer risikobehafteten Forderung nur den Gewinn oder Verlust der Berichtsperiode und wird daher in dieser erfasst. Dagegen betrifft die Änderung einer Schätzung hinsichtlich der Nutzungsdauer oder des erwarteten Abschreibungsverlaufs des künftigen wirtschaftlichen Nutzens eines abschreibungsfähigen Vermögenswerts den Abschreibungsaufwand der Berichtsperiode und jeder folgenden Periode der verbleibenden Restnutzungsdauer. In beiden Fällen werden die Erträge oder Aufwendungen in der Berichtsperiode berücksichtigt, soweit sie diese betreffen. Die mögliche Auswirkung auf zukünftige Perioden wird in diesen als Ertrag oder Aufwand erfasst.

Angaben

39. Ein Unternehmen hat die Art und den Betrag einer Änderung einer rechnungslegungsbezogenen Schätzung anzugeben, die eine Auswirkung in der Berichtsperiode hat oder von der erwartet wird, dass sie Auswirkungen in zukünftigen Perioden hat, es sei denn, dass die Angabe der Schätzung dieser Auswirkung auf zukünftige Perioden undurchführbar ist.

40. Erfolgt die Angabe des Betrags der Auswirkung auf zukünftige Perioden nicht, weil die Schätzung dieser Auswirkung undurchführbar ist, so hat das Unternehmen auf diesen Umstand hinzuweisen.

FEHLER

41. Fehler können im Hinblick auf die Erfassung, Bewertung, Darstellung oder Offenlegung von Bestandteilen eines Abschlusses entstehen. Ein Abschluss steht nicht im Einklang mit den IFRS, wenn er entweder wesentliche Fehler, oder aber absichtlich herbeigeführte unwesentliche Fehler enthält, um eine bestimmte Darstellung der Vermögens-, Finanz- oder Ertragslage oder Cashflows des Unternehmens zu erreichen. Potenzielle Fehler in der Berichtsperiode, die in der Periode entdeckt werden, sind zu korrigieren, bevor der Abschluss zur Veröffentlichung genehmigt wird. Jedoch werden wesentliche Fehler mitunter erst in einer nachfolgenden Periode entdeckt, und diese Fehler aus früheren Perioden werden in den Vergleichsinformationen im Abschluss für diese nachfolgende Periode korrigiert (s. Paragraphen 42-47).

42. Gemäß Paragraph 43 hat ein Unternehmen wesentliche Fehler aus früheren Perioden im ersten vollständigen Abschluss, der zur Veröffentlichung nach der Entdeckung der Fehler genehmigt wurde, rückwirkend zu korrigieren, indem
(a) die vergleichenden Beträge für die früher dargestellten Perioden, in denen der Fehler auftrat, angepasst werden; oder
(b) wenn der Fehler vor der frühesten dargestellten Periode aufgetreten ist, die Eröffnungssalden von Vermögenswerten, Schulden und Eigenkapital für die früheste dargestellte Periode angepasst werden.

Einschränkungen bei rückwirkender Anpassung

43. Ein Fehler aus einer früheren Periode ist

durch rückwirkende Anpassung zu korrigieren, es sei denn, die Ermittlung der periodenspezifischen Effekte oder der kumulierten Auswirkung des Fehlers ist undurchführbar.

44. Wenn die Ermittlung der periodenspezifischen Effekte eines Fehlers auf die Vergleichsinformationen für eine oder mehrere frühere dargestellte Perioden undurchführbar ist, so hat das Unternehmen die Eröffnungssalden von Vermögenswerten, Schulden und Eigenkapital für die früheste Periode anzupassen, für die eine rückwirkende Anpassung durchführbar ist (es kann sich dabei um die Berichtsperiode handeln).

45. Wenn die Ermittlung der kumulierten Auswirkung eines Fehlers auf alle früheren Perioden am Anfang der Berichtsperiode undurchführbar ist, so hat das Unternehmen die Vergleichsinformationen dahingehend anzupassen, dass der Fehler prospektiv ab dem frühest möglichen Zeitpunkt korrigiert wird.

46. Die Korrektur eines Fehlers aus einer früheren Periode ist für die Periode, in der er entdeckt wurde, ergebnisneutral zu erfassen. Jede Information, die sich auf frühere Perioden bezieht, wie beispielsweise Zeitreihen von Finanzkennzahlen, wird so weit zurück angepasst, wie dies durchführbar ist.

47. Ist die betragsmäßige Ermittlung eines Fehlers (beispielsweise bei der Fehlanwendung einer Rechnungslegungsmethode) für alle früheren Perioden undurchführbar, so hat das Unternehmen die vergleichenden Informationen nach Paragraph 45 ab dem frühest möglichen Zeitpunkt prospektiv anzupassen. Daher lässt das Unternehmen den Anteil der kumulierten Anpassung der Vermögenswerte, Schulden und Eigenkapital vor dem entsprechenden Zeitpunkt außer Acht. Die Paragraphen 50-53 vermitteln Leitlinien darüber, wann die Korrektur eines Fehlers für eine oder mehrere frühere Perioden undurchführbar ist.

48. Korrekturen von Fehlern werden getrennt von Änderungen der rechnungslegungsbezogenen Schätzungen behandelt. rechnungslegungsbezogene Schätzungen sind ihrer Natur nach Annäherungen, die überarbeitungsbedürftig sein können, sobald zusätzliche Informationen bekannt werden. Beispielsweise handelt es sich bei einem Gewinn oder Verlust als Ergebnis eines Haftungsverhältnisses nicht um die Korrektur eines Fehlers.

Angaben von Fehlern aus früheren Perioden

49. Wenn Paragraph 42 angewandt wird, hat ein Unternehmen Folgendes anzugeben:

(a) die Art des Fehlers aus einer früheren Periode;

(b) die betragsmäßige Korrektur, soweit durchführbar, für jede frühere dargestellte Periode:

  (i) für jeden einzelnen betroffenen Posten des Abschlusses; und

  (ii) sofern IAS 33 auf das Unternehmen anwendbar ist, für das unverwässerte und das verwässerte Ergebnis je Aktie;

(c) die betragsmäßige Korrektur am Anfang der frühesten dargestellten Periode; und

(d) wenn eine rückwirkende Anpassung für eine bestimmte frühere Periode nicht durchführbar ist, so sind die Umstände dazustellen, die zu diesem Zustand geführt haben, unter Angabe wie und ab wann der Fehler beseitigt wurde.

In den Abschlüssen späterer Perioden müssen diese Angaben nicht wiederholt werden.

UNDURCHFÜHRBARKEIT HINSICHTLICH RÜCKWIRKENDER ANWENDUNG UND RÜCKWIRKENDER ANPASSUNG

50. Die Anpassung von Vergleichsinformationen für eine oder mehrere frühere Perioden zur Erzielung der Vergleichbarkeit mit der Berichtsperiode kann unter bestimmten Umständen undurchführbar sein. Beispielsweise wurden die Daten in der/den früheren Perioden eventuell nicht auf eine Art und Weise erfasst, die entweder die rückwirkende Anwendung einer neuen Rechnungslegungsmethode (darunter auch, im Sinne der Paragraphen 51-53, die prospektive Anwendung auf frühere Perioden) oder eine rückwirkende Anpassung ermöglicht, um einen Fehler aus einer früheren Periode zu korrigieren; auch kann die Wiederherstellung von Informationen undurchführbar sein.

51. Oftmals ist es bei der Anwendung einer Rechnungslegungsmethode auf Bestandteile eines Abschlusses, die im Zusammenhang mit Geschäftsvorfällen und sonstigen Ereignissen oder Bedingungen erfasst bzw. anzugeben sind, erforderlich, Schätzungen zu machen. Der Schätzungsprozess ist von Natur aus subjektiv, und Schätzungen können nach dem Abschlussstichtag entwickelt werden. Die Entwicklung von Schätzungen ist potenziell schwieriger, wenn eine Rechnungslegungsmethode rückwirkend angewandt wird oder eine Anpassung rückwirkend vorgenommen wird, um einen Fehler aus einer früheren Periode zu korrigieren, weil ein eventuell längerer Zeitraum zurückliegt, seitdem der betreffende Geschäftsvorfall bzw. ein sonstiges Ereignis oder eine Bedingung eingetreten sind. Die Zielsetzung von Schätzungen im Zusammenhang mit früheren Perioden bleibt jedoch die gleiche wie für Schätzungen in der Berichtsperiode, nämlich, dass die Schätzung die Umstände widerspiegeln soll, die zurzeit des Geschäftsvorfalls oder sonstiger Ereignisse oder Bedingungen existierten.

52. Daher verlangt die rückwirkende Anwendung einer neuen Rechnungslegungsmethode oder die Korrektur eines Fehlers aus einer früheren Periode zur Unterscheidung dienliche Informationen, die

(a) einen Nachweis über die Umstände erbringen, die zu dem Zeitpunkt existierten, als der Geschäftsvorfall oder sonstige Ereignisse oder Bedingungen eintraten, und

(b) zur Verfügung gestanden hätten, als der Abschluss für jene frühere Periode zur Veröffentlichung genehmigt wurde, und sich von sonstigen Informationen unterscheiden. Für manche Arten von Schätzungen (z. B. eine Schätzung des beizulegenden Zeitwerts, die nicht auf beobachtbaren Preisen oder Leistungen basiert) ist die Unterscheidung dieser Informationsarten undurchführbar. Erfordert eine rückwirkende Anwendung oder eine rückwirkende Anpassung eine umfangreiche Schätzung, für die es unmöglich wäre, diese beiden Informationsarten voneinander zu unterscheiden, so ist die rückwirkende Anwendung der neuen Rechnungslegungsmethode bzw. die rückwirkende Korrektur des Fehlers aus einer früheren Periode undurchführbar.

53. Wird in einer früheren Periode eine neue Rechnungslegungsmethode angewandt bzw. eine betragsmäßige Korrektur vorgenommen, so ist nicht rückblickend zu verfahren; dies bezieht sich auf Annahmen hinsichtlich der Absichten des Managements in einer früheren Periode sowie auf Schätzungen der in einer früheren Periode erfassten, bewerteten oder ausgewiesenen Beträge. Wenn ein Unternehmen beispielsweise einen Fehler bei der Bewertung von finanziellen Vermögenswerten aus einer früheren Periode korrigiert, die vormals nach IAS 39 *Finanzinstrumente – Ansatz und Bewertung* als bis zur Endfälligkeit zu haltende Finanzinvestitionen klassifiziert wurden, so ändert dies nicht die Bewertungsgrundlage für die entsprechende Periode, falls das Management sich später entscheiden sollte, sie nicht bis zur Endfälligkeit zu halten. Wenn ein Unternehmen außerdem einen Fehler aus einer früheren Periode bei der Ermittlung seiner Haftung für den kumulierten Krankengeldanspruch nach IAS 19 *Leistungen an Arbeitnehmer* korrigiert, lässt es Informationen über eine ungewöhnlich heftige Grippesaison während der nächsten Periode außer Acht, die erst zur Verfügung standen, nachdem der Abschluss für die frühere Periode zur Veröffentlichung genehmigt wurde. Die Tatsache, dass zur Änderung vergleichender Informationen für frühere Perioden oftmals umfangreiche Schätzungen erforderlich sind, verhindert keine zuverlässige Anpassung bzw. Korrektur der vergleichenden Informationen.

ZEITPUNKT DES INKRAFTTRETENS

54. Dieser Standard ist erstmals in der ersten Berichtsperiode eines am 1. Januar 2005 oder danach beginnenden Geschäftsjahres anzuwenden. Eine frühere Anwendung wird empfohlen. Wenn ein Unternehmen diesen Standard für Berichtsperioden anwendet, die vor dem 1. Januar 2005 beginnen, so ist diese Tatsache anzugeben.

RÜCKNAHME ANDERER VERLAUTBARUNGEN

55. Dieser Standard ersetzt IAS 8 *Periodenergebnis, grundlegende Fehler und Änderungen der Rechnungslegungsmethoden* (überarbeitet 1993).

56. Dieser Standard ersetzt die folgenden Interpretationen:

(a) SIC-2 *Stetigkeit – Aktivierung von Fremdkapitalkosten; sowie*

(b) SIC-18 *Stetigkeit – Alternative Verfahren.*

> # INTERNATIONAL ACCOUNTING STANDARD 10
Ereignisse nach dem Abschlussstichtag

IAS 10, VO (EG) Nr. 1126/2008 i.d.F.

1 VO (EG) Nr. 1274/2008 [IAS 1]
2 VO (EG) Nr. 70/2009
3 VO (EG) Nr. 1142/2009 [IFRIC 17]

GLIEDERUNG	§§
ZIELSETZUNG	1
ANWENDUNGSBEREICH	2
DEFINITIONEN	3–7
ERFASSUNG UND BEWERTUNG	8–13
Berücksichtigungspflichtige Ereignisse nach dem Abschlussstichtag	8–9
Nicht zu berücksichtigende Ereignisse nach dem Abschlussstichtag	10–11
Dividenden	12–13
UNTERNEHMENSFORTFÜHRUNG	14–16
ANGABEN	17–22
Zeitpunkt der Genehmigung zur Veröffentlichung	17–18
Aktualisierung der Angaben über Gegebenheiten am Abschlussstichtag	19–20
Nicht zu berücksichtigende Ereignisse nach dem Abschlussstichtag	21–22
ZEITPUNKT DES INKRAFTTRETENS	23
RÜCKNAHME VON IAS (ÜBERARBEITET 1999)	24

ZIELSETZUNG

1. Zielsetzung dieses Standards ist es, Folgendes zu regeln:

(a) wann ein Unternehmen Ereignisse nach dem Abschlussstichtag in seinem Abschluss zu berücksichtigen hat; und

(b) welche Angaben ein Unternehmen über den Zeitpunkt, zu dem der Abschluss zur Veröffentlichung genehmigt wurde, und über Ereignisse nach dem Abschlussstichtag zu machen hat.

Der Standard verlangt außerdem, dass ein Unternehmen seinen Abschluss nicht auf der Grundlage der Annahme der Unternehmensfortführung aufstellt, wenn Ereignisse nach dem Abschlussstichtag anzeigen, dass die Annahme der Unternehmensfortführung unangemessen ist.

ANWENDUNGSBEREICH

2. Dieser Standard ist auf die Bilanzierung und Angabe von Ereignissen nach dem Abschlussstichtag anzuwenden.

DEFINITIONEN

3. Die folgenden Begriffe werden in diesem Standard mit der angegebenen Bedeutung verwendet:

Ereignisse nach dem Abschlussstichtag sind vorteilhafte oder nachteilige Ereignisse, die zwischen dem Abschlussstichtag und dem Tag eintreten, an dem der Abschluss zur Veröffentlichung genehmigt wird. Es wird dabei zwischen zwei Arten von Ereignissen unterschieden:

(a) Ereignisse, die weitere substanzielle Hinweise zu Gegebenheiten liefern, die bereits am Abschlussstichtag vorgelegen haben *(berücksichtigungspflichtige Ereignisse nach dem Abschlussstichtag)*; und

(b) Ereignisse, die Gegebenheiten anzeigen, die nach dem Abschlussstichtag eingetreten sind *(nicht zu berücksichtigende Ereignisse)*.

4. Verfahren für die Genehmigung zur Veröffentlichung des Abschlusses können sich je nach Managementstruktur, gesetzlichen Vorschriften und den Abläufen bei den Vorarbeiten und der Erstellung des Abschlusses voneinander unterscheiden.

5. In einigen Fällen ist ein Unternehmen verpflichtet, seinen Abschluss den Eigentümern zur Genehmigung vorzulegen, nachdem der Abschluss veröffentlicht wurde. In solchen Fällen gilt der Abschluss zum Zeitpunkt der Veröffentlichung als zur Veröffentlichung genehmigt, und nicht erst, wenn die Eigentümer den Abschluss genehmigen.

Beispiel

Das Management erstellt den Abschluss zum 31. Dezember 20X1 am 28. Februar 20X2 im Entwurf. Am 18. März 20X2 prüft das Geschäftsführungs- und/oder Aufsichtsorgan den Abschluss und genehmigt ihn zur Veröffentlichung. Das Unternehmen gibt sein Ergebnis und weitere ausgewählte finanzielle Informationen am 19. März 20X2 bekannt. Der Abschluss wird den Eigentümern und anderen Personen am 1. April 20X2 zugänglich gemacht. Der Abschluss wird auf der Jahresversammlung der Eigentümer am 15. Mai 20X2 genehmigt und dann am 17. Mai 20X2 bei einer Aufsichtsbehörde eingereicht.

Der Abschluss wird am 18. März 20X2 zur Veröffentlichung genehmigt (Tag der Genehmigung zur Veröffentlichung durch den Board).

6. In einigen Fällen ist das Unternehmen verpflichtet, den Abschluss einem Aufsichtsrat (ausschließlich aus Personen bestehend, die keine Vorstandsmitglieder sind) zur Genehmigung vorzulegen. In solchen Fällen ist der Abschluss zur Veröffentlichung genehmigt, wenn das Management die Vorlage an den Aufsichtsrat genehmigt.

Beispiel

Am 18. März 20X2 genehmigt das Management den Abschluss zur Weitergabe an den Aufsichtsrat. Der Aufsichtsrat besteht ausschließlich aus Personen, die keine Vorstandsmitglieder sind, und kann Arbeitnehmervertreter und andere externe Interessenvertreter einschließen. Der Aufsichtsrat genehmigt den Abschluss am 26. März 20X2. Der Abschluss wird den Eigentümern und anderen Personen am 1. April 20X2 zugänglich gemacht. Die Eigentümer genehmigen den Abschluss auf ihrer Jahresversammlung am 15. Mai 20X2 und der Abschluss wird dann am 17. Mai 20X2 bei einer Aufsichtsbehörde eingereicht.

Der Abschluss wird am 18. März 20X2 zur Veröffentlichung genehmigt (Tag der Genehmigung zur Vorlage an den Aufsichtsrat durch das Management).

7. Ereignisse nach dem Abschlussstichtag schließen alle Ereignisse bis zu dem Zeitpunkt ein, an dem der Abschluss zur Veröffentlichung genehmigt wird, auch wenn diese Ereignisse nach Ergebnisbekanntgabe oder der Veröffentlichung anderer ausgewählter finanzieller Informationen eintreten.

ERFASSUNG UND BEWERTUNG

Berücksichtigungspflichtige Ereignisse nach dem Abschlussstichtag

8. Ein Unternehmen hat die in seinem Abschluss erfassten Beträge anzupassen, damit berücksichtigungspflichtige Ereignisse nach dem Abschlussstichtag abgebildet werden.

9. Im Folgenden werden Beispiele von berücksichtigungspflichtigen Ereignissen nach dem Abschlussstichtag genannt, die ein Unternehmen dazu verpflichten, die im Abschluss erfassten Beträge anzupassen, oder Sachverhalte zu erfassen, die bislang nicht erfasst waren:

(a) die Beilegung eines gerichtlichen Verfahrens nach dem Abschlussstichtag, womit bestätigt wird, dass das Unternehmen eine gegenwärtige Verpflichtung am Abschlussstichtag hatte. Jede zuvor angesetzte Rückstellung in Bezug auf dieses gerichtliche Verfahren wird vom Unternehmen in Übereinstimmung mit IAS 37 *Rückstellungen, Eventualverbindlichkeiten und Eventualforderungen* angepasst oder eine neue Rückstellung wird angesetzt. Das Unternehmen gibt nicht bloß eine Eventualverbindlichkeit an, weil die Beilegung zusätzliche substanzielle Hinweise liefert, die gemäß Paragraph 16 des IAS 37 berücksichtigt werden;

(b) das Erlangen von Informationen nach dem Abschlussstichtag darüber, dass ein Vermögenswert am Abschlussstichtag wertgemindert war oder dass der Betrag eines früher erfassten Wertminderungsaufwands für diesen Vermögenswert angepasst werden muss.

Beispiel:

(i) das nach dem Abschlussstichtag eingeleitete Insolvenzverfahren eines Kunden, das im Regelfall bestätigt, dass am Abschlussstichtag ein Wertverlust einer Forderung aus Lieferungen und Leistungen vorgelegen hat und dass das Unternehmen den Buchwert der Forderung aus Lieferungen und Leistungen anzupassen hat; und

(ii) der Verkauf von Vorräten nach dem Abschlussstichtag kann den Nachweis über den Nettoveräußerungswert am Abschlussstichtag erbringen;

(c) die nach dem Abschlussstichtag erfolgte Ermittlung der Anschaffungskosten für erworbene Vermögenswerte oder der Erlöse für vor dem Abschlussstichtag verkaufte Vermögenswerte;

(d) die nach dem Abschlussstichtag erfolgte Ermittlung der Beträge für Zahlungen aus Gewinn- oder Erfolgsbeteiligungsplänen, wenn das Unternehmen am Abschlussstichtag eine gegenwärtige rechtliche oder faktische Verpflichtung hatte, solche Zahlungen aufgrund von vor diesem Zeitpunkt liegenden Ereignissen zu leisten (siehe IAS 19 *Leistungen an Arbeitnehmer*);

(e) die Entdeckung eines Betrugs oder von Fehlern, die zeigt, dass der Abschluss falsch ist.

Nicht zu berücksichtigende Ereignisse nach dem Abschlussstichtag

10. Ein Unternehmen darf die im Abschluss erfassten Beträge nicht anpassen, um nicht zu berücksichtigende Ereignisse nach dem Abschlussstichtag abzubilden.

11. Ein Beispiel für nicht zu berücksichtigende Ereignisse nach dem Abschlussstichtag ist das Sinken des Marktwerts von Finanzinvestitionen zwischen dem Abschlussstichtag und dem Tag, an dem der Abschluss zur Veröffentlichung genehmigt wird. Das Sinken des Marktwerts hängt in der Regel nicht mit der Beschaffenheit der Finanzinvestitionen am Abschlussstichtag zusammen, sondern spiegelt Umstände wider, die nachträglich eingetreten sind. Daher passt ein Unternehmen die im Abschluss für Finanzinvestitionen erfassten Beträge nicht an. Gleichermaßen aktualisiert ein Unternehmen nicht die für Finanzinvestitionen angegebenen Beträge zum Abschlussstichtag, obwohl es notwendig sein kann, zusätzliche Angaben gemäß Paragraph 21 zu machen.

Dividenden

12. Wenn ein Unternehmen nach dem Abschlussstichtag Dividenden für Inhaber von Eigenkapitalinstrumenten (wie in IAS 32 *Finanzinstrumente: Darstellung* definiert) beschließt, darf das

Unternehmen diese Dividenden zum Abschlussstichtag nicht als Schulden ansetzen.

13. Wenn Dividenden nach der Berichtsperiode, aber vor der Genehmigung zur Veröffentlichung des Abschlusses beschlossen werden, werden diese Dividenden am Abschlussstichtag nicht als Schulden angesetzt, da zu dem Zeitpunkt keine Verpflichtung dazu besteht. Diese Dividenden werden gemäß IAS 1 *Darstellung des Abschlusses* im Anhang angegeben.

UNTERNEHMENSFORTFÜHRUNG

14. Ein Unternehmen darf seinen Abschluss nicht auf der Grundlage der Annahme der Unternehmensfortführung aufstellen, wenn das Management nach dem Abschlussstichtag entweder beabsichtigt, das Unternehmen aufzulösen, den Geschäftsbetrieb einzustellen oder keine realistische Alternative mehr hat, als so zu handeln.

15. Eine Verschlechterung der Vermögens-, Finanz- und Ertragslage nach dem Abschlussstichtag kann ein Hinweis darauf sein, dass es notwendig ist, zu prüfen, ob die Aufstellung des Abschlusses unter der Annahme der Unternehmensfortführung weiterhin angemessen ist. Ist die Annahme der Unternehmensfortführung nicht länger angemessen, wirkt sich dies so entscheidend aus, dass dieser Standard eine fundamentale Änderung der Grundlage der Rechnungslegung fordert und nicht nur die Anpassung der im Rahmen der ursprünglichen Grundlage der Rechnungslegung erfassten Beträge.

16. IAS 1 spezifiziert die geforderten Angaben, wenn:
(a) der Abschluss nicht unter der Annahme der Unternehmensfortführung erstellt wird; oder
(b) dem Management wesentliche Unsicherheiten in Verbindung mit Ereignissen und Gegebenheiten bekannt sind, die erhebliche Zweifel an der Fortführbarkeit des Unternehmens aufwerfen. Die Ereignisse und Gegebenheiten, die Angaben erfordern, können nach dem Abschlussstichtag entstehen.

ANGABEN

Zeitpunkt der Genehmigung zur Veröffentlichung

17. Ein Unternehmen hat den Zeitpunkt anzugeben, an dem der Abschluss zur Veröffentlichung genehmigt wurde und wer diese Genehmigung erteilt hat. Wenn die Eigentümer des Unternehmens oder andere Personen die Möglichkeit haben, den Abschluss nach der Veröffentlichung zu ändern, hat das Unternehmen diese Tatsache anzugeben.

18. Für die Abschlussadressaten ist es wichtig zu wissen, wann der Abschluss zur Veröffentlichung genehmigt wurde, da der Abschluss keine Ereignisse nach diesem Zeitpunkt widerspiegelt.

Aktualisierung der Angaben über Gegebenheiten am Abschlussstichtag

19. Wenn ein Unternehmen Informationen über Gegebenheiten, die bereits am Abschlussstichtag vorgelegen haben, nach dem Abschlussstichtag erhält, hat es die betreffenden Angaben auf der Grundlage der neuen Informationen zu aktualisieren.

20. In einigen Fällen ist es notwendig, dass ein Unternehmen die Angaben im Abschluss aktualisiert, um die nach dem Abschlussstichtag erhaltenen Informationen widerzuspiegeln, auch wenn die Informationen nicht die Beträge betreffen, die im Abschluss erfasst sind. Ein Beispiel für die Notwendigkeit der Aktualisierung der Angaben ist ein substanzieller Hinweis nach dem Abschlussstichtag über das Vorliegen einer Eventualverbindlichkeit, die bereits am Abschlussstichtag bestanden hat. Zusätzlich zu der Betrachtung, ob sie als Rückstellung gemäß IAS 37 zu erfassen oder zu ändern ist, aktualisiert ein Unternehmen seine Angaben über die Eventualverbindlichkeit auf der Grundlage dieses substanziellen Hinweises.

Nicht zu berücksichtigende Ereignisse nach dem Abschlussstichtag

21. Sind nicht zu berücksichtigende Ereignisse nach dem Abschlussstichtag wesentlich, könnte deren unterlassene Angabe die auf der Grundlage des Abschlusses getroffenen wirtschaftlichen Entscheidungen der Adressaten beeinflussen. Demzufolge hat ein Unternehmen folgende Informationen über jede bedeutende Art von nicht zu berücksichtigenden Ereignissen nach dem Abschlussstichtag anzugeben:

(a) die Art des Ereignisses; und
(b) eine Schätzung der finanziellen Auswirkungen oder eine Aussage darüber, dass eine solche Schätzung nicht vorgenommen werden kann.

22. Im Folgenden werden Beispiele von nicht zu berücksichtigenden Ereignissen nach dem Abschlussstichtag genannt, die im Allgemeinen anzugeben sind:

(a) ein umfangreicher Unternehmenszusammenschluss nach dem Abschlussstichtag (IFRS 3 *Unternehmenszusammenschlüsse* erfordert in solchen Fällen besondere Angaben) oder die Veräußerung eines umfangreichen Tochterunternehmens;
(b) Bekanntgabe eines Plans für die Aufgabe von Geschäftsbereichen;
(c) umfangreiche Käufe von Vermögenswerten, Klassifizierung von Vermögenswerten als zur Veräußerung gehalten gemäß IFRS 5 *Zur Veräußerung gehaltene langfristige Vermögenswerte und aufgegebene Geschäftsbereiche*, andere Veräußerungen von Vermögenswerten oder Enteignungen von umfangreichen Vermögenswerten durch die öffentliche Hand;
(d) die Zerstörung einer bedeutenden Produktionsstätte durch einen Brand nach dem Abschlussstichtag;

(e) Bekanntgabe oder Beginn der Durchführung einer umfangreichen Restrukturierung (siehe IAS 37);

(f) umfangreiche Transaktionen in Bezug auf Stammaktien und potenzielle Stammaktien nach dem Abschlussstichtag (IAS 33 *Ergebnis je Aktie* verlangt von einem Unternehmen, eine Beschreibung solcher Transaktionen anzugeben mit Ausnahme der Transaktionen, die Ausgaben von Gratisaktien bzw. Bonusaktien, Aktiensplitts oder umgekehrte Aktiensplitts betreffen, welche alle gemäß IAS 33 berücksichtigt werden müssen);

(g) ungewöhnlich große Änderungen der Preise von Vermögenswerten oder der Wechselkurse nach dem Abschlussstichtag;

(h) Änderungen der Steuersätze oder Steuervorschriften, die nach dem Abschlussstichtag in Kraft treten oder angekündigt werden und wesentliche Auswirkungen auf tatsächliche und latente Steueransprüche und -schulden haben (siehe IAS 12 *Ertragsteuern*);

(i) Eingehen wesentlicher Verpflichtungen oder Eventualverbindlichkeiten, zum Beispiel durch Zusage beträchtlicher Gewährleistungen; und

(j) Beginn umfangreicher Rechtsstreitigkeiten, die ausschließlich aufgrund von Ereignissen entstehen, die nach dem Abschlussstichtag eingetreten sind.

ZEITPUNKT DES INKRAFTTRETENS

23. Dieser Standard ist erstmals in der ersten Berichtsperiode eines am 1. Januar 2005 oder danach beginnenden Geschäftsjahres anzuwenden. Eine frühere Anwendung wird empfohlen. Wenn ein Unternehmen diesen Standard für Berichtsperioden anwendet, die vor dem 1. Januar 2005 beginnen, so ist diese Tatsache anzugeben.

RÜCKNAHME VON IAS 10 (ÜBERARBEITET 1999)

24. Dieser Standard ersetzt IAS 10 *Ereignisse nach dem Abschlussstichtag* (überarbeitet 1999).

INTERNATIONAL ACCOUNTING STANDARD 11
Fertigungsaufträge

IAS 11, VO (EG) Nr. 1126/2008 i.d.F.

1 VO (EG) Nr. 1260/2008 [IAS 23]   2 VO (EG) Nr. 1274/2008 [IAS 1]

GLIEDERUNG	§§
ZIELSETZUNG	
ANWENDUNGSBEREICH	1–2
DEFINITIONEN	3–6
ZUSAMMENFASSUNG UND SEGMENTIERUNG VON FERTIGUNGSAUFTRÄGEN	7–10
AUFTRAGSERLÖSE	11–15
AUFTRAGSKOSTEN	16–21
ERFASSUNG VON AUFTRAGSERLÖSEN UND AUFTRAGSKOSTEN	22–35
ERFASSUNG ERWARTETER VERLUSTE	36–37
VERÄNDERUNGEN VON SCHÄTZUNGEN	38
ANGABEN	39–45
ZEITPUNKT DES INKRAFTTRETENS	46

ZIELSETZUNG

Dieser Standard regelt die Bilanzierung von Erträgen und Aufwendungen in Verbindung mit Fertigungsaufträgen. Auf Grund der Natur der Tätigkeit bei Fertigungsaufträgen fallen das Datum, an dem die Tätigkeit begonnen wird, und das Datum, an dem sie beendet wird, in der Regel in verschiedene Bilanzierungsperioden. Die primäre Fragestellung bei der Bilanzierung von Fertigungsaufträgen besteht daher in der Verteilung der Auftragserlöse und der Auftragskosten auf Bilanzierungsperioden, in denen die Fertigungsleistung erbracht wird. Dieser Standard verwendet die Ansatzkriterien, die im *Rahmenkonzept für die Aufstellung und Darstellung von Abschlüssen* festgelegt sind, um zu bestimmen, wann Auftragserlöse und Auftragskosten in der Gesamtergebnisrechnung als Erträge und Aufwendungen zu berücksichtigen sind. Er gibt außerdem praktische Anleitungen zur Anwendung dieser Voraussetzungen.

ANWENDUNGSBEREICH

1. Dieser Standard ist auf die Bilanzierung von Fertigungsaufträgen bei Auftragnehmern anzuwenden.

2. Dieser Standard ersetzt den 1978 genehmigten IAS 11 *Bilanzierung von Fertigungsaufträgen*.

DEFINITIONEN

3. Die folgenden Begriffe werden in diesem Standard mit der angegebenen Bedeutung verwendet:

Ein *Fertigungsauftrag* ist ein Vertrag über die kundenspezifische Fertigung einzelner Gegenstände oder einer Anzahl von Gegenständen, die hinsichtlich Design, Technologie und Funktion oder hinsichtlich ihrer endgültigen Verwendung aufeinander abgestimmt oder voneinander abhängig sind.

Ein *Festpreisvertrag* ist ein Fertigungsauftrag, für den der Auftragnehmer einen festen Preis bzw. einen festgelegten Preis pro Outputeinheit vereinbart, wobei diese an eine Preisgleitklausel gekoppelt sein können.

Ein *Kostenzuschlagsvertrag* ist ein Fertigungsauftrag, bei dem der Auftragnehmer abrechenbare oder anderweitig festgelegte Kosten zuzüglich eines vereinbarten Prozentsatzes dieser Kosten oder ein festes Entgelt vergütet bekommt.

4. Ein Fertigungsauftrag kann für die Fertigung eines einzelnen Gegenstands, beispielsweise einer Brücke, eines Gebäudes, eines Dammes, einer Pipeline, einer Straße, eines Schiffes oder eines Tunnels, geschlossen werden. Ein Fertigungsauftrag kann sich auch auf die Fertigung von einer Anzahl von Vermögenswerten beziehen, die hinsichtlich Design, Technologie und Funktion oder hinsichtlich ihrer Verwendung aufeinander abgestimmt oder voneinander abhängig sind; Beispiele für solche Verträge sind diejenigen über den Bau von Raffinerien oder anderen komplexen Anlagen oder Ausrüstungen.

5. Im Sinne dieses Standards umfassen die Fertigungsaufträge:

a) Verträge über die Erbringung von Dienstleistungen, die direkt im Zusammenhang mit der Fertigung eines Vermögenswertes stehen, beispielsweise Dienstleistungen von Projektleitern und Architekten; und

b) Verträge über den Abriss oder die Restaurierung von Vermögenswerten sowie die Wiederherstellung der Umwelt nach dem Abriss der Vermögenswerte.

6. Fertigungsaufträge werden auf mehrere Arten formuliert, die im Sinne dieses Standards in Festpreisverträge und Kostenzuschlagsverträge eingeteilt werden. Manche Fertigungsaufträge können sowohl Merkmale von Festpreisverträgen als auch von Kostenzuschlagsverträgen aufweisen, beispielsweise im Fall eines Kostenzuschlagsvertrags mit einem vereinbarten Höchstpreis. Unter solchen Umständen hat der Auftragnehmer alle Bedingungen aus den Paragraphen 23 und 24 zu beachten, um zu bestimmen, wann Auftragserlöse und Auftragsaufwendungen zu erfassen sind.

ZUSAMMENFASSUNG UND SEGMENTIERUNG VON FERTIGUNGSAUFTRÄGEN

7. Die Anforderungen aus diesem Standard sind in der Regel einzeln auf jeden Fertigungsauftrag anzuwenden. Unter bestimmten Voraussetzungen ist es jedoch erforderlich, den Standard auf die einzeln abgrenzbaren Teile eines einzelnen Vertrags oder einer Gruppe von Verträgen anzuwenden, um den wirtschaftlichen Gehalt eines Vertrags oder einer Gruppe von Verträgen zu bestimmen.

8. Umfasst ein Vertrag mehrere Vermögenswerte, so ist jede Fertigung als eigener Fertigungsauftrag zu behandeln, wenn

(a) getrennte Angebote für jeden Vermögenswert unterbreitet wurden;

(b) über jeden Vermögenswert separat verhandelt wurde und der Auftragnehmer sowie der Kunde die Vertragsbestandteile, die jeden einzelnen Vermögenswert betreffen, separat akzeptieren oder ablehnen konnten; und

(c) Kosten und Erlöse jedes einzelnen Vermögenswerts getrennt ermittelt werden können.

9. Eine Gruppe von Verträgen mit einem einzelnen oder mehreren Kunden ist als ein einziger Fertigungsauftrag zu behandeln, wenn

(a) die Gruppe von Verträgen als ein einziges Paket verhandelt wird;

(b) die Verträge so eng miteinander verbunden sind, dass sie im Grunde Teil eines einzelnen Projekts mit einer Gesamtgewinnmarge sind; und

(c) die Verträge gleichzeitig oder unmittelbar aufeinander folgend abgearbeitet werden.

10. Ein Vertrag kann einen Folgeauftrag auf Wunsch des Kunden zum Gegenstand haben oder kann um einen Folgeauftrag ergänzt werden. Der Folgeauftrag ist als separater Fertigungsauftrag zu behandeln, wenn

(a) er sich hinsichtlich Design, Technologie oder Funktion wesentlich von dem ursprünglichen Vertrag unterscheidet; oder

(b) die Preisverhandlungen für den Vertrag losgelöst von den ursprünglichen Verhandlungen geführt werden.

AUFTRAGSERLÖSE

11. Die Auftragserlöse umfassen:

(a) den ursprünglich im Vertrag vereinbarten Erlös; und

(b) Zahlungen für Abweichungen im Gesamtwerk, Ansprüche und Anreize,

(i) sofern es wahrscheinlich ist, dass sie zu Erlösen führen; und

(ii) soweit sie verlässlich ermittelt werden können.

12. Die Auftragserlöse werden zum beizulegenden Zeitwert des erhaltenen oder ausstehenden Entgelts bewertet. Diese Bewertung wird von einer Reihe von Ungewissheiten beeinflusst, die vom Ausgang zukünftiger Ereignisse abhängen. Häufig müssen die Schätzungen bei Eintreten von Ereignissen und der Klärung der Unsicherheiten angepasst werden. Daher kann es von einer Periode zur nächsten zu einer Erhöhung oder Minderung der Auftragserlöse kommen. Zum Beispiel:

(a) Auftragnehmer und Kunde können Abweichungen oder Ansprüche vereinbaren, durch die die Auftragserlöse in einer späteren Periode als der Periode der ursprünglichen Preisvereinbarung erhöht oder gemindert werden;

(b) der in einem Festpreisauftrag vereinbarte Erlös kann sich aufgrund von Preisgleitklauseln erhöhen;

(c) der Betrag der Auftragserlöse kann durch Vertragsstrafen bei Verzug bei der Vertragserfüllung seitens des Auftragnehmers gemindert werden; oder

(d) die Auftragserlöse erhöhen sich im Falle eines Festpreisauftragspreises pro Outputeinheit, wenn die Anzahl dieser Einheiten steigt.

13. Eine Abweichung ist eine Anweisung des Kunden zu einer Änderung des vertraglich zu erbringenden Leistungsumfangs. Eine Abweichung kann zu einer Erhöhung oder Minderung der Auftragserlöse führen. Beispiele für Abweichungen sind Änderungen an der Spezifikation oder dem Design des Vermögenswerts sowie Änderungen der Vertragsdauer. Ein Anspruch auf eine Abweichungszahlung ist in den Auftragserlösen enthalten, wenn

(a) es wahrscheinlich ist, dass der Kunde die Abweichung sowie den daraus resultierenden Erlös akzeptiert; und

(b) wenn dieser Erlös verlässlich ermittelt werden kann.

14. Ein Anspruch ist ein Betrag, den der Auftragnehmer dem Kunden oder einer anderen Partei als Vergütung für Kosten in Rechnung stellt, die nicht im Vertragspreis enthalten sind. Ein Anspruch kann beispielsweise aus einer vom Kunden verursachten Verzögerung, Fehlern in Spezifikation oder Design oder aus strittige Abweichungen vom Vertrag erwachsen. Die Bestimmung der Erlöse aus den Ansprüchen ist mit einem hohen Maß an Unsicherheit behaftet und häufig vom Ergebnis von Verhandlungen abhängig. Daher sind Ansprüche in den Auftragserlösen nur dann enthalten, wenn

(a) die Verhandlungen so weit fortgeschritten sind, dass der Kunde den Anspruch wahrscheinlich akzeptieren wird; und
(b) der Betrag, der wahrscheinlich vom Kunden akzeptiert wird, verlässlich bewertet werden kann.

15. Anreize sind Beträge, die zusätzlich an den Auftragnehmer gezahlt werden, wenn bestimmte Leistungsanforderungen erreicht oder überschritten werden. Beispielsweise kann ein Vertrag einen Anreiz für vorzeitige Erfüllung vorsehen. Die Anreize sind als Teil der Auftragserlöse zu berücksichtigen, wenn
(a) das Projekt so weit fortgeschritten ist, dass die Erreichung oder Überschreitung der Leistungsanforderungen wahrscheinlich ist; und
(b) der Betrag des Anreizes verlässlich bewertet werden kann.

AUFTRAGSKOSTEN

16. Die Auftragskosten umfassen:
(a) die direkt mit dem Vertrag verbundenen Kosten;
(b) alle allgemein dem Vertrag zurechenbaren Kosten; und
(c) sonstige Kosten, die dem Kunden vertragsgemäß gesondert in Rechnung gestellt werden können.

17. Die direkt mit dem Vertrag verbundenen Kosten umfassen:
(a) Fertigungslöhne einschließlich der Löhne bzw. Gehälter für die Auftragsüberwachung;
(b) Kosten für Fertigungsmaterial;
(c) planmäßige Abschreibungen der für die Vertragsleistung eingesetzten Maschinen und Anlagen;
(d) Kosten für den Transport von Maschinen, Anlagen und Material zum und vom Erfüllungsort;
(e) Kosten aus der Anmietung von Maschinen und Anlagen;
(f) Kosten für die Ausgestaltung und die technische Unterstützung, die mit dem Projekt direkt zusammenhängen;
(g) die geschätzten Kosten für Nachbesserung und Garantieleistungen einschließlich erwartete Gewährleistungskosten; und
(h) Ansprüche Dritter.

Diese Kosten können durch zusätzliche Erträge reduziert werden, die nicht in den Auftragserlösen enthalten sind, wie Verkaufserträge von überschüssigem Material oder von nicht mehr benötigten Anlagen nach Beendigung des Projekts.

18. Die allgemein den spezifischen Verträgen zurechenbaren Kosten umfassen:
(a) Versicherungen;
(b) Kosten für die Ausgestaltung und die technische Unterstützung, die nicht direkt in Zusammenhang mit dem Auftrag stehen; und

(c) Fertigungsgemeinkosten.
Diese Kosten werden mittels planmäßiger und sachgerechter Methoden zugerechnet, welche einheitlich und stetig auf alle Kosten mit ähnlichen Merkmalen angewandt werden. Die Zurechnung erfolgt auf der Basis einer normalen Kapazitätsauslastung. Zu den Fertigungsgemeinkosten zählen beispielsweise auch Kosten für die Lohnabrechnung der Beschäftigten im Fertigungsbereich. Zu den Kosten, die allgemein zur Vertragserfüllung gehören und einzelnen Verträgen zugeordnet werden können, zählen auch Fremdkapitalkosten.

19. Kosten, die dem Kunden vertragsgemäß gesondert in Rechnung gestellt werden können, können Kosten für die allgemeine Verwaltung sowie Entwicklungskosten umfassen, wenn ihre Erstattung in den Vertragsbedingungen vereinbart ist.

20. Kosten, die einzelnen Aufträgen nicht zugeordnet werden können, dürfen nicht als Kosten des Fertigungsauftrags berücksichtigt werden. Dazu gehören:
(a) Kosten der allgemeinen Verwaltung, sofern für sie keine Erstattung im Vertrag vereinbart wurde;
(b) Vertriebskosten;
(c) Forschungs- und Entwicklungskosten, sofern für sie keine Erstattung im Vertrag vereinbart wurde; und
(d) planmäßige Abschreibungen auf ungenutzte Anlagen und Maschinen, die nicht für die Abwicklung eines bestimmten Auftrags verwendet werden.

21. Die Auftragskosten umfassen alle dem Vertrag zurechenbaren Kosten ab dem Tag der Auftragserlangung bis zur Erfüllung des Vertrags. Kosten, die zur Erlangung eines konkreten Auftrags erforderlich sind, gehören ebenfalls zu den Auftragskosten, wenn sie einzeln identifiziert und verlässlich bewertet werden können und es wahrscheinlich ist, dass der Auftrag erhalten wird. Werden Kosten, die zur Erlangung eines Auftrags entstanden sind, in der Periode ihres Anfallens als Aufwand erfasst, so sind sie nicht den Auftragskosten zuzuordnen, wenn der Auftrag in einer späteren Periode eingeht.

ERFASSUNG VON AUFTRAGSERLÖSEN UND AUFTRAGSKOSTEN

22. Ist das Ergebnis eines Fertigungsauftrags verlässlich zu schätzen, so sind die Auftragserlöse und Auftragskosten in Verbindung mit diesem Fertigungsauftrag entsprechend dem Leistungsfortschritt am Abschlussstichtag jeweils als Erträge und Aufwendungen zu erfassen. Ein erwarteter Verlust durch den Fertigungsauftrag ist gemäß Paragraph 36 sofort als Aufwand zu erfassen.

23. Im Falle eines Festpreisvertrags kann das Ergebnis eines Fertigungsauftrages verlässlich geschätzt werden, wenn alle folgenden Kriterien erfüllt sind:
(a) die gesamten Auftragserlöse können verlässlich bewertet werden;

(b) es ist wahrscheinlich, dass der wirtschaftliche Nutzen aus dem Vertrag dem Unternehmen zufließt;

(c) sowohl die bis zur Fertigstellung des Auftrags noch anfallenden Kosten als auch der Grad der erreichten Fertigstellung können am Abschlussstichtag verlässlich bewertet werden; und

(d) die Auftragskosten können eindeutig bestimmt und verlässlich bewertet werden, so dass die bislang entstandenen Auftragskosten mit früheren Schätzungen verglichen werden können.

24. Im Falle eines Kostenzuschlagsvertrags kann das Ergebnis eines Fertigungsauftrags verlässlich geschätzt werden, wenn alle folgenden Kriterien erfüllt sind:

(a) es ist wahrscheinlich, dass der wirtschaftliche Nutzen aus dem Vertrag dem Unternehmen zufließt; und

(b) die dem Vertrag zurechenbaren Auftragskosten können eindeutig bestimmt und verlässlich bewertet werden, unabhängig davon, ob sie gesondert abrechenbar sind.

25. Die Erfassung von Erträgen und Aufwendungen gemäß dem Leistungsfortschritt wird häufig als Methode der Gewinnrealisierung nach dem Fertigstellungsgrad bezeichnet. Gemäß dieser Methode werden die entsprechend dem Fertigstellungsgrad angefallenen Auftragskosten den Auftragserlösen zugeordnet. Hieraus ergibt sich eine Erfassung von Erträgen, Aufwendungen und Ergebnis entsprechend dem Leistungsfortschritt. Diese Methode liefert nützliche Informationen zum Stand der Vertragsarbeit sowie zur Leistung während einer Periode.

26. Gemäß der Methode der Gewinnrealisierung nach dem Fertigstellungsgrad werden die Auftragserlöse in der im Gewinn oder Verlust in den Bilanzierungsperioden, in denen die Leistung erbracht wird, als Ertrag erfasst. Auftragskosten werden in der Gesamtergebnisrechnung im Regelfall in der Periode als Aufwand erfasst, in der die dazugehörige Leistung erbracht wird. Doch jeder erwartete Überschuss der gesamten Auftragskosten über die gesamten Auftragserlöse für den Auftrag wird gemäß Paragraph 36 sofort als Aufwand erfasst.

27. Einem Auftragnehmer können Auftragskosten entstehen, die mit einer zukünftigen Tätigkeit im Rahmen des Vertrags verbunden sind. Derartige Auftragskosten werden als Vermögenswert erfasst, wenn sie wahrscheinlich abrechenbar sind. Diese Kosten stellen einen vom Kunden geschuldeten Betrag dar und werden häufig als unfertige Leistungen bezeichnet.

28. Das Ergebnis eines Fertigungsauftrags kann nur dann verlässlich geschätzt werden, wenn die wirtschaftlichen Vorteile aus dem Vertrag dem Unternehmen wahrscheinlich zufließen. Entsteht jedoch eine Unsicherheit hinsichtlich der Möglichkeit, den Betrag zu berechnen, der bereits in den Auftragserlösen enthalten und bereits in der Gesamtergebnisrechnung erfasst ist, wird der nicht einbringbare Betrag oder der Betrag, für den eine Bezahlung nicht mehr wahrscheinlich ist, als Aufwand und nicht als Berichtigung der Auftragserlöse erfasst.

29. Ein Unternehmen kann im Allgemeinen verlässliche Schätzungen vornehmen, wenn es einen Auftrag abgeschlossen hat, der

(a) jeder Auftragspartei durchsetzbare Rechte und Pflichten bezüglich der zu erbringenden Leistung einräumt;

(b) die gegenseitigen Leistungen; und

(c) die Abwicklungs- und Erfüllungsmodalitäten festlegt.

Darüber hinaus ist es in der Regel erforderlich, dass das Unternehmen über ein wirksames internes Budgetierungsund Berichtssystem verfügt. Das Unternehmen überprüft und überarbeitet erforderlichenfalls mit Fortschreiten der Leistungserfüllung die Schätzungen der Auftragserlöse und der Auftragskosten. Die Notwendigkeit derartiger Korrekturen ist nicht unbedingt ein Hinweis darauf, dass das Ergebnis des Auftrags nicht verlässlich geschätzt werden kann.

30. Der Fertigstellungsgrad eines Auftrags kann mittels verschiedener Verfahren bestimmt werden. Das Unternehmen setzt die Methode ein, mit der die erbrachte Leistung verlässlich bewertet wird. Je nach Auftragsart umfassen diese Methoden

(a) das Verhältnis der bis zum Stichtag angefallenen Auftragskosten zu den am Stichtag geschätzten gesamten Auftragskosten;

(b) eine Begutachtung der erbrachten Leistung; oder

(c) die Vollendung eines physischen Teils des Auftragswerks.

Vom Kunden erhaltene Abschlagszahlungen und Anzahlungen spiegeln die erbrachte Leistung häufig nicht wider.

31. Wird der Leistungsfortschritt entsprechend den angefallenen Auftragskosten bestimmt, sind nur diejenigen Auftragskosten, die die erbrachte Leistung widerspiegeln, in diesen Kosten zu berücksichtigen. Beispiele für hier nicht zu berücksichtigende Kosten sind:

(a) Kosten für zukünftige Tätigkeiten in Verbindung mit dem Auftrag, beispielsweise Kosten für Materialien, die zwar an den Erfüllungsort geliefert oder dort zum Gebrauch gelagert, jedoch noch nicht installiert, gebraucht oder verwertet worden sind, mit Ausnahme von Materialien, die speziell für diesen Auftrag angefertigt wurden; und

(b) Vorauszahlungen an Subunternehmen für zu erbringende Leistungen im Rahmen des Unterauftrags.

32. Sofern das Ergebnis eines Fertigungsauftrags nicht verlässlich geschätzt werden kann,

(a) ist der Erlös nur in Höhe der angefallenen Auftragskosten zu erfassen, die wahrscheinlich einbringbar sind; und
(b) sind die Auftragskosten in der Periode, in der sie anfallen, als Aufwand zu erfassen.

Ein erwarteter Verlust durch den Fertigungsauftrag ist gemäß Paragraph 36 sofort als Aufwand zu erfassen.

33. In den frühen Phasen eines Auftrags kann sein Ergebnis häufig nicht verlässlich geschätzt werden. Dennoch kann es wahrscheinlich sein, dass das Unternehmen die angefallenen Auftragskosten decken wird. Daher werden die Auftragserlöse nur soweit erfasst, wie die angefallenen Kosten erwartungsgemäß gedeckt werden können. Da das Ergebnis des Auftrags nicht verlässlich geschätzt werden kann, wird kein Gewinn erfasst. Doch obwohl das Ergebnis des Auftrags nicht verlässlich zu schätzen ist, kann es wahrscheinlich sein, dass die gesamten Auftragskosten die gesamten Auftragserlöse übersteigen werden. In solchen Fällen wird dieser erwartete Differenzbetrag zwischen den gesamten Auftragskosten und dem gesamten Auftragserlös gemäß Paragraph 36 sofort als Aufwand erfasst.

34. Auftragskosten, die wahrscheinlich nicht gedeckt werden, werden sofort als Aufwand erfasst. Beispiele für solche Fälle, in denen die Einbringbarkeit angefallener Auftragskosten nicht wahrscheinlich ist und diese eventuell sofort als Aufwand zu erfassen sind, umfassen Aufträge,
(a) die nicht in vollem Umfang durchsetzbar sind, d. h. Aufträge mit sehr zweifelhafter Gültigkeit;
(b) deren Fertigstellung vom Ergebnis eines schwebenden Prozesses oder eines laufenden Gesetzgebungsverfahrens abhängig ist;
(c) die in Verbindung mit Vermögenswerten stehen, die wahrscheinlich beschlagnahmt oder enteignet werden;
(d) bei denen der Kunde seine Verpflichtungen nicht erfüllen kann; oder
(e) bei denen der Auftragnehmer nicht in der Lage ist, den Auftrag fertig zu stellen oder seine Auftragsverpflichtungen anderweitig zu erfüllen.

35. Wenn die Unsicherheiten, die eine verlässliche Schätzung des Ergebnisses des Auftrages behindern, nicht länger bestehen, sind die zum Fertigungsauftrag gehörigen Erträge und Aufwendungen gemäß Paragraph 22 statt gemäß Paragraph 32 zu erfassen.

ERFASSUNG ERWARTETER VERLUSTE

36. Ist es wahrscheinlich, dass die gesamten Auftragskosten die gesamten Auftragserlöse übersteigen werden, sind die erwarteten Verluste sofort als Aufwand zu erfassen.

37. Die Höhe eines solchen Verlusts wird unabhängig von den folgenden Punkten bestimmt:
(a) ob mit der Auftragsarbeit bereits begonnen wurde;

(b) vom Fertigstellungsgrad der Auftragserfüllung; oder
(c) vom erwarteten Gewinnbetrag aus anderen Aufträgen, die gemäß Paragraph 9 nicht als einzelner Fertigungsauftrag behandelt werden.

VERÄNDERUNGEN VON SCHÄTZUNGEN

38. Die Methode der Gewinnrealisierung nach dem Fertigstellungsgrad wird auf kumulierter Basis in jeder Bilanzierungsperiode auf die laufenden Schätzungen von Auftragserlösen und Auftragskosten angewandt. Daher wird der Effekt einer veränderten Schätzung der Auftragserlöse oder Auftragskosten oder der Effekt einer veränderten Schätzung des Ergebnisses aus einem Auftrag als Änderung einer Schätzung behandelt (siehe IAS 8 *Rechnungslegungsmethoden, Änderungen von rechnungslegungsbezogenen Schätzungen und Fehler*). Die veränderten Schätzungen gehen in die Berechnung des Betrags für Erträge und Aufwendungen in der Gesamtergebnisrechnung der Periode, in der die Änderung vorgenommen wurde, sowie der nachfolgenden Perioden ein.

ANGABEN

39. Folgende Angaben sind erforderlich:
(a) die in der Periode erfassten Auftragserlöse;
(b) die Methoden zur Ermittlung der in der Periode erfassten Auftragserlöse; und
(c) die Methoden zur Ermittlung des Fertigstellungsgrads laufender Projekte.

40. Ein Unternehmen hat jede der folgenden Angaben für am Abschlussstichtag laufende Projekte zu machen:
(a) die Summe der angefallenen Kosten und ausgewiesenen Gewinne (abzüglich etwaiger ausgewiesener Verluste);
(b) den Betrag erhaltener Anzahlungen; und
(c) den Betrag von Einbehalten.

41. Einbehalte sind Beträge für Teilabrechnungen, die erst bei Erfüllung von im Auftrag festgelegten Bedingungen oder bei erfolgter Fehlerbehebung bezahlt werden. Teilabrechnungen sind für eine auftragsgemäß erbrachte Leistung in Rechnung gestellte Beträge, unabhängig davon, ob sie vom Kunden bezahlt wurden oder nicht. Anzahlungen sind Beträge, die beim Auftragnehmer eingehen, bevor die dazugehörige Leistung erbracht ist.

42. Ein Unternehmen hat Folgendes anzugeben:
(a) Fertigungsaufträge mit aktivischem Saldo gegenüber Kunden als Vermögenswert; und
(b) Fertigungsaufträge mit passivischem Saldo gegenüber Kunden als Schulden.

43. Fertigungsaufträge mit aktivischem Saldo gegenüber Kunden setzen sich aus den Nettobeträgen
(a) der angefallenen Kosten plus ausgewiesenen Gewinnen; abzüglich

(b) der Summe der ausgewiesenen Verluste und der Teilabrechnungen

für alle laufenden Aufträge zusammen, für die die angefallenen Kosten plus der ausgewiesenen Gewinne (abzüglich der ausgewiesenen Verluste) die Teilabrechnungen übersteigen.

44. Fertigungsaufträge mit passivischem Saldo gegenüber Kunden setzen sich aus den Nettobeträgen

(a) der angefallenen Kosten plus ausgewiesenen Gewinnen; abzüglich

(b) der Summe der ausgewiesenen Verluste und der Teilabrechnungen

für alle laufenden Aufträge zusammen, bei denen die Teilabrechnungen die angefallenen Kosten plus die ausgewiesenen Gewinne (abzüglich der ausgewiesenen Verluste) übersteigen.

45. Ein Unternehmen gibt alle Eventualverbindlichkeiten und Eventualforderungen gemäß IAS 37 *Rückstellungen, Eventualverbindlichkeiten und Eventualforderungen* an. Diese können beispielsweise aus Gewährleistungskosten, Ansprüchen, Vertragsstrafen oder möglichen Verlusten erwachsen.

ZEITPUNKT DES INKRAFTTRETENS

46. Dieser Standard ist erstmals in der ersten Berichtsperiode eines am 1. Januar 1995 oder danach beginnenden Geschäftsjahres anzuwenden.

2/7. IAS 12

INTERNATIONAL ACCOUNTING STANDARD 12
Ertragsteuern

IAS 12

IAS 12, VO (EG) Nr. 1126/2008 i.d.F.

1 VO (EG) Nr. 1274/2008 [IAS 1]   2 VO (EG) Nr. 495/2009 [IFRS 3]

GLIEDERUNG	§§
ZIELSETZUNG	
ANWENDUNGSBEREICH	1–4
DEFINITIONEN	5–11
Steuerliche Basis	7–11
BILANZIERUNG TATSÄCHLICHER STEUERSCHULDEN UND STEUER-ERSTATTUNGSANSPRÜCHE	12–14
BILANZIERUNG LATENTER STEUERSCHULDEN UND LATENTER STEUER-ANSPRÜCHEN ZU VERSTEUERNDE TEMPORÄRE DIFFERENZEN	15–45
Unternehmenszusammenschlüsse	19
Vermögenswerte, die zum beizulegenden Zeitwert angesetzt werden	20
Geschäfts- oder Firmenwert	21–21B
Erstmaliger Ansatz eines Vermögenswerts oder einer Schuld	22–23
Abzugsfähige temporäre Differenzen	24–31
Geschäfts- oder Firmenwert	32A
Erstmaliger Ansatz eines Vermögenswerts oder einer Schuld	33
Noch nicht genutzte steuerliche Verluste und noch nicht genutzte Steuergutschriften	34–36
Erneute Beurteilung von nicht angesetzten latenten Steueransprüchen	37
Anteile an Tochterunternehmen, Zweigniederlassungen und assoziierten Unternehmen sowie Anteile an Gemeinschaftsunternehmen	38–45
BEWERTUNG	46–56
ANSATZ TATSÄCHLICHER UND LATENTER STEUERN	57–68C
Erfassung im Gewinn oder Verlust	58–60
Posten, die außerhalb des Gewinns oder Verlusts erfasst werden	61A–65A
Latente Steuern als Folge eines Unternehmenszusammenschlusses	66–68
Tatsächliche und latente Steuern aus anteilsbasierten Vergütungen	68A–68C
DARSTELLUNG	69–78
Steueransprüche und Steuerschulden	69–76
Saldierung	71–76
Steueraufwand	77–78
Der gewöhnlichen Tätigkeit zuzurechnender Steueraufwand (Steuerertrag)	77 77A
Währungsdifferenzen aus latenten Auslandssteuerschulden oder -ansprüchen	78
ANGABEN	79–88
ZEITPUNKT DES INKRAFTTRETENS	89–95

ZIELSETZUNG

Die Zielsetzung dieses Standards ist die Regelung der Bilanzierung von Ertragsteuern. Die grundsätzliche Fragestellung bei der Bilanzierung von Ertragsteuern ist die Behandlung gegenwärtiger und künftiger steuerlicher Konsequenzen aus:

(a) der künftigen Realisierung (Erfüllung) des Buchwerts von Vermögenswerten (Schulden), welche in der Bilanz eines Unternehmens angesetzt sind; und

(b) Geschäftsvorfällen und anderen Ereignissen der Berichtsperiode, die im Abschluss eines Unternehmens erfasst sind.

Es ist dem Ansatz eines Vermögenswerts oder einer Schuld inhärent, dass das berichtende Unternehmen erwartet, den Buchwert dieses Vermögenswerts zu realisieren, bzw. diese Schuld zum Buchwert zu erfüllen. Falls es wahrscheinlich ist, dass die Realisierung oder die Erfüllung dieses Buchwerts zukünftige Steuerzahlungen erhöht (verringert), als dies der Fall wäre, wenn eine solche Realisierung oder eine solche Erfüllung keine steuerlichen Konsequenzen hätte, dann verlangt dieser Standard von einem Unternehmen, von bestimmten limitierten Ausnahmen abgesehen, die Bilanzierung einer latenten Steuerschuld (eines latenten Steueranspruchs).

Dieser Standard verlangt von einem Unternehmen die Bilanzierung der steuerlichen Konsequenzen von Geschäftsvorfällen und anderen Ereignissen grundsätzlich auf die gleiche Weise wie die Behandlung der Geschäftsvorfälle und anderen Ereignisse selbst. Demzufolge werden für Geschäftsvorfälle und andere Ereignisse, die im Gewinn oder Verlust erfasst werden, alle damit verbundenen steuerlichen Auswirkungen ebenfalls im Gewinn oder Verlust erfasst. Für direkt im Eigenkapital erfasste Geschäftsvorfälle und andere Ereignisse werden alle damit verbundenen steuerlichen Auswirkungen ebenfalls direkt im Eigenkapital erfasst. Gleichermaßen beeinflusst der Ansatz latenter Steueransprüche und latenter Steuerschulden aus einem Unternehmenszusammenschluss den Betrag des aus diesem Unternehmenszusammenschluss entstandenen Geschäfts- oder Firmenwerts oder den Betrag des aus dem Erwerb zu einem Preis unter dem Marktwert erfassten Gewinnes.

Dieser Standard befasst sich ebenfalls mit dem Ansatz latenter Steueransprüche als Folge bislang ungenutzter steuerlicher Verluste oder noch nicht genutzter Steuergutschriften, der Darstellung von Ertragsteuern im Abschluss und den Angabepflichten von Informationen zu den Ertragsteuern.

ANWENDUNGSBEREICH

1. Dieser Standard ist bei der Bilanzierung von Ertragsteuern anzuwenden.

2. Für die Zwecke dieses Standards umfassen Ertragsteuern alle in- und ausländischen Steuern auf Grundlage des zu versteuernden Ergebnisses. Zu den Ertragsteuern gehören auch Steuern wie Quellensteuern, welche von einem Tochterunternehmen, einem assoziierten Unternehmen oder einem Gemeinschaftsunternehmen aufgrund von Ausschüttungen an das berichtende Unternehmen geschuldet werden.

3. Für Geschäftsvorfälle und andere Ereignisse, die außerhalb des Gewinns oder Verlusts (entweder im sonstigen Ergebnis oder direkt im Eigenkapital) erfasst werden, werden alle damit verbundenen steuerlichen Auswirkungen ebenfalls außerhalb des Gewinns oder Verlusts (entweder im sonstigen Ergebnis oder direkt im Eigenkapital) erfasst.

4. Dieser Standard befasst sich nicht mit den Methoden der Bilanzierung von Zuwendungen der öffentlichen Hand (siehe IAS 20 *Bilanzierung und Darstellung von Zuwendungen der öffentlichen Hand*) oder von investitionsabhängigen Steuergutschriften. Dieser Standard befasst sich jedoch mit der Bilanzierung temporärer Unterschiede, die aus solchen öffentlichen Zuwendungen oder investitionsabhängigen Steuergutschriften resultieren können.

DEFINITIONEN

5. Die folgenden Begriffe werden in diesem Standard mit der angegebenen Bedeutung verwendet:

Der *bilanzielle Gewinn oder Verlust vor Steuern* ist der Gewinn oder Verlust vor Abzug des Steueraufwands.

Das *zu versteuernde Ergebnis (der steuerliche Verlust)* ist der nach den steuerlichen Vorschriften ermittelte Gewinn oder Verlust der Periode, aufgrund dessen die Ertragsteuern zahlbar (erstattungsfähig) sind.

Der *Steueraufwand (Steuerertrag)* ist die Summe des Betrags aus tatsächlichen Steuern und latenten Steuern, die in die Ermittlung des Gewinns oder Verlusts der Periode eingeht.

Die *tatsächlichen Ertragsteuern* sind der Betrag der geschuldeten (erstattungsfähigen) Ertragsteuern, der aus dem zu versteuernden Einkommen (steuerlichen Verlust) der Periode resultiert.

Die *latenten Steuerschulden* sind die Beträge an Ertragsteuern, die in zukünftigen Perioden resultierend aus zu versteuernden temporären Differenzen zahlbar sind.

Die *latenten Steueransprüche* sind die Beträge an Ertragsteuern, die in zukünftigen Perioden erstattungsfähig sind, und aus:

(a) abzugsfähigen temporären Differenzen;

(b) dem Vortrag noch nicht genutzter steuerlicher Verluste; und

(c) dem Vortrag noch nicht genutzter steuerlicher Gewinne resultieren.

Temporäre Differenzen sind Unterschiedsbeträge zwischen dem Buchwert eines Vermögenswerts oder einer Schuld in der Bilanz und seiner bzw. ihrer steuerlichen Basis. Temporäre Differenzen können entweder:

(a) *zu versteuernde temporäre Differenzen* sein, die temporäre Unterschiede darstellen, die zu steuerpflichtigen Beträgen bei der Ermittlung des zu versteuernden Einkommens (steuerlichen Verlustes) zukünftiger Perioden führen, wenn der Buchwert des Vermögenswerts realisiert oder der Schuld erfüllt wird; oder

(b) *abzugsfähige temporäre Differenzen* sein, temporäre Unterschiede darstellen, die zu Beträgen führen, die bei der Ermittlung des zu versteuernden Ergebnisses (steuerlichen Verlustes) zukünftiger Perioden abzugsfähig sind, wenn der Buchwert des Vermögenswertes realisiert oder eine Schuld erfüllt wird.

Die *steuerliche Basis* eines Vermögenswerts oder einer Schuld ist der diesem Vermögenswert oder dieser Schuld für steuerliche Zwecke beizulegende Betrag.

6. Der Steueraufwand (Steuerertrag) umfasst den tatsächlichen Steueraufwand (tatsächlichen Steuerertrag) und den latenten Steueraufwand (latenten Steuerertrag).

Steuerliche Basis

7. Die steuerliche Basis eines Vermögenswerts ist der Betrag, der für steuerliche Zwecke von allen zu versteuernden wirtschaftlichen Vorteilen abgezogen werden kann, die einem Unternehmen bei Realisierung des Buchwerts des Vermögenswerts zufließen werden. Sind diese wirtschaftlichen Vorteile nicht zu versteuern, dann ist die steuerliche Basis des Vermögenswerts gleich seinem Buchwert.

Beispiele
1. Eine Maschine kostet 100. In der Berichtsperiode und in früheren Perioden wurde für steuerliche Zwecke bereits eine Abschreibung von 30 abgezogen, und die verbleibenden Anschaffungskosten sind in zukünftigen Perioden entweder als Abschreibung oder durch einen Abzug bei der Veräußerung steuerlich abzugsfähig. Die sich aus der Nutzung der Maschine ergebenden Umsatzerlöse sind zu versteuern, ebenso ist jeder Veräußerungsgewinn aus dem Verkauf der Maschine zu versteuern bzw. jeder Veräußerungsverlust für steuerliche Zwecke abzugsfähig. *Die steuerliche Basis der Maschine beträgt 70.*
2. Forderungen aus Zinsen haben einen Buchwert von 100. Die damit verbundenen Zinserlöse werden bei Zufluss besteuert. *Die steuerliche Basis der Zinsforderungen beträgt Null.*
3. Forderungen aus Lieferungen und Leistungen haben einen Buchwert von 100. Die damit verbundenen Umsatzerlöse wurden bereits in das zu versteuernde Einkommen (den steuerlichen Verlust) einbezogen. *Die steuerliche Basis der Forderungen aus Lieferungen und Leistungen beträgt 100.*
4. Dividendenforderungen von einem Tochterunternehmen haben einen Buchwert von 100. Die Dividenden sind nicht zu versteuern. Dem Grunde nach ist der gesamte Buchwert des Vermögenswerts von dem zufließenden wirtschaftlichen Nutzen abzugsfähig. *Folglich beträgt die steuerliche Basis der Dividendenforderungen 100.*(ª)
5. Eine Darlehensforderung hat einen Buchwert von 100. Die Rückzahlung des Darlehens wird keine steuerlichen Konsequenzen haben. *Die steuerliche Basis des Darlehens beträgt 100.*

(ª) Bei dieser Analyse bestehen keine zu versteuernden temporären Differenzen. Eine alternative Analyse besteht, wenn der Dividendenforderung die steuerliche Basis Null zugeordnet wird und auf den sich ergebenden zu versteuernden temporären Unterschied von 100 ein Steuersatz von Null angewandt wird. In beiden Fällen besteht keine latente Steuerschuld.

8. Die steuerliche Basis einer Schuld ist deren Buchwert abzüglich aller Beträge, die für steuerliche Zwecke hinsichtlich dieser Schuld in zukünftigen Perioden abzugsfähig sind. Im Falle von im Voraus gezahlten Umsatzerlösen ist die steuerliche Basis der sich ergebenden Schuld ihr Buchwert abzüglich aller Beträge aus diesen Umsatzerlösen, die in Folgeperioden nicht besteuert werden.

Beispiele
1. Kurzfristige Schulden schließen Aufwandsabgrenzungen (sonstige Verbindlichkeiten) mit einem Buchwert von 100 ein. Der damit verbundene Aufwand wird für steuerliche Zwecke bei Zahlung erfasst. *Die steuerliche Basis der sonstigen Verbindlichkeiten ist Null.*
2. Kurzfristige Schulden schließen vorausbezahlte Zinserlöse mit einem Buchwert von 100 ein. Der damit verbundene Zinserlös wurde bei Zufluss besteuert. *Die steuerliche Basis der vorausbezahlten Zinsen ist Null.*
3. Kurzfristige Schulden schließen Aufwandsabgrenzungen (sonstige Verbindlichkeiten) mit einem Buchwert von 100 ein. Der damit verbundene Aufwand wurde für steuerliche Zwecke bereits abgezogen. *Die steuerliche Basis der sonstigen Verbindlichkeiten ist 100.*
4. Kurzfristige Schulden schließen passivierte Geldbußen und -strafen mit einem Buchwert von 100 ein. Geldbußen und -strafen sind steuerlich nicht abzugsfähig. *Die steuerliche Basis der passivierten Geldbußen und -strafen beträgt 100.*(ª)
5. Eine Darlehensverbindlichkeit hat einen Buchwert von 100. Die Rückzahlung des Darlehens zieht keine steuerlichen Konsequenzen nach sich. *Die steuerliche Basis des Darlehens beträgt 100.*

(ª) Bei dieser Analyse bestehen keine abzugsfähigen temporären Differenzen. Eine alternative Analyse besteht, wenn dem Gesamtbetrag der zahlbaren Geldstrafen und Geldbußen eine steuerliche Basis von Null zugeordnet wird und ein Steuersatz von Null auf den sich ergebenden abzugsfähigen temporären Unterschied von 100 angewandt wird. In beiden Fällen besteht kein latenter Steueranspruch.

9. Einige Sachverhalte haben zwar eine steuerliche Basis, sie sind jedoch in der Bilanz nicht als Vermögenswerte oder Schulden angesetzt. Beispielsweise werden Forschungskosten bei der Bestimmung des bilanziellen Ergebnisses vor Steuern in der Periode, in welcher sie anfallen, als Aufwand erfasst, während ihr Abzug bei der Ermittlung des zu versteuernden Ergebnisses (steuerlichen Verlustes) möglicherweise erst in einer späteren Periode zulässig ist. Der Unterschiedsbetrag zwischen der steuerlichen Basis der Forschungskosten, der von den Steuerbehörden als ein in zukünftigen Perioden abzugsfähiger Betrag anerkannt wird, und dem Buchwert von Null ist eine abzugsfähige temporäre Differenz, die einen latenten Steueranspruch zur Folge hat.

10. Ist die steuerliche Basis eines Vermögenswerts oder einer Schuld nicht unmittelbar erkennbar, ist es hilfreich, das Grundprinzip, auf das dieser Standard aufgebaut ist, heranzuziehen: Ein Unternehmen hat, mit wenigen festgelegten Ausnahmen, eine latente Steuerschuld (einen latenten Steueranspruch) dann zu bilanzieren, wenn die Realisierung oder die Erfüllung des Buchwerts des Vermögenswerts oder der Schuld zu zukünftigen höheren (niedrigeren) Steuerzahlungen führen würde, als dies der Fall wäre, wenn eine solche Realisierung oder Erfüllung keine steuerlichen Konsequenzen hätte. Beispiel C nach Paragraph 52 stellt Umstände dar, in denen es hilfreich sein kann, dieses Grundprinzip heranzuziehen, beispielsweise, wenn die steuerliche Basis eines Vermögenswerts oder einer Schuld von der erwarteten Art der Realisierung oder der Erfüllung abhängt.

11. In einem Konzernabschluss werden temporäre Unterschiede durch den Vergleich der Buchwerte von Vermögenswerten und Schulden im

Konzernabschluss mit der zutreffenden steuerlichen Basis ermittelt. Die steuerliche Basis wird durch Bezugnahme auf eine Steuererklärung für den Konzern in den Steuerrechtskreisen ermittelt, in denen eine solche Steuererklärung abgegeben wird. In anderen Steuerrechtskreisen wird die steuerliche Basis durch Bezugnahme auf die Steuererklärungen der einzelnen Unternehmen des Konzerns ermittelt.

BILANZIERUNG TATSÄCHLICHER STEUERSCHULDEN UND STEUERERSTATTUNGSANSPRÜCHE

12. Die tatsächlichen Ertragsteuern für die laufende und frühere Perioden sind in dem Umfang, in dem sie noch nicht bezahlt sind, als Schuld anzusetzen. Falls der auf die laufende und frühere Perioden entfallende und bereits bezahlte Betrag den für diese Perioden geschuldeten Betrag übersteigt, so ist der Unterschiedsbetrag als Vermögenswert anzusetzen.

13. Der in der Erstattung tatsächlicher Ertragsteuern einer früheren Periode bestehende Vorteil eines steuerlichen Verlustrücktrags ist als Vermögenswert anzusetzen.

14. Wenn ein steuerlicher Verlust zu einem Verlustrücktrag und zur Erstattung tatsächlicher Ertragsteuern einer früheren Periode genutzt wird, so bilanziert ein Unternehmen den Erstattungsanspruch als einen Vermögenswert in der Periode, in der der steuerliche Verlust entsteht, da es wahrscheinlich ist, dass der Nutzen aus dem Erstattungsanspruch dem Unternehmen zufließen wird und verlässlich ermittelt werden kann.

BILANZIERUNG LATENTER STEUERSCHULDEN UND LATENTER STEUERANSPRÜCHEN ZU VERSTEUERNDE TEMPORÄRE DIFFERENZEN

15. Für alle zu versteuernden temporären Differenzen ist eine latente Steuerschuld anzusetzen, es sei denn, die latente Steuerschuld erwächst aus:

(a) dem erstmaligen Ansatz des Geschäfts- oder Firmenwerts; oder

(b) dem erstmaligen Ansatz eines Vermögenswerts oder einer Schuld bei einem Geschäftsvorfall, der:

    (i) kein Unternehmenszusammenschluss ist; und

    (ii) zum Zeitpunkt des Geschäftsvorfalls weder das bilanzielle Ergebnis vor Steuern noch das zu versteuernde Ergebnis (den steuerlichen Verlust) beeinflusst.

Bei zu versteuernden temporären Differenzen in Verbindung mit Anteilen an Tochterunternehmen, Zweigniederlassungen und assoziierten Unternehmen sowie Anteilen an Gemeinschaftsunternehmen ist jedoch eine latente Steuerschuld gemäß Paragraph 39 zu bilanzieren.

16. Definitionsgemäß wird bei dem Ansatz eines Vermögenswerts angenommen, dass sein Buchwert durch einen wirtschaftlichen Nutzen, der dem Unternehmen in zukünftigen Perioden zufließt, realisiert wird. Wenn der Buchwert des Vermögenswerts seine steuerliche Basis übersteigt, wird der Betrag des zu versteuernden wirtschaftlichen Nutzens den steuerlich abzugsfähigen Betrag übersteigen. Dieser Unterschiedsbetrag ist eine zu versteuernde temporäre Differenz, und die Zahlungsverpflichtung für die auf ihn in zukünftigen Perioden entstehenden Ertragsteuern ist eine latente Steuerschuld. Wenn das Unternehmen den Buchwert des Vermögenswerts realisiert, löst sich die zu versteuernde temporäre Differenz auf, und das Unternehmen erzielt ein zu versteuerndes Ergebnis. Dadurch ist es wahrscheinlich, dass das Unternehmen durch den Abfluss eines wirtschaftlichen Nutzens in Form von Steuerzahlungen belastet wird. Daher sind gemäß diesem Standard alle latenten Steuerschulden anzusetzen, ausgenommen bei Vorliegen gewisser Sachverhalte, die in den Paragraphen 15 und 39 beschrieben werden.

Beispiel

Ein Vermögenswert mit Anschaffungskosten von 150 hat einen Buchwert von 100. Die kumulierte planmäßige Abschreibung für Steuerzwecke beträgt 90, und der Steuersatz ist 25 %.

Die steuerliche Basis des Vermögenswertes beträgt 60 (Anschaffungskosten von 150 abzüglich der kumulierten steuerlichen Abschreibung von 90). Um den Buchwert von 100 zu realisieren, muss das Unternehmen ein zu versteuerndes Ergebnis von 100 erzielen, es kann aber lediglich eine steuerliche Abschreibung von 60 erfassen. Als Folge wird das Unternehmen bei Realisierung des Buchwerts des Vermögenswerts Ertragsteuern von 10 (25 % von 40) bezahlen. Der Unterschiedsbetrag zwischen dem Buchwert von 100 und der steuerlichen Basis von 60 ist eine zu versteuernde temporäre Differenz von 40. Daher bilanziert das Unternehmen eine latente Steuerschuld von 10 (25 % von 40), die die Ertragsteuern darstellen, die es bei Realisierung des Buchwerts des Vermögenswerts zu bezahlen hat.

17. Einige temporäre Differenzen können entstehen, wenn Ertrag oder Aufwand in einer Periode in das bilanzielle Ergebnis vor Steuern einbezogen werden, aber in einer anderen Periode in das zu versteuernde Ergebnis einfließen. Solche temporären Differenzen werden oft als zeitliche Ergebnisunterschiede bezeichnet. Im Folgenden sind Beispiele von temporären Differenzen dieser Art aufgeführt. Es handelt sich dabei um zu steuernde temporäre Unterschiede, welche folglich zu latenten Steuerschulden führen:

(a) Zinserlöse werden im bilanziellen Ergebnis vor Steuern auf Grundlage einer zeitlichen Abgrenzung erfasst, sie können jedoch gemäß einigen Steuergesetzgebungen zum Zeitpunkt des Zuflusses der Zahlung als zu versteuerndes Ergebnis behandelt werden. Die steuerliche Basis aller derartigen in der Bilanz angesetzten Forderungen ist Null, weil die Umsatzerlöse das zu versteuernde Ergebnis erst mit Erhalt der Zahlung beeinflussen;

(b) die zur Ermittlung des zu versteuernden Ergebnis (steuerlichen Verlusts) verwendete Abschreibung kann sich von der zur Ermittlung des bilanziellen Ergebnisses vor Steuern verwendeten unterscheiden. Die temporäre Differenz ist der Unterschiedsbetrag zwischen dem Buchwert des Vermögenswerts und seiner steuerlichen Basis, der sich aus den ursprünglichen Anschaffungskosten des Vermögenswerts abzüglich aller von den Steuerbehörden zur Ermittlung des zu versteuernden Ergebnis der laufenden und für frühere Perioden zugelassenen Abschreibungen auf diesen Vermögenswert berechnet. Eine zu versteuernde temporäre Differenz entsteht und erzeugt eine latente Steuerschuld, wenn die steuerliche Abschreibungsrate über der berichteten Abschreibung liegt (falls die steuerliche Abschreibung langsamer ist als die berichtete, entsteht ein abzugsfähige temporäre Differenz, die zu einem latenten Steueranspruch führt); und

(c) Entwicklungskosten können bei der Ermittlung des bilanziellen Ergebnisses vor Steuern zunächst aktiviert und in späteren Perioden abgeschrieben werden; bei der Ermittlung des zu versteuernden Ergebnisses werden sie jedoch in der Periode abgezogen, in der sie anfallen. Solche Entwicklungskosten haben eine steuerliche Basis von Null, da sie bereits vom zu versteuernden Ergebnis abgezogen wurden. Die temporäre Differenz ist der Unterschiedsbetrag zwischen dem Buchwert der Entwicklungskosten und ihrer steuerlichen Basis von Null.

18. Temporäre Differenzen entstehen ebenfalls, wenn:

a) die bei einem Unternehmenszusammenschluss erworbenen identifizierbaren Vermögenswerte und die übernommenen Schulden gemäß IFRS 3 *Unternehmenszusammenschlüsse* mit ihren beizulegenden Zeitwerten angesetzt werden, jedoch keine entsprechende Bewertungsanpassung für Steuerzwecke erfolgt (siehe Paragraph 19);

(b) Vermögenswerte neu bewertet werden und für Steuerzwecke keine entsprechende Bewertungsanpassung durchgeführt wird (siehe Paragraph 20);

(c) ein Geschäfts- oder Firmenwert bei einem Unternehmenszusammenschluss entsteht (siehe Paragraph 21);

(d) die steuerliche Basis eines Vermögenswerts oder einer Schuld beim erstmaligen Ansatz von dessen bzw. deren anfänglichen Buchwert abweicht, beispielsweise, wenn ein Unternehmen steuerfreie Zuwendungen der öffentlichen Hand für bestimmte Vermögenswerte erhält (siehe Paragraphen 22 und 33); oder

(e) der Buchwert von Anteilen an Tochterunternehmen, Zweigniederlassungen und assoziierten Unternehmen oder Anteilen an Gemeinschaftsunternehmen sich verändert hat, so dass er sich von der steuerlichen Basis der Anteile unterscheidet (siehe Paragraphen 38-45).

Unternehmenszusammenschlüsse

19. Die bei einem Unternehmenszusammenschluss erworbenen identifizierbaren Vermögenswerte und übernommenen Schulden werden mit begrenzten Ausnahmen mit ihren beizulegenden Zeitwerten zum Erwerbszeitpunkt angesetzt. Temporäre Differenzen entstehen, wenn die steuerliche Basis der erworbenen identifizierbaren Vermögenswerte oder übernommenen identifizierbaren Schulden vom Unternehmenszusammenschluss nicht oder anders beeinflusst wird. Wenn beispielsweise der Buchwert eines Vermögenswertes auf seinen beizulegenden Zeitwert erhöht wird, die steuerliche Basis des Vermögenswertes jedoch weiterhin dem Betrag der Anschaffungskosten des früheren Eigentümers entspricht, führt dies zu einer zu versteuernden temporären Differenz, aus der eine latente Steuerschuld resultiert. Die sich ergebende latente Steuerschuld beeinflusst den Geschäfts- oder Firmenwert (siehe Paragraph 66).

Vermögenswerte, die zum beizulegenden Zeitwert angesetzt werden

20. IFRS gestatten oder fordern, dass bestimmte Vermögenswerte zum beizulegenden Zeitwert angesetzt oder neubewertet werden (siehe zum Beispiel IAS 16 *Sachanlagen*, IAS 38 *Immaterielle Vermögenswerte*, IAS 39 *Finanzinstrumente: Ansatz und Bewertung* und IAS 40 *Als Finanzinvestition gehaltene Immobilien*). In manchen Steuerrechtsordnungen beeinflusst die Neubewertung oder eine andere Anpassung eines Vermögenswerts auf den beizulegenden Zeitwert das zu versteuernde Ergebnis (den steuerlichen Verlust) der Berichtsperiode. Als Folge davon wird die steuerliche Basis des Vermögenswerts angepasst, und es entstehen keine temporären Differenzen. In anderen Steuerrechtsordnungen beeinflusst die Neubewertung oder Anpassung eines Vermögenswerts nicht das zu versteuernde Ergebnis der Periode der Neubewertung oder der Anpassung, und demzufolge wird die steuerliche Basis des Vermögenswerts nicht angepasst. Trotzdem führt die künftige Realisierung des Buchwerts zu einem zu versteuernden Zufluss an wirtschaftlichem Nutzen für das Unternehmen und der Betrag, der für Steuerzwecke abzugsfähig ist, wird von dem des wirtschaftlichen Nutzens abweichen. Der Unterschiedsbetrag zwischen dem Buchwert eines neubewerteten Vermögenswerts und seiner steuerlichen Basis ist eine temporäre Differenz und führt zu einer latenten Steuerschuld oder einem latenten Steueranspruch. Dies trifft auch zu, wenn:

(a) das Unternehmen keine Veräußerung des Vermögenswerts beabsichtigt. In solchen Fällen wird der neubewertete Buchwert des Vermögenswerts durch seine Nutzung realisiert, und dies erzeugt zu versteuerndes Einkommen, das die in den Folgeperioden die steuerlich zulässige Abschreibung übersteigt; oder

(b) die Steuer auf Kapitalerträge aufgeschoben wird, wenn die Erlöse aus dem Verkauf des Vermögenswerts in ähnliche Vermögenswerte wieder angelegt werden. In solchen Fällen wird die Steuerzahlung endgültig bei Verkauf oder Nutzung der ähnlichen Vermögenswerte fällig.

Geschäfts- oder Firmenwert

21. Der bei einem Unternehmenszusammenschluss entstehende Geschäfts- oder Firmenwert wird als der Unterschiedsbetrag zwischen (a) und (b) bewertet:

a) die Summe aus:
   i) der übertragenen Gegenleistung, die gemäß IFRS 3 im Allgemeinen zu dem am Erwerbszeitpunkt geltenden beizulegenden Zeitwert bestimmt wird;
   ii) dem Betrag aller nicht beherrschenden Anteile an dem erworbenen Unternehmen, die gemäß IFRS 3 ausgewiesen werden; und
   iii) dem am Erwerbszeitpunkt geltenden beizulegenden Zeitwert des zuvor vom Erwerber gehaltenen Eigenkapitalanteils an dem erworbenen Unternehmen, wenn es sich um einen sukzessiven Unternehmenszusammenschluss handelt.

b) der Saldo der zum Erwerbszeitpunkt bestehenden und gemäß IFRS 3 bewerteten Beträge der erworbenen identifizierbaren Vermögenswerte und der übernommenen Schulden.

Viele Steuerbehörden gestatten bei der Ermittlung des zu versteuernden Ergebnisses keine Verminderungen des Buchwerts des Geschäfts- oder Firmenwerts als abzugsfähigen betrieblichen Aufwand. Außerdem sind die Anschaffungskosten des Geschäfts- oder Firmenwerts nach solchen Rechtsordnungen häufig nicht abzugsfähig, wenn ein Tochterunternehmen sein zugrunde liegendes Geschäft veräußert. Bei dieser Rechtslage hat der Geschäfts- oder Firmenwert eine steuerliche Basis von Null. Jeglicher Unterschiedsbetrag zwischen dem Buchwert des Geschäfts- oder Firmenwerts und seiner steuerlichen Basis von Null ist eine zu versteuernde temporäre Differenz. Dieser Standard erlaubt jedoch nicht den Ansatz der entstehenden latenten Steuerschuld, weil der Geschäfts- oder Firmenwert als ein Restwert bewertet wird und der Ansatz der latenten Steuerschuld wiederum eine Erhöhung des Buchwerts des Geschäfts- oder Firmenwerts zur Folge hätte.

21A. Nachträgliche Verringerungen einer latenten Steuerschuld, die nicht angesetzt ist, da sie aus einem erstmaligen Ansatz eines Geschäfts- oder Firmenwerts hervorging, werden angesehen, als wären sie aus dem erstmaligen Ansatz des Geschäfts- oder Firmenwerts entstanden und daher nicht gemäß Paragraph 15(a) angesetzt. Wenn beispielsweise ein Unternehmen einen bei einem Unternehmenszusammenschluss erworbenen Geschäfts- oder Firmenwert, der eine steuerliche Basis von Null hat, mit 100 WE ansetzt, untersagt Paragraph 15(a) dem Unternehmen, die daraus entstehende latente Steuerschuld anzusetzen. Wenn das Unternehmen nachträglich einen Wertminderungsaufwand von 20 WE für diesen Geschäfts- oder Firmenwert erfasst, so wird der Betrag der zu versteuernden temporären Differenz in Bezug auf den Geschäfts- oder Firmenwert von 100 WE auf 80 WE vermindert mit einer sich daraus ergebenden Wertminderung der nicht bilanzierten latenten Steuerschuld. Diese Wertminderung der nicht bilanzierten latenten Steuerschuld wird angesehen, als wäre sie aus dem erstmaligen Ansatz des Geschäfts- oder Firmenwerts entstanden, und ist daher vom Ansatz gemäß Paragraph 15(a) ausgenommen.

21B. Latente Steuerschulden für zu versteuernde temporäre Differenzen werden jedoch in Bezug auf den Geschäfts- oder Firmenwert in dem Maße angesetzt, in dem sie nicht aus dem erstmaligen Ansatz des Geschäfts- oder Firmenwerts hervorgehen. Wenn ein bei einem Unternehmenszusammenschluss erworbener Geschäfts- oder Firmenwert beispielsweise mit 100 WE angesetzt wird und mit einem Satz von 20 Prozent pro Jahr steuerlich abzugsfähig ist, beginnend im Erwerbsjahr, so beläuft sich die steuerliche Basis des Geschäfts- oder Firmenwerts bei erstmaligem Ansatz auf 100 WE und am Ende des Erwerbsjahres auf 80 WE. Wenn der Buchwert des Geschäfts- oder Firmenwerts am Ende des Erwerbsjahres unverändert bei 100 WE liegt, entsteht am Ende dieses Jahres eine zu versteuernde temporäre Differenz von 20 WE. Da diese zu versteuernde temporäre Differenz sich nicht auf den erstmaligen Ansatz des Geschäfts- oder Firmenwerts bezieht, wird die daraus entstehende latente Steuerschuld angesetzt.

Erstmaliger Ansatz eines Vermögenswerts oder einer Schuld

22. Beim erstmaligen Ansatz eines Vermögenswerts oder einer Schuld kann ein temporärer Unterschied entstehen, beispielsweise, wenn der Betrag der Anschaffungskosten eines Vermögenswerts teilweise oder insgesamt steuerlich nicht abzugsfähig ist. Die Bilanzierungsmethode für einen derartigen temporären Unterschied hängt von der Art des Geschäftsvorfalles ab, welcher dem erstmaligen Ansatz des Vermögenswerts oder der Verbindlichkeit zugrunde lag:

a) bei einem Unternehmenszusammenschluss bilanziert ein Unternehmen alle latenten Steuerschulden oder latenten Steueransprüche, und dies beeinflusst die Höhe des Geschäfts- oder Firmenwerts oder den Gewinn aus einem Erwerb zu einem Preis unter dem Marktwert (siehe Paragraph 19);

b) falls der Geschäftsvorfall entweder das bilanzielle Ergebnis vor Steuern oder das zu versteuernde Ergebnis beeinflusst, bilanziert ein Unternehmen alle latenten Steuerschulden oder latenten Steueransprüche und erfasst den sich ergebenden latenten Steueraufwand oder Steuerertrag in der Gesamtergebnisrechnung (siehe Paragraph 59);

(c) falls es sich bei dem Geschäftsvorfall nicht um einen Unternehmenszusammenschluss handelt und weder das bilanzielle Ergebnis vor Steuern noch das zu versteuernde Ergebnis beeinflusst werden, würde ein Unternehmen, falls keine Befreiung gemäß den Paragraphen 15 und 24 möglich ist, die sich ergebenden latenten Steuerschulden oder latenten Steueransprüche bilanzieren und den Buchwert des Vermögenswerts oder der Schuld in Höhe des gleichen Betrags berichtigen. Ein Abschluss würde jedoch durch solche Berichtigungen unklarer. Aus diesem Grund gestattet dieser Standard einem Unternehmen keine Bilanzierung der sich ergebenden latenten Steuerschuld oder des sich ergebenden latenten Steueranspruchs, weder beim erstmaligen Ansatz noch später (siehe nachstehendes Beispiel). Außerdem berücksichtigt ein Unternehmen auch keine späteren Änderungen der nicht erfassten latenten Steuerschulden oder latenten Steueransprüche infolge der Abschreibung des Vermögenswerts.

Beispiel zur Veranschaulichung des Paragraphen 22(c)

Ein Unternehmen beabsichtigt, einen Vermögenswert mit Anschaffungskosten von 1 000 während seiner Nutzungsdauer von fünf Jahren zu verwenden und ihn dann zu einem Restwert von Null zu veräußern. Der Steuersatz beträgt 40 %. Die Abschreibung des Vermögenswerts ist steuerlich nicht abzugsfähig. Jeder Kapitalertrag bei einem Verkauf wäre steuerfrei, und jeder Verlust wäre nicht abzugsfähig.

Bei der Realisierung des Buchwertes des Vermögenswerts erzielt das Unternehmen ein zu versteuerndes Ergebnis von 1 000 und bezahlt Steuern von 400. Das Unternehmen bilanziert die sich ergebende latente Steuerschuld von 400 nicht, da sie aus dem erstmaligen Ansatz des Vermögenswerts stammt.

In der Folgeperiode beträgt der Buchwert des Vermögenswerts 800. Bei der Erzielung eines zu versteuernden Ergebnisses von 800 bezahlt das Unternehmen Steuern in Höhe von 320. Das Unternehmen bilanziert die latente Steuerschuld von 320 nicht, da sie aus dem erstmaligen Ansatz des Vermögenswerts stammt.

23. Gemäß IAS 32 *Finanzinstrumente: Darstellung*, stuft der Emittent zusammengesetzter Finanzinstrumente (beispielsweise einer Wandelschuldverschreibung) die Schuldkomponente des Instruments als eine Schuld und die Eigenkapitalkomponente als Eigenkapital ein. Gemäß manchen Gesetzgebungen ist beim erstmaligen Ansatz die steuerliche Basis der Schuldkomponente gleich dem anfänglichen Betrag der Summe aus Schuld- und Eigenkapitalkomponente. Die entstehende zu versteuernde temporäre Differenz ergibt sich daraus, dass der erstmalige Ansatz der Eigenkapitalkomponente getrennt von derjenigen der Schuldkomponente erfolgt. Daher ist die in Paragraph 15(b) dargestellte Ausnahme nicht anwendbar. Demzufolge bilanziert ein Unternehmen die sich ergebende latente Steuerschuld. Gemäß Paragraph 61A wird die latente Steuerschuld unmittelbar dem Buchwert der Eigenkapitalkomponente belastet. Gemäß Paragraph 58 werden nachfolgende Änderungen der latenten Steuerschuld im Gewinn oder Verlust als latente(r) Steueraufwand (Steuerertrag) erfasst.

Abzugsfähige temporäre Differenzen

24. Ein latenter Steueranspruch ist für alle abzugsfähigen temporären Differenzen in dem Maße zu bilanzieren, wie es wahrscheinlich ist, dass ein zu versteuerndes Ergebnis verfügbar sein wird, gegen das die abzugsfähige temporäre Differenz verwendet werden kann, es sei denn, der latente Steueranspruch stammt aus dem erstmaligen Ansatz eines Vermögenswerts oder einer Schuld zu einem Geschäftsvorfall, der

(a) kein Unternehmenszusammenschluss ist; und

(b) zum Zeitpunkt des Geschäftsvorfalls weder das bilanzielle Ergebnis vor Steuern noch das zu versteuernde Ergebnis (den steuerlichen Verlust) beeinflusst.

Für abzugsfähige temporäre Differenzen in Verbindung mit Anteilen an Tochterunternehmen, Zweigniederlassungen und assoziierten Unternehmen sowie Anteilen an Gemeinschaftsunternehmen ist ein latenter Steueranspruch jedoch gemäß Paragraph 44 zu bilanzieren.

25. Definitionsgemäß wird bei der Bilanzierung einer Schuld angenommen, dass deren Buchwert in künftigen Perioden durch einen Abfluss wirtschaftlich relevanter Unternehmensressourcen erfüllt wird. Beim Abfluss der Ressourcen vom Unternehmen können alle Beträge oder ein Teil davon bei der Ermittlung des zu versteuernden Ergebnisses einer Periode, die zeitlich auf die Periode der Passivierung der Schuld folgt, abzugsfähig sein. In solchen Fällen besteht eine temporäre Differenz zwischen dem Buchwert der Schuld und ihrer steuerlichen Basis. Dementsprechend entsteht ein latenter Steueranspruch im Hinblick auf die in künftigen Perioden erstattungsfähigen Ertragsteuern, wenn dieser Teil der Schuld bei der Ermittlung des zu versteuernden Ergebnisses abzugsfähig ist. Ist analog der Buchwert eines Vermögenswerts geringer als seine steuerliche Basis, entsteht aus dem Unterschiedsbetrag ein latenter Steueranspruch in Bezug auf die in künftigen Perioden erstattungsfähigen Ertragsteuern.

Beispiel

Ein Unternehmen bilanziert eine Schuld von 100 für kumulierte Gewährleistungskosten hinsichtlich eines Produkts. Die Gewährleistungskosten für dieses Produkt sind für steuerliche Zwecke erst zu dem Zeitpunkt abzugsfähig, an dem das Unternehmen Gewährleistungsverpflichtungen zahlt. Der Steuersatz beträgt 25 %.

Die steuerliche Basis der Schuld ist Null (Buchwert von 100 abzüglich des Betrags, der im Hinblick auf die Schulden in zukünftigen Perioden steuerlich abzugsfähig ist). Mit der Erfüllung der Schuld zu ihrem Buchwert verringert das Unternehmen sein künftiges zu versteuerndes Ergebnis um einen Betrag von 100 und verringert folglich seine zukünftigen Steuerzahlungen um 25 (25 % von 100). Der Unterschiedsbetrag zwischen dem Buchwert von 100 und der steuerlichen Basis von Null ist eine abzugsfähige temporäre Differenz von 100. Daher bilanziert das Unternehmen einen latenten Steueranspruch von 25 (25 % von 100), vorausgesetzt, es ist wahrscheinlich, dass das Unternehmen inkünftigen Perioden ein ausreichendes zu versteuerndes Ergebnis erwirtschaftet, um aus der Verringerung der Steuerzahlungen einen Vorteil zu ziehen.

26. Im Folgenden sind Beispiele von abzugsfähigen temporären Differenzen aufgeführt, die latente Steueransprüche zur Folge haben:

(a) Kosten der betrieblichen Altersversorgung können bei der Ermittlung des bilanziellen Ergebnisses vor Steuern entsprechend der Leistungserbringung durch den Arbeitnehmer abgezogen werden. Der Abzug zur Ermittlung des zu versteuernden Ergebnisses ist hingegen erst zulässig, wenn die Beiträge vom Unternehmen in einen Pensionsfonds eingezahlt werden oder wenn betriebliche Altersversorgungsleistungen vom Unternehmen bezahlt werden. Es besteht eine temporäre Differenz zwischen dem Buchwert der Schuld und ihrer steuerlichen Basis, wobei die steuerliche Basis der Schuld im Regelfall Null ist. Eine derartige abzugsfähige temporärer Differenz hat einen latenten Steueranspruch zur Folge, da die Verminderung des zu versteuernden Ergebnisses durch die Bezahlung von Beiträgen oder Versorgungsleistungen für das Unternehmen einen Zufluss an wirtschaftlichem Nutzen bedeutet;

(b) Forschungskosten werden in der Periode, in der sie anfallen, als Aufwand bei der Ermittlung des bilanziellen Ergebnisses vor Steuern erfasst, der Abzug bei der Ermittlung des zu versteuernden Ergebnisses (steuerlichen Verlustes) ist möglicherweise erst in einer späteren Periode zulässig. Der Unterschiedsbetrag zwischen der steuerlichen Basis der Forschungskosten als dem Betrag, dessen Abzug in zukünftigen Perioden von den Steuerbehörden erlaubt wird, und dem Buchwert von Null ist eine abzugsfähige temporäre Differenz, die einen latenten Steueranspruch zur Folge hat;

c) die bei einem Unternehmenszusammenschluss erworbenen identifizierbaren Vermögenswerte und übernommenen Schulden werden mit begrenzten Ausnahmen mit ihren beizulegenden Zeitwerten zum Erwerbszeitpunkt angesetzt. Wird eine übernommene Schuld zum Erwerbszeitpunkt angesetzt, die damit verbundenen Kosten bei der Ermittlung des zu versteuernden Ergebnisses aber erst in einer späteren Periode in Abzug gebracht, entsteht eine abzugsfähige temporäre Differenz, die einen latenten Steueranspruch zur Folge hat. Ein latenter Steueranspruch entsteht ebenfalls, wenn der beizulegende Zeitwert eines erworbenen identifizierbaren Vermögenswerts geringer als seine steuerliche Basis ist. In beiden Fällen beeinflusst der sich ergebende latente Steueranspruch den Geschäfts- oder Firmenwert (siehe Paragraph 66); und

(d) bestimmte Vermögenswerte können zum beizulegenden Zeitwert bilanziert oder neubewertet sein, ohne dass eine entsprechende Bewertungsanpassung für steuerliche Zwecke durchgeführt wird (siehe Paragraph 20). Es entsteht eine abzugsfähige temporäre Differenz, wenn die steuerliche Basis des Vermögenswerts seinen Buchwert übersteigt.

27. Die Auflösung abzugsfähiger temporärer Differenzen führt zu Abzügen bei der Ermittlung des zu versteuernden Ergebnisses zukünftiger Perioden. Der wirtschaftliche Nutzen in der Form verminderter Steuerzahlungen fließt dem Unternehmen allerdings nur dann zu, wenn es ausreichende zu versteuernde Ergebnisse erzielt, gegen die die Abzüge saldiert werden können. Daher bilanziert ein Unternehmen latente Steueransprüche nur, wenn es wahrscheinlich ist, dass zu versteuernde Ergebnisse zur Verfügung stehen, gegen welche die abzugsfähigen temporären Differenzen verwendet werden können.

28. Es ist wahrscheinlich, dass das zu versteuernde Ergebnis zur Verfügung stehen wird, gegen das eine abzugsfähige temporäre Differenz verwendet werden kann, wenn ausreichende zu versteuernde temporäre Differenzen in Bezug auf die gleiche Steuerbehörde und das gleiche Steuersubjekt vorhanden sind, deren Auflösung erwartet wird:

(a) in der gleichen Periode wie die erwartete Auflösung der abzugsfähigen temporären Differenz; oder

(b) in Perioden, in die steuerliche Verluste aus dem latenten Steueranspruch zurückgetragen oder vorgetragen werden können.

In solchen Fällen wird der latente Steueranspruch in der Periode, in der die abzugsfähigen temporären Differenzen entstehen, bilanziert.

29. Liegen keine ausreichenden zu versteuernden temporären Differenzen in Bezug auf die gleiche Steuerbehörde und das gleiche Steuersubjekt vor, wird der latente Steueranspruch bilanziert, soweit

(a) es wahrscheinlich ist, dass dem Unternehmen ausreichende zu versteuernde Ergebnisse in Bezug auf die gleiche Steuerbehörde und das gleiche Steuersubjekt in der Periode der Auflösung der abzugsfähigen temporären Differenz (oder in den Perioden, in die ein steuerlicher Verlust infolge eines latenten Steueranspruches zurückgetragen oder vorgetragen werden kann) zur Verfügung stehen werden. Bei der Einschätzung, ob ein ausreichend zu versteuerndes Ergebnis in künftigen Perioden zur Verfügung stehen wird, lässt ein Unternehmen zu versteuernde Beträge außer Acht, die sich aus dem in künftigen Perioden erwarteten Entstehen von abzugsfähigen temporären Differenzen ergeben, weil der latente Steueranspruch aus diesen abzugsfähigen temporären Differenzen seinerseits ein künftiges zu versteuerndes Ergebnis voraussetzt, um genutzt zu werden; oder

(b) es bieten sich dem Unternehmen Steuergestaltungsmöglichkeiten zur Erzeugung eines zu versteuernden Ergebnisses in geeigneten Perioden.

30. Steuergestaltungsmöglichkeiten sind Aktionen, die das Unternehmen ergreifen würde, um ein zu versteuerndes Ergebnis in einer bestimmten Periode zu erzeugen oder zu erhöhen, bevor ein steuerlicher Verlust- oder Gewinnvortrag verfällt. Beispielsweise kann nach manchen Steuergesetzgebungen das zu versteuernde Ergebnis wie folgt erzeugt oder erhöht werden:

a) durch Wahl der Besteuerung von Zinserträgen entweder auf der Grundlage des Zuflussprinzips oder der Abgrenzung als ausstehende Forderung;
b) durch ein Hinausschieben von bestimmten zulässigen Abzügen vom zu versteuernden Ergebnis;
c) durch Verkauf und möglicherweise Leaseback von Vermögenswerten, die einen Wertzuwachs erfahren haben, für die aber die steuerliche Basis noch nicht berichtigt wurde, um diesen Wertzuwachs zu erfassen; und
d) durch Verkauf eines Vermögenswerts, der ein steuerfreies Ergebnis erzeugt (wie, nach manchen Steuergesetzgebungen möglich, einer Staatsobligation), damit ein anderer Vermögenswert gekauft werden kann, der zu versteuerndes Ergebnis erzeugt.

Wenn durch die Ausnutzung von Steuergestaltungsmöglichkeiten ein zu versteuerndes Ergebnis von einer späteren Periode in eine frühere Periode vorgezogen wird, hängt die Verwertung eines steuerlichen Verlust- oder Gewinnvortrags noch vom Vorhandensein künftiger zu versteuernder Ergebnisse ab, welche aus anderen Quellen als aus künftig noch entstehenden temporären Differenzen stammen.

31. Weist ein Unternehmen in der näheren Vergangenheit eine Folge von Verlusten auf, so hat es die Anwendungsleitlinien der Paragraphen 35 und 36 zu beachten.

32. [gestrichen]

Geschäfts- oder Firmenwert

32A Wenn der Buchwert eines bei einem Unternehmenszusammenschluss entstehenden Geschäfts- oder Firmenwerts geringer als seine steuerliche Basis ist, entsteht aus dem Unterschiedsbetrag ein latenter Steueranspruch. Der latente Steueranspruch, der aus dem erstmaligen Ansatz des Geschäfts- oder Firmenwerts hervorgeht, ist im Rahmen der Bilanzierung eines Unternehmenszusammenschlusses insofern anzusetzen, dass die Wahrscheinlichkeit besteht, dass ein zu versteuerndes Ergebnis bestehen wird, gegen das die abzugsfähigen temporären Differenzen aufgelöst werden können.

Erstmaliger Ansatz eines Vermögenswerts oder einer Schuld

33. Ein Fall eines latenten Steueranspruchs aus dem erstmaligen Ansatz eines Vermögenswerts liegt vor, wenn eine nicht zu versteuernde Zuwendung der öffentlichen Hand hinsichtlich eines Vermögenswerts bei der Bestimmung des Buchwerts des Vermögenswerts in Abzug gebracht wird, jedoch für steuerliche Zwecke nicht von dem abschreibungsfähigen Betrag (anders gesagt: der steuerlichen Basis) des Vermögenswerts abgezogen wird. Der Buchwert des Vermögenswerts ist geringer als seine steuerliche Basis, und dies führt zu einer abzugsfähigen temporären Differenz. Zuwendungen der öffentlichen Hand dürfen ebenfalls als passivischer Abgrenzungsposten angesetzt werden. In diesem Fall ergibt der Unterschiedsbetrag zwischen dem passivischen Abgrenzungsposten und seiner steuerlichen Basis von Null eine abzugsfähige temporäre Differenz. Unabhängig von der vom Unternehmen gewählten Darstellungsmethode darf das Unternehmen den sich ergebenden latenten Steueranspruch aufgrund der im Paragraph 22 aufgeführten Begründung nicht bilanzieren.

Noch nicht genutzte steuerliche Verluste und noch nicht genutzte Steuergutschriften

34. Ein latenter Steueranspruch für den Vortrag noch nicht genutzter steuerlicher Verluste und noch nicht genutzter Steuergutschriften ist in dem Umfang zu bilanzieren, in dem es wahrscheinlich ist, dass ein künftiges zu versteuerndes Ergebnis zur Verfügung stehen wird, gegen das die noch nicht genutzten steuerlichen Verluste und noch nicht genutzten Steuergutschriften verwendet werden können.

35. Die Kriterien für die Bilanzierung latenter Steueransprüche aus Vorträgen noch nicht steuerlich genutzter Verluste und Steuergutschriften sind die gleichen wie die Kriterien für die Bilanzierung latenter Steueransprüche aus abzugsfähigen temporären Differenzen. Allerdings spricht das Vorhandensein noch nicht genutzter steuerlicher Verluste deutlich dafür, dass ein künftiges zu versteuerndes Ergebnis möglicherweise nicht zur Verfügung stehen wird. Weist ein Unternehmen in der näheren Vergangenheit eine Reihe von Verlusten auf, kann es daher latente Steueransprüche aus ungenutzten steuerlichen Verlusten oder ungenutzten Steuergutschriften nur in dem Maße bilanzieren, als es über ausreichende zu versteuernde temporäre Differenzen verfügt oder soweit überzeugende substanzielle Hinweise dafür vorliegen, dass ein ausreichendes zu versteuerndes Ergebnis zur Verfügung stehen wird, gegen das die ungenutzten steuerlichen Verluste oder ungenutzten Steuergutschriften vom Unternehmen verwendet werden können. In solchen Fällen sind gemäß Paragraph 82 der Betrag des latenten Steueranspruches und die substanziellen Hinweise, die den Ansatz rechtfertigen, anzugeben.

36. Bei der Beurteilung der Wahrscheinlichkeit, ob ein zu versteuerndes Ergebnis zur Verfügung stehen wird, gegen das noch nicht genutzte steuerliche Verluste oder noch nicht genutzte Steuergutschriften verwendet werden können, sind von ei-

nem Unternehmen die folgenden Kriterien zu beachten:

(a) ob das Unternehmen ausreichend zu versteuernde temporäre Differenzen in Bezug auf die gleiche Steuerbehörde und das gleiche Steuersubjekt hat, woraus zu versteuernde Beträge erwachsen, gegen die die noch nicht genutzten steuerlichen Verluste oder noch nicht genutzten Steuergutschriften vor ihrem Verfall verwendet werden können;

(b) ob es wahrscheinlich ist, dass das Unternehmen zu versteuernde Ergebnisse erzielen wird, bevor die noch nicht genutzten steuerlichen Verluste oder noch nicht genutzten Steuergutschriften verfallen;

(c) ob die noch nicht genutzten steuerlichen Verluste aus identifizierbaren Ursachen stammen, welche aller Wahrscheinlichkeit nach nicht wiederauftreten; und

(d) ob dem Unternehmen Steuergestaltungsmöglichkeiten (siehe Paragraph 30) zur Verfügung stehen, die ein zu versteuerndes Ergebnis in der Periode erzeugen, in der die noch nicht genutzten steuerlichen Verluste oder noch nicht genutzten Steuergutschriften verwendet werden können.

Der latente Steueranspruch wird in dem Umfang nicht bilanziert, in dem es unwahrscheinlich erscheint, dass das zu versteuernde Ergebnis zur Verfügung stehen wird, gegen das die noch nicht genutzten steuerlichen Verluste oder noch nicht genutzten Steuergutschriften verwendet werden können.

Erneute Beurteilung von nicht angesetzten latenten Steueransprüchen

37. Ein Unternehmen hat zu jedem Abschlussstichtag nicht bilanzierte latente Steueransprüche erneut zu beurteilen. Das Unternehmen setzt einen bislang nicht bilanzierten latenten Steueranspruch in dem Umfang an, in dem es wahrscheinlich geworden ist, dass ein künftiges zu versteuerndes Ergebnis die Realisierung des latenten Steueranspruches gestatten wird. Beispielsweise kann eine Verbesserung des Geschäftsumfeldes es wahrscheinlicher erscheinen lassen, dass das Unternehmen in der Lage sein wird, ein in der Zukunft ausreichend zu versteuerndes Ergebnis für den latenten Steueranspruch zu erzeugen, um die in Paragraph 24 oder 34 beschriebenen Ansatzkriterien zu erfüllen. Ein anderes Beispiel liegt vor, wenn ein Unternehmen latente Steueransprüche zum Zeitpunkt eines Unternehmenszusammenschlusses oder nachfolgend erneut beurteilt (siehe Paragraphen 67 und 68).

Anteile an Tochterunternehmen, Zweigniederlassungen und assoziierten Unternehmen sowie Anteile an Gemeinschaftsunternehmen

38. Temporäre Differenzen entstehen, wenn der Buchwert von Anteilen an Tochterunternehmen, Zweigniederlassungen und assoziierten Unternehmen oder Anteilen an Gemeinschaftsunternehmen

(d. h. der Anteil des Mutterunternehmens oder des Eigentümers am Nettovermögen des Tochterunternehmens, der Zweigniederlassung, des assoziierten Unternehmens oder des Unternehmens, an dem Anteile gehalten werden, einschließlich des Buchwerts eines Geschäfts- oder Firmenwerts) sich gegenüber der steuerlichen Basis der Anteile (welcher häufig gleich den Anschaffungskosten ist) unterschiedlich entwickelt. Solche Unterschiede können aus einer Reihe unterschiedlicher Umstände entstehen, beispielsweise:

(a) dem Vorhandensein nicht ausgeschütteter Gewinne von Tochterunternehmen, Zweigniederlassungen, assoziierten Unternehmen und Gemeinschaftsunternehmen;

(b) Änderungen der Wechselkurse, wenn ein Mutterunternehmen und sein Tochterunternehmen ihren jeweiligen Sitz in unterschiedlichen Ländern haben; und

(c) einer Verminderung des Buchwerts der Anteile an einem assoziierten Unternehmen auf seinen erzielbaren Betrag.

Im Konzernabschluss kann sich die temporäre Differenz von der temporären Differenz für die Anteile im Einzelabschluss des Mutterunternehmens unterscheiden, falls das Mutterunternehmen die Anteile in seinem Einzelabschluss zu den Anschaffungskosten oder dem Neubewertungsbetrag bilanziert.

39. Ein Unternehmen hat eine latente Steuerschuld für alle zu versteuernden temporären Differenzen in Verbindung mit Anteilen an Tochterunternehmen, Zweigniederlassungen und assoziierten Unternehmen und Anteilen an Gemeinschaftsunternehmen zu bilanzieren, ausgenommen in dem Umfang, in dem beide der im Folgenden beschriebenen Bedingungen erfüllt sind:

(a) das Mutterunternehmen, der Eigentümer oder das Partnerunternehmen ist in der Lage, den zeitlichen Verlauf der Auflösung der temporären Differenz zu steuern; und

(b) es ist wahrscheinlich, dass sich die temporäre Differenz in absehbarer Zeit nicht auflösen wird.

40. Wenn ein Mutterunternehmen die Dividendenpolitik seines Tochterunternehmens beherrscht, ist es in der Lage, den Zeitpunkt der Auflösung der temporären Differenzen in Verbindung mit diesen Anteilen zu steuern (einschließlich der temporären Unterschiede, die nicht nur aus thesaurierten Gewinnen, sondern auch aus Unterschiedsbeträgen infolge von Währungsumrechnung resultieren). Außerdem wäre es häufig in der Praxis nicht möglich, den Betrag der Ertragsteuern zu bestimmen, der bei Auflösung der temporären Differenz zahlbar wäre. Daher hat das Mutterunternehmen eine latente Steuerschuld nicht zu bilanzieren, wenn es bestimmt hat, dass diese Gewinne in absehbarer Zeit nicht ausgeschüttet werden. Die gleichen Überlegungen gelten für Anteile an Zweigniederlassungen.

41. Ein Unternehmen weist die nicht monetären Vermögenswerte und Schulden in seiner funktionalen Währung aus (siehe IAS 21 *Auswirkungen von Wechselkursänderungen*). Wird das zu versteuernde Ergebnis oder der steuerliche Verlust (und somit die steuerliche Basis seiner nicht monetären Vermögenswerte und Schulden) in der Fremdwährung ausgedrückt, so haben Änderungen der Wechselkurse temporäre Differenzen zur Folge, woraus sich eine latente Steuerschuld oder (unter Beachtung des Paragraphen 24) ein latenter Steueranspruch ergibt. Die sich ergebende latente Steuer wird im Gewinn oder Verlust erfasst (siehe Paragraph 58).

42. Ein Investor an einem assoziierten Unternehmen beherrscht dieses Unternehmen nicht und ist im Regelfall nicht in einer Position, dessen Dividendenpolitik zu bestimmen. Daher bilanziert ein Investor eine latente Steuerschuld aus einer zu versteuernden temporären Differenz in Verbindung mit seinem Anteil am assoziierten Unternehmen, falls nicht in einem Vertrag bestimmt ist, dass die Gewinne des assoziierten Unternehmens in absehbarer Zeit nicht ausgeschüttet werden. In einigen Fällen ist ein Investor möglicherweise nicht in der Lage, den Betrag der Steuern zu ermitteln, die bei der Realisierung der Anschaffungskosten seiner Anteile an einem assoziierten Unternehmen fällig wären. Er kann jedoch in solchen Fällen ermitteln, dass diese einem Mindestbetrag entsprechen oder ihn übersteigen. In solchen Fällen wird die latente Steuerschuld mit diesem Betrag bewertet.

43. Die zwischen den Parteien eines Gemeinschaftsunternehmens getroffene Vereinbarung befasst sich im Regelfall mit der Gewinnaufteilung und der Festsetzung, ob Entscheidungen in diesen Angelegenheiten die einstimmige Zustimmung aller Partnerunternehmen oder einer festgelegten Mehrheit der Partnerunternehmen erfordern. Wenn das Partnerunternehmen die Gewinnaufteilung steuern kann und wenn es wahrscheinlich ist, dass die Gewinne in absehbarer Zeit nicht ausgeschüttet werden, wird eine latente Steuerschuld nicht bilanziert.

44. Ein Unternehmen hat einen latenten Steueranspruch für alle abzugsfähigen temporären Differenzen aus Anteilen an Tochterunternehmen, Zweigniederlassungen und assoziierten Unternehmen sowie Anteilen an Gemeinschaftsunternehmen ausschließlich in dem Umfang zu bilanzieren, in dem es wahrscheinlich ist,
(a) dass sich die temporäre Differenz in absehbarer Zeit auflösen wird; und
(b) dass das zu versteuernde Ergebnis zur Verfügung stehen wird, gegen das die temporäre Differenz verwendet werden kann.

45. Bei der Entscheidung, ob ein latenter Steueranspruch für abzugsfähige temporäre Differenzen in Verbindung mit seinen Anteilen an Tochterunternehmen, Zweigniederlassungen und assoziierten Unternehmen sowie seinen Anteilen an Gemeinschaftsunternehmen zu bilanzieren ist, hat ein Unternehmen die in den Paragraphen 28 bis 31 beschriebenen Anwendungsleitlinien zu beachten.

BEWERTUNG

46. Tatsächliche Ertragsteuerschulden (Ertragsteueransprüche) für die laufende Periode und für frühere Perioden sind mit dem Betrag zu bewerten, in dessen Höhe eine Zahlung an die Steuerbehörden (eine Erstattung von den Steuerbehörden) erwartet wird, und zwar auf der Grundlage von Steuersätzen (und Steuervorschriften), die am Abschlussstichtag gelten oder in Kürze gelten werden.

47. Latente Steueransprüche und latente Steuerschulden sind anhand der Steuersätze zu bewerten, deren Gültigkeit für die Periode, in der ein Vermögenswert realisiert wird oder eine Schuld erfüllt wird, erwartet wird. Dabei werden die Steuersätze (und Steuervorschriften) verwendet, die zum Abschlussstichtag gültig oder angekündigt sind.

48. Tatsächliche und latente Steueransprüche und Steuerschulden sind im Regelfall anhand der Steuersätze (und Steuervorschriften) zu bewerten, die Gültigkeit haben. In manchen Steuergesetzgebungen hat die Ankündigung von Steuersätzen (und Steuervorschriften) durch die Regierung jedoch die Wirkung einer tatsächlichen Inkraftsetzung. Die Inkraftsetzung kann erst mehrere Monate nach der Ankündigung erfolgen. Unter diesen Umständen werden Steueransprüche und Steuerschulden auf der Grundlage des angekündigten Steuersatzes (und der angekündigten Steuervorschriften) zu bewerten.

49. Sind unterschiedliche Steuersätze auf unterschiedliche Höhen des zu versteuernden Ergebnisses anzuwenden, sind latente Steueransprüche und latente Steuerschulden mit den Durchschnittssätzen zu bewerten, deren Anwendung für das zu versteuernde Ergebnis (den steuerlichen Verlust) in den Perioden erwartet wird, in denen sich die temporären Unterschiede erwartungsgemäß auflösen werden.

50. [gestrichen]

51. Die Bewertung latenter Steuerschulden und latenter Steueransprüche hat die steuerlichen Konsequenzen zu berücksichtigen, die daraus resultieren, in welcher Art und Weise ein Unternehmen zum Abschlussstichtag erwartet, den Buchwert seiner Vermögenswerte zu realisieren oder seiner Schulden zu erfüllen.

52. Gemäß mancher Steuergesetzgebungen kann die Art und Weise, in der ein Unternehmen den Buchwert eines Vermögenswerts realisiert oder den Buchwert einer Schuld erfüllt, entweder einen oder beide der folgenden Parameter beeinflussen:
(a) den anzuwendenden Steuersatz, wenn das Unternehmen den Buchwert des Vermögenswerts realisiert oder den Buchwert der Schuld erfüllt; und

(b) die steuerliche Basis des Vermögenswerts (der Schuld).

In solchen Fällen misst ein Unternehmen latente Steuerschulden und latente Steueransprüche unter Anwendung des Steuersatzes und der steuerlichen Basis, die der erwarteten Art und Weise der Realisierung oder der Erfüllung entsprechen.

Beispiel A

Ein Vermögenswert hat einen Buchwert von 100 und eine steuerliche Basis von 60. Ein Steuersatz von 20 % wäre bei einem Verkauf des Vermögenswerts anwendbar, und ein Steuersatz von 30 % wäre bei anderen Erträgen anwendbar.

Das Unternehmen bilanziert eine latente Steuerschuld von 8 (20 % von 40), falls es erwartet, den Vermögenswert ohne weitere Nutzung zu verkaufen, und eine latente Steuerschuld von 12 (30 % von 40), falls es erwartet, den Vermögenswert zu behalten und durch seine Nutzung seinen Buchwert zu realisieren.

Beispiel B

Ein Vermögenswert mit Anschaffungskosten von 100 und einem Buchwert von 80 wird mit 150 neubewertet. Für steuerliche Zwecke erfolgt keine entsprechende Bewertungsanpassung. Die kumulierte Abschreibung für steuerliche Zwecke ist 30, und der Steuersatz beträgt 30 %. Falls der Vermögenswert für mehr als die Anschaffungskosten verkauft wird, wird die kumulierte Abschreibung von 30 in das zu versteuernde Ergebnis einbezogen, die Verkaufserlöse, welche die Anschaffungskosten übersteigen, sind aber nicht zu versteuern.

Die steuerliche Basis des Vermögenswerts ist 70, und es liegt eine zu versteuernde temporäre Differenz von 80 vor. Falls das Unternehmen erwartet, den Buchwert durch die Nutzung des Vermögenswerts zu realisieren, muss es ein zu versteuerndes Ergebnis von 150 erzeugen, aber es kann lediglich Abschreibungen von 70 in Abzug bringen. Auf dieser Grundlage besteht eine latente Steuerschuld von 24 (30 % von 80). Erwartet das Unternehmen die Realisierung des Buchwerts durch den sofortigen Verkauf des Vermögenswerts für 150, erfolgt die Berechnung der latenten Steuerschuld wie folgt:

	Zu versteuernde temporäre Differenzen	Steuersatz	Latente Steuerschuld
Kumulierte steuerliche Abschreibung	30	30 %	9
Die Anschaffungskosten übersteigender Erlös	50	Null	–
Summe	80		9

(Anhangangabe: Gemäß Paragraph 61A wird die zusätzliche latente Steuer, die aus der Neubewertung erwächst, im sonstigen Ergebnis erfasst.)

Beispiel C

Der Sachverhalt entspricht Beispiel B, mit folgenden Ausnahmen: Falls der Vermögenswert für mehr als die Anschaffungskosten verkauft wird, wird die kumulierte steuerliche Abschreibung in das zu versteuernde Ergebnis aufgenommen (besteuert zu 30 %) und der Verkaufserlös wird mit 40 % besteuert (nach Abzug von inflationsbereinigten Anschaffungskosten von 110).

Falls das Unternehmen erwartet, den Buchwert durch die Nutzung des Vermögenswerts zu realisieren, muss es ein zu versteuerndes Ergebnis von 150 erzeugen, aber es kann lediglich Abschreibungen von 70 in Abzug bringen. Auf dieser Grundlage beträgt die steuerliche Basis 70, es besteht eine zu versteuernde temporäre Differenz von 80 und – wie in Beispiel B – eine latente Steuerschuld von 24 (30 % von 80).

Falls das Unternehmen erwartet, den Buchwert durch den sofortigen Verkauf des Vermögenswertes für 150 zu realisieren, ist das Unternehmen in der Lage, die indizierten Anschaffungskosten von 110 in Abzug zu bringen. Der Reinerlös von 40 wird mit 40 % besteuert. Zusätzlich wird die kumulierte Abschreibung von 30 in das zu versteuernde Ergebnis mit aufgenommen und mit 30 % besteuert. Auf dieser Grundlage beträgt die steuerliche Basis 80 (110 abzüglich 30), es besteht eine zu versteuernde temporäre Differenz von 70 und eine latente Steuerschuld von 25 (40 % von 40 und 30 % von 30). Ist die steuerliche Basis in diesem Beispiel nicht unmittelbar erkennbar, kann es hilfreich sein, das in Paragraph 10 beschriebene Grundprinzip heranzuziehen.

(Anhangangabe: Gemäß Paragraph 61A wird die zusätzliche latente Steuer, die aus der Neubewertung erwächst, im sonstigen Ergebnis erfasst.)

52A. In manchen Ländern sind Ertragsteuern einem erhöhten oder verminderten Steuersatz unterworfen, falls das Nettoergebnis oder die Gewinnrücklagen teilweise oder vollständig als Dividenden an die Eigentümer des Unternehmens ausgezahlt werden. In einigen anderen Ländern werden Ertragsteuern erstattet oder sind nachzuzahlen, falls das Nettoergebnis oder die Gewinnrücklagen teilweise oder vollständig als Dividenden an die Eigentümer des Unternehmens ausgezahlt werden. Unter diesen Umständen sind die tatsächlichen und latenten Steueransprüche bzw. Steuerschulden mit dem Steuersatz, der auf nicht ausgeschüttete Gewinne anzuwenden ist, zu bewerten.

52B. Unter den in Paragraph 52A beschriebenen Umständen sind die ertragsteuerlichen Konsequenzen von Dividendenzahlungen zu erfassen, wenn die Verpflichtung zur Dividendenausschüttung erfasst wird. Die ertragsteuerlichen Konsequenzen der Dividendenzahlungen sind mehr mit Geschäften oder Ereignissen der Vergangenheit verbunden als mit der Ausschüttung an die Eigentümer. Deshalb werden die ertragsteuerlichen Konsequenzen der Dividendenzahlungen, wie in Paragraph 58 gefordert, im Gewinn oder Verlust der Periode erfasst, es sei denn, dass sich die ertragsteuerlichen Konsequenzen der Dividendenzahlungen aus den Umständen ergeben, die in Paragraph 58 (a) und (b) beschrieben sind.

Beispiel zur Veranschaulichung der Paragraphen 52A und 52B

Das folgende Beispiel behandelt die Bewertung von tatsächlichen und latenten Steueransprüchen und -verbindlichkeiten eines Unternehmens in einem Land, in dem die Ertragsteuern auf nicht ausgeschüttete Gewinne (50 %) höher sind und ein Betrag erstattet wird, wenn die Gewinne ausgeschüttet werden. Der Steuersatz auf ausgeschüttete Gewinne beträgt 35 %. Am

Abschlussstichtag, 31. Dezember 20X1, hat das Unternehmen keine Verbindlichkeiten für Dividenden, die zur Auszahlung nach dem Abschlussstichtag vorgeschlagen oder beschlossen wurden, passiviert. Daraus resultiert, dass im Jahr 20X1 keine Dividenden berücksichtigt wurden. Das zu versteuernde Einkommen für das Jahr 20X1 beträgt 100 000. Die zu versteuernde temporäre Differenz für das Jahre 20X1 beträgt 40 000.

Das Unternehmen erfasst eine tatsächliche Steuerschuld und einen tatsächlichen Steueraufwand von 50 000. Es wird kein Vermögenswert für den potenziell für künftige Dividendenzahlungen zu erstattenden Betrag bilanziert. Das Unternehmen bilanziert auch eine latente Steuerschuld und einen latenten Steueraufwand von 20 000 (50 % von 40 000), die die Ertragsteuern darstellen, die das Unternehmen bezahlen wird, wenn, es den Buchwert der Vermögenswerte realisiert oder den Buchwert der Schulden erfüllt, und zwar auf der Grundlage des Steuersatzes für nicht ausgeschüttete Gewinne.

Am 15. März 20X2 bilanziert das Unternehmen Dividenden aus früheren Betriebsergebnissen in Höhe von 10 000 als Verbindlichkeiten.

Das Unternehmen bilanziert am 15. März 20X2 die Erstattung von Ertragsteuern in Höhe von 1 500 (15 % der als Verbindlichkeit bilanzierten Dividendenzahlung) als einen tatsächlichen Steuererstattungsanspruch und als eine Minderung des Ertragsteueraufwands für das Jahr 20X2.

53. Latente Steueransprüche und latente Steuerschulden sind nicht abzuzinsen

54. Die verlässliche Bestimmung latenter Steueransprüche und latenter Steuerschulden auf der Grundlage einer Abzinsung erfordert eine detaillierte Aufstellung des zeitlichen Verlaufs der Auflösung jeder temporären Differenz. In vielen Fällen ist eine solche Aufstellung nicht durchführbar oder aufgrund ihrer Komplexität nicht vertretbar. Demzufolge ist die Verpflichtung zu einer Abzinsung latenter Steueransprüche und latenter Steuerschulden nicht sachgerecht. Ein Wahlrecht zur Abzinsung würde zu latenten Steueransprüchen und latenten Steuerschulden führen, die zwischen den Unternehmen nicht vergleichbar wären. Daher ist gemäß diesem Standard die Abzinsung latenter Steueransprüche und latenter Steuerschulden weder erforderlich noch gestattet.

55. Die Bestimmung temporärer Differenzen erfolgt aufgrund des Buchwerts eines Vermögenswerts oder einer Schuld. Dies trifft auch dann zu, wenn der Buchwert seinerseits auf Grundlage einer Abzinsung ermittelt wurde, beispielsweise im Falle von Pensionsverpflichtungen (siehe IAS 19 *Leistungen an Arbeitnehmer*).

56. Der Buchwert eines latenten Steueranspruchs ist zu jedem Abschlussstichtag zu überprüfen. Ein Unternehmen hat den Buchwert eines latenten Steueranspruchs in dem Umfang zu mindern, in dem es nicht mehr wahrscheinlich ist, dass ein ausreichend zu versteuerndes Ergebnis zur Verfügung stehen wird, um sich den latenten Steueranspruch entweder teilweise oder insgesamt zu Nutze zu machen. Alle derartigen Minderungen sind in dem Umfang wieder aufzuheben, in dem es wahrscheinlich wird, dass ein ausreichend zu versteuerndes Ergebnis zur Verfügung stehen wird.

ANSATZ TATSÄCHLICHER UND LATENTER STEUERN

57. Die Bilanzierung der Auswirkungen tatsächlicher und latenter Steuern eines Geschäftsvorfalls oder eines anderen Ereignisses hat mit der Bilanzierung des Geschäftsvorfalls oder des Ereignisses selbst konsistent zu sein. Dieses Prinzip wird in den Paragraphen 58 bis 68C festgelegt.

Erfassung im Gewinn oder Verlust

58. Tatsächliche und latente Steuern sind als Ertrag oder Aufwand zu erfassen und in den Gewinn oder Verlust einzubeziehen, in dem Umfang, in dem die Steuer herrührt aus:

(a) einem Geschäftsvorfall oder Ereignis, der bzw. das in der gleichen oder einer anderen Periode außerhalb des Gewinns oder Verlusts entweder im sonstigen Ergebnis oder direkt im Eigenkapital angesetzt wird (siehe Paragraphen 61A bis 65); oder

(b) einem Unternehmenszusammenschluss (siehe Paragraphen 66 bis 68).

59. Die meisten latenten Steuerschulden und latenten Steueransprüche entstehen dort, wo Ertrag oder Aufwand in das bilanzielle Ergebnis vor Steuern einer Periode einbezogen werden, jedoch im zu versteuernden Ergebnis (steuerlichen Verlust) einer davon unterschiedlichen Periode erfasst werden. Die sich daraus ergebende latente Steuer wird in der Gesamtergebnisrechnung erfasst. Beispiele dafür sind:

(a) Zinsen, Nutzungsentgelte oder Dividenden werden rückwirkend geleistet und in das bilanzielle Ergebnis vor Steuern auf Grundlage einer zeitlichen Zuordnung gemäß IAS 18 *Umsatzerlöse* einbezogen, die Berücksichtigung im zu versteuernden Ergebnis (steuerlichen Verlust) erfolgt aber auf Grundlage des Zahlungsmittelflusses; und

(b) Aufwendungen für immaterielle Vermögenswerte gemäß IAS 38 *Immaterielle Vermögenswerte* aktiviert und in der Gesamtergebnisrechnung abgeschrieben, der Abzug für steuerliche Zwecke erfolgt aber, wenn sie anfallen.

60. Der Buchwert latenter Steueransprüche und latenter Steuerschulden kann sich verändern, auch wenn der Betrag der damit verbundenen temporären Differenzen nicht geändert wird. Dies kann beispielsweise aus Folgendem resultieren:

(a) einer Änderung der Steuersätze oder Steuervorschriften;

(b) einer erneuten Beurteilung der Realisierbarkeit latenter Steueransprüche; oder

(c) einer Änderung der erwarteten Art und Weise der Realisierung eines Vermögenswerts.

Die sich ergebende latente Steuer ist in der Gesamtergebnisrechnung zu erfassen, ausgenommen in dem Umfang, in dem sie sich auf Posten bezieht, welche früher außerhalb des Gewinns oder Verlusts erfasst wurden (siehe Paragraph 63).

Posten, die außerhalb des Gewinns oder Verlusts erfasst werden

61A. Tatsächliche Ertragsteuern und latente Steuern sind außerhalb des Gewinns oder Verlusts zu erfassen, wenn sich die Steuer auf Posten bezieht, die in der gleichen oder einer anderen Periode außerhalb des Gewinns oder Verlusts erfasst werden. Dementsprechend sind tatsächliche Ertragsteuern und latente Steuern in Zusammenhang mit Posten, die in der gleichen oder einer anderen Periode:

(a) im sonstigen Ergebnis erfasst werden, im sonstigen Ergebnis zu erfassen (siehe Paragraph 62).

(b) direkt im Eigenkapital erfasst werden, direkt im Eigenkapital zu erfassen (siehe Paragraph 62A).

62. Die International Financial Reporting Standards verlangen oder erlauben die Erfassung bestimmter Posten im sonstigen Ergebnis. Beispiele solcher Posten sind:

(a) eine Änderung im Buchwert infolge einer Neubewertung von Sachanlagevermögen (siehe IAS 16); und

(b) [gestrichen]

(c) Währungsdifferenzen infolge einer Umrechnung des Abschlusses eines ausländischen Geschäftsbetriebs (siehe IAS 21).

(d) [gestrichen]

62A. Die International Financial Reporting Standards verlangen oder erlauben die unmittelbare Gutschrift oder Belastung bestimmter Posten im Eigenkapital. Beispiele solcher Posten sind:

(a) eine Anpassung des Anfangssaldos der Gewinnrücklagen infolge einer Änderung der Rechnungslegungsmethoden, die rückwirkend angewandt wird, oder infolge einer Fehlerkorrektur (siehe IAS 8 *Rechnungslegungsmethoden, Änderungen von rechnungslegungsbezogenen Schätzungen und Fehler*). und

(b) beim erstmaligen Ansatz der Eigenkapitalkomponente eines zusammengesetzten Finanzinstruments entstehende Beträge (siehe Paragraph 23).

63. In außergewöhnlichen Umständen kann es schwierig sein, den Betrag der tatsächlichen und latenten Steuer zu ermitteln, der sich auf Posten bezieht, die außerhalb des Gewinns oder Verlusts (entweder im sonstigen Ergebnis oder direkt im Eigenkapital) erfasst werden. Dies kann beispielsweise der Fall sein, wenn:

(a) die Ertragsteuersätze abgestuft sind und es unmöglich ist, den Steuersatz zu ermitteln, zu dem ein bestimmter Bestandteil des zu versteuernden Ergebnisses (steuerlichen Verlusts) besteuert wurde;

(b) eine Änderung des Steuersatzes oder anderer Steuervorschriften einen latenten Steueranspruch oder eine latente Steuerschuld beeinflusst, der bzw. die vollständig oder teilweise mit einem Posten in Zusammenhang steht, der vorher außerhalb des Gewinns oder Verlusts erfasst wurde; oder

(c) ein Unternehmen entscheidet, dass ein latenter Steueranspruch zu bilanzieren ist oder nicht mehr in voller Höhe zu bilanzieren ist und der latente Steueranspruch sich (insgesamt oder teilweise) auf einen Posten bezieht, der vorher außerhalb des Gewinns oder Verlusts erfasst wurde.

In solchen Fällen wird die tatsächliche und latente Steuer in Bezug auf Posten, die außerhalb des Gewinns oder Verlusts erfasst werden, auf Basis einer angemessenen anteiligen Verrechnung der tatsächlichen und latenten Steuer des Unternehmens in der betreffenden Steuergesetzgebung errechnet, oder es wird ein anderes Verfahren gewählt, welches unter den vorliegenden Umständen eine sachgerechtere Verteilung ermöglicht.

64. IAS 16 legt nicht fest, ob ein Unternehmen in jeder Periode einen Betrag aus der Neubewertungsrücklage in die Gewinnrücklagen zu übertragen hat, der dem Unterschiedsbetrag zwischen der planmäßigen Abschreibung eines neubewerteten Vermögenswerts und der planmäßigen Abschreibung auf Basis der Anschaffungs- oder Herstellungskosten dieses Vermögenswerts entspricht. Falls ein Unternehmen eine solche Übertragung durchführt, ist der zu übertragende Betrag nach Abzug aller damit verbundenen latenten Steuern zu ermitteln. Entsprechende Überlegungen finden Anwendung auf Übertragungen bei der Veräußerung von Sachanlagen.

65. Wird ein Vermögenswert für steuerliche Zwecke neubewertet und bezieht sich diese Neubewertung auf eine bilanzielle Neubewertung einer früheren Periode oder auf eine, die erwartungsgemäß in einer künftigen Periode durchgeführt werden soll, werden die steuerlichen Auswirkungen sowohl der Neubewertung des Vermögenswerts als auch der Anpassung der steuerlichen Basis in den Perioden im sonstigen Ergebnis erfasst, in denen sie sich ereignen. Ist die Neubewertung für steuerliche Zwecke jedoch nicht mit einer bilanziellen Neubewertung einer früheren oder einer für zukünftige Perioden erwarteten bilanziellen Neubewertung verbunden, werden die steuerlichen Auswirkungen der Anpassung der steuerlichen Basis in der Gesamtergebnisrechnung erfasst.

65A. Wenn ein Unternehmen Dividenden an seine Eigentümer zahlt, kann es sein, dass es erforderlich ist, einen Teil der Dividenden im Namen der Eigentümer an die Steuerbehörden zu zahlen. In vielen Ländern wird diese Steuer als Quellensteuer bezeichnet. Ein solcher Betrag, der an die Steuerbehörden zu zahlen ist oder gezahlt wurde, ist direkt mit dem Eigenkapital als Teil der Dividenden zu verrechnen.

Latente Steuern als Folge eines Unternehmenszusammenschlusses

66. Wie in den Paragraphen 19 und 26(c) erläutert, können temporäre Unterschiede bei einem Unternehmenszusammenschluss entstehen. Gemäß IFRS 3 bilanziert ein Unternehmen alle sich ergebenden latenten Steueransprüche (in dem Umfang, wie sie die Ansatzkriterien des Paragraphen 24 erfüllen) oder latente Steuerschulden als identifizierbare Vermögenswerte und Schulden zum Erwerbszeitpunkt. Folglich beeinflussen jene latenten Steueransprüche und latenten Steuerschulden den Betrag des Geschäfts- oder Firmenwerts oder den Gewinn, der aus einem Erwerb zu einem Preis unter Marktwert erfasst wurde. Gemäß Paragraph 15(a) setzt ein Unternehmen jedoch keine latenten Steuerschulden an, die aus dem erstmaligen Ansatz eines Geschäfts- oder Firmenwerts entstanden sind.

67. Infolge eines Unternehmenszusammenschlusses könnte sich die Wahrscheinlichkeit, dass ein Erwerber einen latenten Steueranspruch aus der Zeit vor dem Zusammenschluss realisiert, ändern. Ein Erwerber kann es für wahrscheinlich halten, dass er seinen eigenen latenten Steueranspruch, der vor dem Unternehmenszusammenschluss nicht angesetzt war, realisieren wird. Beispielsweise kann ein Erwerber in der Lage sein, den Vorteil seiner noch nicht genutzten steuerlichen Verluste gegen das zukünftige zu versteuernde Einkommen des erworbenen Unternehmens zu verwenden. Infolge eines Unternehmenszusammenschlusses könnte es alternativ nicht mehr wahrscheinlich sein, dass mit zukünftig zu versteuerndem Ergebnis der latente Steueranspruch realisiert werden kann. In solchen Fällen bilanziert der Erwerber eine Änderung des latenten Steueranspruchs in der Periode des Unternehmenszusammenschlusses, schließt diesen jedoch nicht als Teil der Bilanzierung des Unternehmenszusammenschlusses ein. Deshalb berücksichtigt der Erwerber ihn bei der Bewertung des Geschäfts- oder Firmenwerts oder des Gewinns aus einem Erwerb zu einem Preis unter dem Marktwert, der bei einem Unternehmenszusammenschluss erfasst wird, nicht.

68. Der potenzielle Nutzen eines ertragsteuerlichen Verlustvortrags oder anderer latenter Steueransprüche des erworbenen Unternehmens könnte die Kriterien für einen gesonderten Ansatz zum Zeitpunkt der erstmaligen Bilanzierung eines Unternehmenszusammenschlusses nicht erfüllen, aber könnte nachträglich realisiert werden.

Ein Unternehmen hat erworbene latente Steuervorteile, die es nach dem Unternehmenszusammenschluss realisiert, wie folgt zu erfassen:

a) Erworbene latente Steuervorteile, die innerhalb des Bewertungszeitraums erfasst werden und sich aus neuen Informationen über Fakten und Umstände ergeben, die zum Erwerbszeitpunkt bestanden, sind zur Verringerung des Buchwerts eines Geschäfts- oder Firmenwerts, der in Zusammenhang mit diesem Erwerb steht, anzuwenden. Wenn der Buchwert dieses Geschäfts- oder Firmenwerts gleich Null ist, sind alle verbleibenden latenten Steuervorteile im Ergebnis zu erfassen.

b) Alle anderen realisierten erworbenen latenten Steuervorteile sind im Ergebnis zu erfassen (oder nicht im Ergebnis, sofern es dieser Standards verlangt).

Tatsächliche und latente Steuern aus anteilsbasierten Vergütungen

68A. In einigen Steuerrechtskreisen kann ein Unternehmen im Zusammenhang mit Vergütungen, die in Aktien, Aktienoptionen oder anderen Eigenkapitalinstrumenten des Unternehmens abgegolten werden, einen Steuerabzug (d. h. einen Betrag, der bei der Ermittlung des zu versteuernden Ergebnisses abzugsfähig ist) in Anspruch nehmen. Die Höhe dieses Steuerabzugs kann sich vom kumulativen Vergütungsaufwand unterscheiden und in einer späteren Bilanzierungsperiode anfallen. Beispielsweise kann ein Unternehmen in einigen Rechtskreisen den Verbrauch der als Entgelt für gewährte Aktienoptionen erhaltenen Arbeitsleistungen gemäß IFRS 2 *Anteilsbasierte Vergütung* als Aufwand erfassen, jedoch erst bei Ausübung der Aktienoptionen einen Steuerabzug geltend machen, dessen Höhe nach dem Aktienkurs des Unternehmens am Tag der Ausübung bemessen wird.

68B. Wie bei den in den Paragraphen 9 und 26(b) erörterten Forschungskosten ist der Unterschiedsbetrag zwischen dem Steuerwert der bisher erhaltenen Arbeitsleistungen (der von den Steuerbehörden als ein in künftigen Perioden abzugsfähiger Betrag anerkannt wird) und dem Buchwert von Null eine abzugsfähige temporäre Differenz, die einen latenten Steueranspruch zur Folge hat. Ist der Betrag, der in zukünftigen Perioden von den Steuerbehörden erlaubt ist, am Ende der Berichtsperiode nicht bekannt, ist er anhand der zu diesem Zeitpunkt verfügbaren Informationen zu schätzen. Wenn beispielsweise die Höhe des Betrags, der von den Steuerbehörden als in künftigen Perioden abzugsfähig anerkannt wird, vom Aktienkurs des Unternehmens zu einem künftigen Zeitpunkt abhängig ist, muss zur Ermittlung der abzugsfähigen temporären Differenz der Aktienkurs des Unternehmens am Ende der Berichtsperiode herangezogen werden.

68C. Wie in Paragraph 68A aufgeführt, kann sich der steuerlich absetzbare Betrag (oder der gemäß Paragraph 68B berechnete voraussichtliche künftige Steuerabzug) von dem dazugehörigen kumulativen Bezugsaufwand unterscheiden. Paragraph 58 des Standards verlangt, dass tatsächliche und latente Steuern als Ertrag oder Aufwand zu erfassen und in den Gewinn oder Verlust der Periode einzubeziehen sind, ausgenommen in dem Umfang, in dem die Steuer

(a) aus einer Transaktion oder einem Ereignis herrührt, die bzw. das in der gleichen oder einer unterschiedlichen Periode außerhalb des Gewinns oder Verlusts erfasst wird, oder

(b) aus einem Unternehmenszusammenschluss.

Wenn der steuerlich absetzbare Betrag (oder der geschätzte künftige Steuerabzug) den Betrag des dazugehörigen kumulativen Bezugsaufwands übersteigt, weist dies drauf hin, dass sich der Steuerabzug nicht nur auf den Bezugsaufwand, sondern auch auf einen Eigenkapitalposten bezieht. In dieser Situation ist der Überschuss der verbundenen tatsächlichen und latenten Steuern direkt im Eigenkapital zu erfassen.

DARSTELLUNG
Steueransprüche und Steuerschulden

69. [gestrichen]
70. [gestrichen]

Saldierung

71. Ein Unternehmen hat tatsächliche Steuererstattungsansprüche und tatsächliche Steuerschulden dann, und nur dann zu saldieren, wenn ein Unternehmen

(a) einen Rechtsanspruch hat, die erfassten Beträge miteinander zu verrechnen; und

(b) beabsichtigt, entweder den Ausgleich auf Nettobasis herbeizuführen, oder gleichzeitig mit der Realisierung des betreffenden Vermögenswerts die dazugehörige Verbindlichkeit abzulösen.

72. Obwohl tatsächliche Steuererstattungsansprüche und Steuerschulden voneinander getrennt angesetzt und bewertet werden, erfolgt eine Saldierung in der Bilanz dann, wenn die Kriterien analog erfüllt sind, die für Finanzinstrumente in IAS 32 angegeben sind. Ein Unternehmen wird im Regelfall ein einklagbares Recht zur Aufrechnung eines tatsächlichen Steuererstattungsanspruchs gegen eine tatsächliche Steuerschuld haben, wenn diese in Verbindung mit Ertragsteuern stehen, die von der gleichen Steuerbehörde erhoben werden, und die Steuerbehörde dem Unternehmen gestattet, eine einzige Nettozahlung zu leisten oder zu empfangen.

73. In einem Konzernabschluss wird ein tatsächlicher Steuererstattungsanspruch eines Konzernunternehmens nur dann gegen eine tatsächliche Steuerschuld eines anderen Konzernunternehmens saldiert, wenn die betreffenden Unternehmen ein einklagbares Recht haben, nur eine einzige Nettozahlung zu leisten oder zu empfangen, und die Unternehmen beabsichtigen, auch lediglich eine Nettozahlung zu leisten oder zu empfangen bzw. gleichzeitig den Anspruch zu realisieren und die Schuld abzulösen.

74. Ein Unternehmen hat latente Steueransprüche und latente Steuerschulden dann, und nur dann zu saldieren, wenn

(a) das Unternehmen ein einklagbares Recht zur Aufrechnung tatsächlicher Steuererstattungsansprüche gegen tatsächliche Steuerschulden hat; und

(b) die latenten Steueransprüche und die latenten Steuerschulden sich auf Ertragsteuern beziehen, die von der gleichen Steuerbehörde erhoben werden für

(i) entweder dasselbe Steuersubjekt; oder

(ii) unterschiedliche Steuersubjekte, die beabsichtigen, in jeder künftigen Periode, in der die Ablösung oder Realisierung erheblicher Beträge an latenten Steuerschulden bzw. Steueransprüchen zu erwarten ist, entweder den Ausgleich der tatsächlichen Steuerschulden und Erstattungsansprüche auf Nettobasis herbeizuführen oder gleichzeitig mit der Realisierung der Ansprüche die Verpflichtungen abzulösen.

75. Um das Erfordernis einer detaillierten Aufstellung des zeitlichen Verlaufs der Auflösung jeder einzelnen temporären Differenz zu vermeiden, verlangt dieser Standard von einem Unternehmen die Saldierung eines latenten Steueranspruchs gegen eine latente Steuerschuld des gleichen Steuersubjektes dann, und nur dann, wenn diese sich auf Ertragsteuern beziehen, die von der gleichen Steuerbehörde erhoben werden, und das Unternehmen einen einklagbaren Anspruch auf Aufrechnung der tatsächlichen Steuererstattungsansprüche gegen tatsächliche Steuerschulden hat.

76. In seltenen Fällen kann ein Unternehmen einen einklagbaren Anspruch auf Aufrechnung haben, nur für einige Perioden einen Ausgleich auf Nettobasis durchzuführen, aber nicht für andere. In solchen seltenen Fällen kann eine detaillierte Aufstellung erforderlich sein, damit verlässlich festgestellt werden kann, ob die latente Steuerschuld eines Steuersubjekts zu erhöhten Steuerzahlungen in der gleichen Periode führen wird, in der ein latenter Steueranspruch eines anderen Steuersubjekts zu verminderten Zahlungen dieses zweiten Steuersubjekts führen wird.

Steueraufwand

Der gewöhnlichen Tätigkeit zuzurechnender Steueraufwand (Steuerertrag)

77. Der der gewöhnlichen Tätigkeit zuzurechnende Steueraufwand (Steuerertrag) ist in der Gesamtergebnisrechnung gesondert darzustellen.

77A. Wenn ein Unternehmen die Ergebnisbestandteile in einer gesonderten Gewinn- und Verlustrechnung gemäß Paragraph 81 des IAS 1 *Darstellung des Abschlusses* (überarbeitet 2007) darstellt, so hat es den auf den Gewinn oder Verlust aus gewöhnlicher Geschäftstätigkeit entfallenden Steueraufwand (Steuerertrag) in diesem Abschlussbestandteil auszuweisen.

Währungsdifferenzen aus latenten Auslandssteuerschulden oder -ansprüchen

78. IAS 21 verlangt die Erfassung bestimmter Währungsdifferenzen als Aufwand oder Ertrag, legt aber nicht fest, wo solche Unterschiedsbeträge in der Gesamtergebnisrechnung auszuweisen sind. Sind entsprechend Währungsdifferenzen aus latenten Auslandssteuerschulden oder latenten Aus-

landssteueransprüchen in der Gesamtergebnisrechnung erfasst, können demzufolge solche Unterschiedsbeträge auch als latenter Steueraufwand (Steuerertrag) ausgewiesen werden, falls anzunehmen ist, dass dieser Ausweis für die Informationsinteressen der Abschlussadressaten am geeignetsten ist.

ANGABEN

79. Die Hauptbestandteile des Steueraufwands (Steuerertrags) sind getrennt anzugeben.

80. Zu den Bestandteilen des Steueraufwands (Steuerertrags) kann Folgendes gehören:
(a) tatsächlicher Steueraufwand (Steuerertrag);
(b) alle in der Periode erfassten Anpassungen für periodenfremde tatsächliche Ertragsteuern;
(c) der Betrag des latenten Steueraufwands (Steuerertrags), der auf das Entstehen bzw. die Auflösung temporärer Differenzen zurückzuführen ist;
(d) der Betrag des latenten Steueraufwands (Steuerertrags), der auf Änderungen der Steuersätze oder der Einführung neuer Steuern beruht;
(e) der Betrag der Minderung des tatsächlichen Ertragsteueraufwands aufgrund der Nutzung bisher nicht berücksichtigter steuerlicher Verluste, aufgrund von Steuergutschriften oder infolge einer bisher nicht berücksichtigten temporären Differenz einer früheren Periode;
(f) der Betrag der Minderung des latenten Steueraufwands aufgrund bisher nicht berücksichtigter steuerlicher Verluste, aufgrund von Steuergutschriften oder infolge einer bisher nicht berücksichtigten temporären Differenz einer früheren Periode;
(g) der latente Steueraufwand infolge einer Abwertung oder Aufhebung einer früheren Abwertung eines latenten Steueranspruchs gemäß Paragraph 56; und
(h) der Betrag des Ertragsteueraufwands (Ertragsteuerertrags), der aus Änderungen der Rechnungslegungsmethoden und Fehlern resultiert, die nach IAS 8 im Gewinn oder Verlust erfasst wurden, weil sie nicht rückwirkend berücksichtigt werden können.

81. Weiterhin ist ebenfalls getrennt anzugeben:
(a) die Summe des Betrags tatsächlicher und latenter Steuern resultierend aus Posten, die direkt dem Eigenkapital belastet oder gutgeschrieben werden (siehe Paragraph 62A);
(ab) der mit jedem Bestandteil des sonstigen Ergebnisses in Zusammenhang stehende Ertragsteuerbetrag (siehe Paragraph 62 und IAS 1 (überarbeitet 2007);
(b) [gestrichen];
(c) eine Erläuterung der Beziehung zwischen Steueraufwand (Steuerertrag) und dem bilanziellen Ergebnis vor Steuern alternativ in einer der beiden folgenden Formen:
  (i) eine Überleitungsrechnung zwischen dem Steueraufwand (Steuerertrag) und dem Produkt aus dem bilanziellen Ergebnis vor Steuern und dem anzuwendenden Steuersatz (den anzuwendenden Steuersätzen), wobei auch die Grundlage anzugeben ist, auf der der anzuwendende Steuersatz berechnet wird oder die anzuwendenden Steuersätze berechnet werden; oder
  (ii) eine Überleitungsrechnung zwischen dem durchschnittlichen effektiven Steuersatz und dem anzuwendenden Steuersatz, wobei ebenfalls die Grundlage anzugeben ist, auf welcher der anzuwendende Steuersatz errechnet wurde;
(d) eine Erläuterung zu Änderungen des anzuwendenden Steuersatzes bzw. der anzuwendenden Steuersätze im Vergleich zu der vorherigen Bilanzierungsperiode;
(e) der Betrag (und, falls erforderlich, das Datum des Verfalls) der abzugsfähigen temporären Differenzen, der noch nicht genutzten steuerlichen Verluste und der noch nicht genutzten Steuergutschriften, für welche in der Bilanz kein latenter Steueranspruch angesetzt wurde;
(f) die Summe des Betrags temporärer Differenzen im Zusammenhang mit Anteilen an Tochterunternehmen, Zweigniederlassungen und assoziierten Unternehmen sowie Anteilen an Gemeinschaftsunternehmen, für die keine latenten Steuerschulden bilanziert worden sind (siehe Paragraph 39);
(g) bezüglich jeder Art temporärer Unterschiede und jeder Art noch nicht genutzter steuerlicher Verluste und noch nicht genutzter Steuergutschriften:
  (i) der Betrag der latenten Steueransprüche und latenten Steuerschulden, die in der Bilanz für jede dargestellte Periode angesetzt wurden;
  (ii) der Betrag des in der Gesamtergebnisrechnung erfassten latenten Steuerertrags oder Steueraufwands, falls dies nicht bereits aus den Änderungen der in der Bilanz angesetzten Beträge hervorgeht;
h) der Steueraufwand hinsichtlich aufgegebener Geschäftsbereiche für:
  i) den auf die Aufgabe entfallenden Gewinn bzw. Verlust; und
  ii) der Gewinn oder Verlust, soweit er aus der gewöhnlichen Tätigkeit des aufgegebenen Geschäftsbereiches resultiert, zusammen mit den Vergleichszahlen für jede dargestellte frühere Periode;
i) der Betrag der ertragsteuerlichen Konsequenzen von Dividendenzahlungen an die

Anteilseigner des Unternehmens, die vorgeschlagen oder beschlossen wurden, bevor der Abschluss zur Veröffentlichung genehmigt wurde, die aber nicht als Verbindlichkeit im Abschluss bilanziert wurden;

j) wenn ein Unternehmenszusammenschluss, bei dem das Unternehmen der Erwerber ist, eine Änderung des Betrags verursacht, der für die latenten Steueransprüche vor dem Erwerb ausgewiesen wurde (siehe Paragraph 67), der Betrag dieser Änderung; und

k) wenn die bei einem Unternehmenszusammenschluss erworbenen latenten Steuervorteile nicht zum Erwerbszeitpunkt erfasst wurden sondern erst danach (siehe Paragraph 68), eine Beschreibung des Ereignisses oder der Änderung des Umstands, welche begründen, dass die latenten Steuervorteile erfasst werden.

82. Ein Unternehmen hat den Betrag eines latenten Steueranspruchs und die substanziellen Hinweise für seinen Ansatz anzugeben, wenn

(a) die Realisierung des latenten Steueranspruchs von künftigen zu versteuernden Ergebnissen abhängt, die höher als die Ergebniseffekte aus der Auflösung bestehender zu versteuernder temporärer Differenzen sind; und

(b) das Unternehmen in der laufenden Periode oder der Vorperiode im gleichen Steuerrechtskreis, auf den sich der latente Steueranspruch bezieht, Verluste erlitten hat.

82A. Unter den Umständen, wie sie in Paragraph 52A beschrieben sind, hat ein Unternehmen die Art der potenziellen ertragsteuerlichen Konsequenzen, die sich durch die Zahlung von Dividenden an die Eigentümer ergeben, anzugeben. Zusätzlich hat das Unternehmen die Beträge der potenziellen ertragsteuerlichen Konsequenzen, die praktisch bestimmbar sind, anzugeben und ob irgendwelche nicht bestimmbaren potenziellen ertragsteuerlichen Konsequenzen vorhanden sind.

83. [gestrichen]

84. Die gemäß Paragraph 81(c) verlangten Angaben ermöglichen es Abschlussadressaten, zu verstehen, ob die Beziehung zwischen dem Steueraufwand (Steuerertrag) und bilanziellen Ergebnis vor Steuern ungewöhnlich ist, und die maßgeblichen Faktoren zu verstehen, die diese Beziehung in der Zukunft beeinflussen könnten. Die Beziehung zwischen dem Steueraufwand (Steuerertrag) und dem bilanziellen Ergebnis vor Steuern kann durch steuerfreie Umsatzerlöse, bei der Ermittlung des zu versteuernden Ergebnisses (steuerlichen Verlusts) nicht abzugsfähigen Aufwand sowie durch die Auswirkungen steuerlicher Verluste und ausländischer Steuersätze beeinflusst werden.

85. Bei der Erklärung der Beziehung zwischen dem Steueraufwand (Steuerertrag) und dem bilanziellen Ergebnis vor Steuern ist ein Steuersatz anzuwenden, der für die Informationsinteressen der Abschlussadressaten am geeignetsten ist. Häufig ist der geeignetste Steuersatz der inländische Steuersatz des Landes, in dem das Unternehmen seinen Sitz hat. Dabei werden in die nationalen Steuersätze alle lokalen Steuern einbezogen, die entsprechend eines im Wesentlichen vergleichbaren Niveaus des zu versteuernden Ergebnisses (steuerlichen Verlusts) berechnet werden. Für ein Unternehmen, das in verschiedenen Steuerrechtskreisen tätig ist, kann es sinnvoller sein, anhand der für die einzelnen Steuerrechtskreise gültigen inländischen Steuersätze verschiedene Überleitungsrechnungen zu erstellen und diese zusammenzufassen. Das folgende Beispiel zeigt, wie sich die Auswahl des anzuwendenden Steuersatzes auf die Darstellung der Überleitungsrechnung auswirkt.

Beispiel zur Veranschaulichung von Paragraph 85

In 19X2 erzielt ein Unternehmen in seinem eigenen Steuerrechtskreis (Land A) ein Ergebnis vor Ertragsteuern von 1 500 (19X1: 2 000) und in Land B von 1 500 (19X1: 500). Der Steuersatz beträgt 30 % in Land A und 20 % in Land B. In Land A sind Aufwendungen von 100 (19X1: 200) steuerlich nicht abzugsfähig.

Nachstehend ein Beispiel einer Überleitungsrechnung für einen inländischen Steuersatz.

	19X1	19X2
Bilanzieller Gewinn oder Verlust vor Steuern	2 500	3 000
Steuer zum inländischen Steuersatz von 30 %	750	900
Steuerauswirkung von steuerlich nicht abzugsfähigen Aufwendungen	60	30
Auswirkung der niedrigeren Steuersätze in Land B	(50)	(150)
Steueraufwand	760	780

Es folgt ein Beispiel einer Überleitungsrechnung, in der getrennte Überleitungsrechnungen für jeden einzelnen nationalen Steuerrechtskreis zusammengefasst wurden. Nach dieser Methode erscheint die Auswirkung der Unterschiedsbeträge zwischen dem eigenen inländischen Steuersatz des berichtenden Unternehmens und dem inländischen Steuersatz in anderen Steuerrechtskreisen nicht als ein getrennter Posten in der Überleitungsrechnung. Ein Unternehmen hat möglicherweise die Auswirkungen maßgeblicher Änderungen in den Steuersätzen oder die strukturelle Zusammensetzung von in unterschiedlichen Steuerrechtskreisen erzielten Gewinnen zu erörtern, um die Änderungen im anzuwendenden Steuersatz (den anzuwendenden Steuersätzen) wie gemäß Paragraph 81(d) verlangt, zu erklären.

	19X1	19X2
Bilanzieller Gewinn oder Verlust vor Steuern	2 500	3 000
Steuer zum inländischen Steuersatz anzuwenden auf Gewinne in dem betreffenden Land	700	750
Steuerauswirkung von steuerlich nicht abzugsfähigen Aufwendungen	750	900
Steuerauswirkung von steuerlich nicht abzugsfähigen Aufwendungen	60	30
Steueraufwand	760	780

86. Der durchschnittliche effektive Steuersatz ist der Steueraufwand (Steuerertrag), geteilt durch das bilanzielle Ergebnis vor Steuern.

87. Es ist häufig nicht praktikabel, den Betrag der nicht bilanzierten latenten Steuerschulden aus Anteilen an Tochterunternehmen, Zweigniederlassungen und assoziierten Unternehmen sowie Anteilen an Gemeinschaftsunternehmen zu berechnen (siehe Paragraph 39). Daher verlangt dieser Standard von einem Unternehmen die Angabe der Summe des Betrages der zugrunde liegenden temporären Differenzen, aber er verlangt keine Angabe der latenten Steuerschulden. Wo dies praktikabel ist, wird dem Unternehmen dennoch empfohlen, die Beträge der nicht bilanzierten latenten Steuerschulden anzugeben, da diese Angaben für die Adressaten des Abschlusses nützlich sein könnten.

87A. Paragraph 82A fordert von einem Unternehmen die Art der potenziellen ertragsteuerlichen Konsequenzen, die aus der Zahlung von Dividenden an die Eigentümer resultieren würden, anzugeben. Ein Unternehmen gibt die wichtigen Bestandteile des ertragsteuerlichen Systems und die Faktoren an, die den Betrag der potenziellen ertragsteuerlichen Konsequenzen von Dividenden beeinflussen.

87B. Manchmal wird es nicht durchführbar sein, den gesamten Betrag der potenziellen ertragsteuerlichen Konsequenzen, die aus der Zahlung von Dividenden an die Eigentümer resultieren würden, auszurechnen. Dies könnte zum Beispiel der Fall sein, wenn ein Unternehmen eine große Anzahl von ausländischen Tochtergesellschaften hat. Auch unter diesen Umständen ist es möglich, einen Teilbetrag leicht darzustellen. Zum Beispiel könnten in einem Konzern ein Mutterunternehmen und einige der Tochterunternehmen Ertragsteuern zu einem höheren Satz auf nicht ausgeschüttete Gewinne gezahlt haben und sich über den Betrag bewusst sein, der zurückerstattet würde, wenn die Dividenden später an die Eigentümer aus den konsolidierten Gewinnrücklagen gezahlt werden. In diesem Fall ist der erstattungsfähige Betrag anzugeben. Wenn dies zutrifft, muss das Unternehmen auch angeben, dass weitere potenzielle ertragsteuerliche Konsequenzen praktisch nicht bestimmbar sind. Im Abschluss des Mutterunternehmens sind Angaben über die potenziellen ertragsteuerlichen Konsequenzen zu machen, soweit vorhanden, die sich auf die Gewinnrücklagen des Mutterunternehmens beziehen.

87C. Ein Unternehmen, das die Angaben nach Paragraph 82A machen muss, könnte darüber hinaus auch verpflichtet sein, Angaben zu den temporären Differenzen, die aus Anteilen an Tochterunternehmen, Zweigniederlassungen und assoziierten Unternehmen oder Anteilen an Gemeinschaftsunternehmen stammen, zu machen. In diesem Fall beachtet das Unternehmen dies bei der Ermittlung der Angaben, die nach Paragraph 82A zu machen sind. Bei einem Unternehmen kann es zum Beispiel erforderlich sein, die Summe des Betrags temporärer Differenzen im Zusammenhang mit Anteilen an Tochterunternehmen, für die keine latenten Steuerschulden bilanziert worden sind (siehe auch Paragraph 81(f)), anzugeben. Wenn es undurchführbar ist, den Betrag der nicht bilanzierten latenten Steuerschulden zu ermitteln (siehe auch Paragraph 87), könnte es sein, dass sich potenzielle Ertragsteuerbeträge, die sich aus Dividenden ergeben, die sich nicht ermitteln lassen, auf diese Tochterunternehmen beziehen.

88. Ein Unternehmen gibt alle steuerbezogenen Eventualverbindlichkeiten und Eventualforderungen – gemäß IAS 37 *Rückstellungen, Eventualverbindlichkeiten und Eventualforderungen* – an. Eventualverbindlichkeiten und Eventualforderungen können beispielsweise aus ungelösten Streitigkeiten mit den Steuerbehörden stammen. Ähnlich hierzu gibt ein Unternehmen, wenn Änderungen der Steuersätze oder Steuervorschriften nach dem Abschlussstichtag in Kraft treten oder angekündigt werden, alle wesentlichen Auswirkungen dieser Änderungen auf seine tatsächlichen und latenten Steueransprüche bzw. -schulden an (siehe IAS 10 *Ereignisse nach dem Abschlussstichtag*).

ZEITPUNKT DES INKRAFTTRETENS

89. Dieser Standard ist erstmals in der ersten Berichtsperiode eines am 1. Januar 1998 oder danach beginnenden Geschäftsjahres anzuwenden, es sei denn, in Paragraph 91 ist etwas anders angegeben. Wenn ein Unternehmen diesen Standard für Berichtsperioden anwendet, die vor dem 1. Januar 1998 beginnen, hat das Unternehmen die Tatsache anzugeben, dass es diesen Standard an Stelle von IAS 12 *Bilanzierung von Ertragsteuern*, genehmigt 1979, angewendet hat.

90. Dieser Standard ersetzt den 1979 genehmigten IAS 12 *Bilanzierung von Ertragsteuern*.

91. Die Paragraphen 52A, 52B, 65A, 81(i), 82A, 87A, 87B, 87C und die Streichung der Paragraphen 3 und 50 sind erstmals in der ersten Berichtsperiode eines am 1. Januar 2001 oder danach beginnenden Geschäftsjahres anzuwenden.([1]) Eine frühere Anwendung wird empfohlen. Wenn die frühere Anwendung den Abschluss beeinflusst, so ist dies anzugeben.

([1]) In Übereinstimmung mit der im Jahr 1998 verabschiedeten, sprachlich präziseren Bestimmung für den Zeitpunkt des Inkrafttretens bezieht sich Paragraph 91 auf „Abschlüsse eines Geschäftsjahres". Paragraph 89 bezieht sich auf „Abschlüsse einer Berichtsperiode".

92. Infolge des IAS 1 (überarbeitet 2007) wurde die in allen IFRS verwendete Terminologie geändert. Außerdem wurden die Paragraphen 23, 52, 58, 60, 62, 63, 65, 68C, 77 und 81 geändert, Paragraph 61 gestrichen und die Paragraphen 61A, 62A und 77A hinzugefügt. Diese Änderungen sind erstmals in der ersten Berichtsperiode eines am 1. Januar 2009 oder danach beginnenden Geschäftsjahres anzuwenden. Wird IAS 1 (überarbeitet 2007) auf eine frühere Periode angewandt, sind diese Änderungen entsprechend auch anzuwenden.

93. Paragraph 68 ist vom Zeitpunkt des Inkrafttretens des IFRS 3 (in der vom International Accounting Standards Board **2008 überarbeiteten Fassung) prospektiv auf die Bilanzierung latenter Steueransprüche, die bei einem Unternehmenszusammenschluss erworben wurden, anzuwenden.**

94. Daher dürfen Unternehmen die Bilanzierung früherer Unternehmenszusammenschlüsse nicht anpassen, wenn Steuervorteile die Kriterien für eine gesonderte Erfassung zum Erwerbszeitpunkt nicht erfüllten und nach dem Erwerbszeitpunkt erfasst werden, es sei denn die Steuervorteile werden innerhalb des Bewertungszeitraums erfasst und stammen von neuen Informationen über Fakten und Umstände, die zum Erwerbszeitpunkt bestanden. Sonstige bilanzierte Steuervorteile sind im Gewinn oder Verlust zu erfassen (oder nicht im Gewinn oder Verlust, sofern es dieser Standards verlangt).

95. Durch IFRS 3 (in der vom International Accounting Standards Board **2008 überarbeiteten Fassung) wurden die Paragraphen 21 und 67 geändert und die Paragraphen 32A und 81(j) und (k) hinzugefügt. Diese Änderungen sind erstmals in der ersten Berichtsperiode eines am 1. Juli 2009 oder danach beginnenden Geschäftsjahres anzuwenden. Wendet ein Unternehmen IFRS 3 (in der 2008 überarbeiteten Fassung) auf eine frühere Periode an, so hat es auf diese Periode auch diese Änderungen anzuwenden.**

INTERNATIONAL ACCOUNTING STANDARD 16
Sachanlagen

IAS 16, VO (EG) Nr. 1126/2008 i.d.F.

1 VO (EG) Nr. 1260/2008 [IAS 23]
3 VO (EG) Nr. 70/2009
5 VO (EG) Nr. 495/2009 [IFRS 3]

2 VO (EG) Nr. 1274/2008 [IAS 1]
4 VO (EG) Nr. 70/2009 [IAS 40]

GLIEDERUNG	§§
ZIELSETZUNG	1
ANWENDUNGSBEREICH	2–5
DEFINITIONEN	6
ERFASSUNG	7–14
Erstmalige Anschaffungs- oder Herstellungskosten	11
Nachträgliche Anschaffungs- oder Herstellungskosten	12–14
BEWERTUNG BEI ERSTMALIGEM ANSATZ	15–28
Bestandteile der Anschaffungs- oder Herstellungskosten	16–22
Bewertung der Anschaffungs- und Herstellungskosten	23–28
FOLGEBEWERTUNG	29–66
Anschaffungskostenmodell	30
Neubewertungsmodell	31–42
Abschreibung	43–62
Abschreibungsbetrag und Abschreibungsperiode	50–59
Abschreibungsmethode	60–62
Wertminderung	63–64
Entschädigung für Wertminderung	65–66
AUSBUCHUNG	67–72
ANGABEN	73–79
ÜBERGANGSVORSCHRIFTEN	80
ZEITPUNKT DES INKRAFTTRETENS	81–81E
RÜCKNAHME ANDERER VERLAUTBARUNGEN	82

ZIELSETZUNG

1. Zielsetzung dieses Standards ist es, die Bilanzierungsmethoden für Sachanlagen vorzuschreiben, damit Abschlussadressaten Informationen über Investitionen eines Unternehmens in Sachanlagen und Änderungen solcher Investitionen erkennen können. Die grundsätzlichen Fragen zur Bilanzierung von Sachanlagen betreffen den Ansatz der Vermögenswerte, die Bestimmung ihrer Buchwerte und der Abschreibungs- und Wertminderungsaufwendungen.

ANWENDUNGSBEREICH

2. Dieser Standard ist für die Bilanzierung der Sachanlagen anzuwenden, es sei denn, dass ein anderer Standard eine andere Behandlung erfordert oder zulässt.

3. Dieser Standard ist nicht anwendbar auf:
(a) Sachanlagen, die gemäß IFRS 5 *Zur Veräußerung gehaltene langfristige Vermögenswerte und aufgegebene Geschäftsbereiche* als zur Veräußerung gehalten klassifiziert werden;

(b) biologische Vermögenswerte, die mit landwirtschaftlicher Tätigkeit im Zusammenhang stehen (siehe IAS 41 *Landwirtschaft*);

(c) den Ansatz und die Bewertung von Vermögenswerten aus Exploration und Evaluierung (siehe IFRS 6 *Exploration und Evaluierung von Bodenschätzen*); bzw.

(d) Abbau- und Schürfrechte sowie Bodenschätze wie Öl, Erdgas und ähnliche nicht-regenerative Ressourcen.

Jedoch gilt dieser Standard für Sachanlagen, die verwendet werden, um die unter (b) bis (d) beschriebenen Vermögenswerte auszuüben bzw. zu erhalten.

4. Andere Standards können den Ansatz einer Sachanlage erforderlich machen, der auf einer anderen Methode als der in diesem Standard vorgeschriebenen beruht. So muss beispielsweise gemäß IAS 17 *Leasingverhältnisse* ein Unternehmen einen Ansatz einer geleasten Sachanlage nach dem Grundsatz der Übertragung von Risiken und Nutzenzugang bewerten. In solchen Fällen werden je-

doch alle anderen Aspekte der Bilanzierungsmethoden für diese Vermögenswerte, einschließlich der Abschreibung, von diesem Standard vorgeschrieben.

5. Für ein Unternehmen, das das Anschaffungskostenmodel gemäß IAS 40 *Als Finanzinvestition gehaltene Immobilien* für als Finanzinvestition gehaltene Immobilien anwendet, ist das Anschaffungskostenmodell dieses Standards anzuwenden.

DEFINITIONEN

6. Die folgenden Begriffe werden in diesem Standard mit der angegebenen Bedeutung verwendet:

Der *Buchwert* ist der Betrag, zu dem ein Vermögenswert nach Abzug aller kumulierten Abschreibungen und kumulierten Wertminderungsaufwendungen erfasst wird.

Anschaffungs- oder Herstellungskosten sind der zum Erwerb oder zur Herstellung eines Vermögenswerts entrichtete Betrag an Zahlungsmitteln oder Zahlungsmitteläquivalenten oder der beizulegende Zeitwert einer anderen Entgeltform zum Zeitpunkt des Erwerbs oder der Herstellung oder, falls zutreffend, der Betrag, der diesem Vermögenswert beim erstmaligen Ansatz gemäß den besonderen Bestimmungen anderer IFRS, wie beispielsweise IFRS 2 *Anteilsbasierte Vergütung*, beigelegt wird.

Der *Abschreibungsbetrag* ist die Differenz zwischen Anschaffungs- oder Herstellungskosten eines Vermögenswerts oder eines Ersatzbetrags und dem Restwert.

Abschreibung ist die systematische Verteilung des Abschreibungsvolumens eines Vermögenswerts über dessen Nutzungsdauer.

Der *unternehmensspezifische Wert* ist der Barwert der Cashflows, von denen ein Unternehmen erwartet, dass sie aus der fortgesetzten Nutzung eines Vermögenswerts und seinem Abgang am Ende seiner Nutzungsdauer oder bei Begleichung einer Schuld entstehen.

Der *beizulegende Zeitwert* ist der Betrag, zu dem ein Vermögenswert zwischen sachverständigen, vertragswilligen und voneinander unabhängigen Geschäftspartnern getauscht werden könnte.

Ein *Wertminderungsaufwand* ist der Betrag, um den der Buchwert eines Vermögenswerts seinen erzielbaren Betrag übersteigt.

Sachanlagen umfassen materielle Vermögenswerte,
(a) die für Zwecke der Herstellung oder der Lieferung von Gütern und Dienstleistungen, zur Vermietung an Dritte oder für Verwaltungszwecke gehalten werden; und die
(b) erwartungsgemäß länger als eine Periode genutzt werden.

Der *erzielbare Betrag* ist der höhere der beiden Beträge aus beizulegender Zeitwert abzüglich Veräußerungskosten und Nutzungswert eines Vermögenswerts.

Der *Restwert* eines Vermögenswerts ist der geschätzte Betrag, den ein Unternehmen derzeit bei Abgang des Vermögenswerts nach Abzug der bei Abgang voraussichtlich anfallenden Ausgaben erhalten würde, wenn der Vermögenswert alters- und zustandsmäßig schon am Ende seiner Nutzungsdauer angelangt wäre.

Die *Nutzungsdauer* ist:
(a) der Zeitraum, über den ein Vermögenswert voraussichtlich von einem Unternehmen nutzbar ist; oder
(b) die voraussichtlich durch den Vermögenswert im Unternehmen zu erzielende Anzahl an Produktionseinheiten oder ähnlichen Maßgrößen.

ERFASSUNG

7. Die Anschaffungs- oder Herstellungskosten einer Sachanlage sind als Vermögenswert anzusetzen, ausschließlich wenn,
(a) es wahrscheinlich ist, dass ein mit der Sachanlage verbundener künftiger wirtschaftlicher Nutzen dem Unternehmen zufließen wird, und wenn
(b) die Anschaffungs- oder Herstellungskosten der Sachanlage verlässlich bewertet werden können.

8. Ersatzteile und Wartungsgeräte werden normalerweise als Vorräte behandelt, die bei Verbrauch als Gewinn oder Verlust erfasst werden. Jedoch zählen bedeutende Ersatzteile und Bereitschaftsausrüstungen zu den Sachanlagen, wenn das Unternehmen sie erwartungsgemäß länger als eine Periode nutzt. Gleichermaßen werden die Ersatzteile und Wartungsgeräte, wenn sie nur in Zusammenhang mit einer Sachanlage genutzt werden können, als Sachanlagen angesetzt.

9. Dieser Standard schreibt für den Ansatz keine Maßeinheit hinsichtlich einer Sachanlage vor. Demzufolge ist bei der Anwendung der Ansatzkriterien auf die unternehmensspezifischen Gegebenheiten eine Beurteilung erforderlich. Es kann angemessen sein, einzelne unbedeutende Gegenstände, wie Press-, Gussformen und Werkzeuge, zusammenzufassen und die Kriterien auf den zusammengefassten Wert anzuwenden.

10. Ein Unternehmen bewertet alle Kosten für Sachanlagen nach diesen Ansatzkriterien zu dem Zeitpunkt, an dem sie anfallen. Zu diesen Anschaffungs- und Herstellungskosten gehören die ursprünglich für den Erwerb oder den Bau der Sachanlage angefallenen Kosten sowie die Folgekosten, um etwas hinzuzufügen, sie zu ersetzen oder zu warten.

Erstmalige Anschaffungs- oder Herstellungskosten

11. Sachanlagen können aus Gründen der Sicherheit oder des Umweltschutzes erworben werden. Der Erwerb solcher Gegenstände steigert zwar nicht direkt den künftigen wirtschaftlichen Nutzen einer bereits vorhandenen Sachanlage, er

kann aber notwendig sein, um den künftigen wirtschaftlichen Nutzen aus den anderen Vermögenswerten des Unternehmens überhaupt erst zu gewinnen. Solche Sachanlagen sind als Vermögenswerte anzusetzen, da sie es einem Unternehmen ermöglichen, künftigen wirtschaftlichen Nutzen aus den in Beziehung stehenden Vermögenswerten zusätzlich zu dem Nutzen zu ziehen, der ohne den Erwerb möglich gewesen wäre. So kann beispielsweise ein Chemieunternehmen bestimmte neue chemische Bearbeitungsverfahren einrichten, um die Umweltschutzvorschriften für die Herstellung und Lagerung gefährlicher chemischer Stoffe zu erfüllen. Damit verbundene Betriebsverbesserungen werden als Vermögenswert angesetzt, da das Unternehmen ohne sie keine Chemikalien herstellen und verkaufen kann. Der aus solchen Vermögenswerten und verbundenen Vermögenswerten entstehende Buchwert wird jedoch auf Wertminderung gemäß IAS 36 *Wertminderung von Vermögenswerten* überprüft.

Nachträgliche Anschaffungs- oder Herstellungskosten

12. Nach den Ansatzkriterien in Paragraph 7 erfasst ein Unternehmen die laufenden Wartungskosten für diese Sachanlage nicht in ihrem Buchwert. Diese Kosten werden sofort im Gewinn oder Verlust erfasst. Kosten für die laufende Wartung setzen sich vor allem aus Kosten für Lohn und Verbrauchsgüter zusammen und können auch Kleinteile beinhalten. Der Zweck dieser Aufwendungen wird häufig als „Reparaturen und Instandhaltungen" der Sachanlagen beschrieben.

13. Teile einiger Sachanlagen bedürfen in regelmäßigen Zeitabständen gegebenenfalls eines Ersatzes. Das gilt beispielsweise für einen Hochofen, der nach einer bestimmten Gebrauchszeit auszufüttern ist, oder für Flugzeugteile wie Sitze und Bordküchen, die über die Lebensdauer des Flugzeuges mehrfach ausgetauscht werden. Sachanlagen können auch erworben werden, um einen nicht so häufig wiederkehrenden Ersatz vorzunehmen, wie den Ersatz der Innenwände eines Gebäudes, oder um einen einmaligen Ersatz vorzunehmen. Nach den Ansatzkriterien in Paragraph 7 erfasst ein Unternehmen im Buchwert einer Sachanlage die Kosten für den Ersatz eines Teils eines solchen Gegenstandes zum Zeitpunkt des Anfalls der Kosten, wenn die Ansatzkriterien erfüllt sind. Der Buchwert jener Teile, die ersetzt wurden, wird gemäß den Ausbuchungsbestimmungen dieses Standards ausgebucht (siehe Paragraph 67-72).

14. Eine Voraussetzung für die Fortführung des Betriebs einer Sachanlage (z. B. eines Flugzeugs) kann die Durchführung regelmäßiger größerer Wartungen sein, ungeachtet dessen ob Teile ersetzt werden. Bei Durchführung jeder größeren Wartung werden die Kosten im Buchwert der Sachanlage als Ersatz erfasst, wenn die Ansatzkriterien erfüllt sind. Jeder verbleibende Buchwert der Kosten für die vorhergehende Wartung (im Unterschied zu physischen Teilen) wird ausgebucht. Dies erfolgt ungeachtet dessen, ob die Kosten der vorhergehenden Wartung der Transaktion zugeordnet wurden, bei der die Sachanlage erworben oder hergestellt wurde. Falls erforderlich können die geschätzten Kosten einer zukünftigen ähnlichen Wartung als Hinweis auf die Kosten benutzt werden, die für den jetzigen Wartungsbestandteil zum Zeitpunkt des Erwerbs oder der Herstellung der Sachanlage anfielen.

BEWERTUNG BEI ERSTMALIGEM ANSATZ

15. Eine Sachanlage, die als Vermögenswert anzusetzen ist, ist bei erstmaligem Ansatz mit ihren Anschaffungs- oder Herstellungskosten zu bewerten.

Bestandteile der Anschaffungs- oder Herstellungskosten

16. Die Anschaffungs- oder Herstellungskosten einer Sachanlage umfassen:
(a) den Erwerbspreis einschließlich Einfuhrzölle und nicht erstattungsfähiger Umsatzsteuern nach Abzug von Rabatten, Boni und Skonti;
(b) alle direkt zurechenbaren Kosten, die anfallen, um den Vermögenswert zu dem Standort und in den erforderlichen, vom Management beabsichtigten, betriebsbereiten Zustand zu bringen;
(c) die erstmalig geschätzten Kosten für den Abbruch und die Beseitigung des Gegenstands und die Wiederherstellung des Standorts, an dem er sich befindet; die Verpflichtung, die ein Unternehmen entweder bei Erwerb des Gegenstands oder als Folge eingeht, wenn es ihn während einer gewissen Periode zu anderen Zwecken als zur Herstellung von Vorräten benutzt hat.

17. Beispiele für direkt zurechenbare Kosten sind:
(a) für Leistungen an Arbeitnehmer (wie in IAS 19 *Leistungen an Arbeitnehmer* beschrieben), die direkt aufgrund der Herstellung oder Anschaffung der Sachanlage anfallen;
(b) Kosten der Standortvorbereitung;
(c) Kosten der erstmaligen Lieferung und Verbringung;
(d) Installations- und Montagekosten;
(e) Kosten für Testläufe, mit denen überprüft wird, ob der Vermögenswert ordentlich funktioniert, nach Abzug der Nettoerträge vom Verkauf aller Gegenstände, die während der Zeit, in der der Vermögenswert zum Standort und in den betriebsbereiten Zustand gebracht wurde, hergestellt wurden (wie auf der Testanlage gefertigte Muster); und
(f) Honorare.

18. Ein Unternehmen wendet IAS 2 *Vorräte* an für die Kosten aus Verpflichtungen für die Beseitigung, das Abräumen und die Wiederherstellung des Standorts, an dem sich ein Gegenstand befindet, die während einer bestimmten Periode infolge der Nutzung des Gegenstands zur Herstellung von Vorräten in der besagten Periode eingegangen

wurden. Die Verpflichtungen für Kosten, die gemäß IAS 2 oder IAS 16 bilanziert werden, werden gemäß IAS 37 *Rückstellungen, Eventualverbindlichkeiten und Eventualforderungen* erfasst und bewertet.

19. Beispiele für Kosten, die nicht zu den Anschaffungs- oder Herstellungskosten von Sachanlagen gehören, sind:
(a) Kosten für die Eröffnung einer neuen Betriebsstätte;
(b) Kosten für die Einführung eines neuen Produkts oder einer neuen Dienstleistung (einschließlich Kosten für Werbung und verkaufsfördernde Maßnahmen);
(c) Kosten für die Geschäftsführung in einem neuen Standort oder mit einer neuen Kundengruppe (einschließlich Schulungskosten); und
(d) Verwaltungs- und andere allgemeine Gemeinkosten.

20. Die Erfassung von Anschaffungs- und Herstellungskosten im Buchwert einer Sachanlage endet, wenn sie sich an dem Standort und in dem vom Management beabsichtigten betriebsbereiten Zustand befindet. Kosten, die bei der Benutzung oder Verlagerung einer Sachanlage anfallen, sind nicht im Buchwert dieses Gegenstandes enthalten. Die nachstehenden Kosten gehören beispielsweise nicht zum Buchwert einer Sachanlage:
(a) Kosten, die anfallen während eine Sachanlage auf die vom Management beabsichtigte Weise betriebsbereit ist, die jedoch noch in Betrieb gesetzt werden muss, bzw. die ihren Betrieb noch nicht voll aufgenommen hat;
(b) erstmalige Betriebsverluste, wie diejenigen, die während der Nachfrage nach Produktionserhöhung des Gegenstandes auftreten; und
(c) Kosten für die Verlagerung oder Umstrukturierung eines Teils der oder der gesamten Geschäftstätigkeit des Unternehmens.

21. Einige Geschäftstätigkeiten treten bei der Herstellung oder Entwicklung einer Sachanlage auf, sind jedoch nicht notwendig, um sie zu dem Standort und in den vom Management beabsichtigten betriebsbereiten Zustand zu bringen. Diese Nebengeschäfte können vor den oder während der Herstellungs- oder Entwicklungstätigkeiten auftreten. Einnahmen können zum Beispiel erzielt werden, indem der Standort für ein Gebäude vor Baubeginn als Parkplatz genutzt wird. Da verbundene Geschäftstätigkeiten nicht notwendig sind, um eine Sachanlage zu dem Standort und in den vom Management beabsichtigten betriebsbereiten Zustand zu bringen, werden die Erträge und dazugehörigen Aufwendungen der Nebengeschäfte ergebniswirksam erfasst und in ihren entsprechenden Ertrags- und Aufwandsposten ausgewiesen.

22. Die Ermittlung der Herstellungskosten für selbsterstellte Vermögenswerte folgt denselben Grundsätzen, die auch beim Erwerb von Vermögenswerten angewandt werden. Wenn ein Unternehmen ähnliche Vermögenswerte für den Verkauf im Rahmen seiner normalen Geschäftstätigkeit herstellt, sind die Herstellungskosten eines Vermögenswertes normalerweise dieselben wie die für die Herstellung der zu veräußernden Gegenstände (siehe IAS 2). Daher sind etwaige interne Gewinne aus diesen Kosten herauszurechnen. Gleichermaßen stellen auch die Kosten für ungewöhnliche Mengen an Ausschuss, unnötigen Arbeitsaufwand oder andere Faktoren keine Bestandteile der Herstellungskosten des selbst hergestellten Vermögenswerts dar. IAS 23 *Fremdkapitalkosten* legt Kriterien für die Aktivierung von Zinsen als Bestandteil des Buchwerts einer selbst geschaffenen Sachanlage fest.

Bewertung der Anschaffungs- und Herstellungskosten

23. Die Anschaffungs- oder Herstellungskosten einer Sachanlage entsprechen dem Gegenwert des Barpreises am Erfassungstermin. Wird die Zahlung über das normale Zahlungsziel hinaus aufgeschoben, wird die Differenz zwischen dem Gegenwert des Barpreises und der zu leistenden Gesamtzahlung über den Zeitraum des Zahlungsziels als Zinsen erfasst, wenn diese Zinsen nicht gemäß IAS 23 aktiviert werden.

24. Eine oder mehrere Sachanlagen können im Tausch gegen nicht-monetäre Vermögenswerte oder eine Kombination von monetären und nicht-monetären Vermögenswerten erworben werden. Die folgenden Ausführungen beziehen sich nur auf einen Tausch von einem nicht-monetären Vermögenswert gegen einen anderen, finden aber auch auf alle anderen im vorherstehenden Satz genannten Tauschvorgänge Anwendung. Die Anschaffungskosten einer solchen Sachanlage werden zum beizulegenden Zeitwert bewertet, es sei denn (a) dem Tauschgeschäft fehlt es an wirtschaftlicher Substanz, oder (b) weder der beizulegende Zeitwert des erhaltenen Vermögenswerts noch des aufgegebenen Vermögenswerts ist verlässlich messbar. Der erworbene Gegenstand wird in dieser Art bewertet, auch wenn ein Unternehmen den aufgegebenen Vermögenswert nicht sofort ausbuchen kann. Wenn der erworbene Gegenstand nicht zum beizulegenden Zeitwert bemessen wird, werden die Anschaffungskosten zum Buchwert des aufgegebenen Vermögenswerts bewertet.

25. Ein Unternehmen legt fest, ob ein Tauschgeschäft wirtschaftliche Substanz hat, indem es prüft, in welchem Umfang sich die künftigen Cashflows infolge der Transaktion voraussichtlich ändern. Ein Tauschgeschäft hat wirtschaftliche Substanz, wenn
(a) die Zusammensetzung (Risiko, Timing und Betrag) des Cashflows des erhaltenen Vermögenswerts sich von der Zusammensetzung des übertragenen Vermögenswerts unterscheiden; oder
(b) der unternehmensspezifische Wert des Teils der Geschäftstätigkeiten des Unternehmens, der von der Transaktion betroffen ist, sich aufgrund des Tauschgeschäfts ändert; bzw.

(c) die Differenz in (a) oder (b) sich im Wesentlichen auf den beizulegenden Zeitwert der getauschten Vermögenswerte bezieht.

Für den Zweck der Bestimmung ob ein Tauschgeschäft wirtschaftliche Substanz hat, spiegelt der unternehmensspezifische Wert des Teils der Geschäftstätigkeiten des Unternehmens, der von der Transaktion betroffen ist, Cashflows nach Steuern wider. Das Ergebnis dieser Analysen kann eindeutig sein, ohne dass ein Unternehmen detaillierte Kalkulationen erbringen muss.

26. Der beizulegende Zeitwert eines Vermögenswerts, für den keine vergleichbaren Markttransaktionen vorhanden sind, gilt als verlässlich ermittelbar, wenn (a) die Schwankungsbandbreite der vernünftigen Schätzungen des beizulegenden Zeitwerts für diesen Vermögenswert nicht signifikant ist oder (b) die Eintrittswahrscheinlichkeiten der verschiedenen Schätzungen innerhalb dieser Bandbreite vernünftig geschätzt und bei der Schätzung des beizulegenden Zeitwerts verwendet werden können. Wenn ein Unternehmen den beizulegenden Zeitwert des erhaltenen Vermögenswerts oder des aufgegebenen Vermögenswerts verlässlich bestimmen kann, dann wird der beizulegende Zeitwert des aufgegebenen Vermögenswerts benutzt, um die Anschaffungskosten des erhaltenen Vermögenswerts zu ermitteln, sofern der beizulegende Zeitwert des erhaltenen Vermögenswerts nicht eindeutiger zu ermitteln ist.

27. Die Anschaffungskosten einer Sachanlage, die ein Leasingnehmer im Rahmen eines Finanzierungs-Leasingverhältnisses besitzt, sind gemäß IAS 17 zu bestimmen.

28. Der Buchwert einer Sachanlage kann gemäß IAS 20 *Bilanzierung und Darstellung von Zuwendungen der öffentlichen Hand* um Zuwendungen der öffentlichen Hand gemindert werden.

FOLGEBEWERTUNG

29. Ein Unternehmen wählt als Rechnungslegungsmethoden entweder das Anschaffungskostenmodell nach Paragraph 30 oder das Neubewertungsmodell nach Paragraph 31 aus und wendet dann diese Methode auf eine gesamte Gruppe von Sachanlagen an.

Anschaffungskostenmodell

30. Nach dem Ansatz als Vermögenswert ist eine Sachanlage zu ihren Anschaffungskosten abzüglich der kumulierten Abschreibungen und kumulierten Wertminderungsaufwendungen anzusetzen.

Neubewertungsmodell

31. Eine Sachanlage, deren beizulegender Zeitwert verlässlich bestimmt werden kann, ist nach dem Ansatz als Vermögenswert zu einem Neubewertungsbetrag anzusetzen, der seinem beizulegenden Zeitwert am Tage der Neubewertung abzüglich nachfolgender kumulierter planmäßiger Abschreibungen und nachfolgender kumulierter Wertminderungsaufwendungen entspricht. Neubewertungen sind in hinreichend regelmäßigen Abständen vorzunehmen, um sicherzustellen, dass der Buchwert nicht wesentlich von dem abweicht, der unter Verwendung des beizulegenden Zeitwerts zum Abschlussstichtag ermittelt werden würde.

32. Der beizulegende Zeitwert von Grundstücken und Gebäuden wird in der Regel nach den auf dem Markt basierenden Daten ermittelt, wobei man sich normalerweise der Berechnungen hauptamtlicher Gutachter bedient. Der beizulegende Zeitwert für technische Anlagen und Betriebs- und Geschäftsausstattung ist in der Regel der durch Wertermittlung bestimmte Marktwert.

33. Gibt es aufgrund der speziellen Art der Sachanlage und ihrer seltenen Veräußerung, ausgenommen als Teil eines fortbestehenden Geschäftsbereiches, keine marktbasierten Nachweise für den beizulegenden Zeitwert, muss ein Unternehmen eventuell den beizulegenden Zeitwert unter Anwendung eines Ertragswertverfahrens oder einer Wiederbeschaffungswertmethode nach Berücksichtigung von Abschreibungen schätzen.

34. Die Häufigkeit der Neubewertungen hängt von den Änderungen des beizulegenden Zeitwerts der Sachanlagen ab, die neu bewertet werden. Eine erneute Bewertung ist erforderlich, wenn beizulegender Zeitwert und Buchwert eines neu bewerteten Vermögenswerts wesentlich voneinander abweichen. Bei manchen Sachanlagen kommt es zu signifikanten Schwankungen des beizulegenden Zeitwerts, die eine jährliche Neubewertung erforderlich machen. Derart häufige Neubewertungen sind für Sachanlagen nicht erforderlich, bei denen sich der beizulegende Zeitwert nur geringfügig ändert. Stattdessen kann es hier notwendig sein, den Gegenstand nur alle drei oder fünf Jahre neu zu bewerten.

35. Im Rahmen der Neubewertung einer Sachanlage wird die kumulierte Abschreibung am Tag der Neubewertung auf eine der folgenden Arten behandelt:

(a) Anpassung entweder proportional zur Änderung des Bruttobuchwerts, so dass der Buchwert des Vermögenswerts nach der Neubewertung gleich dem Neubewertungsbetrag ist. Diese Methode wird häufig verwendet, wenn ein Vermögenswert nach einem Indexverfahren zu fortgeführten Wiederbeschaffungskosten neu bewertet wird; oder

(b) Ausbuchung des Vermögenswerts gegen den Bruttobuchwert und Anpassung des Nettobetrags an den Neubewertungsbetrag. Diese Methode wird häufig für Gebäude benutzt.

Der Korrekturbetrag, der aus der Berichtigung oder der Verrechnung der kumulierten Abschreibung resultiert, ist Bestandteil der Erhöhung oder Senkung des Buchwerts, der gemäß den Paragraphen 39 und 40 zu behandeln ist.

36. Wird eine Sachanlage neu bewertet, ist die ganze Gruppe der Sachanlagen, zu denen der Gegenstand gehört, neu zu bewerten.

37. Unter einer Gruppe von Sachanlagen versteht man eine Zusammenfassung von Vermögenswerten, die sich durch ähnliche Art und ähnliche Verwendung in einem Unternehmen auszeichnen. Beispiele für eigenständige Gruppen sind:
(a) unbebaute Grundstücke;
(b) Grundstücke und Gebäude;
(c) Maschinen und technische Anlagen;
(d) Schiffe;
(e) Flugzeuge;
(f) Kraftfahrzeuge;
(g) Betriebsausstattung; und
(h) Büroausstattung.

38. Die Gegenstände innerhalb einer Gruppe von Sachanlagen sind gleichzeitig neu zu bewerten, um eine selektive Neubewertung und eine Mischung aus fortgeführten Anschaffungs- oder Herstellungskosten und Neubewertungsbeträgen zu verschiedenen Zeitpunkten im Abschluss zu vermeiden. Jedoch darf eine Gruppe von Vermögenswerten auf fortlaufender Basis neu bewertet werden, sofern ihre Neubewertung in einer kurzen Zeitspanne vollendet wird und die Neubewertungen zeitgerecht durchgeführt werden.

39. Führt eine Neubewertung zu einer Erhöhung des Buchwerts eines Vermögenswerts, ist die Wertsteigerung im sonstigen Ergebnis zu erfassen und im Eigenkapital unter der Position Neubewertungsrücklage zu kumulieren. Allerdings wird der Wertzuwachs in dem Umfang im Gewinn oder Verlust erfasst, in dem er in der Vergangenheit im Gewinn oder Verlust erfasste Abwertung desselben Vermögenswerts aufgrund einer Neubewertung rückgängig macht.

40. Führt eine Neubewertung zu einer Verringerung des Buchwerts eines Vermögenswerts, ist die Wertminderung im Gewinn oder Verlust zu erfassen. Eine Verminderung ist jedoch direkt im sonstigen Ergebnis zu erfassen, soweit sie das Guthaben der entsprechenden Neubewertungsrücklage nicht übersteigt. Durch die im sonstigen Ergebnis erfasste Verminderung reduziert sich der Betrag, der im Eigenkapital unter der Position Neubewertungsrücklage kumuliert wird.

41. Bei einer Sachanlage kann die Neubewertungsrücklage im Eigenkapital direkt den Gewinnrücklagen zugeführt werden, sofern der Vermögenswert ausgebucht ist. Bei Stilllegung oder Veräußerung des Vermögenswerts kann es zu einer Übertragung der gesamten Rücklage kommen. Ein Teil der Rücklage kann allerdings schon bei Nutzung des Vermögenswerts durch das Unternehmen übertragen werden. In diesem Fall ist die übertragene Rücklage die Differenz zwischen der Abschreibung auf den neu bewerteten Buchwert und der Abschreibung auf Basis historischer Anschaffungs- oder Herstellungskosten. Übertragungen von Neubewertungsrücklage in die Gewinnrücklagen erfolgen erfolgsneutral.

42. Die sich aus der Neubewertung von Sachanlagen eventuell ergebenden Konsequenzen für die Ertragsteuern werden gemäß IAS 12 *Ertragsteuern* erfasst und angegeben.

Abschreibung

43. Jeder Teil einer Sachanlage mit einem bedeutsamen Anschaffungswert im Verhältnis zum gesamten Wert des Gegenstands wird getrennt abgeschrieben.

44. Ein Unternehmen ordnet den erstmalig angesetzten Betrag einer Sachanlage zu ihren bedeutsamen Teilen zu und schreibt jedes dieser Teile getrennt ab. Es kann zum Beispiel angemessen sein, das Flugwerk und die Triebwerke eines Flugzeugs getrennt abzuschreiben, sei es als Eigentum oder aufgrund eines Finanzierungsleasings angesetzt. Wenn ein Unternehmen Sachanlagen erwirbt, die zu einem Operating-Leasingverhältnis gehören, bei dem es der Leasinggeber ist, kann es ebenso angemessen sein, die Beträge getrennt abzuschreiben, die sich in den Anschaffungskosten dieses Gegenstandes widerspiegeln und die hinsichtlich der Marktbedingungen vorteilhaften oder nachteiligen Leasingbedingungen zuzuordnen sind.

45. Ein bedeutsamer Teil einer Sachanlage kann eine Nutzungsdauer und eine Abschreibungsmethode haben, die identisch mit denen eines anderen bedeutsamen Teils desselben Gegenstandes sind. Diese Teile können bei der Bestimmung des Abschreibungsaufwands zusammengefasst werden.

46. Soweit ein Unternehmen einige Teile einer Sachanlage getrennt abschreibt, schreibt es auch den Rest des Gegenstands getrennt ab. Der Rest besteht aus den Teilen des Gegenstands, die einzeln nicht bedeutsam sind. Wenn ein Unternehmen unterschiedliche Erwartungen in diese Teile setzt, können Angleichungsmethoden erforderlich werden, um den Rest in einer Weise abzuschreiben, die den Abschreibungsverlauf und/oder die Nutzungsdauer der Teile genau wiedergibt.

47. Ein Unternehmen kann sich auch für die getrennte Abschreibung der Teile eines Gegenstands entscheiden, deren Anschaffungskosten im Verhältnis zu den gesamten Anschaffungskosten des Gegenstands nicht signifikant sind.

48. Der Abschreibungsbetrag für jede Periode ist im Gewinn oder Verlust zu erfassen, soweit er nicht in den Buchwerte anderer Vermögenswerte einzubeziehen ist.

49. Der Abschreibungsbetrag einer Periode ist in der Regel im Gewinn oder Verlust zu erfassen. Manchmal wird jedoch der künftige wirtschaftliche Nutzen eines Vermögenswerts durch die Erstellung anderer Vermögenswerte verbraucht. In diesem Fall stellt der Abschreibungsbetrag einen Teil der Herstellungskosten des anderen Vermögenswerts dar und wird in dessen Buchwert einbezogen. Beispielsweise ist die Abschreibung von technischen Anlagen und Betriebs- und Geschäftsausstattung in den Herstellungskosten der Produktion von Vorräten enthalten (siehe IAS 2). Gleichermaßen kann die Abschreibung von Sachanla-

gen, die für Entwicklungstätigkeiten genutzt werden, in die Kosten eines immateriellen Vermögenswerts, der gemäß IAS 38 *Immaterielle Vermögenswerte* erfasst wird, eingerechnet werden.

Abschreibungsbetrag und Abschreibungsperiode

50. Der Abschreibungsbetrag eines Vermögenswerts ist planmäßig über seine Nutzungsdauer zu verteilen.

51. Der Restwert und die Nutzungsdauer eines Vermögenswerts sind mindestens zum Ende jedes Geschäftsjahres zu überprüfen, und wenn die Erwartungen von früheren Einschätzungen abweichen, sind Änderungen als Änderungen rechnungslegungsbezogener Schätzungen gemäß IAS 8 *Rechungslegungsmethoden, Änderungen von rechnungslegungsbezogenen Schätzungen und Fehler* darzustellen.

52. Abschreibungen werden so lange, wie der Restwert des Vermögenswerts nicht höher als der Buchwert ist, erfasst, auch wenn der beizulegende Zeitwert des Vermögenswerts seinen Buchwert übersteigt. Reparatur und Instandhaltung eines Vermögenswerts widersprechen nicht der Notwendigkeit, Abschreibungen vorzunehmen.

53. Der Abschreibungsbetrag eines Vermögenswertes wird nach Abzug seines Restwertes ermittelt. In der Praxis ist der Restwert oft unbedeutend und daher für die Berechnung des Abschreibungsbetrags unwesentlich.

54. Der Restwert eines Vermögenswerts kann bis zu einem Betrag ansteigen, der entweder dem Buchwert entspricht oder ihn übersteigt. Wenn dies der Fall ist, fällt der Abschreibungsbetrag des Vermögenswerts auf Null, solange der Restwert anschließend nicht unter den Buchwert des Vermögenswerts gefallen ist.

55. Die Abschreibung eines Vermögenswerts beginnt, wenn er zur Verfügung steht, d. h. wenn er sich an seinem Standort und in dem vom Management beabsichtigten betriebsbereiten Zustand befindet. Die Abschreibung eines Vermögenswerts endet an dem Tag, an dem der Vermögenswert gemäß IFRS 5 als zur Veräußerung gehalten klassifiziert (oder in eine als zur Veräußerung gehalten klassifizierte Veräußerungsgruppe aufgenommen) wird, spätestens jedoch an dem Tag, an dem er ausgebucht wird, je nachdem, welcher Termin früher liegt. Demzufolge hört die Abschreibung nicht auf, wenn der Vermögenswert nicht mehr genutzt wird oder aus dem tatsächlichen Gebrauch ausgeschieden ist, es sei denn, der Vermögenswert ist völlig abgeschrieben. Allerdings kann der Abschreibungsbetrag gemäß den üblichen Abschreibungsmethoden gleich Null sein, wenn keine Produktion läuft.

56. Der künftige wirtschaftliche Nutzen eines Vermögenswerts wird vom Unternehmen grundsätzlich durch dessen Nutzung verbraucht. Wenn der Vermögenswert ungenutzt bleibt, können jedoch andere Faktoren, wie technische und gewerbliche Veralterung und Verschleiß, den erwarteten Nutzen mindern. Deshalb werden zur Schätzung der Nutzungsdauer eines Vermögenswerts alle folgenden Faktoren berücksichtigt:

(a) die erwartete Nutzung des Vermögenswerts. Diese wird durch Berücksichtigung der Kapazität oder der Ausbringungsmenge ermittelt;

(b) der erwartete physische Verschleiß in Abhängigkeit von Betriebsfaktoren wie der Anzahl der Schichten, in denen der Vermögenswert genutzt wird, und dem Reparatur- und Instandhaltungsprogramm sowie der Wartung und Pflege des Vermögenswerts während der Stillstandszeiten;

(c) die technische oder gewerbliche Überholung aufgrund von Änderungen oder Verbesserungen in der Produktion oder von Änderungen in der Marktnachfrage nach Gütern oder Leistungen, die von diesem Vermögenswert erzeugt werden;

(d) rechtliche oder ähnliche Nutzungsbeschränkungen des Vermögenswerts wie das Ablaufen zugehöriger Leasingverträge.

57. Die Nutzungsdauer eines Vermögenswerts wird nach der voraussichtlichen Nutzbarkeit für das Unternehmen definiert. Die betriebliche Investitionspolitik kann vorsehen, dass Vermögenswerte nach einer bestimmten Zeit oder nach dem Verbrauch eines bestimmten Teils des künftigen wirtschaftlichen Nutzens des Vermögenswerts veräußert werden. Daher kann die voraussichtliche Nutzungsdauer eines Vermögenswerts kürzer sein als seine wirtschaftliche Nutzungsdauer. Die Bestimmung der voraussichtlichen Nutzungsdauer des Vermögenswerts basiert auf Schätzungen, denen Erfahrungswerte des Unternehmens mit vergleichbaren Vermögenswerten zugrunde liegen.

58. Grundstücke und Gebäude sind trennbare Vermögenswerte und als solche zu bilanzieren, auch wenn sie zusammen erworben wurden. Grundstücke haben mit einigen Ausnahme, wie Steinbrüche und Müllgruben, eine unbegrenzte Nutzungsdauer und werden deshalb nicht abgeschrieben. Gebäude haben eine begrenzte Nutzungsdauer und stellen daher abschreibungsfähige Vermögenswerte dar. Eine Wertsteigerung eines Grundstücks, auf dem ein Gebäude steht, berührt nicht die Bestimmung des Abschreibungsbetrags des Gebäudes.

59. Wenn die Anschaffungskosten für Grundstücke die Kosten für Abbau, Beseitigung und Wiederherstellung des Grundstücks beinhalten, so wird dieser Anteil des Grundstückwerts über den Zeitraum abgeschrieben, in dem Nutzen durch die Einbringung dieser Kosten erzielt wird. In einigen Fällen kann das Grundstück selbst eine begrenze Nutzungsdauer haben, es wird dann in der Weise abgeschrieben, dass der daraus entstehende Nutzen widergespiegelt wird.

Abschreibungsmethode

60. Die Abschreibungsmethode hat dem erwarteten Verlauf des Verbrauchs des künftigen wirt-

schaftlichen Nutzens des Vermögenswertes durch das Unternehmen zu entsprechen.

61. Die Abschreibungsmethode für Vermögenswerte ist mindestens am Ende eines jeden Geschäftsjahres zu überprüfen. Sofern erhebliche Änderungen in dem erwarteten künftigen wirtschaftlichen Nutzenverlauf der Vermögenswerte eingetreten sind, ist die Methode anzupassen, um den geänderten Verlauf widerzuspiegeln. Solch eine Änderung wird als Änderung einer rechnungslegungsbezogenen Schätzung gemäß IAS 8 dargestellt.

62. Für die planmäßige Abschreibung kommt eine Vielzahl an Methoden in Betracht, um den Abschreibungsbetrag eines Vermögenswerts systematisch über seine Nutzungsdauer zu verteilen. Zu diesen Methoden zählen die lineare und degressive Abschreibung sowie die leistungsabhängige Abschreibung. Die lineare Abschreibung ergibt einen konstanten Betrag über die Nutzungsdauer, sofern sich der Restwert des Vermögenswerts nicht ändert. Die degressive Abschreibungsmethode führt zu einem im Laufe der Nutzungsdauer abnehmenden Abschreibungsbetrag. Die leistungsabhängige Abschreibungsmethode ergibt einen Abschreibungsbetrag auf der Grundlage der voraussichtlichen Nutzung oder Leistung. Das Unternehmen wählt die Methode aus, die am genauesten den erwarteten Verlauf des Verbrauchs des künftigen wirtschaftlichen Nutzens des Vermögenswertes widerspiegelt. Diese Methode ist von Periode zu Periode stetig anzuwenden, es sei denn, dass sich der erwartete Verlauf des Verbrauchs jenes künftigen wirtschaftlichen Nutzens ändert.

Wertminderung

63. Um festzustellen, ob ein Gegenstand der Sachanlagen wertgemindert ist, wendet ein Unternehmen IAS 36 *Wertminderung von Vermögenswerten* an. Dieser Standard erklärt, wie ein Unternehmen den Buchwert seiner Vermögenswerte überprüft, wie es den erzielbaren Betrag eines Vermögenswerts ermittelt, und wann es einen Wertminderungsaufwand erfasst oder dessen Erfassung aufhebt.

64. [gestrichen]

Entschädigung für Wertminderung

65. Entschädigungen von Dritten für Sachanlagen, die wertgemindert, untergegangen oder außer Betrieb genommen wurden, sind im Gewinn oder Verlust zu erfassen, wenn die Entschädigung zu Forderungen werden.

66. Wertminderungen oder der Untergang von Sachanlagen, damit verbundene Ansprüche auf oder Zahlungen von Entschädigungen von Dritten und jeglicher nachfolgender Erwerb oder nachfolgende Erstellung von Ersatzvermögenswerten sind einzelne wirtschaftliche Ereignisse und sind als solche separat wie folgt zu bilanzieren:

(a) Wertminderungen von Sachanlagen werden gemäß IAS 36 erfasst;

(b) Ausbuchungen von stillgelegten oder abgegangenen Sachanlagen werden gemäß diesem Standard festgelegt;

(c) Entschädigungen von Dritten für Sachanlagen, die wertgemindert, untergegangen oder außer Betrieb genommen wurden, sind im Gewinn oder Verlust zu erfassen, wenn sie zur Forderung werden; und

(d) die Anschaffungs- oder Herstellungskosten von Sachanlagen, die als Ersatz in Stand gesetzt, erworben oder erstellt wurden, werden nach diesem Standard ermittelt;

AUSBUCHUNG

67. Der Buchwert einer Sachanlage ist auszubuchen

(a) bei Abgang; oder

(b) wenn kein weiterer wirtschaftlicher Nutzen von seiner Nutzung oder seinem Abgang zu erwarten ist.

68. Die aus der Ausbuchung einer Sachanlage resultierenden Gewinne oder Verluste sind im Gewinn oder Verlust zu erfassen, wenn der Gegenstand ausgebucht ist (sofern IAS 17 nichts anderes bei Sales-and-leaseback-Transaktionen vorschreibt). Gewinne sind nicht als Erlöse auszuweisen.

68A. Ein Unternehmen jedoch, das im Laufe seiner üblichen Geschäftstätigkeit regelmäßig Posten der Sachanlagen verkauft, die es zwecks Weitervermietung gehalten hat, überträgt diese Vermögenswerte zum Buchwert in die Vorräte, wenn sie nicht mehr vermietet werden und zum Verkauf anstehen. Die Erlöse aus dem Verkauf dieser Vermögenswerte werden gemäß IAS 18 Umsatzerlöse als *Umsatzerlöse* ausgewiesen. IFRS 5 findet keine Anwendung, wenn Vermögenswerte, die im Rahmen der üblichen Geschäftstätigkeit zum Verkauf gehalten werden, in die Vorräte übertragen werden.

69. Der Abgang einer Sachanlage kann auf verschiedene Arten erfolgen (z.B. Verkauf, Eintritt in ein Finanzierungsleasing oder Schenkung). Bei der Bestimmung des Abgangsdatums eines Gegenstands wendet das Unternehmen zur Erfassung der Erlöse aus dem Warenverkauf die Kriterien von IAS 18 *Umsatzerlöse* an. IAS 17 wird auf Abgänge durch Sale-and-leaseback-Transaktionen angewandt.

70. Wenn ein Unternehmen nach dem Ansatzgrundsatz in Paragraph 7 im Buchwert einer Sachanlage die Anschaffungskosten für den Ersatz eines Teils des Gegenstandes erfasst, dann bucht es den Buchwert des ersetzten Teils aus, ungeachtet dessen, ob das ersetzte Teil separat abgeschrieben wurde. Sollte die Ermittlung des Buchwerts des ersetzten Teils für ein Unternehmen praktisch nicht durchführbar sein, kann es die Kosten für die Ersetzung als Anhaltspunkt für die Anschaffungskosten des ersetzten Teils zum Zeitpunkt seines Kaufs oder seiner Erstellung verwenden.

71. Der Gewinn oder Verlust aus der Ausbuchung einer Sachanlage ist als Differenz zwischen dem Nettoveräußerungserlös, sofern vorhanden, und dem Buchwert des Gegenstands zu bestimmen.

72. Das erhaltene Entgelt beim Abgang einer Sachanlage ist zunächst mit dem beizulegenden Zeitwert zu erfassen. Wenn die Zahlung für den Gegenstand nicht sofort erfolgt, ist das erhaltene Entgelt beim erstmaligen Ansatz in Höhe des Gegenwerts des Barpreises zu erfassen. Der Unterschied zwischen dem Nominalbetrag des Entgelts und dem Gegenwert des Barpreises wird als Zinsertrag, der die Effektivverzinsung der Forderung widerspiegelt, gemäß IAS 18 erfasst.

ANGABEN

73. Für jede Gruppe von Sachanlagen sind im Abschluss folgende Angaben erforderlich:
(a) die Bewertungsgrundlagen für die Bestimmung des Bruttobuchwerts der Anschaffungs- oder Herstellungskosten;
(b) die verwendeten Abschreibungsmethoden;
(c) die zugrunde gelegten Nutzungsdauern oder Abschreibungssätze;
(d) der Bruttobuchwert und die kumulierten Abschreibungen (zusammengefasst mit den kumulierten Wertminderungsaufwendungen) zu Beginn und zum Ende der Periode; und
(e) eine Überleitung des Buchwerts zu Beginn und zum Ende der Periode unter gesonderter Angabe der
   (i) Zugänge;
   (ii) Vermögenswerte, die gemäß IFRS 5 als zur Veräußerung gehalten klassifiziert werden oder zu einer als zur Veräußerungsgruppe gehalten klassifizierten Veräußerungsgruppe gehören, und andere Abgänge;
   (iii) Erwerbe durch Unternehmenszusammenschlüsse;
   (iv) Erhöhungen oder Verminderungen aufgrund von Neubewertungen gemäß den Paragraphen 31, 39, und 40 und von Im sonstigen Ergebnis erfassten oder aufgehobenen Wertminderungsaufwendungen gemäß IAS 36;
   (v) bei Gewinnen bzw. Verlusten gemäß IAS 36 erfasste Wertminderungsaufwendungen;
   (vi) bei Gewinnen bzw. Verlusten gemäß IAS 36 aufgehobene Wertminderungsaufwendungen;
   (vii) Abschreibungen;
   (viii) Nettoumrechnungsdifferenzen aufgrund der Umrechnung von Abschlüssen von der funktionalen Währung in eine andere Darstellungswährung, einschließlich der Umrechnung einer ausländischen Betriebsstätte in die Darstellungswährung des berichtenden Unternehmens; und

ix) andere Änderungen.

74. Folgende Angaben müssen in den Abschlüssen ebenso enthalten sein:
(a) das Vorhandensein und die Beträge von Beschränkungen von Verfügungsrechten sowie als Sicherheiten für Schulden verpfändete Sachanlagen;
(b) der Betrag an Ausgaben, der im Buchwert einer Sachanlage während ihrer Erstellung erfasst wird;
(c) der Betrag für vertragliche Verpflichtungen für den Erwerb von Sachanlagen; und
(d) der im Gewinn oder Verlust erfasste Entschädigungsbetrag von Dritten für Sachanlagen, die wertgemindert, untergegangen oder außer Betrieb genommen wurden, wenn er nicht separat in der Gesamtergebnisrechnung dargestellt wird.

75. Die Wahl der Abschreibungsmethode und die Bestimmung der Nutzungsdauer von Vermögenswerten bedürfen der Beurteilung. Deshalb gibt die Angabe der angewandten Methoden und der geschätzten Nutzungsdauern oder Abschreibungsraten den Abschlussadressaten Informationen, die es ihnen erlauben, die vom Management gewählten Rechnungslegungsmethoden einzuschätzen und Vergleiche mit anderen Unternehmen vorzunehmen. Aus ähnlichen Gründen ist es erforderlich, Angaben zu machen über
(a) die Abschreibung einer Periode, unabhängig davon ob sie im Gewinn oder Verlust erfasst wird oder als Teil der Anschaffungskosten anderer Vermögenswerte; und
(b) die kumulierte Abschreibung am Ende der Periode.

76. Gemäß IAS 8 hat ein Unternehmen die Art und Auswirkung einer veränderten rechnungslegungsbezogenen Schätzung, die für die aktuelle Periode eine wesentliche Bedeutung hat, oder die für folgende Perioden voraussichtlich von wesentlicher Bedeutung sein wird, darzulegen. Bei Sachanlagen entstehen möglicherweise derartige Angaben aus Änderungen von Schätzungen hinsichtlich
(a) Restwerte;
(b) geschätzte Kosten für den Abbruch, das Entfernen oder die Wiederherstellung von Sachanlagen;
(c) Nutzungsdauern; und
(d) Abschreibungsmethoden.

77. Werden Sachanlagen neu bewertet, sind folgende Angaben erforderlich:
(a) den Stichtag der Neubewertung;
(b) ob ein unabhängiger Gutachter hinzugezogen wurde;
(c) die Methoden und wesentlichen Annahmen, die zur Schätzung des beizulegenden Zeitwertes der Gegenstände geführt haben;
(d) der Umfang, in dem die beizulegenden Zeitwerte der Gegenstände unter Bezugnahme auf die in einem aktiven Markt beobachteten

Preise oder auf kürzlich zu marktüblichen Bedingungen getätigte Transaktionen direkt ermittelt wurden, oder ob andere Bewertungstechniken zur Schätzung benutzt wurden;

(e) für jede neu bewertete Gruppe von Sachanlagen der Buchwert, der angesetzt worden wäre, wenn die Vermögenswerte nach dem Anschaffungskostenmodell bewertet worden wären; und

(f) die Neubewertungsrücklage mit Angabe der Veränderung in der Periode und eventuell bestehender Ausschüttungsbeschränkungen an die Eigentümer.

78. Gemäß IAS 36 macht ein Unternehmen Angaben über wertgeminderte Sachanlagen zusätzlich zu den gemäß Paragraph 73 (e)(iv)-(vi) erforderlichen Informationen.

79. Die Adressaten des Abschlusses können ebenso die folgenden Angaben als entscheidungsrelevant erachten:

(a) den Buchwert vorübergehend ungenutzter Sachanlagen;

(b) den Bruttobuchwert voll abgeschriebener, aber noch genutzter Sachanlagen;

(c) der Buchwert von Sachanlagen, die nicht mehr genutzt werden und die nicht gemäß IFRS 5 als zur Veräußerung gehalten klassifiziert werden; und

(d) bei Anwendung des Anschaffungskostenmodells die Angabe des beizulegenden Zeitwerts der Sachanlagen, sofern dieser wesentlich vom Buchwert abweicht.

Daher wird den Unternehmen die Angabe dieser Beträge empfohlen.

ÜBERGANGSVORSCHRIFTEN

80. Die Vorschriften der Paragraphen 24-26 hinsichtlich der erstmaligen Bewertung einer Sachanlage, die in einem Tauschvorgang erworben wurde, sind nur auf künftige Transaktionen prospektiv anzuwenden.

ZEITPUNKT DES INKRAFTTRETENS

81. Dieser Standard ist erstmals in der ersten Periode eines am 1. Januar 2005 oder danach beginnenden Geschäftsjahres anzuwenden. Eine frühere Anwendung wird empfohlen. Wenn ein Unternehmen diesen Standard für Perioden anwendet, die vor dem 1. Januar 2005 beginnen, so ist diese Tatsache anzugeben.

81A. Die Änderungen in Paragraph 3 sind erstmals in der ersten Periode eines am 1. Januar 2006 oder danach beginnenden Geschäftsjahres anzuwenden. Wenn ein Unternehmen IFRS 6 für eine frühere Periode anwendet, so sind auch diese Änderungen für jene frühere Periode anzuwenden.

81B. Infolge des IAS 1 *Darstellung des Abschlusses* (überarbeitet 2007) wurde die in allen IFRS verwendete Terminologie geändert. Außerdem wurden die Paragraphen 39, 40 und 73(e)(iv) geändert. Diese Änderungen sind erstmals in der ersten Berichtsperiode eines am 1. Januar 2009 oder danach beginnenden Geschäftsjahres anzuwenden. Wird IAS 1 (überarbeitet 2007) auf eine frühere Periode angewandt, sind diese Änderungen entsprechend auch anzuwenden.

81C. **Durch IFRS 3** *Unternehmenszusammenschlüsse* **(in der** vom International Accounting Standards Board **2008 überarbeiteten Fassung) wurde Paragraph 44 geändert. Diese Änderung ist erstmals in der ersten Berichtsperiode eines am 1. Juli 2009 oder danach beginnenden Geschäftsjahres anzuwenden. Wendet ein Unternehmen IFRS 3 (in der 2008 überarbeiteten Fassung) auf eine frühere Periode an, so hat es auf diese Periode auch diese Änderung anzuwenden.**

81D. Die Paragraphen 6 und 69 werden im Rahmen der *Verbesserungen der IFRS* vom Mai 2008 geändert. Diese Änderungen sind erstmals in der ersten Berichtsperiode eines am 1. Januar 2009 oder danach beginnenden Geschäftsjahres anzuwenden. Eine frühere Anwendung ist zulässig. Falls ein Unternehmen diese Änderungen auf eine frühere Periode anwendet, so hat es diese Tatsache anzugeben und die entsprechenden Änderungen des IAS 7 *Kapitalflussrechnungen* gleichzeitig anzuwenden.

81E. Paragraph 5 wird im Rahmen der *Verbesserungen der IFRS* vom Mai 2008 geändert. Ein Unternehmen kann die Änderung prospektiv erstmals in der ersten Berichtsperiode eines am 1. Januar 2009 oder danach beginnenden Geschäftsjahres anwenden. Eine frühere Anwendung ist zulässig, sofern das Unternehmen gleichzeitig die Änderungen auf die Paragraphen 8, 9, 22, 48, 53, 53A, 53B, 54, 57 und 85B von IAS 40 anwendet. Wendet ein Unternehmen diese Änderungen auf eine frühere Periode an, so ist dies anzugeben.

RÜCKNAHME ANDERER VERLAUTBARUNGEN

82. Dieser Standard ersetzt IAS 16 *Sachanlagen* (überarbeitet 1998).

83. Dieser Standard ersetzt die folgenden Interpretationen:

(a) SIC-6 *Kosten der Anpassung vorhandener Software;*

(b) SIC-14 *Sachanlagen – Entschädigung für die Wertminderung oder den Verlust von Gegenständen;* und

(c) SIC-23 *Sachanlagen – Kosten für Großinspektionen oder Generalüberholungen.*

INTERNATIONAL ACCOUNTING STANDARD 17
Leasingverhältnisse

IAS 17, VO (EG) Nr. 1126/2008 i.d.F.

1 VO (EG) Nr. 1274/2008 [IAS 1]   **2** VO (EG) Nr. 243/2010

GLIEDERUNG	§§
ZIELSETZUNG	1
ANWENDUNGSBEREICH	2–3
DEFINITIONEN	4–6
EINSTUFUNG VON LEASINGVERHÄLTNISSEN	7–19
LEASINGVERHÄLTNISSE IN DEN ABSCHLÜSSEN DER LEASINGNEHMER	20–35
Finanzierungs-Leasingverhältnisse	20–32
Erstmaliger Ansatz	20–24
Folgebewertung	25–32
Operating-Leasingverhältnisse	33–35
LEASINGVERHÄLTNISSE IN DEN ABSCHLÜSSEN DER LEASINGGEBER	36–57
Finanzierungs-Leasingverhältnisse	36–48
Erstmaliger Ansatz	36–38
Folgebewertung	39–48
Operating-Leasingverhältnisse	49–57
SALE-AND-LEASEBACK-TRANSAKTIONEN	58–66
ÜBERGANGSVORSCHRIFTEN	67–68A
ZEITPUNKT DES INKRAFTTRETENS	69–69A
RÜCKNAHME VON IAS 17 (ÜBERARBEITET 1997)	70

ZIELSETZUNG

1. Die Zielsetzung dieses Standards ist es, Leasingnehmern und Leasinggebern sachgerechte Rechnungslegungsmethoden und Angabepflichten vorzuschreiben, die in Verbindung mit Leasingverhältnissen anzuwenden sind.

ANWENDUNGSBEREICH

2. Dieser Standard ist bei der Bilanzierung von allen Leasingverhältnissen anzuwenden, außer:

(a) Leasingverhältnissen in Bezug auf die Entdeckung und Verarbeitung von Mineralien, Öl, Erdgas und ähnlichen nicht regenerativen Ressourcen; und

(b) Lizenzvereinbarungen beispielsweise über Filme, Videoaufnahmen, Theaterstücke, Manuskripte, Patente und Urheberrechte.

Dieser Standard ist jedoch nicht anzuwenden als Bewertungsgrundlage für:

(a) von Leasingnehmern gehaltene Immobilien, die als Finanzinvestition bilanziert werden (siehe IAS 40 *Als Finanzinvestition gehaltene Immobilien*);

(b) als Finanzinvestition gehaltene Immobilien, die von Leasinggebern im Rahmen eines Operating-Leasingverhältnisses vermietet werden (siehe IAS 40);

(c) biologische Vermögenswerte, die von Leasingnehmern im Rahmen eines Finanzierungs-Leasingverhältnisses gehalten werden (siehe IAS 41 *Landwirtschaft*); oder

(d) biologische Vermögenswerte, die von Leasinggebern im Rahmen eines Operating-Leasingverhältnisses vermietet werden (siehe IAS 41).

3. Dieser Standard wird auf Vereinbarungen angewendet, die das Recht auf die Nutzung von Vermögenswerten übertragen, auch wenn wesentliche Leistungen des Leasinggebers in Verbindung mit dem Einsatz oder der Erhaltung solcher Vermögenswerte erforderlich sind. Dieser Standard findet keine Anwendung auf Vereinbarungen, die Dienstleistungsverträge sind, die nicht das Nutzungsrecht an Vermögenswerten von einem Vertragspartner auf den anderen übertragen.

DEFINITIONEN

4. Die folgenden Begriffe werden in diesem Standard mit der angegebenen Bedeutung verwendet:

Ein *Leasingverhältnis* ist eine Vereinbarung, bei der der Leasinggeber dem Leasingnehmer gegen eine Zahlung oder eine Reihe von Zahlungen das Recht auf Nutzung eines Vermögenswerts für einen vereinbarten Zeitraum überträgt.

Ein *Finanzierungsleasing* ist ein Leasingverhältnis, bei dem im Wesentlichen alle mit dem Eigentum verbundenen Risiken und Chancen eines Vermögenswerts übertragen werden. Dabei kann letztendlich das Eigentumsrecht übertragen werden oder nicht.

Ein *Operating-Leasingverhältnis* ist ein Leasingverhältnis, bei dem es sich nicht um ein Finanzierungsleasing handelt.

Ein *unkündbares Leasingverhältnis* ist ein Leasingverhältnis, das nur aufgelöst werden kann, wenn

(a) ein unwahrscheinliches Ereignis eintritt;

(b) der Leasinggeber seine Einwilligung dazu gibt;

(c) der Leasingnehmer mit demselben Leasinggeber ein neues Leasingverhältnis über denselben oder einen entsprechenden Vermögenswert eingeht; oder

(d) durch den Leasingnehmer ein derartiger zusätzlicher Betrag zu zahlen ist, dass schon bei Vertragsbeginn die Fortführung des Leasingverhältnisses hinreichend sicher ist.

Als *Beginn des Leasingverhältnisses* gilt der frühere der beiden folgenden Zeitpunkte: der Tag der Leasingvereinbarung oder der Tag, an dem sich die Vertragsparteien über die wesentlichen Bestimmungen der Leasingvereinbarung geeinigt haben. Zu diesem Zeitpunkt:

(a) wird ein Leasingverhältnis entweder als Operating-Leasingverhältnis oder als Finanzierungsleasing eingestuft; und

(b) im Falle eines Finanzierungsleasings werden die zu Beginn der Laufzeit des Leasingverhältnisses anzusetzenden Beträge bestimmt.

Der *Beginn der Laufzeit des Leasingverhältnisses* ist der Tag, ab dem der Leasingnehmer Anspruch auf die Ausübung seines Nutzungsrechts am Leasinggegenstand hat. Dies entspricht dem Tag der erstmaligen Ansatzes des Leasingverhältnisses (d. h. der entsprechenden Vermögenswerte, Schulden, Erträge oder Aufwendungen, die sich aus dem Leasingverhältnis ergeben).

Die *Laufzeit des Leasingverhältnisses* umfasst die unkündbare Zeitperiode, für die sich der Leasingnehmer vertraglich verpflichtet hat, den Vermögenswert zu mieten, sowie weitere Zeiträume, für die der Leasingnehmer mit oder ohne weitere Zahlungen eine Option ausüben kann, wenn zu Beginn des Leasingverhältnisses die Inanspruchnahme der Option durch den Leasingnehmer hinreichend sicher ist.

Die *Mindestleasingzahlungen* sind diejenigen Zahlungen, welche der Leasingnehmer während der Laufzeit des Leasingverhältnisses zu leisten hat oder zu denen er herangezogen werden kann, außer bedingten Mietzahlungen, Aufwand für Dienstleistungen und Steuern, die der Leasinggeber zu zahlen hat und die ihm erstattet werden, sowie

(a) beim Leasingnehmer alle von ihm oder von einer mit ihm verbundenen Partei garantierten Beträge; oder

(b) beim Leasinggeber jegliche Restwerte, die ihm garantiert wurden, entweder

(i) vom Leasingnehmer;

(ii) von einer mit dem Leasingnehmer verbundenen Partei; oder

(iii) von einer vom Leasinggeber unabhängigen dritten Partei, die finanziell in der Lage ist, den Verpflichtungen der Garantie nachzukommen.

Besitzt der Leasingnehmer allerdings für den Vermögenswert eine Kaufoption zu einem Preis, der erwartungsgemäß deutlich niedriger als der zum möglichen Optionsausübungszeitpunkt beizulegende Zeitwert ist, so dass bereits bei Leasingbeginn die Ausübung der Option hinreichend sicher ist, dann umfassen die Mindestleasingzahlungen die während der Laufzeit des Leasingverhältnisses bis zum erwarteten Ausübungszeitpunkt dieser Kaufoption zu zahlenden Mindestraten sowie die für ihre Ausübung erforderliche Zahlung.

Der *beizulegende Zeitwert* ist der Betrag, zu dem zwischen sachverständigen, vertragswilligen und voneinander unabhängigen Geschäftspartnern ein Vermögenswert getauscht oder eine Schuld beglichen werden könnte.

Die *wirtschaftliche Nutzungsdauer* ist entweder

(a) der Zeitraum, in dem ein Vermögenswert voraussichtlich von einem oder mehreren Nutzern wirtschaftlich nutzbar ist; oder

(b) die voraussichtlich durch den Vermögenswert von einem oder mehreren Nutzern zu erzielende Anzahl an Produktionseinheiten oder ähnlichen Maßgrößen.

Die *Nutzungsdauer* ist der geschätzte verbleibende Zeitraum ab dem Beginn der Laufzeit des Leasingverhältnisses, ohne Beschränkung durch die Laufzeit des Leasingverhältnisses, über den der im Vermögenswert enthaltene wirtschaftliche Nutzen voraussichtlich vom Unternehmen verbraucht wird.

Der *garantierte Restwert* ist

(a) beim Leasingnehmer der Teil des Restwerts, der vom Leasingnehmer oder von einer mit dem Leasingnehmer verbundenen Partei garantiert wurde (der Betrag der Garantie ist der Höchstbetrag, der im Zweifelsfall zu zahlen ist); und

(b) beim Leasinggeber der Teil des Restwerts, der vom Leasingnehmer oder einer vom Leasinggeber unabhängigen dritten Partei garantiert wurde, die finanziell in der Lage ist, den Verpflichtungen der Garantie nachzukommen.

Der *nicht garantierte Restwert* ist derjenige Teil des Restwerts des Leasinggegenstandes, dessen Realisierung durch den Leasinggeber nicht gesichert ist oder nur durch eine mit dem Leasinggeber verbundene Partei garantiert wird.

Die *anfänglichen direkten Kosten* sind zusätzliche Kosten, die direkt den Verhandlungen und dem Abschluss eines Leasingvertrags zugerechnet werden können, mit Ausnahme derartiger Kosten, die Herstellern oder Händlern als Leasinggebern entstehen.

Die *Bruttoinvestition in ein Leasingverhältnis* ist die Summe aus:

(a) den vom Leasinggeber im Rahmen eines Finanzierungsleasings zu erhaltenen Mindestleasingzahlungen und

(b) einem nicht garantierten Restwert, der zugunsten des Leasinggebers anfällt.

Die *Nettoinvestition in ein Leasingverhältnis* ist die Bruttoinvestition in ein Leasingverhältnis abgezinst mit dem Zinssatz, der dem Leasingverhältnis zugrunde liegt.

Der *noch nicht realisierte Finanzertrag* bezeichnet die Differenz zwischen:

(a) der Bruttoinvestition in ein Leasingverhältnis und

(b) der Nettoinvestition in ein Leasingverhältnis.

Der dem *Leasingverhältnis zugrunde liegende Zinssatz* ist der Abzinsungssatz, bei dem zu Beginn des Leasingverhältnisses die Summe der Barwerte (a) der Mindestleasingzahlungen und (b) des nicht garantierten Restwertes der Summe (i) des beizulegenden Zeitwerts des Leasinggegenstands und (ii) der anfänglichen direkten Kosten des Leasinggebers entspricht.

Der *Grenzfremdkapitalzinssatz des Leasingnehmers* ist derjenige Zinssatz, den der Leasingnehmer bei einem vergleichbaren Leasingverhältnis zahlen müsste, oder, wenn dieser nicht ermittelt werden kann, derjenige Zinssatz, den der Leasingnehmer zu Beginn des Leasingverhältnisses vereinbaren müsste, wenn er für den Kauf des Vermögenswerts Fremdkapital für die gleiche Dauer und mit der gleichen Sicherheit aufnehmen würde.

Eine Eventualmietzahlung ist der Teil der Leasingzahlungen in einem Leasingverhältnis, der im Betrag nicht festgelegt ist, sondern von dem künftigen Wert eines anderen Faktors als des Zeitablaufs abhängt (beispielsweise künftige Verkaufsquote, künftige Nutzungsintensität, künftige Preisindizes, künftige Marktzinssätze).

5. Eine Leasingvereinbarung oder -verpflichtung kann eine Bestimmung enthalten, nach der die Leasingzahlungen angepasst werden, wenn zwischen dem Beginn des Leasingverhältnisses und dem Beginn der Laufzeit des Leasingverhältnisses Änderungen der Bau- oder Erwerbskosten für den Leasinggegenstand oder Änderungen anderer Kosten- oder Wertmaßstäbe, wie beispielsweise der allgemeinen Preisniveaus, oder der Kosten des Leasinggebers zur Finanzierung des Leasingverhältnisses eintreten. Für die Zwecke dieses Standards sind die Auswirkungen solcher Änderungen so zu behandeln, als hätten sie zu Beginn des Leasingverhältnisses stattgefunden.

6. Die Definition eines Leasingverhältnisses umfasst Vertragstypen für die Miete eines Vermögenswerts, die dem Mieter bei Erfüllung der vereinbarten Konditionen eine Option zum Erwerb der Eigentumsrechte an dem Vermögenswert einräumen. Diese Verträge werden manchmal als Mietkaufverträge bezeichnet.

EINSTUFUNG VON LEASINGVERHÄLTNISSEN

7. Grundlage für die Einstufung von Leasingverhältnissen in diesem Standard ist der Umfang, in welchem die mit dem Eigentum eines Leasinggegenstands verbundenen Risiken und Chancen beim Leasinggeber oder Leasingnehmer liegen. Zu den Risiken gehören die Verlustmöglichkeiten aufgrund von ungenutzten Kapazitäten oder technischer Überholung und Renditeabweichungen aufgrund geänderter wirtschaftlicher Rahmenbedingungen. Chancen können die Erwartungen eines Gewinn bringenden Einsatzes im Geschäftsbetrieb während der wirtschaftlichen Nutzungsdauer des Vermögenswerts und eines Gewinns aus einem Wertzuwachs oder aus der Realisierung eines Restwerts sein.

8. Ein Leasingverhältnis wird als Finanzierungsleasing eingestuft, wenn es im Wesentlichen alle Risiken und Chancen, die mit dem Eigentum verbunden sind, überträgt. Ein Leasingverhältnis wird als Operating-Leasingverhältnis eingestuft, wenn es nicht im Wesentlichen alle Risiken und Chancen, die mit dem Eigentum verbunden sind, überträgt.

9. Da die Transaktion zwischen einem Leasinggeber und einem Leasingnehmer auf einer zwischen ihnen geschlossenen Leasingvereinbarung basiert, ist die Verwendung einheitlicher Definitionen angemessen. Die Anwendung dieser Definitionen auf die unterschiedlichen Verhältnisse des Leasinggebers und Leasingnehmers kann dazu führen, dass sie dasselbe Leasingverhältnis unterschiedlich einstufen. Dies kann beispielsweise der Fall sein, wenn eine vom Leasingnehmer unabhängige Partei eine Restwertgarantie zugunsten des Leasinggebers einräumt.

10. Ob es sich bei einem Leasingverhältnis um ein Finanzierungsleasing oder um ein Operating-Leasingverhältnis handelt, hängt eher von dem wirtschaftlichen Gehalt der Vereinbarung als von einer bestimmten formalen Vertragsform ab.([1]) Beispiele für Situationen, die sich genommen oder in Kombination normalerweise zur Einstufung eines Leasingverhältnisses als Finanzierungsleasing führen würden, sind

---

([1]) Siehe auch SIC-27 *Beurteilung des wirtschaftlichen Gehalts von Transaktionen in der rechtlichen Form von Leasingverhältnissen.*

(a) am Ende der Laufzeit des Leasingverhältnisses wird dem Leasingnehmer das Eigentum an dem Vermögenswert übertragen;

(b) der Leasingnehmer hat die Kaufoption, den Vermögenswert zu einem Preis zu erwerben, der erwartungsgemäß deutlich niedriger als der zum möglichen Optionsausübungszeitpunkt beizulegende Zeitwert des Vermögenswerts ist, so dass zu Beginn des Leasingverhältnisses hinreichend sicher ist, dass die Option ausgeübt wird;

(c) die Laufzeit des Leasingverhältnisses umfasst den überwiegenden Teil der wirtschaftlichen Nutzungsdauer des Vermögenswerts, auch wenn das Eigentumsrecht nicht übertragen wird;

(d) zu Beginn des Leasingverhältnisses entspricht der Barwert der Mindestleasingzahlungen im Wesentlichen mindestens dem beizulegenden Zeitwert des Leasinggegenstands; und

(e) die Leasinggegenstände haben eine spezielle Beschaffenheit, so dass sie ohne wesentliche Veränderungen nur vom Leasingnehmer genutzt werden können.

11. Indikatoren für Situationen, die für sich genommen oder in Kombination mit anderen auch zu einem Leasingverhältnis führen könnten, das als Finanzierungsleasing eingestuft wird, sind:

(a) wenn der Leasingnehmer das Leasingverhältnis auflösen kann, werden die Verluste des Leasinggebers in Verbindung mit der Auflösung vom Leasingnehmer getragen;

(b) Gewinne oder Verluste, die durch Schwankungen des beizulegenden Zeitwerts des Restwerts entstehen, fallen dem Leasingnehmer zu (beispielsweise in Form einer Mietrückerstattung, die einem Großteil des Verkaufserlöses am Ende des Leasingverhältnisses entspricht); und

(c) der Leasingnehmer hat die Möglichkeit, das Leasingverhältnis für eine zweite Mietperiode zu einer Miete fortzuführen, die wesentlich niedriger als die marktübliche Miete ist.

12. Die Beispiele und Indikatoren in den Paragraphen 10 und 11 sind nicht immer schlüssig. Wenn aus anderen Merkmalen klar hervorgeht, dass ein Leasingverhältnis nicht im Wesentlichen alle Risiken und Chancen, die mit Eigentum verbunden sind, überträgt, wird es als Operating-Leasingverhältnis eingestuft. Dies kann beispielsweise der Fall sein, wenn das Eigentum an dem Vermögenswert am Ende des Leasingverhältnisses gegen eine variable Zahlung in der Höhe des jeweils beizulegenden Zeitwerts übertragen wird oder wenn Eventualmietzahlungen dazu führen, dass nicht im Wesentlichen alle derartigen Risiken und Chancen auf den Leasingnehmer übergehen.

13. Die Leasingeinstufung wird zu Beginn des Leasingverhältnisses vorgenommen. Wenn sich Leasingnehmer und Leasinggeber zu einem bestimmten Zeitpunkt darüber einig sind, die Bestimmungen des Leasingverhältnisses zu ändern, ohne dass das Leasingverhältnis neu abgeschlossen wird, und dies auf eine Art und Weise geschieht, die, wären die Bedingungen zu Beginn des Leasingverhältnisses bereits vorhanden gewesen, zu einer anderen Einstufung des Leasingverhältnisses gemäß den Kriterien der Paragraphen 7-12 geführt hätte, wird die geänderte Vereinbarung als eine neue Vereinbarung über deren Laufzeit betrachtet. Änderungen von Schätzungen (beispielsweise Änderungen einer Schätzung der wirtschaftlichen Nutzungsdauer oder des Restwertes des Leasingobjekts) oder Veränderungen von Sachverhalten (beispielsweise Zahlungsverzug des Leasingnehmers) geben allerdings keinen Anlass für eine neue Einstufung des Leasingverhältnisses für Rechnungslegungszwecke.

14. [gestrichen]

15. [gestrichen]

15A. Umfasst ein Leasingverhältnis sowohl Grundstücks- als auch Gebäudekomponenten, stuft ein Unternehmen jede Komponente gemäß den Paragraphen 7-13 entweder als Finanzierungsleasing oder als Operating-Leasingverhältnis ein. Bei der Einstufung der Grundstückskomponente als Operating-Leasingverhältnis oder als Finanzierungsleasing muss unbedingt berücksichtigt werden, dass Grundstücke in der Regel eine unbegrenzte wirtschaftliche Nutzungsdauer haben.

16. Wann immer es zur Einstufung und Bilanzierung eines Leasingverhältnisses bei Grundstücken und Gebäuden notwendig ist, werden die Mindestleasingzahlungen (einschließlich einmaliger Vorauszahlungen) zwischen den Grundstücks- und Gebäudekomponenten nach dem Verhältnis der jeweiligen beizulegenden Zeitwerte der Leistungen für die Mietrechte für die Grundstückskomponente und die Gebäudekomponente des Leasingverhältnisses zu Beginn des Leasingverhältnisses aufgeteilt. Sollten die Leasingzahlungen zwischen diesen beiden Komponenten nicht zuverlässig aufgeteilt werden können, wird das gesamte Leasingverhältnis als Finanzierungsleasing eingestuft, solange nicht klar ist, dass beide Komponenten Operating-Leasingverhältnisse sind, in welchem Fall das gesamte Leasingverhältnis als Operating-Leasingverhältnis einzustufen ist.

17. Bei einem Leasing von Grundstücken und Gebäuden, bei dem der für die Grundstückskomponente gemäß Paragraph 20 anfänglich anzusetzende Wert unwesentlich ist, werden die Grundstücke und Gebäude bei der Einstufung des Leasingverhältnisses als eine Einheit betrachtet und gemäß den Paragraphen 7-13 als Finanzierungsleasing oder Operating-Leasingverhältnis eingestuft. In diesem Fall wird die wirtschaftliche Nutzungsdauer der Gebäude als wirtschaftliche Nutzungsdauer des gesamten Leasinggegenstandes angesehen.

18. Eine gesonderte Bewertung der Grundstücks- und Gebäudekomponenten ist nicht erforderlich, wenn es sich bei dem Anteil des Leasingnehmers an den Grundstücken und Gebäuden um eine Finanzinvestition gehaltene Immobilie gemäß IAS 40 handelt und das Modell des beizulegenden Zeitwertes angewendet wird. Genaue Berechnungen werden bei dieser Bewertung nur dann ver-

langt, wenn die Einstufung einer oder beider Komponenten ansonsten unsicher wäre.

19. Gemäß IAS 40 hat ein Leasingnehmer die Möglichkeit, einen im Rahmen eines Operating-Leasingverhältnisses gehaltenen Immobilienanteil als Finanzinvestition einzustufen. In diesem Fall wird dieser Immobilienanteil wie ein Finanzierungsleasing bilanziert und außerdem für den angesetzten Vermögenswert das Modell des beizulegenden Zeitwerts angewendet. Der Leasingnehmer hat das Leasingverhältnis auch dann weiterhin als Finanzierungsleasing zu bilanzieren, wenn sich die Art des Immobilienanteils des Leasingnehmers durch spätere Ereignisse so ändert, dass er nicht mehr als eine als Finanzinvestition gehaltene Immobilie eingestuft werden kann. Dies ist beispielsweise der Fall, wenn der Leasingnehmer

(a) die Immobilie selbst nutzt, die daraufhin zu Kosten in Höhe des beizulegenden Zeitwerts am Tag der Nutzungsänderung in den Bestand der vom Eigentümer selbst genutzten Immobilien übertragen wird; oder

(b) ein Untermietverhältnis eingeht, das im Wesentlichen alle Risiken und Chancen, die mit dem Eigentum an dem Anteil verbunden sind, auf eine unabhängige dritte Partei überträgt. Ein solches Untermietverhältnis wird vom Lizenznehmer als ein der dritten Partei eingeräumtes Finanzierungsleasing behandelt, auch wenn es von der dritten Partei selbst möglicherweise als Operating-Leasingverhältnis bilanziert wird.

LEASINGVERHÄLTNISSE IN DEN ABSCHLÜSSEN DER LEASINGNEHMER

Finanzierungs-Leasingverhältnisse

Erstmaliger Ansatz

20. Leasingnehmer haben Finanzierungs-Leasingverhältnisse zu Beginn der Laufzeit des Leasingverhältnisses als Vermögenswerte und Schulden in gleicher Höhe in ihrer Bilanz anzusetzen, und zwar in Höhe des zu Beginn des Leasingverhältnisses beizulegenden Zeitwerts des Leasinggegenstandes oder mit dem Barwert der Mindestleasingzahlungen, sofern dieser Wert niedriger ist. Bei der Berechnung des Barwerts der Mindestleasingzahlungen ist der dem Leasingverhältnis zugrunde liegende Zinssatz als Abzinsungssatz zu verwenden, sofern er in praktikabler Weise ermittelt werden kann. Ist dies nicht der Fall, ist der Grenzfremdkapitalzinssatz des Leasingnehmers anzuwenden. Dem als Vermögenswert angesetzten Betrag werden die anfänglichen direkten Kosten des Leasingnehmers hinzugerechnet.

21. Transaktionen und andere Ereignisse werden entsprechend ihrem wirtschaftlichen Gehalt und den finanzwirtschaftlichen Gegebenheiten und nicht ausschließlich nach Maßgabe der rechtlichen Form bilanziert und dargestellt. Obwohl der Leasingnehmer gemäß der rechtlichen Gestaltung einer Leasingvereinbarung kein Eigentumsrecht an dem Leasinggegenstand erwirbt, besteht die wirtschaftliche Substanz und finanzwirtschaftliche Realität im Falle des Finanzierungs-Leasingverhältnisses darin, dass der Leasingnehmer den wirtschaftlichen Nutzen aus dem Gebrauch des Leasinggegenstands für den überwiegenden Teil seiner wirtschaftlichen Nutzungsdauer erwirbt und sich im Gegenzug verpflichtet, für dieses Recht einen Betrag zu zahlen, der zu Beginn des Leasingverhältnisses dem beizulegenden Zeitwert des Vermögenswerts und den damit verbundenen Finanzierungskosten annähernd entspricht.

22. Werden solche Leasingtransaktionen nicht in der Bilanz des Leasingnehmers erfasst, so werden die wirtschaftlichen Ressourcen und die Höhe der Verpflichtungen eines Unternehmens zu niedrig dargestellt, wodurch finanzwirtschaftliche Kennzahlen verzerrt werden. Es ist daher angemessen, ein Finanzierungsleasing in der Bilanz des Leasingnehmers als Vermögenswert und als eine Verpflichtung für künftige Leasingzahlungen anzusetzen. Zu Beginn der Laufzeit des Leasingverhältnisses werden der Vermögenswert und die Verpflichtung für künftige Leasingzahlungen in gleicher Höhe in der Bilanz angesetzt. Davon ausgenommen sind die anfänglichen direkten Kosten des Lizenznehmers, die dem als Vermögenswert angesetzten Betrag hinzugerechnet werden.

23. Es ist nicht angemessen, Schulden aus Leasinggegenständen in den Abschlüssen als Abzug von Leasinggegenständen darzustellen. Wenn im Rahmen der Bilanz für die Darstellung der Schulden eine Unterscheidung zwischen kurzfristigen und langfristigen Schulden vorgenommen wird, wird dieselbe Unterscheidung für Schulden aus dem Leasingverhältnis vorgenommen.

24. Anfängliche direkte Kosten werden oft in Verbindung mit spezifischen Leasingaktivitäten verursacht, wie dem Aushandeln und Absichern von Leasingvereinbarungen. Die Kosten, die den Aktivitäten des Leasingnehmers für ein Finanzierungsleasing direkt zugerechnet werden können, werden dem als Vermögenswert angesetzten Betrag hinzugerechnet.

Folgebewertung

25. Die Mindestleasingzahlungen sind in die Finanzierungskosten und den Tilgungsanteil der Restschuld aufzuteilen. Die Finanzierungskosten sind so über die Laufzeit des Leasingverhältnisses zu verteilen, dass über die Perioden ein konstanter Zinssatz auf die verbliebene Schuld entsteht. Eventualmietzahlungen werden in der Periode, in der sie anfallen, als Aufwand erfasst.

26. Zur Vereinfachung der Berechnungen kann der Leasingnehmer in der Praxis Näherungsverfahren verwenden, um Finanzierungskosten den Perioden während der Laufzeit des Leasingverhältnisses zuzuordnen.

27. Ein Finanzierungsleasing führt in jeder Periode zu einem Abschreibungsaufwand bei abschreibungsfähigen Vermögenswerten sowie zu einem Finanzierungsaufwand. Die Abschreibungsgrundsätze für abschreibungsfähige Leasinggegen-

stände haben mit den Grundsätzen übereinzustimmen, die auf abschreibungsfähige Vermögenswerte angewandt werden, die sich im Eigentum des Unternehmens befinden; die Abschreibungen sind gemäß IAS 16 *Sachanlagen* und IAS 38 *Immaterielle Vermögenswerte* zu berechnen. Ist zu Ende des Leasingverhältnisses nicht hinreichend sicher, dass das Eigentum auf den Leasingnehmer übergeht, so ist der Vermögenswert über den kürzeren der beiden Zeiträume, Laufzeit des Leasingverhältnisses oder Nutzungsdauer, vollständig abzuschreiben.

28. Der Abschreibungsbetrag eines Leasinggegenstands wird planmäßig auf jede Bilanzierungsperiode während des Zeitraumes der erwarteten Nutzung verteilt, und zwar in Übereinstimmung mit den Abschreibungsgrundsätzen, die der Leasingnehmer auch auf in seinem Eigentum befindliche abschreibungsfähige Vermögenswerte anwendet. Ist der Eigentumsübergang auf den Leasingnehmer am Ende der Laufzeit des Leasingverhältnisses hinreichend sicher, so entspricht der Zeitraum der erwarteten Nutzung der Nutzungsdauer des Vermögenswerts. Andernfalls wird der Vermögenswert über den Kürzeren der beiden Zeiträume, Laufzeit des Leasingverhältnisses oder Nutzungsdauer, abgeschrieben.

29. Die Summe des Abschreibungsaufwands für den Vermögenswert und des Finanzierungsaufwands für die Periode entspricht nur in seltenen Fällen den Leasingzahlungen für die Periode. Es ist daher unangemessen, einfach die zu zahlenden Leasingzahlungen als Aufwand zu berücksichtigen. Folglich werden sich nach dem Beginn der Laufzeit des Leasingverhältnisses der Vermögenswert und die damit verbundene Schuld in ihrem Betrag vermutlich nicht mehr entsprechen.

30. Um zu beurteilen, ob ein Leasinggegenstand in seinem Wert gemindert ist, wendet ein Unternehmen IAS 36 *Wertminderung von Vermögenswerten an*.

31. Leasingnehmer haben bei einem Finanzierungsleasing zusätzlich zu den Vorschriften des IFRS 7 *Finanzinstrumente: Angaben* die folgenden Angaben zu machen:

(a) für jede Gruppe von Vermögenswerten den Nettobuchwert zum Abschlussstichtag;

(b) eine Überleitungsrechnung der Summe der künftigen Mindestleasingzahlungen zum Abschlussstichtag zu deren Barwert. Ein Unternehmen hat zusätzlich die Summe der künftigen Mindestleasingzahlungen zum Abschlussstichtag und deren Barwert für jede der folgenden Perioden anzugeben:

(i) bis zu einem Jahr;

(ii) länger als ein Jahr und bis zu fünf Jahren;

(iii) länger als fünf Jahre;

(c) in der Periode als Aufwand erfasste Eventualmietzahlungen;

(d) die Summe der künftigen Mindestzahlungen aus Untermietverhältnissen zum Abschlussstichtag, deren Erhalt aufgrund von unkündbaren Untermietverhältnissen erwartet wird; und

(e) eine allgemeine Beschreibung der wesentlichen Leasingvereinbarungen des Leasingnehmers, einschließlich der Folgenden, aber nicht darauf beschränkt:

(i) die Grundlage, auf der Eventualmietzahlungen festgelegt sind;

(ii) das Bestehen und die Bestimmungen von Verlängerungs- oder Kaufoptionen und Preisanpassungsklauseln; und

(iii) durch Leasingvereinbarungen auferlegte Beschränkungen, wie solche, die Dividenden, zusätzliche Schulden und weitere Leasingverhältnisse betreffen.

32. Außerdem finden für Leasingnehmer von im Rahmen von Finanzierungs-Leasingverhältnissen geleasten Vermögenswerten die Angabepflichten gemäß IAS 16, IAS 36, IAS 38, IAS 40 und IAS 41 Anwendung.

Operating-Leasingverhältnisse

33. Leasingzahlungen innerhalb eines Operating-Leasingverhältnisses sind als Aufwand linear über die Laufzeit des Leasingverhältnisses zu erfassen, es sei denn, eine andere systematische Grundlage entspricht eher dem zeitlichen Verlauf des Nutzens für den Leasingnehmer.([1])

([1]) Siehe auch SIC-15 *Operating-Leasingverhältnisse – Anreize*.

34. Bei einem Operating-Leasingverhältnis werden Leasingzahlungen (mit Ausnahme von Aufwendungen für Leistungen wie Versicherung und Instandhaltung) linear als Aufwand erfasst, es sei denn, eine andere systematische Grundlage entspricht dem zeitlichen Verlauf des Nutzens für den Leasingnehmer, selbst wenn die Zahlungen nicht auf dieser Grundlage erfolgen.

35. Leasingnehmer haben bei Operating-Leasingverhältnissen zusätzlich zu den Vorschriften des IFRS 7 die folgenden Angaben zu machen:

(a) die Summe der künftigen Mindestleasingzahlungen aufgrund von unkündbaren Operating-Leasingverhältnissen für jede der folgenden Perioden:

(i) bis zu einem Jahr;

(ii) länger als ein Jahr und bis zu fünf Jahren;

(iii) länger als fünf Jahre;

(b) die Summe der künftigen Mindestzahlungen aus Untermietverhältnissen zum Abschlussstichtag, deren Erhalt aufgrund von unkündbaren Untermietverhältnissen erwartet wird; und

(c) Zahlungen aus Leasingverhältnissen und Untermietverhältnissen, die in der Berichtsperiode als Aufwand erfasst sind, getrennt nach Beträgen für Mindestleasingzahlungen,

Eventualmietzahlungen und Zahlungen aus Untermietverhältnissen;
(d) eine allgemeine Beschreibung der wesentlichen Leasingvereinbarungen des Leasingnehmers, einschließlich der Folgenden, aber nicht darauf beschränkt:
 (i) die Grundlage, auf der Eventualmietzahlungen festgelegt sind;
 (ii) das Bestehen und die Bestimmungen von Verlängerungs- oder Kaufoptionen und Preisanpassungsklauseln; und
 (iii) durch Leasingvereinbarungen auferlegte Beschränkungen, wie solche, die Dividenden, zusätzliche Schulden und weitere Leasingverhältnisse betreffen.

LEASINGVERHÄLTNISSE IN DEN ABSCHLÜSSEN DER LEASINGGEBER

Finanzierungs-Leasingverhältnisse

Erstmaliger Ansatz

36. Leasinggeber haben Vermögenswerte aus einem Finanzierungsleasing in ihren Bilanzen anzusetzen und sie als Forderungen darzustellen, und zwar in Höhe des Nettoinvestitionswerts aus dem Leasingverhältnis.

37. Bei einem Finanzierungsleasing werden im Wesentlichen alle mit dem rechtlichen Eigentum verbundenen Risiken und Chancen vom Leasinggeber übertragen, und daher sind die ausstehenden Leasingzahlungen vom Leasinggeber als Kapitalrückzahlung und Finanzertrag behandelt, um dem Leasinggeber seine Finanzinvestition zurückzuerstatten und ihn für seine Dienstleistungen zu entlohnen.

38. Dem Leasinggeber entstehen häufig anfängliche direkte Kosten, wie Provisionen, Rechtsberatungsgebühren und interne Kosten, die zusätzlich anfallen und direkt den Verhandlungen und dem Abschluss eines Leasingvertrags zugerechnet werden können. Davon ausgenommen sind Gemeinkosten, die beispielsweise durch das Verkaufs- und Marketingpersonal entstehen. Bei einem Finanzierungsleasing, an dem kein Hersteller oder Händler als Leasinggeber beteiligt ist, werden die anfänglichen direkten Kosten bei der erstmaligen Bewertung der Forderungen aus dem Finanzierungsleasing einbezogen und vermindern die Höhe der über die Laufzeit des Leasingverhältnisses zu erfassenden Erträge. Der dem Leasingverhältnis zugrunde liegende Zinssatz wird so festgelegt, dass die anfänglichen direkten Kosten automatisch in den Forderungen aus dem Finanzierungsleasing enthalten sind und nicht gesondert hinzugerechnet werden müssen. Die Kosten, die Herstellern oder Händlern als Leasinggeber im Zusammenhang mit den Verhandlungen und dem Abschluss eines Leasingvertrags entstehen, sind von der Definition der anfänglichen direkten Kosten ausgenommen. Folglich bleiben sie bei der Nettoinvestition in ein Leasingverhältnis unberücksichtigt und werden bei der Erfassung des Verkaufsgewinns, was bei einem Finanzierungsleasing normalerweise zu Beginn der Laufzeit des Leasingverhältnisses der Fall ist, als Aufwand erfasst.

Folgebewertung

39. Die Finanzerträge sind auf eine Weise zu erfassen, die eine konstante periodische Verzinsung der Nettoinvestition des Leasinggebers in das Finanzierungs-Leasingverhältnis widerspiegelt.

40. Ziel eines Leasinggebers ist es, die Finanzerträge über die Laufzeit des Leasingverhältnisses auf einer planmäßigen und vernünftigen Grundlage zu verteilen. Diese Ertragsverteilung basiert auf einer konstanten periodischen Verzinsung der Nettoinvestition des Leasinggebers in das Finanzierungs-Leasingverhältnis. Leasingzahlungen der Berichtsperiode, ausgenommen solcher für Dienstleistungen, werden mit der Bruttoinvestition in das Leasingverhältnis verrechnet, um sowohl den Nominalbetrag als auch den nicht realisierten Finanzertrag zu reduzieren.

41. Geschätzte nicht garantierte Restwerte, die für die Berechnung der Bruttoinvestition des Leasinggebers angesetzt werden, werden regelmäßig überprüft. Im Falle einer Minderung des geschätzten nicht garantierten Restwertes wird die Ertragsverteilung über die Laufzeit des Leasingverhältnisses berichtigt, und jede Minderung bereits abgegrenzter Beiträge wird unmittelbar erfasst.

41A. Vermögenswerte aus einem Finanzierungsleasing, die gemäß IFRS 5 *Zur Veräußerung gehaltene langfristige Vermögenswerte und aufgegebene Geschäftsbereiche* als zur Veräußerung gehalten eingestuft werden (oder zu einer als zur Veräußerung gehalten eingestuften Veräußerungsgruppe gehören), sind gemäß diesem IFRS zu bilanzieren.

42. Hersteller oder Händler als Leasinggeber haben den Verkaufsgewinn oder -verlust nach der gleichen Methode im Periodenergebnis zu erfassen, das das Unternehmen bei direkten Verkaufsgeschäften anwendet. Werden künstlich niedrige Zinsen verwendet, so ist der Verkaufsgewinn auf die Höhe zu beschränken, die sich bei Berechnung mit einem marktüblichen Zinssatz ergeben hätte. Kosten, die Herstellern oder Händlern als Leasinggeber im Zusammenhang mit den Verhandlungen und dem Abschluss eines Leasingvertrags entstehen, sind bei der Erfassung des Verkaufsgewinns als Aufwand zu berücksichtigen.

43. Händler oder Hersteller lassen ihren Kunden häufig die Wahl zwischen Erwerb oder Leasing eines Vermögenswerts. Aus dem Finanzierungsleasing eines Vermögenswerts durch einen Händler oder Hersteller als Leasinggeber ergeben sich zwei Arten von Erträgen:

(a) der Gewinn oder Verlust, der dem Gewinn oder Verlust aus dem direkten Verkauf des Leasinggegenstands zu normalen Verkaufspreisen entspricht und jegliche anwendbaren Mengen- oder Handelsrabatte widerspiegelt; und

(b) der Finanzertrag über die Laufzeit des Leasingverhältnisses.

44. Der zu Beginn der Laufzeit eines Leasingverhältnisses von einem Leasinggeber, der Händler oder Hersteller ist, zu erfassende Umsatzerlös ist der beizulegende Zeitwert des Vermögenswerts oder, wenn niedriger, der dem Leasinggeber zuzurechnende Barwert der Mindestleasingzahlungen, berechnet auf Grundlage eines marktüblichen Zinssatzes. Die zu Beginn der Laufzeit des Leasingverhältnisses zu erfassenden Umsatzkosten sind die Anschaffungs- oder Herstellungskosten bzw., falls abweichend, der Buchwert des Leasinggegenstands abzüglich des Barwerts des nicht garantierten Restwerts. Der Differenzbetrag zwischen den Umsatzerlös und den Umsatzkosten ist der Verkaufsgewinn, der gemäß den vom Unternehmen bei direkten Verkäufen befolgten Grundsätzen erfasst wird.

45. Leasinggeber, die Händler oder Hersteller sind, verwenden manchmal künstlich niedrige Zinssätze, um das Interesse von Kunden zu wecken. Die Verwendung eines solchen Zinssatzes würde zum Verkaufszeitpunkt zur Erfassung eines übermäßig hohen Anteils des Gesamtertrags aus der Transaktion führen. Werden künstlich niedrige Zinsen verwendet, so ist der Verkaufsgewinn auf die Höhe zu beschränken, die sich bei Berechnung mit einem marktüblichen Zinssatz ergeben hätte.

46. Kosten, die einem Hersteller oder Händler als Leasinggeber bei den Verhandlungen und dem Abschluss eines Finanzierungsleasingvertrags entstehen, werden zu Beginn der Laufzeit des Leasingverhältnisses als Aufwand berücksichtigt, da sie in erster Linie mit dem Verkaufsgewinn des Händlers oder Herstellers in Zusammenhang stehen.

47. Leasinggeber haben bei Finanzierungs-Leasingverhältnissen zusätzlich zu den Vorschriften des IFRS 7 die folgenden Angaben zu machen:
(a) eine Überleitung von der Bruttoinvestition in das Leasingverhältnis am Abschlussstichtag zum Barwert der am Abschlussstichtag ausstehenden Mindestleasingzahlungen. Ein Unternehmen hat zusätzlich die Bruttoinvestition in das Leasingverhältnis und den Barwert der am Abschlussstichtag ausstehenden Mindestleasingzahlungen für jede der folgenden Perioden anzugeben:
   (i) bis zu einem Jahr;
   (ii) länger als ein Jahr und bis zu fünf Jahren;
   (iii) länger als fünf Jahre;
(b) noch nicht realisierter Finanzertrag;
(c) die nicht garantierten Restwerte, die zu Gunsten des Leasinggebers anfallen;
(d) die kumulierten Wertberichtigungen für uneinbringliche ausstehende Mindestleasingzahlungen;
(e) in der Berichtsperiode als Ertrag erfasste bedingte Mietzahlungen;

(f) eine allgemeine Beschreibung der wesentlichen Leasingvereinbarungen des Leasinggebers.

48. Es ist häufig sinnvoll, auch die Bruttoinvestition, vermindert um die noch nicht realisierten Erträge, aus dem in der Berichtsperiode abgeschlossenem Neugeschäft, nach Abzug der entsprechenden Beträge für gekündigte Leasingverhältnisse, als Wachstumsindikator anzugeben.

Operating-Leasingverhältnisse

49. Leasinggeber haben Vermögenswerte, die Gegenstand von Operating-Leasingverhältnissen sind, in ihrer Bilanz entsprechend der Eigenschaften dieser Vermögenswerte darzustellen.

50. Leasingerträge aus Operating-Leasingverhältnissen sind als Ertrag linear über die Laufzeit des Leasingverhältnisses zu erfassen, es sei denn, eine andere planmäßige Verteilung entspricht eher dem zeitlichen Verlauf, in dem sich der aus dem Leasinggegenstand erzielte Nutzenvorteil verringert.([1])

([1]) Siehe auch SIC-15 *Operating-Leasingverhältnisse – Anreize*.

51. Kosten, einschließlich Abschreibungen, die im Zusammenhang mit den Leasingerträgen anfallen, werden als Aufwand berücksichtigt. Leasingerträge (mit Ausnahme der Einnahmen aus Dienstleistungen wie Versicherungen und Instandhaltung) werden linear über die Laufzeit des Leasingverhältnisses erfasst, selbst wenn die Einnahmen nicht auf dieser Grundlage anfallen, es sei denn, eine andere planmäßige Verteilung entspricht eher dem zeitlichen Verlauf, in dem sich der aus dem Leasinggegenstand erzielte Nutzenvorteil verringert.

52. Die anfänglichen direkten Kosten, die dem Leasinggeber bei den Verhandlungen und dem Abschluss eines Operating-Leasingverhältnisses entstehen, werden dem Buchwert des Leasinggegenstandes hinzugerechnet und über die Laufzeit des Leasingverhältnisses auf gleiche Weise wie die Leasingerträge als Aufwand erfasst.

53. Die Abschreibungsgrundsätze für abschreibungsfähige Leasinggegenstände haben mit den normalen Abschreibungsgrundsätzen des Leasinggebers für ähnliche Vermögenswerte überein zu stimmen; die Abschreibungen sind gemäß IAS 16 und IAS 38 zu berechnen.

54. Um zu beurteilen, ob ein Leasinggegenstand in seinem Wert gemindert ist, wendet ein Unternehmen IAS 36 an.

55. Hersteller oder Händler als Leasinggeber setzen keinen Verkaufsgewinn beim Abschluss eines Operating-Leasingverhältnisses an, weil es nicht einem Verkauf entspricht.

56. Leasinggeber haben bei Operating-Leasingverhältnissen zusätzlich zu den Vorschriften des IFRS 7 die folgenden Angaben zu machen:
(a) die Summe der künftigen Mindestleasingzahlungen aus unkündbaren Operating-Leasing-

verhältnissen als Gesamtbetrag und für jede der folgenden Perioden:
(i) bis zu einem Jahr;
(ii) länger als ein Jahr und bis zu fünf Jahren;
(iii) länger als fünf Jahre;
(b) Summe der in der Berichtsperiode als Ertrag erfassten Eventualmietzahlungen
(c) eine allgemeine Beschreibung der Leasingvereinbarungen des Leasinggebers.

57. Außerdem finden für Leasinggeber von im Rahmen von Operating-Leasingverhältnissen vermieteten Vermögenswerten die Angabepflichten gemäß IAS 16, IAS 36, IAS 38, IAS 40 und IAS 41 Anwendung.

SALE-AND-LEASEBACK-TRANSAKTIONEN

58. Eine Sale-and-leaseback-Transaktion umfasst die Veräußerung eines Vermögenswerts und die Rückvermietung des gleichen Vermögenswerts. Die Leasingzahlungen und der Verkaufspreis stehen normalerweise in einem Zusammenhang, da sie in den Verhandlungen gemeinsam festgelegt werden. Die Behandlung einer Sale-andleaseback-Transaktion hängt von der Art des betreffenden Leasingverhältnisses ab.

59. Wenn eine Sale-and-leaseback-Transaktion zu einem Finanzierungs-Leasingverhältnis führt, darf ein Überschuss der Verkaufserlöse über den Buchwert nicht unmittelbar als Ertrag des Verkäufer-Leasingnehmers erfasst werden. Stattdessen ist er abzugrenzen und über die Laufzeit des Leasingverhältnisses erfolgswirksam zu verteilen.

60. Wenn das Lease-back ein Finanzierungs-Leasingverhältnis ist, stellt die Transaktion die Bereitstellung einer Finanzierung durch den Leasinggeber an den Leasingnehmer dar, mit dem Vermögenswert als Sicherheit. Aus diesem Grund ist es nicht angemessen, einen Überschuss der Verkaufserlöse über den Buchwert als Ertrag zu betrachten. Dieser Überschuss wird abgegrenzt und über die Laufzeit des Leasingverhältnisses erfolgswirksam verteilt.

61. Wenn eine Sale-and-leaseback-Transaktion zu einem Operating-Leasingverhältnis führt und es klar ist, dass die Transaktion zum beizulegenden Zeitwert getätigt wird, so ist jeglicher Gewinn oder Verlust sofort zu erfassen. Liegt der Veräußerungspreis unter dem beizulegenden Zeitwert, so ist jeder Gewinn oder Verlust unmittelbar zu erfassen, mit der Ausnahme, dass ein Verlust abzugrenzen und im Verhältnis zu den Leasingzahlungen über dem voraussichtlichen Nutzungszeitraum des Vermögenswertes erfolgswirksam zu verteilen ist, wenn dieser Verlust durch künftige, unter dem Marktpreis liegende Leasingzahlungen ausgeglichen wird. Für den Fall, dass der Veräußerungspreis den beizulegenden Zeitwert übersteigt, ist der den beizulegenden Zeitwert übersteigende Betrag abzugrenzen und über den Zeitraum, in dem der Vermögenswert voraussichtlich genutzt wird, erfolgswirksam zu verteilen.

62. Wenn das Lease-back ein Operating-Leasingverhältnis ist und die Leasingzahlungen und der Veräußerungspreis dem beizulegenden Zeitwert entsprechen, so handelt es sich faktisch um ein gewöhnliches Veräußerungsgeschäft, und jeglicher Gewinn oder Verlust wird unmittelbar erfasst.

63. Liegt bei einem Operating-Leasingverhältnis der beizulegende Zeitwert zum Zeitpunkt der Sale-and-leaseback-Transaktion unter dem Buchwert des Vermögenswerts, so ist ein Verlust in Höhe der Differenz zwischen dem Buchwert und dem beizulegenden Zeitwert sofort zu erfassen.

64. Bei Finanzierungsleasing ist eine solche Korrektur nicht notwendig, es sei denn, es handelt sich um eine Wertminderung. In diesem Fall wird der Buchwert gemäß IAS 36 auf den erzielbaren Betrag reduziert.

65. Angabepflichten für Leasingnehmer und Leasinggeber sind genauso auf Sale-and-leaseback-Transaktionen anzuwenden. Die erforderliche Beschreibung der wesentlichen Leasingvereinbarungen führt zu der Angabe von einzigartigen oder ungewöhnlichen Bestimmungen des Vertrags oder der Bedingungen der Sale-and-leaseback-Transaktionen.

66. Auf Sale-and-leaseback-Transaktionen können die getrennten Angabekriterien in IAS 1 *Darstellung des Abschlusses zutreffen.*

ÜBERGANGSVORSCHRIFTEN

67. Entsprechend Paragraph 68 wird eine retrospektive Anwendung dieses Standards empfohlen, aber nicht vorgeschrieben. Falls der Standard nicht retrospektiv angewandt wird, wird der Saldo eines jeden vorher existierenden Finanzierungs-Leasingverhältnisses als vom Leasinggeber zutreffend bestimmt angesehen und ist danach in Übereinstimmung mit den Vorschriften dieses Standards zu bilanzieren.

68. Ein Unternehmen, das bisher IAS 17 (überarbeitet 1997) angewandt hat, hat die mit diesem Standard vorgenommenen Änderungen entweder retrospektiv auf alle Leasingverhältnisse oder, bei keiner retrospektiven Anwendung von IAS 17 (überarbeitet 1997), auf alle Leasingverhältnisse anzuwenden, die seit der erstmaligen Anwendung dieses Standards abgeschlossen wurden.

68A. **Ein Unternehmen muss die Einstufung der Grundstückskomponenten noch nicht abgelaufener Leasingverhältnisse zu dem Zeitpunkt, an dem es die in Paragraph 69A genannten Änderungen anwendet, neu beurteilen, und zwar auf der Grundlage von Informationen, die zu Beginn dieser Leasingverhältnisse vorlagen. Ein neu als Finanzierungsleasing eingestuftes Leasingverhältnis ist retrospektiv gemäß IAS 8** *Rechnungslegungsmethoden, Änderungen von rechnungslegungsbezogenen Schätzungen und Fehler* **zu erfassen. Verfügt das Unternehmen** jedoch nicht über die Informationen, die zur retrospektiven Anwendung der Änderungen erforderlich sind, dann

a) wendet es auf diese Leasingverhältnisse die Änderungen auf der Grundlage von Fakten und Umständen an, die zum Zeitpunkt der Anwendung der Änderungen bestanden, und
b) setzt es die Vermögenswerte und Schulden eines Grundstücksleasingverhältnisses, das nun als Finanzierungsleasing eingestuft wurde, auf der Grundlage der zu dem Zeitpunkt gültigen beizulegenden Zeitwerte an. Jegliche Differenz zwischen diesen beizulegenden Zeitwerten ist in den Gewinnrücklagen zu erfassen.

ZEITPUNKT DES INKRAFTTRETENS

69. Dieser Standard ist erstmals in der ersten Berichtsperiode eines am 1. Januar 2005 oder danach beginnenden Geschäftsjahres anzuwenden. Eine frühere Anwendung wird empfohlen. Wenn ein Unternehmen diesen Standard für Berichtsperioden anwendet, die vor dem 1. Januar 2005 beginnen, so ist diese Tatsache anzugeben.

69A. Die Paragraphen 14 und 15 wurden gestrichen. Die Paragraphen 15A und 68A wurden als Teil der *Verbesserungen der IFRS* vom April 2009 aufgenommen. Diese Änderungen sind erstmals in der ersten Berichtsperiode eines am 1. Januar 2010 oder danach beginnenden Geschäftsjahrs anzuwenden. Eine frühere Anwendung ist zulässig. Wendet ein Unternehmen die Änderungen für ein früheres Geschäftsjahr an, hat es dies anzugeben.

RÜCKNAHME VON IAS 17 (ÜBERARBEITET 1997)

70. Der vorliegende Standard ersetzt IAS 17 *Leasingverhältnisse* (überarbeitet 1997).

INTERNATIONAL ACCOUNTING STANDARD 18
Umsatzerlöse

IAS 18, VO (EG) Nr. 1126/2008 i.d.F.

1 VO (EG) Nr. 1274/2008 [IAS 1] 2 VO (EG) Nr. 69/2009 [IFRS 1 und IAS 27]

GLIEDERUNG	§§
ZIELSETZUNG	
ANWENDUNGSBEREICH	1–6
DEFINITIONEN	7–8
BEMESSUNG DER UMSATZERLÖSE	9–12
WERBELEISTUNGEN. ABGRENZUNG EINES GESCHÄFTSVORFALLS	13
VERKAUF VON GÜTERN	14–19
ERBRINGEN VON DIENSTLEISTUNGEN	20–28
ZINSEN, NUTZUNGSENTGELTE UND DIVIDENDEN	29–34
ANGABEN	35–36
ZEITPUNKT DES INKRAFTTRETENS	37–38

ZIELSETZUNG

Ertrag ist im *Rahmenkonzept für die Aufstellung und Darstellung von Abschlüssen* als Zunahme wirtschaftlichen Nutzens während der Bilanzierungsperiode in Form von Zuflüssen oder Wertsteigerungen von Vermögenswerten oder einer Verringerung von Schulden definiert, durch die sich das Eigenkapital unabhängig von Einlagen der Eigentümer erhöht. Erträge umfassen Umsatzerlöse sowie Gewinne und Verluste aus Veräußerungen langfristiger Vermögenswerte und aus Wertänderungen. Umsatzerlöse sind Erträge, die im Rahmen der gewöhnlichen Tätigkeit eines Unternehmens anfallen und eine Vielzahl unterschiedlicher Bezeichnungen haben, wie Verkaufserlöse, Dienstleistungsentgelte, Zinsen, Dividenden und Lizenzerträge. Zielsetzung dieses Standards ist es, die Behandlung von Umsatzerlösen festzulegen, die sich aus bestimmten Geschäftsvorfällen und Ereignissen ergeben.

Die primäre Fragestellung bei der Bilanzierung von Umsatzerlösen besteht darin, den Zeitpunkt zu bestimmen, wann die Umsatzerlöse zu erfassen sind. Umsatzerlöse sind zu erfassen, wenn hinreichend wahrscheinlich ist, dass dem Unternehmen ein künftiger wirtschaftlicher Nutzen erwächst und dieser verlässlich bestimmt werden kann. Dieser Standard bestimmt die Umstände, unter denen diese Voraussetzungen erfüllt sind und infolgedessen ein Umsatzerlös zu erfassen ist. Er gibt außerdem praktische Anleitungen zur Anwendung dieser Voraussetzungen.

ANWENDUNGSBEREICH

1. Dieser Standard ist auf die Bilanzierung von Umsatzerlösen anzuwenden, die sich aus folgenden Geschäftsvorfällen und Ereignissen ergeben:

(a) dem Verkauf von Gütern;

(b) dem Erbringen von Dienstleistungen; und

(c) der Nutzung von Vermögenswerten des Unternehmens durch Dritte gegen Zinsen, Nutzungsentgelte und Dividenden.

2. Dieser Standard ersetzt den 1982 genehmigten IAS 18 *Erfassung von Umsatzerlösen*.

3. Güter schließen sowohl Erzeugnisse ein, die von einem Unternehmen für den Verkauf hergestellt worden sind, als auch Waren, die für den Weiterverkauf erworben worden sind, wie etwa Handelswaren, die von einem Einzelhändler gekauft worden sind, oder Grundstücke und andere Sachanlagen, die für den Weiterverkauf bestimmt sind.

4. Das Erbringen von Dienstleistungen umfasst typischerweise die Ausführung vertraglich vereinbarter Aufgaben über einen vereinbarten Zeitraum durch das Unternehmen. Die Leistungen können innerhalb einer einzelnen Periode oder auch über mehrere Perioden hinweg erbracht werden. Teilweise sind die Verträge für das Erbringen von Dienstleistungen direkt mit langfristigen Fertigungsaufträgen verbunden. Dies betrifft beispielsweise die Leistungen von Projektmanagern und Architekten. Umsatzerlöse, die aus diesen Verträgen resultieren, werden nicht in diesem Standard behandelt, sondern sind durch die Bestimmungen für Fertigungsaufträge in IAS 11 *Fertigungsaufträge* geregelt.

5. Die Nutzung von Vermögenswerten des Unternehmens durch Dritte führt zu Umsatzerlösen in Form von:

(a) Zinsen – Entgelte für die Überlassung von Zahlungsmitteln oder Zahlungsmitteläquivalenten oder für die Stundung von Zahlungsansprüchen;

(b) Nutzungsentgelten – Entgelte für die Überlassung langlebiger immaterieller Vermögenswerte des Unternehmens, beispielsweise Patente, Warenzeichen, Urheberrechte und Computersoftware; und

(c) Dividenden – Gewinnausschüttungen an die Inhaber von Kapitalbeteiligungen im Verhältnis zu den von ihnen gehaltenen Anteilen einer bestimmten Kapitalgattung.

6. Dieser Standard befasst sich nicht mit Umsatzerlösen aus:

(a) Leasingverträgen (siehe hierzu IAS 17 *Leasingverhältnisse*);

(b) Dividenden für Anteile, die nach der Equity-Methode bilanziert werden (siehe hierzu IAS 28 *Anteile an assoziierten Unternehmen*);

(c) Versicherungsverträgen im Anwendungsbereich von IFRS 4 *Versicherungsverträge*;

(d) Änderungen des beizulegenden Zeitwerts finanzieller Vermögenswerte oder finanzieller Verbindlichkeiten bzw. deren Veräußerung (siehe IAS 39 *Finanzinstrumente: Ansatz und Bewertung*);

(e) Wertänderungen bei anderen kurzfristigen Vermögenswerten;

(f) dem erstmaligen Ansatz und aus Änderungen des beizulegenden Zeitwertes der biologischen Vermögenswerte, die mit landwirtschaftlicher Tätigkeit im Zusammenhang stehen (siehe IAS 41 *Landwirtschaft*);

(g) dem erstmaligen Ansatz landwirtschaftlicher Erzeugnisse (siehe IAS 41); und

(h) dem Abbau von Bodenschätzen.

DEFINITIONEN

7. Die folgenden Begriffe werden in diesem Standard mit der angegebenen Bedeutung verwendet:

Umsatzerlös ist der aus der gewöhnlichen Tätigkeit eines Unternehmens resultierende Bruttozufluss wirtschaftlichen Nutzens während der Berichtsperiode, der zu einer Erhöhung des Eigenkapitals führt, soweit er nicht aus Einlagen der Eigentümer stammt.

Der *beizulegende Zeitwert* ist der Betrag, zu dem zwischen sachverständigen, vertragswilligen und voneinander unabhängigen Geschäftspartnern ein Vermögenswert getauscht oder eine Schuld beglichen werden könnte.

8. Der Begriff Umsatzerlös umfasst nur Bruttozuflüsse wirtschaftlichen Nutzens, die ein Unternehmen für eigene Rechnung erhalten hat oder beanspruchen kann. Beträge, die im Interesse Dritter eingezogen werden, wie Umsatzsteuern und andere Verkehrsteuern, entfalten keinen wirtschaftlichen Nutzen für das Unternehmen und führen auch nicht zu einer Erhöhung des Eigenkapitals. Daher werden sie nicht unter den Begriff Umsatzerlös subsumiert. Gleiches gilt bei Vermittlungsgeschäften für die in den Bruttozuflüssen wirtschaftlichen Nutzens enthaltenen Beträge, die für den Auftraggeber erhoben werden und die nicht zu einer Erhöhung des Eigenkapitals des vermittelnden Unternehmens führen. Beträge, die das Unternehmen für Rechnung des Auftraggebers erhebt, stellen keinen Umsatzerlös dar. Umsatzerlös ist demgegenüber die Provision.

BEMESSUNG DER UMSATZERLÖSE

9. Umsatzerlöse sind zum beizulegenden Zeitwert des erhaltenen oder zu beanspruchenden Entgelts zu bemessen.([1])

([1]) Siehe auch SIC-31 *Erträge –Tausch von.*

10. Die Höhe des Umsatzerlöses eines Geschäftsvorfalls ist normalerweise vertraglich zwischen dem Unternehmen und dem Käufer bzw. dem Nutzer des Vermögenswerts festgelegt. Sie bemisst sich nach dem beizulegenden Zeitwert des erhaltenen oder zu beanspruchenden Entgelts abzüglich der vom Unternehmen gewährten Preisnachlässe und Mengenrabatte.

11. In den meisten Fällen besteht das Entgelt in Zahlungsmitteln oder Zahlungsmitteläquivalenten und entspricht der Umsatzerlös dem Betrag der erhaltenen oder zu beanspruchenden Zahlungsmittel oder Zahlungsmitteläquivalente. Wenn sich jedoch der Zufluss der Zahlungsmittel oder Zahlungsmitteläquivalente zeitlich verzögert, kann der beizulegende Zeitwert des Entgelts unter dem Nominalwert der erhaltenen oder zu beanspruchenden Zahlungsmittel liegen. Ein Unternehmen kann beispielsweise einem Käufer einen zinslosen Kredit gewähren oder als Entgelt für den Verkauf von Gütern vom Käufer einen, gemessen am Marktzins, unterverzinslichen Wechsel akzeptieren. Wenn die Vereinbarung effektiv einen Finanzierungsvorgang darstellt, bestimmt sich der beizulegende Zeitwert des Entgelts durch Abzinsung aller künftigen Einnahmen mit einem kalkulatorischen Zinssatz. Der zu verwendende Zinssatz ist der verlässlicher bestimmbare der beiden folgenden Zinssätze:

(a) der für eine vergleichbare Finanzierung bei vergleichbarer Bonität des Schuldners geltende Zinssatz; oder

(b) der Zinssatz, mit dem der Nominalbetrag der Einnahmen auf den gegenwärtigen Barzahlungspreis für die verkauften Erzeugnisse, Waren oder Dienstleistungen des Basisgeschäftes diskontiert wird.

Die Differenz zwischen dem beizulegenden Zeitwert und dem Nominalwert des Entgelts wird als Zinsertrag gemäß den Paragraphen 29 und 30 und gemäß IAS 39 erfasst.

12. Der Tausch oder Swap von Erzeugnissen, Waren oder Dienstleistungen gegen Erzeugnisse, Waren oder Dienstleistungen, die gleichartig und gleichwertig sind, wird als Geschäftsvorfall, der einen Umsatzerlös bewirkt. Dies ist häufig in Bezug auf Rohstoffe und Bedarfsgüter, wie Öl oder Milch, der Fall, wenn Lieferanten Vorräte an verschiedenen Standorten tauschen oder swappen, um eine zeitlich begrenzte Nachfrage an einem bestimmten Standort zu erfüllen. Werden Erzeugnisse, Waren oder Dienstleistungen gegen art- oder

wertmäßig unterschiedliche Erzeugnisse, Waren oder Dienstleistungen ausgetauscht, stellt der Austausch einen Geschäftsvorfall dar, der einen Umsatzerlös bewirkt. Der Umsatzerlös bemisst sich nach dem beizulegenden Zeitwert der erhaltenen Erzeugnisse, Waren oder Dienstleistungen, korrigiert um den Betrag etwaiger zusätzlich geflossener Zahlungsmittel oder Zahlungsmitteläquivalente. Kann der beizulegende Zeitwert der erhaltenen Erzeugnisse, Waren oder Dienstleistungen nicht hinreichend verlässlich bestimmt werden, so bemisst sich der Umsatzerlös nach dem beizulegenden Zeitwert der aufgegebenen Erzeugnisse, Waren oder Dienstleistungen, korrigiert um den Betrag etwaiger zusätzlich geflossener Zahlungsmittel oder Zahlungsmitteläquivalente.

WERBELEISTUNGEN. ABGRENZUNG EINES GESCHÄFTSVORFALLS

13. Die Ansatzkriterien in diesem Standard werden in der Regel einzeln für jeden Geschäftsvorfall angewandt. Unter bestimmten Umständen ist es jedoch erforderlich, die Ansatzkriterien auf einzelne abgrenzbare Bestandteile eines Geschäftsvorfalls anzuwenden, um den wirtschaftlichen Gehalt des Geschäftsvorfalls zutreffend abzubilden. Wenn beispielsweise der Verkaufspreis eines Produkts einen bestimmbaren Betrag für nachfolgend zu erbringende Serviceleistungen enthält, wird dieser Betrag passivisch abgegrenzt und über den Zeitraum als Umsatzerlös erfasst, in dem die Leistungen erbracht werden. Umgekehrt werden die Ansatzkriterien auf zwei oder mehr Geschäftsvorfälle zusammen angewandt, wenn diese in einer Art und Weise miteinander verknüpft sind, dass die wirtschaftlichen Auswirkungen ohne Bezugnahme auf die Gesamtheit der Geschäftsvorfälle nicht verständlich zu erfassen sind. So kann beispielsweise ein Unternehmen Waren veräußern und gleichzeitig in einer getrennten Absprache einen späteren Rückkauf vereinbaren, wobei der wesentlichen Auswirkungen des Veräußerungsgeschäftes rückgängig macht; in einem solchen Fall werden die beiden Geschäfte zusammen behandelt.

VERKAUF VON GÜTERN

14. Erlöse aus dem Verkauf von Gütern sind zu erfassen, wenn die folgenden Kriterien erfüllt sind:
(a) das Unternehmen hat die maßgeblichen Risiken und Chancen, die mit dem Eigentum der verkauften Waren und Erzeugnisse verbunden sind, auf den Käufer übertragen;
(b) dem Unternehmen verbleibt weder ein weiter bestehendes Verfügungsrecht, wie es gewöhnlich mit dem Eigentum verbunden ist, noch eine wirksame Verfügungsgewalt über die verkauften Waren und Erzeugnisse;
(c) die Höhe der Umsatzerlöse kann verlässlich bestimmt werden;
(d) es ist wahrscheinlich, dass der wirtschaftliche Nutzen aus dem Geschäft dem Unternehmen zufließt; und

(e) die im Zusammenhang mit dem Verkauf angefallenen oder noch anfallenden Kosten können verlässlich bestimmt werden.

15. Eine Beurteilung darüber, zu welchem Zeitpunkt ein Unternehmen die maßgeblichen Risiken und Chancen aus dem Eigentum auf den Käufer übertragen hat, erfordert eine Untersuchung der Gesamtumstände des Verkaufs. In den meisten Fällen fällt die Übertragung der Risiken und Chancen mit der rechtlichen Eigentumsübertragung oder dem Besitzübergang auf den Käufer zusammen. Dies gilt für den überwiegenden Teil der Verkäufe im Einzelhandel. In anderen Fällen vollzieht sich die Übertragung der Risiken und Chancen aber zu einem von der rechtlichen Eigentumsübertragung oder dem Besitzübergang abweichenden Zeitpunkt.

16. Wenn maßgebliche Eigentumsrisiken beim Unternehmen verbleiben, wird das Geschäftsvorfall nicht als Verkauf angesehen und der Umsatzerlös nicht erfasst. Ein Unternehmen kann maßgebliche Eigentumsrisiken auf verschiedene Art und Weise zurückbehalten. Beispiele für Sachverhalte, in denen das Unternehmen maßgebliche Risiken und Chancen eines Eigentümers zurückbehält, sind folgende Fälle:

(a) wenn das Unternehmen Verpflichtungen aus Schlechterfüllung übernimmt, die über die geschäftsüblichen Garantie-/Gewährleistungsverpflichtungen hinausgehen;

(b) wenn der Erhalt eines bestimmten Verkaufserlöses von den Erlösen aus dem Weiterverkauf der Waren oder Erzeugnisse durch den Käufer abhängig ist;

(c) wenn die Gegenstände einschließlich Aufstellung und Montage geliefert werden, Aufstellung und Montage einen wesentlichen Vertragsbestandteil ausmachen, vom Unternehmen aber noch nicht erfüllt sind; und

(d) wenn der Käufer unter bestimmten, im Kaufvertrag vereinbarten Umständen ein Rücktrittsrecht hat und das Unternehmen die Wahrscheinlichkeit eines Rücktritts nicht einschätzen kann.

17. Soweit nur unmaßgebliche Eigentumsrisiken beim Unternehmen verbleiben, wird das Geschäft als Verkauf angesehen und der Umsatzerlös erfasst. Beispielsweise kann sich der Verkäufer zur Sicherung seiner Forderungen das rechtliche Eigentum an den verkauften Gegenständen vorbehalten. In einem solchen Fall, in dem das Unternehmen die maßgeblichen Eigentumsrisiken und -chancen übertragen hat, wird das Geschäft als Verkauf betrachtet und der Umsatzerlös erfasst. Ein anderer Fall, in dem dem Unternehmen nur unmaßgebliche Eigentumsrisiken verbleiben, sind Erlöse im Einzelhandel, deren Rückerstattung zugesagt ist, falls der Kunde mit der Ware nicht zufrieden ist. In diesem Fall wird der Umsatzerlös zum Zeitpunkt des Verkaufes erfasst, wenn der Verkäufer die künftigen Rücknahmen verlässlich schätzen kann und auf der Basis früherer Erfahrun-

gen sowie anderer Einflussfaktoren eine entsprechende Schuld passiviert.

18. Ein Umsatzerlös wird nur erfasst, wenn es hinreichend wahrscheinlich ist, dass dem Unternehmen der mit dem Geschäft verbundene wirtschaftliche Nutzen zufließen wird. In einigen Fällen kann es sein, dass bis zum Erhalt des Entgelts oder bis zur Beseitigung von Unsicherheiten keine hinreichende Wahrscheinlichkeit besteht. Beispielsweise kann es unsicher sein, ob eine ausländische Behörde die Genehmigung für die Überweisung des Entgelts aus einem Verkauf ins Ausland erteilt. Wenn die Genehmigung vorliegt, ist die Unsicherheit beseitigt und der Umsatzerlös wird erfasst. Falls sich demgegenüber jedoch Zweifel an der Einbringlichkeit eines Betrags ergeben, der zutreffend bereits als Umsatzerlös erfasst worden ist, wird der uneinbringliche oder zweifelhafte Betrag als Aufwand erfasst und nicht etwa der ursprüngliche Umsatzerlös berichtigt.

19. Umsatzerlös und Aufwand aus demselben Geschäftsvorfall oder Ereignis werden zum selben Zeitpunkt erfasst; dieser Vorgang wird allgemein als Zuordnung von Aufwendungen zu Umsatzerlösen bezeichnet. Aufwendungen einschließlich solcher für Gewährleistungen und weiterer nach der Lieferung der Waren oder Erzeugnisse entstehender Kosten können normalerweise verlässlich bestimmt werden, wenn die anderen Bedingungen für die Erfassung des Umsatzerlöses erfüllt sind. Allerdings darf ein Umsatzerlös nicht erfasst werden, wenn der entsprechende Aufwand nicht verlässlich bestimmt werden kann; in diesen Fällen werden etwaige, für den Verkauf der Waren oder Erzeugnisse bereits erhaltene Entgelte als Schuld angesetzt.

ERBRINGEN VON DIENSTLEISTUNGEN

20. Wenn das Ergebnis eines Dienstleistungsgeschäfts verlässlich geschätzt werden kann, sind Umsatzerlöse aus Dienstleistungsgeschäften nach Maßgabe des Fertigstellungsgrads des Geschäfts am Abschlussstichtag zu erfassen. Das Ergebnis derartiger Geschäfte kann dann verlässlich geschätzt werden, wenn die folgenden Bedingungen insgesamt erfüllt sind:

(a) die Höhe der Umsatzerlöse kann verlässlich bestimmt werden;

(b) es ist wahrscheinlich, dass der wirtschaftliche Nutzen aus dem Geschäft dem Unternehmen zufließt;

(c) der Fertigstellungsgrad des Geschäftes am Abschlussstichtag kann verlässlich bestimmt werden; und

(d) die für das Geschäft angefallenen Kosten und die bis zu seiner vollständigen Abwicklung zu erwartenden Kosten können verlässlich bestimmt werden.([1])

([1]) Siehe auch SIC-27 *Beurteilung des wirtschaftlichen Gehalts von Transaktionen in der rechtlichen Form von Leasingverhältnissen* und SIC-31 *Erträge – Tausch von Werbeleistungen*.

21. Die Erfassung von Umsatzerlösen nach Maßgabe des Fertigstellungsgrads eines Geschäfts wird häufig als Methode der Gewinnrealisierung nach dem Fertigstellungsgrad bezeichnet. Nach dieser Methode werden die Umsatzerlöse in den Bilanzierungsperioden erfasst, in denen die jeweiligen Dienstleistungen erbracht werden. Die Erfassung von Umsatzerlösen auf dieser Grundlage liefert nützliche Informationen über den Umfang der Dienstleistungstätigkeiten und der Ertragskraft während einer Periode. IAS 11 fordert ebenfalls die Erfassung von Umsatzerlösen auf dieser Grundlage. Die Anforderungen dieses Standards sind im Allgemeinen auch auf die Erfassung von Umsatzerlösen und die Erfassung zugehöriger Aufwendungen aus Dienstleistungsgeschäften anwendbar.

22. Ein Umsatzerlös wird nur erfasst, wenn es hinreichend wahrscheinlich ist, dass dem Unternehmen der mit dem Geschäft verbundene wirtschaftliche Nutzen zufließen wird. Wenn sich jedoch Zweifel an der Einbringlichkeit eines Betrage ergeben, der zutreffend bereits als Umsatzerlös berücksichtigt worden ist, wird der uneinbringliche oder zweifelhafte Betrag als Aufwand erfasst und nicht etwa der ursprüngliche Umsatzerlös berichtigt.

23. Im Allgemeinen kann ein Unternehmen verlässliche Schätzungen vornehmen, wenn mit den anderen Vertragsparteien Folgendes vereinbart ist:

(a) gegenseitige, durchsetzbare Rechte bezüglich der zu erbringenden und zu empfangenden Dienstleistung;

(b) die gegenseitigen Entgelte; und

(c) die Abwicklungs- und Erfüllungsmodalitäten.

Darüber hinaus ist es in der Regel erforderlich, dass das Unternehmen über ein effektives Budgetierungs- und Berichtssystem verfügt. Während der Leistungserbringung überprüft und ändert das Unternehmen gegebenenfalls die Schätzungen der Umsatzerlöse. Die Notwendigkeit solcher Änderungen ist nicht unbedingt ein Hinweis darauf, dass das Ergebnis des Geschäfts nicht verlässlich geschätzt werden kann.

24. Der Ferstigstellungsgrad eines Geschäfts kann mit unterschiedlichen Methoden bestimmt werden. Ein Unternehmen hat die Methode anzuwenden, die die erbrachten Leistungen verlässlich bemisst. Je nach der Art der Geschäfte können die Methoden Folgendes beinhalten:

(a) Feststellung der erbrachten Arbeitsleistungen;

(b) am Stichtag erbrachte Leistungen als Prozentsatz der zu erbringenden Gesamtleistung; oder

(c) Verhältnis der zum Stichtag angefallenen Kosten zu den geschätzten Gesamtkosten des Geschäfts. Bei den zum Stichtag angefallenen Kosten sind nur die Kosten zu berücksichtigen, die sich auf die zum Stichtag erbrachten Leistungen beziehen. Bei den geschätzten

Gesamtkosten der Transaktion sind nur Kosten zu berücksichtigen, die sich auf erbrachte oder noch zu erbringende Leistungen beziehen.

Abschlagszahlungen oder erhaltene Anzahlungen des Kunden geben die erbrachten Leistungen zumeist nicht wieder.

25. Wenn Dienstleistungen durch eine unbestimmte Zahl von Teilleistungen über einen bestimmten Zeitraum erbracht wurden, kann aus Praktikabilitätsgründen von einer linearen Erfassung der Umsatzerlöse innerhalb des bestimmten Zeitraums ausgegangen werden, es sei denn, dass eine andere Methode den Fertigstellungsgrad besser wiedergibt. Wenn eine bestimmte Teilleistung von erheblich größerer Bedeutung als die Übrigen ist, wird die Erfassung der Umsatzerlöse bis zu deren Erfüllung verschoben.

26. Ist das Ergebnis eines Dienstleistungsgeschäfts nicht verlässlich schätzbar, sind Umsatzerlöse nur in dem Ausmaß zu erfassen, in dem die angefallenen Aufwendungen wiedererlangt werden können.

27. In frühen Stadien eines Geschäftes ist das Ergebnis häufig nicht verlässlich zu schätzen. Dennoch kann es wahrscheinlich sein, dass das Unternehmen die für das Geschäft angefallenen Kosten zurückerhält. In diesem Fall werden Umsatzerlöse nur insoweit erfasst, als eine Erstattung der angefallenen Kosten zu erwarten ist. Da das Ergebnis des Geschäfts nicht verlässlich geschätzt werden kann, wird kein Gewinn erfasst.

28. Wenn weder das Ergebnis des Geschäfts verlässlich geschätzt werden kann noch eine hinreichende Wahrscheinlichkeit besteht, dass die angefallenen Kosten erstattet werden, werden keine Umsatzerlöse erfasst, sondern nur die angefallenen Kosten als Aufwand angesetzt. Wenn die Unsicherheiten, die eine verlässliche Schätzung des Auftragsergebnisses verhindert haben, nicht mehr bestehen, bestimmt sich die Erfassung der Umsatzerlöse nach Paragraph 20 und nicht nach Paragraph 26.

ZINSEN, NUTZUNGSENTGELTE UND DIVIDENDEN

29. Umsatzerlöse aus der Nutzung solcher Vermögenswerte des Unternehmens durch Dritte, die Zinsen, Nutzungsentgelte oder Dividenden erbringen, sind nach den Maßgaben in Paragraph 30 zu erfassen, wenn:
(a) es ist wahrscheinlich, dass der wirtschaftliche Nutzen aus dem Geschäft dem Unternehmen zufließt; und
(b) die Höhe der Umsatzerlöse verlässlich bestimmt werden kann.

30. Umsatzerlöse sind nach folgenden Maßgaben zu erfassen:
(a) Zinsen sind unter Anwendung der Effektivzinsmethode gemäß der Beschreibung in IAS 39, Paragraphen 9 und AG5-AG8, zu erfassen;

(b) Nutzungsentgelte sind periodengerecht in Übereinstimmung mit den Bestimmungen des zugrunde liegenden Vertrages zu erfassen; und
(c) Dividenden sind mit der Entstehung des Rechtsanspruchs des Anteileigners auf Zahlung zu erfassen.

31. [gestrichen]

32. Wenn bereits vor dem Erwerb einer verzinslichen Finanzinvestition unbezahlte Zinsen aufgelaufen sind, wird die folgende Zinszahlung auf die Zeit vor und nach dem Erwerb aufgeteilt. Nur der Teil, der auf die Zeit nach dem Erwerb entfällt, wird als Umsatzerlös ausgewiesen.

33. Nutzungsentgelte fallen in Übereinstimmung mit den zugrunde liegenden Vertragsbestimmungen an und werden normalerweise auf dieser Grundlage erfasst, sofern es unter Berücksichtigung des vertraglich Gewollten nicht wirtschaftlich angemessen ist, den Umsatzerlös auf einer anderen systematischen und sinnvollen Grundlage zu erfassen.

34. Ein Umsatzerlös wird nur erfasst, wenn es hinreichend wahrscheinlich ist, dass dem Unternehmen der mit dem Geschäft verbundene wirtschaftliche Nutzen zufließen wird. Wenn sich jedoch Zweifel an der Einbringlichkeit eines Betrages ergeben, der zutreffend bereits als Umsatzerlös berücksichtigt worden ist, wird der uneinbringliche oder zweifelhafte Betrag als Aufwand erfasst und nicht etwa der ursprüngliche Umsatzerlös berichtigt.

ANGABEN

35. Folgende Angaben sind erforderlich:
(a) Die für die Erfassung der Umsatzerlöse angewandten Rechnungslegungsmethoden einschließlich der Methoden zur Ermittlung des Fertigstellungsgrads bei Dienstleistungsgeschäften;
(b) der Betrag jeder bedeutsamen Kategorie von Umsatzerlösen, die während der Berichtsperiode erfasst worden sind, wie Umsatzerlöse aus:
 (i) dem Verkauf von Gütern;
 (ii) dem Erbringen von Dienstleistungen;
 (iii) Zinsen;
 (iv) Nutzungsentgelten;
 (v) Dividenden; und
(c) der Betrag von Umsatzerlösen aus Tauschgeschäften mit Waren oder Dienstleistungen, der in jeder bedeutsamen Kategorie von Umsatzerlösen enthalten ist.

36. Ein Unternehmen gibt alle Eventualverbindlichkeiten und Eventualforderungen gemäß IAS 37 *Rückstellungen, Eventualverbindlichkeiten und Eventualforderungen* an. Eventualverbindlichkeiten und Eventualforderungen können beispielsweise aufgrund von Gewährleistungskosten, Klagen, Vertragsstrafen oder möglichen Verlusten entstehen.

2/10. IAS 18 37, 38

ZEITPUNKT DES INKRAFTTRETENS

37. Dieser Standard ist erstmals in der ersten Berichtsperiode eines am 1. Januar 1995 oder danach beginnenden Geschäftsjahres anzuwenden.

38. *Anschaffungskosten von Anteilen an Tochterunternehmen, gemeinschaftlich geführten Unternehmen oder assoziierten Unternehmen* (Änderungen zu IFRS 1 Erstmalige Anwendung der International Financial Reporting Standards und IAS 27 Konzern- und Einzelabschlüsse), herausgegeben im Mai 2008; Paragraph 32 wurde geändert. Diese Änderung ist prospektiv in der ersten Berichtsperiode eines am 1. Januar 2009 oder danach beginnenden Geschäftsjahres anzuwenden. Eine frühere Anwendung ist zulässig. Wendet ein Unternehmen die damit zusammenhängenden Änderungen der Paragraphen 4 und 38A des IAS 27 auf eine frühere Periode an, so ist gleichzeitig die Änderung in Paragraph 32 anzuwenden.

INTERNATIONAL ACCOUNTING STANDARD 19
Leistungen an Arbeitnehmer

IAS 19, VO (EG) Nr. 1126/2008 i.d.F.

1 VO (EG) Nr. 1274/2008 [IAS 1]   **2** VO (EG) Nr. 70/2009

GLIEDERUNG	§§
ZIELSETZUNG	
ANWENDUNGSBEREICH	1–6
DEFINITIONEN	7
KURZFRISTIG FÄLLIGE LEISTUNGEN AN ARBEITNEHMER	8–22
Erfassung und Bewertung	10–22
Alle kurzfristig fälligen Leistungen an Arbeitnehmer	10
Kurzfristig fällige Abwesenheitsvergütungen	11–16
Gewinn- und Erfolgsbeteiligungspläne	17–22
ANGABEN	23
LEISTUNGEN NACH BEENDIGUNG DES ARBEITSVERHÄLTNISSES: UNTERSCHEIDUNG ZWISCHEN BEITRAGSORIENTIERTEN UND LEISTUNGSORIENTIERTEN VERSORGUNGSPLÄNEN	24–42
Gemeinschaftliche Pläne mehrerer Arbeitgeber	29–33
Leistungsorientierte Pläne, die Risiken zwischen verschiedenen Unternehmen unter gemeinsamer Beherrschung teilen	34–35
Staatliche Pläne	36–38
Versicherte Leistungen	39–42
LEISTUNGEN NACH BEENDIGUNG DES ARBEITSVERHÄLTNISSES: BEITRAGSORIENTIERTE PLÄNE	43–47
Erfassung und Bewertung	44–45
Angaben	46–47
LEISTUNGEN NACH BEENDIGUNG DES ARBEITSVERHÄLTNISSES: LEISTUNGSORIENTIERTE PLÄNE	48–125
Erfassung und Bewertung	49–51
Bilanzierung einer faktischen Verpflichtung	52–62
Bilanz	54–60
Periodenergebnis	61–62
Erfassung und Bewertung: Barwert leistungsorientierter Verpflichtungen und laufender Dienstzeitaufwand	63–101
Versicherungsmathematische Bewertungsmethode	64–66
Zuordnung von Leistungen auf Dienstjahre	67–71
Versicherungsmathematische Annahmen	72–77
Versicherungsmathematische Annahmen: Abzinsungssatz	78–82
Versicherungsmathematische Annahmen: Gehälter, Leistungen und Kosten medizinischer Versorgung	83–91
Versicherungsmathematische Gewinne und Verluste	92–95
Nachzuverrechnender Dienstzeitaufwand	96–101
Ansatz und Bewertung: Planvermögen	102–107
Beizulegender Zeitwert des Planvermögens	102–104
Erstattungen	104A–104D
Erträge aus Planvermögen	105–107
Unternehmenszusammenschlüsse	108
Plankürzung und -abgeltung	109–115
Darstellung	116–119

2/11. IAS 19
1 – 5

Saldierung	116–117
Unterscheidung von Kurz- und Langfristigkeit	118
Finanzielle Komponenten der Leistungen nach Beendigung des Arbeitsverhältnisses	119
Angaben	120–125
ANDERE LANGFRISTIG FÄLLIGE LEISTUNGEN AN ARBEITNEHMER	126–131
Erfassung und Bewertung	128–130
Angaben	131
LEISTUNGEN AUS ANLASS DER BEENDIGUNG DES ARBEITS-VERHÄLTNISSES	132–152
Erfassung	133–138
Bewertung	139–140
Angaben	141–152
ÜBERGANGSVORSCHRIFTEN	153–156
ZEITPUNKT DES INKRAFTTRETENS	157–161

ZIELSETZUNG

Ziel des vorliegenden Standards ist die Regelung der Bilanzierung und der Angabepflichten für Leistungen an Arbeitnehmer. Nach diesem Standard ist ein Unternehmen verpflichtet,

(a) eine Schuld zu bilanzieren, wenn ein Arbeitnehmer Arbeitsleistungen im Austausch gegen in der Zukunft zu zahlende Leistungen erbracht hat; und

(b) Aufwand zu erfassen, wenn das Unternehmen den wirtschaftlichen Nutzen aus der im Austausch für spätere Leistungen von einem Arbeitnehmer erbrachten Arbeitsleistung vereinnahmt hat.

ANWENDUNGSBEREICH

1. Dieser Standard ist von Arbeitgebern bei der Bilanzierung sämtlicher Leistungen an Arbeitnehmer anzuwenden, ausgenommen Leistungen, auf die IFRS 2 *Anteilsbasierte Vergütung* Anwendung findet.

2. Der Standard behandelt nicht die eigene Berichterstattung von Versorgungsplänen für Arbeitnehmer (vgl. hierzu IAS 26 *Bilanzierung und Berichterstattung von Altersversorgungsplänen*).

3. Der Standard bezieht sich auf folgende Leistungen an Arbeitnehmer:

(a) gemäß formellen Plänen oder anderen formellen Vereinbarungen zwischen einem Unternehmen und einzelnen Arbeitnehmern, Arbeitnehmergruppen oder deren Vertretern;

(b) gemäß gesetzlichen Bestimmungen oder im Rahmen von tarifvertraglichen Vereinbarungen, durch die Unternehmen verpflichtet sind, Beiträge zu Plänen des Staates, eines Bundeslands, eines Industriezweigs oder zu anderen gemeinschaftlichen Plänen mehrerer Arbeitnehmer zu leisten; oder

(c) gemäß betrieblicher Praxis, die eine faktische Verpflichtung begründet. Betriebliche Praxis begründet faktische Verpflichtungen, wenn das Unternehmen keine realistische Alternative zur Zahlung der Leistungen an Arbeitnehmer hat. Eine faktische Verpflichtung ist beispielsweise dann gegeben, wenn eine Änderung der üblichen betrieblichen Praxis zu einer unannehmbaren Schädigung des sozialen Klimas im Betrieb führen würde.

4. Leistungen an Arbeitnehmer beinhalten:

(a) kurzfristig fällige Leistungen an Arbeitnehmer wie Löhne, Gehälter und Sozialversicherungsbeiträge, Urlaubs- und Krankengeld, Gewinn- und Erfolgsbeteiligungen (sofern diese innerhalb von zwölf Monaten nach Ende der Berichtsperiode gezahlt werden) sowie geldwerte Leistungen (wie medizinische Versorgung, Unterbringung und Dienstwagen sowie kostenlose oder vergünstigte Waren oder Dienstleistungen) für aktive Arbeitnehmer;

(b) Leistungen nach Beendigung des Arbeitsverhältnisses wie Renten, sonstige Altersversorgungsleistungen, Lebensversicherungen und medizinische Versorgung;

(c) andere langfristig fällige Leistungen an Arbeitnehmer, einschließlich Sonderurlaub nach langjähriger Dienstzeit und andere vergütete Dienstfreistellungen, Jubiläumsgelder oder andere Leistungen für langjährige Dienstzeit, Versorgungsleistungen im Falle der Erwerbsunfähigkeit und – sofern diese Leistungen nicht vollständig innerhalb von zwölf Monaten nach Ende der Berichtsperiode zu zahlen sind – Gewinn- und Erfolgsbeteiligungen, sowie später fällige Vergütungsbestandteile; und

(d) Leistungen aus Anlass der Beendigung des Arbeitsverhältnisses.

Da jede der unter (a)-(d) aufgeführten Kategorien andere Merkmale aufweist, sind in diesem Standard unterschiedliche Vorschriften für jede Kategorie vorgesehen.

5. Leistungen an Arbeitnehmer beinhalten Leistungen sowohl an die Arbeitnehmer selbst als auch an von diesen wirtschaftlich abhängige Personen und können durch Zahlung (oder die Bereitstellung von Waren und Dienstleistungen) an die Arbeitnehmer direkt, an deren Ehepartner, Kinder

oder sonstige von den Arbeitnehmern wirtschaftlich abhängige Personen oder an andere, wie z. B. Versicherungsunternehmen, erfüllt werden.

6. Ein Arbeitnehmer kann für ein Unternehmen Arbeitsleistungen auf Vollzeit- oder Teilzeitbasis, dauerhaft oder gelegentlich oder auch auf befristeter Basis erbringen. Für die Zwecke dieses Standards zählen Mitglieder des Geschäftsführungs- und/oder Aufsichtsorgans und sonstiges leitendes Personal zu den Arbeitnehmern.

DEFINITIONEN

7. Die folgenden Begriffe werden in diesem Standard mit der angegebenen Bedeutung verwendet.

Leistungen an Arbeitnehmer sind alle Formen von Entgelt, die ein Unternehmen im Austausch für die von Arbeitnehmern erbrachte Arbeitsleistung gewährt.

Kurzfristig fällige Leistungen an Arbeitnehmer sind Leistungen des Unternehmens an Arbeitnehmer (außer Leistungen aus Anlass der Beendigung des Arbeitsverhältnisses), die innerhalb von zwölf Monaten nach Ende der Periode, in der die entsprechende Arbeitsleistung erbracht wurde, in voller Höhe fällig sind.

Leistungen nach Beendigung des Arbeitsverhältnisses sind Leistungen an Arbeitnehmer (außer Leistungen aus Anlass der Beendigung des Arbeitsverhältnisses), die vom Unternehmen nach Beendigung des Arbeitsverhältnisses zu zahlen sind.

Pläne für Leistungen nach Beendigung des Arbeitsverhältnisses sind formelle oder informelle Vereinbarungen, durch die ein Unternehmen einem oder mehreren Arbeitnehmern Versorgungsleistungen nach Beendigung des Arbeitsverhältnisses gewährt.

Beitragsorientierte Pläne sind Pläne für Leistungen nach Beendigung des Arbeitsverhältnisses, bei denen ein Unternehmen festgelegte Beiträge an eine eigenständige Einheit (einen Fonds) entrichtet und weder rechtlich noch faktisch zur Zahlung darüber hinausgehender Beiträge verpflichtet ist, wenn der Fonds nicht über ausreichende Vermögenswerte verfügt, um alle Leistungen in Bezug auf Arbeitsleistungen der Arbeitnehmer in der Berichtsperiode und früheren Perioden zu erbringen.

Leistungsorientierte Pläne sind Pläne für Leistungen nach Beendigung des Arbeitsverhältnisses, die nicht unter die Definition der beitragsorientierten Pläne fallen.

Gemeinschaftliche Pläne mehrerer Arbeitgeber sind beitragsorientierte (außer staatlichen Plänen) oder leistungsorientierte Pläne (außer staatlichen Plänen), bei denen

(a) Vermögenswerte zusammengeführt werden, die von verschiedenen, nicht einer gemeinschaftlichen Beherrschung unterliegenden Unternehmen in den Plan eingebracht wurden; und

(b) diese Vermögenswerte zur Gewährung von Leistungen an Arbeitnehmer aus mehr als einem Unternehmen verwendet werden, ohne dass die Beitrags- und Leistungshöhe von dem Unternehmen, in dem die entsprechenden Arbeitnehmer beschäftigt sind, abhängen.

Andere langfristig fällige Leistungen an Arbeitnehmer sind Leistungen an Arbeitnehmer (außer Leistungen nach Beendigung des Arbeitsverhältnisses und Leistungen aus Anlass der Beendigung des Arbeitsverhältnisses), die nicht innerhalb von zwölf Monaten nach Ende der Periode, in der die damit verbundene Arbeitsleistung erbracht wurde, in voller Höhe fällig werden.

Leistungen aus Anlass der Beendigung des Arbeitsverhältnisses sind zu zahlende Leistungen an Arbeitnehmer, die daraus resultieren, dass entweder

(a) ein Unternehmen die Beendigung des Beschäftigungsverhältnisses eines Arbeitnehmers vor dem regulären Pensionierungszeitpunkt beschlossen hat; oder

(b) ein Arbeitnehmer im Austausch für diese Leistungen freiwillig seiner Freisetzung zugestimmt hat.

Unverfallbare Leistungen sind Leistungen an Arbeitnehmer, deren Gewährung nicht vom künftigen Fortbestand des Beschäftigungsverhältnisses abhängt.

Der Barwert einer leistungsorientierten Verpflichtung ist der ohne Abzug von Planvermögen beizulegende Barwert erwarteter künftiger Zahlungen, die erforderlich sind, um die aufgrund von Arbeitnehmerleistungen in der Berichtsperiode oder früheren Perioden entstandenen Verpflichtungen abgelten zu können.

Laufender Dienstzeitaufwand bezeichnet den Anstieg des Barwerts einer leistungsorientierten Verpflichtung, der auf die von Arbeitnehmern in der Berichtsperiode erbrachte Arbeitsleistung entfällt.

Zinsaufwand bezeichnet den in einer Periode zu verzeichnenden Anstieg des Barwerts einer leistungsorientierten Verpflichtung, der entsteht, weil der Zeitpunkt der Leistungserfüllung eine Periode näher gerückt ist.

Planvermögen umfasst

(a) Vermögen, das durch einen langfristig ausgelegten Fonds zur Erfüllung von Leistungen an Arbeitnehmer gehalten wird; und

(b) qualifizierende Versicherungsverträge.

Vermögen, das durch einen langfristig ausgelegten Fonds zur Erfüllung von Leistungen an Arbeitnehmer gehalten wird, ist Vermögen (außer nicht übertragbaren Finanzinstrumenten, die vom berichtenden Unternehmen ausgegeben wurden), das

(a) von einer Einheit (einem Fonds) gehalten wird, die rechtlich unabhängig von dem berichtenden Unternehmen ist und die aus-

schließlich besteht, um Leistungen an Arbeitnehmer zu zahlen oder zu finanzieren; und
(b) verfügbar ist, um ausschließlich die Leistungen an die Arbeitnehmer zu zahlen oder zu finanzieren, aber nicht für die Gläubiger des berichtenden Unternehmens verfügbar ist (auch nicht bei einem Insolvenzverfahren), und das nicht an das berichtende Unternehmen zurückgezahlt werden kann, es sei denn
 (i) das verbleibende Vermögen des Fonds reicht aus, um alle Leistungsverpflichtungen gegenüber den Arbeitnehmern, die mit dem Plan oder dem berichtenden Unternehmen verbunden sind, zu erfüllen; oder
 (ii) das Vermögen wird an das berichtende Unternehmen zurückgezahlt, um Leistungen an Arbeitnehmer, die bereits gezahlt wurden, zu erstatten.

Ein *qualifizierender Versicherungsvertrag* ist ein Versicherungsvertrag([1]) eines Versicherers, der nicht zu den nahestehenden Unternehmen des berichtenden Unternehmens gehört (wie in IAS 24 *Angaben über Beziehungen zu nahe stehenden Unternehmen und Personen* definiert), wenn die Erlöse aus dem Vertrag

---
([1]) Ein qualifizierender Versicherungsvertrag ist nicht notwendigerweise ein Versicherungsvertrag, wie er in IFRS 4 *Versicherungsverträge* definiert wird.

(a) nur verwendet werden können, um Leistungen an Arbeitnehmer aus einem leistungsorientierten Versorgungsplan zu zahlen oder zu finanzieren; und
(b) nicht den Gläubigern des berichtenden Unternehmens zur Verfügung stehen (auch nicht im Fall des Insolvenzverfahrens) und nicht an das berichtende Unternehmen gezahlt werden können, es sei denn
 (i) die Erlöse stellen Überschüsse dar, die für die Erfüllung sämtlicher Leistungsverpflichtungen gegenüber Arbeitnehmern im Zusammenhang mit dem Versicherungsvertrag nicht benötigt werden; oder
 (ii) die Erlöse werden an das berichtende Unternehmen zurückgezahlt, um Leistungen an Arbeitnehmer, die bereits gezahlt wurden, zu erstatten.

Der *beizulegende Zeitwert* ist der Betrag, zu dem zwischen sachverständigen, vertragswilligen und voneinander unabhängigen Geschäftspartnern ein Vermögenswert getauscht oder eine Schuld beglichen werden könnte.

Der *Ertrag aus dem Planvermögen* setzt sich aus Zinsen, Dividenden und anderen Umsatzerlösen aus dem Planvermögen zusammen und umfasst auch realisierte und nicht realisierte Gewinne und Verluste bezüglich des Planvermögens, abzüglich etwaiger Kosten für die Verwaltung des Plans (bei denen es sich nicht um Kosten handelt, die bereits in die versicherungsmathematischen Annahmen eingeflossen sind, die zur Bemessung der definierten Leistungsverpflichtung verwendet werden) sowie abzüglich der vom Plan selbst zu entrichtenden Steuern.

Versicherungsmathematische Gewinne und Verluste bestehen aus:
(a) erfahrungsbedingten Berichtigungen (die Auswirkungen der Abweichungen zwischen früheren versicherungsmathematischen Annahmen und der tatsächlichen Entwicklung); und
(b) Auswirkungen von Änderungen versicherungsmathematischer Annahmen.

Nachzuverrechnender Dienstzeitaufwand ist der Anstieg des Barwerts einer Leistungsverpflichtung, die auf eine Arbeitsleistung vorangegangener Perioden entfällt und die aufgrund der in der aktuellen Periode erfolgten Einführung oder Änderung eines Plans für Leistungen nach Beendigung des Arbeitsverhältnisses oder anderer langfristig fälliger Leistungen an Arbeitnehmer fällig wird. Der nachzuverrechnende Dienstzeitaufwand kann sowohl positiv (sofern Leistungen neu eingeführt oder geändert werden, so dass der Barwert der Leistungsverpflichtung steigt) als auch negativ ausfallen (im Falle der Änderung bestehender Leistungen, so dass der Barwert der Leistungsverpflichtung sinkt).

KURZFRISTIG FÄLLIGE LEISTUNGEN AN ARBEITNEHMER

8. Zu den kurzfristig fälligen Leistungen an Arbeitnehmer gehören:
(a) Löhne, Gehälter und Sozialversicherungsbeiträge;
(b) vergütete kurzfristige Abwesenheiten (wie bezahlter Jahresurlaub oder Lohnfortzahlung im Krankheitsfall), sofern die Vergütung für die Abwesenheit innerhalb von zwölf Monaten nach Ende der Periode zu erwarten ist, in der die entsprechende Arbeitsleistung erbracht wurde;
(c) Gewinn- und Erfolgsbeteiligungen, die innerhalb von zwölf Monaten nach Ende der Periode, in der die entsprechende Arbeitsleistung erbracht wurde, zu zahlen sind; und
(d) geldwerte (nichtmonetäre) Leistungen (wie medizinische Versorgung, Unterbringung, Dienstwagen und kostenlose oder vergünstigte Waren oder Dienstleistungen) für aktive Arbeitnehmer.

9. Die Bilanzierung für kurzfristig fällige Leistungen ist im Allgemeinen einfach, weil zur Bewertung der Verpflichtung oder des Aufwands der Kosten keine versicherungsmathematischen Annahmen erforderlich sind und darüber hinaus keine versicherungsmathematischen Gewinne oder Verluste entstehen können. Zudem werden Verpflichtungen aus kurzfristig fälligen Leistungen an Arbeitnehmer auf nicht diskontierter Basis bewertet.

Erfassung und Bewertung

Alle kurzfristig fälligen Leistungen an Arbeitnehmer

10. Hat ein Arbeitnehmer im Verlauf der Bilanzierungsperiode Arbeitsleistungen für ein Unternehmen erbracht, ist von dem Unternehmen der nicht diskontierte Betrag der kurzfristig fälligen Leistung zu erfassen, der erwartungsgemäß im Austausch für diese Arbeitsleistung gezahlt wird, und zwar
(a) als Schuld (abzugrenzender Aufwand) nach Abzug bereits geleisteter Zahlungen. Übersteigt der bereits gezahlte Betrag den nicht diskontierten Betrag der Leistungen, so hat das Unternehmen den Unterschiedsbetrag als Vermögenswert zu aktivieren (aktivische Abgrenzung), sofern die Vorauszahlung beispielsweise zu einer Verringerung künftiger Zahlungen oder einer Rückerstattung führen wird; und
(b) als Aufwand, es sei denn, ein anderer Standard verlangt oder erlaubt die Einbeziehung der Leistungen in die Anschaffungs- oder Herstellungskosten eines Vermögenswerts (siehe z. B. IAS 2 *Vorräte* und IAS 16 *Sachanlagen*).

Die Paragraphen 11, 14 und 17 erläutern, wie diese Vorschrift von einem Unternehmen auf kurzfristig fällige Leistungen an Arbeitnehmer in Form von vergüteter Abwesenheit und Gewinn- und Erfolgsbeteiligung anzuwenden ist.

Kurzfristig fällige Abwesenheitsvergütungen

11. Die erwarteten Kosten für kurzfristig fällige Leistungen an Arbeitnehmer in Form von vergüteten Abwesenheiten sind gemäß Paragraph 10 wie folgt zu erfassen:
(a) im Falle ansammelbarer Ansprüche, sobald die Arbeitsleistungen durch die Arbeitnehmer erbracht werden, durch die sich ihre Ansprüche auf vergütete künftige Abwesenheit erhöhen; und
(b) im Falle nicht ansammelbarer Ansprüche in dem Zeitpunkt, in dem die Abwesenheit eintritt.

12. Ein Unternehmen kann aus verschiedenen Gründen Vergütungen bei Abwesenheit von Arbeitnehmern zahlen, z. B. bei Urlaub, Krankheit, vorübergehender Arbeitsunfähigkeit, Erziehungsurlaub, Schöffentätigkeit oder bei Ableistung von Militärdienst. Ansprüche auf vergütete Abwesenheiten können in die folgenden zwei Kategorien unterteilt werden:
(a) ansammelbare Ansprüche; und
(b) nicht ansammelbare Ansprüche.

13. Ansammelbare Ansprüche auf vergütete Abwesenheit sind solche, die vorgetragen werden und in künftigen Perioden genutzt werden können, wenn der Anspruch in der Berichtsperiode nicht voll ausgeschöpft wird. Ansammelbare Ansprüche auf vergütete Abwesenheit können entweder unverfallbar (d. h. Arbeitnehmer haben bei ihrem Ausscheiden aus dem Unternehmen Anspruch auf einen Barausgleich für nicht in Anspruch genommene Leistungen) oder verfallbar sein (d. h. Arbeitnehmer haben bei ihrem Ausscheiden aus dem Unternehmen keinen Anspruch auf Barausgleich für nicht in Anspruch genommene Leistungen). Eine Verpflichtung entsteht, wenn Arbeitnehmer Leistungen erbringen, durch die sich ihr Anspruch auf künftige vergütete Abwesenheit erhöht. Die Verpflichtung entsteht selbst dann und ist zu erfassen, wenn die Ansprüche auf vergütete Abwesenheit verfallbar sind, wobei allerdings die Bewertung dieser Verpflichtung davon beeinflusst wird, dass Arbeitnehmer möglicherweise aus dem Unternehmen ausscheiden, bevor sie die angesammelten verfallbaren Ansprüche nutzen.

14. Ein Unternehmen hat die erwarteten Kosten ansammelbarer Ansprüche auf vergütete Abwesenheit mit dem zusätzlichen Betrag zu bewerten, den das Unternehmen aufgrund der zum Abschlussstichtag angesammelten, nicht genutzten Ansprüche voraussichtlich zahlen muss.

15. Bei dem im vorherigen Paragraphen beschriebenen Verfahren wird die Verpflichtung mit dem Betrag der zusätzlichen Zahlungen angesetzt, die erwartungsgemäß allein aufgrund der Tatsache entstehen, dass die Leistung ansammelbar ist. In vielen Fällen bedarf es keiner detaillierten Berechnungen des Unternehmens, um abschätzen zu können, dass keine wesentliche Verpflichtung aus ungenutzten Ansprüchen auf vergütete Abwesenheit existiert. Zum Beispiel ist eine Verpflichtung im Krankheitsfall wahrscheinlich nur dann wesentlich, wenn im Unternehmen formell oder informell Einvernehmen darüber herrscht, dass ungenutzte vergütete Abwesenheit für Krankheit als bezahlter Urlaub genommen werden kann.

Beispiel zur Veranschaulichung von Paragraph 14 und 15

In einem Unternehmen sind 100 Mitarbeiter beschäftigt, die jeweils Anspruch auf fünf bezahlte Krankheitstage pro Jahr haben. Nicht in Anspruch genommene Krankheitstage können ein Kalenderjahr vorgetragen werden. Krankheitstage werden zuerst mit den Ansprüchen des laufenden Jahres und dann mit den etwaigen übertragenen Ansprüchen aus dem vorangegangenen Jahr (auf LIFO-Basis) verrechnet. Zum 30. Dezember 20X1 belaufen sich die durchschnittlich ungenutzten Ansprüche auf zwei Tage je Arbeitnehmer. Das Unternehmen erwartet, dass die bisherigen Erfahrungen auch in Zukunft zutreffen, und geht davon aus, dass in 20X2 92 Arbeitnehmer nicht mehr als fünf bezahlte Krankheitstage und die restlichen acht Arbeitnehmer im Durchschnitt sechseinhalb Tage in Anspruch nehmen werden.

Das Unternehmen erwartet, dass es aufgrund der zum 31. Dezember 20X1 ungenutzten angesammelten Ansprüche für zusätzliche 12 Krankentage zahlen wird (das entspricht je eineinhalb Tagen für acht Arbeitnehmer). Daher bilanziert das Unternehmen eine Schuld in Höhe von 12 Tagen Krankengeld.

16. Nicht ansammelbare Ansprüche auf vergütete Abwesenheiten können nicht vorgetragen werden: Sie verfallen, soweit die Ansprüche in der Berichtsperiode nicht vollständig genutzt werden,

und berechtigen Arbeitnehmer auch nicht zum Erhalt eines Barausgleichs für ungenutzte Ansprüche bei Ausscheiden aus dem Unternehmen. Dies ist üblicherweise der Fall bei Krankengeld (soweit ungenutzte Ansprüche der Vergangenheit künftige Ansprüche nicht erhöhen), Erziehungsurlaub und vergüteter Abwesenheit bei Schöffentätigkeit oder Militärdienst. Eine Schuld oder ein Aufwand wird nicht vor der Abwesenheit erfasst, da die Arbeitsleistung der Arbeitnehmer den Wert des Leistungsanspruchs nicht erhöht.

Gewinn- und Erfolgsbeteiligungspläne

17. Ein Unternehmen hat die erwarteten Kosten eines Gewinn- oder Erfolgsbeteiligungsplanes gemäß Paragraph 10 dann, und nur dann, zu erfassen, wenn

(a) das Unternehmen aufgrund von Ereignissen der Vergangenheit gegenwärtig eine rechtliche oder faktische Verpflichtung hat, solche Leistungen zu gewähren; und

(b) die Höhe der Verpflichtung verlässlich geschätzt werden kann.

Eine gegenwärtige Verpflichtung besteht dann, und nur dann, wenn das Unternehmen keine realistische Alternative zur Zahlung hat.

18. Einige Gewinnbeteiligungspläne sehen vor, dass Arbeitnehmer nur dann einen Gewinnanteil erhalten, wenn sie für einen festgelegten Zeitraum beim Unternehmen bleiben. Im Rahmen solcher Pläne entsteht dennoch eine faktische Verpflichtung für das Unternehmen, da Arbeitnehmer Arbeitsleistung erbringen, durch die sich der zu zahlende Betrag erhöht, sofern sie bis zum Ende des festgesetzten Zeitraums im Unternehmen verbleiben. Bei der Bewertung solcher faktischen Verpflichtungen ist zu berücksichtigen, dass möglicherweise einige Arbeitnehmer ausscheiden, ohne eine Gewinnbeteiligung zu erhalten.

Beispiel zur Veranschaulichung von Paragraph 18

Ein Gewinnbeteiligungsplan verpflichtet ein Unternehmen zur Zahlung eines bestimmten Anteils vom Gewinn des Geschäftsjahres an Arbeitnehmer, die während des ganzen Jahres beschäftigt sind. Wenn keine Arbeitnehmer im Laufe des Jahres ausscheiden, werden die insgesamt auszuzahlenden Gewinnbeteiligungen für das Jahr 3 % des Gewinns betragen. Das Unternehmen schätzt, dass sich die Zahlungen aufgrund der Mitarbeiterfluktuation auf 2,5 % des Gewinns reduzieren.

Das Unternehmen erfasst eine Schuld und einen Aufwand in Höhe von 2,5 % des Gewinns.

19. Möglicherweise ist ein Unternehmen rechtlich nicht zur Zahlung von Erfolgsbeteiligungen verpflichtet. In einigen Fällen kann es jedoch betriebliche Praxis sein, Erfolgsbeteiligungen zu gewähren. In diesen Fällen besteht eine faktische Verpflichtung, da das Unternehmen keine realistische Alternative zur Zahlung der Erfolgsbeteiligung hat. Bei der Bewertung der faktischen Verpflichtung ist zu berücksichtigen, dass möglicherweise einige Arbeitnehmer ausscheiden, ohne eine Erfolgsbeteiligung zu erhalten.

20. Eine verlässliche Schätzung einer rechtlichen oder faktischen Verpflichtung eines Unternehmens hinsichtlich eines Gewinn- oder Erfolgsbeteiligungsplans ist dann, und nur dann, möglich, wenn

(a) die formellen Regelungen des Plans eine Formel zur Bestimmung der Leistungshöhe enthalten;

(b) das Unternehmen die zu zahlenden Beträge festlegt, bevor der Abschluss zur Veröffentlichung genehmigt wurde; oder

(c) aufgrund früherer Praktiken die Höhe der faktischen Verpflichtung des Unternehmens eindeutig bestimmt ist.

21. Eine Verpflichtung aus Gewinn- und Erfolgsbeteiligungsplänen beruht auf der Arbeitsleistung der Arbeitnehmer und nicht auf einem Rechtsgeschäft mit den Eigentümern des Unternehmens. Deswegen werden die Kosten eines Gewinn- und Erfolgsbeteiligungsplans nicht als Gewinnausschüttung, sondern als Aufwand erfasst.

22. Sind Zahlungen aus Gewinn- und Erfolgsbeteiligungsplänen nicht in voller Höhe innerhalb von zwölf Monaten nach Ende der Periode, in der die damit verbundene Arbeitsleistung von den Arbeitnehmern erbracht wurde, fällig, so fallen sie unter andere langfristig fällige Leistungen an Arbeitnehmer (vgl. hierzu Paragraphen 126-131).

ANGABEN

23. Obgleich dieser Standard keine besonderen Angaben zu kurzfristig fälligen Leistungen für Arbeitnehmer vorschreibt, können solche Angaben nach Maßgabe anderer Standards erforderlich sein. Zum Beispiel sind nach IAS 24 *Angaben über Beziehungen zu nahe stehenden Unternehmen und Personen* Angaben zu Leistungen an Mitglieder der Geschäftsleitung zu machen. Nach IAS 1 *Darstellung des Abschlusses* sind die Leistungen an Arbeitnehmer anzugeben.

LEISTUNGEN NACH BEENDIGUNG DES ARBEITSVERHÄLTNISSES: UNTERSCHEIDUNG ZWISCHEN BEITRAGSORIENTIERTEN UND LEISTUNGSORIENTIERTEN VERSORGUNGSPLÄNEN

24. Leistungen nach Beendigung des Arbeitsverhältnisses umfassen u. a.:

(a) Leistungen der betrieblichen Altersversorgung wie Renten; und

(b) andere Leistungen nach Beendigung des Arbeitsverhältnisses wie Lebensversicherungen und medizinische Versorgung.

Vereinbarungen, nach denen ein Unternehmen solche Leistungen gewährt, werden als Pläne für Leistungen nach Beendigung des Arbeitsverhältnisses bezeichnet. Dieser Standard ist auf alle derartigen Vereinbarungen anzuwenden, ungeachtet dessen, ob diese die Errichtung einer eigenständigen Einheit (eines Fonds) vorsehen, an die (an den) Beiträge entrichtet und aus der (aus dem) Leistungen erbracht werden, oder nicht.

25. Pläne für Leistungen nach Beendigung des Arbeitsverhältnisses werden in Abhängigkeit von ihrem wirtschaftlichen Gehalt, der sich aus den grundlegenden Leistungsbedingungen und -voraussetzungen des Planes ergibt, entweder als leistungsorientiert oder als beitragsorientiert klassifiziert. Im Rahmen beitragsorientierter Pläne

(a) ist die rechtliche oder faktische Verpflichtung eines Unternehmens auf den vom Unternehmen vereinbarten Beitrag zum Fonds begrenzt. Damit richtet sich die Höhe der Leistungen nach der Höhe der Beiträge, die das Unternehmen (und manchmal auch dessen Arbeitnehmer) an den Plan oder an ein Versicherungsunternehmen gezahlt haben, und den Erträgen aus der Anlage dieser Beiträge; und

(b) werden folglich das versicherungsmathematische Risiko (dass Leistungen geringer ausfallen können als erwartet) und das Anlagerisiko (dass die angelegten Vermögenswerte nicht ausreichen, um die erwarteten Leistungen zu erbringen) vom Arbeitnehmer getragen.

26. Beispiele für Situationen, in denen die Verpflichtung eines Unternehmens nicht auf die vereinbarten Beitragszahlungen an den Fonds begrenzt ist, liegen dann vor, wenn die rechtliche oder faktische Verpflichtung des Unternehmens dadurch gekennzeichnet ist, dass

(a) die in einem Plan enthaltene Leistungsformel nicht ausschließlich auf die Beiträge abstellt;

(b) eine bestimmte Mindestverzinsung der Beiträge entweder mittelbar über einen Leistungsplan oder unmittelbar garantiert wurde;

(c) betriebsübliche Praktiken eine faktische Verpflichtung begründen. Eine faktische Verpflichtung kann beispielsweise entstehen, wenn ein Unternehmen in der Vergangenheit stets die Leistungen ausgeschiedener Arbeitnehmer erhöht hat, um sie an die Inflation anzupassen, selbst wenn dazu keine rechtliche Verpflichtung bestand.

27. Im Rahmen leistungsorientierter Versorgungspläne

(a) besteht die Verpflichtung des Unternehmens in der Gewährung der zugesagten Leistungen an aktive und frühere Arbeitnehmer; und

(b) das versicherungsmathematische Risiko (d. h., dass die zugesagten Leistungen höhere Kosten als erwartet verursachen) sowie das Anlagerisiko werden im Wesentlichen vom Unternehmen getragen. Sollte die tatsächliche Entwicklung ungünstiger verlaufen als dies nach den versicherungsmathematischen Annahmen oder Renditeannahmen für die Vermögensanlage erwartet wurde, so kann sich die Verpflichtung des Unternehmens erhöhen.

28. In den nachfolgenden Paragraphen 29-42 wird die Unterscheidung zwischen beitragsorientierten und leistungsorientierten Plänen für gemeinschaftliche Pläne mehrerer Arbeitgeber, staatliche Pläne und für versicherte Leistungen erläutert.

Gemeinschaftliche Pläne mehrerer Arbeitgeber

29. Ein gemeinschaftlicher Plan mehrerer Arbeitgeber ist von einem Unternehmen nach den Regelungen des Plans (einschließlich faktischer Verpflichtungen, die über die formalen Regelungsinhalte des Plans hinausgehen) als beitragsorientierter Plan oder als leistungsorientierter Plan einzuordnen. Wenn ein gemeinschaftlicher Plan mehrerer Arbeitgeber ein leistungsorientierter Plan ist, so hat das Unternehmen

(a) seinen Anteil an der leistungsorientierten Verpflichtung, dem Planvermögen und den mit dem Plan verbundenen Kosten genauso zu bilanzieren wie bei jedem anderen leistungsorientierten Plan; und

(b) die gemäß Paragraph 120A erforderlichen Angaben im Abschluss zu machen.

30. Falls keine ausreichenden Informationen zur Verfügung stehen, um einen leistungsorientierten gemeinschaftlichen Plan mehrerer Arbeitgeber wie einen leistungsorientierten Plan zu bilanzieren, hat das Unternehmen

(a) den Plan wie einen beitragsorientierten Plan zu bilanzieren, d. h. gemäß den Paragraphen 44-46;

(b) im Abschluss Folgendes anzugeben:

(i) die Tatsache, dass der Plan ein leistungsorientierter Plan ist; und

(ii) aus welchem Grund keine ausreichenden Informationen zur Verfügung stehen, um den Plan als leistungsorientierten Plan zu bilanzieren; und

(c) – soweit eine Vermögensüber- oder -unterdeckung des Plans Auswirkungen auf die Höhe der künftigen Beitragszahlungen haben könnte – im Abschluss zusätzlich anzugeben

(i) alle verfügbaren Informationen über die Vermögensüber- oder -unterdeckung;

(ii) die zur Bestimmung der Vermögensüber- oder -unterdeckung verwendeten Grundlagen; sowie

(iii) etwaige Auswirkungen für das Unternehmen.

31. Ein leistungsorientierter gemeinschaftlicher Plan mehrerer Arbeitgeber liegt beispielsweise dann vor, wenn

(a) der Plan durch Umlagebeiträge finanziert wird, mit denen die in der gleichen Periode fälligen Leistungen voraussichtlich voll gezahlt werden können, während die in der Berichtsperiode erdienten künftigen Leistungen aus künftigen Beiträgen gezahlt werden; und

(b) sich die Höhe der zugesagten Leistungen an Arbeitnehmer nach der Länge ihrer Dienstzeiten bemisst und die am Plan beteiligten Unternehmen die Mitgliedschaft nicht beenden können, ohne einen Beitrag für die bis zum Tag des Ausscheidens aus dem Plan erdienten Leistungen ihrer Arbeitnehmer zu zahlen. Ein solcher Plan beinhaltet versicherungsmathematische Risiken für das Unternehmen: falls die tatsächlichen Kosten der bis zum Abschlussstichtag bereits erdienten Leistungen höher sind als erwartet, wird das Unternehmen entweder seine Beiträge erhöhen oder die Arbeitnehmer davon überzeugen müssen, Leistungsminderungen zu akzeptieren. Deswegen ist ein solcher Plan ein leistungsorientierter Plan.

32. Wenn ausreichende Informationen über einen gemeinschaftlichen leistungsorientierten Plan mehrerer Arbeitgeber verfügbar sind, erfasst das Unternehmen seinen Anteil an der leistungsorientierten Verpflichtung, dem Planvermögen und den Kosten für Leistungen nach Beendigung des Arbeitsverhältnisses in gleicher Weise wie für jeden anderen leistungsorientierten Plan. Jedoch kann in einigen Fällen ein Unternehmen nicht in der Lage sein, seinen Anteil an der Vermögens-, Finanz- und Ertragslage des Plans für Bilanzierungszwecke hinreichend verlässlich zu bestimmen. Dies kann der Fall sein, wenn

(a) das Unternehmen keinen Zugang zu Informationen über den Plan hat, die den Vorschriften dieses Standards genügen; oder

(b) der Plan die teilnehmenden Unternehmen versicherungsmathematischen Risiken in Bezug auf die aktiven und früheren Arbeitnehmer der anderen Unternehmen aussetzt, und so im Ergebnis keine stetige und verlässliche Grundlage für die Zuordnung der Verpflichtung, des Planvermögens und der Kosten auf die einzelnen, teilnehmenden Unternehmen existiert.

In diesen Fällen ist der Plan wie ein beitragsorientierter Plan zu behandeln, und es sind die in Paragraph 30 vorgeschriebenen zusätzlichen Angaben zu machen.

32A. Es kann eine vertragliche Vereinbarung zwischen dem gemeinschaftlichen Plan mehrerer Arbeitgeber und dessen Teilnehmern bestehen, worin festgelegt ist, wie der Überschuss aus dem Plan an die Teilnehmer verteilt wird (oder der Fehlbetrag finanziert wird). Ein Teilnehmer eines gemeinschaftlichen Plans mehrerer Arbeitgeber, der vereinbarungsgemäß als beitragsorientierter Plan gemäß Paragraph 30 bilanziert wird, hat den Vermögenswert oder die Schuld aus der vertraglichen Vereinbarung anzusetzen und die daraus entstehenden Erträge oder Aufwendungen im Gewinn oder Verlust zu erfassen.

Beispiel zu Paragraph 32A
Ein Unternehmen beteiligt sich an einem leistungsorientierten Plan mehrerer Arbeitgeber, der jedoch keine auf IAS 19 basierende Bewertungen des Plans erstellt. Das Unternehmen bilanziert den Plan daher als beitragsorientierten Plan. Eine nicht auf IAS 19 basierende Bewertung der Finanzierung weist einen Fehlbetrag des Plans von 100 Millionen auf. Der Plan hat mit den beteiligten Arbeitgebern vertraglich einen Beitragsplan vereinbart, der innerhalb der nächsten fünf Jahre den Fehlbetrag beseitigen wird. Die vertraglich vereinbarten Gesamtbeiträge des Unternehmens belaufen sich auf 8 Millionen.

Das Unternehmen setzt die Schuld nach Berücksichtigung des Zinseffekts an und erfasst den entsprechenden Aufwand in Gewinn oder Verlust.

32B. IAS 37 *Rückstellungen, Eventualverbindlichkeiten und Eventualforderungen* verpflichtet ein Unternehmen, Angaben zu bestimmten Eventualverbindlichkeiten zu machen. Im Rahmen eines gemeinschaftlichen Plans mehrerer Arbeitgeber kann eine Eventualverbindlichkeit z.B. entstehen:

(a) wenn bei einem anderen, am Plan teilnehmenden Unternehmen versicherungsmathematische Verluste auftreten, weil jedes an einem gemeinschaftlichen Plan mehrerer Arbeitgeber teilnehmende Unternehmen die versicherungsmathematischen Risiken der anderen teilnehmenden Unternehmen mit trägt; oder

(b) wenn gemäß den Regelungen des Plans eine Verpflichtung zur Finanzierung eines etwaigen Fehlbetrages infolge des Ausscheidens anderer teilnehmender Unternehmen besteht.

33. Gemeinschaftliche Pläne mehrerer Arbeitgeber unterscheiden sich von gemeinschaftlich verwalteten Plänen. Ein gemeinschaftlich verwalteter Plan ist lediglich eine Zusammenfassung von Plänen einzelner Arbeitgeber, die es diesen ermöglicht, ihre jeweiligen Planvermögen für Zwecke der gemeinsamen Anlage zusammenzulegen und die Kosten der Vermögensanlage und der allgemeinen Verwaltung zu reduzieren, wobei die Ansprüche der verschiedenen Arbeitgeber aber getrennt bleiben und nur Leistungen an ihre jeweiligen Arbeitnehmer betreffen. Gemeinschaftlich verwaltete Pläne verursachen keine besonderen Bilanzierungsprobleme, weil die erforderlichen Informationen jederzeit verfügbar sind, um sie wie jeden anderen Plan eines einzelnen Arbeitgebers zu behandeln, und solche Pläne die teilnehmenden Unternehmen keinen versicherungsmathematischen Risiken in Bezug auf gegenwärtige und frühere Arbeitnehmer der anderen Unternehmen aussetzen. Dieser Standard verpflichtet ein Unternehmen, einen gemeinschaftlich verwalteten Plan entsprechend dem Regelungswerk des Plans (einschließlich möglicher faktischer Verpflichtungen, die über den formalen Regelungsinhalte hinausgehen) als einen beitragsorientierten Plan oder einen leistungsorientierten Plan zu klassifizieren.

Leistungsorientierte Pläne, die Risiken zwischen verschiedenen Unternehmen unter gemeinsamer Beherrschung teilen

34. Leistungsorientierte Pläne, die Risiken auf mehrere Unternehmen unter gemeinsamer Beherrschung verteilen, z. B. auf ein Mutterunternehmen und seine Tochterunternehmen, gelten nicht als gemeinschaftliche Pläne mehrerer Arbeitgeber.

34A. Ein an einem solchen Plan teilnehmendes Unternehmen hat Informationen über den gesamten Plan einzuholen, der nach IAS 19 auf Grundlage von Annahmen, die für den gesamten Plan gelten, bewertet wird. Besteht eine vertragliche Vereinbarung oder eine ausgewiesene Richtlinie, die leistungsorientierten Nettokosten des gesamten gemäß IAS 19 bewerteten Plans den einzelnen Unternehmen der Gruppe zu belasten, so hat das Unternehmen die belasteten leistungsorientierten Nettokosten in seinem separaten Einzelabschluss oder dem Jahresabschluss zu erfassen. Gibt es keine derartige Vereinbarung oder Richtlinie, sind die leistungsorientierten Nettokosten von dem Unternehmen der Gruppe in dessen separatem Einzelabschluss oder in dessen Jahresabschluss zu erfassen, das rechtmäßig das Trägerunternehmen des Plans ist. Die anderen Unternehmen der Gruppe haben in ihren separaten Einzelabschlüssen oder Jahresabschlüssen einen Aufwand zu erfassen, der ihrem in der betreffenden Berichtsperiode zu zahlenden Beitrag entspricht.

34B. Für jedes einzelne Unternehmen der Gruppe gehört die Teilnahme an einem solchen Plan zu Geschäftsvorfällen mit nahe stehenden Unternehmen und Personen. Daher hat ein Unternehmen in seinem separaten Einzelabschluss oder seinem Jahresabschluss folgende Angaben zu machen:
(a) die vertragliche Vereinbarung oder die ausgewiesene Richtlinie hinsichtlich der Belastung der leistungsorientierten Nettokosten oder die Tatsache, dass es keine solche Richtlinie gibt;
(b) die Richtlinie für die Ermittlung des vom Unternehmen zu zahlenden Beitrags;
(c) alle Informationen über den gesamten Plan in Übereinstimmung mit den Paragraphen 120-121, wenn das Unternehmen die nach Paragraph 34A verteilten leistungsorientierten Nettokosten bilanziert;
(d) die gemäß den Paragraphen 120A(b)-(e), (j), (n), (o), (q) und 121 erforderlichen Informationen über den gesamten Plan, wenn das Unternehmen den für die Berichtsperiode gemäß Paragraph 34A zu zahlenden Beitrag erfasst. Die anderen von Paragraph 120A geforderten Angaben sind nicht anwendbar.

35 [gestrichen]

Staatliche Pläne

36. Ein Unternehmen hat einen staatlichen Plan genauso zu behandeln wie einen gemeinschaftlichen Plan mehrerer Arbeitgeber (siehe Paragraphen 29 und 30).

37. Staatliche Pläne, die durch Gesetzgebung festgelegt sind, um alle Unternehmen (oder alle Unternehmen einer bestimmten Kategorie, wie z. B. in einem bestimmten Industriezweig) zu erfassen, werden vom Staat, von regionalen oder überregionalen Einrichtungen des öffentlichen Rechts oder anderen Stellen (z. B. eigens dafür geschaffene autonome Institutionen) betrieben, welche nicht der Kontrolle oder Einflussnahme des berichtenden Unternehmens unterstehen. Einige von Unternehmen eingerichtete Pläne erbringen sowohl Pflichtleistungen – und ersetzen insofern die andernfalls über einen staatlichen Plan zu versichernden Leistungen – als auch zusätzliche freiwillige Leistungen. Solche Pläne sind keine staatlichen Pläne.

38. Staatliche Pläne werden als leistungsorientiert oder als beitragsorientiert klassifiziert je nach dem Wesen der Verpflichtung, die das Unternehmen aus dem Plan hat. Viele staatliche Pläne werden nach dem Umlageprinzip finanziert: die Beiträge werden dabei so festgesetzt, dass sie ausreichen, um die erwarteten fälligen Leistungen in der gleichen Periode zu erbringen; künftige, in der laufenden Periode erdiente Leistungen werden aus künftigen Beiträgen erbracht. Dennoch besteht bei staatlichen Plänen in den meisten Fällen keine rechtliche oder faktische Verpflichtung des Unternehmens zur Zahlung dieser künftigen Leistungen: es ist nur dazu verpflichtet, die fälligen Beiträge zu entrichten, und wenn das Unternehmen keine dem staatlichen Plan angehörenden Mitarbeiter mehr beschäftigt, ist es auch nicht verpflichtet, die in früheren Jahren erdienten Leistungen der eigenen Mitarbeiter zu erbringen. Deswegen sind staatliche Pläne im Regelfall beitragsorientierte Pläne. Jedoch sind in den wenigen Fällen, in denen staatliche Pläne leistungsorientierte Pläne sind, die Vorschriften der Paragraphen 29 und 30 anzuwenden.

Versicherte Leistungen

39. Ein Unternehmen kann einen Plan für Leistungen nach Beendigung des Arbeitsverhältnisses durch die Zahlung von Versicherungsprämien finanzieren. Ein solcher Plan ist als beitragsorientierter Plan zu behandeln, es sei denn, das Unternehmen ist (unmittelbar oder mittelbar über den Plan) rechtlich oder faktisch verpflichtet,
(a) die Leistungen bei Fälligkeit unmittelbar an die Arbeitnehmer zu zahlen; oder
(b) zusätzliche Beträge zu entrichten, falls die Versicherungsgesellschaft nicht alle in der laufenden oder in früheren Perioden erdienten Leistungen zahlt.

Wenn eine solche rechtliche oder faktische Verpflichtung zur Zahlung von Leistungen aus dem Plan beim Unternehmen verbleibt, ist der Plan als leistungsorientierter Plan zu behandeln.

40. Die durch einen Versicherungsvertrag versicherten Leistungen müssen keine direkte oder automatische Beziehung zur Verpflichtung des Unternehmens haben. Für versicherte Pläne gilt die gleiche Abgrenzung zwischen Bilanzierung und Finanzierung wie für andere fondsfinanzierte Pläne.

41. Wenn ein Unternehmen eine Verpflichtung zu einer nach Beendigung des Arbeitsverhältnisses zu erbringenden Leistung über Beiträge zu einem Versicherungsvertrag finanziert und gemäß diesem eine rechtliche oder faktische Verpflichtung bei dem Unternehmen verbleibt (unmittelbar oder mittelbar über den Plan, durch den Mechanismus bei der Festlegung zukünftiger Beiträge oder, weil der Versicherer ein verbundenes Unternehmen ist), ist die Zahlung der Versicherungsprämien nicht als

beitragsorientierte Vereinbarung einzustufen. Daraus folgt, dass das Unternehmen

(a) den qualifizierenden Versicherungsvertrag als Planvermögen erfasst (siehe Paragraph 7); und

(b) andere Versicherungsverträge als Erstattungsansprüche bilanziert (wenn die Verträge die Kriterien des Paragraphen 104A erfüllen).

42. Ist ein Versicherungsvertrag auf den Namen eines einzelnen Planbegünstigten oder auf eine Gruppe von Planbegünstigten ausgestellt und das Unternehmen weder rechtlich noch faktisch dazu verpflichtet, mögliche Verluste aus dem Versicherungsvertrag auszugleichen, so ist das Unternehmen auch nicht dazu verpflichtet, Leistungen unmittelbar an die Arbeitnehmer zu zahlen; die alleinige Verantwortung zur Zahlung der Leistungen liegt dann beim Versicherer. Im Rahmen solcher Verträge stellt die Zahlung der festgelegten Versicherungsprämien grundsätzlich die Abgeltung der Leistungsverpflichtung an Arbeitnehmer dar und nicht lediglich eine Finanzinvestition zur Erfüllung der Verpflichtung. Folglich existieren nach der Zahlung der Versicherungsprämie beim Unternehmen kein diesbezüglicher Vermögenswert und keine diesbezügliche Schuld mehr. Ein Unternehmen behandelt derartige Zahlungen daher wie Beiträge an einen beitragsorientierten Plan.

LEISTUNGEN NACH BEENDIGUNG DES ARBEITSVERHÄLTNISSES: BEITRAGS-ORIENTIERTE PLÄNE

43. Die Bilanzierung für beitragsorientierte Pläne ist einfach, weil die Verpflichtung des berichtenden Unternehmens in jeder Periode durch die für diese Periode zu entrichtenden Beiträge bestimmt ist. Deswegen sind zur Bewertung von Verpflichtung oder Aufwand des Unternehmens keine versicherungsmathematischen Annahmen erforderlich und versicherungsmathematische Gewinne oder Verluste können nicht entstehen. Darüber hinaus werden die Verpflichtungen auf nicht diskontierter Basis bewertet, es sei denn, sie sind nicht in voller Höhe innerhalb von zwölf Monaten nach Ende der Periode fällig, in der die damit verbundenen Arbeitsleistungen erbracht werden.

Erfassung und Bewertung

44. Wurden durch einen Arbeitnehmer im Verlauf einer Periode Arbeitsleistungen erbracht, hat das Unternehmen den im Austausch für die Arbeitsleistung zu zahlenden Beitrag an einen beitragsorientierten Plan wie folgt zu erfassen:

(a) als Schuld (abzugrenzender Aufwand) nach Abzug bereits entrichteter Beiträge. Übersteigt der bereits gezahlte Beitrag denjenigen Beitrag, der der bis zum Abschlussstichtag erbrachten Arbeitsleistung entspricht, so hat das Unternehmen den Unterschiedsbetrag als Vermögenswert zu aktivieren (aktivische Abgrenzung), sofern die Vorauszahlung beispielsweise zu einer Verringerung künftiger Zahlungen oder einer Rückerstattung führen wird; und

(b) als Aufwand, es sei denn, ein anderer Standard verlangt oder erlaubt die Einbeziehung des Beitrags in die Anschaffungs- oder Herstellungskosten eines Vermögenswerts (siehe z. B. IAS 2 *Vorräte* und IAS 16 *Sachanlagen*).

45. Soweit Beiträge an einen beitragsorientierten Plan nicht in voller Höhe innerhalb von zwölf Monaten nach Ende der Periode, in der die Arbeitnehmer die damit im Zusammenhang stehende Arbeitsleistung erbracht haben, fällig werden, sind sie unter Anwendung des in Paragraph 78 spezifizierten Zinssatzes abzuzinsen.

Angaben

46. Der als Aufwand für einen beitragsorientierten Versorgungsplan erfasste Betrag ist im Abschluss des Unternehmens anzugeben.

47. Falls es nach IAS 24 erforderlich ist, sind Angaben über Beiträge an beitragsorientierte Versorgungspläne für Mitglieder der Geschäftsleitung zu machen.

LEISTUNGEN NACH BEENDIGUNG DES ARBEITSVERHÄLTNISSES: LEISTUNGS-ORIENTIERTE PLÄNE

48. Die Bilanzierung für leistungsorientierte Pläne ist komplex, weil zur Bewertung von Verpflichtung und Aufwand versicherungsmathematische Annahmen erforderlich sind und versicherungsmathematische Gewinne und Verluste auftreten können. Darüber hinaus wird die Verpflichtung auf diskontierter Basis bewertet, da sie erst viele Jahre nach Erbringung der damit zusammenhängenden Arbeitsleistung der Arbeitnehmer zu zahlen sein kann.

Erfassung und Bewertung

49. Leistungsorientierte Versorgungspläne können durch die Zahlung von Beiträgen des Unternehmens, manchmal auch seiner Arbeitnehmer, an eine vom berichtenden Unternehmen unabhängige, rechtlich selbständige Einheit oder einen Fonds, aus der die Leistungen an die Arbeitnehmer gezahlt werden, ganz oder teilweise finanziert sein, oder sie bestehen ohne Fondsdeckung. Die Zahlung der über einen Fonds finanzierten Leistungen hängt bei deren Fälligkeit nicht nur von der Vermögens- und Finanzlage und dem Anlageerfolg des Fonds ab, sondern auch von der Fähigkeit (und Bereitschaft) des Unternehmens, etwaige Fehlbeträge im Vermögen des Fonds auszugleichen. Daher trägt letztlich das Unternehmen mit dem Plan verbundenen versicherungsmathematischen Risiken und Anlagerisiken. Der für einen leistungsorientierten Plan zu erfassende Aufwand entspricht daher nicht notwendigerweise dem in der Periode fälligen Beitrag.

50. Die Bilanzierung leistungsorientierter Pläne durch ein Unternehmen umfasst die folgenden Schritte:

(a) die Anwendung versicherungsmathematischer Methoden zur verlässlichen Schätzung der in der laufenden Periode und in früheren Perioden – im Austausch für die erbrachten Arbeitsleistungen der Arbeitnehmer – erdienten Leistungen. Dazu muss ein Unternehmen bestimmen, wie viel der Leistungen der laufenden und früheren Perioden zuzuordnen ist (siehe Paragraphen 67-71), und Einschätzungen (versicherungsmathematische Annahmen) zu demographischen Variablen (z. B. Arbeitnehmerfluktuation und Sterbewahrscheinlichkeit) sowie zu finanziellen Variablen (z. B. künftige Gehaltssteigerungen oder Kostentrends für medizinische Versorgung) vornehmen, die die Kosten für die zugesagten Leistungen beeinflussen (siehe Paragraphen 72-91);

(b) die Abzinsung dieser Leistungen unter Anwendung des Verfahrens laufender Einmalprämien zur Bestimmung des Barwerts der leistungsorientierten Verpflichtung und des Dienstzeitaufwands der laufenden Periode (siehe Paragraphen 64-66);

(c) die Bestimmung des beizulegenden Zeitwerts eines etwaigen Planvermögens (siehe Paragraphen 102-104);

(d) die Bestimmung des Gesamtbetrags der versicherungsmathematischen Gewinne und Verluste und des ergebniswirksam zu erfassenden Teils dieser versicherungsmathematischen Gewinne und Verluste (siehe Paragraphen 92-95);

(e) im Falle der Einführung oder Änderung eines Plans die Bestimmung des daraus resultierenden nachzuverrechnenden Dienstzeitaufwands (siehe Paragraphen 96-101); und

(f) im Falle der Kürzung oder vorzeitigen Abgeltung eines Plans die Bestimmung des daraus resultierenden Gewinnes oder Verlustes (siehe Paragraphen 109-115).

Wenn ein Unternehmen mehr als einen leistungsorientierten Versorgungsplan hat, sind diese Schritte auf jeden wesentlichen Plan gesondert anzuwenden.

51. In einigen Fällen können die in diesem Standard dargestellten detaillierten Berechnungen durch Schätzungen, Durchschnittsbildung und vereinfachte Berechnungen verlässlich angenähert werden.

Bilanzierung einer faktischen Verpflichtung

52. Ein Unternehmen ist nicht nur zur Erfassung der aus dem formalen Regelungswerk eines leistungsorientierten Plans resultierenden rechtlichen Verpflichtungen verpflichtet, sondern auch zur Erfassung aller faktischen Verpflichtungen, die aus betriebsüblichen Praktiken resultieren. Betriebliche Praxis begründet faktische Verpflichtungen, wenn das Unternehmen keine realistische Alternative zur Zahlung der Leistungen an Arbeitnehmer hat. Eine faktische Verpflichtung ist beispielsweise dann gegeben, wenn eine Änderung der üblichen betrieblichen Praxis zu einer unannehmbaren Schädigung des sozialen Klimas im Betrieb führen würde.

53. Die formalen Regelungen eines leistungsorientierten Plans können es einem Unternehmen gestatten, sich von seinen Verpflichtungen aus dem Plan zu befreien. Dennoch ist es gewöhnlich schwierig, Pläne aufzuheben, wenn die Arbeitnehmer gehalten werden sollen. Solange das Gegenteil nicht belegt wird, erfolgt daher die Bilanzierung unter der Annahme, dass ein Unternehmen, das seinen Arbeitnehmern gegenwärtig solche Leistungen zusagt, dies während der erwarteten Restlebensarbeitszeit der Arbeitnehmer auch weiterhin tun wird.

Bilanz

54. Der als Schuld aus einem leistungsorientierten Plan zu erfassende Betrag entspricht dem Saldo folgender Beträge:

(a) dem Barwert der leistungsorientierten Verpflichtung am Abschlussstichtag (siehe Paragraph 64);

(b) zuzüglich etwaiger versicherungsmathematischer Gewinne (abzüglich etwaiger versicherungsmathematischer Verluste), die aufgrund der in den Paragraphen 92 und 93 dargestellten Behandlung noch nicht ergebniswirksam erfasst wurden;

(c) abzüglich eines etwaigen, bisher noch nicht erfassten nachzuverrechnenden Dienstzeitaufwands (siehe Paragraph 96);

(d) abzüglich des am Abschlussstichtag beizulegenden Zeitwerts von Planvermögen (sofern ein solches vorliegt), aus dem die Verpflichtungen unmittelbar erfüllt werden (siehe Paragraphen 102-104).

55. Der Barwert der leistungsorientierten Verpflichtung ist der Bruttobetrag der Verpflichtung vor Abzug des beizulegenden Zeitwerts eines etwaigen Planvermögens.

56. Die Barwerte leistungsorientierter Verpflichtungen und die beizulegenden Zeitwerte von Planvermögen sind vom Unternehmen mit einer ausreichenden Regelmäßigkeit zu bestimmen, um zu gewährleisten, dass die im Abschluss erfassten Beträge nicht wesentlich von den Beträgen abweichen, die sich am Abschlussstichtag ergeben würden.

57. Dieser Standard empfiehlt, fordert aber nicht, dass ein Unternehmen einen anerkannten Versicherungsmathematiker für die Bewertung aller wesentlichen Verpflichtungen für Leistungen nach Beendigung des Arbeitsverhältnisses hinzuzieht. Aus praktischen Gründen kann ein Unternehmen einen anerkannten Versicherungsmathematiker damit beauftragen, schon vor dem Abschlussstichtag eine detaillierte versicherungsmathematische Bewertung der Verpflichtung durchzuführen. Die Ergebnisse dieser Bewertung müssen jedoch hinsichtlich eingetretener wesentlicher Geschäftsvorfälle und anderer wesentlicher

2/11. IAS 19
57 – 60

Änderungen (einschließlich Änderungen der Marktwerte und Zinsen) auf den Abschlussstichtag aktualisiert werden.

58. Der nach Paragraph 54 ermittelte Betrag kann negativ sein (ein Vermögenswert). Ein sich ergebender Vermögenswert ist vom Unternehmen zum niedrigeren der beiden folgenden Beträge zu bewerten:

(a) dem gemäß Paragraph 54 ermittelten Betrag; und

(b) der Summe aus

   (i) allen kumulierten, nicht erfassten, saldierten versicherungsmathematischen Verlusten und nachzuverrechnendem Dienstzeitaufwand (siehe Paragraphen 92, 93 und 96); und

   (ii) dem Barwert eines wirtschaftlichen Nutzens in Form von Rückerstattungen aus dem Plan oder Minderungen künftiger Beitragszahlungen an den Plan. Der Barwert dieses wirtschaftlichen Nutzens ist unter Verwendung des in Paragraph 78 beschriebenen Abzinsungssatzes zu ermitteln.

58A. Die Anwendung des Paragraphen 58 darf nicht dazu führen, dass ein Gewinn lediglich als Resultat eines während der Berichtsperiode anfallenden versicherungsmathematischen Verlusts oder nachzuverrechnenden Dienstzeitaufwands sowie ein Verlust lediglich als Resultat eines innerhalb der Berichtsperiode anfallenden versicherungsmathematischen Gewinns erfasst werden. Ein Unternehmen muss folgende Fälle gemäß Paragraph 54 sofort ergebniswirksam erfassen, soweit sie aus einer in Übereinstimmung mit Paragraph 58(b) erfolgten Ermittlung des Vermögenswerts des leistungsorientierten Plans resultieren:

(a) saldierte versicherungsmathematische Verluste und nachzuverrechnender Dienstzeitaufwand der Berichtsperiode, soweit diese eine Verringerung des Barwerts des in Paragraph 58(b)(ii) bezeichneten wirtschaftlichen Nutzens übersteigen. Wenn keine Änderung oder ein Zuwachs des Barwerts dieses wirtschaftlichen Nutzens vorliegt, sind alle während der Berichtsperiode angefallenen saldierten versicherungsmathematischen Verluste und der nachzuverrechnende Dienstzeitaufwand nach Paragraph 54 sofort zu erfassen;

(b) saldierte versicherungsmathematische Gewinne der Berichtsperiode nach Abzug des in der Berichtsperiode entstandenen nachzuverrechnenden Dienstzeitaufwands, soweit diese eine Erhöhung des Barwertes des in Paragraph 58(b)(ii) bezeichneten wirtschaftlichen Nutzens übersteigen. Wenn keine Änderung oder eine Verringerung des Barwerts des wirtschaftlichen Nutzens vorliegt, sind alle während der Berichtsperiode angefallenen saldierten versicherungsmathematischen Gewinne nach Abzug des nachzuverrechnenden Dienstzeitaufwands nach Paragraph 54 sofort zu erfassen.

58B. Paragraph 58A betrifft ein Unternehmen nur, sofern es am Anfang oder Ende der Bilanzierungsperiode für einen leistungsorientierten Plan einen Überschuss(^{1}) aufweist, den es nach den aktuellen Bedingungen des Plans nicht vollständig durch Rückerstattungen oder Minderungen künftiger Beitragszahlungen wiedererlangen kann. In diesen Fällen erhöhen nachzuverrechnender Dienstzeitaufwand und versicherungsmathematische Verluste, die in der Berichtsperiode entstehen und deren Erfassung gemäß Paragraph 54 periodisiert wird, den gemäß Paragraph 58(b)(i) definierten Betrag. Falls dieser Zuwachs nicht durch einen entsprechenden Rückgang des gemäß Paragraph 58(b)(ii) für einen gleichen qualifizierenden Barwerts eines wirtschaftlichen Nutzens ausgeglichen wird, entstehen ein Anstieg des nach Paragraph 58(b) spezifizierten Saldos und deswegen ein zu erfassender Gewinn. Paragraph 58A verbietet unter diesen Umständen die Erfassung eines Gewinns. Bei versicherungsmathematischen Gewinnen, die innerhalb der Berichtsperiode entstehen und deren Erfassung gemäß Paragraph 54 periodisiert wird, entsteht die umgekehrte Auswirkung, soweit der versicherungsmathematische Gewinn einen kumulierten, nicht erfassten versicherungsmathematischen Verlust vermindert. Paragraph 58A verbietet unter diesen Umständen die Erfassung eines Verlusts. Beispiele der Anwendung dieses Paragraphen sind in Anhang C dargestellt.

(^{1}) Ein Überschuss ist ein Überhang des beizulegenden Zeitwertes des Planvermögens im Vergleich zum Barwert der leistungsorientierten Verpflichtung.

59. Ein Vermögenswert kann entstehen, wenn ein leistungsorientierter Plan überdotiert ist, oder in bestimmten Fällen, in denen versicherungsmathematische Gewinne erfasst wurden. In diesen Fällen bilanziert das Unternehmen einen Vermögenswert, da

(a) das Unternehmen Verfügungsgewalt über eine Ressource ausübt, d. h. die Möglichkeit hat, aus der Überdotierung künftigen Nutzen zu ziehen;

(b) diese Verfügungsgewalt Ergebnis von Ereignissen der Vergangenheit ist (vom Unternehmen gezahlte Beiträge und von den Arbeitnehmern erbrachte Arbeitsleistung); und

(c) dem Unternehmen daraus künftiger wirtschaftlicher Nutzen zur Verfügung steht, und zwar entweder in Form geminderter künftiger Beitragszahlungen oder in Form von Rückerstattungen, entweder unmittelbar an das Unternehmen selbst oder mittelbar an einen anderen Plan mit Vermögensunterdeckung.

60. Die Obergrenze des Paragraphen 58(b) hebt nicht die periodenverschobene Erfassung von bestimmten versicherungsmathematischen Verlusten (siehe Paragraphen 92 und 93) und von bestimmtem nachzuverrechnendem Dienstzeitaufwand (siehe Paragraph 96) außer im Falle des Paragra-

phen 58A auf. Die Obergrenze schließt jedoch die Nutzung des Übergangswahlrechts nach Paragraph 155(b) aus. Nach Paragraph 120A(f)(iii) ist das Unternehmen verpflichtet, einen aufgrund der Begrenzung des Paragraphen 58(b) nicht als Vermögenswert angesetzten Betrag anzugeben.

Beispiel zur Veranschaulichung von Paragraph 60

Ein leistungsorientierter Plan hat folgende Merkmale:

Barwert der Verpflichtung	1100
Beizulegender Zeitwert des Planvermögens	(1 190)
	(90)
Nicht erfasste versicherungsmathematische Verluste	(110)
Nicht erfasster nachzuverrechnender Dienstzeitaufwand	(70)
Nicht erfasster Anstieg der Schulden bei erstmaliger Anwendung des Standards gemäß Paragraph 155(b)	(50)
Negativer, gemäß Paragraph 54 ermittelter Betrag	(320)
Barwert künftiger Rückerstattungen aus dem Plan und der Minderung künftiger Beitragszahlungen an den Plan	90

Die Obergrenze gemäß Paragraph 58(b) wird folgendermaßen ermittelt:

Nicht erfasste versicherungsmathematische Verluste	*110*
Nicht erfasster nachzuverrechnender Dienstzeitaufwand	*70*
Barwert künftiger Rückerstattungen aus dem Plan und der Minderung künftiger Beitragszahlungen an den Plan	*90*
Obergrenze	*270*

270 ist weniger als 320. Daher bilanziert das Unternehmen einen Vermögenswert von 270 und gibt im Abschluss an, dass die Begrenzung den als Buchwert des Vermögenswerts zu bilanzierenden Betrag um 50 reduziert hat (siehe Paragraph 120A(f)(iii)).

Periodenergebnis

61. Der Saldo folgender Beträge ist im Gewinn oder Verlust zu erfassen, es sei denn, ein anderer Standard verlangt oder erlaubt deren Einbeziehung in die Anschaffungs- oder Herstellungskosten eines Vermögenswerts:

(a) laufender Dienstzeitaufwand (siehe Paragraphen 63-91);

(b) Zinsaufwand (siehe Paragraph 82);

(c) erwarteter Ertrag aus etwaigem Planvermögen (siehe Paragraph 105-107) und aus anderen Erstattungsansprüchen (siehe Paragraph 104A);

(d) versicherungsmathematische Gewinne und Verluste gemäß den Rechnungslegungsmethoden des Unternehmens (siehe Paragraphen 92-93D);

(e) nachzuverrechnender Dienstzeitaufwand (siehe Paragraph 96);

(f) die Auswirkungen von etwaigen Plankürzungen oder Abgeltungen (siehe Paragraphen 109 und 110); und

(g) die Auswirkungen der Obergrenze in Paragraph 58(b), es sei denn, sie werden gemäß Paragraph 93C außerhalb des Gewinns oder Verlusts erfasst.

62. Andere Standards verlangen, dass die Aufwendungen für bestimmte Leistungen an Arbeitnehmer bei der Ermittlung der Anschaffungs- oder Herstellungskosten von Vermögenswerten, wie z. B. bei Vorräten oder Sachanlagen, berücksichtigt werden (siehe IAS 2 und IAS 16). Alle Aufwendungen für Leistungen nach Beendigung des Arbeitsverhältnisses, die in die Anschaffungs- oder Herstellungskosten eines solchen Vermögenswerts einbezogen werden, müssen einen angemessenen Anteil der unter Paragraph 61 genannten Komponenten enthalten.

Erfassung und Bewertung: Barwert leistungsorientierter Verpflichtungen und laufender Dienstzeitaufwand

63. Die tatsächlichen Kosten eines leistungsorientierten Plans können durch viele Faktoren beeinflusst werden, wie z. B. Endgehälter, Mitarbeiterfluktuation und Sterbewahrscheinlichkeit, Kostentrends im Bereich der medizinischen Versorgung und – bei einem fondsfinanzierten Plan – von den Anlageerträgen aus dem Planvermögen. Die tatsächlichen Kosten des Plans sind ungewiss und diese Ungewissheit besteht in der Regel über einen langen Zeitraum. Um den Barwert von Leistungsverpflichtungen nach Beendigung des Arbeitsverhältnisses und den damit verbundenen Dienstzeitaufwand einer Periode zu bestimmen, ist es erforderlich,

(a) eine versicherungsmathematische Bewertungsmethode anzuwenden (siehe Paragraphen 64-66);

(b) die Leistungen den Dienstjahren der Arbeitnehmer zuzuordnen (siehe Paragraphen 67-71); und

(c) versicherungsmathematische Annahmen zu treffen (siehe Paragraphen 72-91).

Versicherungsmathematische Bewertungsmethode

64. Zur Bestimmung des Barwerts einer leistungsorientierten Verpflichtung, des damit verbundenen Dienstzeitaufwands und, falls zutreffend, des nachzuverrechnenden Dienstzeitaufwands hat ein Unternehmen die Methode der laufenden Einmalprämien anzuwenden.

65. Die Methode der laufenden Einmalprämien (mitunter auch als Anwartschaftsansammlungsverfahren oder Anwartschaftsbarwertverfahren bezeichnet, weil Leistungsbausteine linear pro-rata oder der Planformel folgend den Dienstjahren zugeordnet werden) geht davon aus, dass in jedem Dienstjahr ein zusätzlicher Teil des endgültigen Leistungsanspruchs erdient wird (siehe Paragraphen 67-71) und bewertet jeden dieser Leistungsbausteine separat, um so die endgültige Verpflichtung aufzubauen (siehe Paragraphen 72-91).

Beispiel zur Veranschaulichung von Paragraph 65

Bei Beendigung des Arbeitsverhältnisses ist eine Kapitalleistung in Höhe von 1 % des Endgehalts für jedes geleistete Dienstjahr zu zahlen. Im ersten Dienstjahr beträgt das Gehalt 10 000, das erwartungsgemäß jedes Jahr um 7 % (bezogen auf den Vorjahresstand) ansteigt. Der Abzinsungssatz beträgt 10 % per annum. Die folgende Tabelle veranschaulicht, wie sich die Verpflichtung für einen Mitarbeiter aufbaut, der erwartungsgemäß am Ende des 5. Dienstjahres ausscheidet, wobei unterstellt wird, dass die versicherungsmathematischen Annahmen keinen Änderungen unterliegen. Zur Vereinfachung wird im Beispiel die ansonsten erforderliche Berücksichtigung der Wahrscheinlichkeit vernachlässigt, dass der Arbeitnehmer vor oder nach diesem Zeitpunkt ausscheidet.

Jahr	*1*	*2*	*3*	*4*	*5*
Leistung erdient in:					
– früheren Dienstjahren	*0*	*131*	*262*	*393*	*524*
– dem laufenden Dienstjahr (1 % des Endgehalts)	*131*	*131*	*131*	*131*	*131*
– dem laufenden und früheren Dienstjahren	*131*	*262*	*393*	*524*	*655*
Verpflichtung zu Beginn des Berichtszeitraums	*–*	*89*	*196*	*324*	*476*
Zinsen von 10 %	*–*	*9*	*20*	*33*	*48*
Laufender Dienstzeitaufwand	*89*	*98*	*108*	*119*	*131*
Verpflichtung am Ende des Berichtszeitraums	*89*	*196*	*324*	*476*	*655*

Anmerkung:
1. *Die jeweilige Verpflichtung zu Beginn des Berichtszeitraums entspricht dem Barwert der Leistungen, die früheren Dienstjahren zugeordnet werden.*
2. *Der laufende Dienstzeitaufwand entspricht dem Barwert der Leistungen, die der Berichtsperiode zugeordnet werden.*
3. *Die jeweilige Verpflichtung am Ende einer Berichtsperiode entspricht dem Barwert der Leistungen, die früheren und der laufenden Periode zugeordnet werden.*

66. Die gesamte Verpflichtung für Leistungen nach Beendigung des Arbeitsverhältnisses ist vom Unternehmen abzuzinsen, auch wenn ein Teil der Verpflichtung innerhalb von zwölf Monaten nach dem Abschlussstichtag fällig wird.

Zuordnung von Leistungen auf Dienstjahre

67. Bei der Bestimmung des Barwerts seiner leistungsorientierten Verpflichtungen, des damit verbundenen Dienstzeitaufwands und, sofern zutreffend, des nachzuverrechnenden Dienstzeitaufwands hat das Unternehmen die Leistungen den Dienstjahren so zuzuordnen, wie es die Planformel vorgibt. Falls jedoch die in späteren Dienstjahren erbrachte Arbeitsleistung der Arbeitnehmer zu einem wesentlich höheren Leistungsniveau führt als die in früheren Dienstjahren erbrachte Arbeitsleistung, so ist die Leistungszuordnung linear vorzunehmen, und zwar

(a) vom Zeitpunkt, ab dem die Arbeitsleistung des Arbeitnehmers erstmalig zu Leistungen aus dem Plan führt (unabhängig davon, ob die Gewährung der Leistungen vom Fortbestand des Arbeitsverhältnisses abhängig ist oder nicht); bis

(b) zu dem Zeitpunkt, ab dem die weitere Arbeitsleistung des Arbeitnehmers die Leistungen aus dem Plan, von Erhöhungen wegen Gehaltssteigerungen abgesehen, nicht mehr wesentlich erhöht.

68. Das Verfahren der laufenden Einmalprämien verlangt, dass das Unternehmen der laufenden Periode (zwecks Bestimmung des laufenden Dienstzeitaufwands) sowie der laufenden und früheren Perioden (zwecks Bestimmung des gesamten Barwerts der leistungsorientierten Verpflichtung) Leistungsteile zuordnet. Leistungsteile werden jenen Perioden zugeordnet, in denen die Verpflichtung, diese nach Beendigung des Arbeitsverhältnisses zu gewähren, entsteht. Diese Verpflichtung entsteht in dem Maße, wie die Arbeitnehmer ihre Arbeitsleistungen im Austausch für die ihnen nach Beendigung des Arbeitsverhältnisses vom Unternehmen erwartungsgemäß in späteren Berichtsperioden zu zahlenden Leistungen erbringen. Versicherungsmathematische Verfahren versetzen das Unternehmen in die Lage, diese Verpflichtung hinreichend verlässlich zu bewerten, um den Ansatz einer Schuld zu begründen.

Beispiel zur Veranschaulichung von Paragraph 68
1. Ein leistungsorientierter Plan sieht bei Pensionierung die Zahlung eines Kapitals von 100 für jedes Dienstjahr vor.

 Jedem Dienstjahr wird eine Leistung von 100 zugeordnet. Der laufende Dienstzeitaufwand entspricht dem Barwert von 100. Der gesamte Barwert der leistungsorientierten Verpflichtung entspricht dem Barwert von 100, multipliziert mit der Anzahl der bis zum Abschlussstichtag geleisteten Dienstjahre. Wenn die Leistung unmittelbar beim Ausscheiden des Arbeitnehmers aus dem Unternehmen fällig wird, geht der erwartete Zeitpunkt des Ausscheidens des Arbeitnehmers in die Berechnung des laufenden Dienstzeitaufwands und des Barwerts der leistungsorientierten Verpflichtung ein. Folglich sind beide Werte – wegen des Abzinsungseffektes – geringer als die Beträge, die sich bei Ausscheiden des Mitarbeiters am Abschlussstichtag ergeben würden.

2. Ein Plan sieht eine monatliche Rente von 0,2 % des Endgehalts für jedes Dienstjahr vor. Die Rente ist ab dem 65. Lebensjahr zu zahlen.

 Jedem Dienstjahr wird eine Leistung in Höhe des zum Zeitpunkt der Pensionierung ermittelten Barwerts einer lebenslangen Rentenzahlung von 0,2 % des geschätzten Endgehalts zugeordnet. Der laufende Dienstzeitaufwand entspricht dem Barwert dieser Teilleistung. Der Barwert der leistungsorientierten Verpflichtung entspricht dem Barwert monatlicher Pensionszahlungen in Höhe von 0,2 % des Endgehalts, multipliziert mit der Anzahl der bis zum Abschlussstichtag geleisteten Dienstjahre. Der laufende Dienstzeitaufwand und der Barwert der leistungsorientierten Verpflichtung werden abgezinst, weil die Rentenzahlungen erst mit Vollendung des 65. Lebensjahres beginnen.

69. Die erbrachte Arbeitsleistung eines Arbeitnehmers führt bei leistungsorientierten Plänen selbst dann zu einer Verpflichtung, wenn die Gewährung der Leistungen vom Fortbestand der Arbeitsverhältnisse abhängt (die Leistungen also

noch nicht unverfallbar sind). Arbeitsleistung, die vor Eintritt der Unverfallbarkeit erbracht wurde, begründet eine faktische Verpflichtung, weil die bis zur vollen Anspruchsberechtigung noch zu erbringende Arbeitsleistung an jedem folgenden Abschlussstichtag vermindert ist. Das Unternehmen berücksichtigt bei der Bewertung seiner leistungsorientierten Verpflichtung die Wahrscheinlichkeit, dass einige Mitarbeiter die Unverfallbarkeitsvoraussetzungen nicht erfüllen. Auch wenn verschiedene Leistungen nach Beendigung des Arbeitsverhältnisses nur dann gezahlt werden, wenn nach dem Ausscheiden eines Arbeitnehmers ein bestimmtes Ereignis eintritt, z. B. im Falle der medizinischen Versorgung nach Beendigung des Arbeitsverhältnisses, entsteht gleichermaßen eine Verpflichtung bereits mit der Erbringung der Arbeitsleistung des Arbeitnehmers, wenn diese einen Leistungsanspruch bei Eintritt des bestimmten Ereignisses begründet. Die Wahrscheinlichkeit, dass das bestimmte Ereignis eintritt, beeinflusst die Verpflichtung in ihrer Höhe, nicht jedoch dem Grunde nach.

Beispiel zur Veranschaulichung von Paragraph 69

1. Ein Plan zahlt eine Leistung von 100 für jedes Dienstjahr. Nach zehn Dienstjahren wird die Anwartschaft unverfallbar.

   Jedem Dienstjahr wird eine Leistung von 100 zugeordnet. In jedem der ersten zehn Jahre ist im laufenden Dienstzeitaufwand und im Barwert der Verpflichtung die Wahrscheinlichkeit berücksichtigt, dass der Arbeitnehmer eventuell keine zehn Dienstjahre vollendet.

2. Aus einem Plan wird eine Leistung von 100 für jedes Dienstjahr gewährt, wobei Dienstjahre vor dem 25. Lebensjahr ausgeschlossen sind. Die Anwartschaft ist sofort unverfallbar.

   Den vor dem 25. Lebensjahr erbrachten Dienstjahren wird keine Leistung zugeordnet, da die vor diesem Zeitpunkt erbrachte Arbeitsleistung (unabhängig vom Fortbestand des Arbeitsverhältnisses) keine Anwartschaft auf Leistungen begründet. Jedem Folgejahr wird eine Leistung von 100 zugeordnet.

70. Die Verpflichtung erhöht sich bis zu dem Zeitpunkt, ab dem weitere Arbeitsleistungen zu keiner wesentlichen Erhöhung der Leistungen mehr führen. Deswegen werden alle Leistungen Perioden zugeordnet, die zu diesem Zeitpunkt oder vorher enden. Die Leistung wird den einzelnen Bilanzierungsperioden nach Maßgabe der im Plan enthaltenen Formel zugeordnet. Falls jedoch die in späteren Jahren erbrachte Arbeitsleistung eines Arbeitnehmers wesentlich höhere Anwartschaften begründet als in früheren Jahren, so hat das Unternehmen die Leistungen linear über die Berichtsperioden bis zu dem Zeitpunkt zu verteilen, ab dem weitere Arbeitsleistungen des Arbeitnehmers zu keiner wesentlichen Erhöhung der Anwartschaft mehr führen. Begründet ist dies dadurch, dass letztendlich die im gesamten Zeitraum erbrachte Arbeitsleistung zu einer Anwartschaft auf diesem höheren Niveau führt.

Beispiel zur Veranschaulichung von Paragraph 70

1. Ein Plan sieht eine einmalige Kapitalleistung von 1 000 vor, die nach zehn Dienstjahren unverfallbar wird. Für nachfolgende Dienstjahre sieht der Plan keine weiteren Leistungen mehr vor.

   Jedem der ersten 10 Jahre wird eine Leistung von 100 (1 000 geteilt durch 10) zugeordnet. Im laufenden Dienstzeitaufwand für jedes der ersten zehn Jahre ist die Wahrscheinlichkeit zu berücksichtigen, dass der Arbeitnehmer eventuell vor Vollendung von zehn Dienstjahren ausscheidet. Den folgenden Jahren wird keine Leistung zugeordnet.

2. Ein Plan zahlt bei Pensionierung eine einmalige Kapitalleistung von 2 000 an alle Arbeitnehmer, die im Alter von 55 Jahren nach zwanzig Dienstjahren noch im Unternehmen beschäftigt sind oder Arbeitnehmer, die unabhängig von ihrer Dienstzeit im Alter von 65 Jahren noch im Unternehmen beschäftigt sind.

   Arbeitnehmer, die vor dem 35. Lebensjahr eintreten, erwerben erst mit dem 35. Lebensjahr eine Anwartschaft auf Leistungen aus diesem Plan (ein Arbeitnehmer könnte mit 30 aus dem Unternehmen ausscheiden und mit 33 zurückkehren, ohne dass dies Auswirkungen auf die Höhe oder die Fälligkeit der Leistung hätte). Die Gewährung dieser Leistungen hängt von der Erbringung künftiger Arbeitsleistung ab. Zudem führt die Erbringung von Arbeitsleistung nach dem 55. Lebensjahr nicht zu einer wesentlichen Erhöhung der Anwartschaft. Für diese Arbeitnehmer ordnet das Unternehmen jedem Dienstjahr zwischen dem 35. und 55. Lebensjahr eine Leistung von 100 (2 000 geteilt durch 20) zu.

   Für Arbeitnehmer, die zwischen dem 35. und dem 45. Lebensjahr eintreten, führt eine Dienstzeit von mehr als 20 Jahren nicht zu einer wesentlichen Erhöhung der Anwartschaft. Jedem der ersten 20 Dienstjahre dieser Arbeitnehmer ordnet das Unternehmen deswegen eine Leistung von 100 zu (2 000 geteilt durch 20)

   Für einen Arbeitnehmer, der mit 55 eintritt, führt eine Dienstzeit von mehr als 10 Jahren nicht zu einer wesentlichen Erhöhung der Anwartschaft. Jedem der ersten 10 Dienstjahre dieses Arbeitnehmers ordnet das Unternehmen deswegen eine Leistung von 200 zu (2 000 geteilt durch 10).

   Im laufenden Dienstzeitaufwand und im Barwert der Verpflichtung wird für alle Arbeitnehmer die Wahrscheinlichkeit berücksichtigt, dass die für die Leistung erforderlichen Dienstjahre eventuell nicht erreicht werden

3. Ein Plan für Leistungen der medizinischen Versorgung nach der Pensionierung erstattet dem Arbeitnehmer 40 % der Kosten für medizinische Versorgung nach Beendigung des Arbeitsverhältnisses, wenn er nach mehr als 10 und weniger als 20 Dienstjahren ausscheidet und 50 % der Kosten, wenn er nach 20 oder mehr Jahren ausscheidet.

   Nach Maßgabe der Leistungsformel des Plans ordnet das Unternehmen jedem der ersten 10 Dienstjahre 4 % (40 % geteilt durch 10) und jedem der folgenden 10 Dienstjahre 1 % (10 % geteilt durch 10) des Barwertes der erwarteten Kosten für medizinische Versorgung zu. Im laufenden Dienstzeitaufwand eines jeden Dienstjahres wird die Wahrscheinlichkeit berücksichtigt, dass der Arbeitnehmer die für die gesamten oder anteiligen Leistungen erforderlichen Dienstjahre eventuell nicht erreicht. Für Arbeitnehmer, deren Ausscheiden innerhalb der ersten zehn Jahre erwartet wird, wird keine Leistung zugeordnet.

4. Ein Plan für Leistungen der medizinischen Versorgung nach der Pensionierung erstattet dem Arbeitnehmer 10 % der Kosten für medizinische Versorgung nach Beendigung des Arbeitsverhältnisse, wenn er nach mehr als 10 und weniger als 20 Dienstjahren ausscheidet und 50 % der Kosten, wenn er nach 20 oder mehr Jahren ausscheidet.

Arbeitsleistung in späteren Jahren berechtigt zu wesentlich höheren Leistungen als Arbeitsleistung in früheren Jahren der Dienstzeit. Für Arbeitnehmer, die erwartungsgemäß nach 20 oder mehr Jahren ausscheiden, wird die Leistung daher linear gemäß Paragraph 68 verteilt. Arbeitsleistung nach mehr als 20 Jahren führt zu keiner wesentlichen Erhöhung der zugesagten Leistung. Deswegen wird jedem der ersten 20 Jahre ein Leistungsteil von 2,5 % des Barwerts der erwarteten Kosten der medizinischen Versorgung zugeordnet (50 % geteilt durch 20).

Für Arbeitnehmer, die erwartungsgemäß zwischen dem zehnten und dem zwanzigsten Jahr ausscheiden, wird jedem der ersten 10 Jahre eine Teilleistung von 1 % des Barwerts der erwarteten Kosten für die medizinische Versorgung zugeordnet. Für diese Arbeitnehmer wird den Dienstjahren zwischen dem Ende des zehnten Jahres und dem geschätzten Datum des Ausscheidens keine Leistung zugeordnet.

Für Arbeitnehmer, deren Ausscheiden innerhalb der ersten zehn Jahre erwartet wird, wird keine Leistung zugeordnet.

71. Entspricht die Höhe der zugesagten Leistung einem konstanten Anteil vom Endgehalt für jedes Dienstjahr, so haben künftige Gehaltserhöhungen zwar Auswirkungen auf den zur Erfüllung der am Abschlussstichtag bestehenden, auf frühere Dienstjahre zurückgehenden Verpflichtung nötigen Betrag, sie führen jedoch nicht zu einer Erhöhung der Verpflichtung selbst. Deswegen:

(a) begründen Gehaltserhöhungen in Bezug auf Paragraph 67(b) keine zusätzliche Leistung an Arbeitnehmer, obwohl sich die Leistungshöhe am Endgehalt bemisst; und

(b) die jeder Berichtsperiode zugeordnete Leistung entspricht in ihrer Höhe einem konstanten Anteil desjenigen Gehalts, auf das sich die Leistung bezieht.

Beispiel zur Veranschaulichung von Paragraph 71

Den Arbeitnehmern steht eine Leistung in Höhe von 3 % des Endgehalts für jedes Dienstjahr vor dem 55. Lebensjahr zu.

Jedem Dienstjahr bis zum 55. Lebensjahr wird eine Leistung in Höhe von 3 % des geschätzten Endgehalts zugeordnet. Dieses ist der Zeitpunkt, ab dem weitere Arbeitsleistung zu keiner wesentlichen Erhöhung der Leistung aus dem Plan mehr führt. Dienstzeiten nach dem 55. Lebensjahr wird keine Leistung zugeordnet.

Versicherungsmathematische Annahmen

72. Versicherungsmathematische Annahmen sind unvoreingenommen zu wählen und aufeinander abzustimmen.

73. Versicherungsmathematische Annahmen sind die bestmögliche Einschätzung eines Unternehmens zu Variablen, die die tatsächlichen Kosten für Leistungen nach Beendigung des Arbeitsverhältnisses bestimmen. Die versicherungsmathematischen Annahmen umfassen:

(a) demografische Annahmen über die künftige Zusammensetzung der gegenwärtigen und früheren Arbeitnehmer (und deren Angehörigen), die für Leistungen qualifizieren. Derartige demografische Annahmen beziehen sich auf:

(i) die Sterblichkeit der Begünstigten, und zwar sowohl während des Arbeitsverhältnisses wie auch nach dessen Beendigung;

(ii) Fluktuationsraten, Invalidisierungsraten und Frühpensionierungsverhalten;

(iii) den Anteil der begünstigten Arbeitnehmer mit Angehörigen, die für Leistungen qualifizieren werden; und

(iv) die Raten der Inanspruchnahme von Leistungen aus Plänen zur medizinischen Versorgung; sowie

(b) finanzielle Annahmen, zum Beispiel in Bezug auf:

(i) den Zinssatz für die Abzinsung (siehe Paragraphen 78-82);

(ii) das künftige Gehalts- und Leistungsniveau (siehe Paragraphen 83-87);

(iii) im Falle von Leistungen im Rahmen medizinischer Versorgung, die Kostentrends im Bereich der medizinischen Versorgung, einschließlich – falls wesentlich – der Kosten für die Bearbeitung von Ansprüchen und Leistungsauszahlungen (siehe Paragraphen 88-91); und

(iv) die erwarteten Erträge aus Planvermögen (siehe Paragraphen 105-107).

74. Versicherungsmathematische Annahmen gelten als unvoreingenommen gewählt, wenn sie weder unvorsichtig noch übertrieben vorsichtig sind.

75. Versicherungsmathematische Annahmen sind aufeinander abgestimmt, wenn sie die wirtschaftlichen Zusammenhänge zwischen Faktoren wie Inflation, Lohn- und Gehaltssteigerungen, Erträgen aus dem Planvermögen und Abzinsungssätzen widerspiegeln. Beispielsweise haben alle Annahmen, die in jeder künftigen Periode von einem bestimmten Inflationsniveau abhängen (wie Annahmen zu Zinssätzen und zu Lohn- und Gehaltssteigerungen) für jede dieser Perioden vom gleichen Inflationsniveau auszugehen.

76. Die Annahmen zum Zinssatz für die Abzinsung und andere finanzielle Annahmen werden vom Unternehmen mit nominalen (nominal festgesetzten) Werten festgelegt, es sei denn, Schätzungen auf Basis realer (inflationsbereinigter) Werte sind verlässlicher, wie z. B. in einer hochinflationären Volkswirtschaft (siehe IAS 29 *Rechnungslegung in Hochinflationsländern*) oder in jenen Fällen, in denen die Leistung an einen Index gekoppelt ist und zugleich ein hinreichend entwickelter Markt für indexgebundene Anleihen in der glei-

chen Währung und mit gleicher Laufzeit vorhanden ist.

77. Annahmen zu finanziellen Variablen haben auf den am Abschlussstichtag bestehenden Erwartungen des Marktes für den Zeitraum zu beruhen, über den die Verpflichtungen zu erfüllen sind.

Versicherungsmathematische Annahmen: Abzinsungssatz

78. Der Zinssatz, der zur Diskontierung der Verpflichtungen für die nach Beendigung des Arbeitsverhältnisses zu erbringenden Leistungen (finanziert oder nicht-finanziert) herangezogen wird, ist auf der Grundlage der Renditen zu bestimmen, die am Abschlussstichtag für erstrangige, festverzinsliche Industrieanleihen am Markt erzielt werden. In Ländern ohne liquiden Markt für solche Industrieanleihen sind stattdessen die (am Abschlussstichtag geltenden) Markttrenditen für Regierungsanleihen zu verwenden. Währung und Laufzeiten der zugrunde gelegten Industrie- oder Regierungsanleihen haben mit der Währung und den voraussichtlichen Fristigkeiten der nach Beendigung der Arbeitsverhältnisse zu erfüllenden Verpflichtungen übereinzustimmen.

79. Der Abzinsungssatz ist eine versicherungsmathematische Annahme mit wesentlicher Auswirkung. Der Abzinsungssatz reflektiert den Zeitwert des Geldes, nicht jedoch das versicherungsmathematische Risiko oder das mit der Anlage des Fondsvermögens verbundene Anlagerisiko. Weiterhin gehen weder das unternehmensspezifische Ausfallrisiko, das die Gläubiger des Unternehmens tragen, noch das Risiko, dass die künftige Entwicklung von den versicherungsmathematischen Annahmen abweichen kann, in diesen Zinssatz ein.

80. Der Abzinsungssatz berücksichtigt die voraussichtliche Auszahlung der Leistungen im Zeitablauf. In der Praxis wird ein Unternehmen dies häufig durch die Verwendung eines einzigen gewichteten Durchschnittszinssatzes erreichen, in dem sich die Fälligkeiten, die Höhe und die Währung der zu zahlenden Leistungen widerspiegeln.

81. In einigen Fällen ist möglicherweise kein hinreichend entwickelter Markt für Anleihen mit ausreichend langen Laufzeiten vorhanden, die den geschätzten Fristigkeiten aller Leistungszahlungen entsprechen. In diesen Fällen werden für die Diskontierung kurzfristigerer Zahlungen die jeweils aktuellen Marktzinssätze für entsprechende Laufzeiten von dem Unternehmen verwendet, während es den Abzinsungssatz für längerfristige Fälligkeiten durch Extrapolation der aktuellen Marktzinssätze entlang der Renditekurve schätzt. Die Höhe des gesamten Barwerts einer leistungsorientierten Verpflichtung dürfte durch den Abzinsungssatz für den Teil der Leistungen, der erst nach Endfälligkeit der zur Verfügung stehenden Industrie- oder Regierungsanleihen zu zahlen ist, kaum besonders empfindlich beeinflusst werden.

82. Der Zinsaufwand wird ermittelt, indem der zu Beginn der Periode festgesetzte Zinssatz mit dem über die Periode vorliegenden Barwert der leistungsorientierten Verpflichtung multipliziert wird, wobei wesentliche Änderungen der Verpflichtung berücksichtigt werden. Der Barwert der Verpflichtung wird im Allgemeinen von der in der Bilanz ausgewiesenen Schuld abweichen, weil die Schuld nach Abzug des beizulegenden Zeitwerts eines etwaigen Planvermögens erfasst wird und einige versicherungsmathematische Gewinne und Verluste sowie ein Teil des nachzuverrechnenden Dienstzeitaufwands nicht sofort erfasst werden. [In Anhang A wird u. a. die Berechnung des Zinsaufwands veranschaulicht.]

Versicherungsmathematische Annahmen: Gehälter, Leistungen und Kosten medizinischer Versorgung

83. Bei der Bewertung von Verpflichtungen für nach Beendigung des Arbeitsverhältnisses zu erbringende Leistungen, sind folgende Faktoren zu berücksichtigen:

(a) erwartete künftige Gehaltssteigerungen;

(b) die aufgrund der Regelungen des Plans (oder aufgrund einer faktischen Verpflichtung auch über die Planregeln hinaus) am Abschlussstichtag zugesagten Leistungen; und

(c) die geschätzten künftigen Änderungen des Niveaus staatlicher Leistungen, die sich auf die nach Maßgabe des leistungsorientierten Plans zu zahlenden Leistungen auswirken, jedoch nur dann, wenn entweder:

(i) diese Änderungen bereits vor dem Abschlussstichtag in Kraft getreten sind; oder

(ii) die Erfahrungen der Vergangenheit, oder andere substanzielle Hinweise, darauf hindeuten, dass sich die staatlichen Leistungen in einer einigermaßen vorhersehbaren Weise ändern werden, z. B. in Anlehnung an künftige Veränderungen der allgemeinen Preis- oder Gehaltsniveaus.

84. Bei der Schätzung künftiger Gehaltssteigerungen werden u. a. Inflation, Dauer der Zugehörigkeit zum Unternehmen, Beförderung und andere relevante Faktoren wie Angebots- und Nachfragestruktur auf dem Arbeitsmarkt berücksichtigt.

85. Wenn ein Unternehmen aufgrund der formalen Regelungen eines Plans (oder aufgrund einer faktischen, darüber hinausgehenden Verpflichtung) die zugesagten Leistungen in künftigen Perioden anpassen muss, sind diese Anpassungen bei der Bewertung der Verpflichtung zu berücksichtigen. Dies ist z. B. der Fall, wenn:

(a) ein Unternehmen in der Vergangenheit stets die Leistungen erhöht hat, um die Auswirkungen der Inflation zu mindern und nichts darauf hindeutet, dass diese Praxis in Zukunft geändert wird; oder

(b) versicherungsmathematische Gewinne im Abschluss bereits erfasst wurden und das Unternehmen entweder aufgrund der formalen

Regelungen des Plans (oder aufgrund einer faktischen, darüber hinausgehenden Verpflichtung) oder aufgrund gesetzlicher Bestimmungen eine etwaige Vermögensüberdeckung im Plan zu Gunsten der begünstigten Arbeitnehmer verwenden muss (siehe Paragraph 98 (c)).

86. Die versicherungsmathematischen Annahmen berücksichtigen nicht Änderungen der künftigen Leistungen, die sich am Abschlussstichtag nicht aus den formalen Regelungen des Plans (oder einer faktischen Verpflichtung) ergeben. Derartige Änderungen führen zu:
(a) nachzuverrechnendem Dienstzeitaufwand, soweit sie die Höhe von Leistungen für vor der Änderung erbrachte Arbeitsleistung ändern, und
(b) laufendem Dienstzeitaufwand in den Perioden nach der Änderung, soweit sie die Höhe von Leistungen für nach der Änderung erbrachte Arbeitsleistung ändern.

87. Einige Leistungen nach Beendigung des Arbeitsverhältnisses sind an Variable wie z. B. das Niveau staatlicher Altersversorgungsleistungen oder das der staatlichen medizinischen Versorgung gebunden. Bei der Bewertung dieser Leistungen werden erwartete Änderungen dieser Variablen aufgrund der Erfahrungen der Vergangenheit und anderer verlässlicher substanzieller Hinweise berücksichtigt.

88. Bei den Annahmen zu den Kosten medizinischer Versorgung sind erwartete Kostentrends für medizinische Dienstleistungen aufgrund von Inflation oder spezifischer Anpassungen der medizinischen Kosten zu berücksichtigen.

89. Die Bewertung von medizinischen Leistungen nach Beendigung des Arbeitsverhältnisses erfordert Annahmen über Höhe und Häufigkeit künftiger Ansprüche und über die Kosten zur Erfüllung dieser Ansprüche. Die Kosten der künftigen medizinischen Versorgung werden vom Unternehmen anhand eigener, aus Erfahrung gewonnener Daten geschätzt, wobei – falls erforderlich – Erfahrungswerte anderer Unternehmen, Versicherungsunternehmen, medizinischer Dienstleister und anderer Quellen hinzugezogen werden können. In die Schätzung der Kosten künftiger medizinischer Versorgung gehen die Auswirkungen technologischen Fortschritts, Änderungen der Inanspruchnahme von Gesundheitsfürsorgeleistungen oder der Bereitstellungsstrukturen sowie Änderungen des Gesundheitszustands der begünstigten Arbeitnehmer ein.

90. Die Höhe der geltend gemachten Ansprüche und deren Häufigkeit hängen insbesondere von Alter, Gesundheitszustand und Geschlecht der Arbeitnehmer (und ihrer Angehörigen) ab, wobei jedoch auch andere Faktoren wie der geografische Standort von Bedeutung sein können. Deswegen sind Erfahrungswerte der Vergangenheit anzupassen, sofern die demografische Zusammensetzung des vom Plan erfassten Personenbestands von der Zusammensetzung des Bestandes abweicht, der den historischen Daten zu Grunde liegt. Eine Anpassung ist auch dann erforderlich, wenn aufgrund verlässlicher substanzieller Hinweise davon ausgegangen werden kann, dass sich historische Trends nicht fortsetzen werden.

91. Einige Pläne für medizinische Leistungen nach Beendigung des Arbeitsverhältnisses sehen eine Arbeitnehmerbeteiligung an den durch den Plan gedeckten Kosten medizinischer Versorgung vor. Solche Beiträge sind nach den am Abschlussstichtag geltenden Regelungen des Planes (oder aufgrund einer faktischen, darüber hinausgehenden Verpflichtung) bei der Schätzung künftiger Kosten für medizinische Versorgung zu berücksichtigen. Änderungen solcher Arbeitnehmerbeiträge führen entweder zu nachzuverrechnendem Dienstzeitaufwand oder, sofern zutreffend, auch zu Leistungskürzungen. Die Kosten für die Erfüllung der Ansprüche können sich durch Leistungen des Staates oder anderer medizinischer Dienstleister vermindern (siehe Paragraphen 83 (c) und 87).

Versicherungsmathematische Gewinne und Verluste

92. Bei der Bewertung der Schuld aus einer leistungsorientierten Zusage gemäß Paragraph 54 hat ein Unternehmen, vorbehaltlich Paragraph 58A, den (in Paragraph 93 spezifizierten) Teil seiner versicherungsmathematischen Gewinne und Verluste als Ertrag bzw. Aufwand zu erfassen, wenn der Saldo der kumulierten, nicht erfassten versicherungsmathematischen Gewinne und Verluste zum Ende der vorherigen Berichtsperiode den höheren der folgenden Beträge überstieg:
(a) 10 % des Barwertes der leistungsorientierten Verpflichtung zu diesem Zeitpunkt (vor Abzug des Planvermögens); und
(b) 10 % des beizulegenden Zeitwerts eines etwaigen Planvermögens zu diesem Zeitpunkt.

Diese Grenzen sind für jeden leistungsorientierten Plan gesondert zu errechnen und anzuwenden.

93. Die für jeden leistungsorientierten Plan anteilig zu erfassenden versicherungsmathematischen Gewinne und Verluste entsprechen dem gemäß Paragraph 92 ermittelten Betrag außerhalb des Korridors, dividiert durch die erwartete durchschnittliche Restlebensarbeitszeit der vom Plan erfassten Arbeitnehmer. Ein Unternehmen kann jedoch jedes systematische Verfahren anwenden, das zu einer schnelleren Erfassung der versicherungsmathematischen Gewinne und Verluste führt, sofern das gleiche Verfahren sowohl auf Gewinne als auch auf Verluste und stetig von Periode zu Periode angewandt wird. Ein Unternehmen kann solche systematischen Verfahren auch auf versicherungsmathematische Gewinne und Verluste innerhalb der in Paragraph 92 spezifizierten Grenzen anwenden.

93A. Wenn ein Unternehmen gemäß Paragraph 93 beschließt, die Erfassung versicherungsmathematischer Gewinne und Verluste in der Periode vorzunehmen, in der sie anfallen, kann es diese im

sonstigen Ergebnis gemäß Paragraphen 93B-93D erfassen, sofern dies für
(a) alle leistungsorientierten Pläne und
(b) alle versicherungsmathematischen Gewinne und Verluste durchgeführt wird.

93B. Versicherungsmathematische Gewinne und Verluste, die nach Paragraph 93A im sonstigen Ergebnis erfasst werden, sind in der Gesamtergebnisrechnung darzustellen.

93C. Ein Unternehmen, das versicherungsmathematische Gewinne und Verluste nach Paragraph 93A erfasst, hat auch alle Anpassungen, die durch die Obergrenze in Paragraph 58(b) entstehen, im sonstigen Ergebnis zu erfassen.

93D. Versicherungsmathematische Gewinne und Verluste sowie aufgrund der Obergrenze in Paragraph 58(b) entstandene Anpassungen, die im sonstigen Ergebnis erfasst wurden, sind direkt in den Gewinnrücklagen zu erfassen. Sie dürfen in einer nachfolgenden Berichtsperiode nicht in den Gewinn oder Verlust umgegliedert werden.

94. Versicherungsmathematische Gewinne und Verluste können aus Erhöhungen oder Verminderungen entweder des Barwertes einer leistungsorientierten Verpflichtung oder des beizulegenden Zeitwertes eines etwaigen Planvermögens entstehen. Zu den Gründen für das Entstehen versicherungsmathematischer Gewinne und Verluste zählen u. a.:
(a) eine unerwartet hohe oder niedrige Anzahl von Fluktuationsfällen, vorzeitigen Pensionierungen oder Todesfällen oder unerwartet hohe oder niedrige Anstiege der Gehälter, laufenden Leistungen (sofern die formalen oder faktischen Bedingungen eines Plans inflationsbedingte Leistungsanpassungen vorsehen) oder der Kosten der medizinischen Versorgung;
(b) der Effekt von Schätzungsänderungen hinsichtlich der angenommenen Arbeitnehmerfluktuation, dem Frühpensionierungsverhalten, der Sterblichkeit oder des Anstiegs von Gehältern, Leistungen (sofern die formalen oder faktischen Bedingungen eines Plans inflationsbedingte Leistungsanpassungen vorsehen) oder der Kosten medizinischer Versorgung;
(c) die Auswirkung einer Änderung des Abzinsungssatzes; und
(d) Abweichungen zwischen dem tatsächlichen und dem erwarteten Ertrag aus dem Planvermögen (siehe Paragraphen 105-107).

95. Langfristig können sich versicherungsmathematische Gewinne und Verluste gegenseitig kompensieren. Deswegen können Schätzungen von Verpflichtungen für Leistungen nach Beendigung des Arbeitsverhältnisses am besten als Näherungswerte in einer Bandbreite (einem „Korridor") um den bestmöglichen Schätzwert herum angesehen werden. Ein Unternehmen kann versicherungsmathematische Gewinne und Verluste, die innerhalb dieses Korridors liegen, erfassen, es ist dazu aber nicht verpflichtet. Dieser Standard verlangt von einem Unternehmen, einen bestimmten Mindestanteil derjenigen Teile der versicherungsmathematischen Gewinne und Verluste zu erfassen, welche aus dem „Korridor" von plus oder minus 10 % fallen. [In Anhang A wird unter anderem die Behandlung versicherungsmathematischer Gewinne und Verluste anschaulich beschrieben.] Dieser Standard gestattet auch die Anwendung systematischer Verfahren zur schnelleren Erfassung, sofern diese die in Paragraph 93 genannten Bedingungen erfüllen. Zu den zulässigen Verfahren gehört beispielsweise auch die sofortige Erfassung aller sowohl innerhalb als auch außerhalb des „Korridors" liegenden versicherungsmathematischen Gewinne und Verluste. In Paragraph 155 (b)(iii) wird erläutert, warum nicht erfasste Teile des Übergangs-Schuldpostens bei der Verrechnung nachfolgender versicherungsmathematischer Gewinne berücksichtigt werden müssen.

Nachzuverrechnender Dienstzeitaufwand

96. Bei der Bemessung seiner Schuld aus einem leistungsorientierten Plan gemäß Paragraph 54 hat das Unternehmen, vorbehaltlich Paragraph 58A, nachzuverrechnenden Dienstzeitaufwand linear über den durchschnittlichen Zeitraum bis zum Eintritt der Unverfallbarkeit der Anwartschaften zu verteilen. Soweit Anwartschaften sofort nach Einführung oder Änderung eines leistungsorientierten Plans unverfallbar sind, ist der nachzuverrechnende Dienstzeitaufwand sofort ergebniswirksam zu erfassen.

97. Nachzuverrechnender Dienstzeitaufwand entsteht, wenn ein Unternehmen einen leistungsorientierten Plan einführt, der Leistungen an eine nachzuverrechnende Arbeitsleistung anpasst, oder Leistungen für eine nachzuverrechnende Arbeitsleistung aus einem bestehenden leistungsorientierten Plan ändert. Solche Änderungen betreffen eine Gegenleistung für Arbeitsleistung der Arbeitnehmer, die bis zum Zeitpunkt des Eintritts der Unverfallbarkeit erbracht wird. Deswegen erfasst ein Unternehmen einen nachzuverrechnenden Dienstzeitaufwand über diesen Zeitraum, und zwar ungeachtet der Tatsache, dass sich der Aufwand auf Arbeitsleistung in früheren Perioden bezieht. Das Unternehmen bewertet den nachzuverrechnenden Dienstzeitaufwand als Veränderung der Schuld infolge der Planänderung (siehe Paragraph 64). Ein negativer nachzuverrechnender Dienstzeitaufwand entsteht, wenn ein Unternehmen die Leistungen für eine nachzuverrechnende Arbeitsleistung anpasst, so dass der Barwert der Leistungsverpflichtung sinkt.

Beispiel zur Veranschaulichung von Paragraph 97
Ein Unternehmen unterhält einen Altersversorgungsplan, der eine Rente in Höhe von 2 % des Endgehalts für jedes Dienstjahr gewährt. Nach fünf Dienstjahren sind die Leistungen unverfallbar. Am 1. Januar 20X5 erhöht das Unternehmen die Rente auf 2,5 % des Endgehalts für jedes Dienstjahr ab dem 1. Januar 20X1. Zum Zeitpunkt der Planverbesserung stellt sich der Barwert der zusätzlichen Leistungen für die Dienstzeit vom 1. Januar 20X1 bis 1. Januar 20X5 wie folgt dar:

Für Arbeitnehmer mit mehr als fünf Dienstjahren am 1.1.X5	150
Für Mitarbeiter mit weniger als fünf Dienstjahren zum 1.1.X5 (durchschnittlicher Zeitraum bis zur Unverfallbarkeit der Anwartschaft: drei Jahre)	120
	270

Das Unternehmen erfasst 150 sofort als Aufwand, da die Anwartschaft bereits unverfallbar ist. Das Unternehmen verteilt 120 als Aufwand linear über drei Jahre beginnend mit dem 1. Januar 20X5.

98. Nachzuverrechnender Dienstzeitaufwand beinhaltet nicht:

(a) die Auswirkungen von Unterschieden zwischen tatsächlichen und ursprünglich angenommenen Gehaltssteigerungen auf die Höhe der in früheren Jahren erdienten Leistungen (nachzuverrechnender Dienstzeitaufwand entsteht nicht, da die Gehaltsentwicklung über die versicherungsmathematischen Annahmen berücksichtigt ist);

(b) zu hoch oder zu niedrig geschätzte freiwillige Rentenanpassungen, wenn das Unternehmen faktisch verpflichtet ist, Renten entsprechend anzupassen (nachzuverrechnender Dienstzeitaufwand entsteht nicht, da solche Steigerungen über die versicherungsmathematischen Annahmen berücksichtigt sind);

(c) geschätzte Auswirkungen von Leistungsverbesserungen aus versicherungsmathematischen Gewinnen, die vom Unternehmen schon im Abschluss erfasst wurden, wenn das Unternehmen nach den Regelungen des Plans (oder aufgrund einer faktischen, über diese Regelungen hinausgehenden Verpflichtung) oder aufgrund rechtlicher Bestimmungen dazu verpflichtet ist, eine Vermögensüberdeckung des Plans zu Gunsten der vom Plan erfassten Arbeitnehmer zu verwenden, und zwar selbst dann, wenn die Leistungserhöhung noch nicht formal zuerkannt wurde (die resultierende höhere Verpflichtung ist ein versicherungsmathematischer Verlust und kein nachzuverrechnender Dienstzeitaufwand, siehe Paragraph 85(b));

(d) der Zuwachs an unverfallbaren Leistungen, wenn – ohne dass neue oder verbesserte Leistungen vorliegen – Arbeitnehmer Unverfallbarkeitsbedingungen erfüllen (in diesem Fall entsteht kein nachzuverrechnender Dienstzeitaufwand, weil das Unternehmen die geschätzten Kosten für die Gewährung der Leistungen als laufender Dienstzeitaufwand in der Periode erfasst, in der die Arbeitsleistung erbracht wurde); und

(e) Auswirkungen von Planänderungen, durch die sich die Leistungen für in künftigen Perioden zu erbringende Arbeitsleistung reduzieren (Plankürzung).

99. Der Plan für die ergebniswirksame Verteilung von nachzuverrechnendem Dienstzeitaufwand wird vom Unternehmen aufgestellt, wenn Leistungen neu eingeführt oder geändert werden. Es wäre jedoch nicht durchführbar, alle detaillierten Aufzeichnungen zu führen, die nötig wären, um später erforderliche Anpassungen dieses Plans zu bestimmen und in ihm zu berücksichtigen. Hinzu kommt, dass die Auswirkungen solcher Anpassungen nur dann wesentlich sein dürften, wenn eine Plankürzung oder -abgeltung vorliegt. Deswegen wird ein einmal aufgestellter Plan zur Verteilung von nachzuverrechnendem Dienstzeitaufwand nur im Falle einer Plankürzung oder -abgeltung geändert.

100. Reduziert ein Unternehmen die im Rahmen eines bestehenden leistungsorientierten Plans zu zahlenden Leistungen, so wird die daraus resultierende Verminderung der Schuld als (negativer) nachzuverrechnender Dienstzeitaufwand über die durchschnittliche Dauer bis zum Eintritt der Unverfallbarkeit des verminderten Leistungsteils verteilt.

101. Reduziert ein Unternehmen bestimmte im Rahmen eines bestehenden leistungsorientierten Plans zu zahlende Leistungen und erhöht gleichzeitig andere Leistungen, die den gleichen Arbeitnehmern im Rahmen des Plans zugesagt sind, so werden alle Änderungen zusammengefasst als eine Änderung behandelt.

Ansatz und Bewertung: Planvermögen

Beizulegender Zeitwert des Planvermögens

102. Der beizulegende Zeitwert des Planvermögens geht bei der Ermittlung des nach Paragraph 54 in der Bilanz zu erfassenden Betrags als Abzugsposten ein. Ist kein Marktwert verfügbar, wird der beizulegende Zeitwert des Planvermögens geschätzt, z. B. indem die erwarteten künftigen Cashflows auf den Stichtag diskontiert werden und dabei ein Zinssatz verwendet wird, der sowohl die Risiken, die mit dem Planvermögen verbunden sind, als auch die Rückzahlungstermine oder das erwartete Veräußerungsdatum dieser Vermögenswerte berücksichtigt (oder, falls Rückzahlungstermine nicht festgelegt sind, den voraussichtlichen Zeitraum bis zur Erfüllung der damit verbundenen Verpflichtung).

103. Nicht zum Planvermögen zählen fällige, aber noch nicht an den Fonds entrichtete Beiträge des berichtenden Unternehmens sowie nicht übertragbare Finanzinstrumente, die vom Unternehmen emittiert und vom Fonds gehalten werden. Das Planvermögen wird gemindert um jegliche Schulden des Fonds, die nicht im Zusammenhang mit den Versorgungsansprüchen der Arbeitnehmer stehen, zum Beispiel Verbindlichkeiten aus Lieferungen und Leistungen oder andere Verbindlichkeiten und Schulden, die aus derivativen Finanzinstrumenten resultieren.

104. Soweit zum Planvermögen qualifizierende Versicherungsverträge gehören, die die zugesagten Leistungen hinsichtlich ihres Betrages und ihrer Fälligkeiten ganz oder teilweise kongruent abdecken, ist der beizulegende Zeitwert der Versicherungsverträge annahmegemäß gleich dem Barwert der abgedeckten Verpflichtungen, wie in Paragraph 54 beschrieben (vorbehaltlich jeder zu erfas-

senden Reduzierung, wenn die Beträge die aus dem Versicherungsverträgen beansprucht werden, nicht voll erzielbar sind).

Erstattungen

104A. Nur dann, wenn es so gut wie sicher ist, dass eine andere Partei die Ausgaben zur Erfüllung der leistungsorientierten Verpflichtung, teilweise oder ganz erstatten wird, hat ein Unternehmen den Erstattungsanspruch als einen gesonderten Vermögenswert zu bilanzieren. Das Unternehmen hat den Vermögenswert mit dem beizulegenden Zeitwert zu bewerten. In jeder anderen Hinsicht hat das Unternehmen den Vermögenswert wie Planvermögen zu behandeln. In der Gesamtergebnisrechnung kann der Aufwand, der sich auf einen leistungsorientierten Plan bezieht, nach Abzug der Erstattungen netto präsentiert werden.

104B. In einigen Fällen kann ein Unternehmen von einer anderen Partei, zum Beispiel einem Versicherer, erwarten, dass diese die Ausgaben zur Erfüllung der leistungsorientierten Verpflichtung, ganz oder teilweise zahlt. Qualifizierende Versicherungsverträge, wie in Paragraph 7 definiert, sind Planvermögen. Ein Unternehmen erfasst qualifizierende Versicherungsverträge genauso wie jedes andere Planvermögen und Paragraph 104A findet keine Anwendung (siehe auch Paragraphen 39-42 und 104).

104C. Ist ein Versicherungsvertrag kein qualifizierender Versicherungsvertrag, dann ist dieser auch kein Planvermögen. Paragraph 104A behandelt derartige Fälle: das Unternehmen erfasst den Erstattungsanspruch aus den Versicherungsverträgen als einen separaten Vermögenswert, und nicht als einen Abzug bei der Ermittlung der leistungsorientierten Verbindlichkeit, wie in Paragraph 54 beschrieben; in jeder anderen Hinsicht behandelt das Unternehmen den Vermögenswert genauso wie Planvermögen. Insbesondere ist die leistungsorientierte Verbindlichkeit gemäß Paragraph 54 bis zu dem Betrag zu erhöhen (vermindern), wie versicherungsmathematischen Gewinne (Verluste) der leistungsorientierten Verpflichtung und der zugehörigen Erstattungsbetrag unter den Paragraphen 92 und 93 unberücksichtigt bleiben. Paragraph 120A(f)(iv) verpflichtet das Unternehmen zur Angabe einer kurzen Beschreibung des Zusammenhangs zwischen Erstattungsanspruch und zugehöriger Verpflichtung.

Beispiel zur Veranschaulichung der Paragraphen 104A-104C

Barwert der Verpflichtung	1 241
Nicht erfasste versicherungsmathematische Gewinne	17
In der Bilanz erfasste Schuld	1 258
Rechte aus Versicherungsverträgen, die in Bezug auf den Betrag und ihre Fälligkeit genau Teilen der zu zahlenden Leistungen aus dem Plan entsprechen. Diese Leistungen haben einen Barwert von 1 092.	1 092

Die nicht erfassten versicherungsmathematischen Gewinne von 17 sind die kumulierten Beträge der versicherungsmathematischen Gewinne aus den Verpflichtungsveränderungen und den Erstattungsansprüchen.

104D. Wenn die Rechte aus den Versicherungsverträgen die zugesagten Leistungen hinsichtlich ihres Betrages und ihrer Fälligkeit teilweise oder ganz kongruent abdecken, dann ist der beizulegende Zeitwert der Erstattungsansprüche annahmegemäß gleich dem Barwert der zugehörigen Verpflichtung, wie in Paragraph 54 beschrieben (vorbehaltlich jeder zu erfassenden Reduzierung, wenn der Erstattungsanspruch nicht voll erzielbar ist).

Erträge aus Planvermögen

105. Der erwartete Ertrag aus Planvermögen ist eine Komponente des in der Gesamtergebnisrechnung erfassten Aufwands. Die Differenz zwischen erwartetem und tatsächlichem Ertrag aus dem Planvermögen ist ein versicherungsmathematischer Gewinn oder Verlust; dieser wird zusammen mit den versicherungsmathematischen Gewinnen und Verlusten in Bezug auf die leistungsorientierte Verpflichtung in die Bestimmung des Netto-Betrags einbezogen, der mit den Grenzen des 10 %-Korridors gemäß Paragraph 92 zu vergleichen ist.

106. Der erwartete Ertrag aus Planvermögen basiert auf den zu Beginn der Periode herrschenden Erwartungen des Marktes in Bezug auf Anlageerträge im gesamten verbleibenden Zeitraum, in dem die zugehörige Verpflichtung besteht. Der erwartete Ertrag aus Planvermögen hat Änderungen des beizulegenden Zeitwerts des während der Periode vorhandenen Planvermögens zu berücksichtigen, die sich aufgrund von Beitragszahlungen an den Fonds und tatsächliche Leistungsauszahlungen des Fonds ergeben.

Beispiel zur Veranschaulichung von Paragraph 106

Zum 1. Januar 20X1 betrug der beizulegende Zeitwert des Planvermögens 10 000 und die kumulierten, noch nicht erfassten versicherungsmathematischen Nettogewinne 760. Am 30. Juni 20X1 hat der Plan Leistungen in Höhe von 1 900 ausgezahlt und Beiträge in Höhe von 4 900 erhalten. Am 31. Dezember 20X1 betrugen der beizulegende Zeitwert des Planvermögens 15 000 und der Barwert der leistungsorientierten Verpflichtung 14 792. Die versicherungsmathematischen Verluste aus Verpflichtungsveränderungen in der Periode 20X1 betrugen 60.

Am 1. Januar 20X1 führte das berichtende Unternehmen die folgenden Schätzungen auf der Basis der an diesem Stichtag geltenden Marktwerte durch:

	%
Zins- und Dividendenerträge nach Abzug der vom Fonds zu entrichtenden Steuern	9,25
Realisierte und nicht realisierte Gewinne aus Planvermögen (nach Steuern)	2,00
Verwaltungskosten	(1,00)
Erwarteter Ertrag	10,25

Erwarteter und tatsächlicher Ertrag aus Planvermögen in 20X1 ergeben sich wie folgt:

Ertrag auf 10 000 gehalten für 12 Monate zu 10,25 %	1 025
Ertrag auf 3 000 gehalten für 6 Monate zu 5 % (entspricht 10,25 % p.a. bei Zinsgutschrift alle sechs Monate)	150
Erwarteter Ertrag aus Planvermögen für 20X1	1 175
Beizulegender Zeitwert des Planvermögens zum 31. Dezember 20X1	15 000

2/11. IAS 19
106 – 113

Abzgl. Beizulegender Zeitwert des Planvermögens
zum 1. Dezember 20X1 (10 000)
Abzgl. erhaltene Beiträge (4 900)
Zzgl. ausgezahlte Leistungen 1 900
Tatsächliche Erträge aus Planvermögen 2 000

Die Differenz zwischen dem erwarteten (1 175) und dem tatsächlichen Ertrag aus Planvermögen (2 000) entspricht einem versicherungsmathematischen Gewinn von 825. Somit beträgt der kumulative Saldo nicht erfasster versicherungsmathematischer Gewinne 1 525 (760 plus 825 minus 60). Die Grenze des Korridors gemäß Paragraph 92 ist 1 500 (den höheren Betrag von (i) 10 % von 15 000 und (ii) 10 % von 14 792). Im folgenden Jahr (20X2) erfasst das Unternehmen in der Gesamtergebnisrechnung einen versicherungsmathematischen Gewinn von 25 (1 525 minus 1 500) dividiert der erwartete durchschnittliche Restdienstzeit der einzubeziehenden Arbeitnehmer.

Der erwartete Ertrag aus Planvermögen für 20X2 basiert auf den am 1.1.X2 vorherrschenden Erwartungen des Marktes in Bezug auf Anlageerträge im gesamten Zeitraum, in dem die zugrunde liegende Verpflichtung besteht.

107. Bei der Bestimmung des erwarteten und des tatsächlichen Ertrags aus Planvermögen werden die vom Unternehmen erwarteten Verwaltungskosten abgezogen, soweit sie nicht in die versicherungsmathematischen Annahmen zur Bewertung der Verpflichtung eingegangen sind.

Unternehmenszusammenschlüsse

108. Im Falle eines Unternehmenszusammenschlusses hat ein Unternehmen Vermögenswerte und Schulden aus Plänen für Leistungen nach Beendigung des Arbeitsverhältnisses mit dem Barwert der zugesagten Leistungen abzüglich des beizulegenden Zeitwerts des vorhandenen Planvermögens anzusetzen (siehe IFRS 3 *Unternehmenszusammenschlüsse*). Der Barwert der Leistungsverpflichtung beinhaltet alle folgenden Elemente, selbst wenn diese zum Zeitpunkt des Erwerbs vom erworbenen Unternehmen noch nicht erfasst worden waren:

(a) versicherungsmathematische Gewinne und Verluste, die vor dem Erwerbszeitpunkt entstanden sind (ungeachtet dessen, ob sie innerhalb des 10 %-Korridors liegen oder nicht);

(b) nachzuverrechnender Dienstzeitaufwand als Folge der Änderung oder Einführung eines Plans vor dem Erwerbszeitpunkt; und

(c) jene Beträge, die den Übergangsvorschriften aus Paragraph 155(b) folgend, vom erworbenen Unternehmen noch nicht erfasst waren.

Plankürzung und -abgeltung

109. Gewinne oder Verluste aus der Kürzung oder Abgeltung eines leistungsorientierten Planes sind zum Zeitpunkt der Kürzung oder Abgeltung zu erfassen. Gewinne oder Verluste aus der Kürzung oder Abgeltung eines leistungsorientierten Plans haben zu beinhalten:

(a) jede daraus resultierende Änderung des Barwerts der leistungsorientierten Verpflichtung;

(b) jede daraus resultierende Änderung des beizulegenden Zeitwerts des Planvermögens;

(c) alle etwaigen, damit verbundenen versicherungsmathematischen Gewinne und Verluste und etwaigen nachzuverrechnenden Dienstzeitaufwand, soweit diese nicht schon nach Paragraph 92 bzw. Paragraph 96 erfasst wurden.

110. Bevor die Auswirkung einer Plankürzung oder -abgeltung bestimmt wird, sind die leistungsorientierten Verpflichtungen (und das Planvermögen, sofern vorhanden) unter Verwendung aktueller versicherungsmathematischer Annahmen (einschließlich aktueller Marktzinssätze und sonstiger aktueller Marktwerte) neu zu bewerten.

111. Eine Plankürzung liegt vor, wenn ein Unternehmen entweder

(a) nachweislich dazu verpflichtet ist, die Anzahl der vom Plan erfassten Arbeitnehmer erheblich zu reduzieren; oder

(b) die Regelungen eines leistungsorientierten Plans so ändert, dass ein wesentlicher Teil der künftigen Arbeitsleistung der Arbeitnehmer zu keinen oder nur noch zu reduzierten Versorgungsleistungen führt.

Eine Plankürzung kann sich aus einem einzelnen Ereignis ergeben, wie z.B. einer Betriebsschließung, der Aufgabe eines Geschäftsbereichs oder der Beendigung oder Aussetzung eines Plans oder der Reduzierung des Umfangs, in dem künftige Gehaltssteigerungen an Leistungen für die nachzuverrechnende Dienstzeit gebunden sind. Plankürzungen stehen häufig im Zusammenhang mit einer Umstrukturierung. Eine Plankürzung wird daher zur gleichen Zeit erfasst wie die ihr zugrunde liegende Umstrukturierung.

111A. Wenn durch eine Planänderung die Leistungen reduziert werden, handelt es sich nur bei dem Effekt der Kürzung für die künftige Leistung um eine Plankürzung. Der Effekt jeglicher Reduzierung für eine nachzuverrechnende Dienstzeit stellt einen negativen nachzuverrechnenden Dienstzeitaufwand dar.

112. Eine Abgeltung von Versorgungsansprüchen liegt vor, wenn ein Unternehmen eine Vereinbarung eingeht, wonach alle weiteren rechtlichen oder faktischen Verpflichtungen für einen Teil oder auch die Gesamtheit der im Rahmen eines leistungsorientierten Plans zugesagten Leistungen eliminiert werden, zum Beispiel dann, wenn an die Begünstigten eines Plans oder zu ihren Gunsten als Gegenleistung für deren Verzicht auf bestimmte Leistungen nach Beendigung des Arbeitsverhältnisses eine Barausgleichszahlung geleistet wird.

113. In manchen Fällen erwirbt ein Unternehmen einen Versicherungsvertrag um alle Ansprüche, die auf geleistete Arbeiten in der laufenden oder früheren Periode zurückgehen, abzudecken. Der Erwerb eines solchen Vertrags ist keine Abgeltung, wenn die rechtliche oder faktische Verpflichtung (siehe Paragraph 39) beim Unterneh-

men verbleibt, weitere Beträge zu zahlen, wenn der Versicherer nicht in der Lage ist, die Leistungen zu zahlen, die in dem Versicherungsvertrag vereinbart sind. Die Paragraphen 104A-104D behandeln die Erfassung und die Bewertung von Erstattungsansprüchen aus Versicherungsverträgen, die kein Planvermögen sind.

114. Eine Abgeltung stellt gleichzeitig eine Plankürzung dar, wenn der Plan beendet wird, indem die aus dem Plan resultierende Verpflichtung abgegolten wird und der Plan damit nicht mehr länger existiert. Die Beendigung eines Plans ist jedoch keine Kürzung oder Abgeltung, wenn der Plan durch einen neuen Plan ersetzt wird, der substanziell gleichartige Leistungen vorsieht.

115. Erfolgt eine Plankürzung nur für einen Teil der vom Plan betroffenen Arbeitnehmer oder wird die Verpflichtung nur teilweise abgegolten, so umfasst der Gewinn oder Verlust den anteiligen noch nicht erfassten nachzuverrechnenden Dienstzeitaufwand und die anteiligen noch nicht erfassten versicherungsmathematischen Gewinne und Verluste (sowie den nach Paragraph 155 (b) nicht erfassten anteiligen Übergangsbeträge). Die entsprechenden Anteile sind auf der Grundlage der Barwerte der Verpflichtung vor und nach der Plankürzung oder -abgeltung zu bestimmen, es sei denn, die Umstände lassen eine andere Grundlage sachgerechter erscheinen. So kann es beispielsweise angemessen sein, einen Gewinn aus der Kürzung oder Abgeltung eines Plans zunächst mit noch nicht erfasstem nachzuverrechnendem Dienstzeitaufwand desselben Plans zu verrechnen.

Beispiel zur Veranschaulichung von Paragraph 115

Ein Unternehmen gibt ein Geschäftssegment auf, wodurch die Arbeitnehmer des aufgegebenen Geschäftssegments keine weiteren Leistungen erdienen werden. Dies ist eine Plankürzung ohne gleichzeitige Abgeltung. Die Bewertung unter Verwendung aktueller versicherungsmathematischer Annahmen (einschließlich aktueller Marktzinssätze und anderer aktueller Marktwerte) unmittelbar vor der Kürzung resultiert in einer leistungsorientierten Verpflichtung des Unternehmens mit einem Nettobarwert von 1 000, einem Planvermögen mit einem beizulegenden Zeitwert von 820 und einem kumulierten, nicht erfassten versicherungsmathematischen Gewinn von 50. Die erstmalige Anwendung des Standards durch das Unternehmen erfolgte ein Jahr zuvor. Dabei hat sich die Nettoschuld um 100 erhöht, die gemäß Wahl des Unternehmens über fünf Jahre verteilt erfasst werden (siehe Paragraph 155(b)). Durch die Plankürzung verringert sich der Nettobarwert der zugesagten Leistung um 100 auf 900.

Von den bisher noch nicht erfassten versicherungsmathematischen Gewinnen und dem Übergangssaldo aus der erstmaligen Anwendung entfallen 10 % (100/1 000) auf die durch die Plankürzung entfallende Verpflichtung. Somit wirkt sich die Plankürzung im Einzelnen wie folgt aus:

	Vor Plankürzung	Gewinn aus Plankürzung	Nach Plankürzung
Nettobarwert der Verpflichtung	1 000	(100)	900
Beizulegender Zeitwert des Planvermögens	(820)	–	(820)
	180	(100)	80
Nicht erfasste versicherungsmathematische Gewinne	50	(5)	45
Nicht erfasster Übergangssaldo (100 × 4/5)	(80)	8	(72)
Bilanzierte Nettoschuld	150	(97)	53

Darstellung

Saldierung

116. Ein Unternehmen hat einen Vermögenswert aus einem Plan dann, und nur dann, mit der Schuld aus einem anderen Plan, zu saldieren, wenn das Unternehmen:

(a) ein einklagbares Recht hat, die Vermögensüberdeckung des einen Plans zur Ablösung von Verpflichtungen aus dem anderen Plan zu verwenden; und

(b) beabsichtigt, entweder den Ausgleich der Verpflichtungen auf Nettobasis herbeizuführen, oder gleichzeitig mit der Verwertung der Vermögensüberdeckung des einen Plans seine Verpflichtung aus dem anderen Plan abzulösen.

117. Die Kriterien für eine Saldierung gleichen annähernd denen für Finanzinstrumente gemäß IAS 32 Finanzinstrumente: Darstellung.

Unterscheidung von Kurz- und Langfristigkeit

118. Einige Unternehmen unterscheiden zwischen kurzfristigen und langfristigen Vermögenswerten oder Schulden. Dieser Standard enthält keine Regelungen, ob ein Unternehmen eine diesbezügliche Unterscheidung nach kurz- und langfristigen Aktiva oder Passiva aus Leistungen nach Beendigung des Arbeitsverhältnisses vorzunehmen hat.

Finanzielle Komponenten der Leistungen nach Beendigung des Arbeitsverhältnisses

119. Dieser Standard enthält keine Regelungen, ob ein Unternehmen den laufenden Dienstzeitaufwand, den Zinsaufwand und die erwarteten Erträge aus Planvermögen in der Gesamtergebnisrechnung zusammengefasst als Komponenten eines bestimmten Aufwands- oder Ertragspostens ausweisen muss.

Angaben

120. Ein Unternehmen hat Angaben zu machen, durch die Abschlussadressaten die Art der leistungsorientierten Pläne und die finanziellen Auswirkungen von Änderungen dieser Pläne während der Berichtsperiode bewerten können.

2/11. IAS 19
120A

120A. Ein Unternehmen hat die folgenden Angaben über leistungsorientierte Pläne zu machen:
(a) die vom Unternehmen angewandte Methode zur Erfassung versicherungsmathematischer Gewinne und Verluste;
(b) eine allgemeine Beschreibung der Art des Plans;
(c) eine Überleitungsrechnung der Eröffnungs- und Schlusssalden des Barwerts der leistungsorientierten Verpflichtung, die die Auswirkungen jedes einzelnen der nachstehenden Posten, falls zutreffend, getrennt aufzeigt:
  (i) laufender Dienstzeitaufwand,
  (ii) Zinsaufwand,
  (iii) Beiträge der Teilnehmer des Plans,
  (iv) versicherungsmathematische Gewinne und Verluste,
  (v) Wechselkursänderungen bei Plänen, die in einer von der Darstellungswährung des Unternehmens abweichenden Währung bewertet werden,
  (vi) gezahlte Versorgungsleistungen,
  (vii) nachzuverrechnender Dienstzeitaufwand,
  (viii) Unternehmenszusammenschlüsse,
  (ix) Plankürzungen und
  (x) Abgeltungen;
(d) eine Analyse der leistungsorientierten Verpflichtung, aufgeteilt in Beträge aus Plänen, die nicht finanziert werden, und in Beträge aus Plänen, die ganz oder teilweise aus einem Fonds finanziert werden;
(e) eine Überleitungsrechnung der Eröffnungs- und Schlusssalden des beizulegenden Zeitwerts des Planvermögens sowie der Eröffnungs- und Schlusssalden aller als Vermögenswert nach Paragraph 104A angesetzten Erstattungsansprüche, die die Auswirkungen innerhalb der Periode jedes einzelnen der nachstehenden Posten, falls zutreffend, getrennt aufzeigt:
  (i) erwartete Erträge aus Planvermögen,
  (ii) versicherungsmathematische Gewinne und Verluste,
  (iii) Wechselkursänderungen bei Plänen, die in einer von der Darstellungswährung des Unternehmens abweichenden Währung bewertet werden,
  (iv) Beiträge des Arbeitgebers,
  (v) Beiträge der Teilnehmer des Plans,
  (vi) gezahlte Versorgungsleistungen,
  (vii) Unternehmenszusammenschlüsse und
  (viii) Abgeltungen;
(f) eine Überleitungsrechnung des Barwerts der leistungsorientierten Verpflichtung in (c) und des beizulegenden Zeitwerts des Planvermögens in (e) zu den in der Bilanz angesetzten Vermögenswerten und Schulden, wobei mindestens aufzuführen sind:
  (i) der Saldo der noch nicht in der Bilanz angesetzten versicherungsmathematischen Gewinne oder Verluste (siehe Paragraph 92);
  (ii) der noch nicht in der Bilanz angesetzte nachzuverrechnende Dienstzeitaufwand (siehe Paragraph 96);
  (iii) jeder aufgrund der Begrenzung des Paragraphen 58(b) nicht als Vermögenswert erfasster Betrag;
  (iv) der beizulegende Zeitwert der am Abschlussstichtag als Vermögenswert gemäß Paragraph 104A angesetzten Erstattungsansprüche (mit einer kurzen Beschreibung des Zusammenhangs zwischen Erstattungsanspruch und zugehöriger Verpflichtung); und
  (v) die anderen in der Bilanz angesetzten Beträge;
g) die gesamten im Gewinn oder Verlust erfassten Aufwendungen für jede der folgenden Komponenten sowie der jeweilige Posten, unter dem sie im Periodenergebnis ausgewiesen sind:
  (i) laufender Dienstzeitaufwand;
  (ii) Zinsaufwand;
  (iii) erwartete Erträge aus Planvermögen;
  (iv) erwartete Erträge aus Erstattungsansprüchen, die gemäß Paragraph 104A als Vermögenswert bilanziert worden sind.;
  (v) versicherungsmathematische Gewinne und Verluste;
  (vi) nachzuverrechnender Dienstzeitaufwand
  (vii) Auswirkungen von Plankürzungen oder –abgeltungen; und
  (viii) Auswirkungen der Obergrenze in Paragraph 58(b);
(h) der gesamte im sonstigen Ergebnis für jeden der folgenden Posten erfasste Betrag:
  i) versicherungsmathematische Gewinne und Verluste; und
  ii) Auswirkungen der Obergrenze in Paragraph 58(b);
(i) der kumulierte, im sonstigen Ergebnis erfasste Betrag der versicherungsmathematischen Gewinne und Verluste für Unternehmen, die eine Erfassung im sonstigen Ergebnis gemäß Paragraph 93A vornehmen.
(j) der Prozentsatz oder Betrag jeder Hauptkategorie am beizulegenden Zeitwert des gesamten Planvermögens, und zwar für jede Hauptkategorie des Planvermögens, einschließlich insbesondere Eigenkapitalinstrumenten, Schuldinstrumenten, Immobilien und allen anderen Vermögenswerten;
(k) die im beizulegenden Zeitwert des Planvermögens enthaltenen Beträge für:
  (i) jede Kategorie von eigenen Finanzinstrumenten des Unternehmens; und

(ii) alle selbstgenutzten Immobilien oder andere vom Unternehmen genutzten Vermögenswerte;

(l) ein beschreibender Text über die zur Bestimmung der insgesamt erwarteten Rendite der Vermögenswerte verwendete Grundlage, welcher die Auswirkung der Hauptkategorien des Planvermögens beinhaltet;

(m) die tatsächlichen Erträge aus Planvermögen, sowie die tatsächlichen Erträge aus Erstattungsansprüchen, die gemäß Paragraph 104A als Vermögenswert angesetzt worden sind;

(n) die wichtigsten zum Abschlussstichtag verwendeten versicherungsmathematischen Annahmen, einschließlich, sofern zutreffend.

(i) der Abzinsungssätze;

(ii) der erwarteten Renditen auf das Planvermögen für die im Abschluss dargestellten Berichtsperioden;

(iii) der erwarteten Erträge aus Erstattungsansprüchen, die gemäß Paragraph 104A als Vermögenswert bilanziert worden sind, für die im Abschluss dargestellten Berichtsperioden;

(iv) der erwarteten Lohn- oder Gehaltssteigerungen (und Änderungen von Indizes oder anderer Variablen, die nach den formalen oder faktischen Regelungen eines Plans als Grundlage für Erhöhungen künftiger Leistungen maßgeblich sind);

(v) der Kostentrends im Bereich der medizinischen Versorgung; und

(vi) aller anderen verwendeten wesentlichen versicherungsmathematischen Annahmen.

Jede versicherungsmathematische Annahme ist in absoluten Werten anzugeben (z. B. als absoluter Prozentsatz) und nicht nur als Spanne zwischen verschiedenen Prozentsätzen oder anderen Variablen;

(o) die Auswirkung einer Erhöhung um einen Prozentpunkt und die Auswirkung einer Minderung um einen Prozentpunkt der angenommenen Kostentrends im Bereich der medizinischen Versorgung:

(i) die Summe der laufenden Dienstzeitaufwands- und Zinsaufwandskomponenten der periodischen Nettokosten für medizinische Versorgung nach Beendigung des Arbeitsverhältnisses; und

(ii) die kumulierten Verpflichtungen für Kosten für medizinische Versorgungsleistungen nach Beendigung des Arbeitsverhältnisses.

Zum Zwecke dieser Angabe sind alle anderen Annahmen konstant zu halten. Für Pläne, die in einem Hochinflationsgebiet eingesetzt werden, ist die Auswirkung einer Erhöhung oder Minderung des Prozentsatzes der angenommenen Kostentrends im Bereich der medizinischen Versorgung vergleichbar einem Prozentpunkt in einem Niedriginflationsgebiet anzugeben;

(p) die Beträge für die laufende Berichtsperiode und die vier vorangegangenen Berichtsperioden im Hinblick auf:

(i) den Barwert der leistungsorientierten Verpflichtung, den beizulegenden Zeitwert des Planvermögens und den Überschuss bzw. den Fehlbetrag des Plans; und

(ii) die erfahrungsbedingten Berichtigungen:

(A) der Schulden des Plans, die zum Abschlussstichtag entweder als (1) ein Betrag oder als (2) ein Prozentsatz der Schulden des Plans ausgedrückt werden, und

(B) der Vermögenswerte des Plans, die zum Abschlussstichtag entweder als (1) ein Betrag oder als (2) ein Prozentsatz der Vermögenswerte des Plans ausgedrückt werden;

(q) die bestmögliche Schätzung des Arbeitgebers bezüglich der Beiträge, die erwartungsgemäß in der Berichtsperiode in den Plan eingezahlt werden, die nach dem Abschlussstichtag beginnt, sobald diese auf angemessene Weise ermittelt werden können.

121. Paragraph 120A(b) verlangt eine allgemeine Beschreibung der Art des Plans. Eine solche Beschreibung unterscheidet beispielsweise zwischen Festgehalts- und Endgehaltsplänen oder Plänen für medizinische Versorgung nach Beendigung des Arbeitsverhältnisses. In der Beschreibung des Plans ist die betriebliche Praxis, die faktische Verpflichtungen begründet, die in der Bewertung der leistungsorientierten Verpflichtung gemäß Paragraph 52 enthalten sind, aufzuführen. Weitere Einzelheiten sind nicht erforderlich.

122. Falls ein Unternehmen mehr als einen leistungsorientierten Plan hat, können die Angaben für alle Pläne zusammengefasst werden, für jeden Plan gesondert dargestellt oder nach Gruppierungen, die am sinnvollsten erscheinen, zusammengefasst werden. Sinnvoll erscheinen Gruppierungen zum Beispiel nach den folgenden Kriterien:

(a) nach der geografischen Zuordnung der Pläne, z. B. durch eine Unterscheidung in in- und ausländische Pläne; oder

(b) nach erheblichen Unterschieden in den Risiken der Pläne, z. B. durch eine Trennung von Festgehalts- und Endgehaltsplänen oder Plänen für medizinische Leistungen nach Beendigung des Arbeitsverhältnisses.

Macht ein Unternehmen zusammengefasste Angaben für eine Gruppe von Plänen, sind gewichtete Durchschnittswerte oder vergleichsweise enge Bandbreiten anzugeben.

123. Paragraph 30 verlangt zusätzliche Angaben zu gemeinschaftlichen leistungsorientierten

Plänen mehrerer Arbeitgeber, die wie beitragsorientierte Pläne behandelt werden.

124. In den Fällen, in denen dies nach IAS 24 verlangt ist, hat das Unternehmen Informationen zu geben über:
(a) Geschäftsvorfälle zwischen Plänen für Leistungen nach Beendigung des Arbeitsverhältnisses und nahe stehenden Unternehmen und Personen; und
(b) Leistungen nach Beendigung des Arbeitsverhältnisses für Personen in Schlüsselpositionen des Managements.

125. In den Fällen, in denen dies nach IAS 37 verlangt ist, hat ein Unternehmen Informationen über Eventualverbindlichkeiten im Zusammenhang mit Leistungsverpflichtungen nach Beendigung des Arbeitsverhältnisses zu geben.

ANDERE LANGFRISTIG FÄLLIGE LEISTUNGEN AN ARBEITNEHMER

126. Zu den anderen langfristig fälligen Leistungen an Arbeitnehmer gehören u. a.:
(a) langfristig fällige vergütete Abwesenheitszeiten wie Sonderurlaub nach langjähriger Dienstzeit oder andere vergütete Dienstfreistellungen;
(b) Jubiläumsgelder oder andere Leistungen für lange Dienstzeit;
(c) langfristige Erwerbsunfähigkeitsleistungen;
(d) Gewinn- und Erfolgsbeteiligungen, die zwölf oder mehr Monate nach Ende der Periode, in der die entsprechende Arbeitsleistung erbracht wurde, fällig sind; und
(e) aufgeschobene Vergütungen, sofern diese zwölf oder mehr Monate nach Ende der Periode, in der sie erdient wurden, ausgezahlt werden.

127. Die Bewertung anderer langfristig fälliger Leistungen an Arbeitnehmer unterliegt gewöhnlich nicht den gleichen Unsicherheiten wie dies bei Leistungen nach Beendigung des Arbeitsverhältnisses der Fall ist. Darüber hinaus führt die Einführung oder Änderung anderer langfristig fälliger Leistungen an Arbeitnehmer nur selten zu wesentlichem nachzuverrechnendem Dienstzeitaufwand. Aus diesen Gründen schreibt dieser Standard eine vereinfachte Rechnungslegungsmethode für andere langfristig fällige Leistungen an Arbeitnehmer vor. Diese unterscheidet sich von der für Leistungen nach Beendigung des Arbeitsverhältnisses geforderten Methode in folgenden Punkten:
(a) versicherungsmathematische Gewinne und Verluste sind sofort zu erfassen, ein „Korridor" findet keine Anwendung; und
(b) nachzuverrechnender Dienstzeitaufwand ist in voller Höhe sofort zu erfassen.

Erfassung und Bewertung

128. Der als Schuld für andere langfristig fällige Leistungen an Arbeitnehmer anzusetzende Betrag entspricht dem Saldo der folgenden Beträge:

(a) dem Barwert der leistungsorientierten Verpflichtung am Abschlussstichtag (siehe Paragraph 64);
(b) abzüglich des am Abschlussstichtag beizulegenden Zeitwerts von Planvermögen (sofern ein solches vorliegt), aus dem die Verpflichtungen unmittelbar erfüllt werden (siehe Paragraphen 102-104).

Für die Bewertung der Schuld hat ein Unternehmen die Paragraphen 49-91 mit Ausnahme der Paragraphen 54 und 61 anzuwenden. Für Ansatz und Bewertung aller Erstattungsansprüche hat ein Unternehmen den Paragraphen 104A anzuwenden.

129. Im Hinblick auf andere langfristig fällige Leistungen an Arbeitnehmer ist der Saldo folgender Beträge als Aufwand bzw. (vorbehaltlich der Regelungen des Paragraphen 58) als Ertrag zu erfassen, ausgenommen jedoch der Beträge, deren Einbeziehung in die Anschaffungs- oder Herstellungskosten eines Vermögenswerts ein anderer Standard verlangt oder erlaubt:
(a) laufender Dienstzeitaufwand (siehe Paragraphen 63-91);
(b) Zinsaufwand (siehe Paragraph 82);
(c) erwartete Erträge aus etwaigem Planvermögen (siehe Paragraphen 105-107) und aus etwaigen Erstattungsansprüchen, die als Vermögenswert erfasst wurden (siehe Paragraph 104A);
(d) sofort und in voller Höhe, versicherungsmathematische Gewinne und Verluste;
(e) sofort und in voller Höhe, nachzuverrechnender Dienstzeitaufwand; und
(f) die Auswirkungen von etwaigen Plankürzungen oder Abgeltungen (siehe Paragraphen 109 und 110).

130. Zu den anderen langfristig fälligen Leistungen an Arbeitnehmer gehören auch die Leistungen bei langfristiger Erwerbsunfähigkeit. Hängt die Höhe der zugesagten Leistung von der Dauer der Dienstzeit ab, so entsteht die Verpflichtung mit der Ableistung der Dienstzeit. In die Bewertung der Verpflichtung gehen die Wahrscheinlichkeit des Eintritts von Leistungsfällen und die wahrscheinliche Dauer der Zahlungen ein. Ist die Höhe der zugesagten Leistung ungeachtet der Dienstjahre für alle erwerbsunfähigen Arbeitnehmer gleich, werden die erwarteten Kosten für diese Leistungen bei Eintritt des Ereignisses, durch das die Erwerbsunfähigkeit verursacht wird, als Aufwand erfasst.

Angaben

131. Dieser Standard verlangt keine besonderen Angaben über andere langfristige fällige Leistungen an Arbeitgeber, jedoch können solche Angaben nach Maßgabe anderer Standards erforderlich sein, so z. B. wenn der mit diesen Leistungen verbundene Aufwand wesentlich ist und damit nach IAS 1 angabepflichtig wäre. In den Fällen, in denen dies nach IAS 24 verlangt wird, hat das Unternehmen Informationen über andere langfristig fäl-

lige Leistungen für Personen in Schlüsselpositionen des Managements zu anzugeben.

LEISTUNGEN AUS ANLASS DER BEENDIGUNG DES ARBEITSVERHÄLTNISSES

132. In diesem Standard werden Leistungen aus Anlass der Beendigung des Arbeitsverhältnisses getrennt von anderen Leistungen an Arbeitnehmer behandelt, weil das Entstehen einer Verpflichtung durch die Beendigung des Arbeitsverhältnisses und nicht durch die vom Arbeitnehmer geleistete Arbeit begründet ist.

Erfassung

133. Leistungen aus Anlass der Beendigung des Arbeitsverhältnisses sind dann, und nur dann, als Schuld und Aufwand zu erfassen, wenn das Unternehmen nachweislich verpflichtet ist:

(a) entweder das Arbeitsverhältnis eines Arbeitnehmers oder einer Arbeitnehmergruppe vor dem Zeitpunkt der regulären Pensionierung zu beenden; oder

(b) Leistungen bei Beendigung des Arbeitsverhältnisses aufgrund eines Angebots zur Förderung eines freiwilligen vorzeitigen Ausscheidens zu erbringen.

134. Ein Unternehmen ist dann, und nur dann, nachweislich zur Beendigung eines Arbeitsverhältnisses verpflichtet, wenn es für die Beendigung des Arbeitsverhältnisses einen detaillierten formalen Plan besitzt und keine realistische Möglichkeit hat, sich dem zu entziehen. Der detaillierte Plan muss wenigstens folgende Angaben enthalten:

(a) Standort, Funktion und ungefähre Anzahl der Arbeitnehmer, deren Arbeitsverhältnis beendet werden soll;

(b) die Leistungen aus Anlass der Beendigung des Arbeitsverhältnisses, die für jede Arbeitsplatzkategorie oder Funktion vorgesehen sind; und

(c) den Zeitpunkt der Umsetzung des Plans. Die Umsetzung hat so schnell wie möglich zu beginnen, und die Zeitspanne bis zur vollständig erfolgten Durchführung ist so zu bemessen, dass wesentliche Planänderungen unwahrscheinlich sind.

135. Ein Unternehmen kann aufgrund der Gesetzgebung, vertraglicher oder tarifvertraglicher Vereinbarungen mit den Arbeitnehmern oder ihren Vertretern oder aufgrund einer faktischen, aus der betrieblichen Praxis begründeten Verpflichtung, einer Gewohnheit oder aus dem eigenen Bestreben nach Gleichbehandlung verpflichtet sein, Zahlungen (oder andere Leistungen) an die betroffenen Arbeitnehmer zu gewähren, wenn es ihre Arbeitsverhältnisse beendet. Derartige Zahlungen sind Leistungen aus Anlass der Beendigung des Arbeitsverhältnisses. Im Regelfall handelt es sich dabei um Einmalzahlungen, es können aber auch folgende Elemente vorgesehen sein:

(a) Verbesserung der Altersversorgungsleistungen oder anderer Leistungen nach Beendigung des Arbeitsverhältnisses entweder mittelbar über einen Versorgungsplan oder unmittelbar durch das Unternehmen; und

(b) Lohnfortzahlung bis zum Ende einer bestimmten Kündigungsfrist, ohne dass der Arbeitnehmer weitere Arbeitsleistung erbringt, die dem Unternehmen wirtschaftlichen Nutzen verschafft.

136. Einige Leistungen an Arbeitnehmer werden unabhängig vom Grund des Ausscheidens gezahlt. Die Zahlung solcher Leistungen ist gewiss (vorbehaltlich der Erfüllung etwaiger Unverfallbarkeits- oder Mindestdienstzeitkriterien), der Zeitpunkt der Zahlung ist jedoch ungewiss. Obwohl solche Leistungen in einigen Ländern als Entschädigungen, Abfindungen oder Abfertigungen bezeichnet werden, sind sie dem Wesen nach Leistungen nach Beendigung des Arbeitsverhältnisses und nicht Leistungen aus Anlass der Beendigung des Arbeitsverhältnisses, so dass sie demzufolge auch wie Leistungen nach Beendigung des Arbeitsverhältnisses behandelt werden. Einige Unternehmen gewähren geringere Leistungen aus Anlass der Beendigung des Arbeitsverhältnisses, wenn Arbeitnehmer freiwillig auf eigenen Wunsch ausscheiden (dem Grunde nach eine Leistung nach Beendigung des Arbeitsverhältnisses), als bei unfreiwilligem Ausscheiden auf Verlangen des Unternehmens. Die bei unfreiwilligem Ausscheiden vom Unternehmen zu erbringende Mehrleistung ist eine Leistung aus Anlass der Beendigung des Arbeitsverhältnisses.

137. Da mit Leistungen aus Anlass der Beendigung des Arbeitsverhältnisses kein künftiger wirtschaftlicher Nutzen für ein Unternehmen verbunden ist, werden sie sofort als Aufwand erfasst.

138. Wenn ein Unternehmen Leistungen aus Anlass der Beendigung des Arbeitsverhältnisses zu erfassen hat, können auch Kürzungen zugesagter Altersversorgungsleistungen oder anderer Leistungen an Arbeitnehmer zu berücksichtigen sein (siehe Paragraph 109).

Bewertung

139. Sind Leistungen aus Anlass der Beendigung des Arbeitsverhältnisses mehr als 12 Monate nach dem Abschlussstichtag fällig, sind sie unter Verwendung des nach Paragraph 78 abgeleiteten Zinssatzes zu diskontieren.

140. Im Falle eines Angebots zur Förderung des freiwilligen vorzeitigen Ausscheidens sind die Leistungen aus Anlass der Beendigung von Arbeitsverhältnissen auf der Basis der Anzahl von Arbeitnehmern, die das Angebot voraussichtlich annehmen werden, zu bewerten.

Angaben

141. Wenn die Anzahl der Arbeitnehmer ungewiss ist, die einem Angebot auf Leistungen zwecks Beendigung ihrer Arbeitsverhältnisse zustimmen, liegt eine Eventualverbindlichkeit vor. Wie von IAS 37 verlangt, ist das Unternehmen zu Angaben über diese Eventualverbindlichkeit ver-

pflichtet, es sei denn, dass das Eintreten eines Mittelabflusses bei der Erfüllung unwahrscheinlich ist.

142. Nach Maßgabe von IAS 1 hat ein Unternehmen Art und Betrag eines Aufwandspostens offen zu legen, wenn dieser wesentlich ist. Leistungen aus Anlass der Beendigung des Arbeitsverhältnisses können zu einem Aufwand führen, der nach diesen Anforderungen anzugeben ist.

143. Soweit es nach IAS 24 vorgesehen ist, hat ein Unternehmen Informationen über Leistungen aus Anlass der Beendigung des Arbeitsverhältnisses für Personen in Schlüsselpositionen der Unternehmensleitung zu geben.

144–152. [gestrichen]

ÜBERGANGSVORSCHRIFTEN

153. Dieser Abschnitt regelt den Übergang auf diesen Standard im Fall von leistungsorientierten Plänen. Sofern ein Unternehmen diesen Standard zum ersten Mal für andere Leistungen an Arbeitnehmer anwendet, findet IAS 8 *Rechnungslegungsmethoden, Änderungen von rechnungslegungsbezogenen Schätzungen und Fehler* Anwendung.

154. Bei der erstmaligen Anwendung dieses Standards hat ein Unternehmen zum Übergangsstichtag seine Schuld aus leistungsorientierten Plänen festzustellen als:

(a) Barwert der Verpflichtung (siehe Paragraph 64) zum Zeitpunkt der erstmaligen Anwendung;

(b) abzüglich des zum Zeitpunkt der erstmaligen Anwendung beizulegenden Zeitwerts eines zur unmittelbaren Erfüllung der Verpflichtungen vorhandenen Planvermögens (siehe Paragraphen 102-104);

(c) abzüglich eines etwaigen nachzuverrechnenden Dienstzeitaufwands, der nach Paragraph 96 in künftigen Perioden zu verrechnen ist.

155. Übersteigt die Schuld zum Übergangsstichtag den Betrag, den das Unternehmen zum selben Zeitpunkt nach seinen zuvor verwendeten Rechnungslegungsmethoden ausgewiesen hätte, so hat das Unternehmen ein unwiderrufliches Wahlrecht auszuüben, wie es den Mehrbetrag als Teil seiner Schuld aus einem leistungsorientierten Plan nach Paragraph 54 erfassen will, und zwar:

(a) sofort, gemäß IAS 8; oder

(b) oder als Aufwand, der linear über einen Zeitraum von höchstens fünf Jahren ab dem Zeitpunkt der erstmaligen Anwendung dieses Standards verteilt wird. Entscheidet sich ein Unternehmen für (b):

(i) gilt die in Paragraph 58(b) beschriebene Begrenzung hinsichtlich der Bewertung eines in der Bilanz erfassten Vermögenswerts;

(ii) sind an jedem Abschlussstichtag anzugeben: (1) die Höhe des noch nicht erfassten Mehrbetrags, und (2) die Höhe des in der laufenden Periode erfassten Betrags;

(iii) ist die Erfassung späterer versicherungsmathematischer Gewinne (jedoch nicht die von negativem nachzuverrechnendem Dienstzeitaufwand) wie folgt zu begrenzen. Ein nach Paragraph 92 und 93 zu erfassender versicherungsmathematischer Gewinn ist nur insoweit zu erfassen, als kumulierte, nicht erfasste versicherungsmathematische Nettogewinne (vor seiner Erfassung) den noch nicht erfassten Teil des Mehrbetrages aus dem Übergang überschreiten; und

(iv) ist der noch nicht erfasste Mehrbetrag aus dem Übergang entsprechend anteilig in die Bestimmung nachfolgender Gewinne oder Verluste aus einer Planabgeltung oder Plankürzung einzubeziehen.

Unterschreitet die Schuld zum Übergangsstichtag den Betrag, den das Unternehmen zum selben Zeitpunkt nach seinen zuvor verwendeten Rechnungslegungsmethoden ausgewiesen hätte, so ist dieser Unterschiedsbetrag sofort gemäß IAS 8 zu erfassen.

156. Bei der erstmaligen Anwendung dieses Standards gehen in die Ermittlung der Auswirkungen aus dem Wechsel der Rechnungslegungsmethode alle in früheren Perioden entstandenen versicherungsmathematischen Gewinne und Verluste ein, selbst dann, wenn diese innerhalb des 10 %-„Korridors" nach Paragraph 92 liegen.

Beispiel zur Veranschaulichung von Paragraph 154 bis 156

Zum 31. Dezember 1998 besteht in der Bilanz eines Unternehmens eine Schuld aus Pensionsverpflichtungen in Höhe von 100. Das Unternehmen wendet diesen Standard erstmals zum 1. Januar 1999 an, zu diesem Zeitpunkt beträgt der Barwert der Verpflichtung nach diesem Standard 1 300 und der beizulegende Zeitwert des Planvermögens 1 000. Am 1. Januar 1993 hatte das Unternehmen seine Pensionszusagen verbessert (Kosten für verfallbare Leistungen 160; durchschnittliche Restdienstzeit bis zur Unverfallbarkeit zu jenem Zeitpunkt: 10 Jahre).

Folgende Auswirkungen ergeben sich aus der erstmaligen Anwendung dieses Standards:

Barwert der Verpflichtung	*1 300*
Beizulegender Zeitwert des Planvermögens	*(1 000)*
Abzüglich: nachzuverrechnender, in späteren Perioden zu erfassender Dienstzeitaufwand (160 × 4/10)	*(64)*
Schuld bei Übergang	*236*
Bereits erfasste Schuld	*100*
Anstieg der Schuld	*136*

Das Unternehmen kann wählen, ob es den Mehrbetrag in Höhe von 136 entweder sofort erfasst oder ihn über einen Zeitraum von höchstens fünf Jahren verteilt. Die einmal getroffene Entscheidung kann nicht revidiert werden.

Zum 31. Dezember 1999 beträgt der Barwert der Verpflichtung nach diesem Standard 1 400 und der beizulegende Zeitwert des Planvermögens beträgt 1 050. Seit dem Zeitpunkt der erstmaligen Anwendung des Standards sind kumulierte, nicht erfasste versicherungsmathematische Nettogewinne von 120 entstanden. Die voraussichtliche durchschnittliche Restdienstzeit der begünstigten Arbeitnehmer war acht

Jahre. Das Unternehmen hat beschlossen, die Erfassung aller versicherungsmathematischen Gewinne und Verluste gemäß Paragraph 93 vorzunehmen.

Die Begrenzung gemäß Paragraph 155(b)(ii) hat folgende Auswirkung.

Kumulierte, nicht erfasste versicherungsmathematische Nettogewinne	*120*
Nicht erfasster Teil des Mehrbetrags aus Übergang (136 x 4/5)	*(109)*
Maximal zu erfassender Gewinn (Paragraph 155(b)(ii))	*11*

ZEITPUNKT DES INKRAFTTRETENS

157. Mit Ausnahme der Paragraphen 159-159C ist dieser Standard erstmals in der ersten Berichtsperiode eines am 1. Januar 1999 oder danach beginnenden Geschäftsjahres anzuwenden. Eine frühere Anwendung wird empfohlen. Wenn ein Unternehmen diesen Standard für Aufwendungen für Altersversorgungsleistungen für Berichtsperioden anwendet, die vor dem 1. Januar 1999 beginnen, hat das Unternehmen die Tatsache anzugeben, dass es diesen Standard an Stelle von IAS 19 *Aufwendungen für Altersversorgung* genehmigt 1993, angewandt hat.

158. Dieser Standard ersetzt den 1993 genehmigten IAS 19 *Aufwendungen für Altersversorgung*.

159. Die folgenden Bestimmungen sind erstmals anzuwenden in der ersten Berichtsperiode eines am 1. Januar 2001 oder danach beginnenden Geschäftsjahres:(¹)

(¹) In Übereinstimmung mit der in 1998 verabschiedeten, sprachlich präziseren Bestimmung für den Zeitpunkt des Inkrafttretens beziehen sich die Paragraphen 159 und 159A auf Abschlüsse eines Geschäftsjahres. Paragraph 157 bezieht sich auf Abschlüsse einer Berichtsperiode.

(a) die überarbeitete Definition von Planvermögen in Paragraph 7 und die dazugehörigen Definitionen von Vermögenswerten, die von einem Fonds für langfristig fällige Leistungen an Arbeitnehmer gehalten werden, und qualifizierenden Versicherungsverträgen; und

(b) die Ansatz- und Bewertungskriterien für Erstattungsansprüche in den Paragraphen 104A, 128 und 129 und die dazugehörigen Angaben in den Paragraphen 120A(f)(iv), 120A(g)(iv), 120A(m) und 120A(n)(iii).

Eine frühere Anwendung wird empfohlen. Wenn die frühere Anwendung den Abschluss beeinflusst, so ist dies anzugeben.

159A. Die geänderte Fassung des Paragraphen 58A ist erstmals in der ersten Berichtsperiode eines am 31. Mai 2002 oder danach beginnenden Geschäftsjahres (1) anzuwenden. Eine frühere Anwendung wird empfohlen. Wenn die frühere Anwendung den Abschluss beeinflusst, so ist dies anzugeben.

159B. Die Änderungen der Paragraphen 32A, 34-34B, 61 und 120-121 sind erstmals in der ersten Berichtsperiode eines am 1. Januar 2006 oder danach beginnenden Geschäftsjahres anzuwenden. Eine frühere Anwendung wird empfohlen. Wenn ein Unternehmen diese Änderungen für eine Berichtsperiode anwendet, die vor dem 1. Januar 2006 beginnt, so ist diese Tatsache anzugeben.

159C. Das in den Paragraphen 93A-93D aufgeführte Wahlrecht kann für Berichtsperioden angewandt werden, die am 16. Dezember 2004 oder danach enden. Ein Unternehmen, das das Wahlrecht für Berichtsperioden, die vor dem 1. Januar 2006 beginnen, anwendet, hat auch die Änderungen der Paragraphen 32A, 34-34B, 61 und 120-121 anzuwenden.

159D. Die Paragraphen 7, 8(b), 32B, 97, 98 und 111 werden geändert und Paragraph 111A wird im Rahmen der *Verbesserungen der IFRS* vom Mai 2008 hinzugefügt. Die Änderungen in den Paragraphen 7, 8(b) und 32B sind erstmals in der ersten Berichtsperiode eines am 1. Januar 2009 oder danach beginnenden Geschäftsjahres anzuwenden. Eine frühere Anwendung ist zulässig. Wendet ein Unternehmen diese Änderungen auf eine frühere Periode an, so ist dies anzugeben. Die Änderungen der Paragraphen 97, 98, 111 und 111A sind erstmals in der ersten Berichtsperiode eines am 1. Januar 2009 oder danach beginnenden Geschäftsjahres anzuwenden.

160. IAS 8 ist anzuwenden, wenn ein Unternehmen seine Rechnungslegungsmethoden dahingehend ändert, um den in den Paragraphen 159-159D angegebenen Änderungen Rechnung zu tragen. Bei rückwirkender Anwendung dieser Änderungen nach IAS 8 hat das Unternehmen diese Änderungen so zu erfassen, als wären sie zur selben Zeit wie der Rest dieses Standards angewandt worden, mit der Ausnahme, dass ein Unternehmen die in Paragraph 120A(p) geforderten Beträge angeben kann, da die Beträge für jedes Geschäftsjahr prospektiv von dem ersten im Abschluss dargestellten Geschäftsjahr an bestimmt werden, in dem das Unternehmen die Änderungen in Paragraph 120A anwendet.

161. Infolge des IAS 1 (überarbeitet 2007) wurde die in allen IFRS verwendete Terminologie geändert. Außerdem wurden die Paragraphen 93A—93D, 106 (Beispiel) und 120A geändert. Diese Änderungen sind erstmals in der ersten Berichtsperiode eines am 1. Januar 2009 oder danach beginnenden Geschäftsjahres anzuwenden. Wird IAS 1 (überarbeitet 2007) auf eine frühere Periode angewandt, sind diese Änderungen entsprechend auch anzuwenden.

INTERNATIONAL ACCOUNTING STANDARD 20
Bilanzierung und Darstellung von Zuwendungen der öffentlichen Hand

IAS 20, VO (EG) Nr. 1126/2008 i.d.F.

1 VO (EG) Nr. 1274/2008 [IAS 1]   **2** VO (EG) Nr. 70/2009

GLIEDERUNG	§§
ANWENDUNGSBEREICH	1–2
DEFINITIONEN	3 6
ZUWENDUNGEN DER ÖFFENTLICHEN HAND	7–33
Nicht monetäre Zuwendungen der öffentlichen Hand	23
Darstellung von Zuwendungen für Vermögenswerte	24–28
Darstellung von erfolgsbezogenen Zuwendungen	29–31
Rückzahlung von Zuwendungen der öffentlichen Hand	32–33
BEIHILFEN DER ÖFFENTLICHEN HAND	34–38
ANGABEN	39
ÜBERGANGSVORSCHRIFTEN	40
ZEITPUNKT DES INKRAFTTRETENS	41–43

ANWENDUNGSBEREICH*)

*) Als Teil der *Verbesserungen der IFRS* vom Mai 2008 hat der IASB-Board die in diesem Standard verwendete Terminologie geändert, um mit den anderen IFRS konsistent zu sein:
(a) „zu versteuerndes Einkommen" wird geändert in „zu versteuernder Gewinn oder steuerlicher Verlust",
(b) „als Ertrag/ Aufwand zu erfassen" wird geändert in „im Gewinn oder Verlust berücksichtigt",
(c) „dem Eigenkapital unmittelbar zuordnen" wird geändert in „außerhalb des Gewinns oder Verlusts berücksichtigt", und
(d) „Berichtigung einer Schätzung" wird geändert in „Änderung einer Schätzung".

1. Dieser Standard ist auf die Bilanzierung und Darstellung von Zuwendungen der öffentlichen Hand sowie auf die Angaben sonstiger Unterstützungsmaßnahmen der öffentlichen Hand anzuwenden.

2. Folgende Fragestellungen werden in diesem Standard nicht behandelt:
(a) die besonderen Probleme, die sich aus der Bilanzierung von Zuwendungen der öffentlichen Hand in Abschlüssen ergeben, die die Auswirkungen von Preisänderungen berücksichtigen, sowie die Frage, wie sich Zuwendungen der öffentlichen Hand auf zusätzliche Informationen ähnlicher Art auswirken;
(b) Beihilfen der öffentlichen Hand, die sich für ein Unternehmen als Vorteile bei der Ermittlung des versteuerbaren Gewinns oder versteuerbaren Verlusts auswirken oder die auf der Grundlage der Einkommensteuerschuld bestimmt oder begrenzt werden. Beispiele dafür sind Steuerstundungen, Investitionsteuer-gutschriften, erhöhte Abschreibungsmöglichkeiten und ermäßigte Einkommensteuersätze;
(c) Beteiligungen der öffentlichen Hand an Unternehmen;
(d) Zuwendungen der öffentlichen Hand, die von IAS 41 *Landwirtschaft* abgedeckt werden.

DEFINITIONEN

3. Die folgenden Begriffe werden in diesem Standard mit der angegebenen Bedeutung verwendet:

Öffentliche Hand bezieht sich auf Regierungsbehörden, Institutionen mit hoheitlichen Aufgaben und ähnliche Körperschaften, unabhängig davon, ob lokal, national oder international.

Beihilfen der öffentlichen Hand sind Maßnahmen der öffentlichen Hand, die dazu bestimmt sind, einem Unternehmen oder einer Reihe von Unternehmen, die bestimmte Kriterien erfüllen, einen besonderen wirtschaftlichen Vorteil zu gewähren. Beihilfen der öffentlichen Hand im Sinne dieses Standards umfassen keine indirekt bereitgestellten Vorteile aufgrund von Fördermaßnahmen, die auf die allgemeinen Wirtschaftsbedingungen Einfluss nehmen, wie beispielsweise die Bereitstellung von Infrastruktur in Entwicklungsgebieten oder die Auferlegung von Handelsbeschränkungen für Wettbewerber.

Zuwendungen der öffentlichen Hand sind Beihilfen der öffentlichen Hand, die an ein Unternehmen durch Übertragung von Mitteln gewährt werden und zum Ausgleich für die vergangene oder künftige Erfüllung bestimmter Bedingungen im Zusammenhang mit der betrieblichen Tätigkeit des Unternehmens dienen. Davon ausgeschlossen sind bestimmte Formen von Beihilfen der öffentlichen Hand, die sich nicht angemessen bewerten lassen, sowie Geschäfte mit der öffentlichen Hand, die von der normalen Tätigkeit des Unternehmens nicht unterschieden werden können.([1])

([1]) Siehe auch SIC–10 *Beihilfen der öffentlichen Hand – Kein spezifischer Zusammenhang mit betrieblichen Tätigkeiten.*

Zuwendungen für Vermögenswerte sind Zuwendungen der öffentlichen Hand, die an die Hauptbedingung geknüpft sind, dass ein Unternehmen, um die Zuwendungsvoraussetzungen zu erfüllen, langfristige Vermögenswerte kauft, herstellt oder auf andere Weise erwirbt. Damit können auch Nebenbedingungen verbunden sein, die die Art oder den Standort der Vermögenswerte oder die Perioden, während derer sie zu erwerben oder zu halten sind, beschränken.

Erfolgsbezogene Zuwendungen sind Zuwendungen der öffentlichen Hand, die sich nicht auf Vermögenswerte beziehen.

Erlassbare Darlehen sind Darlehen, die der Darlehensgeber mit der Zusage gewährt, die Rückzahlung unter bestimmten im Voraus festgelegten Bedingungen zu erlassen.

Der *beizulegende Zeitwert* ist der Betrag, zu dem ein Vermögenswert zwischen einem sachverständigen, vertragswilligen Käufer und einem sachverständigen, vertragswilligen Verkäufer wie unter voneinander unabhängigen Geschäftspartnern getauscht werden könnte.

4. Beihilfen der öffentlichen Hand sind in vielfacher Weise möglich und variieren sowohl in der Art der gewährten Beihilfe als auch in den Bedingungen, die daran üblicherweise geknüpft sind. Der Zweck einer Beihilfe kann darin bestehen, ein Unternehmen zu ermutigen, eine Tätigkeit aufzunehmen, die es nicht aufgenommen hätte, wenn die Beihilfe nicht gewährt worden wäre.

5. Der Erhalt von Beihilfen der öffentlichen Hand durch ein Unternehmen kann aus zwei Gründen für die Aufstellung des Abschlusses wesentlich sein. Erstens muss bei erfolgter Mittelübertragung eine sachgerechte Behandlung für die Bilanzierung der Übertragung gefunden werden. Zweitens ist die Angabe des Umfangs wünschenswert, in dem das Unternehmen während der Berichtsperiode von derartigen Beihilfen profitiert hat. Dies erleichtert den Vergleich mit Abschlüssen früherer Perioden und mit denen anderer Unternehmen.

6. Die Zuwendungen der öffentlichen Hand werden manchmal anders bezeichnet, beispielsweise als Zuschüsse, Subventionen oder als Prämien.

ZUWENDUNGEN DER ÖFFENTLICHEN HAND

7. Eine Erfassung von Zuwendungen der öffentlichen Hand, einschließlich nicht monetärer Zuwendungen zum beizulegenden Zeitwert, erfolgt nur dann, wenn eine angemessene Sicherheit darüber besteht, dass:

(a) das Unternehmen die damit verbundenen Bedingungen erfüllen wird; und dass

(b) die Zuwendungen gewährt werden.

8. Zuwendungen der öffentlichen Hand werden nur erfasst, wenn eine angemessene Sicherheit darüber besteht, dass das Unternehmen die damit verbundenen Bedingungen erfüllen wird und dass die Zuwendungen gewährt werden. Der Zufluss einer Zuwendung liefert für sich allein keinen schlüssigen substanziellen Hinweis dafür, dass die mit der Zuwendung verbundenen Bedingungen erfüllt worden sind oder werden.

9. Die Art, in der eine Zuwendung gewährt wird, berührt die Bilanzierungsmethode, die die Zuwendung anzuwenden ist, nicht. Die Zuwendung ist in derselben Weise zu bilanzieren, unabhängig davon, ob die Zuwendung als Zahlung oder als Kürzung einer Verpflichtung gegenüber der öffentlichen Hand empfangen wurde.

10. Ein erlassbares Darlehen der öffentlichen Hand wird als finanzielle Zuwendung behandelt, wenn angemessene Sicherheit darüber besteht, dass das Unternehmen die Bedingungen für den Erlass des Darlehens erfüllen wird.

10A. Der Vorteil eines öffentlichen Darlehens zu einem unter dem Marktzins liegenden Zinssatz wird wie eine Zuwendung der öffentlichen Hand behandelt. Das Darlehen wird gemäß IAS 39 *Finanzinstrumente: Ansatz und Bewertung* angesetzt und bewertet. Der Vorteil des unter dem Marktzins liegenden Zinssatzes wird als Unterschiedsbetrag zwischen dem ursprünglichen Buchwert des Darlehens, der gemäß IAS 39 ermittelt wurde, und den erhaltenen Zahlungen bewertet. Der Vorteil ist gemäß diesem Standard zu bilanzieren. Ein Unternehmen hat die Bedingungen und Verpflichtungen zu berücksichtigen, die zu erfüllen waren oder in Zukunft noch zu erfüllen sind, wenn es um die Bestimmung der Kosten geht, für die der Vorteil des Darlehens einen Ausgleich darstellen soll.

11. Ist eine Zuwendung bereits erfasst worden, so ist jede damit verbundene Eventualverbindlichkeit oder Eventualforderung gemäß IAS 37 *Rückstellungen, Eventualverbindlichkeiten und Eventualforderungen*, zu behandeln.

12. Zuwendungen der öffentlichen Hand sind planmäßig im Gewinn oder Verlust zu erfassen, und zwar im Verlauf der Perioden, in denen das Unternehmen die entsprechenden Aufwendungen, die die Zuwendungen der öffentlichen Hand kompensieren sollen, als Aufwendungen ansetzt.

13. Für die Behandlung von Zuwendungen der öffentlichen Hand existieren zwei grundlegende Methoden: die Methode der Behandlung als Eigenkapital, wonach die finanzielle Zuwendung außerhalb des Gewinns oder Verlusts berücksichtigt wird, und die Methode der erfolgswirksamen Behandlung von Zuwendungen, wonach die finanzielle Zuwendung über eine oder mehrere Perioden im Gewinn oder Verlust berücksichtigt wird.

14. Die Verfechter der Behandlung als Eigenkapital argumentieren in folgender Weise:

(a) Zuwendungen der öffentlichen Hand sind eine Finanzierungshilfe, die in der Bilanz auch als solche zu behandeln ist und die nicht im Gewinn oder Verlust berücksichtigt wird, um mit den Aufwendungen saldiert zu werden, zu deren Finanzierung die Zuwendung gewährt wurde. Da keine Rückzahlung zu erwarten ist, sind sie außerhalb des Gewinns oder Verlusts zu berücksichtigen; und

(b) es ist unangemessen, die Zuwendungen der öffentlichen Hand im Gewinn oder Verlust zu berücksichtigen, da sie nicht verdient worden sind, sondern einen von der öffentlichen Hand gewährten Anreiz darstellen, ohne dass entsprechender Aufwand entsteht.

15. Die Argumente für eine erfolgswirksame Behandlung lauten folgendermaßen:

(a) da finanzielle Zuwendungen der öffentlichen Hand nicht von den Eigentümern zugeführt werden, dürfen sie nicht unmittelbar dem Eigenkapital zugeschrieben werden, sondern sind im Gewinn oder Verlust in der entsprechenden Periode zu berücksichtigen;

(b) Zuwendungen der öffentlichen Hand sind selten unentgeltlich. Das Unternehmen verdient sie durch die Beachtung der Bedingungen und mit der Erfüllung der vorgesehenen Verpflichtungen. Sie sollten daher im Gewinn oder Verlust berücksichtigt werden, und zwar im Verlauf der Perioden, in denen das Unternehmen die entsprechenden Aufwendungen, die die Zuwendungen der öffentlichen Hand kompensieren sollen, als Aufwendungen ansetzt.

(c) da Einkommensteuern und andere Steuern Aufwendungen sind, ist es logisch, auch finanzielle Zuwendungen der öffentlichen Hand, die eine Ausdehnung der Steuerpolitik darstellen, im Gewinn oder Verlust zu berücksichtigen.

16. Für die Methode der erfolgswirksamen Behandlung der Zuwendungen ist es von grundlegender Bedeutung, dass die Zuwendungen der öffentlichen Hand planmäßig im Gewinn oder Verlust berücksichtigt werden, und zwar im Verlauf der Perioden, in denen das Unternehmen die entsprechenden Aufwendungen, die die Zuwendungen der öffentlichen Hand kompensieren sollen, als Aufwendungen ansetzt. Die Erfassung von Zuwendungen im Gewinn oder Verlust auf der Grundlage ihres Zuflusses steht nicht in Übereinstimmung mit der Grundvoraussetzung der Periodenabgrenzung (siehe IAS 1 *Darstellung des Abschlusses*), und eine Erfassung bei Zufluss der Zuwendung ist nur zulässig, wenn für die Periodisierung der Zuwendung keine andere Grundlage als die des Zuflusszeitpunkts verfügbar ist.

17. In den meisten Fällen sind die Perioden, über welche die im Zusammenhang mit einer Zuwendung anfallenden Aufwendungen erfasst werden, leicht feststellbar. Daher werden Zuwendungen, die mit bestimmten Aufwendungen zusammenhängen, in der gleichen Periode wie diese im Gewinn oder Verlust erfasst. Entsprechend werden Zuwendungen für abschreibungsfähige Vermögenswerte über die Perioden und in dem Verhältnis im Gewinn oder Verlust erfasst, in dem die Abschreibung auf diese Vermögenswerte angesetzt wird.

18. Zuwendungen der öffentlichen Hand, die im Zusammenhang mit nicht abschreibungsfähigen Vermögenswerten gewährt werden, können ebenfalls die Erfüllung bestimmter Verpflichtungen voraussetzen und werden dann im Gewinn oder Verlust während der Perioden erfasst, die durch Aufwendungen infolge der Erfüllung der Verpflichtungen belastet werden. Beispielsweise kann eine Zuwendung in Form von Grund und Boden an die Bedingung gebunden sein, auf diesem Grundstück ein Gebäude zu errichten, und es kann angemessen sein, die Zuwendung während der Lebensdauer des Gebäudes im Gewinn oder Verlust zu berücksichtigen.

19. Zuwendungen können auch Teil eines Bündels von Fördermaßnahmen sein, die an eine Reihe von Bedingungen geknüpft sind. In solchen Fällen ist die Feststellung der Bedingungen, die die Aufwendungen der Perioden verursachen, in denen die Zuwendung vereinnahmt wird, sorgfältig durchzuführen. So kann es angemessen sein, einen Teil der Zuwendung auf der einen und einen anderen Teil auf einer anderen Grundlage zu verteilen.

20. Eine Zuwendung der öffentlichen Hand, die als Ausgleich für bereits angefallene Aufwendungen oder Verluste oder zur sofortigen finanziellen Unterstützung ohne künftig damit verbundenen Aufwand gezahlt wird, ist im Gewinn oder Verlust in der Periode zu erfassen, in der der entsprechende Anspruch entsteht.

21. In einigen Fällen kann eine Zuwendung gewährt werden, um ein Unternehmen sofort finanziell zu unterstützen, ohne dass mit dieser Zuwendung ein Anreiz verbunden wäre, bestimmte Aufwendungen zu tätigen. Derartige Zuwendungen können auf ein bestimmtes Unternehmen beschränkt sein und stehen unter Umständen nicht einer ganzen Klasse von Begünstigten zur Verfügung. Diese Umstände können eine Erfassung einer Zuwendung im Gewinn oder Verlust in der Periode erforderlich machen, in der das Unternehmen für eine Zuwendung in Betracht kommt, mit entsprechender Angabepflicht, um sicherzustellen, dass ihre Auswirkungen klar zu erkennen sind.

22. Eine Zuwendung der öffentlichen Hand kann einem Unternehmen zum Ausgleich von Aufwendungen oder Verlusten, die bereits in einer vorangegangenen Periode entstanden sind, gewährt werden. Solche Zuwendungen sind im Gewinn oder Verlust in der Periode zu erfassen, in der der entsprechende Anspruch entsteht, mit entsprechender Angabepflicht, um sicherzustellen, dass ihre Auswirkungen klar zu erkennen sind.

Nicht monetäre Zuwendungen der öffentlichen Hand

23. Eine Zuwendung der öffentlichen Hand kann als ein nicht monetärer Vermögenswert, wie beispielsweise Grund und Boden oder andere Ressourcen, zur Verwertung im Unternehmen übertragen werden. Unter diesen Umständen gilt es als übliches Verfahren, den beizulegenden Zeitwert des nicht monetären Vermögenswertes festzustellen und sowohl die Zuwendung als auch den Vermögenswert zu diesem beizulegenden Zeitwert zu bilanzieren. Als Alternative wird manchmal sowohl der Vermögenswert als auch die Zuwendung zu einem Merkposten bzw. zu einem symbolischen Wert angesetzt.

Darstellung von Zuwendungen für Vermögenswerte

24. Zuwendungen der öffentlichen Hand für Vermögenswerte, einschließlich nicht monetärer Zuwendungen zum beizulegenden Zeitwert, sind in der Bilanz entweder als passivischer Abgrenzungsposten darzustellen oder bei der Feststellung des Buchwertes des Vermögenswertes abzusetzen.

25. Die zwei Methoden der Darstellung von Zuwendungen (oder von entsprechenden Anteilen der Zuwendungen) für Vermögenswerte sind im Abschluss als gleichwertig zu betrachten.

26. Der einen Methode zufolge wird die Zuwendung als passivischer Abgrenzungsposten berücksichtigt, die während der Nutzungsdauer des Vermögenswerts auf einer planmäßigen Grundlage im Gewinn oder Verlust zu erfassen ist.

27. Nach der anderen Methode wird die Zuwendung bei der Feststellung des Buchwerts des Vermögenswerts abgezogen. Die Zuwendung wird mittels eines reduzierten Abschreibungsbetrags über die Lebensdauer des abschreibungsfähigen Vermögenswerts im Gewinn oder Verlust erfasst.

28. Der Erwerb von Vermögenswerten und die damit zusammenhängenden Zuwendungen können im Cashflow eines Unternehmens größere Bewegungen verursachen. Aus diesem Grund und zur Darstellung der Bruttoinvestitionen in Vermögenswerte werden diese Bewegungen oft als gesonderte Posten in der Kapitalflussrechnung angegeben, und zwar unabhängig davon, ob die Zuwendung von dem entsprechenden Vermögenswert zum Zwecke der Darstellung in der Bilanz abgezogen wird oder nicht.

Darstellung von erfolgsbezogenen Zuwendungen

29. Zum Teil werden erfolgsbezogene Zuwendungen in der Gesamtergebnisrechnung als Ertrag dargestellt, entweder getrennt oder unter einem Hauptposten, wie beispielsweise sonstige Erträge, oder sie werden von den entsprechenden Aufwendungen abgezogen.

29A. Wenn ein Unternehmen die Ergebnisbestandteile in einer gesonderten Gewinn- und Verlustrechnung gemäß Paragraph 81 des IAS 1 (überarbeitet 2007) darstellt, so hat es die ertragsbezogenen Zuwendungen gemäß Paragraph 29 in diesem Abschlussbestandteil auszuweisen.

30. Die Befürworter der ersten Methode vertreten die Meinung, dass es unangebracht ist, Ertrags- und Aufwandsposten zu saldieren, und dass die Trennung der Zuwendung von den Aufwendungen den Vergleich mit anderen Aufwendungen, die nicht von einer Zuwendung beeinflusst sind, erleichtert. In Bezug auf die zweite Methode wird der Standpunkt vertreten, dass die Aufwendungen dem Unternehmen nicht entstanden wären, wenn die Zuwendung nicht verfügbar gewesen wäre, und dass die Darstellung der Aufwendungen ohne Saldierung der Zuwendung aus diesem Grund irreführend sein könnte.

31. Beide Vorgehensweisen sind als akzeptable Methoden zur Darstellung von erfolgsbezogenen Zuwendungen zu betrachten. Die Angabe der Zuwendungen kann für das richtige Verständnis von Abschlüssen notwendig sein. Es ist normalerweise angemessen, die Auswirkung von Zuwendungen auf jeden gesondert darzustellenden Ertrags- oder Aufwandsposten anzugeben.

Rückzahlung von Zuwendungen der öffentlichen Hand

32. Eine Zuwendung der öffentlichen Hand, die rückzahlungspflichtig wird, ist als Änderung einer Schätzung zu behandeln (vgl. IAS 8 *Rechnungslegungsmethoden, Änderungen von rechnungslegungsbezogenen Schätzungen und Fehler*). Die Rückzahlung einer erfolgsbezogenen Zuwendung ist zunächst mit dem nicht amortisierten, passivischen Abgrenzungsposten aus der Zuwendung zu verrechnen. Soweit die Rückzahlung diesen passivischen Abgrenzungsposten übersteigt oder für den Fall, dass ein solcher nicht vorhanden ist, ist die Rückzahlung sofort im Gewinn oder Verlust zu erfassen. Rückzahlungen von Zuwendungen für Vermögenswerte sind durch Zuschreibung zum Buchwert des Vermögenswerts oder durch Verminderung des passivischen Abgrenzungspostens um den rückzahlungspflichtigen Betrag zu korrigieren. Die kumulative zusätzliche Abschreibung, die bei einem Fehlen der Zuwendung bis zu diesem Zeitpunkt zu erfassen gewesen wäre, ist direkt im Gewinn oder Verlust zu berücksichtigen.

33. Umstände, die Anlass für eine Rückzahlung von Zuwendungen für Vermögenswerte sind, können es erforderlich machen, eine mögliche Minderung des neuen Buchwertes in Erwägung zu ziehen.

BEIHILFEN DER ÖFFENTLICHEN HAND

34. Die Definition der Zuwendungen der öffentlichen Hand in Paragraph 3 schließt bestimmte Formen von Beihilfen der öffentlichen Hand, die sich nicht angemessen bewerten lassen, aus; dies gilt ebenso für Geschäfte mit der öffentlichen Hand, die von der normalen Tätigkeit des Unternehmens nicht unterschieden werden können.

35. Beispiele für Beihilfen, die sich nicht angemessen bewerten lassen, sind die unentgeltliche

technische oder Markterschließungs-Beratung und die Bereitstellung von Garantien. Ein Beispiel für eine Beihilfe, die nicht von der normalen Tätigkeit des Unternehmens unterschieden werden kann, ist die staatliche Beschaffungspolitik, die für einen Teil des Umsatzes verantwortlich ist. Das Vorhandensein des Vorteils mag dabei zwar nicht in Frage gestellt sein, doch jeder Versuch, die betriebliche Tätigkeit von der Beihilfe zu trennen, könnte leicht willkürlich sein.

36. Die Bedeutung des Vorteils mit Bezug auf die vorgenannten Beispiele kann sich so darstellen, dass Art, Umfang und Laufzeit der Beihilfe anzugeben sind, damit der Abschluss nicht irreführend ist

37. [gestrichen]

38. Dieser Standard behandelt die Bereitstellung von Infrastruktur durch Verbesserung des allgemeinen Verkehrs- und Kommunikationsnetzes und die Bereitstellung verbesserter Versorgungsanlagen, wie Bewässerung oder Wassernetze, die auf dauernder, unbestimmter Basis zum Vorteil eines ganzen Gemeinwesens verfügbar sind, nicht als Beihilfen der öffentlichen Hand.

ANGABEN

39. Folgende Angaben sind erforderlich:
(a) die auf Zuwendungen der öffentlichen Hand angewandte Rechnungslegungsmethode, einschließlich der im Abschluss angewandten Darstellungsmethoden;
(b) Art und Umfang der im Abschluss erfassten Zuwendungen der öffentlichen Hand und ein Hinweis auf andere Formen von Beihilfen der öffentlichen Hand, von denen das Unternehmen unmittelbar begünstigt wurde; und
(c) unerfüllte Bedingungen und andere Erfolgsunsicherheiten im Zusammenhang mit im Abschluss erfassten Beihilfen der öffentlichen Hand.

ÜBERGANGSVORSCHRIFTEN

40. Unternehmen, die den Standard erstmals anwenden, haben:
(a) die Angabepflichten zu erfüllen, wo dies angemessen ist; und
(b) entweder:
    i) ihren Abschluss wegen des Wechsels der Rechnungslegungsmethoden gemäß IAS 8 anzupassen oder
    ii) die Bilanzierungsvorschriften des Standards nur auf solche Zuwendungen oder Teile davon anzuwenden, für die der Anspruch oder die Rückzahlung nach dem Zeitpunkt des Inkrafttretens des Standards entsteht.

ZEITPUNKT DES INKRAFTTRETENS

41. Dieser Standard ist erstmals in der ersten Berichtsperiode eines am 1. Januar 1984 oder danach beginnenden Geschäftsjahres anzuwenden.

42. Infolge des IAS 1 (überarbeitet 2007) wurde die in allen IFRS verwendete Terminologie geändert. Außerdem wurde Paragraph 29A geändert. Diese Änderungen sind erstmals in der ersten Berichtsperiode eines am 1. Januar 2009 oder danach beginnenden Geschäftsjahres anzuwenden. Wird IAS 1 (überarbeitet 2007) auf eine frühere Periode angewandt, sind diese Änderungen entsprechend auch anzuwenden.

43. Paragraph 37 wird gestrichen und Paragraph 10A wird im Rahmen der *Verbesserungen der IFRS* vom Mai 2008 hinzugefügt. Ein Unternehmen kann diese Änderungen prospektiv auf öffentliche Darlehen anwenden, die es in der ersten Berichtsperiode eines am 1. Januar 2009 oder danach beginnenden Geschäftsjahres erhalten hat. Eine frühere Anwendung ist zulässig. Wendet ein Unternehmen diese Änderungen auf eine frühere Periode an, so ist dies anzugeben.

INTERNATIONAL ACCOUNTING STANDARD 21
Auswirkungen von Wechselkursänderungen

IAS 21, VO (EG) Nr. 1126/2008 i.d.F.

1 VO (EG) Nr. 1274/2008 [IAS 1]
3 VO (EG) Nr. 494/2009 [IAS 27]
2 VO (EG) Nr. 69/2009 [IFRS 1 und IAS 27]
4 VO (EG) Nr. 149/2011

GLIEDERUNG	§§
ZIELSETZUNG	1–2
ANWENDUNGSBEREICH	3–7
DEFINITIONEN	8–16
Ausführungen zu den Definitionen	9–16
Funktionale Währung	9–14
Nettoinvestition in einen ausländischen Geschäftsbetrieb	15–15A
Monetäre Posten	16
ZUSAMMENFASSUNG DES IN DIESEM STANDARD VORGESCHRIEBENEN ANSATZES	17–19
BILANZIERUNG VON FREMDWÄHRUNGSTRANSAKTIONEN IN DER FUNKTIONALEN WÄHRUNG	20–37
Erstmaliger Ansatz	20–22
Bilanzierung in Folgeperioden	23–26
Ansatz von Umrechnungsdifferenzen	27–34
Wechsel der funktionalen Währung	35–37
VERWENDUNG EINER ANDEREN DARSTELLUNGSWÄHRUNG ALS DER FUNKTIONALEN WÄHRUNG	38–49
Umrechnung in die Darstellungswährung	38–43
Umrechnung eines ausländischen Geschäftsbetriebs	44–47
Abgang oder teilweiser Abgang eines ausländischen Geschäftsbetriebs	48–49
STEUERLICHE AUSWIRKUNGEN SÄMTLICHER UMRECHNUNGSDIFFERENZEN	50
ANGABEN	51–57
ZEITPUNKT DES INKRAFTTRETENS UND ÜBERGANGSVORSCHRIFTEN	58–60D
RÜCKNAHME ANDERER VERLAUTBARUNGEN	61–62

ZIELSETZUNG

1. Für ein Unternehmen gibt es zwei Möglichkeiten, ausländische Geschäftsbeziehungen einzugehen. Entweder sind dies Geschäftsvorfälle in Fremdwährung, oder es handelt sich um ausländische Geschäftsbetriebe. Außerdem kann ein Unternehmen seinen Abschluss in einer Fremdwährung veröffentlichen. Ziel dieses Standards ist die Regelung, wie Fremdwährungstransaktionen und ausländische Geschäftsbetriebe in den Abschluss eines Unternehmens einzubeziehen sind und wie ein Abschluss in eine Darstellungswährung umzurechnen ist.

2. Die grundsätzliche Fragestellung lautet, welche(r) Wechselkurs(e) heranzuziehen sind und wie die Auswirkungen von Wechselkursänderungen der Wechselkurse im Abschluss zu berücksichtigen sind.

ANWENDUNGSBEREICH

3. Dieser Standard ist anzuwenden auf:([1])

(a) die Bilanzierung von Geschäftsvorfällen und Salden in Fremdwährungen, mit Ausnahme von Geschäftsvorfällen und Salden, die sich auf Derivate beziehen, welche in den Anwendungsbereich von IAS 39 *Finanzinstrumente: Ansatz und Bewertung fallen;*

(b) die Umrechnung der Vermögens-, Finanz- und Ertragslage ausländischer Geschäftsbetriebe, die durch Vollkonsolidierung, Quotenkonsolidierung oder durch die Equity-Methode in den Abschluss des Unternehmens einbezogen sind; und

(c) die Umrechnung der Vermögens-, Finanz- und Ertragslage eines Unternehmens in eine Darstellungswährung.

4. IAS 39 ist auf viele Fremdwährungsderivate anzuwenden, die folglich aus dem Anwendungsbereich dieses Standards ausgeschlossen sind. Alle Fremdwährungsderivate, die nicht in den Anwendungsbereich von IAS 39 fallen (z. B. einige Fremdwährungsderivate, die in andere Kontrakte eingebettet sind), gehören dagegen in den Anwen-

([1]) Siehe auch SIC-7 *Einführung des Euro.*

dungsbereich dieses Standards. Er ist ferner anzuwenden, wenn ein Unternehmen Beträge im Zusammenhang mit Derivaten von seiner funktionalen Währung in seine Darstellungswährung umrechnet.

5. Dieser Standard gilt nicht für die Bilanzierung von Sicherungsgeschäften für Fremdwährungsposten, einschließlich der Absicherung einer Nettoinvestition in einen ausländischen Geschäftsbetrieb. Für die Bilanzierung von Sicherungsgeschäften ist IAS 39 maßgeblich.

6. Dieser Standard ist auf die Darstellung des Abschlusses eines Unternehmens in einer Fremdwährung anzuwenden und beschreibt, welche Anforderungen der daraus resultierende Abschluss erfüllen muss, um als mit den International Financial Reporting Standards übereinstimmend bezeichnet werden zu können. Bei Fremdwährungsumrechnungen von Finanzinformationen, die nicht diese Anforderungen erfüllen, legt dieser Standard die anzugebenden Informationen fest.

7. Nicht anzuwenden ist dieser Standard auf die Darstellung des Cashflows aus Fremdwährungstransaktionen in einer Kapitalflussrechnung oder die Umrechnung des Cashflows eines ausländischen Geschäftsbetriebs (siehe dazu IAS 7 *Kapitalflussrechnungen*).

DEFINITIONEN

8. Die folgenden Begriffe werden in diesem Standard mit der angegebenen Bedeutung verwendet:

Der *Stichtagskurs* ist der Kassakurs einer Währung am Abschlussstichtag.

Eine *Umrechnungsdifferenz* ist die Differenz, die sich ergibt, wenn die gleiche Anzahl von Währungseinheiten zu unterschiedlichen Wechselkursen in eine andere Währung umgerechnet wird.

Der *Wechselkurs* ist das Umtauschverhältnis zwischen zwei Währungen.

Der *beizulegende Zeitwert* ist der Betrag, zu dem zwischen sachverständigen, vertragswilligen und voneinander unabhängigen Geschäftspartnern ein Vermögenswert getauscht oder eine Schuld beglichen werden könnte.

Eine *Fremdwährung* ist jede Währung außer der funktionalen Währung des berichtenden Unternehmens.

Ein *ausländischer Geschäftsbetrieb* ist ein Tochterunternehmen, ein assoziiertes Unternehmen, ein Gemeinschaftsunternehmen oder eine Niederlassung des berichtenden Unternehmens, dessen Geschäftstätigkeit in einem anderen Land angesiedelt oder in einer anderen Währung ausgeübt wird oder sich auf ein anderes Land oder eine andere Währung als die des berichtenden Unternehmens erstreckt.

Die *funktionale Währung* ist die Währung des primären Wirtschaftsumfelds, in dem das Unternehmen tätig ist.

Eine *Unternehmensgruppe* ist ein Mutterunternehmen mit all seinen Tochterunternehmen.

Monetäre Posten sind im Besitz befindliche Währungseinheiten sowie Vermögenswerte und Schulden, für die das Unternehmen eine feste oder bestimmbare Anzahl von Währungseinheiten erhält oder zahlen muss.

Eine *Nettoinvestition in einen ausländischen Geschäftsbetrieb* ist die Höhe des Anteils des berichtenden Unternehmens am Nettovermögen dieses Geschäftsbetriebs.

Die *Darstellungswährung* ist die Währung, in der die Abschlüsse veröffentlicht werden.

Der *Kassakurs* ist der Wechselkurs bei sofortiger Ausführung.

Ausführungen zu den Definitionen

Funktionale Währung

9. Das primäre Wirtschaftsumfeld eines Unternehmens ist normalerweise das Umfeld, in dem es hauptsächlich Zahlungsmittel erwirtschaftet und aufwendet. Bei der Bestimmung seiner funktionalen Währung hat ein Unternehmen die folgenden Faktoren zu berücksichtigen:

(a) die Währung,

    (i) die den größten Einfluss auf die Verkaufspreise seiner Waren und Dienstleistungen hat (dies ist häufig die Währung, in der die Verkaufspreise der Waren und Dienstleistungen angegeben und abgerechnet werden); und

    (ii) des Landes, dessen Wettbewerbskräfte und Bestimmungen für die Verkaufspreise seiner Waren und Dienstleistungen ausschlaggebend sind.

(b) die Währung, die den größten Einfluss auf die Lohn-, Material- und sonstigen mit der Bereitstellung der Waren und Dienstleistungen zusammenhängenden Kosten hat. (Dies ist häufig die Währung, in der diese Kosten angegeben und abgerechnet werden.)

10. Die folgenden Faktoren können ebenfalls Aufschluss über die funktionale Währung eines Unternehmens geben:

(a) die Währung, in der Mittel aus Finanzierungstätigkeiten (z. B. Ausgabe von Schuldverschreibungen oder Eigenkapitalinstrumenten) generiert werden.

(b) die Währung, in der Einnahmen aus betrieblicher Tätigkeit normalerweise einbehalten werden.

11. Bei der Bestimmung der funktionalen Währung eines ausländischen Geschäftsbetriebs und der Entscheidung, ob dessen funktionale Währung mit der des berichtenden Unternehmens identisch ist (in diesem Kontext entspricht das berichtende Unternehmen dem Unternehmen, das den ausländischen Geschäftsbetrieb als Tochterunternehmen, Niederlassung, assoziiertes Unternehmen oder Ge-

meinschaftsunternehmen unterhält), werden die folgenden Faktoren herangezogen:
(a) ob die Tätigkeit des ausländischen Geschäftsbetriebs als erweiterter Bestandteil des berichtenden Unternehmens oder weitgehend unabhängig ausgeübt wird. Ersteres ist beispielsweise der Fall, wenn der ausländische Geschäftsbetrieb ausschließlich vom berichtenden Unternehmen importierte Güter verkauft und die erzielten Einnahmen wieder an dieses zurückleitet. Dagegen ist ein Geschäftsbetrieb als weitgehend unabhängig zu bezeichnen, wenn er überwiegend in seiner Landeswährung Zahlungsmittel und andere monetäre Posten ansammelt, Aufwendungen tätigt, Erträge erwirtschaftet und Fremdkapital aufnimmt.
(b) ob die Geschäftsvorfälle mit dem berichtenden Unternehmen bezogen auf das Gesamtgeschäftsvolumen des ausländischen Geschäftsbetriebes ein großes oder geringes Gewicht haben.
(c) ob sich die Cashflows aus der Tätigkeit des ausländischen Geschäftsbetriebs direkt auf die Cashflows des berichtenden Unternehmens auswirken und jederzeit dorthin zurückgeleitet werden können.
(d) ob die Cashflows aus der Tätigkeit des ausländischen Geschäftsbetriebs ausreichen, um vorhandene und im Rahmen des normalen Geschäftsgangs erwartete Schuldverpflichtungen zu bedienen, ohne dass hierfür Mittel vom berichtenden Unternehmen bereitgestellt werden.

12. Wenn die obigen Indikatoren gemischt auftreten und die funktionale Währung nicht klar ersichtlich ist, bestimmt die Geschäftsleitung nach eigenem Ermessen die funktionale Währung, welche die wirtschaftlichen Auswirkungen der zugrunde liegenden Geschäftsvorfälle, Ereignisse und Umstände am glaubwürdigsten darstellt. Dabei berücksichtigt die Geschäftsleitung vorrangig die in Paragraph 9 genannten primären Faktoren und erst dann die Indikatoren in den Paragraphen 10 und 11, die als zusätzliche substanzielle Hinweise zur Bestimmung der funktionalen Währung eines Unternehmens dienen sollen.

13. Die funktionale Währung eines Unternehmens spiegelt die zugrunde liegenden Geschäftsvorfälle, Ereignisse und Umstände wider, die für das Unternehmen relevant sind. Daraus folgt, dass eine funktionale Währung nach ihrer Festlegung nur dann geändert wird, wenn sich diese zugrunde liegenden Geschäftsvorfälle, Ereignisse und Umstände ebenfalls geändert haben.

14. Handelt es sich bei der funktionalen Währung um die Währung eines Hochinflationslandes, werden die Abschlüsse des Unternehmens gemäß IAS 29 *Rechnungslegung in Hochinflationsländern* angepasst. Ein Unternehmen kann eine Anpassung gemäß IAS 29 nicht dadurch umgehen, dass es beispielsweise eine andere funktionale Währung festlegt als die, die nach diesem Standard ermittelt würde (z. B. die funktionale Währung des Mutterunternehmens).

Nettoinvestition in einen ausländischen Geschäftsbetrieb

15. Ein Unternehmen kann über monetäre Posten in Form einer ausstehenden Forderung oder Verbindlichkeit gegenüber einem ausländischen Geschäftsbetrieb verfügen. Ein Posten, dessen Abwicklung auf absehbare Zeit weder geplant noch wahrscheinlich ist, stellt im Wesentlichen einen Teil der Nettoinvestition in diesen ausländischen Geschäftsbetrieb dar und wird gemäß den Paragraphen 32 und 33 behandelt. Zu solchen monetären Posten können langfristige Forderungen oder Darlehen, nicht jedoch Forderungen oder Verbindlichkeiten aus Lieferungen und Leistungen gezählt werden.

15A. Bei dem Unternehmen, das über einen monetären Posten in Form einer ausstehenden Forderung oder Verbindlichkeit gegenüber einem in Paragraph 15 beschriebenen ausländischen Geschäftsbetrieb verfügt, kann es sich um jede Tochtergesellschaft der Gruppe handeln. Zum Beispiel: Ein Unternehmen hat zwei Tochtergesellschaften A und B, wobei B ein ausländischer Geschäftsbetrieb ist. Tochtergesellschaft A gewährt Tochtergesellschaft B einen Kredit. Die Forderung von Tochtergesellschaft A gegenüber Tochtergesellschaft B würde einen Teil der Nettoinvestition des Unternehmens in Tochtergesellschaft B darstellen, wenn die Rückzahlung des Darlehens auf absehbare Zeit weder geplant noch wahrscheinlich ist. Dies würde auch dann gelten, wenn die Tochtergesellschaft A selbst ein ausländischer Geschäftsbetrieb wäre.

Monetäre Posten

16. Das wesentliche Merkmal eines monetären Postens ist das Recht auf Erhalt (oder Verpflichtung zur Zahlung) einer festen oder bestimmbaren Anzahl von Währungseinheiten. Dazu zählen beispielsweise bar auszuzahlende Renten und andere Leistungen an Arbeitnehmer; bar zu begleichende Verpflichtungen und Bardividenden, die als Verbindlichkeit erfasst werden. Auch ein Vertrag über den Erhalt (oder die Lieferung) einer variablen Anzahl von Eigenkapitalinstrumenten des Unternehmens oder einer variablen Menge von Vermögenswerten, bei denen der zu erhaltende (oder zu zahlende) beizulegende Zeitwert einer festen oder bestimmbaren Anzahl von Währungseinheiten entspricht, ist als monetärer Posten anzusehen. Umgekehrt besteht das wesentliche Merkmal eines nicht monetären Postens darin, dass er mit keinerlei Recht auf Erhalt (bzw. keinerlei Verpflichtung zur Zahlung) einer festen oder bestimmbaren Anzahl von Währungseinheiten verbunden ist. Dazu zählen beispielsweise Vorauszahlungen für Waren und Dienstleistungen (z. B. Mietvorauszahlungen); Geschäfts- oder Firmenwert; immaterielle Vermögenswerte; Vorräte; Sachanlagen sowie Verpflichtungen, die durch nicht monetäre Vermögenswerte erfüllt werden.

ZUSAMMENFASSUNG DES IN DIESEM STANDARD VORGESCHRIEBENEN ANSATZES

17. Bei der Erstellung des Abschlusses legt jedes Unternehmen – unabhängig davon, ob es sich um ein einzelnes Unternehmen, ein Unternehmen mit ausländischem Geschäftsbetrieb (z. B. ein Mutterunternehmen) oder einen ausländischen Geschäftsbetrieb (z. B. ein Tochterunternehmen oder eine Niederlassung) handelt – gemäß den Paragraphen 9-14 seine funktionale Währung fest. Das Unternehmen rechnet die Fremdwährungsposten in die funktionale Währung um und weist die Auswirkungen einer solchen Umrechnung gemäß den Paragraphen 20-37 und 50 aus.

18. Viele berichtende Unternehmen bestehen aus mehreren Einzelunternehmen (so umfasst eine Unternehmensgruppe ein Mutterunternehmen und ein oder mehrere Tochterunternehmen). Verschiedene Arten von Unternehmen, ob Mitglieder einer Unternehmensgruppe oder sonstige Unternehmen, können Beteiligungen an assoziierten Unternehmen oder Gemeinschaftsunternehmen haben. Sie können auch Niederlassungen unterhalten. Es ist erforderlich, dass die Vermögens-, Finanz- und Ertragslage jedes einzelnen Unternehmens, das in das berichtende Unternehmen integriert ist, in die Währung umgerechnet wird, in der das berichtende Unternehmen seinen Abschluss veröffentlicht. Dieser Standard gestattet es einem berichtenden Unternehmen, seine Darstellungswährung (oder -währungen) frei zu wählen. Die Vermögens-, Finanz- und Ertragslage jedes einzelnen Unternehmens innerhalb des berichtenden Unternehmens, dessen funktionale Währung von der Darstellungswährung abweicht, ist gemäß den Paragraphen 38-50 umzurechnen.

19. Dieser Standard gestattet es auch einzelnen Unternehmen, die Abschlüsse erstellen, oder Unternehmen, die separate Einzelabschlüsse gemäß IAS 27 *Konzern- und Einzelabschlüsse* erstellen, ihre Abschlüsse in jeder beliebigen Währung (oder Währungen) zu veröffentlichen. Weicht die Darstellungswährung eines Unternehmens von seiner funktionalen Währung ab, ist seine Vermögens-, Finanz- und Ertragslage ebenfalls gemäß den Paragraphen 38-50 in die Darstellungswährung umzurechnen.

BILANZIERUNG VON FREMD-WÄHRUNGSTRANSAKTIONEN IN DER FUNKTIONALEN WÄHRUNG

Erstmaliger Ansatz

20. Eine Fremdwährungstransaktion ist ein Geschäftsvorfall, dessen Wert in einer Fremdwährung angegeben ist oder der die Erfüllung in einer Fremdwährung erfordert, einschließlich Geschäftsvorfällen, die auftreten, wenn ein Unternehmen:

(a) Waren oder Dienstleistungen kauft oder verkauft, deren Preise in einer Fremdwährung angegeben sind;

(b) Mittel aufnimmt oder verleiht, wobei der Wert der Verbindlichkeiten oder Forderungen in einer Fremdwährung angegeben ist; oder

(c) auf sonstige Weise Vermögenswerte erwirbt oder veräußert oder Schulden eingeht oder begleicht, deren Wert in einer Fremdwährung angegeben ist.

21. Die Fremdwährungstransaktion ist erstmalig in der funktionalen Währung anzusetzen, indem der Fremdwährungsbetrag mit dem am jeweiligen Tag des Geschäftsvorfalls gültigen Kassakurs zwischen der funktionalen Währung und der Fremdwährung umgerechnet wird.

22. Der Tag des Geschäftsvorfalls ist der Tag, an dem der Geschäftsvorfall erstmals gemäß den International Financial Reporting Standards ansetzbar ist. Aus praktischen Erwägungen wird häufig ein Kurs verwendet, der einen Näherungswert für den aktuellen Kurs am Tag des Geschäftsvorfalls darstellt. So kann beispielsweise der Durchschnittskurs einer Woche oder eines Monats für alle Geschäftsvorfälle in der jeweiligen Fremdwährung verwendet werden. Bei stark schwankenden Wechselkursen ist jedoch die Verwendung von Durchschnittskursen für einen Zeitraum unangemessen.

Bilanzierung in Folgeperioden

23. Zu jedem Abschlussstichtag sind

(a) monetäre Posten in einer Fremdwährung zum Stichtagskurs umzurechnen;

(b) nicht monetäre Posten, die zu historischen Anschaffungs- oder Herstellungskosten in einer Fremdwährung bewertet wurden, zum Kurs am Tag des Geschäftsvorfalls umzurechnen; und

(c) nicht monetäre Posten, die zu ihrem beizulegenden Zeitwert in einer Fremdwährung bewertet wurden, zu dem Kurs umzurechnen, der am Tag der Ermittlung des Wertes gültig war.

24. Der Buchwert eines Postens wird in Verbindung mit anderen einschlägigen Standards ermittelt. Beispielsweise können Sachanlagen zum beizulegenden Zeitwert oder zu den historischen Anschaffungs- oder Herstellungskosten gemäß IAS 16 *Sachanlagen* bewertet werden. Unabhängig davon, ob der Buchwert zu den historischen Anschaffungs- oder Herstellungskosten oder zum beizulegenden Zeitwert bestimmt wird, hat bei einer Ermittlung dieses Wertes in einer Fremdwährung eine Umrechnung in die funktionale Währung gemäß diesem Standard zu erfolgen.

25. Der Buchwert einiger Posten wird durch den Vergleich von zwei oder mehr Beträgen ermittelt. Beispielsweise entspricht der Buchwert von Vorräten gemäß IAS 2 *Vorräte* den Anschaffungs- bzw. Herstellungskosten oder dem Nettoveräußerungswert, je nachdem, welcher dieser Beträge der Niedrigere ist. Auf ähnliche Weise wird gemäß IAS 36 *Wertminderung von Vermögenswerten* der Buchwert eines Vermögenswertes, bei dem ein

Anhaltspunkt auf Wertminderung vorliegt, zum Buchwert vor einer Erfassung des möglichen Wertminderungsaufwands oder zu seinem erzielbaren Betrag angesetzt, je nachdem, welcher von beiden der Niedrigere ist. Handelt es sich dabei um einen nicht monetären Vermögenswert, der in einer Fremdwährung bewertet wird, ergibt sich der Buchwert aus einem Vergleich zwischen:

(a) den Anschaffungs- oder Herstellungskosten oder gegebenenfalls dem Buchwert, die bzw. der zum Wechselkurs am Tag der Ermittlung dieses Wertes umgerechnet wird (d. h. zum Kurs am Tag des Geschäftsvorfalls bei einem Posten, der zu den historischen Anschaffungs- oder Herstellungskosten bewertet wird); und

(b) dem Nettoveräußerungswert oder gegebenenfalls dem erzielbaren Betrag, der zum Wechselkurs am Tag der Ermittlung dieses Wertes umgerechnet wird (d. h. zum Stichtagskurs am Abschlussstichtag).

Dieser Vergleich kann dazu führen, dass ein Wertminderungsaufwand in der funktionalen Währung, nicht aber in der Fremdwährung erfasst wird oder umgekehrt.

26. Sind mehrere Wechselkurse verfügbar, wird der Kurs verwendet, zu dem die zukünftigen Cashflows, die durch den Geschäftsvorfall oder Saldo dargestellt werden, hätten abgewickelt werden können, wenn sie am Bewertungsstichtag stattgefunden hätten. Sollte der Umtausch zwischen zwei Währungen vorübergehend ausgesetzt sein, ist der erste darauf folgende Kurs zu verwenden, zu dem ein Umtausch wieder möglich war.

Ansatz von Umrechnungsdifferenzen

27. Wie in Paragraph 3 angemerkt, werden Sicherungsgeschäfte für Fremdwährungsposten gemäß IAS 39 bilanziert. Bei der Bilanzierung von Sicherungsgeschäften ist ein Unternehmen verpflichtet, einige Umrechnungsdifferenzen anders zu behandeln, als es den Bestimmungen dieses Standards entspricht. IAS 39 verlangt beispielsweise, dass Umrechnungsdifferenzen bei monetären Posten, die als Sicherungsinstrumente zum Zwecke der Absicherung des Cashflows eingesetzt werden, für die Dauer der Wirksamkeit des Sicherungsgeschäfts zunächst im sonstigen Ergebnis zu erfassen sind.

28. Umrechnungsdifferenzen, die sich aus dem Umstand ergeben, dass monetäre Posten zu einem anderen Kurs abgewickelt oder umgerechnet werden als dem, zu dem sie bei der erstmaligen Erfassung während der Berichtsperiode oder in früheren Abschlüssen umgerechnet wurden, sind mit Ausnahme der in Paragraph 32 beschriebenen Fälle in Gewinn oder Verlust der Berichtsperiode zu erfassen, in der diese Differenzen entstehen.

29. Eine Umrechnungsdifferenz ergibt sich, wenn bei monetären Posten aus einer Fremdwährungstransaktion am Tag des Geschäftsvorfalls und am Tag der Abwicklung unterschiedliche Wechselkurse bestehen. Erfolgt die Abwicklung des Geschäftsvorfalls innerhalb der gleichen Bilanzierungsperiode wie die erstmalige Erfassung, wird die Umrechnungsdifferenz in dieser Periode berücksichtigt. Wird der Geschäftsvorfall jedoch in einer späteren Bilanzierungsperiode abgewickelt, so wird die Umrechnungsdifferenz, die in jeder dazwischen liegenden Periode bis zur Periode, in welcher der Ausgleich erfolgt, erfasst wird, durch die Änderungen der Wechselkurse während der Periode bestimmt.

30. Wird ein Gewinn oder Verlust aus einem nicht monetären Posten direkt im sonstigen Ergebnis erfasst, ist jeder Umrechnungsbestandteil dieses Gewinns oder Verlusts ebenfalls direkt im sonstigen Ergebnis zu erfassen. Umgekehrt gilt: Wird ein Gewinn oder Verlust aus einem nicht monetären Posten im Gewinn oder Verlust erfasst, ist jeder Umrechnungsbestandteil dieses Gewinns oder Verlusts ebenfalls im Ergebnis zu erfassen.

31. Andere Standards schreiben die Erfassung von Gewinnen und Verlusten direkt im Eigenkapital vor. Beispielsweise besteht nach IAS 16 die Verpflichtung, einige Gewinne und Verluste aus der Neubewertung von Sachanlagen im sonstigen Ergebnis zu erfassen. Wird ein solcher Vermögenswert in einer Fremdwährung bewertet, ist der neubewertete Betrag gemäß Paragraph 23(c) zum Kurs am Tag der Wertermittlung umzurechnen, was zu einer Umrechnungsdifferenz führt, die ebenfalls im sonstigen Ergebnis zu erfassen ist.

32. Umrechnungsdifferenzen aus einem monetären Posten, der Teil einer Nettoinvestition des berichtenden Unternehmens in einen ausländischen Geschäftsbetrieb ist (siehe Paragraph 15), sind im Einzelabschluss des berichtenden Unternehmens oder gegebenenfalls im Einzelabschluss des ausländischen Geschäftsbetriebs im Gewinn oder Verlust zu erfassen. In dem Abschluss, der den ausländischen Geschäftsbetrieb und das berichtende Unternehmen enthält (z. B. dem Konzernabschluss, wenn der ausländische Geschäftsbetrieb ein Tochterunternehmen ist), werden solche Umrechnungsdifferenzen zunächst im sonstigen Ergebnis erfasst und bei Veräußerung der Nettoinvestition gemäß Paragraph 48 vom Eigenkapital in den Gewinn oder Verlust umgegliedert.

33. Wenn ein monetärer Posten Teil einer Nettoinvestition des berichtenden Unternehmens in einen ausländischen Geschäftsbetrieb ist und in der funktionalen Währung des berichtenden Unternehmens angegeben wird, ergeben sich in den Einzelabschlüssen des ausländischen Geschäftsbetriebs Umrechnungsdifferenzen gemäß Paragraph 28. Wird ein solcher Posten in der funktionalen Währung des ausländischen Geschäftsbetriebs angegeben, entsteht im separaten Einzelabschluss des berichtenden Unternehmens eine Umrechnungsdifferenz gemäß Paragraph 28. Wird ein solcher Posten in einer anderen Währung als der funktionalen Währung des berichtenden Unternehmens oder des ausländischen Geschäftsbetriebs angegeben, entstehen im separaten Einzelabschluss des be-

richtenden Unternehmens und in den Einzelabschlüssen des ausländischen Geschäftsbetriebs Umrechnungsdifferenzen gemäß Paragraph 28. Derartige Umrechnungsdifferenzen werden in den Abschlüssen, die den ausländischen Geschäftsbetrieb und das berichtende Unternehmen umfassen (d. h. Abschlüssen, in denen der ausländische Geschäftsbetrieb konsolidiert, quotenkonsolidiert oder nach der Equity-Methode bilanziert wird), im sonstigen Ergebnis erfasst.

34. Führt ein Unternehmen seine Bücher und Aufzeichnungen in einer anderen Währung als seiner funktionalen Währung, sind bei der Erstellung seines Abschlusses alle Beträge gemäß den Paragraphen 20-26 in die funktionale Währung umzurechnen. Daraus ergeben sich die gleichen Beträge in der funktionalen Währung, wie wenn die Posten ursprünglich in der funktionalen Währung erfasst worden wären. Beispielsweise werden monetäre Posten zum Stichtagskurs und nicht monetäre Posten, die zu den historischen Anschaffungs- oder Herstellungskosten bewertet werden, zum Wechselkurs am Tag des Geschäftsvorfalls, der zu ihrer Erfassung geführt hat, in die funktionale Währung umgerechnet.

Wechsel der funktionalen Währung

35. Bei einem Wechsel der funktionalen Währung hat das Unternehmen die für die neue funktionale Währung geltenden Umrechnungsverfahren prospektiv ab dem Zeitpunkt des Wechsels anzuwenden.

36. Wie in Paragraph 13 erwähnt, spiegelt die funktionale Währung eines Unternehmens die zugrunde liegenden Geschäftsvorfälle, Ereignisse und Umstände wider, die für das Unternehmen relevant sind. Daraus folgt, dass eine funktionale Währung nach ihrer Festlegung nur dann geändert werden kann, wenn sich diese zugrunde liegenden Geschäftsvorfälle, Ereignisse und Umstände ebenfalls geändert haben. Ein Wechsel der funktionalen Währung kann beispielsweise dann angebracht sein, wenn sich die Währung, die den größten Einfluss auf die Verkaufspreise der Waren und Dienstleistungen eines Unternehmens hat, ändert.

37. Die Auswirkungen eines Wechsels der funktionalen Währung werden prospektiv bilanziert. Das bedeutet, dass ein Unternehmen alle Posten zum Kurs am Tag des Wechsels in die neue funktionale Währung umrechnet. Die daraus resultierenden umgerechneten Beträge der nicht monetären Vermögenswerte werden als historische Anschaffungs- oder Herstellungskosten dieser Posten behandelt. Umrechnungsdifferenzen aus der Umrechnung eines ausländischen Geschäftsbetriebs, die bisher gemäß den Paragraphen 32 und 39(c) im sonstigen Ergebnis erfasst wurden, werden erst bei dessen Veräußerung vom Eigenkapital in den Gewinn oder Verlust umgegliedert.

VERWENDUNG EINER ANDEREN DARSTELLUNGSWÄHRUNG ALS DER FUNKTIONALEN WÄHRUNG

Umrechnung in die Darstellungswährung

38. Ein Unternehmen kann seinen Abschluss in jeder beliebigen Währung (oder Währungen) veröffentlichen. Weicht die Darstellungswährung von der funktionalen Währung des Unternehmens ab, ist seine Vermögens-, Finanz- und Ertragslage in die Darstellungswährung umzurechnen. Beispielsweise gibt eine Unternehmensgruppe, die aus mehreren Einzelunternehmen mit verschiedenen funktionalen Währungen besteht, die Vermögens-, Finanz- und Ertragslage der einzelnen Unternehmen in einer gemeinsamen Währung an, so dass ein Konzernabschluss aufgestellt werden kann.

39. Die Vermögens-, Finanz- und Ertragslage eines Unternehmens, dessen funktionale Währung keine Währung eines Hochinflationslandes ist, wird nach folgendem Verfahren in eine andere Darstellungswährung umgerechnet:

(a) Vermögenswerte und Schulden sind für jede vorgelegte Bilanz (d. h. einschließlich Vergleichsinformationen) zum jeweiligen Abschlussstichtagskurs umzurechnen;

(b) Erträge und Aufwendungen für alle alle Gesamtergebnisrechnungen und gesonderten Gewinn- und Verlustrechnungen (sofern erstellt) (d. h. einschließlich Vergleichsinformationen) sind zum Wechselkurs am Tag des Geschäftsvorfalls umzurechnen; und

(c) alle sich ergebenden Umrechnungsdifferenzen sind im sonstigen Ergebnis zu erfassen.

40. Aus praktischen Erwägungen wird zur Umrechnung von Ertrags- und Aufwandsposten häufig ein Kurs verwendet, der einen Näherungswert für den Umrechnungskurs am Tag des Geschäftsvorfalls darstellt, beispielsweise der Durchschnittskurs einer Periode. Bei stark schwankenden Wechselkursen ist jedoch die Verwendung von Durchschnittskursen für einen Zeitraum unangemessen.

41. Die in Paragraph 39(c) genannten Umrechnungsdifferenzen ergeben sich aus:

(a) der Umrechnung von Erträgen und Aufwendungen zu den Wechselkursen an den Tagen der Geschäftsvorfälle und der Vermögenswerte und Schulden zum Stichtagskurs.

(b) der Umrechnung des Eröffnungswertes des Nettovermögens zu einem Stichtagskurs, der vom vorherigen Stichtagskurs abweicht.

Diese Umrechnungsdifferenzen werden nicht im Gewinn oder Verlust erfasst, weil die Änderungen in den Wechselkursen nur einen geringen oder überhaupt keinen direkten Einfluss auf den gegenwärtigen und künftigen operativen Cashflow haben. Der kumulierte Betrag der Umrechnungsdifferenzen wird bis zum Abgang des ausländischen Geschäftsbetriebs in einem separaten Bestandteil des Eigenkapitals ausgewiesen. Beziehen sich die Umrechnungsdifferenzen auf einen ausländischen Geschäftsbetrieb, der konsolidiert wird, jedoch nicht vollständig im Besitz des Mutterunternehmens steht, so sind die kumulierten Umrechnungsdifferenzen, die aus nicht beherrschenden Anteilen stammen und diesen zuzurechnen sind, diesem Minderheitsanteil zuzuweisen und als Teil dessen in der Konzernbilanz anzusetzen.

42. Die Vermögens-, Finanz- und Ertragslage eines Unternehmens, dessen funktionale Währung die Währung eines Hochinflationslandes ist, wird nach folgenden Verfahren in eine andere Darstellungswährung umgerechnet:
(a) alle Beträge (d. h. Vermögenswerte, Schulden, Eigenkapitalposten, Erträge und Aufwendungen, einschließlich Vergleichsinformationen) sind zum Stichtagskurs der letzten Bilanz umzurechnen, mit folgender Ausnahme:
(b) bei der Umrechnung von Beträgen in die Währung eines Nicht-Hochinflationslandes sind als Vergleichswerte die Beträge heranzuziehen, die im betreffenden Vorjahresabschluss als Beträge des aktuellen Jahres ausgewiesen wurden (d. h. es erfolgt keine Anpassung zur Berücksichtigung späterer Preis- oder Wechselkursänderungen).

43. Handelt es sich bei der funktionalen Währung eines Unternehmens um die Währung eines Hochinflationslandes, hat das Unternehmen seinen Abschluss gemäß IAS 29 anzupassen, bevor es die in Paragraph 42 beschriebene Umrechnungsmethode anwendet. Davon ausgenommen sind Vergleichsbeträge, die in die Währung eines Nicht-Hochinflationslandes umgerechnet werden (siehe Paragraph 42(b)). Wenn ein bisheriges Hochinflationsland nicht mehr als solches eingestuft wird und das Unternehmen seinen Abschluss nicht mehr gemäß IAS 29 anpasst, sind als historische Anschaffungs- oder Herstellungskosten für die Umrechnung in die Darstellungswährung oder an das Preisniveau angepassten Beträge maßgeblich, die zu dem Zeitpunkt galten, an dem das Unternehmen mit der Anpassung seines Abschlusses aufgehört hat.

Umrechnung eines ausländischen Geschäftsbetriebs

44. Die Paragraphen 45-47 sind zusätzlich zu den Paragraphen 38-43 anzuwenden, wenn die Vermögens-, Finanz- und Ertragslage eines ausländischen Geschäftsbetriebs in eine Darstellungswährung umgerechnet wird, damit der ausländische Geschäftsbetrieb durch Vollkonsolidierung, Quotenkonsolidierung oder durch die Equity-Methode in den Abschluss des berichtenden Unternehmens einbezogen werden kann.

45. Die Einbeziehung der Vermögens-, Finanz- und Ertragslage eines ausländischen Geschäftsbetriebs in den Abschluss des berichtenden Unternehmens folgt den üblichen Konsolidierungsverfahren. Dazu zählen etwa die Eliminierung konzerninterner Salden und Transaktionen mit einem Tochterunternehmen (siehe IAS 27 und IAS 31 *Anteile an Gemeinschaftsunternehmen*). Ein konzerninterner monetärer Vermögenswert (oder eine konzerninterne monetäre Verbindlichkeit), ob kurzfristig oder langfristig, darf jedoch nur dann mit einem entsprechenden konzerninternen Vermögenswert (oder einer konzerninternen Verbindlichkeit) verrechnet werden, wenn das Ergebnis von Währungsschwankungen im Konzernabschluss ausgewiesen wird. Dies ist deshalb der Fall, weil der monetäre Posten eine Verpflichtung darstellt, eine Währung in eine andere umzuwandeln, und das berichtende Unternehmen einen Gewinn oder Verlust aus Währungsschwankungen zu verzeichnen hat. Demgemäß wird eine derartige Umrechnungsdifferenz im Konzernabschluss des berichtenden Unternehmens weiter im Gewinn oder Verlust erfasst, es sei denn, sie stammt aus Umständen, die in Paragraph 32 beschrieben wurden. In diesen Fällen wird sie bis zur Veräußerung des ausländischen Geschäftsbetriebs im sonstigen Ergebnis erfasst und in einem separaten Bestandteil des Eigenkapitals kumuliert.

46. Wird der Abschluss eines ausländischen Geschäftsbetriebs zu einem anderen Stichtag als dem des berichtenden Unternehmens aufgestellt, so erstellt dieser ausländische Geschäftsbetrieb häufig einen zusätzlichen Abschluss auf den Stichtag des berichtenden Unternehmens. Ist dies nicht der Fall, so kann gemäß IAS 27 ein abweichender Stichtag verwendet werden, sofern der Unterschied nicht größer als drei Monate ist und Berichtigungen für die Auswirkungen aller bedeutenden Geschäftsvorfälle oder Ereignisse vorgenommen werden, die zwischen den abweichenden Stichtagen eingetreten sind. In einem solchen Fall werden die Vermögenswerte und Schulden des ausländischen Geschäftsbetriebs zum Wechselkurs am Abschlussstichtag des ausländischen Geschäftsbetriebs umgerechnet. Treten bis zum Abschlussstichtag des berichtenden Unternehmens erhebliche Wechselkursänderungen ein, so werden diese gemäß IAS 27 berichtigt. Der gleiche Ansatz gilt für die Anwendung der Equity-Methode auf assoziierte Unternehmen und Gemeinschaftsunternehmen und für die Quotenkonsolidierung von Gemeinschaftsunternehmen gemäß IAS 28 *Anteile an assoziierten Unternehmen* und IAS 31.

47. Jeglicher im Zusammenhang mit dem Erwerb eines ausländischen Geschäftsbetriebs entstehende Geschäfts- oder Firmenwert und sämtliche beizulegenden Zeitwert ausgerichteten Berichtigungen des Buchwerts der Vermögenswerte und Schulden, die aus dem Erwerb dieses ausländischen Geschäftsbetriebs resultieren, sind als Vermögenswerte und Schulden des ausländischen Geschäftsbetriebs zu behandeln. Sie werden daher in der funktionalen Währung des ausländischen Geschäftsbetriebs angegeben und sind gemäß den Paragraphen 39 und 42 zum Stichtagskurs umzurechnen.

Abgang oder teilweiser Abgang eines ausländischen Geschäftsbetriebs

48. Beim Abgang eines ausländischen Geschäftsbetriebs sind die entsprechenden kumulierten Umrechnungsdifferenzen, die bis zu diesem Zeitpunkt im sonstigen Ergebnis erfasst und in einem separaten Bestandteil des Eigenkapitals kumuliert wurden, in der gleichen Periode, in der

auch der Gewinn oder Verlust aus dem Abgang erfasst wird, vom Eigenkapital in den Gewinn oder Verlust umzugliedern (als Umgliederungsbetrag) (siehe IAS 1 *Darstellung des Abschlusses* (überarbeitet 2007).

48A. Zusätzlich zum Abgang des gesamten Anteils eines Unternehmens an einem ausländischen Geschäftsbetrieb werden folgende Fälle selbst dann als Abgänge bilanziert, wenn das Unternehmen einen Anteil am ehemaligen Tochterunternehmen, assoziierten oder gemeinsam geführten Unternehmen behält:

(a) Verlust der Beherrschung eines Tochterunternehmens, zu dem ein ausländischer Geschäftsbetrieb gehört;

(b) Verlust des maßgeblichen Einflusses über ein assoziiertes Unternehmen, zu dem ein ausländischer Geschäftsbetrieb gehört; und

(c) Verlust der gemeinschaftlichen Führung eines gemeinsam geführten Unternehmens, zu dem ein ausländischer Geschäftsbetrieb gehört.

48B. Beim Abgang eines Tochterunternehmens, zu dem ein ausländischer Geschäftsbetrieb gehört, sind die kumulierten, zu diesem ausländischen Geschäftsbetrieb gehörenden Umrechnungsdifferenzen, die den nicht beherrschenden Anteilen zugeordnet waren, auszubuchen, aber nicht in den Gewinn oder Verlust umzugliedern.

48C. Bei einem teilweisen Abgang eines Tochterunternehmens, zu dem ein ausländischer Geschäftsbetrieb gehört, ist der entsprechende Anteil an den kumulierten Umrechnungsdifferenzen, die im sonstigen Ergebnis erfasst sind, den nicht beherrschenden Anteilen an diesem ausländischen Geschäftsbetrieb wieder zuzuordnen. Bei allen anderen teilweisen Abgängen eines ausländischen Geschäftsbetriebs hat das Unternehmen nur den entsprechenden Anteil der kumulierten Umrechnungsdifferenzen in den Gewinn oder Verlust umzugliedern, der im sonstigen Ergebnis erfasst war.

48D. Ein teilweiser Abgang eines Anteils eines Unternehmens an einem ausländischen Geschäftsbetrieb ist eine Verringerung der Beteiligungsquote eines Unternehmens an einem ausländischen Geschäftsbetrieb, davon ausgenommen sind jene in Paragraph 48A dargestellten Verringerungen, die als Abgänge bilanziert werden.

49. Ein Unternehmen kann seine Nettoinvestition in einen ausländischen Geschäftsbetrieb durch Verkauf, Liquidation, Kapitalrückzahlung oder Betriebsaufgabe, vollständig oder als Teil dieses Geschäftsbetriebs, ganz oder teilweise abgeben. Eine außerplanmäßige Abschreibung des Buchwerts eines ausländischen Geschäftsbetriebs aufgrund eigener Verluste oder aufgrund einer vom Anteilseigner erfassten Wertminderung ist nicht als teilweiser Abgang zu betrachten. Folglich wird auch kein Teil der Umrechnungsgewinne oder -verluste, die im sonstigen Ergebnis erfasst sind, zum Zeitpunkt der außerplanmäßigen Abschreibung in einem Gewinn oder Verlust umgegliedert.

STEUERLICHE AUSWIRKUNGEN SÄMTLICHER UMRECHNUNGSDIFFERENZEN

50. Gewinne und Verluste aus Fremdwährungstransaktionen sowie Umrechnungsdifferenzen aus der Umrechnung der Vermögens-, Finanz- und Ertragslage eines Unternehmens (einschließlich eines ausländischen Geschäftsbetriebs) können steuerliche Auswirkungen haben, die gemäß IAS 12 *Ertragsteuern* bilanziert werden.

ANGABEN

51. Die Bestimmungen zur funktionalen Währung in den Paragraphen 53 und 55-57 beziehen sich im Falle einer Unternehmensgruppe auf die funktionale Währung des Mutterunternehmens.

52. Folgende Angaben sind erforderlich:

(a) der Betrag der Umrechnungsdifferenzen, die im Gewinn oder Verlust erfasst wurden. Davon ausgenommen sind Umrechnungsdifferenzen aus Finanzinstrumenten, die gemäß IAS 39 über den Gewinn oder Verlust zu ihrem beizulegenden Zeitwert bewertet werden.

(b) der Saldo der Umrechnungsdifferenzen, der im sonstigen Ergebnis erfasst und in einem separaten Bestandteil des Eigenkapitals kumuliert wurde, und eine Überleitungsrechnung des Betrags solcher Umrechnungsdifferenzen zum Beginn und am Ende der Berichtsperiode.

53. Wenn die Darstellungswährung nicht der funktionalen Währung entspricht, ist dieser Umstand zusammen mit der Nennung der funktionalen Währung und einer Begründung für die Verwendung einer abweichenden Währung anzugeben.

54. Bei einem Wechsel der funktionalen Währung des berichtenden Unternehmens oder eines wesentlichen ausländischen Geschäftsbetriebs sind dieser Umstand und die Gründe anzugeben, die zur Umstellung der funktionalen Währung geführt haben.

55. Veröffentlicht ein Unternehmen seinen Abschluss in einer anderen Währung als seiner funktionalen Währung, darf es den Abschluss nur dann als mit den International Financial Reporting Standards übereinstimmend bezeichnen, wenn dieser sämtliche Anforderungen aller anzuwendenden IFRS dieser Standards sowie die in den Paragraphen 39 und 42 dargelegte Umrechnungsmethode erfüllt.

56. Ein Unternehmen stellt seinen Abschluss oder andere Finanzinformationen manchmal in einer anderen Währung als seiner funktionalen Währung dar, ohne die Anforderungen von Paragraph 55 zu erfüllen. Beispielsweise kommt es vor, dass ein Unternehmen nur ausgewählte Posten seines Abschlusses in eine andere Währung umrechnet, oder ein Unternehmen, dessen funktionale Währung nicht die Währung eines Hochinflationslandes ist, rechnet seinen Abschluss in eine andere Währung um, indem es für alle Posten den letzten Stichtagskurs verwendet. Derartige Umrechnun-

gen entsprechen nicht den International Financial Reporting Standards und den in Paragraph 57 genannten erforderlichen Angaben.

57. Stellt ein Unternehmen seinen Abschluss oder andere Finanzinformationen in einer anderen Währung als seiner funktionalen oder seiner Darstellungswährung dar und werden die Anforderungen von Paragraph 55 nicht erfüllt, so hat das Unternehmen:
(a) die Informationen deutlich als zusätzliche Informationen zu kennzeichnen, um sie von den mit den International Financial Reporting Standards übereinstimmenden Informationen zu unterscheiden.
(b) die Währung anzugeben, in der die zusätzlichen Informationen dargestellt werden; und
(c) die funktionale Währung des Unternehmens und die verwendete Umrechnungsmethode zur Ermittlung der zusätzlichen Informationen anzugeben.

ZEITPUNKT DES INKRAFTTRETENS UND ÜBERGANGSVORSCHRIFTEN

58. Dieser Standard ist erstmals in der ersten Berichtsperiode eines am 1. Januar 2005 oder danach beginnenden Geschäftsjahres anzuwenden. Eine frühere Anwendung wird empfohlen. Wenn ein Unternehmen diesen Standard für Berichtsperioden anwendet, die vor dem 1. Januar 2005 beginnen, so ist diese Tatsache anzugeben.

58A. *Nettoinvestition in einen ausländischen Geschäftsbetrieb* (Änderung des IAS 21), Dezember 2005, Hinzufügung von Paragraph 15A und Änderung von Paragraph 33. Diese Änderungen sind erstmals in der ersten Berichtsperiode am 1. Januar 2006 oder danach beginnenden Geschäftsjahrs anzuwenden. Eine frühere Anwendung wird empfohlen.

59. Ein Unternehmen hat Paragraph 47 prospektiv auf alle Erwerbe anzuwenden, die nach Beginn der Berichtsperiode, in dieser Standard erstmalig angewendet wird, stattfinden. Eine retrospektive Anwendung des Paragraphen 47 auf frühere Erwerbe ist zulässig. Beim Erwerb eines ausländischen Geschäftsbetriebs, der prospektiv behandelt wird, jedoch vor dem Zeitpunkt der erstmaligen Anwendung dieses Standards stattgefunden hat, braucht das Unternehmen keine Berichtigung der Vorjahre vorzunehmen und kann daher, sofern angemessen, den Geschäfts- oder Firmenwert und die Anpassungen an den beizulegenden Zeitwert im Zusammenhang mit diesem Erwerb als Vermögenswerte und Schulden des Unternehmens und nicht als Vermögenswerte und Schulden des ausländischen Geschäftsbetriebs behandeln. Der Geschäfts- oder Firmenwert und die Anpassungen an den beizulegenden Zeitwert sind daher bereits in der funktionalen Währung des berichtenden Unternehmens angegeben, oder es handelt sich um nicht monetäre Fremdwährungsposten, die zu dem zum Zeitpunkt des Erwerbs geltenden Wechselkurs umgerechnet werden.

60. Alle anderen Änderungen, die sich aus der Anwendung dieses Standards ergeben, sind gemäß den Bestimmungen von IAS 8 *Rechnungslegungsmethoden, Änderungen von rechnungslegungsbezogenen Schätzungen und Fehler* zu bilanzieren.

60A. Infolge des IAS 1 (überarbeitet 2007) wurde die in allen IFRS verwendete Terminologie geändert. Außerdem wurden die Paragraphen 27, 30—33, 37, 39, 41, 45, 48 und 52 geändert. Diese Änderungen sind erstmals in der ersten Berichtsperiode eines am 1. Januar 2009 oder danach beginnenden Geschäftsjahres anzuwenden. Wird IAS 1 (überarbeitet 2007) auf eine frühere Periode angewandt, sind diese Änderungen entsprechend auch anzuwenden.

60B. Mit der 2008 geänderten Fassung des IAS 27 wurden die Paragraphen 48A–48D eingefügt und Paragraph 49 geändert. Diese Änderungen sind prospektiv auf die erste Berichtsperiode eines am oder nach dem 1. Juli 2009 beginnenden Geschäftsjahres anzuwenden. Wendet ein Unternehmen IAS 27 (in der 2008 geänderten Fassung) auf eine frühere Periode an, sind auch diese Änderungen auf diese frühere Periode anzuwenden.

60D. Durch die im Mai 2010 veröffentlichten *Verbesserungen an den IFRS* wurde Paragraph 60B geändert. Diese Änderung ist erstmals in der ersten Berichtsperiode eines am oder nach dem 1. Juli 2010 beginnenden Geschäftsjahres anzuwenden. Eine frühere Anwendung ist zulässig.

RÜCKNAHME ANDERER VERLAUTBARUNGEN

61. Dieser Standard ersetzt IAS 21 *Auswirkungen von Wechselkursänderungen* (überarbeitet 1993).

62. Dieser Standard ersetzt die folgenden Interpretationen:
(a) SIC-11 *Fremdwährung – Aktivierung von Verlusten aus erheblichen Währungsabwertungen*;
(b) SIC-19 *Berichtswährung – Bewertung und Darstellung von Abschlüssen gemäß IAS 21 und IAS 29* und
(c) SIC-30 *Berichtswährung – Umrechnung von der Bewertungs- in die Darstellungswährung*.

INTERNATIONAL ACCOUNTING STANDARD 23
Fremdkapitalkosten (überarbeitet 2007)

IAS 23, VO (EG) Nr. 1260/2008 i.d.F.

1 VO (EG) Nr. 70/2009

GLIEDERUNG	§§
GRUNDPRINZIP	1
ANWENDUNGSBEREICH	2–4
DEFINITIONEN	5–7
ANSATZ	8–25
Aktivierbare Fremdkapitalkosten	10–15
Buchwert des qualifizierten Vermögenswerts ist höher als der erzielbare Betrag	16
Beginn der Aktivierung	17–19
Unterbrechung der Aktivierung	20–21
Ende der Aktivierung	22–25
ANGABEN	26
ÜBERGANGSVORSCHRIFTEN	27–28
ZEITPUNKT DES INKRAFTTRETENS	29–29A
RÜCKNAHME VON IAS 23 (ÜBERARBEITET 1993)	30

GRUNDPRINZIP

1. Fremdkapitalkosten, die direkt dem Erwerb, dem Bau oder der Herstellung eines qualifizierten Vermögenswerts zugeordnet werden können, gehören zu den Anschaffungs- oder Herstellungskosten dieses Vermögenswerts. Andere Fremdkapitalkosten werden als Aufwand erfasst.

ANWENDUNGSBEREICH

2. Dieser Standard ist auf die bilanzielle Behandlung von Fremdkapitalkosten anzuwenden.

3. Der Standard befasst sich nicht mit den tatsächlichen oder kalkulatorischen Kosten des Eigenkapitals einschließlich solcher bevorrechtigter Kapitalbestandteile, die nicht als Schuld zu qualifizieren sind.

4. Ein Unternehmen ist nicht verpflichtet, den Standard auf Fremdkapitalkosten anzuwenden, die direkt dem Erwerb, dem Bau oder der Herstellung folgender Vermögenswerte zugerechnet werden können:

(a) qualifizierte Vermögenswerte, die zum beizulegenden Zeitwert bewertet werden, wie beispielsweise biologische Vermögenswerte; oder

(b) Vorräte, die in großen Mengen wiederholt gefertigt oder auf andere Weise hergestellt werden.

DEFINITIONEN

5. In diesem Standard werden die folgenden Begriffe mit der angegebenen Bedeutung verwendet:

Fremdkapitalkosten sind Zinsen und weitere im Zusammenhang mit der Aufnahme von Fremdkapital angefallene Kosten eines Unternehmens.

Ein *qualifizierter Vermögenswert* ist ein Vermögenswert, für den ein beträchtlicher Zeitraum erforderlich ist, um ihn in seinen beabsichtigten gebrauchs- oder verkaufsfähigen Zustand zu versetzen.

6. Fremdkapitalkosten können Folgendes umfassen:

(a) Zinsaufwand, der nach der in IAS 39 *Finanzinstrumente: Ansatz und Bewertung* beschriebenen Effektivzinsmethode berechnet wird;

(b) [gestrichen]

(c) [gestrichen]

(d) Finanzierungskosten aus Finanzierungs-Leasingverhältnissen, die gemäß IAS 17 *Leasingverhältnisse* bilanziert werden; und

(e) Währungsdifferenzen aus Fremdwährungskrediten, soweit sie als Zinskorrektur anzusehen sind.

7. Je nach Art der Umstände kommen als qualifizierte Vermögenswerte in Betracht:

(a) Vorräte

(b) Fabrikationsanlagen

(c) Energieversorgungseinrichtungen

(d) immaterielle Vermögenswerte

(e) als Finanzinvestitionen gehaltene Immobilien.

Finanzielle Vermögenswerte und Vorräte, die über einen kurzen Zeitraum gefertigt oder auf andere Weise hergestellt werden, sind keine qualifizierten Vermögenswerte. Gleiches gilt für Vermögenswerte, die bereits bei Erwerb in ihrem beabsichtigten gebrauchs- oder verkaufsfähigen Zustand sind.

ANSATZ

8. Fremdkapitalkosten, die direkt dem Erwerb, dem Bau oder der Herstellung eines qualifizierten Vermögenswerts zugeordnet werden können, sind als Teil der Anschaffungs- oder Herstellungskosten dieses Vermögenswerts zu aktivieren. Andere Fremdkapitalkosten sind in der Periode ihres Anfalls als Aufwand zu erfassen.

9. Fremdkapitalkosten, die direkt dem Erwerb, dem Bau oder der Herstellung eines qualifizierten Vermögenswerts zugeordnet werden können, gehören zu den Anschaffungs- oder Herstellungskosten dieses Vermögenswerts. Solche Fremdkapitalkosten werden als Teil der Anschaffungs- oder Herstellungskosten des Vermögenswerts aktiviert, wenn wahrscheinlich ist, dass dem Unternehmen hieraus künftiger wirtschaftlicher Nutzen erwächst und die Kosten verlässlich bewertet werden können. Wenn ein Unternehmen IAS 29 *Rechnungslegung in Hochinflationsländern* anwendet, hat es gemäß Paragraph 21 des Standards jenen Teil der Fremdkapitalkosten als Aufwand zu erfassen, der als Ausgleich für die Inflation im entsprechenden Zeitraum dient.

Aktivierbare Fremdkapitalkosten

10. Die Fremdkapitalkosten, die direkt dem Erwerb, dem Bau oder der Herstellung eines qualifizierten Vermögenswerts zugeordnet werden können, sind solche Fremdkapitalkosten, die vermieden werden wären, wenn die Ausgaben für den qualifizierten Vermögenswert nicht getätigt worden wären. Wenn ein Unternehmen speziell für die Beschaffung eines bestimmten qualifizierten Vermögenswerts Mittel aufnimmt, können die Fremdkapitalkosten, die sich direkt auf diesen qualifizierten Vermögenswert beziehen, ohne weiteres bestimmt werden.

11. Es kann schwierig sein, einen direkten Zusammenhang zwischen bestimmten Fremdkapitalaufnahmen und einem qualifizierten Vermögenswert festzustellen und die Fremdkapitalaufnahmen zu bestimmen, die andernfalls hätten vermieden werden können. Solche Schwierigkeiten ergeben sich beispielsweise, wenn die Finanzierungstätigkeit eines Unternehmens zentral koordiniert wird. Schwierigkeiten treten auch dann auf, wenn ein Konzern verschiedene Schuldinstrumente mit unterschiedlichen Zinssätzen in Anspruch nimmt und diese Mittel zu unterschiedlichen Bedingungen an andere Unternehmen des Konzerns ausleiht. Andere Komplikationen erwachsen aus der Inanspruchnahme von Fremdwährungskrediten oder von Krediten, die an Fremdwährungen gekoppelt sind, wenn der Konzern in Hochinflationsländern tätig ist, sowie aus Wechselkursschwankungen. Dies führt dazu, dass der Betrag der Fremdkapitalkosten, die direkt einem qualifizierten Vermögenswert zugeordnet werden können, schwierig zu bestimmen ist und einer Ermessensentscheidung bedarf.

12. In dem Umfang, in dem ein Unternehmen Fremdmittel speziell für die Beschaffung eines qualifizierten Vermögenswerts aufnimmt, ist der Betrag der für diesen Vermögenswert aktivierbaren Fremdkapitalkosten als die tatsächlich in der Periode auf Grund dieser Fremdkapitalaufnahme angefallenen Fremdkapitalkosten abzüglich etwaiger Anlageerträge aus der vorübergehenden Zwischenanlage dieser Mittel zu bestimmen.

13. Die Finanzierungsvereinbarungen für einen qualifizierten Vermögenswert können dazu führen, dass ein Unternehmen die Mittel erhält und ihm die damit verbundenen Fremdkapitalkosten entstehen, bevor diese Mittel ganz oder teilweise für Zahlungen für den qualifizierten Vermögenswert verwendet werden. Unter diesen Umständen werden die Mittel häufig vorübergehend bis zur Verwendung für den qualifizierten Vermögenswert angelegt. Bei der Bestimmung des Betrages der aktivierbaren Fremdkapitalkosten einer Periode werden alle Anlageerträge, die aus derartigen Finanzinvestitionen erzielt worden sind, von den angefallenen Fremdkapitalkosten abgezogen.

14. In dem Umfang, in dem ein Unternehmen Mittel allgemein aufgenommen und für die Beschaffung eines qualifizierten Vermögenswerts verwendet hat, ist der Betrag der aktivierbaren Fremdkapitalkosten durch Anwendung eines Finanzierungskostensatzes auf die Ausgaben für diesen Vermögenswert zu bestimmen. Als Finanzierungskostensatz ist der gewogene Durchschnitt der Fremdkapitalkosten für solche Kredite des Unternehmens zugrunde zu legen, die während der Periode bestanden haben und nicht speziell für die Beschaffung eines qualifizierten Vermögenswerts aufgenommen worden sind. Der Betrag der während einer Periode aktivierten Fremdkapitalkosten darf den Betrag der in der betreffenden Periode angefallenen Fremdkapitalkosten nicht übersteigen.

15. In manchen Fällen ist es angebracht, alle Fremdkapitalaufnahmen des Mutterunternehmens und seiner Tochterunternehmen in die Berechnung des gewogenen Durchschnittes der Fremdkapitalkosten einzubeziehen. In anderen Fällen ist es angebracht, dass jedes Tochterunternehmen den für seine eigenen Fremdkapitalaufnahmen geltenden gewogenen Durchschnitt der Fremdkapitalkosten verwendet.

Buchwert des qualifizierten Vermögenswerts ist höher als der erzielbare Betrag

16. Ist der Buchwert oder sind die letztlich zu erwartenden Anschaffungs- oder Herstellungskosten des qualifizierten Vermögenswerts höher als der erzielbare Betrag dieses Gegenstands oder sein Nettoveräußerungswert, so wird der Buchwert gemäß den Bestimmungen anderer Standards außerplanmäßig abgeschrieben oder ausgebucht. In bestimmten Fällen wird der Betrag der außerplanmäßigen Abschreibung oder Ausbuchung gemäß

diesen anderen Standards später wieder zugeschrieben bzw. eingebucht.

Beginn der Aktivierung

17. Die Aktivierung der Fremdkapitalkosten als Teil der Anschaffungs- oder Herstellungskosten eines qualifizierten Vermögenswerts ist am Anfangszeitpunkt aufzunehmen. Der Anfangszeitpunkt für die Aktivierung ist der Tag, an dem das Unternehmen alle der folgenden Bedingungen erfüllt:
(a) es fallen Ausgaben für den Vermögenswert an;
(b) es fallen Fremdkapitalkosten an; und
(c) es werden die erforderlichen Arbeiten durchgeführt, um den Vermögenswert für seinen beabsichtigten Gebrauch oder Verkauf herzurichten.

18. Ausgaben für einen qualifizierten Vermögenswert umfassen nur solche Ausgaben, die durch Barzahlungen, Übertragung anderer Vermögenswerte oder die Übernahme verzinslicher Schulden erfolgt sind. Die Ausgaben werden um alle erhaltenen Abschlagszahlungen und Zuwendungen in Verbindung mit dem Vermögenswert gekürzt (siehe IAS 20 *Bilanzierung und Darstellung von Zuwendungen der öffentlichen Hand*). Der durchschnittliche Buchwert des Vermögenswerts während einer Periode einschließlich der früher aktivierten Fremdkapitalkosten ist in der Regel ein vernünftiger Näherungswert für die Ausgaben, auf die der Finanzierungskostensatz in der betreffenden Periode angewendet wird.

19. Die Arbeiten, die erforderlich sind, um den Vermögenswert für seinen beabsichtigten Gebrauch oder Verkauf herzurichten, umfassen mehr als die physische Herstellung des Vermögenswerts. Darin eingeschlossen sind auch technische und administrative Arbeiten vor dem Beginn der physischen Herstellung, wie beispielsweise die Tätigkeiten, die mit der Beschaffung von Genehmigungen vor Beginn der physischen Herstellung verbunden sind. Davon ausgeschlossen ist jedoch das bloße Halten eines Vermögenswerts ohne jedwede Bearbeitung oder Entwicklung, die seinen Zustand verändert. Beispielsweise werden Fremdkapitalkosten, die während der Erschließung unbebauter Grundstücke anfallen, in der Periode aktiviert, in der die mit der Erschließung zusammenhängenden Arbeiten unternommen werden. Werden jedoch für Zwecke der Bebauung erworbene Grundstücke ohne eine damit verbundene Erschließungstätigkeit gehalten, sind Fremdkapitalkosten, die während dieser Zeit anfallen, nicht aktivierbar.

Unterbrechung der Aktivierung

20. Die Aktivierung von Fremdkapitalkosten ist auszusetzen, wenn die aktive Entwicklung eines qualifizierten Vermögenswerts für einen längeren Zeitraum unterbrochen wird.

21. Fremdkapitalkosten können während eines längeren Zeitraumes anfallen, in dem die Arbeiten, die erforderlich sind, um einen Vermögenswert für den beabsichtigten Gebrauch oder Verkauf herzurichten, unterbrochen sind. Bei diesen Kosten handelt es sich um Kosten für das Halten teilweise fertig gestellter Vermögenswerte, die nicht aktivierbar sind. Im Regelfall wird die Aktivierung von Fremdkapitalkosten allerdings nicht ausgesetzt, wenn das Unternehmen während einer Periode wesentliche technische und administrative Leistungen erbracht hat. Die Aktivierung von Fremdkapitalkosten wird ferner nicht ausgesetzt, wenn eine vorübergehende Verzögerung notwendiger Prozessbestandteil ist, um den Vermögenswert für seinen beabsichtigten Gebrauch oder Verkauf herzurichten. Beispielsweise läuft die Aktivierung über einen längeren Zeitraum weiter, um den sich Brückenbauarbeiten auf Grund hoher Wasserstände verzögern, sofern mit derartigen Wasserständen innerhalb der Bauzeit in der betreffenden geographischen Region üblicherweise zu rechnen ist.

Ende der Aktivierung

22. Die Aktivierung von Fremdkapitalkosten ist zu beenden, wenn im Wesentlichen alle Arbeiten abgeschlossen sind, um den qualifizierten Vermögenswert für seinen beabsichtigten Gebrauch oder Verkauf herzurichten.

23. Ein Vermögenswert ist in der Regel dann für seinen beabsichtigten Gebrauch oder Verkauf fertig gestellt, wenn die physische Herstellung des Vermögenswerts abgeschlossen ist, auch wenn noch normale Verwaltungsarbeiten andauern. Wenn lediglich geringfügige Veränderungen ausstehen, wie die Ausstattung eines Gebäudes nach den Angaben des Käufers oder Benutzers, deutet dies darauf hin, dass im Wesentlichen alle Arbeiten abgeschlossen sind.

24. Wenn die Herstellung eines qualifizierten Vermögenswerts in Teilen abgeschlossen ist und die einzelnen Teile nutzbar sind, während der Herstellungsprozess für weitere Teile fortgesetzt wird, ist die Aktivierung der Fremdkapitalkosten zu beenden, wenn im Wesentlichen alle Arbeiten abgeschlossen sind, um den betreffenden Teil für den beabsichtigten Gebrauch oder Verkauf herzurichten.

25. Ein Gewerbepark mit mehreren Gebäuden, die jeweils einzeln genutzt werden können, ist ein Beispiel für einen qualifizierten Vermögenswert, bei dem einzelne Teile nutzbar sind, während andere Teile noch erstellt werden. Ein Beispiel für einen qualifizierten Vermögenswert, der fertig gestellt sein muss, bevor irgendein Teil genutzt werden kann, ist eine industrielle Anlage mit verschiedenen Prozessen, die nacheinander in verschiedenen Teilen der Anlage am selben Standort ablaufen, wie beispielsweise ein Stahlwerk.

ANGABEN

26. Folgende Angaben sind von einem Unternehmen zu machen:

(a) der Betrag der in der Periode aktivierten Fremdkapitalkosten; und

(b) der Finanzierungskostensatz, der bei der Bestimmung der aktivierbaren Fremdkapitalkosten zugrunde gelegt worden ist.

ÜBERGANGSVORSCHRIFTEN

27. Sofern die Anwendung dieses Standards zu einer Änderung der Bilanzierungs- und Bewertungsmethoden führt, ist der Standard auf die Fremdkapitalkosten für qualifizierte Vermögenswerte anzuwenden, deren Anfangszeitpunkt für die Aktivierung am oder nach dem Tag des Inkrafttretens liegt.

28. Ein Unternehmen kann jedoch einen beliebigen Tag vor dem Zeitpunkt des Inkrafttretens bestimmen und den Standard auf die Fremdkapitalkosten für alle qualifizierten Vermögenswerte anwenden, deren Anfangszeitpunkt für die Aktivierung am oder nach diesem Tag liegt.

ZEITPUNKT DES INKRAFTTRETENS

29. Dieser Standard ist erstmals in der ersten Berichtsperiode eines am 1. Januar 2009 oder danach beginnenden Geschäftsjahres anzuwenden. Eine frühere Anwendung ist zulässig. Wenn ein Unternehmen diesen Standard für Berichtsperioden vor dem 1. Januar 2009 anwendet, so ist diese Tatsache anzugeben.

29A. Paragraph 6 wird im Rahmen der *Verbesserungen der IFRS* vom Mai 2008 geändert. Diese Änderungen sind erstmals in der ersten Berichtsperiode eines am 1. Januar 2009 oder danach beginnenden Geschäftsjahres anzuwenden. Eine frühere Anwendung ist zulässig. Wendet ein Unternehmen diese Änderungen auf eine frühere Periode an, so ist dies anzugeben.

RÜCKNAHME VON IAS 23 (ÜBERARBEITET 1993)

30. Der vorliegende Standard ersetzt IAS 23 *Fremdkapitalkosten* überarbeitet 1993.

INTERNATIONAL ACCOUNTING STANDARD 24
Angaben über Beziehungen zu nahestehenden Unternehmen und Personen

IAS 24, VO (EU) Nr. 632/2010

GLIEDERUNG	§§
ZIELSETZUNG	1
ANWENDUNGSBEREICH	2–4
ZWECK DER ANGABEN ÜBER BEZIEHUNGEN ZU NAHESTEHENDEN UNTERNEHMEN UND PERSONEN	5–8
DEFINITIONEN	9–12
ANGABEN	13–27
Unternehmen jeder Art	13–24
Einer öffentlichen Stelle nahestehende Unternehmen	25–27
ZEITPUNKT DES INKRAFTTRETENS UND ÜBERGANGSVORSCHRIFTEN	28
RÜCKNAHME VON IAS 24 (2003)	29

ZIELSETZUNG

1. Dieser Standard soll sicherstellen, dass die Abschlüsse eines Unternehmens alle Angaben enthalten, die notwendig sind, um auf die Möglichkeit hinzuweisen, dass die Vermögens- und Finanzlage und der Gewinn oder Verlust des Unternehmens u.U. durch die Existenz nahestehender Unternehmen und Personen sowie durch Geschäftsvorfälle und ausstehende Salden (einschließlich Verpflichtungen) mit diesen beeinflusst worden sind.

ANWENDUNGSBEREICH

2. Dieser Standard ist anzuwenden bei
a) der Ermittlung von Beziehungen zu und Geschäftsvorfällen mit nahe stehenden Unternehmen und Personen
b) der Ermittlung der zwischen einem Unternehmen und den ihm nahestehenden Unternehmen und Personen ausstehenden Salden (einschließlich Verpflichtungen)
c) der Ermittlung der Umstände, unter denen die unter a und b genannten Sachverhalte angegeben werden müssen, und
d) der Bestimmung der zu diesen Sachverhalten zu liefernden Angaben

3. Nach diesem Standard müssen in den nach IAS 27 *Konzern- und Einzelabschluss* vorgelegten Konzern- und Einzelabschlüssen eines Mutterunternehmens, Partnerunternehmens oder Anteilseigners Beziehungen, Geschäftsvorfälle und ausstehende Salden (einschließlich Verpflichtungen) mit nahestehenden Unternehmen und Personen angegeben werden. Dieser Standard ist auch auf Einzelabschlüsse anzuwenden.

4. Geschäftsvorfälle und ausstehende Salden mit nahestehenden Unternehmen und Personen einer Gruppe werden im Abschluss des Unternehmens angegeben. Bei der Aufstellung des Konzernabschlusses werden diese gruppeninternen Geschäftsvorfälle und ausstehenden Salden eliminiert.

ZWECK DER ANGABEN ÜBER BEZIEHUNGEN ZU NAHESTEHENDEN UNTERNEHMEN UND PERSONEN

5. Beziehungen zu nahestehenden Unternehmen und Personen sind in Handel und Gewerbe gängige Praxis. So wickeln Unternehmen oftmals Teile ihrer Geschäftstätigkeit über Tochterunternehmen, Gemeinschaftsunternehmen oder assoziierte Unternehmen ab. In einem solchen Fall hat das Unternehmen die Möglichkeit, durch Beherrschung, gemeinschaftliche Führung oder maßgeblichen Einfluss auf die Finanz- und Geschäftspolitik des Beteiligungsunternehmens einzuwirken.

6. Eine Beziehung zu nahestehenden Unternehmen und Personen könnte sich auf die Vermögens- und Finanzlage und den Gewinn oder Verlust eines Unternehmens auswirken. Nahestehende Unternehmen und Personen tätigen möglicherweise Geschäfte, die fremde Dritte nicht tätigen würden. So wird ein Unternehmen, das seinem Mutterunternehmen Güter zu Anschaffungs- oder Herstellungskosten verkauft, diese möglicherweise nicht zu den gleichen Konditionen an andere Kunden abgeben. Auch werden Geschäfte zwischen nahestehenden Unternehmen und Personen möglicherweise nicht zu den gleichen Beträgen abgewickelt wie zwischen fremden Dritten.

7. Eine Beziehung zu nahestehenden Unternehmen und Personen kann sich selbst dann auf den Gewinn oder Verlust oder die Vermögens- und Finanzlage eines Unternehmens auswirken, wenn keine Geschäfte mit nahestehenden Unternehmen und Personen stattfinden. Die bloße Existenz der Beziehung kann ausreichen, um die Geschäfte des

berichtenden Unternehmens mit Dritten zu beeinflussen. So kann beispielsweise ein Tochterunternehmen seine Beziehungen zu einem Handelspartner beenden, wenn eine Schwestergesellschaft, die im gleichen Geschäftsfeld wie der frühere Geschäftspartner tätig ist, vom Mutterunternehmen erworben wurde. Ebensogut könnte eine Partei aufgrund des maßgeblichen Einflusses eines Dritten eine Handlung unterlassen – ein Tochterunternehmen könnte beispielsweise von seinem Mutterunternehmen die Anweisung erhalten, keine Forschungs- und Entwicklungstätigkeiten auszuführen.

8. Sind die Abschlussadressaten über die Transaktionen, ausstehenden Salden (einschließlich Verpflichtungen) und Beziehungen eines Unternehmens mit nahestehenden Unternehmen und Personen im Bilde, kann dies aus den genannten Gründen ihre Einschätzung der Geschäftstätigkeit des Unternehmens und der bestehenden Risiken und Chancen beeinflussen.

DEFINITIONEN

9. Die folgenden Begriffe werden in diesem Standard mit der angegebenen Bedeutung verwendet:

Nahestehende Unternehmen und Personen sind Personen oder Unternehmen, die dem abschlusserstellenden Unternehmen (in diesem Standard „berichtendes Unternehmen" genannt) nahestehen.

a) Eine Person oder ein naher Familienangehöriger dieser Person steht einem berichtenden Unternehmen nahe, wenn sie/er
 i) das berichtende Unternehmen beherrscht oder an dessen gemeinschaftlicher Führung beteiligt ist
 ii) maßgeblichen Einfluss auf das berichtende Unternehmen hat oder
 iii) im Management des berichtenden Unternehmens oder eines Mutterunternehmens des berichtenden Unternehmens eine Schlüsselposition bekleidet

b) Ein Unternehmen steht einem berichtenden Unternehmen nahe, wenn eine der folgenden Bedingungen erfüllt ist:
 i) Das Unternehmen und das berichtende Unternehmen gehören derselben Unternehmensgruppe an (was bedeutet, dass alle Mutterunternehmen, Tochterunternehmen und Schwestergesellschaften einander nahe stehen)
 ii) Eines der beiden Unternehmen ist ein assoziiertes Unternehmen oder ein Gemeinschaftsunternehmen des anderen (oder ein assoziiertes Unternehmen oder Gemeinschaftsunternehmen eines Unternehmens einer Gruppe, der auch das andere Unternehmen angehört)
 iii) Beide Unternehmen sind Gemeinschaftsunternehmen desselben Dritten
 iv) Eines der beiden Unternehmen ist ein Gemeinschaftsunternehmen eines dritten Unternehmens und das andere ist assoziiertes Unternehmen dieses dritten Unternehmens
 v) Das Unternehmen ist ein Plan für Leistungen nach Beendigung des Arbeitsverhältnisses zugunsten der Arbeitnehmer entweder des berichtenden Unternehmens oder eines dem berichtenden Unternehmen nahestehenden Unternehmens. Handelt es sich bei dem berichtenden Unternehmen selbst um einen solchen Plan, sind auch die in diesen Plan einzahlenden Arbeitgeber als dem berichtenden Unternehmen nahestehend zu betrachten
 vi) Das Unternehmen wird von einer unter Buchstabe a genannten Person beherrscht oder steht unter gemeinschaftlicher Führung, an der eine unter Buchstabe a genannte Person beteiligt ist
 vii) Eine unter Buchstabe a Ziffer i genannte Person hat maßgeblichen Einfluss auf das Unternehmen oder bekleidet im Management des Unternehmens (oder eines Mutterunternehmes des Unternehmens) eine Schlüsselposition

Ein *Geschäftsvorfall mit nahestehenden Unternehmen und Personen* ist eine Übertragung von Ressourcen, Dienstleistungen oder Verpflichtungen zwischen einem berichtenden Unternehmen und einem nahestehenden Unternehmen/einer nahestehenden Person, unabhängig davon, ob dafür ein Entgelt in Rechnung gestellt wird.

Nahe Familienangehörige einer Person sind Familienmitglieder, von denen angenommen werden kann, dass sie bei ihren Transaktionen mit dem Unternehmen auf die Person Einfluss nehmen oder von ihr beeinflusst werden können. Dazu gehören

a) Kinder und Ehegatte oder Lebenspartner dieser Person
b) Kinder des Ehegatten oder Lebenspartners dieser Person und
c) abhängige Angehörige dieser Person oder des Ehegatten oder Lebenspartners dieser Person

Vergütungen umfassen sämtliche Leistungen an Arbeitnehmer (gemäß Definition in IAS 19 *Leistungen an Arbeitnehmer*), einschließlich solcher, auf die IFRS 2 *Anteilsbasierte Vergütung* anzuwenden ist. Leistungen an Arbeitnehmer sind jede Form von Vergütung, die von dem Unternehmen oder in dessen Namen als Gegenleistung für erhaltene Dienstleistungen gezahlt wurden, zu zahlen sind oder bereitgestellt werden. Dazu gehören auch Entgelte, die von dem Unternehmen im Namen eines Mutterunternehmens gezahlt werden. Vergütungen umfassen:

a) kurzfristig fällige Leistungen an Arbeitnehmer wie Löhne, Gehälter und Sozialversicherungsbeiträge, Urlaubs- und Krankengeld, Gewinn- und Erfolgsbeteiligungen (sofern diese binnen zwölf Monaten nach Ende der Berichtsperiode zu zahlen sind) sowie geldwerte Leistungen (wie medizinische Versorgung, Wohnung und Dienstwagen sowie kostenlose oder vergünstigte Waren oder Dienstleistungen) für aktive Arbeitnehmer

b) Leistungen nach Beendigung des Arbeitsverhältnisses wie Renten, sonstige Altersversorgungsleistungen, Lebensversicherungen und medizinische Versorgung

c) sonstige langfristig fällige Leistungen an Arbeitnehmer, einschließlich Sonderurlaub nach langjähriger Dienstzeit oder vergütete Dienstfreistellungen, Jubiläumsgelder oder andere Leistungen für langjährige Dienstzeit, Versorgungsleistungen im Falle der Erwerbsunfähigkeit und – sofern diese Leistungen nicht vollständig binnen zwölf Monaten nach Ende der Berichtsperiode zu zahlen sind – Gewinn- und Erfolgsbeteiligungen sowie später fällige Vergütungsbestandteile

d) Leistungen aus Anlass der Beendigung des Arbeitsverhältnisses und

e) anteilsbasierte Vergütungen.

Beherrschung ist die Möglichkeit, die Finanz- und Geschäftspolitik eines Unternehmens zu bestimmen, um aus dessen Tätigkeit Nutzen zu ziehen.

Gemeinschaftliche Führung ist die vertraglich vereinbarte Teilhabe an der Führung einer wirtschaftlichen Geschäftstätigkeit.

Mitglieder des Managements in Schlüsselpositionen sind Personen, die direkt oder indirekt für die Planung, Leitung und Überwachung der Tätigkeiten des Unternehmens zuständig und verantwortlich sind; dies schließt Mitglieder der Geschäftsführungs- und Aufsichtsorgane ein.

Maßgeblicher Einfluss ist die Möglichkeit, an den finanz- und geschäftspolitischen Entscheidungen eines Unternehmens mitzuwirken, ohne diese Prozesse beherrschen zu können. Ein maßgeblicher Einfluss kann durch Anteilsbesitz, Satzung oder durch vertragliche Vereinbarungen begründet werden.

Öffentliche Stellen sind Regierungsbehörden, Institutionen mit hoheitlichen Aufgaben und ähnliche Körperschaften, unabhängig davon, ob diese auf lokaler, nationaler oder internationaler Ebene angesiedelt sind.

Einer *öffentlichen Stelle nahestehende Unternehmen* sind Unternehmen, die von einer öffentlichen Stelle beherrscht werden oder unter gemeinschaftlicher Führung oder maßgeblichem Einfluss einer öffentlichen Stelle stehen.

10. Bei der Betrachtung aller möglichen Beziehungen zu nahestehenden Unternehmen und Personen wird auf den wirtschaftlichen Gehalt der Beziehung und nicht allein auf die rechtliche Gestaltung abgestellt.

11. Im Rahmen dieses Standards nicht als nahestehende Unternehmen und Personen anzusehen sind

a) zwei Unternehmen, die lediglich ein Geschäftsleitungsmitglied oder ein anderes Mitglieder des Managements in einer Schlüsselposition gemeinsam haben, oder bei denen ein Mitglied des Managements in einer Schlüsselposition bei dem einen Unternehmen maßgeblichen Einfluss auf das andere Unternehmen hat.

b) zwei Partnerunternehmen, die lediglich die gemeinschaftliche Führung eines Gemeinschaftsunternehmens ausüben.

c) i) Kapitalgeber,
   ii) Gewerkschaften,
   iii) öffentliche Versorgungsunternehmen und
   iv) Behörden und Institutionen einer öffentlichen Stelle, die das berichtende Unternehmen weder beherrscht noch gemeinschaftlich führt noch maßgeblich beeinflusst,

   lediglich aufgrund ihrer gewöhnlichen Geschäftsbeziehungen mit einem Unternehmen (dies gilt auch, wenn sie den Handlungsspielraum eines Unternehmens einengen oder am Entscheidungsprozess mitwirken können).

d) einzelne Kunden, Lieferanten, Franchisegeber, Vertriebspartner oder Generalvertreter, mit denen ein Unternehmen ein erhebliches Geschäftsvolumen abwickelt, lediglich aufgrund der daraus resultierenden wirtschaftlichen Abhängigkeit.

12. In der Definition *Nahestehende Unternehmen und Personen* schließt *assoziiertes Unternehmen* auch Tochtergesellschaften des assoziierten Unternehmens und *Gemeinschaftsunternehmen* auch Tochtergesellschaften des Gemeinschaftsunternehmens ein. Aus diesem Grund sind beispielsweise die Tochtergesellschaft eines assoziierten Unternehmens und ein Gesellschafter, der maßgeblichen Einfluss auf das assoziierte Unternehmen ausübt, als nahestehend zu betrachten.

ANGABEN

Unternehmen jeder Art

13. Beziehungen zwischen einem Mutter- und seinen Tochterunternehmen sind anzugeben, unabhängig davon, ob Geschäftsvorfälle zwischen ihnen stattgefunden haben. Ein Unternehmen hat den Namen seines Mutterunternehmens und, falls abweichend, den Namen des obersten beherrschenden Unternehmens anzugeben. Veröffentlicht weder das Mutterunter-

nehmen noch das oberste beherrschende Unternehmen einen Konzernabschluss, ist auch der Name des nächsthöheren Mutterunternehmens, das einen Konzernabschluss veröffentlicht, anzugeben.

14. Damit sich die Abschlussadressaten ein Urteil darüber bilden können, wie sich Beziehungen zu nahestehenden Unternehmen und Personen auf ein Unternehmen auswirken, sollten solche Beziehungen stets angegeben werden, wenn ein Beherrschungsverhältnis vorliegt, und zwar unabhängig davon, ob es zwischen den nahestehenden Unternehmen und Personen Geschäftsvorfälle gegeben hat.

15. Die Pflicht zur Angabe solcher Beziehungen zwischen einem Mutter- und seinen Tochterunternehmen besteht zusätzlich zu den Angabepflichten in IAS 27, IAS 28 *Anteile an assoziierten Unternehmen* und IAS 31 *Anteile an Gemeinschaftsunternehmen*.

16. In Paragraph 13 wird auf das nächsthöhere Mutterunternehmen verwiesen. Dabei handelt es sich um das erste Mutterunternehmen über dem unmittelbaren Mutterunternehmen, das einen Konzernabschluss veröffentlicht.

17. Ein Unternehmen hat die Vergütung der Mitglieder seines Managements in Schlüsselpositionen sowohl insgesamt als auch gesondert für jede der folgenden Kategorien anzugeben:

a) kurzfristig fällige Leistungen
b) Leistungen nach Beendigung des Arbeitsverhältnisses
c) andere langfristig fällige Leistungen
d) Leistungen aus Anlass der Beendigung des Arbeitsverhältnisses und
e) anteilsbasierte Vergütungen

18. Hat es bei einem Unternehmen in den Zeiträumen, auf die sich die Abschlüsse beziehen, Geschäftsvorfälle mit nahestehenden Unternehmen oder Personen gegeben, so hat es anzugeben, welcher Art seine Beziehung zu dem nahestehenden Unternehmen / der nahestehenden Person ist, und die Abschlussadressaten über diejenigen Geschäftsvorfälle und ausstehenden Salden (einschließlich Verpflichtungen) zu informieren, die diese benötigen, um die möglichen Auswirkungen dieser Beziehung auf den Abschluss nachzuvollziehen. Diese Angabepflichten bestehen zusätzlich zu den in Paragraph 17 genannten Pflichten. Diese Angaben müssen zumindest Folgendes umfassen:

a) die Höhe der Geschäftsvorfälle
b) die Höhe der ausstehenden Salden, einschließlich Verpflichtungen, und
  i) deren Bedingungen und Konditionen – u.a., ob eine Besicherung besteht – sowie die Art der Leistungserfüllung und
  ii) Einzelheiten gewährter oder erhaltener Garantien

c) Rückstellungen für zweifelhafte Forderungen im Zusammenhang mit ausstehenden Salden und
d) den während der Periode erfassten Aufwand für uneinbringliche oder zweifelhafte Forderungen gegenüber nahestehenden Unternehmen und Personen

19. Die in Paragraph 18 vorgeschriebenen Angaben sind für jede der folgenden Kategorien gesondert vorzulegen:

a) das Mutterunternehmen
b) Unternehmen, die an der gemeinschaftlichen Führung des Unternehmens beteiligt sind, oder maßgeblichen Einfluss auf das Unternehmen haben
c) Tochterunternehmen
d) assoziierte Unternehmen
e) Gemeinschaftsunternehmen, bei denen das Unternehmen ein Partnerunternehmen ist
f) Mitglieder des Managements in Schlüsselpositionen des Unternehmens oder dessen Mutterunternehmens und
g) sonstige nahestehende Unternehmen und Personen

20. Die in Paragraph 19 vorgeschriebene Aufschlüsselung der an nahestehende Unternehmen und Personen zu zahlenden oder von diesen zu fordernden Beträge in verschiedene Kategorien stellt eine Erweiterung der Angabepflichten des IAS 1 *Darstellung des Abschlusses* für die Informationen dar, die entweder in der Bilanz oder im Anhang darzustellen sind. Die Kategorien werden erweitert, um eine umfassendere Analyse der Salden nahestehender Unternehmen und Personen zu ermöglichen, und sind auf Geschäftsvorfälle mit nahestehenden Unternehmen und Personen anzuwenden.

21. Es folgen Beispiele von Geschäftsvorfällen, die anzugeben sind, wenn sie mit nahestehenden Unternehmen oder Personen abgewickelt werden:

a) Käufe oder Verkäufe (fertiger oder unfertiger) Güter
b) Käufe oder Verkäufe von Grundstücken, Bauten und anderen Vermögenswerten
c) geleistete oder bezogene Dienstleistungen
d) Leasingverhältnisse
e) Dienstleistungstransfers im Bereich Forschung und Entwicklung
f) Transfers aufgrund von Lizenzvereinbarungen
g) Transfers im Rahmen von Finanzierungsvereinbarungen (einschließlich Darlehen und Kapitaleinlagen in Form von Bar- oder Sacheinlagen)
h) Gewährung von Bürgschaften oder Sicherheiten
i) Verpflichtungen, bei künftigem Eintritt oder Ausbleiben eines bestimmten Ereignisses etwas Bestimmtes zu tun, worunter auch (er-

fasste und nicht erfasste) erfüllungsbedürftige Verträge (*) fallen und

(*) In IAS 37 Rückstellungen, Eventualverbindlichkeiten und Eventualforderungen werden erfüllungsbedürftige Verträge definiert als Verträge, bei denen beide Parteien ihre Verpflichtungen in keiner Weise oder teilweise zu gleichen Teilen erfüllt haben.

j) die Erfüllung von Verbindlichkeiten für Rechnung des Unternehmens oder durch das Unternehmen für Rechnung dieses nahestehenden Unternehmens/dieser nahestehenden Person

22. Die Teilnahme eines Mutter- oder Tochterunternehmens an einem leistungsorientierten Plan, der Risiken zwischen den Unternehmen einer Gruppe aufteilt, stellt einen Geschäftsvorfall zwischen nahestehenden Unternehmen und Personen dar (siehe IAS 19 Paragraph 34B).

23. Die Angabe, dass Geschäftsvorfälle mit nahestehenden Unternehmen und Personen unter den gleichen Bedingungen abgewickelt wurden wie Geschäftsvorfälle mit unabhängigen Geschäftspartnern, ist nur zulässig, wenn dies nachgewiesen werden kann.

24. **Gleichartige Posten dürfen zusammengefasst angegeben werden, es sei denn, eine gesonderte Angabe ist erforderlich, um die Auswirkungen der Geschäftsvorfälle mit nahestehenden Unternehmen und Personen auf den Abschluss des Unternehmens beurteilen zu können.**

Einer öffentlichen Stelle nahestehende Unternehmen

25. **Ein berichtendes Unternehmen ist von der in Paragraph 18 festgelegten Pflicht zur Angabe von Geschäftsvorfällen und ausstehenden Salden (einschließlich Verpflichtungen) mit nahestehenden Unternehmen und Personen befreit, wenn es sich bei diesen Unternehmen und Personen handelt um:**

a) **eine öffentliche Stelle, die das berichtende Unternehmen beherrscht, an dessen gemeinschaftlicher Führung beteiligt ist oder maßgeblichen Einfluss auf das berichtende Unternehmen hat, oder**

b) **ein anderes Unternehmen, das als nahestehend zu betrachten ist, weil dieselbe öffentliche Stelle sowohl das berichtende als auch dieses andere Unternehmen beherrscht, an deren gemeinschaftlicher Führung beteiligt ist oder maßgeblichen Einfluss auf diese hat.**

26. **Nimmt ein berichtendes Unternehmen die Ausnahmeregelung des Paragraphen 25 in Anspruch, hat es zu den dort genannten Geschäftsvorfällen und dazugehörigen ausstehenden Salden Folgendes anzugeben:**

a) **den Namen der öffentlichen Stelle und die Art ihrer Beziehung zu dem berichtenden Unternehmen (d.h. Beherrschung, gemeinschaftliche Führung oder maßgeblicher Einfluss)**

b) **die folgenden Informationen und zwar so detailliert, dass die Abschlussadressaten die Auswirkungen der Geschäftsvorfälle mit nahestehenden Unternehmen und Personen auf dessen Abschluss beurteilen können:**

   i) **Art und Höhe jedes Geschäftsvorfalls, der für sich genommen signifikant ist, und**

   II) **qualitativer oder quantitativer Umfang von Geschäftsvorfällen, die zwar nicht für sich genommen, aber in ihrer Gesamtheit signifikant sind. Hierunter fallen u.a. Geschäftsvorfälle der in Paragraph 21 genannten Art.**

27. Wenn das berichtende Unternehmen nach bestem Wissen und Gewissen den Grad der Detailliertheit der in Paragraph 26 Buchstabe b vorgeschriebenen Angaben bestimmt, trägt es der Nähe der Beziehung zu nahestehenden Unternehmen und Personen sowie anderen für die Bestimmung der Signifikanz des Geschäftsvorfalls Rechnung, d.h., ob dieser

a) von seinem Umfang her signifikant ist

b) zu marktunüblichen Bedingungen stattgefunden hat

c) außerhalb des regulären Tagesgeschäfts anzusiedeln ist, wie der Kauf oder Verkauf von Unternehmen

d) Regulierungs- oder Aufsichtsbehörden gemeldet wird

e) der oberen Führungsebene gemeldet wird

f) von den Anteilseignern genehmigt werden muss.

ZEITPUNKT DES INKRAFTTRETENS UND ÜBERGANGSVORSCHRIFTEN

28. Dieser Standard ist rückwirkend in der ersten Berichtsperiode eines am 1. Januar 2011 oder danach beginnenden Geschäftsjahres anzuwenden. Eine frühere Anwendung – ob des gesamten Standards oder der in den Paragraphen 25–27 vorgesehenen teilweisen Freistellung von Unternehmen, die einer öffentlichen Stelle nahestehen – ist zulässig. Wendet ein Unternehmen den gesamten Standard oder die teilweise Freistellung auf Berichtsperioden an, die vor dem 1. Januar 2011 beginnen, hat es dies anzugeben.

RÜCKNAHME VON IAS 24 (2003)

29. Dieser Standard ersetzt IAS 24 *Angaben über Beziehungen zu nahestehenden Unternehmen und Personen* (in der 2003 überarbeiteten Fassung).

INTERNATIONAL ACCOUNTING STANDARD 26
Bilanzierung und Berichterstattung von Altersversorgungsplänen

IAS 26, VO (EG) Nr. 1126/2008 i.d.F.

1 VO (EG) Nr. 1274/2008 [IAS 1]

GLIEDERUNG	§§
ANWENDUNGSBEREICH	1–7
DEFINITIONEN	8–16
BEITRAGSORIENTIERTE PLÄNE	13–16
LEISTUNGSORIENTIERTE PLÄNE	17–31
Versicherungsmathematischer Barwert der zugesagten Versorgungsleistungen	23–26
Häufigkeit versicherungsmathematischer Bewertungen	27
Inhalt des Abschlusses	28–31
ALLE PLÄNE	32–36
Bewertung des Planvermögens	32–33
Angaben	34–36
ZEITPUNKT DES INKRAFTTRETENS	37

ANWENDUNGSBEREICH

1. Dieser Standard ist auf Abschlüsse von Altersversorgungsplänen, bei denen die Erstellung solcher Abschlüsse vorgesehen ist, anzuwenden.

2. Altersversorgungspläne werden manchmal auch anders bezeichnet, beispielsweise als „Pensionsordnungen", „Versorgungswerke" oder „Betriebsrentenordnungen". Dieser Standard betrachtet einen Altersversorgungsplan als eine von den Arbeitgebern der Begünstigten des Plans losgelöste Berichtseinheit. Alle anderen Standards sind auf die Abschlüsse von Altersversorgungsplänen anzuwenden, soweit sie nicht durch diesen Standard ersetzt werden.

3. Dieser Standard befasst sich mit der Bilanzierung und Berichterstattung eines Plans für die Gesamtheit aller Begünstigten. Er beschäftigt sich nicht mit Berichten an einzelne Begünstigte im Hinblick auf ihre Altersversorgungsansprüche.

4. IAS 19 *Leistungen an Arbeitnehmer* behandelt die Bestimmung der Aufwendungen für Versorgungsleistungen in den Abschlüssen von Arbeitgebern, die über solche Pläne verfügen. Der vorliegende Standard ergänzt daher IAS 19.

5. Ein Altersversorgungsplan kann entweder beitrags- oder leistungsorientiert sein. Bei vielen ist die Schaffung getrennter Fonds erforderlich, in die Beiträge einbezahlt und aus den die Versorgungsleistungen ausbezahlt werden. Die Fonds können, müssen aber nicht über folgende Merkmale verfügen: rechtliche Eigenständigkeit und Vorhandensein von Treuhändern. Dieser Standard gilt unabhängig davon, ob ein solcher Fonds geschaffen wurde oder ob Treuhänder vorhanden sind.

6. Altersversorgungspläne, deren Vermögenswerte bei Versicherungsunternehmen angelegt werden, unterliegen den gleichen Rechnungslegungs- und Finanzierungsanforderungen wie selbstverwaltete Anlagen. Demgemäß fallen diese Pläne in den Anwendungsbereich dieses Standards, es sei denn, die Vereinbarung mit dem Versicherungsunternehmen ist im Namen eines bezeichneten Begünstigten oder einer Gruppe von Begünstigten abgeschlossen worden und die Verpflichtung aus der Versorgungszusage obliegt allein dem Versicherungsunternehmen.

7. Dieser Standard befasst sich nicht mit anderen Leistungsformen aus Arbeitsverhältnissen wie Abfindungen bei Beendigung des Arbeitsverhältnisses, Vereinbarungen über in die Zukunft verlagerte Vergütungsbestandteile, Vergütungen bei Ausscheiden nach langer Dienstzeit, Vorruhestandsregelungen oder Sozialplänen, Gesundheits- und Fürsorgeregelungen oder Erfolgsbeteiligungen. Öffentliche Sozialversicherungssysteme sind von dem Anwendungsbereich dieses Standards ebenfalls ausgeschlossen.

DEFINITIONEN

8. Die folgenden Begriffe werden in diesem Standard mit der angegebenen Bedeutung verwendet:

Altersversorgungspläne sind Vereinbarungen, durch die ein Unternehmen seinen Mitarbeitern Versorgungsleistungen bei oder nach Beendigung des Arbeitsverhältnisses gewährt (entweder in Form einer Jahresrente oder in Form einer einmaligen Zahlung), sofern solche Versorgungsleistungen bzw. die dafür erbrachten Beiträge vor der Pensionierung der Mitarbeiter aufgrund einer vertraglichen Vereinbarung oder aufgrund der betrieblichen Praxis bestimmt oder geschätzt werden können.

Beitragsorientierte Pläne sind Altersversorgungspläne, bei denen die als Versorgungsleistung zu zahlenden Beträge durch die Beiträge zu einem Fonds und den daraus erzielten Anlageerträgen bestimmt werden.

Leistungsorientierte Pläne sind Altersversorgungspläne, bei denen die als Versorgungsleistung zu zahlenden Beträge nach Maßgabe einer Formel bestimmt werden, die üblicherweise das Einkommen des Arbeitnehmers und/oder die Jahre seiner Dienstzeit berücksichtigt.

Fondsfinanzierung ist der Vermögenstransfer vom Arbeitgeber zu einer vom Unternehmen getrennten Einheit (einem Fonds), um die Erfüllung künftiger Verpflichtungen zur Zahlung von Altersversorgungsleistungen sicherzustellen.

Außerdem werden im Rahmen dieses Standards die folgenden Begriffe verwendet:

Die *Begünstigten* sind die Mitglieder eines Altersversorgungsplans und andere Personen, die gemäß dem Plan Ansprüche auf Leistungen haben.

Das *für Leistungen zur Verfügung stehende Nettovermögen* umfasst alle Vermögenswerte eines Altersversorgungsplans, abzüglich der Verbindlichkeiten mit Ausnahme des versicherungsmathematischen Barwertes der zugesagten Versorgungsleistungen.

Der *versicherungsmathematische Barwert der zugesagten Versorgungsleistungen* ist der Barwert der künftig zu erwartenden Versorgungszahlungen des Altersversorgungsplans an aktive und bereits ausgeschiedene Arbeitnehmer, soweit diese der bereits geleisteten Dienstzeit als erdient zuzurechnen sind.

Unverfallbare Leistungen sind erworbene Rechte auf künftige Leistungen, die nach den Bedingungen eines Altersversorgungsplans nicht von der Fortsetzung des Arbeitsverhältnisses abhängig sind.

9. Einige Altersversorgungspläne haben Geldgeber, die nicht mit den Arbeitgebern identisch sind; dieser Standard bezieht sich auch auf die Abschlüsse solcher Pläne.

10. Die Mehrzahl der Altersversorgungspläne beruht auf formalen Vereinbarungen. Einige Pläne sind ohne formale Grundlage, haben aber durch die bestehende Praxis des Arbeitgebers Verpflichtungscharakter erlangt. Im Allgemeinen ist es für einen Arbeitgeber schwierig, einen Altersversorgungsplan außer Kraft zu setzen, wenn Arbeitnehmer weiter beschäftigt werden, selbst wenn einige Pläne den Arbeitgebern gestatten, ihre Verpflichtungen unter diesen Versorgungsplänen einzuschränken. Sowohl für einen vertraglich geregelten als auch einen Versorgungsplan ohne formale Grundlage gelten die gleichen Grundsätze für die Bilanzierung und Berichterstattung.

11. Viele Altersversorgungspläne sehen die Bildung von separaten Fonds zur Entgegennahme von Beiträgen und für die Auszahlung von Leistungen vor. Solche Fonds können von Beteiligten verwaltet werden, welche das Fondsvermögen in unabhängiger Weise betreuen. Diese Beteiligten werden in einigen Ländern als Treuhänder bezeichnet. Der Begriff Treuhänder wird in diesem Standard verwendet, um in der Weise Beteiligte zu bezeichnen; dies gilt unabhängig davon, ob ein Treuhandfonds gebildet worden ist.

12. Altersversorgungspläne werden im Regelfall entweder als beitragsorientierte Pläne oder als leistungsorientierte Pläne bezeichnet. Beide verfügen über ihre eigenen charakteristischen Merkmale. Gelegentlich bestehen Pläne, welche Merkmale von beiden aufweisen. Solche Mischpläne werden im Rahmen dieses Standards wie leistungsorientierte Pläne behandelt.

BEITRAGSORIENTIERTE PLÄNE

13. Der Abschluss eines beitragsorientierten Plans hat eine Aufstellung des für Leistungen zur Verfügung stehenden Nettovermögens sowie eine Beschreibung der Grundsätze der Fondsfinanzierung zu enthalten.

14. Bei einem beitragsorientierten Plan ergibt sich die Höhe der zukünftigen Versorgungsleistungen für einen Begünstigten aus den Beiträgen des Arbeitgebers, des Begünstigten oder beiden sowie der Wirtschaftlichkeit und den Anlageerträgen des Fonds. Im Allgemeinen wird der Arbeitgeber durch seine Beiträge an den Fonds von seinen Verpflichtungen befreit. Die Beratung durch einen Versicherungsmathematiker ist im Regelfall nicht erforderlich, obwohl eine solche Beratung manchmal darauf abzielt, die künftigen Versorgungsleistungen, die sich unter Zugrundelegung der gegenwärtigen Beiträge und unterschiedlicher Niveaus zukünftiger Beiträge und Finanzerträge ergeben, zu schätzen.

15. Die Begünstigten sind an den Aktivitäten des Plans interessiert, da diese eine direkte Auswirkung auf die Höhe ihrer zukünftigen Versorgungsleistungen haben. Die Begünstigten möchten auch erfahren, ob Beiträge eingegangen sind und eine ordnungsgemäße Kontrolle stattgefunden hat, um ihre Rechte zu schützen. Ein Arbeitgeber hat ein Interesse an einer wirtschaftlichen und unparteiischen Abwicklung des Plans.

16. Zielsetzung der Berichterstattung von beitragsorientierten Plänen ist die regelmäßige Bereitstellung von Informationen über den Plan und die Ertragskraft der Kapitalanlagen. Dieses Ziel wird im Allgemeinen durch die Bereitstellung eines Abschlusses erfüllt, der Folgendes enthält:

(a) eine Beschreibung der maßgeblichen Tätigkeiten in der Periode und der Auswirkung aller Änderungen in Bezug auf den Versorgungsplan, sowie seiner Mitglieder und der Vertragsbedingungen;

(b) Aufstellungen zu den Geschäftsvorfällen und der Ertragskraft der Kapitalanlagen in der Periode sowie zu der Vermögens- und Finanz-

lage des Versorgungsplans am Ende der Periode; sowie
(c) eine Beschreibung der Kapitalanlagepolitik.

LEISTUNGSORIENTIERTE PLÄNE

17. Der Abschluss eines leistungsorientierten Plans hat zu enthalten, entweder:
(a) eine Aufstellung, woraus Folgendes zu ersehen ist:
    (i) das für Leistungen zur Verfügung stehende Nettovermögen;
    (ii) der versicherungsmathematische Barwert der zugesagten Versorgungsleistungen, wobei zwischen unverfallbaren und verfallbaren Ansprüchen unterschieden wird; sowie
    (iii) eine sich ergebende Vermögensüber- oder -unterdeckung oder
(b) eine Aufstellung des für Leistungen zur Verfügung stehenden Nettovermögens, einschließlich entweder:
    (i) einer Angabe, die den versicherungsmathematischen Barwert der zugesagten Versorgungsleistungen, unterschieden nach unverfallbaren und verfallbaren Ansprüchen, offen legt; oder
    (ii) einen Verweis auf diese Information in einem beigefügten Gutachten eines Versicherungsmathematikers.

Falls zum Abschlussstichtag keine versicherungsmathematische Bewertung erfolgt, ist die aktuellste Bewertung als Grundlage heranzuziehen und der Bewertungsstichtag anzugeben.

18. Für die Zwecke des Paragraphen 17 sind dem versicherungsmathematischen Barwert der zugesagten Versorgungsleistungen die gemäß den Bedingungen des Plans für die bisher erbrachte Dienstzeit zugesagten Versorgungsleistungen zugrunde zu legen; hierbei dürfen entweder die gegenwärtigen oder die erwarteten künftigen Gehaltsniveaus berücksichtigt werden, wobei die verwendete Rechnungsgrundlage anzugeben ist. Auch jede Änderung der versicherungsmathematischen Annahmen, die sich erheblich auf den versicherungsmathematischen Barwert der zugesagten Versorgungsleistungen ausgewirkt hat, ist anzugeben.

19. Der Abschluss hat die Beziehung zwischen dem versicherungsmathematischen Barwert der zugesagten Versorgungsleistungen und dem für Leistungen zur Verfügung stehenden Nettovermögen sowie die Grundsätze für die über den Fonds erfolgende Finanzierung der zugesagten Versorgungsleistungen zu erläutern.

20. Die Zahlung zugesagter Versorgungsleistungen hängt bei einem leistungsorientierten Plan auch von dessen Vermögens- und Finanzlage und der Fähigkeit der Beitragszahler, auch künftig Beiträge zu leisten, sowie von der Ertragskraft der Kapitalanlagen in dem Fonds und der Wirtschaftlichkeit des Plans ab.

21. Ein leistungsorientierter Plan benötigt regelmäßige Beratung durch einen Versicherungsmathematiker, um seine Vermögens- und Finanzlage einzuschätzen, die Berechnungsannahmen zu überprüfen und um Empfehlungen für zukünftige Beitragsniveaus zu erhalten.

22. Ziel der Berichterstattung eines leistungsorientierten Plans ist es, in regelmäßigen Zeitabständen Informationen über seine Kapitalanlagen und Aktivitäten zu geben; diese müssen geeignet sein, das Verhältnis von angesammelten Ressourcen zu den Versorgungsleistungen im Zeitablauf zu beurteilen. Dieses Ziel wird im Allgemeinen durch die Bereitstellung eines Abschlusses erfüllt, der Folgendes enthält:
(a) eine Beschreibung der maßgeblichen Tätigkeiten in der Periode und der Auswirkung aller Änderungen in Bezug auf den Versorgungsplan, sowie seiner Mitglieder und der Vertragsbedingungen;
(b) Aufstellungen zu den Geschäftsvorfällen und der Ertragskraft der Kapitalanlagen der Periode sowie zu der Vermögens- und Finanzlage des Versorgungsplans am Ende der Periode;
(c) versicherungsmathematische Angaben, entweder als Teil der Aufstellungen oder durch einen separaten Bericht; sowie
(d) eine Beschreibung der Kapitalanlagepolitik.

Versicherungsmathematischer Barwert der zugesagten Versorgungsleistungen

23. Der Barwert der zu erwartenden Zahlungen eines Altersversorgungsplans kann unter Verwendung der gegenwärtigen oder der bis zur Pensionierung der Begünstigten erwarteten künftigen Gehaltsniveaus berechnet und berichtet werden.

24. Die Verwendung eines Ansatzes, der gegenwärtige Gehälter berücksichtigt, wird u. a. damit begründet, dass
(a) der versicherungsmathematische Barwert der zugesagten Versorgungsleistungen, definiert als Summe der Beträge, die jedem einzelnen Begünstigten derzeit zuzuordnen sind, auf diese Weise objektiver bestimmt werden kann als bei Zugrundelegung der erwarteten künftigen Gehaltsniveaus, weil weniger Annahmen zu treffen sind;
(b) auf eine Gehaltserhöhung zurückgehende Leistungserhöhungen erst zum Zeitpunkt der Gehaltserhöhung zu einer Verpflichtung des Plans werden; und
(c) der versicherungsmathematische Barwert der zugesagten Versorgungsleistungen unter dem Ansatz des gegenwärtigen Gehaltsniveaus im Falle einer Schließung oder Einstellung eines Versorgungsplans im Allgemeinen in engerer Beziehung zu dem zu zahlenden Betrag steht.

25. Die Verwendung eines Ansatzes, der die erwarteten künftigen Gehaltsniveaus berücksichtigt, wird u. a. damit begründet, dass:

(a) Finanzinformationen ausgehend von der Prämisse der Unternehmensfortführung erstellt werden sollten, ohne Rücksicht darauf, dass Annahmen zu treffen und Schätzungen vorzunehmen sind;

(b) sich bei Plänen, die auf das Entgelt zum Zeitpunkt der Pensionierung abstellen, die Leistungen nach den Gehältern zum Zeitpunkt oder nahe dem Zeitpunkt der Pensionierung bestimmen. Daher sind Gehälter, Beitragsniveaus und Verzinsung zu projizieren; sowie

(c) die Außerachtlassung künftiger Gehaltssteigerungen angesichts der Tatsache, dass der Finanzierung von Fonds überwiegend Gehaltsprojektionen zugrunde liegen, möglicherweise dazu führen kann, dass der Fonds eine offensichtliche Überdotierung aufweist, obwohl dies in Wirklichkeit nicht der Fall ist, oder er sich als angemessen dotiert darstellt, obwohl in Wirklichkeit eine Unterdotierung vorliegt.

26. Die Angabe des versicherungsmathematischen Barwertes zugesagter Versorgungsleistungen unter Berücksichtigung des gegenwärtigen Gehaltsniveaus in einem Abschluss des Plans dient als Hinweis auf die zum Zeitpunkt des Abschlusses bestehende Verpflichtung für erworbene Versorgungsleistungen. Die Angabe des versicherungsmathematischen Barwertes zugesagter Versorgungsleistungen unter Berücksichtigung der künftigen Gehälter dient ausgehend von der Prämisse der Unternehmensfortführung als Hinweis auf das Ausmaß der potenziellen Verpflichtung, die im Allgemeinen die Grundlage der Fondsfinanzierung darstellt. Zusätzlich zur Angabe des versicherungsmathematischen Barwertes zugesagter Versorgungsleistungen sind eventuell ausreichende Erläuterungen nötig, um genau anzugeben, in welchem Umfeld dieser Wert zu verstehen ist. Eine derartige Erläuterung kann in Form von Informationen über die Angemessenheit der geplanten zukünftigen Fondsfinanzierung und der Finanzierungspolitik aufgrund der Gehaltsprojektionen erfolgen. Dies kann in den Abschluss oder in das Gutachten des Versicherungsmathematikers einbezogen werden.

Häufigkeit versicherungsmathematischer Bewertungen

27. In vielen Ländern werden versicherungsmathematische Bewertungen nicht häufiger als alle drei Jahre erstellt. Falls zum Abschlussstichtag keine versicherungsmathematische Bewertung erstellt wurde, ist die aktuellste Bewertung als Grundlage heranzuziehen und der Bewertungsstichtag anzugeben.

Inhalt des Abschlusses

28. Für leistungsorientierte Pläne sind die Angaben in einem der nachfolgend beschriebenen Formate darzustellen, die die unterschiedliche Praxis bei der Angabe und Darstellung versicherungsmathematischer Informationen widerspiegeln:

(a) der Abschluss beinhaltet eine Aufstellung, die das für Leistungen zur Verfügung stehende Nettovermögen, den versicherungsmathematischen Barwert der zugesagten Versorgungsleistungen und eine sich ergebende Vermögensüber- oder -unterdeckung zeigt. Der Abschluss des Plans beinhaltet auch eine Bewegungsbilanz des für Leistungen zur Verfügung stehenden Nettovermögens sowie Veränderungen im versicherungsmathematischen Barwert der zugesagten Versorgungsleistungen. Dem Abschluss kann auch ein separates versicherungsmathematisches Gutachten beigefügt sein, welches den versicherungsmathematischen Barwert der zugesagten Versorgungsleistungen bestätigt;

(b) einen Abschluss, der eine Aufstellung des für Leistungen zur Verfügung stehenden Nettovermögens und eine Bewegungsbilanz des für Leistungen zur Verfügung stehenden Nettovermögens einschließt. Der versicherungsmathematische Barwert der zugesagten Versorgungsleistungen wird im Anhang angegeben. Dem Abschluss kann auch ein versicherungsmathematisches Gutachten beigefügt sein, welches den versicherungsmathematischen Barwert der zugesagten Versorgungsleistungen bestätigt; und

(c) einen Abschluss, der eine Aufstellung des für Leistungen zur Verfügung stehenden Nettovermögens und eine Bewegungsbilanz des für Leistungen zur Verfügung stehenden Nettovermögens, zusammen mit dem versicherungsmathematischen Barwert der zugesagten Versorgungsleistungen, der in einem separaten versicherungsmathematischen Gutachten enthalten ist, umfasst.

In jedem der gezeigten Formate kann dem Abschluss auch ein Bericht des Treuhänders in Form eines Berichtes des Managements sowie ein Kapitalanlagebericht beigefügt werden.

29. Die Befürworter der in den Paragraphen 28 (a) und 28 (b) gezeigten Formate vertreten die Auffassung, dass die Quantifizierung der zugesagten Versorgungsleistungen und anderer gemäß diesen Ansätzen gegebener Informationen den Abschlussadressaten erleichtert, die gegenwärtige Lage des Plans und die Wahrscheinlichkeit, dass dieser seine Verpflichtungen erfüllen kann, zu beurteilen. Sie sind auch der Ansicht, dass die Abschlüsse in sich vollständig sein müssen und nicht auf begleitende Aufstellungen bauen dürfen. Von einigen wird jedoch auch die Auffassung vertreten, dass das unter Paragraph 28 (a) beschriebene Format den Eindruck einer bestehenden Verbindlichkeit hervorrufen könnte, wobei der versicherungsmathematische Barwert der zugesagten Versorgungsleistungen nach dieser Auffassung nicht alle Merkmale einer Verbindlichkeit besitzt.

30. Die Befürworter des in Paragraph 28 (c) gezeigten Formats vertreten die Auffassung, dass der versicherungsmathematische Barwert der zugesagten Versorgungsleistungen nicht in eine Auf-

stellung des für Versorgungsleistungen zur Verfügung stehenden Nettovermögens, wie in Paragraph 28 (a) gezeigt, einzubeziehen ist oder gemäß Paragraph 28 (b) im Anhang anzugeben ist, da dies einen direkten Vergleich mit dem Planvermögen nach sich ziehen würde und ein derartiger Vergleich nicht zulässig sein könnte. Dabei wird vorgebracht, dass Versicherungsmathematiker nicht notwendigerweise die versicherungsmathematischen Barwerte der zugesagten Versorgungsleistungen mit den Marktwerten der Kapitalanlagen vergleichen, sondern hierzu stattdessen möglicherweise den Barwert der aus diesen Kapitalanlagen erwarteten Mittelzuflüsse heranziehen. Daher ist es nach Auffassung derjenigen, die dieses Format bevorzugen, unwahrscheinlich, dass ein solcher Vergleich die generelle Beurteilung des Plans durch den Versicherungsmathematiker wiedergibt und so Missverständnisse entstehen. Zudem wird vorgebracht, dass die Informationen über die zugesagten Versorgungsleistungen, ob quantifiziert oder nicht, nur im gesonderten versicherungsmathematischen Gutachten aufgeführt werden sollten, da dort angemessene Erläuterungen gegeben werden können.

31. Dieser Standard stimmt der Auffassung zu, dass es gestattet werden sollte, die Angaben zu zugesagten Versorgungsleistungen in einem gesonderten versicherungsmathematischen Gutachten aufzuführen. Dagegen werden die Argumente gegen eine Quantifizierung des versicherungsmathematischen Barwertes der zugesagten Versorgungsleistungen abgelehnt. Dementsprechend sind die in Paragraph 28 (a) und 28 (b) beschriebenen Formate gemäß diesem Standard akzeptabel. Dies gilt auch für das in Paragraph 28 (c) beschriebene Format, solange dem Abschluss das versicherungsmathematische Gutachten, welches den versicherungsmathematischen Barwert der zugesagten Versorgungsleistungen aufzeigt, beigefügt wird und die Angaben einen Verweis auf das Gutachten enthalten.

ALLE PLÄNE

Bewertung des Planvermögens

32. Die Kapitalanlagen des Altersversorgungsplans sind zum beizulegenden Zeitwert zu bilanzieren. Im Falle von marktfähigen Wertpapieren ist der beizulegende Zeitwert gleich dem Marktwert. In den Fällen, in denen ein Plan Kapitalanlagen hält, für die eine Schätzung des beizulegenden Zeitwertes nicht möglich ist, ist der Grund für die Nichtverwendung des beizulegenden Zeitwertes anzugeben.

33. Im Falle von marktfähigen Wertpapieren ist der beizulegende Zeitwert normalerweise gleich dem Marktwert, da dieser für die Wertpapiere zum Abschlussstichtag und für deren Ertragskraft der Periode den zweckmäßigsten Bewertungsmaßstab darstellt. Für Wertpapiere mit einem festen Rückkaufswert, die erworben wurden, um die Verpflichtungen des Plans oder bestimmte Teile davon abzudecken, können Beträge auf der Grundlage der endgültigen Rückkaufswerte unter Annahme einer bis zur Fälligkeit konstanten Rendite angesetzt werden. In den Fällen, in denen eine Schätzung des beizulegenden Zeitwerts von Kapitalanlagen des Plans nicht möglich ist, wie im Fall einer hundertprozentigen Beteiligung an einem Unternehmen, ist der Grund für die Nichtverwendung des beizulegenden Zeitwerts anzugeben. In dem Maße, wie Kapitalanlagen zu anderen Beträgen als den Marktwerten oder beizulegenden Zeitwerten angegeben werden, ist der beizulegende Zeitwert im Allgemeinen ebenfalls anzugeben. Die im Rahmen der betrieblichen Tätigkeit des Fonds genutzten Vermögenswerte sind gemäß den entsprechenden Standards zu bilanzieren.

Angaben

34. Im Abschluss eines leistungs- oder beitragsorientierten Altersversorgungsplans sind ergänzend folgende Angaben zu machen:
(a) eine Bewegungsbilanz des für Leistungen zur Verfügung stehenden Nettovermögens;
(b) eine Zusammenfassung der maßgeblichen Bilanzierungs- und Bewertungsmethoden; sowie
(c) eine Beschreibung des Plans und der Auswirkung aller Änderungen im Plan während der Periode.

35. Falls zutreffend, schließen Abschlüsse, die von Altersversorgungsplänen erstellt werden, Folgendes ein:
(a) eine Aufstellung des für Leistungen zur Verfügung stehenden Nettovermögens, mit Angabe:
　(i) der in geeigneter Weise aufgegliederten Vermögenswerte zum Ende der Periode;
　(ii) der Grundlage der Bewertung der Vermögenswerte;
　(iii) der Einzelheiten zu jeder einzelnen Kapitalanlage, die entweder 5 % des für Leistungen zur Verfügung stehenden Nettovermögens oder 5 % einer Wertpapiergattung oder -art übersteigt;
　(iv) der Einzelheiten jeder Beteiligung am Arbeitgeber; sowie
　(v) anderer Verbindlichkeiten als dem versicherungsmathematischen Barwert der zugesagten Versorgungsleistungen,
(b) eine Bewegungsbilanz des für Leistungen zur Verfügung stehenden Nettovermögens, die folgenden Posten aufzeigt:
　(i) Arbeitgeberbeiträge;
　(ii) Arbeitnehmerbeiträge;
　(iii) Anlageerträge wie Zinsen und Dividenden;
　(iv) sonstige Erträge;
　(v) gezahlte oder zu zahlende Leistungen (beispielsweise aufgegliedert nach Leistungen für Alterspensionen, Todes- und Erwerbsunfähigkeitsfälle sowie Pauschalzahlungen);

(vi) Verwaltungsaufwand;
   (vii) andere Aufwendungen;
   (viii) Ertragsteuern;
   (ix) Gewinne und Verluste aus der Veräußerung von Kapitalanlagen und Wertänderungen der Kapitalanlagen; sowie
   (x) Vermögensübertragungen von und an andere/n Pläne/n;
(c) eine Beschreibung der Grundsätze der Fondsfinanzierung;
(d) bei leistungsorientierten Plänen der versicherungsmathematische Barwert der zugesagten Versorgungsleistungen (eventuell unterschieden nach unverfallbaren und verfallbaren Ansprüchen) auf der Grundlage der gemäß diesem Plan zugesagten Versorgungsleistungen und der bereits geleisteten Dienstzeit sowie unter Berücksichtigung der gegenwärtigen oder der erwarteten künftigen Gehaltsniveaus; diese Angaben können in einem beigefügten versicherungsmathematischen Gutachten enthalten sein, das in Verbindung mit dem zugehörigen Abschluss zu lesen ist; sowie
(e) bei leistungsorientierten Plänen eine Beschreibung der maßgeblichen versicherungsmathematischen Annahmen und der zur Berechnung des versicherungsmathematischen Barwerts der zugesagten Versorgungsleistungen verwendeten Methode.

36. Der Abschluss eines Altersversorgungsplans enthält eine Beschreibung des Plans, entweder als Teil des Abschlusses oder in einem selbständigen Bericht. Darin kann Folgendes enthalten sein:

(a) die Namen der Arbeitgeber und der vom Plan erfassten Arbeitnehmergruppen;
(b) die Anzahl der Begünstigten, welche Leistungen erhalten, und die Anzahl der anderen Begünstigten, in geeigneter Gruppierung;
(c) die Art des Plans – beitrags- oder leistungsorientiert;
(d) eine Angabe dazu, ob Begünstigte an den Plan Beiträge leisten;
(e) eine Beschreibung der den Begünstigten zugesagten Versorgungsleistungen;
(f) eine Beschreibung aller Regelungen hinsichtlich einer Schließung des Plans; sowie
(g) Veränderungen in den Posten (a) bis (f) während der Periode, die durch den Abschluss behandelt wird.

Es ist nicht unüblich, auf andere den Plan beschreibende Unterlagen, die den Abschlussadressaten in einfacher Weise zugänglich sind, zu verweisen und lediglich Angaben zu nachträglichen Veränderungen aufzuführen.

ZEITPUNKT DES INKRAFTTRETENS

37. Dieser Standard ist erstmals in der ersten Berichtsperiode eines am 1. Januar 1988 oder danach beginnenden Geschäftsjahres von Altersversorgungsplänen anzuwenden.

INTERNATIONAL ACCOUNTING STANDARD 27
Konzern- und Einzelabschlüsse

IAS 27, VO (EG) Nr. 494/2009

GLIEDERUNG	§§
ANWENDUNGSBEREICH	1–3
DEFINITIONEN	4–8
DARSTELLUNG DES KONZERNABSCHLUSSES	9–11
KONSOLIDIERUNGSKREIS	12–17
KONSOLIDIERUNGSVERFAHREN	18–31
VERLUST DER BEHERRSCHUNG	32–37
BILANZIERUNG VON ANTEILEN AN TOCHTERUNTERNEHMEN, GEMEINSCHAFTLICH GEFÜHRTEN UNTERNEHMEN UND ASSOZIIERTEN UNTERNEHMEN IM EINZELABSCHLUSS	38–40
ANGABEN	41–43
ZEITPUNKT DES INKRAFTTRETENS UND ÜBERGANGSVORSCHRIFTEN	44–45C
RÜCKNAHME VON IAS 27 (2003)	46

ANWENDUNGSBEREICH

1. Dieser Standard ist bei der Aufstellung und Darstellung von Konzernabschlüssen für eine Gruppe von Unternehmen unter der Beherrschung eines Mutterunternehmens anzuwenden.

2. Dieser Standard behandelt nicht die Methoden der Bilanzierung von Unternehmenszusammenschlüssen und deren Auswirkungen auf die Konsolidierung, einschließlich eines aus einem Unternehmenszusammenschluss entstehenden Geschäfts- oder Firmenwerts (siehe IFRS 3 *Unternehmenszusammenschlüsse*).

3. Dieser Standard ist auch bei der Bilanzierung von Anteilen an Tochterunternehmen, gemeinschaftlich geführten Unternehmen und assoziierten Unternehmen anzuwenden, wenn ein Unternehmen sich dafür entscheidet oder durch lokale Vorschriften gezwungen ist, einen Einzelabschluss aufzustellen.

DEFINITIONEN

4. Die folgenden Begriffe werden in diesem Standard mit der angegebenen Bedeutung verwendet:

Ein Konzernabschluss ist der Abschluss einer Unternehmensgruppe, der die Unternehmen der Gruppe so darstellt, als handle es sich bei ihnen um ein einziges Unternehmen.

Beherrschung ist die Möglichkeit, die Finanz- und Geschäftspolitik eines Unternehmens zu bestimmen, um aus dessen Tätigkeit Nutzen zu ziehen.

Eine *Unternehmensgruppe* ist ein Mutterunternehmen mit all seinen Tochterunternehmen.

Ein *nicht beherrschender Anteil* ist das Eigenkapital eines Tochterunternehmens, das einem Mutterunternehmen weder unmittelbar noch mittelbar zugeordnet wird.

Ein *Mutterunternehmen* ist ein Unternehmen mit einem oder mehreren Tochterunternehmen.

Einzelabschlüsse sind die von einem Mutterunternehmen, einem Anteilseigner eines assoziierten Unternehmens oder einem Partnerunternehmen eines gemeinschaftlich geführten Unternehmens aufgestellten Abschlüsse, in denen die Anteile auf der Grundlage der unmittelbaren Kapitalbeteiligung anstatt auf Grundlage der vom Beteiligungsunternehmen berichteten Ergebnisse und seines Nettovermögens bilanziert werden.

Ein *Tochterunternehmen* ist ein Unternehmen, einschließlich einer Nicht-Kapitalgesellschaft, wie etwa einer Personengesellschaft, das von einem anderen Unternehmen (als Mutterunternehmen bezeichnet) beherrscht wird.

5. Ein Mutterunternehmen oder sein Tochterunternehmen kann Anteilseigner eines assoziierten oder Partnerunternehmens eines gemeinschaftlich geführten Unternehmens sein. In diesen Fällen ist ein in Übereinstimmung mit diesem Standard aufgestellter und dargestellter Konzernabschluss so aufzustellen, dass er auch den Bestimmungen von IAS 28 *Anteile an assoziierten Unternehmen* und IAS 31 *Anteile an Gemeinschaftsunternehmen* entspricht.

6. Für ein in Paragraph 5 beschriebenes Unternehmen ist der Einzelabschluss ein Abschluss, der zusätzlich zu den in Paragraph 5 genannten Abschlüssen aufgestellt und dargestellt wird. Einzelabschlüsse brauchen diesen Abschlüssen weder angehängt noch beigefügt zu werden.

7. Der Abschluss eines Unternehmens, das weder ein Tochterunternehmen noch ein assoziiertes Unternehmen besitzt oder Partnerunternehmen an

einem gemeinschaftlich geführten Unternehmen ist, stellt keinen Einzelabschluss dar.

8. Ein Mutterunternehmen, das nach Paragraph 10 von der Aufstellung eines Konzernabschlusses befreit ist, kann einen Einzelabschluss als seinen einzigen Abschluss vorlegen.

DARSTELLUNG DES KONZERN-ABSCHLUSSES

9. **Ein Mutterunternehmen, ausgenommen Mutterunternehmen gemäß Paragraph 10, hat einen Konzernabschluss aufzustellen, in dem es seine Anteile an Tochterunternehmen gemäß diesem Standard konsolidiert.**

10. **Ein Mutterunternehmen braucht dann, und nur dann, keinen Konzernabschluss aufzustellen, wenn:**

(a) **das Mutterunternehmen selbst ein hundertprozentiges Tochterunternehmen ist oder ein teilweise im Besitz stehendes Tochterunternehmen eines anderen Unternehmens ist und die anderen Eigentümer, einschließlich der nicht stimmberechtigten, darüber unterrichtet sind, dass das Mutterunternehmen keinen Konzernabschluss aufstellt, und dagegen keine Einwände erheben;**

(b) **die Schuld- oder Eigenkapitalinstrumente des Mutterunternehmens an keiner Börse (einer nationalen oder ausländischen Wertpapierbörse oder am Freiverkehrsmarkt, einschließlich lokaler und regionaler Börsen) gehandelt werden;**

(c) **das Mutterunternehmen bei keiner Börsenaufsicht oder sonstigen Aufsichtsbehörde ihre Abschlüsse zum Zweck der Emission von Finanzinstrumenten jeglicher Klasse an einer Wertpapierbörse eingereicht hat oder dies beabsichtigt; und**

(d) **das oberste oder ein zwischengeschaltetes Mutterunternehmen des Mutterunternehmens einen Konzernabschluss aufstellt, der veröffentlicht wird und den International Financial Reporting Standards entspricht.**

11. Ein Mutterunternehmen, das sich gemäß Paragraph 10 dafür entscheidet, von der Aufstellung eines Konzernabschlusses abzusehen, und nur einen Einzelabschluss aufstellt, handelt in Übereinstimmung mit den Paragraphen 38–43.

KONSOLIDIERUNGSKREIS

12. **Der Konzernabschluss hat alle Tochterunternehmen des Mutterunternehmens einzuschließen.** (^{1})

(^{1}) Erfüllt ein Tochterunternehmen zum Erwerbszeitpunkt die Kriterien für eine Klassifizierung als zur Veräußerung gehalten gemäß IFRS 5 *Zur Veräußerung gehaltene langfristige Vermögenswerte und aufgegebene Geschäftsbereiche*, ist es gemäß diesem IFRS zu bilanzieren.

13. Eine Beherrschung wird dann angenommen, wenn das Mutterunternehmen entweder direkt oder indirekt über Tochterunternehmen über mehr als die Hälfte der Stimmrechte eines Unternehmens verfügt; es sei denn, unter außergewöhnlichen Umständen lässt sich eindeutig nachweisen, dass ein derartiger Besitz keine Beherrschung begründet. Eine Beherrschung liegt ebenfalls vor, wenn das Mutterunternehmen die Hälfte oder weniger als die Hälfte der Stimmrechte an einem Unternehmen hält, gleichzeitig aber die Möglichkeit hat, (^{1})

(^{1}) Siehe auch SIC-12 Konsolidierung – *Zweckgesellschaften*.

(a) kraft einer mit anderen Anteilseignern abgeschlossenen Vereinbarung über mehr als die Hälfte der Stimmrechte zu verfügen;

(b) gemäß einer Satzung oder einer Vereinbarung die Finanz- und Geschäftspolitik des Unternehmens zu bestimmen;

(c) die Mehrheit der Mitglieder der Geschäftsführungs- und/oder Aufsichtsorgane zu ernennen oder abzuberufen, wobei die Verfügungsgewalt über das andere Unternehmen bei diesen Organen liegt; oder

(d) die Mehrheit der Stimmen bei Sitzungen der Geschäftsführungs- und/oder Aufsichtsorgane oder eines gleichwertigen Leitungsgremiums zu bestimmen, wobei die Verfügungsgewalt über das andere Unternehmen bei diesen Organen liegt.

14. Ein Unternehmen kann Aktienoptionsscheine, Aktienkaufoptionen, Schuld- oder Eigenkapitalinstrumente halten, die in Stammaktien oder in ähnliche Instrumente eines anderen Unternehmens umwandelbar sind, bei deren Ausübung oder Umwandlung dem ausübenden Unternehmen möglicherweise Stimmrechte verliehen oder die Stimmrechte eines anderen Anteilsinhabers über die Finanz- und Geschäftspolitik des anderen Unternehmens beschränkt werden (potenzielle Stimmrechte). Bei der Beurteilung der Frage, ob ein Unternehmen die Möglichkeit besitzt, die Finanz- und Geschäftspolitik eines anderen Unternehmens zu bestimmen, werden die Existenz und die Auswirkung potenzieller Stimmrechte berücksichtigt. Potenzielle Stimmrechte sind nicht als ausübbar oder umwandelbar anzusehen, wenn sie zum Beispiel erst zu einem künftigen Termin oder bei Eintritt eines künftigen Ereignisses ausgeübt oder umgewandelt werden können.

15. Bei der Beurteilung der Frage, ob potenzielle Stimmrechte zur Beherrschung beitragen, untersucht das Unternehmen alle Tatsachen und Umstände, die die potenziellen Stimmrechte beeinflussen (einschließlich der Bedingung für die Ausübung dieser Rechte und sonstiger vertraglicher Vereinbarungen, gleich ob in der Einzelfallbetrachtung oder im Zusammenhang), ausgenommen die Absicht des Managements und die finanziellen Möglichkeiten zur Ausübung oder Umwandlung solcher Rechte.

16. Ein Tochterunternehmen ist nicht von der Konsolidierung ausgeschlossen, nur weil der Anteilseigner eine Wagniskapital-Organisation, ein

Investmentfonds, ein Unit Trust oder ein ähnliches Unternehmen ist.

17. Ein Tochterunternehmen ist nicht von der Konsolidierung ausgeschlossen, wenn sich seine Geschäftstätigkeit von der anderer Unternehmen der Gruppe unterscheidet. Werden solche Tochterunternehmen konsolidiert und im Konzernabschluss zusätzliche Informationen über ihre abweichende Geschäftstätigkeit geliefert, so werden auf diese Weise bessere Informationen zur Verfügung gestellt als ohne Konsolidierung. Die in IFRS 8 *Geschäftssegmente* vorgeschriebenen Angaben tragen beispielsweise dazu bei, die Bedeutung abweichender Geschäftsfelder innerhalb der Unternehmensgruppe zu erläutern.

KONSOLIDIERUNGSVERFAHREN

18. Bei der Aufstellung des Konzernabschlusses werden die Abschlüsse des Mutterunternehmens und seiner Tochterunternehmen durch Addition gleichartiger Posten der Vermögenswerte, der Schulden, des Eigenkapitals, der Erträge und der Aufwendungen zusammengefasst. Damit der Konzernabschluss die Rechnungslegungsinformationen über die Unternehmensgruppe so darstellt, als handle es sich bei dem Konzern um ein einziges Unternehmen, wird wie folgt verfahren:

(a) der Buchwert der dem Mutterunternehmen gehörenden Anteile an jedem einzelnen Tochterunternehmen und der Anteil des Mutterunternehmens am Eigenkapital jedes Tochterunternehmens werden eliminiert (siehe IFRS 3, in dem dargelegt wird, wie ein resultierender Geschäfts- oder Firmenwert zu behandeln ist);

(b) nicht beherrschende Anteile am Gewinn oder Verlust konsolidierter Tochterunternehmen werden in der Berichtsperiode ermittelt; sowie

(c) nicht beherrschende Anteile am Nettovermögen konsolidierter Tochterunternehmen werden getrennt von denen ermittelt, die das Mutterunternehmen am Eigenkapital hält. Nicht beherrschende Anteile am Nettovermögen bestehen aus:

 (i) dem Betrag der nicht beherrschenden Anteile zum Zeitpunkt des ursprünglichen Zusammenschlusses, welcher gemäß IFRS 3 bestimmt wurde; und

 (ii) dem Anteil an den Eigenkapitalbewegungen seit dem Zeitpunkt des Zusammenschlusses, der auf die nicht beherrschenden Anteile entfällt.

19. Wenn potenzielle Stimmrechte bestehen, werden die Anteile am Gewinn oder Verlust und den Eigenkapitalbewegungen, die dem Mutterunternehmen und den nicht beherrschenden Anteilen zugewiesen werden, auf Grundlage der bestehenden Eigentumsanteile und nicht mit Blick auf eine mögliche Ausübung oder Umwandlung potenzieller Stimmrechte bestimmt.

20. **Konzerninterne Salden, Geschäftsvorfälle, Erträge und Aufwendungen sind in voller Höhe zu eliminieren.**

21. Konzerninterne Salden und Geschäftsvorfälle, einschließlich Erträge, Aufwendungen und Dividenden, werden in voller Höhe eliminiert. Gewinne oder Verluste aus konzerninternen Geschäftsvorfällen, die im Buchwert von Vermögenswerten, wie Vorräten und Anlagevermögen, enthalten sind, sind in voller Höhe zu eliminieren. Konzerninterne Verluste können auf eine Wertminderung hinweisen, die im Konzernabschluss ausgewiesen werden muss. IAS 12 *Ertragsteuern* ist auf vorübergehende Differenzen anzuwenden, die sich aus der Eliminierung von Gewinnen und Verlusten aus gruppeninternen Transaktionen ergeben.

22. **Die Abschlüsse des Mutterunternehmens und seiner Tochterunternehmen, die bei der Aufstellung des Konzernabschlusses verwendet werden, sind auf den gleichen Abschlussstichtag aufzustellen. Haben Mutter und Tochterunternehmen nicht den gleichen Abschlussstichtag, dann stellt das Tochterunternehmen zu Konsolidierungszwecken einen Zwischenabschluss auf den Abschlussstichtag des Mutterunternehmens auf, sofern dies nicht undurchführbar ist.**

23. **Wird gemäß Paragraph 22 der Abschluss eines Tochterunternehmens, der bei der Aufstellung des Konzernabschlusses herangezogen wird, zu einem vom Mutterunternehmen abweichenden Abschlussstichtag aufgestellt, so sind für die Auswirkungen bedeutsamer Geschäftsvorfälle oder anderer Ereignisse, die zwischen diesem Abschlussstichtag und dem Abschlussstichtag des Mutterunternehmens eingetreten sind, Anpassungen vorzunehmen. Die Differenz zwischen den Abschlussstichtagen von Tochterunternehmen und Mutterunternehmen darf auf keinen Fall mehr als drei Monate betragen. Die Länge der Berichtsperioden und die Abweichungen von den Abschlussstichtagen müssen von Periode zu Periode gleich bleiben.**

24. **Bei der Aufstellung eines Konzernabschlusses sind für ähnliche Geschäftsvorfälle und andere Ereignisse unter vergleichbaren Umständen einheitliche Rechnungslegungsmethoden anzuwenden.**

25. Wenn ein Unternehmen der Gruppe andere Rechnungslegungsmethoden anwendet als im Konzernabschluss für ähnliche Geschäftsvorfälle und andere Ereignisse unter vergleichbaren Umständen, ist der Abschluss dieses Unternehmens bei der Aufstellung des Konzernabschlusses entsprechend anzupassen.

26. Erträge und Aufwendungen eines Tochterunternehmens werden entsprechend IFRS 3 vom Erwerbszeitpunkt an in den Konzernabschluss einbezogen. Erträge und Aufwendungen des Tochterunternehmens müssen auf den Werten der Vermögenswerte und Schulden basieren, die im Kon-

zernabschluss des Mutterunternehmens zum Erwerbszeitpunkt angesetzt werden. So müssen beispielsweise Abschreibungsaufwendungen, die in der konsolidierten Gesamtergebnisrechnung nach dem Erwerbszeitpunkt erfasst werden, auf den beizulegenden Zeitwerten der im Konzernabschluss zum Erwerbszeitpunkt angesetzten abschreibungsfähigen Vermögenswerte basieren. Erträge und Aufwendungen eines Tochterunternehmens werden bis zu dem Zeitpunkt in den Konzernabschluss einbezogen, an dem die Beherrschung durch das Mutterunternehmen endet.

27. **Nicht beherrschende Anteile sind in der Konzernbilanz innerhalb des Eigenkapitals, aber getrennt vom Eigenkapital der Eigentümer des Mutterunternehmens auszuweisen.**

28. Gewinn oder Verlust und jeder Bestandteil des sonstigen Ergebnisses werden den Eigentümern des Mutterunternehmens und den nicht beherrschenden Anteilen zugeordnet. Das Gesamtergebnis wird den Eigentümern des Mutterunternehmens und den nicht beherrschenden Anteilen selbst dann zugeordnet, wenn dies dazu führt, dass die nicht beherrschenden Anteile einen Negativsaldo aufweisen.

29. Falls ein Tochterunternehmen kumulative Vorzugsaktien ausgegeben hat, welche als Eigenkapital eingestuft sind und zu den nicht beherrschenden Anteilen gehören, hat das Mutterunternehmen seinen Anteil am Gewinn oder Verlust nach Abzug der Vorzugsdividende auf diese Vorzugsaktien zu berechnen, unabhängig davon, ob ein Dividendenbeschluss vorliegt.

30. **Änderungen der Beteiligungsquote des Mutterunternehmens an einem Tochterunternehmen, die nicht zu einem Verlust der Beherrschung führen, werden als Eigenkapitaltransaktionen bilanziert (d.h. als Transaktionen mit Eigentümern, die in ihrer Eigenschaft als Eigentümer handeln).**

31. Unter diesen Umständen sind die Buchwerte der beherrschenden und nicht beherrschenden Anteile so anzupassen, so dass sie die Änderungen der an dem Tochterunternehmen bestehenden Anteilsquoten widerspiegeln. Jede Differenz zwischen dem Betrag, um den die nicht beherrschenden Anteile angepasst werden, und dem beizulegenden Zeitwert der gezahlten oder erhaltenen Gegenleistung ist unmittelbar im Eigenkapital zu erfassen und den Eigentümern des Mutterunternehmens zuzuordnen.

VERLUST DER BEHERRSCHUNG

32. Ein Mutterunternehmen kann die Beherrschung über ein Tochterunternehmen verlieren, ohne dass sich die absoluten oder relativen Eigentumsverhältnisse ändern. Dies kann beispielsweise dann eintreten, wenn ein Tochterunternehmen unter die Kontrolle staatlicher Behörden, Gerichte, Zwangsverwalter oder Aufsichtsbehörden gerät. Auch vertragliche Vereinbarungen könnten ein Grund sein.

33. Ein Mutterunternehmen könnte die Beherrschung über ein Tochterunternehmen in zwei oder mehreren Vereinbarungen (Transaktionen) verlieren. Manchmal weisen Umstände jedoch darauf hin, dass mehrere Vereinbarungen als eine einzelne Transaktion zu bilanzieren sind. Um zu bestimmen, ob mehrere Vereinbarungen als eine einzelne Transaktion zu bilanzieren sind, hat ein Mutterunternehmen alle Bedingungen dieser Vereinbarungen und deren wirtschaftliche Auswirkungen zu berücksichtigen. Einer oder mehrere der folgenden Punkte können darauf hindeuten, dass das Mutterunternehmen mehrere Vereinbarungen als eine einzelne Transaktion bilanzieren muss:

(a) Die Vereinbarungen werden zeitgleich oder mit beabsichtigter Zusammengehörigkeit geschlossen.

(b) Die Vereinbarungen bilden eine einzige Transaktion mit dem Zweck, insgesamt eine wirtschaftliche Auswirkung zu erzielen.

(c) Der Abschluss einer Vereinbarung hängt mindestens vom Abschluss einer weiteren Vereinbarung ab.

(d) Für sich gesehen hat eine Vereinbarung keine wirtschaftliche Berechtigung; im Zusammenhang mit anderen Vereinbarungen ist dies aber der Fall. Ein Beispiel hierfür wäre, wenn eine unter dem Marktpreis liegende Veräußerung von Anteilen durch eine spätere über dem Marktpreis liegende Veräußerung kompensiert werden würde.

34. **Wenn ein Mutterunternehmen die Beherrschung über ein Tochterunternehmen verliert,**

(a) **bucht es die Vermögenswerte (einschließlich des Geschäfts- und Firmenwerts) und Schulden des Tochterunternehmens zu deren Buchwerten zum Zeitpunkt des Verlustes der Beherrschung aus;**

(b) **bucht es den Buchwert aller nicht beherrschenden Anteile an dem ehemaligen Tochterunternehmen zum Zeitpunkt des Verlustes der Beherrschung aus (dazu gehören auch alle diesen zuzuordnenden Bestandteile des sonstigen Ergebnisses);**

(c) **erfasst es:**

(i) **den beizulegenden Zeitwert der gegebenenfalls erhaltenen Gegenleistung aus der Transaktion, aus den Ereignissen oder Umständen, die zu dem Verlust der Beherrschung geführt haben; und**

(ii) **in dem Falle, dass die zum Verlust der Beherrschung führende Transaktion mit einer Verteilung der Anteile des Tochterunternehmens an die Eigentümer, die in ihrer Eigenschaft als Eigentümer handeln, verbunden ist, diese Verteilung der Anteile;**

(d) setzt es alle Anteile, die es am ehemaligen Tochterunternehmen behält, zu dem zum Zeitpunkt des Verlustes der Beherrschung beizulegenden Zeitwert an;

(e) gliedert es die in Paragraph 35 genannten Beträge in den Gewinn oder Verlust um oder überträgt sie direkt in die Gewinnrücklagen, wenn dies von anderen IFRS verlangt wird; und

(f) erfasst es jede daraus resultierende Differenz als einen Gewinn bzw. Verlust im Gewinn oder Verlust, der dem Mutterunternehmen zuzurechnen ist.

35. Wenn ein Mutterunternehmen die Beherrschung über ein Tochterunternehmen verliert, hat es alle in sonstigen Ergebnis ausgewiesenen Beträge in Bezug auf dieses Tochterunternehmen auf derselben Grundlage zu bilanzieren, wie dies verlangt würde, wenn das Mutterunternehmen die dazugehörigen Vermögenswerte und Schulden direkt veräußert hätte. Falls daher ein zuvor im sonstigen Ergebnis erfasster Gewinn bzw. Verlust bei der Veräußerung der dazugehörigen Vermögenswerte oder Schulden in den Gewinn oder Verlust umgegliedert würde, gliedert das Mutterunternehmen den Gewinn oder Verlust vom Eigenkapital ins Ergebnis um (als einen Umgliederungsbetrag), wenn es die Beherrschung über das Tochterunternehmen verliert. Hat beispielsweise ein Tochterunternehmen zur Veräußerung verfügbare finanzielle Vermögenswerte und das Mutterunternehmen verliert die Beherrschung über dieses Tochterunternehmen, hat das Mutterunternehmen die zuvor im sonstigen Ergebnis erfassten, zu jenen Vermögenswerten gehörenden Gewinne bzw. Verluste in das Ergebnis umzugliedern. Vergleichbares gilt für einen Neubewertungsbetrag, der zuvor im sonstigen Gesamtergebnis erfasst worden ist und der bei der Veräußerung der Vermögenswerte direkt in die Gewinnrücklagen übertragen würde. In diesem Fall überträgt das Mutterunternehmen den Neubewertungsbetrag direkt in die Gewinnrücklagen, wenn es die Beherrschung über das Tochterunternehmen verliert.

36. Beim Verlust der Beherrschung eines Tochterunternehmens sind alle an dem ehemaligen Tochterunternehmen gehaltenen Anteile und alle von dem oder an das ehemalige(n) Tochterunternehmen geschuldeten Beträge ab dem Zeitpunkt des Beherrschungsverlustes gemäß den anderen IFRS zu bilanzieren.

37. Der zum Zeitpunkt des Verlustes der Beherrschung festgestellte beizulegende Zeitwert aller an dem ehemaligen Tochterunternehmen behaltenen Anteile ist als der beim erstmaligen Ansatz eines finanziellen Vermögenswerts ermittelte beizulegende Zeitwert gemäß IAS 39 *Finanzinstrumente: Ansatz und Bewertung* oder, soweit einschlägig, als Anschaffungskosten beim erstmaligen Ansatz der Anteile an einem assoziierten oder gemeinschaftlich geführten Unternehmen zu betrachten.

BILANZIERUNG VON ANTEILEN AN TOCHTERUNTERNEHMEN, GEMEINSCHAFTLICH GEFÜHRTEN UNTERNEHMEN UND ASSOZIIERTEN UNTERNEHMEN IM EINZELABSCHLUSS

38. Stellt ein Unternehmen Einzelabschlüsse auf, so hat es die Anteile an Tochterunternehmen, gemeinschaftlich geführten Unternehmen und assoziierten Unternehmen entweder

(a) zu Anschaffungskosten oder

(b) nach IAS 39

zu bilanzieren. Es muss für alle Kategorien von Anteilen die gleichen Rechnungslegungsmethoden verwenden. Zu Anschaffungskosten bilanzierte Anteile sind nach IFRS 5 *Zur Veräußerung gehaltene langfristige Vermögenswerte und aufgegebene Geschäftsbereiche* zu bilanzieren, wenn sie gemäß IFRS 5 als zur Veräußerung gehalten eingestuft werden (oder zu einer Veräußerungsgruppe gehören, die als zur Veräußerung gehalten eingestuft ist). An der Bewertung von Anteilen, die nach IAS 39 bilanziert werden, ändert sich in einem solchen Fall nichts.

38A. Ein Unternehmen hat die Dividende eines Tochterunternehmens, gemeinschaftlich geführten Unternehmens oder assoziierten Unternehmens in seinem Einzelabschluss im Gewinn oder Verlust zu berücksichtigen, wenn sein Rechtsanspruch auf diese Dividende entsteht.

38B. Strukturiert ein Mutterunternehmen seine Unternehmensgruppe um, indem es ein neues Unternehmen als Mutterunternehmen einsetzt, und dabei

(a) das neue Mutterunternehmen durch Ausgabe von Eigenkapitalinstrumenten im Tausch gegen vorhandene Eigenkapitalinstrumente des ursprünglichen Mutterunternehmens die Beherrschung über das ursprüngliche Mutterunternehmen erlangt,

(b) Vermögenswerte und Schulden der neuen und der ursprünglichen Unternehmensgruppe unmittelbar vor und nach der Umstrukturierung die gleichen sind und

(c) die Eigentümer des ursprünglichen Mutterunternehmens unmittelbar vor und nach der Umstrukturierung die gleichen Anteile (absolut wie relativ) am Nettovermögen der ursprünglichen und neuen Unternehmensgruppe halten,

und das neue Mutterunternehmen seinen Anteil am ursprünglichen Mutterunternehmen in seinem Einzelabschluss nach Paragraph 38(a) bilanziert, so hat das neue Mutterunternehmen als Anschaffungskosten den Buchwert seines Anteils an den Eigenkapitalposten anzusetzen, der im Einzelabschluss des ursprünglichen Mutterunternehmens zum Zeitpunkt der Umstrukturierung ausgewiesen ist.

38C. Auch ein Unternehmen, bei dem es sich nicht um ein Mutterunternehmen handelt, könnte ein neues Unternehmen als sein Mutterunternehmen einsetzen und dabei die in Paragraph 38B genannten Kriterien erfüllen. Auch für solche Umstrukturierungen gelten die Anforderungen des Paragraphen 38B. Verweise auf das „ursprüngliche Mutterunternehmen" und die „ursprüngliche Unternehmensgruppe" sind in einem solchen Fall als Verweise auf das „ursprüngliche Unternehmen" zu verstehen.39

39. Der vorliegende Standard schreibt nicht vor, welche Unternehmen zur Veröffentlichung bestimmte Einzelabschlüsse erstellen. Die Paragraphen 38 und 40–43 gelten dann, wenn ein Unternehmen einen Einzelabschluss aufstellt, der den International Financial Reporting Standards entspricht. Gemäß Paragraph 9 hat ein Unternehmen auch Konzernabschlüsse aufzustellen, sofern nicht eine Freistellung aufgrund von Paragraph 10 in Betracht kommt.

40. Anteile an gemeinschaftlich geführten Unternehmen und assoziierten Unternehmen, die im Konzernabschluss gemäß IAS 39 bilanziert werden, sind im Einzelabschluss des Anteilseigners in gleicher Weise zu bilanzieren.

ANGABEN

41. Folgende Angaben sind im Konzernabschluss erforderlich:

(a) die Art der Beziehung zwischen Mutterunternehmen und einem Tochterunternehmen, wenn dem Mutterunternehmen, direkt oder indirekt über Tochterunternehmen, nicht mehr als die Hälfte der Stimmrechte gehört;

(b) die Begründung, warum der Besitz, unmittelbar oder mittelbar durch Tochterunternehmen, von mehr als der Hälfte der Stimmrechte oder potenziellen Stimmrechte keine Beherrschung darstellt;

(c) der Abschlussstichtag eines Tochterunternehmens, wenn der Abschluss zur Aufstellung eines Konzernabschlusses verwendet wird und dieser auf einen Abschlussstichtag oder für eine Periode aufgestellt wird, der bzw. die von denen des Mutterunternehmens abweicht, sowie die Gründe für die Verwendung unterschiedlicher Abschlussstichtage oder Perioden;

(d) Art und Umfang erheblicher Beschränkungen (z.B. aus Darlehensvereinbarungen oder aufsichtsrechtlichen Bestimmungen) der Fähigkeit eines Tochterunternehmens, Finanzmittel in Form von Bardividenden oder Darlehens- und Vorschusstilgungen an das Mutterunternehmen zu transferieren;

(e) eine Aufstellung, aus der die Auswirkungen aller Änderungen der Beteiligungsquote eines Mutterunternehmens an einem Tochterunternehmen sichtbar sind, die nicht zu einem Verlust der Beherrschung über das den Eigentümern des Mutterunternehmens zurechenbaren Eigenkapitals führen; sowie

(f) Angaben über den etwaigen Gewinn bzw. Verlust, der im Falle eines Verlustes der Beherrschung über das Tochterunternehmen gemäß Paragraph 34 erfasst wird, und:

(i) den Anteil dieses Gewinns bzw. Verlustes, der dem Ansatz zum beizulegenden Zeitwert aller am ehemaligen Tochterunternehmen einbehaltenen Anteile zum Zeitpunkt des Verlustes der Beherrschung zuzurechnen ist; sowie

(ii) den/die Posten der Gesamtergebnisrechnung, in dem/denen dieser Gewinn bzw. Verlust erfasst wird (sofern er in der Gesamtergebnisrechnung nicht separat ausgewiesen wird).

42. Werden Einzelabschlüsse für ein Mutterunternehmen aufgestellt, das sich gemäß Paragraph 10 entschließt, keinen Konzernabschluss aufzustellen, dann müssen die Einzelabschlüsse folgende Angaben enthalten:

(a) die Tatsache, dass es sich bei den Abschlüssen um Einzelabschlüsse handelt; dass von der Befreiung von der Konsolidierung Gebrauch gemacht wurde; Name und Gründungs- oder Sitzland des Unternehmens, dessen Konzernabschluss nach den Regeln der International Financial Reporting Standards zu Veröffentlichungszwecken erstellt wurde; und die Anschrift, unter welcher der Konzernabschluss erhältlich ist;

(b) eine Auflistung wesentlicher Anteile an Tochterunternehmen, gemeinschaftlich geführten Unternehmen und assoziierten Unternehmen unter Angabe des Namens, des Sitzlandes, der Beteiligungsquote und, soweit abweichend, der Stimmrechtsquote; sowie

(c) eine Beschreibung der Bilanzierungsmethode der unter (b) aufgeführten Anteile.

43. Stellt ein Mutterunternehmen (ausgenommen ein Mutterunternehmen nach Paragraph 42), ein Partnerunternehmen mit Beteiligung an einem gemeinschaftlich geführten Unternehmen oder ein Anteilseigner an einem assoziierten Unternehmen Einzelabschlüsse auf, so müssen diese folgende Angaben enthalten:

(a) die Tatsache, dass es sich bei den Abschlüssen um Einzelabschlüsse handelt und die Gründe, warum die Abschlüsse aufgestellt wurden, sofern nicht gesetzlich vorgeschrieben;

(b) eine Auflistung wesentlicher Anteile an Tochterunternehmen, gemeinschaftlich geführten Unternehmen und assoziierten Unternehmen unter Angabe des Namens, des Sitzlandes, der Beteiligungsquote und, soweit abweichend, der Stimmrechtsquote; und

(c) eine Beschreibung der Methode, nach der die unter (b) aufgeführten Anteile bilanziert wurden;

sowie die Angabe, welche der Abschlüsse, auf die sie sich beziehen, gemäß Paragraph 9 dieses Standards, IAS 28 bzw. IAS 31 aufgestellt werden.

ZEITPUNKT DES INKRAFTTRETENS UND ÜBERGANGSVORSCHRIFTEN

44. Dieser Standard ist erstmals in der ersten Berichtsperiode eines am 1. Januar 2005 oder danach beginnenden Geschäftsjahres anzuwenden. Eine frühere Anwendung wird empfohlen. Wenn ein Unternehmen diesen Standard für Berichtsperiode anwendet, die vor dem 1. Januar 2005 beginnen, so ist diese Tatsache anzugeben.

45. Die Änderungen, die 2008 vom International Accounting Standards Board an den Paragraphen 4, 18, 19, 26–37 sowie 41(e) und (f) des IAS 27 vorgenommen wurden, sind erstmals in der ersten Periode eines am 1. Juli 2009 oder danach beginnenden Geschäftsjahres anzuwenden. Eine frühere Anwendung ist zulässig. Diese Änderungen sind jedoch nicht auf Perioden eines vor dem 1. Juli 2009 beginnenden Geschäftsjahres anzuwenden, es sei denn, IFRS 3 (in der vom International Accounting Standards Board 2008 geänderten Fassung) wird ebenfalls angewendet. Wendet ein Unternehmen diese Änderungen vor dem 1. Juli 2009 anwendet, so hat es dies anzugeben. Die Änderungen sind rückwirkend unter Berücksichtigung folgender Ausnahmen anzuwenden:

(a) die Änderung des Paragraphen 28 hinsichtlich der Aufteilung des Gesamtergebnisses auf die Eigentümer des Mutterunternehmens und die nicht beherrschenden Anteile selbst dann, wenn es dazu führt, dass die nicht beherrschenden Anteile einen Negativsaldo aufweisen. Daher darf ein Unternehmen keine Gewinn- oder Verlustzuweisungen für Berichtsperioden anpassen, die vor der Anwendung dieser Änderung liegen.

(b) die Vorschriften in den Paragraphen 30 und 31 hinsichtlich der Bilanzierung von Änderungen der Eigentumsanteile an einem Tochterunternehmen nach Übernahme der Beherrschung. Daher sind die Vorschriften in den Paragraphen 30 und 31 nicht auf die Änderungen anzuwenden, die vor der Anwendung dieser Änderungen auftraten.

(c) die Vorschriften in den Paragraphen 34–37 hinsichtlich des Verlustes der Beherrschung über ein Tochterunternehmen. Ein Unternehmen darf den Buchwert eines Anteils an einem ehemaligen Tochterunternehmen nicht anpassen, sofern es die Beherrschung vor Anwendung dieser Änderungen verlor. Des Weiteren darf ein Unternehmen einen Gewinn bzw. Verlust aufgrund eines Verlustes der Beherrschung eines Tochterunternehmens nicht vor Anwendung dieser Änderungen neu bestimmen.

45A. Paragraph 38 wurde durch die im Mai 2008 herausgegebenen *Verbesserungen an den IFRS* geändert. Diese Änderungen sind in der ersten Periode eines am 1. Januar 2009 oder danach beginnenden Geschäftsjahres, prospektiv ab der erstmaligen Anwendung von IFRS 5, anzuwenden. Eine frühere Anwendung ist zulässig. Macht ein Unternehmen von dieser Möglichkeit Gebrauch, so hat es dies anzugeben.

45B. Durch *Anschaffungskosten von Anteilen an Tochterunternehmen, gemeinschaftlich geführten Unternehmen oder assoziierten Unternehmen* (im Mai 2008 veröffentlichte Änderungen an IFRS 1 und IAS 27) wurde die Definition der Anschaffungskostenmethode aus Paragraph 4 gestrichen und Paragraph 38A hinzugefügt. Diese Änderungen sind erstmals in der ersten Periode eines am 1. Januar 2009 oder danach beginnenden Geschäftsjahres prospektiv anzuwenden. Eine frühere Anwendung ist zulässig. Macht ein Unternehmen von dieser Möglichkeit Gebrauch, so hat es dies anzugeben und gleichzeitig die verbundenen Änderungen an IAS 18, IAS 21 und IAS 36 anzuwenden.

45C. Durch *Anschaffungskosten von Anteilen an Tochterunternehmen, gemeinschaftlich geführten Unternehmen oder assoziierten Unternehmen* (im Mai 2008 veröffentlichte Änderungen an IFRS 1 und IAS 27) wurden die Paragraphen 38B und 38C hinzugefügt. Diese Paragraphen sind auf Umstrukturierungen in Geschäftsjahren, die am oder nach dem 1. Januar 2009 beginnen, prospektiv anzuwenden. Eine frühere Anwendung ist zulässig. Ein Unternehmen kann die Paragraphen 38B und 38C auch rückwirkend auf vergangene Umstrukturierungen anwenden, auf die diese Paragraphen zutreffen. Berichtigt ein Unternehmen eine Umstrukturierung jedoch nach Maßgabe der Paragraphen 38B oder 38C, so muss es alle späteren Umstrukturierungen, auf die diese Paragraphen zutreffen, ebenfalls berichtigen. Wendet ein Unternehmen die Paragraphen 38B oder 38C auf eine frühere Periode an, so hat es dies anzugeben.

RÜCKNAHME VON IAS 27 (2003)

46. Der vorliegende Standard ersetzt IAS 27 *Konzern- und separate Einzelabschlüsse* (überarbeitet 2003).

INTERNATIONAL ACCOUNTING STANDARD 28
Anteile an assoziierten Unternehmen

IAS 28, VO (EG) Nr. 1126/2008 i.d.F.

1 VO (EG) Nr. 1274/2008 [IAS 1]
3 VO (EG) Nr. 494/2009 [IAS 27]
5 VO (EG) Nr. 149/2011

2 VO (EG) Nr. 70/2009
4 VO (EG) Nr. 495/2009 [IFRS 3]

GLIEDERUNG	§§
ANWENDUNGSBEREICH	1
DEFINITIONEN	2–12
Maßgeblicher Einfluss	6–10
Equity-Methode	11–12
ANWENDUNG DER EQUITY-METHODE	13–34
Wertminderungsaufwand	31–34
EINZELABSCHLUSS	35–36
ANGABEN	37–40
ZEITPUNKT DES INKRAFTTRETENS UND ÜBERGANGSVORSCHRIFTEN	41–41E
RÜCKNAHME ANDERER VERLAUTBARUNGEN	42–43

ANWENDUNGSBEREICH

1. Dieser Standard ist bei der Bilanzierung von Anteilen an assoziierten Unternehmen anzuwenden. Davon ausgenommen sind Anteile an assoziierten Unternehmen, die gehalten werden von

(a) Wagniskapital-Organisationen oder
(b) offenen Investmentfonds, Unit Trusts und ähnlichen Unternehmen, einschließlich fondsgebundener Versicherungen,

und die beim erstmaligen Ansatz dazu bestimmt wurden, erfolgswirksam zum beizulegenden Zeitwert bewertet zu werden, oder als zu Handelszwecken gehalten eingestuft wurden und gemäß IAS 39 *Finanzinstrumente: Ansatz und Bewertung* bilanziert wurden. Solche Anteile sind gemäß IAS 39 zum beizulegenden Zeitwert zu bewerten, wobei Änderungen des beizulegenden Zeitwerts in der Periode der Änderung im Gewinn oder Verlust erfasst werden. Ein Unternehmen, das derartige Anteile hält, hat die in Paragraph 37(f) geforderten Angaben zu machen.

DEFINITIONEN

2. Die folgenden Begriffe werden in diesem Standard mit der angegebenen Bedeutung verwendet:

Ein *assoziiertes Unternehmen* ist ein Unternehmen, einschließlich einer Nicht-Kapitalgesellschaft, wie etwa einer Personengesellschaft, bei dem der Eigentümer über maßgeblichen Einfluss verfügt und das weder ein Tochterunternehmen noch ein Anteil an einem Gemeinschaftsunternehmen ist.

Ein *Konzernabschluss* ist der Abschluss einer Unternehmensgruppe, der die Unternehmen der Gruppe so darstellt, als handle es sich bei ihnen um ein einziges Unternehmen.

Beherrschung ist die Möglichkeit, die Finanz- und Geschäftspolitik eines Unternehmens zu bestimmen, um aus dessen Tätigkeit Nutzen zu ziehen.

Die *Equity-Methode* ist eine Bilanzierungsmethode, bei der die Anteile zunächst mit den Anschaffungskosten angesetzt werden, dieser Ansatz aber in der Folge um etwaige Veränderungen beim Anteil des Eigentümers am Nettovermögen des Beteiligungsunternehmens angepasst wird. Der Gewinn oder Verlust des Eigentümers schließt dessen Anteil am Gewinn oder Verlust des Beteiligungsunternehmens ein.

Gemeinschaftliche Führung ist die vertraglich vereinbarte Aufteilung der Kontrolle der wirtschaftlichen Geschäftstätigkeit und ist nur dann gegeben, wenn die mit dieser Geschäftstätigkeit verbundenen strategischen finanziellen und betrieblichen Entscheidungen einstimmige Zustimmung der an der gemeinschaftlichen Führung beteiligten Parteien (der Partnerunternehmen) erfordern.

Einzelabschlüsse sind die von einem Mutterunternehmen, einem Eigentümer eines assoziierten Unternehmens oder einem Partnerunternehmen eines gemeinschaftlich geführten Unternehmens aufgestellten Abschlüsse, in denen die Anteile auf der Grundlage der unmittelbaren Kapitalbeteiligung anstatt auf Grundlage der vom Beteiligungsunternehmen berichteten Ergebnisse und seines Nettovermögens bilanziert werden.

Maßgeblicher Einfluss ist die Möglichkeit, an den finanz- und geschäftspolitischen Entscheidungen des Beteiligungsunternehmens mitzuwirken, nicht aber die Beherrschung oder die gemeinschaftliche Führung der Entscheidungsprozesse.

Ein *Tochterunternehmen* ist ein Unternehmen, einschließlich einer Nicht-Kapitalgesellschaft, wie etwa einer Personengesellschaft, das von einem anderen Unternehmen (als Mutterunternehmen bezeichnet) beherrscht wird.

3. Ein Abschluss, bei dem die Equity-Methode angewandt wird, stellt ebenso wenig einen Einzelabschluss dar wie der Abschluss eines Unternehmens, das weder ein Tochterunternehmen noch ein assoziiertes Unternehmen besitzt noch Partnerunternehmen bei einem Gemeinschaftsunternehmen ist.

4. Einzelabschlüsse sind Abschlüsse, die zusätzlich zum Konzernabschluss veröffentlicht werden oder zusätzlich zu Abschlüssen, bei denen Anteile unter Anwendung der Equity-Methode bilanziert werden, oder zusätzlich zu Abschlüssen, bei denen Anteile von Partnerunternehmen an Gemeinschaftsunternehmen quotenkonsolidiert werden. Einzelabschlüsse können diesen Abschlüssen als Anhang oder als Anlage beigefügt werden.

5. Unternehmen, die nach Paragraph 10 des IAS 27 *Konzern- und Einzelabschlüsse* von der Konsolidierung oder nach Paragraph 2 des IAS 31 *Anteile an Gemeinschaftsunternehmen* von der Quotenkonsolidierung oder nach Paragraph 13 (c) dieses Standards von der Anwendung der Equity-Methode befreit sind, können Einzelabschlüsse als ihren einzigen Abschluss veröffentlichen.

Maßgeblicher Einfluss

6. Hält ein Eigentümer direkt oder indirekt (z. B. durch Tochterunternehmen) 20 % oder mehr der Stimmrechte an einem Beteiligungsunternehmen, so besteht die Vermutung, dass ein maßgeblicher Einfluss des Eigentümers vorliegt, es sei denn, dies kann eindeutig widerlegt werden. Umgekehrt wird bei einem direkt oder indirekt (z. B. durch Tochterunternehmen) gehaltenen Stimmrechtsanteil des Eigentümers von weniger als 20 % vermutet, dass der Eigentümer nicht über maßgeblichen Einfluss verfügt, es sei denn, dieser Einfluss kann eindeutig nachgewiesen werden. Ein erheblicher Anteilsbesitz oder eine Mehrheitsbeteiligung eines anderen Eigentümers schließen nicht notwendigerweise aus, dass ein Eigentümer über maßgeblichen Einfluss verfügt.

7. Das Vorliegen eines oder mehrerer der folgenden Indikatoren lässt in der Regel auf einen maßgeblichen Einfluss des Eigentümers schließen:

(a) Zugehörigkeit zum Geschäftsführungs- und/oder Aufsichtsorgan oder einem gleichartigen Leitungsgremium des Beteiligungsunternehmens;

(b) Teilnahme an den Entscheidungsprozessen, einschließlich der Teilnahme an Entscheidungen über Dividenden oder sonstige Ausschüttungen;

(c) wesentliche Geschäftsvorfälle zwischen dem Eigentümer und dem Beteiligungsunternehmen;

(d) Austausch von Führungspersonal; oder

(e) Bereitstellung bedeutender technischer Informationen.

8. Ein Unternehmen kann Aktienoptionsscheine, Aktienkaufoptionen, Schuld- oder Eigenkapitalinstrumente, die in Stammaktien oder in ähnliche Instrumente eines anderen Unternehmens umwandelbar sind, halten, deren Ausübung oder Umwandlung dem ausübenden Unternehmen die Möglichkeit gibt, zusätzliche Stimmrechte über die Finanz- und Geschäftspolitik eines anderen Unternehmens zu erlangen oder die Stimmrechte eines anderen Anteilsinhabers über diese zu beschränken (d. h. potenzielle Stimmrechte). Bei der Beurteilung der Frage, ob ein Unternehmen über maßgeblichen Einfluss verfügt, werden die Existenz und die Auswirkungen potenzieller Stimmrechte, die ausgeübt oder umgewandelt werden können, einschließlich der von anderen Unternehmen gehaltenen potenziellen Stimmrechte berücksichtigt. Potenzielle Stimmrechte sind nicht als ausübbar oder umwandelbar anzusehen, wenn sie zum Beispiel erst zu einem künftigen Termin oder bei Eintritt eines künftigen Ereignisses ausgeübt oder umgewandelt werden können.

9. Bei der Beurteilung der Frage, ob potenzielle Stimmrechte zum maßgeblichen Einfluss beitragen, untersucht das Unternehmen alle Tatsachen und Umstände, die die potenziellen Stimmrechte beeinflussen (einschließlich der Bedingungen für die Ausübung dieser Rechte und sonstiger vertraglicher Vereinbarungen, gleich ob in der Einzelfallbetrachtung oder im Zusammenhang), mit Ausnahme der Handlungsabsichten des Managements und der finanziellen Möglichkeiten einer Ausübung oder Umwandlung.

10. Ein Unternehmen verliert seinen maßgeblichen Einfluss über ein Beteiligungsunternehmen, in dem Moment, in dem es die Möglichkeit verliert, an dessen finanz- und geschäftspolitischen Entscheidungsprozessen teilzuhaben. Dies kann mit oder ohne Änderung der absoluten oder relativen Eigentumsverhältnisse der Fall sein. Ein solcher Verlust kann beispielsweise eintreten, wenn ein assoziiertes Unternehmen unter die Kontrolle staatlicher Behörden, Gerichte, Zwangsverwalter oder Aufsichtsbehörden fällt. Er könnte auch das Ergebnis vertraglicher Vereinbarungen sein.

Equity-Methode

11. Bei der Equity-Methode werden die Anteile am assoziierten Unternehmen zunächst mit den Anschaffungskosten angesetzt. In der Folge erhöht oder verringert sich der Buchwert der Anteile entsprechend dem Anteil des Eigentümers am Gewinn oder Verlust des Beteiligungsunternehmens. Der Anteil des Eigentümers am Gewinn oder Verlust des Beteiligungsunternehmens wird in dessen Gewinn oder Verlust ausgewiesen. Vom Beteiligungsunternehmen empfangene Ausschüttungen

vermindern den Buchwert der Anteile. Änderungen des Buchwerts können auch aufgrund von Änderungen der Beteiligungsquote des Anteilseigners notwendig sein, welche sich aufgrund von Änderungen im sonstigen Ergebnis des Beteiligungsunternehmens ergeben. Solche Änderungen entstehen unter Anderem infolge einer Neubewertung von Sachanlagevermögen und aus der Umrechnung von Fremdwährungsabschlüssen. Der Anteil des Anteilseigners an diesen Änderungen wird im sonstigen Ergebnis des Anteilseigners erfasst (siehe IAS 1 *Darstellung des Abschlusses* (überarbeitet 2007)).

12. Wenn potenzielle Stimmrechte bestehen, werden die Anteile des Eigentümers am Gewinn oder Verlust und an den Eigenkapitaländerungen beim Beteiligungsunternehmen auf Grundlage der bestehenden Eigentumsanteile und nicht unter Berücksichtigung der möglichen Ausübung oder Umwandlung potenzieller Stimmrechte bestimmt.

ANWENDUNG DER EQUITY-METHODE

13. Anteile an einem assoziierten Unternehmen sind nach der Equity-Methode zu bilanzieren, es sei denn,

(a) die Anteile werden gemäß IFRS 5 *Zur Veräußerung gehaltene langfristige Vermögenswerte und aufgegebene Geschäftsbereiche* als zur Veräußerung gehalten eingestuft;

(b) es greift die Ausnahme nach Paragraph 10 des IAS 27, wonach ein Mutterunternehmen, das auch Anteile an einem assoziierten Unternehmen besitzt, von der Veröffentlichung eines Konzernabschlusses absehen darf; oder

(c) es treffen alle folgenden Punkte zu:

  (i) der Eigentümer ist selbst ein hundertprozentiges Tochterunternehmen oder ein teilweise im Besitz stehendes Tochterunternehmen eines anderen Unternehmens und die anderen Eigentümer, einschließlich der nicht stimmberechtigten, sind darüber unterrichtet, dass der Eigentümer die Equity-Methode nicht anwendet, und erheben dagegen keine Einwände;

  (ii) die Schuld- oder Eigenkapitalinstrumente des Eigentümers werden nicht am Kapitalmarkt (einer nationalen oder ausländischen Wertpapierbörse oder am Freiverkehrsmarkt, einschließlich lokaler und regionaler Börsen) gehandelt;

  (iii) der Eigentümer hat seine Abschlüsse nicht zum Zweck der Emission von Finanzinstrumenten jeglicher Klasse am Kapitalmarkt bei einer Börsenaufsicht oder sonstigen Aufsichtsbehörde eingereicht oder beabsichtigt dies zu tun; und

  (iv) das oberste oder ein zwischengeschaltetes Mutterunternehmen des Eigentümers stellt einen Konzernabschluss auf, der veröffentlicht wird und den International Financial Reporting Standards entspricht.

14. Die in Paragraph 13(a) beschriebenen Anteile sind nach IFRS 5 zu bilanzieren.

15. Wenn Anteile an einem assoziierten Unternehmen, die zuvor unter die Einstufung „zur Veräußerung gehalten" fielen, die hierfür erforderlichen Kriterien nicht mehr erfüllen, müssen sie ab dem Zeitpunkt, ab dem sie als „zur Veräußerung gehalten" eingestuft wurden, nach der Equity-Methode bilanziert werden. Die Abschlüsse für die Perioden seit der Einstufung als „zur Veräußerung gehalten" sind entsprechend anzupassen.

16. [gestrichen]

17. Werden Erträge auf Basis der erhaltenen Dividenden erfasst, so spiegelt dies unter Umständen nicht in angemessener Weise die Erträge wider, die ein Eigentümer aus Anteilen an einem assoziierten Unternehmen erzielt hat, da die Dividenden u.U. nur unzureichend in Relation zur Ertragskraft des assoziierten Unternehmens stehen. Da der Eigentümer über maßgeblichen Einfluss auf das assoziierte Unternehmen verfügt, hat er ein Interesse an der Ertragskraft des assoziierten Unternehmens und demzufolge der Verzinsung des eingesetzten Kapitals. Diese Beteiligung an der Ertragskraft bilanziert der Eigentümer, indem er den Umfang seines Abschlusses um seinen Ergebnisanteil am assoziierten Unternehmen erweitert. Dementsprechend bietet die Anwendung der Equity-Methode mehr Informationen über das Nettovermögen und den Gewinn oder Verlust des Eigentümers.

18. Mit dem Zeitpunkt des Wegfallens des maßgeblichen Einflusses auf ein assoziiertes Unternehmen hat ein Anteilseigner die Anwendung der Equity-Methode einzustellen und die Anteile gemäß IAS 39 zu bilanzieren, vorausgesetzt, das assoziierte Unternehmen wird kein Tochterunternehmen und kein in IAS 31 definiertes Gemeinschaftsunternehmen. Beim Verlust des maßgeblichen Einflusses hat der Anteilseigner alle Anteile, die er am ehemaligen assoziierten Unternehmen behält, zum beizulegenden Zeitwert zu bewerten. Der Anteilseigner hat den Unterschied zwischen den folgenden Werten im Gewinn oder Verlust zu erfassen:

(a) dem beizulegenden Zeitwert aller behaltenen Anteile und allen Erlösen aus dem Abgang der übrigen Anteile an dem assoziierten Unternehmen; und

(b) dem Buchwert der Anteile zum Zeitpunkt des Verlustes des maßgeblichen Einflusses.

19. Wenn Anteile nicht mehr die Kriterien eines assoziierten Unternehmens erfüllen und gemäß IAS 39 bilanziert werden, ist der beizulegende Zeitwert der Anteile zu dem Zeitpunkt, an dem ein Unternehmen aufhört, assoziiertes Unternehmen zu sein, als beizulegender Zeitwert beim erstmaligen Ansatz eines finanziellen Vermögenswerts gemäß IAS 39 zu betrachten.

19A. Wenn ein Anteilseigner maßgeblichen Einfluss auf ein assoziiertes Unternehmen verliert, hat er alle im sonstigen Ergebnis ausgewiesenen

Beträge in Bezug auf dieses assoziierte Unternehmen auf derselben Grundlage zu bilanzieren, wie es verlangt würde, wenn das assoziierte Unternehmen die betreffenden Vermögenswerte und Schulden direkt veräußert hätte. Falls daher ein Gewinn oder Verlust, der zuvor beim assoziierten Unternehmen im sonstigen Ergebnis erfasst worden ist, bei der Veräußerung der dazugehörigen Vermögenswerte oder Schulden in den Gewinn oder Verlust umgegliedert würde, gliedert der Anteilseigner den Gewinn bzw. Verlust vom Eigenkapital in den Gewinn oder Verlust um (als Umgliederungsbetrag), wenn er den maßgeblichen Einfluss auf das assoziierte Unternehmen verliert. Hat beispielsweise ein assoziiertes Unternehmen zur Veräußerung verfügbare finanzielle Vermögenswerte und der Anteilseigner verliert den maßgeblichen Einfluss auf dieses assoziierte Unternehmen, so hat der Anteilseigner die zuvor im sonstigen Ergebnis erfassten, zu jenen Vermögenswerten gehörenden Gewinne bzw. Verluste in den Gewinn oder Verlust umzugliedern. Wenn sich die Beteiligungsquote eines Anteilseigners an einem assoziierten Unternehmen verringert hat, dieses jedoch ein assoziiertes Unternehmen bleibt, so hat der Anteilseigner nur den entsprechenden Betrag der zuvor im sonstigen Ergebnis erfassten Gewinne bzw. Verluste in den Gewinn oder Verlust umzugliedern.

20. Viele der für die Anwendung der Equity-Methode sachgerechten Verfahren ähneln den in IAS 27 beschriebenen Konsolidierungsverfahren. Außerdem werden die Ansätze, die den Konsolidierungsverfahren beim Erwerb eines Tochterunternehmens zu Grunde liegen, auch bei der Bilanzierung eines Erwerbs von Anteilen an einem assoziierten Unternehmen übernommen.

21. Der Anteil einer Gruppe an einem assoziierten Unternehmen ist die Summe der vom Mutterunternehmen und ihren Tochterunternehmen gehaltenen Anteile. Die von den anderen assoziierten Unternehmen oder Gemeinschaftsunternehmen der Gruppe gehaltenen Anteile bleiben für diese Zwecke unberücksichtigt. Wenn ein assoziiertes Unternehmen Tochterunternehmen, assoziierte Unternehmen oder Gemeinschaftsunternehmen besitzt, sind bei der Anwendung der Equity-Methode der Gewinn oder Verlust und das Nettovermögen zu berücksichtigen, wie sie im Abschluss des assoziierten Unternehmens (der dessen Anteil am Gewinn oder Verlust und Nettovermögen seiner assoziierten Unternehmen und Gemeinschaftsunternehmen einschließt) nach etwaigen Änderungen zur Berücksichtigung einheitlicher Rechnungslegungsmethoden (siehe Paragraphen 26 und 27) ausgewiesen werden.

22. Gewinne und Verluste aus „Upstream"- und „Downstream"-Transaktionen zwischen einem Eigentümer (einschließlich seiner konsolidierten Tochterunternehmen) und einem assoziierten Unternehmen sind im Abschluss des Eigentümers nur entsprechend der Anteile unabhängiger Eigentümer am assoziierten Unternehmen zu erfassen. „Upstream"-Transaktionen sind beispielsweise Verkäufe von Vermögenswerten eines assoziierten Unternehmens an den Eigentümer. „Downstream"-Transaktionen sind beispielsweise Verkäufe von Vermögenswerten eines Eigentümers an ein assoziiertes Unternehmen. Der Anteil des Eigentümers am Gewinn oder Verlust des assoziierten Unternehmens aus solchen Transaktionen wird eliminiert.

23. Anteile an einem assoziierten Unternehmen werden von dem Zeitpunkt an nach der Equity-Methode bilanziert, ab dem die Kriterien eines assoziierten Unternehmens erfüllt sind. Bei dem Anteilserwerb ist jede Differenz zwischen den Anschaffungskosten des Anteils und dem Anteil des Anteilseigners an den beizulegenden Zeitwerten der identifizierbaren Vermögenswerte und Schulden des assoziierten Unternehmens wie folgt zu bilanzieren:

a) der mit einem assoziierten Unternehmen verbundene Geschäfts- oder Firmenwert ist im Buchwert des Anteils enthalten. Die planmäßige Abschreibung dieses Geschäfts- oder Firmenwerts ist untersagt.

b) jeder Unterschiedsbetrag zwischen dem Anteil des Gesellschafters am beizulegenden Nettozeitwert der identifizierbaren Vermögenswerte und Schulden des assoziierten Unternehmens und den Anschaffungskosten des Anteils ist als Ertrag bei der Bestimmung des Anteils des Gesellschafters am Gewinn oder Verlust des assoziierten Unternehmens in der Periode, in der der Anteil erworben wurde, enthalten.

Der Anteil des Eigentümers an den vom assoziierten Unternehmen nach Erwerb verzeichneten Ergebnissen wird sachgerecht angepasst, um beispielsweise die planmäßige Abschreibung zu berücksichtigen, die bei abschreibungsfähigen Vermögenswerten auf der Basis ihrer beizulegenden Zeitwerte zum Erwerbszeitpunkt berechnet wird. Gleiches gilt für vom assoziierten Unternehmen erfasste Wertminderungsaufwendungen, z. B. für den Geschäfts- oder Firmenwert oder für Sachanlagen.

24. Der Eigentümer verwendet bei der Anwendung der Equity-Methode den letzten verfügbaren Abschluss des assoziierten Unternehmens. Weicht der Abschlussstichtag des Anteilseigners von dem des assoziierten Unternehmens ab, muss das assoziierte Unternehmen zur Verwendung durch den Anteilseigner einen Zwischenabschluss auf den Stichtag des Anteilseigners aufstellen, es sei denn, dies ist undurchführbar.

25. Wird in Übereinstimmung mit Paragraph 24 der bei der Anwendung der Equity-Methode herangezogene Abschluss eines assoziierten Unternehmens zu einem vom Anteilseigner abweichenden Stichtag aufgestellt, so sind für die Auswirkungen bedeutender Geschäftsvorfälle oder anderer Ereignisse, die zwischen diesem Stichtag und dem Abschlussstichtag des Eigentümers eingetreten sind, Berichtigungen vorzunehmen. In jedem Fall darf der Zeitraum zwischen dem Abschlussstichtag des assoziierten Unternehmens

und dem des Anteilseigners nicht mehr als drei Monate betragen. Die Länge der Berichtsperioden und die Abweichungen zwischen dem Abschlussstichtag müssen von Periode zu Periode gleich bleiben.

26. Bei der Aufstellung des Abschlusses des Eigentümers sind für ähnliche Geschäftsvorfälle und Ereignisse unter vergleichbaren Umständen einheitliche Rechnungslegungsmethoden anzuwenden.

27. Wenn das assoziierte Unternehmen für ähnliche Geschäftsvorfälle und Ereignisse unter vergleichbaren Umständen andere Rechnungslegungsmethoden anwendet als der Eigentümer, sind für den Fall, dass der Abschluss des assoziierten Unternehmens vom Eigentümer für die Anwendung der Equity-Methode herangezogen wird, die Rechnungslegungsmethoden an diejenigen des Eigentümers anzupassen.

28. Falls ein assoziiertes Unternehmen kumulative Vorzugsaktien ausgegeben hat, die von anderen Parteien als dem Eigentümer gehalten werden und als Eigenkapital ausgewiesen sind, berechnet der Eigentümer seinen Anteil an Gewinn oder Verlust nach Abzug der Dividende auf diese Vorzugsaktien, unabhängig davon, ob ein Dividendenbeschluss vorliegt.

29. Wenn der Anteil eines Eigentümers an den Verlusten eines assoziierten Unternehmens dem Wert seiner Beteiligung entspricht oder diesen übersteigt, erfasst der Eigentümer keine weiteren Verlustanteile. Der Anteil an einem assoziierten Unternehmen ist der nach der Equity-Methode ermittelte Buchwert dieses Anteils zuzüglich sämtlicher langfristigen Anteile, die dem wirtschaftlichen Gehalt nach der Nettoinvestition des Eigentümers in das assoziierte Unternehmen zuzuordnen sind. So stellt ein Posten, dessen Abwicklung in absehbare Zeit weder geplant noch wahrscheinlich ist, seinem wirtschaftlichen Gehalt nach eine Erhöhung der Nettoinvestition in das assoziierte Unternehmen dar. Solche Posten können Vorzugsaktien und langfristige Forderungen oder Darlehen einschließen, nicht aber Forderungen und Verbindlichkeiten aus Lieferungen und Leistungen oder langfristige Forderungen, für die angemessene Sicherheiten bestehen, wie etwa besicherte Kredite. Verluste, die nach der Equity-Methode erfasst werden und den Anteil des Eigentümers am Stammkapital übersteigen, werden den anderen Bestandteilen des Anteils des Eigentümers am assoziierten Unternehmen in umgekehrter Rangreihenfolge (d. h. ihrer Priorität bei der Liquidierung) zugeordnet.

30. Nachdem der Anteil des Eigentümers auf Null reduziert ist, werden zusätzliche Verluste nur in dem Umfang berücksichtigt und als Schuld angesetzt, wie der Eigentümer rechtliche oder faktische Verpflichtungen eingegangen ist oder Zahlungen für das assoziierte Unternehmen geleistet hat. Weist das assoziierte Unternehmen zu einem späteren Zeitpunkt Gewinne aus, berücksichtigt der Eigentümer seinen Anteil an den Gewinnen erst dann, wenn der Gewinnanteil den noch nicht erfassten Verlust abdeckt.

Wertminderungsaufwand

31. Nach Anwendung der Equity-Methode einschließlich der Berücksichtigung von Verlusten des assoziierten Unternehmens in Übereinstimmung mit Paragraph 29 wendet der Eigentümer den IAS 39 an, um festzustellen, ob hinsichtlich der Nettoinvestition des Eigentümers beim assoziierten Unternehmen ein zusätzlicher Wertminderungsaufwand berücksichtigt werden muss.

32. Der Eigentümer wendet den IAS 39 auch an, um festzustellen, ob hinsichtlich der Anteile des Eigentümers am assoziierten Unternehmen ein zusätzlicher Wertminderungsaufwand erfasst ist, der keinen Teil der Nettoinvestition darstellt, und wie hoch der Betrag dieses Wertminderungsaufwands ist.

33. Da der im Buchwert eines Anteils an einem assoziierten Unternehmen eingeschlossene Geschäfts- oder Firmenwert nicht getrennt ausgewiesen wird, wird er nicht gemäß den Anforderungen für die Überprüfung der Wertminderung beim Geschäfts- oder Firmenwert nach IAS 36 *Wertminderung von Vermögenswerten* separat auf Wertminderung geprüft. Stattdessen wird der gesamte Buchwert des Anteils gemäß IAS 36 als ein einziger Vermögenswert auf Wertminderung geprüft, indem sein erzielbarer Betrag (der höhere der beiden Beträge aus Nutzungswert und beizulegender Zeitwert abzüglich Veräußerungskosten) mit dem Buchwert immer dann verglichen wird, wenn sich bei der Anwendung des IAS 39 Hinweise darauf ergeben, dass der Anteil wertgemindert sein könnte. Ein Wertminderungsaufwand, der unter diesen Umständen erfasst wird, wird keinem Vermögenswert zugeordnet, d.h. auch nicht dem Geschäfts- oder Firmenwert, der Teil des Buchwerts eines Anteils an einem assoziierten Unternehmen ist. Folglich wird jede Umkehrung des Wertminderungsaufwands gemäß IAS 36 in dem Umfang ausgewiesen, in dem der erzielbare Ertrag des Anteils folgerichtig steigt. Bei der Bestimmung des gegenwärtigen Nutzungswerts der Anteile schätzt ein Unternehmen:

(a) seinen Anteil am Barwert der geschätzten, erwarteten künftigen Cashflows, die von dem assoziierten Unternehmen voraussichtlich erwirtschaftet werden, was sowohl die Cashflows aus den Tätigkeiten des assoziierten Unternehmens und als auch die Erlöse aus der endgültigen Veräußerung des Anteils einschließt; oder

(b) den Barwert der geschätzten, erwarteten künftigen Cashflows, die aus den Dividenden des Anteils und seiner endgültigen Veräußerung resultieren.

Bei sachgemäßen Annahmen führen beide Methoden zu dem gleichen Ergebnis.

34. Der für einen Anteil an einem assoziierten Unternehmen erzielbare Betrag wird für jedes assoziierte Unternehmen einzeln bestimmt, es sei denn ein einzelnes assoziiertes Unternehmen er-

zeugt keine Mittelzuflüsse aus der fortgesetzten Nutzung, die von denen anderer Vermögenswerte des Unternehmens größtenteils unabhängig sind.

EINZELABSCHLUSS

35. Anteile an assoziierten Unternehmen sind nach den Paragraphen 37-42 des IAS 27 im Einzelabschluss eines Eigentümers zu bilanzieren.

36. Dieser Standard schreibt nicht vor, welche Unternehmen zur Veröffentlichung bestimmte Einzelabschlüsse erstellen.

ANGABEN

37. Die folgenden Angaben sind erforderlich:

(a) der beizulegende Zeitwert von Anteilen an assoziierten Unternehmen, für die öffentlich notierte Marktpreise existieren;

(b) zusammenfassende Finanzinformationen über die assoziierten Unternehmen, einschließlich der aggregierten Beträge der Vermögenswerte, Schulden, Umsatzerlöse und Gewinn oder Verlust;

(c) die Gründe, weshalb die Annahme, dass ein Eigentümer keinen maßgeblichen Einfluss ausübt, wenn er direkt oder indirekt durch Tochterunternehmen weniger als 20 % der Stimmrechte oder potenziellen Stimmrechte am Beteiligungsunternehmen hält, widerlegt wird, und stattdessen auf das Vorliegen eines maßgeblichen Einflusses des Eigentümers geschlossen wird;

(d) die Gründe, weshalb die Annahme, dass ein Eigentümer einen maßgeblichen Einfluss ausübt, wenn er direkt oder indirekt durch Tochterunternehmen mindestens 20 % der Stimmrechte oder potenziellen Stimmrechte am Beteiligungsunternehmen hält, widerlegt wird, und stattdessen auf das Nichtvorliegen eines maßgeblichen Einflusses geschlossen wird;

(e) der Abschlussstichtag eines assoziierten Unternehmens, wenn der Stichtag oder die Berichtsperiode des Abschlusses, der zur Anwendung der Equity-Methode verwendet wird, vom Stichtag oder von der Berichtsperiode des Abschlusses des Anteilseigners abweichen, sowie die Gründe für die Verwendung unterschiedlicher Stichtage oder Berichtsperioden;

(f) Art und Umfang erheblicher Beschränkungen (z. B. aus Darlehensvereinbarungen oder aufsichtsrechtlichen Bestimmungen) der Fähigkeit des assoziierten Unternehmens Finanzmittel in Form von Bardividenden oder Darlehens- und Vorschusstilgungen an den Eigentümer zu transferieren;

(g) der nicht erfasste anteilige Verlust eines Eigentümers an den Verlusten des assoziierten Unternehmens, sowohl für die Periode als auch kumuliert, wenn der Eigentümer Verlustanteile an einem assoziierten Unternehmen nicht mehr erfasst;

(h) die Tatsache, dass ein assoziiertes Unternehmen gemäß Paragraph 13 nicht nach der Equity-Methode bilanziert wird; und

(i) zusammenfassende Finanzinformationen über assoziierte Unternehmen, entweder einzeln oder in Gruppen, die nicht nach der Equity-Methode bilanziert werden, einschließlich der Höhe der gesamten Vermögenswerte und Schulden, der Umsatzerlöse und Gewinn oder Verlust.

38. Anteile an assoziierten Unternehmen, die nach der Equity-Methode bilanziert werden, sind als langfristige Vermögenswerte einzustufen. Der Anteil des Eigentümers am Gewinn oder Verlust und der Buchwert dieser assoziierten Unternehmen sind gesondert anzugeben. Der Anteil des Eigentümers an allen aufgegebenen Geschäftsbereichen der assoziierten Unternehmen ist ebenfalls gesondert anzugeben.

39. Der Anteil des Anteilseigners an im sonstigen Ergebnis des assoziierten Unternehmens ausgewiesenen Veränderungen ist im sonstigen Ergebnis des Anteilseigners zu erfassen.

40. Der Eigentümer hat in Übereinstimmung mit IAS 37 *Rückstellungen, Eventualverbindlichkeiten und Eventualforderungen*, Folgendes anzugeben:

(a) seinen Anteil an den gemeinschaftlich mit anderen Eigentümern eingegangenen Eventualverbindlichkeiten eines assoziierten Unternehmens; und

(b) Eventualverbindlichkeiten, die entstehen, weil der Eigentümer getrennt für alle oder einzelne Schulden des assoziierten Unternehmens haftet.

ZEITPUNKT DES INKRAFTTRETENS UND ÜBERGANGSVORSCHRIFTEN

41. Dieser Standard ist erstmals in der ersten Berichtsperiode eines am 1. Januar 2005 oder danach beginnenden Geschäftsjahres anzuwenden. Eine frühere Anwendung wird empfohlen. Wenn ein Unternehmen diesen Standard für Berichtsperioden anwendet, die vor dem 1. Januar 2005 beginnen, so ist diese Tatsache anzugeben.

41A. Infolge des IAS 1 (überarbeitet 2007) wurde die in allen IFRS verwendete Terminologie geändert. Außerdem wurden die Paragraphen 11 und 39 geändert. Diese Änderungen sind erstmals in der ersten Berichtsperiode eines am 1. Januar 2009 oder danach beginnenden Geschäftsjahres anzuwenden. Wird IAS 1 (überarbeitet 2007) auf eine frühere Periode angewandt, sind diese Änderungen entsprechend auch anzuwenden.

41B. Mit der 2008 geänderten Fassung des IAS 27 wurden die Paragraphen 18, 19 und 35 geändert und Paragraph 19A eingefügt. Die Änderung des Paragraphen 35 ist rückwirkend anzuwenden und die Änderungen an den Paragraphen 18 und 19 sowie Paragraph 19A sind prospektiv auf eine Berichtsperiode eines am oder nach dem 1. Juli 2009 beginnenden Geschäftsjahres anzuwenden.

Wendet ein Unternehmen IAS 27 (in der 2008 geänderten Fassung) auf eine frühere Periode an, sind auch die Änderungen auf diese frühere Periode anzuwenden.

41C. Die Paragraphen 1 und 33 werden im Rahmen der Verbesserungen der IFRS vom Mai 2008 geändert. Diese Änderungen sind erstmals in der ersten Berichtsperiode eines am 1. Januar 2009 oder danach beginnenden Geschäftsjahres anzuwenden. Eine frühere Anwendung ist zulässig. Falls ein Unternehmen diese Änderungen auf eine frühere Periode anwendet, so hat es diese Tatsache anzugeben und die entsprechenden Änderungen von Paragraph 3 des IFRS 7 *Finanzinstrumente: Angaben*, Paragraph 1 von IAS 31 und Paragraph 4 of IAS 32 *Finanzinstrumente: Darstellung* (überarbeitet Mai 2008) gleichzeitig anzuwenden. Ein Unternehmen kann die Änderungen prospektiv anwenden.

41E. Durch die im Mai 2010 veröffentlichten *Verbesserungen an den IFRS* wurde Paragraph 41B geändert. Diese Änderung ist erstmals in der ersten Berichtsperiode eines am oder nach dem 1. Juli 2010 beginnenden Geschäftsjahres anzuwenden. Eine frühere Anwendung ist zulässig. Wendet ein Unternehmen die Änderung vor dem 1. Juli 2010 an, hat es dies anzugeben.

RÜCKNAHME ANDERER VERLAUTBARUNGEN

42. Dieser Standard ersetzt IAS 28 *Bilanzierung von Anteilen an assoziierten Unternehmen* (überarbeitet 2000).

43. Dieser Standard ersetzt die folgenden Interpretationen:

(a) SIC-3 *Eliminierung von nicht realisierten Gewinnen und Verlusten aus Transaktionen mit assoziierten Unternehmen*;

(b) SIC-20 *Equity-Methode – Erfassung von Verlusten*; und

(c) SIC-33 *Vollkonsolidierungs- und Equity-Methode – Potenzielle Stimmrechte und Ermittlung von Beteiligungsquoten*.

INTERNATIONAL ACCOUNTING STANDARD 29
Rechnungslegung in Hochinflationsländern

IAS 29, VO (EG) Nr. 1126/2008 i.d.F.

1 VO (EG) Nr. 1274/2008 [IAS 1]   **2** VO (EG) Nr. 70/2009

GLIEDERUNG	§§
ANWENDUNGSBEREICH	1–4
ANPASSUNG DES ABSCHLUSSES	5–37
Abschlüsse auf Basis historischer Anschaffungs- und/oder Herstellungskosten	11–28
Bilanz	11–25
Gesamtergebnisrechnung	26
Gewinn oder Verlust aus der Nettoposition der monetären Posten	27–28
Abschlüsse zu Tageswerten	29–31
Bilanz	29
Gesamtergebnisrechnung	30
Gewinn oder Verlust aus der Nettoposition der monetären Posten	31
Steuern	32
Kapitalflussrechnung	33
Vergleichszahlen	34
Konzernabschlüsse	35–36
Auswahl und Verwendung des allgemeinen Preisindexes	37
BEENDIGUNG DER HOCHINFLATION IN EINER VOLKSWIRTSCHAFT	38
ANGABEN	39–40
ZEITPUNKT DES INKRAFTTRETENS	41

ANWENDUNGSBEREICH*)

* Als Teil der *Verbesserungen der IFRS* vom Mai 2008 hat der IASB-Board die in IAS 29 verwendete Terminologie wie folgt geändert, um mit den anderen IFRS konsistent zu sein: a) „Marktwert" wird in „beizulegender Zeitwert" und b) „Ergebnis" („results of operations") sowie „Ergebnis" („net income") werden in „Gewinn oder Verlust" geändert.

1. Dieser Standard ist auf Einzel- und Konzernabschlüsse von Unternehmen anzuwenden, deren funktionale Währung die eines Hochinflationslandes ist.

2. In einem Hochinflationsland ist eine Berichterstattung über die Vermögens-, Finanz- und Ertragslage in der lokalen Währung ohne Anpassung nicht zweckmäßig. Der Kaufkraftverlust ist so enorm, dass der Vergleich mit Beträgen, die aus früheren Geschäftsvorfällen und anderen Ereignissen resultieren, sogar innerhalb einer Bilanzierungsperiode irreführend ist.

3. Dieser Standard legt nicht fest, ab welcher Inflationsrate Hochinflation vorliegt. Die Notwendigkeit einer Anpassung des Abschlusses gemäß diesem Standard ist eine Ermessensfrage. Allerdings gibt es im wirtschaftlichen Umfeld eines Landes Anhaltspunkte, die auf Hochinflation hindeuten, nämlich u. a. folgende:

(a) Die Bevölkerung bevorzugt es, ihr Vermögen in nicht monetären Vermögenswerten oder in einer relativ stabilen Fremdwährung zu halten. Beträge in Inlandswährung werden unverzüglich investiert, um die Kaufkraft zu erhalten;

(b) die Bevölkerung rechnet nicht in der Inlandswährung, sondern in einer relativ stabilen Fremdwährung. Preise können in dieser Währung angegeben werden;

(c) Verkäufe und Käufe auf Kredit werden zu Preisen getätigt, die den für die Kreditlaufzeit erwarteten Kaufkraftverlust berücksichtigen, selbst wenn die Laufzeit nur kurz ist;

(d) Zinssätze, Löhne und Preise sind an einen Preisindex gebunden; und

(e) die kumulative Inflationsrate innerhalb von drei Jahren nähert sich oder überschreitet 100 %.

4. Es ist wünschenswert, dass alle Unternehmen, die in der Währung eines bestimmten Hochinflationslandes bilanzieren, diesen Standard ab demselben Zeitpunkt anwenden. In jedem Fall ist er vom Beginn der Berichtsperiode an anzuwenden, in der das Unternehmen erkennt, dass in dem Land, in dessen Währung es bilanziert, Hochinflation herrscht.

ANPASSUNG DES ABSCHLUSSES

5. Dass sich Preise im Laufe der Zeit ändern, ist auf verschiedene spezifische oder allgemeine poli-

tische, wirtschaftliche und gesellschaftliche Kräfte zurückzuführen. Spezifische Kräfte, wie Änderungen bei Angebot und Nachfrage und technischer Fortschritt, führen unter Umständen dazu, dass einzelne Preise unabhängig voneinander erheblich steigen oder sinken. Darüber hinaus führen allgemeine Kräfte unter Umständen zu einer Änderung des allgemeinen Preisniveaus und somit der allgemeinen Kaufkraft.

6. Unternehmen, die ihre Abschlüsse auf der Basis historischer Anschaffungs- und Herstellungskosten erstellen, tun dies ungeachtet der Änderungen des allgemeinen Preisniveaus oder bestimmter Preissteigerungen der angesetzten Vermögenswerte oder Schulden. Eine Ausnahme bilden die Vermögenswerte und Schulden, die das Unternehmen zum beizulegenden Zeitwert ansetzen muss oder dies freiwillig tut. So können z.B. Sachanlagen zum beizulegenden Zeitwert neu bewertet werden und biologische Vermögenswerte müssen in der Regel zum beizulegenden Zeitwert angesetzt werden. Einige Unternehmen erstellen ihre Abschlüsse jedoch nach dem Konzept der Tageswerte, das den Auswirkungen bestimmter Preisänderungen bei im Bestand befindlichen Vermögenswerten Rechnung trägt.

7. In einem Hochinflationsland sind Abschlüsse unabhängig davon, ob sie auf dem Konzept der historischen Anschaffungs- und Herstellungskosten oder dem der Tageswerte basieren, nur zweckmäßig, wenn sie in der am Abschlussstichtag geltenden Maßeinheit ausgedrückt sind. Daher gilt dieser Standard für den Abschluss von Unternehmen, die in der Währung eines Hochinflationslandes bilanzieren. Die in diesem Standard geforderten Informationen in Form einer Ergänzung zu einem nicht angepassten Abschluss darzustellen, ist nicht zulässig. Auch von einer separaten Darstellung des Abschlusses vor der Anpassung wird abgeraten.

8. Der Abschluss eines Unternehmens, dessen funktionale Währung die eines Hochinflationslandes ist, ist unabhängig davon, ob er auf dem Konzept der historischen Anschaffungs- und Herstellungskosten oder dem der Tageswerte basiert, in der am Abschlussstichtag geltenden Maßeinheit auszudrücken. Die in IAS 1 *Darstellung des Abschlusses* (in der 2007 überarbeiteten Fassung) geforderten Vergleichszahlen zur Vorperiode sowie alle anderen Informationen zu früheren Perioden sind ebenfalls in der am Abschlussstichtag geltenden Maßeinheit anzugeben. Für die Darstellung von Vergleichsbeträgen in einer anderen Darstellungswährung sind die Paragraphen 42(b) und 43 des IAS 21 *Auswirkungen von Wechselkursänderungen* maßgeblich.

9. Der Gewinn oder Verlust aus der Nettoposition der monetären Posten ist in den Gewinn oder Verlust einzubeziehen und gesondert anzugeben.

10. Zur Anpassung des Abschlusses gemäß diesem Standard müssen bestimmte Verfahren angewandt sowie Ermessensentscheidungen getroffen werden. Eine periodenübergreifend konsequente Anwendung dieser Verfahren und Konsequenz bei den Ermessensentscheidungen ist wichtiger als die Exaktheit der daraus in den angepassten Abschlüssen resultierenden Beträge.

Abschlüsse auf Basis historischer Anschaffungs- und/oder Herstellungskosten

Bilanz

11. Beträge in der Bilanz, die noch nicht in der am Abschlussstichtag geltenden Maßeinheit ausgedrückt sind, werden anhand eines allgemeinen Preisindexes angepasst.

12. Monetäre Posten werden nicht angepasst, da sie bereits in der am Abschlussstichtag geltenden Geldeinheit ausgedrückt sind. Monetäre Posten sind im Bestand befindliche Geldmittel oder Posten, für die das Unternehmen Geld zahlt oder erhält.

13. Forderungen und Verbindlichkeiten, die vertraglich an Preisveränderungen gekoppelt sind, wie Indexanleihen und -kredite, werden vertragsgemäß angeglichen, um den zum Abschlussstichtag ausstehenden Betrag zu ermitteln. Diese Posten werden in der angepassten Bilanz zu diesem angeglichenen Betrag geführt.

14. Alle anderen Vermögenswerte und Schulden sind nicht monetär. Manche dieser nicht monetären Posten werden zu an dem Abschlussstichtag geltenden Beträgen geführt, beispielsweise zum Nettoveräußerungswert und zum beizulegenden Zeitwert, und somit nicht angepasst. Alle anderen nicht monetären Vermögenswerte und Schulden werden angepasst.

15. Die meisten nicht monetären Posten werden zu ihren Anschaffungskosten bzw. fortgeführten Anschaffungskosten angesetzt und damit zu dem zum Erwerbszeitpunkt geltenden Betrag ausgewiesen. Die angepassten bzw. fortgeführten Anschaffungs- oder Herstellungskosten jedes Postens werden bestimmt, indem man auf die historischen Anschaffungs- oder Herstellungskosten und die kumulierten Abschreibungen die zwischen Anschaffungsdatum und Abschlussstichtag eingetretene Veränderung im allgemeinen Preisindex anwendet. Sachanlagen, Vorräte an Rohstoffen und Waren, Geschäfts- oder Firmenwerte, Patente, Warenzeichen und ähnliche Vermögenswerte werden somit ab ihrem Anschaffungsdatum angepasst. Vorräte an Halb- und Fertigerzeugnissen werden ab dem Datum angepasst, an dem die Anschaffungs- und Herstellungskosten angefallen sind.

16. In einigen seltenen Fällen lässt sich das Datum der Anschaffung der Sachanlagen aufgrund unvollständiger Aufzeichnungen möglicherweise nicht mehr feststellen oder schätzen. Unter diesen Umständen kann es bei erstmaliger Anwendung dieses Standards erforderlich sein, zur Ermittlung des Ausgangswerts für die Anpassung dieser Posten auf eine unabhängige professionelle Bewertung zurückzugreifen.

17. Es ist möglich, dass für die Perioden, für die dieser Standard eine Anpassung der Sachanlagen

vorschreibt, kein allgemeiner Preisindex zur Verfügung steht. In diesen Fällen kann es erforderlich sein, auf eine Schätzung zurückzugreifen, die beispielsweise auf den Bewegungen des Wechselkurses der funktionalen Währung gegenüber einer relativ stabilen Fremdwährung basiert.

18. Bei einigen nicht monetären Posten wird nicht der Wert zum Zeitpunkt der Anschaffung oder des Abschlussstichtags, sondern ein anderer angesetzt. Dies gilt beispielsweise für Sachanlagen, die zu einem früheren Zeitpunkt neubewertet wurden. In diesen Fällen wird der Buchwert ab dem Datum der Neubewertung angepasst.

19. Der angepasste Wert eines nicht monetären Postens wird den einschlägigen IFRS entsprechend vermindert, wenn er den erzielbaren Betrag überschreitet. Bei Sachanlagen, Geschäfts- oder Firmenwerten, Patenten und Warenzeichen wird der angepasste Wert in solchen Fällen deshalb auf den erzielbaren Betrag und bei Vorräten auf den Nettoveräußerungswert herabgesetzt.

20. Es besteht die Möglichkeit, dass ein Beteiligungsunternehmen, das gemäß der Equity-Methode bilanziert wird, in der Währung eines Hochinflationslandes berichtet. Die Bilanz und die Gesamtergebnisrechnung eines solchen Beteiligungsunternehmens werden gemäß diesem Standard angepasst, damit der Anteil des Eigentümers am Nettovermögen und am Gewinn oder Verlust errechnet werden kann. Werden die angepassten Abschlüsse des Beteiligungsunternehmens in einer Fremdwährung ausgewiesen, so werden sie zum Stichtagskurs umgerechnet.

21. Die Auswirkungen der Inflation werden im Regelfall in den Fremdkapitalkosten erfasst. Es ist nicht sachgerecht, eine kreditfinanzierte Investition anzupassen und gleichzeitig den Teil der Fremdkapitalkosten zu aktivieren, der als Ausgleich für die Inflation im entsprechenden Zeitraum gedient hat. Dieser Teil der Fremdkapitalkosten wird in der Periode, in der diese Kosten anfallen, als Aufwand erfasst.

22. Ein Unternehmen kann Vermögenswerte im Rahmen eines Vertrags erwerben, der eine zinsfreie Stundung der Zahlung ermöglicht. Wenn die Zurechnung eines Zinsbetrags nicht durchführbar ist, werden solche Vermögenswerte ab dem Zahlungs- und nicht ab dem Erwerbszeitpunkt angepasst.

23. [gestrichen]

24. Zu Beginn der ersten Periode der Anwendung dieses Standards werden die Bestandteile des Eigenkapitals, mit Ausnahme der nicht ausgeschütteten Ergebnisse sowie etwaiger Neubewertungsrücklagen, vom Zeitpunkt ihrer Zuführung in das Eigenkapital anhand eines allgemeinen Preisindexes angepasst. Alle in früheren Perioden entstandenen Neubewertungsrücklagen werden eliminiert. Angepasste nicht ausgeschüttete Ergebnisse werden aus allen anderen Beträgen in der angepassten Bilanz abgeleitet.

25. Am Ende der ersten Periode und in den folgenden Perioden werden sämtliche Bestandteile des Eigenkapitals jeweils vom Beginn der Periode oder vom Zeitpunkt einer gegebenenfalls späteren Zuführung an anhand eines allgemeinen Preisindexes angepasst. Die Änderungen des Eigenkapitals in der Periode werden gemäß IAS 1 angegeben.

Gesamtergebnisrechnung

26. Gemäß diesem Standard sind alle Posten der Gesamtergebnisrechnung in der am Abschlussstichtag geltenden Maßeinheit auszudrücken. Dies bedeutet, dass alle Beträge anhand des allgemeinen Preisindexes anzupassen sind und zwar ab dem Zeitpunkt, zu dem die jeweiligen Erträge und Aufwendungen erstmals im Abschluss erfasst wurden.

Gewinn oder Verlust aus der Nettoposition der monetären Posten

27. Hat ein Unternehmen in einer Periode der Inflation mehr monetäre Forderungen als Verbindlichkeiten, so verliert es an Kaufkraft, während ein Unternehmen mit mehr monetären Verbindlichkeiten als Forderungen an Kaufkraft gewinnt, sofern die Forderungen und Verbindlichkeiten nicht an einen Preisindex gekoppelt sind. Ein solcher Gewinn oder Verlust aus der Nettoposition der monetären Posten lässt sich aus der Differenz aus der Anpassung der nicht monetären Vermögenswerte, des Eigenkapitals und der Posten aus der Gesamtergebnisrechnung sowie der Korrektur der indexgebundenen Forderungen und Verbindlichkeiten ableiten. Ein solcher Gewinn oder Verlust kann geschätzt werden, indem die Änderung eines allgemeinen Preisindexes auf den gewichteten Durchschnitt der in der Berichtsperiode verzeichneten Differenz zwischen monetären Forderungen und Verbindlichkeiten angewandt wird.

28. Der Gewinn bzw. Verlust aus der Nettoposition der monetären Posten wird im Gewinn oder Verlust aufgenommen. Die gemäß Paragraph 13 erfolgte Berichtigung der Forderungen und Verbindlichkeiten, die vertraglich an Preisänderungen gebunden sind, wird mit dem Gewinn oder Verlust aus der Nettoposition der monetären Posten saldiert. Andere Ertrags- und Aufwandsposten wie Zinserträge und Zinsaufwendungen sowie Währungsumrechnungsdifferenzen in Verbindung mit investierten und aufgenommenen liquiden Mitteln werden auch mit der Nettoposition der monetären Posten in Beziehung gesetzt. Obwohl diese Posten gesondert angegeben werden, kann es hilfreich sein, sie in der Gesamtergebnisrechnung zusammen mit dem Gewinn oder Verlust aus der Nettoposition der monetären Posten darzustellen.

Abschlüsse zu Tageswerten

Bilanz

29. Die zu Tageswerten angegebenen Posten werden nicht angepasst, da sie bereits in der am Abschlussstichtag geltenden Maßeinheit angege-

ben sind. Andere Posten in der Bilanz werden gemäß den Paragraphen 11 bis 25 angepasst.

Gesamtergebnisrechnung

30. Vor der Anpassung weist die zu Tageswerten aufgestellte Gesamtergebnisrechnung die Kosten zum Zeitpunkt der damit verbundenen Geschäftsvorfälle oder anderen Ereignisse aus. Umsatzkosten und planmäßige Abschreibungen werden zu den Tageswerten zum Zeitpunkt ihres Verbrauchs erfasst. Umsatzerlöse und andere Aufwendungen werden zu dem zum Zeitpunkt ihres Anfallens geltenden Geldbetrag erfasst. Daher sind alle Beträge anhand eines allgemeinen Preisindexes in die am Abschlussstichtag geltende Maßeinheit umzurechnen.

Gewinn oder Verlust aus der Nettoposition der monetären Posten

31. Der Gewinn oder Verlust aus der Nettoposition der monetären Posten wird gemäß den Paragraphen 27 und 28 bilanziert.

Steuern

32. Die Anpassung des Abschlusses gemäß diesem Standard kann zu Differenzen zwischen dem in der Bilanz ausgewiesenen Buchwert der einzelnen Vermögenswerte und Schulden und deren Steuerbemessungsgrundlage führen. Diese Differenzen werden gemäß IAS 12 *Ertragsteuern* bilanziert.

Kapitalflussrechnung

33. Nach diesem Standard müssen alle Posten der Kapitalflussrechnung in der am Abschlussstichtag geltenden Maßeinheit ausgedrückt werden.

Vergleichszahlen

34. Vergleichszahlen für die vorangegangene Periode werden unabhängig davon, ob sie auf dem Konzept der historischen Anschaffungs- und Herstellungskosten oder dem der Tageswerte basieren, anhand eines allgemeinen Preisindexes angepasst, damit der Vergleichsabschluss in der am Abschlussstichtag geltenden Maßeinheit dargestellt ist. Informationen zu früheren Perioden werden ebenfalls in der am Abschlussstichtag geltenden Maßeinheit ausgedrückt. Für die Darstellung von Vergleichsbeträgen in einer anderen Darstellungswährung sind die Paragraphen 42(b) und 43 des IAS 21 maßgeblich.

Konzernabschlüsse

35. Ein Mutterunternehmen, das in der Währung eines Hochinflationslandes berichtet, kann Tochterunternehmen haben, die ihren Abschluss ebenfalls in der Währung eines hochinflationären Landes erstellen. Der Abschluss jedes dieser Tochterunternehmen ist anhand eines allgemeinen Preisindexes des Landes anzupassen, in dessen Währung das Tochterunternehmen bilanziert, bevor er vom Mutterunternehmen in den Konzernabschluss einbezogen wird. Handelt es sich bei dem Tochterunternehmen um ein ausländisches Tochterunternehmen, so wird der angepasste Abschluss zum Stichtagskurs umgerechnet. Die Abschlüsse von Tochterunternehmen, die nicht in der Währung eines Hochinflationslandes berichten, werden gemäß IAS 21 behandelt.

36. Werden Abschlüsse mit unterschiedlichen Abschlussstichtagen konsolidiert, sind alle Posten – ob monetär oder nicht – an die am Stichtag des Konzernabschlusses geltende Maßeinheit anzupassen.

Auswahl und Verwendung des allgemeinen Preisindexes

37. Zur Anpassung des Abschlusses gemäß diesem Standard muss ein allgemeiner Preisindex herangezogen werden, der die Veränderungen in der allgemeinen Kaufkraft widerspiegelt. Es ist wünschenswert, dass alle Unternehmen, die in der Währung derselben Volkswirtschaft berichten, denselben Index verwenden.

BEENDIGUNG DER HOCHINFLATION IN EINER VOLKSWIRTSCHAFT

38. Wenn ein bisheriges Hochinflationsland nicht mehr als solches eingestuft wird und das Unternehmen aufhört, seinen Abschluss gemäß diesem Standard zu erstellen, sind die Beträge, die in der am Ende der vorangegangenen Periode geltenden Maßeinheit ausgedrückt sind, als Grundlage für die Buchwerte in seinem darauffolgenden Abschluss heranzuziehen.

ANGABEN

39. Angegeben werden muss,

(a) dass der Abschluss und die Vergleichszahlen für frühere Perioden aufgrund von Änderungen der allgemeinen Kaufkraft der funktionalen Währung angepasst wurden und daher in der am Abschlussstichtag geltenden Maßeinheit angegeben sind;

(b) ob der Abschluss auf dem Konzept historischer Anschaffungs- und Herstellungskosten oder dem Konzept der Tageswerte basiert; und

(c) Art sowie Höhe des Preisindexes am Abschlussstichtag sowie Veränderungen des Indexes während der aktuellen und der vorangegangenen Periode.

40. Die in diesem Standard geforderten Angaben sind notwendig, um die Grundlage für die Behandlung der Inflationsauswirkungen im Abschluss zu verdeutlichen. Ferner sind sie dazu bestimmt, weitere Informationen zu geben, die für das Verständnis dieser Grundlage und der daraus resultierenden Beträge notwendig sind.

ZEITPUNKT DES INKRAFTTRETENS

41. Dieser Standard ist erstmals in der ersten Berichtsperiode eines am 1. Januar 1990 oder danach beginnenden Geschäftsjahres anzuwenden.

INTERNATIONAL ACCOUNTING STANDARD 31
Anteile an Gemeinschaftsunternehmen

IAS 31, VO (EG) Nr. 1126/2008 i.d.F.

1 VO (EG) Nr. 1274/2008 [IAS 1] **2** VO (EG) Nr. 70/2009
3 VO (EG) Nr. 494/2009 [IAS 27] **4** VO (EG) Nr. 149/2011

GLIEDERUNG	§§
ANWENDUNGSBEREICH	1–2
DEFINITIONEN	3–12
Formen von Gemeinschaftsunternehmen	7
Gemeinschaftliche Führung	8
Vertragliche Vereinbarung	9–12
GEMEINSCHAFTLICHE TÄTIGKEITEN	13–17
GEMEINSCHAFTLICH GEFÜHRTE VERMÖGENSWERTE	18–23
GEMEINSCHAFTLICH GEFÜHRTE UNTERNEHMEN	24–47
Abschluss eines Partnerunternehmens	30–45B
Quotenkonsolidierung	30–37
Equity-Methode	38–41
Ausnahmen von der Quotenkonsolidierung und der Equity-Methode	42–45B
Einzelabschluss eines Partnerunternehmens	46–47
GESCHÄFTSVORFÄLLE ZWISCHEN EINEM PARTNERUNTERNEHMEN UND EINEM GEMEINSCHAFTSUNTERNEHMEN	48–50
BILANZIERUNG VON ANTEILEN AN GEMEINSCHAFTSUNTERNEHMEN IM ABSCHLUSS EINES GESELLSCHAFTERS	51
BETREIBER EINES GEMEINSCHAFTSUNTERNEHMENS	52–53
ANGABEN	54–57
ZEITPUNKT DES INKRAFTTRETENS UND ÜBERGANGSVORSCHRIFTEN	58–58D
RÜCKNAHME VON IAS 31 (ÜBERARBEITET 2000)	59

ANWENDUNGSBEREICH

1. Dieser Standard ist anzuwenden bei der Bilanzierung von Anteilen an Gemeinschaftsunternehmen und der Berichterstattung über Vermögenswerte, Schulden, Erträge und Aufwendungen von Gemeinschaftsunternehmen im Abschluss der Partnerunternehmen und der Gesellschafter, ungeachtet der Struktur oder Form der Gemeinschaftsunternehmen. Davon ausgenommen sind Anteile von Partnerunternehmen an gemeinschaftlich geführten Unternehmen, die gehalten werden von

(a) Wagniskapital-Organisationen oder

(b) offenen Investmentfonds, Unit Trusts und ähnlichen Unternehmen, einschließlich fondsgebundener Versicherungen,

und die beim erstmaligen Ansatz dazu bestimmt wurden, erfolgswirksam zum beizulegenden Zeitwert bewertet zu werden, oder als zu Handelszwecken gehalten eingestuft wurden und gemäß IAS 39 *Finanzinstrumente: Ansatz und Bewertung* bilanziert wurden. Solche Anteile sind gemäß IAS 39 zum beizulegenden Zeitwert zu bewerten, wobei Änderungen des beizulegenden Zeitwerts in der Periode der Änderung im Gewinn oder Verlust erfasst werden. Ein Partnerunternehmen, das einen derartigen Anteil hält, nimmt die Offenlegungen gemäß Paragraph 55 und 56 vor.

2. Ein Partnerunternehmen, das einen Anteil an einem gemeinschaftlich geführten Unternehmen hält, ist von der Anwendung der Paragraphen 30 (Quotenkonsolidierung) und 38 (Equity-Methode) befreit, wenn es die folgenden Voraussetzungen erfüllt:

(a) der Anteil ist gemäß IFRS 5 *Zur Veräußerung gehaltene langfristige Vermögenswerte und aufgegebene Geschäftsbereiche* als zur Veräußerung gehalten eingestuft;

(b) es greift die Ausnahme nach Paragraph 10 des IAS 27 *Konzern- und Einzelabschlüsse*, wonach ein Mutterunternehmen, das auch Anteile an einem gemeinschaftlich geführten Unternehmen besitzt, von der Veröffentlichung eines Konzernabschlusses absehen kann; oder

(c) es treffen alle folgenden Punkte zu:

(i) das Partnerunternehmen ist selbst ein hundertprozentiges Tochterunternehmen oder ein teilweise im Besitz stehendes Tochterunternehmen eines anderen

Unternehmens und seine Eigentümer, einschließlich der nicht anderweitig stimmberechtigten, sind darüber unterrichtet, dass das Partnerunternehmen die Quotenkonsolidierung oder die Equity-Methode nicht anwendet, und erheben dagegen keine Einwände;

(ii) die Schuld- oder Eigenkapitalinstrumente des Partnerunternehmens werden nicht am Kapitalmarkt (einer nationalen oder ausländischen Wertpapierbörse oder am Freiverkehrsmarkt, einschließlich lokaler und regionaler Börsen) gehandelt;

(iii) das Partnerunternehmen hat seine Abschlüsse bei keiner Börsenaufsicht oder sonstigen Aufsichtsbehörde zum Zweck der Emission von Finanzinstrumenten jeglicher Klasse am Kapitalmarkt eingereicht oder ist im Begriff, dies zu tun; und

(iv) das oberste oder ein zwischengeschaltetes Mutterunternehmen des Partnerunternehmens stellt einen Konzernabschluss auf, der veröffentlicht wird und den International Financial Reporting Standards entspricht.

DEFINITIONEN

3. Die folgenden Begriffe werden in diesem Standard mit der angegebenen Bedeutung verwendet:

Beherrschung ist die Möglichkeit, bei einer wirtschaftlichen Geschäftstätigkeit die Finanz- und Geschäftspolitik zu bestimmen, um daraus Nutzen zu ziehen.

Die *Equity-Methode* ist eine Bilanzierungsmethode, bei der die Anteile an einem gemeinschaftlich geführten Unternehmen zunächst mit den Anschaffungskosten angesetzt werden, dieser Ansatz in der Folge um etwaige Veränderungen beim Anteil des Partnerunternehmens am Nettovermögen des gemeinschaftlich geführten Unternehmens angepasst wird. Der Gewinn oder Verlust des Partnerunternehmens schließt dessen Anteil am Gewinn oder Verlust des gemeinschaftlich geführten Unternehmens ein.

Ein *Gesellschafter eines Gemeinschaftsunternehmens* ist ein Partner bei einem Gemeinschaftsunternehmen, der nicht an dessen gemeinschaftlicher Führung beteiligt ist.

Gemeinschaftliche Führung ist die vertraglich vereinbarte Aufteilung der Kontrolle der wirtschaftlichen Geschäftstätigkeit und ist nur dann gegeben, wenn die mit dieser Geschäftstätigkeit verbundenen strategischen finanziellen und betrieblichen Entscheidungen die einstimmige Zustimmung der an der gemeinschaftlichen Führung beteiligten Parteien (der Partnerunternehmen) erfordern.

Ein *Gemeinschaftsunternehmen* ist eine vertragliche Vereinbarung zweier oder mehrerer Partner über eine wirtschaftliche Tätigkeit, die von ihnen gemeinschaftlich geführt wird.

Die *Quotenkonsolidierung* ist ein Verfahren der Rechnungslegung, bei dem der Anteil des Partnerunternehmens an allen Vermögenswerten, Schulden, Erträgen und Aufwendungen eines gemeinschaftlich geführten Unternehmens mit den entsprechenden Posten des Abschlusses des Partnerunternehmens zusammengefasst oder als gesonderter Posten im Abschluss des Partnerunternehmens ausgewiesen wird.

Einzelabschlüsse sind die von einem Mutterunternehmen, einem Eigentümer eines assoziierten Unternehmens oder einem Partnerunternehmen eines gemeinschaftlich geführten Unternehmens aufgestellten Abschlüsse, in denen die Anteile auf der Grundlage der unmittelbaren Kapitalbeteiligung anstatt auf Grundlage des vom Beteiligungsunternehmen berichteten Ergebnisses und seines Nettovermögens bilanziert werden.

Maßgeblicher Einfluss ist die Möglichkeit, bei einer wirtschaftlichen Geschäftstätigkeit an den finanz- und geschäftspolitischen Entscheidungen teilzuhaben, nicht aber die Beherrschung oder die gemeinschaftliche Führung der Entscheidungsprozesse.

Ein *Partnerunternehmen* ist ein Partner bei einem Gemeinschaftsunternehmen, der an dessen gemeinschaftlicher Führung beteiligt ist.

4. Ein Abschluss, bei dem die Quotenkonsolidierung oder die Equity-Methode angewandt wird, stellt ebenso wenig einen Einzelabschluss dar, wie der Abschluss eines Unternehmens, das weder ein Tochterunternehmen noch ein assoziiertes Unternehmen besitzt noch Partnerunternehmen bei einem Gemeinschaftsunternehmen ist.

5. Einzelabschlüsse sind Abschlüsse, die zusätzlich zum Konzernabschluss veröffentlicht werden, Abschlüsse, bei denen Anteile unter Anwendung der Equity-Methode bilanziert werden, und Abschlüsse, bei denen Anteile von Partnerunternehmen an Gemeinschaftsunternehmen quotenkonsolidiert werden. Einzelabschlüsse können diesen Abschlüssen nicht als Anhang oder Anlage beigefügt werden.

6. Unternehmen, die nach Paragraph 10 des IAS 27 von der Konsolidierung, nach Paragraph 13(c) des IAS 28 *Anteile an assoziierten Unternehmen* von der Anwendung der Equity-Methode oder nach Paragraph 2 dieses Standards von der Quotenkonsolidierung oder der Anwendung der Equity-Methode befreit sind, können Einzelabschlüsse als ihren einzigen Abschluss veröffentlichen.

Formen von Gemeinschaftsunternehmen

7. Gemeinschaftsunternehmen treten in vielen verschiedenen Formen und Strukturen auf. Dieser Standard unterscheidet im Wesentlichen drei Typen – gemeinschaftlich geführte Tätigkeiten, gemeinschaftlich geführte Vermögenswerte und gemeinschaftlich geführte Unternehmen – die üblicherweise als Gemeinschaftsunternehmen bezeichnet

werden und die hierfür erforderlichen Kriterien erfüllen. Gemeinschaftsunternehmen haben folgende Merkmale:

(a) zwei oder mehr Partnerunternehmen sind durch eine vertragliche Vereinbarung gebunden und

(b) die vertragliche Vereinbarung begründet eine gemeinschaftliche Führung.

Gemeinschaftliche Führung

8. Gemeinschaftliche Führung kann ausgeschlossen sein, wenn sich ein Beteiligungsunternehmen in einer gesetzlichen Reorganisation oder in Insolvenz befindet oder seine Fähigkeit zum Finanzmitteltransfer an das Partnerunternehmen auf lange Sicht stark eingeschränkt ist. Wenn die gemeinschaftliche Führung fortbesteht, reichen derartige Ereignisse für sich genommen nicht aus, um bei der Bilanzierung von Gemeinschaftsunternehmen von der Anwendung dieses Standards abzusehen.

Vertragliche Vereinbarung

9. Anteile, die eine gemeinschaftliche Führung begründen, unterscheiden sich von Anteilen an assoziierten Unternehmen, in denen der Gesellschafter über maßgeblichen Einfluss verfügt (siehe IAS 28), durch das Vorliegen einer vertraglichen Vereinbarung. Tätigkeiten, für die keine vertragliche Vereinbarung zur Begründung einer gemeinschaftlichen Führung geschlossen wurde, sind für die Zwecke dieses Standards nicht als Gemeinschaftsunternehmen anzusehen.

10. Die vertragliche Vereinbarung kann auf unterschiedliche Weise belegt werden, zum Beispiel durch einen Vertrag zwischen den Partnerunternehmen oder durch Protokolle von Besprechungen zwischen den Partnerunternehmen. In einigen Fällen ist die Vereinbarung in der Satzung oder anderen Statuten des Gemeinschaftsunternehmens festgeschrieben. Unabhängig von der Rechtsform liegt die vertragliche Vereinbarung gewöhnlich schriftlich vor und regelt u. a. Folgendes:

(a) die Tätigkeit, die Bestandsdauer und die Berichtspflichten des Gemeinschaftsunternehmens;

(b) die Ernennung eines Geschäftsführungs- und/oder Aufsichtsorgans oder gleichwertigen Leitungsgremiums des Gemeinschaftsunternehmens und die Stimmrechte der Partnerunternehmen;

(c) die Kapitaleinlagen der Partnerunternehmen; und

(d) den Anteil der Partnerunternehmen an Produktion, Erträgen, Aufwendungen oder Ergebnis des Gemeinschaftsunternehmens.

11. Die vertragliche Vereinbarung legt die gemeinschaftliche Führung des Gemeinschaftsunternehmens fest und stellt auf diese Weise sicher, dass kein einzelnes Partnerunternehmen die Aktivität einseitig beherrschen kann.

12. Die vertragliche Vereinbarung kann ein Partnerunternehmen als den Betreiber oder Manager des Gemeinschaftsunternehmens bestimmen. Der Betreiber beherrscht das Gemeinschaftsunternehmen nicht, sondern handelt innerhalb der Finanz- und Geschäftspolitik, die von den Partnerunternehmen gemäß der vertraglichen Vereinbarung abgestimmt und an den Betreiber delegiert wurde. Hat dieser die Möglichkeit, die Finanz- und Geschäftspolitik der wirtschaftlichen Tätigkeit zu bestimmen, liegt Beherrschung vor und ist das Unternehmen ein Tochterunternehmen des Betreibers und kein Gemeinschaftsunternehmen.

GEMEINSCHAFTLICHE TÄTIGKEITEN

13. Bei manchen Gemeinschaftsunternehmen setzen die Partnerunternehmen eigenes Vermögen und andere Ressourcen ein, anstatt eine Kapitalgesellschaft, Personengesellschaft oder andere Gesellschaft zu gründen oder eine von ihnen unabhängige Vermögens- und Finanzstruktur zu schaffen. Jedes Partnerunternehmen verwendet seine eigenen Sachanlagen und führt seine eigenen Vorräte. Es verursacht seine eigenen Aufwendungen und Schulden und nimmt die zur Erfüllung seiner Verpflichtungen erforderlichen Finanzmittel selbst auf. Die Tätigkeiten des Gemeinschaftsunternehmens können von den Arbeitnehmern des Partnerunternehmens neben gleichgelagerten Tätigkeiten des Partnerunternehmens durchgeführt werden. Der Vertrag über das Gemeinschaftsunternehmen regelt im Allgemeinen, wie die Umsatzerlöse aus dem Verkauf des gemeinsamen Produktes und alle gemeinschaftlich anfallenden Aufwendungen zwischen den Partnerunternehmen aufgeteilt werden.

14. Eine gemeinschaftliche Tätigkeit liegt beispielsweise dann vor, wenn zwei oder mehr Partnerunternehmen ihre Geschäftstätigkeit, ihre Ressourcen und ihr Know-how zusammenführen, um gemeinsam ein bestimmtes Produkt, wie etwa ein Flugzeug, herzustellen, zu vermarkten und zu vertreiben. Jedes Partnerunternehmen führt verschiedene Stufen des Herstellungsprozesses aus. Jedes Partnerunternehmen trägt seine eigenen Kosten und erhält einen Anteil des Umsatzerlöses aus dem Verkauf des Flugzeuges gemäß den vertraglichen Vereinbarungen.

15. In Bezug auf seine Anteile an gemeinschaftlichen Tätigkeiten hat ein Partnerunternehmen im Abschluss Folgendes anzusetzen:

(a) die seiner Verfügungsgewalt unterliegenden Vermögenswerte und die eingegangenen Schulden; und

(b) die getätigten Aufwendungen und die anteiligen Erträge aus dem Verkauf von Gütern und Dienstleistungen des Gemeinschaftsunternehmens.

16. Da die Vermögenswerte, Schulden, Erträge und Aufwendungen bereits im Abschluss des Partnerunternehmens angesetzt wurden, sind bei der Vorlage des Konzernabschlusses des Partnerunternehmens in Bezug auf diese Posten keine Anpas-

sungen oder andere Konsolidierungsverfahren notwendig.

17. Im Regelfall werden weder eine eigenständige Buchhaltung noch ein Abschluss für das Gemeinschaftsunternehmen benötigt. Zur Beurteilung seiner Ertragskraft wird jedoch von den Partnerunternehmen möglicherweise eine Betriebsabrechnung erstellt.

GEMEINSCHAFTLICH GEFÜHRTE VERMÖGENSWERTE

18. Bei einigen Gemeinschaftsunternehmen werden ein oder mehrere in das Unternehmen eingebrachte oder für dessen Zwecke erworbene und dafür eingesetzte Vermögenswerte von den Partnerunternehmen gemeinschaftlich geführt und sind häufig auch deren gemeinsames Eigentum. Diese Vermögenswerte werden zum Nutzen der Partnerunternehmen eingesetzt. Jedem Partnerunternehmen steht ein Anteil an den von den gemeinschaftlich geführten Vermögenswerten erbrachten Leistungen zu, und jedes von ihnen trägt den vereinbarten Anteil an den Aufwendungen.

19. Für diese Gemeinschaftsunternehmen muss keine Kapital-, Personen- oder andere Gesellschaft gegründet oder eine von den Partnerunternehmen unabhängige Vermögens- und Finanzstruktur geschaffen werden. Jedes Partnerunternehmen beeinflusst über seinen Anteil an den gemeinschaftlich geführten Vermögenswerten den künftigen wirtschaftlichen Erfolg des Gemeinschaftsunternehmens.

20. Bei vielen Tätigkeiten bei der Öl-, Erdgas- und Mineralstoffgewinnung kommen gemeinschaftlich geführte Vermögenswerte zum Einsatz. Zum Beispiel kann eine Reihe von Ölfördergesellschaften eine Ölpipeline gemeinschaftlich führen und betreiben. Dabei benutzt jedes Partnerunternehmen die Pipeline, um seine eigenen Produkte durchzuleiten, und hat dafür einen vereinbarten Anteil an den betrieblichen Aufwendungen zu übernehmen. Ein weiteres Beispiel für gemeinschaftlich geführte Vermögenswerte sind Grundstücke und Bauten, wobei jedes Partnerunternehmen seinen Anteil an den Mieterträgen erhält und dementsprechend seinen Anteil an den Aufwendungen trägt.

21. In Bezug auf seinen Anteil an gemeinschaftlich geführten Vermögenswerten hat ein Partnerunternehmen in seinem Abschluss Folgendes anzusetzen:

(a) seinen Anteil an den gemeinschaftlich geführten Vermögenswerten, aufgegliedert nach Art der Vermögenswerte;

(b) die im eigenen Namen eingegangenen Schulden;

(c) seinen Anteil an den von den Partnerunternehmen in Bezug auf das Gemeinschaftsunternehmen gemeinschaftlich eingegangenen Schulden;

(d) die Erlöse aus dem Verkauf oder der Nutzung seines Anteils an den vom Gemeinschaftsunternehmen erbrachten Leistungen zusammen mit seinem Anteil an den vom Gemeinschaftsunternehmen verursachten Aufwendungen; und

(e) seine Aufwendungen in Bezug auf seinen Anteil am Gemeinschaftsunternehmen.

22. In Bezug auf seinen Anteil an den gemeinschaftlich geführten Vermögenswerten hat jedes Partnerunternehmen in seinen Bilanzaufzeichnungen Folgendes auszuweisen und in seinem Abschluss anzusetzen:

(a) seinen Anteil an den gemeinschaftlich geführten Vermögenswerten, aufgegliedert nach Art der Vermögenswerte und nicht als Finanzinvestition. Zum Beispiel wird der Anteil an einer gemeinschaftlich geführten Ölpipeline als Sachanlage eingestuft;

(b) die im eigenen Namen eingegangenen Schulden, zum Beispiel Verpflichtungen zur Finanzierung seines Anteils an den Vermögenswerten;

(c) seinen Anteil an den von den Partnerunternehmen in Bezug auf das Gemeinschaftsunternehmen gemeinschaftlich eingegangenen Schulden;

(d) alle Erträge aus dem Verkauf oder der Nutzung seines Anteils an den vom Gemeinschaftsunternehmen erbrachten Leistungen zusammen mit seinem Anteil an den vom Gemeinschaftsunternehmen verursachten Aufwendungen;

(e) seine Aufwendungen in Bezug auf seinen Anteil am Gemeinschaftsunternehmen, beispielsweise die eingegangenen Verpflichtungen zur Finanzierung des Anteils des Partnerunternehmens an den Vermögenswerten und dem Verkauf des Anteils an der Produktion.

Da die Vermögenswerte, Schulden, Erträge und Aufwendungen bereits im Abschluss des Partnerunternehmens angesetzt wurden, sind bei der Vorlage des Konzernabschlusses des Partnerunternehmens in Bezug auf diese Posten keine Berichtigungen oder andere Konsolidierungsverfahren notwendig.

23. Die Behandlung gemeinschaftlich geführter Vermögenswerte richtet sich nach dem wirtschaftlichen Gehalt und dem wirtschaftlichen Ergebnis sowie im Regelfall nach der Rechtsform des Gemeinschaftsunternehmens. Getrennte Bilanzaufzeichnungen für das Gemeinschaftsunternehmen selbst können sich auf Aufwendungen beschränken, die gemeinschaftlich von den Partnerunternehmen verursacht wurden und letztendlich von diesen entsprechend ihren vereinbarten Anteilen getragen werden. Für das Gemeinschaftsunternehmen wird nicht notwendigerweise ein Abschluss erstellt, die Partnerunternehmen können jedoch eine Betriebsabrechnung durchführen, um die Ertragskraft des Gemeinschaftsunternehmens zu überprüfen.

GEMEINSCHAFTLICH GEFÜHRTE UNTERNEHMEN

24. Ein gemeinschaftlich geführtes Unternehmen ist ein Gemeinschaftsunternehmen in Form einer Kapitalgesellschaft, Personengesellschaft oder anderen rechtlichen Einheit, an der jedes Partnerunternehmen beteiligt ist. Das Unternehmen betätigt sich wie jedes andere Unternehmen mit der Ausnahme, dass aufgrund einer vertraglichen Vereinbarung zwischen den Partnerunternehmen eine gemeinschaftliche Führung über die wirtschaftlichen Aktivitäten des Unternehmens begründet wird.

25. Ein gemeinschaftlich geführtes Unternehmen beherrscht die Vermögenswerte des Gemeinschaftsunternehmens, geht Schulden ein, trägt Aufwendungen und erzielt Erträge. Es kann im eigenen Namen Verträge schließen und für die Zwecke des Gemeinschaftsunternehmens Finanzierungen durchführen. Jedes Partnerunternehmen hat ein Anrecht auf einen Anteil am Ergebnis des gemeinschaftlich geführten Unternehmens, obwohl bei einigen gemeinschaftlich geführten Unternehmen auch die erbrachten Leistungen des Gemeinschaftsunternehmens gemeinsam genutzt werden.

26. Ein gängiges Beispiel für ein gemeinschaftlich geführtes Unternehmen sind zwei Unternehmen, die ihre Tätigkeiten in einem bestimmten Geschäftszweig verbinden, indem sie die entsprechenden Vermögenswerte und Schulden auf ein gemeinschaftlich geführtes Unternehmen übertragen. Ein anderes Beispiel ist der Beginn von Auslandsaktivitäten eines Unternehmens in Verbindung mit dem Staat oder einer anderen Institution in diesem Land mittels der Gründung eines getrennten, selbständigen Unternehmens, welches vom Unternehmen und der öffentlichen Hand oder der Institution gemeinschaftlich geführt wird.

27. Viele gemeinschaftlich geführte Unternehmen haben ihrem wirtschaftlichen Gehalt nach eine starke Ähnlichkeit mit Gemeinschaftsunternehmen, die als gemeinsame Tätigkeiten oder gemeinschaftlich geführte Vermögenswerte bezeichnet werden. Beispielsweise können die Partnerunternehmen gemeinschaftlich geführte Vermögenswerte, wie etwa eine Ölpipeline, aus steuerlichen oder anderen Gründen auf ein gemeinschaftlich geführtes Unternehmen übertragen. Ähnlich liegt der Fall, wenn die Partnerunternehmen gemeinschaftlich geführte Vermögenswerte in ein gemeinschaftlich geführtes Unternehmen einbringen. Bei einigen gemeinschaftlichen Tätigkeiten wird ein gemeinschaftlich geführtes Unternehmen gegründet, um verschiedene Aspekte der Unternehmenstätigkeit abzudecken, wie zum Beispiel Produktgestaltung, -vermarktung und -vertrieb oder Kundendienst.

28. Ein gemeinschaftlich geführtes Unternehmen hat wie andere Unternehmen gemäß den International Financial Reporting Standards Bilanzaufzeichnungen zu führen und Abschlüsse zu erstellen und vorzulegen.

29. Im Regelfall bringt jedes Partnerunternehmen flüssige Mittel oder andere Ressourcen in das gemeinschaftlich geführte Unternehmen ein. Diese Beiträge werden in der Buchhaltung des Partnerunternehmens erfasst und in seinem Abschluss als Anteile am gemeinschaftlich geführten Unternehmen bilanziert.

Abschluss eines Partnerunternehmens

Quotenkonsolidierung

30. Ein Partnerunternehmen hat seinen Anteil an einem gemeinschaftlich geführten Unternehmen unter Verwendung der Quotenkonsolidierung oder der in Paragraph 38 beschriebenen alternativen Methode anzusetzen. Bei Quotenkonsolidierung ist eines der beiden nachstehend festgelegten Berichtsformate zu verwenden.

31. Ein Partnerunternehmen hat seine Anteile an einem gemeinschaftlich geführten Unternehmen unter Verwendung eines der beiden Berichtsformate für die Quotenkonsolidierung zu bilanzieren, unabhängig davon, ob es auch Anteile an einem Tochterunternehmen besitzt oder seine Abschlüsse als Konzernabschlüsse bezeichnet.

32. Bei der Bilanzierung der Anteile an einem gemeinschaftlich geführten Unternehmen ist es von grundlegender Bedeutung, dass ein Partnerunternehmen den wirtschaftlichen Gehalt und das wirtschaftliche Ergebnis der Vereinbarung abbildet und nicht lediglich die besondere Struktur oder Form des Gemeinschaftsunternehmens. In einem gemeinschaftlich geführten Unternehmen beeinflusst ein Partnerunternehmen den künftigen wirtschaftlichen Erfolg des Gemeinschaftsunternehmens über seinen Anteil an den Vermögenswerten und Schulden. Der wirtschaftliche Gehalt und das wirtschaftliche Ergebnis werden im Konzernabschluss des Partnerunternehmens dadurch abgebildet, dass das Partnerunternehmen seine Anteile an den Vermögenswerten, Schulden, Erträgen und Aufwendungen des gemeinschaftlich geführten Unternehmens unter Verwendung eines der beiden in Paragraph 34 beschriebenen Berichtsformate für die Quotenkonsolidierung bilanziert.

33. Die Anwendung der Quotenkonsolidierung bedeutet, dass das Partnerunternehmen in seiner Bilanz seinen Anteil an den gemeinschaftlich geführten Vermögenswerten und seinen Anteil an den Schulden, für das es gemeinschaftlich verantwortlich ist, ausweist. Die Gesamtergebnisrechnung des Partnerunternehmens schließt dessen Anteil an den Erträgen und Aufwendungen des gemeinschaftlich geführten Unternehmens ein. Viele der für die Quotenkonsolidierung sachgerechten Verfahren ähneln den Verfahren für die Konsolidierung von Anteilen an Tochterunternehmen, die im IAS 27 dargelegt werden.

34. Für die Quotenkonsolidierung können unterschiedliche Berichtsformate verwendet werden. Das Partnerunternehmen kann seinen Anteil an allen Vermögenswerten, Schulden, Erträgen und Aufwendungen eines gemeinschaftlich geführten Unternehmens mit den entsprechenden Posten in

seinem Abschluss zusammenfassen. Es kann zum Beispiel seinen Anteil an den Vorräten des gemeinschaftlich geführten Unternehmens mit seinen eigenen Vorräten und seinen Anteil an den Sachanlagen des gemeinschaftlich geführten Unternehmens mit den gleichen Posten in seiner Bilanz zusammenfassen. Alternativ dazu kann das Partnerunternehmen auch getrennte Posten für seinen Anteil an den Vermögenswerten, den Schulden, den Erträgen und den Aufwendungen des gemeinschaftlich geführten Unternehmens in seinen Abschluss aufnehmen. Beispielsweise kann es seinen Anteil an den kurzfristigen Vermögenswerten des gemeinschaftlich geführten Unternehmens getrennt als Teil der eigenen kurzfristigen Vermögenswerte angeben; es kann seinen Anteil an den Sachanlagen des gemeinschaftlich geführten Unternehmens getrennt als Teil der eigenen Sachanlagen anzeigen. Beide Berichtsformate führen zu identischen Beträgen beim Gewinn und Verlust und bei jeder größeren Gruppe von Vermögenswerten, Schulden, Erträgen und Aufwendungen; für die Zwecke dieses Standards sind beide Formate zulässig.

35. Unabhängig davon, welches Format für die Quotenkonsolidierung verwendet wird, sollten Vermögenswerte oder Schulden nicht durch Abzug anderer Schulden oder Vermögenswerte saldiert oder Erträge oder Aufwendungen durch den Abzug anderer Aufwendungen oder Erträge verrechnet werden, es sei denn, es besteht eine gesetzliche Aufrechnungsmöglichkeit und die Saldierung entspricht den Erwartungen in Bezug auf die Gewinnrealisierung der Vermögenswerte oder der Abgeltung der Schuld.

36. Sobald ein Partnerunternehmen nicht mehr an der gemeinschaftlichen Führung eines gemeinschaftlich geführten Unternehmens beteiligt ist, hat es die Quotenkonsolidierung einzustellen.

37. Sobald ein Partnerunternehmen nicht mehr an der gemeinschaftlichen Führung eines gemeinschaftlich geführten Unternehmens beteiligt ist, stellt es die Quotenkonsolidierung ein. Dies kann beispielsweise dann eintreten, wenn das Partnerunternehmen seinen Anteil veräußert oder dem gemeinschaftlich geführten Unternehmen äußere Beschränkungen auferlegt werden, die dem Partnerunternehmen die gemeinschaftliche Führung entziehen.

Equity-Methode

38. Alternativ zu der in Paragraph 30 beschriebenen Quotenkonsolidierung kann ein Partnerunternehmen seine Anteile an einem gemeinschaftlich geführten Unternehmen nach der Equity-Methode ansetzen.

39. Ein Partnerunternehmen bilanziert seine Anteile an einem gemeinschaftlich geführten Unternehmen nach der Equity-Methode, unabhängig davon, ob es auch Anteile an einem Tochterunternehmen besitzt oder seine Abschlüsse als Konzernabschlüsse bezeichnet.

40. Einige Partnerunternehmen bilanzieren ihre Anteile an gemeinschaftlich geführten Unternehmen nach der Equity-Methode, wie sie in IAS 28 beschrieben wird. Die Befürworter dieser Methode vertreten die Meinung, dass es nicht angebracht ist, Posten unter alleiniger Beherrschung mit gemeinschaftlich geführten Posten zusammenzufassen, während andere als Begründung anführen, dass Partnerunternehmen eher über maßgeblichen Einfluss in einem gemeinschaftlich geführten Unternehmen verfügen als an einer gemeinschaftlichen Führung teilhaben. Die Anwendung der Equity-Methode wird in diesem Standard nicht empfohlen, da eine Quotenkonsolidierung den tatsächlichen wirtschaftlichen Gehalt der Anteile eines Partnerunternehmens an einem gemeinschaftlich geführten Unternehmen, also die Beherrschung über den Anteil des Partnerunternehmens am künftigen wirtschaftlichen Nutzen, besser abbildet. Dennoch lässt dieser Standard die Verwendung der Equity-Methode als Alternative bei der Bilanzierung von Anteilen an gemeinschaftlich geführten Unternehmen zu.

41. Sobald ein Partnerunternehmen nicht mehr an der gemeinschaftlichen Führung eines gemeinschaftlich geführten Unternehmens beteiligt ist oder keinen maßgeblichen Einfluss mehr auf ein solches Unternehmen hat, muss es die Anwendung der Equity-Methode einstellen.

Ausnahmen von der Quotenkonsolidierung und der Equity-Methode

42. Anteile an gemeinschaftlich geführten Unternehmen, die gemäß IFRS 5 als zur Veräußerung gehalten eingestuft werden, sind auch gemäß diesem IFRS zu bilanzieren.

43. Wenn Anteile an einem gemeinschaftlich geführten Unternehmen, die zuvor als zur Veräußerung gehalten eingestuft waren, die für eine solche Einstufung erforderlichen Kriterien nicht mehr erfüllen, müssen sie ab dem Zeitpunkt, zu dem sie als zur Veräußerung gehalten eingestuft wurden, nach der Equity-Methode bilanziert werden. Die Abschlüsse für die Perioden seit der Einstufung als zur Veräußerung gehalten sind entsprechend anzupassen.

44. [gestrichen]

45. Wenn ein Gesellschafter aufhört, gemeinschaftlich ein Unternehmen zu führen, hat er alle verbleibenden Anteile ab jenem Zeitpunkt gemäß IAS 39 zu bilanzieren, sofern das ehemals gemeinschaftlich geführte Unternehmen kein Tochterunternehmen oder assoziiertes Unternehmen wird. Ab dem Zeitpunkt, ab dem ein gemeinschaftlich geführtes Unternehmen ein Tochterunternehmen eines Gesellschafters wird, sind dessen Anteile gemäß IAS 27 und IFRS 3 *Unternehmenszusammenschlüsse* (in der vom International Accounting Standards Board 2008 überarbeiteten Fassung) zu bilanzieren. Der Gesellschafter hat seine Anteile ab dem Zeitpunkt gemäß IAS 28 zu bilanzieren, ab dem das gemeinschaftlich geführte Unternehmen ein assoziiertes Unternehmen des Gesellschafters

wird. Beim Verlust der gemeinschaftlichen Führung hat der Gesellschafter alle Anteile, die er am ehemaligen gemeinschaftlich geführten Unternehmen behält, zum beizulegenden Zeitwert zu bewerten. Der Gesellschafter hat die Unterschiede zwischen den folgenden Werten im Gewinn oder Verlust zu erfassen:

(a) dem beizulegenden Zeitwert aller einbehaltenen Anteile und den Erlösen aus dem Abgang der übrigen Anteile an dem gemeinschaftlich geführten Unternehmen; und

(b) dem Buchwert der Anteile zum Zeitpunkt des Verlustes der gemeinschaftlichen Führung.

45A. Wenn Anteile nicht mehr die Kriterien eines gemeinschaftlich geführten Unternehmens erfüllen und gemäß IAS 39 bilanziert werden, ist der beizulegende Zeitwert der Anteile zu dem Zeitpunkt, an dem ein Unternehmen aufhört, ein gemeinschaftlich geführtes Unternehmen zu sein, als beizulegender Zeitwert beim erstmaligen Ansatz eines finanziellen Vermögenswerts gemäß IAS 39 zu betrachten.

45B. Wenn ein Gesellschafter ein Unternehmen nicht mehr gemeinschaftlich führt, hat er alle im sonstigen Ergebnis ausgewiesenen Beträge in Bezug auf dieses Unternehmen auf derselben Grundlage zu bilanzieren, wie zu verlangt würde, wenn das gemeinschaftlich geführte Unternehmen die betreffenden Vermögenswerte und Schulden direkt veräußert hätte. Falls daher ein zuvor im sonstigen Ergebnis erfasster Gewinn bzw. Verlust bei der Veräußerung der dazugehörigen Vermögenswerte oder Schulden in den Gewinn oder Verlust umgegliedert würde, gliedert der Gesellschafter den Gewinn oder Verlust vom Eigenkapital in den Gewinn oder Verlust um (als Umgliederungsbetrag), wenn er das Unternehmen nicht mehr gemeinschaftlich führt. Hat beispielsweise ein gemeinschaftlich geführtes Unternehmen zur Veräußerung verfügbare finanzielle Vermögenswerte und der Gesellschafter führt dieses Unternehmen nicht mehr gemeinschaftlich, so hat er die zuvor im sonstigen Ergebnis erfassten, zu jenen Vermögenswerten gehörenden Gewinne bzw. Verluste in den Gewinn oder Verlust umzugliedern. Wenn sich die Beteiligungsquote eines Gesellschafters an einem gemeinschaftlich geführten Unternehmen verringert hat, dieses jedoch ein gemeinschaftlich geführtes Unternehmen bleibt, so hat der Gesellschafter nur den entsprechenden Betrag der zuvor im sonstigen Ergebnis erfassten Gewinne bzw. Verluste in den Gewinn oder Verlust umzugliedern.

Einzelabschluss eines Partnerunternehmens

46. Anteile an einem gemeinschaftlich geführten Unternehmen sind im Einzelabschluss eines Partnerunternehmens gemäß den Paragraphen 37-42 des IAS 27 zu bilanzieren.

47. Dieser Standard schreibt nicht vor, welche Unternehmen zur Veröffentlichung bestimmte Einzelabschlüsse aufzustellen haben.

GESCHÄFTSVORFÄLLE ZWISCHEN EINEM PARTNERUNTERNEHMEN UND EINEM GEMEINSCHAFTSUNTERNEHMEN

48. Wenn ein Partnerunternehmen Einlagen in ein Gemeinschaftsunternehmen leistet oder Vermögenswerte veräußert, ist bei der Erfassung des Anteils an dem aus diesem Geschäftsvorfall resultierenden Gewinne oder Verluste der wirtschaftliche Gehalt des Geschäftsvorfalls zu berücksichtigen. Die Vermögenswerte verbleiben beim Gemeinschaftsunternehmen und das Partnerunternehmen muss, unter der Voraussetzung, dass die wesentlichen Risiken und Chancen des Eigentums übertragen wurden, lediglich den Anteil des Gewinnes oder Verlustes erfassen, welcher der Anteilsquote der anderen Partnerunternehmen entspricht.([1]) Das Partnerunternehmen hat den vollen Betrag eines jeden Verlustes zu erfassen, wenn sich aus dem Beitrag oder Verkauf substanzielle Hinweise auf eine Minderung des Nettoveräußerungswertes eines kurzfristigen Vermögenswertes oder auf einen Wertminderungsaufwand ergeben.

([1]) Siehe SIC-13 *Gemeinschaftlich geführte Einheiten – Nicht monetäre Einlagen durch Partnerunternehmen.*

49. Erwirbt ein Partnerunternehmen von einem Gemeinschaftsunternehmen Vermögenswerte, so darf das Partnerunternehmen seinen Anteil am Gewinn des Gemeinschaftsunternehmens aus diesem Geschäftsvorfall erst dann erfassen, wenn es die Vermögenswerte an einen unabhängigen Dritten weiterveräußert. Ein Partnerunternehmen hat seinen Anteil an den Verlusten aus diesen Geschäftsvorfällen wie einen Gewinn zu erfassen, mit der Ausnahme, dass Verluste sofort zu erfassen sind, wenn sie eine Verringerung des Nettoveräußerungswertes von kurzfristigen Vermögenswerten oder einen Wertminderungsaufwand darstellen.

50. Um zu ermitteln, ob ein Geschäftsvorfall zwischen einem Partnerunternehmen und einem Gemeinschaftsunternehmen einen substanziellen Hinweis auf die Wertminderung eines Vermögenswertes liefert, bestimmt das Partnerunternehmen den erzielbaren Betrag eines Vermögenswertes gemäß IAS 36 *Wertminderung von Vermögenswerten*. Bei der Bestimmung des Nutzungswerts schätzt das Partnerunternehmen die künftigen Cashflows des Vermögenswertes unter Annahme seiner fortgesetzten Nutzung und endgültigen Verwertung durch das Gemeinschaftsunternehmen.

BILANZIERUNG VON ANTEILEN AN GEMEINSCHAFTSUNTERNEHMEN IM ABSCHLUSS EINES GESELLSCHAFTERS

51. Ein Gesellschafter eines Gemeinschaftsunternehmens, der nicht an der gemeinschaftlichen Führung beteiligt ist, hat seine Anteile gemäß IAS 39 oder, falls er maßgeblichen Einfluss auf das Gemeinschaftsunternehmen verfügt, gemäß IAS 28 zu bilanzieren.

BETREIBER EINES GEMEINSCHAFTSUNTERNEHMENS

52. Die Betreiber oder Manager eines Gemeinschaftsunternehmens haben alle ihre Entgelte gemäß IAS 18 *Umsatzerlöse* anzusetzen.

53. Ein oder mehrere Partnerunternehmen kann bzw. können als Betreiber oder Manager eines Gemeinschaftsunternehmens auftreten. Betreiber erhalten für eine solche Aufgabe im Regelfall ein Entgelt. Beim Gemeinschaftsunternehmen sind die gezahlten Entgelte als Aufwand zu verrechnen.

ANGABEN

54. Ein Partnerunternehmen hat die Summe der im Folgenden angeführten Eventualverbindlichkeiten getrennt von anderen Eventualverbindlichkeiten anzugeben, es sei denn, die Wahrscheinlichkeit eines Verlustes ist äußerst gering:

(a) alle Eventualverbindlichkeiten, die ein Partnerunternehmen in Bezug auf seine Anteile an Gemeinschaftsunternehmen eingegangen ist, sowie sein Anteil an jeder gemeinschaftlich mit anderen Partnerunternehmen eingegangenen Eventualverbindlichkeit;

(b) sein Anteil an den Eventualverbindlichkeiten des Gemeinschaftsunternehmens, für den es gegebenenfalls haftet; und

(c) Eventualverbindlichkeiten, die aus der Haftung des Partnerunternehmens für die Schulden der anderen Partnerunternehmen des Gemeinschaftsunternehmens resultieren.

55. Ein Partnerunternehmen hat die Summe der im Folgenden angeführten Verpflichtungen in Bezug auf seine Anteile an Gemeinschaftsunternehmen getrennt von anderen Verpflichtungen anzugeben:

(a) alle Kapitalverpflichtungen des Partnerunternehmens in Bezug auf seine Anteile an Gemeinschaftsunternehmen sowie sein Anteil an den Kapitalverpflichtungen, die gemeinschaftlich mit anderen Partnerunternehmen eingegangen wurden; und

(b) sein Anteil an den Kapitalverpflichtungen der Gemeinschaftsunternehmen selbst.

56. Ein Partnerunternehmen hat eine Auflistung und Beschreibung von Anteilen an maßgeblichen Gemeinschaftsunternehmen sowie die Höhe der Beteiligung an gemeinschaftlich geführten Unternehmen anzugeben. Ein Partnerunternehmen, das seine Anteile an gemeinschaftlich geführten Unternehmen mithilfe der Quotenkonsolidierung der entsprechenden Posten oder der Equity-Methode bilanziert, hat die Summe aller kurzfristigen Vermögenswerte, langfristigen Vermögenswerte, kurzfristigen Schulden, langfristigen Schulden, Erträge und Aufwendungen in Bezug auf seine Anteile an Gemeinschaftsunternehmen anzugeben.

57. Ein Partnerunternehmen hat die Bilanzierungsmethode für seine Anteile an gemeinschaftlich geführten Unternehmen anzugeben.

ZEITPUNKT DES INKRAFTTRETENS UND ÜBERGANGSVORSCHRIFTEN

58. Dieser Standard ist erstmals in der ersten Berichtsperiode eines am 1. Januar 2005 oder danach beginnenden Geschäftsjahres anzuwenden. Eine frühere Anwendung wird empfohlen. Wenn ein Unternehmen diesen Standard für Berichtsperioden anwendet, die vor dem 1. Januar 2005 beginnen, so ist dies anzugeben.

58A. Mit der 2008 geänderten Fassung des IAS 27 wurden die Paragraphen 45 und 46 geändert und die Paragraphen 45A und 45B eingefügt. Die Änderung des Paragraphen 46 ist rückwirkend anzuwenden und die Änderung des Paragraphen 45 sowie die Paragraphen 45A und 45B sind prospektiv auf die erste Berichtsperiode eines am oder nach dem 1. Juli 2009 beginnenden Geschäftsjahres anzuwenden. Wendet ein Unternehmen IAS 27 (in der 2008 geänderten Fassung) auf eine frühere Berichtsperiode an, sind auch diese Änderungen auf die frühere Periode anzuwenden.

58B. Paragraph 1 wird im Rahmen der Verbesserungen der *IFRS* vom Mai 2008 geändert. Diese Änderung ist erstmals in der ersten Berichtsperiode eines am 1. Januar 2009 oder danach beginnenden Geschäftsjahres anzuwenden. Eine frühere Anwendung ist zulässig. Falls ein Unternehmen diese Änderungen auf eine frühere Periode anwendet, so hat es diese Tatsache anzugeben und die entsprechenden Änderungen von Paragraph 3 des IFRS 7 *Finanzinstrumente: Angaben*, Paragraph 1 des IAS 28 und Paragraph 4 des IAS 32 *Finanzinstrumente: Darstellung* (überarbeitet Mai 2008) gleichzeitig anzuwenden. Ein Unternehmen kann die Änderungen prospektiv anwenden.

58D. Durch die im Mai 2010 veröffentlichten *Verbesserungen an IFRS* wurde Paragraph 58A geändert. Diese Änderung ist erstmals in der ersten Berichtsperiode eines am oder nach dem 1. Juli 2010 beginnenden Geschäftsjahres anzuwenden. Eine frühere Anwendung ist zulässig. Wendet ein Unternehmen die Änderung vor dem 1. Juli 2010 an, hat es dies anzugeben.

RÜCKNAHME VON IAS 31 (ÜBERARBEITET 2000)

59. Dieser Standard ersetzt IAS 31 *Rechnungslegung über Anteile an Gemeinschaftsunternehmen* (überarbeitet 2000).

INTERNATIONAL ACCOUNTING STANDARD 32
Finanzinstrumente: Darstellung

IAS 32, VO (EG) Nr. 1126/2008 i.d.F.

1 VO (EG) Nr. 1274/2008 [IAS 1]
3 VO (EG) Nr. 70/2009 [IAS 28 und IAS 31]
5 VO (EG) Nr. 495/2009 [IFRS 3]
7 VO (EG) Nr. 149/2011
2 VO (EG) Nr. 53/2009
4 VO (EG) Nr. 494/2009 [IAS 27]
6 VO (EG) Nr. 1293/2009

	§§
GLIEDERUNG	
ZIELSETZUNG	1–3
ANWENDUNGSBEREICH	4–10
DEFINITIONEN (SIEHE AUCH PARAGRAPHEN A3-A23)	11–14
DARSTELLUNG	15–50
Schulden und Eigenkapital (siehe auch Paragraphen A13-A14J und A25-A29A)	15–27
Kündbare Instrumente	16A–16B
Instrumente oder Bestandteile derselben, die das Unternehmen dazu verpflichten, einer anderen Partei im Falle der Liquidation einen proportionalen Anteil an seinem Nettovermögen zu liefern	16C–16D
Umgliederung von kündbaren Instrumenten und von Instrumenten, die das Unternehmen dazu verpflichten, einer anderen Partei im Falle der Liquidation einen proportionalen Anteil an seinem Nettovermögen zu liefern	16E–16F
Keine vertragliche Verpflichtung zur Lieferung flüssiger Mittel oder anderer finanzieller Vermögenswerte (Paragraph 16 (a))	17–20
Erfüllung in Eigenkapitalinstrumenten des Unternehmens (Paragraph 16(b))	21–24
Bedingte Erfüllungsvereinbarungen	25
Erfüllungswahlrecht	26–27
Zusammengesetzte Finanzinstrumente (siehe auch Paragraphen A30-A35 und erläuternde Beispiele 9-12)	28–32
Eigene Anteile (siehe auch Paragraph A36)	33–34
Zinsen, Dividenden, Verluste und Gewinne (siehe auch Paragraph A37)	35–41
Saldierung von finanziellen Vermögenswerten und finanziellen Verbindlichkeiten (siehe auch Paragraphen A38 und A39)	42–50
ANGABEN	51–95
ZEITPUNKT DES INKRAFTTRETENS UND ÜBERGANGSVORSCHRIFTEN	96–97G
RÜCKNAHME ANDERER VERLAUTBARUNGEN	98–100
ANHANG	A1–A40
ANLEITUNGEN ZUR ANWENDUNG	A1–A2
DEFINITIONEN (PARAGRAPHEN 11–14)	A3–A24
Finanzielle Vermögenswerte und finanzielle Verbindlichkeiten	A3–A12
Eigenkapitalinstrumente	A13–A14J
Klasse von Instrumenten, die allen anderen im Rang nachgeht (Paragraph 16A Buchstabe b und Paragraph 16C Buchstabe b)	A14A–A14D
Für das Instrument über seine Laufzeit insgesamt erwartete Cashflows (Paragraph 16A Buchstabe e)	A14E
Transaktionen eines Instrumenteninhabers, der nicht Eigentümer des Unternehmens ist (Paragraphen 16A und 16C)	A14F–A14I
Keine anderen Finanzinstrumente oder Verträge über die gesamten Cashflows, die die Restrendite ihrer Inhaber erheblich beschränken oder festlegen (Paragraphen 16B und 16D)	A14J
Derivative Finanzinstrumente	A15–A19
Verträge über den Kauf oder Verkauf eines nicht finanziellen Postens (Paragraphen 8–10)	A20–24

DARSTELLUNG A25–A39
Schulden und Eigenkapital (Paragraphen 15–27) A25–A29A
*Keine vertragliche Verpflichtung zur Abgabe flüssiger Mittel oder anderer finanzieller
Vermögenswerte (Paragraphen 17-20)* A25–26
Erfüllung in Eigenkapitalinstrumenten des Unternehmens (Paragraphen 21-24) A27
Bedingte Erfüllungsvereinbarungen (Paragraph 25) A28
Behandlung im Konzernabschluss A29–A29A
Zusammengesetzte Finanzinstrumente (Paragraphen 28–32) A30–35
Eigene Anteile (Paragraphen 33 und 34) A36
Zinsen, Dividenden, Verluste und Gewinne (Paragraphen 35–41) A37
**Saldierung von finanziellen Vermögenswerten und finanziellen Verbindlichkeiten
(Paragraphen 42–50)** A38–A39
ANGABEN A40

ZIELSETZUNG

1. [gestrichen]

2. Zielsetzung dieses Standards ist es, Grundsätze für die Darstellung von Finanzinstrumenten als Verbindlichkeiten oder Eigenkapital und für die Saldierung von finanziellen Vermögenswerten und finanziellen Verbindlichkeiten aufzustellen. Dies bezieht sich auf die Einstufung von Finanzinstrumenten – aus Sicht des Emittenten – in finanzielle Vermögenswerte, finanzielle Verbindlichkeiten und Eigenkapitalinstrumente, die Einstufung der damit verbundenen Zinsen, Dividenden, Verluste und Gewinne sowie die Voraussetzungen für die Saldierung von finanziellen Vermögenswerten und finanziellen Verbindlichkeiten.

3. Die in diesem Standard enthaltenen Grundsätze ergänzen die Grundsätze für den Ansatz und die Bewertung finanzieller Vermögenswerte und finanzieller Verbindlichkeiten in IAS 39 *Finanzinstrumente: Ansatz und Bewertung* und für die diesbezüglichen Angaben in IFRS 7 *Finanzinstrumente: Angaben*.

ANWENDUNGSBEREICH

4. Dieser Standard ist von allen Unternehmen auf alle Arten von Finanzinstrumenten anzuwenden. Davon ausgenommen sind:

(a) Anteile an Tochterunternehmen, assoziierten Unternehmen und Gemeinschaftsunternehmen, die gemäß IAS 27 *Konzernabschlüsse und Einzelabschlüsse*, IAS 28 *Anteile an assoziierten Unternehmen* oder IAS 31 *Anteile an Gemeinschaftsunternehmen* bilanziert werden. In einigen Fällen gestatten es IAS 27, 28 oder 31 einem Unternehmen jedoch, einen Anteil an einem Tochterunternehmen, einem assoziierten Unternehmen oder einem Gemeinschaftsunternehmen gemäß IAS 39 zu bilanzieren; in diesen Fällen gelten die Angabepflichten dieses Standards. Der vorliegende Standard ist auch auf Derivate anzuwenden, die an einen Anteil an einem Tochterunternehmen, einem assoziierten Unternehmen oder einem Gemeinschaftsunternehmen gebunden sind.

(b) Rechte und Verpflichtungen eines Arbeitgebers aus Altersversorgungsplänen, für die IAS 19 *Leistungen an Arbeitnehmer* gilt.

(c) [gestrichen]

(d) Versicherungsverträge im Sinne der Definition von IFRS 4 *Versicherungsverträge*. Anzuwenden ist dieser Standard allerdings auf Derivate, die in Versicherungsverträge eingebettet sind, wenn IAS 39 von dem Unternehmen deren getrennte Bilanzierung verlangt. Ein Versicherer hat diesen Standard darüber hinaus auf finanzielle Garantien anzuwenden, wenn er zum Ansatz und zur Bewertung dieser Verträge IAS 39 anwendet. Entscheidet er sich jedoch gemäß Paragraph 4(d) des IFRS 4, die finanziellen Garantien gemäß IFRS 4 anzusetzen und zu bewerten, so hat er IFRS 4 anzuwenden.

(e) Finanzinstrumente, die in den Anwendungsbereich von IFRS 4 fallen, da sie eine ermessensabhängige Überschussbeteiligung enthalten. Was die Unterscheidung zwischen finanziellen Verbindlichkeiten und Eigenkapitalinstrumenten angeht, muss der Emittent dieser Instrumente auf diese Überschussbeteiligung die Paragraphen 15-32 und A25-A35 dieses Standards nicht anwenden. Allen anderen Vorschriften dieses Standards unterliegen diese Instrumente allerdings. Außerdem ist der vorliegende Standard auf Derivate, die in diese Finanzinstrumente eingebettet sind, anzuwenden (siehe IAS 39).

(f) Finanzinstrumente, Verträge und Verpflichtungen im Zusammenhang mit anteilsbasierten Vergütungen, auf die IFRS 2 *Anteilsbasierte Vergütung* Anwendung findet, ausgenommen

(i) in den Anwendungsbereich der Paragraphen 8-10 dieses Standards fallende Verträge, auf die dieser Standard anzuwenden ist,

(ii) die Paragraphen 33 und 34 dieses Standards, die auf eigene Anteile anzuwenden sind, die im Rahmen von Mitarbeiteraktienoptionsplänen, Mitarbeiteraktienkaufplänen und allen anderen anteilsbasierten Vergütungsvereinbarungen erworben, verkauft, ausgegeben oder entwertet werden.

5–7. [gestrichen]

8. Dieser Standard ist auf Verträge über den Kauf oder Verkauf eines nicht finanziellen Postens anzuwenden, die durch einen Ausgleich in bar oder anderen Finanzinstrumenten oder durch den Tausch von Finanzinstrumenten, so als handle es sich bei den Verträgen um Finanzinstrumente, erfüllt werden können. Davon ausgenommen sind Verträge, die zwecks Empfang oder Lieferung nicht finanzieller Posten gemäß dem erwarteten Einkaufs-, Verkaufs- oder Nutzungsbedarf des Unternehmens geschlossen wurden und in diesem Sinne weiter behalten werden.

9. Die Abwicklung eines Vertrags über den Kauf oder Verkauf eines nicht finanziellen Postens durch Ausgleich in bar oder in anderen Finanzinstrumenten oder den Tausch von Finanzinstrumenten kann unter unterschiedlichen Rahmenbedingungen erfolgen, zu denen u. a. Folgende zählen:

(a) die Vertragsbedingungen gestatten es jedem Kontrahenten, den Vertrag durch Ausgleich in bar oder einem anderen Finanzinstrument bzw. durch Tausch von Finanzinstrumenten abzuwickeln;

(b) die Möglichkeit zu einem Ausgleich in bar oder einem anderen Finanzinstrument bzw. durch Tausch von Finanzinstrumenten ist zwar nicht explizit in den Vertragsbedingungen vorgesehen, doch erfüllt das Unternehmen ähnliche Verträge für gewöhnlich durch Ausgleich in bar oder einem anderen Finanzinstrument bzw. durch Tausch von Finanzinstrumenten (sei es durch Abschluss gegenläufiger Verträge mit der Vertragspartei oder durch Verkauf des Vertrags vor dessen Ausübung oder Verfall);

(c) bei ähnlichen Verträgen nimmt das Unternehmen den Vertragsgegenstand für gewöhnlich an und veräußert ihn kurz nach der Anlieferung wieder, um Gewinne aus kurzfristigen Preisschwankungen oder Händlermargen zu erzielen; und

(d) der nicht finanzielle Posten, der Gegenstand des Vertrags ist, kann jederzeit in Zahlungsmittel umgewandelt werden.

Ein Vertrag, auf den (b) oder (c) zutrifft, wird nicht zwecks Empfang oder Lieferung nicht finanzieller Posten gemäß dem erwarteten Einkaufs-, Verkaufs- oder Nutzungsbedarfs des Unternehmens geschlossen und fällt somit in den Anwendungsbereich dieses Standards. Andere Verträge, auf die Paragraph 8 zutrifft, werden im Hinblick darauf geprüft, ob sie zwecks Empfang oder Lieferung nicht finanzieller Posten gemäß dem erwarteten Einkaufs-, Verkaufs- oder Nutzungsbedarfs des Unternehmens geschlossen wurden und weiterhin zu diesem Zweck gehalten werden und somit in den Anwendungsbereich dieses Standards fallen.

10. Eine geschriebene Option auf den Kauf oder Verkauf eines nicht finanziellen Postens, der durch Ausgleich in bar oder anderen Finanzinstrumenten bzw. durch Tausch von Finanzinstrumenten gemäß Paragraph 9 (a) oder (d) erfüllt werden kann, fällt in den Anwendungsbereich dieses Standards. Solch ein Vertrag kann nicht zwecks Empfang oder Verkauf eines nicht finanziellen Postens gemäß dem erwarteten Einkaufs-, Verkaufs- oder Nutzungsbedarfs des Unternehmens geschlossen werden.

DEFINITIONEN
(SIEHE AUCH PARAGRAPHEN A3-A23)

11. Die folgenden Begriffe werden in diesem Standard mit der angegebenen Bedeutung verwendet:

Ein *Finanzinstrument* ist ein Vertrag, der gleichzeitig bei dem einen Unternehmen zu einem finanziellen Vermögenswert und bei dem anderen Unternehmen zu einer finanziellen Verbindlichkeit oder einem Eigenkapitalinstrument führt.

Finanzielle Vermögenswerte umfassen:

(a) flüssige Mittel;

(b) einen Vertrag, der in eigenen Eigenkapitalinstrumenten des Unternehmens erfüllt wird oder werden kann und bei dem es sich um Folgendes handelt:

   i) ein nicht derivatives Finanzinstrument, das eine vertragliche Verpflichtung des Unternehmens enthält oder enthalten kann, eine variable Anzahl von Eigenkapitalinstrumenten des Unternehmens zu liefern; oder

   ii) ein derivatives Finanzinstrument, das nicht durch Austausch eines festen Betrags an flüssigen Mitteln oder anderen finanziellen Vermögenswerten gegen eine feste Anzahl von Eigenkapitalinstrumenten des Unternehmens erfüllt wird oder werden kann. Rechte, Optionen oder Optionsscheine, die zum Erwerb einer festen Anzahl von Eigenkapitalinstrumenten des Unternehmens zu einem festen Betrag in beliebiger Währung berechtigen, stellen zu diesem Zweck Eigenkapitalinstrumente dar, wenn das Unternehmen sie anteilsgemäß allen gegenwärtigen Eigentümern derselben Klasse seiner nicht derivativen Eigenkapitalinstrumente anbietet. Die Eigenkapitalinstrumente eines Unternehmens umfassen zu diesem Zweck auch keine ...

(c) ein vertragliches Recht darauf,

   (i) flüssige Mittel oder andere finanzielle Vermögenswerte von einem anderen Unternehmen zu erhalten; oder

(ii) finanzielle Vermögenswerte oder finanzielle Verbindlichkeiten mit einem anderen Unternehmen zu potenziell vorteilhaften Bedingungen zu tauschen; oder

(d) einen Vertrag, der in eigenen Eigenkapitalinstrumenten des Unternehmens erfüllt wird oder werden kann und bei dem es sich um Folgendes handelt:
  (i) ein nicht derivatives Finanzinstrument, das eine vertragliche Verpflichtung des Unternehmens enthält oder enthalten kann, eine variable Anzahl von Eigenkapitalinstrumenten des Unternehmens zu erhalten; oder
  (ii) ein derivatives Finanzinstrument, das nicht durch Austausch eines festen Betrags an flüssigen Mitteln oder anderen finanziellen Vermögenswerten gegen eine feste Zahl von Eigenkapitalinstrumenten des Unternehmens erfüllt wird oder werden kann. Nicht als Eigenkapitalinstrumente eines Unternehmens gelten zu diesem Zweck kündbare Finanzinstrumente, die gemäß den Paragraphen 16A und 16B als Eigenkapitalinstrumente eingestuft sind, Instrumente, die das Unternehmen dazu verpflichten, einer anderen Partei im Falle der Liquidation einen proportionalen Anteil an seinem Nettovermögen zu liefern und die gemäß den Paragraphen 16C und 16D als Eigenkapitalinstrumente eingestuft sind, oder Instrumente, bei denen es sich um Verträge über den künftigen Empfang oder die künftige Lieferung von Eigenkapitalinstrumenten des Unternehmens handelt.

Finanzielle Verbindlichkeiten umfassen:
(a) eine vertragliche Verpflichtung,
  (i) einem anderen Unternehmen flüssige Mittel oder einen anderen finanziellen Vermögenswert zu liefern, oder
  (ii) mit einem anderen Unternehmen finanzielle Vermögenswerte oder finanzielle Verbindlichkeiten zu potenziell nachteiligen Bedingungen auszutauschen; oder
b) einen Vertrag, der in eigenen Eigenkapitalinstrumenten des Unternehmens erfüllt wird oder werden kann und bei dem es sich um Folgendes handelt:
  (i) ein nicht derivatives Finanzinstrument, das eine vertragliche Verpflichtung des Unternehmens enthält oder enthalten kann, eine variable Anzahl von Eigenkapitalinstrumenten des Unternehmens zu liefern; oder
  (ii) festen Betrags an flüssigen Mitteln oder anderen finanziellen Vermögenswerten gegen eine feste Anzahl von Eigenkapitalinstrumenten des Unternehmens erfüllt wird oder werden kann. Nicht als Eigenkapitalinstrumente eines Unternehmens gelten zu diesem Zweck kündbare Finanzinstrumente, die gemäß den Paragraphen 16A und 16B als Eigenkapitalinstrumente eingestuft sind, Instrumente, die das Unternehmen dazu verpflichten, einer anderen Partei im Falle der Liquidation einen proportionalen Anteil an seinem Nettovermögen zu liefern und die gemäß den Paragraphen 16C und 16D als Eigenkapitalinstrumente eingestuft sind, oder Instrumente, bei denen es sich um Verträge über den künftigen Empfang oder die künftige Lieferung von Eigenkapitalinstrumenten des Unternehmens handelt.

Abweichend davon wird ein Instrument, das der Definition einer finanziellen Verbindlichkeit entspricht, als Eigenkapitalinstrument eingestuft, wenn es über alle in den Paragraphen 16A und 16B oder 16C und 16D beschriebenen Merkmale verfügt und die dort genannten Bedingungen erfüllt.

Ein *Eigenkapitalinstrument* ist ein Vertrag, der einen Residualanspruch an den Vermögenswerten eines Unternehmens nach Abzug aller dazugehörigen Schulden begründet.

Der *beizulegende Zeitwert* ist der Betrag, zu dem zwischen sachverständigen, vertragswilligen und voneinander unabhängigen Geschäftspartnern ein Vermögenswert getauscht oder eine Schuld beglichen werden könnte.

Ein *kündbares Instrument* ist ein Finanzinstrument, das seinen Inhaber dazu berechtigt, es gegen flüssige Mittel oder andere finanzielle Vermögenswerte an den Emittenten zurückzugeben, oder das bei Eintritt eines ungewissen künftigen Ereignisses, bei Ableben des Inhabers oder bei dessen Eintritt in den Ruhestand automatisch an den Emittenten zurückgeht.

12. Die folgenden Begriffe sind in Paragraph 9 des IAS 39 definiert und werden im vorliegenden Standard mit der in IAS 39 angegebenen Bedeutung verwendet.

– fortgeführte Anschaffungskosten eines finanziellen Vermögenswertes oder einer finanziellen Verbindlichkeit
– zur Veräußerung verfügbare finanzielle Vermögenswerte
– Ausbuchung
– Derivat
– Effektivzinsmethode
– finanzielle Vermögenswerte oder Verbindlichkeiten, die erfolgswirksam zum beizulegenden Zeitwert bewertet werden
– Finanzielle Garantien
– feste Verpflichtung

- erwartete Transaktion
- Wirksamkeit eines Sicherungsgeschäfts
- Gesicherte Grundgeschäfte
- Sicherungsinstrument
- bis zur Endfälligkeit zu haltende Finanzinvestitionen
- Kredite und Forderungen
- marktüblicher Kauf oder Verkauf
- Transaktionskosten

13. Die Begriffe „Vertrag" und „vertraglich" bezeichnen in diesem Standard eine Vereinbarung zwischen zwei oder mehr Vertragsparteien, die normalerweise aufgrund ihrer rechtlichen Durchsetzbarkeit klare, für die einzelnen Vertragsparteien kaum oder gar nicht vermeidbare wirtschaftliche Folgen hat. Verträge und damit auch Finanzinstrumente können eine verschiedensten Formen annehmen und müssen nicht in Schriftform abgefasst sein.

14. Der Begriff „Unternehmen" umfasst in diesem Standard Einzelpersonen, Personengesellschaften, Kapitalgesellschaften, Treuhänder und öffentliche Institutionen.

DARSTELLUNG

Schulden und Eigenkapital (siehe auch Paragraphen A13-A14J und A25-A29A)

15. Der Emittent eines Finanzinstruments hat das Finanzinstrument oder dessen Bestandteile beim erstmaligen Ansatz der wirtschaftlichen Substanz der vertraglichen Vereinbarung und den Begriffsbestimmungen für finanzielle Verbindlichkeiten, finanzielle Vermögenswerte und Eigenkapitalinstrumente entsprechend als finanzielle Verbindlichkeit, finanziellen Vermögenswert oder Eigenkapitalinstrument einzustufen.

16. Bei der Einstufung eines Finanzinstruments als Eigenkapitalinstrument oder als finanzielle Verbindlichkeit anhand der Begriffsbestimmungen in Paragraph 11 ist nur dann ein Eigenkapitalinstrument gegeben, wenn die folgenden Bedingungen a) und b) erfüllt sind.

(a) Das Finanzinstrument enthält keine vertragliche Verpflichtung:

   (i) einem anderen Unternehmen flüssige Mittel oder einen anderen finanziellen Vermögenswert zu liefern; oder

   (ii) mit einem anderen Unternehmen finanzielle Vermögenswerte oder finanzielle Verbindlichkeiten zu potenziell nachteiligen Bedingungen für den Emittenten auszutauschen.

(b) Kann das Finanzinstrument in Eigenkapitalinstrumenten des Emittenten erfüllt werden, handelt es sich um:

   i) ein nicht derivatives Finanzinstrument, das für den Emittenten nicht mit einer vertraglichen Verpflichtung zur Lieferung einer variablen Anzahl eigener Eigenkapitalinstrumente verbunden ist; oder

   ii) ein Derivat, das vom Emittenten nur durch Austausch eines festen Betrags an flüssigen Mitteln oder anderen finanziellen Vermögenswerten gegen eine feste Anzahl eigener Eigenkapitalinstrumente erfüllt wird. Rechte, Optionen oder Optionsscheine, die zum Erwerb einer festen Anzahl von Eigenkapitalinstrumenten des Unternehmens zu einem festen Betrag in beliebiger Währung berechtigen, stellen zu diesem Zweck Eigenkapitalinstrumente dar, wenn das Unternehmen sie anteilsgemäß allen gegenwärtigen Eigentümern derselben Klasse seiner nicht derivativen Eigenkapitalinstrumente anbietet. Die Eigenkapitalinstrumente eines Unternehmens umfassen zu diesem Zweck auch weder Instrumente, die alle der in den Paragraphen 16A und 16B oder 16C und 16D beschriebenen Charakteristika aufweisen und die dort genannten Bedingungen erfüllen, noch Instrumente, die Verträge über den künftigen Empfang oder die künftige Lieferung von Eigenkapitalinstrumenten des Emittenten darstellen.

Eine vertragliche Verpflichtung, die zum künftigen Empfang oder zur künftigen Lieferung von Eigenkapitalinstrumenten des Emittenten führt oder führen kann, aber nicht die vorstehenden Bedingungen (a) und (b) erfüllt, ist kein Eigenkapitalinstrument. Dies gilt auch, wenn die vertragliche Verpflichtung aus einem Derivat resultiert. Abweichend davon wird ein Instrument, das der Definition einer finanziellen Verbindlichkeit entspricht, als Eigenkapitalinstrument eingestuft, wenn es über alle in den Paragraphen 16A und 16B oder 16C und 16D beschriebenen Merkmale verfügt und die dort genannten Bedingungen erfüllt.

Kündbare Instrumente

16A. Der Emittent eines kündbaren Finanzinstruments ist vertraglich dazu verpflichtet, das Instrument bei Ausübung der Kündigungsoption gegen flüssige Mittel oder einen anderen finanziellen Vermögenswert zurückzukaufen oder zurückzunehmen. Abweichend von der Definition einer finanziellen Verbindlichkeit wird ein Instrument, das mit einer solchen Verpflichtung verbunden ist, als Eigenkapitalinstrument eingestuft, wenn es über alle folgenden Merkmale verfügt:

(a) Es gibt dem Inhaber das Recht, im Falle der Liquidation des Unternehmens einen proportionalen Anteil an dessen Nettovermögen zu erhalten. Das Nettovermögen eines Unternehmens stellen die Vermögenswerte dar, die nach Abzug aller anderen Forderungen gegen das Unternehmen verbleiben. Den proportionalen Anteil erhält man, indem

(i) das Nettovermögen des Unternehmens bei Liquidation in Einheiten gleichen Betrags unterteilt und
(ii) dieser Betrag mit der Anzahl der vom Inhaber des Finanzinstruments gehaltenen Einheiten multipliziert wird.
(b) Das Instrument zählt zu der Klasse von Instrumenten, die allen anderen im Rang nachgeht. Das Instrument fällt in diese Klasse, wenn es die folgenden Voraussetzungen erfüllt:
(i) es hat keinen Vorrang vor anderen Forderungen gegen das in Liquidation befindliche Unternehmen und
(ii) es muss nicht in ein anderes Instrument umgewandelt werden, um in die nachrangigste Klasse von Instrumenten zu fallen;
(c) alle Finanzinstrumente der nachrangigsten Klasse haben die gleichen Merkmale. Sie sind beispielsweise allesamt kündbar, und die Formel oder Methode zur Berechnung des Rückkaufs oder Rücknahmepreises ist für alle Instrumente dieser Klasse gleich;
(d) abgesehen von der vertraglichen Verpflichtung des Emittenten, das Instrument gegen flüssige Mittel oder einen anderen finanziellen Vermögenswert zurückzukaufen oder zurückzunehmen, ist das Instrument nicht mit der vertraglichen Verpflichtung verbunden, einem anderen Unternehmen flüssige Mittel oder einen anderen finanziellen Vermögenswert zu liefern oder mit einem anderen Unternehmen finanzielle Vermögenswerte oder finanzielle Verbindlichkeiten zu potenziell nachteiligen Bedingungen auszutauschen, und stellt es keinen Vertrag dar, der nach Buchstabe b der Definition von finanziellen Verbindlichkeiten in eigenen Eigenkapitalinstrumenten des Unternehmens erfüllt wird oder werden kann;
(e) die für das Instrument über seine Laufzeit insgesamt erwarteten Cashflows beruhen im Wesentlichen auf den Gewinnen oder Verlusten während der Laufzeit, auf Veränderungen, die in dieser Zeit bei den bilanzwirksamen Nettovermögenswerten eintreten, oder auf Veränderungen, die während der Laufzeit beim beizulegenden Zeitwert der bilanzwirksamen und –unwirksamen Nettovermögenswerte des Unternehmens zu verzeichnen sind (mit Ausnahme etwaiger Auswirkungen des Instruments selbst).

16B. Ein Instrument wird dann als Eigenkapitalinstrument eingestuft, wenn es über alle oben genannten Merkmale verfügt und darüber hinaus der Emittent keine weiteren Finanzinstrumente oder Verträge hält, auf die Folgendes zutrifft:
(a) die gesamten Cashflows beruhen im Wesentlichen auf Gewinnen oder Verlusten, auf Veränderungen bei den bilanzwirksamen Nettovermögenswerten oder auf Veränderungen beim beizulegenden Zeitwert der bilanzwirksamen und -unwirksamen Nettovermögenswerte des Unternehmens (mit Ausnahme etwaiger Auswirkungen des Instruments selbst) und
(b) sie beschränken die Restrendite für die Inhaber des kündbaren Instruments erheblich oder legen diese fest.

Nicht berücksichtigen darf das Unternehmen hierbei nicht finanzielle Verträge, die mit dem Inhaber eines in Paragraph 16A beschriebenen Instruments geschlossen wurden und deren Konditionen die gleichen sind wie bei einem entsprechenden Vertrag, der zwischen einer dritten Partei und dem emittierenden Unternehmen geschlossen werden könnte. Kann das Unternehmen nicht feststellen, ob diese Bedingung erfüllt ist, so darf es das kündbare Instrument nicht als Eigenkapitalinstrument einstufen.

Instrumente oder Bestandteile derselben, die das Unternehmen dazu verpflichten, einer anderen Partei im Falle der Liquidation einen proportionalen Anteil an seinem Nettovermögen zu liefern

16C. Einige Finanzinstrumente sind für das emittierende Unternehmen mit der vertraglichen Verpflichtung verbunden, einem anderen Unternehmen im Falle der Liquidation einen proportionalen Anteil an seinem Nettovermögen zu liefern. Die Verpflichtung entsteht entweder, weil die Liquidation gewiss ist und sich der Kontrolle des Unternehmens entzieht (wie bei Unternehmen, deren Lebensdauer von Anfang an begrenzt ist) oder ungewiss, dem Inhaber des Instruments aber als Option zur Verfügung steht. Abweichend von der Definition einer finanziellen Verbindlichkeit wird ein Instrument, das mit einer solchen Verpflichtung verbunden ist, als Eigenkapitalinstrument eingestuft, wenn es über alle folgenden Merkmale verfügt:
(a) Es gibt dem Inhaber das Recht, im Falle der Liquidation des Unternehmens einen proportionalen Anteil an dessen Nettovermögen zu erhalten. Das Nettovermögen eines Unternehmens stellen die Vermögenswerte dar, die nach Abzug aller anderen Forderungen gegen das Unternehmen verbleiben. Den proportionalen Anteil erhält man, indem
(i) das Nettovermögen des Unternehmens bei Liquidation in Einheiten gleichen Betrags unterteilt und
(ii) dieser Betrag mit der Anzahl der vom Inhaber des Finanzinstruments gehaltenen Einheiten multipliziert wird.
(b) Das Instrument zählt zu der Klasse von Instrumenten, die allen anderen im Rang nachgeht. Das Instrument fällt in diese Klasse, wenn es die folgenden Voraussetzungen erfüllt:
(i) es hat keinen Vorrang vor anderen Forderungen gegen das in Liquidation befindliche Unternehmen und

(ii) es muss nicht in ein anderes Instrument umgewandelt werden, um in die nachrangigste Klasse von Instrumenten zu fallen.

(c) Alle Finanzinstrumente der nachrangigsten Klasse müssen für das emittierende Unternehmen mit der gleichen vertraglichen Verpflichtung verbunden sein, im Falle der Liquidation einen proportionalen Anteil an seinem Nettovermögen zu liefern.

16D. Ein Instrument wird dann als Eigenkapitalinstrument eingestuft, wenn es über alle oben genannten Merkmale verfügt und darüber hinaus der Emittent keine weiteren Finanzinstrumente oder Verträge hält, auf die Folgendes zutrifft:

(a) die gesamten Cashflows beruhen im Wesentlichen auf Gewinnen oder Verlusten, auf Veränderungen bei den bilanzwirksamen Nettovermögenswerten oder auf Veränderungen beim beizulegenden Zeitwert der bilanzwirksamen und -unwirksamen Nettovermögenswerte des Unternehmens (mit Ausnahme etwaiger Auswirkungen des Instruments selbst) und

(b) sie beschränken die Restrendite für die Inhaber des kündbaren Instruments erheblich oder legen diese fest.

Nicht berücksichtigen darf das Unternehmen hierbei nicht finanzielle Verträge, die mit dem Inhaber eines in Paragraph 16C beschriebenen Instruments geschlossen wurden und deren Konditionen die gleichen sind wie bei einem entsprechenden Vertrag, der zwischen einer dritten Partei und dem emittierenden Unternehmen geschlossen werden könnte. Kann das Unternehmen nicht feststellen, ob diese Bedingung erfüllt ist, so darf es das Instrument nicht als Eigenkapitalinstrument einstufen.

Umgliederung von kündbaren Instrumenten und von Instrumenten, die das Unternehmen dazu verpflichten, einer anderen Partei im Falle der Liquidation einen proportionalen Anteil an seinem Nettovermögen zu liefern

16E. Ein Finanzinstrument ist ab dem Zeitpunkt nach den Paragraphen 16A und 16B oder 16C und 16D als Eigenkapitalinstrument einzustufen, ab dem es alle in diesen Paragraphen beschriebenen Merkmale aufweist und die dort genannten Bedingungen erfüllt. Umzugliedern ist ein Finanzinstrument zu dem Zeitpunkt, zu dem es nicht mehr alle in diesen Paragraphen beschriebenen Merkmale aufweist oder die dort genannten Bedingungen nicht mehr erfüllt. Nimmt ein Unternehmen beispielsweise alle von ihm emittierten nicht kündbaren Instrumente zurück und weisen sämtliche ausstehenden kündbaren Instrumente alle in den Paragraphen 16A und 16B beschriebenen Merkmale auf und erfüllen alle dort genannten Bedingungen, so hat das Unternehmen die kündbaren Instrumente zu dem Zeitpunkt in Eigenkapitalinstrumente umzugliedern, zu dem es nicht kündbaren Instrumente zurücknimmt.

16F. Die Umgliederung eines Instruments gemäß Paragraph 16E ist von dem Unternehmen wie folgt zu bilanzieren:

(a) ein Eigenkapitalinstrument ist zu dem Zeitpunkt in eine finanzielle Verbindlichkeit umzugliedern, zu dem es nicht mehr alle in den Paragraphen 16A und 16B oder 16C und 16D beschriebenen Merkmale aufweist oder die dort genannten Bedingungen nicht mehr erfüllt. Die finanzielle Verbindlichkeit ist zu ihrem beizulegenden Zeitwert zum Zeitpunkt der Umgliederung zu bewerten. Das Unternehmen hat jede Differenz zwischen dem Buchwert des Eigenkapitalinstruments und dem beizulegenden Zeitwert der finanziellen Verbindlichkeit zum Zeitpunkt der Umgliederung im Eigenkapital zu erfassen;

(b) eine finanzielle Verbindlichkeit ist zu dem Zeitpunkt in Eigenkapital umzugliedern, zu dem das Instrument alle in den Paragraphen 16A und 16B oder 16C und 16D beschriebenen Merkmale aufweist und die dort genannten Bedingungen erfüllt. Ein Eigenkapitalinstrument ist zum Buchwert der finanziellen Verbindlichkeit zum Zeitpunkt der Umgliederung zu bewerten.

Keine vertragliche Verpflichtung zur Lieferung flüssiger Mittel oder anderer finanzieller Vermögenswerte (Paragraph 16 (a))

17. Außer unter den in den Paragraphen 16A und 16B bzw. 16C und 16D geschilderten Umständen ist ein wichtiger Anhaltspunkt bei der Entscheidung darüber, ob ein Finanzinstrument eine finanzielle Verbindlichkeit oder ein Eigenkapitalinstrument darstellt, das Vorliegen einer vertraglichen Verpflichtung, wonach die eine Vertragspartei (der Emittent) entweder der anderen (dem Inhaber) flüssige Mittel oder andere finanzielle Vermögenswerte liefern oder mit dem Inhaber finanzielle Vermögenswerte oder finanzielle Verbindlichkeiten unter für sie potenziell nachteiligen Bedingungen tauschen muss.

18. Die Einstufung in der Bilanz des Unternehmens wird durch die wirtschaftliche Substanz eines Finanzinstruments und nicht allein durch seine rechtliche Gestaltung bestimmt. Wirtschaftliche Substanz und rechtliche Gestaltung stimmen zwar in der Regel, aber nicht immer überein. So stellen einige Finanzinstrumente rechtlich zwar Eigenkapital dar, sind aber aufgrund ihrer wirtschaftlichen Substanz Verbindlichkeiten, während andere Finanzinstrumente die Merkmale von Eigenkapitalinstrumenten mit denen finanzieller Verbindlichkeiten kombinieren.

Hierzu folgende Beispiele:

(a) Eine Vorzugsaktie, die den obligatorischen Rückkauf durch den Emittenten zu einem festen oder festzulegenden Geldbetrag und zu einem fest verabredeten oder zu bestimmenden Zeitpunkt vorsieht oder dem Inhaber das Recht einräumt, vom Emittenten den Rückkauf des Finanzinstruments zu bzw. nach einem bestimmten Termin und zu einem festen oder festzulegenden Geldbetrag zu verlangen, ist als finanzielle Verbindlichkeit einzustufen.

(b) Finanzinstrumente, die den Inhaber berechtigen, sie gegen flüssige Mittel oder andere finanzielle Vermögenswerte an den Emittenten zurückzugeben („kündbare Instrumente"), stellen mit Ausnahme der nach den Paragraphen 16A und 16B oder 16C und 16D als Eigenkapitalinstrumente eingestuften Instrumente finanzielle Verbindlichkeiten dar. Ein Finanzinstrument ist selbst dann eine finanzielle Verbindlichkeit, wenn der Betrag an flüssigen Mitteln oder anderen finanziellen Vermögenswerten auf der Grundlage eines Indexes oder einer anderen veränderlichen Bezugsgröße ermittelt wird. Wenn der Inhaber über das Wahlrecht verfügt, das Finanzinstrument gegen flüssige Mittel oder andere finanzielle Vermögenswerte an den Emittenten zurückzugeben, erfüllt das kündbare Finanzinstrument die Definition einer finanziellen Verbindlichkeit, sofern es sich nicht um ein nach den Paragraphen 16A und 16B oder 16C und 16D als Eigenkapitalinstrument eingestuftes Instrument handelt. So können offene Investmentfonds, Unit Trusts, Personengesellschaften und bestimmte Genossenschaften ihre Anteilseigner bzw. Gesellschafter mit dem Recht ausstatten, ihre Anteile an dem Emittenten jederzeit gegen flüssige Mittel in Höhe ihres jeweiligen Anteils am Eigenkapital des Emittenten einzulösen. Dies hat zur Folge, dass die Anteile von Anteilseignern oder Gesellschaftern mit Ausnahme der nach den Paragraphen 16A und 16B oder 16C und 16D als Eigenkapitalinstrumente eingestuften Instrumente als finanzielle Verbindlichkeiten eingestuft werden. Eine Einstufung als finanzielle Verbindlichkeit schließt jedoch die Verwendung beschreibender Zusätze wie „Anspruch der Anteilseigner auf das Nettovermögen" und „Änderung des Anspruchs der Anteilseigner auf das Nettovermögen" im Abschluss eines Unternehmens, das über kein gezeichnetes Kapital verfügt (wie dies bei einigen Investmentfonds und Unit Trusts der Fall ist, siehe erläuterndes Beispiel 7), oder die Verwendung zusätzlicher Angaben, aus denen hervorgeht, dass die Gesamtheit der von den Anteilseignern gehaltenen Anteile Posten wie Rücklagen, die der Definition von Eigenkapital entsprechen, und kündbare Finanzinstrumente, die dieser Definition nicht entsprechen, umfasst, nicht aus (siehe erläuterndes Beispiel 8).

19. Kann sich ein Unternehmen bei der Erfüllung einer vertraglichen Verpflichtung nicht uneingeschränkt der Lieferung flüssiger Mittel oder anderer finanzieller Vermögenswerte entziehen, so entspricht diese Verpflichtung mit Ausnahme der nach den Paragraphen 16A und 16B oder 16C und 16D als Eigenkapitalinstrumente eingestuften Instrumente der Definition einer finanziellen Verbindlichkeit. Hierzu folgende Beispiele:

(a) Ist die Fähigkeit eines Unternehmens zur Erfüllung der vertraglichen Verpflichtung beispielsweise durch fehlenden Zugang zu Fremdwährung oder die Notwendigkeit, von einer Aufsichtsbehörde eine Zahlungsgenehmigung zu erlangen, beschränkt, so entbindet dies das Unternehmen nicht von seiner vertraglichen Verpflichtung bzw. beeinträchtigt nicht das vertragliche Recht des Inhabers bezüglich des Finanzinstruments.

(b) Eine vertragliche Verpflichtung, die nur dann zu erfüllen ist, wenn eine Vertragspartei ihr Rückkaufsrecht in Anspruch nimmt, stellt eine finanzielle Verbindlichkeit dar, weil sich das Unternehmen in diesem Fall nicht uneingeschränkt der Lieferung von flüssigen Mitteln oder anderen finanziellen Vermögenswerten entziehen kann.

20. Ein Finanzinstrument, das nicht ausdrücklich eine vertragliche Verpflichtung zur Lieferung von flüssigen Mitteln oder anderen finanziellen Vermögenswerten enthält, kann eine solche Verpflichtung auch indirekt über die Vertragsbedingungen begründen, wie nachstehende Beispiele zeigen:

(a) Ein Finanzinstrument kann eine nicht finanzielle Verpflichtung enthalten, die nur dann zu erfüllen ist, wenn das Unternehmen keine Ausschüttung vornimmt oder das Instrument nicht zurückkauft. Kann das Unternehmen die Lieferung von flüssigen Mitteln oder anderen finanziellen Vermögenswerten nur durch Erfüllung der nicht finanziellen Verpflichtung umgehen, ist das Finanzinstrument als finanzielle Verbindlichkeit einzustufen.

(b) Ein Finanzinstrument ist auch dann eine finanzielle Verbindlichkeit, wenn das Unternehmen zur Erfüllung

(i) flüssige Mittel oder andere finanzielle Vermögenswerte oder

(ii) eigene Anteile, deren Wert wesentlich höher angesetzt wird als der der flüssigen Mittel oder anderen finanziellen Vermögenswerte, liefern muss.

Auch wenn das Unternehmen vertraglich nicht ausdrücklich zur Lieferung von flüssigen Mitteln oder anderen finanziellen Vermögenswerten verpflichtet ist, wird es sich aufgrund des Wertes der Anteile für einen Ausgleich in bar entscheiden. In jedem Fall wird dem Inhaber die Auszahlung eines Betrags garantiert, der der wirtschaftlichen Substanz nach mindestens dem bei Wahl einer Vertragserfüllung in bar zu entrichtenden Betrag entspricht (siehe Paragraph 21).

Erfüllung in Eigenkapitalinstrumenten des Unternehmens (Paragraph 16(b))

21. Der Umstand, dass ein Vertrag den Empfang oder die Lieferung von Eigenkapitalinstru-

menten des Unternehmens nach sich ziehen kann, reicht allein nicht aus, um ihn als Eigenkapitalinstrument einzustufen. Ein Unternehmen kann vertraglich berechtigt oder verpflichtet sein, eine variable Anzahl eigener Anteile oder anderer Eigenkapitalinstrumente zu empfangen oder zu liefern, deren Höhe so bemessen wird, dass der beizulegende Zeitwert der zu empfangenden oder zu liefernden Eigenkapitalinstrumente des Unternehmens dem in Bezug auf das vertragliche Recht oder die vertragliche Verpflichtung festgelegten Betrag entspricht. Das vertragliche Recht oder die vertragliche Verpflichtung kann sich auf einen festen Betrag oder auf einen ganz oder teilweise in Abhängigkeit von einer anderen Variablen als dem Marktpreis der Eigenkapitalinstrumente (z. B. einem Zinssatz, einem Warenpreis oder dem Preis für ein Finanzinstrument) schwankenden Betrag beziehen. Zwei Beispiele hierfür sind (a) ein Vertrag zur Lieferung von Eigenkapitalinstrumenten eines Unternehmens im Wert von WE 100(^{1}) und (b) ein Vertrag zur Lieferung von Eigenkapitalinstrumenten des Unternehmens im Wert von 100 Unzen Gold. Auch wenn ein solcher Vertrag durch Lieferung von Eigenkapitalinstrumenten erfüllt werden muss oder kann, stellt er eine finanzielle Verbindlichkeit des Unternehmens dar. Es handelt sich nicht um ein Eigenkapitalinstrument, weil das Unternehmen zur Erfüllung des Vertrags eine variable Anzahl von Eigenkapitalinstrumenten verwendet. Dementsprechend begründet der Vertrag keinen Residualanspruch an den Vermögenswerten des Unternehmens nach Abzug aller Schulden.

(^{1}) In diesem Standard werden Geldbeträge in „Währungseinheiten" (WE) angegeben.

22. Abgesehen von den in Paragraph 22A genannten Fällen ist ein Vertrag, zu dessen Erfüllung das Unternehmen eine feste Anzahl von Eigenkapitalinstrumenten gegen einen festen Betrag an flüssigen Mitteln oder anderen finanziellen Vermögenswerten (erhält oder) liefert, als Eigenkapitalinstrument einzustufen. So stellt eine ausgegebene Aktienoption, die die Vertragspartei gegen Entrichtung eines festgelegten Preises oder eines festgelegten Kapitalbetrags einer Anleihe zum Kauf einer festen Anzahl von Aktien des Unternehmens berechtigt, ein Eigenkapitalinstrument dar. Sollte sich der beizulegende Zeitwert eines Vertrags infolge von Schwankungen der Marktzinssätze ändern, ohne dass sich dies auf die Höhe der bei Vertragserfüllung zu entrichtenden flüssigen Mittel oder anderen Vermögenswerte auswirkt, so schließt dies die Einstufung des Vertrags als Eigenkapitalinstrument nicht aus. Sämtliche erhaltenen Vergütungen (wie beispielsweise das Agio auf eine geschriebene Option oder ein Optionsschein auf die eigenen Aktien des Unternehmens) werden direkt zum Eigenkapital hinzugerechnet. Sämtliche entrichteten Vergütungen (wie beispielsweise das auf eine erworbene Option gezahlte Agio) werden direkt vom Eigenkapital abgezogen. Änderungen des beizulegenden Zeitwerts eines Eigenkapitalinstruments sind im Abschluss nicht auszuweisen.

22A. Handelt es sich bei den Eigenkapitalinstrumenten des Unternehmens, die es bei Vertragserfüllung entgegenzunehmen oder zu liefern hat, um kündbare Finanzinstrumente, die alle in den Paragraphen 16A und 16B beschriebenen Merkmale aufweisen und die dort genannten Bedingungen erfüllen, oder um Instrumente, die das Unternehmen dazu verpflichten, einer anderen Partei im Falle der Liquidation einen proportionalen Anteil an seinem Nettovermögen zu liefern und die alle in den Paragraphen 16C und 16D beschriebenen Merkmale aufweisen und die dort genannten Bedingungen erfüllen, so ist der Vertrag als finanzieller Vermögenswert bzw. finanzielle Verbindlichkeit einzustufen. Dies gilt auch für Verträge, zu deren Erfüllung das Unternehmen im Austausch gegen einen festen Betrag an flüssigen Mitteln oder anderen finanziellen Vermögenswerten eine feste Anzahl dieser Instrumente zu liefern hat.

23. Abgesehen von den in den Paragraphen 16A und 16B oder 16C und 16D beschriebenen Umständen begründet ein Vertrag, der ein Unternehmen zum Kauf eigener Eigenkapitalinstrumente gegen flüssige Mittel oder andere finanzielle Vermögenswerte verpflichtet, eine finanzielle Verbindlichkeit in Höhe des Barwerts des Rückkaufbetrags (beispielsweise in Höhe des Barwerts des Rückkaufpreises eines Termingeschäfts, des Ausübungskurses einer Option oder eines anderen Rückkaufbetrags). Dies ist auch dann der Fall, wenn der Vertrag selbst ein Eigenkapitalinstrument ist. Ein Beispiel hierfür ist die aus einem Termingeschäft resultierende Verpflichtung eines Unternehmens, eigene Eigenkapitalinstrumente gegen flüssige Mittel zurückzuerwerben. Beim erstmaligen Ansatz der finanziellen Verbindlichkeit gemäß IAS 39 ist ihr beizulegender Zeitwert (der Barwert des Rückkaufbetrags) aus dem Eigenkapital umzugliedern. Anschließend wird sie gemäß IAS 39 bewertet. Läuft der Vertrag aus, ohne dass eine Lieferung erfolgt, wird der Buchwert der finanziellen Verbindlichkeit wieder in das Eigenkapital umgegliedert. Die vertragliche Verpflichtung eines Unternehmens zum Kauf eigener Eigenkapitalinstrumente begründet auch dann eine finanzielle Verbindlichkeit in Höhe des Barwertes des Rückkaufbetrags, wenn die Kaufverpflichtung nur bei Ausübung des Rückkaufrechts durch die Vertragspartei (z. B. durch Inanspruchnahme einer geschriebenen Verkaufsoption, welche die Vertragspartei zum Verkauf der Eigenkapitalinstrumente an das Unternehmen zu einem festen Preis berechtigt) zu erfüllen ist.

24. Ein Vertrag, zu dessen Erfüllung das Unternehmen eine feste Anzahl von Eigenkapitalinstrumenten gegen einen variablen Betrag an flüssigen Mitteln oder anderen finanziellen Vermögenswerten liefert oder erhält, ist als finanzieller Vermögenswert bzw. finanzielle Verbindlichkeit zu klassifizieren. Ein Beispiel ist ein Vertrag, bei dem das Unternehmen 100 Eigenkapitalinstrumente gegen

flüssige Mittel im Wert von 100 Unzen Gold liefert.

Bedingte Erfüllungsvereinbarungen

25. Ein Finanzinstrument kann das Unternehmen zur Lieferung flüssiger Mittel oder anderer Vermögenswerte oder zu einer anderen als finanzielle Verbindlichkeit einzustufenden Erfüllung verpflichten, die vom Eintreten oder Nichteintreten ungewisser künftiger Ereignisse (oder dem Ausgang ungewisser Umstände), die außerhalb der Kontrolle sowohl des Emittenten als auch des Inhabers des Instruments liegen, abhängig sind. Hierzu zählen beispielsweise Änderungen eines Aktienindex, Verbraucherpreisindex, Zinssatzes oder steuerlicher Vorschriften oder die künftigen Erträge, das Periodenergebnis oder der Verschuldungsgrad des Emittenten. Der Emittent eines solchen Instruments kann sich der Lieferung flüssiger Mittel oder anderer finanzieller Vermögenswerte (oder einer anderen als finanzielle Verbindlichkeit einzustufenden Erfüllung des Vertrags) nicht uneingeschränkt entziehen, so dass eine finanzielle Verbindlichkeit des Emittenten vorliegt, es sei denn:

(a) der Teil der bedingten Erfüllungsvereinbarung, der eine Erfüllung in flüssigen Mitteln oder anderen finanziellen Vermögenswerten (oder eine andere als finanzielle Verbindlichkeit einzustufende Art der Erfüllung) erforderlich machen könnte, besteht nicht wirklich;

(b) der Emittent kann nur im Falle seiner Liquidation gezwungen werden, die Verpflichtung in flüssigen Mitteln oder anderen finanziellen Vermögenswerten (oder auf eine andere als finanzielle Verbindlichkeit einzustufende Weise) zu erfüllen; oder

(c) das Instrument verfügt über alle in den Paragraphen 16A und 16B beschriebenen Merkmale und erfüllt die dort genannten Bedingungen.

Erfüllungswahlrecht

26. Ein Derivat, das einer Vertragspartei die Art der Erfüllung freistellt (der Emittent oder Inhaber kann sich z. B. für einen Ausgleich in bar oder durch den Tausch von Aktien gegen flüssige Mittel entscheiden), stellt einen finanziellen Vermögenswert oder eine finanzielle Verbindlichkeit dar, sofern nicht alle Erfüllungsalternativen zu einer Einstufung als Eigenkapitalinstrument führen würden.

27. Ein Beispiel für ein als finanzielle Verbindlichkeit einzustufendes Derivat mit Erfüllungswahlrecht ist eine Aktienoption, bei der der Emittent die Wahl hat, ob er diese in bar oder durch den Tausch eigener Aktien gegen flüssige Mittel erfüllt. Ähnliches gilt für einige Verträge über den Kauf oder Verkauf eines nicht finanziellen Postens gegen Eigenkapitalinstrumente des Unternehmens, die ebenfalls in den Anwendungsbereich dieses Standards fallen, da sie wahlweise durch Lieferung des nicht finanziellen Postens oder durch einen Ausgleich in bar oder anderen finanziellen Vermögenswerten erfüllt werden können (siehe Paragraphen 8-10). Solche Verträge sind finanzielle Vermögenswerte oder finanzielle Verbindlichkeiten und keine Eigenkapitalinstrumente.

Zusammengesetzte Finanzinstrumente (siehe auch Paragraphen A30-A35 und erläuternde Beispiele 9-12)

28. Der Emittent eines nicht derivativen Finanzinstruments hat anhand der Konditionen des Finanzinstruments festzustellen, ob das Instrument sowohl eine Fremd- als auch eine Eigenkapitalkomponente enthält. Diese Komponenten sind zu trennen und gemäß Paragraph 15 als finanzielle Verbindlichkeiten, finanzielle Vermögenswerte oder Eigenkapitalinstrumente einzustufen.

29. Bei einem Finanzinstrument, das (a) eine finanzielle Verbindlichkeit des Unternehmens begründet und (b) seinem Inhaber eine Option auf Umwandlung in ein Eigenkapitalinstrument des Unternehmens garantiert, sind diese beiden Komponenten vom Unternehmen getrennt zu erfassen. Wandelschuldverschreibungen oder ähnliche Instrumente, die der Inhaber in eine feste Anzahl von Stammaktien des Unternehmens umwandeln kann, sind Beispiele für zusammengesetzte Finanzinstrumente. Aus Sicht des Unternehmens besteht ein solches Instrument aus zwei Komponenten: einer finanziellen Verbindlichkeit (einer vertraglichen Vereinbarung zur Lieferung flüssiger Mittel oder anderer finanzieller Vermögenswerte) und einem Eigenkapitalinstrument (einer Kaufoption, die dem Inhaber für einen bestimmten Zeitraum das Recht auf Umwandlung in eine feste Anzahl Stammaktien des Unternehmens garantiert). Wirtschaftlich gesehen hat die Emission eines solchen Finanzinstruments im Wesentlichen die gleichen Auswirkungen wie die Emission eines Schuldinstruments mit vorzeitiger Kündigungsmöglichkeit, das gleichzeitig mit einem Bezugsrecht auf Stammaktien verknüpft ist, oder die Emission eines Schuldinstruments mit abtrennbaren Optionsscheinen zum Erwerb von Aktien. Dementsprechend hat ein Unternehmen in allen Fällen dieser Art die Fremd- und die Eigenkapitalkomponente getrennt in seiner Bilanz auszuweisen.

30. Die Einstufung der Fremd- und Eigenkapitalkomponente eines wandelbaren Instruments wird auch dann beibehalten, wenn sich die Wahrscheinlichkeit ändert, dass die Tauschoption wahrgenommen wird; dies gilt auch dann, wenn die Wahrnehmung der Tauschoption für einige Inhaber wirtschaftlich vorteilhaft erscheint. Die Inhaber handeln nicht immer in der erwarteten Weise, weil zum Beispiel die steuerlichen Folgen aus der Umwandlung bei jedem Inhaber unterschiedlich sein können. Darüber hinaus ändert sich die Wahrscheinlichkeit der Umwandlung von Zeit zu Zeit. Die vertragliche Verpflichtung des Unternehmens zu künftigen Zahlungen bleibt so lange bestehen, bis sie durch Umwandlung, Fälligkeit des Instruments oder andere Umstände getilgt ist.

31. In IAS 39 geht es um die Bewertung finanzieller Vermögenswerte und finanzieller Verbindlichkeiten. Eigenkapitalinstrumente sind Finanzinstrumente, die einen Residualanspruch an den Vermögenswerten eines Unternehmens nach Abzug aller dazugehörigen Schulden begründen. Bei der Aufteilung des erstmaligen Buchwerts eines zusammengesetzten Finanzinstruments auf die Eigen- und Fremdkapitalkomponenten wird der Eigenkapitalkomponente der Restwert zugewiesen, der sich nach Abzug des getrennt für die Schuldkomponente ermittelten Betrags vom beizulegenden Zeitwert des gesamten Instruments ergibt. Der Wert der derivativen Ausstattungsmerkmale (z. B. einer Kaufoption), die in ein zusammengesetztes Finanzinstrument eingebettet sind und keine Eigenkapitalkomponente darstellen (z. B. eine Option zur Umwandlung in ein Eigenkapitalinstrument), wird der Schuldkomponente hinzugerechnet. Die Summe der Buchwerte, die beim erstmaligen Ansatz in der Bilanz für die Fremd- und die Eigenkapitalkomponente ermittelt werden, ist in jedem Fall gleich dem beizulegenden Zeitwert, der für das Finanzinstrument als Ganzes anzusetzen wäre. Durch den getrennten erstmaligen Ansatz der Komponenten des Instruments entstehen keine Gewinne oder Verluste.

32. Bei dem in Paragraph 31 beschriebenen Ansatz bestimmt der Emittent einer in Stammaktien umwandelbaren Anleihe zunächst den Buchwert der Schuldkomponente, indem er den beizulegenden Zeitwert einer ähnlichen, nicht mit einer Eigenkapitalkomponente verbundenen Verbindlichkeit (einschließlich aller eingebetteten derivativen Ausstattungsmerkmale ohne Eigenkapitalcharakter) ermittelt. Der Buchwert eines Eigenkapitalinstruments, der durch die Option auf Umwandlung des Instruments in Stammaktien repräsentiert wird, ergibt sich danach durch Subtraktion des beizulegenden Zeitwerts der finanziellen Verbindlichkeit vom beizulegenden Zeitwert des gesamten zusammengesetzten Finanzinstruments.

Eigene Anteile (siehe auch Paragraph A36)

33. Erwirbt ein Unternehmen seine eigenen Eigenkapitalinstrumente zurück, so sind diese Instrumente („eigene Anteile") vom Eigenkapital abzuziehen. Weder Kauf noch Verkauf, Ausgabe oder Einziehung von eigenen Eigenkapitalinstrumenten werden im Gewinn oder Verlust erfasst. Solche eigenen Anteile können vom Unternehmen selbst oder von anderen Konzernunternehmen erworben und gehalten werden. Alle gezahlten oder erhaltenen Entgelte sind direkt im Eigenkapital zu erfassen.

34. Der Betrag der gehaltenen eigenen Anteile ist gemäß IAS 1 *Darstellung des Abschlusses* in der Bilanz oder im Anhang gesondert auszuweisen. Beim Rückerwerb eigener Eigenkapitalinstrumente von nahe stehenden Unternehmen und Personen sind die Angabepflichten gemäß IAS 24 *Angaben über Beziehungen zu nahe stehenden Unternehmen und Personen* zu beachten.

Zinsen, Dividenden, Verluste und Gewinne (siehe auch Paragraph A37)

35. Zinsen, Dividenden, Verluste und Gewinne im Zusammenhang mit Finanzinstrumenten oder einer ihrer Komponenten, die finanzielle Verbindlichkeiten darstellen, sind im Periodenergebnis als Erträge bzw. Aufwendungen zu erfassen. Ausschüttungen an Inhaber eines Eigenkapitalinstruments sind, gemindert um alle damit verbundenen Ertragsteuervorteile, vom Unternehmen direkt vom Eigenkapital abzusetzen. Die Transaktionskosten einer Eigenkapitaltransaktion sind als Abzug vom Eigenkapital, gemindert um alle damit verbundenen Ertragsteuervorteile, zu bilanzieren.

36. Die Einstufung eines Finanzinstruments als finanzielle Verbindlichkeit oder als Eigenkapitalinstrument ist ausschlaggebend dafür, ob die mit diesem Instrument verbundenen Zinsen, Dividenden, Verluste und Gewinne im Periodenergebnis als Erträge oder Aufwendungen erfasst werden. Daher sind auch Dividendenausschüttungen für Anteile, die insgesamt als Schulden angesetzt wurden, genauso als Aufwand zu erfassen wie beispielsweise Zinsen für eine Anleihe. Entsprechend sind auch mit dem Rückkauf oder der Refinanzierung von finanziellen Verbindlichkeiten verbundene Gewinne oder Verluste im Periodenergebnis zu erfassen, während hingegen der Rückkauf oder die Refinanzierung von Eigenkapitalinstrumenten als Bewegungen im Eigenkapital abgebildet werden. Änderungen des beizulegenden Zeitwerts eines Eigenkapitalinstruments sind nicht im Abschluss auszuweisen.

37. Einem Unternehmen entstehen bei Ausgabe oder Erwerb eigener Eigenkapitalinstrumente in der Regel verschiedene Kosten. Hierzu zählen beispielsweise Register- und andere behördliche Gebühren, Honorare für Rechtsberater, Wirtschaftsprüfer und andere professionelle Berater, Druckkosten und Börsenumsatzsteuern. Die Transaktionskosten einer Eigenkapitaltransaktion sind als Abzug vom Eigenkapital (gemindert um alle damit verbundenen Ertragsteuervorteile) zu bilanzieren, soweit es sich um zusätzliche, der Eigenkapitaltransaktion direkt zurechenbare Kosten handelt, die andernfalls vermieden worden wären. Die Kosten einer eingestellten Eigenkapitaltransaktion sind als Aufwand zu erfassen.

38. Transaktionskosten, die mit der Ausgabe eines zusammengesetzten Finanzinstruments verbunden sind, sind den Fremd- und Eigenkapitalkomponenten des Finanzinstruments in dem Verhältnis zuzurechnen, wie die empfangene Gegenleistung zugeordnet wurde. Transaktionskosten, die sich insgesamt auf mehr als eine Transaktion beziehen, wie Kosten eines gleichzeitigen Zeichnungsangebots für neue Aktien und für die Börsennotierung bereits ausgegebener Aktien, sind anhand eines sinnvollen, bei ähnlichen Transaktionen verwendeten Schlüssels auf die einzelnen Transaktionen umzulegen.

39. Der Betrag der Transaktionskosten, der in der Periode als Abzug vom Eigenkapital bilanziert

wurde, ist nach IAS 1 gesondert anzugeben. Die damit verbundenen Ertragsteuern, die direkt im Eigenkapital erfasst sind, sind in den Gesamtbetrag der dem Eigenkapital gutgeschriebenen oder belasteten tatsächlichen und latenten Ertragsteuern einzubeziehen, die gemäß IAS 12 *Ertragsteuern* anzugeben sind.

40. Als Aufwendungen eingestufte Dividenden können in der in der Gesamtergebnisrechnung oder gesonderten Gewinn- und Verlustrechnung (sofern erstellt) entweder mit Zinsaufwendungen für andere Verbindlichkeiten in einem Posten zusammengefasst oder gesondert ausgewiesen werden. Zusätzlich zu den Anforderungen dieses Standards sind bei Zinsen und Dividenden die Angabepflichten von IAS 1 und IFRS 7 zu beachten. Sofern jedoch, beispielsweise im Hinblick auf die steuerliche Abzugsfähigkeit, Unterschiede in der Behandlung von Dividenden und Zinsen bestehen, ist ein gesonderter Ausweis in der in der Gesamtergebnisrechnung oder gesonderten Gewinn- und Verlustrechnung (sofern erstellt) wünschenswert. Bei den Berichtangaben zu steuerlichen Einflüssen sind die Anforderungen gemäß IAS 12 zu erfüllen.

41. Gewinne und Verluste infolge von Änderungen des Buchwerts einer finanziellen Verbindlichkeit sind selbst dann als Ertrag oder Aufwand im Periodenergebnis zu erfassen, wenn sie sich auf ein Instrument beziehen, das einen Residualanspruch auf die Vermögenswerte des Unternehmens im Austausch gegen flüssige Mittel oder andere finanzielle Vermögenswerte begründet (siehe Paragraph 18(b)). Nach IAS 1 sind Gewinne und Verluste, die durch die Neubewertung eines derartigen Instruments entstehen, gesondert in der Gesamtergebnisrechnung auszuweisen, wenn dies für die Erläuterung der Ertragslage des Unternehmens relevant ist.

Saldierung von finanziellen Vermögenswerten und finanziellen Verbindlichkeiten (siehe auch Paragraphen A38 und A39)

42. Finanzielle Vermögenswerte und Verbindlichkeiten sind nur dann zu saldieren und als Nettobetrag in der Bilanz anzugeben, wenn ein Unternehmen:

(a) zum gegenwärtigen Zeitpunkt einen Rechtsanspruch darauf hat, die erfassten Beträge miteinander zu verrechnen; und

(b) beabsichtigt, entweder den Ausgleich auf Nettobasis herbeizuführen, oder gleichzeitig mit der Verwertung des betreffenden Vermögenswertes die dazugehörige Verbindlichkeit abzulösen.

Wenn die Übertragung eines finanziellen Vermögenswertes die Voraussetzungen für eine Ausbuchung nicht erfüllt, werden der übertragene Vermögenswert und die verbundene Verbindlichkeit bei der Bilanzierung nicht saldiert werden (siehe IAS 39, Paragraph 36).

43. Finanzielle Vermögenswerte und finanzielle Verbindlichkeiten müssen diesem Standard zufolge auf Nettobasis dargestellt werden, wenn dadurch die erwarteten künftigen Cashflows eines Unternehmens aus dem Ausgleich von zwei oder mehreren verschiedenen Finanzinstrumenten abgebildet werden. Wenn ein Unternehmen das Recht hat, einen einzelnen Nettobetrag zu erhalten bzw. zu zahlen, und dies auch zu tun beabsichtigt, hat es tatsächlich nur einen einzigen finanziellen Vermögenswert bzw. nur eine einzige finanzielle Verbindlichkeit. In anderen Fällen werden die finanziellen Vermögenswerte und finanziellen Verbindlichkeiten entsprechend ihrer Eigenschaft als Ressource oder Verpflichtung des Unternehmens voneinander getrennt dargestellt.

44. Die Saldierung eines erfassten finanziellen Vermögenswertes mit einer erfassten finanziellen Verbindlichkeit einschließlich der Darstellung des Nettobetrags ist von der Ausbuchung eines finanziellen Vermögenswertes und einer finanziellen Verbindlichkeit in der Bilanz zu unterscheiden. Während die Saldierung nicht zur Erfassung von Gewinnen und Verlusten führt, hat die Ausbuchung eines Finanzinstruments aus der Bilanz nicht nur die Entfernung eines bis dahin bilanzwirksamen Postens, sondern möglicherweise auch die Erfassung von Gewinnen oder Verlusten zur Folge.

45. Der Anspruch auf Verrechnung ist ein auf vertraglicher oder anderer Grundlage beruhendes, einklagbares Recht eines Schuldners, eine Verbindlichkeit gegenüber einem Gläubiger ganz oder teilweise mit einer eigenen Forderung gegenüber diesem Gläubiger zu verrechnen oder anderweitig zu eliminieren. In außergewöhnlichen Fällen kann ein Schuldner berechtigt sein, eine Forderung gegenüber einem Dritten mit einer Verbindlichkeit gegenüber einem Gläubiger zu verrechnen, vorausgesetzt, dass zwischen allen drei Beteiligten eine eindeutige Vereinbarung über den Anspruch auf Verrechnung vorliegt. Da der Anspruch auf Verrechnung ein gesetzliches Recht ist, sind die Bedingungen, unter denen Verrechnungsvereinbarungen gültig sind, abhängig von den Gebräuchen des Rechtskreises, in dem sie getroffen werden; daher sind im Einzelfall immer die für das Vertragsverhältnis zwischen den Parteien maßgeblichen Rechtsvorschriften zu berücksichtigen.

46. Besteht ein einklagbarer Anspruch auf Verrechnung, wirkt sich dies nicht nur auf die Rechte und Pflichten aus, die mit den betreffenden finanziellen Vermögenswerten und Verbindlichkeiten verbunden sind, sondern kann auch die Ausfall- und Liquiditätsrisiken des Unternehmens beeinflussen. Das Bestehen eines solchen Rechts stellt für sich genommen aber noch keine hinreichende Voraussetzung für die Saldierung von Vermögens- und Schuldposten dar. Wenn keine Absicht besteht, dieses Recht auch tatsächlich wahrzunehmen oder die jeweiligen Forderungen und Verbindlichkeiten zum gleichen Zeitpunkt zu bedienen, wirkt es sich weder auf die Beträge noch auf den zeitlichen Anfall der erwarteten Cashflows ei-

nes Unternehmens aus. Beabsichtigt ein Unternehmen jedoch, von dem Anspruch auf Verrechnung Gebrauch zu machen oder die jeweiligen Forderungen und Verbindlichkeiten zum gleichen Zeitpunkt zu bedienen, spiegelt die Nettodarstellung des Vermögenswertes und der Verbindlichkeit die Beträge, den zeitlichen Anfall und die damit verbundenen Risiken künftiger Cashflows besser wider als die Bruttodarstellung. Die bloße Absicht einer oder beider Vertragsparteien, Forderungen und Verbindlichkeiten auf Nettobasis ohne rechtlich bindende Vereinbarung auszugleichen, stellt keine ausreichende Grundlage für eine bilanzielle Saldierung dar, da die mit den einzelnen finanziellen Vermögenswerten und Verbindlichkeiten verbundenen Rechte und Pflichten unverändert fortbestehen.

47. Die Absichten eines Unternehmens bezüglich der Erfüllung von einzelnen Vermögens- und Schuldposten können durch die üblichen Geschäftspraktiken, die Anforderungen der Finanzmärkte und andere Umstände beeinflusst werden, die die Fähigkeit zur Bedienung auf Nettobasis oder zur gleichzeitigen Bedienung begrenzen. Hat ein Unternehmen einen Anspruch auf Aufrechnung, beabsichtigt aber nicht, auf Nettobasis auszugleichen bzw. den Vermögenswert zu verwerten und gleichzeitig die Verbindlichkeit zu begleichen, werden die Auswirkungen dieses Anspruchs auf die Ausfallrisikoposition des Unternehmens gemäß Paragraph 36 des IFRS 7 angegeben.

48. Der gleichzeitige Ausgleich von zwei Finanzinstrumenten kann zum Beispiel durch direkten Austausch oder über eine Clearingstelle in einem organisierten Finanzmarkt erfolgen. In solchen Fällen findet tatsächlich nur ein einziger Finanzmitteltransfer statt, wobei weder ein Ausfall- noch ein Liquiditätsrisiko besteht. Erfolgt der Ausgleich über zwei voneinander getrennte (zu erhaltende bzw. zu leistende) Zahlungen, kann ein Unternehmen im Hinblick auf den vollen Betrag der betreffenden finanziellen Forderungen durch aus einem Ausfallrisiko und im Hinblick auf den vollen Betrag der finanziellen Verbindlichkeit einem Liquiditätsrisiko ausgesetzt sein. Auch wenn sie nur kurzzeitig auftreten, können solche Risikopositionen erheblich sein. Die Gewinnrealisierung eines finanziellen Vermögenswertes und die Begleichung einer finanziellen Verbindlichkeit werden nur dann als gleichzeitig behandelt, wenn die Geschäftsvorfälle zum selben Zeitpunkt stattfinden.

49. In nachstehend genannten Fällen sind die in Paragraph 42 genannten Voraussetzungen im Allgemeinen nicht erfüllt, so dass eine Saldierung unangemessen ist:

(a) wenn mehrere verschiedene Finanzinstrumente kombiniert werden, um die Merkmale eines einzelnen Finanzinstruments (eines „synthetischen Finanzinstruments") nachzuahmen;

(b) wenn aus Finanzinstrumenten mit gleichem Risikoprofil, aber unterschiedlichen Gegenparteien finanzielle Vermögenswerte und Verbindlichkeiten resultieren (wie bei einem Portfolio von Termingeschäften oder anderen Derivaten);

(c) wenn finanzielle oder andere Vermögenswerte als Sicherheit für finanzielle Verbindlichkeiten ohne Rückgriffsmöglichkeit verpfändet wurden;

(d) wenn finanzielle Vermögenswerte von einem Schuldner zur Begleichung einer Verpflichtung in ein Treuhandverhältnis gegeben werden, ohne dass diese Vermögenswerte vom Gläubiger zum Ausgleich der Verbindlichkeit akzeptiert worden sind (beispielsweise eine Tilgungsfondsvereinbarung); oder

(e) wenn bei Verpflichtungen, die aus Schadensereignissen entstehen, zu erwarten ist, dass diese durch Ersatzleistungen von Dritten beglichen werden, weil aus einem Versicherungsvertrag ein entsprechender Entschädigungsanspruch abgeleitet werden kann.

50. Ein Unternehmen, das mit einer einzigen Vertragspartei eine Reihe von Geschäften mit Finanzinstrumenten tätigt, kann mit dieser Vertragspartei einen Globalverrechnungsvertrag schließen. Ein solcher Vertrag sieht für den Fall von Nichtzahlung oder Kündigung bei einem einzigen Instrument die sofortige Aufrechnung bzw. Abwicklung aller unter den Rahmenvertrag fallenden Finanzinstrumente vor. Solche Rahmenverträge werden für gewöhnlich von Finanzinstituten verwendet, um sich gegen Verluste aus eventuellen Insolvenzverfahren oder anderen Umständen zu schützen, die dazu führen können, dass die Vertragspartei ihren Verpflichtungen nicht nachkommen kann. Ein Globalverrechnungsvertrag schafft normalerweise nur einen bedingten Anspruch auf Verrechnung, der nur im Rechtsweg durchgesetzt werden kann und die Gewinnrealisierung oder Begleichung eines einzelnen finanziellen Vermögenswertes oder einer einzelnen finanziellen Verbindlichkeit nur beeinflussen kann, wenn ein tatsächlicher Zahlungsverzug oder andere Umstände vorliegen, mit denen in gewöhnlichem Geschäftsverlauf nicht zu rechnen ist. Ein Globalverrechnungsvertrag stellt für sich genommen keine Grundlage für eine Saldierung in der Bilanz dar, es sei denn, die Verrechnungsvoraussetzungen gemäß Paragraph 42 werden ebenfalls erfüllt. Wenn finanzielle Vermögenswerte und finanzielle Verbindlichkeiten im Rahmen eines Globalverrechnungsvertrages nicht miteinander saldiert werden, sind die Auswirkungen des Vertrags auf das Ausfallrisiko des Unternehmens gemäß Paragraph 36 des IFRS 7 anzugeben.

ANGABEN

51-95. [gestrichen]

ZEITPUNKT DES INKRAFTTRETENS UND ÜBERGANGSVORSCHRIFTEN

96. Dieser Standard ist erstmals in der ersten Berichtsperiode eines am 1. Januar 2005 oder danach beginnenden Geschäftsjahres anzuwenden.

2/21. IAS 32
96 – 98

Eine frühere Anwendung ist zulässig. Eine Anwendung dieses Standards für Berichtsperioden, die vor dem 1. Januar 2005 beginnen, ist jedoch nur bei zeitgleicher Anwendung von IAS 39 (herausgegeben 2003) in der im März 2004 geänderten Fassung gestattet. Wenn ein Unternehmen diesen Standard für Berichtsperioden anwendet, die vor dem 1. Januar 2005 beginnen, so ist dies anzugeben.

96A. Nach *Kündbare Finanzinstrumente und bei Liquidation entstehende Verpflichtungen* (im Februar 2008 veröffentlichte Änderungen an IAS 32 und IAS 1) sind Finanzinstrumente, die alle in den Paragraphen 16A und 16B oder 16C und 16D beschriebenen Merkmale aufweisen und die dort genannten Bedingungen erfüllen, als Eigenkapitalinstrumente einzustufen; darüber hinaus werden in dem genannten Dokument die Paragraphen 11, 16, 17–19, 22, 23, 25, A13, A14 und A27 geändert und die Paragraphen 16A–16F, 22A, 96B, 96C, 97C, A14A–A14J und A29A eingefügt. Diese Änderungen sind erstmals auf Geschäftsjahre anzuwenden, die am oder nach dem 1. Januar 2009 beginnen. Eine frühere Anwendung ist zulässig. Wendet ein Unternehmen diese Änderungen auf eine frühere Periode an, so muss es dies angeben und gleichzeitig die verbundenen Änderungen der IAS 1, IAS 39, IFRS 7 und IFRIC 2 anwenden.

96B. *Kündbare Finanzinstrumente und bei Liquidation entstehende Verpflichtungen* sieht eine eingeschränkte Ausnahme vom Anwendungsbereich vor, die von den Unternehmen folglich nicht analog anzuwenden ist.

96C. Die Einstufung im Rahmen dieser Ausnahme ist auf die Bilanzierung der betreffenden Instrumente nach IAS 1, IAS 32, IAS 39 und IFRS 7 zu beschränken. Im Rahmen anderer Standards, wie IFRS 2 *Anteilsbasierte Vergütung*, sind die Instrumente dagegen nicht als Eigenkapitalinstrumente einzustufen.

97. Dieser Standard ist retrospektiv anzuwenden.

97A. Infolge des IAS 1 (überarbeitet 2007) wurde die in allen IFRS verwendete Terminologie geändert. Außerdem wurde Paragraph 40 geändert. Diese Änderungen sind erstmals in der ersten Berichtsperiode eines am 1. Januar 2009 oder danach beginnenden Geschäftsjahres anzuwenden. Wird IAS 1 (überarbeitet 2007) auf eine frühere Periode angewandt, sind diese Änderungen entsprechend auch anzuwenden.

97B. In der 2008 geänderten Fassung des IFRS 3 wurde Paragraph 4(c) gestrichen. Diese Änderung ist erstmals in der ersten Berichtsperiode eines am oder nach dem 1. Juli 2009 beginnenden Geschäftsjahres anzuwenden. Wendet ein Unternehmen IFRS 3 (in der 2008 geänderten Fassung) auf eine frühere Periode an, so ist auch diese Änderung auf die frühere Periode anzuwenden. Die Änderung gilt allerdings nicht für bedingte Gegenleistungen, die sich aus einem Unternehmenszusammenschluss ergeben haben, bei dem der Erwerbszeitpunkt vor der Anwendung von IFRS 3 (in der 2008 geänderten Fassung) liegt. Eine solche Gegenleistung ist stattdessen nach den Paragraphen 65A–65E der 2010 geänderten Fassung von IFRS 3 zu bilanzieren.

97C. Wendet ein Unternehmen die in Paragraph 96A genannten Änderungen an, so muss es ein zusammengesetztes Finanzinstrument, das mit der Verpflichtung verbunden ist, einer anderen Partei bei Liquidation einen proportionalen Anteil an seinem Nettovermögen zu liefern, in eine Komponente „Verbindlichkeit" und eine Komponente „Eigenkapital" aufspalten. Wenn die Komponente „Verbindlichkeit" nicht länger aussteht, würde eine rückwirkende Anwendung dieser Änderungen an IAS 32 die Aufteilung in zwei Eigenkapitalkomponenten erfordern. Die erste wäre den Gewinnrücklagen zuzuordnen und wäre der kumulierte Zinszuwachs der Komponente „Verbindlichkeit". Die andere wäre die ursprüngliche Eigenkapitalkomponente. Wenn die Verbindlichkeitskomponente zum Zeitpunkt der Anwendung der Änderungen nicht mehr aussteht, muss das Unternehmen diese beiden Komponenten folglich nicht voneinander trennen.

97D. Paragraph 4 wird im Rahmen der *Verbesserungen der IFRS* vom Mai 2008 geändert. Diese Änderungen sind erstmals in der ersten Berichtsperiode eines am 1. Januar 2009 oder danach beginnenden Geschäftsjahres anzuwenden. Eine frühere Anwendung ist zulässig. Falls ein Unternehmen diese Änderungen auf eine frühere Periode anwendet, so hat es diese Tatsache anzugeben und die entsprechenden Änderungen von Paragraph 3 des IFRS 7, Paragraph 1 des IAS 28 und Paragraph 1 des IAS 31 und (überarbeitet Mai 2008) gleichzeitig anzuwenden. Ein Unternehmen kann die Änderungen prospektiv anwenden.

97E. Durch *Einstufung von Bezugsrechten* (veröffentlicht im Oktober 2009) wurden die Paragraphen 11 und 16 geändert. Diese Änderung ist erstmals in der ersten Berichtsperiode eines am 1. Februar 2010 oder danach beginnenden Geschäftsjahres anzuwenden. Eine frühere Anwendung ist zulässig. Wendet ein Unternehmen diese Änderung in einer früheren Berichtsperiode an, so hat es dies anzugeben.

97G. Durch die im Mai 2010 veröffentlichten *Verbesserungen an IFRS* wurde Paragraph 97B geändert. Diese Änderung ist erstmals in der ersten Berichtsperiode eines am oder nach dem 1. Juli 2010 beginnenden Geschäftsjahres anzuwenden. Eine frühere Anwendung ist zulässig.

RÜCKNAHME ANDERER VERLAUTBARUNGEN

98. Dieser Standard ersetzt IAS 32 *Finanzinstrumente: Ansatz und Bewertung* in der 2000 überarbeiteten Fassung.[1]

---

[1] Im August 2005 hat der IASB alle Angabepflichten zu Finanzinstrumenten in den IFRS 7 *Finanzinstrumente: Angaben* verlagert.

99. Dieser Standard ersetzt die folgenden Interpretationen:
(a) SIC-5 *Einstufung von Finanzinstrumenten – Bedingte Erfüllungsvereinbarungen*;
(b) SIC-16 *Gezeichnetes Kapital – Rückgekaufte eigene Eigenkapitalinstrumente (eigene Anteile)*; und
(c) SIC-17 *Eigenkapital – Kosten einer Eigenkapitaltransaktion*.

100. Dieser Standard widerruft die Entwurfsfassung der Interpretation SIC D34 *Financial Instruments – Instruments or Rights Redeemable by the Holder*.

ANHANG
ANLEITUNGEN ZUR ANWENDUNG

IAS 32 Finanzinstrumente: Darstellung

Dieser Anhang ist Bestandteil des Standards.

A1. In diesen Anleitungen zur Anwendung wird die Umsetzung bestimmter Aspekte des Standards erläutert.

A2. Der Standard behandelt nicht den Ansatz bzw. die Bewertung von Finanzinstrumenten. Die Anforderungen bezüglich des Ansatzes und der Bewertung von finanziellen Vermögenswerten und finanziellen Verbindlichkeiten sind in IAS 39 dargelegt.

DEFINITIONEN (PARAGRAPHEN 11–14)

Finanzielle Vermögenswerte und finanzielle Verbindlichkeiten

A3. Zahlungsmittel (flüssige Mittel) stellen einen finanziellen Vermögenswert dar, weil sie das Austauschmedium und deshalb die Grundlage sind, auf der alle Geschäftsvorfälle im Abschluss bewertet und erfasst werden. Eine Einzahlung flüssiger Mittel auf ein laufendes Konto bei einer Bank oder einem ähnlichen Finanzinstitut ist ein finanzieller Vermögenswert, weil sie das vertragliche Recht des Einzahlenden darstellt, flüssige Mittel von der Bank zu erhalten bzw. einen Scheck oder ein ähnliches Finanzinstrument zu Gunsten eines Gläubigers zur Begleichung einer finanziellen Verbindlichkeit zu verwenden.

A4. Typische Beispiele für finanzielle Vermögenswerte, die ein vertragliches Recht darstellen, zu einem künftigen Zeitpunkt flüssige Mittel zu erhalten, und korrespondierend für finanzielle Verbindlichkeiten, die eine vertragliche Verpflichtung darstellen, zu einem künftigen Zeitpunkt flüssige Mittel zu liefern, sind:
(a) Forderungen und Verbindlichkeiten aus Lieferungen und Leistungen;
(b) Wechselforderungen und Wechselverbindlichkeiten;
(c) Darlehensforderungen und Darlehensverbindlichkeiten und
(d) Anleiheforderungen und Anleiheverbindlichkeiten.

In allen Fällen steht dem vertraglichen Recht der einen Vertragspartei, flüssige Mittel zu erhalten (oder der Verpflichtung, flüssige Mittel abzugeben), korrespondierend die vertragliche Zahlungsverpflichtung (oder das Recht, flüssige Mittel zu erhalten) der anderen Vertragspartei gegenüber.

A5. Andere Arten von Finanzinstrumenten sind solche, bei denen der (erwartete bzw. begebene) wirtschaftliche Nutzen nicht in flüssigen Mitteln, sondern in einem anderen finanziellen Vermögenswert besteht. Eine Wechselverbindlichkeit aus Regierungsanleihen räumt dem Inhaber beispielsweise das vertragliche Recht ein und verpflichtet den Emittenten vertraglich zur Übergabe von Regierungsanleihen und nicht von flüssigen Mitteln. Regierungsanleihen sind finanzielle Vermögenswerte, weil sie eine Verpflichtung der emittierenden Regierung auf Zahlung flüssiger Mittel darstellen. Wechsel stellen daher für den Wechselinhaber finanzielle Vermögenswerte dar, während sie für den Wechselemittenten finanzielle Verbindlichkeiten repräsentieren.

A6. Ewige Schuldinstrumente (wie beispielsweise ewige schuldrechtliche Papiere, ungesicherte Schuldverschreibungen und Schuldscheine) räumen dem Inhaber normalerweise ein vertragliches Recht darauf ein, auf unbestimmte Zeit zu festgesetzten Terminen Zinszahlungen zu erhalten. Der Inhaber hat hierbei kein Recht auf Rückerhalt des Kapitalbetrags, oder er hat dieses Recht zu Bedingungen, die den Erhalt sehr unwahrscheinlich machen bzw. ihn auf einen Termin in ferner Zukunft festlegen. Ein Unternehmen kann beispielsweise ein Finanzinstrument emittieren, mit dem es sich für alle Ewigkeit zu jährlichen Zahlungen zu einem vereinbarten Zinssatz von 8 % des ausgewiesenen Nennwertes oder Kapitalbetrags von WE 1 000 verpflichtet.(¹) Wenn der marktgängige Zinssatz für das Finanzinstrument bei Ausgabe 8 % beträgt, übernimmt der Emittent eine vertragliche Verpflichtung zu einer Reihe von künftigen Zinszahlungen, deren beizulegender Zeitwert (Barwert) beim erstmaligen Ansatz WE 1 000 beträgt. Der Inhaber bzw. der Emittent des Finanzinstruments hat einen finanziellen Vermögenswert bzw. eine finanzielle Verbindlichkeit.

(¹) In diesen Leitlinien werden Geldbeträge in „Währungseinheiten" (WE) angegeben.

A7. Ein vertragliches Recht auf oder eine vertragliche Verpflichtung zu Empfang, Lieferung oder Übertragung von Finanzinstrumenten stellt selbst ein Finanzinstrument dar. Eine Kette von vertraglich vereinbarten Rechten oder Verpflichtungen erfüllt die Definition eines Finanzinstruments, wenn sie letztendlich zum Empfang oder zur Abgabe von Finanzmitteln oder zum Erwerb oder zur Emission von Eigenkapitalinstrumenten führt.

A8. Die Fähigkeit zur Wahrnehmung eines vertraglichen Rechts oder die Forderung zur Erfüllung einer vertraglichen Verpflichtung kann unbedingt oder abhängig vom Eintreten eines künftigen

Ereignisses sein. Zum Beispiel ist eine Bürgschaft ein dem Kreditgeber vertraglich eingeräumtes Recht auf Empfang von Finanzmitteln durch den Bürgen und eine korrespondierende vertragliche Verpflichtung des Bürgen zur Zahlung an den Kreditgeber, wenn der Kreditnehmer seinen Verpflichtungen nicht nachkommt. Das vertragliche Recht und die vertragliche Verpflichtung bestehen aufgrund früherer Rechtsgeschäfte oder Geschäftsvorfälle (Übernahme der Bürgschaft), selbst wenn die Fähigkeit des Kreditgebers zur Wahrnehmung seines Rechts und die Anforderung an den Bürgen, seinen Verpflichtungen nachzukommen, von einem künftigen Verzug des Kreditnehmers abhängig sind. Vom Eintreten bestimmter Ereignisse abhängige Rechte und Verpflichtungen erfüllen die Definition von finanziellen Vermögenswerten bzw. finanziellen Verbindlichkeiten, selbst wenn solche Vermögenswerte und Verbindlichkeiten nicht immer im Abschluss bilanziert werden. Einige dieser bedingten Rechte und Verpflichtungen können Versicherungsverträge im Anwendungsbereich von IFRS 4 sein.

A9. Gemäß IAS 17 *Leasingverhältnisse* wird ein Leasingvertrag in erster Linie als Anspruch des Leasinggebers auf Erhalt bzw. Verpflichtung des Leasingnehmers zur Leistung einer Reihe von Zahlungen betrachtet, die in materieller Hinsicht der Zahlung von Zins und Tilgung bei einem Darlehensvertrag entsprechen. Der Leasinggeber verbucht seine Investition als ausstehende Forderung aufgrund des Leasingvertrags und nicht als geleasten Vermögenswert. Ein Operating-Leasingverhältnis wird dagegen in erster Linie als nicht erfüllter Vertrag betrachtet, der den Leasinggeber verpflichtet, die künftige Nutzung eines Vermögenswertes im Austausch für eine Gegenleistung ähnlich einem Entgelt für eine Dienstleistung zu gestatten. Der Leasinggeber verbucht den geleasten Vermögenswert und nicht die gemäß Leasingvertrag ausstehende Forderung. Somit wird ein Finanzierungsleasing als Finanzinstrument und ein Operating-Leasingverhältnis nicht als Finanzinstrument betrachtet (außer im Hinblick auf einzelne jeweils fällige Zahlungen).

A10. Materielle Vermögenswerte (wie Vorräte oder Sachanlagen), geleaste Vermögenswerte und immaterielle Vermögenswerte (wie Patente oder Warenrechte) gelten nicht als finanzielle Vermögenswerte. Mit der Verfügungsgewalt über materielle und immaterielle Vermögenswerte ist zwar die Möglichkeit verbunden, Finanzmittelzuflüsse oder den Zufluss anderer finanzieller Vermögenswerte zu generieren, sie führt aber nicht zu einem bestehenden Rechtsanspruch auf flüssige Mittel oder andere finanzielle Vermögenswerte.

A11. Vermögenswerte (wie aktivische Abgrenzungen), bei denen der künftige wirtschaftliche Nutzen im Empfang von Waren oder Dienstleistungen und nicht im Recht auf Erhalt von flüssigen Mitteln oder anderen finanziellen Vermögenswerten besteht, sind keine finanziellen Vermögenswerte. Auch Posten wie passivische Abgrenzungen und die meisten Gewährleistungsverpflichtungen gelten nicht als finanzielle Verbindlichkeiten, da die aus ihnen resultierenden Nutzenabflüsse in der Bereitstellung von Gütern und Dienstleistungen und nicht in einer vertraglichen Verpflichtung zur Abgabe von flüssigen Mitteln oder anderen finanziellen Vermögenswerten bestehen.

A12. Verbindlichkeiten oder Vermögenswerte, die nicht auf einer vertraglichen Vereinbarung basieren (wie Ertragsteuern, die aufgrund gesetzlicher Vorschriften erhoben werden), gelten nicht als finanzielle Verbindlichkeiten oder finanzielle Vermögenswerte. Die Bilanzierung von Ertragsteuern wird in IAS 12 behandelt. Auch die in IAS 37 Rückstellungen, Eventualverbindlichkeiten und Eventualforderungen definierten faktischen Verpflichtungen werden nicht durch Verträge begründet und stellen keine finanziellen Verbindlichkeiten dar.

Eigenkapitalinstrumente

A13. Beispiele für Eigenkapitalinstrumente sind u.a. nicht kündbare Stammaktien, einige kündbare Instrumente (siehe Paragraphen 16A und 16B), einige Instrumente, die das Unternehmen dazu verpflichten, einer anderen Partei im Falle der Liquidation einen proportionalen Anteil an seinem Nettovermögen zu liefern (siehe Paragraphen 16C und 16D), einige Arten von Vorzugsaktien (siehe Paragraphen A25 und A26) sowie Optionsscheine oder geschriebene Verkaufsoptionen, die den Inhaber zur Zeichnung oder zum Kauf einer festen Anzahl nicht kündbarer Stammaktien des emittierenden Unternehmens gegen einen festen Betrag an flüssigen Mitteln oder anderen finanziellen Vermögenswerten berechtigt. Die Verpflichtung eines Unternehmens, gegen einen festen Betrag an flüssigen Mitteln oder anderen finanziellen Vermögenswerten eine feste Anzahl von Eigenkapitalinstrumenten auszugeben oder zu erwerben, ist (abgesehen von den in Paragraph 22A genannten Fällen) als Eigenkapitalinstrument des Unternehmens einzustufen. Wird das Unternehmen in einem solchen Vertrag jedoch zur Abgabe flüssiger Mittel oder anderer finanzieller Vermögenswerte verpflichtet, so entsteht (sofern es sich nicht um einen Vertrag handelt, der gemäß den Paragraphen 16A und 16B oder 16C und 16D als Eigenkapitalinstrument eingestuft ist) gleichzeitig eine Verbindlichkeit in Höhe des Barwertes des Rückkaufbetrags (siehe Paragraph A27(a)). Ein Emittent nicht kündbarer Stammaktien geht eine Verbindlichkeit ein, wenn er förmliche Schritte für eine Gewinnausschüttung einleitet und damit gegenüber den Anteilseignern gesetzlich dazu verpflichtet wird. Dies kann nach einer Dividendenerklärung der Fall sein oder wenn das Unternehmen liquidiert wird und alle nach Begleichung der Schulden verbliebenen Vermögenswerte auf die Aktionäre zu verteilen sind.

A14. Eine erworbene Kaufoption oder ein ähnlicher erworbener Vertrag, der ein Unternehmen gegen Abgabe eines festen Betrags an flüssigen Mitteln oder anderen finanziellen Vermögenswerten zum Rückkauf einer festen Anzahl eigener Eigenkapitalinstrumente berechtigt, stellt (abgesehen von den in Paragraph 22A genannten Fällen) keinen finanziellen Vermögenswert des Unternehmens dar. Stattdessen werden sämtliche für einen solchen Vertrag entrichteten Entgelte vom Eigenkapital abgezogen.

Klasse von Instrumenten, die allen anderen im Rang nachgeht (Paragraph 16A Buchstabe b und Paragraph 16C Buchstabe b)

A14A. Eines der in den Paragraphen 16A und 16C genannten Merkmale ist, dass das Finanzinstrument in die Klasse von Instrumenten fällt, die allen anderen im Rang nachgeht.

A14B. Bei der Entscheidung darüber, ob ein Instrument in die nachrangigste Klasse fällt, bewertet das Unternehmen den Anspruch, der im Falle der Liquidation mit diesem Instrument verbunden ist, zu den zum Zeitpunkt der Einstufung herrschenden Bedingungen. Tritt bei maßgeblichen Umständen eine Veränderung ein, so hat das Unternehmen die Einstufung zu überprüfen. Gibt ein Unternehmen beispielsweise ein anderes Finanzinstrument aus oder nimmt ein solches zurück, so kann dies die Einstufung des betreffenden Instruments in die nachrangigste Instrumentenklasse in Frage stellen.

A14C. Bei Liquidation des Unternehmens mit einem Vorzugsrecht verbunden zu sein, bedeutet nicht, dass das Instrument zu einem proportionalen Anteil am Nettovermögen des Unternehmens berechtigt. Im Falle der Liquidation mit einem Vorzugsrecht verbunden ist beispielsweise ein Instrument, das den Inhaber bei Liquidation nicht nur zu einem Anteil am Nettovermögen des Unternehmens, sondern auch zu einer festen Dividende berechtigt, während die anderen Instrumente in der nachrangigsten Klasse, die zu einem proportionalen Anteil am Nettovermögen berechtigen, bei Liquidation nicht mit dem gleichen Recht verbunden sind.

A14D. Verfügt ein Unternehmen nur über eine Klasse von Finanzinstrumenten, so ist diese so zu behandeln, als ginge sie allen anderen im Rang nach.

Für das Instrument über seine Laufzeit insgesamt erwartete Cashflows (Paragraph 16A Buchstabe e)

A14E. Die für das Instrument über seine Laufzeit insgesamt erwarteten Cashflows müssen im Wesentlichen auf den Gewinnen oder Verlusten während der Laufzeit, auf Veränderungen, die in dieser Zeit bei den bilanzwirksamen Nettovermögenswerten eintreten, oder auf Veränderungen, die während der Laufzeit beim beizulegenden Zeitwert der bilanzwirksamen und -unwirksamen Nettovermögenswerte des Unternehmens zu verzeichnen sind, beruhen. Gewinne oder Verluste sowie Veränderungen bei den bilanzwirksamen Nettovermögenswerten werden gemäß den einschlägigen IFRS bewertet.

Transaktionen eines Instrumenteninhabers, der nicht Eigentümer des Unternehmens ist (Paragraphen 16A und 16C)

A14F. Der Inhaber eines kündbaren Finanzinstruments oder eines Instruments, das das Unternehmen dazu verpflichtet, einer anderen Partei im Falle der Liquidation einen proportionalen Anteil an seinem Nettovermögen zu liefern, kann in einer anderen Eigenschaft als der eines Eigentümers Transaktionen mit dem Unternehmen eingehen. So kann es sich bei dem Inhaber des Instruments auch um einen Beschäftigten des Unternehmens handeln. In diesem Fall sind bei der Beurteilung der Frage, ob das Instrument nach Paragraph 16A oder nach Paragraph 16C als Eigenkapitalinstrument eingestuft werden sollte, nur die Cashflows und die Vertragsbedingungen zu berücksichtigen, die sich auf den Inhaber des Instruments in seiner Eigenschaft als Eigentümer beziehen.

A14G. Der Inhaber eines kündbaren Finanzinstruments oder eines Instruments, das das Unternehmen dazu verpflichtet, einer anderen Partei im Falle der Liquidation einen proportionalen Anteil an seinem Nettovermögen zu liefern, kann in einer anderen Eigenschaft als der eines Eigentümers Transaktionen mit dem Unternehmen eingehen. So kann es sich bei dem Inhaber des Instruments auch um einen Beschäftigten des Unternehmens handeln. In diesem Fall sind bei der Beurteilung der Frage, ob das Instrument nach Paragraph 16A oder nach Paragraph 16C als Eigenkapitalinstrument eingestuft werden sollte, nur die Cashflows und die Vertragsbedingungen zu berücksichtigen, die sich auf den Inhaber des Instruments in seiner Eigenschaft als Eigentümer beziehen.

A14H. Ein weiteres Beispiel ist eine Gewinn oder Verlustbeteiligungsvereinbarung, bei der den Instrumenteninhabern die Gewinne bzw. Verluste nach Maßgabe der im laufenden und vorangegangenen Geschäftsjahr geleisteten Dienste oder getätigten Geschäftsabschlüsse zugeteilt werden. Derartige Vereinbarungen werden mit den Instrumenteninhabern in ihrer Eigenschaft als Nicht Eigentümer geschlossen und sollten bei der Beurteilung der Frage, ob die in den Paragraphen 16A oder 16C genannten Merkmale gegeben sind, außer Acht gelassen werden. Gewinn oder Verlustbeteiligungsvereinbarungen, bei denen den Instrumenteninhabern Gewinne oder Verluste nach Maßgabe des Nennbetrags ihrer Instrumente im Vergleich zu anderen Instrumenten derselben Klasse zugeteilt werden, sind dagegen Transaktionen, bei denen die Instrumenteninhaber in ihrer Eigenschaft als Eigentümer agieren, und sollten deshalb bei der Beurteilung der Frage, ob die in den Paragraphen 16A oder 16C genannten Merkmale gegeben sind, berücksichtigt werden.

A14I. Cashflows und Vertragsbedingungen einer Transaktion zwischen dem Instrumenteninhaber (als Nicht Eigentümer) und dem emittierenden Unternehmen müssen die gleichen sein wie bei einer entsprechenden Transaktion, die zwischen einer dritten Partei und dem emittierenden Unternehmen stattfinden könnte.

Keine anderen Finanzinstrumente oder Verträge über die gesamten Cashflows, die die Restrendite ihrer Inhaber erheblich beschränken oder festlegen (Paragraphen 16B und 16D)

A14J. Ein Finanzinstrument, das ansonsten die in den Paragraphen 16A oder 16C genannten Kriterien erfüllt, wird als Eigenkapital eingestuft, wenn das Unternehmen keine anderen Finanzinstrumente oder Verträge hält, bei denen a) die gesamten Cashflows im Wesentlichen auf Gewinnen oder Verlusten, auf Veränderungen bei den bilanzwirksamen Nettovermögenswerten oder auf Veränderungen beim beizulegenden Zeitwert der bilanzwirksamen und -unwirksamen Nettovermögenswerte des Unternehmens beruhen, und die b) die Restrendite erheblich beschränken oder festlegen. Folgende Instrumente dürften, wenn sie unter handelsüblichen Konditionen mit unverbundenen Parteien geschlossen werden, einer Einstufung von Instrumenten, die ansonsten die in den Paragraphen 16A oder 16C genannten Kriterien erfüllen, als Eigenkapital nicht im Wege stehen:

(a) Instrumente, deren gesamte Cashflows sich im Wesentlichen auf bestimmte Vermögenswerte des Unternehmens stützen,

(b) Instrumente, deren gesamte Cashflows sich auf einen Prozentsatz der Erlöse stützen,

(c) Verträge, mit denen einzelne Mitarbeiter eine Vergütung für ihre dem Unternehmen geleisteten Dienste erhalten sollen,

(d) Verträge, die als Gegenleistung für erbrachte Dienste oder gelieferte Waren zur Zahlung eines unerheblichen Prozentsatzes des Gewinns verpflichten.

Derivative Finanzinstrumente

A15. Finanzinstrumente umfassen originäre Instrumente (wie Forderungen, Zahlungsverpflichtungen oder Eigenkapitalinstrumente) und derivative Finanzinstrumente (wie Optionen, standardisierte und andere Termingeschäfte, Zinsswaps oder Währungsswaps). Derivative Finanzinstrumente erfüllen die Definition eines Finanzinstruments und fallen daher in den Anwendungsbereich dieses Standards.

A16. Derivative Finanzinstrumente begründen Rechte und Verpflichtungen, so dass Finanzrisiken, die in den zugrunde liegenden originären Finanzinstrumenten enthalten sind, als separate Rechte und Verpflichtungen zwischen den Vertragsparteien übertragen werden können. Zu Beginn räumen derivative Finanzinstrumente einer Vertragspartei ein vertragliches Recht auf Austausch von finanziellen Vermögenswerten oder finanziellen Verbindlichkeiten mit der anderen Vertragspartei unter potenziell vorteilhaften Bedingungen ein bzw. verpflichten vertraglich zum Austausch von finanziellen Vermögenswerten oder finanziellen Verbindlichkeiten mit der anderen Vertragspartei unter potenziell nachteiligen Bedingungen. Im Allgemeinen[1] führen sie bei Vertragsabschluss jedoch nicht zu einer Übertragung des zugrunde liegenden originären Finanzinstruments, und auch die Erfüllung solcher Verträge ist nicht unbedingt mit einer Übertragung des originären Finanzinstruments verknüpft. Einige Finanzinstrumente schließen sowohl ein Recht auf Austausch als auch eine Verpflichtung zum Austausch ein. Da die Bedingungen des Austauschs zu Beginn der Laufzeit des derivativen Finanzinstrumentes festgelegt werden und die Kurse auf den Finanzmärkten ständigen Veränderungen unterworfen sind, können die Bedingungen im Laufe der Zeit entweder vorteilhaft oder nachteilig werden.

---

[1] Dies trifft auf die meisten, jedoch nicht alle Derivate zu. Beispielsweise wird bei einigen kombinierten Zins-Währungsswaps der Nennbetrag bei Vertragsabschluss getauscht (und bei Vertragserfüllung zurückgetauscht).

A17. Eine Verkaufs- oder Kaufoption auf den Austausch finanzieller Vermögenswerte oder Verbindlichkeiten (also anderer Finanzinstrumente als den Eigenkapitalinstrumenten des Unternehmens) räumt dem Inhaber ein Recht auf einen potenziellen künftigen wirtschaftlichen Nutzen aufgrund der Veränderungen im beizulegenden Zeitwert der Basis, die dem Kontrakt zu Grunde liegt. Umgekehrt geht der Stillhalter einer Option eine Verpflichtung ein, auf einen potenziellen künftigen wirtschaftlichen Nutzen zu verzichten bzw. potenzielle Verluste aufgrund der Veränderungen im beizulegenden Zeitwert des betreffenden Finanzinstruments zu tragen. Das vertragliche Recht des Inhabers und die Verpflichtung des Stillhalters erfüllen die definitorischen Merkmale eines finanziellen Vermögenswertes bzw. einer finanziellen Verbindlichkeit. Das einem Optionsvertrag zugrunde liegende Finanzinstrument kann ein beliebiger finanzieller Vermögenswert einschließlich Aktien anderer Unternehmen und verzinslicher Instrumente sein. Eine Option kann den Stillhalter verpflichten, ein Schuldinstrument zu emittieren, anstatt einen finanziellen Vermögenswert zu übertragen, doch würde das dem Optionsvertrag zugrunde liegende Finanzinstrument bei Nutzung des Optionsrechts einen finanziellen Vermögenswert des Inhabers darstellen. Das Recht des Optionsinhabers auf Austausch der Vermögenswerte unter potenziell vorteilhaften Bedingungen und die Verpflichtung des Stillhalters zur Abgabe von Vermögenswerten unter potenziell nachteiligen Bedingungen sind von den betreffenden, bei Ausübung der Option auszutauschenden finanziellen Vermögenswerten zu unterscheiden. Die Art des Inhaberrechts und der Verpflichtung des Stillhalters bleiben von der Wahrscheinlichkeit der Ausübung des Optionsrechts unberührt.

A18. Ein weiteres Beispiel für ein derivatives Finanzinstrument ist ein Termingeschäft, das in einem Zeitraum von sechs Monaten zu erfüllen ist und in dem ein Käufer sich verpflichtet, im Austausch festverzinsliche Regierungsanleihen mit einem Nennbetrag von WE 1 000 000 flüssige Mittel im Wert von WE 1 000 000 zu liefern, und der Verkäufer sich verpflichtet, im Austausch gegen flüssige Mittel im Wert von WE 1 000 000 festverzinsliche Regierungsanleihen mit einem Nennbetrag von WE 1 000 000 zu liefern. Während des Zeitraums von sechs Monaten haben beide Vertragsparteien ein vertragliches Recht und eine vertragliche Verpflichtung zum Austausch von Finanzinstrumenten. Wenn der Marktpreis der Regierungsanleihen über WE 1 000 000 steigt, sind die Bedingungen für den Käufer vorteilhaft und für den Verkäufer nachteilig; wenn der Marktpreis unter WE 1 000 000 fällt, ist das Gegenteil der Fall. Der Käufer hat ein vertragliches Recht (einen finanziellen Vermögenswert) ähnlich dem Recht aufgrund einer gehaltenen Kaufoption und eine vertragliche Verpflichtung (eine finanzielle Verbindlichkeit) ähnlich einer Verpflichtung aufgrund einer geschriebenen Verkaufsoption; der Verkäufer hat hingegen ein vertragliches Recht (einen finanziellen Vermögenswert) ähnlich dem Recht aufgrund einer gehaltenen Verkaufsoption und eine vertragliche Verpflichtung (eine finanzielle Verbindlichkeit) ähnlich einer Verpflichtung aufgrund einer geschriebenen Kaufoption. Wie bei Optionen stellen diese vertraglichen Rechte und Verpflichtungen finanzielle Vermögenswerte und finanzielle Verbindlichkeiten dar, die von den den Geschäften zugrunde liegenden Finanzinstrumenten (den auszutauschenden Regierungsanleihen und flüssigen Mitteln) zu trennen und zu unterscheiden sind. Beide Vertragsparteien eines Termingeschäfts gehen eine zu einem vereinbarten Zeitpunkt zu erfüllende Verpflichtung ein, während die Erfüllung bei einem Optionsvertrag nur dann erfolgt, wenn der Inhaber der Option dies wünscht.

A19. Viele andere Arten von derivativen Finanzinstrumenten enthalten ein Recht auf bzw. eine Verpflichtung zu einem künftigen Austausch, einschließlich Zins- und Währungsswaps, Collars und Floors, Darlehenszusagen, NIFs (Note Issuance Facilities) und Akkreditive. Ein Zinsswap kann als Variante eines standardisierten Terminkontrakts betrachtet werden, bei dem die Vertragsparteien übereinkommen, künftig Geldbeträge auszutauschen, wobei der eine Betrag aufgrund eines variablen Zinssatzes und der andere aufgrund eines festen Zinssatzes berechnet wird. Futures-Kontrakte stellen eine weitere Variante von Terminkontrakten dar, die sich hauptsächlich dadurch unterscheiden, dass die Verträge standardisiert sind und an Börsen gehandelt werden.

Verträge über den Kauf oder Verkauf eines nicht finanziellen Postens (Paragraphen 8–10)

A20. Verträge über den Kauf oder Verkauf eines nicht finanziellen Postens erfüllen nicht die Definition eines Finanzinstruments, weil das vertragliche Recht einer Vertragspartei auf den Empfang nicht finanzieller Vermögenswerte oder Dienstleistungen und die korrespondierende Verpflichtung der anderen Vertragspartei keinen bestehenden Rechtsanspruch oder eine Verpflichtung auf Empfang, Lieferung oder Übertragung eines finanziellen Vermögenswertes begründen. Beispielsweise gelten Verträge, die eine Erfüllung ausschließlich durch Erhalt oder Lieferung eines nicht finanziellen Vermögenswertes (beispielsweise eine Option, ein standardisierter oder anderer Terminkontrakt über Silber) vorsehen, nicht als Finanzinstrumente. Dies trifft auf viele Warenverträge zu. Einige Warenverträge sind der Form nach standardisiert und werden in organisierten Märkten auf ähnliche Weise wie einige derivative Finanzinstrumente gehandelt. Ein standardisiertes Warentermingeschäft kann beispielsweise sofort gegen Bargeld gekauft und verkauft werden, weil es an einer Börse zum Handel zugelassen ist und häufig den Besitzer wechseln kann. Die Vertragsparteien, die den Vertrag kaufen bzw. verkaufen, handeln allerdings im Grunde genommen mit der dem Vertrag zugrunde liegenden Ware. Die Fähigkeit, einen Warenvertrag gegen flüssige Mittel zu kaufen bzw. zu verkaufen, die Leichtigkeit, mit der der Warenvertrag gekauft bzw. verkauft werden kann, und die Möglichkeit, einen Barausgleich mit der Verpflichtung zu vereinbaren, die Ware zu erhalten bzw. zu liefern, ändern nichts an der grundlegenden Eigenschaft des Vertrags, so dass ein Finanzinstrument gebildet würde. Dennoch fallen einige Verträge über den Kauf oder Verkauf nicht finanzieller Posten, die durch einen Ausgleich in bar oder anderen Finanzinstrumenten erfüllt werden können oder bei denen der nicht finanzielle Posten jederzeit in flüssige Mittel umgewandelt werden kann, in den Anwendungsbereich dieses Standards, so als handle es sich um Finanzinstrumente (siehe Paragraph 8).

A21. Ein Vertrag, der den Erhalt bzw. die Lieferung materieller Vermögenswerte enthält, begründet weder einen finanziellen Vermögenswert bei der einen Vertragspartei noch eine finanzielle Verbindlichkeit bei der anderen, es sei denn, dass eine entsprechende Zahlung oder Teilzahlung auf einen Zeitpunkt nach Übertragung der materiellen Vermögenswerte verschoben wird. Dies ist beim Kauf oder Verkauf von Gütern mittels Handelskredit der Fall.

A22. Einige Verträge beziehen sich zwar auf Waren, enthalten aber keine Erfüllung durch physische Entgegennahme bzw. Lieferung von Waren. Bei diesen Verträgen erfolgt die Erfüllung durch Barzahlungen, deren Höhe anhand einer im Vertrag vereinbarten Formel bestimmt wird, und nicht durch Zahlung von Festbeträgen. Der Kapitalwert einer Anleihe kann beispielsweise durch Zugrundelegung des Marktpreises für Öl berechnet werden, der bei Fälligkeit der Anleihe für eine feste Ölmenge besteht. Der Kapitalwert wird im Hinblick auf den Warenpreis indiziert, aber ausschließlich mit flüssigen Mitteln erbracht. Solche Verträge stellen Finanzinstrumente dar.

A23. Die Definition von Finanzinstrument umfasst auch Verträge, die zusätzlich zu finanziellen Vermögenswerten bzw. Verbindlichkeiten zu nicht finanziellen Vermögenswerten bzw. nicht finanziellen Verbindlichkeiten führen. Solche Finanzinstrumente räumen einer Vertragspartei häufig eine Option auf Austausch eines finanziellen Vermögenswertes gegen einen nicht finanziellen Vermögenswert ein. Eine an Öl gebundene Anleihe beispielsweise kann dem Inhaber das Recht auf Erhalt von regelmäßigen Zinszahlungen in festen zeitlichen Abständen und auf Erhalt eines festen Betrags an flüssigen Mitteln bei Fälligkeit mit der Option einräumen, den Kapitalbetrag gegen eine feste Menge an Öl einzutauschen. Ob die Ausübung einer solchen Option vorteilhaft ist, hängt davon ab, wie stark sich der beizulegende Zeitwert des Öls in Bezug auf das in der Anleihe festgesetzte Tauschverhältnis von Zahlungsmitteln gegen Öl (den Tauschpreis) verändert. Die Absichten des Anleihegläubigers, eine Option auszuüben, beeinflussen nicht die wirtschaftliche Substanz derjenigen Teile, die Vermögenswerte darstellen. Der finanzielle Vermögenswert des Inhabers und die finanzielle Verbindlichkeit des Emittenten machen die Anleihe zu einem Finanzinstrument, unabhängig von anderen Arten von Vermögenswerten und Schulden, die ebenfalls geschaffen werden.

A24. [gestrichen]

DARSTELLUNG

Schulden und Eigenkapital (Paragraphen 15–27)

Keine vertragliche Verpflichtung zur Abgabe flüssiger Mittel oder anderer finanzieller Vermögenswerte (Paragraphen 17-20)

A25. Vorzugsaktien können bei der Emission mit verschiedenen Rechten ausgestattet werden. Bei der Einstufung einer Vorzugsaktie als finanzielle Verbindlichkeit oder als Eigenkapitalinstrument bewertet ein Emittent die einzelnen Rechte, die mit der Aktie verbunden sind, um zu bestimmen, ob sie die wesentlichen Merkmale einer finanziellen Verbindlichkeit aufweist. So ist eine Vorzugsaktie, die einen Rückkauf zu einem bestimmten Zeitpunkt oder auf Wunsch des Inhabers vorsieht, eine finanzielle Verbindlichkeit, da der Emittent zur Abgabe finanzieller Vermögenswerte an den Aktieninhaber verpflichtet ist. Auch wenn ein Emittent der vertraglich vereinbarten Rückkaufverpflichtung von Vorzugsaktien aus Mangel an Finanzmitteln, aufgrund einer gesetzlich vorgeschriebenen Verfügungsbeschränkung oder ungenügender Gewinne oder Rückstellungen u. U. nicht nachkommen kann, wird die Verpflichtung dadurch nicht hinfällig. Eine Option des Emittenten auf Rückkauf der Aktien gegen flüssige Mittel erfüllt nicht die Definition einer finanziellen Verbindlichkeit, da der Emittent in diesem Fall nicht zur Übertragung finanzieller Vermögenswerte auf die Eigentümer verpflichtet ist, sondern der Rückkauf der Aktien ausschließlich in seinem Ermessen liegt. Eine Verpflichtung kann allerdings entstehen, wenn der Emittent seine Option ausübt. Normalerweise geschieht dies, indem er die Eigentümer formell von der Rückkaufabsicht unterrichtet.

A26. Wenn Vorzugsaktien nicht rückkauffähig sind, hängt ihre Einstufung von den anderen mit ihnen verbundenen Rechten ab. Die Einstufung erfolgt nach Maßgabe der wirtschaftlichen Substanz der vertraglichen Vereinbarungen und der Begriffsbestimmungen für finanzielle Verbindlichkeiten und Eigenkapitalinstrumente. Wenn Gewinnausschüttungen an Inhaber kumulativer oder nicht-kumulativer Vorzugsaktien im Ermessensspielraum des Emittenten liegen, gelten die Aktien als Eigenkapitalinstrumente. Nicht beeinflusst wird die Einstufung einer Vorzugsaktie als Eigenkapitalinstrument oder als finanzielle Verbindlichkeit beispielsweise durch:

(a) Ausschüttungen in der Vergangenheit;

(b) die Absicht, künftig Ausschüttungen vorzunehmen;

(c) eine mögliche nachteilige Auswirkung auf den Kurs der Stammaktien des Emittenten, falls keine Ausschüttungen vorgenommen werden (aufgrund von Beschränkungen hinsichtlich der Zahlung von Dividenden auf Stammaktien, wenn keine Dividenden auf Vorzugsaktien gezahlt werden);

(d) die Höhe der Rücklagen des Emittenten;

(e) eine Gewinn- oder Verlusterwartung des Emittenten für eine Berichtsperiode; oder

(f) die Fähigkeit oder Unfähigkeit des Emittenten, die Höhe seines Periodenergebnisses zu beeinflussen.

Erfüllung in Eigenkapitalinstrumenten des Unternehmens (Paragraphen 21-24)

A27. Die folgenden Beispiele veranschaulichen, wie die verschiedenen Arten von Verträgen über die Eigenkapitalinstrumente eines Unternehmens einzustufen sind:

(a) Ein Vertrag, zu dessen Erfüllung das Unternehmen ohne künftige Gegenleistung eine feste Anzahl von Eigenkapitalinstrumenten erhält oder liefert oder eine feste Anzahl eigener Anteile gegen einen festen Betrag an flüssigen Mitteln oder anderen finanziellen Vermögenswerten tauscht, ist (abgesehen von den in Paragraph 22A genannten Fällen) als Eigenkapitalinstrument einzustufen. Dementsprechend werden im Rahmen eines solchen Vertrags erhaltene oder entrichtete Entgelte direkt dem Eigenkapital zugeschrieben bzw. davon abgezogen. Ein Beispiel hierfür ist eine ausgegebene Aktienoption, die die andere Vertragspartei gegen Zahlung eines festen Betrags an flüssigen Mitteln zum Kauf einer festen Anzahl von Anteilen des Unternehmens berechtigt. Ist das Unternehmen jedoch vertraglich verpflichtet, seine eigenen Anteile zu einem fest verabredeten oder zu bestimmenden Zeitpunkt oder auf Verlangen gegen flüssige Mittel oder andere finanzielle Vermögenswerte zu kaufen (zurückzukaufen), hat es (abgesehen von Instrumenten, die alle in den Paragraphen 16A und 16B oder 16C und 16D beschriebenen Merkmale aufweisen und dort genannten Bedingungen erfüllen) gleichzeitig eine finanzielle Verbindlichkeit in Höhe des Barwertes des Rückkaufbetrags anzusetzen. Ein Beispiel hierfür ist die Verpflichtung eines Unternehmens bei einem Termingeschäft, eine feste Anzahl eigener Anteile gegen einen festen Betrag an flüssigen Mitteln zurückzukaufen;

(b) die Verpflichtung eines Unternehmens zum Kauf eigener Anteile gegen flüssige Mittel begründet (mit Ausnahme der in den Paragraphen 16A und 16B oder 16C und 16D genannten Fälle) auch dann eine finanzielle Verbindlichkeit in Höhe des Barwertes des Rückkaufbetrags, wenn die Anzahl der Anteile, zu deren Rückkauf das Unternehmen verpflichtet ist, nicht festgelegt ist oder die Verpflichtung nur bei Ausübung des Rückkaufrechts durch die Vertragspartei zu erfüllen ist. Ein Beispiel für eine solche vorbehaltliche Verpflichtung wäre eine ausgegebene Option, die das Unternehmen zum Rückkauf eigener Anteile verpflichtet, wenn die Vertragspartei die Option ausübt;

(c) ein in bar oder durch andere finanzielle Vermögenswerte abgegoltener Vertrag stellt (mit Ausnahme der in den Paragraphen 16A und 16B oder 16C und 16D genannten Fälle) auch dann einen finanziellen Vermögenswert bzw. eine finanzielle Verbindlichkeit dar, wenn der zu erhaltende bzw. abzugebende Betrag an flüssigen Mitteln oder anderen finanziellen Vermögenswerten auf Änderungen des Marktpreises der Eigenkapitalinstrumente des Unternehmens beruht. Ein Beispiel hierfür ist eine Aktienoption mit Nettobarausgleich;

(d) Ein Vertrag, der durch eine variable Anzahl eigener Anteile des Unternehmens erfüllt wird, wobei ein fester Betrag oder einem von Änderungen einer zugrunde liegenden Variablen (beispielsweise eines Warenpreises) abhängigen Betrag entspricht, stellt einen finanziellen Vermögenswert bzw. eine finanzielle Verbindlichkeit dar. Ein Beispiel hierfür ist eine geschriebene Option auf den Kauf von Gold, die bei Ausübung netto in den Eigenkapitalinstrumenten des Unternehmens erfüllt wird, wobei sich die Anzahl der abzugebenden Instrumente am Wert des Optionskontrakts bemisst. Ein derartiger Vertrag stellt auch dann einen finanziellen Vermögenswert bzw. eine finanzielle Verbindlichkeit dar, wenn die zugrunde liegende Variable der Kurs der eigenen Anteile des Unternehmens und nicht das Gold ist. Auch ein Vertrag, der einen Ausgleich durch eine bestimmte Anzahl eigener Anteile des Unternehmens vorsieht, die jedoch mit unterschiedlichen Rechten ausgestattet werden, so dass der Erfüllungsbetrag einem festen Betrag oder einem auf Änderungen einer zugrunde liegenden Variablen basierenden Betrag entspricht, ist als finanzieller Vermögenswert bzw. als finanzielle Verbindlichkeit einzustufen.

Bedingte Erfüllungsvereinbarungen
(Paragraph 25)

A28. Ist ein Teil einer bedingten Erfüllungsvereinbarung, der einen Ausgleich in bar oder anderen finanziellen Vermögenswerten (oder eine andere als finanzielle Verbindlichkeit einzustufende Art der Erfüllung) erforderlich machen könnte, nicht echt, so hat die Erfüllungsvereinbarung gemäß Paragraph 25 keinen Einfluss auf die Einstufung eines Finanzinstruments. Somit ist ein Vertrag, der nur dann in bar oder durch eine variable Anzahl eigener Anteile zu erfüllen ist, wenn in extrem seltenes, äußerst ungewöhnliches und sehr unwahrscheinliches Ereignis eintritt, als Eigenkapitalinstrument einzustufen. Auch die Erfüllung durch eine feste Anzahl eigener Anteile des Unternehmens kann unter bestimmten Umständen, die sich der Kontrolle des Unternehmens entziehen, vertraglich ausgeschlossen sein; ist das Eintreten dieser Umstände jedoch höchst unwahrscheinlich, ist eine Einstufung als Eigenkapitalinstrument angemessen.

Behandlung im Konzernabschluss

A29. Im Konzernabschluss weist ein Unternehmen die nicht beherrschende Anteile – also die Anteile Dritter am Eigenkapital und Periodenergebnis seiner Tochterunternehmen – gemäß IAS 1 und IAS 27 aus. Bei der Einstufung eines Finanzinstruments (oder eines seiner Bestandteile) im Konzernabschluss bestimmt ein Unternehmen anhand aller zwischen den Konzernmitgliedern und den Inhabern des Instruments vereinbarten Vertragsbedingungen, ob das Instrument den Konzern als Ganzes zur Lieferung flüssiger Mittel oder anderer finanzieller Vermögenswerte oder zu einer anderen Art der Erfüllung verpflichtet, die eine Einstufung als Verbindlichkeit nach sich zieht. Wenn ein Tochterunternehmen in einem Konzern ein Finanzinstrument emittiert und ein Mutterunternehmen oder ein anderes Konzernunternehmen mit den Inhabern des Instruments direkt zusätzliche Vertragsbedingungen (beispielsweise eine Garantie) vereinbart, liegen die Ausschüttungen oder der Rückkauf möglicherweise nicht mehr im Ermessen des Konzerns. Auch wenn es im Einzelabschluss des Tochterunternehmens angemessen sein kann, diese zusätzlichen Bedingungen bei der Einstufung des Instruments auszuklammern, sind die Auswirkungen anderer Vereinbarungen zwischen den Konzernmitgliedern und den Inhabern des Instruments zu berücksichtigen, um zu gewährleisten, dass der Konzernabschluss die vom Konzern als Ganzen eingegangenen Verträge und Transaktionen widerspiegelt. Soweit eine derartige Verpflichtung oder Erfüllungsvereinbarung besteht, ist das Instrument (oder dessen Bestandteil, auf den sich die Verpflichtung bezieht) im Konzernabschluss als finanzielle Verbindlichkeit einzustufen.

A29A. Nach den Paragraphen 16A und 16B oder 16C und 16D werden bestimmte Arten von Instrumenten, die für das Unternehmen mit einer vertraglichen Verpflichtung verbunden sind, als

Eigenkapitalinstrumente eingestuft. Dies stellt eine Ausnahme von den allgemeinen Einstufungsgrundsätzen dieses Standards dar. Nicht anzuwenden ist diese Ausnahme bei der Einstufung nicht beherrschender Anteile im Konzernabschluss. Aus diesem Grund werden Instrumente, die nach den Paragraphen 16A und 16B oder den Paragraphen 16C und 16D im Einzelabschluss als Eigenkapital eingestuft sind und bei denen es sich um nicht beherrschende Anteile handelt, im Konzernabschluss als Verbindlichkeiten eingestuft.

Zusammengesetzte Finanzinstrumente (Paragraphen 28–32)

A30. Paragraph 28 gilt nur für die Emittenten nicht derivativer zusammengesetzter Finanzinstrumente. Zusammengesetzte Finanzinstrumente werden dort nicht aus Sicht der Inhaber behandelt. Die Trennung eingebetteter Derivate aus Sicht der Inhaber von zusammengesetzten Finanzinstrumenten, die sowohl Fremd- als auch Eigenkapitalmerkmale aufweisen, ist in IAS 39 geregelt.

A31. Ein typisches Beispiel für ein zusammengesetztes Finanzinstrument ist ein Schuldinstrument, das eine Tauschoption (wie in Stammaktien des Emittenten wandelbare Anleihen) enthält und keine anderen Merkmale eines eingebetteten Derivats aufweist. Paragraph 28 verlangt vom Emittenten eines solchen Finanzinstruments, die Schuld- und die Eigenkapitalkomponente in der Bilanz wie folgt getrennt auszuweisen:

(a) Die Verpflichtung des Emittenten zu regelmäßigen Zins- und Kapitalzahlungen stellt eine finanzielle Verbindlichkeit dar, die solange besteht, wie das Instrument nicht gewandelt wird. Beim erstmaligen Ansatz entspricht der beizulegende Zeitwert der Schuldkomponente dem Barwert der vertraglich festgelegten künftigen Cashflows, die zum marktgängigen Zinssatz abgezinst werden, der zu diesem Zeitpunkt für Finanzinstrumente gültig ist, die einen vergleichbaren Kreditstatus haben und die bei gleichen Bedingungen zu im Wesentlichen den gleichen Cashflows führen, bei denen aber keine Tauschoption vorliegt.

(b) Das Eigenkapitalinstrument besteht in der darin enthaltenen Option auf Wandlung der Verbindlichkeit in Eigenkapital des Emittenten. Der beizulegende Zeitwert der Option umfasst ihren Zeitwert und gegebenenfalls ihren inneren Wert. Diese Option hat beim erstmaligen Ansatz auch dann einen Wert, wenn sie aus dem Geld ist.

A32. Bei Wandlung eines wandelbaren Instruments zum Fälligkeitstermin wird die Schuldkomponente ausgebucht und im Eigenkapital erfasst. Die ursprüngliche Eigenkapitalkomponente wird weiterhin als Eigenkapital geführt (kann jedoch von einem Eigenkapitalposten in einen anderen umgebucht werden). Bei der Umwandlung zum Fälligkeitstermin entsteht kein Gewinn oder Verlust.

A33. Wird ein wandelbares Instrument durch frühzeitige Rücknahme oder frühzeitigen Rückkauf, bei dem die ursprünglichen Wandlungsrechte unverändert bestehen bleiben, vor seiner Fälligkeit getilgt, werden das entrichtete Entgelt und alle Transaktionskosten für den Rückkauf oder die Rücknahme zum Zeitpunkt der Transaktion den Schuld- und Eigenkapitalkomponenten des Instruments zugeordnet. Die Aufteilung der entrichteten Entgelte und Transaktionskosten auf die beiden Komponenten muss nach der gleichen Methode erfolgen wie die ursprüngliche Aufteilung der vom Unternehmen bei der Emission des wandelbaren Instruments vereinnahmten Erlöse gemäß den Paragraphen 28-32.

A34. Nach der Aufteilung des Entgelts sind alle daraus resultierenden Gewinne oder Verluste nach den für die jeweilige Komponente maßgeblichen Rechnungslegungsgrundsätzen zu behandeln:

(a) der Gewinn oder Verlust, der sich auf die Schuldkomponente bezieht, wird im Gewinn oder Verlust erfasst; und

(b) der Betrag des Entgelts, der sich auf die Eigenkapitalkomponente bezieht, wird im Eigenkapital erfasst.

A35. Ein Unternehmen kann die Bedingungen eines wandelbaren Instruments ändern, um eine frühzeitige Wandlung herbeizuführen, beispielsweise durch das Angebot eines günstigeren Umtauschverhältnisses oder die Zahlung eines zusätzlichen Entgelts bei Wandlung vor einem festgesetzten Termin. Die Differenz, die zum Zeitpunkt der Änderung der Bedingungen zwischen dem beizulegenden Zeitwert des Entgelts, das der Inhaber bei Wandlung des Instruments gemäß den geänderten Bedingungen erhält, und dem beizulegenden Zeitwert des Entgelts, das der Inhaber gemäß den ursprünglichen Bedingungen erhalten hätte, besteht, werden im Gewinn oder Verlust als Aufwand erfasst.

Eigene Anteile (Paragraphen 33 und 34)

A36. Die eigenen Eigenkapitalinstrumente eines Unternehmens werden unabhängig vom Grund ihres Rückkaufs nicht als finanzieller Vermögenswert angesetzt. Paragraph 33 schreibt vor, dass zurückerworbene Eigenkapitalinstrumente vom Eigenkapital abzuziehen sind. Hält ein Unternehmen dagegen eigene Eigenkapitalinstrumente im Namen Dritter, wie dies etwa bei einem Finanzinstitut der Fall ist, die Eigenkapitalinstrumente im Namen eines Kunden hält, liegt ein Vermittlungsgeschäft vor, so dass diese Bestände nicht in die Bilanz des Unternehmens einfließen.

Zinsen, Dividenden, Verluste und Gewinne (Paragraphen 35–41)

A37. Das folgende Beispiel veranschaulicht die Anwendung des Paragraphen 35 auf ein zusammengesetztes Finanzinstrument. Es wird von der Annahme ausgegangen, dass eine nicht kumulative Vorzugsaktie in fünf Jahren gegen flüssige Mittel rückgabepflichtig ist, die Zahlung von Dividenden vor dem Rückkauftermin jedoch im Ermessen des Unternehmens liegt. Ein solches Instrument ist ein zusammengesetztes Finanzinstrument, dessen Schuldkomponente dem Barwert des Rückkaufbetrags entspricht. Die Abwicklung der Diskontierung dieser Komponente wird im Gewinn oder Verlust erfasst und als Zinsaufwendungen eingestuft. Alle gezahlten Dividenden beziehen sich auf die Eigenkapitalkomponente und werden dementsprechend als Ergebnisausschüttung erfasst. Eine ähnliche Bilanzierungsweise fände auch dann Anwendung, wenn der Rückkauf nicht obligatorisch, sondern auf Wunsch des Inhabers erfolgte oder die Verpflichtung bestünde, den Anteil in eine variable Anzahl von Stammaktien umzuwandeln, deren Höhe einem festen Betrag oder einem von Änderungen einer zugrunde liegenden Variablen (beispielsweise einer Ware) abhängigen Betrag entspricht. Werden dem Rückkaufbetrag jedoch noch nicht gezahlte Dividenden hinzugefügt, stellt das gesamte Instrument eine Verbindlichkeit dar. In diesem Fall sind alle Dividenden als Zinsaufwendungen einzustufen.

Saldierung von finanziellen Vermögenswerten und finanziellen Verbindlichkeiten (Paragraphen 42–50)

A38. Zur Saldierung von finanziellen Vermögenswerten und finanziellen Verbindlichkeiten muss ein Unternehmen zum gegenwärtigen Zeitpunkt einen Rechtsanspruch haben, die erfassten Beträge miteinander zu verrechnen. Ein Unternehmen kann über ein bedingtes Recht auf Verrechnung erfasster Beträge verfügen, wie dies beispielsweise bei Globalverrechnungsabkommen oder einigen Arten von Schulden ohne Rückgriffsanspruch der Fall ist, doch sind solche Rechte nur bei Eintritt eines künftigen Ereignisses, in der Regel eines Verzugs der Vertragspartei, durchsetzbar. Eine derartige Vereinbarung erfüllt daher nicht die Voraussetzungen für eine Saldierung.

A39. Der Standard sieht keine spezielle Behandlung für so genannte „synthetische Finanzinstrumente" vor, worunter Gruppen einzelner Finanzinstrumente zu verstehen sind, die erworben und gehalten werden, um die Eigenschaften eines anderen Finanzinstruments nachzuahmen. Eine variabel verzinsliche langfristige Anleihe, die mit einem Zinsswap kombiniert wird, der den Erhalt variabler Zahlungen und die Leistung fester Zahlungen enthält, synthetisiert beispielsweise eine festverzinsliche langfristige Anleihe. Jedes der einzelnen Finanzinstrumente eines „synthetischen Finanzinstruments" stellt ein vertragliches Recht bzw. eine vertragliche Verpflichtung mit eigenen Laufzeiten und Vertragsbedingungen dar, so dass jedes Instrument für sich übertragen oder verrechnet werden kann. Jedes Finanzinstrument ist Risiken ausgesetzt, die von denen anderer Finanzinstrumente abweichen können. Wenn das eine Finanzinstrument eines „synthetischen Finanzinstruments" ein Vermögenswert und das andere eine Schuld ist, werden diese dementsprechend nur dann auf Nettobasis in der Unternehmensbilanz saldiert und ausgewiesen, wenn sie die Saldierungskriterien in Paragraph 42 erfüllen.

ANGABEN

Finanzielle Vermögenswerte und finanzielle Verbindlichkeiten, die erfolgswirksam zum beizulegenden Zeitwert bewertet werden (Paragraph 94(f))

A40. [gestrichen]

INTERNATIONAL ACCOUNTING STANDARD 33
Ergebnis je Aktie

IAS 33, VO (EG) Nr. 1126/2008 i.d.F.

1 VO (EG) Nr. 1274/2008 [IAS 1] **2** VO (EG) Nr. 494/2009 [IAS 27]
3 VO (EG) Nr. 495/2009 [IFRS 3]

GLIEDERUNG	§§
ZIELSETZUNG	1
ANWENDUNGSBEREICH	2–4A
DEFINITIONEN	5–8
BEWERTUNG	9–63
Unverwässertes Ergebnis je Aktie	9–29
Ergebnis	12–18
Aktien	19–29
Verwässertes Ergebnis je Aktie	30–63
Ergebnis	33–35
Aktien	36–40
Potenzielle Stammaktien mit Verwässerungseffekt	41–63
Optionen, Optionsscheine und ihre Äquivalente	45–48
Wandelbare Instrumente	49–51
Bedingte missionsfähige Aktien	52–57
Verträge, die in Stammaktien oder liquiden Mitteln erfüllt werden können	58–61
Gekaufte Optionen	62
Geschriebene Verkaufsoptionen	63
RÜCKWIRKENDE ANPASSUNGEN	64–65
DARSTELLUNG	66–69
ANGABEN	70–73A
ZEITPUNKT DES INKRAFTTRETENS	74–74A
RÜCKNAHME ANDERER VERLAUTBARUNGEN	75–76
ANHANG A	
DAS DEM MUTTERUNTERNEHMEN ZUZURECHNENDE ERGEBNIS	A1
BEZUGSRECHTSAUSGABE	A2
KONTROLLGRÖßE	A3
DURCHSCHNITTLICHER MARKTPREIS DER STAMMAKTIEN	A4–A5
OPTIONEN, OPTIONSSCHEINE UND IHRE ÄQUIVALENTE	A6–A9
GESCHRIEBENE VERKAUFSOPTIONEN	A10
INSTRUMENTE VON TOCHTERUNTERNEHMEN, GEMEINSCHAFTS-UNTERNEHMEN ODER ASSOZIIERTEN UNTERNEHMEN	A11–A12
PARTIZIPIERENDE EIGENKAPITALINSTRUMENTE UND AUS ZWEI GATTUNGEN BESTEHENDE STAMMAKTIEN	A13–A14
TEILWEISE BEZAHLTE AKTIEN	A15–A16

ZIELSETZUNG

1. Ziel dieses Standards ist die Festlegung von Leitlinien für die Ermittlung und Darstellung des Ergebnisses je Aktie, um die Ertragskraft unterschiedlicher Unternehmen in einer Berichtsperiode und ein- und desselben Unternehmens in unterschiedlichen Berichtsperioden besser miteinander vergleichen zu können. Auch wenn die Aussagefähigkeit der Daten zum Ergebnis je Aktie aufgrund unterschiedlicher Rechnungslegungsmethoden bei der Ermittlung des „Ergebnisses" eingeschränkt ist, verbessert ein auf einheitliche Weise festgelegter Nenner die Finanzberichterstattung. Das Hauptaugenmerk dieses Standards liegt auf der Bestimmung des Nenners bei der Berechnung des Ergebnisses je Aktie.

ANWENDUNGSBEREICH

2. Dieser Standard ist anwendbar auf:

(a) den Einzelabschluss eines Unternehmens:
  (i) dessen Stammaktien oder potenzielle Stammaktien öffentlich (d. h. an einer in- oder ausländischen Börse oder außerbörslich, einschließlich an lokalen und regionalen Märkten) gehandelt werden; oder
  (ii) das seinen Abschluss zwecks Emission von Stammaktien auf einem öffentlichen Markt bei einer Wertpapieraufsichts- oder anderen Regulierungsbehörde einreicht; und
(b) den Konzernabschluss einer Unternehmensgruppe mit einem Mutterunternehmen:
  (i) dessen Stammaktien oder potenzielle Stammaktien öffentlich (d. h. an einer in- oder ausländischen Börse oder außerbörslich, einschließlich an lokalen und regionalen Märkten) gehandelt werden; oder
  (ii) das seinen Abschluss zwecks Emission von Stammaktien auf einem öffentlichen Markt bei einer Wertpapieraufsichts- oder anderen Regulierungsbehörde einreicht.

3. Ein Unternehmen, das das Ergebnis je Aktie angibt, hat dieses in Übereinstimmung mit diesem Standard zu ermitteln und anzugeben.

4. Legt ein Unternehmen sowohl Konzernabschlüsse als auch Einzelabschlüsse nach IAS 27 *Konzern- und Einzelabschlüsse* vor, so müssen sich die im vorliegenden Standard geforderten Angaben lediglich auf die konsolidierten Informationen stützen. Ein Unternehmen, das sich zur Angabe des Ergebnisses je Aktie auf der Grundlage seines Einzelabschlusses entscheidet, hat diese Ergebnisse ausschließlich in der Gesamtergebnisrechnung des Einzelabschlusses, nicht aber im Konzernabschluss anzugeben.

4A. Wenn ein Unternehmen die Ergebnisbestandteile in einer gesonderten Gewinn- und Verlustrechnung gemäß Paragraph 81 des IAS 1 *Darstellung des Abschlusses* (überarbeitet 2007) darstellt, so hat es das Ergebnis je Aktie nur in diesem Abschlussbestandteil auszuweisen.

DEFINITIONEN

5. Die folgenden Begriffe werden in diesem Standard mit der angegebenen Bedeutung verwendet:

Unter *Verwässerungsschutz* versteht man eine Erhöhung des Ergebnisses je Aktie bzw. eine Reduzierung des Verlusts je Aktie aufgrund der Annahme, dass wandelbare Instrumente umgewandelt, Optionen oder Optionsscheine ausgeübt oder Stammaktien unter bestimmten Voraussetzungen ausgegeben werden.

Eine *Übereinkunft zur Ausgabe bedingt emissionsfähiger Aktien* ist eine Vereinbarung zur Ausgabe von Aktien, für die bestimmte Voraussetzungen erfüllt sein müssen.

Bedingt emissionsfähige Aktien sind Stammaktien, die gegen eine geringe oder gar keine Zahlung oder andere Art von Entgelt ausgegeben werden, sofern bestimmte Voraussetzungen einer Übereinkunft zur Ausgabe bedingt emissionsfähiger Aktien erfüllt sind.

Unter *Verwässerung* versteht man eine Reduzierung des Ergebnisses je Aktie bzw. eine Erhöhung des Verlusts je Aktie aufgrund der Annahme, dass wandelbare Instrumente umgewandelt, Optionen oder Optionsscheine ausgeübt oder Stammaktien unter bestimmten Voraussetzungen ausgegeben werden.

Optionen, Optionsscheine und ihre Äquivalente sind Finanzinstrumente, die ihren Inhaber zum Kauf von Stammaktien berechtigen.

Eine *Stammaktie* ist ein Eigenkapitalinstrument, das allen anderen Arten von Eigenkapitalinstrumenten nachgeordnet ist.

Eine *potenzielle Stammaktie* ist ein Finanzinstrument oder sonstiger Vertrag, das bzw. der dem Inhaber ein Anrecht auf Stammaktien verbriefen kann.

Verkaufsoptionen auf Stammaktien sind Verträge, die es dem Inhaber ermöglichen, über einen bestimmten Zeitraum Stammaktien zu einem bestimmten Kurs zu verkaufen.

6. Stammaktien erhalten erst einen Anteil am Ergebnis, nachdem andere Aktienarten, wie etwa Vorzugsaktien, bedient wurden. Ein Unternehmen kann unterschiedliche Arten von Stammaktien emittieren. Stammaktien der gleichen Art haben das gleiche Anrecht auf den Bezug von Dividenden.

7. Beispiele für potenzielle Stammaktien sind:
(a) finanzielle Verbindlichkeiten oder Eigenkapitalinstrumente, einschließlich Vorzugsaktien, die in Stammaktien umgewandelt werden können;
(b) Optionen und Optionsscheine;
(c) Aktien, die bei Erfüllung vertraglicher Bedingungen, wie dem Erwerb eines Unternehmens oder anderer Vermögenswerte, ausgegeben werden.

8. In IAS 32 *Finanzinstrumente: Darstellung* definierte Begriffe werden im vorliegenden Standard mit der in Paragraph 11 von IAS 32 angegebenen Bedeutung verwendet, sofern nichts Anderes angegeben ist. IAS 32 definiert die Begriffe Finanzinstrument, finanzieller Vermögenswert, finanzielle Verbindlichkeit, Eigenkapitalinstrument und beizulegender Zeitwert und liefert Hinweise zur Anwendung dieser Definitionen.

BEWERTUNG

Unverwässertes Ergebnis je Aktie

9. Ein Unternehmen hat für den den Stammaktionären des Mutterunternehmens zurechenbaren Gewinn oder Verlust das unverwässerte Ergebnis je Aktie zu ermitteln; sofern ein entsprechender Ausweis erfolgt, ist auch der diesen Stammaktio-

nären zurechenbare Gewinn oder Verlust aus dem fortzuführenden Geschäft darzustellen.

10. Das unverwässerte Ergebnis je Aktie ist zu ermitteln, indem der den Stammaktionären des Mutterunternehmens zustehende Gewinn oder Verlust (Zähler) durch die gewichtete durchschnittliche Zahl der innerhalb der Berichtsperiode im Umlauf gewesenen Stammaktien (Nenner) dividiert wird.

11. Die Angabe des unverwässerten Ergebnisses je Aktie dient dem Zweck, einen Maßstab für die Beteiligung jeder Stammaktie eines Mutterunternehmens an der Ertragskraft des Unternehmens während des Berichtszeitraums bereitzustellen.

Ergebnis

12. Zur Ermittlung des unverwässerten Ergebnisses je Aktie verstehen sich die Beträge, die den Stammaktionären des Mutterunternehmens zugerechnet werden können im Hinblick auf:

(a) der Gewinn oder Verlust aus dem fortzuführenden Geschäft, das auf das Mutterunternehmen entfällt; und

(b) der dem Mutterunternehmen zuzurechnende Gewinn oder Verlust

als die Beträge in (a) und (b), bereinigt um die Nachsteuerbeträge von Vorzugsdividenden, Differenzen bei Erfüllung von Vorzugsaktien sowie ähnlichen Auswirkungen aus der Einstufung von Vorzugsaktien als Eigenkapital.

13. Alle Ertrags- und Aufwandsposten, die Stammaktionären des Mutterunternehmens zuzurechnen sind und in einer Periode erfasst werden, darunter auch Steueraufwendungen und als Verbindlichkeiten eingestufte Dividenden auf Vorzugsaktien, sind bei der Ermittlung des Gewinns oder Verlusts, das den Stammaktionären des Mutterunternehmens zuzurechnen ist, zu berücksichtigen (siehe IAS 1).

14. Vom Gewinn oder Verlust abgezogen werden:

(a) der Nachsteuerbetrag jedweder für diese Periode beschlossener Vorzugsdividenden auf nicht kumulative Vorzugsaktien sowie

(b) der Nachsteuerbetrag der in dieser Periode für kumulative Vorzugsaktien benötigten Vorzugsdividenden, unabhängig davon, ob die Dividenden beschlossen wurden oder nicht. Nicht im Betrag der für diese Periode beschlossenen Vorzugsdividenden enthalten sind die während dieser Periode für frühere Perioden gezahlten oder beschlossenen Vorzugsdividenden auf kumulative Vorzugsaktien.

15. Vorzugsaktien, die mit einer niedrigen Ausgangsdividende ausgestattet sind, um einem Unternehmen einen Ausgleich dafür zu schaffen, dass es die Vorzugsaktien mit einem Abschlag verkauft hat, oder in späteren Perioden zu einer höheren Dividende berechtigen, um den Investoren einen Ausgleich dafür zu bieten, dass sie die Vorzugsaktien mit einem Aufschlag erwerben, werden auch als Vorzugsaktien mit steigender Gewinnberechtigung bezeichnet. Jeder Ausgabeabschlag bzw. -aufschlag bei Erstemission von Vorzugsaktien mit steigender Gewinnberechtigung wird unter Anwendung der Effektivzinsmethode den Gewinnrücklagen zugeführt und zur Ermittlung des Ergebnisses je Aktie als Vorzugsdividende behandelt.

16. Vorzugsaktien können durch ein Angebot des Unternehmens an die Inhaber zurückgekauft werden. Übersteigt dabei der beizulegende Zeitwert der Vorzugsaktien dabei den Buchwert, so stellt diese Differenz für die Vorzugsaktionäre eine Rendite und für das Unternehmen eine Belastung seiner Gewinnrücklagen dar. Dieser Betrag wird bei der Berechnung des den Stammaktionären des Mutterunternehmens zurechenbaren Gewinns oder Verlusts in Abzug gebracht.

17. Ein Unternehmen kann eine vorgezogene Umwandlung wandelbarer Vorzugsaktien herbeiführen, indem es die ursprünglichen Umwandlungsbedingungen vorteilhaft ändert oder ein zusätzliches Entgelt zahlt. Der Betrag, um den der beizulegende Zeitwert der Stammaktien bzw. des sonstigen gezahlten Entgelts den beizulegenden Zeitwert der unter den ursprünglichen Umwandlungsbedingungen auszugebenden Stammaktien übersteigt, stellt für die Vorzugsaktionäre eine Rendite dar und wird bei der Ermittlung des Stammaktionären des Mutterunternehmens zuzurechnenden Gewinns oder Verlusts in Abzug gebracht.

18. Sobald der Buchwert der Vorzugsaktien den beizulegenden Zeitwert des für sie gezahlten Entgelts übersteigt, wird der Differenzbetrag bei der Ermittlung des den Stammaktionären des Mutterunternehmens zuzurechnenden Gewinns oder Verlusts hinzugezählt.

Aktien

19. Zur Berechnung des unverwässerten Ergebnisses je Aktie ist die Zahl der Stammaktien der gewichtete Durchschnitt der während der Periode im Umlauf gewesenen Stammaktien.

20. Die Verwendung eines gewichteten Durchschnitts trägt dem Umstand Rechnung, dass während der Periode möglicherweise nicht immer die gleiche Anzahl an Stammaktien in Umlauf war und das gezeichnete Kapital deshalb Schwankungen unterlegen haben kann. Die gewichtete durchschnittliche Zahl der Stammaktien, die während der Periode in Umlauf sind, ist die Zahl an Stammaktien, die am Anfang der Periode in Umlauf waren, bereinigt um die Zahl an Stammaktien, die während der Periode zurückgekauft oder ausgegeben wurden, multipliziert mit einem Zeitgewichtungsfaktor. Der Zeitgewichtungsfaktor ist das Verhältnis zwischen der Zahl von Tagen, an denen sich die betreffenden Aktien in Umlauf befanden, und der Gesamtzahl von Tagen der Periode. Ein angemessener Näherungswert für den gewichteten Durchschnitt ist in vielen Fällen ausreichend.

21. Normalerweise werden Aktien mit der Fälligkeit des Entgelts (im allgemeinen dem Tag ihrer Emission) in den gewichteten Durchschnitt aufgenommen. So werden:

(a) Stammaktien, die gegen Barzahlung ausgegeben wurden, dann einbezogen, wenn die Geldzahlung eingefordert werden kann;

(b) Stammaktien, die gegen die freiwillige Wiederanlage von Dividenden auf Stamm- oder Vorzugsaktien ausgegeben wurden, einbezogen, sobald die Dividenden wiederangelegt sind;

(c) Stammaktien, die in Folge einer Umwandlung eines Schuldinstruments in Stammaktien ausgegeben wurden, ab dem Tag einbezogen, an dem keine Zinsen mehr anfallen;

(d) Stammaktien, die anstelle von Zinsen oder Kapital auf andere Finanzinstrumente ausgegeben wurden, ab dem Tag einbezogen, an dem keine Zinsen mehr anfallen;

(e) Stammaktien, die im Austausch für die Erfüllung einer Schuld des Unternehmens ausgegeben wurden, ab dem Erfüllungstag einbezogen;

(f) Stammaktien, die anstelle von liquiden Mitteln als Entgelt für den Erwerb eines Vermögenswertes ausgegeben wurden, ab dem Datum der Erfassung des entsprechenden Erwerbs erfasst; und

(g) Stammaktien, die für die Erbringung von Dienstleistungen an das Unternehmen ausgegeben wurden, mit Erbringung der Dienstleistungen einbezogen.

Der Zeitpunkt der Einbeziehung von Stammaktien ergibt sich aus den Bedingungen ihrer Emission. Der wirtschaftliche Gehalt eines jeden im Zusammenhang mit der Emission stehenden Vertrags ist angemessen zu prüfen.

22. Stammaktien, die als Teil der übertragenen Gegenleistung bei einem Unternehmenszusammenschluss ausgegeben wurden, sind in der durchschnittlich gewichteten Anzahl der Aktien zum Erwerbszeitpunkt enthalten. Dies ist darauf zurückzuführen, dass der Erwerber die Gewinne und Verluste des erworbenen Unternehmens von dem Zeitpunkt an in seine Gesamtergebnisrechnung mit einbezieht.

23. Stammaktien, die bei Umwandlung eines wandlungspflichtigen Instruments ausgegeben werden, sind ab dem Zeitpunkt des Vertragsabschlusses in die Ermittlung des unverwässerten Ergebnisses je Aktie einzubeziehen.

24. Bedingt emissionsfähige Aktien werden als in Umlauf befindlich behandelt und erst ab dem Zeitpunkt in die Ermittlung des unverwässerten Ergebnisses je Aktie einbezogen, zu dem alle erforderlichen Voraussetzungen erfüllt (d. h. die Ereignisse eingetreten sind). Aktien, die ausschließlich nach Ablauf einer bestimmten Zeitspanne emissionsfähig sind, gelten nicht als bedingt emissionsfähige Aktien, da der Ablauf der Spanne gewiss ist. In Umlauf befindliche, bedingt rückgabefähige (d. h. unter dem Vorbehalt des Rückrufs stehende) Stammaktien gelten nicht als in Umlauf befindlich und werden solange bei der Ermittlung des unverwässerten Ergebnisses je Aktie unberücksichtigt gelassen, bis der Vorbehalt des Rückrufs nicht mehr gilt.

25. [gestrichen]

26. Der gewichtete Durchschnitt der in der Periode und allen übrigen dargestellten Perioden in Umlauf befindlichen Stammaktien ist zu berichtigen, wenn ein Ereignis eintritt, das die Zahl der in Umlauf befindlichen Stammaktien verändert, ohne dass damit eine entsprechende Änderung der Ressourcen einhergeht. Die Umwandlung potenzieller Stammaktien gilt nicht als ein solches Ereignis.

27. Nachstehend eine Reihe von Beispielen dafür, in welchen Fällen Stammaktien emittiert oder die in Umlauf befindlichen Aktien verringert werden können, ohne dass es zu einer entsprechenden Änderung der Ressourcen kommt:

(a) eine Kapitalisierung oder Ausgabe von Gratisaktien (auch als Dividende in Form von Aktien bezeichnet);

(b) ein Gratiselement bei jeder anderen Emission, beispielsweise einer Ausgabe von Bezugsrechten an die bestehenden Aktionäre;

(c) ein Aktiensplitt; und

(d) ein umgekehrter Aktiensplitt (Aktienzusammenlegung).

28. Bei einer Kapitalisierung, einer Ausgabe von Gratisaktien oder einem Aktiensplitt werden Stammaktien ohne zusätzliches Entgelt an die bestehenden Aktionäre ausgegeben. Damit erhöht sich die Zahl der in Umlauf befindlichen Stammaktien, ohne dass es zu einer Erhöhung der Ressourcen kommt. Die Zahl der vor Eintritt des Ereignisses in Umlauf befindlichen Stammaktien wird so um die anteilige Veränderung der Zahl umlaufender Stammaktien berichtigt, als wäre das Ereignis zu Beginn der ersten dargestellten Periode eingetreten. Beispielsweise wird bei einer zwei-zu-eins-Ausgabe von Gratisaktien die Zahl der vor der Emission in Umlauf befindlichen Stammaktien mit dem Faktor 3 multipliziert, um die neue Gesamtzahl an Stammaktien zu ermitteln, bzw. mit dem Faktor 2, um die Zahl der zusätzlichen Stammaktien zu erhalten.

29. In der Regel verringert sich bei einer Zusammenlegung von Stammaktien die Zahl der in Umlauf befindlichen Stammaktien, ohne dass es zu einer entsprechenden Verringerung der Ressourcen kommt. Findet insgesamt jedoch ein Aktienrückkauf zum beizulegenden Zeitwert statt, so ist die zahlenmäßige Verringerung der in Umlauf befindlichen Stammaktien das Ergebnis einer entsprechenden Abnahme an Ressourcen. Ein Beispiel hierfür wäre eine mit einer Sonderdividende verbundene Aktienzusammenlegung. Der gewichtete Durchschnitt der Stammaktien, die sich in der Periode, in der die Zusammenlegung erfolgt, in Umlauf befinden, wird zu dem Zeitpunkt, zu dem

die Sonderdividende erfasst wird, an die verringerte Zahl von Stammaktien angepasst.

Verwässertes Ergebnis je Aktie

30. Ein Unternehmen hat die verwässerten Ergebnisse je Aktie für den den Stammaktionären des Mutterunternehmens zurechenbaren Gewinn oder Verlust zu ermitteln; sofern ein entsprechender Ausweis erfolgt, ist auch der jenen Stammaktionären zurechenbare Gewinn oder Verlust aus dem fortzuführenden Geschäft darzustellen.

31. Zur Berechnung des verwässerten Ergebnisses je Aktie hat ein Unternehmen den den Stammaktionären des Mutterunternehmens zurechenbaren Gewinn oder Verlust und den gewichteten Durchschnitt der in Umlauf befindlicher Stammaktien um alle Verwässerungseffekte potenzieller Stammaktien zu bereinigen.

32. Mit der Ermittlung des verwässerten Ergebnisses je Aktie wird das gleiche Ziel verfolgt wie mit der Ermittlung des unverwässerten Ergebnisses – nämlich, einen Maßstab für die Beteiligung jeder Stammaktie an der Ertragskraft eines Unternehmens zu schaffen – und gleichzeitig alle während der Periode in Umlauf befindlichen potenziellen Stammaktien mit Verwässerungseffekten zu berücksichtigen. Infolgedessen wird:

(a) der den Stammaktionären des Mutterunternehmens zurechenbare Gewinn oder Verlust um die Nachsteuerbeträge der Dividenden und Zinsen, die in der Periode für potenzielle Stammaktien mit Verwässerungseffekten erfasst werden, erhöht und um alle sonstigen Änderungen bei Ertrag oder Aufwand, die sich aus der Umwandlung der verwässernden potenziellen Stammaktien ergäben, berichtigt; sowie

(b) der gewichtete Durchschnitt der in Umlauf befindlichen Stammaktien um den gewichteten Durchschnitt der zusätzlichen Stammaktien erhöht, die sich unter der Annahme einer Umwandlung aller verwässernden potenziellen Stammaktien in Umlauf befunden hätten.

Ergebnis

33. Zur Berechnung des verwässerten Ergebnisses je Aktie hat ein Unternehmen den den Stammaktionären des Mutterunternehmens zurechenbare gemäß Paragraph 12 ermittelten Gewinn oder Verlust um die Nachsteuerwirkungen folgender Posten zu bereinigen:

(a) alle Dividenden oder sonstigen Posten im Zusammenhang mit verwässernden potenziellen Stammaktien, die bei Berechnung des den Stammaktionären des Mutterunternehmens zurechenbaren Gewinns oder Verlusts, das gemäß Paragraph 12 ermittelt wurde, abgezogen wurden;

(b) alle Zinsen, die in der Periode im Zusammenhang mit verwässernden potenziellen Stammaktien erfasst wurden; und

(c) alle sonstigen Änderungen im Ertrag oder Aufwand, die sich aus der Umwandlung der verwässernden potenziellen Stammaktien ergäben.

34. Nach der Umwandlung potenzieller Stammaktien in Stammaktien fallen die in Paragraph 33(a)-(c) genannten Sachverhalte nicht mehr an. Stattdessen sind die neuen Stammaktien zur Beteiligung am Gewinn oder Verlust berechtigt, das den Stammaktionären des Mutterunternehmens zusteht. Somit wird der nach Paragraph 12 ermittelte Gewinn oder Verlust, der den Stammaktionären des Mutterunternehmens zusteht, um die in Paragraph 33(a)-(c) genannten Sachverhalte sowie die zugehörigen Steuern bereinigt. Die mit potenziellen Stammaktien verbundenen Aufwendungen umfassen die nach der Effektivzinsmethode bilanzierten Transaktionskosten und Disagien (s. Paragraph 9 des IAS 39 *Finanzinstrumente: Ansatz und Bewertung,* in der im Jahr 2003 überarbeiteten Fassung).

35. Aus der Umwandlung potenzieller Stammaktien können sich Änderungen bei den Erträgen oder Aufwendungen ergeben. So kann eine Verringerung der Zinsaufwendungen für potenzielle Stammaktien und die daraus folgende Erhöhung bzw. Reduzierung des Ergebnisses eine Erhöhung des Aufwands für einen nicht-freiwilligen Gewinnbeteiligungsplan für Arbeitnehmer zur Folge haben. Zur Berechnung des verwässerten Ergebnisses je Aktie wird der den Stammaktionären des Mutterunternehmens zurechenbare Gewinn oder Verlust um alle derartigen Änderungen bei den Erträgen oder Aufwendungen bereinigt.

Aktien

36. Bei der Berechnung des verwässerten Ergebnisses je Aktie entspricht die Zahl der Stammaktien dem gemäß den Paragraphen 19 und 26 berechneten gewichteten Durchschnitt der Stammaktien plus dem gewichteten Durchschnitt der Stammaktien, die bei Umwandlung aller verwässernden potenziellen Stammaktien in Stammaktien ausgegeben würden. Die Umwandlung verwässernder potenzieller Stammaktien in Stammaktien gilt mit dem Beginn der Periode als erfolgt oder, falls dieses Datum auf einen späteren Tag fällt, mit dem Tag, an dem die potenziellen Stammaktien emittiert wurden.

37. Verwässernde potenzielle Stammaktien sind gesondert für jede dargestellte Periode zu ermitteln. Bei den in den Zeitraum vom Jahresbeginn bis zum Stichtag einbezogenen verwässernden potenziellen Stammaktien handelt es sich nicht um einen gewichteten Durchschnitt der einzelnen Zwischenberechnungen.

38. Potenzielle Stammaktien werden für die Periode gewichtet, in der sie im Umlauf sind. Potenzielle Stammaktien, die während der Periode gelöscht werden oder verfallen sind, werden bei der Berechnung des verwässerten Ergebnisses je Aktie nur für den Teil der Periode berücksichtigt, in dem sie im Umlauf waren. Potenzielle Stammaktien,

die während der Periode in Stammaktien umgewandelt werden, werden vom Periodenbeginn bis zum Datum der Umwandlung bei der Berechnung des verwässerten Ergebnisses je Aktie berücksichtigt. Vom Zeitpunkt der Umwandlung an werden die daraus resultierenden Stammaktien sowohl in das unverwässerte als auch das verwässerte Ergebnis je Aktie einbezogen.

39. Die Bestimmung der Zahl der bei der Umwandlung verwässernder potenzieller Stammaktien auszugebenden Stammaktien erfolgt zu den für die potenziellen Stammaktien geltenden Bedingungen. Sofern für die Umwandlung mehr als eine Grundlage besteht, wird bei der Berechnung das aus Sicht des Inhabers der potenziellen Stammaktien vorteilhafteste Umwandlungsverhältnis oder der günstigste Ausübungskurs zu Grunde gelegt.

40. Ein Tochterunternehmen, Gemeinschaftsunternehmen oder assoziiertes Unternehmen kann an alle Parteien mit Ausnahme des Mutterunternehmens, des Partnerunternehmens oder des Gesellschafters potenzielle Stammaktien ausgeben, die entweder in Stammaktien des Tochterunternehmens, Gemeinschaftsunternehmens oder assoziierten Unternehmens oder in Stammaktien des Mutterunternehmens, des Partnerunternehmens oder des Gesellschafters (des berichtenden Unternehmens) wandelbar sind. Haben diese potenziellen Stammaktien des Tochterunternehmens, Gemeinschaftsunternehmens oder assoziierten Unternehmens einen Verwässerungseffekt auf das unverwässerte Ergebnis je Aktie des berichtenden Unternehmens, sind sie bei der Ermittlung des verwässerten Ergebnisses je Aktie einzubeziehen.

Potenzielle Stammaktien mit Verwässerungseffekt

41. Potenzielle Stammaktien sind nur dann als verwässernd zu betrachten, wenn ihre Umwandlung in Stammaktien das Ergebnis je Aktie aus dem fortzuführenden Geschäft kürzen bzw. den Periodenverlust je Aktie aus dem fortzuführenden Geschäft erhöhen würde.

42. Ein Unternehmen verwendet den auf das Mutterunternehmen entfallenden Gewinn oder Verlust aus dem fortzuführenden Geschäft als Kontrollgröße um festzustellen, ob bei potenziellen Stammaktien eine Verwässerung oder ein Verwässerungsschutz vorliegt. Der dem Mutterunternehmen zurechenbare Gewinn oder Verlust aus dem fortzuführenden Geschäft wird gemäß Paragraph 12 bereinigt und schließt dabei Posten aus aufgegebenen Geschäftsbereichen aus.

43. Bei potenziellen Stammaktien liegt ein Verwässerungsschutz vor, wenn ihre Umwandlung in Stammaktien das Ergebnis je Aktie aus dem fortzuführenden Geschäft erhöhen bzw. den Verlust je Aktie aus dem fortzuführenden Geschäft reduzieren würde. Die Berechnung des verwässerten Ergebnisses je Aktie erfolgt nicht unter der Annahme einer Umwandlung, Ausübung oder weiteren Emission von potenziellen Stammaktien, bei denen ein Verwässerungsschutz in Bezug auf das Ergebnis je Aktie vorliegen würde.

44. Bei der Beurteilung der Frage, ob bei potenziellen Stammaktien eine Verwässerung oder ein Verwässerungsschutz vorliegt, sind alle Emissionen oder Emissionsfolgen potenzieller Stammaktien getrennt statt in Summe zu betrachten. Die Reihenfolge, in der potenzielle Stammaktien beurteilt werden, kann einen Einfluss auf die Einschätzung haben, ob sie zu einer Verwässerung beitragen. Um die Verwässerung des unverwässerten Ergebnisses je Aktie zu maximieren, wird daher jede Emission oder Emissionsfolge potenzieller Stammaktien in der Reihenfolge vom höchsten bis zum geringsten Verwässerungseffekt betrachtet, d. h. potenzielle Stammaktien, bei denen ein Verwässerungseffekt vorliegt, mit dem geringsten „Ergebnis je zusätzlicher Aktie" werden vor denjenigen mit einem höheren Ergebnis je zusätzlicher Aktie in die Berechnung des verwässerten Ergebnisses je Aktie einbezogen. Optionen und Optionsscheine werden in der Regel zuerst berücksichtigt, weil sie den Zähler der Berechnung nicht beeinflussen.

Optionen, Optionsscheine und ihre Äquivalente

45. Bei der Berechnung des verwässerten Ergebnisses je Aktie hat ein Unternehmen von der Ausübung verwässernder Optionen und Optionsscheine des Unternehmens auszugehen. Die angenommenen Erlöse aus diesen Instrumenten werden so behandelt, als wären sie im Zuge der Emission von Stammaktien zum durchschnittlichen Marktpreis der Stammaktien während der Periode angefallen. Die Differenz zwischen der Zahl der ausgegebenen Stammaktien und der Zahl der Stammaktien, die zum durchschnittlichen Marktpreis der Stammaktien während der Periode ausgegeben worden wären, ist als Ausgabe von Stammaktien ohne Entgelt zu behandeln.

46. Optionen und Optionsscheine sind als verwässernd zu betrachten, wenn sie die Ausgabe von Stammaktien zu einem geringeren als Marktpreis Stammaktien während der Periode abzüglich des Ausgabepreises. Zur Ermittlung des verwässerten Ergebnisses je Aktie wird daher unterstellt, dass potenziellen Stammaktie die beiden folgenden Elemente umfassen:

(a) einen Vertrag zur Ausgabe einer bestimmten Zahl von Stammaktien zu ihrem durchschnittlichen Marktpreis während der Periode. Bei diesen Stammaktien wird davon ausgegangen, dass sie einen marktgerechten Kurs aufweisen und weder ein Verwässerungseffekt noch ein Verwässerungsschutz vorliegt. Sie bleiben bei der Berechnung des verwässerten Ergebnisses je Aktie unberücksichtigt;

(b) einen Vertrag zur entgeltlosen Ausgabe der verbleibenden Stammaktien. Diese Stammaktien erzielen keine Erlöse und wirken sich nicht auf den den in Umlauf befindlichen Stammaktien zuzurechnenden Gewinn oder

Verlust aus. Daher liegt bei diesen Aktien ein Verwässerungseffekt vor und sind sie bei der Berechnung des verwässerten Ergebnisses je Aktie zu den in Umlauf befindlichen Stammaktien hinzuzuzählen.

47. Bei Optionen und Optionsscheinen tritt ein Verwässerungseffekt nur dann ein, wenn der durchschnittliche Marktpreis der Stammaktien während der Periode den Ausübungspreis der Optionen oder Optionsscheine übersteigt (d. h. wenn sie „im Geld" sind). In Vorjahren angegebene Ergebnisse je Aktie werden nicht rückwirkend um Kursveränderungen bei den Stammaktien berichtigt.

47/A. Bei Aktienoptionen und anderen anteilsbasierten Vergütungsvereinbarungen, für die IFRS 2 *Anteilsbasierte Vergütung* gilt, müssen der in Paragraph 46 genannte Ausgabepreis und der in Paragraph 47 genannte Ausübungspreis den beizulegenden Zeitwert aller Güter oder Dienstleistungen enthalten, die dem Unternehmen künftig im Rahmen der Aktienoption oder einer anderen anteilsbasierten Vergütungsvereinbarung zu liefern bzw. zu erbringen sind.

48. Mitarbeiteraktienoptionen mit festen oder bestimmbaren Laufzeiten und verfallbare Stammaktien werden bei der Ermittlung des verwässerten Ergebnisses je Aktie als Optionen behandelt, obgleich sie eventuell von einer Anwartschaft abhängig sind. Sie werden zum Bewilligungsdatum als im Umlauf befindlich behandelt. Leistungsabhängige Mitarbeiteraktienoptionen werden als bedingt emissionsfähige Aktien behandelt, weil ihre Ausgabe neben dem Ablauf einer Zeitspanne auch von der Erfüllung bestimmter Bedingungen abhängig ist.

Wandelbare Instrumente

49. Der Verwässerungseffekt wandelbarer Instrumente ist gemäß den Paragraphen 33 und 36 im verwässerten Ergebnis je Aktie darzustellen.

50. Bei wandelbaren Vorzugsaktien liegt ein Verwässerungsschutz immer dann vor, wenn die Dividende, die in der laufenden Periode für diese Aktien angekündigt bzw. aufgelaufen ist, bei einer Umwandlung je erhaltener Stammaktie unverwässerte Ergebnis je Aktie übersteigt. Bei wandelbaren Schuldtiteln liegt ein Verwässerungsschutz vor, wenn die zu erhaltende Verzinsung (nach Steuern und sonstigen Änderungen bei den Erträgen oder Aufwendungen) je Stammaktie bei einer Umwandlung das unverwässerte Ergebnis je Aktie übersteigt.

51. Die Rückzahlung oder vorgenommene Umwandlung wandelbarer Vorzugsaktien betrifft unter Umständen nur einen Teil der zuvor in Umlauf befindlichen wandelbaren Vorzugsaktien. Um zu ermitteln, ob bei den übrigen in Umlauf befindlichen Vorzugsaktien ein Verwässerungseffekt vorliegt, wird in diesen Fällen ein in Paragraph 17 genanntes zusätzliches Entgelt den Aktien zugerechnet, die zurückgezahlt oder umgewandelt werden. Zurückgezahlte oder umgewandelte und nicht zurückgezahlte oder umgewandelte Aktien werden getrennt voneinander betrachtet.

Bedingte missionsfähige Aktien

52. Wie bei der Ermittlung des unverwässerten Ergebnisses je Aktie werden auch bedingt emissionsfähige Aktien als in Umlauf befindlich behandelt und in die Berechnung des verwässerten Ergebnisses je Aktie einbezogen, sofern die Bedingungen erfüllt (d. h. die Ereignisse eingetreten sind). Bedingt emissionsfähige Aktien werden mit Beginn der Periode (oder ab dem Tag der Vereinbarung zur bedingten Emission, falls dieser Termin später liegt) einbezogen. Falls die Bedingungen nicht erfüllt sind, basiert die Zahl der bedingt emissionsfähigen Aktien, die in die Berechnung des verwässerten Ergebnisses je Aktie einbezogen werden, auf der Zahl an Aktien, die auszugeben wären, falls das Ende der Periode mit dem Ende des Zeitraums, innerhalb dessen diese Bedingung eintreten kann, zusammenfiele. Sind die Bedingungen bei Ablauf der Periode, innerhalb der sie eintreten können, nicht erfüllt, sind rückwirkende Anpassungen nicht erlaubt.

53. Besteht die Bedingung einer bedingten Emission in der Erzielung oder Aufrechterhaltung eines bestimmten Ergebnisses und wurde dieser Betrag zum Ende des Berichtszeitraumes zwar erzielt, muss darüber hinaus aber für eine künftige Periode gehalten werden, so gelten die zusätzlichen Stammaktien als in Umlauf befindlich, falls bei der Ermittlung des verwässerten Ergebnisses je Aktie ein Verwässerungseffekt eintritt. In diesem Fall basiert die Ermittlung des verwässerten Ergebnisses je Aktie auf der Zahl von Stammaktien, die ausgegeben würden, wenn das Ergebnis am Ende der Berichtsperiode mit dem Ergebnis am Ende der Periode, innerhalb der diese Bedingung eintreten kann, identisch wäre. Da sich das Ergebnis in einer künftigen Periode verändern kann, werden bedingt emissionsfähige Aktien nicht vor Ende der Periode, innerhalb der diese Bedingung eintreten kann, in die Ermittlung des unverwässerten Ergebnisses einbezogen, wenn nicht alle erforderlichen Voraussetzungen erfüllt sind.

54. Die Zahl der bedingt emissionsfähigen Aktien kann vom künftigen Marktpreis der Stammaktien abhängen. Sollte dies zu einer Verwässerung führen, so basiert die Ermittlung des verwässerten Ergebnisses je Aktie auf der Zahl von Stammaktien, die ausgegeben würden, wenn der Marktpreis am Ende der Berichtsperiode mit dem Marktpreis am Ende der Periode, innerhalb der diese Bedingung eintreten kann, identisch wäre. Basiert die Bedingung auf einem Durchschnitt der Marktpreise über einen über die Berichtsperiode hinausgehenden Zeitraum, so wird der Durchschnitt für den abgelaufenen Zeitraum zugrunde gelegt. Da sich der Marktpreis in einer künftigen Periode verändern kann, werden bedingt emissionsfähige Aktien nicht vor Ende der Periode, innerhalb der diese Bedingung eintreten kann, in die Ermittlung des unverwässerten Ergebnisses je Ak-

tie einbezogen, da nicht alle erforderlichen Voraussetzungen erfüllt sind.

55. Die Zahl der bedingt emissionsfähigen Aktien kann vom künftigen Ergebnis und den künftigen Kursen der Stammaktien abhängen. In solchen Fällen basiert die Zahl der Stammaktien, die in die Berechnung des verwässerten Ergebnisses je Aktie einbezogen werden, auf beiden Bedingungen (also dem bis dahin erzielten Ergebnis und dem aktuellen Börsenkurs am Ende des Berichtszeitraums). Bedingt emissionsfähige Aktien werden erst in die Ermittlung des verwässerten Ergebnisses je Aktie einbezogen, wenn beide Bedingungen erfüllt sind.

56. In anderen Fällen hängt die Zahl der bedingt emissionsfähigen Aktien von einer anderen Bedingung als dem Ergebnis oder Marktpreis (beispielsweise der Eröffnung einer bestimmten Zahl an Einzelhandelsgeschäften) ab. In diesen Fällen werden die bedingt emissionsfähigen Aktien unter der Annahme, dass die Bedingung bis zum Ende der Periode, innerhalb der sie eintreten kann, unverändert bleibt, dem Stand am Ende des Berichtszeitraums entsprechend in die Berechnung des verwässerten Ergebnisses je Aktie einbezogen.

57. Bedingt emissionsfähige potenzielle Stammaktien (mit Ausnahme solcher, die einer Vereinbarung zur bedingten Emission unterliegen, wie bedingt emissionsfähige wandelbare Instrumente) werden folgendermaßen in die Berechnung des verwässerten Ergebnisses je Aktie einbezogen:

(a) Ein Unternehmen stellt fest, ob man bei den potenziellen Stammaktien davon ausgehen kann, dass sie aufgrund der für sie festgelegten Emissionsbedingungen nach Maßgabe der Bestimmungen über bedingt emissionsfähige Stammaktien in den Paragraphen 52-56 emissionsfähig sind; und

(b) sollten sich diese potenziellen Stammaktien im verwässerten Ergebnis je Aktie niederschlagen, stellt ein Unternehmen die entsprechenden Auswirkungen auf die Berechnung des verwässerten Ergebnisses je Aktie nach Maßgabe der Bestimmungen über Optionen und Optionsscheine (Paragraphen 45-48), der Bestimmungen über wandelbare Instrumente (Paragraphen 49-51), der Bestimmungen über Verträge, die in Stammaktien oder liquiden Mitteln erfüllt werden (Paragraphen 58-61) bzw. sonstiger Bestimmungen fest.

Bei der Ermittlung des verwässerten Ergebnisses je Aktie wird jedoch nur von einer Ausübung bzw. Umwandlung ausgegangen, wenn bei ähnlichen im Umlauf befindlichen potenziellen und unbedingten Stammaktien die gleiche Annahme zugrunde gelegt wird.

Verträge, die in Stammaktien oder liquiden Mitteln erfüllt werden können

58. Hat ein Unternehmen einen Vertrag geschlossen, bei dem es zwischen einer Erfüllung in Stammaktien oder in liquiden Mitteln wählen kann, so hat das Unternehmen davon auszugehen, dass der Vertrag in Stammaktien erfüllt wird, wobei die daraus resultierenden potenziellen Stammaktien im verwässerten Ergebnis je Aktie zu berücksichtigen sind, sofern ein Verwässerungseffekt vorliegt.

59. Wird ein solcher Vertrag zu Bilanzierungszwecken als Vermögenswert oder Schuld dargestellt oder enthält er eine Eigenkapital- und eine Schuldkomponente, so hat das Unternehmen den Zähler um etwaige Änderungen beim Gewinn oder Verlust zu berichtigen, die sich während der Periode ergeben hätten, wäre der Vertrag in vollem Umfang als Eigenkapitalinstrument eingestuft worden. Bei dieser Berichtigung wird ähnlich verfahren wie bei den nach Paragraph 33 erforderlichen Anpassungen.

60. Bei Verträgen, die nach Wahl des Inhabers in Stammaktien oder liquiden Mitteln erfüllt werden können, ist bei der Berechnung des verwässerten Ergebnisses je Aktie die Option mit dem stärkeren Verwässerungseffekt zugrunde zu legen.

61. Ein Beispiel für einen Vertrag, bei dem die Erfüllung in Stammaktien oder liquiden Mitteln erfolgen kann, ist ein Schuldinstrument, das dem Unternehmen bei Fälligkeit das uneingeschränkte Recht einräumt, den Kapitalbetrag in liquiden Mitteln oder in eigenen Stammaktien zu leisten. Ein weiteres Beispiel ist eine geschriebene Verkaufsoption, deren Inhaber die Wahl zwischen Erfüllung in Stammaktien oder in liquiden Mitteln hat.

Gekaufte Optionen

62. Verträge wie gekaufte Verkaufsoptionen und gekaufte Kaufoptionen (also Optionen, die das Unternehmen auf die eigenen Stammaktien hält) werden nicht in die Berechnung des verwässerten Ergebnisses je Aktie einbezogen, da dies einem Verwässerungsschutz gleichkäme. Die Verkaufsoption würde nur ausgeübt, wenn der Ausübungspreis den Marktpreis überstiege, und die Kaufoption würde nur ausgeübt, wenn der Ausübungspreis unter dem Marktpreis läge.

Geschriebene Verkaufsoptionen

63. Verträge, die das Unternehmen zum Rückkauf seiner eigenen Aktien verpflichten (wie geschriebene Verkaufsoptionen und Terminkäufe), kommen bei der Berechnung des verwässerten Ergebnisses je Aktie zum Tragen, wenn ein Verwässerungseffekt vorliegt. Wenn diese Verträge innerhalb der Periode „im Geld" sind (d. h. der Ausübungs- oder Erfüllungspreis den durchschnittlichen Marktpreis in der Periode übersteigt), so ist der potenzielle Verwässerungseffekt auf das Ergebnis je Aktie folgendermaßen zu ermitteln:

(a) es ist anzunehmen, dass am Anfang der Periode eine ausreichende Menge an Stammaktien (zum durchschnittlichen Marktpreis während der Periode) emittiert werden, um die Mittel zur Vertragserfüllung zu beschaffen;

(b) es ist anzunehmen, dass die Erlöse aus der Emission zur Vertragserfüllung (also zum

Rückkauf der Stammaktien) verwendet werden; und

(c) die zusätzlichen Stammaktien (die Differenz zwischen den als emittiert angenommenen Stammaktien und den aus der Vertragserfüllung vereinnahmten Stammaktien) sind in die Berechnung des verwässerten Ergebnisses je Aktie einzubeziehen.

RÜCKWIRKENDE ANPASSUNGEN

64. Nimmt die Zahl der in Umlauf befindlichen Stammaktien oder potenziellen Stammaktien durch eine Kapitalisierung, eine Emission von Gratisaktien oder einen Aktiensplitts zu bzw. durch einen umgekehrten Aktiensplit ab, so ist die Berechnung des unverwässerten und verwässerten Ergebnisses je Aktie für alle dargestellten Perioden rückwirkend zu berichtigen. Treten diese Änderungen nach dem Abschlussstichtag, aber vor der Genehmigung zur Veröffentlichung des Abschlusses ein, sind die Berechnungen je Aktie für den Abschluss, der für diese Periode vorgelegt wird, sowie für die Abschlüsse aller früheren Perioden auf der Grundlage der neuen Zahl an Aktien vorzunehmen. Dabei ist anzugeben, dass die Berechnungen pro Aktie derartigen Änderungen in der Zahl der Aktien Rechnung tragen. Darüber hinaus sind für alle dargestellten Perioden die unverwässerten und verwässerten Ergebnisse je Aktie auch im Hinblick auf die Auswirkungen von rückwirkend berücksichtigten Fehlern und Anpassungen, die durch Änderungen der Rechnungslegungsmethoden bedingt sind, anzupassen.

65. Ein Unternehmen darf verwässerte Ergebnisse je Aktie, die in früheren Perioden ausgewiesen wurden, nicht aufgrund von Änderungen der Berechnungsannahmen zur Ergebnisermittlung je Aktie oder zwecks Umwandlung potenzieller Stammaktien in Stammaktien rückwirkend anpassen.

DARSTELLUNG

66. Ein Unternehmen hat in seiner Gesamtergebnisrechnung für jede Gattung von Stammaktien mit unterschiedlichem Anrecht auf Teilnahme am Gewinn oder Verlust das unverwässerte und das verwässerte Ergebnis je Aktie aus dem den Stammaktionären des Mutterunternehmens zurechenbaren Periodengewinn bzw. -verlust aus dem fortzuführenden Geschäft sowie den den Stammaktionären des Mutterunternehmens zurechenbaren Gewinn oder Verlust auszuweisen. Ein Unternehmen hat die unverwässerten und verwässerten Ergebnisse je Aktie in allen dargestellten Perioden gleichrangig auszuweisen.

67. Das Ergebnis je Aktie ist für jede Periode auszuweisen, für die eine Gesamtergebnisrechnung vorgelegt wird. Wird das verwässerte Ergebnis je Aktie für mindestens eine Periode ausgewiesen, so ist es, selbst wenn es dem unverwässerten Ergebnis je Aktie entspricht, für sämtliche Perioden auszuweisen. Stimmen unverwässertes und verwässertes Ergebnis je Aktie überein, so kann der doppelte Ausweis in einer Zeile in der Gesamtergebnisrechnung erfolgen.

67A. Wenn ein Unternehmen die Ergebnisbestandteile in einer gesonderten Gewinn- und Verlustrechnung gemäß Paragraph 81 des IAS 1 (überarbeitet 2007) darstellt, so hat es das unverwässerte und verwässerte Ergebnis je Aktie gemäß den Anforderungen in Paragraph 66 und 67 in diesem Abschlussbestandteil auszuweisen.

68. Ein Unternehmen, das die Aufgabe eines Geschäftsbereichs meldet, hat die unverwässerten und verwässerten Ergebnisse je Aktie für den aufgegebenen Geschäftsbereich entweder in der Gesamtergebnisrechnung oder im Anhang auszuweisen.

68A. Wenn ein Unternehmen die Ergebnisbestandteile in einer gesonderten Gewinn- und Verlustrechnung gemäß Paragraph 81 des IAS 1 (überarbeitet 2007) darstellt, so hat es das unverwässerte und verwässerte Ergebnis je Aktie für den aufgegebenen Geschäftsbereich gemäß den Anforderungen in Paragraph 68 in diesem Abschlussbestandteil oder im Anhang auszuweisen.

69. Ein Unternehmen hat die unverwässerten und verwässerten Ergebnisse je Aktie auch dann auszuweisen, wenn die Beträge negativ (also als Verlust je Aktie) ausfallen.

ANGABEN

70. Ein Unternehmen hat Folgendes anzugeben:

(a) die Beträge, die es bei der Berechnung von unverwässerten und verwässerten Ergebnissen je Aktie als Zähler verwendet, sowie eine Überleitung der entsprechenden Beträge zu dem dem Mutterunternehmen zurechenbaren Gewinn oder Verlust. Der Überleitungsrechnung muss zu entnehmen sein, wie sich die einzelnen Instrumente auf das Ergebnis je Aktie auswirken.

(b) den gewichteten Durchschnitt der Stammaktien, der bei der Berechnung der unverwässerten und verwässerten Ergebnisse je Aktie als Nenner verwendet wurde, sowie eine Überleitungsrechnung dieser Nenner zueinander. Der Überleitungsrechnung muss zu entnehmen sein, wie sich die einzelnen Instrumente auf das Ergebnis je Aktie auswirken.

(c) die Instrumente (einschließlich bedingt emissionsfähiger Aktien), die das unverwässerte Ergebnis je Aktie in Zukunft potenziell verwässern könnten, aber nicht in die Berechnung des verwässerten Ergebnisses je Aktie eingeflossen sind, weil sie für die dargestellte(n) Periode(n) einer Verwässerung entgegenwirken.

(d) eine Beschreibung der Transaktionen mit Stammaktien oder potenziellen Stammaktien – mit Ausnahme derjenigen, die gemäß Paragraph 64 berücksichtigt werden –, die nach dem Abschlussstichtag zustande kommen und die – wenn sie vor Ende der Berichtsperiode stattgefunden hätten, die Zahl der am Ende der Periode in Umlauf befindlichen Stammaktien oder potenziellen Stammaktien erheblich verändert hätten.

71. Beispiele für die in Paragraph 70(d) genannten Transaktionen sind:
(a) die Ausgabe von Aktien gegen liquide Mittel;
(b) die Ausgabe von Aktien, wenn die Erlöse dazu verwendet werden, zum Abschlussstichtag bestehende Schulden oder in Umlauf befindliche Vorzugsaktien zu tilgen;
(c) die Rücknahme von in Umlauf befindlichen Stammaktien;
(d) die Umwandlung oder Ausübung des Bezugsrechtes potenzieller, sich zum Abschlussstichtag im Umlauf befindlicher Stammaktien in Stammaktien;
(e) die Ausgabe von Optionen, Optionsscheinen oder wandelbaren Instrumenten; und
(f) die Erfüllung von Bedingungen, die die Ausgabe bedingt emissionsfähiger Aktien zur Folge hätten.

Die Ergebnisse je Aktie werden nicht um Transaktionen berichtigt, die nach dem Abschlussstichtag eintreten, da diese den zur Generierung des Gewinns oder Verlusts verwendeten Kapitalbetrag nicht beeinflussen.

72. Finanzinstrumente und sonstige Verträge, die zu potenziellen Stammaktien führen, können Bedingungen enthalten, die die Messung des unverwässerten und verwässerten Ergebnisses je Aktie beeinflussen. Diese Bedingungen können entscheidend dafür sein, ob bei potenziellen Stammaktien ein Verwässerungseffekt vorliegt und, falls dem so ist, wie sich dies auf den gewichteten Durchschnitt der in Umlauf befindlichen Aktien sowie alle daraus resultierenden Berichtigungen des den Stammaktionären zuzurechnenden Periodenergebnisses auswirkt. Die Angabe der Vertragsbedingungen dieser Finanzinstrumente und anderer Verträge wird empfohlen, sofern dies nicht ohnehin vorgeschrieben ist (s. IFRS 7 *Finanzinstrumente: Angaben*).

73. Falls ein Unternehmen zusätzlich zum unverwässerten und verwässerten Ergebnis je Aktie Beträge je Aktie angibt, die mittels eines im Bericht enthaltenen Bestandteils des Periodengewinns ermittelt werden, der von diesem Standard abweicht, so sind derartige Beträge unter Verwendung des gemäß diesem Standard ermittelten gewichteten Durchschnitts von Stammaktien zu bestimmen. Unverwässerte und verwässerte Beträge je Aktie, die sich auf einen derartigen Bestandteil beziehen, sind gleichrangig anzugeben und im Anhang auszuweisen. Ein Unternehmen hat auf der Grundlage zur Ermittlung der(s) Nenner(s) hinzuweisen, einschließlich der Angabe, ob es sich bei den entsprechenden Beträgen je Aktie um Vor- oder Nachsteuerbeträge handelt. Bei Verwendung eines Bestandteils des Periodengewinns, der nicht als eigenständiger Posten in der Gesamtergebnisrechnung ausgewiesen wird, ist eine Überleitung zwischen diesem verwendeten Bestandteil zu einem in der Gesamtergebnisrechnung ausgewiesenen Posten herzustellen.

73A. Paragraph 73 ist auch auf ein Unternehmen anwendbar, das zusätzlich zum unverwässerten und verwässerten Ergebnis je Aktie Beträge je Aktie angibt, die mittels eines im Bericht enthaltenen Bestandteils der gesonderten Gewinn- und Verlustrechnung (gemäß Paragraph 81 des IAS 1 (überarbeitet 2007)) ausgewiesen werden, der nicht von diesem Standard vorgeschrieben wird.

ZEITPUNKT DES INKRAFTTRETENS

74. Dieser Standard ist erstmals in der ersten Berichtsperiode eines am 1. Januar 2005 oder danach beginnenden Geschäftsjahres anzuwenden. Eine frühere Anwendung wird empfohlen. Wenn ein Unternehmen diesen Standard für Berichtsperioden anwendet, die vor dem 1. Januar 2005 beginnen, so ist dies anzugeben.

74A. Infolge des IAS 1 (überarbeitet 2007) wurde die in allen IFRS verwendete Terminologie geändert. Außerdem wurden die Paragraphen 4A, 67A, 68A und 73A geändert. Diese Änderungen sind erstmals in der ersten Berichtsperiode eines am 1. Januar 2009 oder danach beginnenden Geschäftsjahres anzuwenden. Wird IAS 1 (überarbeitet 2007) auf eine frühere Periode angewandt, sind diese Änderungen entsprechend auch anzuwenden.

RÜCKNAHME ANDERER VERLAUTBARUNGEN

75. Dieser Standard ersetzt IAS 33 *Ergebnis je Aktie* (im Jahr 1997 verabschiedet).

76. Dieser Standard ersetzt SIC-24 *Ergebnis je Aktie – Finanzinstrumente und sonstige Verträge, die in Aktien erfüllt werden können*.

ANHANG A
LEITLINIEN FÜR DIE ANWENDUNG

Dieser Anhang ist Bestandteil des Standards.

DAS DEM MUTTERUNTERNEHMEN ZUZURECHNENDE ERGEBNIS

A1. Zur Berechnung des Ergebnisses je Aktie auf der Grundlage des Konzernabschlusses bezieht sich der dem Mutterunternehmen zuzurechnende Gewinn oder Verlust auf den Gewinn oder Verlust des konsolidierten Unternehmens nach Berücksichtigung von nicht beherrschenden Anteilen.

BEZUGSRECHTSAUSGABE

A2. Durch die Ausgabe von Stammaktien zum Zeitpunkt der Ausübung oder Umwandlung potenzieller Stammaktien entsteht kein Bonuselement, weil die potenziellen Stammaktien normalerweise zum vollen Wert ausgegeben werden, was zu einer proportionalen Änderung der dem Unternehmen zur Verfügung stehenden Ressourcen führt. Bei einer Ausgabe von Bezugsrechten liegt der Ausübungskurs jedoch häufig unter

2/22. IAS 33
Anhang A

dem beizulegenden Zeitwert der Aktien, so dass hier ein Bonuselement vorliegt (siehe Paragraph 27(b)). Wird allen gegenwärtigen Aktionären eine Bezugsrechtsausgabe angeboten, ist die Zahl der Stammaktien, die zu verwenden ist, um für alle Perioden vor der Bezugsrechtsausgabe das unverwässerte und das verwässerte Ergebnis je Aktie zu berechnen, gleich der Zahl der sich vor der Ausgabe in Umlauf befindlichen Stammaktien, multipliziert mit folgendem Faktor:

> Beizulegender Zeitwert je Aktie
> unmittelbar vor der Bezugsrechtsausübung
>
> Theoretischer Zeitwert je Aktie
> nach dem Bezugsrecht

Der theoretische Zeitwert je Aktie nach dem Bezugsrecht wird berechnet, indem die Summe der Marktwerte der Aktien unmittelbar vor Ausübung der Bezugsrechte zu den Erlösen aus der Ausübung der Bezugsrechte hinzugezählt und durch die Anzahl der sich nach Ausübung der Bezugsrechte in Umlauf befindlichen Aktien geteilt wird. In Fällen, in denen die Bezugsrechte vor dem Ausübungsdatum getrennt von den Aktien öffentlich gehandelt werden sollen, wird der beizulegende Zeitwert für die Zwecke dieser Ermittlung am Schluss des letzten Handelstages festgelegt, an dem die Aktien gemeinsam mit den Bezugsrechten gehandelt werden.

KONTROLLGRÖßE

A3. Um die Anwendung des in den Paragraphen 42 und 43 beschriebenen Begriffs der Kontrollgröße zu veranschaulichen, soll angenommen werden, dass ein Unternehmen aus fortgeführten Geschäftsbereichen einen dem Mutterunternehmen zurechenbaren Gewinn von 4 800 WE(¹), aus aufgegebenen Geschäftsbereichen einen dem Mutterunternehmen zurechenbaren Verlust von (7 200 WE), einen dem Mutterunternehmen zurechenbaren Verlust von (2 400 WE) und 2 000 Stammaktien sowie 400 potenzielle in Umlauf befindliche Stammaktien hat. Das unverwässerte Ergebnis des Unternehmens je Aktie beträgt in diesem Fall 2,40 WE für fortgeführte Geschäftsbereiche, (3,60 WE) für aufgegebene Geschäftsbereiche und (1,20 WE) für den Verlust. Die 400 potenziellen Stammaktien werden in die Berechnung des verwässerten Ergebnisses je Aktie einbezogen, weil das resultierende Ergebnis von 2,00 WE je Aktie für fortgeführte Geschäftsbereiche verwässernd wirkt, wenn keine Auswirkung dieser 400 potenziellen Stammaktien auf den Gewinn oder Verlust angenommen wird. Weil der dem Mutterunternehmen zurechenbare Gewinn aus fortgeführten Geschäftsbereichen die Kontrollgröße ist, bezieht das Unternehmen auch diese 400 potenziellen Stammaktien in die Berechnung der übrigen Ergebnisse je Aktie ein, obwohl die resultierenden Ergebnisse je Aktie für die ihnen vergleichbaren unverwässerten Ergebnisse je Aktie einen Verwässerungsschutz darstellen; d. h., der Verlust je Aktie geringer ist [(3,00 WE) je Aktie für den Verlust aus aufgegebenen Geschäftsbereichen und (1,00 WE) je Aktie für den Verlust].

(¹) In diesen Leitlinien werden Geldbeträge in „Währungseinheiten" (WE) angegeben.

DURCHSCHNITTLICHER MARKTPREIS DER STAMMAKTIEN

A4. Zur Berechnung des verwässerten Ergebnisses je Aktie wird der durchschnittliche Marktpreis der Stammaktien, von deren Ausgabe ausgegangen wird, auf der Basis des durchschnittlichen Marktpreises während der Periode errechnet. Theoretisch könnte jede Markttransaktion mit den Stammaktien eines Unternehmens in die Bestimmung des durchschnittlichen Marktpreises einbezogen werden. In der Praxis reicht jedoch für gewöhnlich ein einfacher Durchschnitt aus den wöchentlichen oder monatlichen Kursen aus.

A5. Im Allgemeinen sind die Schlusskurse für die Berechnung des durchschnittlichen Marktpreises ausreichend. Schwanken die Kurse allerdings mit großer Bandbreite, ergibt ein Durchschnitt aus den Höchst- und Tiefstkursen normalerweise einen repräsentativeren Kurs. Der durchschnittliche Marktpreis ist stets nach derselben Methode zu ermitteln, es sei denn, diese ist wegen geänderter Bedingungen nicht mehr repräsentativ. So könnte z. B. ein Unternehmen, das zur Errechnung des durchschnittlichen Marktpreises über mehrere Jahre relativ stabiler Kurse hinweg die Schlusskurse benutzt, zur Durchschnittsbildung aus Höchst- und Tiefstkursen übergehen, wenn starke Kursschwankungen einsetzen und die Schlusskurse keinen repräsentativen Durchschnittskurs mehr ergeben.

OPTIONEN, OPTIONSSCHEINE UND IHRE ÄQUIVALENTE

A6. Es wird davon ausgegangen, dass Optionen oder Optionsscheine für den Kauf wandelbarer Instrumente immer dann für diesen Zweck ausgeübt werden, wenn die Durchschnittskurse sowohl der wandelbaren Instrumente als auch der nach der Umwandlung zu beziehenden Stammaktien über dem Ausübungskurs der Optionen oder Optionsscheine liegen. Von einer Ausübung wird jedoch nur dann ausgegangen, wenn auch bei ähnlichen, eventuell in Umlauf befindlichen wandelbaren Instrumenten von einer Umwandlung ausgegangen wird.

A7. Optionen oder Optionsscheine können die Andienung schuldrechtlicher oder anderer Wertpapiere des Unternehmens (oder seines Mutterunternehmens oder eines Tochterunternehmens) zur Zahlung des gesamten Ausübungspreises oder eines Teiles davon ermöglichen oder erfordern. Bei der Berechnung des verwässerten Ergebnisses je Aktie wirken diese Optionen oder Optionsscheine verwässernd, wenn (a) der durchschnittliche Marktpreis der zugehörigen Stammaktien für die Periode den Ausübungskurs überschreitet oder (b) der Verkaufskurs des anzudienenden Instruments unter dem liegt, zu dem das Instrument der Options- oder Optionsscheinvereinbarung entsprechend angedient werden kann und die sich erge-

2/22. IAS 33
Anhang A

bende Abzinsung zu einem effektiven Ausübungskurs unter dem Börsenkurs für die Stammaktien führt, die nach der Ausübung bezogen werden können. Bei der Berechnung des verwässerten Ergebnisses je Aktie wird davon ausgegangen, dass diese Optionen oder Optionsscheine ausgeübt und die schuldrechtlichen oder anderen Wertpapiere angedient werden sollen. Ist die Andienung liquider Mittel für den Options- oder Optionsscheininhaber vorteilhafter und lässt der Vertrag dies zu, wird von der Andienung liquider Mittel ausgegangen. Zinsen (abzüglich Steuern) auf schuldrechtliche Wertpapiere, von deren Andienung ausgegangen wird, werden dem Zähler als Berichtigung wieder hinzugerechnet.

A8. Ähnlich behandelt werden Vorzugsaktien mit ähnlichen Bestimmungen oder andere Wertpapiere, deren Umwandlungsoptionen dem Investor eine Barzahlung zu einem günstigeren Umwandlungssatz erlauben.

A9. Bei bestimmten Optionen oder Optionsscheinen sehen die Vertragsbedingungen eventuell vor, dass die durch Ausübung dieser Instrumente erzielten Erlöse für den Rückkauf schuldrechtlicher oder anderer Wertpapiere des Unternehmens (oder seines Mutter- oder eines Tochterunternehmens) verwendet werden. Bei der Berechnung des verwässerten Ergebnisses je Aktie wird davon ausgegangen, dass diese Optionen oder Optionsscheine ausgeübt wurden und der Erlös für den Kauf der schuldrechtlichen Wertpapiere zum durchschnittlichen Marktpreis und nicht für den Kauf von Stammaktien verwendet wird. Sollte der durch die angenommene Ausübung erzielte Erlös jedoch über den für den angenommenen Kauf schuldrechtlicher Wertpapiere aufgewandten Betrag hinausgehen, so wird diese Differenz bei der Berechnung des verwässerten Ergebnisses je Aktie berücksichtigt (d. h., es wird davon ausgegangen, dass sie für den Rückkauf von Stammaktien eingesetzt wurde). Zinsen (abzüglich Steuern) auf schuldrechtliche Wertpapiere, von deren Kauf ausgegangen wird, werden dem Zähler als Berichtigung wieder hinzugerechnet.

GESCHRIEBENE VERKAUFSOPTIONEN

A10. Zur Erläuterung der Anwendung von Paragraph 63 soll angenommen werden, dass sich von einem Unternehmen 120 geschriebene Verkaufsoptionen auf seine Stammaktien mit einem Ausübungskurs von 35 WE in Umlauf befinden. Der durchschnittliche Marktpreis für die Stammaktien des Unternehmens in der Periode beträgt 28 WE. Bei der Berechnung des verwässerten Ergebnisses je Aktie geht das Unternehmen davon aus, dass es zur Erfüllung seiner Verkaufsverpflichtung von 4 200 WE zu Periodenbeginn 150 Aktien zu je 28 WE ausgegeben hat. Die Differenz zwischen den 150 ausgegebenen Stammaktien und den 120 Stammaktien aus der Erfüllung der Verkaufsoption (30 zusätzliche Stammaktien) wird bei der Berechnung des verwässerten Ergebnisses je Aktie auf den Nenner aufaddiert.

INSTRUMENTE VON TOCHTERUNTERNEHMEN, GEMEINSCHAFTSUNTERNEHMEN ODER ASSOZIIERTEN UNTERNEHMEN

A11. Potenzielle Stammaktien eines Tochterunternehmens, Gemeinschaftsunternehmens oder assoziierten Unternehmens, die entweder in Stammaktien des Tochterunternehmens, Gemeinschaftsunternehmens oder assoziierten Unternehmens oder in Stammaktien des Mutterunternehmens, des Partnerunternehmens oder des Gesellschafters (des berichtenden Unternehmens) umgewandelt werden können, werden wie folgt in die Berechnung des verwässerten Ergebnisses je Aktie einbezogen:

(a) Durch ein Tochterunternehmen, Gemeinschaftsunternehmen oder assoziiertes Unternehmen ausgegebene Instrumente, die ihren Inhabern den Bezug von Stammaktien des Tochterunternehmens, Gemeinschaftsunternehmens oder assoziierten Unternehmens ermöglichen, werden in die Berechnung des verwässerten Ergebnisses je Aktie des Tochterunternehmens, Gemeinschaftsunternehmens oder assoziierten Unternehmens einbezogen. Dieses Ergebnis je Aktie wird dann vom berichtenden Unternehmen in dessen Berechnungen des Ergebnisses je Aktie einbezogen, und zwar auf der Grundlage, dass das berichtende Unternehmen die Instrumente des Tochterunternehmens, Gemeinschaftsunternehmens oder assoziierten Unternehmens hält.

(b) Instrumente eines Tochterunternehmens, Gemeinschaftsunternehmens oder assoziierten Unternehmens, die in Stammaktien des berichtenden Unternehmens umgewandelt werden können, werden für die Berechnung des verwässerten Ergebnisses je Aktie als zu den potenziellen Stammaktien des berichtenden Unternehmens gehörend betrachtet. Ebenso werden auch von einem Tochterunternehmen, Gemeinschaftsunternehmen oder assoziierten Unternehmen für den Kauf von Stammaktien des berichtenden Unternehmens ausgegebene Optionen oder Optionsscheine bei der Berechnung des konsolidierten verwässerten Ergebnisses je Aktie als zu den potenziellen Stammaktien des berichtenden Unternehmens gehörend betrachtet.

A12. Um zu bestimmen, wie sich Instrumente, die von einem berichtenden Unternehmen ausgegeben wurden und in Stammaktien eines Tochterunternehmens, Gemeinschaftsunternehmens oder assoziierten Unternehmens umgewandelt werden können, auf das Ergebnis je Aktie auswirken, wird von der Umwandlung der Instrumente ausgegangen und der Zähler (der den Stammaktionären des Mutterunternehmens zurechenbare Gewinn oder Verlust) gemäß Paragraph 33 dementsprechend berichtigt. Zusätzlich dazu wird der Zähler mit Bezug auf jede Änderung berichtet, die im Gewinn oder Verlust des berichtenden Unternehmens auftritt (z. B. Erträge nach der Dividenden- oder nach der Equity-Methode) und der erhöhten Stammaktienzahl des Tochterunternehmens, Gemeinschaftsunternehmens oder assoziierten Unternehmens zuzurechnen ist, die sich als Folge der angenommenen Umwandlung in Umlauf befindet. Der Nenner ist bei der Berechnung des verwässerten Ergebnisses je Aktie nicht betroffen, weil die Zahl der in Umlauf befindlichen Stammaktien des berichtenden Unternehmens sich bei Annahme der Umwandlung nicht ändern würde.

PARTIZIPIERENDE EIGENKAPITALINSTRUMENTE UND AUS ZWEI GATTUNGEN BESTEHENDE STAMMAKTIEN

A13. Zum Eigenkapital einiger Unternehmen gehören:

(a) Instrumente, die nach einer festgelegten Formel (z. B. zwei zu eins) an Stammaktien-Dividenden beteiligt werden, wobei in einigen Fällen für die Gewinnbeteiligung eine Obergrenze (z. B. bis zu einem bestimmten Höchstbetrag je Aktie) besteht.

(b) eine Stammaktien-Gattung, deren Dividendensatz von dem der anderen Stammaktien-Gattung abweicht, ohne jedoch vorrangige oder vorgehende Rechte zu haben.

A14. Zur Berechnung des verwässerten Ergebnisses je Aktie wird bei den in Paragraph A13 bezeichneten Instrumenten, die in Stammaktien umgewandelt werden können, von einer Umwandlung ausgegangen, wenn sie eine verwässernde Wirkung hat. Für die nicht in Stammaktien-Gattung umwandelbaren Instrumente wird der Gewinn oder Verlust entsprechend ihren Dividendenrechten oder anderen Rechten auf Beteiligung an nicht ausgeschütteten Gewinnen den unterschiedlichen Aktiengattungen und gewinnberechtigten Dividendenpapieren zugewiesen. Zur Berechnung des unverwässerten und verwässerten Ergebnisses je Aktie:

(a) wird das den Stammaktieninhabern des Mutterunternehmens zurechenbare Periodenergebnis (durch Gewinnreduzierung und Verlusterhöhung) um den Betrag der Dividenden angepasst, der in der Periode für jede Aktiengattung erklärt wurde, sowie um den vertrag-

lichen Betrag der Dividenden (oder Zinsen auf Gewinnschuldverschreibungen), der für die Periode zu zahlen ist (z. B. ausgeschüttete, aber noch nicht ausgezahlte kumulative Dividenden).

(b) wird das verbleibende Periodenergebnis Stammaktien und partizipierenden Eigenkapitalinstrumenten in dem Umfang zugeteilt, in dem jedes Instrument am Gewinn oder Verlust beteiligt ist, so, als sei der gesamte Gewinn oder Verlust ausgeschüttet worden. Der gesamte jeder Gattung von Eigenkapitalinstrumenten zugewiesene Gewinn oder Verlust wird durch Addition des aus Dividenden und aus Gewinnbeteiligung zugeteilten Betrags bestimmt.

(c) wird der Gesamtbetrag des jeder Gattung von Eigenkapitalinstrumenten zugewiesenen Gewinns oder Verlusts durch die Zahl der in Umlauf befindlichen Instrumente geteilt, denen das Ergebnis zugewiesen wird, um das Ergebnis je Aktie für das Instrument zu bestimmen.

Zur Berechnung des verwässerten Ergebnisses je Aktie werden alle potenziellen Stammaktien, die als ausgegeben gelten, in die in Umlauf befindlichen Stammaktien einbezogen.

TEILWEISE BEZAHLTE AKTIEN

A15. Werden Stammaktien ausgegeben, jedoch nicht voll bezahlt, werden sie bei der Berechnung des unverwässerten Ergebnisses je Aktie in dem Umfang als Bruchteil einer Stammaktie angesehen, in dem sie während der Periode in Relation zu einer voll bezahlten Stammaktie dividendenberechtigt sind.

A16. Soweit teilweise bezahlte Aktien während der Periode nicht dividendenberechtigt sind, werden sie bei der Berechnung des verwässerten Ergebnisses je Aktie analog zu Optionen oder Optionsscheinen behandelt. Der unbezahlte Restbetrag gilt als für den Kauf von Stammaktien verwendeter Erlös. Die Zahl der in das verwässerte Ergebnis je Aktie einbezogenen Aktien ist die Differenz zwischen der Zahl der gezeichneten Aktien und der Zahl der Aktien, die als gekauft gelten.

INTERNATIONAL ACCOUNTING STANDARD 34
Zwischenberichterstattung

IAS 34, VO (EG) Nr. 1126/2008 i.d.F.

1 VO (EG) Nr. 1274/2008 [IAS 1]
3 VO (EG) Nr. 495/2009 [IFRS 3]
2 VO (EG) Nr. 70/2009
4 VO (EG) Nr. 149/2011

GLIEDERUNG	§§
ZIELSETZUNG	
ANWENDUNGSBEREICH	1–3
DEFINITIONEN	4
INHALT EINES ZWISCHENBERICHTS	5–25
Mindestbestandteile eines Zwischenberichts	8–8A
Form und Inhalt von Zwischenabschlüssen	9–14
Erhebliche Ereignisse und Geschäftsvorfälle	15–16
Weitere Angaben	16A
Angabe der Übereinstimmung mit den IFRS	19
Perioden, für die Zwischenabschlüsse aufzustellen sind	20–22
Wesentlichkeit	23–25
ANGABEN IN JÄHRLICHEN ABSCHLÜSSEN	26–27
ERFASSUNG UND BEWERTUNG	28–45
Gleiche Rechnungslegungsmethoden wie im jährlichen Abschluss	28–36
Saisonal, konjunkturell oder gelegentlich erzielte Erträge	37–38
Aufwendungen, die während des Geschäftsjahres unregelmäßig anfallen	39
Anwendung der Erfassungs- und Bewertungsgrundsätze	40
Verwendung von Schätzungen	41–42
ANPASSUNG BEREITS DARGESTELLTER ZWISCHENBERICHTSPERIODEN	43–45
ZEITPUNKT DES INKRAFTTRETENS	46–49

ZIELSETZUNG

Die Zielsetzung dieses Standards ist, den Mindestinhalt eines Zwischenberichts sowie die Grundsätze für die Erfassung und Bewertung in einem vollständigen oder verkürzten Abschluss für eine Zwischenberichtsperiode vorzuschreiben. Eine rechtzeitige und verlässliche Zwischenberichterstattung erlaubt Investoren, Gläubigern und anderen Adressaten, die Fahigkeit eines Unternehmens, Periodenüberschüsse und Mittelzuflüsse zu erzeugen, sowie seine Vermögenslage und Liquidität besser zu beurteilen.

ANWENDUNGSBEREICH

1. Dieser Standard schreibt weder vor, welche Unternehmen Zwischenberichte zu veröffentlichen haben, noch wie häufig oder innerhalb welchen Zeitraums nach dem Ablauf einer Zwischenberichtsperiode dies zu erfolgen hat. Jedoch verlangen Regierungen, Aufsichtsbehörden, Börsen und sich mit der Rechnungslegung befassende Berufsverbände oft von Unternehmen, deren Schuld- oder Eigenkapitaltitel öffentlich gehandelt werden, die Veröffentlichung von Zwischenberichten. Dieser Standard ist anzuwenden, wenn ein Unternehmen pflichtgemäß oder freiwillig einen Zwischenbericht in Übereinstimmung mit den International Financial Reporting Standards veröffentlicht. Das International Accounting Standards Committee([1]) empfiehlt Unternehmen, deren Wertpapiere öffentlich gehandelt werden, Zwischenberichte bereitzustellen, die hinsichtlich Erfassung, Bewertung und Angaben den Grundsätzen dieses Standards entsprechen. Unternehmen, deren Wertpapiere öffentlich gehandelt werden, wird insbesondere empfohlen

---
([1]) Der International Accounting Standards Board, der seine Tätigkeit im Jahr 2001 aufnahm, hat die Funktionen des International Accounting Standards Committee übernommen.

(a) Zwischenberichte wenigstens zum Ende der ersten Hälfte des Geschäftsjahres bereitzustellen; und

(b) ihre Zwischenberichte innerhalb von 60 Tagen nach Abschluss der Zwischenberichtsperiode verfügbar zu machen.

2. Jeder Finanzbericht, ob Abschluss eines Geschäftsjahres oder Zwischenbericht, ist hinsichtlich seiner Konformität mit den International Financial Reporting Standards gesondert zu beurteilen. Die Tatsache, dass ein Unternehmen während

eines bestimmten Geschäftsjahres keine Zwischenberichterstattung vorgenommen hat oder Zwischenberichte erstellt hat, die nicht diesem Standard entsprechen, darf das Unternehmen nicht davon abhalten, den International Financial Reporting Standards entsprechende Abschlüsse eines Geschäftsjahres zu erstellen, wenn ansonsten auch so verfahren wird.

3. Wenn der Zwischenbericht eines Unternehmens als mit den International Financial Reporting Standards übereinstimmend bezeichnet wird, hat er allen Anforderungen dieses Standards zu entsprechen. Paragraph 19 schreibt dafür bestimmte Angaben vor.

DEFINITIONEN

4. Die folgenden Begriffe werden in diesem Standard mit der angegebenen Bedeutung verwendet:

Eine *Zwischenberichtsperiode* ist eine Finanzberichtsperiode, die kürzer als ein gesamtes Geschäftsjahr ist.

Ein *Zwischenbericht* ist ein Finanzbericht, der einen vollständigen Abschluss (wie in IAS 1 *Darstellung des Abschlusses* (überarbeitet 2007) beschrieben) oder einen verkürzten Abschluss (wie in diesem Standard beschrieben) für eine Zwischenberichtsperiode enthält.

INHALT EINES ZWISCHENBERICHTS

5. IAS 1 (überarbeitet 2007) definiert für einen vollständigen Abschluss folgende Bestandteile:
(a) eine Bilanz zum Abschlussstichtag;
(b) eine Gesamtergebnisrechnung für die Periode;
(c) eine Eigenkapitalveränderungsrechnung für die Periode;
(d) eine Kapitalflussrechnung für die Periode;
(e) den Anhang, der eine zusammenfassende Darstellung der wesentlichen Rechnungslegungsmethoden und sonstige Erläuterungen enthält; und
(f) eine Bilanz zu Beginn der frühesten Vergleichsperiode, wenn ein Unternehmen eine Rechnungslegungsmethode rückwirkend anwendet oder Posten im Abschluss rückwirkend anpasst oder umgliedert.

6. Im Interesse rechtzeitiger Informationen, aus Kostengesichtspunkten und um eine Wiederholung bereits berichteter Informationen zu vermeiden, kann ein Unternehmen dazu verpflichtet sein oder sich freiwillig dafür entscheiden, weniger Informationen an Zwischenberichtsterminen bereitzustellen als in seinen Abschlüssen eines Geschäftsjahres. Dieser Standard definiert den Mindestinhalt eines Zwischenberichts, der einen verkürzten Abschluss und ausgewählte erläuternde Anhangangaben enthält. Der Zwischenbericht soll eine Aktualisierung des letzten Abschlusses eines Geschäftsjahres darstellen. Dementsprechend konzentriert er sich auf neue Tätigkeiten, Ereignisse und Umstände und wiederholt nicht bereits berichtete Informationen.

7. Die Vorschriften in diesem Standard sollen den Unternehmen nicht verbieten bzw. sie nicht davon abhalten, an Stelle eines verkürzten Abschlusses und ausgewählter erläuternder Anhangangaben einen vollständigen Abschluss (wie in IAS 1 beschrieben) als Zwischenbericht zu veröffentlichen. Dieser Standard verbietet nicht und hält Unternehmen auch nicht davon ab, mehr als das Minimum der von diesem Standard vorgeschriebenen Posten oder ausgewählten erläuternden Anhangangaben in verkürzte Zwischenberichte aufzunehmen. Die Anwendungsleitlinien für Erfassung und Bewertung in diesem Standard gelten auch für vollständige Abschlüsse einer Zwischenberichtsperiode; solche Abschlüsse würden sowohl alle von diesem Standard geforderten Angaben (insbesondere die ausgewählten Anhangangaben in Paragraph 16) als auch die von anderen Standards geforderten Angaben umfassen.

Mindestbestandteile eines Zwischenberichts

8. Ein Zwischenbericht hat mindestens die folgenden Bestandteile zu enthalten:
(a) eine verkürzte Bilanz;
(b) eine verkürzte Gesamtergebnisrechnung, dargestellt als:
 (i) eine verkürzte Gesamtergebnisrechnung; oder
 (ii) eine verkürzte gesonderte Gewinn- und Verlustrechnung und eine verkürzte Gesamtergebnisrechnung;
(c) eine verkürzte Eigenkapitalveränderungsrechnung;
(d) eine verkürzte Kapitalflussrechnung; und
(e) ausgewählte erläuternde Anhangangaben.

8A. Wenn ein Unternehmen die Ergebnisbestandteile in einer gesonderten Gewinn- und Verlustrechnung gemäß Paragraph 81 des IAS 1 (überarbeitet 2007) darstellt, so hat es die verkürzten Zwischenberichtsdaten in diesem Abschlussbestandteil auszuweisen.

Form und Inhalt von Zwischenabschlüssen

9. Wenn ein Unternehmen einen vollständigen Abschluss in seinem Zwischenbericht veröffentlicht, haben Form und Inhalt der Bestandteile des Abschlusses die Anforderungen des IAS 1 an vollständige Abschlüsse zu erfüllen.

10. Wenn ein Unternehmen einen verkürzten Abschluss in seinem Zwischenbericht veröffentlicht, hat dieser verkürzte Abschluss mindestens jede der Überschriften und Zwischensummen zu enthalten, die in seinem letzten Abschluss eines Geschäftsjahres enthalten waren, sowie die von diesem Standard vorgeschriebenen ausgewählten erläuternden Anhangangaben. Zusätzliche Posten oder Anhangangaben sind einzubeziehen, wenn ihr Weglassen den Zwischenbericht irreführend erscheinen lassen würde.

11. Ein Unternehmen hat in dem Abschluss, der die einzelnen Gewinn- oder Verlustposten für eine Zwischenberichtsperiode darstellt, das unverwässerte und das verwässerte Ergebnis je Aktie für diese Periode darzustellen, wenn es IAS 33 *Ergebnis je Aktie* (*) unterliegt.

(*) Dieser Paragraph wurde durch die *Verbesserungen der IFRS* vom Mai 2008 geändert, um den Anwendungsbereich von IAS 34 zu klären.

11A. Wenn ein Unternehmen die Ergebnisbestandteile in einer gesonderten Gewinn- und Verlustrechnung gemäß Paragraph 81 des IAS 1 (überarbeitet 2007) darstellt, so hat es das unverwässerte und verwässerte Ergebnis je Aktie in diesem Abschlussbestandteil auszuweisen.

12. 12. IAS 1 (überarbeitet 2007) enthält Anwendungsleitlinien zur Struktur des Abschlusses. Die Anwendungsleitlinien für IAS 1 geben Beispiele dafür, auf welche Weise die Darstellung der Bilanz, der Gesamtergebnisrechnung und der Eigenkapitalveränderungsrechnung erfolgen kann.

13. [gestrichen]

14. Ein Zwischenbericht wird auf konsolidierter Basis aufgestellt, wenn der letzte Abschluss eines Geschäftsjahres des Unternehmens ein Konzernabschluss war. Der Einzelabschluss des Mutterunternehmens stimmt mit dem Konzernabschluss in dem letzten Geschäftsbericht nicht überein oder ist damit nicht vergleichbar. Wenn der Geschäftsbericht eines Unternehmens zusätzlich zum Konzernabschluss den Einzelabschluss des Mutterunternehmens enthält, verlangt oder verbietet dieser Standard nicht die Einbeziehung des Einzelabschlusses des Mutterunternehmens in den Zwischenbericht des Unternehmens.

Erhebliche Ereignisse und Geschäftsvorfälle

15. Einem Zwischenbericht ist eine Erläuterung der Ereignisse und Geschäftsvorfälle beizufügen, die für das Verständnis der Veränderungen, die seit Ende des letzten Geschäftsjahres bei der Vermögens-, Finanz- und Ertragslage des Unternehmens eingetreten sind, erheblich sind. Mit den Informationen über diese Ereignisse und Geschäftsvorfälle werden die im letzten Geschäftsbericht enthaltenen einschlägigen Informationen aktualisiert.

15A. Ein Adressat des Zwischenberichts eines Unternehmens wird auch Zugang zum letzten Geschäftsbericht dieses Unternehmens haben. Der Anhang eines Zwischenberichts muss deshalb keine Informationen enthalten, bei denen es sich nur um relativ unwesentliche Aktualisierungen der im Anhang des letzten Geschäftsberichtes enthaltenen Informationen handelt.

15B. Nachstehend eine Aufstellung von Ereignissen und Geschäftsvorfällen, die bei Erheblichkeit angegeben werden müssten. Diese Aufzählung ist nicht vollständig:

(a) Abschreibung von Vorräten auf den Nettoveräußerungswert und Rückbuchung solcher Abschreibungen;

(b) Erfassung eines Aufwands aus der Wertminderung von finanziellen Vermögenswerten, Sachanlagen, immateriellen Vermögenswerten oder anderen Vermögenswerten sowie Aufhebung solcher Wertminderungsaufwendungen;

(c) Auflösung etwaiger Rückstellungen für Restrukturierungsmaßnahmen;

(d) Anschaffungen und Veräußerungen von Sachanlagen;

(e) Verpflichtungen zum Kauf von Sachanlagen;

(f) Beendigung von Rechtsstreitigkeiten;

(g) Korrekturen von Fehlern aus früheren Perioden;

(h) Veränderungen im Unternehmensumfeld oder bei den wirtschaftlichen Rahmenbedingungen, die sich auf den beizulegenden Zeitwert der finanziellen Vermögenswerte und Schulden des Unternehmens auswirken, unabhängig davon, ob diese Vermögenswerte oder Schulden zum beizulegenden Zeitwert oder zu fortgeführten Anschaffungskosten angesetzt werden;

(i) jeder Kreditausfall oder Bruch einer Kreditvereinbarung, der nicht bei oder vor Ablauf der Berichtsperiode beseitigt ist;

(j) Geschäftsvorfälle mit nahe stehenden Unternehmen und Personen;

(k) Verschiebungen zwischen den verschiedenen Stufen der Fair-Value-Hierarchie, die zur Bestimmung des beizulegenden Zeitwerts von Finanzinstrumenten zugrunde gelegt wird;

(l) Änderungen bei der Einstufung finanzieller Vermögenswerte, die auf eine geänderte Zweckbestimmung oder Nutzung dieser Vermögenswerte zurückzuführen sind, und

(m) Änderungen bei Eventualverbindlichkeiten oder -forderungen.

15C. Für viele der in Paragraph 15B genannten Posten liefern die einzelnen IFRS Leitlinien zu den entsprechenden Angabepflichten. Ist ein Ereignis oder Geschäftsvorfall für das Verständnis der Veränderungen, die seit Ende des letzten Geschäftsjahres bei der Vermögens-, Finanz- und Ertragslage eines Unternehmens eingetreten sind, erheblich, sollten im Abschluss für das letzte Geschäftsjahr dazu enthaltenen Angaben im Zwischenbericht des Unternehmens erläutert und aktualisiert werden.

16–18. [gestrichen]

Weitere Angaben

16A. Zusätzlich zur Angabe erheblicher Ereignisse und Geschäftsvorfälle gemäß den Paragraphen 15–15C hat ein Unternehmen in den Anhang zu seinem Zwischenabschluss die nachstehenden Angaben aufzunehmen, wenn sie nicht bereits an anderer Stelle des Zwischenberichts geliefert werden. Diese Angaben sind normalerweise vom Geschäftsjahresbeginn bis zum Zwischenberichtstermin zu liefern:

(a) eine Erklärung, dass im Zwischenabschluss dieselben Rechnungslegungsmethoden und Berechnungsmethoden angewandt werden wie im letzten Abschluss eines Geschäftsjahres oder, wenn diese Methoden geändert worden sind, eine Beschreibung der Art und Auswirkung der Änderung;
(b) erläuternde Bemerkungen über die Saisoneinflüsse oder die Konjunktureinflüsse auf die Geschäftstätigkeit innerhalb der Zwischenberichtsperiode;
(c) Art und Umfang von Sachverhalten, die Vermögenswerte, Schulden, Eigenkapital, Periodenergebnis oder Cashflows beeinflussen oder die aufgrund ihrer Art, ihres Ausmaßes oder ihrer Häufigkeit ungewöhnlich sind;
(d) Art und Umfang von Änderungen bei Schätzungen von Beträgen, die in früheren Zwischenberichtsperioden des aktuellen Geschäftsjahres dargestellt wurden, oder Änderungen bei Schätzungen von Beträgen, die in früheren Geschäftsjahren dargestellt wurden;
(e) Emissionen, Rückkäufe und Rückzahlungen von Schuldverschreibungen oder Eigenkapitaltitel;
(f) gezahlte Dividenden (zusammengefasst oder je Aktie), gesondert für Stammaktien und sonstige Aktien;
(g) folgende Segmentinformationen (die Angabe von Segmentinformationen in einem Zwischenbericht eines Unternehmens wird nur verlangt, wenn IFRS 8 *Geschäftssegmente* das Unternehmen zur Angabe der Segmentinformationen in seinem Abschluss eines Geschäftsjahres verpflichtet):
  (i) Umsatzerlöse von externen Kunden, wenn sie in die Bemessungsgrundlage des Gewinns oder Verlusts des Segments mit einbezogen sind, der von der verantwortlichen Unternehmensinstanz überprüft wird oder dieser ansonsten regelmäßig übermittelt wird;
  (ii) Umsatzerlöse, die zwischen den Segmenten erwirtschaftet werden, wenn sie in die Bemessungsgrundlage des Gewinns oder Verlusts des Segments mit einbezogen sind, der von der verantwortlichen Unternehmensinstanz überprüft wird oder dieser ansonsten regelmäßig übermittelt wird;
  (iii) Bewertung des Gewinns oder Verlusts des Segments;
  (iv) die Gesamtvermögenswerte, deren Höhe sich im Vergleich zu den Angaben im letzten Abschluss wesentlich verändert hat;
  (v) Beschreibung der Unterschiede im Vergleich zum letzten Abschluss, die sich in der Segmentierungsgrundlage oder in der Bemessungsgrundlage des Gewinns oder Verlusts des Segments ergeben haben;
  (vi) Überleitungsrechnung für den Gesamtbetrag der Bewertungen des Gewinns oder Verlusts der berichtspflichtigen Segmente zum Gewinn oder Verlust des Unternehmens vor Steueraufwand (Steuerertrag) und Aufgabe von Geschäftsbereichen. Weist ein Unternehmen indes berichtspflichtigen Segmenten Posten wie Steueraufwand (Steuerertrag) zu, kann das Unternehmen für den Gesamtbetrag der Bewertungen der Gewinns oder Verlusts der Segmente zum Gewinn oder Verlust des Unternehmens seine Überleitungsrechnung nach Ausklammerung dieser Posten erstellen. Wesentliche Abstimmungsposten sind in dieser Überleitungsrechnung gesondert zu identifizieren und zu beschreiben;
(h) nach der Zwischenberichtsperiode eingetretene Ereignisse, die im Zwischenabschluss nicht berücksichtigt wurden;
(i) Auswirkung von Änderungen in der Zusammensetzung eines Unternehmens während der Zwischenberichtsperiode, einschließlich Unternehmenszusammenschlüsse, Erlangung oder Verlust der Beherrschung über Tochterunternehmen und langfristige Finanzinvestitionen, Restrukturierungsmaßnahmen sowie Aufgabe von Geschäftsbereichen. Im Fall von Unternehmenszusammenschlüssen sind die in IFRS 3 *Unternehmenszusammenschlüsse* geforderten Angaben zu machen.
(j) [gestrichen]

Angabe der Übereinstimmung mit den IFRS

19. Wenn der Zwischenbericht eines Unternehmens den Vorschriften dieses Standards entspricht, ist diese Tatsache anzugeben. Ein Zwischenbericht darf nicht als mit den Standards übereinstimmend bezeichnet werden, solange er nicht allen Anforderungen der International Financial Reporting Standards entspricht.

Perioden, für die Zwischenabschlüsse aufzustellen sind

20. Zwischenberichte haben (verkürzte oder vollständige) Zwischenabschlüsse für Perioden wie folgt zu enthalten:
(a) eine Bilanz zum Ende der aktuellen Zwischenberichtsperiode und eine vergleichende Bilanz zum Ende des unmittelbar vorangegangenen Geschäftsjahres;
(b) eine Gesamtergebnisrechnung für die aktuelle Zwischenberichtsperiode und vom Beginn des aktuellen Geschäftsjahres bis zum Zwischenberichtstermin kumulierte Gesamtergebnisrechnung, mit vergleichenden Ge-

samtergebnisrechnungen für die vergleichbaren Zwischenberichtsperioden (zur aktuellen und zur vom Beginn des Geschäftsjahres bis zum kumulierten Zwischenberichtstermin fortgeführten Zwischenberichtsperiode) des unmittelbar vorangegangenen Geschäftsjahres. Gemäß IAS 1 (überarbeitet 2007) kann ein Zwischenbericht für jede Berichtsperiode entweder eine zusammenfassende Gesamtergebnisrechnung oder eine Aufstellung der Ergebnisbestandteile (gesonderte Gewinn- und Verlustrechnung) und eine Überleitung vom Periodenergebnis zum Gesamtergebnis mit Ausweis der Bestandteile des sonstigen Ergebnisses (Gesamtergebnisrechnung) enthalten.

(c) eine Eigenkapitalveränderungsrechnung, die Veränderungen des Eigenkapitals vom Beginn des aktuellen Geschäftsjahres bis zum Zwischenberichtstermin zeigt, mit einer vergleichenden Aufstellung für die vergleichbare Berichtsperiode vom Beginn des Geschäftsjahres an bis zum Zwischenberichtstermin des unmittelbar vorangegangenen Geschäftsjahres und

(d) eine vom Beginn des aktuellen Geschäftsjahres bis zum Zwischenberichtstermin erstellte Kapitalflussrechnung, mit einer vergleichenden Aufstellung für die vom Beginn des Geschäftsjahres an kumulierte Berichtsperiode des unmittelbar vorangegangenen Geschäftsjahres.

21. Für ein Unternehmen, dessen Geschäfte stark saisonabhängig sind, können Finanzinformationen über zwölf Monate bis zum Ende der Zwischenberichtsperiode sowie Vergleichsinformationen für die vorangegangene zwölfmonatige Berichtsperiode nützlich sein. Dementsprechend wird Unternehmen, deren Geschäfte stark saisonabhängig sind, empfohlen, solche Informationen zusätzlich zu den in dem vorangegangenen Paragraphen geforderten Informationen zu geben.

22. Anhang A veranschaulicht die darzustellenden Berichtsperioden von einem Unternehmen, das halbjährlich berichtet, sowie von einem Unternehmen, das vierteljährlich berichtet.

Wesentlichkeit

23. Bei der Entscheidung darüber, wie ein Posten zum Zweck der Zwischenberichterstattung zu erfassen, zu bewerten, zu klassifizieren oder anzugeben ist, ist die Wesentlichkeit im Verhältnis zu den Finanzdaten der Zwischenberichtsperiode einzuschätzen. Bei der Einschätzung der Wesentlichkeit ist zu beachten, dass Bewertungen in einem größeren Umfang auf Schätzungen aufbauen als die Bewertungen von jährlichen Finanzdaten.

24. IAS 1 und IAS 8 -*Rechnungslegungsmethoden, Änderungen von rechnungslegungsbezogenen Schätzungen und Fehler* definieren einen Posten als wesentlich, wenn seine Auslassung oder fehlerhafte Angabe die wirtschaftlichen Entscheidungen von Adressaten der Abschlüsse beeinflussen könnte. IAS 1 verlangt die getrennte Angabe wesentlicher Posten, darunter (beispielsweise) aufgegebene Geschäftsbereiche, und IAS 8 verlangt die Angabe von Änderungen von *rechnungslegungsbezogenen* Schätzungen, von Fehlern und Änderungen der *Rechnungslegungsmethoden*. Beide Standards enthalten keine quantifizierten Leitlinien hinsichtlich der Wesentlichkeit.

25. Während die Einschätzung der Wesentlichkeit immer Ermessensentscheidungen erfordert, stützt dieser Standard aus Gründen der Verständlichkeit der Zwischenberichtszahlen die Entscheidung über Erfassung und Angabe von Daten auf die Daten für die Zwischenberichtsperiode selbst. So werden beispielsweise ungewöhnliche Posten, Änderungen der *Rechnungslegungsmethoden* oder der *rechnungslegungsbezogenen* Schätzungen sowie Fehler auf der Grundlage der Wesentlichkeit im Verhältnis zu den Daten der Zwischenberichtsperiode erfasst und angegeben, um irreführende Schlussfolgerungen zu vermeiden, die aus der Nichtangabe resultieren könnten. Das übergeordnete Ziel ist sicherzustellen, dass ein Zwischenbericht alle Informationen enthält, die für ein Verständnis der Vermögens-, Finanz- und Ertragslage eines Unternehmens während der Zwischenberichtsperiode wesentlich sind.

ANGABEN IN JÄHRLICHEN ABSCHLÜSSEN

26. Wenn eine Schätzung eines in einer Zwischenberichtsperiode berichteten Betrags während der abschließenden Zwischenberichtsperiode eines Geschäftsjahres wesentlich geändert wird, aber kein gesonderter Finanzbericht für diese abschließende Zwischenberichtsperiode veröffentlicht wird, sind die Art und der Betrag dieser Änderung der Schätzung im Anhang des jährlichen Abschlusses eines Geschäftsjahres für dieses Geschäftsjahr anzugeben.

27. IAS 8 verlangt die Angabe der Art und (falls durchführbar) des Betrags einer Änderung der Schätzung, die entweder eine wesentliche Auswirkung auf die Berichtsperiode hat oder von der angenommen wird, dass sie eine wesentliche Auswirkung auf folgende Berichtsperioden haben wird. Paragraph 16(d) dieses Standards verlangt entsprechende Angaben in einem Zwischenbericht. Beispiele umfassen Änderungen der Schätzung in der abschließenden Zwischenberichtsperiode, die sich auf außerplanmäßige Abschreibungen von Vorräten, Restrukturierungsmaßnahmen oder Wertminderungsaufwand beziehen, die in einer früheren Zwischenberichtsperiode des Geschäftsjahres berichtet wurden. Die vom vorangegangenen Paragraphen verlangten Angaben stimmen mit den Anforderungen des IAS 8 überein und sollen eng im Anwendungsbereich sein – sie beziehen sich nur auf die Änderung einer Schätzung. Ein Unternehmen ist nicht dazu verpflichtet, zusätzliche Finanzinformationen der Zwischenberichtsperiode in seinen Abschluss eines Geschäftsjahres einzubeziehen.

ERFASSUNG UND BEWERTUNG

Gleiche Rechnungslegungsmethoden wie im jährlichen Abschluss

28. Ein Unternehmen hat in seinen Zwischenabschlüssen die gleichen *Rechnungslegungsmethoden* anzuwenden, die es in seinen jährlichen Abschlüssen eines Geschäftsjahres anwendet, mit Ausnahme von Änderungen der *Rechnungslegungsmethoden*, die nach dem Stichtag des letzten Abschlusses eines Geschäftsjahres vorgenommen wurden und die in dem nächsten Abschluss eines Geschäftsjahres wiederzugeben sind. Die Häufigkeit der Berichterstattung eines Unternehmens (jährlich, halb- oder vierteljährlich) darf die Höhe des Jahresergebnisses jedoch nicht beeinflussen. Um diese Zielsetzung zu erreichen, sind Bewertungen in Zwischenberichten unterjährig auf einer vom Geschäftsjahresbeginn bis zum Zwischenberichtstermin kumulierten Grundlage vorzunehmen.

29. Durch die Anforderung, dass ein Unternehmen die gleichen *Rechnungslegungsmethoden* in seinen Zwischenabschlüssen wie in seinen Abschlüssen eines Geschäftsjahres anzuwenden hat, könnte der Eindruck entstehen, dass Bewertungen in der Zwischenberichtsperiode so vorgenommen werden, als ob jede Zwischenberichtsperiode als unabhängige Berichterstattungsperiode alleine zu betrachten wäre. Bei der Vorschrift, dass die Häufigkeit der Berichterstattung eines Unternehmens nicht die Bewertung seiner Jahresergebnisse beeinflussen darf, erkennt Paragraph 28 jedoch an, dass eine Zwischenberichtsperiode Teil eines umfassenderen Geschäftsjahres ist. Unterjährige Bewertungen vom Beginn des Geschäftsjahres bis zum Zwischenberichtstermin können die Änderungen von Schätzungen von Beträgen einschließen, die in früheren Zwischenberichtsperioden des aktuellen Geschäftsjahres berichtet wurden. Dennoch sind die Grundsätze zur Bilanzierung von Vermögenswerten, Schulden, Erträgen und Aufwendungen für die Zwischenberichtsperioden die gleichen wie in den Jahresabschlüssen.

30. Zur Veranschaulichung:

(a) die Grundsätze zur Erfassung und Bewertung von Aufwendungen aus außerplanmäßigen Abschreibungen von Vorräten, Restrukturierungsmaßnahmen oder Wertminderungen in einer Zwischenberichtsperiode sind die gleichen wie die, die ein Unternehmen befolgen würde, wenn es nur einen Abschluss eines Geschäftsjahres aufstellen würde. Wenn jedoch solche Sachverhalte in einer Zwischenberichtsperiode erfasst und bewertet werden, und in einer der folgenden Zwischenberichtsperioden des Geschäftsjahres Schätzungen geändert werden, wird die ursprüngliche Schätzung in der folgenden Zwischenberichtsperiode entweder durch eine Abgrenzung von zusätzlichen Aufwendungen oder durch die Rückbuchung des bereits erfassten Betrags geändert;

(b) Kosten, die am Ende einer Zwischenberichtsperiode nicht die Definition eines Vermögenswerts erfüllen, werden in der Bilanz nicht abgegrenzt, um entweder zukünftige Informationen darüber abzuwarten, ob die Definition eines Vermögenswerts erfüllt wurde, oder um die Erträge über die Zwischenberichtsperioden innerhalb eines Geschäftsjahres zu glätten; und

(c) Ertragsteueraufwand wird in jeder Zwischenberichtsperiode auf der Grundlage der besten Schätzung des gewichteten durchschnittlichen jährlichen Ertragsteuersatzes erfasst, der für das gesamte Geschäftsjahr erwartet wird. Beträge, die für den Ertragsteueraufwand in einer Zwischenberichtsperiode abgegrenzt wurden, werden gegebenenfalls in einer nachfolgenden Zwischenberichtsperiode des Geschäftsjahres angepasst, wenn sich die Schätzung des jährlichen Ertragsteuersatzes ändert.

31. Gemäß dem *Rahmenkonzept für die Aufstellung und Darstellung von Abschlüssen (das Rahmenkonzept)* versteht man unter Erfassung den „Einbezug eines Sachverhaltes in der Bilanz oder in der Gesamtergebnisrechnung, der die Definition eines Abschlusspostens und die Kriterien für die Erfassung erfüllt". Die Definitionen von Vermögenswerten, Schulden, Erträgen und Aufwendungen sind für die Erfassung sowohl am Abschlussstichtag als auch am Zwischenberichtsstichtag von grundlegender Bedeutung.

32. Für Vermögenswerte werden die gleichen Kriterien hinsichtlich der Beurteilung der künftigen wirtschaftlichen Nutzens an Zwischenberichtsterminen und am Ende des Geschäftsjahres eines Unternehmens angewandt. Ausgaben, die aufgrund ihrer Art am Ende des Geschäftsjahres nicht die Bedingungen für einen Vermögenswert erfüllen würden, würden diese Bedingungen auch an Zwischenberichtsterminen nicht erfüllen. Gleichfalls hat eine Schuld an einem Zwischenberichtsstichtag ebenso wie am Abschlussstichtag eine zu diesem Zeitpunkt bestehende Verpflichtung darzustellen.

33. Ein unentbehrliches Merkmal von Erträgen und Aufwendungen ist, dass die entsprechenden Zugänge und Abgänge von Vermögenswerten und Schulden schon stattgefunden haben. Wenn diese Zugänge oder Abgänge stattgefunden haben, werden die zugehörigen Erträge und Aufwendungen erfasst. In allen anderen Fällen werden sie nicht erfasst. Das *Rahmenkonzept* besagt, „Aufwendungen werden in der Gesamtergebnisrechnung erfasst, wenn es zu einer Abnahme des künftigen wirtschaftlichen Nutzens in Verbindung mit einer Abnahme bei einem Vermögenswert oder einer Zunahme bei einer Schuld gekommen ist, die verlässlich bewertet werden kann. [Das] Rahmenkonzept gestattet jedoch nicht die Erfassung von Sachverhalten in der Bilanz, die nicht die Definition von Vermögenswerten oder Schulden erfüllen."

34. Bei der Bewertung der in seinen Abschlüssen dargestellten Vermögenswerte, Schulden, Er-

träge, Aufwendungen sowie Cashflows ist es einem Unternehmen, das nur jährlich berichtet, möglich, Informationen zu berücksichtigen, die während des gesamten Geschäftsjahres verfügbar sind. Tatsächlich beruhen seine Bewertungen auf einer vom Geschäftsjahresbeginn an bis zum Berichtstermin fortgeführten Grundlage.

35. Ein Unternehmen, das halbjährlich berichtet, verwendet Informationen, die in der Jahresmitte oder kurz danach verfügbar sind, um die Bewertungen in seinem Abschluss für die erste sechsmonatige Berichtsperiode durchzuführen, und Informationen, die am Jahresende oder kurz danach verfügbar sind, für die zwölfmonatige Berichtsperiode. Die Bewertungen für die zwölf Monate werden mögliche Änderungen von Schätzungen von Beträgen widerspiegeln, die für die erste sechsmonatige Berichtsperiode angegeben wurden. Die im Zwischenbericht für die erste sechsmonatige Berichtsperiode berichteten Beträge werden nicht rückwirkend angepasst. Die Paragraphen 16(d) und 26 schreiben jedoch vor, dass Art und Betrag jeder wesentlichen Änderung von Schätzungen angegeben wird.

36. Ein Unternehmen, das häufiger als halbjährlich berichtet, bewertet Erträge und Aufwendungen auf einer von Geschäftsjahresbeginn an bis zum Zwischenberichtstermin fortgeführten Grundlage für jede Zwischenberichtsperiode, indem es Informationen verwendet, die verfügbar sind, wenn der jeweilige Abschluss aufgestellt wird. Erträge und Aufwendungen, die in der aktuellen Zwischenberichtsperiode dargestellt werden, spiegeln alle Änderungen von Schätzungen von Beträgen wider, die in früheren Zwischenberichtsperioden des Geschäftsjahres dargestellt wurden. Die in früheren Zwischenberichtsperioden berichteten Beträge werden nicht rückwirkend angepasst. Die Paragraphen 16(d) und 26 schreiben jedoch vor, dass Art und Betrag jeder wesentlichen Änderung von Schätzungen angegeben wird.

Saisonal, konjunkturell oder gelegentlich erzielte Erträge

37. Erträge, die innerhalb eines Geschäftsjahres saisonal bedingt, konjunkturell bedingt oder gelegentlich erzielt werden, dürfen am Zwischenberichtsstichtag nicht vorgezogen oder abgegrenzt werden, wenn das Vorziehen oder die Abgrenzung am Ende des Geschäftsjahres des Unternehmens nicht angemessen wäre.

38. Beispiele umfassen Dividendenerträge, Nutzungsentgelte und Zuwendungen der öffentlichen Hand. Darüber hinaus erwirtschaften einige Unternehmen gleich bleibend mehr Erträge in bestimmten Zwischenberichtsperioden als in anderen Zwischenberichtsperioden, beispielsweise saisonale Erträge von Einzelhändlern. Solche Erträge werden bei ihrer Entstehung erfasst.

Aufwendungen, die während des Geschäftsjahres unregelmäßig anfallen

39. Aufwendungen, die unregelmäßig während des Geschäftsjahres eines Unternehmens anfallen, sind für Zwecke der Zwischenberichterstattung dann und nur dann vorzuziehen oder abzugrenzen, wenn es auch am Ende des Geschäftsjahres angemessen wäre, diese Art der Aufwendungen vorzuziehen oder abzugrenzen.

Anwendung der Erfassungs- und Bewertungsgrundsätze

40. Anhang B enthält Beispiele zur Anwendung der grundlegenden, in den Paragraphen 28-39 dargestellten Erfassungs und Bewertungsgrundsätze.

Verwendung von Schätzungen

41. Bei der Bewertung in einem Zwischenbericht ist sicherzustellen, dass die resultierenden Informationen verlässlich sind und dass alle wesentlichen Finanzinformationen, die für ein Verständnis des Vermögens-, Finanz- und Ertragslage des Unternehmens relevant sind, angemessen angegeben werden. Auch wenn die Bewertungen in Geschäftsberichten und in Zwischenberichten oft auf vernünftigen Schätzungen beruhen, wird die Aufstellung von Zwischenberichten in der Regel eine umfangreichere Verwendung von Schätzungsmethoden erfordern als die der jährlichen Rechnungslegung.

42. Anhang C enthält Beispiele für die Verwendung von Schätzungen in Zwischenberichtsperioden.

ANPASSUNG BEREITS DARGESTELLTER ZWISCHENBERICHTSPERIODEN

43. Eine Änderung der *Rechnungslegungsmethoden* ist mit Ausnahme von Übergangsregelungen, die von einem neuen IFRS vorgeschrieben werden, darzustellen,

(a) indem eine Anpassung der Abschlüsse früherer Zwischenberichtsperioden des aktuellen Geschäftsjahres und vergleichbarer Zwischenberichtsperioden früherer Geschäftsjahre, die im Abschluss nach IAS 8 anzupassen sind, vorgenommen wird, oder

(b) wenn die Ermittlung der kumulierten Auswirkung der Anwendung einer neuen *Rechnungslegungsmethode* auf alle früheren Perioden am Anfang des Geschäftsjahres und der Anpassung von Abschlüssen früherer Zwischenberichtsperioden des laufenden Geschäftsjahres sowie vergleichbarer Zwischenberichtsperioden früherer Geschäftsjahre undurchführbar ist, die neue Rechnungslegungsmethode prospektiv ab dem frühest möglichen Datum anzuwenden.

44. Eine Zielsetzung des vorangegangenen Grundsatzes ist sicherzustellen, dass eine einzige *Rechnungslegungsmethode* auf eine bestimmte Gruppe von Geschäftsvorfällen über das gesamte Geschäftsjahr angewendet wird. Gemäß IAS 8 wird eine Änderung der *Rechnungslegungsmethoden* durch die rückwirkende Anwendung widerspiegelt, wobei Finanzinformationen aus früheren

Berichtsperioden so weit wie vergangenheitsbezogen möglich angepasst werden. Wenn jedoch die Ermittlung des kumulierten Korrekturbetrags, der sich auf die früheren Geschäftsjahre bezieht, undurchführbar ist, ist gemäß IAS 8 die neue Methode prospektiv ab dem frühest möglichen Datum anzuwenden. Der Grundsatz in Paragraph 43 führt dazu, dass vorgeschrieben wird, dass alle Änderungen von *Rechnungslegungsmethoden* innerhalb des aktuellen Geschäftsjahres entweder rückwirkend oder, wenn dies undurchführbar ist, prospektiv spätestens ab Anfang des laufenden Geschäftsjahres zur Anwendung kommen.

45. Die Darstellung von Änderungen der *Rechnungslegungsmethoden* an einem Zwischenberichtstermin innerhalb des Geschäftsjahres zuzulassen, würde die Anwendung zweier verschiedener *Rechnungslegungsmethoden* auf eine bestimmte Gruppe von Geschäftsvorfällen innerhalb eines einzelnen Geschäftsjahres zulassen. Das Resultat wären Verteilungsschwierigkeiten bei der Zwischenberichterstattung, unklare Betriebsergebnisse und eine erschwerte Analyse und Verständlichkeit der Informationen im Zwischenbericht.

ZEITPUNKT DES INKRAFTTRETENS

46. Dieser Standard ist erstmals in der ersten Berichtsperiode eines am 1. Januar 1999 oder danach beginnenden Geschäftsjahres anzuwenden. Eine frühere Anwendung wird empfohlen.

47. Infolge des IAS 1 (überarbeitet 2007) wurde die in allen IFRS verwendete Terminologie geändert. Außerdem wurden die Paragraphen 4, 5, 8, 11, 12 und 20 geändert, Paragraph 13 wurde gestrichen, und die Paragraphen 8A und 11A wurden hinzugefügt. Diese Änderungen sind erstmals in der ersten Berichtsperiode eines am 1. Januar 2009 oder danach beginnenden Geschäftsjahres anzuwenden. Wird IAS 1 (überarbeitet 2007) auf eine frühere Periode angewandt, sind diese Änderungen entsprechend auch anzuwenden.

48. **Durch IFRS 3 (in der** vom International Accounting Standards Board **2008 überarbeiteten Fassung) wurde Paragraph 16(i) geändert. Diese Änderung ist erstmals in der ersten Berichtsperiode eines am 1. Juli 2009 oder danach beginnenden Geschäftsjahres anzuwenden. Wendet ein Unternehmen IFRS 3 (in der 2008 überarbeiteten Fassung) auf eine frühere Periode an, so hat es auf diese Periode auch diese Änderung anzuwenden.**

49. Durch die im Mai 2010 veröffentlichten *Verbesserungen an den IFRS* wurden Paragraph 15 geändert, die Paragraphen 15A–15C und 16A eingefügt und die Paragraphen 16–18 gestrichen. Diese Änderungen sind erstmals in der ersten Berichtsperiode eines am oder nach dem 1. Januar 2011 beginnenden Geschäftsjahres anzuwenden. Eine frühere Anwendung ist zulässig. Wendet ein Unternehmen die Änderungen auf eine frühere Periode an, hat es dies anzugeben.

2/24. IAS 36

INTERNATIONAL ACCOUNTING STANDARD 36
Wertminderung von Vermögenswerten

IAS 36, VO (EG) Nr. 1126/2008 i.d.F.

1 VO (EG) Nr. 1274/2008 [IAS 1]
3 VO (EG) Nr. 70/2009
5 VO (EG) Nr. 495/2009 [IFRS 3]
2 VO (EG) Nr. 69/2009 [IFRS 1 und IAS 27]
4 VO (EG) Nr. 70/2009 [IAS 41]
6 VO (EG) Nr. 243/2010

GLIEDERUNG	§§
ZIELSETZUNG	1
ANWENDUNGSBEREICH	2–5
DEFINITIONEN	6–17
Identifizierung eines Vermögenswerts, der wertgemindert sein könnte	7–17
BEWERTUNG DES ERZIELBAREN BETRAGS	18–57
Bewertung des erzielbaren Betrags eines immateriellen Vermögenswerts mit einer unbegrenzten Nutzungsdauer	24
Beizulegender Zeitwert abzüglich der Verkaufskosten	25–29
Nutzungswert	30–57
Grundlage für die Schätzungen der künftigen Cashflows	33–38
Zusammensetzung der Schätzungen der künftigen Cashflows	39–53
Künftige Cashflows in Fremdwährung	54
Abzinsungssatz	55–57
ERFASSUNG UND BEWERTUNG EINES WERTMINDERUNGSAUFWANDS	58–64
ZAHLUNGSMITTELGENERIERENDE EINHEITEN UND GESCHÄFTS- ODER FIRMENWERT	65–108
Identifizierung der zahlungsmittelgenerierenden Einheit, zu der ein Vermögenswert gehört	66–73
Erzielbarer Betrag und Buchwert einer zahlungsmittelgenerierenden Einheit	74–103
Geschäfts- oder Firmenwert	80–99
Zuordnung von Geschäfts- oder Firmenwert zu zahlungsmittelgenerierenden Einheiten	80–87
Überprüfung von zahlungsmittelgenerierenden Einheiten mit einem Geschäfts- oder Firmenwert auf eine Wertminderung	88–95
Zeitpunkt der Prüfungen auf Wertminderung	96–99
Vermögenswerte des Unternehmens	100–103
Wertminderungsaufwand für eine zahlungsmittelgenerierende Einheit	104–108
WERTAUFHOLUNG	109–125
Wertaufholung für einen einzelnen Vermögenswert	117–121
Wertaufholung für eine zahlungsmittelgenerierende Einheit	122–123
Wertaufholung für einen Geschäfts- oder Firmenwert	124–125
ANGABEN	126–137
Schätzungen, die zur Bewertung der erzielbaren Beträge der zahlungsmittelgenerierenden Einheiten, die einen Geschäfts- oder Firmenwert oder immaterielle Vermögenswerte mit unbegrenzter Nutzungsdauer enthalten, benutzt werden	134–137
ÜBERGANGSVORSCHRIFTEN UND ZEITPUNKT DES INKRAFTTRETENS	138–140E
RÜCKNAHME VON IAS 36 (HERAUSGEGEBEN 1998)	141
ANHANG A: DIE ANWENDUNG VON BARWERTVERFAHREN ZUR BEWERTUNG DES NUTZUNGSWERTS	A1–A21
DIE BESTANDTEILE EINER BARWERT-ERMITTLUNG	A1–A2
ALLGEMEINE PRINZIPIEN	A3
TRADITIONELLER ANSATZ UND „ERWARTETER CASHFLOW" ANSATZ ZUR DARSTELLUNG DES BARWERTS	A4–A14
Traditioneller Ansatz	A4–A6

2/24. IAS 36
1 – 5

Erwarteter Cashflow'Ansatz	A7–A14
ABZINSUNGSSATZ	A15–A21
ANHANG C	C1–C9
Prüfung auf Wertminderung von zahlungsmittelgenerierenden Einheiten mit einem Geschäfts- oder Firmenwert und nicht beherrschenden Anteilen	C1
Zuordnung eines Geschäfts- oder Firmenwerts	C2
Prüfung auf Wertminderung	C3–C4
Zuordnung eines Wertminderungsaufwands	C5–C9

ZIELSETZUNG

1. Die Zielsetzung dieses Standards ist es, die Verfahren vorzuschreiben, die ein Unternehmen anwendet, um sicherzustellen, dass seine Vermögenswerte nicht mit mehr als ihrem erzielbaren Betrag bewertet werden. Ein Vermögenswert wird mit mehr als seinem erzielbaren Betrag bewertet, wenn sein Buchwert den Betrag übersteigt, der durch die Nutzung oder den Verkauf des Vermögenswertes erzielt werden könnte. Wenn dies der Fall ist, wird der Vermögenswert als wertgemindert bezeichnet und der Standard verlangt, dass das Unternehmen einen Wertminderungsaufwand erfasst. Der Standard konkretisiert ebenso, wann ein Unternehmen einen Wertminderungsaufwand aufzuheben hat und schreibt Angaben vor.

ANWENDUNGSBEREICH

2. Dieser Standard muss auf die Bilanzierung einer Wertminderung von allen Vermögenswerten angewandt werden. Davon ausgenommen sind:
(a) Vorräte (siehe IAS 2 *Vorräte*);
(b) Vermögenswerte, die aus Fertigungsaufträgen entstehen (siehe IAS 11 *Fertigungsaufträge*);
(c) latente Steueransprüche (siehe IAS 12 *Ertragsteuern*);
(d) Vermögenswerte, die aus Leistungen an Arbeitnehmer resultieren (siehe IAS 19 *Leistungen an Arbeitnehmer*);
(e) finanzielle Vermögenswerte, die in den Anwendungsbereich des IAS 39 *Finanzinstrumente: Ansatz und Bewertung* fallen;
(f) als Finanzinvestition gehaltene Immobilien, die zum beizulegenden Zeitwert bewertet werden (siehe IAS 40 *Als Finanzinvestition gehaltene Immobilien*);
(g) mit landwirtschaftlicher Tätigkeit im Zusammenhang stehende biologische Vermögenswerte, die zum beizulegenden Zeitwert abzüglich der Verkaufskosten bewertet werden (siehe IAS 41 *Landwirtschaft*);
(h) abgegrenzte Anschaffungskosten und immaterielle Vermögenswerte, die aus den vertraglichen Rechten eines Versicherers aufgrund von Versicherungsverträgen entstehen, und in den Anwendungsbereich von IFRS 4 *Versicherungsverträge* fallen; und
(i) langfristige Vermögenswerte (oder Veräußerungsgruppen), die gemäß IFRS 5 *Zur Veräußerung gehaltene langfristige Vermögenswerte und aufgegebene Geschäftsbereiche* als zur Veräußerung gehalten klassifiziert werden.

3. Dieser Standard gilt nicht für Wertminderungen von Vorräten, Vermögenswerten aus Fertigungsaufträgen, latenten Steueransprüchen, in Verbindung mit Leistungen an Arbeitnehmer entstehenden Vermögenswerten oder Vermögenswerten, die als zur Veräußerung gehalten klassifiziert werden (oder zu einer als zur Veräußerung gehalten klassifizierten Veräußerungsgruppe gehören), da die auf diese Vermögenswerte anwendbaren bestehenden Standards Vorschriften für den Ansatz und die Bewertung dieser Vermögenswerte enthalten.

4. Dieser Standard ist auf finanzielle Vermögenswerte anzuwenden, die wie folgt eingestuft sind:
(a) Tochterunternehmen, wie in IAS 27 *Konzernabschlüsse und -abschlüsse* definiert;
(b) assoziierte Unternehmen, wie in IAS 28 *Anteile an assoziierten Unternehmen* definiert; und
(c) Gemeinschaftsunternehmen, wie in IAS 31 *Anteile an Gemeinschaftsunternehmen* definiert.

Bei Wertminderungen anderer finanzieller Vermögenswerte ist IAS 39 heranzuziehen.

5. Dieser Standard ist nicht auf finanzielle Vermögenswerte, die in den Anwendungsbereich von IAS 39 fallen, auf als Finanzinvestition gehaltene Immobilien, die zum beizulegenden Zeitwert gemäß IAS 40 bewertet werden, oder auf biologische Vermögenswerte, die mit landwirtschaftlicher Tätigkeit in Zusammenhang stehen und die gemäß IAS 41 zum beizulegenden Zeitwert abzüglich der Verkaufskosten bewertet werden, anzuwenden. Dieser Standard ist jedoch auf Vermögenswerte anzuwenden, die zum Neubewertungsbetrag (d.h. beizulegenden Zeitwert) nach anderen IFRS, wie dem Neubewertungsmodell gemäß IAS 16 *Sachanlagen* angesetzt werden. Die Identifizierung, ob ein neu bewerteter Vermögenswert wertgemindert sein könnte, hängt von der Grundlage ab, die zur Bestimmung des beizulegenden Zeitwertes benutzt wird:
(a) wenn der beizulegende Zeitwert des Vermögenswerts seinem Marktwert entspricht, besteht die Differenz zwischen dem beizulegenden Zeitwert des Vermögenswerts und dessen beizulegenden Zeitwert abzüglich der Ver-

kaufskosten in den direkt zurechenbaren Kosten für den Abgang des Vermögenswerts:

(i) wenn die Veräußerungskosten unbedeutend sind, ist der erzielbare Betrag des neu bewerteten Vermögenswerts notwendigerweise fast identisch mit, oder größer als, dessen Neubewertungsbetrag (d. h. beizulegender Zeitwert). Nach Anwendung der Anforderungen für eine Neubewertung ist es in diesem Fall unwahrscheinlich, dass der neu bewertete Vermögenswert wertgemindert ist, und eine Schätzung des erzielbaren Betrages ist nicht notwendig;

(ii) wenn die Veräußerungskosten nicht unbedeutend sind, ist der beizulegende Zeitwert abzüglich der Verkaufskosten des neu bewerteten Vermögenswerts notwendigerweise geringer als sein beizulegender Zeitwert. Deshalb wird der neu bewertete Vermögenswert wertgemindert sein, wenn sein Nutzungswert geringer ist als sein Neubewertungsbetrag (d. h. beizulegender Zeitwert). Nach Anwendung der Anforderungen für eine Neubewertung wendet ein Unternehmen in diesem Fall diesen Standard an, um zu ermitteln, ob der Vermögenswert wertgemindert sein könnte;

(b) wenn der beizulegende Zeitwert auf einer anderen Grundlage als der des Marktwertes bestimmt worden ist, kann der Neubewertungsbetrag (d. h. beizulegende Zeitwert) größer oder kleiner als der erzielbare Betrag des Vermögenswertes sein. Nach der Anwendung der Regelungen für eine Neubewertung wendet ein Unternehmen daher diesen Standard an, um zu ermitteln, ob der Vermögenswert wertgemindert sein könnte.

DEFINITIONEN

6. Die folgenden Begriffe werden in diesem Standard mit der angegebenen Bedeutung verwendet:

Ein *aktiver Markt* ist ein Markt, der die nachstehenden Bedingungen kumulativ erfüllt:

(a) die auf dem Markt gehandelten Produkte sind homogen;

(b) vertragswillige Käufer und Verkäufer können in der Regel jederzeit gefunden werden; und

(c) Preise stehen der Öffentlichkeit zur Verfügung.

Der *Buchwert* ist der Betrag, mit dem ein Vermögenswert nach Abzug aller kumulierten Abschreibungen (Amortisationen) und aller kumulierten Wertminderungsaufwendungen angesetzt wird.

Eine *zahlungsmittelgenerierende Einheit* ist die kleinste identifizierbare Gruppe von Vermögenswerten, die Mittelzuflüsse erzeugen, die weitestgehend unabhängig von den Mittelzuflüssen anderer Vermögenswerte oder anderer Gruppen von Vermögenswerten sind.

Gemeinschaftliche Vermögenswerte sind Vermögenswerte, außer dem Geschäfts- oder Firmenwert, die zu den künftigen Cashflows sowohl der zu prüfenden zahlungsmittelgenerierenden Einheit als auch anderer zahlungsmittelgenerierender Einheiten beitragen.

Die *Veräußerungskosten* sind zusätzliche Kosten, die dem Verkauf eines Vermögenswerts oder einer zahlungsmittelgenerierenden Einheit direkt zugeordnet werden können, mit Ausnahme der Finanzierungskosten und des Ertragsteueraufwands.

Das *Abschreibungsbetrag* umfasst die Anschaffungs- oder Herstellungskosten eines Vermögenswerts oder einen Ersatzbetrag abzüglich seines Restwertes.

Abschreibung (Amortisation) ist die systematische Verteilung des Abschreibungsvolumens eines Vermögenswerts über dessen Nutzungsdauer.(^{1})

(^{1}) Im Fall eines immateriellen Vermögenswerts wird grundsätzlich der Ausdruck Amortisation anstelle von Abschreibung benutzt. Beide Ausdrücke haben dieselbe Bedeutung.

Der *beizulegende Zeitwert abzüglich der Verkaufskosten* ist der Betrag, der durch den Verkauf eines Vermögenswerts oder einer zahlungsmittelgenerierenden Einheit in einer Transaktion zu Marktbedingungen zwischen sachverständigen, vertragswilligen Parteien nach Abzug der Veräußerungskosten erzielt werden könnte.

Ein *Wertminderungsaufwand* ist der Betrag, um den der Buchwert eines Vermögenswerts oder einer zahlungsmittelgenerierenden Einheit seinen erzielbaren Betrag übersteigt.

Der *erzielbare Betrag* eines Vermögenswerts oder einer zahlungsmittelgenerierenden Einheit ist der höhere der beiden Beträge aus beizulegendem Zeitwert abzüglich der Verkaufskosten und Nutzungswert.

Die *Nutzungsdauer* ist entweder

(a) die voraussichtliche Nutzungszeit des Vermögenswertes im Unternehmen; oder

(b) die voraussichtlich durch den Vermögenswert im Unternehmen zu erzielende Anzahl an Produktionseinheiten oder ähnlichen Maßgrößen.

Der *Nutzungswert* ist der Barwert der künftigen Cashflows, der voraussichtlich aus einem Vermögenswert oder einer zahlungsmittelgenerierenden Einheit abgeleitet werden kann.

Identifizierung eines Vermögenswerts, der wertgemindert sein könnte

7. Die Paragraphen 8-17 konkretisieren, wann der erzielbare Betrag zu bestimmen ist. Diese Anforderungen benutzen den Begriff „ein Vermögenswert", sind aber ebenso auf einen einzelnen Vermögenswert wie auf eine zahlungsmittelgenerierende Einheit anzuwenden. Der übrige Teil dieses Standards ist folgendermaßen aufgebaut:

(a) Die Paragraphen 18-57 beschreiben die Anforderungen an die Bewertung des erzielbaren Betrages. Diese Anforderungen benutzen auch den Begriff „ein Vermögenswert", sind aber ebenso auf einen einzelnen Vermögenswert wie auf eine zahlungsmittelgenerierende Einheit anzuwenden.

(b) Die Paragraphen 58-108 beschreiben die Anforderungen an die Erfassung und die Bewertung von Wertminderungsaufwendungen. Die Erfassung und die Bewertung von Wertminderungsaufwendungen für einzelne Vermögenswerte, außer dem Geschäfts- oder Firmenwert, werden in den Paragraphen 58-64 behandelt. Die Paragraphen 65-108 behandeln die Erfassung und Bewertung von Wertminderungsaufwendungen für zahlungsmittelgenerierende Einheiten und den Geschäfts- oder Firmenwert.

(c) Die Paragraphen 109-116 beschreiben die Anforderungen an die Umkehr eines in früheren Perioden für einen Vermögenswert oder eine zahlungsmittelgenerierende Einheit erfassten Wertminderungsaufwands. Diese Anforderungen benutzen wiederum den Begriff „ein Vermögenswert", sind aber ebenso auf einen einzelnen Vermögenswert wie auf eine zahlungsmittelgenerierende Einheit anzuwenden. Zusätzliche Anforderungen sind für einen einzelnen Vermögenswert in den Paragraphen 117-121, für eine zahlungsmittelgenerierende Einheit in den Paragraphen 122 und 123 und für den Geschäfts- oder Firmenwert in den Paragraphen 124 und 125 festgelegt.

(d) Die Paragraphen 126-133 konkretisieren die Informationen, die über Wertminderungsaufwendungen und Wertaufholungen für Vermögenswerte und zahlungsmittelgenerierende Einheiten anzugeben sind. Die Paragraphen 134-137 konkretisieren zusätzliche Angabepflichten für zahlungsmittelgenerierende Einheiten, denen ein Geschäfts- oder Firmenwert bzw. immaterielle Vermögenswerte mit unbestimmter Nutzungsdauer zwecks Überprüfung auf Wertminderung zugeordnet wurden.

8. Ein Vermögenswert ist wertgemindert, wenn sein Buchwert seinen erzielbaren Betrag übersteigt. Die Paragraphen 12-14 beschreiben einige Anhaltspunkte dafür, dass sich eine Wertminderung ereignet haben könnte. Wenn einer von diesen Anhaltspunkten vorliegt, ist ein Unternehmen verpflichtet, eine formelle Schätzung des erzielbaren Betrags vorzunehmen. Wenn kein Anhaltspunkt für einen Wertminderungsaufwand vorliegt, verlangt dieser Standard von einem Unternehmen nicht, eine formelle Schätzung des erzielbaren Betrags vorzunehmen, es sei denn, es ist etwas anderes in Paragraph 10 beschrieben.

9. Ein Unternehmen hat an jedem Abschlussstichtag einzuschätzen, ob irgendein Anhaltspunkt dafür vorliegt, dass ein Vermögenswert wertgemindert sein könnte. Wenn ein solcher Anhaltspunkt vorliegt, hat das Unternehmen den erzielbaren Betrag des Vermögenswerts zu schätzen.

10. Unabhängig davon, ob irgendein Anhaltspunkt für eine Wertminderung vorliegt, muss ein Unternehmen auch

(a) einen immateriellen Vermögenswert mit einer unbestimmten Nutzungsdauer oder einen noch nicht nutzungsbereiten immateriellen Vermögenswert jährlich auf Wertminderung überprüfen, indem sein Buchwert mit seinem erzielbaren Betrag verglichen wird. Diese Überprüfung auf Wertminderung kann zu jedem Zeitpunkt innerhalb des Geschäftsjahres durchgeführt werden, vorausgesetzt, sie wird immer zum gleichen Zeitpunkt jedes Jahres durchgeführt. Verschiedene immaterielle Vermögenswerte können zu unterschiedlichen Zeiten auf Wertminderung geprüft werden. Wenn ein solcher immaterieller Vermögenswert jedoch erstmals in der aktuellen jährlichen Periode angesetzt wurde, muss dieser immaterielle Vermögenswert vor Ende der aktuellen jährlichen Periode auf Wertminderung geprüft werden;

(b) den bei einem Unternehmenszusammenschluss erworbenen Geschäfts- oder Firmenwert jährlich auf Wertminderung gemäß den Paragraphen 80-99 überprüfen.

11. Die Fähigkeit eines immateriellen Vermögenswerts ausreichend künftigen wirtschaftlichen Nutzen zu erzeugen, um seinen Buchwert zu erzielen, unterliegt, bis der Vermögenswert zum Gebrauch zur Verfügung steht, für gewöhnlich größerer Ungewissheit, als nachdem er nutzungsbereit ist. Daher verlangt dieser Standard von einem Unternehmen, den Buchwert eines noch nicht zum Gebrauch verfügbaren immateriellen Vermögenswerts mindestens jährlich auf Wertminderung zu prüfen.

12. Bei der Beurteilung, ob irgendein Anhaltspunkt vorliegt, dass ein Vermögenswert wertgemindert sein könnte, hat ein Unternehmen mindestens die folgenden Anhaltspunkte zu berücksichtigen:

Externe Informationsquellen

(a) Während der Periode ist der Marktwert eines Vermögenswerts deutlich stärker gesunken als dies durch den Zeitablauf oder die gewöhnliche Nutzung zu erwarten wäre.

(b) Während der Periode sind signifikante Veränderungen mit nachteiligen Folgen für das Unternehmen im technischen, marktbezogenen, ökonomischen oder gesetzlichen Umfeld, in welchem das Unternehmen tätig ist, oder in Bezug auf den Markt, für den der Vermögenswert bestimmt ist, eingetreten oder werden in der nächsten Zukunft eintreten.

(c) Die Marktzinssätze oder andere Markttrends haben sich während der Periode erhöht und solche Erhöhungen werden sich wahrscheinlich auf den Abzinsungssatz, der für die Berechnung des Nutzungswerts herangezo-

gen wird, auswirken und den erzielbaren Betrag des Vermögenswertes wesentlich vermindern.
(d) Der Buchwert des Nettovermögens des Unternehmens ist größer als seine Marktkapitalisierung.

Interne Informationsquellen

(e) Es liegen substanzielle Hinweise für eine Überalterung oder einen physischen Schaden eines Vermögenswertes vor.
(f) Während der Periode haben sich signifikante Veränderungen mit nachteiligen Folgen für das Unternehmen in dem Umfang oder der Weise, in dem bzw. der der Vermögenswert genutzt wird oder aller Erwartung nach genutzt werden wird, ereignet oder werden für die nähere Zukunft erwartet. Diese Veränderungen umfassen die Stilllegung des Vermögenswerts, Planungen für die Einstellung oder Restrukturierung des Bereiches, zu dem ein Vermögenswert gehört, Planungen für den Abgang eines Vermögenswerts vor dem ursprünglich erwarteten Zeitpunkt und die Neueinschätzung der Nutzungsdauer eines Vermögenswerts als begrenzt anstatt unbegrenzt.([1])

([1]) Sobald ein Vermögenswert die Kriterien erfüllt, um als „zur Veräußerung gehalten" eingestuft zu werden (oder Teil einer Gruppe ist, die als zur Veräußerung gehalten eingestuft wird), wird er vom Anwendungsbereich dieses Standards ausgeschlossen und gemäß IFRS 5 *Zur Veräußerung gehaltene langfristige Vermögenswerte und aufgegebene Geschäftsbereiche* bilanziert.

(g) Das interne Berichtswesen liefert substanzielle Hinweise dafür, dass die wirtschaftliche Ertragskraft eines Vermögenswerts schlechter ist oder sein wird als erwartet.

Dividende von einem Tochterunternehmen, gemeinschaftlich geführten Unternehmen oder assoziierten Unternehmen

h) Für Anteile an einem Tochterunternehmen, gemeinschaftlich geführten Unternehmen oder assoziierten Unternehmen erfasst der Eigentümer eine Dividende aus den Anteilen, und es kann nachweislich festgestellt werden, dass
 i) der Buchwert der Anteile im Einzelabschluss höher ist als die Buchwerte der Nettovermögenswerte des Beteiligungsunternehmens im Konzernabschluss; einschließlich des damit verbundenen Geschäfts- oder Firmenwerts; oder
 ii) die Dividende höher ist als das Gesamtergebnis des Tochterunternehmens, gemeinschaftlich geführten Unternehmens oder assoziierten Unternehmens in der Periode, in der die Dividende festgestellt wird.

13. Die Liste in Paragraph 12 ist nicht erschöpfend. Ein Unternehmen kann andere Anhaltspunkte, dass ein Vermögenswert wertgemindert sein könnte, identifizieren, und diese würden das Unternehmen ebenso verpflichten, den erzielbaren Betrag des Vermögenswerts zu bestimmen, oder im Falle eines Geschäfts- oder Firmenwerts eine Wertminderungsüberprüfung gemäß den Paragraphen 80-99 vorzunehmen.

14. Substanzielle Hinweise aus dem internen Berichtswesen, die anzeigen, dass ein Vermögenswert wertgemindert sein könnte, schließen folgende Faktoren ein:
(a) Cashflows für den Erwerb des Vermögenswerts, oder nachfolgende Mittelanforderungen für den Betrieb oder die Unterhaltung des Vermögenswerts, die signifikant höher sind als ursprünglich geplant;
(b) tatsächliche Netto-Cashflows oder betriebliche Gewinne oder Verluste, die aus der Nutzung des Vermögenswerts resultieren, die signifikant schlechter als ursprünglich geplant sind;
(c) ein wesentlicher Rückgang der geplanten Netto-Cashflows oder des betrieblichen Ergebnisses oder eine signifikante Erhöhung der geplanten Verluste, die aus der Nutzung des Vermögenswertes resultieren; oder
(d) betriebliche Verluste oder Nettomittelabflüsse in Bezug auf den Vermögenswert, wenn die gegenwärtigen Beträge für die aktuelle Periode mit den veranschlagten Beträgen für die Zukunft zusammengefasst werden.

15. Wie in Paragraph 10 angegeben, verlangt dieser Standard, dass ein immaterieller Vermögenswert mit einer unbegrenzten Nutzungsdauer oder einer, der noch nicht zum Gebrauch verfügbar ist, und ein Geschäfts- oder Firmenwert mindestens jährlich auf Wertminderung zu überprüfen sind. Außer bei Anwendung der in Paragraph 10 dargestellten Anforderungen ist das Konzept der Wesentlichkeit bei der Feststellung, ob der erzielbare Betrag eines Vermögenswerts zu schätzen ist, heranzuziehen. Wenn frühere Berechnungen beispielsweise zeigen, dass der erzielbare Betrag eines Vermögenswerts erheblich über dessen Buchwert liegt, braucht das Unternehmen den erzielbaren Betrag des Vermögenswerts nicht erneut zu schätzen, soweit sich keine Ereignisse ereignet haben, die diese Differenz beseitigt haben könnten. Entsprechend kann eine frühere Analyse zeigen, dass der erzielbare Betrag eines Vermögenswerts auf einen (oder mehrere) der in Paragraph 12 aufgelisteten Anhaltspunkte nicht sensibel reagiert.

16. Zur Veranschaulichung von Paragraph 15 ist ein Unternehmen, wenn die Marktzinssätze oder andere Markttrendiren für Finanzinvestitionen während der Periode gestiegen sind, in den folgenden Fällen nicht verpflichtet, eine formale Schätzung des erzielbaren Betrages eines Vermögenswerts vorzunehmen,
(a) wenn der Abzinsungssatz, der bei der Berechnung des Nutzungswerts des Vermögenswerts benutzt wird, wahrscheinlich nicht von der Erhöhung dieser Marktrenditen beeinflusst

wird. Eine Erhöhung der kurzfristigen Zinssätze muss sich beispielsweise nicht wesentlich auf den Abzinsungssatz auswirken, der für einen Vermögenswert benutzt wird, der noch eine lange Restnutzungsdauer hat;

(b) wenn der Abzinsungssatz, der bei der Berechnung des Nutzungswerts des Vermögenswerts benutzt wird, wahrscheinlich von der Erhöhung dieser Marktzinssätze betroffen ist, aber eine frühere Sensitivitätsanalyse des erzielbaren Betrags zeigt, dass

　(i) es unwahrscheinlich ist, dass es zu einer wesentlichen Verringerung des erzielbaren Betrags kommen wird, weil die künftigen Cashflows wahrscheinlich ebenso steigen werden (in einigen Fällen kann ein Unternehmen beispielsweise in der Lage sein zu zeigen, dass es seine Erlöse anpasst, um jegliche Erhöhungen der Marktzinssätze zu kompensieren); oder

　(ii) es unwahrscheinlich ist, dass die Abnahme des erzielbaren Betrags einen wesentlichen Wertminderungsaufwand zur Folge hat.

17. Wenn ein Anhaltspunkt vorliegt, dass ein Vermögenswert wertgemindert sein könnte, kann dies darauf hindeuten, dass die Restnutzungsdauer, die Abschreibungs-/Amortisationsmethode oder der Restwert des Vermögenswerts überprüft und entsprechend dem auf den Vermögenswert anwendbaren Standard angepasst werden muss, auch wenn kein Wertminderungsaufwand für den Vermögenswert erfasst wird.

BEWERTUNG DES ERZIELBAREN BETRAGS

18. Dieser Standard definiert den erzielbaren Betrag als den höheren der beiden Beträge aus beizulegendem Zeitwert abzüglich der Verkaufskosten und Nutzungswert eines Vermögenswerts oder einer zahlungsmittelgenerierenden Einheit. Die Paragraphen 19-57 beschreiben die Anforderungen an die Bewertung des erzielbaren Betrags. Diese Anforderungen benutzen den Begriff „ein Vermögenswert", sind aber ebenso auf einen einzelnen Vermögenswert wie auf eine zahlungsmittelgenerierende Einheit anzuwenden.

19. Es ist nicht immer erforderlich, sowohl den beizulegenden Zeitwert abzüglich der Verkaufskosten als auch den Nutzungswert eines Vermögenswerts zu bestimmen. Wenn einer dieser Werte den Buchwert des Vermögenswerts übersteigt, ist der Vermögenswert nicht wertgemindert und es ist nicht erforderlich, den anderen Wert zu schätzen.

20. Es kann möglich sein, den beizulegenden Zeitwert abzüglich der Verkaufskosten auch dann zu bestimmen, wenn der Vermögenswert nicht an einem aktiven Markt gehandelt wird. Manchmal wird es indes nicht möglich sein, den beizulegenden Zeitwert abzüglich der Verkaufskosten zu bestimmen, weil keine Grundlage für eine verlässliche Schätzung des Betrags aus dem Verkauf des Vermögenswerts zu Marktbedingungen zwischen sachverständigen und vertragswilligen Parteien besteht. In diesem Fall kann das Unternehmen den Nutzungswert des Vermögenswerts als seinen erzielbaren Betrag verwenden.

21. Liegt kein Grund zu der Annahme vor, dass der Nutzungswert eines Vermögenswerts seinen beizulegenden Zeitwert abzüglich der Verkaufskosten wesentlich übersteigt, kann der beizulegende Zeitwert abzüglich der Verkaufskosten als erzielbarer Betrag des Vermögenswerts angesehen werden. Dies ist häufig bei Vermögenswerten der Fall, die zu Veräußerungszwecken gehalten werden. Das liegt daran, dass der Nutzungswert eines Vermögenswerts, der zu Veräußerungszwecken gehalten wird, hauptsächlich aus den Nettoveräußerungserlösen besteht, da die künftigen Cashflows aus der fortgesetzten Nutzung des Vermögenswerts bis zu seinem Abgang wahrscheinlich unbedeutend sein werden.

22. Der erzielbare Betrag ist für einen einzelnen Vermögenswert zu bestimmen, es sei denn, ein Vermögenswert erzeugt keine Mittelzuflüsse, die weitestgehend unabhängig von denen anderer Vermögenswerte oder anderer Gruppen von Vermögenswerten sind. Wenn dies der Fall ist, ist der erzielbare Betrag für die zahlungsmittelgenerierende Einheit zu bestimmen, zu der der Vermögenswert gehört (siehe Paragraphen 65-103), es sei denn, dass entweder

(a) der beizulegende Zeitwert abzüglich der Verkaufskosten des Vermögenswerts höher ist als sein Buchwert; oder

(b) der Nutzungswert des Vermögenswerts Schätzungen zufolge nahezu dem beizulegenden Zeitwert abzüglich der Verkaufskosten entspricht, und der beizulegende Zeitwert abzüglich der Verkaufskosten ermittelt werden kann.

23. In einigen Fällen können Schätzungen, Durchschnittswerte und computergestützte abgekürzte Verfahren angemessene Annäherungen an die in diesem Standard dargestellten ausführlichen Berechnungen zur Bestimmung des beizulegenden Zeitwerts abzüglich der Verkaufskosten oder des Nutzungswerts liefern.

Bewertung des erzielbaren Betrags eines immateriellen Vermögenswerts mit einer unbegrenzten Nutzungsdauer

24. Paragraph 10 verlangt, dass ein immaterieller Vermögenswert mit einer unbegrenzten Nutzungsdauer jährlich auf Wertminderung zu überprüfen ist, wobei sein Buchwert mit seinem erzielbaren Betrag verglichen wird, unabhängig davon ob irgendetwas auf eine Wertminderung hindeutet. Die jüngsten ausführlichen Berechnungen des erzielbaren Betrags eines solchen Vermögenswerts, der in einer vorhergehenden Periode ermittelt wurde, können jedoch für die Überprüfung auf Wertminderung dieses Vermögenswerts in der aktuellen Periode benutzt werden, vorausgesetzt, dass alle nachstehenden Kriterien erfüllt sind:

(a) wenn der immaterielle Vermögenswert keine Mittelzuflüsse aus der fortgesetzten Nutzung erzeugt, die von denen anderer Vermögenswerte oder Gruppen von Vermögenswerten weitestgehend unabhängig sind, und daher als Teil der zahlungsmittelgenerierenden Einheit, zu der er gehört, auf Wertminderung überprüft wird, haben sich die diese Einheit bildenden Vermögenswerte und Schulden seit der letzten Berechnung des erzielbaren Betrags nicht wesentlich geändert;

(b) die letzte Berechnung des erzielbaren Betrags ergab einen Betrag, der den Buchwert des Vermögenswertes wesentlich überstieg; und

(c) auf der Grundlage einer Analyse der seit der letzten Berechnung des erzielbaren Betrags aufgetretenen Ereignisse und geänderten Umstände ist die Wahrscheinlichkeit, dass bei einer aktuellen Ermittlung der erzielbare Betrag niedriger als der Buchwert des Vermögenswerts sein würde, äußerst gering.

Beizulegender Zeitwert abzüglich der Verkaufskosten

25. Der bestmögliche substanzielle Hinweis für den beizulegenden Zeitwert abzüglich der Verkaufskosten eines Vermögenswertes ist der in einem bindenden Kaufvertrag zwischen unabhängigen Geschäftspartnern festgelegte Preis, nach Abzug der zusätzlichen Kosten, die dem Verkauf des Vermögenswerts direkt zugeordnet werden können.

26. Wenn kein bindender Kaufvertrag vorliegt, der Vermögenswert jedoch an einem aktiven Markt gehandelt wird, ist der beizulegende Zeitwert abzüglich der Verkaufskosten der Marktpreis des Vermögenswerts abzüglich der Veräußerungskosten. Der aktuelle Angebotspreis wird für gewöhnlich als geeigneter Marktpreis erachtet. Wenn aktuelle Angebotspreise nicht zur Verfügung stehen, kann der Preis der jüngsten Transaktion eine geeignete Grundlage für die Schätzung des beizulegenden Zeitwerts abzüglich der Verkaufskosten liefern, vorausgesetzt, dass zwischen dem Zeitpunkt der Transaktion und dem Zeitpunkt, zu dem die Schätzung vorgenommen wurde, keine signifikante Veränderung der wirtschaftlichen Verhältnisse eingetreten ist.

27. Wenn kein bindender Kaufvertrag oder aktiver Markt für einen Vermögenswert besteht, basiert der beizulegende Zeitwert abzüglich der Verkaufskosten auf der Grundlage der besten verfügbaren Informationen, um den Betrag widerzuspiegeln, den ein Unternehmen an dem Abschlussstichtag aus dem Verkauf des Vermögenswerts zu Marktbedingungen zwischen sachverständigen, vertragswilligen und voneinander unabhängigen Geschäftspartnern nach dem Abzug der Veräußerungskosten erzielen könnte. Bei der Bestimmung dieses Betrags berücksichtigt ein Unternehmen das Ergebnis der jüngsten Transaktionen für ähnliche Vermögenswerte innerhalb derselben Branche. Der beizulegende Zeitwert abzüglich der Verkaufskosten spiegelt nicht das Ergebnis eines Zwangsverkaufs wider, sofern das Management nicht zum sofortigen Verkauf gezwungen ist.

28. Sofern die Veräußerungskosten nicht als Schulden angesetzt wurden, werden sie bei der Bestimmung des beizulegenden Zeitwerts abzüglich der Verkaufskosten abgezogen. Beispiele für derartige Kosten sind Gerichts- und Anwaltskosten, Börsenumsatzsteuern und ähnliche Transaktionssteuern, die Kosten für die Beseitigung des Vermögenswerts und die direkt zurechenbaren zusätzlichen Kosten, um den Vermögenswert in den entsprechenden Zustand für seinen Verkauf zu versetzen. Leistungen aus Anlass der Beendigung des Arbeitsverhältnisses (wie in IAS 19 *definiert*) und Aufwendungen, die mit der Verringerung oder Reorganisation eines Geschäftsfeldes nach dem Verkauf eines Vermögenswertes verbunden sind, sind indes keine direkt zurechenbaren zusätzlichen Kosten für die Veräußerung des Vermögenswerts.

29. Manchmal erfordert die Veräußerung eines Vermögenswerts, dass der Käufer eine Schuld übernimmt, und nur ein beizulegender Zeitwert abzüglich der Verkaufskosten vorhanden ist. Paragraph 78 erläutert, wie in solchen Fällen zu verfahren ist.

Nutzungswert

30. In der Berechnung des Nutzungswerts eines Vermögenswertes müssen sich die folgenden Elemente widerspiegeln:

(a) eine Schätzung der künftigen Cashflows, die das Unternehmen durch den Vermögenswert zu erzielen erhofft;

(b) Erwartungen im Hinblick auf eventuelle wertmäßige oder zeitliche Veränderungen dieser künftigen Cashflows;

(c) der Zinseffekt, der durch den risikolosen Zinssatz des aktuellen Markts dargestellt wird;

(d) der Preis für die mit dem Vermögenswert verbundene Unsicherheit; und

(e) andere Faktoren, wie Illiquidität, die Marktteilnehmer bei der Preisgestaltung der künftigen Cashflows, die das Unternehmen durch den Vermögenswert zu erzielen erhofft, widerspiegeln würden.

31. Die Schätzung des Nutzungswerts eines Vermögenswerts umfasst die folgenden Schritte:

(a) die Schätzung der künftigen Cashflows aus der fortgesetzten Nutzung des Vermögenswerts und aus seiner letztendlichen Veräußerung; sowie

(b) die Anwendung eines angemessenen Abzinsungssatzes für jene künftigen Cashflows.

32. Die in Paragraph 30(b), (d) und (e) aufgeführten Elemente können entweder als Berichtigungen der künftigen Cashflows oder als Korrektur des Abzinsungssatzes widergespiegelt werden. Welchen Ansatz ein Unternehmen auch anwendet, um Erwartungen hinsichtlich eventueller wertmä-

ßiger oder zeitlicher Änderungen der künftigen Cashflows widerzuspiegeln, es muss letztendlich der erwartete Barwert der künftigen Cashflows, d. h. der gewichtete Durchschnitt aller möglichen Ergebnisse widergespiegelt werden. Anhang A enthält zusätzliche Leitlinien für die Anwendung der Barwert-Methoden, um den Nutzungswert eines Vermögenswerts zu bewerten.

Grundlage für die Schätzungen der künftigen Cashflows

33. Bei der Ermittlung des Nutzungswerts muss ein Unternehmen:

(a) die Cashflow-Prognosen auf vernünftigen und vertretbaren Annahmen aufbauen, die die beste vom Management vorgenommene Einschätzung der ökonomischen Rahmenbedingungen repräsentieren, die für die Restnutzungsdauer eines Vermögenswerts bestehen werden. Ein größeres Gewicht ist dabei auf externe Hinweise zu legen;

(b) die Cashflow-Prognosen auf den jüngsten vom Management genehmigten Finanzplänen/Vorhersagen aufbauen, die jedoch alle geschätzten künftigen Mittelzuflüsse bzw. Mittelabflüsse, die aus künftigen Restrukturierungen oder aus der Verbesserung bzw. Erhöhung der Ertragskraft des Vermögenswertes erwartet werden, ausschließen sollen. Auf diesen Finanzplänen/Vorhersagen basierende Prognosen sollen sich auf einen Zeitraum von maximal fünf Jahren erstrecken, es sei denn, dass ein längerer Zeitraum gerechtfertigt werden kann;

(c) die Cashflow-Prognosen jenseits des Zeitraums schätzen, auf den sich die jüngsten Finanzpläne/Vorhersagen beziehen, unter Anwendung einer gleich bleibenden oder rückläufigen Wachstumsrate für die Folgejahre durch eine Extrapolation der Prognosen, die auf den Finanzplänen/Vorhersagen beruhen, es sei denn, dass eine steigende Rate gerechtfertigt werden kann. Diese Wachstumsrate darf die langfristige Durchschnittswachstumsrate für die Produkte, die Branchen oder das Land bzw. die Länder, in dem/denen das Unternehmen tätig ist, oder für den Markt, in welchem der Vermögenswert genutzt wird, nicht überschreiten, es sei denn, dass eine höhere Rate gerechtfertigt werden kann.

34. Das Management beurteilt die Angemessenheit der Annahmen, auf denen seine aktuellen Cashflow-Prognosen beruhen, indem es die Gründe für Differenzen zwischen den vorherigen Cashflow-Prognosen und den aktuellen Cashflows überprüft. Das Management hat sicherzustellen, dass die Annahmen, auf denen die aktuellen Cashflow-Prognosen beruhen, mit den effektiven Ergebnissen der Vergangenheit übereinstimmen, vorausgesetzt, dass die Auswirkungen von Ereignissen und Umständen, die, nachdem die effektiven Cashflows generiert waren, auftraten, dies als geeignet erscheinen lassen.

35. Detaillierte, eindeutige und verlässliche Finanzpläne/Vorhersagen für künftige Cashflows für längere Perioden als fünf Jahre sind in der Regel nicht verfügbar. Aus diesem Grund beruhen die Schätzungen des Managements über die künftigen Cashflows auf den jüngsten Finanzplänen/Vorhersagen für einen Zeitraum von maximal fünf Jahren. Das Management kann auch Cashflow-Prognosen verwenden, die sich auf Finanzpläne/Vorhersagen für einen längeren Zeitraum als fünf Jahre erstrecken, wenn es sicher ist, dass diese Prognosen verlässlich sind und es seine Fähigkeit unter Beweis stellen kann, basierend auf vergangenen Erfahrungen, die Cashflows über den entsprechenden längeren Zeitraum genau vorherzusagen.

36. Cashflow-Prognosen bis zum Ende der Nutzungsdauer eines Vermögenswerts werden durch die Extrapolation der Cashflow-Prognosen auf der Basis der Finanzpläne/Vorhersagen unter Verwendung einer Wachstumsrate für die Folgejahre vorgenommen. Diese Rate ist gleich bleibend oder fallend, es sei denn, dass eine Steigerung der Rate objektiven Informationen über den Verlauf des Lebenszyklus eines Produkts oder einer Branche entspricht. Falls angemessen, ist die Wachstumsrate gleich Null oder negativ.

37. Soweit die Bedingungen günstig sind, werden Wettbewerber wahrscheinlich in den Markt eintreten und das Wachstum beschränken. Deshalb ist es für ein Unternehmen schwierig, die durchschnittliche historische Wachstumsrate für die Produkte, die Branchen, das Land oder die Länder, in dem/denen das Unternehmen tätig ist, oder für den Markt für den der Vermögenswert genutzt wird, über einen längeren Zeitraum (beispielsweise zwanzig Jahre) zu überschreiten.

38. Bei der Verwendung der Informationen aus den Finanzplänen/Vorhersagen berücksichtigt ein Unternehmen, ob die Informationen auf vernünftigen und vertretbaren Annahmen beruhen und die beste Einschätzung des Managements der ökonomischen Rahmenbedingungen, die während der Restnutzungsdauer eines Vermögenswerts bestehen werden, darstellen.

Zusammensetzung der Schätzungen der künftigen Cashflows

39. In die Schätzungen der künftigen Cashflows sind die folgenden Elemente einzubeziehen:

(a) Prognosen der Mittelzuflüsse aus der fortgesetzten Nutzung des Vermögenswerts;

(b) Prognosen der Mittelabflüsse, die notwendigerweise entstehen, um Mittelzuflüsse aus der fortgesetzten Nutzung eines Vermögenswerts zu erzielen (einschließlich der Mittelabflüsse zur Vorbereitung des Vermögenswerts für seine Nutzung), die direkt oder auf einer vernünftigen und stetigen Basis dem Vermögenswert zugeordnet werden können; und

(c) Netto-Cashflows, die ggf. für den Abgang des Vermögenswerts am Ende seiner Nutzungsdauer eingehen (oder gezahlt werden).

40. Schätzungen der künftigen Cashflows und des Abzinsungssatzes spiegeln stetige Annahmen über die auf die allgemeine Inflation zurückzuführenden Preissteigerungen wider. Wenn der Abzinsungssatz die Wirkung von Preissteigerungen, die auf die allgemeine Inflation zurückzuführen sind, einbezieht, werden die künftigen Cashflows in nominalen Beträgen geschätzt. Wenn der Abzinsungssatz die Wirkung von Preissteigerungen, die auf die allgemeine Inflation zurückzuführen sind, nicht einbezieht, werden die künftigen Cashflows in realen Beträgen geschätzt (schließen aber künftige spezifische Preissteigerungen oder -senkungen ein).

41. Die Prognosen der Mittelabflüsse schließen jene für die tägliche Wartung des Vermögenswerts als auch künftige Gemeinkosten ein, die der Nutzung des Vermögenswerts direkt zugerechnet oder auf einer vernünftigen und stetigen Basis zugeordnet werden können.

42. Wenn der Buchwert eines Vermögenswerts noch nicht alle Mittelabflüsse enthält, die anfallen werden, bevor dieser nutzungs- oder verkaufsbereit ist, enthält die Schätzung der künftigen Mittelabflüsse eine Schätzung aller weiteren künftigen Mittelabflüsse, die erwartungsgemäß anfallen werden, bevor der Vermögenswert nutzungs- oder verkaufsbereit ist. Dies ist beispielsweise der Fall für ein im Bau befindliches Gebäude oder bei einem noch nicht abgeschlossenen Entwicklungsprojekt.

43. Um Doppelzählungen zu vermeiden, beziehen die Schätzungen der künftigen Cashflows die folgenden Faktoren nicht mit ein:

(a) Mittelzuflüsse von Vermögenswerten, die Mittelzuflüsse erzeugen, die weitgehend unabhängig von den Mittelzuflüssen des zu prüfenden Vermögenswerts sind (beispielsweise finanzielle Vermögenswerte wie Forderungen); und

(b) Mittelabflüsse, die sich auf als Schulden angesetzte Verpflichtungen beziehen (beispielsweise Verbindlichkeiten, Pensionen oder Rückstellungen).

44. Künftige Cashflows sind für einen Vermögenswert in seinem gegenwärtigen Zustand zu schätzen. Schätzungen der künftigen Cashflows dürfen nicht die geschätzten künftigen Mittelzu- und abflüsse umfassen, deren Entstehung erwartet wird, aufgrund

(a) einer künftigen Restrukturierung, zu der ein Unternehmen noch nicht verpflichtet ist; oder

(b) einer Verbesserung oder Erhöhung der Ertragskraft des Vermögenswerts.

45. Da die künftigen Cashflows für einen Vermögenswert in seinem gegenwärtigen Zustand geschätzt werden, spiegelt der Nutzungswert nicht die folgenden Faktoren wider:

(a) künftige Mittelabflüsse oder die dazugehörigen Kosteneinsparungen (beispielsweise durch die Verminderung des Personalaufwands) oder der erwartete Nutzen aus einer künftigen Restrukturierung, zu der ein Unternehmen noch nicht verpflichtet ist; oder

(b) künftige Mittelabflüsse, die die Ertragskraft des Vermögenswerts verbessern oder erhöhen werden, oder die dazugehörigen Mittelzuflüsse, die aus solchen Mittelabflüssen entstehen sollen.

46. Eine Restrukturierung ist ein vom Management geplantes und gesteuertes Programm, das entweder den Umfang der Geschäftstätigkeit oder die Weise, in der das Geschäft geführt wird, wesentlich verändert. IAS 37 *Rückstellungen, Eventualverbindlichkeiten und Eventualforderungen* konkretisiert, wann sich ein Unternehmen zu einer Restrukturierung verpflichtet hat.

47. Wenn ein Unternehmen zu einer Restrukturierung verpflichtet ist, sind wahrscheinlich einige Vermögenswerte von der Restrukturierung betroffen . Sobald das Unternehmen zur Restrukturierung verpflichtet ist,

(a) spiegeln seine zwecks Bestimmung des Nutzungswerts künftigen Schätzungen der Cashflows die Kosteneinsparungen und den sonstigen Nutzen aus der Restrukturierung wider (auf Basis der jüngsten vom Management gebilligten Finanzpläne/Vorhersagen); und

(b) werden seine Schätzungen künftiger Mittelabflüsse für die Restrukturierung in einer Restrukturierungsrückstellung in Übereinstimmung mit IAS 37 erfasst.

Das erläuternde Beispiel 5 veranschaulicht die Wirkung einer künftigen Restrukturierung auf die Berechnung des Nutzungswerts.

48. Bis ein Unternehmen Mittelabflüsse tätigt, die die Ertragskraft des Vermögenswerts verbessern oder erhöhen, enthalten die Schätzungen der künftigen Cashflows keine künftigen geschätzten Mittelzuflüsse, die infolge der Erhöhung des mit dem Mittelabfluss verbundenen wirtschaftlichen Nutzens zufließen werden (siehe erläuterndes Beispiel 6).

49. Schätzungen der künftigen Cashflows umfassen auch künftige Mittelabflüsse, die erforderlich sind, um den wirtschaftlichen Nutzen des Vermögenswerts auf dem gegenwärtigen Niveau zu halten. Wenn eine zahlungsmittelgenerierende Einheit aus Vermögenswerten mit verschiedenen geschätzten Nutzungsdauern besteht, die alle für den laufenden Betrieb der Einheit notwendig sind, wird bei der Schätzung der mit der Einheit verbundenen künftigen Cashflows der Ersatz von Vermögenswerten kürzerer Nutzungsdauer als Teil der täglichen Wartung der Einheit betrachtet. Ähnliches gilt, wenn ein einzelner Vermögenswert aus Bestandteilen mit unterschiedlichen Nutzungsdauern besteht, dann wird der Ersatz der Bestandteile kürzerer Nutzungsdauer als Teil der täglichen Wartung des Vermögenswerts betrachtet, wenn die vom Vermögenswert generierten künftigen Cashflows geschätzt werden.

50. In den Schätzungen der künftigen Cashflows sind folgende Elemente nicht enthalten:

(a) Mittelzu- oder -abflüsse aus Finanzierungstätigkeiten; oder

(b) Ertragsteuereinnahmen oder -zahlungen.

51. Geschätzte künftige Cashflows spiegeln Annahmen wider, die der Art und Weise der Bestimmung des Abzinsungssatzes entsprechen. Andernfalls würden die Wirkungen einiger Annahmen zweimal angerechnet oder ignoriert werden. Da der Zinseffekt bei der Diskontierung der künftigen Cashflows berücksichtigt wird, schließen diese Cashflows Mittelzu- oder -abflüsse aus Finanzierungstätigkeit aus. Da der Abzinsungssatz auf einer Vorsteuerbasis bestimmt wird, werden auch die künftigen Cashflows auf einer Vorsteuerbasis geschätzt.

52. Die Schätzung der Netto-Cashflows, die für den Abgang eines Vermögenswerts am Ende seiner Nutzungsdauer eingehen (oder gezahlt werden), muss dem Betrag entsprechen, den ein Unternehmen aus dem Verkauf des Vermögenswerts zwischen sachverständigen, vertragswilligen und voneinander unabhängigen Geschäftspartnern nach Abzug der geschätzten Veräußerungskosten erzielen könnte.

53. Die Schätzung der Netto-Cashflows, die für den Abgang eines Vermögenswertes am Ende seiner Nutzungsdauer eingehen (oder gezahlt werden), ist in einer ähnlichen Weise wie beim beizulegenden Zeitwert abzüglich der Verkaufskosten eines Vermögenswerts zu bestimmen, außer dass bei der Schätzung dieser Netto-Cashflows

(a) ein Unternehmen die Preise verwendet, die zum Zeitpunkt der Schätzung für ähnlicher Vermögenswerte gelten, die das Ende ihrer Nutzungsdauer erreicht haben und die unter Bedingungen verwendet wurden, die mit den Bedingungen vergleichbar sind, unter denen der Vermögenswert genutzt werden soll;

(b) das Unternehmen diese Preise im Hinblick auf die Auswirkungen künftiger Preiserhöhungen aufgrund der allgemeinen Inflation und spezieller künftiger Preissteigerungen/-senkungen anpasst. Wenn die Schätzungen der künftigen Cashflows aus der fortgesetzten Nutzung des Vermögenswerts und des Abzinsungssatzes die Wirkung der allgemeinen Inflation indes ausschließen, dann berücksichtigt das Unternehmen diese Wirkung auch nicht bei der Schätzung der Netto-Cashflows des Abgangs.

Künftige Cashflows in Fremdwährung

54. Künftige Cashflows werden in der Währung geschätzt, in der sie generiert werden, und werden mit einem für diese Währung angemessenen Abzinsungssatz abgezinst. Ein Unternehmen rechnet den Barwert mithilfe des am Tag der Berechnung des Nutzungswerts geltenden Devisenkassakurses um.

Abzinsungssatz

55. Bei dem Abzinsungssatz (den Abzinsungssätzen) muss es sich um einen Zinssatz (Zinssätze) vor Steuern handeln, der (die) die gegenwärtigen Marktbewertungen folgender Faktoren widerspiegelt (widerspiegeln):

(a) den Zinseffekt; und

(b) die speziellen Risiken eines Vermögenswerts, für die die geschätzten künftigen Cashflows nicht angepasst wurden.

56. Ein Zinssatz, der die gegenwärtigen Markteinschätzungen des Zinseffekts und die speziellen Risiken eines Vermögenswerts widerspiegelt, ist die Rendite, die Investoren verlangen würden, wenn eine Finanzinvestition zu wählen wäre, die Cashflows über Beträge, Zeiträume und Risikoprofile erzeugen würde, die vergleichbar mit denen wären, das Unternehmen von dem Vermögenswert zu erzielen erhofft. Dieser Zinssatz ist auf der Basis des Zinssatzes zu schätzen, der bei gegenwärtigen Markttransaktionen für vergleichbare Vermögenswerte verwendet wird, oder auf der Basis der durchschnittlich gewichteten Kapitalkosten eines börsennotierten Unternehmens, das einen einzelnen Vermögenswert (oder einen Bestand an Vermögenswerten) besitzt, der mit dem zu prüfenden Vermögenswert im Hinblick auf das Nutzungspotenzial und die Risiken vergleichbar ist. Der Abzinsungssatz (die Abzinsungssätze), der (die) zur Berechnung des Nutzungswerts eines Vermögenswerts verwendet wird (werden), darf (dürfen) jedoch keine Risiken widerspiegeln, für die die geschätzten künftigen Cashflows bereits angepasst wurden. Andernfalls würden die Wirkungen einiger Annahmen doppelt angerechnet.

57. Wenn ein vermögenswertespezifischer Zinssatz nicht direkt über den Markt erhältlich ist, verwendet ein Unternehmen Ersatzfaktoren zur Schätzung des Abzinsungssatzes. Anhang A enthält zusätzliche Leitlinien zur Schätzung von Abzinsungssätzen unter diesen Umständen.

ERFASSUNG UND BEWERTUNG EINES WERTMINDERUNGSAUFWANDS

58. Die Paragraphen 59-64 beschreiben die Anforderungen an die Erfassung und Bewertung eines Wertminderungsaufwands für einen einzelnen Vermögenswert mit Ausnahme eines Geschäfts- oder Firmenwerts. Die Erfassung und Bewertung des Wertminderungsaufwands einer zahlungsmittelgenerierenden Einheit und eines Geschäfts- oder Firmenwerts werden in den Paragraphen 65-108 behandelt.

59. Dann, und nur dann, wenn der erzielbare Betrag eines Vermögenswertes geringer als sein Buchwert ist, ist der Buchwert des Vermögenswerts auf seinen erzielbaren Betrag zu verringern. Diese Verringerung stellt einen Wertminderungsaufwand dar.

60. Ein Wertminderungsaufwand ist sofort im Gewinn oder Verlust zu erfassen, es sei denn, dass der Vermögenswert zum Neubewertungsbetrag nach einem anderen Standard (beispielsweise nach dem Neubewertungsmodell in IAS 16) erfasst wird. Jeder Wertminderungsaufwand eines neu bewerteten Vermögenswertes ist als eine Neubewer-

tungsabnahme in Übereinstimmung mit diesem anderen Standard zu behandeln.

61. Ein Wertminderungsaufwand eines nicht neu bewerteten Vermögenswerts wird im Periodenergebnis erfasst. Ein Wertminderungsaufwand eines neu bewerteten Vermögenswerts wird indes im sonstigen Ergebnis erfasst, soweit der Wertminderungsaufwand nicht den in der Neubewertungsrücklage für denselben Vermögenswert ausgewiesenen Betrag übersteigt. Ein solcher Wertminderungsaufwand eines neu bewerteten Vermögenswerts führt zu einer Minderung der entsprechenden Neubewertungsrücklage.

62. Wenn der geschätzte Betrag des Wertminderungsaufwands größer ist als der Buchwert des Vermögenswerts, hat ein Unternehmen dann, und nur dann, eine Schuld anzusetzen, wenn dies von einem anderen Standard verlangt wird.

63. Nach der Erfassung eines Wertminderungsaufwands ist der Abschreibungs-/Amortisationsaufwand eines Vermögenswerts in künftigen Perioden anzupassen, um den berichtigten Buchwert des Vermögenswerts, abzüglich eines etwaigen Restwerts systematisch über seine Restnutzungsdauer zu verteilen.

64. Wenn ein Wertminderungsaufwand erfasst worden ist, werden alle damit in Beziehung stehenden latenten Steueransprüche oder -schulden nach IAS 12 bestimmt, indem der berichtigte Buchwert des Vermögenswerts mit seiner steuerlichen Basis verglichen wird (siehe erläuterndes Beispiel 3).

ZAHLUNGSMITTELGENERIERENDE EINHEITEN UND GESCHÄFTS- ODER FIRMENWERT

65. Die Paragraphen 66–108 und Anhang C beschreiben die Anforderungen an die Identifizierung der zahlungsmittelgenerierenden Einheit, zu der ein Vermögenswert gehört, sowie an die Bestimmung des Buchwerts und die Erfassung der Wertminderungsaufwendungen für zahlungsmittelgenerierende Einheiten und Geschäfts- oder Firmenwerte.

Identifizierung der zahlungsmittelgenerierenden Einheit, zu der ein Vermögenswert gehört

66. Wenn irgendein Anhaltspunkt dafür vorliegt, dass ein Vermögenswert wertgemindert sein könnte, ist der erzielbare Betrag für den einzelnen Vermögenswert zu schätzen. Falls es nicht möglich ist, den erzielbaren Betrag für den einzelnen Vermögenswert zu schätzen, hat ein Unternehmen den erzielbaren Betrag der zahlungsmittelgenerierenden Einheit zu bestimmen, zu der der Vermögenswert gehört (die zahlungsmittelgenerierende Einheit des Vermögenswerts).

67. Der erzielbare Betrag eines einzelnen Vermögenswerts kann nicht bestimmt werden, wenn:

(a) der Nutzungswert des Vermögenswerts nicht nah an seinem beizulegenden Zeitwert abzüglich der Verkaufskosten geschätzt werden kann (wenn beispielsweise die künftigen Cashflows aus der fortgesetzten Nutzung des Vermögenswertes nicht als unbedeutend eingeschätzt werden können); und

(b) der Vermögenswert keine Mittelzuflüsse erzeugt, die weitestgehend unabhängig von denen anderer Vermögenswerte sind.

In derartigen Fällen kann ein Nutzungswert und demzufolge ein erzielbarer Betrag nur für die zahlungsmittelgenerierende Einheit des Vermögenswerts bestimmt werden.

Beispiel

Ein Bergbauunternehmen besitzt eine private Eisenbahn zur Unterstützung seiner Bergbautätigkeit. Die private Eisenbahn könnte nur zum Schrottwert verkauft werden und sie erzeugt keine Mittelzuflüsse, die weitestgehend unabhängig von denen der anderen Vermögenswerte des Bergwerks sind.

Es ist nicht möglich, den erzielbaren Betrag der privaten Eisenbahn zu schätzen, weil ihr Nutzungswert nicht bestimmt werden kann und wahrscheinlich von dem Schrottwert abweicht. Deshalb schätzt das Unternehmen den erzielbaren Betrag der zahlungsmittelgenerierenden Einheit, zu der die private Eisenbahn gehört, d. h. des Bergwerkes als Ganzes.

68. Wie in Paragraph 6 definiert, ist die zahlungsmittelgenerierende Einheit eines Vermögenswerts die kleinste Gruppe von Vermögenswerten, die den Vermögenswert enthält und Mittelzuflüsse erzeugt, die weitestgehend unabhängig von den Mittelzuflüssen anderer Vermögenswerte oder einer anderen Gruppe von Vermögenswerten sind. Die Identifizierung der zahlungsmittelgenerierenden Einheit eines Vermögenswerts erfordert Einschätzungen. Wenn der erzielbare Betrag nicht für einen einzelnen Vermögenswert bestimmt werden kann, identifiziert ein Unternehmen die kleinste Zusammenfassung von Vermögenswerten, die weitestgehend unabhängige Mittelzuflüsse erzeugt.

Beispiel

Eine Busgesellschaft bietet Beförderungsleistungen im Rahmen eines Vertrags mit einer Gemeinde an, der auf fünf verschiedenen Strecken jeweils einen Mindestservice verlangt. Die auf jeder Strecke eingesetzten Vermögenswerte und die Cashflows von jeder Strecke können gesondert identifiziert werden. Auf einer der Strecken wird ein erheblicher Verlust erwirtschaftet.

Da das Unternehmen nicht die Möglichkeit hat, eine der Busrouten einzuschränken, ist die niedrigste Einheit identifizierbarer Mittelzuflüsse, die weitestgehend von den Mittelzuflüssen anderer Vermögenswerte oder anderer Gruppen von Vermögenswerten unabhängig sind, die von den fünf Routen gemeinsam erzeugten Mittelzuflüsse. Die zahlungsmittelgenerierende Einheit für jede der Strecken ist die Busgesellschaft als Ganzes.

69. Mittelzuflüsse sind die Zuflüsse von Zahlungsmitteln und Zahlungsmitteläquivalenten, die von Parteien außerhalb des Unternehmens zufließen. Bei der Identifizierung, ob die Mittelzuflüsse von einem Vermögenswert (oder einer Gruppe von Vermögenswerten) weitestgehend von den Mittelzuflüssen anderer Vermögenswerte (oder anderer Gruppen von Vermögenswerten) unabhängig sind,

berücksichtigt ein Unternehmen verschiedene Faktoren einschließlich der Frage, wie das Management die Unternehmenstätigkeiten steuert (z. B. nach Produktlinien, Geschäftsfeldern, einzelnen Standorten, Bezirken oder regionalen Gebieten), oder wie das Management Entscheidungen über die Fortsetzung oder den Abgang der Vermögenswerte bzw. die Einstellung von Unternehmenstätigkeiten trifft. Das erläuternde Beispiel 1 enthält Beispiele für die Identifizierung einer zahlungsmittelgenerierenden Einheit.

70. Wenn ein aktiver Markt für die von einem Vermögenswert oder einer Gruppe von Vermögenswerten produzierten Erzeugnisse und erstellten Dienstleistungen besteht, ist dieser Vermögenswert oder diese Gruppe von Vermögenswerten als eine zahlungsmittelgenerierende Einheit zu identifizieren, auch wenn die produzierten Erzeugnisse oder erstellten Dienstleistungen ganz oder teilweise intern genutzt werden. Wenn die von einem Vermögenswert oder einer zahlungsmittelgenerierenden Einheit erzeugten Mittelzuflüsse von der Berechnung interner Verrechnungspreise betroffen sind, so hat ein Unternehmen die bestmöglichste Schätzung des Managements über den (die) künftigen Preis(e), der (die) bei Transaktionen zu marktüblichen Bedingungen erzielt werden könnte(n), zu verwenden, indem

(a) die zur Bestimmung des Nutzungswertes des Vermögenswertes oder der zahlungsmittelgenerierenden Einheit verwendeten künftigen Mittelzuflüsse geschätzt werden; und

(b) die künftigen Mittelabflüsse geschätzt werden, die zur Bestimmung des Nutzungswerts aller anderen von der Berechnung interner Verrechnungspreise betroffenen Vermögenswerte oder zahlungsmittelgenerierenden Einheiten verwendet werden.

71. Auch wenn ein Teil oder die gesamten produzierten Erzeugnisse und erstellten Dienstleistungen, die von einem Vermögenswert oder einer Gruppe von Vermögenswerten erzeugt werden, von anderen Einheiten des Unternehmens genutzt werden (beispielsweise Produkte für eine Zwischenstufe im Produktionsprozess), bildet dieser Vermögenswert oder diese Gruppe von Vermögenswerten eine gesonderte zahlungsmittelgenerierende Einheit, wenn das Unternehmen diese produzierten Erzeugnisse und erstellten Dienstleistungen an einem aktiven Markt verkaufen kann. Das liegt daran, dass der Vermögenswert oder die Gruppe von Vermögenswerten Mittelzuflüsse erzeugen kann, die weitestgehend von den Mittelflüssen von anderen Vermögenswerten oder einer anderen Gruppe von Vermögenswerten unabhängig wären. Bei der Verwendung von Informationen, die auf Finanzplänen/Vorhersagen basieren, die sich auf eine solche zahlungsmittelgenerierende Einheit oder auf jeden anderen Vermögenswert bzw. jede andere zahlungsmittelgenerierende Einheit, die von der internen Verrechnungspreisermittlung betroffen ist, beziehen, passt ein Unternehmen diese Informationen an, wenn die internen Verrechnungspreise nicht die beste Schätzung des Managements über die künftigen Preise, die bei Transaktionen zu marktüblichen Bedingungen erzielt werden könnten, widerspiegeln.

72. Zahlungsmittelgenerierende Einheiten sind von Periode zu Periode für die gleichen Vermögenswerte oder Arten von Vermögenswerten stetig zu identifizieren, es sei denn, dass eine Änderung gerechtfertigt ist.

73. Wenn ein Unternehmen bestimmt, dass ein Vermögenswert zu einer anderen zahlungsmittelgenerierenden Einheit als in den vorangegangenen Perioden gehört, oder dass die Arten von Vermögenswerten, die zu der zahlungsmittelgenerierenden Einheit des Vermögenswerts zusammengefasst werden, sich geändert haben, verlangt Paragraph 130 Angaben über die zahlungsmittelgenerierende Einheit, wenn ein Wertminderungsaufwand für die zahlungsmittelgenerierende Einheit erfasst oder aufgehoben wird.

Erzielbarer Betrag und Buchwert einer zahlungsmittelgenerierenden Einheit

74. Der erzielbare Betrag einer zahlungsmittelgenerierenden Einheit ist der höhere der beiden Beträge aus beizulegendem Zeitwert abzüglich Verkaufskosten und Nutzungswert einer zahlungsmittelgenerierenden Einheit. Für den Zweck der Bestimmung des erzielbaren Betrags einer zahlungsmittelgenerierenden Einheit ist jeder Bezug in den Paragraphen 19-57 auf „einen Vermögenswert" als ein Bezug auf „eine zahlungsmittelgenerierende Einheit" zu verstehen.

75. Der Buchwert einer zahlungsmittelgenerierenden Einheit ist in Übereinstimmung mit der Art, in der der erzielbare Betrag einer zahlungsmittelgenerierenden Einheit bestimmt wird, zu ermitteln.

76. Der Buchwert einer zahlungsmittelgenerierenden Einheit

(a) enthält den Buchwert nur solcher Vermögenswerte, die der zahlungsmittelgenerierenden Einheit direkt zugerechnet oder auf einer vernünftigen und stetigen Basis zugeordnet werden können, und die künftige Mittelzuflüsse erzeugen werden, die bei der Bestimmung des Nutzungswerts der zahlungsmittelgenerierenden Einheit verwendet wurden; und

(b) enthält nicht den Buchwert irgendeiner angesetzten Schuld, es sei denn, dass der erzielbare Betrag der zahlungsmittelgenerierenden Einheit nicht ohne die Berücksichtigung dieser Schuld bestimmt werden kann.

Das liegt daran, dass der beizulegende Zeitwert abzüglich der Verkaufskosten und der Nutzungswert einer zahlungsmittelgenerierenden Einheit unter Ausschluss der Cashflows bestimmt werden, die sich auf Vermögenswerte beziehen, die nicht Teil der zahlungsmittelgenerierenden Einheit sind und unter Ausschluss der bereits erfassten Schulden (siehe Paragraphen 28 und 43).

77. Soweit Vermögenswerte für die Beurteilung der Erzielbarkeit zusammengefasst werden, ist es wichtig, in die zahlungsmittelgenerierende Einheit alle Vermögenswerte einzubeziehen, die den entsprechenden Strom von Mittelzuflüssen erzeugen oder zur Erzeugung verwendet werden. Andernfalls könnte die zahlungsmittelgenerierende Einheit als voll erzielbar erscheinen, obwohl tatsächlich ein Wertminderungsaufwand eingetreten ist. In einigen Fällen können gewisse Vermögenswerte nicht einer zahlungsmittelgenerierenden Einheit auf einer vernünftigen und stetigen Basis zugeordnet werden, obwohl sie zu den geschätzten künftigen Cashflows einer zahlungsmittelgenerierenden Einheit beitragen. Dies kann beim Geschäfts- oder Firmenwert oder bei gemeinschaftlichen Vermögenswerten, wie den Vermögenswerten der Hauptverwaltung der Fall sein. Die Paragraphen 80-103 erläutern, wie wir mit diesen Vermögenswerten bei der Untersuchung einer zahlungsmittelgenerierenden Einheit auf eine Wertminderung zu verfahren ist.

78. Es kann notwendig sein, gewisse angesetzte Schulden zu berücksichtigen, um den erzielbaren Betrag einer zahlungsmittelgenerierenden Einheit zu bestimmen. Dies könnte auftreten, wenn der Verkauf einer zahlungsmittelgenerierenden Einheit den Käufer verpflichtet, die Schuld zu übernehmen. In diesem Fall setzt sich der beizulegende Zeitwert abzüglich der Verkaufskosten (oder die geschätzten Cashflows aus dem endgültigen Abgang) einer zahlungsmittelgenerierenden Einheit aus dem geschätzten Verkaufspreis der Vermögenswerte der zahlungsmittelgenerierenden Einheit und der Schuld zusammen, nach Abzug der Veräußerungskosten. Um einen aussagekräftigen Vergleich zwischen dem Buchwert einer zahlungsmittelgenerierenden Einheit und ihrem erzielbaren Betrag anzustellen, wird der Buchwert der Schuld bei der Bestimmung beider Werte, also sowohl des Nutzungswerts als auch des Buchwerts der zahlungsmittelgenerierenden Einheit, abgezogen.

Beispiel

Eine Gesellschaft betreibt ein Bergwerk in einem Staat, in dem der Eigentümer gesetzlich verpflichtet ist, den Bereich der Förderung nach Beendigung der Abbautätigkeiten wiederherzustellen. Die Instandsetzungsaufwendungen schließen die Wiederherstellung der Oberfläche mit ein, welche entfernt werden musste, bevor die Abbautätigkeit beginnen konnten. Eine Rückstellung für die Aufwendungen für die Wiederherstellung der Oberfläche wurde zu dem Zeitpunkt der Entfernung der Oberfläche angesetzt. Der bereitgestellte Betrag wurde als Teil der Anschaffungskosten des Bergwerks erfasst und über die Nutzungsdauer des Bergwerks abgeschrieben. Der Buchwert der Rückstellung für die Wiederherstellungskosten beträgt 500 WE,(a) dies entspricht dem Barwert der Wiederherstellungskosten.

(a) In diesem Standard werden Geldbeträge in „Währungseinheiten" (WE) angegeben.

Das Unternehmen überprüft das Bergwerk auf eine Wertminderung. Die zahlungsmittelgenerierende Einheit des Bergwerks ist das Bergwerk als Ganzes. Das Unternehmen hat verschiedene Kaufangebote für das Bergwerk zu einem Preis von 800 WE erhalten. Dieser Preis berücksichtigt die Tatsache, dass der Käufer die Verpflichtung zur Wiederherstellung der Oberfläche übernehmen wird. Die Verkaufskosten für das Bergwerk sind unbedeutend. Der Nutzungswert des Bergwerks beträgt annähernd 1 200 WE, ohne die Wiederherstellungskosten. Der Buchwert des Bergwerks beträgt 1 000 WE.

Der beizulegende Zeitwert abzüglich der Verkaufskosten beträgt für die zahlungsmittelgenerierende Einheit 800 WE. Dieser Wert berücksichtigt die Wiederherstellungskosten, die bereits bereitgestellt worden sind. Infolgedessen wird der Nutzungswert der zahlungsmittelgenerierenden Einheit nach der Berücksichtigung der Wiederherstellungskosten bestimmt und auf 700 WE geschätzt (1 200 WE minus 500 WE). Der Buchwert der zahlungsmittelgenerierenden Einheit beträgt 500 WE, dies entspricht dem Buchwert des Bergwerks (1 000 WE), nach Abzug des Buchwertes der Rückstellungen für die Wiederherstellungskosten (500 WE). Der erzielbare Betrag der zahlungsmittelgenerierenden Einheit ist also höher als ihr Buchwert.

79. Aus praktischen Gründen wird der erzielbare Betrag einer zahlungsmittelgenerierenden Einheit manchmal nach Berücksichtigung der Vermögenswerte bestimmt, die nicht Teil der zahlungsmittelgenerierenden Einheit sind (beispielsweise Forderungen oder anderes Finanzvermögen) oder bereits erfasste Schulden (beispielsweise Verbindlichkeiten, Pensionen und andere Rückstellungen). In diesen Fällen wird der Buchwert der zahlungsmittelgenerierenden Einheit um den Buchwert solcher Vermögenswerte erhöht und um den Buchwert solcher Schulden vermindert.

Geschäfts- oder Firmenwert

Zuordnung von Geschäfts- oder Firmenwert zu zahlungsmittelgenerierenden Einheiten

80. Zum Zweck der Überprüfung auf eine Wertminderung muss ein Geschäfts- oder Firmenwert, der bei einem Unternehmenszusammenschluss erworben wurde, vom Übernahmetag an jeder der zahlungsmittelgenerierenden Einheiten bzw. Gruppen von zahlungsmittelgenerierenden Einheiten des erwerbenden Unternehmens, die aus den Synergien des Zusammenschlusses Nutzen ziehen sollen, zugeordnet werden, unabhängig davon, ob andere Vermögenswerte oder Schulden des erwerbenden Unternehmens diesen Einheiten oder Gruppen von Einheiten bereits zugewiesen worden sind. Jede Einheit oder Gruppe von Einheiten, zu der der Geschäfts- oder Firmenwert so zugeordnet worden ist,

a) **hat die niedrigste Ebene innerhalb des Unternehmens darzustellen, auf der der Geschäfts- oder Firmenwert für interne Managementzwecke überwacht wird; und**

b) **darf nicht größer sein als ein Geschäftssegment, wie es gemäß Paragraph 5 des IFRS 8 *Geschäftssegmente* vor der Zusammenfassung der Segmente festgelegt ist.**

81. Der bei einem Unternehmenszusammenschluss erworbene Geschäfts- oder Firmenwert ist ein Vermögenswert, der den künftigen wirtschaftlichen Nutzen anderer bei dem Unternehmenszu-

sammenschluss erworbener Vermögenswerte darstellt, die nicht einzeln identifiziert und getrennt erfasst werden können. Der Geschäfts- oder Firmenwert erzeugt keine Cashflows, die unabhängig von anderen Vermögenswerten oder Gruppen von Vermögenswerten sind, und trägt oft zu den Cashflows von mehreren zahlungsmittelgenerierenden Einheiten bei. Manchmal kann ein Geschäfts oder Firmenwert nicht ohne Willkür einzelnen zahlungsmittelgenerierenden Einheiten sondern nur Gruppen von zahlungsmittelgenerierenden Einheiten zugeordnet werden. Daraus folgt, dass die niedrigste Ebene innerhalb der Einheit, auf der der Geschäfts- oder Firmenwert für interne Managementzwecke überwacht wird, manchmal mehrere zahlungsmittelgenerierende Einheiten, auf die sich der Geschäfts- oder Firmenwert zwar bezieht, zu denen er jedoch nicht zugeordnet werden kann, umfasst. Die in den Paragraphen 83–99 und Anhang C aufgeführten Verweise auf zahlungsmittelgenerierende Einheiten, denen ein Geschäfts- oder Firmenwert zugeordnet ist, sind ebenso als Verweise auf Gruppen von zahlungsmittelgenerierenden Einheiten, denen ein Geschäfts- oder Firmenwert zugeordnet ist, zu verstehen.

82. Die Anwendung der Anforderungen in Paragraph 80 führt dazu, dass der Geschäfts- oder Firmenwert auf einer Ebene auf eine Wertminderung überprüft wird, die die Art und Weise der Führung der Geschäftstätigkeit der Einheit widerspiegelt, mit der der Geschäfts- oder Firmenwert natürlich verbunden wäre. Die Entwicklung zusätzlicher Berichtssysteme ist daher selbstverständlich nicht erforderlich.

83. Eine zahlungsmittelgenerierende Einheit, zu der ein Geschäfts- oder Firmenwert zwecks Überprüfung auf eine Wertminderung zugeordnet ist, fällt eventuell nicht mit der Einheit zusammen, zu der der Geschäfts- oder Firmenwert gemäß IAS 21 *Auswirkungen von Wechselkursänderungen* für die Bewertung von Währungsgewinnen/-verlusten zugeordnet ist. Wenn IAS 21 von einer Einheit beispielsweise verlangt, dass der Geschäfts- oder Firmenwert für die Bewertung von Fremdwährungsgewinnen und -verlusten einer relativ niedrigen Ebene zugeordnet wird, wird damit nicht verlangt, dass die Überprüfung auf eine Wertminderung des Geschäfts- oder Firmenwerts auf der selben Ebene zu erfolgen hat, es sei denn, der Geschäfts- oder Firmenwert wird auch auf dieser Ebene für interne Managementzwecke überwacht.

84. Wenn die erstmalige Zuordnung eines bei einem Unternehmenszusammenschluss erworbenen Geschäfts- oder Firmenwerts nicht vor Ende der jährlichen Periode, in der der Unternehmenszusammenschluss stattfand, erfolgen kann, muss die erstmalige Zuordnung vor dem Ende der ersten jährlichen Periode, die nach dem Erwerbsdatum beginnt, erfolgt sein.

85. Wenn die erstmalige Bilanzierung für einen Unternehmenszusammenschluss am Ende der Periode, in der der Zusammenschluss stattfand, nur vorläufig festgestellt werden kann, hat der Erwerber gemäß IFRS 3 *Unternehmenszusammenschlüsse*:

a) mit jenen vorläufigen Werten die Bilanz für den Zusammenschluss zu erstellen; und

b) die Berichtigungen dieser vorläufigen Werte als Fertigstellung der ersten Bilanzierung innerhalb des Bewertungszeitraums, der zwölf Monate nach dem Erwerbsdatum nicht überschreiten darf, zu erfassen.

Unter diesen Umständen könnte es auch nicht möglich sein, die erstmalige Zuordnung des bei dem Zusammenschluss erfassten Geschäfts- oder Firmenwerts vor dem Ende der Berichtsperiode, in der der Zusammenschluss stattfand, fertig zu stellen. Wenn dies der Fall ist, gibt das Unternehmen die in Paragraph 133 geforderten Informationen an.

86. Wenn ein Geschäfts- oder Firmenwert einer zahlungsmittelgenerierenden Einheit zugeordnet wurde, und das Unternehmen einen Geschäftsbereich dieser Einheit veräußert, so ist der mit diesem veräußerten Geschäftsbereich verbundene Geschäfts- oder Firmenwert

(a) bei der Feststellung des Gewinns oder Verlustes aus der Veräußerung im Buchwert des Geschäftsbereiches enthalten; und

(b) auf der Grundlage der relativen Werte des veräußerten Geschäftsbereichs und dem Teil der zurückbehaltenen zahlungsmittelgenerierenden Einheit zu bewerten, es sei denn, das Unternehmen kann beweisen, dass eine andere Methode den mit dem veräußerten Geschäftsbereich verbundenen Geschäfts- oder Firmenwert besser widerspiegelt.

Beispiel

Ein Unternehmen verkauft für 100 WE einen Geschäftsbereich, der Teil einer zahlungsmittelgenerierenden Einheit war, zu der ein Geschäfts- oder Firmenwert zugeordnet worden ist. Der zu der Einheit zugeordnete Geschäfts- oder Firmenwert kann nicht identifiziert oder mit einer Gruppe von Vermögenswerten auf einer niedrigeren Ebene als dieser Einheit verbunden werden, außer willkürlich. Der erzielbare Betrag des Teils der zurückbehaltenen zahlungsmittelgenerierenden Einheit beträgt 300 WE.

Da der zur zahlungsmittelgenerierenden Einheit zugeordnete Geschäfts- oder Firmenwert nicht unwillkürlich identifiziert oder mit einer Gruppe von Vermögenswerten auf einer niedrigeren Ebene als dieser Einheit verbunden werden kann, wird der mit diesem veräußerten Geschäftsbereich verbundene Geschäfts- oder Firmenwert auf der Grundlage der relativen Werte des veräußerten Geschäftsbereichs und dem Teil der zurückbehaltenen Einheit bewertet. 25 Prozent des zur zahlungsmittelgenerierenden Einheit zugeordneten Geschäfts- oder Firmenwerts sind deshalb im Buchwert des verkauften Geschäftsbereichs enthalten.

87. Wenn ein Unternehmen seine Berichtsstruktur in einer Art reorganisiert, die die Zusammensetzung einer oder mehrerer zahlungsmittelgenerierender Einheiten, zu denen ein Geschäfts- oder Firmenwert zugeordnet ist, ändert, muss der Geschäfts- oder Firmenwert zu den Einheiten neu zugeordnet werden. Diese Neuzuordnung hat unter Anwendung eines relativen Wertansatzes zu erfol-

gen, der dem ähnlich ist, der verwendet wird, wenn ein Unternehmen einen Geschäftsbereich innerhalb einer zahlungsmittelgenerierenden Einheit veräußert, es sei denn, das Unternehmen kann beweisen, dass eine andere Methode den mit den reorganisierten Einheiten verbundenen Geschäfts- oder Firmenwert besser widerspiegelt.

Beispiel

Der Geschäfts- oder Firmenwert wurde bisher zur zahlungsmittelgenerierenden Einheit A zugeordnet. Der zu A zugeordnete Geschäfts- oder Firmenwert kann nicht unidentifiziert oder mit einer Gruppe von Vermögenswerten auf einer niedrigeren Ebene als A verbunden werden, außer willkürlich. A muss geteilt und in drei andere zahlungsmittelgenerierende Einheiten, B, C und D, integriert werden.

Da der zu A zugeordnete Geschäfts- oder Firmenwert nicht unwillkürlich identifiziert oder mit einer Gruppe von Vermögenswerten auf einer niedrigeren Ebene als A verbunden werden kann, wird er auf der Grundlage der relativen Werte der drei Teile von A, bevor diese Teile in B, C und D integriert werden, zu den Einheiten B, C und D neu zugeordnet.

Überprüfung von zahlungsmittelgenerierenden Einheiten mit einem Geschäfts- oder Firmenwert auf eine Wertminderung

88. Wenn sich der Geschäfts- oder Firmenwert, wie in Paragraph 81 beschrieben, auf eine zahlungsmittelgenerierende Einheit bezieht, dieser jedoch nicht zugeordnet ist, so ist die Einheit auf eine Wertminderung hin zu prüfen, wann immer es einen Anhaltspunkt gibt, dass die Einheit wertgemindert sein könnte, indem der Buchwert der Einheit ohne den Geschäfts- oder Firmenwert mit dem erzielbaren Betrag verglichen wird. Jeglicher Wertminderungsaufwand ist gemäß Paragraph 104 zu erfassen.

89. Wenn eine zahlungsmittelgenerierende Einheit, wie in Paragraph 88 beschrieben, einen immateriellen Vermögenswert mit einer unbegrenzten Nutzungsdauer, oder der noch nicht gebrauchsfähig ist, einschließt, und wenn dieser Vermögenswert nur als Teil der zahlungsmittelgenerierenden Einheit auf eine Wertminderung hin geprüft werden kann, so verlangt Paragraph 10, dass diese Einheit auch jährlich auf Wertminderung geprüft wird.

90. Eine zahlungsmittelgenerierende Einheit, der ein Geschäfts- oder Firmenwert zugeordnet worden ist, ist jährlich und, wann immer es einen Anhaltspunkt gibt, dass die Einheit wertgemindert sein könnte, zu prüfen, indem der Buchwert der Einheit, einschließlich des Geschäfts- oder Firmenwertes, mit dem erzielbaren Betrag verglichen wird. Wenn der erzielbare Betrag der Einheit höher ist als ihr Buchwert, so sind die Einheit und der ihr zugeordnete Geschäfts- oder Firmenwert als nicht wertgemindert anzusehen. Wenn der Buchwert der Einheit höher ist als ihr erzielbarer Betrag, so hat das Unternehmen den Wertminderungsaufwand gemäß Paragraph 104 zu erfassen.

91.–95. [gestrichen]

Zeitpunkt der Prüfungen auf Wertminderung

96. Die jährliche Prüfung auf Wertminderung für eine zahlungsmittelgenerierende Einheit mit zugeordnetem Geschäfts- oder Firmenwert kann im Laufe der jährlichen Periode jederzeit durchgeführt werden, vorausgesetzt, dass die Prüfung immer zur gleichen Zeit jedes Jahr stattfindet. Verschiedene zahlungsmittelgenerierende Einheiten können zu unterschiedlichen Zeiten auf Wertminderung geprüft werden. Wenn einige oder alle Geschäfts- oder Firmenwerte, die einer zahlungsmittelgenerierenden Einheit zugeordnet sind, bei einem Unternehmenszusammenschluss im Laufe der aktuellen jährlichen Periode erworben wurden, so ist diese Einheit auf Wertminderung vor Ablauf der aktuellen jährlichen Periode zu überprüfen.

97. Wenn die Vermögenswerte, aus denen die zahlungsmittelgenerierende Einheit besteht, zu der der Geschäfts- oder Firmenwert zugeordnet worden ist, zur selben Zeit auf Wertminderung geprüft werden wie die Einheit, die den Geschäfts- oder Firmenwert enthält, so sind sie vor der den Geschäfts- oder Firmenwert enthaltenen Einheit zu überprüfen. Ähnlich ist es, wenn die zahlungsmittelgenerierenden Einheiten, aus denen eine Gruppe von zahlungsmittelgenerierenden Einheiten besteht, zu der der Geschäfts- oder Firmenwert zugeordnet worden ist, zur selben Zeit auf Wertminderung geprüft werden wie die Gruppe von Einheiten, die den Geschäfts- oder Firmenwert enthält; in diesem Fall sind die einzelnen Einheiten vor der den Geschäfts- oder Firmenwert enthaltenen Gruppe von Einheiten zu überprüfen.

98. Zum Zeitpunkt der Prüfung auf Wertminderung einer zahlungsmittelgenerierenden Einheit, der ein Geschäfts- oder Firmenwert zugeordnet worden ist, könnte es einen Anhaltspunkt auf eine Wertminderung bei einem Vermögenswert innerhalb der Einheit, die den Geschäfts- oder Firmenwert enthält, geben. Unter diesen Umständen prüft das Unternehmen zuerst den Vermögenswert auf eine Wertminderung und erfasst jeglichen Wertminderungsaufwand für diesen Vermögenswert, ehe es die den Geschäfts- oder Firmenwert enthaltende zahlungsmittelgenerierende Einheit auf eine Wertminderung überprüft. Entsprechend könnte es einen Anhaltspunkt auf eine Wertminderung bei einer zahlungsmittelgenerierenden Einheit innerhalb einer Gruppe von Einheiten, die den Geschäfts- oder Firmenwert enthält, geben. Unter diesen Umständen prüft das Unternehmen zuerst die zahlungsmittelgenerierende Einheit auf eine Wertminderung und erfasst jeglichen Wertminderungsaufwand für diese Einheit, ehe es die Gruppe von Einheiten, der der Geschäfts- oder Firmenwert zugeordnet ist, auf eine Wertminderung überprüft.

99. Die jüngste ausführliche Berechnung des erzielbaren Betrags einer zahlungsmittelgenerierenden Einheit, der ein Geschäfts- oder Firmenwert zugeordnet worden ist, der in einer vorhergehenden Periode ermittelt wurde, kann für die Überprüfung dieser Einheit auf Wertminderung in

der aktuellen Periode benutzt werden, vorausgesetzt, dass alle folgenden Kriterien erfüllt sind:
(a) die Vermögenswerte und Schulden, die diese Einheit bilden, haben sich seit der letzten Berechnung des erzielbaren Betrages nicht wesentlich geändert;
(b) die letzte Berechnung des erzielbaren Betrags ergab einen Betrag, der den Buchwert der Einheit wesentlich überstieg; und
(c) auf der Grundlage einer Analyse der seit der letzten Berechnung des erzielbaren Betrags aufgetretenen Ereignisse und geänderten Umstände ist die Wahrscheinlichkeit, dass bei einer aktuellen Ermittlung der erzielbare Betrag niedriger als der aktuelle Buchwert des Vermögenswerts sein würde, äußerst gering.

Vermögenswerte des Unternehmens

100. Vermögenswerte des Unternehmens umfassen Vermögenswerte des Konzerns oder einzelner Unternehmensbereiche, wie das Gebäude der Hauptverwaltung oder eines Geschäftsbereichs, EDV-Ausrüstung oder ein Forschungszentrum. Die Struktur eines Unternehmens bestimmt, ob ein Vermögenswert die Definition dieses Standards für Vermögenswerte des Unternehmens einer bestimmten zahlungsmittelgenerierenden Einheit erfüllt. Die charakteristischen Merkmale von Vermögenswerten des Unternehmens sind, dass sie keine Mittelzuflüsse erzeugen, die unabhängig von anderen Vermögenswerten oder Gruppen von Vermögenswerten sind, und dass ihr Buchwert der zu prüfenden zahlungsmittelgenerierenden Einheit nicht vollständig zugeordnet werden kann.

101. Da Vermögenswerte des Unternehmens keine gesonderten Mittelzuflüsse erzeugen, kann der erzielbare Betrag eines einzelnen Vermögenswerts des Unternehmens nicht bestimmt werden, sofern das Management nicht den Verkauf des Vermögenswerts beschlossen hat. Wenn daher ein Anhaltspunkt dafür vorliegt, dass ein Vermögenswert des Unternehmens wertgemindert sein könnte, wird der erzielbare Betrag für die zahlungsmittelgenerierende Einheit oder die Gruppe von zahlungsmittelgenerierenden Einheiten bestimmt, zu der der Vermögenswert des Unternehmens gehört, der dann mit dem Buchwert dieser zahlungsmittelgenerierenden Einheit oder Gruppe von zahlungsmittelgenerierenden Einheiten verglichen wird. Jeglicher Wertminderungsaufwand ist gemäß Paragraph 104 zu erfassen.

102. Bei der Überprüfung einer zahlungsmittelgenerierenden Einheit auf eine Wertminderung hat ein Unternehmen alle Vermögenswerte des Unternehmens zu bestimmen, die zu der zu prüfenden zahlungsmittelgenerierenden Einheit in Beziehung stehen. Wenn ein Teil des Buchwerts eines Vermögenswerts des Unternehmens

(a) auf einer vernünftigen und stetigen Basis dieser Einheit zugeordnet werden kann, hat das Unternehmen den Buchwert der Einheit, einschließlich des Teils des Buchwerts des Vermögenswerts des Unternehmens, der der Einheit zugeordnet ist, mit deren erzielbaren Betrag zu vergleichen. Jeglicher Wertminderungsaufwand ist gemäß Paragraph 104 zu erfassen;

(b) nicht auf einer vernünftigen und stetigen Basis dieser Einheit zugeordnet werden kann, hat das Unternehmen
  (i) den Buchwert der Einheit ohne den Vermögenswert des Unternehmens mit deren erzielbaren Betrag zu vergleichen und jeglichen Wertminderungsaufwand gemäß Paragraph 104 zu erfassen;
  (ii) die kleinste Gruppe von zahlungsmittelgenerierenden Einheiten zu bestimmen, die die zu prüfende zahlungsmittelgenerierende Einheit einschließt und der ein Teil des Buchwerts des Vermögenswerts des Unternehmens auf einer vernünftigen und stetigen Basis zugeordnet werden kann; und
  (iii) den Buchwert dieser Gruppe von zahlungsmittelgenerierenden Einheiten, einschließlich des Teils des Buchwerts des Vermögenswerts des Unternehmens, der dieser Gruppe von Einheiten zugeordnet ist, mit dem erzielbaren Betrag der Gruppe von Einheiten zu vergleichen. Jeglicher Wertminderungsaufwand ist gemäß Paragraph 104 zu erfassen.

103. Das erläuternde Beispiel 8 veranschaulicht die Anwendung dieser Anforderungen auf Vermögenswerte des Unternehmens.

Wertminderungsaufwand für eine zahlungsmittelgenerierende Einheit

104. Ein Wertminderungsaufwand ist dann, und nur dann, für eine zahlungsmittelgenerierende Einheit (die kleinste Gruppe von zahlungsmittelgenerierenden Einheiten, der ein Geschäfts- oder Firmenwert bzw. ein Vermögenswert des Unternehmens zugeordnet worden ist) zu erfassen, wenn der erzielbare Betrag der Einheit (Gruppe von Einheiten) geringer ist als der Buchwert der Einheit (Gruppe von Einheiten). Der Wertminderungsaufwand ist folgendermaßen zu verteilen, um den Buchwert der Vermögenswerte der Einheit (Gruppe von Einheiten) in der folgenden Reihenfolge zu vermindern:

(a) zuerst den Buchwert jeglichen Geschäftsoder Firmenwerts, der der zahlungsmittelgenerierenden Einheit (Gruppe von Einheiten) zugeordnet ist; und
(b) dann anteilig die anderen Vermögenswerte der Einheit (Gruppe von Einheiten) auf Basis der Buchwerte jedes einzelnen Vermögenswerts der Einheit (Gruppe von Einheiten).

Diese Verminderungen der Buchwerte sind als Wertminderungsaufwendungen für einzelne Vermögenswerte zu behandeln und gemäß Paragraph 60 zu erfassen.

105. Bei der Zuordnung eines Wertminderungsaufwands gemäß Paragraph 104 darf ein Unterneh-

men den Buchwert eines Vermögenswerts nicht unter den höchsten der folgenden Werte vermindern:
(a) seinen beizulegenden Zeitwert abzüglich der Verkaufskosten (sofern bestimmbar);
(b) seinen Nutzungswert (sofern bestimmbar); und
(c) Null.

Der Betrag des Wertminderungsaufwands, der andernfalls dem Vermögenswert zugeordnet worden wäre, ist anteilig den anderen Vermögenswerten der Einheit (Gruppe von Einheiten) zuzuordnen.

106. Ist die Schätzung des erzielbaren Betrags jedes einzelnen Vermögenswerts der zahlungsmittelgenerierenden Einheit nicht durchführbar, verlangt dieser Standard eine willkürliche Zuordnung des Wertminderungsaufwands auf die Vermögenswerte der Einheit, mit Ausnahme des Geschäfts- oder Firmenwerts, da alle Vermögenswerte der zahlungsmittelgenerierenden Einheit zusammenarbeiten.

107. Wenn der erzielbare Betrag eines einzelnen Vermögenswerts nicht bestimmt werden kann (siehe Paragraph 67),
(a) wird ein Wertminderungsaufwand für den Vermögenswert erfasst, wenn dessen Buchwert größer ist als der höhere der beiden Beträge aus beizulegendem Zeitwert abzüglich der Verkaufskosten und dem Ergebnis der in den Paragraphen 104 und 105 beschriebenen Zuordnungsverfahren; und
(b) wird kein Wertminderungsaufwand für den Vermögenswert erfasst, wenn die damit verbundene zahlungsmittelgenerierende Einheit nicht wertgemindert ist. Dies gilt auch dann, wenn der beizulegende Zeitwert abzüglich der Verkaufskosten des Vermögenswerts unter dessen Buchwert liegt.

Beispiel

Eine Maschine wurde beschädigt, funktioniert aber noch, wenn auch nicht so gut wie vor der Beschädigung. Der beizulegende Zeitwert abzüglich der Verkaufskosten der Maschine ist geringer als deren Buchwert. Die Maschine erzeugt keine unabhängigen Mittelzuflüsse. Die kleinste identifizierbare Gruppe von Vermögenswerten, die die Maschine einschließt und die Mittelzuflüsse erzeugt, die weitestgehend unabhängig von den Mittelzuflüssen anderer Vermögenswerte sind, ist die Produktionslinie, zu der die Maschine gehört. Der erzielbare Betrag der Produktionslinie zeigt, dass die Produktionslinie als Ganzes nicht wertgemindert ist.

Annahme 1: Die vom Management genehmigten Pläne/Vorhersagen enthalten keine Verpflichtung des Managements, die Maschine zu ersetzen.

Der erzielbare Betrag der Maschine allein kann nicht geschätzt werden, da der Nutzungswert der Maschine
(a) von deren beizulegendem Zeitwert abzüglich der Verkaufskosten abweichen kann; und
(b) nur für die zahlungsmittelgenerierende Einheit, zu der die Maschine gehört (die Produktionslinie), bestimmt werden kann.
Die Produktionslinie ist nicht wertgemindert. Deshalb wird kein Wertminderungsaufwand für die Maschine erfasst. Dennoch kann es notwendig sein, dass das Unternehmen den Abschreibungszeitraum oder die Abschreibungsmethode für die Maschine neu festsetzt. Vielleicht ist ein kürzerer Abschreibungszeitraum oder eine schnellere Abschreibungsmethode erforderlich, um die erwartete Restnutzungsdauer der Maschine oder den Verlauf, nach dem der wirtschaftliche Nutzen von dem Unternehmen voraussichtlich verbraucht wird, widerzuspiegeln.

Annahme 2: Die vom Management gebilligten Pläne/Vorhersagen enthalten eine Verpflichtung des Managements, die Maschine zu ersetzen und sie in naher Zukunft zu verkaufen. Die Cashflows aus der fortgesetzten Nutzung der Maschine bis zu ihrem Verkauf werden als unbedeutend eingeschätzt.

Der Nutzungswert der Maschine kann als nah an deren beizulegendem Zeitwert abzüglich der Verkaufskosten geschätzt werden. Der erzielbare Betrag der Maschine kann demzufolge bestimmt werden, und die zahlungsmittelgenerierende Einheit, zu der die Maschine gehört (d. h. die Produktionslinie), wird nicht berücksichtigt. Da der beizulegende Zeitwert abzüglich der Verkaufskosten der Maschine geringer ist als deren Buchwert, wird ein Wertminderungsaufwand für die Maschine erfasst.

108. Nach Anwendung der Anforderungen der Paragraphen 104 und 105 ist eine Schuld für jeden verbleibenden Restbetrag eines Wertminderungsaufwands einer zahlungsmittelgenerierenden Einheit dann, und nur dann, anzusetzen, wenn dies von einem anderen Standard verlangt wird.

WERTAUFHOLUNG

109. Die Paragraphen 110-116 beschreiben die Anforderungen an die Aufholung eines in früheren Perioden für einen Vermögenswert oder eine zahlungsmittelgenerierende Einheit erfassten Wertminderungsaufwands. Diese Anforderungen benutzen den Begriff „ein Vermögenswert", sind aber ebenso auf einen einzelnen Vermögenswert wie auf eine zahlungsmittelgenerierende Einheit anzuwenden. Zusätzliche Anforderungen sind für einen einzelnen Vermögenswert in den Paragraphen 117-121, für eine zahlungsmittelgenerierende Einheit in den Paragraphen 122 und 123 und für den Geschäfts- oder Firmenwert in den Paragraphen 124 und 125 festgelegt.

110. Ein Unternehmen hat an jedem Berichtsstichtag zu prüfen, ob irgendein Anhaltspunkt vorliegt, dass ein Wertminderungsaufwand, der für einen Vermögenswert mit Ausnahme eines Geschäfts- oder Firmenwerts in früheren Perioden erfasst worden ist, nicht länger besteht oder sich vermindert haben könnte. Wenn ein solcher Anhaltspunkt vorliegt, hat das Unternehmen den erzielbaren Betrag dieses Vermögenswerts zu schätzen.

111. Bei der Beurteilung, ob irgendein Anhaltspunkt vorliegt, dass ein Wertminderungsaufwand, der für einen Vermögenswert mit Ausnahme eines Geschäfts- oder Firmenwerts in früheren Perioden erfasst wurde, nicht länger besteht oder sich verringert haben könnte, hat ein Unternehmen mindestens die folgenden Anhaltspunkte zu berücksichtigen:

Externe Informationsquellen

(a) der Marktwert eines Vermögenswerts ist während der Periode signifikant gestiegen;
(b) während der Periode sind signifikante Veränderungen mit günstigen Folgen für das Unternehmen in dem technischen, marktbezogenen, ökonomischen oder gesetzlichen Umfeld, in welchem das Unternehmen tätig ist oder in Bezug auf den Markt, auf den der Vermögenswert abzielt, eingetreten, oder werden in der näheren Zukunft eintreten;
(c) die Marktzinssätze oder andere Markttrendinten für Finanzinvestitionen sind während der Periode gesunken, und diese Rückgänge werden sich wahrscheinlich auf den Abzinsungssatz, der für die Berechnung des Nutzungswertes herangezogen wird, auswirken und den erzielbaren Betrag des Vermögenswertes wesentlich erhöhen;

Interne Informationsquellen

(d) während der Periode haben sich signifikante Veränderungen mit günstigen Folgen für das Unternehmen in dem Umfang oder der Weise, in dem bzw. der ein Vermögenswert genutzt wird oder aller Erwartung nach genutzt werden soll, ereignet oder werden für die nächste Zukunft erwartet. Diese Veränderungen enthalten Kosten, die während der Periode entstanden sind, um die Ertragskraft eines Vermögenswerts zu verbessern bzw. zu erhöhen oder den Betrieb zu restrukturieren, zu dem der Vermögenswert gehört;
(e) das interne Berichtswesen liefert substanzielle Hinweise dafür, dass die wirtschaftliche Ertragskraft eines Vermögenswerts besser ist oder sein wird als erwartet.

112. Die Anhaltspunkte für eine mögliche Verringerung eines Wertminderungsaufwands in Paragraph 111 spiegeln weitestgehend die Anhaltspunkte für einen möglichen Wertminderungsaufwand nach Paragraph 12 wider.

113. Wenn ein Anhaltspunkt dafür vorliegt, dass ein erfasster Wertminderungsaufwand für einen Vermögenswert mit Ausnahme von einem Geschäfts- oder Firmenwert nicht mehr länger besteht oder sich verringert hat, kann dies darauf hindeuten, dass die Restnutzungsdauer, die Abschreibungs-/Amortisationsmethode oder der Restwert überprüft und in Übereinstimmung mit dem auf den Vermögenswert anzuwendenden Standard angepasst werden muss, auch wenn kein Wertminderungsaufwand für den Vermögenswert aufgehoben wird.

114. Ein in früheren Perioden für einen Vermögenswert mit Ausnahme eines Geschäfts- oder Firmenwerts erfasster Wertminderungsaufwand ist dann, und nur dann, aufzuheben, wenn sich seit der Erfassung des letzten Wertminderungsaufwands eine Änderung in den Schätzungen ergeben hat, die bei der Bestimmung des erzielbaren Betrags herangezogen wurden. Wenn dies der Fall ist, ist der Buchwert des Vermögenswerts auf seinen erzielbaren Betrag zu erhöhen, es sei denn, es ist in Paragraph 117 anders beschrieben. Diese Erhöhung ist eine Wertaufholung.

115. Eine Wertaufholung spiegelt eine Erhöhung des geschätzten Leistungspotenzials eines Vermögenswerts entweder durch Nutzung oder Verkauf seit dem Zeitpunkt wider, an dem ein Unternehmen zuletzt einen Wertminderungsaufwand für diesen Vermögenswert erfasst hat. Paragraph 130 verlangt von einem Unternehmen, die Änderung von Schätzungen zu identifizieren, die einen Anstieg des geschätzten Leistungspotenzials begründen. Beispiele für Änderungen von Schätzungen umfassen:

(a) eine Änderung der Grundlage des erzielbaren Betrags (d. h., ob der erzielbare Betrag auf dem beizulegendem Zeitwert abzüglich der Verkaufskosten oder auf dem Nutzungswert basiert);
(b) falls der erzielbare Betrag auf dem Nutzungswert basierte, eine Änderung in dem Betrag oder in dem zeitlichen Anfall der geschätzten künftigen Cashflows oder in dem Abzinsungssatz;
(c) falls der erzielbare Betrag auf dem beizulegenden Zeitwert abzüglich der Verkaufskosten basierte, eine Änderung der Schätzung der Bestandteile des beizulegenden Zeitwerts abzüglich der Verkaufskosten.

116. Der Nutzungswert eines Vermögenswerts kann den Buchwert des Vermögenswerts aus dem einfachen Grunde übersteigen, dass sich der Barwert der künftigen Mittelzuflüsse erhöht, wenn diese zeitlich näher kommen. Das Leistungspotenzial des Vermögenswerts hat sich indes nicht erhöht. Ein Wertminderungsaufwand wird daher nicht nur wegen des Zeitablaufs (manchmal als „Abwicklung" der Diskontierung bezeichnet) aufgehoben, auch wenn der erzielbare Betrag des Vermögenswerts dessen Buchwert übersteigt.

Wertaufholung für einen einzelnen Vermögenswert

117. Der infolge einer Wertaufholung erhöhte Buchwert eines Vermögenswerts mit Ausnahme von einem Geschäfts- oder Firmenwert darf nicht den Buchwert übersteigen, der bestimmt worden wäre (abzüglich der Amortisationen oder Abschreibungen), wenn in den früheren Jahren kein Wertminderungsaufwand erfasst worden wäre.

118. Jede Erhöhung des Buchwerts eines Vermögenswerts, mit Ausnahme eines Geschäfts- oder Firmenwerts, über den Buchwert hinaus, der bestimmt worden wäre (abzüglich der Amortisationen oder Abschreibungen), wenn in den früheren Jahren kein Wertminderungsaufwand erfasst worden wäre, ist eine Neubewertung. Bei der Bilanzierung einer solchen Neubewertung wendet ein Unternehmen den auf den Vermögenswert anwendbaren Standard an.

119. Eine Wertaufholung eines Vermögenswerts, mit Ausnahme von einem Geschäft- oder Firmenwert, ist sofort im Gewinn oder Verlust zu

erfassen, es sei denn, dass der Vermögenswert zum Neubewertungsbetrag nach einem anderen Standard (beispielsweise nach dem Modell der Neubewertung in IAS 16) erfasst wird. Jede Wertaufholung eines neu bewerteten Vermögenswerts ist als eine Wertsteigerung durch Neubewertung gemäß diesem anderen Standard zu behandeln.

120. Eine Wertaufholung eines neu bewerteten Vermögenswerts wird im sonstigen Ergebnis mit einer entsprechenden Erhöhung der Neubewertungsrücklage für diesen Vermögenswert erfasst. Bis zu dem Betrag jedoch, zu dem ein Wertminderungsaufwand für denselben neu bewerteten Vermögenswert vorher im Gewinn oder Verlust erfasst wurde, wird eine Wertaufholung ebenso im Gewinn oder Verlust erfasst.

121. Nachdem eine Wertaufholung erfasst worden ist, ist der Abschreibungs-/Amortisationsaufwand des Vermögenswerts in künftigen Perioden anzupassen, um den berichtigten Buchwert des Vermögenswerts, abzüglich eines etwaigen Restbuchwerts systematisch auf seine Restnutzungsdauer zu verteilen.

Wertaufholung für eine zahlungsmittelgenerierende Einheit

122. Eine Wertaufholung für eine zahlungsmittelgenerierende Einheit ist den Vermögenswerten der Einheit, bis auf den Geschäfts- oder Firmenwert, anteilig des Buchwerts dieser Vermögenswerte zuzuordnen. Diese Erhöhungen der Buchwerte sind als Wertaufholungen für einzelne Vermögenswerte zu behandeln und gemäß Paragraph 119 zu erfassen.

123. Bei der Zuordnung einer Wertaufholung für eine zahlungsmittelgenerierende Einheit gemäß Paragraph 122 ist der Buchwert eines Vermögenswerts nicht über den niedrigeren der folgenden Werte zu erhöhen:
(a) seinen erzielbaren Betrag (sofern bestimmbar); und
(b) den Buchwert, der bestimmt worden wäre (abzüglich von Amortisationen oder Abschreibungen), wenn in früheren Perioden kein Wertminderungsaufwand für den Vermögenswert erfasst worden wäre.

Der Betrag der Wertaufholung, der andernfalls dem Vermögenswert zugeordnet worden wäre, ist anteilig den anderen Vermögenswerten der Einheit, mit Ausnahme des Geschäfts- oder Firmenwerts, zuzuordnen.

Wertaufholung für einen Geschäfts- oder Firmenwert

124. Ein für den Geschäfts- oder Firmenwert erfasster Wertminderungsaufwand darf nicht in den nachfolgenden Perioden aufgeholt werden.

125. IAS 38 *Immaterielle Vermögenswerte* verbietet den Ansatz eines selbst geschaffenen Geschäfts- oder Firmenwerts. Bei jeder Erhöhung des erzielbaren Betrags des Geschäfts- oder Firmenwerts, die in Perioden nach der Erfassung des Wertminderungsaufwands für diesen Geschäfts- oder Firmenwert stattfindet, wird es sich wahrscheinlich eher um einen selbst geschaffenen Geschäfts- oder Firmenwert, als um eine für den erworbenen Geschäfts- oder Firmenwert erfasste Wertaufholung handeln.

ANGABEN

126. Ein Unternehmen hat für jede Gruppe von Vermögenswerten die folgenden Angaben zu machen:
(a) die Höhe der im Gewinn oder Verlust während der Periode erfassten Wertminderungsaufwendungen und der/die Posten der Gesamtergebnisrechnung, in dem/denen jene Wertminderungsaufwendungen enthalten sind;
(b) die Höhe der im Gewinn oder Verlust während der Periode erfassten Wertaufholungen und der/die Posten der Gewinn- und Verlustrechnung, in dem/denen solche Wertminderungsaufwendungen aufgehoben wurden;
(c) die Höhe der Wertminderungsaufwendungen bei neu bewerteten Vermögenswerten, die während der Periode im sonstigen Ergebnis erfasst wurden;
(d) die Höhe der Wertaufholungen bei neu bewerteten Vermögenswerten, die während der Periode im sonstigen Ergebnis erfasst wurden.

127. Eine Gruppe von Vermögenswerten ist eine Zusammenfassung von Vermögenswerten, die sich durch eine ähnliche Art und Verwendung im Unternehmen auszeichnen.

128. Die in Paragraph 126 verlangten Informationen können gemeinsam mit anderen Informationen für diese Gruppe von Vermögenswerten angegeben werden. Diese Informationen könnten beispielsweise in eine Überleitungsrechnung des Buchwerts der Sachanlagen am Anfang und am Ende der Periode, wie in IAS 16 gefordert, einbezogen werden.

129. Ein Unternehmen, das gemäß IFRS 8 *Geschäftssegmente* Informationen für Segmente darstellt, hat für jedes berichtspflichtige Segment folgende Angaben zu machen:
(a) die Höhe des Wertminderungsaufwands, der während der Periode im Gewinn oder Verlust und im sonstigen Ergebnis erfasst wurde;
(b) die Höhe der Wertaufholung, die während der Periode im Gewinn oder Verlust und im sonstigen Ergebnis erfasst wurde.

130. Ein Unternehmen hat für jeden wesentlichen Wertminderungsaufwand, der für einen einzelnen Vermögenswert, einschließlich Geschäftsoder Firmenwert, oder eine zahlungsmittelgenerierende Einheit während der Periode erfasst oder aufgehoben wurde, folgende Angaben zu machen:
(a) die Ereignisse und Umstände, die zu der Erfassung oder der Wertaufholungen geführt haben;
(b) die Höhe des erfassten oder aufgehobenen Wertminderungsaufwands;

(c) für einen einzelnen Vermögenswert:
   (i) die Art des Vermögenswerts; und
   (ii) falls das Unternehmen gemäß IFRS 8 Informationen für Segmente darstellt, das berichtspflichtige Segment, zu dem der Vermögenswert gehört;
(d) für eine zahlungsmittelgenerierende Einheit:
   (i) eine Beschreibung der zahlungsmittelgenerierenden Einheit (beispielsweise, ob es sich dabei um eine Produktlinie, ein Werk, eine Geschäftstätigkeit, einen geografischen Bereich oder ein berichtspflichtiges Segment, wie in IFRS 8 definiert, handelt);
   (ii) die Höhe des erfassten oder aufgehobenen Wertminderungsaufwands bei der Gruppe von Vermögenswerten und, falls das Unternehmen gemäß IFRS 8 Informationen für Segmente darstellt, bei dem berichtspflichtigen Segment; und
   (iii) wenn sich die Zusammenfassung von Vermögenswerten für die Identifizierung der zahlungsmittelgenerierenden Einheit seit der vorhergehenden Schätzung des etwaig erzielbaren Betrags der zahlungsmittelgenerierenden Einheit geändert hat, eine Beschreibung der gegenwärtigen und der früheren Art der Zusammenfassung der Vermögenswerte sowie die Gründe für die Änderung der Art, wie die zahlungsmittelgenerierende Einheit identifiziert wird;
(e) ob der für den Vermögenswert (die zahlungsmittelgenerierende Einheit) erzielbare Betrag dessen (deren) beizulegendem Zeitwert abzüglich der Verkaufskosten oder dessen (deren) Nutzungswert entspricht;
(f) wenn der erzielbare Betrag dem beizulegenden Zeitwert abzüglich der Verkaufskosten entspricht, die Grundlage, die benutzt wurde, um den beizulegenden Zeitwert abzüglich der Verkaufskosten zu bestimmen (beispielsweise, ob der beizulegende Zeitwert durch die Bezugnahme eines aktiven Marktes bestimmt wurde);
(g) wenn der erzielbare Betrag der Nutzungswert ist, der Abzinsungssatz (-sätze), der bei der gegenwärtigen und der vorhergehenden Schätzung (sofern vorhanden) des Nutzungswerts benutzt wurde.

131. Ein Unternehmen hat für die Summe der Wertminderungsaufwendungen und die Summe der Wertaufholungen, die während der Periode erfasst wurden, und für die keine Angaben gemäß Paragraph 130 gemacht wurden, die folgenden Informationen anzugeben:
(a) die wichtigsten Gruppen von Vermögenswerten, die von Wertminderungsaufwendungen betroffen sind, sowie die wichtigsten Gruppen von Vermögenswerten, die von Wertaufholungen betroffen sind;
(b) die wichtigsten Ereignisse und Umstände, die zu der Erfassung dieser Wertminderungsaufwendungen und Wertaufholungen geführt haben.

132. Einem Unternehmen wird empfohlen, die während der Periode benutzten Annahmen zur Bestimmung der erzielbaren Beträge der Vermögenswerte (der zahlungsmittelgenerierenden Einheiten) anzugeben. Paragraph 134 verlangt indes von einem Unternehmen, Angaben über die Schätzungen zu machen, die für die Bewertung des erzielbaren Betrages einer zahlungsmittelgenerierenden Einheit benutzt werden, wenn ein Geschäfts- oder Firmenwert oder ein immaterieller Vermögenswert mit einer unbegrenzten Nutzungsdauer in dem Buchwert dieser Einheit enthalten ist.

133. Wenn gemäß Paragraph 84 irgendein Teil eines Geschäfts- oder Firmenwerts, der während der Periode bei einem Unternehmenszusammenschluss erworben wurde, zum Berichtsstichtag nicht zu einer zahlungsmittelgenerierenden Einheit (Gruppe von Einheiten) zugeordnet worden ist, muss der Betrag des nicht zugeordneten Geschäfts- oder Firmenwerts zusammen mit den Gründen, warum dieser Betrag nicht zugeordnet worden ist, angegeben werden.

Schätzungen, die zur Bewertung der erzielbaren Beträge der zahlungsmittelgenerierenden Einheiten, die einen Geschäfts- oder Firmenwert oder immaterielle Vermögenswerte mit unbegrenzter Nutzungsdauer enthalten, benutzt werden

134. Ein Unternehmen hat für jede zahlungsmittelgenerierende Einheit (Gruppe von Einheiten), für die der Buchwert des Geschäfts- oder Firmenwerts oder der immateriellen Vermögenswerte mit unbegrenzter Nutzungsdauer, die dieser Einheit (Gruppe von Einheiten) zugeordnet sind, signifikant ist im Vergleich zum Gesamtbuchwert des Geschäfts- oder Firmenwerts oder der immateriellen Vermögenswerte mit unbegrenzter Nutzungsdauer des Unternehmens, die unter (a)-(f) geforderten Angaben zu machen:
(a) der Buchwert des der Einheit (Gruppe von Einheiten) zugeordneten Geschäfts- oder Firmenwerts;
(b) der Buchwert der der Einheit (Gruppe von Einheiten) zugeordneten immateriellen Vermögenswerten mit unbegrenzter Nutzungsdauer;
(c) die Grundlage, auf der der erzielbare Betrag der Einheit (Gruppe von Einheiten) bestimmt worden ist (d. h. der Nutzungswert oder der beizulegende Zeitwert abzüglich der Verkaufskosten);
(d) wenn der erzielbare Betrag der Einheit (Gruppe von Einheiten) auf dem Nutzungswert basiert:
   (i) eine Beschreibung jeder wesentlichen Annahme, auf der das Management seine Cashflow-Prognosen für den durch die jüngsten Finanzpläne/Vorhersagen

abgedeckten Zeitraum aufgebaut hat. Die wesentlichen Annahmen sind diejenigen, auf die der erzielbare Betrag der Einheit (Gruppe von Einheiten) am sensibelsten reagiert;

(ii) eine Beschreibung des Managementansatzes zur Bestimmung der (des) zu jeder wesentlichen Annahme zugewiesenen Werte(s), ob diese Werte vergangene Erfahrungen widerspiegeln, oder ob sie ggf. mit externen Informationsquellen übereinstimmen, und wenn nicht, auf welche Art und aus welchem Grund sie sich von vergangenen Erfahrungen oder externen Informationsquellen unterscheiden;

(iii) der Zeitraum, für den das Management die Cashflows geplant hat, die auf den vom Management genehmigten Finanzplänen/Vorhersagen beruhen, und wenn für eine zahlungsmittelgenerierende Einheit (Gruppe von Einheiten) ein Zeitraum von mehr als fünf Jahren benutzt wird, eine Erklärung über den Grund, der diesen längeren Zeitraum rechtfertigt;

(iv) die Wachstumsrate, die zur Extrapolation der Cashflow-Prognosen jenseits des Zeitraums benutzt wird, auf die sich die jüngsten Finanzpläne/Vorhersagen beziehen, und die Rechtfertigung für die Anwendung jeglicher Wachstumsrate, die die langfristige durchschnittliche Wachstumsrate für die Produkte, Industriezweige oder Land bzw. Länder, in welchen das Unternehmen tätig ist oder für den Markt, für den die Einheit (Gruppe von Einheiten) bestimmt ist, übersteigt;

(v) der (die) auf die Cashflow-Prognosen angewendete Abzinsungssatz (-sätze);

(e) falls der erzielbare Betrag der Einheit (Gruppe von Einheiten) auf dem beizulegenden Zeitwert abzüglich der Veräußerungskosten basiert, die für die Bestimmung des beizulegenden Zeitwerts abzüglich der Veräußerungskosten verwendete Methode. Wenn für eine Einheit (Gruppe von Einheiten) der beizulegende Zeitwert abzüglich der Veräußerungskosten nicht anhand eines direkt beobachteten Marktpreises bestimmt wird, sind auch folgende Angaben zu machen:

(i) eine Beschreibung jeder wesentlichen Annahme, nach der das Management den beizulegenden Zeitwert abzüglich der Veräußerungskosten bestimmt. Die wesentlichen Annahmen sind diejenigen, auf die der erzielbare Betrag der Einheit (Gruppe von Einheiten) am sensibelsten reagiert;

(ii) eine Beschreibung des Managementansatzes zur Bestimmung der (des) zu jeder wesentlichen Annahme zugewiesenen

Werte(s), ob diese Werte vergangene Erfahrungen widerspiegeln, oder ob sie ggf. mit externen Informationsquellen übereinstimmen, und wenn nicht, auf welche Art und aus welchem Grund sie sich von vergangenen Erfahrungen oder externen Informationsquellen unterscheiden.

Wird der beizulegende Zeitwert abzüglich der Veräußerungskosten bestimmt, indem diskontierte Cashflow-Prognosen zugrunde gelegt werden, sind auch die folgenden Angaben zu machen:

(iii) die Periode, für die das Management Cashflows prognostiziert hat.

(iv) die Wachstumsrate, die zur Extrapolation der Cashflow-Prognosen verwendet wurde.

(v) der (die) auf die Cashflow-Prognosen angewandte(n) Abzinsungssatz (-sätze).

(f) wenn eine für möglich gehaltene Änderung einer wesentlichen Annahme, auf der das Management seine Bestimmung des erzielbaren Betrages der Einheit (Gruppe von Einheiten) aufgebaut hat, verursachen würde, dass der Buchwert der Einheit (Gruppe von Einheiten) deren erzielbaren Betrag übersteigt:

(i) der Betrag, mit dem der erzielbare Betrag der Einheit (Gruppe von Einheiten) deren Buchwert übersteigt;

(ii) der der wesentlichen Annahme zugewiesene Wert;

(iii) der Betrag, der die Änderung des Wertes der wesentlichen Annahme hervorruft, nach Einbezug aller nachfolgenden Auswirkungen dieser Änderung auf die anderen Variablen, die zur Bewertung des erzielbaren Betrages eingesetzt werden, damit der erzielbare Betrag der Einheit (Gruppe von Einheiten) gleich deren Buchwert ist.

135. Wenn ein Teil oder der gesamte Buchwert eines Geschäfts- oder Firmenwerts oder eines immateriellen Vermögenswerts mit unbegrenzter Nutzungsdauer mehreren zahlungsmittelgenerierenden Einheiten (Gruppen von Einheiten) zugeordnet ist, und der auf diese Weise jeder Einheit (Gruppe von Einheiten) zugeordnete Betrag nicht signifikant ist, im Vergleich zu dem Gesamtbuchwert des Geschäfts- oder Firmenwerts oder des immateriellen Vermögenswerts mit unbegrenzter Nutzungsdauer des Unternehmens, ist diese Tatsache zusammen mit der Summe der Buchwerte des Geschäfts- oder Firmenwertes oder der immateriellen Vermögenswerte mit unbegrenzter Nutzungsdauer, die diesen Einheiten (Gruppen von Einheiten) zugeordnet sind, anzugeben. Wenn darüber hinaus die erzielbaren Beträge irgendeiner dieser Einheiten (Gruppen von Einheiten) auf denselben wesentlichen Annahmen beruhen und die Summe der Buchwerte des Geschäfts- oder Firmenwerts oder der immateriellen Vermö-

genswerte mit unbegrenzter Nutzungsdauer, die diesen Einheiten zugeordnet sind, signifikant ist im Vergleich zum Gesamtbuchwert des Geschäfts- oder Firmenwerts oder der immateriellen Vermögenswerte mit unbegrenzter Nutzungsdauer des Unternehmens, so hat ein Unternehmen Angaben über diese und die folgenden Tatsachen zu machen:

(a) die Summe der Buchwerte des diesen Einheiten (Gruppen von Einheiten) zugeordneten Geschäfts- oder Firmenwerts;

(b) die Summe der Buchwerte der diesen Einheiten (Gruppen von Einheiten) zugeordneten immateriellen Vermögenswerte mit unbegrenzter Nutzungsdauer;

(c) eine Beschreibung der wesentlichen Annahme(n);

(d) eine Beschreibung des Managementansatzes zur Bestimmung der (des) zu der (den) wesentlichen Annahme(n) zugewiesenen Werte(s), ob diese Werte vergangene Erfahrungen widerspiegeln, oder ob sie ggf. mit externen Informationsquellen übereinstimmen, und wenn nicht, auf welche Art und aus welchem Grund sie sich von vergangenen Erfahrungen oder externen Informationsquellen unterscheiden;

(e) wenn eine für möglich gehaltene Änderung der wesentlichen Annahme(n) verursachen würde, dass die Summe der Buchwerte der Einheiten (Gruppen von Einheiten) die Summe der erzielbaren Beträge übersteigen würde:

  (i) der Betrag, mit dem die Summe der erzielbaren Beträge der Einheiten (Gruppen von Einheiten) die Summe der Buchwerte übersteigt;

  (ii) der (die) der (den) wesentlichen Annahme(n) zugewiesene(n) Wert(e);

  (iii) der Betrag, der die Änderung des (der) Werte(s) der wesentlichen Annahme(n) hervorruft, nach Einbeziehung aller nachfolgenden Auswirkungen dieser Änderung auf die anderen Variablen, die zur Bewertung des erzielbaren Betrags eingesetzt werden, damit die Summe der erzielbaren Beträge der Einheiten (Gruppen von Einheiten) gleich der Summe der Buchwerte ist.

136. Die jüngste ausführliche Berechnung des erzielbaren Betrags einer zahlungsmittelgenerierenden Einheit (Gruppe von Einheiten), der in einer vorhergehenden Periode ermittelt wurde, kann gemäß Paragraph 24 oder 99 vorgetragen werden und für die Überprüfung dieser Einheit (Gruppe von Einheiten) auf eine Wertminderung in der aktuellen Periode benutzt werden, vorausgesetzt, dass bestimmte Kriterien erfüllt sind. Ist dies der Fall, beziehen sich die Informationen für diese Einheit (Gruppe von Einheiten), die in den von den Paragraphen 134 und 135 verlangten Angaben eingegliedert sind, auf die Berechnung für den Vortrag des erzielbaren Betrags.

137. Das erläuternde Beispiel 9 veranschaulicht die von den Paragraphen 134 und 135 geforderten Angaben.

ÜBERGANGSVORSCHRIFTEN UND ZEITPUNKT DES INKRAFTTRETENS

138. [gestrichen]

139. **Ein Unternehmen hat diesen Standard anzuwenden:**

(a) auf einen Geschäfts- oder Firmenwert und immaterielle Vermögenswerte, die bei Unternehmenszusammenschlüssen, für die das Datum des Vertragsabschlusses am oder nach dem 31. März 2004 liegt, erworben worden sind; und

(b) prospektiv auf alle anderen Vermögenswerte vom Beginn der ersten jährlichen Periode, die am oder nach dem 31. März 2004 beginnt.

140. Unternehmen, auf die der Paragraph 139 anwendbar ist, wird empfohlen, diesen Standard vor dem in Paragraph 139 spezifizierten Zeitpunkt des Inkrafttretens anzuwenden. Wenn ein Unternehmen diesen Standard vor dem Zeitpunkt des Inkrafttretens anwendet, hat es gleichzeitig IFRS 3 und IAS 38 (überarbeitet 2004) anzuwenden.

140A. Infolge des IAS 1 *Darstellung des Abschlusses* (überarbeitet 2007) wurde die in allen IFRS verwendete Terminologie geändert. Außerdem wurden die Paragraphen 61, 120, 126 und 129 geändert. Diese Änderungen sind erstmals in der ersten Berichtsperiode eines am 1. Januar 2009 oder danach beginnenden Geschäftsjahres anzuwenden. Wird IAS 1 (überarbeitet 2007) auf eine frühere Periode angewandt, sind diese Änderungen entsprechend auch anzuwenden.

140B. **Durch IFRS 3 (in der** vom International Accounting Standards Board **2008 überarbeiteten Fassung) wurden die Paragraphen 65, 81, 85 und 139 geändert; die Paragraphen 91–95 sowie 138 gestrichen und Anhang C hinzugefügt. Diese Änderungen sind erstmals in der ersten Berichtsperiode eines am 1. Juli 2009 oder danach beginnenden Geschäftsjahres anzuwenden. Wendet ein Unternehmen IFRS 3 (in der 2008 geänderten Fassung) auf eine frühere Periode an, so hat es auch für diese Periode auch diese Änderungen anzuwenden.**

140C. Paragraph 134(e) wird im Rahmen der *Verbesserungen der IFRS* vom Mai 2008 geändert. Diese Änderungen sind erstmals in der ersten Berichtsperiode eines am 1. Januar 2009 oder danach beginnenden Geschäftsjahres anzuwenden. Eine frühere Anwendung ist zulässig. Wendet ein Unternehmen diese Änderung auf eine frühere Periode an, so ist dies anzugeben.

140D. *Anschaffungskosten von Anteilen an Tochterunternehmen, gemeinschaftlich geführten Unternehmen oder assoziierten Unternehmen* (Änderungen zu IFRS 1 Erstmalige Anwendung der International Financial Reporting Standards und IAS 27), herausgegeben im Mai 2008; Paragraph 12(h) wurde hinzugefügt. Diese Änderung ist prospektiv in der ersten Berichtsperiode eines am 1. Januar 2009 oder danach beginnenden Geschäftsjahres anzuwenden. Eine frühere Anwendung ist zulässig. Wendet ein Unternehmen die damit verbundenen Änderungen in den Paragraphen 4 und 38A des IAS 27 auf eine frühere Periode an, so ist gleichzeitig die Änderung des Paragraphen 12(h) anzuwenden.

140E. Paragraph 80b wurde durch die *Verbesserungen der IFRS* vom April 2009 geändert. Diese Änderungen sind erstmals in der ersten Berichtsperiode eines am 1. Januar 2010 oder danach beginnenden Geschäftsjahres prospektiv anzuwenden. Eine frühere Anwendung ist zulässig. Wendet ein Unternehmen die Änderung für ein früheres Geschäftsjahr an, hat es dies anzugeben.

RÜCKNAHME VON IAS 36 (HERAUSGEGEBEN 1998)

141. Dieser Standard ersetzt IAS 36 *Wertminderung von Vermögenswerten* (herausgegeben 1998).

ANHANG A

DIE ANWENDUNG VON BARWERT-VERFAHREN ZUR BEWERTUNG DES NUTZUNGSWERTS

Dieser Anhang ist Bestandteil des Standards. Er enthält zusätzliche Leitlinien für die Anwendung von Barwert-Verfahren zur Ermittlung des Nutzungswerts. Obwohl in den Leitlinien der Begriff „Vermögenswert" benutzt wird, sind sie ebenso auf eine Gruppe von Vermögenswerten, die eine zahlungsmittelgenerierende Einheit bildet, anzuwenden.

DIE BESTANDTEILE EINER BARWERT-ERMITTLUNG

A1. Die folgenden Elemente erfassen gemeinsam die wirtschaftlichen Unterschiede zwischen den Vermögenswerten:

(a) eine Schätzung des künftigen Cashflows bzw. in komplexeren Fällen von Serien künftiger Cashflows, die das Unternehmen durch die Vermögenswerte zu erzielen erhofft;

(b) Erwartungen im Hinblick auf eventuelle wertmäßige oder zeitliche Veränderungen dieser Cashflows;

(c) der Zinseffekt, der durch den risikolosen Zinssatz des aktuellen Markts dargestellt wird;

(d) der Preis für die mit dem Vermögenswert verbundene Unsicherheit; und

(e) andere, manchmal nicht identifizierbare Faktoren (wie Illiquidität), die Marktteilnehmer bei der Preisgestaltung der künftigen Cashflows, die das Unternehmen durch die Vermögenswerte zu erzielen erhofft, widerspiegeln würden.

A2. Dieser Anhang stellt zwei Ansätze zur Berechnung des Barwerts gegenüber, jeder von ihnen kann den Umständen entsprechend für die Schätzung des Nutzungswerts eines Vermögenswerts benutzt werden. Bei dem „traditionellen" Ansatz sind die Berichtigungen für die im Paragraph A1 beschriebenen Faktoren (b)-(e) im Abzinsungssatz enthalten. Bei dem „erwarteten Cashflow" Ansatz verursachen die Faktoren (b), (d) und (e) Berichtigungen bei den risikobereinigten erwarteten Cashflows. Welchen Ansatz ein Unternehmen auch anwendet, um Erwartungen hinsichtlich eventueller wertmäßiger oder zeitlicher Änderungen der künftigen Cashflows widerzuspiegeln, letztendlich muss der erwartete Barwert der künftigen Cashflows, d. h. der gewichtete Durchschnitt aller möglichen Ergebnisse widergespiegelt werden.

ALLGEMEINE PRINZIPIEN

A3. Die Verfahren, die zur Schätzung künftiger Cashflows und Zinssätze benutzt werden, variieren von einer Situation zur anderen, je nach den Umständen, die den betreffenden Vermögenswert umgeben. Die folgenden allgemeinen Prinzipien regeln jedoch jede Anwendung von Barwert-Verfahren bei der Bewertung von Vermögenswerten:

(a) Zinssätze, die zur Abzinsung von Cashflows benutzt werden, haben die Annahmen widerzuspiegeln, die mit denen der geschätzten Cashflows übereinstimmen. Andernfalls würden die Wirkungen einiger Annahmen doppelt angerechnet oder ignoriert werden. Ein Abzinsungssatz von 12 Prozent könnte beispielsweise auf vertragliche Cashflows einer Darlehensforderung angewandt werden. Dieser Satz spiegelt die Erwartungen über künftigen Zahlungsverzug bei Darlehen mit besonderen Merkmalen wider. Derselbe 12 Prozent Zinssatz ist nicht zur Abzinsung erwarteter Cashflows zu verwenden, da solche Cashflows bereits die Annahmen über künftigen Zahlungsverzug widerspiegeln.

(b) Geschätzte Cashflows und Abzinsungssätze müssen sowohl frei von verzerrenden Einflüssen als auch von Faktoren sein, die nicht mit dem betreffenden Vermögenswert in Verbindung stehen. Ein verzerrender Einfluss wird beispielsweise in die Bewertung eingebracht, wenn geschätzte Netto-Cashflows absichtlich zu niedrig dargestellt werden, um die offensichtliche künftige Rentabilität eines Vermögenswerts zu verbessern.

(c) Geschätzte Cashflows oder Abzinsungssätze müssen eher die Bandbreite möglicher Ergebnisse widerspiegeln als einen einzigen Betrag, höchstwahrscheinlich den möglichen Mindest- oder Höchstbetrag.

TRADITIONELLER ANSATZ UND „ERWARTETER CASHFLOW" ANSATZ ZUR DARSTELLUNG DES BARWERTS

Traditioneller Ansatz

A4. Anwendungen der Bilanzierung eines Barwerts haben traditionell einen einzigen Satz geschätzter Cashflows und einen einzigen Abzin-

2/24. IAS 36
Anhang A

sungssatz benutzt, der oft als der „dem Risiko entsprechende Zinssatz" beschrieben wurde. In der Tat nimmt der traditionelle Ansatz an, dass eine einzige Abzinsungssatz-Regel alle Erwartungen über die künftigen Cashflows und den angemessenen Risikozuschlag enthalten kann. Daher legt der traditionelle Ansatz größten Wert auf die Auswahl des Abzinsungssatzes.

A5. Unter gewissen Umständen, wenn beispielsweise vergleichbare Vermögenswerte auf dem Markt beobachtet werden können, ist es relativ einfach einen traditionellen Ansatz anzuwenden. Für Vermögenswerte mit vertraglichen Cashflows stimmt dies mit der Art und Weise überein, in der die Marktteilnehmer die Vermögenswerte beschreiben, wie bei „einer 12-prozentigen Anleihe".

A6. Der traditionelle Ansatz kann jedoch gewisse komplexe Bewertungsprobleme nicht angemessen behandeln, wie beispielsweise die Bewertung von nicht-finanziellen Vermögenswerten, für die es keinen Markt oder keinen vergleichbaren Posten gibt. Eine angemessene Suche nach „dem Risiko entsprechenden Zinssatz" verlangt eine Analyse von zumindest zwei Posten – einem Vermögenswert, der auf dem Markt existiert und einen beobachteten Zinssatz hat und dem zu bewertenden Vermögenswert. Der entsprechende Abzinsungssatz für die zu bewertenden Cashflows muss aus dem in diesem anderen Vermögenswert erkennbaren Zinssatz hergeleitet werden. Um die Schlussfolgerung ziehen zu können, müssen die Merkmale der Cashflows des anderen Vermögenswerts ähnlich derer des zu bewertenden Vermögenswerts sein. Daher muss für die Bewertung folgendermaßen vorgegangen werden:

(a) Identifizierung des Satzes von Cashflows, die abgezinst werden;

(b) Identifizierung eines anderen Vermögenswerts auf dem Markt, der ähnliche Cashflow-Merkmale zu haben scheint;

(c) Vergleich der Cashflow-Sätze beider Posten um sicherzustellen, dass sie ähnlich sind (zum Beispiel: Sind beide vertragliche Cashflows, oder ist der eine ein vertraglicher und der andere ein geschätzter Cashflow?);

(d) Beurteilung, ob es bei einem Posten ein Element gibt, das es bei dem anderen nicht gibt (zum Beispiel: Ist einer weniger liquide als der andere?); und

(e) Beurteilung, ob beide Cashflow-Sätze sich bei sich ändernden wirtschaftlichen Bedingungen voraussichtlich ähnlich verhalten (d. h. variieren).

Erwarteter Cashflow'Ansatz

A7. In gewissen Situationen ist der „erwartete Cashflow"-Ansatz ein effektiveres Bewertungsinstrument als der traditionelle Ansatz. Bei der Erarbeitung einer Bewertung benutzt der „erwartete Cashflow"-Ansatz alle Erwartungen über mögliche Cashflows anstelle des einzigen Cashflows, der am ähnlichsten ist. Beispielsweise könnte ein Cashflow 100 WE, 200 WE oder 300 WE sein mit Wahrscheinlichkeiten von 10 Prozent bzw. 60 Prozent oder 30 Prozent. Der erwartete Cashflow beträgt 220 WE. Der „erwartete Cashflow"-Ansatz unterscheidet sich somit vom traditionellen Ansatz dadurch, dass er sich auf die direkte Analyse der betreffenden Cashflows und auf präzisere Darstellungen der bei der Bewertung benutzten Annahmen konzentriert.

A8. Der „erwartete Cashflow"-Ansatz erlaubt auch die Anwendung des Barwert-Verfahrens, wenn die zeitliche Abstimmung der Cashflows ungewiss ist. Beispielsweise könnte ein Cashflow von 1 000 WE in einem Jahr, zwei Jahren oder drei Jahren mit Wahrscheinlichkeiten von 10 Prozent bzw. 60 Prozent oder 30 Prozent erhalten werden. Das nachstehende Beispiel zeigt die Berechnung des erwarteten Barwerts in dieser Situation.

Barwert von 1 000 WE in 1 Jahr zu 5 %	952,38 WE	
Wahrscheinlichkeit	10,00 %	95,24 WE
Barwert von 1 000 WE in 2 Jahren zu 5,25 %	902,73 WE	
Wahrscheinlichkeit	60,00 %	541,64 WE
Barwert von 1 000 WE in 3 Jahren zu 5,50 %	851,61 WE	
Wahrscheinlichkeit	30,00 %	255,48 WE
Erwarteter Barwert		892,36 WE

A9. Der erwartete Barwert von 892,36 WE unterscheidet sich von der traditionellen Auffassung einer bestmöglichen Schätzung von 902,73 WE (die 60 Prozent Wahrscheinlichkeit). Eine auf dieses Beispiel angewendete traditionelle Barwertberechnung verlangt eine Entscheidung darüber, welche möglichen Zeitpunkte der Cashflows anzusetzen sind, und würde demzufolge die Wahrscheinlichkeiten anderer Zeitpunkte nicht widerspiegeln. Das beruht darauf, dass bei einer traditionellen Berechnung des Barwertes der Abzinsungssatz keine Ungewissheiten über die Zeitpunkte widerspiegeln kann.

A10. Die Benutzung von Wahrscheinlichkeiten ist ein wesentliches Element des „erwarteten Cashflow" Ansatzes. In Frage gestellt wird, ob die Zuweisung von Wahrscheinlichkeiten zu hohen subjektiven Schätzungen größere Präzision vermuten lässt, als dass sie in der Tat existiert. Die richtige Anwendung des traditionellen Ansatzes (wie in Paragraph A6 beschrieben) verlangt hingegen dieselben Schätzungen und dieselbe Subjektivität ohne die computerunterstützte Transparenz des „erwarteten Cashflow" Ansatzes zu liefern.

A11. Viele in der gegenwärtigen Praxis entwickelte Schätzungen beinhalten bereits informell die Elemente der erwarteten Cashflows. Außerdem werden Rechnungsleger oft mit der Notwendigkeit konfrontiert, einen Vermögenswert zu bewerten und dabei begrenzte Informationen über die Wahrscheinlichkeiten möglicher Cashflows zu benutzen. Ein Rechnungsleger könnte beispielsweise mit den folgenden Situationen konfrontiert werden:

(a) Der geschätzte Betrag liegt irgendwo zwischen 50 WE und 250 WE, aber kein Betrag, der in diesem Bereich liegt, kommt eher in Frage als irgendein ein anderer Betrag. Auf der Grundlage dieser begrenzten Information beläuft sich der geschätzte erwartete Cashflow auf 150 WE [(50 + 250)/2].

(b) Der geschätzte Betrag liegt irgendwo zwischen 50 WE und 250 WE und der wahrscheinlichste Betrag ist 100 WE. Die mit jedem Betrag verbundenen Wahrscheinlichkeiten sind unbekannt. Auf der Grundlage dieser begrenzten Information beläuft sich der geschätzte erwartete Cashflow auf 133,33 WE [(50 + 100 +250)/3].

(c) Der geschätzte Betrag beträgt 50 WE (10 Prozent Wahrscheinlichkeit), 250 WE (30 Prozent Wahrscheinlichkeit) oder 100 WE (60 Prozent Wahrscheinlichkeit). Auf der Grundlage dieser begrenzten Information beläuft sich der geschätzte erwartete Cashflow auf 140 WE [(50 x 0,10) + (250 x 0,30) + (100 x 0,60)].

In jedem Fall liefert der geschätzte erwartete Cashflow voraussichtlich eine bessere Schätzung des Nutzungswerts als wahrscheinlich der Mindestbetrag oder der Höchstbetrag alleine genommen.

A12. Die Anwendung eines „erwarteten Cashflow" Ansatzes ist abhängig von einer Kosten-Nutzen Auflage. In manchen Fällen kann ein Unternehmen Zugriff auf zahlreiche Daten haben und somit viele Cashflow Szenarien entwickeln. In anderen Fällen kann es sein, dass ein Unternehmen nicht mehr als die allgemeinen Darstellungen über die Schwankung der Cashflows ohne Berücksichtigung wesentlicher Kosten entwickeln kann. Das Unternehmen muss die Kosten für den Erhalt zusätzlicher Informationen mit der zusätzlichen Verlässlichkeit, die diese Informationen für die Bewertung bringen wird, abwägen.

A13. Einige behaupten, dass erwartete Cashflow-Verfahren ungeeignet für die Bewertung eines einzelnen Postens oder eines Postens mit einer begrenzten Anzahl von möglichen Ergebnissen sind. Sie geben ein Beispiel eines Vermögenswerts mit zwei möglichen Ergebnissen an: eine 90-prozentige Wahrscheinlichkeit, dass der Cashflow 10 WE und eine 10-prozentige Wahrscheinlichkeit, dass der Cashflow 1 000 WE betragen wird. Sie beobachten, dass der erwartete Cashflow in diesem Beispiel 109 WE beträgt und kritisieren dieses Ergebnis, weil es keinen der Beträge darstellt, die letztendlich bezahlt werden könnten.

A14. Behauptungen, wie die gerade dargelegte, spiegeln die zugrunde liegende Unstimmigkeit hinsichtlich der Bewertungsziele wider. Wenn die Kumulierung der einzugehenden Kosten die Zielsetzung ist, könnten die erwarteten Cashflows keine repräsentativ glaubwürdige Schätzung der erwarteten Kosten erzeugen. Dieser Standard befasst sich indes mit der Bewertung des erzielbaren Betrags eines Vermögenswerts. Der erzielbare Betrag des Vermögenswerts aus diesem Beispiel ist voraussichtlich nicht 10 WE, selbst wenn dies der wahrscheinlichste Cashflow ist. Der Grund hierfür ist, dass eine Bewertung von 10 WE nicht die Ungewissheit des Cashflows bei der Bewertung des Vermögenswerts beinhaltet. Stattdessen wird der ungewisse Cashflow dargestellt, als wäre er ein gewisser Cashflow. Kein rational handelndes Unternehmen würde einen Vermögenswert mit diesen Merkmalen für 10 WE verkaufen.

ABZINSUNGSSATZ

A15. Welchen Ansatz ein Unternehmen auch für die Bewertung des Nutzungswerts eines Vermögenswerts wählt, die Zinssätze, die zur Abzinsung der Cashflows benutzt werden, dürfen nicht die Risiken widerspiegeln, aufgrund derer die geschätzten Cashflows angepasst worden sind. Andernfalls würden die Wirkungen einiger Annahmen doppelt angerechnet.

A16. Wenn ein vermögenswertespezifischer Zinssatz nicht direkt über den Markt erhältlich ist, verwendet ein Unternehmen Ersatzfaktoren zur Schätzung des Abzinsungssatzes. Ziel ist es, so weit wie möglich, die Marktbeurteilung folgender Faktoren zu schätzen:

(a) den Zinseffekt für die Perioden bis zum Ende der Nutzungsdauer des Vermögenswertes; und

(b) die in Paragraph A1 beschriebenen Faktoren (b), (d) und (e), soweit diese Faktoren keine Berichtigungen bei den geschätzten Cashflows verursacht haben.

A17. Als Ausgangspunkt kann ein Unternehmen bei der Erstellung einer solchen Schätzung die folgenden Zinssätze berücksichtigen:

(a) die durchschnittlich gewichteten Kapitalkosten des Unternehmens, die mithilfe von Verfahren wie dem Capital Asset Pricing Model bestimmt werden können;

(b) den Zinssatz für Neukredite des Unternehmens; und

(c) andere marktübliche Fremdkapitalzinssätze.

A18. Diese Zinssätze müssen jedoch angepasst werden,

(a) um die Art und Weise widerzuspiegeln, auf die der Markt die spezifischen Risiken, die mit den geschätzten Cashflows verbunden sind, bewerten würde; und

(b) um Risiken auszuschließen, die für die geschätzten Cashflows der Vermögenswerte nicht relevant sind, oder aufgrund derer bereits eine Anpassung der geschätzten Cashflows vorgenommen wurde.

Berücksichtigt werden Risiken, wie das Länderrisiko, das Währungsrisiko und das Preisrisiko.

A19. Der Abzinsungssatz ist unabhängig von der Kapitalstruktur des Unternehmens und von der

Art und Weise, wie das Unternehmen den Kauf des Vermögenswerts finanziert, weil die künftig erwarteten Cashflows aus dem Vermögenswert nicht von der Art und Weise abhängen, wie das Unternehmen den Kauf des Vermögenswerts finanziert hat.

A20. Paragraph 55 verlangt, dass der benutzte Abzinsungssatz ein Vor-Steuer-Zinssatz ist. Wenn daher die Grundlage für die Schätzung des Abzinsungssatzes eine Betrachtung nach Steuern ist, ist diese Grundlage anzupassen, um einen Zinssatz vor Steuern widerzuspiegeln.

A21. Ein Unternehmen verwendet normalerweise einen einzigen Abzinsungssatz zur Schätzung des Nutzungswerts eines Vermögenswerts. Ein Unternehmen verwendet indes unterschiedliche Abzinsungssätze für die verschiedenen künftigen Perioden, wenn der Nutzungswert sensibel auf die unterschiedlichen Risiken in den verschiedenen Perioden oder auf die Laufzeitstruktur der Zinssätze reagiert.

ANHANG C

Dieser Anhang ist integraler Bestandteil des Standards.

Prüfung auf Wertminderung von zahlungsmittelgenerierenden Einheiten mit einem Geschäfts- oder Firmenwert und nicht beherrschenden Anteilen

C1. Gemäß IFRS 3 (in der vom International Accounting Standards Board 2008 überarbeiteten Fassung) bewertet und erfasst der Erwerber den Geschäfts- oder Firmenwert zum Erwerbszeitpunkt als den Unterschiedsbetrag zwischen (a) und (b) wie folgt:

a) die Summe aus:
   i) der übertragenen Gegenleistung, die gemäß IFRS 3 im Allgemeinen zu dem am Erwerbszeitpunkt geltenden beizulegenden Zeitwert bestimmt wird;
   ii) dem Betrag aller nicht beherrschenden Anteile an dem erworbenen Unternehmen, die gemäß IFRS 3 bewertet werden; und
   iii) dem am Erwerbszeitpunkt geltenden beizulegenden Zeitwert des zuvor vom Erwerber gehaltenen Eigenkapitalanteils an dem erworbenen Unternehmen, wenn es sich um einen sukzessiven Unternehmenszusammenschluss handelt.

b) der Saldo der zum Erwerbszeitpunkt bestehenden und gemäß IFRS 3 bewerteten Beträge der erworbenen identifizierbaren Vermögenswerte und der übernommenen Schulden.

Zuordnung eines Geschäfts- oder Firmenwerts

C2. Paragraph 80 dieses Standards schreibt vor, dass ein Geschäfts- oder Firmenwert, der bei einem Unternehmenszusammenschluss erworben wurde, den zahlungsmittelgenerierenden Einheiten bzw. den Gruppen von zahlungsmittelgenerierenden Einheiten des Erwerbers, für die aus den Synergien des Zusammenschlusses ein Nutzen erwartet wird, zuzuordnen ist, unabhängig davon, ob andere Vermögenswerte oder Schulden des erworbenen Unternehmens diesen Einheiten oder Gruppen von Einheiten bereits zugewiesen worden sind. Es ist möglich, dass einige der aus einem Unternehmenszusammenschluss entstandenen Synergien einer zahlungsmittelgenerierenden Einheit zugeordnet werden, an der der nicht beherrschende Anteil nicht beteiligt ist.

Prüfung auf Wertminderung

C3. Eine Prüfung auf Wertminderung schließt den Vergleich des erzielbaren Betrags einer zahlungsmittelgenerierenden Einheit mit dem Buchwert der zahlungsmittelgenerierenden Einheit ein.

C4. Wenn ein Unternehmen nicht beherrschende Anteile als seinen proportionalen Anteil an den identifizierbaren Netto-Vermögenswerten eines Tochterunternehmens zum Erwerbszeitpunkt und nicht mit dem beizulegenden Zeitwert bestimmt, wird der den nicht beherrschenden Anteilen zugewiesene Geschäfts- oder Firmenwert in den erzielbaren Betrag der dazugehörigen zahlungsmittelgenerierenden Einheit einbezogen aber nicht im Konzernabschluss des Mutterunternehmens ausgewiesen. Folglich wird der Bruttobetrag des Buchwerts des zur Einheit zugeordneten Geschäfts- oder Firmenwerts ermittelt, um dem den nicht beherrschenden Anteil zuzurechnenden Geschäfts- oder Firmenwert einzuschließen. Dieser berichtete Buchwert wird dann mit dem erzielbaren Betrag der Einheit verglichen, um zu bestimmen, ob die zahlungsmittelgenerierende Einheit wertgemindert ist.

Zuordnung eines Wertminderungsaufwands

C5. Nach Paragraph 104 muss ein identifizierter Wertminderungsaufwand zuerst zugeordnet werden, um den Buchwert des der Einheit zugewiesenen Geschäfts- oder Firmenwerts zu reduzieren und dann den anderen Vermögenswerten der Einheit anteilig auf der Basis des Buchwerts eines jeden Vermögenswerts der Einheit zugewiesen werden.

C6. Wenn ein Tochterunternehmen oder ein Teil eines Tochterunternehmens mit einem nicht beherrschenden Anteil selbst eine zahlungsmittelgenerierende Einheit ist, wird der Wertminderungsaufwand zwischen dem Mutterunternehmen und dem nicht beherrschenden Anteil auf derselben Basis wie der Gewinn oder Verlust aufgeteilt.

C7. Wenn ein Tochterunternehmen oder ein Teil eines Tochterunternehmens mit einem nicht beherrschenden Anteil zu einer zahlungsmittelgenerierenden Einheit gehört, werden die Wertminderungsaufwendungen des Geschäfts- oder Firmenwerts den Teilen der zahlungsmittelgenerierenden Einheit, die einen nicht beherrschenden Anteil haben und den Teilen, die keinen haben, zugeordnet. Die Wertminderungsaufwendungen sind den Teilen der zahlungsmittelgenerierenden Einheit auf folgender Grundlage zuzuordnen:

a) in dem Umfang, dass sich die Wertminderung auf den in der zahlungsmittelgenerierenden Einheit enthaltenen Geschäfts- oder Firmenwert, den relativen Buchwerten des Geschäfts- oder Firmenwerts der Teile vor der Wertminderung bezieht; und

b) in dem Umfang, dass sich die Wertminderung auf die in der zahlungsmittelgenerierenden Einheit enthaltenen identifizierbaren Vermögenswerte, den relativen Buchwerten der identifizierbaren Netto-Vermögenswerte der Teile vor der Wertminderung bezieht. Diese Wertminderungen werden den Vermögenswerten der Teile jeder Einheit anteilig zugeordnet, basierend auf dem Buchwert jedes Vermögenswerts des jeweiligen Teils.

In den Teilen, die einen nicht beherrschenden Anteil haben, wird der Wertminderungsaufwand zwischen dem Mutterunternehmen und dem nicht beherrschenden Anteil gleichermaßen, wie es beim Gewinn oder Verlust der Fall ist, aufgeteilt.

C8. Wenn sich ein einem nicht beherrschenden Anteil zugeordneter Wertminderungsaufwand auf den Geschäfts- oder Firmenwert bezieht, der nicht im Konzernabschluss des Mutterunternehmens ausgewiesen wird (siehe Paragraph C4), wird diese Wertminderung nicht als ein Wertminderungsaufwand des Geschäfts- oder Firmenwerts erfasst. In diesen Fällen wird nur der Wertminderungsaufwand, der sich auf den dem Mutterunternehmen zugeordneten Geschäfts- oder Firmenwert bezieht, als ein Wertminderungsaufwand des Geschäfts- oder Firmenwerts erfasst.

C9. Das erläuternde Beispiel 7 veranschaulicht die Prüfung auf Wertminderung einer zahlungsmittelgenerierenden Einheit mit einem Geschäfts- oder Firmenwert, die kein hundertprozentiges Tochterunternehmen ist.

INTERNATIONAL ACCOUNTING STANDARD 37
Rückstellungen, Eventualverbindlichkeiten und Eventualforderungen

IAS 37, VO (EG) Nr. 1126/2008 i.d.F.

1 VO (EG) Nr. 1274/2008 [IAS 1] **2** VO (EG) Nr. 495/2009 [IFRS 3]

GLIEDERUNG	§§
ZIELSETZUNG	
ANWENDUNGSBEREICH	1–9
DEFINITIONEN	10–13
Rückstellungen und sonstige Schulden	11
Beziehung zwischen Rückstellungen und Eventualverbindlichkeiten	12–13
ERFASSUNG	14–26
Rückstellungen	14–26
Gegenwärtige Verpflichtung	15–16
Ereignis der Vergangenheit	17–22
Wahrscheinlicher Abfluss von Ressourcen mit wirtschaftlichem Nutzen	23–24
Verlässliche Schätzung der Verpflichtung	25–26
EVENTUALVERBINDLICHKEITEN	27–30
EVENTUALFORDERUNGEN	31–35
BEWERTUNG	36–52
Bestmögliche Schätzung	36–41
Risiken und Unsicherheiten	42–44
Barwert	45–47
Künftige Ereignisse	48–50
Erwarteter Abgang von Vermögenswerten	51–52
ERSTATTUNGEN	53–58
ANPASSUNG DER RÜCKSTELLUNGEN	59–60
VERBRAUCH VON RÜCKSTELLUNGEN	61–62
ANWENDUNG DER BILANZIERUNGS- UND BEWERTUNGSVORSCHRIFTEN	63–83
Künftige betriebliche Verluste	63–65
Belastende Verträge	66–69
Restrukturierungsmaßnahmen	70–83
ANGABEN	84–92
ÜBERGANGSVORSCHRIFTEN	93–94
ZEITPUNKT DES INKRAFTTRETENS	95–96

ZIELSETZUNG

Zielsetzung dieses Standards ist es, sicherzustellen, dass angemessene Ansatzkriterien und Bewertungsgrundlagen auf Rückstellungen, Eventualverbindlichkeiten und Eventualforderungen angewandt werden und, dass im Anhang ausreichend Informationen angegeben werden, die dem Leser die Beurteilung von Art, Fälligkeit und Höhe derselben ermöglichen.

ANWENDUNGSBEREICH

1. Dieser Standard ist von allen Unternehmen auf die Bilanzierung und Bewertung von Rückstellungen, Eventualverbindlichkeiten und Eventualforderungen anzuwenden. Hiervon ausgenommen sind:

(a) diejenigen, die aus noch zu erfüllenden Verträgen resultieren, außer der Vertrag ist belastend; und

(b) [gestrichen]

(c) diejenigen, die von einem anderen Standard abgedeckt werden.

2. Dieser Standard wird nicht auf Finanzinstrumente (einschließlich Garantien) angewandt, die in den Anwendungsbereich von IAS 39 *Finanzinstrumente: Ansatz und Bewertung* fallen.

3. Noch zu erfüllende Verträge sind Verträge, unter denen beide Parteien ihre Verpflichtungen in

keiner Weise oder teilweise zu gleichen Teilen erfüllt haben. Dieser Standard ist nicht auf noch zu erfüllende Verträge anzuwenden, sofern diese nicht belastend sind.

4. [gestrichen]

5. Wenn ein anderer Standard bestimmte Rückstellungen, Eventualverbindlichkeiten oder Eventualforderungen behandelt, ist der betreffende Standard von dem Unternehmen an Stelle dieses Standards anzuwenden. Gewisse Rückstellungsarten werden zum Beispiel in weiteren Standards behandelt:

a) Fertigungsaufträge (siehe IAS 11 *Fertigungsaufträge*);
(b) Ertragsteuern (siehe IAS 12 *Ertragsteuern*);
(c) Leasingverhältnisse (siehe IAS 17 *Leasingverhältnisse*). IAS 17 enthält jedoch keine speziellen Vorschriften für die Behandlung von belastenden Operating-Leasingverhältnissen. In diesen Fällen ist der vorliegende Standard anzuwenden;
(d) Leistungen an Arbeitnehmer (siehe IAS 19 *Leistungen an Arbeitnehmer*) und
(e) Versicherungsverträge (siehe IFRS 4 *Versicherungsverträge*). Dieser Standard ist indes auf alle anderen Rückstellungen, Eventualverbindlichkeiten und Eventualforderungen eines Versicherers anzuwenden, die sich nicht aus seinen vertraglichen Verpflichtungen und Rechten aus Versicherungsverträgen im Anwendungsbereich von IFRS 4 ergeben.

6. Einige als Rückstellungen behandelte Beträge können mit der Erfassung von Umsatzerlösen zusammenhängen; zum Beispiel in Fällen, in denen ein Unternehmen Bürgschaften gegen Gebühr übernimmt. Der vorliegende Standard behandelt nicht die Erfassung von Umsatzerlösen. IAS 18 *Umsatzerlöse* legt die Umstände dar, unter denen Umsatzerlöse erfasst werden, und gibt praktische Anleitungen zur Anwendung der Kriterien für eine Erfassung. Der vorliegende Standard hat keinen Einfluss auf die Anforderungen nach IAS 18.

7. Dieser Standard definiert Rückstellungen als Schulden, die bezüglich ihrer Fälligkeit oder ihrer Höhe ungewiss sind. In einigen Ländern wird der Begriff „Rückstellungen" auch im Zusammenhang mit Posten wie Abschreibungen, Wertminderung von Vermögenswerten und Wertberichtigungen von zweifelhaften Forderungen verwendet: dies sind Berichtigungen der Buchwerte von Vermögenswerten. Sie werden in vorliegendem Standard nicht behandelt.

8. Andere Standards legen fest, ob Ausgaben als Vermögenswerte oder als Aufwendungen behandelt werden. Diese Frage wird in dem vorliegendem Standard nicht behandelt. Entsprechend wird eine Aktivierung der bei der Bildung der Rückstellung erfassten Aufwendungen durch diesen Standard weder verboten noch vorgeschrieben.

9. Dieser Standard ist auf Rückstellungen für Restrukturierungsmaßnahmen (einschließlich aufgegebene Geschäftsbereiche) anzuwenden. Wenn eine Restrukturierungsmaßnahme der Definition eines aufgegebenen Geschäftsbereichs entspricht, können zusätzliche Angaben nach IFRS 5 *Zur Veräußerung gehaltene langfristige Vermögenswerte und aufgegebene Geschäftsbereiche* erforderlich werden.

DEFINITIONEN

10. Die folgenden Begriffe werden in diesem Standard mit der angegebenen Bedeutung verwendet:

Eine *Rückstellung* ist eine Schuld, die bezüglich ihrer Fälligkeit oder ihrer Höhe ungewiss ist.

Eine *Schuld* ist eine gegenwärtige Verpflichtung des Unternehmens, die aus Ereignissen der Vergangenheit entsteht und deren Erfüllung für das Unternehmen erwartungsgemäß mit einem Abfluss von Ressourcen mit wirtschaftlichem Nutzen verbunden ist.

Ein *verpflichtendes Ereignis* ist ein Ereignis, das eine rechtliche oder faktische Verpflichtung schafft, aufgrund derer das Unternehmen keine realistische Alternative zur Erfüllung der Verpflichtung hat.

Eine *rechtliche Verpflichtung* ist eine Verpflichtung, die sich ableitet aus

(a) einem Vertrag (aufgrund seiner expliziten oder impliziten Bedingungen);
(b) Gesetzen; oder
(c) sonstigen unmittelbaren Auswirkungen der Gesetze.

Eine *faktische Verpflichtung* ist eine aus den Aktivitäten eines Unternehmens entstehende Verpflichtung, wenn

(a) das Unternehmen durch sein bisher übliches Geschäftsgebaren, öffentlich angekündigte Maßnahmen oder eine ausreichend spezifische, aktuelle Aussage anderen Parteien gegenüber die Übernahme gewisser Verpflichtungen angedeutet hat; und
(b) das Unternehmen dadurch bei den anderen Parteien eine gerechtfertigte Erwartung geweckt hat, dass es diesen Verpflichtungen nachkommt.

Eine *Eventualverbindlichkeit* ist

(a) eine mögliche Verpflichtung, die aus vergangenen Ereignissen resultiert und deren Existenz durch das Eintreten oder Nichteintreten eines oder mehrerer unsicherer künftiger Ereignisse erst noch bestätigt wird, die nicht vollständig unter der Kontrolle des Unternehmens stehen, oder

(b) eine gegenwärtige Verpflichtung, die auf vergangenen Ereignissen beruht, jedoch nicht erfasst wird, weil

(i) ein Abfluss von Ressourcen mit wirtschaftlichem Nutzen mit der Erfüllung dieser Verpflichtung nicht wahrscheinlich ist, oder

(ii) die Höhe der Verpflichtung nicht ausreichend verlässlich geschätzt werden kann.

Eine *Eventualforderung* ist ein möglicher Vermögenswert, der aus vergangenen Ereignissen resultiert und dessen Existenz durch das Eintreten oder Nichteintreten eines oder mehrerer unsicherer künftiger Ereignisse erst noch bestätigt wird, die nicht vollständig unter der Kontrolle des Unternehmens stehen.

Ein *belastender Vertrag* ist ein Vertrag, bei dem die unvermeidbaren Kosten zur Erfüllung der vertraglichen Verpflichtungen höher sind als der erwartete wirtschaftliche Nutzen.

Eine *Restrukturierungsmaßnahme* ist ein Programm, das vom Management geplant und kontrolliert wird und entweder

(a) das von dem Unternehmen abgedeckte Geschäftsfeld; oder

(b) die Art, in der dieses Geschäft durchgeführt wird, wesentlich verändert.

Rückstellungen und sonstige Schulden

11. Rückstellungen können dadurch von sonstigen Schulden, wie z. B. Verbindlichkeiten aus Lieferungen und Leistungen sowie abgegrenzten Schulden unterschieden werden, dass bei ihnen Unsicherheiten hinsichtlich des Zeitpunkts oder der Höhe der künftig erforderlichen Ausgaben bestehen. Als Beispiel:

(a) Verbindlichkeiten aus Lieferungen und Leistungen sind Schulden zur Zahlung von erhaltenen oder gelieferten Gütern oder Dienstleistungen, die vom Lieferanten in Rechnung gestellt oder formal vereinbart wurden; und

(b) abgegrenzte Schulden sind Schulden zur Zahlung von erhaltenen oder gelieferten Gütern oder Dienstleistungen, die weder bezahlt wurden, noch vom Lieferanten in Rechnung gestellt oder formal vereinbart wurden. Hierzu gehören auch an Mitarbeiter geschuldete Beträge (zum Beispiel im Zusammenhang mit der Abgrenzung von Urlaubsgeldern). Auch wenn zur Bestimmung der Höhe oder des zeitlichen Eintretens der abgegrenzten Schulden gelegentlich Schätzungen erforderlich sind, ist die Unsicherheit im Allgemeinen deutlich geringer als bei Rückstellungen.

Abgegrenzte Schulden werden häufig als Teil der Verbindlichkeiten aus Lieferungen und Leistungen und sonstige Verbindlichkeiten ausgewiesen, wohingegen der Ausweis von Rückstellungen separat erfolgt.

Beziehung zwischen Rückstellungen und Eventualverbindlichkeiten

12. Im Allgemeinen betrachtet sind alle Rückstellungen als unsicher anzusehen, da sie hinsichtlich der Fälligkeit oder ihrer Höhe nicht sicher sind. Nach der Definition dieses Standards wird der Begriff „unsicher" jedoch für nicht bilanzierte Schulden und Vermögenswerte verwendet, die durch das Eintreten oder Nichteintreten eines oder mehrerer unsicherer künftiger Ereignisse bedingt sind, die nicht vollständig unter der Kontrolle des Unternehmens stehen. Des Weiteren wird der Begriff „Eventualverbindlichkeit" für Schulden verwendet, die die Ansatzkriterien nicht erfüllen.

13. Dieser Standard unterscheidet zwischen

(a) Rückstellungen – die als Schulden erfasst werden (unter der Annahme, dass eine verlässliche Schätzung möglich ist), da sie gegenwärtige Verpflichtungen sind und zur Erfüllung der Verpflichtungen ein Abfluss von Mitteln mit wirtschaftlichem Nutzen wahrscheinlich ist;

(b) Eventualverbindlichkeiten – die nicht als Schulden erfasst werden, da sie entweder

(i) mögliche Verpflichtungen sind, weil die Verpflichtung des Unternehmens noch bestätigt werden muss, die zu einem Abfluss von Ressourcen mit wirtschaftlichem Nutzen führen kann; oder

(ii) gegenwärtige Verpflichtungen sind, die nicht den Ansatzkriterien dieses Standards genügen (entweder weil ein Abfluss von Ressourcen mit wirtschaftlichem Nutzen zur Erfüllung dieser Verpflichtungen nicht wahrscheinlich ist oder weil die Höhe der Verpflichtung nicht ausreichend verlässlich geschätzt werden kann).

ERFASSUNG

Rückstellungen

14. Eine Rückstellung ist dann anzusetzen, wenn

(a) einem Unternehmen aus einem Ereignis der Vergangenheit eine gegenwärtige Verpflichtung (rechtlich oder faktisch) entstanden ist;

(b) der Abfluss von Ressourcen mit wirtschaftlichem Nutzen zur Erfüllung dieser Verpflichtung wahrscheinlich ist; und

(c) eine verlässliche Schätzung der Höhe der Verpflichtung möglich ist.

Sind diese Bedingungen nicht erfüllt, ist keine Rückstellung anzusetzen.

Gegenwärtige Verpflichtung

15. Vereinzelt gibt es Fälle, in denen unklar ist, ob eine gegenwärtige Verpflichtung existiert. In diesen Fällen führt ein Ereignis der Vergangenheit zu einer gegenwärtigen Verpflichtung, wenn unter Berücksichtigung aller verfügbaren substanziellen Hinweise für das Bestehen einer gegenwärtigen Verpflichtung zum Abschlussstichtag mehr dafür als dagegen spricht.

16. In fast allen Fällen wird es eindeutig sein, ob ein Ereignis der Vergangenheit zu einer gegenwärtigen Verpflichtung geführt hat. In Ausnahmefällen, zum Beispiel in einem Rechtsstreit, kann über die Frage gestritten werden, ob bestimmte Ereignisse eingetreten sind oder diese aus einer ge-

genwärtigen Verpflichtung resultieren. In diesem Fall bestimmt ein Unternehmen unter Berücksichtigung aller verfügbaren substanziellen Hinweise, einschließlich z. B. der Meinung von Sachverständigen, ob zum Abschlussstichtag eine gegenwärtige Verpflichtung besteht. Die zugrunde liegenden substanziellen Hinweise umfassen alle zusätzlichen, durch Ereignisse nach dem Abschlussstichtag entstandenen substanziellen Hinweise. Auf der Grundlage dieser substanziellen Hinweise

(a) setzt das Unternehmen eine Rückstellung an (wenn die Ansatzkriterien erfüllt sind), wenn zum Abschlussstichtag für das Bestehen einer gegenwärtigen Verpflichtung mehr dafür als dagegen spricht; und

(b) gibt das Unternehmen eine Eventualverbindlichkeit an, wenn zum Abschlussstichtag für das Nichtbestehen einer gegenwärtigen Verpflichtung mehr Gründe dafür als dagegen sprechen, es sei denn, ein Abfluss von Ressourcen mit wirtschaftlichem Nutzen ist unwahrscheinlich (siehe Paragraph 86).

Ereignis der Vergangenheit

17. Ein Ereignis der Vergangenheit, das zu einer gegenwärtigen Verpflichtung führt, wird als verpflichtendes Ereignis bezeichnet. Ein Ereignis ist ein verpflichtendes Ereignis, wenn ein Unternehmen keine realistische Alternative zur Erfüllung der durch dieses Ereignis entstandenen Verpflichtung hat. Das ist nur der Fall,

(a) wenn die Erfüllung einer Verpflichtung rechtlich durchgesetzt werden kann; oder

(b) wenn, im Falle einer faktischen Verpflichtung, das Ereignis (das aus einer Handlung des Unternehmens bestehen kann) gerechtfertigte Erwartungen bei anderen Parteien hervorruft, dass das Unternehmen die Verpflichtung erfüllen wird.

18. Abschlüsse befassen sich mit der Vermögens- und Finanzlage eines Unternehmens zum Ende der Berichtsperiode und nicht mit der möglichen künftigen Situation. Daher wird keine Rückstellung für Aufwendungen der künftigen Geschäftstätigkeit angesetzt. In der Bilanz eines Unternehmens werden ausschließlich diejenigen Verpflichtungen angesetzt, die zum Abschlussstichtag bestehen.

19. Rückstellungen werden nur für diejenigen aus Ereignissen der Vergangenheit resultierenden Verpflichtungen angesetzt, die unabhängig von der künftigen Geschäftstätigkeit (z. B. die künftige Fortführung der Geschäftstätigkeit) eines Unternehmens entstehen. Beispiele für solche Verpflichtungen sind Strafgelder oder Aufwendungen für die Beseitigung unrechtmäßiger Umweltschäden; diese beiden Fälle würden unabhängig von der künftigen Geschäftstätigkeit des Unternehmens bei Erfüllung zu einem Abfluss von Ressourcen mit wirtschaftlichem Nutzen führen. Entsprechend setzt ein Unternehmen eine Rückstellung für den Aufwand für die Beseitigung einer Ölanlage oder eines Kernkraftwerkes insoweit an, als das Unternehmen zur Beseitigung bereits entstandener Schäden verpflichtet ist. Dagegen kann eine Unternehmen aufgrund von wirtschaftlichem Druck oder gesetzlichen Anforderungen Ausgaben planen oder vornehmen müssen, um seine Betriebstätigkeit künftig in einer bestimmten Weise zu ermöglichen (zum Beispiel die Installation von Rauchfiltern in einer bestimmten Fabrikart). Da das Unternehmen diese Ausgaben durch seine künftigen Aktivitäten vermeiden kann, zum Beispiel durch Änderung der Verfahren, hat es keine gegenwärtige Verpflichtung für diese künftigen Ausgaben und bildet auch keine Rückstellung.

20. Eine Verpflichtung betrifft immer eine andere Partei, gegenüber der die Verpflichtung besteht. Die Kenntnis oder Identifikation der Partei, gegenüber der die Verpflichtung besteht, ist jedoch nicht notwendig – sie kann sogar gegenüber der Öffentlichkeit in ihrer Gesamtheit bestehen. Da eine Verpflichtung immer eine Zusage an eine andere Partei beinhaltet, entsteht durch eine Entscheidung des Managements bzw. eines entsprechenden Gremiums noch keine faktische Verpflichtung zum Abschlussstichtag, wenn diese nicht den davon betroffenen Parteien vor dem Abschlussstichtag ausreichend ausführlich mitgeteilt wurde, so dass die Mitteilung eine gerechtfertigte Erwartung bei den Betroffenen hervorgerufen hat, dass das Unternehmen seinen Verpflichtungen nachkommt.

21. Ein Ereignis, das nicht unverzüglich zu einer Verpflichtung führt, kann aufgrund von Gesetzesänderungen oder Handlungen des Unternehmens (zum Beispiel eine ausreichend spezifische, aktuelle Aussage) zu einem späteren Zeitpunkt zu einer Verpflichtung führen. Beispielsweise kann zum Zeitpunkt der Verursachung von Umweltschäden keine Verpflichtung zur Beseitigung der Folgen bestehen. Die Verursachung der Schäden wird jedoch zu einem verpflichtenden Ereignis, wenn ein neues Gesetz deren Beseitigung vorschreibt oder das Unternehmen öffentlich die Verantwortung für die Beseitigung in einer Weise übernimmt, dass dadurch eine faktische Verpflichtung entsteht.

22. Wenn einzelne Bestimmungen eines Gesetzesentwurfs noch nicht endgültig feststehen, besteht eine Verpflichtung nur dann, wenn die Verabschiedung des Gesetzesentwurfs so gut wie sicher ist. Für die Zwecke dieses Standards wird eine solche Verpflichtung als rechtliche Verpflichtung behandelt. Auf Grund unterschiedlicher Verfahren bei der Verabschiedung von Gesetzen kann hier kein einzelnes Ereignis spezifiziert werden, bei dem die Verabschiedung eines Gesetzes so gut wie sicher ist. In vielen Fällen dürfte es unmöglich sein, die tatsächliche Verabschiedung des Gesetzes mit Sicherheit vorherzusagen, solange es nicht verabschiedet ist.

Wahrscheinlicher Abfluss von Ressourcen mit wirtschaftlichem Nutzen

23. Damit eine Schuld die Voraussetzungen für den Ansatz erfüllt, muss nicht nur eine gegenwärtige Verpflichtung existieren, auch der Abfluss von

Ressourcen mit wirtschaftlichem Nutzen muss im Zusammenhang mit der Erfüllung der Verpflichtung wahrscheinlich sein. Für die Zwecke dieses Standards,(¹) wird ein Abfluss von Ressourcen oder ein anderes Ereignis als wahrscheinlich angesehen, wenn mehr dafür als dagegen spricht, d. h. die Wahrscheinlichkeit, dass das Ereignis eintritt, ist größer als die Wahrscheinlichkeit, dass es nicht eintritt. Ist die Existenz einer gegenwärtigen Verpflichtung nicht wahrscheinlich, so gibt das Unternehmen eine Eventualverbindlichkeit an, sofern ein Abfluss von Ressourcen mit wirtschaftlichem Nutzen nicht unwahrscheinlich ist (siehe Paragraph 86).

(¹) Die Auslegung von „wahrscheinlich" in diesem Standard als „mehr dafür als dagegen sprechend" ist nicht zwingend auf andere Standards anwendbar.

24. Bei einer Vielzahl ähnlicher Verpflichtungen (z. B. Produktgarantien oder ähnlichen Verträgen) wird die Wahrscheinlichkeit eines Mittelabflusses bestimmt, indem die Gruppe der Verpflichtungen als Ganzes betrachtet wird. Auch wenn die Wahrscheinlichkeit eines Abflusses im Einzelfall gering sein dürfte, kann ein Abfluss von Ressourcen zur Erfüllung dieser Gruppe von Verpflichtungen insgesamt durchaus wahrscheinlich sein. Ist dies der Fall, wird eine Rückstellung angesetzt (wenn die anderen Ansatzkriterien erfüllt sind).

Verlässliche Schätzung der Verpflichtung

25. Die Verwendung von Schätzungen ist ein wesentlicher Bestandteil bei der Aufstellung von Abschlüssen und beeinträchtigt nicht deren Verlässlichkeit. Dies gilt insbesondere im Falle von Rückstellungen, die naturgemäß in höherem Maße unsicher sind, als die meisten anderen Bilanzposten. Von äußerst seltenen Fällen abgesehen dürfte ein Unternehmen in der Lage sein, ein Spektrum möglicher Ergebnisse zu bestimmen und daher auch eine Schätzung der Verpflichtung vornehmen zu können, die für den Ansatz einer Rückstellung ausreichend verlässlich ist.

26. In äußerst seltenen Fällen kann eine bestehende Schuld nicht angesetzt werden, und zwar dann, wenn keine verlässliche Schätzung möglich ist. Diese Schuld wird als Eventualschuld angegeben (siehe Paragraph 86).

EVENTUALVERBINDLICHKEITEN

27. Ein Unternehmen darf keine Eventualverbindlichkeit ansetzen.

28. Eine Eventualverbindlichkeit ist nach Paragraph 86 anzugeben, sofern die Möglichkeit eines Abflusses von Ressourcen mit wirtschaftlichem Nutzen nicht unwahrscheinlich ist.

29. Haftet ein Unternehmen gesamtschuldnerisch für eine Verpflichtung, wird der Teil der Verpflichtung, dessen Übernahme durch andere Parteien erwartet wird, als Eventualverbindlichkeit behandelt. Das Unternehmen setzt eine Rückstellung für den Teil der Verpflichtung an, für den ein Abfluss von Ressourcen mit wirtschaftlichem Nutzen wahrscheinlich ist. Dies gilt nicht in den äußerst seltenen Fällen, in denen keine verlässliche Schätzung möglich ist.

30. Eventualverbindlichkeiten können sich anders entwickeln, als ursprünglich erwartet. Daher werden sie laufend daraufhin beurteilt, ob ein Abfluss von Ressourcen mit wirtschaftlichem Nutzen wahrscheinlich geworden ist. Ist ein Abfluss von künftigem wirtschaftlichem Nutzen für einen zuvor als Eventualverbindlichkeit behandelten Posten wahrscheinlich, so wird eine Rückstellung im Abschluss des Berichtszeitraums angesetzt, in dem die Änderung in Bezug auf die Wahrscheinlichkeit auftritt (mit Ausnahme der äußerst seltenen Fälle, in denen keine verlässliche Schätzung möglich ist).

EVENTUALFORDERUNGEN

31. Ein Unternehmen darf keine Eventualforderungen ansetzen.

32. Eventualforderungen entstehen normalerweise aus ungeplanten oder unerwarteten Ereignissen, durch die dem Unternehmen die Möglichkeit eines Zuflusses von wirtschaftlichem Nutzen entsteht. Ein Beispiel ist ein Anspruch, den ein Unternehmen in einem gerichtlichen Verfahren mit unsicherem Ausgang durchzusetzen versucht.

33. Eventualforderungen werden nicht im Abschluss angesetzt, da dadurch Erträge erfasst würden, die möglicherweise nie realisiert werden. Ist die Realisation von Erträgen jedoch so gut wie sicher, ist der betreffende Vermögenswert nicht mehr als Eventualforderung anzusehen und dessen Ansatz ist angemessen.

34. Eventualforderungen sind nach Paragraph 89 anzugeben, wenn der Zufluss wirtschaftlichen Nutzens wahrscheinlich ist.

35. Eventualforderungen werden laufend beurteilt, um sicherzustellen, dass im Abschluss eine angemessene Entwicklung widergespiegelt wird. Wenn ein Zufluss wirtschaftlichen Nutzens so gut wie sicher geworden ist, werden der Vermögenswert und der diesbezügliche Ertrag im Abschluss des Berichtszeitraums erfasst, in dem die Änderung auftritt. Ist ein Zufluss wirtschaftlichen Nutzens wahrscheinlich geworden, gibt das Unternehmen eine Eventualforderung an (siehe Paragraph 89).

BEWERTUNG

Bestmögliche Schätzung

36. Der als Rückstellung angesetzte Betrag stellt die bestmögliche Schätzung der Ausgabe dar, die zur Erfüllung der gegenwärtigen Verpflichtung zum Abschlussstichtag erforderlich ist.

37. Die bestmögliche Schätzung der zur Erfüllung der gegenwärtigen Verpflichtung erforderlichen Ausgabe ist der Betrag, den das Unternehmen bei vernünftiger Betrachtung zur Erfüllung der Verpflichtung zum Abschlussstichtag oder zur Übertragung der Verpflichtung auf einen Dritten zu diesem Termin zahlen müsste. Oft dürfte die Erfüllung oder Übertragung einer Verpflichtung

zum Abschlussstichtag unmöglich oder über die Maßen teuer sein. Die Schätzung des vom Unternehmen bei vernünftiger Betrachtung zur Erfüllung oder zur Übertragung der Verpflichtung zu zahlenden Betrags stellt trotzdem die bestmögliche Schätzung der zur Erfüllung der gegenwärtigen Verpflichtung zum Abschlussstichtag erforderlichen Ausgaben dar.

38. Die Schätzungen von Ergebnis und finanzieller Auswirkung hängen von der Bewertung des Managements, zusammen mit Erfahrungswerten aus ähnlichen Transaktionen und, gelegentlich, unabhängigen Sachverständigengutachten ab. Die zugrunde liegenden substanziellen Hinweise umfassen alle zusätzlichen, durch Ereignisse nach dem Abschlussstichtag entstandenen substanziellen Hinweise.

39. Unsicherheiten in Bezug auf den als Rückstellung anzusetzenden Betrag werden in Abhängigkeit von den Umständen unterschiedlich behandelt. Wenn die zu bewertende Rückstellung eine große Anzahl von Positionen umfasst, wird die Verpflichtung durch Gewichtung aller möglichen Ergebnisse mit den damit verbundenen Wahrscheinlichkeiten geschätzt. Dieses statistische Schätzungsverfahren wird als Erwartungswertmethode bezeichnet. Daher wird je nach Eintrittswahrscheinlichkeit eines Verlustbetrags, zum Beispiel 60 Prozent oder 90 Prozent, eine unterschiedlich hohe Rückstellung gebildet. Bei einer Bandbreite möglicher Ergebnisse, innerhalb derer die Wahrscheinlichkeit der einzelnen Punkte gleich groß ist, wird der Mittelpunkt der Bandbreite verwendet.

Beispiel

Ein Unternehmen verkauft Güter mit einer Gewährleistung, nach der Kunden eine Erstattung der Reparaturkosten für Produktionsfehler erhalten, die innerhalb der ersten sechs Monate nach Kauf entdeckt werden. Bei kleineren Fehlern an allen verkauften Produkten würden Reparaturkosten in Höhe von 1 Million entstehen. Bei größeren Fehlern an allen verkauften Produkten würden Reparaturkosten in Höhe von 4 Millionen entstehen. Erfahrungswert und künftige Erwartungen des Unternehmens deuten darauf hin, dass 75 Prozent der verkauften Güter keine Fehler haben werden, 20 Prozent kleinere Fehler und 5 Prozent größere Fehler aufweisen dürften. Nach Paragraph 24 bestimmt ein Unternehmen die Wahrscheinlichkeit eines Abflusses der Verpflichtungen aus Gewährleistungen insgesamt.

Der Erwartungswert für die Reparaturkosten beträgt: (75 % von Null) + (20 % von 1 Mio.) + (5 % von 4 Mio.) = 400 000

40. Wenn eine einzelne Verpflichtung bewertet wird, dürfte das jeweils wahrscheinlichste Ergebnis die bestmögliche Schätzung der Schuld darstellen. Aber auch in einem derartigen Fall betrachtet das Unternehmen die Möglichkeit anderer Ergebnisse. Wenn andere mögliche Ergebnisse entweder größtenteils über oder größtenteils unter dem wahrscheinlichsten Ergebnis liegen, ist die bestmögliche Schätzung ein höherer bzw. niedrigerer Betrag. Zum Beispiel: Wenn ein Unternehmen einen schwerwiegenden Fehler in einer großen, für einen Kunden gebauten Anlage beseitigen muss und das einzeln betrachtete, wahrscheinlichste Ergebnis sein mag, dass die Reparatur beim ersten Versuch erfolgreich ist und 1 000 kostet, wird dennoch eine höhere Rückstellung gebildet, wenn ein wesentliches Risiko besteht, dass weitere Reparaturen erforderlich sind.

41. Die Bewertung der Rückstellung erfolgt vor Steuern, da die steuerlichen Konsequenzen von Rückstellungen und Veränderungen von Rückstellungen in IAS 12 behandelt werden.

Risiken und Unsicherheiten

42. Bei der bestmöglichen Schätzung einer Rückstellung sind die unvermeidbar mit vielen Ereignissen und Umständen verbundenen Risiken und Unsicherheiten zu berücksichtigen.

43. Risiko beschreibt die Unsicherheit zukünftiger Entwicklungen. Eine Risikoanpassung kann den Betrag erhöhen, mit dem eine Schuld bewertet wird. Bei einer Beurteilung unter unsicheren Umständen ist Vorsicht angebracht, damit Erträge bzw. Vermögenswerte nicht überbewertet und Aufwendungen bzw. Schulden nicht unterbewertet werden. Unsicherheiten rechtfertigen jedoch nicht die Bildung übermäßiger Rückstellungen oder eine vorsätzliche Überbewertung von Schulden. Wenn zum Beispiel die prognostizierten Kosten eines besonders nachteiligen Ergebnisses vorsichtig ermittelt werden, so wird dieses Ergebnis nicht absichtlich so behandelt, als sei es wahrscheinlicher als es tatsächlich ist. Sorgfalt ist notwendig, um die doppelte Berücksichtigung von Risiken und Unsicherheiten und die daraus resultierende Überbewertung einer Rückstellung zu vermeiden.

44. Die Angabe von Unsicherheiten im Zusammenhang mit der Höhe der Ausgaben wird in Paragraph 85(b) behandelt.

Barwert

45. Bei einer wesentlichen Wirkung des Zinseffekts ist im Zusammenhang mit der Erfüllung der Verpflichtung eine Rückstellung in Höhe des Barwerts der erwarteten Ausgaben anzusetzen.

46. Auf Grund des Zinseffekts sind Rückstellungen für bald nach dem Abschlussstichtag erfolgende Mittelabflüsse belastender als diejenigen für Mittelabflüsse in derselben Höhe zu einem späteren Zeitpunkt. Wenn die Wirkung wesentlich ist, werden Rückstellungen daher abgezinst.

47. Der (die) Abzinsungssatz (-sätze) ist (sind) ein Satz (Sätze) vor Steuern, der (die) die aktuellen Markterwartungen im Hinblick auf den Zinseffekt sowie die für die Schuld spezifischen Risiken widerspiegelt. Risiken, an die die Schätzungen künftiger Cashflows angepasst wurden, dürfen keine Auswirkung auf den (die) Abzinsungssatz (-sätze) haben.

Künftige Ereignisse

48. Künftige Ereignisse, die den zur Erfüllung einer Verpflichtung erforderlichen Betrag beeinflussen können, sind bei der Höhe einer Rückstel-

lung zu berücksichtigen, sofern es ausreichende objektive substanzielle Hinweise auf deren Eintritt gibt.

49. Erwartete künftige Ereignisse können bei der Bewertung von Rückstellungen von besonderer Bedeutung sein. Ein Unternehmen kann beispielsweise der Ansicht sein, dass die Kosten für Aufräumarbeiten bei Stilllegung eines Standorts durch künftige technologische Veränderungen reduziert werden. Der angesetzte Betrag berücksichtigt eine vernünftige Einschätzung technisch geschulter, objektiver Dritter und berücksichtigt alle verfügbaren substanziellen Hinweise auf zum Zeitpunkt der Aufräumarbeiten verfügbare Technologien. Daher sind beispielsweise die mit der zunehmenden Erfahrung bei Anwendung gegenwärtiger Technologien erwarteten Kostenminderungen oder die erwarteten Kosten für die Anwendung gegenwärtiger Technologien auf – verglichen mit den vorher ausgeführten Arbeiten – größere und komplexere Aufräumarbeiten zu berücksichtigen. Ein Unternehmen trifft jedoch keine Annahmen hinsichtlich der Entwicklung einer vollständig neuen Technologie für Aufräumarbeiten, wenn dies nicht durch ausreichend objektive substanzielle Hinweise gestützt wird.

50. Die Wirkung möglicher Gesetzesänderungen wird bei der Bewertung gegenwärtiger Verpflichtungen berücksichtigt, wenn ausreichend objektive substanzielle Hinweise vorliegen, dass die Verabschiedung der Gesetze so gut wie sicher ist. Die Vielzahl von Situationen in der Praxis macht die Festlegung eines einzelnen Ereignisses, das in jedem Fall ausreichend substanzielle objektive Hinweise liefern würde, unmöglich. Die substanziellen Hinweise müssen sich sowohl auf die Anforderungen der Gesetze als auch darauf, dass eine zeitnahe Verabschiedung und Umsetzung so gut wie sicher ist, erstrecken. In vielen Fällen dürften bis zur Verabschiedung der neuen Gesetze nicht hinreichend objektive substanzielle Hinweise vorliegen.

Erwarteter Abgang von Vermögenswerten

51. Gewinne aus dem erwarteten Abgang von Vermögenswerten sind bei der Bildung einer Rückstellung nicht zu berücksichtigen.

52. Gewinne aus dem erwarteten Abgang von Vermögenswerten werden bei der Bildung einer Rückstellung nicht berücksichtigt. Dies gilt selbst, wenn der erwartete Abgang eng mit dem Ereignis verbunden ist, aufgrund dessen die Rückstellung gebildet wird. Stattdessen erfasst das Unternehmen Gewinne aus dem erwarteten Abgang von Vermögenswerten nach dem Standard, der die betreffenden Vermögenswerte behandelt.

ERSTATTUNGEN

53. Wenn erwartet wird, dass die zur Erfüllung einer zurückgestellten Verpflichtung erforderlichen Ausgaben ganz oder teilweise von einer anderen Partei erstattet werden, ist die Erstattung nur zu erfassen, wenn es so gut wie sicher ist, dass das Unternehmen die Erstattung bei Erfüllung der Verpflichtung erhält. Die Erstattung ist als separater Vermögenswert zu behandeln. Der für die Erstattung angesetzte Betrag darf die Höhe der Rückstellung nicht übersteigen.

54. In der Gesamtergebnisrechnung kann der Aufwand zur Bildung einer Rückstellung nach Abzug der Erstattung netto erfasst werden.

55. In einigen Fällen kann ein Unternehmen von einer anderen Partei ganz oder teilweise die Zahlung der zur Erfüllung der zurückgestellten Verpflichtung erforderlichen Ausgaben erwarten (beispielsweise aufgrund von Versicherungsverträgen, Entschädigungsklauseln oder Gewährleistungen von Lieferanten). Entweder erstattet die andere Partei die vom Unternehmen gezahlten Beträge oder sie zahlt diese direkt.

56. In den meisten Fällen bleibt das Unternehmen für den gesamten entsprechenden Betrag haftbar, so dass es den gesamten Betrag begleichen muss, falls die Zahlung aus irgendeinem Grunde nicht durch Dritte erfolgt. In dieser Situation wird eine Rückstellung in voller Höhe der Schuld und ein separater Vermögenswert für die erwartete Erstattung angesetzt, wenn es so gut wie sicher ist, dass das Unternehmen die Erstattung bei Begleichung der Schuld erhalten wird.

57. In einigen Fällen ist das Unternehmen bei Nichtzahlung Dritter nicht für die entsprechenden Kosten haftbar. In diesem Fall hat das Unternehmen keine Schuld für diese Kosten und sie werden nicht in die Rückstellung einbezogen.

58. Wie in Paragraph 29 dargelegt, ist eine Verpflichtung, für die ein Unternehmen gesamtschuldnerisch haftet, insofern eine Eventualverbindlichkeit als eine Erfüllung der Verpflichtung durch andere Parteien erwartet wird.

ANPASSUNG DER RÜCKSTELLUNGEN

59. Rückstellungen sind zu jedem Abschlussstichtag zu prüfen und anzupassen, damit sie die bestmögliche Schätzung widerspiegeln. Wenn es nicht mehr wahrscheinlich ist, dass mit der Erfüllung der Verpflichtung ein Abfluss von Ressourcen mit wirtschaftlichem Nutzen verbunden ist, ist die Rückstellung aufzulösen.

60. Bei Abzinsung spiegelt sich der Zeitablauf in der periodischen Erhöhung des Buchwerts einer Rückstellung wider. Diese Erhöhung wird als Fremdkapitalkosten erfasst.

VERBRAUCH VON RÜCKSTELLUNGEN

61. Eine Rückstellung ist nur für Ausgaben zu verbrauchen, für die sie ursprünglich gebildet wurde.

62. Gegen die ursprüngliche Rückstellung dürfen nur Ausgaben aufgerechnet werden, für die sie auch gebildet wurde. Die Aufrechnung einer Ausgabe gegen eine für einen anderen Zweck gebildete Rückstellung würde die Wirkung zweier unterschiedlicher Ereignisse verbergen.

ANWENDUNG DER BILANZIERUNGS- UND BEWERTUNGSVORSCHRIFTEN

Künftige betriebliche Verluste

63. Im Zusammenhang mit künftigen betrieblichen Verlusten sind keine Rückstellungen anzusetzen.

64. Künftige betriebliche Verluste entsprechen nicht der Definition einer Schuld nach Paragraph 10 und den in Paragraph 14 dargelegten allgemeinen Ansatzkriterien für Rückstellungen.

65. Die Erwartung künftiger betrieblicher Verluste ist ein Anzeichen für eine mögliche Wertminderung bestimmter Vermögenswerte des Unternehmensbereichs. Ein Unternehmen prüft diese Vermögenswerte auf Wertminderung nach IAS 36 *Wertminderung von Vermögenswerten*.

Belastende Verträge

66. Hat ein Unternehmen einen belastenden Vertrag, ist die gegenwärtige vertragliche Verpflichtung als Rückstellung anzusetzen und zu bewerten.

67. Zahlreiche Verträge (beispielsweise einige Standard-Kaufaufträge) können ohne Zahlung einer Entschädigung an eine andere Partei storniert werden. Daher besteht in diesen Fällen keine Verpflichtung. Andere Verträge begründen sowohl Rechte als auch Verpflichtungen für jede Vertragspartei. Wenn die Umstände dazu führen, dass ein solcher Vertrag belastend wird, fällt der Vertrag unter den Anwendungsbereich dieses Standards und es besteht eine anzusetzende Schuld. Noch zu erfüllende Verträge, die nicht belastend sind, fallen nicht in den Anwendungsbereich dieses Standards.

68. Dieser Standard definiert einen belastenden Vertrag als einen Vertrag, bei dem die unvermeidbaren Kosten zur Erfüllung der vertraglichen Verpflichtungen höher als der erwartete wirtschaftliche Nutzen sind. Die unvermeidbaren Kosten unter einem Vertrag spiegeln den Mindestbetrag der bei Ausstieg aus dem Vertrag anfallenden Nettokosten wider; diese stellen den niedrigeren Betrag von Erfüllungskosten und etwaigen aus der Nichterfüllung resultierenden Entschädigungszahlungen oder Strafgeldern dar.

69. Bevor eine separate Rückstellung für einen belastenden Vertrag erfasst wird, erfasst ein Unternehmen den Wertminderungsaufwand für Vermögenswerte, die mit dem Vertrag verbunden sind (siehe IAS 36).

Restrukturierungsmaßnahmen

70. Die folgenden beispielhaften Ereignisse können unter die Definition einer Restrukturierungsmaßnahme fallen:

(a) Verkauf oder Beendigung eines Geschäftszweigs;

(b) die Stilllegung von Standorten in einem Land oder einer Region oder die Verlegung von Geschäftsaktivitäten von einem Land oder einer Region in ein anderes bzw. eine andere;

(c) Änderungen in der Struktur des Managements, z. B. Auflösung einer Managementebene; und

(d) grundsätzliche Umorganisation mit wesentlichen Auswirkungen auf den Charakter und Schwerpunkt der Geschäftstätigkeit des Unternehmens.

71. Eine Rückstellung für Restrukturierungskosten wird nur angesetzt, wenn die in Paragraph 14 aufgeführten allgemeinen Ansatzkriterien für Rückstellungen erfüllt werden. Die Paragraphen 72-83 legen dar, wie die allgemeinen Ansatzkriterien auf Restrukturierungen anzuwenden sind.

72. Eine faktische Verpflichtung zur Restrukturierung entsteht nur, wenn ein Unternehmen

(a) einen detaillierten, formalen Restrukturierungsplan hat, in dem zumindest die folgenden Angaben enthalten sind:

(i) der betroffene Geschäftsbereich oder Teil eines Geschäftsbereichs;

(ii) die wichtigsten betroffenen Standorte;

(iii) Standort, Funktion und ungefähre Anzahl der Arbeitnehmer, die für die Beendigung ihres Beschäftigungsverhältnisses eine Abfindung erhalten werden;

(iv) die entstehenden Ausgaben; und

(v) der Umsetzungszeitpunkt des Plans; und

(b) bei den Betroffenen eine gerechtfertigte Erwartung geweckt hat, dass die Restrukturierungsmaßnahmen durch den Beginn der Umsetzung des Plans oder die Ankündigung seiner wesentlichen Bestandteile den Betroffenen gegenüber durchgeführt wird.

73. Substanzielle Hinweise für den Beginn der Umsetzung eines Restrukturierungsplans in einem Unternehmen wären beispielsweise die Demontage einer Anlage oder der Verkauf von Vermögenswerten oder die öffentliche Ankündigung der Hauptpunkte des Plans. Eine öffentliche Ankündigung eines detaillierten Restrukturierungsplans stellt nur dann eine faktische Verpflichtung zur Restrukturierung dar, wenn sie ausreichend detailliert ist (d. h. unter Angabe der Hauptpunkte im Plan) ist, dass sie bei anderen Parteien, z. B. Kunden, Lieferanten und Mitarbeitern (oder deren Vertreter) gerechtfertigte Erwartungen hervorruft, dass das Unternehmen die Restrukturierung durchführen wird.

74. Voraussetzung dafür, dass ein Plan durch die Bekanntgabe an die Betroffenen zu einer faktischen Verpflichtung führt, ist, dass der Beginn der Umsetzung zum frühest möglichen Zeitpunkt geplant ist und in einem Zeitrahmen vollzogen wird, der bedeutende Änderungen am Plan unwahrscheinlich erscheinen lässt. Wenn der Beginn der Restrukturierungsmaßnahmen erst nach einer längeren Verzögerung erwartet wird oder ein unverhältnismäßig langer Zeitraum für die Durchführung des Plans vorgesehen ist, ist es unwahrscheinlich, dass der Plan in anderen die gerechtfertigte Erwartung einer gegenwärtigen Bereitschaft des Unternehmens zur Restrukturierung weckt, denn der Zeit-

rahmen gestattet dem Unternehmen, Änderungen am Plan vorzunehmen.

75. Allein durch einen Restrukturierungsbeschluss des Managements oder eines Aufsichtsorgans vor dem Abschlussstichtag entsteht noch keine faktische Verpflichtung zum Abschlussstichtag, sofern das Unternehmen nicht vor dem Abschlussstichtag:

(a) mit der Umsetzung des Restrukturierungsplans begonnen hat; oder
(b) den Betroffenen gegenüber die Hauptpunkte des Restrukturierungsplans ausreichend detailliert mitgeteilt hat, um in diesen eine gerechtfertigte Erwartung zu wecken, dass die Restrukturierung von dem Unternehmen durchgeführt wird.

Wenn ein Unternehmen mit der Umsetzung eines Restrukturierungsplans erst nach dem Abschlussstichtag beginnt oder den Betroffenen die Hauptpunkte erst nach dem Abschlussstichtag ankündigt, ist eine Angabe gemäß IAS 10 *Ereignisse nach dem Abschlussstichtag* erforderlich, sofern die Restrukturierung wesentlich und deren unterlassene Angabe die wirtschaftliche Entscheidung beeinflussen könnte, die Adressaten auf der Grundlage des Abschlusses treffen.

76. Auch wenn allein durch die Entscheidung des Managements noch keine faktische Verpflichtung entstanden ist, kann, zusammen mit anderen früheren Ereignissen, eine Verpflichtung aus einer solchen Entscheidung entstehen. Beispielsweise können Verhandlungen über Abfindungszahlungen mit Arbeitnehmervertretern oder Verhandlungen zum Verkauf von Bereichen mit Käufern unter dem Vorbehalt der Zustimmung des Aufsichtsgremiums abgeschlossen werden. Nachdem die Zustimmung erteilt und den anderen Parteien mitgeteilt wurde, hat das Unternehmen eine faktische Verpflichtung zur Restrukturierung, wenn die Bedingungen in Paragraph 72 erfüllt wurden.

77. In einigen Ländern liegt die letztendliche Entscheidungsbefugnis bei einem Gremium, in dem auch Vertreter anderer Interessen als die des Managements (z. B. Arbeitnehmer) vertreten sind, oder eine Bekanntgabe gegenüber diesen Vertretern kann vor der Entscheidung dieses Gremiums erforderlich sein. Da eine Entscheidung durch ein solches Gremium die Bekanntgabe an die genannten Vertreter erfordert, kann hieraus eine faktische Verpflichtung zur Restrukturierung resultieren.

78. Aus dem Verkauf von Bereichen entsteht keine Verpflichtung, bis dass das Unternehmen den Verkauf verbindlich abgeschlossen hat, d. h. ein bindender Kaufvertrag existiert.

79. Auch wenn das Unternehmen eine Entscheidung zum Verkauf eines Bereichs getroffen und diese Entscheidung öffentlich angekündigt hat, kann der Verkauf nicht als verpflichtend angesehen werden, solange kein Käufer identifiziert und kein bindender Kaufvertrag existiert. Bevor nicht ein bindender Kaufvertrag besteht, kann das Unternehmen seine Meinung noch ändern und wird tatsächlich andere Maßnahmen ergreifen müssen, wenn kein Käufer zu akzeptablen Bedingungen gefunden werden kann. Wenn der Verkauf eines Bereichs im Rahmen einer Restrukturierung geplant ist, werden die Vermögenswerte des Bereichs nach IAS 36 auf Wertminderung geprüft. Wenn ein Verkauf nur Teil einer Restrukturierung darstellt, kann für die anderen Teile der Restrukturierung eine faktische Verpflichtung entstehen, bevor ein bindender Kaufvertrag existiert.

80. Eine Restrukturierungsrückstellung darf nur die direkt im Zusammenhang mit der Restrukturierung entstehenden Ausgaben enthalten, die sowohl:

(a) zwangsweise im Zuge der Restrukturierung entstehen als auch
(b) nicht mit den laufenden Aktivitäten des Unternehmens im Zusammenhang stehen.

81. Eine Restrukturierungsrückstellung enthält keine Aufwendungen für:

(a) Umschulung oder Versetzung weiterbeschäftigter Mitarbeiter;
(b) Marketing; oder
(c) Investitionen in neue Systeme und Vertriebsnetze.

Diese Ausgaben entstehen für die künftige Geschäftstätigkeit und stellen zum Abschlussstichtag keine Restrukturierungsverpflichtungen dar. Solche Ausgaben werden auf derselben Grundlage erfasst, als wären sie unabhängig von einer Restrukturierung entstanden.

82. Bis zum Tag einer Restrukturierung entstehende, identifizierbare künftige betriebliche Verluste werden nicht als Rückstellung behandelt, sofern sie nicht im Zusammenhang mit einem belastenden Vertrag nach der Definition in Paragraph 10 stehen.

83. Gemäß Paragraph 51 sind Gewinne aus dem erwarteten Abgang von Vermögenswerten bei der Bewertung einer Restrukturierungsrückstellung nicht zu berücksichtigen; dies gilt selbst, wenn der Verkauf der Vermögenswerte als Teil der Restrukturierung geplant ist.

ANGABEN

84. Ein Unternehmen hat für jede Gruppe von Rückstellungen die folgenden Angaben zu machen:

(a) den Buchwert zu Beginn und zum Ende der Berichtsperiode;
(b) zusätzliche, in der Berichtsperiode gebildete Rückstellungen, einschließlich der Erhöhung von bestehenden Rückstellungen;
(c) während der Berichtsperiode verwendete (d. h. entstandene und gegen die Rückstellung verrechnete) Beträge;
(d) nicht verwendete Beträge, die während der Berichtsperiode aufgelöst wurden; und
(e) die Erhöhung des während der Berichtsperiode aufgrund des Zeitablaufs abgezinsten

Betrags und die Auswirkung von Änderungen des Abzinsungssatzes.

Vergleichsinformationen sind nicht erforderlich.

85. Ein Unternehmen hat für jede Gruppe von Rückstellungen die folgenden Angaben zu machen:
(a) eine kurze Beschreibung der Art der Verpflichtung sowie der erwarteten Fälligkeiten resultierender Abflüsse von wirtschaftlichem Nutzen;
(b) die Angabe von Unsicherheiten hinsichtlich des Betrags oder der Fälligkeiten dieser Abflüsse. Falls die Angabe von adäquaten Informationen erforderlich ist, hat ein Unternehmen die wesentlichen Annahmen für künftige Ereignisse nach Paragraph 48 anzugeben; und
(c) die Höhe aller erwarteten Erstattungen unter Angabe der Höhe der Vermögenswerte, die für die jeweilige erwartete Erstattung angesetzt wurden.

86. Sofern die Möglichkeit eines Abflusses bei der Erfüllung nicht unwahrscheinlich ist, hat ein Unternehmen für jede Gruppe von Eventualverbindlichkeiten zum Abschlussstichtag eine kurze Beschreibung der Eventualverbindlichkeit und, falls praktikabel, die folgenden Angaben zu machen:
(a) eine Schätzung der finanziellen Auswirkungen, bewertet nach den Paragraphen 36-52;
(b) die Angabe von Unsicherheiten des Betrags oder der Fälligkeiten von Abflüssen; und
(c) die Möglichkeit einer Erstattung.

87. Bei der Bestimmung, welche Rückstellungen oder Eventualverbindlichkeiten zu einer Gruppe zusammengefasst werden können, muss überlegt werden, ob die Positionen ihrer Art nach mit den Anforderungen der Paragraphen 85 (a) und (b) und 86(a) und (b) in ausreichendem Maße übereinstimmen, um eine zusammengefasste Angabe zu rechtfertigen. Es kann daher angebracht sein, Beträge für Gewährleistungen für unterschiedliche Produkte als eine Rückstellungsgruppe zu behandeln. Es wäre jedoch nicht angebracht, Beträge für normale Gewährleistungsrückstellungen und Beträge, die durch Rechtsstreit geklärt werden müssen, als eine Gruppe von Rückstellungen zu behandeln.

88. Wenn aus denselben Umständen eine Rückstellung und eine Eventualverbindlichkeit entstehen, erfolgt die nach den Paragraphen 84-86 erforderliche Angabe vom Unternehmen in einer Art und Weise, die den Zusammenhang zwischen der Rückstellung und der Eventualverbindlichkeit aufzeigt.

89. Ist ein Zufluss von wirtschaftlichem Nutzen wahrscheinlich, so hat ein Unternehmen eine kurze Beschreibung der Art der Eventualforderungen zum Abschlussstichtag und, wenn praktikabel, eine Schätzung der finanziellen Auswirkungen, bewertet auf der Grundlage der Vorgaben für Rückstellungen gemäß den Paragraphen 36-52 anzugeben.

90. Es ist wichtig, dass bei Angaben zu Eventualforderungen irreführende Angaben zur Wahrscheinlichkeit des Entstehens von Erträgen vermieden werden.

91. Werden nach den Paragraphen 86 und 89 erforderliche Angaben aus Gründen der Praktikabilität nicht gemacht, so ist diese Tatsache anzugeben.

92. In äußerst seltenen Fällen kann damit gerechnet werden, dass die teilweise oder vollständige Angabe von Informationen nach den Paragraphen 84-89 die Lage des Unternehmens in einem Rechtsstreit mit anderen Parteien über den Gegenstand der Rückstellungen, Eventualverbindlichkeiten oder Eventualforderungen ernsthaft beeinträchtigt. In diesen Fällen muss das Unternehmen die Angaben nicht machen, es hat jedoch den allgemeinen Charakter des Rechtsstreits darzulegen, sowie die Tatsache, dass gewisse Angaben nicht gemacht wurden und die Gründe dafür.

ÜBERGANGSVORSCHRIFTEN

93. Die Auswirkungen der Anwendung dieses Standards zum Zeitpunkt seines Inkrafttretens (oder früher) ist als eine Berichtigung des Eröffnungsbilanzwerts der Gewinnrücklagen in der Berichtsperiode zu erfassen, in der der Standard erstmals angewendet wird. Unternehmen wird empfohlen, jedoch nicht zwingend vorgeschrieben, die Anpassung der Eröffnungsbilanz der Gewinnrücklagen für die früheste angegebene Berichtsperiode vorzunehmen und die vergleichenden Informationen anzupassen. Falls Vergleichsinformationen nicht angepasst werden, so ist diese Tatsache anzugeben.

94. [gestrichen]

ZEITPUNKT DES INKRAFTTRETENS

95. Dieser Standard ist erstmals in der ersten Berichtsperiode eines am 1. Juli 1999 oder danach beginnenden Geschäftsjahres anzuwenden. Eine frühere Anwendung wird empfohlen. Wenn ein Unternehmen diesen Standard für Berichtsperioden anwendet, die vor dem 1. Juli 1999 beginnen, so ist diese Tatsache anzugeben.

96. [gestrichen]

2/26. IAS 38

INTERNATIONAL ACCOUNTING STANDARD 38
Immaterielle Vermögenswerte

IAS 38, VO (EG) Nr. 1126/2008 i.d.F.

1 VO (EG) Nr. 1260/2008 [IAS 23] **2** VO (EG) Nr. 1274/2008 [IAS 1]
3 VO (EG) Nr. 70/2009 **4** VO (EG) Nr. 495/2009 [IFRS 3]
5 VO (EG) Nr. 243/2010

GLIEDERUNG	§§
ZIELSETZUNG	1
ANWENDUNGSBEREICH	2–7
DEFINITIONEN	8–17
Immaterielle Vermögenswerte	9–10
Identifizierbarkeit	11–12
Beherrschung	13–16
Künftiger wirtschaftlicher Nutzen	17
ERFASSUNG UND BEWERTUNG	18–67
Gesonderte Anschaffung	25–32
Erwerb im Rahmen eines Unternehmenszusammenschlusses	33–43
Bestimmung des beizulegenden Zeitwerts eines bei einem Unternehmenszusammenschluss erworbenen immateriellen Vermögenswerts	35–41
Nachträgliche Ausgaben für ein erworbenes laufendes Forschungs- und Entwicklungsprojekt	42–43
Erwerb durch eine Zuwendung der öffentlichen Hand	44
Tausch von Vermögenswerten	45–47
Selbst geschaffener Geschäfts- oder Firmenwert	48–50
Selbst geschaffene immaterielle Vermögenswerte	51–53
Forschungsphase	54–56
Entwicklungsphase	57–64
Herstellungskosten eines selbst geschaffenen immateriellen Vermögenswerts	65–67
ERFASSUNG EINES AUFWANDS	68–71
Keine Erfassung früherer Aufwendungen als Vermögenswert	71
FOLGEBEWERTUNG	72–87
Anschaffungskostenmodell	74
Neubewertungsmodell	75–87
NUTZUNGSDAUER	88–96
IMMATERIELLE VERMÖGENSWERTE MIT BEGRENZTER NUTZUNGSDAUER	97–106
Amortisationsperiode und Amortisationsmethode	97–99
Restwert	100–103
Überprüfung der Amortisationsperiode und der Amortisationsmethode	104–106
IMMATERIELLE VERMÖGENSWERTE MIT UNBEGRENZTER NUTZUNGSDAUER	107–110
Überprüfung der Einschätzung der Nutzungsdauer	109–110
ERZIELBARKEIT DES BUCHWERTS – WERTMINDERUNGSAUFWAND	111
STILLLEGUNGEN UND ABGÄNGE	112–117
ANGABEN	118–128
Allgemeines	118–123
Folgebewertung von immateriellen Vermögenswerten nach dem Neubewertungsmodell	124–125
Forschungs- und Entwicklungsausgaben	126–127
Sonstige Informationen	128
ÜBERGANGSVORSCHRIFTEN UND ZEITPUNKT DES INKRAFTTRETENS	129–132
Tausch von ähnlichen Vermögenswerten	131
Frühzeitige Anwendung	132
RÜCKNAHME VON IAS 38 (HERAUSGEGEBEN 1998)	133

ZIELSETZUNG

1. Die Zielsetzung dieses Standards ist die Regelung der Bilanzierung immaterieller Vermögenswerte, die nicht in anderen Standards konkret behandelt werden. Dieser Standard verlangt von einem Unternehmen den Ansatz eines immateriellen Vermögenswerts dann, aber nur dann, wenn bestimmte Kriterien erfüllt sind. Der Standard bestimmt ferner, wie der Buchwert immaterieller Vermögenswerte zu ermitteln ist, und fordert bestimmte Angaben in Bezug auf immaterielle Vermögenswerte.

ANWENDUNGSBEREICH

2. Dieser Standard ist auf die bilanzielle Behandlung immaterieller Vermögenswerte anzuwenden, mit Ausnahme von:

(a) immateriellen Vermögenswerten, die in den Anwendungsbereich eines anderen Standards fallen;

(b) finanziellen Vermögenswerten, wie sie in IAS 32 *Finanzinstrumente: Darstellung* definiert sind;

(c) Ansatz und der Bewertung von Vermögenswerten aus Exploration und Evaluierung (siehe IFRS 6 *Exploration und Evaluierung von Bodenschätzen*); und

(d) Ausgaben für die Erschließung oder die Förderung und den Abbau von Mineralien, Öl, Erdgas und ähnlichen nicht regenerativen Ressourcen.

3. Wenn ein anderer Standard die Bilanzierung für eine bestimmte Art eines immateriellen Vermögenswerts vorschreibt, wendet ein Unternehmen diesen Standard anstatt des vorliegenden Standards an. Dieser Standard ist beispielsweise nicht anzuwenden auf:

(a) immaterielle Vermögenswerte, die von einem Unternehmen zum Verkauf im normalen Geschäftsgang gehalten werden (siehe IAS 2 *Vorräte* und IAS 11 *Fertigungsaufträge*);

(b) latente Steueransprüche (siehe IAS 12 *Ertragsteuern*);

(c) Leasingverhältnisse, die in den Anwendungsbereich von IAS 17 *Leasingverhältnisse* fallen;

(d) Vermögenswerte, die aus Leistungen an Arbeitnehmer resultieren (siehe IAS 19 *Leistungen an Arbeitnehmer*);

(e) finanzielle Vermögenswerte, wie sie in IAS 32 definiert sind. Der Ansatz und die Bewertung einiger finanzieller Vermögenswerte werden von IAS 27 *Konzern- und Einzelabschlüsse*, von IAS 28 *Anteile an assoziierten Unternehmen* und von IAS 31 *Anteile an Gemeinschaftsunternehmen* abgedeckt;

(f) einen bei einem Unternehmenszusammenschluss erworbenen Geschäfts- oder Firmenwert (siehe IFRS 3 *Unternehmenszusammenschlüsse*);

(g) abgegrenzte Anschaffungskosten und immaterielle Vermögenswerte, die aus den vertraglichen Rechten eines Versicherers aufgrund von Versicherungsverträgen entstehen und in den Anwendungsbereich von IFRS 4 *Versicherungsverträge* fallen. IFRS 4 führt spezielle Angabepflichten für diese abgegrenzten Anschaffungskosten auf, jedoch nicht für diese immateriellen Vermögenswerte. Daher sind die in diesem Standard aufgeführten Angabepflichten auf diese immateriellen Vermögenswerte anzuwenden;

(h) langfristige immaterielle Vermögenswerte, die gemäß IFRS 5 *Zur Veräußerung gehaltene langfristige Vermögenswerte und aufgegebene Geschäftsbereiche* als zur Veräußerung gehalten eingestuft werden (oder in einer als zur Veräußerung gehalten eingestuften Veräußerungsgruppe enthalten sind).

4. Einige immaterielle Vermögenswerte können in oder auf einer physischen Substanz enthalten sein, wie beispielsweise einer Compact Disk (im Fall von Computersoftware), einem Rechtsdokument (im Falle einer Lizenz oder eines Patents) oder einem Film. Bei der Feststellung, ob ein Vermögenswert, der sowohl immaterielle als auch materielle Elemente in sich vereint, gemäß IAS 16 *Sachanlagen* oder als immaterieller Vermögenswert gemäß dem vorliegenden Standard zu behandeln ist, beurteilt ein Unternehmen nach eigenem Ermessen, welches Element wesentlicher ist. Beispielsweise ist die Computersoftware für eine computergesteuerte Werkzeugmaschine, die ohne diese bestimmte Software nicht betriebsfähig ist, integraler Bestandteil der zugehörigen Hardware und wird daher als Sachanlage behandelt. Gleiches gilt für das Betriebssystem eines Computers. Wenn die Software kein integraler Bestandteil der zugehörigen Hardware ist, wird die Computersoftware als immaterieller Vermögenswert behandelt.

5. Dieser Standard bezieht sich u. a. auf Ausgaben für Werbung, Aus- und Weiterbildung, Gründung und Anlauf eines Geschäftsbetriebs sowie Forschungs- und Entwicklungsaktivitäten. Forschungs- und Entwicklungsaktivitäten zielen auf die Wissenserweiterung ab. Obwohl diese Aktivitäten zu einem Vermögenswert mit physischer Substanz (z. B. einem Prototypen) führen können, ist das physische Element des Vermögenswerts sekundär im Vergleich zu seiner immateriellen Komponente, d. h. das durch ihn verkörperte Wissen.

6. Im Falle eines Finanzierungsleasings kann der zu Grunde liegende Vermögenswert entweder materieller oder immaterieller Natur sein. Nach erstmaligem Ansatz bilanziert ein Leasingnehmer einen immateriellen Vermögenswert, den er im Rahmen eines Finanzierungsleasings nutzt, nach diesem Standard. Rechte aus Lizenzvereinbarungen, beispielsweise über Filmmaterial, Videoaufnahmen, Theaterstücke, Manuskripte, Patente und Urheberrechte sind aus dem Anwendungsbereich

von IAS 17 ausgeschlossen und fallen in den Anwendungsbereich dieses Standards.

7. Der Ausschluss aus dem Anwendungsbereich eines Standards kann vorliegen, wenn bestimmte Aktivitäten oder Geschäftsvorfälle so speziell sind, dass sie zu Rechnungslegungsfragen führen, die gegebenenfalls auf eine andere Art und Weise zu behandeln sind. Derartige Fragen entstehen bei der Bilanzierung der Ausgaben für die Erschließung oder die Förderung und den Abbau von Erdöl, Erdgas und Bodenschätzen bei der rohstoffgewinnenden Industrie sowie im Fall von Versicherungsverträgen. Aus diesem Grund bezieht sich dieser Standard nicht auf Ausgaben für derartige Aktivitäten und Verträge. Dieser Standard gilt jedoch für sonstige immaterielle Vermögenswerte (z. B. Computersoftware) und sonstige Ausgaben (z. B. Kosten für die Gründung und den Anlauf eines Geschäftsbetriebs), die in der rohstoffgewinnenden Industrie oder bei Versicherern genutzt werden bzw. anfallen.

DEFINITIONEN

8. Die folgenden Begriffe werden in diesem Standard mit der angegebenen Bedeutung verwendet:

Ein *aktiver Markt* ist ein Markt, der die nachstehenden Bedingungen kumulativ erfüllt:
(a) die auf dem Markt gehandelten Produkte sind homogen;
(b) vertragswillige Käufer und Verkäufer können in der Regel jederzeit gefunden werden; und
(c) Preise stehen der Öffentlichkeit zur Verfügung.

Abschreibung (Amortisation) ist die systematische Verteilung des gesamten Abschreibungsbetrags eines immateriellen Vermögenswerts über dessen Nutzungsdauer.

Ein *Vermögenswert* ist eine Ressource,
(a) die aufgrund von Ereignissen der Vergangenheit von einem Unternehmen beherrscht wird; und
(b) von der erwartet wird, dass dem Unternehmen durch sie künftiger wirtschaftlicher Nutzen zufließt.

Der *Buchwert* ist der Betrag, mit dem ein Vermögenswert in der Bilanz nach Abzug aller der auf ihn entfallenden kumulierten Amortisationen und kumulierten Wertminderungsaufwendungen angesetzt wird.

Die *Anschaffungs- oder Herstellungskosten* sind der zum Erwerb oder zur Herstellung eines Vermögenswerts entrichtete Betrag an Zahlungsmitteln oder Zahlungsmitteläquivalenten bzw. der beizulegende Zeitwert einer anderen Entgeltform zum Zeitpunkt des Erwerbs bzw. der Herstellung, oder wenn zutreffend, der diesem Vermögenswert beim erstmaligen Ansatz zugewiesene Betrag in Übereinstimmung mit den spezifischen Anforderungen anderer IFRS, wie z. B. IFRS 2 *Anteilsbasierte Vergütung*.

Der *Abschreibungsbetrag* ist die Differenz zwischen Anschaffungs- oder Herstellungskosten eines Vermögenswerts oder eines Ersatzbetrages und dem Restwert.

Entwicklung ist die Anwendung von Forschungsergebnissen oder von anderem Wissen auf einen Plan oder Entwurf für die Produktion von neuen oder beträchtlich verbesserten Materialien, Vorrichtungen, Produkten, Verfahren, Systemen oder Dienstleistungen. Die Entwicklung findet dabei vor Beginn der kommerziellen Produktion oder Nutzung statt.

Der *unternehmensspezifische Wert* ist der Barwert der Cashflows, von denen ein Unternehmen erwartet, dass sie aus der fortgesetzten Nutzung eines Vermögenswerts und seinem Abgang am Ende seiner Nutzungsdauer oder bei Begleichung einer Schuld entstehen.

Der *beizulegende Zeitwert* ist der Betrag, zu dem zwischen sachverständigen, vertragswilligen und voneinander unabhängigen Geschäftspartnern ein Vermögenswert getauscht werden könnte.

Ein *Wertminderungsaufwand* ist der Betrag, um den der Buchwert eines Vermögenswerts seinen erzielbaren Betrag übersteigt.

Ein *immaterieller Vermögenswert* ist ein identifizierbarer, nicht monetärer Vermögenswert ohne physische Substanz.

Monetäre Vermögenswerte sind im Bestand befindliche Geldmittel und Vermögenswerte, für die das Unternehmen einen festen oder bestimmbaren Geldbetrag erhält.

Forschung ist die eigenständige und planmäßige Suche mit der Aussicht, zu neuen wissenschaftlichen oder technischen Erkenntnissen zu gelangen.

Der *Restwert* eines immateriellen Vermögenswertes ist der geschätzte Betrag, den ein Unternehmen gegenwärtig bei Abgang des Vermögenswertes nach Abzug der geschätzten Veräußerungskosten erhalten würde, wenn der Vermögenswert alters- und zustandsgemäß schon am Ende seiner Nutzungsdauer angelangt wäre.

Die *Nutzungsdauer* ist
(a) der Zeitraum, über den ein Vermögenswert voraussichtlich von einem Unternehmen nutzbar ist; oder
(b) die voraussichtlich durch den Vermögenswert im Unternehmen zu erzielende Anzahl an Produktionseinheiten oder ähnlichen Maßgrößen.

Immaterielle Vermögenswerte

9. Unternehmen verwenden häufig Ressourcen oder gehen Schulden ein im Hinblick auf die Anschaffung, Entwicklung, Erhaltung oder Wertsteigerung immaterieller Ressourcen, wie beispielsweise wissenschaftliche oder technische Erkenntnisse, Entwurf und Implementierung neuer Prozesse oder Systeme, Lizenzen, geistiges Eigentum, Marktkenntnisse und Warenzeichen (einschließlich Markennamen und Verlagsrechte).

Gängige Beispiele für Rechte und Werte, die unter diese Oberbegriffe fallen, sind Computersoftware, Patente, Urheberrechte, Filmmaterial, Kundenlisten, Hypothekenbedienungsrechte, Fischereilizenzen, Importquoten, Franchiseverträge, Kunden- oder Lieferantenbeziehungen, Kundenloyalität, Marktanteile und Absatzrechte.

10. Nicht alle der in Paragraph 9 beschriebenen Sachverhalte erfüllen die Definitionskriterien eines immateriellen Vermögenswerts, d. h. Identifizierbarkeit, Verfügungsgewalt über eine Ressource und Bestehen eines künftigen wirtschaftlichen Nutzens. Wenn ein in den Anwendungsbereich dieses Standards fallender Posten der Definition eines immateriellen Vermögenswerts nicht entspricht, werden die Kosten für seinen Erwerb oder seine interne Erstellung in der Periode als Aufwand erfasst, in der sie anfallen. Wird der Posten jedoch bei einem Unternehmenszusammenschluss erworben, ist er Teil des zum Erwerbszeitpunkt angesetzten Geschäfts- oder Firmenwerts (siehe Paragraph 68).

Identifizierbarkeit

11. Die Definition eines immateriellen Vermögenswerts verlangt, dass ein immaterieller Vermögenswert identifizierbar ist, um ihn vom Geschäfts- oder Firmenwert unterscheiden zu können. Der bei einem Unternehmenszusammenschluss erworbene Geschäfts- oder Firmenwert ist ein Vermögenswert, der den künftigen wirtschaftlichen Nutzen anderer bei dem Unternehmenszusammenschluss erworbener Vermögenswerte darstellt, die nicht einzeln identifiziert und getrennt angesetzt werden können. Der künftige wirtschaftliche Nutzen kann das Ergebnis von Synergien zwischen den erworbenen identifizierbaren Vermögenswerten sein oder aber aus Vermögenswerten resultieren, die einzeln nicht im Abschluss angesetzt werden können.

12. **Ein Vermögenswert ist identifizierbar, wenn:**

a) **er separierbar ist, d. h. er kann vom Unternehmen getrennt und verkauft, übertragen, lizenziert, vermietet oder getauscht werden. Dies kann einzeln oder in Verbindung mit einem Vertrag, einem identifizierbaren Vermögenswert oder einer identifizierbaren Schuld unabhängig davon erfolgen, ob das Unternehmen dies zu tun beabsichtigt; oder**

b) **er aus vertraglichen oder anderen gesetzlichen Rechten entsteht, unabhängig davon, ob diese Rechte vom Unternehmen oder von anderen Rechten und Verpflichtungen übertragbar oder separierbar sind.**

Beherrschung

13. Ein Unternehmen hat Verfügungsgewalt über einen Vermögenswert, wenn es in der Lage ist, sich den künftigen wirtschaftlichen Nutzen, der aus der zu Grunde liegenden Ressource zufließt, zu verschaffen, und es den Zugriff Dritter auf diesen Nutzen beschränken kann. Die Verfügungsgewalt eines Unternehmens über den künftigen wirtschaftlichen Nutzen aus einem immateriellen Vermögenswert basiert normalerweise auf juristisch durchsetzbaren Ansprüchen. Sind derartige Rechtsansprüche nicht vorhanden, gestaltet sich der Nachweis der Verfügungsgewalt schwieriger. Allerdings ist die juristische Durchsetzbarkeit eines Rechts keine notwendige Voraussetzung für Verfügungsgewalt, da ein Unternehmen in der Lage sein kann, auf andere Weise Verfügungsgewalt über den künftigen wirtschaftlichen Nutzen auszuüben.

14. Marktkenntnisse und technische Erkenntnisse können zu künftigem wirtschaftlichen Nutzen führen. Ein Unternehmen hat Verfügungsgewalt über diesen Nutzen, wenn das Wissen geschützt wird, beispielsweise durch Rechtsansprüche wie Urheberrechte, einen eingeschränkten Handelsvertrag (wo zulässig) oder durch eine den Arbeitnehmern auferlegte gesetzliche Vertraulichkeitspflicht.

15. Ein Unternehmen kann über ein Team von Fachkräften verfügen und in der Lage sein, zusätzliche Mitarbeiterfähigkeiten zu identifizieren, die aufgrund von Schulungsmaßnahmen zu einem künftigen wirtschaftlichen Nutzen führen. Das Unternehmen kann auch erwarten, dass die Arbeitnehmer ihre Fähigkeiten dem Unternehmen weiterhin zur Verfügung stellen werden. Für gewöhnlich hat ein Unternehmen jedoch keine hinreichende Verfügungsgewalt über den voraussichtlichen künftigen wirtschaftlichen Nutzen, der ihm durch ein Team von Fachkräften und die Weiterbildung erwächst, damit diese Werte die Definition eines immateriellen Vermögenswerts erfüllen. Aus einem ähnlichen Grund ist es unwahrscheinlich, dass eine bestimmte Management- oder fachliche Begabung die Definition eines immateriellen Vermögenswerts erfüllt, es sei denn, dass deren Nutzung und der Erhalt des von ihr zu erwartenden künftigen wirtschaftlichen Nutzens durch Rechtsansprüche geschützt sind und sie zudem die übrigen Definitionskriterien erfüllt.

16. Ein Unternehmen kann über einen Kundenstamm oder Marktanteil verfügen und erwarten, dass die Kunden dem Unternehmen aufgrund seiner Bemühungen, Kundenbeziehungen und Kundenloyalität aufzubauen, treu bleiben werden. Fehlen jedoch die rechtlichen Ansprüche zum Schutz oder sonstige Mittel und Wege zur Kontrolle der Kundenbeziehungen oder der Loyalität der Kunden gegenüber dem Unternehmen, so hat das Unternehmen für gewöhnlich eine unzureichende Verfügungsgewalt über den voraussichtlichen wirtschaftlichen Nutzen aus Kundenbeziehungen und Kundenloyalität, damit solche Werte (z. B. Kundenstamm, Marktanteile, Kundenbeziehungen, Kundenloyalität) die Definition als immaterielle Vermögenswerte erfüllen. Sind derartige Rechtsansprüche zum Schutz der Kundenbeziehungen nicht vorhanden, erbringen Tauschtransaktionen für dieselben oder ähnliche nicht vertragsgebundene Kundenbeziehungen (wenn es sich

nicht um einen Teil eines Unternehmenszusammenschlusses handelt) den Nachweis, dass ein Unternehmen dennoch fähig ist, Verfügungsgewalt über den voraussichtlichen künftigen wirtschaftlichen Nutzen aus den Kundenbeziehungen auszuüben. Da solche Tauschtransaktionen auch den Nachweis erbringen, dass Kundenbeziehungen separierbar sind, erfüllen diese Kundenbeziehungen die Definition eines immateriellen Vermögenswerts.

Künftiger wirtschaftlicher Nutzen

17. Der künftige wirtschaftliche Nutzen aus einem immateriellen Vermögenswert kann Erlöse aus dem Verkauf von Produkten oder der Erbringung von Dienstleistungen, Kosteneinsparungen oder andere Vorteile, die sich für das Unternehmen aus der Eigenverwendung des Vermögenswerts ergeben, enthalten. So ist es beispielsweise wahrscheinlich, dass die Nutzung geistigen Eigentums in einem Herstellungsprozess eher die künftigen Herstellungskosten reduziert, als dass es zu künftigen Erlössteigerungen führt.

ERFASSUNG UND BEWERTUNG

18. Der Ansatz eines Postens als immateriellen Vermögenswert verlangt von einem Unternehmen den Nachweis, dass dieser Posten

(a) der Definition eines immateriellen Vermögenswerts entspricht (siehe Paragraphen 8-17); und

(b) die Ansatzkriterien erfüllt (siehe Paragraphen 21-23).

Diese Anforderung besteht für Anschaffungs- oder Herstellungskosten, die erstmalig beim Erwerb oder der internen Erzeugung von immateriellen Vermögenswerten entstehen, und für später anfallende Kosten, um dem Vermögenswert etwas hinzuzufügen, ihn zu ersetzen oder zu warten.

19. Die Paragraphen 25-32 befassen sich mit der Anwendung der Kriterien für den Ansatz von einzeln erworbenen immateriellen Vermögenswerten, und die Paragraphen 33-43 befassen sich mit deren Anwendung auf immaterielle Vermögenswerte, die bei einem Unternehmenszusammenschluss erworben wurden. Paragraph 44 befasst sich mit der erstmaligen Bewertung von immateriellen Vermögenswerten, die durch eine Zuwendung der öffentlichen Hand erworben wurden, die Paragraphen 45-47 mit dem Tausch von immateriellen Vermögenswerten und die Paragraphen 48-50 mit der Behandlung von selbst geschaffenem Geschäfts- oder Firmenwert. Die Paragraphen 51-67 befassen sich mit dem erstmaligen Ansatz und der erstmaligen Bewertung von selbst geschaffenen immateriellen Vermögenswerten.

20. Immaterielle Vermögenswerte sind von Natur aus dergestalt,, dass es in vielen Fällen keine Erweiterungen eines solchen Vermögenswerts bzw. keinen Ersatz von Teilen eines solchen gibt. Demzufolge werden die meisten nachträglichen Ausgaben wahrscheinlich eher den erwarteten künftigen wirtschaftlichen Nutzen eines bestehenden immateriellen Vermögenswerts erhalten, als die Definition eines immateriellen Vermögenswertes und dessen Ansatzkriterien dieses Standards erfüllen. Zudem ist es oftmals schwierig, nachträgliche Ausgaben einem bestimmten immateriellen Vermögenswert direkt zuzuordnen und nicht dem Unternehmen als Ganzes. Aus diesem Grunde werden nachträgliche Ausgaben – Ausgaben, die nach erstmaligem Ansatz eines erworbenen immateriellen Vermögenswerts oder nach der Fertigstellung eines selbst geschaffenen immateriellen Vermögenswerts anfallen – nur selten im Buchwert eines Vermögenswerts erfasst. In Übereinstimmung mit Paragraph 63 werden nachträgliche Ausgaben für Markennamen, Drucktitel, Verlagsrechte, Kundenlisten und ihrem Wesen nach ähnliche Sachverhalte (ob extern erworben oder selbst geschaffen) immer im Gewinn oder Verlust erfasst, wenn sie anfallen. Dies beruht darauf, dass solche Ausgaben nicht von den Ausgaben für die Entwicklung des Unternehmens als Ganzes unterschieden werden können.

21. Ein immaterieller Vermögenswert ist dann anzusetzen, aber nur dann, wenn

(a) es wahrscheinlich ist, dass dem Unternehmen der erwartete künftige wirtschaftliche Nutzen aus dem Vermögenswert zufließen wird; und

(b) die Anschaffungs- oder Herstellungskosten des Vermögenswerts verlässlich bewertet werden können.

22. Ein Unternehmen hat die Wahrscheinlichkeit eines erwarteten künftigen wirtschaftlichen Nutzens anhand von vernünftigen und begründeten Annahmen zu beurteilen. Diese Annahmen beruhen auf der bestmöglichen Einschätzung seitens des Managements in Bezug auf die wirtschaftlichen Rahmenbedingungen, die über die Nutzungsdauer des Vermögenswerts bestehen werden.

23. Ein Unternehmen schätzt nach eigenem Ermessen aufgrund der zum Zeitpunkt des erstmaligen Ansatzes zur Verfügung stehenden substanziellen Hinweise den Grad der Sicherheit ein, der dem Zufluss an künftigen wirtschaftlichen Nutzen aus der Nutzung des Vermögenswerts zuzuschreiben ist, wobei externen substanziellen Hinweisen größeres Gewicht beizumessen ist.

24. Ein immaterieller Vermögenswert ist bei Zugang mit seinen Anschaffungs- oder Herstellungskosten zu bewerten.

Gesonderte Anschaffung

25. Der Preis, den ein Unternehmen für den gesonderten Erwerb eines immateriellen Vermögenswerts zahlt, wird normalerweise die Erwartungen über die Wahrscheinlichkeit widerspiegeln, dass der voraussichtliche künftige Nutzen aus dem Vermögenswert dem Unternehmen zufließen wird. Mit anderen Worten: das Unternehmen erwartet, dass ein Zufluss von wirtschaftlichen Nutzen entsteht, selbst wenn der Zeitpunkt oder die Höhe des Zuflusses unsicher sind. Das Ansatzkriterium aus Paragraph 21(a) über die Wahrscheinlichkeit wird

daher für gesondert erworbene immaterielle Vermögenswerte stets als erfüllt angesehen.

26. Zudem können die Anschaffungskosten des gesondert erworbenen immateriellen Vermögenswerts für gewöhnlich verlässlich bewertet werden. Dies gilt insbesondere dann, wenn der Erwerbspreis in Form von Zahlungsmitteln oder sonstigen monetären Vermögenswerten beglichen wird.

27. Die Anschaffungskosten eines gesondert erworbenen immateriellen Vermögenswertes umfassen:

(a) den Erwerbspreis einschließlich Einfuhrzölle und nicht erstattungsfähiger Umsatzsteuern nach Abzug von Rabatten, Boni und Skonti; und

(b) direkt zurechenbare Kosten für die Vorbereitung des Vermögenswerts auf seine beabsichtigte Nutzung.

28. Beispiele für direkt zurechenbare Kosten sind:

(a) Aufwendungen für Leistungen an Arbeitnehmer (wie in IAS 19 definiert), die direkt anfallen, wenn der Vermögenswert in seinen betriebsbereiten Zustand versetzt wird;

(b) Honorare, die direkt anfallen, wenn der Vermögenswert in seinen betriebsbereiten Zustand versetzt wird; und

(c) Kosten für Testläufe, ob der Vermögenswert ordentlich funktioniert.

29. Beispiele für Ausgaben, die nicht Teil der Anschaffungs- oder Herstellungskosten eines immateriellen Vermögenswerts sind:

(a) Kosten für die Einführung eines neuen Produkts oder einer neuen Dienstleistung (einschließlich Kosten für Werbung und verkaufsfördernde Maßnahmen);

(b) Kosten für die Geschäftsführung in einem neuen Standort oder mit einer neuen Kundengruppe (einschließlich Schulungskosten); und

(c) Verwaltungs- und andere Gemeinkosten.

30. Die Erfassung von Kosten im Buchwert eines immateriellen Vermögenswerts endet, wenn der Vermögenswert sich in dem betriebsbereiten wie vom Management gewünschten Zustand befindet. Kosten, die bei der Benutzung oder Verlagerung eines immateriellen Vermögenswertes anfallen, sind somit nicht in den Buchwert dieses Vermögenswerts eingeschlossen. Die nachstehenden Kosten sind beispielsweise nicht im Buchwert eines immateriellen Vermögenswerts erfasst:

(a) Kosten, die anfallen, wenn ein Vermögenswert, der auf die vom Management beabsichtigten Weise betriebsbereit ist, noch in Betrieb gesetzt werden muss; und

(b) erstmalige Betriebsverluste, wie diejenigen, die während der Nachfrage nach Produktionserhöhung des Vermögenswerts auftreten.

31. Einige Geschäftstätigkeiten treten bei der Entwicklung eines immateriellen Vermögenswerts auf, sind jedoch nicht notwendig, um den Vermögenswert in den vom Management beabsichtigten betriebsbereiten Zustand zu bringen. Diese verbundenen Geschäftstätigkeiten können vor oder bei den Entwicklungstätigkeiten auftreten. Da verbundene Geschäftstätigkeiten nicht notwendig sind, um einen Vermögenswert in den vom Management beabsichtigten betriebsbereiten Zustand zu bringen, werden die Einnahmen und dazugehörigen Ausgaben der verbundenen Geschäftstätigkeiten unmittelbar im Gewinn oder Verlust erfasst und unter den entsprechenden Posten von Erträgen und Aufwendungen ausgewiesen.

32. Wird die Zahlung für einen immateriellen Vermögenswert über das normale Zahlungsziel hinaus aufgeschoben, entsprechen seine Anschaffungskosten dem Gegenwert des Barpreises. Die Differenz zwischen diesem Betrag und der zu leistenden Gesamtzahlung wird über den Zeitraum des Zahlungszieles als Zinsaufwand erfasst, es sei denn, dass sie gemäß IAS 23 Fremdkapitalkosten aktiviert wird.

Erwerb im Rahmen eines Unternehmenszusammenschlusses

33. Wenn ein immaterieller Vermögenswert gemäß IFRS 3 *Unternehmenszusammenschlüsse* bei einem Unternehmenszusammenschluss erworben wird, entsprechen die Anschaffungskosten dieses immateriellen Vermögenswerts seinem beizulegenden Zeitwert zum Erwerbszeitpunkt. Der beizulegende Zeitwert eines immateriellen Vermögenswerts wird die Markterwartungen über die Wahrscheinlichkeit widerspiegeln, dass die erwartete künftige wirtschaftliche Nutzen aus dem Vermögenswert dem Unternehmen zufließen wird. Mit anderen Worten: das Unternehmen erwartet, dass ein Zufluss von wirtschaftlichen Nutzen entsteht, selbst wenn der Zeitpunkt oder die Höhe des Zuflusses unsicher sind. Das Ansatzkriterium aus Paragraph 21(a) über die Wahrscheinlichkeit wird für immaterielle Vermögenswerte, die bei Unternehmenszusammenschlüssen erworben wurden, stets als erfüllt angesehen. Wenn ein bei einem Unternehmenszusammenschluss erworbener Vermögenswert separierbar ist oder aus vertraglichen oder anderen gesetzlichen Rechten entsteht, gibt es genügend Informationen, um diesen Vermögenswert verlässlich zum beizulegenden Zeitwert zu bestimmen. Somit wird das verlässliche Bewertungskriterium aus Paragraph 21(b) über die Wahrscheinlichkeit für immaterielle Vermögenswerte, die bei Unternehmenszusammenschlüssen erworben wurden, stets als erfüllt angesehen.

34. Gemäß diesem Standard und IFRS 3 (in der vom International Accounting Standards Board 2008 überarbeiteten Fassung) setzt ein Erwerber des erworbenen Unternehmens zum Erwerbszeitpunkt separat vom Geschäfts- oder Firmenwert an, unabhängig davon, ob der Vermögenswert vor dem Unternehmenszusammenschluss vom erworbenen Unternehmen angesetzt wurde. Das bedeutet, dass der Erwerber ein aktives Forschungs- und Entwicklungsprojekt des erworbenen Unternehmens als einen vom Geschäfts- oder Firmenwert getrennten

Vermögenswert ansetzt, wenn das Projekt die Definition eines immateriellen Vermögenswerts erfüllt. Ein laufendes Forschungs- und Entwicklungsprojekt eines erworbenen Unternehmens erfüllt die Definitionen eines immateriellen Vermögenswerts, wenn es:
a) die Definitionen eines Vermögenswerts erfüllt; und
b) identifizierbar ist, d. h. wenn es separierbar ist oder aus vertraglichen oder gesetzlichen Rechten entsteht.

Bestimmung des beizulegenden Zeitwerts eines bei einem Unternehmenszusammenschluss erworbenen immateriellen Vermögenswerts

35. Wenn ein bei einem Unternehmenszusammenschluss erworbener immaterieller Vermögenswert separierbar ist oder aus vertraglichen oder anderen gesetzlichen Rechten entsteht, gibt es genügend Informationen, um diesen Vermögenswert verlässlich zum beizulegenden Zeitwert zu bestimmen. Wenn es für die Schätzungen, die zur Bestimmung des beizulegenden Zeitwerts eines immateriellen Vermögenswerts benutzt werden, eine Reihe möglicher Ergebnisse mit verschiedenen Wahrscheinlichkeiten gibt, geht diese Unsicherheit in die Bestimmung des beizulegenden Zeitwerts des Vermögenswerts ein.

36. Ein bei einem Unternehmenszusammenschluss erworbener immaterieller Vermögenswert könnte separierbar sein, jedoch nur in Verbindung mit einem Vertrag oder einem identifizierbaren Vermögenswert bzw. einer identifizierbaren Schuld. In diesen Fällen erfasst der Erwerber den immateriellen Vermögenswert getrennt vom Geschäfts- oder Firmenwert, aber zusammen mit dem entsprechenden Posten.

37. Der Erwerber kann eine Gruppe von ergänzenden immateriellen Vermögenswerten als einen einzigen Vermögenswert ansetzen, sofern die einzelnen Vermögenswerte in der Gruppe ähnliche Nutzungsdauern haben. Zum Beispiel werden die Begriffe „Marke" und „Markenname" häufig als Synonyme für Warenzeichen und andere Zeichen benutzt. Die vorhergehenden Begriffe sind jedoch allgemeine Marketing-Begriffe, die üblicherweise in Bezug auf eine Gruppe von ergänzenden Vermögenswerten, wie ein Warenzeichen (oder eine Dienstleistungsmarke) und den damit verbundenen Firmennamen, Geheimverfahren, Rezepten und technologischen Gutachten benutzt werden.

38. [gestrichen]

39. Die auf einem aktiven Markt verwendeten Marktpreise bieten die verlässlichste Schätzungsgrundlage für den beizulegenden Zeitwert eines immateriellen Vermögenswerts (siehe auch Paragraph 78). Der aktuelle Angebotspreis wird für gewöhnlich als geeigneter Marktpreis erachtet. Stehen keine aktuellen Angebotspreise zur Verfügung, kann der Preis des letzten vergleichbaren Geschäftsvorfalls als Grundlage für die Schätzung des beizulegenden Zeitwerts dienen, vorausgesetzt, dass sich die wirtschaftlichen Rahmenbedingungen zwischen dem Zeitpunkt des Geschäftsvorfalls und dem Zeitpunkt der Schätzung des beizulegenden Zeitwerts des Vermögenswerts nicht wesentlich geändert haben.

40. Existiert kein aktiver Markt für einen immateriellen Vermögenswert, ist sein beizulegender Zeitwert der Betrag, den das Unternehmen bei einer Transaktion zwischen sachverständigen, vertragswilligen und unabhängigen Geschäftspartnern zum Erwerbszeitpunkt, auf der Basis der besten zur Verfügung stehenden Informationen für den Vermögenswert gezahlt hätte. Bei der Bestimmung dieses Betrags zieht ein Unternehmen das Resultat jüngster Transaktionen in Betracht, bei denen ähnliche Vermögenswerte betroffen waren. Zum Beispiel kann ein Unternehmen Multiplikatoren anwenden, die aktuelle Marktvorgänge in Abhängigkeit von Rentabilitätskennzahlen des Vermögenswerts (wie Erlöse, Betriebsergebnis oder Ergebnis vor Zinsen, Steuern, Abschreibung und Amortisation) widerspiegeln.

41. Unternehmen, die am Kauf oder Verkauf immaterieller Vermögenswerte beteiligt sind, können Verfahren zur indirekten Schätzung des beizulegenden Zeitwerts entwickelt haben. Diese Verfahren können zur erstmaligen Bewertung eines immateriellen Vermögenswerts herangezogen werden, der bei einem Unternehmenszusammenschluss erworben wurde, wenn ihre Zielsetzung die Schätzung des beizulegenden Zeitwerts ist. Auch müssen sie die aktuellen Transaktionen und Praktiken der entsprechenden Branche eines Vermögenswerts widerspiegeln. Zu diesen Techniken gehören zum Beispiel:
a) die Diskontierung geschätzter künftiger Netto-Cashflows aus diesem Vermögenswert oder
b) die Schätzung der Kosten, die das Unternehmen einspart, indem es den immateriellen Vermögenswert in seinem Besitz belässt und
   i) ihn nicht von einer anderen Partei im Rahmen einer Transaktion zwischen sachverständigen, vertragswilligen und unabhängigen Geschäftspartnern lizenzieren muss (wie beim Ansatz der „Relief from Royalty"-Methode, die diskontierte Netto-Cashflows zugrunde legt) oder
   ii) ihn nicht wieder herstellen oder wieder beschaffen muss (wie bei der Anschaffungs- oder Herstellungskostenmethode).

Nachträgliche Ausgaben für ein erworbenes laufendes Forschungs- und Entwicklungsprojekt

42. Forschungs- oder Entwicklungsausgaben, die
(a) sich auf ein laufendes Forschungs- oder Entwicklungsprojekt beziehen, das gesondert oder bei einem Unternehmenszusammenschluss erworben und als ein immaterieller Vermögenswert angesetzt wurde; und

(b) nach dem Erwerb dieses Projekts anfallen, sind gemäß den Paragraphen 54-62 zu bilanzieren.

43. Die Anwendung der Bestimmungen in den Paragraphen 54-62 bedeutet, dass nachträgliche Ausgaben für ein laufendes Forschungs- oder Entwicklungsprojekt, das gesondert oder bei einem Unternehmenszusammenschluss erworben und als ein immaterieller Vermögenswert angesetzt wurde

(a) bei ihrem Anfall als Aufwand erfasst werden, wenn es sich um Forschungsausgaben handelt;

(b) bei ihrem Anfall als Aufwand erfasst werden, wenn es sich um Entwicklungsausgaben handelt, die nicht die Ansatzkriterien eines immateriellen Vermögenswerts gemäß Paragraph 57 erfüllen; und

(c) zum Buchwert des erworbenen aktiven Forschungs- oder Entwicklungsprojekt hinzugefügt werden, wenn es sich um Entwicklungsausgaben handelt, die die Ansatzkriterien gemäß Paragraph 57 erfüllen.

Erwerb durch eine Zuwendung der öffentlichen Hand

44. In manchen Fällen kann ein immaterieller Vermögenswert durch eine Zuwendung der öffentlichen Hand kostenlos oder zum Nominalwert der Gegenleistung erworben werden. Dies kann geschehen, wenn die öffentliche Hand einem Unternehmen immaterielle Vermögenswerte überträgt oder zuteilt, wie beispielsweise Flughafenlanderechte, Lizenzen zum Betreiben von Rundfunk- oder Fernsehanstalten, Importlizenzen oder -quoten oder Zugangsrechte für sonstige begrenzt zugängliche Ressourcen. Gemäß IAS 20 *Bilanzierung und Darstellung von Zuwendungen der öffentlichen Hand* kann sich ein Unternehmen dafür entscheiden, sowohl den immateriellen Vermögenswert als auch die Zuwendung zunächst mit dem beizulegenden Zeitwert anzusetzen. Entscheidet sich ein Unternehmen dafür, den Vermögenswert zunächst nicht mit dem beizulegenden Zeitwert anzusetzen, setzt das Unternehmen den Vermögenswert zunächst zu einem Nominalwert an (die andere durch IAS 20 gestattete Methode), zuzüglich aller direkt zurechenbaren Kosten für die Vorbereitung des Vermögenswerts auf seinen beabsichtigten Gebrauch.

Tausch von Vermögenswerten

45. Ein oder mehrere immaterielle Vermögenswerte können im Tausch gegen nicht monetäre Vermögenswerte oder eine Kombination von monetären und nicht monetären Vermögenswerten erworben werden. Die folgende Ausführungen beziehen sich nur auf einen Tausch von einem nicht monetären Vermögenswert gegen einen anderen, finden aber auch auf alle anderen im vorherstehenden Satz genannten Tauschvorgänge Anwendung. Die Anschaffungskosten eines solchen immateriellen Vermögenswerts werden zum beizulegenden Zeitwert bewertet, es sei denn, (a) dem Tauschgeschäft fehlt es an wirtschaftlicher Substanz, oder

(b) weder der beizulegende Zeitwert des erhaltenen Vermögenswerts noch der des hingegebenen Vermögenswertes ist verlässlich bewertbar. Der erworbene Vermögenswert wird in dieser Art bewertet, auch wenn ein Unternehmen den hingegebenen Vermögenswert nicht sofort ausbuchen kann. Wenn der erworbene Vermögenswert nicht zum beizulegenden Zeitwert bewertet wird, werden die Anschaffungskosten zum Buchwert des hingegebenen Vermögenswerts bewertet.

46. Ein Unternehmen legt fest, ob ein Tauschgeschäft wirtschaftliche Substanz hat, indem es prüft, in welchem Umfang sich die künftigen Cashflows infolge der Transaktion voraussichtlich ändern. Ein Tauschgeschäft hat wirtschaftliche Substanz, wenn

(a) die Zusammensetzung (d. h. Risiko, Timing und Betrag) des Cashflows des erhaltenen Vermögenswerts sich von der Zusammensetzung des übertragenen Vermögenswerts unterscheiden; oder

(b) der unternehmensspezifische Wert des Teils der Geschäftstätigkeiten des Unternehmens, der von der Transaktion betroffen ist, sich aufgrund des Tauschgeschäfts ändert; bzw.

(c) die Differenz in (a) oder (b) sich im Wesentlichen auf den beizulegenden Zeitwert der getauschten Vermögenswerte bezieht.

Für den Zweck der Bestimmung ob ein Tauschgeschäft wirtschaftliche Substanz hat, spiegelt der unternehmensspezifische Wert des Teils der Geschäftstätigkeiten des Unternehmens, der von der Transaktion betroffen ist, Cashflows nach Steuern wider. Das Ergebnis dieser Analysen kann eindeutig sein, ohne dass ein Unternehmen detaillierte Kalkulationen erbringen muss.

47. Paragraph 21(b) beschreibt, dass die verlässliche Bewertung der Anschaffungskosten eines Vermögenswerts eine Voraussetzung für den Ansatz eines immateriellen Vermögenswerts ist. Der beizulegende Zeitwert eines immateriellen Vermögenswerts, für den es keine vergleichbaren Markttransaktionen gibt, gilt als verlässlich ermittelbar, wenn (a) die Schwankungsbandbreite der vernünftigen Schätzungen des beizulegenden Zeitwerts für diesen Vermögenswert nicht signifikant ist oder (b) die Eintrittswahrscheinlichkeiten der verschiedenen Schätzungen innerhalb dieser Bandbreite vernünftig geschätzt und bei der Schätzung des beizulegenden Zeitwerts verwendet werden können. Wenn ein Unternehmen den beizulegenden Zeitwert des erhaltenen Vermögenswerts oder des hingegebenen Vermögenswerts verlässlich bestimmen kann, dann wird der beizulegende Zeitwert des hingegebenen Vermögenswerts benutzt, um die Anschaffungskosten zu bewerten, es sei denn, der beizulegende Zeitwert des erhaltenen Vermögenswerts ist eindeutig zu ermitteln.

Selbst geschaffener Geschäfts- oder Firmenwert

48. Ein selbst geschaffener Geschäfts- oder Firmenwert darf nicht aktiviert werden.

49. In manchen Fällen fallen Aufwendungen für die Erzeugung eines künftigen wirtschaftlichen Nutzens an, ohne dass ein immaterieller Vermögenswert geschaffen wird, der die Ansatzkriterien dieses Standards erfüllt. Derartige Aufwendungen werden oft als Beitrag zum selbst geschaffenen Geschäfts- oder Firmenwert beschrieben. Ein selbst geschaffener Geschäfts- oder Firmenwert wird nicht als Vermögenswert angesetzt, da dieser keine durch das Unternehmen kontrollierte identifizierbare Ressource (d. h. er ist weder separierbar noch aus vertraglichen oder gesetzlichen Rechten entstanden) handelt, deren Herstellungskosten verlässlich bemessen werden können.

50. Zu irgendeinem Zeitpunkt auftretende Unterschiede zwischen dem Marktwert eines Unternehmens und dem Buchwert seiner identifizierbaren Nettovermögenswerte können für den Unternehmenswert relevant sein. Derartige Unterschiede gehören jedoch nicht zu den Herstellungskosten eines durch das Unternehmen beherrschten immateriellen Vermögenswerts.

Selbst geschaffene immaterielle Vermögenswerte

51. Manchmal ist es schwierig zu beurteilen, ob ein selbst geschaffener immaterieller Vermögenswert ansetzbar ist, da Probleme bestehen bei:
(a) der Feststellung, ob und wann es einen identifizierbaren Vermögenswert gibt, der einen voraussichtlichen künftigen wirtschaftlichen Nutzen erzeugen wird; und
(b) der verlässlichen Bestimmung der Herstellungskosten des Vermögenswerts. In manchen Fällen können die Kosten für die interne Herstellung eines immateriellen Vermögenswerts nicht von den Kosten unterschieden werden, die mit der Erhaltung oder Erhöhung des selbst geschaffenen Geschäfts- oder Firmenwerts des Unternehmens oder mit dem Tagesgeschäft in Verbindung stehen.

Neben den allgemeinen Bestimmungen für den Ansatz und die erstmalige Bewertung eines immateriellen Vermögenswertes wendet ein Unternehmen daher die Vorschriften und Anwendungsleitlinien der Paragraphen 52-67 auf alle selbst geschaffenen immateriellen Vermögenswerte an.

52. Um zu beurteilen, ob ein selbst geschaffener immaterieller Vermögenswert die Ansatzkriterien erfüllt, unterteilt ein Unternehmen den Erstellungsprozess des Vermögenswertes in
(a) eine Forschungsphase; und
(b) eine Entwicklungsphase.

Obwohl die Begriffe „Forschung" und „Entwicklung" definiert sind, haben die Begriffe „Forschungsphase" und „Entwicklungsphase" im Sinne dieses Standards eine umfassendere Bedeutung.

53. Kann ein Unternehmen die Forschungsphase nicht von der Entwicklungsphase eines internen Projekts zur Schaffung eines immateriellen Vermögenswerts trennen, behandelt das Unternehmen die mit diesem Projekt verbundenen Ausgaben so, als wären sie nur in der Forschungsphase angefallen.

Forschungsphase

54. Ein aus der Forschung (oder der Forschungsphase eines internen Projekts) entstehender immaterieller Vermögenswert darf nicht angesetzt werden. Ausgaben für Forschung (oder in der Forschungsphase eines internen Projekts) sind in der Periode als Aufwand zu erfassen, in der sie anfallen.

55. In der Forschungsphase eines internen Projekts kann ein Unternehmen nicht nachweisen, dass ein immaterieller Vermögenswert existiert, der einen voraussichtlichen künftigen wirtschaftlichen Nutzen erzeugen wird. Daher werden diese Ausgaben in der Periode als Aufwand erfasst, in der sie anfallen.

56. Beispiele für Forschungsaktivitäten sind:
(a) Aktivitäten, die auf die Erlangung neuer Erkenntnisse ausgerichtet sind;
(b) die Suche nach sowie die Beurteilung und endgültige Auswahl von Anwendungen für Forschungsergebnisse und für anderes Wissen;
(c) die Suche nach Alternativen für Materialien, Vorrichtungen, Produkte, Verfahren, Systeme oder Dienstleistungen; und
(d) die Formulierung, der Entwurf sowie die Beurteilung und endgültige Auswahl von möglichen Alternativen für neue oder verbesserte Materialien, Vorrichtungen, Produkte, Verfahren, Systeme oder Dienstleistungen.

Entwicklungsphase

57. Ein aus der Entwicklung (oder der Entwicklungsphase eines internen Projekts) entstehender immaterieller Vermögenswert ist dann und nur dann anzusetzen, wenn ein Unternehmen Folgendes nachweisen kann:
(a) Die Fertigstellung des immateriellen Vermögenswerts kann technisch soweit realisiert werden, dass er genutzt oder verkauft werden kann.
(b) Das Unternehmen beabsichtigt, den immateriellen Vermögenswert fertig zu stellen und ihn zu nutzen oder zu verkaufen;
(c) Das Unternehmen ist fähig, den immateriellen Vermögenswert zu nutzen oder zu verkaufen;
(d) Die Art und Weise, wie der immaterielle Vermögenswert voraussichtlich einen künftigen wirtschaftlichen Nutzen erzielen wird; das Unternehmen kann u. a. die Existenz eines Markts für die Produkte des immateriellen Vermögenswertes oder für den immateriellen Vermögenswert an sich oder, falls er intern genutzt werden soll, den Nutzen des immateriellen Vermögenswerts nachweisen.
(e) Adäquate technische, finanzielle und sonstige Ressourcen sind verfügbar, so dass die Entwicklung abgeschlossen und der immaterielle

Vermögenswert genutzt oder verkauft werden kann.

(f) Das Unternehmen ist fähig, die dem immateriellen Vermögenswert während seiner Entwicklung zurechenbaren Ausgaben verlässlich zu bewerten.

58. In der Entwicklungsphase eines internen Projekts kann ein Unternehmen in manchen Fällen einen immateriellen Vermögenswert identifizieren und nachweisen, dass der Vermögenswert einen voraussichtlichen künftigen wirtschaftlichen Nutzen erzeugen wird. Dies ist darauf zurückzuführen, dass ein Projekt in der Entwicklungsphase weiter vorangeschritten ist als in der Forschungsphase.

59. Beispiele für Entwicklungsaktivitäten sind:

(a) der Entwurf, die Konstruktion und das Testen von Prototypen und Modellen vor Beginn der eigentlichen Produktion oder Nutzung;

(b) der Entwurf von Werkzeugen, Spannvorrichtungen, Prägestempeln und Gussformen unter Verwendung neuer Technologien;

(c) der Entwurf, die Konstruktion und der Betrieb einer Pilotanlage, die von ihrer Größe her für eine kommerzielle Produktion wirtschaftlich ungeeignet ist; und

(d) der Entwurf, die Konstruktion und das Testen einer ausgewählten Alternative für neue oder verbesserte Materialien, Vorrichtungen, Produkte, Verfahren, Systeme oder Dienstleistungen.

60. Um zu zeigen, wie ein immaterieller Vermögenswert einen voraussichtlichen künftigen wirtschaftlichen Nutzen erzeugen wird, beurteilt ein Unternehmen den aus dem Vermögenswert zu erzielenden künftigen wirtschaftlichen Nutzen, indem es die Grundsätze in IAS 36 *Wertminderung von Vermögenswerten* anwendet. Wird der Vermögenswert nur in Verbindung mit anderen Vermögenswerten einen wirtschaftlichen Nutzen erzeugen, wendet das Unternehmen das Konzept der zahlungsmittelgenerierenden Einheiten gemäß IAS 36 an.

61. Ob Ressourcen vorhanden sind, so dass ein immaterieller Vermögenswerte fertig gestellt und genutzt und der Nutzen aus ihm erlangt werden kann, lässt sich beispielsweise anhand eines Unternehmensplans nachweisen, der die benötigten technischen, finanziellen und sonstigen Ressourcen sowie die Fähigkeit des Unternehmens zur Sicherung dieser Ressourcen zeigt. In einigen Fällen weist ein Unternehmen die Verfügbarkeit von Fremdkapital mittels einer vom Kreditgeber erhaltenen Absichtserklärung, den Plan zu finanzieren, nach.

62. Die Kostenrechnungssysteme eines Unternehmens können oftmals die Herstellungskosten eines selbst erstellten immateriellen Vermögenswerts verlässlich ermitteln, wie beispielsweise Gehälter und sonstige Ausgaben, die bei der Sicherung von Urheberrechten oder Lizenzen oder bei der Entwicklung von Computersoftware anfallen.

63. Selbst geschaffene Markennamen, Drucktitel, Verlagsrechte, Kundenlisten sowie ihrem Wesen nach ähnliche Sachverhalte dürfen nicht als immaterielle Vermögenswerte angesetzt werden.

64. Ausgaben für selbst geschaffene Markennamen, Drucktitel, Verlagsrechte, Kundenlisten sowie dem Wesen nach ähnliche Sachverhalte können nicht von den Ausgaben für die Entwicklung des Unternehmens als Ganzes unterschieden werden. Aus diesem Grund werden solche Sachverhalte nicht als immaterielle Vermögenswerte angesetzt.

Herstellungskosten eines selbst geschaffenen immateriellen Vermögenswerts

65. Die Herstellungskosten eines selbst geschaffenen immateriellen Vermögenswerts im Sinne des Paragraphen 24 entsprechen der Summe der Kosten, die ab dem Zeitpunkt anfielen, ab dem immaterielle Vermögenswert die in den Paragraphen 21, 22 und 57 beschriebenen Ansatzkriterien erstmals erfüllt. Paragraph 71 untersagt die Nachaktivierung von Kosten, die zuvor bereits als Aufwand erfasst wurden.

66. Die Herstellungskosten eines selbst geschaffenen immateriellen Vermögenswerts umfassen alle direkt zurechenbaren Kosten, die erforderlich sind, um den Vermögenswert zu entwerfen, herzustellen und so vorzubereiten, dass er für den vom Management beabsichtigten Gebrauch betriebsbereit ist. Beispiele für direkt zurechenbare Kosten sind:

(a) Kosten für Materialien und Dienstleistungen, die bei der Erzeugung des immateriellen Vermögenswerts genutzt oder verbraucht werden;

(b) Aufwendungen für Leistungen an Arbeitnehmer (wie in IAS 19 definiert), die bei der Erzeugung des immateriellen Vermögenswerts anfallen;

(c) Registrierungsgebühren eines Rechtsanspruchs; und

(d) Amortisationen der Patente und Lizenzen, die zur Erzeugung des immateriellen Vermögenswerts genutzt werden.

IAS 23 bestimmt, nach welchen Zinsen als Teil der Herstellungskosten eines selbst geschaffenen immateriellen Vermögenswerts angesetzt werden.

67. Keine Bestandteile der Herstellungskosten eines selbst geschaffenen immateriellen Vermögenswerts sind:

(a) Vertriebs- und Verwaltungsgemeinkosten sowie sonstige allgemeine Gemeinkosten, es sei denn, diese Kosten dienen direkt dazu, die Nutzung des Vermögenswerts vorzubereiten;

(b) identifizierte Ineffizienzen und anfängliche Betriebsverluste, die auftreten, bevor der Vermögenswert seine geplante Ertragskraft erreicht hat; und

(c) Ausgaben für die Schulung von Mitarbeitern im Umgang mit dem Vermögenswert.

Beispiel zur Veranschaulichung von Paragraph 65
Ein Unternehmen entwickelt einen neuen Produktionsprozess. Die in 20X5 angefallenen Ausgaben belaufen sich auf 1 000 WE(ª), wovon 900 WE vor dem 1. Dezember 20X5 und 100 WE zwischen dem 1. Dezember 20X5 und dem 31. Dezember 20X5 anfielen. Das Unternehmen kann beweisen, dass der Produktionsprozess zum 1. Dezember 20X5 die Kriterien für einen Ansatz als immaterieller Vermögenswert erfüllte. Der erzielbare Betrag des in diesem Prozess verankerten *Know-hows* (einschließlich künftiger Zahlungsmittelflüsse, um den Prozess vor seiner eigentlichen Nutzung fertig zu stellen) wird auf 500 WE geschätzt.

(ª) In diesem Standard werden Geldbeträge in „Währungseinheiten" (WE) angegeben.

Ende 20X5 wird der Produktionsprozess als immaterieller Vermögenswert mit Herstellungskosten in Höhe von 100 WE angesetzt (Ausgaben, die seit dem Zeitpunkt der Erfüllung der Ansatzkriterien, d. h. dem 1. Dezember 20X5, angefallen sind). Die Ausgaben in Höhe von 900 WE, die vor dem 1. Dezember 20X5 angefallen waren, werden als Aufwand erfasst, da die Ansatzkriterien erst ab dem 1. Dezember 20X5 erfüllt wurden. Diese Ausgaben sind Teil der in der Bilanz angesetzten Ausgaben des Produktionsprozesses.
In 20X6 betragen die angefallenen Ausgaben 2 000 WE. Ende 20X6 wird der erzielbare Betrag des in diesem Prozess verankerten Know-hows (einschließlich künftiger Zahlungsmittelflüsse, um den Prozess vor seiner eigentlichen Nutzung fertig zu stellen) auf 1 900 WE geschätzt.
Ende 20X6 belaufen sich die Ausgaben für den Produktionsprozess auf 2 100 WE (Ausgaben 100 WE werden Ende 20X5 erfasst plus Ausgaben 2 000 WE in 20X6). Das Unternehmen erfasst einen Wertminderungsaufwand in Höhe von 200 WE, um den Buchwert des Prozesses vor dem Wertminderungsaufwand (2 100 WE) an seinen erzielbaren Betrag (1 900 WE) anzupassen. Dieser Wertminderungsaufwand wird in einer Folgeperiode wieder aufgehoben, wenn die in IAS 36 dargelegten Anforderungen für die Wertaufholung erfüllt sind.

ERFASSUNG EINES AUFWANDS

68. **Ausgaben für einen immateriellen Posten sind in der Periode als Aufwand zu erfassen, in der sie anfallen, es sei denn, dass:**
a) **sie Teil der Anschaffungs- oder Herstellungskosten eines immateriellen Vermögenswerts sind, der die Ansatzkriterien erfüllt (siehe Paragraphen 18–67); oder**
b) **der Posten bei einem Unternehmenszusammenschluss erworben wird und nicht als immaterieller Vermögenswert angesetzt werden kann. Ist dies der Fall, sind sie Teil des Betrags, der zum Erwerbszeitpunkt als Geschäfts- oder Firmenwert bilanziert wurde (siehe IFRS 3).**

69. Manchmal entstehen Ausgaben, mit denen für ein Unternehmen ein künftiger wirtschaftlicher Nutzen erzielt werden soll, ohne dass ein immaterieller Vermögenswert oder sonstiger Vermögenswert erworben oder geschaffen wird, der angesetzt werden kann. Im Falle der Lieferung von Gütern setzt ein Unternehmen solche Ausgaben dann als Aufwand an, wenn es ein Recht auf Zugang zu diesen Waren erhält. Im Falle der Erbringung von Dienstleistungen setzt ein Unternehmen solche Ausgaben dann als Aufwand an, wenn es die Dienstleistungen erhält. Beispielsweise werden Ausgaben für Forschung, außer wenn sie bei einem Unternehmenszusammenschluss anfallen, in der Periode als Aufwand erfasst, in der sie anfallen (siehe Paragraph 54). Weitere Beispiele für Ausgaben, die in der Periode als Aufwand erfasst werden, in der sie anfallen, sind:

(a) Ausgaben für die Gründung und den Anlauf eines Geschäftsbetriebs (d. h. Gründungs- und Anlaufkosten), es sei denn, diese Ausgaben sind in den Anschaffungs- oder Herstellungskosten eines Gegenstands der Sachanlagen gemäß IAS 16 enthalten. Zu Gründungs- und Anlaufkosten zählen Gründungskosten wie Rechts- und sonstige Kosten, die bei der Gründung einer juristischen Einheit anfallen, Ausgaben für die Eröffnung einer neuen Betriebsstätte oder eines neuen Geschäfts (d. h. Eröffnungskosten) oder Kosten für die Aufnahme neuer Tätigkeitsbereiche oder die Einführung neuer Produkte oder Verfahren (d. h. Anlaufkosten);

(b) Ausgaben für Aus- und Weiterbildungsaktivitäten;

(c) Ausgaben für Werbekampagnen und Maßnahmen der Verkaufsförderung (einschließlich Versandhauskataloge);

(d) Ausgaben für die Verlegung oder Umorganisation von Unternehmensteilen oder des gesamten Unternehmens.

69A. Ein Unternehmen hat ein Recht auf den Zugang zu Gütern, wenn sich diese in seinem Besitz befinden. Ebenso hat ein Unternehmen ein Recht auf den Zugang zu Gütern, wenn sie im Sinne eines Liefervertrags von einem Lieferanten hergestellt wurden und das Unternehmen ihre Lieferung entgegen Bezahlung fordern kann. Dienstleistungen gelten dann als erhalten, wenn sie von einem Dienstleister gemäß einem Dienstleistungsvertrag mit dem Unternehmen erbracht werden und, wenn das Unternehmen sie zur Erbringung einer anderen Dienstleistung nutzt (wie z. B. für Kundenwerbung).

70. Paragraph 68 schließt die Erfassung einer Vorauszahlung als ein Vermögenswert nicht aus, wenn die Zahlung für die Lieferung von Waren vor dem Erhalt des Rechts seitens des Unternehmens auf Zugang zu diesen Waren erfolgte. Ebenso schließt Paragraph 68 die Erfassung einer Vorauszahlung als ein Vermögenswert nicht aus, wenn die Zahlung für die Erbringung von Dienstleistungen vor dem Erhalt der Dienstleistungen erfolgte.

Keine Erfassung früherer Aufwendungen als Vermögenswert

71. Ausgaben für einen immateriellen Posten, die ursprünglich als Aufwand erfasst wurden, sind zu einem späteren Zeitpunkt nicht als Teil der An-

schaffungs- oder Herstellungskosten eines immateriellen Vermögenswerts anzusetzen.

FOLGEBEWERTUNG

72. Ein Unternehmen hat als seine Rechnungslegungsmethode entweder das Anschaffungskostenmodell gemäß Paragraph 74 oder das Neubewertungsmodell gemäß Paragraph 75 zu wählen. Wird ein immaterieller Vermögenswert nach dem Neubewertungsmodell bilanziert, sind alle anderen Vermögenswerte seiner Gruppe ebenfalls nach demselben Modell zu bilanzieren, es sei denn, dass kein aktiver Markt für diese Vermögenswerte existiert.

73. Eine Gruppe immaterieller Vermögenswerte ist eine Zusammenfassung von Vermögenswerten, die hinsichtlich ihrer Art und ihrem Verwendungszweck innerhalb des Unternehmens ähnlich sind. Die Posten innerhalb einer Gruppe immaterieller Vermögenswerte werden gleichzeitig neu bewertet, um zu vermeiden, dass Vermögenswerte selektiv neubewertet werden und dass Beträge in den Abschlüssen dargestellt werden, die eine Mischung aus Anschaffungs- oder Herstellungskosten und neu bewerteten Beträgen zu unterschiedlichen Zeitpunkten darstellen.

Anschaffungskostenmodell

74. Nach erstmaligem Ansatz ist ein immaterieller Vermögenswert mit seinen Anschaffungs- oder Herstellungskosten anzusetzen, abzüglich aller kumulierten Amortisationen und aller kumulierten Wertminderungsaufwendungen.

Neubewertungsmodell

75. Nach erstmaligem Ansatz ist ein immaterieller Vermögenswert mit einem Neubewertungsbetrag fortzuführen, der sein beizulegender Zeitwert zum Zeitpunkt der Neubewertung ist, abzüglich späterer kumulierter Amortisationen und späterer kumulierter Wertminderungsaufwendungen. Im Rahmen der unter diesen Standard fallenden Neubewertungen ist der beizulegende Zeitwert unter Bezugnahme auf einen aktiven Markt zu ermitteln. Neubewertungen sind mit einer solchen Regelmäßigkeit vorzunehmen, dass der Buchwert des Vermögenswerts nicht wesentlich von seinem beizulegenden Zeitwert abweicht.

76. Das Neubewertungsmodell untersagt

(a) die Neubewertung immaterieller Vermögenswerte, die zuvor nicht als Vermögenswerte angesetzt wurden; oder

(b) den erstmaligen Ansatz immaterieller Vermögenswerte mit von ihren Anschaffungs- oder Herstellungskosten abweichenden Beträgen.

77. Das Neubewertungsmodell wird angewandt, nachdem ein Vermögenswert zunächst mit seinen Anschaffungs- oder Herstellungskosten angesetzt wurde. Wird allerdings nur ein Teil der Anschaffungs- oder Herstellungskosten eines immateriellen Vermögenswerts angesetzt, da der Vermögenswert die Ansatzkriterien erst zu einem späteren Zeitpunkt erfüllt hat (siehe Paragraph 65), kann das Neubewertungsmodell auf den gesamten Vermögenswert angewandt werden. Zudem kann das Neubewertungsmodell auf einen immateriellen Vermögenswert angewandt werden, der durch eine Zuwendung der öffentlichen Hand zuging und zu einem Nominalwert angesetzt wurde (siehe Paragraph 44).

78. Auch wenn ein den in Paragraph 8 beschriebenen Merkmalen entsprechender aktiver Markt für einen immateriellen Vermögenswert normalerweise nicht existiert, kann dies dennoch vorkommen. Zum Beispiel kann in manchen Ländern ein aktiver Markt für frei übertragbare Taxilizenzen, Fischereilizenzen oder Produktionsquoten bestehen. Allerdings gibt es keinen aktiven Markt für Markennamen, Drucktitel bei Zeitungen, Musik- und Filmverlagsrechte, Patente oder Warenzeichen, da jeder dieser Vermögenswerte einzigartig ist. Und obwohl immaterielle Vermögenswerte gekauft und verkauft werden, werden Verträge zwischen einzelnen Käufern und Verkäufern ausgehandelt, und Transaktionen finden relativ selten statt. Aus diesen Gründen gibt der für einen Vermögenswert gezahlte Preis möglicherweise keinen ausreichenden substanziellen Hinweis auf den beizulegenden Zeitwert eines anderen. Darüber hinaus stehen der Öffentlichkeit die Preise oft nicht zur Verfügung.

79. Die Häufigkeit von Neubewertungen ist abhängig vom Ausmaß der Schwankung (Volatilität) des beizulegenden Zeitwerts der einer Neubewertung unterliegenden immateriellen Vermögenswerte. Weicht der beizulegende Zeitwert eines neu bewerteten Vermögenswerts wesentlich von seinem Buchwert ab, ist eine weitere Neubewertung notwendig. Manche immateriellen Vermögenswerte können bedeutende und starke Schwankungen ihres beizulegenden Zeitwerts erfahren, wodurch eine jährliche Neubewertung erforderlich wird. Derartig häufige Neubewertungen sind bei immateriellen Vermögenswerten mit nur unbedeutenden Bewegungen des beizulegenden Zeitwerts nicht notwendig.

80. Wird ein immaterieller Vermögenswert neu bewertet, werden die kumulierten Amortisationen zum Zeitpunkt der Neubewertung entweder

(a) im Verhältnis zur Änderung des Bruttobuchwerts des Vermögenswerts angepasst, so dass der Buchwert des Vermögenswerts nach der Neubewertung seinem Neubewertungsbetrag entspricht; oder

(b) gegen den Bruttobuchwert des Vermögenswerts ausgebucht; der Nettobetrag wird dann dem Neubewertungsbetrag des Vermögenswerts angepasst.

81. Kann ein immaterieller Vermögenswert einer Gruppe von neu bewerteten immateriellen Vermögenswerten aufgrund der fehlenden Existenz eines aktiven Markts für diesen Vermögenswert nicht neu bewertet werden, ist der Vermögenswert mit seinen Anschaffungs- oder Herstellungskosten anzusetzen, abzüglich aller kumulierten Amortisationen und Wertminderungsaufwendungen.

82. Kann der beizulegende Zeitwert eines neu bewerteten immateriellen Vermögenswerts nicht länger unter Bezugnahme auf einen aktiven Markt bestimmt werden, entspricht der Buchwert des Vermögenswerts seinem Neubewertungsbetrag, der zum Zeitpunkt der letzten Neubewertung unter Bezugnahme auf den aktiven Markt ermittelt wurde, abzüglich aller späteren kumulierten Amortisationen und Wertminderungsaufwendungen.

83. Die Tatsache, dass ein aktiver Markt nicht länger für einen neu bewerteten immateriellen Vermögenswert besteht, kann darauf schließen lassen, dass der Vermögenswert möglicherweise in seinem Wert gemindert ist und gemäß IAS 36 geprüft werden muss.

84. Kann der beizulegende Zeitwert des Vermögenswerts zu einem späteren Bewertungsstichtag unter Bezugnahme auf einen aktiven Markt bestimmt werden, wird ab diesem Zeitpunkt das Neubewertungsmodell angewandt.

85. Führt eine Neubewertung zu einer Erhöhung des Buchwerts eines immateriellen Vermögenswerts, ist die Wertsteigerung im sonstigen Ergebnis zu erfassen und im Eigenkapital unter der Position Neubewertungsrücklage zu kumulieren. Allerdings wird der Wertzuwachs in dem Umfang im Gewinn oder Verlust erfasst, wie er eine in der Vergangenheit im Gewinn oder Verlust erfasste Abwertung desselben Vermögenswerts aufgrund einer Neubewertung rückgängig macht.

86. Führt eine Neubewertung zu einer Verringerung des Buchwerts eines immateriellen Vermögenswerts, ist die Wertminderung im Gewinn oder Verlust zu erfassen. Eine Verminderung ist jedoch direkt im sonstigen Ergebnis zu erfassen, soweit sie das Guthaben der entsprechenden Neubewertungsrücklage nicht übersteigt. Durch die im sonstigen Ergebnis erfasste Verminderung reduziert sich der Betrag, der im Eigenkapital unter der Position Neubewertungsrücklage kumuliert wird.

87. Die im Eigenkapital eingestellte kumulative Neubewertungsrücklage kann bei Realisierung direkt in die Gewinnrücklagen umgebucht werden. Die gesamte Rücklage kann bei Stilllegung oder Veräußerung des Vermögenswerts realisiert werden. Ein Teil der Rücklage kann jedoch realisiert werden, während der Vermögenswert vom Unternehmen genutzt wird; in solch einem Fall entspricht der realisierte Rücklagenbetrag dem Unterschiedsbetrag zwischen der Amortisation auf Basis des neu bewerteten Buchwerts des Vermögenswerts und der Amortisation, die auf Basis der historischen Anschaffungs- oder Herstellungskosten des Vermögenswerts erfasst worden wäre. Die Umbuchung von der Neubewertungsrücklage in die Gewinnrücklagen erfolgt nicht über die Gesamtergebnisrechnung.

NUTZUNGSDAUER

88. Ein Unternehmen hat festzustellen, ob die Nutzungsdauer eines immateriellen Vermögenswerts begrenzt oder unbegrenzt ist, und wenn begrenzt, dann die Laufzeit dieser Nutzungsdauer bzw. die Anzahl der Produktions- oder ähnlichen Einheiten, die diese Nutzungsdauer bestimmen. Ein immaterieller Vermögenswert ist von einem Unternehmen so anzusehen, als habe er eine unbegrenzte Nutzungsdauer, wenn es aufgrund einer Analyse aller relevanten Faktoren keine vorhersehbare Begrenzung der Periode gibt, in der der Vermögenswert voraussichtlich Netto-Cashflows für das Unternehmen erzeugen wird.

89. Die Bilanzierung eines immateriellen Vermögenswerts basiert auf seiner Nutzungsdauer. Ein immaterieller Vermögenswert mit einer begrenzten Nutzungsdauer wird abgeschrieben (siehe Paragraphen 97-106), hingegen ein immaterieller Vermögenswert mit einer unbegrenzten Nutzungsdauer nicht (siehe Paragraphen 107-110). Die erläuternden Beispiele zu diesem Standard veranschaulichen die Bestimmung der Nutzungsdauer für verschiedene immaterielle Vermögenswerte und die daraus folgende Bilanzierung dieser Vermögenswerte, je nach ihrer festgestellten Nutzungsdauer.

90. Bei der Ermittlung der Nutzungsdauer eines immateriellen Vermögenswerts werden viele Faktoren in Betracht gezogen, so auch

(a) die voraussichtliche Nutzung des Vermögenswerts durch das Unternehmen und die Frage, ob der Vermögenswert unter einem anderen Management effizient eingesetzt werden könnte;

(b) für den Vermögenswert typische Produktlebenszyklen und öffentliche Informationen über die geschätzte Nutzungsdauer von ähnlichen Vermögenswerten, die auf ähnliche Weise genutzt werden;

(c) technische, technologische, kommerzielle oder andere Arten der Veralterung;

(d) die Stabilität der Branche, in der der Vermögenswert zum Einsatz kommt, und Änderungen in der Gesamtnachfrage nach den Produkten oder Dienstleistungen, die mit dem Vermögenswert erzeugt werden;

(e) voraussichtliche Handlungen seitens der Wettbewerber oder potenzieller Konkurrenten;

(f) die Höhe der Erhaltungsausgaben, die zur Erzielung des voraussichtlichen künftigen wirtschaftlichen Nutzens aus dem Vermögenswert erforderlich sind, sowie die Fähigkeit und Absicht des Unternehmens, dieses Niveau zu erreichen;

(g) der Zeitraum der Verfügungsgewalt über den Vermögenswert und rechtliche oder ähnliche Beschränkungen hinsichtlich der Nutzung des Vermögenswerts, wie beispielsweise der Verfalltermin zugrunde liegender Leasingverhältnisse; und

(h) ob die Nutzungsdauer des Vermögenswerts von der Nutzungsdauer anderer Vermögenswerte des Unternehmens abhängt.

91. Der Begriff „unbegrenzt" hat nicht dieselbe Bedeutung wie „endlos". Die Nutzungsdauer eines immateriellen Vermögenswerts spiegelt nur die

Höhe der künftigen Erhaltungsausgaben wider, die zur Erhaltung des Vermögenswerts auf dem Niveau der Ertragskraft, die zum Zeitpunkt der Schätzung der Nutzungsdauer des Vermögenswerts festgestellt wurde, erforderlich sind sowie die Fähigkeit und Absicht des Unternehmens, dieses Niveau zu erreichen. Eine Schlussfolgerung, dass die Nutzungsdauer eines immateriellen Vermögenswerts unbegrenzt ist, darf nicht von den geplanten künftigen Ausgaben abhängen, die diejenigen übersteigen, die zur Erhaltung des Vermögenswerts auf diesem Niveau der Ertragskraft erforderlich sind.

92. Angesichts des durch die Vergangenheit belegten rasanten Technologiewandels sind Computersoftware und viele andere immaterielle Vermögenswerte technologischer Veralterung ausgesetzt. Es ist daher wahrscheinlich, dass ihre Nutzungsdauer kurz ist.

93. Die Nutzungsdauer eines immateriellen Vermögenswerts kann sehr lang sein bzw. sogar unbegrenzt. Ungewissheit rechtfertigt, die Nutzungsdauer eines immateriellen Vermögenswerts vorsichtig zu schätzen, allerdings rechtfertigt sie nicht die Wahl einer unrealistisch kurzen Nutzungsdauer.

94. **Die Nutzungsdauer eines immateriellen Vermögenswerts, der aus vertraglichen oder gesetzlichen Rechten entsteht, darf den Zeitraum der vertraglichen oder anderen gesetzlichen Rechte nicht überschreiten, kann jedoch kürzer sein, je nachdem über welche Periode das Unternehmen diesen Vermögenswert voraussichtlich einsetzt. Wenn die vertraglichen oder anderen gesetzlichen Rechte für eine begrenzte Dauer mit der Möglichkeit der Verlängerung übertragen werden, darf die Nutzungsdauer des immateriellen Vermögenswerts die Verlängerungsperiode(n) nur mit einschließen, wenn es bewiesen ist, dass das Unternehmen die Verlängerung ohne erhebliche Kosten unterstützt. Die Nutzungsdauer eines zurückerworbenen Rechts, das bei einem Unternehmenszusammenschluss als immaterieller Vermögenswert angesetzt wird, ist die restliche in dem Vertrag vereinbarte Periode, durch den dieses Recht zugestanden wurde, und darf keine Verlängerung enthalten.**

95. Es kann sowohl wirtschaftliche als auch rechtliche Faktoren geben, die die Nutzungsdauer eines immateriellen Vermögenswertes beeinflussen. Wirtschaftliche Faktoren bestimmen den Zeitraum, über den ein künftiger wirtschaftlicher Nutzen dem Unternehmen erwächst. Rechtliche Faktoren können den Zeitraum begrenzen, in dem ein Unternehmen Verfügungsgewalt über den Zugriff auf diesen Nutzen besitzt. Die Nutzungsdauer entspricht dem kürzeren der durch diese Faktoren bestimmten Zeiträume.

96. Das folgenden Faktoren deuten darauf hin, dass ein Unternehmen die vertraglichen oder anderen gesetzlichen Rechte ohne wesentliche Kosten verlängern könnte:

(a) es gibt substanzielle Hinweise darauf, die möglicherweise auf Erfahrungen basieren, dass die vertraglichen oder anderen gesetzlichen Rechte verlängert werden. Wenn die Verlängerung von der Zustimmung eines Dritten abhängt, gehört der substanzielle Hinweis, dass der Dritte seine Zustimmung geben wird, dazu;

(b) es gibt substanzielle Hinweise, dass die erforderlichen Vorraussetzungen für eine Verlängerung erfüllt sind; und

(c) die Verlängerungskosten sind für das Unternehmen unwesentlich im Vergleich zu dem künftigen wirtschaftlichen Nutzen, der dem Unternehmen durch diese Verlängerung zufließen wird.

Falls die Verlängerungskosten im Vergleich zu dem künftigen wirtschaftlichen Nutzen, der dem Unternehmen voraussichtlich durch diese Verlängerung zufließen wird, erheblich sind, stellen die Verlängerungskosten im Wesentlichen die Anschaffungskosten dar, um zum Verlängerungszeitpunkt einen neuen immateriellen Vermögenswert zu erwerben.

IMMATERIELLE VERMÖGENSWERTE MIT BEGRENZTER NUTZUNGSDAUER

Amortisationsperiode und Amortisationsmethode

97. Der Abschreibungsbetrag eines immateriellen Vermögenswerts mit einer begrenzten Nutzungsdauer ist planmäßig über seine Nutzungsdauer zu verteilen. Die Abschreibung beginnt, sobald der Vermögenswert verwendet werden kann, d. h. wenn er sich an seinem Standort und in dem vom Management beabsichtigten betriebsbereiten Zustand befindet. Die Abschreibung ist an dem Tag zu beenden, an dem der Vermögenswert gemäß IFRS 5 als zur Veräußerung gehalten eingestuft (oder in eine als zur Veräußerung gehaltene eingestufte Veräußerungsgruppe aufgenommen) wird, spätestens jedoch an dem Tag, an dem er ausgebucht wird. Die Amortisationsmethode hat dem erwarteten Verbrauch des zukünftigen wirtschaftlichen Nutzens des Vermögenswerts durch das Unternehmen zu entsprechen. Kann dieser Verlauf nicht verlässlich bestimmt werden, ist die lineare Abschreibungsmethode anzuwenden. Die für jede Periode anfallenden Amortisationen sind im Gewinn oder Verlust zu erfassen, es sei denn, dieser oder ein anderer Standard erlaubt oder fordert, dass sie in den Buchwert eines anderen Vermögenswerts einzubeziehen sind.

98. Für die systematische Verteilung des Amortisationsvolumens eines Vermögenswerts über dessen Nutzungsdauer können verschiedene Amortisationsmethoden herangezogen werden. Zu diesen Methoden zählen die lineare und degressive Abschreibung sowie die leistungsabhängige Abschreibung. Die anzuwendende Methode wird auf der Grundlage des erwarteten Verbrauchs des künftigen wirtschaftlichen Nutzens dieses Vermögenswerts ausgewählt und von Periode zu Periode

stetig angewandt, es sei denn, der erwartete Verbrauch des künftigen wirtschaftlichen Nutzens ändert sich.

99. Amortisationen werden allgemein im Gewinn oder Verlust erfasst. Manchmal fließt jedoch der künftige wirtschaftliche Nutzen eines Vermögenswerts in die Herstellung anderer Vermögenswerte ein. In diesem Fall stellt der Amortisationsbetrag einen Teil der Herstellungskosten des anderen Vermögenswerts dar und wird in dessen Buchwert einbezogen. Beispielsweise wird die Amortisation auf immaterielle Vermögenswerte, die in einem Herstellungsprozess verwendet werden, in den Buchwert der Vorräte einbezogen (siehe IAS 2 *Vorräte*).

Restwert

100. Der Restwert eines immateriellen Vermögenswerts mit einer begrenzten Nutzungsdauer ist mit Null anzusetzen, es sei denn, dass
(a) eine Verpflichtung seitens einer dritten Partei besteht, den Vermögenswert am Ende seiner Nutzungsdauer zu erwerben; oder
(b) ein aktiver Markt für den Vermögenswert besteht, und:
  (i) der Restwert unter Bezugnahme auf diesen Markt ermittelt werden kann; und
  (ii) es wahrscheinlich ist, dass ein solcher Markt am Ende der Nutzungsdauer des Vermögenswerts bestehen wird.

101. Der Abschreibungsbetrag eines Vermögenswerts mit einer begrenzten Nutzungsdauer wird nach Abzug seines Restwerts ermittelt. Ein anderer Restwert als Null impliziert, dass ein Unternehmen von einer Veräußerung des immateriellen Vermögenswerts vor dem Ende seiner wirtschaftlichen Nutzungsdauer ausgeht.

102. Eine Schätzung des Restwerts eines Vermögenswerts beruht auf dem bei Abgang erzielbaren Betrag unter Verwendung von Preisen, die zum geschätzten Zeitpunkt des Verkaufs eines ähnlichen Vermögenswerts galten, der das Ende seiner Nutzungsdauer erreicht hat und unter ähnlichen Bedingungen zum Einsatz kam wie der künftig einzusetzende Vermögenswert. Der Restwert wird mindestens am Ende jedes Geschäftsjahres überprüft. Eine Änderung des Restwerts eines Vermögenswerts wird als Änderung einer Schätzung gemäß IAS 8 *Rechnungslegungsmethoden, Änderungen von rechnungslegungsbezogenen Schätzungen und Fehler* angesetzt.

103. Der Restwert eines Vermögenswerts kann bis zu einem Betrag ansteigen, der entweder dem Buchwert entspricht oder ihn übersteigt. Wenn dies der Fall ist, fällt der Amortisationsbetrag des Vermögenswerts auf Null, solange der Restwert anschließend nicht unter den Buchwert des Vermögenswerts gefallen ist.

Überprüfung der Amortisationsperiode und der Amortisationsmethode

104. Die Amortisationsperiode und die Amortisationsmethode sind für einen immateriellen Vermögenswert mit einer begrenzten Nutzungsdauer mindestens zum Ende jedes Geschäftsjahres zu überprüfen. Unterscheidet sich die erwartete Nutzungsdauer des Vermögenswerts von vorangegangenen Schätzungen, ist die Amortisationsperiode entsprechend zu ändern. Hat sich der erwartete Abschreibungsverlauf des Vermögenswerts geändert, ist eine andere Amortisationsmethode zu wählen, um dem veränderten Verlauf Rechnung zu tragen. Derartige Änderungen sind als Änderungen einer rechnungslegungsbezogenen Schätzung gemäß IAS 8 zu berücksichtigen.

105. Während der Lebensdauer eines immateriellen Vermögenswerts kann es sich zeigen, dass die Schätzung hinsichtlich seiner Nutzungsdauer nicht sachgerecht ist. Beispielsweise kann die Erfassung eines Wertminderungsaufwands darauf hindeuten, dass die Amortisationsperiode geändert werden muss.

106. Der Verlauf des künftigen wirtschaftlichen Nutzens, der einem Unternehmen aus einem immateriellen Vermögenswert voraussichtlich zufließen wird, kann sich mit der Zeit ändern. Beispielsweise kann es sich zeigen, dass eine degressive Amortisation geeigneter ist als eine lineare. Ein anderes Beispiel ist, wenn sich die Nutzung der mit einer Lizenz verbundenen Rechte verzögert, bis in Bezug auf andere Bestandteile des Unternehmensplans Maßnahmen ergriffen worden sind. In diesem Fall kann der wirtschaftliche Nutzen aus dem Vermögenswert höchstwahrscheinlich erst in späteren Perioden erzielt werden.

IMMATERIELLE VERMÖGENSWERTE MIT UNBEGRENZTER NUTZUNGSDAUER

107. Ein immaterieller Vermögenswert mit einer unbegrenzten Nutzungsdauer darf nicht abgeschrieben werden.

108. Von einem Unternehmen wird gemäß IAS 36 verlangt, einen immateriellen Vermögenswert mit einer unbegrenzten Nutzungsdauer auf Wertminderung zu überprüfen, indem sein erzielbarer Betrag mit seinem Buchwert
(a) jährlich, und
(b) wann immer es einen Anhaltspunkt dafür gibt, dass der immaterielle Vermögenswert wertgemindert sein könnte, verglichen wird.

Überprüfung der Einschätzung der Nutzungsdauer

109. Die Nutzungsdauer eines immateriellen Vermögenswerts, der nicht abgeschrieben wird, ist in jeder Periode zu überprüfen, ob für diesen Vermögenswert weiterhin die Ereignisse und Umstände die Einschätzung einer unbegrenzten Nutzungsdauer rechtfertigen. Ist dies nicht der Fall, ist die Änderung der Einschätzung der Nutzungsdauer von unbegrenzt auf begrenzt als Änderung einer rechnungslegungsbezogenen Schätzung gemäß IAS 8 anzusetzen.

110. Gemäß IAS 36 ist die Neubewertung der Nutzungsdauer eines immateriellen Vermögens-

werts als begrenzt und nicht mehr als unbegrenzt ein Hinweis darauf, dass dieser Vermögenswert wertgemindert sein könnte. Demzufolge prüft das Unternehmen den Vermögenswert auf Wertminderung, indem es seinen erzielbaren Betrag, wie gemäß IAS 36 festgelegt, mit seinem Buchwert vergleicht und jeden Überschuss des Buchwerts über den erzielbaren Betrag als Wertminderungsaufwand erfasst.

ERZIELBARKEIT DES BUCHWERTS – WERTMINDERUNGSAUFWAND

111. Um zu beurteilen, ob ein immaterieller Vermögenswert in seinem Wert gemindert ist, wendet ein Unternehmen IAS 36 an. Dieser Standard erklärt, wann und wie ein Unternehmen den Buchwert seiner Vermögenswerte überprüft, wie es den erzielbaren Betrag eines Vermögenswerts bestimmt, und wann es einen Wertminderungsaufwand erfasst oder aufhebt.

STILLLEGUNGEN UND ABGÄNGE

112. Ein immaterieller Vermögenswert ist auszubuchen:

(a) bei Abgang; oder

(b) wenn kein weiterer wirtschaftlicher Nutzen von seiner Nutzung oder seinem Abgang zu erwarten ist.

113. Die aus der Ausbuchung eines immateriellen Vermögenswerts resultierenden Gewinne oder Verluste sind als Differenz zwischen dem eventuellen Nettoveräußerungserlös und dem Buchwert des Vermögenswertes zu bestimmen. Diese Differenz ist bei Ausbuchung des Vermögenswerts im Gewinn oder Verlust zu erfassen (sofern IAS 17 Leasingverhältnisse bei Sale-and-leaseback-Transaktionen nichts anderes verlangt). Gewinne sind nicht als Erlöse auszuweisen.

114. Der Abgang eines immateriellen Vermögenswerts kann auf verschiedene Arten erfolgen (z. B. Verkauf, Eintritt in ein Finanzierungsleasing oder Schenkung). Bei der Bestimmung des Abgangsdatums eines solchen Vermögenswerts wendet das Unternehmen zur Erfassung der Erträge aus dem Warenverkauf die Kriterien von IAS 18 *Umsatzerlöse* an. IAS 17 wird auf Abgänge durch Sale-and-leaseback-Transaktionen angewendet.

115. Wenn ein Unternehmen nach dem Ansatzgrundsatz in Paragraph 21 im Buchwert eines Vermögenswerts die Anschaffungskosten für den Ersatz eines Teils des immateriellen Vermögenswertes erfasst, dann bucht es den Buchwert des ersetzten Teils aus. Wenn es dem Unternehmen nicht möglich ist, den Buchwert des ersetzten Teils zu ermitteln, kann es die Anschaffungskosten für den Ersatz als Hinweis für seine Anschaffungskosten zum Zeitpunkt seines Erwerbs oder seiner Generierung nehmen.

115A. Im Fall eines bei einem Unternehmenszusammenschluss zurückerworbenen Rechts, und wenn dieses Recht später an einen Dritten weitergegeben (verkauft) wird, ist der dazugehörige Buchwert, sofern vorhanden, zu verwenden, um den Gewinn bzw. Verlust bei der Weitergabe zu bestimmen.

116. Das erhaltene Entgelt beim Abgang eines immateriellen Vermögenswerts ist zunächst mit dem beizulegenden Zeitwert anzusetzen. Wenn die Zahlung für den immateriellen Vermögenswert nicht sofort erfolgt, ist das erhaltene Entgelt zunächst in Höhe des Gegenwerts des Barpreises anzusetzen. Der Unterschied zwischen dem Nominalbetrag des Entgelts und dem Gegenwert des Barpreises wird als Zinsertrag, der die Effektivverzinsung der Forderung widerspiegelt, gemäß IAS 18 erfasst.

117. Die Amortisation eines immateriellen Vermögenswertes mit einer begrenzten Nutzungsdauer hört nicht auf, wenn der immaterielle Vermögenswert nicht mehr genutzt wird, sofern der Vermögenswert nicht vollkommen amortisiert ist oder gemäß IFRS 5 als zur Veräußerung gehalten eingestuft wird (oder zu einer als zur Veräußerung gehalten eingestuften Veräußerungsgruppe gehört).

ANGABEN

Allgemeines

118. Für jede Gruppe immaterieller Vermögenswerte sind vom Unternehmen folgende Angaben zu machen, wobei zwischen selbst geschaffenen immateriellen Vermögenswerten und sonstigen immateriellen Vermögenswerten zu unterscheiden ist:

(a) ob die Nutzungsdauern unbegrenzt oder begrenzt sind, und wenn begrenzt, die zu Grunde gelegten Nutzungsdauern und die angewandten Amortisationssätze;

(b) die für immaterielle Vermögenswerte mit begrenzten Nutzungsdauern verwendeten Amortisationsmethoden;

(c) der Bruttobuchwert und die kumulierte Amortisation (zusammengefasst mit den kumulierten Wertminderungsaufwendungen) zu Beginn und zum Ende der Periode;

(d) der/die Posten der Gesamtergebnisrechnung, in dem/denen die Amortisationen auf immaterielle Vermögenswerte enthalten sind;

(e) eine Überleitung des Buchwerts zu Beginn und zum Ende der Periode unter gesonderter Angabe der:

(i) Zugänge, wobei solche aus unternehmensinterner Entwicklung, solche aus gesondertem Erwerb und solche aus Unternehmenszusammenschlüssen separat zu bezeichnen sind;

(ii) Vermögenswerte, die gemäß IFRS 5 als zur Veräußerung gehalten eingestuft werden oder zu einer als zur Veräußerungsgruppe gehören, und andere Abgänge;

(iii) Erhöhungen oder Verminderungen während der Periode aufgrund von Neube-

wertungen gemäß den Paragraphen 75, 85, und 86 und von im sonstigen Ergebnis erfassten oder aufgehobenen Wertminderungsaufwendungen gemäß IAS 36 (falls vorhanden),
(iv) Wertminderungsaufwendungen, die während der Periode im Gewinn oder Verlust gemäß IAS 36 erfasst wurden (falls vorhanden);
(v) Wertminderungsaufwendungen, die während der Periode im Gewinn oder Verlust gemäß IAS 36 rückgängig gemacht wurden (falls vorhanden);
(vi) jede Amortisation, die während der Periode erfasst wurde;
(vii) Nettoumrechnungsdifferenzen aufgrund der Umrechnung von Abschlüssen in die Darstellungswährung und der Umrechnung einer ausländischen Betriebsstätte in die Darstellungswährung des Unternehmens; und
(viii) sonstige Buchwertänderungen während der Periode.

119. Eine Gruppe immaterieller Vermögenswerte ist eine Zusammenfassung von Vermögenswerten, die hinsichtlich ihrer Art und ihrem Verwendungszweck innerhalb des Unternehmens ähnlich sind. Beispiele für separate Gruppen können sein:
(a) Markennamen;
(b) Drucktitel und Verlagsrechte;
(c) Computersoftware;
(d) Lizenzen und Franchiseverträge;
(e) Urheberrechte, Patente und sonstige gewerbliche Schutzrechte, Nutzungs- und Betriebskonzessionen;
(f) Rezepte, Geheimverfahren, Modelle, Entwürfe und Prototypen; und
(g) immaterielle Vermögenswerte in Entwicklung.

Die oben bezeichneten Gruppen werden in kleinere (größere) Gruppen aufgegliedert (zusammengefasst), wenn den Abschlussadressaten dadurch relevantere Informationen zur Verfügung gestellt werden.

120. Zusätzlich zu den in Paragraph 118 (e)(iii)-(v) geforderten Informationen veröffentlicht ein Unternehmen Informationen über im Wert geminderte immaterielle Vermögenswerte gemäß IAS 36.

121. IAS 8 verlangt vom Unternehmen die Angabe der Art und des Betrags einer Änderung der Schätzung, die entweder eine wesentliche Auswirkung auf die Berichtsperiode hat oder von der angenommen wird, dass sie eine wesentliche Auswirkung auf spätere Perioden haben wird. Derartige Angaben resultieren möglicherweise aus Änderungen in Bezug auf
(a) die Einschätzung der Nutzungsdauer eines immateriellen Vermögenswerts;
(b) die Amortisationsmethode; oder
(c) Restwerte.

122. Darüber hinaus hat ein Unternehmen Folgendes anzugeben:
(a) für einen immateriellen Vermögenswert, dessen Nutzungsdauer als unbegrenzt eingeschätzt wurde, den Buchwert dieses Vermögenswerts und die Gründe für die Einschätzung seiner unbegrenzten Nutzungsdauer. Im Rahmen der Begründung muss das Unternehmen den/die Faktor(en) beschreiben, der/die bei der Ermittlung der unbegrenzten Nutzungsdauer des Vermögenswerts eine wesentliche Rolle spielte(n);
(b) eine Beschreibung, den Buchwert und den verbleibenden Amortisationszeitraum eines jeden einzelnen immateriellen Vermögenswerts, der für den Abschluss des Unternehmens von wesentlicher Bedeutung ist;
(c) für immaterielle Vermögenswerte, die durch eine Zuwendung der öffentlichen Hand erworben und zunächst mit dem beizulegenden Zeitwert angesetzt wurden (siehe Paragraph 44):
(i) den beizulegenden Zeitwert, der für diese Vermögenswerte zunächst angesetzt wurde;
(ii) ihren Buchwert; und
(iii) ob sie in der Folgebewertung nach dem Anschaffungskostenmodell oder nach dem Neubewertungsmodell bewertet werden;
(d) das Bestehen und die Buchwerte immaterieller Vermögenswerte, mit denen ein beschränktes Eigentumsrecht verbunden ist, und die Buchwerte immaterieller Vermögenswerte, die als Sicherheit für Verbindlichkeiten begeben sind;
(e) der Betrag für vertragliche Verpflichtungen für den Erwerb immaterieller Vermögenswerte.

123. Wenn ein Unternehmen den/die Faktor(en) beschreibt, der/die bei der Ermittlung, dass die Nutzungsdauer eines immateriellen Vermögenswerts unbegrenzt ist, eine wesentliche Rolle spielte(n), berücksichtigt das Unternehmen die in Paragraph 90 aufgeführten Faktoren.

Folgebewertung von immateriellen Vermögenswerten nach dem Neubewertungsmodell

124. Werden immaterielle Vermögenswerte zu ihrem Neubewertungsbetrag angesetzt, sind folgende Angaben vom Unternehmen zu machen:
(a) für jede Gruppe immaterieller Vermögenswerte:
(i) den Stichtag der Neubewertung;
(ii) den Buchwert der neu bewerteten immateriellen Vermögenswerte; und
(iii) den Buchwert, der angesetzt worden wäre, wenn die neu bewertete Gruppe von immateriellen Vermögenswerten

nach dem Anschaffungskostenmodell in Paragraph 74 bewertet worden wäre;
(b) den Betrag der sich auf immaterielle Vermögenswerte beziehenden Neubewertungsrücklage zu Beginn und zum Ende der Periode unter Angabe der Änderungen während der Periode und jeglicher Ausschüttungsbeschränkungen an die Eigentümer; und
(c) die Methoden und wesentlichen Annahmen, die zur Schätzung des beizulegenden Zeitwerts der Vermögenswerte geführt haben.

125. Für Angabezwecke kann es erforderlich sein, die Gruppen neu bewerteter Vermögenswerte in größere Gruppen zusammenzufassen. Gruppen werden jedoch nicht zusammengefasst, wenn dies zu einer Kombination von Werten innerhalb einer Gruppe von immateriellen Vermögenswerten führen würde, die sowohl nach dem Anschaffungskostenmodell als auch nach dem Neubewertungsmodell bewertete Beträge enthält.

Forschungs- und Entwicklungsausgaben

126. Ein Unternehmen hat die Summe der Ausgaben für Forschung und Entwicklung offen zu legen, die während der Periode als Aufwand erfasst wurden.

127. Forschungs- und Entwicklungsausgaben umfassen sämtliche Ausgaben, die Forschungs- oder Entwicklungsaktivitäten direkt zurechenbar sind (siehe die Paragraphen 66 und 67 als Orientierungshilfe für die Arten von Ausgaben, die im Rahmen der Angabevorschriften in Paragraph 126 einzubeziehen sind).

Sonstige Informationen

128. Einem Unternehmen wird empfohlen, aber nicht vorgeschrieben, die folgenden Informationen offen zu legen:
(a) eine Beschreibung jedes vollständig abgeschriebenen, aber noch genutzten immateriellen Vermögenswertes; und
(b) eine kurze Beschreibung wesentlicher immaterieller Vermögenswerte, die unter der Verfügungsgewalt des Unternehmens stehen, jedoch nicht als Vermögenswerte angesetzt sind, da sie als Ansatzkriterien in diesem Standard nicht erfüllten oder weil sie vor Inkrafttreten der im Jahr 1998 herausgegebenen Fassung von IAS 38 *Immaterielle Vermögenswerte* erworben oder geschaffen wurden.

ÜBERGANGSVORSCHRIFTEN UND ZEITPUNKT DES INKRAFTTRETENS

129. [gestrichen]

130. **Ein Unternehmen hat diesen Standard anzuwenden:**
(a) **bei der Bilanzierung immaterieller Vermögenswerte, die bei Unternehmenszusammenschlüssen mit Datum des Vertragsabschlusses am 31. März 2004 oder danach erworben wurden; und**
(b) **prospektiv bei der Bilanzierung aller anderen immateriellen Vermögenswerten in der ersten jährlichen Periode eines am 31. März 2004 oder danach beginnenden Geschäftsjahres. Das Unternehmen hat somit den zu dem Zeitpunkt angesetzten Buchwert der immateriellen Vermögenswerte nicht anzupassen. Zu diesem Zeitpunkt muss das Unternehmen jedoch diesen Standard zur Neueinschätzung der Nutzungsdauer solcher immateriellen Vermögenswerte anwenden. Falls infolge dieser Neueinschätzung das Unternehmen seine Einschätzung der Nutzungsdauer eines Vermögenswerts ändert, ist diese Änderung gemäß IAS 8 als eine Änderung einer Schätzung zu berücksichtigen.**

130A. Die Änderungen in Paragraph 2 sind erstmals in der ersten Berichtsperiode eines am 1. Januar 2006 oder danach beginnenden Geschäftsjahres anzuwenden. Wenn ein Unternehmen IFRS 6 für eine frühere Periode anwendet, so sind auch diese Änderungen für jene frühere Periode anzuwenden.

130B. Infolge des IAS 1 *Darstellung des Abschlusses* (überarbeitet 2007) wurde die in allen IFRS verwendete Terminologie geändert. Außerdem wurde die Paragraphen 85, 86 und 118(e)(iii) geändert. Diese Änderungen sind erstmals in der ersten Berichtsperiode eines am 1. Januar 2009 oder danach beginnenden Geschäftsjahres anzuwenden. Wird IAS 1 (überarbeitet 2007) auf eine frühere Periode angewandt, sind diese Änderungen entsprechend auch anzuwenden.

130C. Durch IFRS 3 (überarbeitet 2008) wurden die Paragraphen 12, 33–35, 68, 69, 94 und 130 geändert, die Paragraphen 38 und 129 gestrichen sowie Paragraph 115A hinzugefügt. Die Paragraphen 36 und 37 wurden durch die *Verbesserungen der IFRS* vom April 2009 geändert. Diese Änderungen sind erstmals in der ersten Berichtsperiode eines am 1. Juli 2009 oder danach beginnenden Geschäftsjahres prospektiv anzuwenden. Deshalb werden Beträge, die für immaterielle Vermögenswerte und den Geschäfts- oder Firmenwert bei früheren Unternehmenszusammenschlüssen angesetzt wurden, nicht angepasst. Wenn ein Unternehmen IFRS 3 (überarbeitet 2008) auf eine frühere Periode anwendet, sind auch diese Änderungen entsprechend auf diese frühere Periode anzuwenden und ist dies anzugeben.

130D. Die Paragraphen 69, 70 und 98 werden im Rahmen der *Verbesserungen der IFRS* vom Mai 2008 geändert und Paragraph 69A wird entsprechend hinzugefügt. Diese Änderungen sind erstmals in der ersten Berichtsperiode eines am 1. Januar 2009 oder danach beginnenden Geschäftsjahres anzuwenden. Eine frühere Anwendung ist zulässig. Wendet ein Unternehmen diese Änderungen auf eine frühere Periode an, so ist dies anzugeben.

130E. Die Paragraphen 40 und 41 wurden durch die *Verbesserungen der IFRS* vom April

2009 geändert. Diese Änderungen sind erstmals in der ersten Berichtsperiode eines am 1. Juli 2009 oder danach beginnenden Geschäftsjahres prospektiv anzuwenden. Eine frühere Anwendung ist zulässig. Wendet ein Unternehmen die Änderungen für ein früheres Geschäftsjahr an, hat es dies anzugeben.

Tausch von ähnlichen Vermögenswerten

131. Die Vorschrift in den Paragraphen 129 und 130(b), diesen Standard prospektiv anzuwenden, bedeutet, dass bei der Bewertung eines Tausches von Vermögenswerten vor Inkrafttreten dieses Standards auf der Grundlage des Buchwerts des hingegebenen Vermögenswerts das Unternehmen den Buchwert des erworbenen Vermögenswerts nicht berichtigt, um den beizulegenden Zeitwert zum Erwerbszeitpunkt widerzuspiegeln.

Frühzeitige Anwendung

132. Unternehmen, auf die der Paragraph 130 anwendbar ist, wird empfohlen, diesen Standard vor dem in Paragraph 130 spezifizierten Zeitpunkt des Inkrafttretens anzuwenden. Wenn ein Unternehmen diesen Standard vor dem Zeitpunkt des Inkrafttretens anwendet, hat es gleichzeitig IFRS 3 und IAS 36 (überarbeitet 2004) anzuwenden.

RÜCKNAHME VON IAS 38 (HERAUSGEGEBEN 1998)

133. Der vorliegende Standard ersetzt IAS 38 *Immaterielle Vermögenswerte* (herausgegeben 1998).

INTERNATIONAL ACCOUNTING STANDARD 39
Finanzinstrumente: Ansatz und Bewertung

IAS 39, VO (EG) Nr. 1126/2008 i.d.F.

1 VO (EG) Nr. 1274/2008 [IAS 1]   **2** VO (EG) Nr. 53/2009
3 VO (EG) Nr. 70/2009   **4** VO (EG) Nr. 494/2009 [IAS 27]
5 VO (EG) Nr. 495/2009 [IFRS 3]   **6** VO (EG) Nr. 824/2009
7 VO (EG) Nr. 839/2009   **8** VO (EG) Nr. 1171/2009
9 VO (EG) Nr. 243/2010   **10** VO (EG) Nr. 149/2011

GLIEDERUNG	§§
ZIELSETZUNG	1
ANWENDUNGSBEREICH	2–7
DEFINITIONEN	8–9
EINGEBETTETE DERIVATE	10–13
ANSATZ UND AUSBUCHUNG	14–42
Erstmaliger Ansatz	14
Ausbuchung eines finanziellen Vermögenswertes	15–37
Übertragungen, die die Bedingungen für eine Ausbuchung erfüllen (siehe Paragraph 20(a) und (c)(i))	24–28
Übertragungen, die die Bedingungen für eine Ausbuchung nicht erfüllen (siehe Paragraph 20(b))	29
Anhaltendes Engagement bei übertragenen Vermögenswerten (siehe Paragraph 20(c)(ii))	30–35
Alle Übertragungen	36–37
Marktüblicher Kauf und Verkauf eines finanziellen Vermögenswertes	38
Ausbuchung einer finanziellen Verbindlichkeit	39–42
BEWERTUNG	43–70
Erstmalige Bewertung finanzieller Vermögenswerte und Verbindlichkeiten	43–44
Folgebewertung finanzieller Vermögenswerte	45–46
Folgebewertung finanzieller Verbindlichkeiten	47
Überlegungen zur Bewertung zum beizulegenden Zeitwert	48–49
Umgliederungen	50–54
Gewinne und Verluste	55–57
Wertminderung und Uneinbringlichkeit von finanziellen Vermögenswerten	58–70
Finanzielle Vermögenswerte, die zu fortgeführten Anschaffungskosten bilanziert werden	63–65
Finanzielle Vermögenswerte, die zu Anschaffungskosten angesetzt werden	66
Zur Veräußerung verfügbare finanzielle Vermögenswerte	67–70
SICHERUNGSGESCHÄFTE	71–102
Sicherungsinstrumente	72–73
Qualifizierende Instrumente	72–73
Bestimmung von Sicherungsinstrumenten	74–77
Gesicherte Grundgeschäfte	78–84
Qualifizierende Grundgeschäfte	78–80
Bestimmung finanzieller Posten als gesicherte Grundgeschäfte	81–81A
Bestimmung nicht finanzieller Posten als gesicherte Grundgeschäfte	82
Bestimmung von Gruppen von Posten als gesicherte Grundgeschäfte	83–84
Bilanzierung von Sicherungsgeschäften	85–102
Absicherung des beizulegenden Zeitwertes	89–94
Absicherung von Zahlungsströmen	95–101
Absicherungen einer Nettoinvestition	102
ZEITPUNKT DES INKRAFTTRETENS UND ÜBERGANGSVORSCHRIFTEN	103–108C
RÜCKNAHME ANDERER VERLAUTBARUNGEN	109–110

2/27. IAS 39

ANHANG A: LEITLINIEN FÜR DIE ANWENDUNG A1–A133
ANWENDUNGSBEREICH (Paragraphen 2-7) A1–A4A
DEFINITIONEN (Paragraphen 8 und 9) A4B–A26
Einstufung als erfolgswirksam zum beizulegenden Zeitwert bewertet A4B–A4K
*Paragraph 9(b)(i): Durch die Einstufung wird eine ansonsten entstehende Inkongruenz
bei der Bewertung oder beim Ansatz beseitigt oder erheblich verringert* A4D–A4G
*Paragraph 9(b)(ii): Eine Gruppe von finanziellen Vermögenswerten und/oder
Verbindlichkeiten wird gemäß einer dokumentierten Risikomanagement- oder Anlagestrategie
zum beizulegenden Zeitwert gesteuert und ihre Wertentwicklung entsprechend beurteilt* A4H–A4K
Effektivzinssatz A5–A8
Derivate A9–A12
Transaktionskosten A13
Zu Handelszwecken gehaltene finanzielle Vermögenswerte und Verbindlichkeiten A14–A15
Bis zur Endfälligkeit zu haltende Finanzinvestitionen A16–A25
Kredite und Forderungen A26
EINGEBETTETE DERIVATE (Paragraphen 10-13) A27–A33B
Instrumente mit eingebetteten Derivaten A33A–A33B
ANSATZ UND AUSBUCHUNG (Paragraphen 14-42) A34–A35
Erstmaliger Ansatz (Paragraph 14) A34–A35
AUSBUCHUNG EINES FINANZIELLEN VERMÖGENSWERTES
(Paragraphen 15-37) A36–A63
*Vereinbarungen, bei denen ein Unternehmen die vertraglichen Rechte auf den Bezug von
Cashflows aus finanziellen Vermögenswerten zurückbehält, jedoch eine vertragliche
Verpflichtung zur Zahlung der Cashflows an einen oder mehrere Empfänger übernimmt
(Paragraph 18(b))* A37–A38
*Beurteilung der Übertragung der mit dem Eigentum verbundenen Risiken und Chancen
(Paragraph 20)* A39–A41
Beurteilung der Übertragung der Verfügungsgewalt A42–A44
Übertragungen, die die Bedingungen für eine Ausbuchung erfüllen A45–A46
Übertragungen, die die Bedingungen für eine Ausbuchung nicht erfüllen A47
Anhaltendes Engagement bei übertragenen Vermögenswerten A48
Alle Übertragungen A49–A50
Beispiele A51–A52
Marktüblicher Kauf und Verkauf eines finanziellen Vermögenswertes (Paragraph 38) ... A53–A56
Ausbuchung einer finanziellen Verbindlichkeit (Paragraphen 39-42) A57–A63
BEWERTUNG (Paragraphen 43-70) A64–A93
Erstmalige Bewertung finanzieller Vermögenswerte und Verbindlichkeiten
(Paragraph 43) A64–A65
Folgebewertung finanzieller Vermögenswerte (Paragraph 45 und 46) A66–A68
Überlegungen zur Bewertung mit dem beizulegenden Zeitwert (Paragraphen 48-49) A69–A70
Aktiver Markt: Notierter Preis A71–A73
Kein aktiver Markt: Bewertungsverfahren A74–A79
Kein aktiver Markt: Eigenkapitalinstrumente A80–A81
In Bewertungsverfahren einfließende Daten A82
Gewinne und Verluste (Paragraphen 55-57) A83
Wertminderung und Uneinbringlichkeit von finanziellen Vermögenswerten
(Paragraphen 58-70) A84–A93
*Finanzielle Vermögenswerte, die zu fortgeführten Anschaffungskosten bilanziert werden
(Paragraphen 63-65)* A84–A92
Zinsertrag nach Erfassung einer Wertminderung A93
SICHERUNGSGESCHÄFTE (Paragraphen 71-102) A94–A97
Sicherungsinstrumente (Paragraphen 72-77) A94–A97
Qualifizierende Instrumente (Paragraphen 72 und 73) A94–A97
GESICHERTE GRUNDGESCHÄFTE (Paragraphen 78-84) A98–A132

Qualifizierende Grundgeschäfte (Paragraphen 78-80) A98–A99BA
*Bestimmung von finanziellen Posten als gesicherte Grundgeschäfte (Paragraphen 81
und 81A)* A99C–A99F
Bestimmung nicht finanzieller Posten als gesicherte Grundgeschäfte (Paragraph 82) A100
*Bestimmung von Gruppen von Posten als gesicherte Grundgeschäfte (Paragraphen 83
und 84)* A101
Bilanzierung von Sicherungsgeschäften (Paragraphen 85-102) A102–A132
Beurteilung der Wirksamkeit einer Sicherungsbeziehung A105–A113
*Bilanzierung der Absicherung des beizulegenden Zeitwerts zur Absicherung eines
Portfolios gegen Zinsänderungsrisiken* A114–A132
ÜBERGANG (Paragraphen 103-108B) A133

ZIELSETZUNG

1. Zielsetzung des vorliegenden Standards ist es, Grundsätze für den Ansatz und die Bewertung finanzieller Vermögenswerte, finanzieller Verbindlichkeiten und einiger Verträge zum Kauf oder Verkauf nicht finanzieller Posten aufzustellen. Anforderungen für die Darstellung von Informationen zu Finanzinstrumenten sind in IAS 32 *Finanzinstrumente: Darstellung* dargelegt. Vorschriften über Angaben zu Finanzinstrumenten sind in IFRS 7 *Finanzinstrumente: Angaben* dargelegt.

ANWENDUNGSBEREICH

2. Dieser Standard ist von allen Unternehmen auf alle Arten von Finanzinstrumenten anzuwenden; davon ausgenommen sind:

(a) Anteile an Tochterunternehmen, assoziierten Unternehmen und Gemeinschaftsunternehmen, die gemäß IAS 27 *Konzern- und Einzelabschlüsse*, IAS 28 *Anteile an assoziierten Unternehmen* oder IAS 31 *Anteile an Gemeinschaftsunternehmen* bilanziert werden. Angewandt werden muss dieser Standard jedoch auf einen Anteil an einem Tochterunternehmen, einem assoziierten Unternehmen oder einem Gemeinschaftsunternehmen, der gemäß IAS 27, 28 oder 31 nach dem vorliegenden Standard zu bilanzieren ist. Ebenfalls anzuwenden ist er auf Derivate auf einen Anteil an einer Tochtergesellschaft, einem assoziierten Unternehmen oder einem Gemeinschaftsunternehmen, sofern das Derivat nicht der Definition eines Eigenkapitalinstruments des Unternehmens in IAS 32 entspricht.

(b) Rechte und Verpflichtungen aus Leasingverhältnissen, für die IAS 17 *Leasingverhältnisse* gilt. Allerdings unterliegen

   (i) Forderungen aus Leasingverhältnissen, die vom Leasinggeber angesetzt wurden, den im vorliegenden Standard enthaltenen Vorschriften zur Ausbuchung und Wertminderung (siehe Paragraphen 15-37, 58, 59, 63-65 und Anhang A Paragraphen A36-A52 und A84-A93);

   (ii) Verbindlichkeiten aus Finanzierungsleasingverhältnissen, die vom Leasingnehmer angesetzt wurden, den im vorliegenden Standard enthaltenen Vorschriften zur Ausbuchung (siehe Paragraphen 39-42 und Anhang A Paragraphen A57-A63); und

   (iii) in Leasingverhältnisse eingebettete Derivate den im vorliegenden Standard enthaltenen Vorschriften für eingebettete Derivate (siehe Paragraphen 10-13 und Anhang A Paragraphen A27-A33).

(c) Rechte und Verpflichtungen eines Arbeitgebers aus Altersversorgungsplänen, für die IAS 19 *Leistungen an Arbeitnehmer* gilt.

(d) Finanzinstrumente, die von dem Unternehmen emittiert wurden und der Definition eines Eigenkapitalinstruments gemäß IAS 32 (einschließlich Optionen und Optionsscheinen) entsprechen oder die gemäß den Paragraphen 16A und 16B oder 16C und 16D des IAS 32 als Eigenkapitalinstrumente einzustufen sind. Der Inhaber solcher Eigenkapitalinstrumente hat den vorliegenden Standard jedoch auf diese Instrumente anzuwenden, es sei denn, es liegt der unter (a) genannte Ausnahmefall vor.

(e) Rechte und Verpflichtungen aus (i) einem Versicherungsvertrag im Sinne von IFRS 4 *Versicherungsverträge*, bei denen es sich nicht um Rechte und Verpflichtungen eines Emittenten aus einem Versicherungsvertrag handelt, der der Definition einer finanziellen Garantie in Paragraph 9 entspricht, oder aus (ii) einem Vertrag, der aufgrund der Tatsache, dass er eine ermessensabhängige Überschussbeteiligung vorsieht, in den Anwendungsbereich von IFRS 4 fällt. Für ein Derivat, das in einen unter IFRS 4 fallenden Vertrag eingebettet ist, gilt dieser Standard aber dann, wenn das Derivat nicht selbst ein Vertrag ist, der in den Anwendungsbereich von IFRS 4 fällt (siehe Paragraphen 10-13 und Anhang A Paragraphen A27–A33 dieses Standards). Hat ein Finanzgarantiegeber darüber hinaus zuvor ausdrücklich erklärt, dass er diese Garantien als Versicherungsverträge betrachtet, und hat er sie nach den für Versicherungsverträge geltenden Vorschriften bilanziert, so kann er auf diese finanziellen Garantien diesen Standard oder IFRS 4 anwenden (siehe Paragraph A4 und A4A). Der Garantiegeber kann diese Entscheidung vertragsweise fällen, doch ist sie für jeden Vertrag unwiderruflich.

(f) [gestrichen]

(g) jedes Termingeschäft zwischen einem Erwerber und einem verkaufenden Anteilseigner, das darauf gerichtet ist, ein Unternehmen zu erwerben oder zu veräußern, und das zu einem Unternehmenszusammenschluss zu einem künftigen Erwerbszeitpunkt führt. Die Laufzeit des Termingeschäfts sollte einen Zeitraum nicht überschreiten, der vernünftigerweise zum Einholen der Genehmigungen und zur Vollendung der Transaktion erforderlich ist.

(h) Kreditzusagen, bei denen es sich nicht um die in Paragraph 4 beschriebenen Zusagen handelt. Auf Kreditzusagen, die nicht unter diesen Standard fallen, hat der Emittent IAS 37 *Rückstellungen, Eventualverbindlichkeiten und Eventualforderungen* anzuwenden. Alle Kreditzusagen fallen jedoch unter die Ausbuchungsvorschriften dieses Standards (siehe Paragraphen 15-42 und Anhang A Paragraphen A36-A63).

(i) Finanzinstrumente, Verträge und Verpflichtungen im Zusammenhang mit anteilsbasierten Vergütungen, für die IFRS 2 *Anteilsbasierte Vergütung* gilt. Davon ausgenommen sind die in den Anwendungsbereich der Paragraphen 5-7 dieses Standards fallenden Verträge, für die dieser Standard somit gilt.

(j) Ansprüche auf Zahlungen zur Erstattung von Ausgaben, zu denen das Unternehmen verpflichtet ist, um eine Verbindlichkeit zu begleichen, die es gemäß IAS 37 als Rückstellung ansetzt oder für die es in einer früheren Periode gemäß IAS 37 eine Rückstellung angesetzt hat.

3. [gestrichen]

4. In den Anwendungsbereich dieses Standards fallen folgende Kreditzusagen:

(a) Kreditzusagen, die das Unternehmen als finanzielle Verbindlichkeiten einstuft, die erfolgswirksam zum beizulegenden Zeitwert bewertet werden. Ein Unternehmen, das die aus seinen Kreditzusagen resultierenden Vermögenswerte in der Vergangenheit gewöhnlich kurz nach der Ausreichung verkauft hat, hat diesen Standard auf alle seine Kreditzusagen derselben Klasse anzuwenden.

(b) Kreditzusagen, die durch einen Ausgleich in bar oder durch Lieferung oder Emission eines anderen Finanzinstruments erfüllt werden können. Bei diesen Kreditzusagen handelt es sich um Derivate. Eine Kreditzusage gilt nicht allein aufgrund der Tatsache, dass das Darlehen in Tranchen ausgezahlt wird (beispielsweise ein Hypothekenkredit, der gemäß dem Baufortschritt in Tranchen ausgezahlt wird) als im Wege eines Nettoausgleichs erfüllt.

(c) Zusagen, einen Kredit unter dem Marktzinssatz zur Verfügung zu stellen. Zur Folgebewertung der aus derartigen Zusagen resultierenden Verbindlichkeiten siehe Paragraph 47(d).

5. Dieser Standard ist auf Verträge über den Kauf oder Verkauf eines nicht finanziellen Postens anzuwenden, die durch einen Ausgleich in bar oder anderen Finanzinstrumenten oder durch den Tausch von Finanzinstrumenten, so als handle es sich bei den Verträgen um Finanzinstrumente, erfüllt werden können. Davon ausgenommen sind Verträge, die zwecks Empfang oder Lieferung nicht finanzieller Posten gemäß dem erwarteten Einkaufs-, Verkaufs- oder Nutzungsbedarf des Unternehmens geschlossen wurden und in diesem Sinne weiter behalten werden.

6. Die Abwicklung eines Vertrags über den Kauf oder Verkauf eines nicht finanziellen Postens durch Ausgleich in bar oder in anderen Finanzinstrumenten oder den Tausch von Finanzinstrumenten kann unter unterschiedlichen Rahmenbedingungen erfolgen, zu denen u. a. Folgende zählen:

(a) die Vertragsbedingungen gestatten es jedem Kontrahenten, den Vertrag durch Ausgleich in bar oder einem anderen Finanzinstrument bzw. durch Tausch von Finanzinstrumenten abzuwickeln;

(b) die Möglichkeit zu einem Ausgleich in bar oder einem anderen Finanzinstrument bzw. durch Tausch von Finanzinstrumenten ist zwar nicht explizit in den Vertragsbedingungen vorgesehen, doch erfüllt das Unternehmen ähnliche Verträge für gewöhnlich durch Ausgleich in bar oder einem anderen Finanzinstrument bzw. durch Tausch von Finanzinstrumenten (sei es durch Abschluss gegenläufiger Verträge mit der Vertragspartei oder durch Verkauf des Vertrags vor dessen Ausübung oder Verfall);

(c) bei ähnlichen Verträgen nimmt das Unternehmen den Vertragsgegenstand für gewöhnlich an und veräußert ihn kurz nach der Anlieferung wieder, um Gewinne aus kurzfristigen Preisschwankungen oder Händlermargen zu erzielen; und

(d) der nicht finanzielle Posten, der Gegenstand des Vertrags ist, kann jederzeit in Zahlungsmittel umgewandelt werden.

Ein Vertrag, auf den (b) oder (c) zutrifft, wird nicht zwecks Empfang oder Lieferung nicht finanzieller Posten gemäß dem erwarteten Einkaufs-, Verkaufs- oder Nutzungsbedarfs des Unternehmens geschlossen und fällt somit in den Anwendungsbereich dieses Standards. Andere Verträge, auf die Paragraph 5 zutrifft, werden im Hinblick darauf geprüft, ob sie zwecks Empfang oder Lieferung nicht finanzieller Posten gemäß dem erwarteten Einkaufs-, Verkaufs- oder Nutzungsbedarf des Unternehmens geschlossen wurden und weiterhin zu diesem Zweck gehalten werden und somit in den Anwendungsbereich dieses Standards fallen.

7. Eine geschriebene Option auf den Kauf oder Verkauf eines nicht finanziellen Postens, der durch Ausgleich in bar oder anderen Finanzinstrumenten bzw. durch Tausch von Finanzinstrumenten gemäß Paragraph 6 (a) oder (d) erfüllt werden kann, fällt in den Anwendungsbereich dieses Standards. Solch ein Vertrag kann nicht zwecks Empfang oder Verkauf eines nicht finanziellen Postens gemäß dem erwarteten Einkaufs-, Verkaufs- oder Nutzungsbedarf des Unternehmens geschlossen werden.

DEFINITIONEN

8. Die in IAS 32 definierten Begriffe werden im vorliegenden Standard mit der in Paragraph 11 des IAS 32 angegebenen Bedeutung verwendet. IAS 32 definiert die folgenden Begriffe
– Finanzinstrument
– finanzieller Vermögenswert
– finanzielle Verbindlichkeit
– Eigenkapitalinstrument

und gibt Hinweise zur Anwendung dieser Definitionen.

9. Die folgenden Begriffe werden in diesem Standard mit der angegebenen Bedeutung verwendet:

Definition eines Derivats

Ein *Derivat* ist ein Finanzinstrument oder ein anderer Vertrag, der in den Anwendungsbereich des vorliegenden Standards (siehe Paragraphen 2-7) fällt und alle drei nachstehenden Merkmale aufweist:

(a) seine Wertentwicklung ist an einen bestimmten Zinssatz, den Preis eines Finanzinstruments, einen Rohstoffpreis, Wechselkurs, Preis- oder Zinsindex, ein Bonitätsrating oder einen Kreditindex oder eine ähnliche Variable gekoppelt, sofern bei einer nicht finanziellen Variablen diese nicht spezifisch für eine der Vertragsparteien ist (auch „Basis" genannt);

(b) es erfordert keine Anfangsauszahlung oder eine, die im Vergleich zu anderen Vertragsformen, von denen zu erwarten ist, dass sie in ähnlicher Weise auf Änderungen der Marktbedingungen reagieren, geringer ist; und

(c) es wird zu einem späteren Zeitpunkt beglichen.

Definition der vier Kategorien von Finanzinstrumenten

Ein *finanzieller Vermögenswert oder eine finanzielle Verbindlichkeit gilt als erfolgswirksam zum beizulegenden Zeitwert bewertet*, wenn er/sie eine der beiden folgenden Bedingungen erfüllt:

(a) Er/sie ist als zu Handelszwecken gehalten eingestuft. Dies ist dann der Fall, wenn der Vermögenswert/die Verbindlichkeit:

(i) hauptsächlich mit der Absicht erworben oder eingegangen wurde, kurzfristig verkauft oder zurückgekauft zu werden;

(ii) beim erstmaligen Ansatz Teil eines Portfolios eindeutig identifizierter und gemeinsam verwalteter Finanzinstrumente ist, bei dem es in jüngerer Vergangenheit nachweislich kurzfristige Gewinnmitnahmen gab, oder

(iii) ein Derivat ist (mit Ausnahme solcher, die als finanzielle Garantie oder Sicherheitsinstrument designiert wurden und als solche effektiv sind);

(b) Beim erstmaligen Ansatz wird er/sie vom Unternehmen als erfolgswirksam zum beizulegenden Zeitwert bewertet eingestuft. Ein Unternehmen darf eine solche Einstufung nur vornehmen, wenn dies nach Paragraph 11A zulässig ist oder dadurch zweckdienlichere Informationen vermittelt werden, weil entweder

(i) Inkongruenzen bei der Bewertung oder beim Ansatz (zuweilen als „Rechnungslegungsanomalie" bezeichnet), die entstehen, wenn die Bewertung von Vermögenswerten oder Verbindlichkeiten oder die Erfassung von Gewinnen und Verlusten auf unterschiedlicher Grundlage erfolgt, beseitigt oder erheblich verringert werden; oder

(ii) eine Gruppe von finanziellen Vermögenswerten und/oder finanziellen Verbindlichkeiten gemäß einer dokumentierten Risikomanagement- oder Anlagestrategie gesteuert und ihre Wertentwicklung anhand des beizulegenden Zeitwertes beurteilt wird und die auf dieser Grundlage ermittelten Informationen zu dieser Gruppe intern an Personen in Schlüsselpositionen des Unternehmens (im Sinne von IAS 24 *Angaben zu Beziehungen über nahe stehende Parteien* in der 2003 überarbeiteten Fassung), wie das Geschäftsführungs- und/ oder Aufsichtsorgan und den Vorstandsvorsitzenden, weitergereicht werden.

Nach den Paragraphen 9-11 und B4 des IFRS 7 muss das Unternehmen Angaben über finanzielle Vermögenswerte und Verbindlichkeiten machen, die es als „erfolgswirksam zum beizulegenden Zeitwert bewertet" eingestuft hat, und darüber hinaus darlegen, wie es diese Bedingungen erfüllt hat. Bei Instrumenten, die die unter (ii) genannten Kriterien erfüllen, schließt dies auch eine ausführliche Erläuterung ein, wie die Einstufung als „erfolgswirksam zum beizulegenden Zeitwert bewertet" mit der dokumentierten Risikomanagement- oder Anlagestrategie des Unternehmens in Einklang steht.

Finanzinvestitionen in Eigenkapitalinstrumente, für die kein auf einem aktiven Markt notierter Preis vorliegt und deren beizulegender Zeitwert nicht verlässlich ermittelt werden kann (siehe Paragraph 46(c) sowie die Paragraphen A80 und A81 in Anhang A) sind von einer Einstufung als „erfolgswirksam zum beizulegenden Zeitwert bewertet" ausgeschlossen.

Es sei darauf hingewiesen, dass die Paragraphen 48, 48A, 49 und die Paragraphen A69-A82 in Anhang A, in denen festgelegt ist, wie ein verlässlicher Maßstab für den beizulegenden Zeitwert eines finanziellen Vermögenswerts bzw. einer finanziellen Verbindlichkeit zu bestimmen ist, für alle Posten, die (ob durch Einstufung oder auf andere Weise) zum beizulegenden Zeitwert bewerteten werden oder deren beizulegender Zeitwert angegeben wird, gleichermaßen gilt.

Bis zur Endfälligkeit zu haltende Finanzinvestitionen sind nicht derivative finanzielle Vermögenswerte mit festen oder bestimmbaren Zahlungen und einer festen Laufzeit, die das Unternehmen bis zur Endfälligkeit halten will und kann (siehe Anhang A Paragraphen A16-A25). Davon ausgenommen sind:

(a) solche, die das Unternehmen beim erstmaligen Ansatz als erfolgswirksam zum beizulegenden Zeitwert zu bewerten bestimmt;

(b) solche, die das Unternehmen als zur Veräußerung verfügbar bestimmt; und

(c) solche, die der Definition von Krediten und Forderungen entsprechen.

Ein Unternehmen darf finanzielle Vermögenswerte nicht als bis zur Endfälligkeit zu halten einstufen, wenn es im laufenden oder in den vorangegangenen zwei Geschäftsjahren mehr als einen (in Relation zur Gesamtzahl) unwesentlichen Teil der bis zur Endfälligkeit zu haltenden Finanzinvestitionen vor Endfälligkeit verkauft oder umgegliedert hat; davon ausgenommen sind Verkäufe oder Umgliederungen, die

(i) so nahe am Endfälligkeits- oder Ausübungstermin des finanziellen Vermögenswertes liegen (z. B. weniger als drei Monate vor Ablauf), dass Veränderungen des Marktzinses keine wesentlichen Auswirkungen auf den beizulegenden Zeitwert des finanziellen Vermögenswertes hätten;

(ii) stattfinden, nachdem das Unternehmen durch planmäßige oder vorzeitige Zahlungen nahezu den gesamten ursprünglichen Kapitalbetrag des finanziellen Vermögenswertes eingezogen hat; oder

(iii) auf ein einmaliges Ereignis zurückzuführen sind, das sich der Kontrolle des Unternehmens entzieht, sich nicht wiederholen wird und von diesem praktisch nicht vorhergesehen werden konnte.

Kredite und Forderungen sind nicht derivative finanzielle Vermögenswerte mit festen oder bestimmbaren Zahlungen, die nicht in einem aktiven Markt notiert sind. Davon ausgenommen sind

(a) solche, die das Unternehmen sofort oder in naher Zukunft zu verkaufen beabsichtigt und die damit als zu Handelszwecken gehalten einzustufen sind, und solche, die das Unternehmen beim erstmaligen Ansatz als erfolgswirksam zum beizulegenden Zeitwert zu bewerten bestimmt;

(b) solche, die das Unternehmen beim erstmaligen Ansatz als zur Veräußerung verfügbar bestimmt; oder

(c) solche, bei denen der Inhaber seine ursprüngliche Investition aus anderen Gründen als einer Bonitätsverschlechterung nicht mehr nahezu vollständig wiedererlangen könnte und die damit als zur Veräußerung verfügbar einzustufen sind.

Ein erworbener Anteil an einem Pool von Vermögenswerten, die weder Kredite noch Forderungen sind (wie einem offenen Investment- oder ähnlichen Fonds), zählt nicht als Kredit oder Forderung.

Zur Veräußerung verfügbare finanzielle Vermögenswerte sind nicht derivative finanzielle Vermögenswerte, die als zur Veräußerung verfügbar bestimmt wurden oder weder als (a) Kredite und Forderungen, (b) bis zur Endfälligkeit zu haltende Investitionen oder (c) finanzielle Vermögenswerte, die erfolgswirksam zum beizulegenden Zeitwert bewertet werden, eingestuft sind.

Definition einer finanziellen Garantie

Eine *finanzielle Garantie* ist ein Vertrag, bei dem der Garantiegeber zur Leistung bestimmter Zahlungen verpflichtet ist, die den Garantienehmer für einen Verlust entschädigen, der entsteht, weil ein bestimmter Schuldner seinen Zahlungsverpflichtungen nicht fristgemäß und den ursprünglichen oder veränderten Bedingungen eines Schuldinstruments entsprechend nachkommt.

Definitionen in Bezug auf Ansatz und Bewertung

Als *fortgeführte Anschaffungskosten eines finanziellen Vermögenswertes oder einer finanziellen Verbindlichkeit* wird der Betrag bezeichnet, mit dem ein finanzieller Vermögenswert oder eine finanzielle Verbindlichkeit beim erstmaligen Ansatz bewertet wurde, abzüglich Tilgungen, zuzüglich oder abzüglich der kumulierten Amortisation einer etwaigen Differenz zwischen dem ursprünglichen Betrag und dem bei Endfälligkeit rückzahlbaren Betrag unter Anwendung der Effektivzinsmethode sowie abzüglich einer etwaigen Minderung (entweder direkt oder mithilfe eines Wertberichtigungskontos) für Wertminderungen oder Uneinbringlichkeit.

Die *Effektivzinsmethode* ist eine Methode zur Berechnung der fortgeführten Anschaffungskosten eines finanziellen Vermögenswertes oder einer finanziellen Verbindlichkeit (oder einer Gruppe von finanziellen Vermögenswerten oder Verbindlichkeiten) und der Allokation von Zinserträgen und Zinsaufwendungen auf die jeweiligen Perioden.

Der *Effektivzinssatz* ist der Kalkulationszinssatz, mit dem die geschätzten künftigen Ein- und Auszahlungen über die erwartete Laufzeit des Finanzinstruments oder gegebenenfalls eine kürzere Periode exakt auf den Nettobuchwert des finanziellen Vermögenswertes oder der finanziellen Verbindlichkeit abgezinst werden. Bei der Ermittlung des Effektivzinssatzes hat ein Unternehmen zur Schätzung der Cashflows alle vertraglichen Bedingungen des Finanzinstruments (wie Vorauszahlungen, Kauf- und andere Optionen) zu berücksichtigen, künftige Kreditausfälle aber außer Acht zu lassen. In diese Berechnung fließen alle unter den Vertragspartnern gezahlten oder erhaltenen Gebühren und sonstige Entgelte ein, die integraler Bestandteil des Effektivzinssatzes (siehe IAS 18 *Erträge*), der Transaktionskosten und aller anderen Agien und Disagien sind. Es wird davon ausgegangen, dass Cashflows und erwartete Laufzeit einer Gruppe ähnlicher Finanzinstrumente verlässlich geschätzt werden können. In den seltenen Fällen, in denen es nicht möglich ist, Cashflows oder erwartete Laufzeit eines Finanzinstruments (oder einer Gruppe von Finanzinstrumenten) verlässlich zu bestimmen, hat das Unternehmen über die gesamte vertragliche Laufzeit des Finanzinstruments (oder der Gruppe von Finanzinstrumenten) die vertraglichen Cashflows zugrunde zu legen.

Unter *Ausbuchung* versteht man die Entfernung eines finanziellen Vermögenswertes oder einer finanziellen Verbindlichkeit aus der Bilanz eines Unternehmens.

Der *beizulegende Zeitwert* ist der Betrag, zu dem zwischen sachverständigen, vertragswilligen und voneinander unabhängigen Geschäftspartnern ein Vermögenswert getauscht oder eine Schuld beglichen werden könnte.[1]

[1] Die Paragraphen 48–49 und A69-A82 aus Anhang A enthalten Anforderungen zur Bestimmung des beizulegenden Zeitwertes eines finanziellen Vermögenswertes oder einer finanziellen Verbindlichkeit.

Unter einem *marktüblichen Kauf oder Verkauf* versteht man einen Kauf oder Verkauf eines finanziellen Vermögenswertes im Rahmen eines Vertrags, der die Lieferung des Vermögenswertes innerhalb eines Zeitraums vorsieht, der üblicherweise durch Vorschriften oder Konventionen des jeweiligen Marktes festgelegt wird.

Transaktionskosten sind zusätzliche Kosten, die dem Erwerb, der Emission oder der Veräußerung eines finanziellen Vermögenswertes oder einer finanziellen Verbindlichkeit unmittelbar zuzurechnen sind (siehe Anhang A Paragraph A13). Zusätzliche Kosten sind solche, die nicht entstanden wären, wenn das Unternehmen das Finanzinstrument nicht erworben, emittiert oder veräußert hätte.

Definitionen zur Bilanzierung von Sicherungsgeschäften

Eine *feste Verpflichtung* ist eine rechtlich bindende Vereinbarung zum Austausch einer bestimmten Menge an Ressourcen zu einem festgesetzten Preis und einem festgesetzten Zeitpunkt oder Zeitpunkten.

Eine *erwartete Transaktion* ist eine noch nicht fest zugesagte, aber voraussichtlich eintretende künftige Transaktion.

Ein *Sicherungsinstrument* ist ein designierter derivativer oder (im Falle einer Absicherung von Währungsrisiken) nicht derivativer finanzieller Vermögenswert bzw. eine nicht derivative finanzielle Verbindlichkeit, von deren beizulegendem Zeitwert oder Cashflows erwartet wird, dass sie Änderungen des beizulegenden Zeitwertes oder der Cashflows eines designierten Grundgeschäfts kompensieren (in den Paragraphen 72-77 und Anhang A Paragraphen A94-A97 wird die Definition eines Sicherungsinstruments weiter ausgeführt).

Ein gesichertes *Grundgeschäft* ist ein Vermögenswert, eine Verbindlichkeit, eine feste Verpflichtung, eine erwartete und mit hoher Wahrscheinlichkeit eintretende künftige Transaktion oder eine Nettoinvestition in einen ausländischen Geschäftsbetrieb, die/der (a) das Unternehmen dem Risiko einer Änderung des beizulegenden Zeitwertes oder der künftigen Cashflows aussetzt und (b) als gesichert designiert wird (in den Paragraphen 78-84 und Anhang A Paragraphen A98-A101 wird die Definition des gesicherten Grundgeschäfts weiter ausgeführt).

Unter *Wirksamkeit eines Sicherungsgeschäfts* versteht man das Ausmaß, in dem Veränderungen beim beizulegenden Zeitwert oder den Cashflows des Grundgeschäfts, die einem gesicherten Risiko zugerechnet werden können, durch Veränderungen beim beizulegenden Zeitwert oder den Cashflows des Sicherungsinstruments ausgeglichen werden (siehe Anhang A Paragraphen A105-A113).

EINGEBETTETE DERIVATE

10. Ein eingebettetes Derivat ist Bestandteil eines hybriden (zusammengesetzten) Finanzinstruments, das auch einen nicht derivativen Basisvertrag enthält, mit dem Ergebnis, dass ein Teil der Cashflows des zusammengesetzten Finanzinstruments ähnlichen Schwankungen unterliegt wie ein freistehendes Derivat. Ein eingebettetes Derivat verändert einen Teil oder alle Cashflows aus einem Kontrakt in Abhängigkeit von einem bestimmten Zinssatz, Preis eines Finanzinstruments, Rohstoffpreis, Wechselkurs, Preis- oder Kursindex, Bonitätsrating oder -index oder einer anderen Variablen, sofern bei einer nicht finanziellen Variablen diese nicht spezifisch für eine der Vertragsparteien ist. Ein Derivat, das mit einem Finanzinstrument verbunden, aber unabhängig von diesem vertraglich übertragbar ist oder mit einer anderen Vertragspartei geschlossen wurde, ist kein eingebettetes derivatives Finanzinstrument, sondern ein eigenständiges Finanzinstrument.

11. Ein eingebettetes Derivat ist vom Basisvertrag zu trennen und nur dann nach Maßgabe des

vorliegenden Standards als Derivat zu bilanzieren, wenn:

(a) seine wirtschaftlichen Merkmale und Risiken nicht eng mit den wirtschaftlichen Merkmalen und Risiken des Basisvertrags verbunden sind (siehe Anhang A Paragraphen A30 und A33);

(b) ein eigenständiges Instrument mit gleichen Vertragsbedingungen der Definition eines Derivats entspräche; und

(c) das hybride (zusammengesetzte) Finanzinstrument nicht ergebniswirksam zum beizulegenden Zeitwert bewertet wird (d. h. ein Derivat, das in einem ergebniswirksam zum beizulegenden Zeitwert bewerteten finanziellen Vermögenswert oder einer finanziellen Verbindlichkeit eingebettet ist, ist nicht zu trennen).

Wird ein eingebettetes Derivat getrennt, so ist der Basisvertrag, wenn es sich dabei um ein Finanzinstrument handelt, nach vorliegendem Standard und wenn es sich nicht um ein Finanzinstrument handelt, nach anderen einschlägigen Standards zu bilanzieren. Nicht geregelt wird in diesem Standard, ob ein eingebettetes Derivat in der Bilanz gesondert auszuweisen ist.

11A. Wenn ein Vertrag ein oder mehrere eingebettete Derivate enthält, kann ein Unternehmen ungeachtet Paragraph 11 den gesamten hybriden (zusammengesetzten) Vertrag als erfolgswirksam zum beizulegenden Zeitwert bewerteten finanziellen Vermögenswert bzw. finanzielle Verbindlichkeit einstufen. Davon ausgenommen sind Fälle, in denen

(a) das/die eingebettete(n) Derivat(e) die vertraglich vorgeschriebenen Cashflows nur unerheblich verändert/ verändern; oder

(b) bei erstmaliger Beurteilung eines vergleichbaren hybriden (zusammengesetzten) Instruments ohne oder mit nur geringem Analyseaufwand ersichtlich ist, dass eine Abtrennung des bzw. der eingebetteten Derivats/ Derivate unzulässig ist, wie beispielsweise bei einer in einen Kredit eingebetteten Vorfälligkeitsoption, die den Kreditnehmer zu einer vorzeitigen Rückzahlung des Kredits etwa in Höhe der fortgeführten Anschaffungskosten berechtigt.

12. Wenn ein Unternehmen nach diesem Standard verpflichtet ist, ein eingebettetes Derivat getrennt von dessen Basisvertrag zu erfassen, eine gesonderte Bewertung des eingebetteten Derivats aber weder bei Erwerb noch an einem der folgenden Abschlussstichtage möglich ist, hat es den gesamten hybriden (zusammengesetzten) Vertrag als erfolgswirksam zum beizulegenden Zeitwert bewertet einzustufen. Auch wenn ein Unternehmen nicht in der Lage ist, das eingebettete Derivat, das bei Umgliederung eines hybriden (zusammengesetzten) Vertrags aus der Kategorie ergebniswirksam zum beizulegenden Zeitwert bewertet vom Basisvertrag zu trennen wäre, gesondert zu bewerten, darf es eine solche Umgliederung nicht vornehmen. In einem solchen Fall bleibt der hybride (zusammengesetzte) Vertrag zur Gänze als erfolgswirksam zum beizulegenden Zeitwert bewertet eingestuft.

13. Wenn es einem Unternehmen nicht möglich ist, anhand der Bedingungen eines eingebetteten Derivats verlässlich dessen beizulegenden Zeitwert zu bestimmen (z. B. weil das eingebettete Derivat auf einem nicht notierten Eigenkapitalinstrument basiert), dann entspricht dieser der Differenz zwischen dem beizulegenden Zeitwert des hybriden (zusammengesetzten) Finanzinstruments und dem beizulegenden Zeitwert des Basisvertrags, wenn diese nach vorliegendem Standard bestimmt werden können. Wenn das Unternehmen den beizulegenden Zeitwert des eingebetteten Derivats nach dieser Methode nicht bestimmen kann, findet Paragraph 12 Anwendung, und das hybride (zusammengesetzte) Finanzinstrument wird als erfolgswirksam zum beizulegenden Zeitwert bewertet eingestuft.

ANSATZ UND AUSBUCHUNG

Erstmaliger Ansatz

14. Ein Unternehmen hat einen finanziellen Vermögenswert oder eine finanzielle Verbindlichkeit nur dann in seiner Bilanz anzusetzen, wenn es Vertragspartei des Finanzinstruments wird. (Zum marktüblichen Erwerb eines finanziellen Vermögenswertes siehe Paragraph 38.)

Ausbuchung eines finanziellen Vermögenswertes

15. Bei Konzernabschlüssen werden die Paragraphen 16-23 und die Paragraphen A34-A52 des Anhangs A auf Konzernebene angewandt. Ein Unternehmen konsolidiert folglich zuerst alle Tochterunternehmen gemäß IAS 27 und SIC-12 *Konsolidierung – Zweckgesellschaften* und wendet auf die daraus resultierende Unternehmensgruppe dann die Paragraphen 16-23 und die Paragraphen A34-A52 des Anhangs A an.

16. Vor Beurteilung der Frage, ob und in welcher Höhe gemäß den Paragraphen 17-23 eine Ausbuchung zulässig ist, bestimmt ein Unternehmen, ob diese Paragraphen auf einen Teil des finanziellen Vermögenswertes (oder einen Teil einer Gruppe ähnlicher finanzieller Vermögenswerte) oder auf einen finanziellen Vermögenswert (oder eine Gruppe ähnlicher finanzieller Vermögenswerte) in seiner Gesamtheit anzuwenden ist, und verfährt dabei wie folgt:

(a) Die Paragraphen 17-23 sind nur dann auf einen Teil eines finanziellen Vermögenswertes (oder einen Teil einer Gruppe ähnlicher finanzieller Vermögenswerte) anzuwenden, wenn der Teil, der für eine Ausbuchung in Erwägung gezogen wird, eine der drei folgenden Voraussetzungen erfüllt.

(i) Der Teil enthält nur speziell abgegrenzte Cashflows eines finanziellen Vermögenswertes (oder einer Gruppe ähnlicher finanzieller Vermögenswerte). Geht ein Unternehmen beispielsweise einen Zinsstrip ein, bei dem die Vertragspartei ein Anrecht auf die Zinszahlungen, nicht aber auf die Tilgungen aus dem Schuldinstrument erhält, sind auf die Zinszahlungen die Paragraphen 17-23 anzuwenden.

(ii) Der Teil umfasst lediglich einen exakt proportionalen (pro rata) Teil an den Cashflows eines finanziellen Vermögenswertes (oder einer Gruppe ähnlicher finanzieller Vermögenswerte). Geht ein Unternehmen beispielsweise eine Vereinbarung ein, bei der die Vertragspartei ein Anrecht auf 90 Prozent aller Cashflows eines Schuldinstruments erhält, sind auf 90 Prozent dieser Cashflows die Paragraphen 17-23 anzuwenden. Bei mehr als einer Vertragspartei wird von den einzelnen Parteien nicht verlangt, dass sie einen entsprechenden Anteil an den Cashflows haben, sofern das übertragende Unternehmen einen exakt proportionalen Teil hat.

(iii) Der Teil umfasst lediglich einen exakt proportionalen (pro rata) Teil an speziell abgegrenzten Cashflows eines finanziellen Vermögenswertes (oder einer Gruppe ähnlicher finanzieller Vermögenswerte). Geht ein Unternehmen beispielsweise eine Vereinbarung ein, bei der die Vertragspartei ein Anrecht auf 90 Prozent der Zinszahlungen eines Schuldinstruments erhält, sind auf 90 Prozent dieser Zinszahlungen die Paragraphen 17-23 anzuwenden. Bei mehr als einer Vertragspartei wird von den einzelnen Parteien nicht verlangt, dass sie einen proportionalen Teil an den speziell abgegrenzten Cashflows haben, sofern das übertragende Unternehmen einen exakt proportionalen Teil hat.

(b) In allen anderen Fällen sind die Paragraphen 17-23 auf den finanziellen Vermögenswert (oder auf die Gruppe ähnlicher finanzieller Vermögenswerte) insgesamt anzuwenden. Wenn ein Unternehmen beispielsweise (i) sein Anrecht auf die ersten oder letzten 90 Prozent der Zahlungseingänge aus einem finanziellen Vermögenswert (oder einer Gruppe finanzieller Vermögenswerte), oder (ii) sein Anrecht auf 90 Prozent der Cashflows aus einer Gruppe von Forderungen überträgt, gleichzeitig aber eine Garantie abgibt, dem Käufer sämtliche Zahlungsausfälle bis in Höhe von 8 Prozent des Kapitalbetrags der Forderungen zu erstatten, sind die Paragraphen 17-23 auf den finanziellen Vermögenswert (oder die Gruppe ähnlicher finanzieller Vermögenswerte) insgesamt anzuwenden.

In den Paragraphen 17-26 bezieht sich der Begriff „finanzieller Vermögenswert" entweder auf einen Teil eines finanziellen Vermögenswertes (oder einen Teil einer Gruppe ähnlicher finanzieller Vermögenswerte) wie unter (a) beschrieben oder einen finanziellen Vermögenswert (oder eine Gruppe ähnlicher finanzieller Vermögenswerte) insgesamt.

17. Ein Unternehmen darf einen finanziellen Vermögenswert nur dann ausbuchen, wenn:

(a) sein vertragliches Anrecht auf Cashflows aus einem finanziellen Vermögenswert ausläuft; oder

(b) es den finanziellen Vermögenswert den Paragraphen 18 und 19 entsprechend überträgt und die Übertragung für eine Ausbuchung gemäß Paragraph 20 in Frage kommt.

(Zum marktüblichen Verkauf finanzieller Vermögenswerte siehe Paragraph 38.)

18. Ein Unternehmen überträgt nur dann einen finanziellen Vermögenswert, wenn es entweder:

(a) sein vertragliches Anrecht auf den Bezug von Cashflows aus dem finanziellen Vermögenswert überträgt; oder

(b) sein vertragliches Anrecht auf den Bezug von Cashflows aus finanziellen Vermögenswerten zwar behält, sich im Rahmen einer Vereinbarung, die die Bedingungen in Paragraph 19 erfüllt, aber vertraglich zur Zahlung der Cashflows an einen oder mehrere Empfänger verpflichtet.

19. Behält ein Unternehmen sein vertragliches Anrecht auf den Bezug von Cashflows aus einem finanziellen Vermögenswert (dem „ursprünglichen Vermögenswert"), verpflichtet sich aber vertraglich zur Zahlung dieser Cashflows an ein oder mehrere Unternehmen (die „Endempfänger"), so behandelt es die Transaktion nur dann als eine Übertragung eines finanziellen Vermögenswertes, wenn folgende drei Bedingungen erfüllt sind.

(a) Das Unternehmen ist nur dann zu Zahlungen an die Endempfänger verpflichtet, wenn es die entsprechenden Beträge aus dem ursprünglichen Vermögenswert vereinnahmt. Kurzfristige Vorauszahlungen, die das Unternehmen zum vollständigen Einzug des geliehenen Betrags zuzüglich aufgelaufener Zinsen zum Marktzinssatz berechtigen, verstoßen gegen diese Bedingung nicht.

(b) Das Unternehmen darf den ursprünglichen Vermögenswert laut Übertragungsvertrag weder verkaufen noch verpfänden, es sei denn, dies dient der Absicherung seiner Verpflichtung, den Endempfängern die Cashflows zu zahlen.

(c) Das Unternehmen ist verpflichtet, die für die Endempfänger eingenommenen Cashflows ohne wesentliche Verzögerung weiterzuleiten. Auch ist es nicht befugt, solche Cashflows während der kurzen Erfüllungsperiode vom Inkassotag bis zum geforderten Überweisungstermin an die Endempfänger zu reinvestieren, außer in Zahlungsmittel oder Zahlungsmitteläquivalente (im Sinne von IAS

7 *Kapitalflussrechnungen*), wobei die Zinsen aus solchen Finanzinvestitionen an die Endempfänger weiterzugeben sind.

20. Überträgt ein Unternehmen einen finanziellen Vermögenswert (siehe Paragraph 18), so hat es zu bewerten, in welchem Umfang die mit dem Eigentum dieses Vermögenswertes verbundenen Risiken und Chancen bei ihm verbleiben. In diesem Fall gilt Folgendes:

(a) Wenn das Unternehmen so gut wie alle mit dem Eigentum des finanziellen Vermögenswertes verbundenen Risiken und Chancen überträgt, hat es den finanziellen Vermögenswert auszubuchen und alle bei dieser Übertragung entstandenen oder behaltenen Rechte und Verpflichtungen gesondert als Vermögenswerte oder Verbindlichkeiten anzusetzen.

(b) Wenn das Unternehmen so gut wie alle mit dem Eigentum des finanziellen Vermögenswertes verbundenen Risiken und Chancen behält, hat es den finanziellen Vermögenswert weiterhin zu erfassen.

(c) Wenn das Unternehmen so gut wie alle mit dem Eigentum des finanziellen Vermögenswertes verbundenen Risiken und Chancen weder überträgt noch behält, hat es zu bestimmen, ob es die Verfügungsgewalt über den finanziellen Vermögenswert behalten hat. In diesem Fall gilt Folgendes:

(i) Wenn das Unternehmen die Verfügungsgewalt nicht behalten hat, ist der finanzielle Vermögenswert auszubuchen und sind alle bei dieser Übertragung entstandenen oder behaltenen Rechte und Verpflichtungen gesondert als Vermögenswerte oder Verbindlichkeiten anzusetzen.

(ii) Wenn das Unternehmen die Verfügungsgewalt behalten hat, ist der finanzielle Vermögenswert nach Maßgabe des anhaltenden Engagements des Unternehmens weiter zu erfassen (siehe Paragraph 30).

21. In welchem Umfang Risiken und Chancen übertragen werden (siehe Paragraph 20), wird festgestellt, indem die Risikopositionen des Unternehmens vor und nach der Übertragung mit Veränderungen bei Höhe und Eintrittszeitpunkt der Netto-Cashflows des übertragenen Vermögenswertes verglichen werden. Ein Unternehmen hat so gut wie alle mit dem Eigentum eines finanziellen Vermögenswertes verbundenen Risiken und Chancen behalten, wenn sich seine Anfälligkeit für Schwankungen des Barwertes der künftigen Netto-Cashflows durch die Übertragung nicht wesentlich geändert hat (z. B. weil das Unternehmen einen finanziellen Vermögenswert gemäß einer Vereinbarung über dessen Rückkauf zu einem festen Preis oder zum Verkaufspreis zuzüglich einer Verzinsung veräußert hat). Ein Unternehmen hat so gut wie alle mit dem Eigentum eines finanziellen Vermögenswertes verbundenen Risiken und Chancen übertragen, wenn seine Anfälligkeit für solche Schwankungen im Vergleich zur gesamten Schwankungsbreite des Barwerts der mit dem finanziellen Vermögenswert verbundenen künftigen Netto-Cashflows nicht mehr signifikant ist (z. B. weil das Unternehmen einen finanziellen Vermögenswert lediglich mit der Option verkauft hat, ihn zu dem zum Zeitpunkt des Rückkaufs beizulegenden Zeitwert zurückzukaufen, oder weil es im Rahmen einer Vereinbarung, wie einer Kredit-Unterbeteiligung, die die Bedingungen in Paragraph 19 erfüllt, einen exakt proportionalen Teil der Cashflows eines größeren finanziellen Vermögenswertes übertragen hat).

22. Oft ist es offensichtlich, ob ein Unternehmen so gut wie alle Risiken und Chancen übertragen oder behalten hat, so dass es keiner weiteren Berechnungen bedarf. In anderen Fällen wird es notwendig sein, die Anfälligkeit des Unternehmens für Schwankungen des Barwerts der künftigen Netto-Cashflows vor und nach der Übertragung zu berechnen und zu vergleichen. Zur Berechnung und zum Vergleich wird ein angemessener aktueller Marktzins als Abzinsungssatz benutzt. Jede für möglich gehaltene Schwankung der Netto-Cashflows wird berücksichtigt, wobei den Ergebnissen mit einer größeren Eintrittswahrscheinlichkeit größeres Gewicht beigemessen wird.

23. Ob das Unternehmen die Verfügungsgewalt über den übertragenen Vermögenswert behalten hat (siehe Paragraph 20 (c)), hängt von der Fähigkeit des Empfängers ab, den Vermögenswert zu verkaufen. Wenn der Empfänger den Vermögenswert faktisch in seiner Gesamtheit an eine nicht verbundene dritte Partei verkaufen und diese Möglichkeit einseitig wahrnehmen kann, ohne für die Übertragung weitere Einschränkungen zu verhängen, hat das Unternehmen die Verfügungsgewalt nicht behalten. In allen anderen Fällen hat das Unternehmen die Verfügungsgewalt behalten.

Übertragungen, die die Bedingungen für eine Ausbuchung erfüllen (siehe Paragraph 20(a) und (c)(i))

24. Überträgt ein Unternehmen einen finanziellen Vermögenswert unter den für eine vollständige Ausbuchung erforderlichen Bedingungen und behält dabei das Recht, diesen Vermögenswert gegen eine Gebühr zu verwalten, hat es für diesen Verwaltungs-/Abwicklungsvertrag entweder einen Vermögenswert oder eine Verbindlichkeit aus dem Bedienungsrecht zu erfassen. Wenn diese Gebühr voraussichtlich keine angemessene Vergütung für die Verwaltung bzw. Abwicklung durch das Unternehmen darstellen, ist eine Verbindlichkeit für die Verwaltungs- bzw. Abwicklungsverpflichtung zum beizulegenden Zeitwert zu erfassen. Wenn die Gebühr für die Verwaltung bzw. Abwicklung eine angemessene Kompensierung voraussichtlich übersteigt, ist ein Vermögenswert aus dem Verwaltungsrecht zu einem Betrag zu erfassen, der auf der Grundlage einer Verteilung des Buchwertes des größeren finanziellen Vermögenswertes gemäß Paragraph 27 bestimmt wird.

25. Wenn ein finanzieller Vermögenswert infolge einer Übertragung vollständig ausgebucht wird, die Übertragung jedoch dazu führt, dass das Unternehmen einen neuen finanziellen Vermögenswert erhält bzw. eine neue finanzielle Verbindlichkeit oder eine Verbindlichkeit aus der Verwaltungs- bzw. Abwicklungsverpflichtung übernimmt, hat das Unternehmen den neuen finanziellen Vermögenswert, die neue finanzielle Verbindlichkeit oder die Verbindlichkeit aus der Verwaltungs- bzw. Abwicklungsverpflichtung zum beizulegenden Zeitwert zu erfassen.

26. Bei der vollständigen Ausbuchung eines finanziellen Vermögenswertes ist die Differenz zwischen:

(a) dem Buchwert und
(b) der Summe aus (i) dem erhaltenen Entgelt (einschließlich jedes neu erhaltenen Vermögenswertes abzüglich jeder neu übernommenen Verbindlichkeit) und (ii) aller kumulierten Gewinne oder Verluste, die im sonstigen Ergebnis erfasst wurden (siehe Paragraph 55(b)),

ergebniswirksam zu erfassen.

27. Ist der übertragene Vermögenswert Teil eines größeren Vermögenswertes (z. B. wenn ein Unternehmen Zinszahlungen, die Teil eines Schuldinstruments sind, überträgt, siehe Paragraph 16(a)) und der übertragene Teil die Bedingungen für eine vollständige Ausbuchung erfüllt, ist der frühere Buchwert des größeren finanziellen Vermögenswertes zwischen dem Teil, der weiter erfasst wird, und dem Teil, der ausgebucht wird, auf der Grundlage der relativen beizulegenden Zeitwerte dieser Teile am Übertragungstag aufzuteilen. Zu diesem Zweck ist ein einbehaltener Vermögenswert aus dem Verwaltungsrecht als ein Teil, der weiter erfasst wird, zu behandeln. Die Differenz zwischen:

(a) dem Buchwert, der dem ausgebuchten Teil zugeordnet wurde, und
(b) der Summe aus (i) dem für den ausgebuchten Teil erhaltenen Entgelt (einschließlich jedes neu erhaltenen Vermögenswertes abzüglich jeder neu übernommenen Verbindlichkeit) und (ii) aller kumulierten ihm zugeordneten Gewinne oder Verluste, die im sonstigen Ergebnis erfasst wurden (siehe Paragraph 55(b)),

ist ergebniswirksam zu erfassen. Ein kumulierter Gewinn oder Verlust, der im sonstigen Ergebnis erfasst wurde, wird zwischen dem Teil, der weiter erfasst wird, und dem Teil, der ausgebucht wurde, auf der Grundlage der relativen beizulegenden Zeitwerte dieser Teile aufgeteilt.

28. Teilt ein Unternehmen den früheren Buchwert des größeren finanziellen Vermögenswertes zwischen dem weiter erfassten und dem ausgebuchten Teil auf, muss der beizulegende Zeitwert des weiter erfassten Teils bestimmt werden. Hat das Unternehmen in der Vergangenheit ähnliche Teile wie den weiter erfassten verkauft, oder gibt es andere Markttransaktionen für solche Teile, so liefern die Preise der letzten Transaktionen die beste Schätzung für seinen beizulegenden Zeitwert. Gibt es für den Teil, der weiter erfasst wird, keine Preisnotierungen oder aktuelle Markttransaktionen zur Belegung des beizulegenden Zeitwerts, so besteht die beste Schätzung in der Differenz zwischen dem beizulegenden Zeitwert des größeren finanziellen Vermögenswertes als Ganzem und dem vom Empfänger für den ausgebuchten Teil vereinnahmten Entgelt.

Übertragungen, die die Bedingungen für eine Ausbuchung nicht erfüllen (siehe Paragraph 20(b))

29. Führt eine Übertragung nicht zu einer Ausbuchung, da das Unternehmen so gut wie alle mit dem Eigentum des übertragenen Vermögenswertes verbundenen Risiken und Chancen behalten hat, so hat das Unternehmen den übertragenen Vermögenswert in seiner Gesamtheit weiter zu erfassen und für das erhaltene Entgelt eine finanzielle Verbindlichkeit zu erfassen. In den folgenden Perioden hat das Unternehmen alle Erträge aus dem übertragenen Vermögenswert und alle Aufwendungen für die finanzielle Verbindlichkeit zu erfassen.

Anhaltendes Engagement bei übertragenen Vermögenswerten (siehe Paragraph 20(c)(ii))

30. Wenn ein Unternehmen so gut wie alle mit dem Eigentum eines übertragenen Vermögenswertes verbundenen Risiken und Chancen weder überträgt noch behält und die Verfügungsgewalt über den übertragenen Vermögenswert behält, hat es den übertragenen Vermögenswert nach Maßgabe seines anhaltenden Engagements weiter zu erfassen. Ein anhaltendes Engagement des Unternehmens an dem übertragenen Vermögenswert ist in dem Maße gegeben, in dem es Wertänderungen des übertragenen Vermögenswertes ausgesetzt ist. Zum Beispiel:

(a) Wenn das anhaltende Engagement eines Unternehmens der Form nach den übertragenen Vermögenswert garantiert, ist der Umfang dieses anhaltenden Engagements entweder der Betrag des Vermögenswertes oder der Höchstbetrag des erhaltenen Entgelts, den das Unternehmen eventuell zurückzahlen müsste („der garantierte Betrag"), je nachdem, welcher von beiden der Niedrigere ist.

(b) Wenn das anhaltende Engagement des Unternehmens der Form nach eine geschriebene oder eine erworbene Option (oder beides) auf den übertragenen Vermögenswert ist, so ist der Umfang des anhaltenden Engagements des Unternehmens der Betrag des übertragenen Vermögenswertes, den das Unternehmen zurückkaufen kann. Im Fall einer geschriebenen Verkaufsoption auf einen Vermögenswert, der zum beizulegenden Zeitwert bewertet wird, ist der Umfang des anhaltenden Engagements des Unternehmens allerdings auf den beizulegenden Zeitwert des übertragenen Vermögenswertes oder den Ausübungspreis der Option – je nachdem, welcher von beiden der Niedrigere ist – begrenzt (siehe Paragraph A48).

(c) Wenn das anhaltende Engagement des Unternehmens der Form nach eine Option ist, die durch Barausgleich oder vergleichbare Art auf den übertragenen Vermögenswert erfüllt wird, wird der Umfang des anhaltenden Engagements des Unternehmens in der gleichen Weise wie bei Optionen, die nicht durch Barausgleich erfüllt werden, ermittelt (siehe Buchstabe (b)).

31. Wenn ein Unternehmen einen Vermögenswert weiterhin nach Maßgabe seines anhaltenden Engagements erfasst, hat es auch eine damit verbundene Verbindlichkeit zu erfassen. Ungeachtet der anderen Bewertungsvorschriften dieses Standards werden der übertragene Vermögenswert und die damit verbundene Verbindlichkeit so bewertet, dass den Rechten und Verpflichtungen, die das Unternehmen behalten hat, Rechnung getragen wird. Die verbundene Verbindlichkeit wird so bewertet, dass der Nettobuchwert aus übertragenem Vermögenswert und verbundener Verbindlichkeit:

(a) den fortgeführten Anschaffungskosten der von dem Unternehmen behaltenen Rechte und Verpflichtungen entspricht, falls der übertragene Vermögenswert zu fortgeführten Anschaffungskosten bewertet wird; oder

(b) gleich dem beizulegenden Zeitwert der von dem Unternehmen behaltenen Rechte und Verpflichtungen ist, wenn diese eigenständig bewertet würden, falls der übertragene Vermögenswert zum beizulegenden Zeitwert bewertet wird.

32. Das Unternehmen hat alle Erträge aus dem übertragenen Vermögenswert weiterhin nach Maßgabe seines anhaltenden Engagements zu erfassen sowie alle Aufwendungen für damit verbundene Verbindlichkeiten.

33. Bei der Folgebewertung werden Änderungen im beizulegenden Zeitwert des übertragenen Vermögenswertes und der damit verbundenen Verbindlichkeit gemäß Paragraph 55 gleichartig erfasst und nicht miteinander saldiert.

34. Erstreckt sich das anhaltende Engagement des Unternehmens nur auf einen Teil eines finanziellen Vermögenswertes (z. B. wenn ein Unternehmen die Option behält, einen Teil des übertragenen Vermögenswertes zurückzukaufen, oder nach wie vor einen Residualanspruch hat, der nicht dazu führt, dass es so gut wie alle mit dem Eigentum verbundenen Risiken und Chancen behält, und das Unternehmen auch weiterhin die Verfügungsgewalt besitzt), hat das Unternehmen den früheren Buchwert des finanziellen Vermögenswertes zwischen dem Teil, der von ihm gemäß des anhaltenden Engagements weiter erfasst wird, und dem Teil, den es nicht länger erfasst, auf Grundlage der relativen beizulegenden Zeitwerte dieser Teile am Übertragungstag, aufzuteilen. Zu diesem Zweck gelten die Bestimmungen des Paragraphen 28. Die Differenz zwischen:

(a) dem Buchwert, der dem nicht länger erfassten Teil zugeordnet wurde; und

(b) der Summe aus (i) dem für den nicht länger erfassten Teil erhaltenen Entgelt und (ii) allen ihm zugeordneten kumulierten Gewinne oder Verluste, die im sonstigen Ergebnis erfasst wurden (siehe Paragraph 55(b)),

ist ergebniswirksam zu erfassen. Ein kumulierter Gewinn oder Verlust, der im sonstigen Ergebnis erfasst wurde, wird zwischen dem Teil, der weiter erfasst wird, und dem Teil der nicht länger erfasst wird, auf der Grundlage der relativen beizulegenden Zeitwerte dieser Teile aufgeteilt.

35. Wird der übertragene Vermögenswert zu fortgeführten Anschaffungskosten bewertet, kann nach diesem Standard bestehende Möglichkeit, eine finanzielle Verbindlichkeit erfolgswirksam zum beizulegenden Zeitwert zu bewerten, für die verbundene Verbindlichkeit nicht in Anspruch genommen werden.

Alle Übertragungen

36. Wird ein übertragener Vermögenswert weiterhin erfasst, darf er nicht mit der verbundenen Verbindlichkeit saldiert werden. Ebensowenig darf ein Unternehmen Erträge aus dem übertragenen Vermögenswert mit Aufwendungen saldieren, die für die verbundene Verbindlichkeit angefallen sind (siehe IAS 32 Paragraph 42).

37. Bietet der Übertragende dem Empfänger nicht zahlungswirksame Sicherheiten (wie Schuld- oder Eigenkapitalinstrumente), hängt die Bilanzierung der Sicherheit durch den Übertragenden und den Empfänger davon ab, ob Letzterer das Recht hat, die Sicherheit zu verkaufen oder weiter zu verpfänden, und davon, ob der Übertragende ausgefallen ist. Zu bilanzieren ist die Sicherheit wie folgt:

(a) Hat der Empfänger das vertrags- oder gewohnheitsmäßige Recht, die Sicherheit zu verkaufen oder weiter zu verpfänden, dann hat der Übertragende sie in seiner Bilanz getrennt von anderen Vermögenswerten neu einzustufen (z. B. als verliehenen Vermögenswert, verpfändetes Eigenkapitalinstrument oder Rückkaufforderung).

(b) Verkauft der Empfänger die an ihn verpfändete Sicherheit, hat er für seine Verpflichtung, die Sicherheit zurückzugeben, den Veräußerungserlös und eine zum beizulegenden Zeitwert zu bewertende Verbindlichkeit zu erfassen.

(c) Ist der Übertragende dem Vertrag zufolge ausgefallen und nicht länger zur Rückforderung der Sicherheit berechtigt, so hat er die Sicherheit auszubuchen und der Empfänger sie als seinen Vermögenswert anzusetzen und zum beizulegenden Zeitwert zu bewerten, bzw. – wenn er die Sicherheit bereits verkauft hat – seine Verpflichtung zur Rückgabe der Sicherheit auszubuchen.

(d) Mit Ausnahme der Bestimmungen unter (c) hat der Übertragende die Sicherheit weiterhin als seinen Vermögenswert anzusetzen und darf der Empfänger die Sicherheit nicht als einen Vermögenswert ansetzen.

Marktüblicher Kauf und Verkauf eines finanziellen Vermögenswertes

38. Ein marktüblicher Kauf oder Verkauf eines finanziellen Vermögenswertes ist entweder zum Handels- oder zum Erfüllungstag anzusetzen bzw. auszubuchen (siehe Anhang A Paragraphen A53-A56).

Ausbuchung einer finanziellen Verbindlichkeit

39. Ein Unternehmen darf eine finanzielle Verbindlichkeit (oder einen Teil derselben) nur dann aus seiner Bilanz entfernen, wenn diese getilgt ist – d. h. die im Vertrag genannten Verpflichtungen erfüllt oder aufgehoben sind oder auslaufen.

40. Ein Austausch von Schuldinstrumenten mit grundverschiedenen Vertragsbedingungen zwischen einem bestehenden Kreditnehmer und Kreditgeber ist wie eine Tilgung der ursprünglichen finanziellen Verbindlichkeit und ein Ansatz einer neuen finanziellen Verbindlichkeit zu behandeln. Gleiches gilt, wenn die Vertragsbedingungen einer bestehenden finanziellen Verbindlichkeit oder eines Teils davon wesentlich geändert werden (wobei keine Rolle spielt, ob dies auf die finanziellen Schwierigkeiten des Schuldners zurückzuführen ist oder nicht).

41. Die Differenz zwischen dem Buchwert einer getilgten oder auf eine andere Partei übertragenen finanziellen Verbindlichkeit (oder eines Teils derselben) und dem gezahlten Entgelt, einschließlich übertragener nicht zahlungswirksamer Vermögenswerte oder übernommener Verbindlichkeiten, ist ergebniswirksam zu erfassen.

42. Kauft ein Unternehmen einen Teil einer finanziellen Verbindlichkeit zurück, so hat es den früheren Buchwert der finanziellen Verbindlichkeit zwischen dem weiter erfassten und dem ausgebuchten Teil auf der Grundlage der relativen beizulegenden Zeitwerte dieser Teile am Rückkauftag aufzuteilen. Die Differenz zwischen (a) dem Buchwert, der dem ausgebuchten Teil zugeordnet wurde, und (b) dem für den ausgebuchten Teil gezahlten Entgelt, einschließlich übertragener nicht zahlungswirksamer Vermögenswerte oder übernommener Verbindlichkeiten, ist ergebniswirksam zu erfassen.

BEWERTUNG

Erstmalige Bewertung finanzieller Vermögenswerte und Verbindlichkeiten

43. Beim erstmaligen Ansatz eines finanziellen Vermögenswertes oder einer finanziellen Verbindlichkeit hat ein Unternehmen diese zu ihrem beizulegenden Zeitwert zu bewerten, bei finanziellen Vermögenswerten oder Verbindlichkeiten, die nicht erfolgswirksam zum beizulegenden Zeitwert bewertet werden, zudem unter Einbeziehung von Transaktionskosten, die direkt dem Erwerb des Vermögenswerts oder der Emission der Verbindlichkeit zuzurechnen sind.

44. Bilanziert ein Unternehmen einen Vermögenswert, der in den folgenden Perioden zu Anschaffungskosten oder fortgeführten Anschaffungskosten bewertet wird, zum Erfüllungstag, so wird er am Handelstag erstmalig zu seinem beizulegenden Zeitwert erfasst (siehe Anhang A Paragraphen A53-A56).

Folgebewertung finanzieller Vermögenswerte

45. Zum Zwecke der Folgebewertung eines finanziellen Vermögenswertes nach dessen erstmaligem Ansatz stuft der vorliegende Standard finanzielle Vermögenswerte in die folgenden vier in Paragraph 9 definierten Kategorien ein:

(a) finanzielle Vermögenswerte, die erfolgswirksam zum beizulegenden Zeitwert bewertet werden;

(b) bis zur Endfälligkeit zu haltende Finanzinvestitionen;

(c) Kredite und Forderungen; und

(d) zur Veräußerung verfügbare finanzielle Vermögenswerte.

Diese Kategorien sind für die Bewertung und die erfolgswirksame Erfassung nach diesem Standard maßgeblich. Für den Ausweis im Abschluss kann das Unternehmen für diese Kategorien andere Bezeichnungen oder Einteilungen verwenden. Die in IFRS 7 vorgeschriebenen Informationen hat das Unternehmen im Anhang anzugeben.

46. Mit Ausnahme der nachfolgend genannten finanziellen Vermögenswerte hat ein Unternehmen finanzielle Vermögenswerte, einschließlich derivativer Finanzinstrumente mit positivem Marktwert, nach dem erstmaligen Ansatz zu deren beizulegendem Zeitwert zu bewerten, ohne die Transaktionskosten, die u.U. beim Verkauf oder einer anders gearteten Veräußerung anfallen, in Abzug zu bringen:

(a) Kredite und Forderungen im Sinne von Paragraph 9, die unter Anwendung der Effektivzinsmethode zu fortgeführten Anschaffungskosten bewertet werden;

(b) bis zur Endfälligkeit zu haltende Finanzinvestitionen im Sinne von Paragraph 9, die unter Anwendung der Effektivzinsmethode zu fortgeführten Anschaffungskosten bewertet werden; und

(c) Finanzinvestitionen in Eigenkapitalinstrumente, für die kein auf einem aktiven Markt notierter Preis vorliegt und deren beizulegender Zeitwert nicht verlässlich ermittelt werden kann, sowie Derivate auf solche nicht notierte Eigenkapitalinstrumente, die nur durch Andienung erfüllt werden können; diese sind mit den Anschaffungskosten zu bewerten (siehe Anhang A Paragraphen A80 und A81).

Als gesicherte Grundgeschäfte designierte finanzielle Vermögenswerte sind nach den Bilanzierungsvorschriften für Sicherungsgeschäfte der Paragraphen 89-102 zu bewerten. Alle finanziellen Vermögenswerte außer denen, die erfolgswirksam zum beizulegenden Zeitwert bewertet werden, sind gemäß den Paragraphen 58-70 und Anhang A Paragraphen A84-A93 auf Wertminderung zu überprüfen.

Folgebewertung finanzieller Verbindlichkeiten

47. Nach ihrem erstmaligen Ansatz sind alle finanziellen Verbindlichkeiten unter Anwendung der Effektivzinsmethode zu fortgeführten Anschaffungskosten zu bewerten. Davon ausgenommen sind:

(a) finanzielle Verbindlichkeiten, die erfolgswirksam zum beizulegenden Zeitwert bewertet werden. Solche Verbindlichkeiten, einschließlich derivativer Finanzinstrumente mit negativem Marktwert, sind zum beizulegenden Zeitwert zu bewerten, mit Ausnahme einer derivativen Verbindlichkeit auf ein nicht notiertes Eigenkapitalinstrument, dessen beizulegender Zeitwert nicht verlässlich ermittelt werden und das nur durch Andienung erfüllt werden kann; eine solche Verbindlichkeit ist zu den Anschaffungskosten zu bewerten.

(b) finanzielle Verbindlichkeiten, die entstehen, wenn die Übertragung eines finanziellen Vermögenswertes nicht zu einer Ausbuchung berechtigt oder die Bilanzierung unter Zugrundelegung eines anhaltenden Engagements erfolgt. Bei der Bewertung derartiger finanzieller Verbindlichkeiten ist nach den Paragraphen 29 und 31 zu verfahren.

(c) die in Paragraph 9 definierten finanziellen Garantien. Nach dem erstmaligen Ansatz hat der Emittent eines solchen Vertrags (sofern Paragraph 47(a) oder (b) nicht anwendbar ist) bei dessen Bewertung den höheren der beiden folgenden Beträge zugrundezulegen:

 (i) den gemäß IAS 37 bestimmten Betrag; und

 (ii) den ursprünglich erfassten Betrag (siehe Paragraph 43), gegebenenfalls abzüglich der gemäß IAS 18 erfassten kumulierten Amortisationen.

(d) Zusagen, einen Kredit unter dem Marktzinssatz zur Verfügung zu stellen. Nach erstmaligem Ansatz hat das Unternehmen, das eine solche Zusage erteilt hat (sofern für den Fall, dass Paragraph 47(a) Anwendung findet), bei deren Bewertung den höheren der beiden folgenden Beträge zugrundezulegen:

 (i) den gemäß IAS 37 bestimmten Betrag; und

 (ii) dem ursprünglich erfassten Betrag (siehe Paragraph 43), gegebenenfalls abzüglich der gemäß IAS 18 erfassten kumulierten Amortisationen.

Als gesicherte Grundgeschäfte designierte finanzielle Verbindlichkeiten sind nach den Bilanzierungsvorschriften für Sicherungsgeschäfte der Paragraphen 89-102 zu bewerten.

Überlegungen zur Bewertung zum beizulegenden Zeitwert

48. Zur Bestimmung des beizulegenden Zeitwertes eines finanziellen Vermögenswertes oder einer finanziellen Verbindlichkeit für die Zwecke des vorliegenden Standards, des IAS 32 oder des IFRS 7 hat ein Unternehmen die Paragraphen A69-A82 des Anhangs A anzuwenden.

48A. Den besten Anhaltspunkt für den beizulegenden Zeitwert liefern notierte Preise an einem aktiven Markt. Wenn der Markt für ein Finanzinstrument nicht aktiv ist, bestimmt ein Unternehmen den beizulegenden Zeitwert mithilfe eines Bewertungsverfahrens. Ziel eines solchen Bewertungsverfahrens ist es, den Transaktionspreis festzustellen, der sich am Bewertungsstichtag zwischen unabhängigen Vertragspartnern bei Vorliegen normaler Geschäftsbedingungen ergeben hätte. Zu den Bewertungsverfahren gehören der Rückgriff auf unlängst aufgetretene Geschäftsvorfälle zwischen sachverständigen, vertragswilligen und unabhängigen Geschäftspartnern – sofern verfügbar –, der Vergleich mit dem aktuellen beizulegenden Zeitwert eines anderen, im Wesentlichen identischen Finanzinstruments, DCF-Verfahren sowie Optionspreismodelle. Gibt es ein Bewertungsverfahren, das von den Marktteilnehmern üblicherweise für die Preisfindung dieses Finanzinstruments verwendet wird, und hat dieses Verfahren nachweislich verlässliche Schätzwerte für Preise geliefert, die bei tatsächlichen Marktvorgängen erzielt wurden, setzt das Unternehmen dieses Verfahren ein. Das gewählte Bewertungsverfahren stützt sich so weit wie möglich auf Marktdaten und so wenig wie möglich auf unternehmensspezifischen Daten. Es berücksichtigt alle Faktoren, die Marktteilnehmer bei einer Preisfindung beachten würden und steht mit den anerkannten ökonomischen Verfahrensweisen für die Preisfindung von Finanzinstrumenten in Einklang. Ein Unternehmen justiert das Bewertungsverfahren regelmäßig und prüft seine Validität, indem es Preise von gegenwärtig zu beobachtenden aktuellen Markttransaktionen für dasselbe Instrument (d. h. ohne Änderung oder Umgestaltung) oder Preise, die auf verfügbaren, beobachtbaren Marktdaten beruhen, verwendet.

49. Der beizulegende Zeitwert einer kurzfristig abrufbaren finanziellen Verbindlichkeit (z. B. einer Sichteinlage) ist nicht niedriger als der auf Sicht zahlbare Betrag, der vom ersten Tag an, an dem der Betrag zurückgezahlt werden muss, abgezinst wird.

Umgliederungen

50. Ein Unternehmen

(a) darf ein Derivat nicht aus der Kategorie der erfolgswirksam zum beizulegenden Zeitwert zu bewertenden Finanzinstrumente umgliedern, solange dieses gehalten wird oder begeben ist,

(b) darf kein Finanzinstrument aus der Kategorie der erfolgswirksam zum beizulegenden Zeitwert zu bewertenden Finanzinstrumente umgliedern, wenn es vom Unternehmen beim erstmaligen Ansatz dazu bestimmt wurde, erfolgswirksam zum beizulegenden Zeitwert bewertet zu werden, und

(c) darf einen finanziellen Vermögenswert, der nicht mehr in der Absicht gehalten wird, ihn kurzfristig zu veräußern oder zurückzukaufen (auch wenn er möglicherweise zu diesem Zweck erworben oder eingegangen wurde), aus der Kategorie der erfolgswirksam zum beizulegenden Zeitwert zu bewertenden Finanzinstrumente umgliedern, wenn die in den Paragraphen 50B oder 50D genannten Bedingungen erfüllt sind.

Nach erstmaligem Ansatz darf ein Finanzinstrument nicht in die Kategorie der erfolgswirksam zum beizulegenden Zeitwert zu bewertenden Finanzinstrumente umgegliedert werden.

50A. Bei den folgenden Änderungen der Umstände handelt es sich nicht um Umgliederungen im Sinne von Paragraph 50:

(a) ein Derivat, das zuvor ein designiertes und wirksames Sicherungsinstrument bei einer Absicherung von Zahlungsströmen oder einem Nettoinvestitionssicherungsgeschäft war, kommt als solches nicht mehr in Frage;

(b) ein Derivat wird ein designiertes und wirksames Sicherungsinstrument bei einer Absicherung von Zahlungsströmen oder einem Nettoinvestitionssicherungsgeschäft;

(c) finanzielle Vermögenswerte werden umgegliedert, wenn eine Versicherungsgesellschaft ihre Rechnungslegungsmethoden gemäß Paragraph 45 von IFRS 4 ändert.

50B. Ein unter Paragraph 50 Buchstabe c fallender finanzieller Vermögenswert darf nur unter außergewöhnlichen Umständen aus der Kategorie der erfolgswirksam zum beizulegenden Zeitwert zu bewertenden Finanzinstrumente umgegliedert werden (davon ausgenommen sind die in Paragraph 50D beschriebenen finanziellen Vermögenswerte).

50C. Gliedert ein Unternehmen einen finanziellen Vermögenswert gemäß Paragraph 50B aus der Kategorie der erfolgswirksam zum beizulegenden Zeitwert zu bewertenden Finanzinstrumente um, hat es dabei den beizulegenden Zeitwert dieses Vermögenswertes zum Zeitpunkt der Umgliederung zugrunde zu legen. Gewinne oder Verluste, die bereits erfolgswirksam erfasst wurden, dürfen nicht rückgebucht werden. Als neue bzw. fortgeführte Anschaffungskosten wird der beizulegende Zeitwert des finanziellen Vermögenswertes zum Zeitpunkt der Umgliederung ausgewiesen.

50D. Ein unter Paragraph 50 Buchstabe c fallender finanzieller Vermögenswert, der der Definition Kredite und Forderungen entsprochen hätte (wenn er beim erstmaligen Ansatz nicht als zu Handelszwecken gehalten hätte eingestuft werden müssen) kann aus der Kategorie der erfolgswirksam zum beizulegenden Zeitwert zu bewertenden Finanzinstrumente umgegliedert werden, wenn das Unternehmen die Absicht hat und in der Lage ist, ihn auf absehbare Zeit oder bis zu seiner Fälligkeit zu halten.

50E. Ein als zur Veräußerung verfügbar eingestufter finanzieller Vermögenswert, der der Definition Kredite und Forderungen entsprochen hätte (wenn er nicht als zur Veräußerung verfügbar eingestuft worden wäre) kann aus der Kategorie zur Veräußerung verfügbar in die Kategorie Kredite und Forderungen umgegliedert werden, wenn das Unternehmen die Absicht hat und in der Lage ist, ihn auf absehbare Zeit oder bis zu seiner Fälligkeit zu halten.

50F. Gliedert ein Unternehmen einen finanziellen Vermögenswert gemäß Paragraph 50D aus der Kategorie der erfolgswirksam zum beizulegenden Zeitwert zu bewertenden Finanzinstrumente oder gemäß Paragraph 50E aus der Kategorie zur Veräußerung verfügbar um, so hat es dabei den beizulegenden Zeitwert zum Zeitpunkt der Umgliederung zugrunde zu legen. Bei finanziellen Vermögenswerten, die gemäß Paragraph 50D umgegliedert wurden, dürfen Gewinne oder Verluste, die bereits erfolgswirksam erfasst wurden, nicht rückgebucht werden. Als neue bzw. fortgeführte Anschaffungskosten wird der beizulegende Zeitwert des finanziellen Vermögenswerts zum Zeitpunkt der Umgliederung ausgewiesen. Bei finanziellen Vermögenswerten, die gemäß Paragraph 50E aus der Kategorie zur Veräußerung verfügbar umgegliedert wurden, sind alle mit diesem Vermögenswert verbundenen früheren Gewinne oder Verluste, die gemäß Paragraph 55 Buchstabe b im sonstigen Ergebnis erfasst wurden, gemäß Paragraph 54 zu bilanzieren.

51. Falls es aufgrund einer geänderten Absicht oder Fähigkeit nicht länger sachgerecht ist, eine Finanzinvestition als bis zur Fälligkeit zu halten einzustufen, ist eine Umgliederung als zur Veräußerung verfügbar und eine Neubewertung zum beizulegenden Zeitwert vorzunehmen und die Differenz zwischen dem Buchwert und dem beizulegenden Zeitwert gemäß Paragraph 55(b) zu erfassen.

52. Wann immer Verkäufe oder Umgliederungen eines mehr als unerheblichen Betrags von bis zur Endfälligkeit zu haltenden Finanzinvestitionen keine der in Paragraph 9 genannten Bedingungen erfüllen, sind alle übrigen bis zur Endfälligkeit zu haltenden Finanzinstrumente in „zur Veräußerung verfügbar" umzugliedern. Bei solchen Umgliederungen ist die Differenz zwischen dem Buchwert und dem beizulegenden Zeitwert gemäß Paragraph 55 (b) zu erfassen.

53. Wird für einen finanziellen Vermögenswert oder eine finanzielle Verbindlichkeit eine verlässliche Bewertung verfügbar, die bislang nicht vorlag, und muss der Vermögenswert oder die Verbindlichkeit zum beizulegenden Zeitwert bewertet werden, wenn eine verlässliche Bewertung verfüg-

bar ist (siehe Paragraphen 46(c) und 47), ist der Vermögenswert oder die Verbindlichkeit zum beizulegenden Zeitwert neu zu bewerten und die Differenz zwischen dem Buchwert und dem beizulegenden Zeitwert gemäß Paragraph 55 zu erfassen.

54. Falls es aufgrund einer geänderten Absicht oder Fähigkeit oder in dem seltenen Fall, dass der beizulegende Zeitwert nicht länger verlässlich bestimmt werden kann (siehe Paragraphen 46(c) und 47), oder aufgrund der Tatsache, dass die in Paragraph 9 genannten „zwei vorangegangenen Geschäftsjahre" abgelaufen sind, nunmehr sachgerecht ist, einen finanziellen Vermögenswert oder eine finanzielle Verbindlichkeit anstatt zum beizulegenden Zeitwert zu den Anschaffungskosten oder fortgeführten Anschaffungskosten anzusetzen, so wird der zu diesem Zeitpunkt zum beizulegenden Zeitwert bewertete Buchwert des finanziellen Vermögenswertes oder der finanziellen Verbindlichkeit zu den neuen Anschaffungs- bzw. fortgeführten Anschaffungskosten. Jeglicher in Übereinstimmung mit Paragraph 55(b) im sonstigen Ergebnis erfasste frühere Gewinn oder Verlust aus diesem Vermögenswert ist folgendermaßen zu behandeln:

(a) Bei einem finanziellen Vermögenswert mit fester Laufzeit ist der Gewinn oder Verlust über die Restlaufzeit der bis zur Endfälligkeit zu haltenden Finanzinvestition mittels der Effektivzinsmethode ergebniswirksam aufzulösen. Auch jede Differenz zwischen den neuen fortgeführten Anschaffungskosten und dem bei Endfälligkeit rückzahlbaren Betrag ist mittels der Effektivzinsmethode über die Restlaufzeit des finanziellen Vermögenswertes aufzulösen, wobei wie bei einer Verteilung von Agien und Disagien zu verfahren ist. Wird nachträglich eine Wertminderung für den finanziellen Vermögenswert festgestellt, ist jeder im sonstigen Ergebnis erfasste Gewinn oder Verlust gemäß Paragraph 67 im Periodenergebnis zu erfassen.

(b) Im Falle eines finanziellen Vermögenswerts ohne feste Laufzeit ist der Gewinn oder Verlust im Periodenergebnis zu erfassen, wenn der finanzielle Vermögenswert verkauft oder anderweitig abgegeben wird. Wird nachträglich eine Wertminderung für den finanziellen Vermögenswert festgestellt, ist jeder im sonstigen Ergebnis erfasste Gewinn oder Verlust gemäß Paragraph 67 im Periodenergebnis zu erfassen.

Gewinne und Verluste

55. Ein Gewinn oder Verlust, die aus einer Änderung des beizulegenden Zeitwerts von finanziellen Vermögenswerten oder Verbindlichkeit, die nicht Teil eines Sicherungsgeschäfts sind, resultieren (siehe die Paragraphen 89-102), sind wie folgt zu erfassen:

(a) Gewinne oder Verluste aus einem finanziellen Vermögenswert bzw. einer finanziellen Verbindlichkeit, der/die erfolgswirksam zum beizulegenden Zeitwert bewertet wird, sind im Gewinn oder Verlust zu erfassen.

(b) Ein Gewinn oder Verlust aus einem zur Veräußerung verfügbaren finanziellen Vermögenswert ist solange im sonstigen Ergebnis zu erfassen, mit Ausnahme von Wertberichtigungen (siehe Paragraphen 67-70) und von Gewinnen und Verlusten aus der Währungsumrechnung (siehe Anhang A Paragraph A83), bis der finanzielle Vermögenswert ausgebucht wird. Zu diesem Zeitpunkt ist der zuvor im sonstigen Ergebnis erfasste kumulierte Gewinn oder Verlust vom Eigenkapital in den Gewinn oder Verlust umzugliedern und als Umgliederungsbetrag auszuweisen (siehe IAS 1 *Darstellung des Abschlusses* (überarbeitet 2007). Die mittels der Effektivzinsmethode berechneten Zinsen (siehe Paragraph 9) sind dagegen in der Gesamtergebnisrechnung zu erfassen (siehe IAS 18). Dividenden auf zur Veräußerung verfügbare Eigenkapitalinstrumente sind mit der Entstehung des Rechtsanspruchs des Unternehmens auf Zahlung bei Gewinnen oder Verlusten zu erfassen (siehe IAS 18).

56. Gewinne oder Verluste aus finanziellen Vermögenswerten und Verbindlichkeiten, die zu ihren fortgeführten Anschaffungskosten angesetzt werden (siehe Paragraphen 46 und 47), werden bei Ausbuchung oder Wertminderung des finanziellen Vermögenswerts/der finanziellen Verbindlichkeit sowie im Rahmen von Amortisationen im Gewinn oder Verlust erfasst. Bei finanziellen Vermögenswerten oder Verbindlichkeiten, die gesicherte Grundgeschäfte darstellen (siehe Paragraphen 78-84 und Anhang A Paragraphen A98-A101) erfolgt die Bilanzierung der Gewinne bzw. Verluste dagegen gemäß den Paragraphen 89-102.

57. Bilanziert ein Unternehmen finanzielle Vermögenswerte zum Erfüllungstag (siehe Paragraph 38 und Anhang A Paragraphen A53 und A56), sind Änderungen im beizulegenden Zeitwert eines Vermögenswertes, der in der Zeit zwischen dem Handelstag und dem Erfüllungstag entgegenzunehmen ist, nicht für solche zu erfassen, die ihren Anschaffungskosten oder fortgeführten Anschaffungskosten angesetzt werden (davon ausgenommen sind Wertberichtigungen). Bei Vermögenswerten, die zum beizulegenden Zeitwert angesetzt werden, wird die Änderung des beizulegenden Zeitwertes jedoch gemäß Paragraph 55 entweder im Gewinn oder Verlust oder im sonstigen Ergebnis erfasst.

Wertminderung und Uneinbringlichkeit von finanziellen Vermögenswerten

58. Ein Unternehmen hat an jedem Abschlussstichtag zu ermitteln, ob es objektive Hinweise darauf gibt, dass bei einem finanziellen Vermögenswert oder einer Gruppe von finanziellen Vermögenswerten eine Wertminderung eingetreten ist. Liegen derartige Hinweise vor, hat das Unternehmen zur Bestimmung der Höhe der Wertberichtigung Paragraph 63 (für zu fortgeführten

Anschaffungskosten angesetzte finanzielle Vermögenswerte), Paragraph 66 (für zu Anschaffungskosten angesetzte finanzielle Vermögenswerte) oder Paragraph 67 (für zur Veräußerung verfügbare finanzielle Vermögenswerte) anzuwenden.

59. Bei einem finanziellen Vermögenswert oder eine Gruppe von finanziellen Vermögenswerten liegt nur dann theoretisch und praktisch eine Wertminderung vor, wenn infolge eines oder mehrerer Ereignisse, die nach dem erstmaligen Ansatz des Vermögenswertes eingetreten sind (ein „Schadensfall"), ein objektiver Hinweis auf eine Wertminderung vorliegt und dieser Schadensfall (oder -fälle) eine verlässlich schätzbare Auswirkung auf die erwarteten künftigen Cashflows des finanziellen Vermögenswertes oder der Gruppe der finanziellen Vermögenswerte hat. Es ist möglich, dass die Wertminderung nicht auf ein einzelnes, singuläres Ereignis zurückgeführt werden kann, sondern durch ein Zusammentreffen mehrerer Ereignisse verursacht wurde. Verluste aus künftig erwarteten Ereignissen, dürfen ungeachtet ihrer Eintrittswahrscheinlichkeit nicht erfasst werden. Als objektive Hinweise auf eine Wertminderung eines finanziellen Vermögenswertes oder einer Gruppe von Vermögenswerten gelten auch beobachtbare Daten zu den folgenden Schadensfällen, von denen der Inhaber des Vermögenswertes Kenntnis erlangt:

(a) erhebliche finanzielle Schwierigkeiten des Emittenten oder des Schuldners;
(b) ein Vertragsbruch wie beispielsweise ein Ausfall oder Verzug von Zins- oder Tilgungszahlungen;
(c) Zugeständnisse, die der Kreditgeber dem Kreditnehmer aus wirtschaftlichen oder rechtlichen Gründen im Zusammenhang mit den finanziellen Schwierigkeiten des Kreditnehmers macht, ansonsten aber nicht gewähren würde;
(d) eine erhöhte Wahrscheinlichkeit, dass der Kreditnehmer in Insolvenz oder ein sonstiges Sanierungsverfahren geht;
(e) das durch finanzielle Schwierigkeiten bedingte Verschwinden eines aktiven Markts für diesen finanziellen Vermögenswert, oder
(f) beobachtbare Daten, die auf eine messbare Verringerung der erwarteten künftigen Cashflows aus einer Gruppe von finanziellen Vermögenswerten seit deren erstmaligem Ansatz hinweisen, auch wenn die Verringerung noch nicht den einzelnen finanziellen Vermögenswerten der Gruppe zugeordnet werden kann, einschließlich:
  (i) nachteiliger Veränderungen beim Zahlungsstand von Kreditnehmern in der Gruppe (z. B. eine größere Zahl von Zahlungsaufschüben von Kreditkarteninhabern, die ihr Kreditlimit erreicht haben und den niedrigsten Monatsbetrag zahlen); oder
  (ii) volkswirtschaftlicher oder regionaler wirtschaftlicher Rahmenbedingungen, die mit Ausfällen bei den Vermögenswerten der Gruppe korrelieren (z. B. eine Steigerung der Arbeitslosenquote in der Region des Kreditnehmers, ein Verfall der Immobilienpreise für Hypotheken in dem betreffenden Gebiet, ein Rückgang der Ölpreise für Kredite an Erdölproduzenten oder nachteilige Entwicklungen in einem Wirtschaftszweig, die die Kreditnehmer der Gruppe beinträchtigen).

60. Das Verschwinden eines aktiven Marktes infolge der Einstellung des öffentlichen Handels mit Wertpapieren eines Unternehmens ist kein Hinweis auf eine Wertminderung. Auch die Herabstufung des Bonitätsratings eines Unternehmens ist für sich genommen kein Hinweis auf eine Wertminderung, kann aber zusammen mit anderen verfügbaren Informationen auf eine Wertminderung hindeuten. Eine Abnahme des beizulegenden Zeitwertes eines finanziellen Vermögenswertes unter seine Anschaffungskosten oder fortgeführten Anschaffungskosten ist nicht notwendigerweise ein Hinweis auf eine Wertminderung (z. B. eine Abnahme des beizulegenden Zeitwertes eines gehaltenen Schuldinstruments, die durch einen Anstieg des risikolosen Zinssatzes entsteht).

61. Zusätzlich zu den in Paragraph 59 genannten Ereignissen sind auch Informationen über signifikante Änderungen im technologischen, marktbezogenen, wirtschaftlichen oder rechtlichen Umfeld der Emittenten, die sich für diesen nachteilig auswirken, ein objektiver Hinweis auf eine Wertminderung eines gehaltenen Eigenkapitalinstruments und deuten darauf hin, dass die Ausgabe für das Eigenkapitalinstrument möglicherweise nicht zurückerlangt werden kann. Ein signifikanter oder länger anhaltender Rückgang des beizulegenden Zeitwertes eines gehaltenen Eigenkapitalinstruments unter dessen Anschaffungskosten ist ebenfalls ein objektiver Hinweis auf eine Wertminderung.

62. In einigen Fällen mögen die beobachtbaren Daten, die für die Schätzung der Wertberichtigung eines finanziellen Vermögenswertes erforderlich sind, nur begrenzt vorhanden oder für die gegenwärtigen Umstände nicht länger in vollem Umfang relevant sein. Dies kann beispielsweise der Fall sein, wenn ein Kreditnehmer sich in finanziellen Schwierigkeiten befindet und nur wenige historische Daten über vergleichbare Kreditnehmer vorliegen. In solchen Fällen stützt sich ein Unternehmen zur Schätzung der Höhe einer Wertberichtigung auf seine Erfahrungen. Gleiches gilt, wenn ein Unternehmen beobachtbare Daten für eine Gruppe von finanziellen Vermögenswerten an die aktuellen Umstände anpassen will (siehe Paragraph A89). Vernünftige Schätzungen sind bei der Aufstellung von Abschlüssen unumgänglich und beeinträchtigen deren Verlässlichkeit nicht.

Finanzielle Vermögenswerte, die zu fortgeführten Anschaffungskosten bilanziert werden

63. Gibt es einen objektiven Hinweis darauf,

dass bei Krediten und Forderungen oder bis zur Endfälligkeit zu haltenden Finanzinvestitionen, die zu fortgeführten Anschaffungskosten bilanziert werden, eine Wertminderung eingetreten ist, so ergibt sich die Höhe des Verlusts aus der Differenz zwischen dem Buchwert des Vermögenswertes und dem Barwert der erwarteten künftigen Cashflows (mit Ausnahme künftiger, noch nicht erlittener Kreditausfälle), abgezinst mit dem ursprünglichen Effektivzinssatz des finanziellen Vermögenswertes (d. h. dem bei erstmaligem Ansatz ermittelten Zinssatz). Der Buchwert des Vermögenswertes ist entweder direkt oder unter Verwendung eines Wertberichtigungskontos zu reduzieren. Der Verlustbetrag ist ergebniswirksam zu erfassen.

64. Ein Unternehmen stellt zunächst fest, ob bei finanziellen Vermögenswerten, die für sich genommen bedeutsam sind, ein objektiver Hinweis auf individuelle Wertminderung und bei finanziellen Vermögenswerten, die für sich genommen nicht bedeutsam sind (siehe Paragraph 59), ein objektiver Hinweis auf individuelle oder kollektive Wertminderung vorliegt. Stellt ein Unternehmen fest, dass bei einem einzeln untersuchten finanziellen Vermögenswert, ob bedeutsam oder nicht, kein objektiver Hinweis auf Wertminderung vorliegt, nimmt es diesen in eine Gruppe finanzieller Vermögenswerte mit vergleichbaren Ausfallrisikoprofilen auf und untersucht sie gemeinsam auf Wertminderung. Vermögenswerte, die einzeln auf Wertminderung untersucht werden und für die eine Wertberichtigung neu bzw. weiterhin erfasst wird, werden nicht in eine gemeinsame Wertminderungsbeurteilung einbezogen.

65. Verringert sich die Höhe der Wertberichtigung in einer der folgenden Perioden und kann diese Verringerung objektiv auf einen nach der Erfassung der Wertminderung aufgetretenen Sachverhalt (wie die Verbesserung des Bonitätsratings eines Schuldners) zurückgeführt werden, ist die früher erfasste Wertberichtigung entweder direkt oder durch Anpassung des Wertberichtigungskontos rückgängig zu machen. Dies darf zum Zeitpunkt der Wertaufholung jedoch nicht dazu führen, dass der Buchwert des finanziellen Vermögenswertes über den Betrag der fortgeführten Anschaffungskosten hinausgeht, der sich ergeben hätte, wenn die Wertminderung nicht erfasst worden wäre. Der Betrag der Wertaufholung ist ergebniswirksam zu erfassen.

Finanzielle Vermögenswerte, die zu Anschaffungskosten angesetzt werden

66. Gibt es objektive Hinweise darauf, dass bei einem nicht notierten Eigenkapitalinstrument, das nicht zum beizulegenden Zeitwert angesetzt wird, weil sein beizulegender Zeitwert nicht verlässlich ermittelt werden kann, oder bei einem derivativen Vermögenswert, der mit diesem nicht notierten Eigenkapitalinstrument verknüpft ist und nur durch Andienung erfüllt werden kann, eine Wertminderung eingetreten ist, so ergibt sich der Betrag der Wertberichtigung aus der Differenz zwischen dem Buchwert des finanziellen Vermögenswertes und dem Barwert der geschätzten künftigen Cashflows, die mit der aktuellen Marktrendite eines vergleichbaren finanziellen Vermögenswertes abgezinst werden (siehe Paragraph 46(c) und Anhang A Paragraph A80 und A81). Solche Wertberichtigungen dürfen nicht rückgängig gemacht werden.

Zur Veräußerung verfügbare finanzielle Vermögenswerte

67. Wenn ein Rückgang des beizulegenden Zeitwerts eines zur Veräußerung verfügbaren finanziellen Vermögenswertes im sonstigen Ergebnis erfasst wurde und ein objektiver Hinweis auf Wertminderung dieses Vermögenswerts vorliegt (siehe Paragraph 59), ist der direkt im Eigenkapital angesetzte kumulierte Verlust aus dem Eigenkapital zu entfernen und ergebniswirksam zu erfassen, auch wenn der finanzielle Vermögenswert nicht ausgebucht wurde.

68. Der gemäß Paragraph 67 aus dem Eigenkapital in den Gewinn oder Verlust umgegliederte kumulierte Verlust ist die Differenz zwischen den Anschaffungskosten (abzüglich etwaiger Tilgungen und Amortisationen) und dem aktuellen beizulegenden Zeitwert, abzüglich etwaiger, bereits früher ergebniswirksam erfasster Wertberichtigungen dieses finanziellen Vermögenswertes.

69. Ergebniswirksam erfasste Wertberichtigungen für ein gehaltenes Eigenkapitalinstrument, das als zur Veräußerung verfügbar eingestuft wird, dürfen nicht ergebniswirksam rückgängig gemacht werden.

70. Wenn sich der beizulegende Zeitwert eines Schuldinstruments, das als zur Veräußerung verfügbar eingestuft wurde, in einer der folgenden Perioden erhöht und sich diese Erhöhung objektiv auf ein Ereignis zurückführen lässt, das nach der ergebniswirksamen Verbuchung der Wertminderung eingetreten ist, ist die Wertberichtigung rückgängig zu machen und der Betrag der Wertaufholung ergebniswirksam zu erfassen.

SICHERUNGSGESCHÄFTE

71. Besteht zwischen einem Sicherungsinstrument und einem in den Paragraphen 85-88 und Anhang A Paragraphen A102-A104 beschriebenen gesicherten Grundgeschäft eine designierte Sicherungsbeziehung, so werden die Gewinne und Verluste aus dem Sicherungsinstrument und dem gesicherten Grundgeschäft nach den Paragraphen 89-102 bilanziert.

Sicherungsinstrumente

Qualifizierende Instrumente

72. Sofern die in Paragraph 88 genannten Bedingungen erfüllt sind, werden in diesem Standard die Umstände, unter denen ein Derivat zum Sicherungsinstrument bestimmt werden kann, nicht beschränkt; davon ausgenommen sind nur bestimmte geschriebene Optionen (siehe Anhang A Paragraph A94). Nicht derivative finanzielle Vermö-

genswerte oder Verbindlichkeiten können jedoch nur als Sicherungsinstrumente bestimmt werden, wenn sie der Absicherung eines Währungsrisikos dienen sollen.

73. Für die Bilanzierung von Sicherungsgeschäften können als Sicherungsinstrumente nur Finanzinstrumente bestimmt werden, an denen eine nicht zum berichtenden Unternehmen gehörende externe Partei (d.h. außerhalb der Unternehmensgruppe oder des einzelnen Unternehmens, über die/das berichtet wird) beteiligt ist. Zwar können einzelne Unternehmen innerhalb eines Konzerns oder einzelne Abteilungen innerhalb eines Unternehmens mit anderen Unternehmen des gleichen Konzerns oder anderen Abteilungen des gleichen Unternehmens Sicherungsgeschäfte tätigen, doch werden solche konzerninternen Transaktionen bei der Konsolidierung eliminiert und kommen somit für eine Bilanzierung von Sicherungsgeschäften im Konzernabschluss der Unternehmensgruppe nicht in Frage. Sie können jedoch die Bedingungen für eine Bilanzierung von Sicherungsgeschäften in den Einzelabschlüssen einzelner Unternehmen der Gruppe erfüllen, sofern sie nicht zu dem Einzelunternehmen gehören, über das berichtet wird.

Bestimmung von Sicherungsinstrumenten

74. In der Regel existiert für ein Sicherungsinstrument in seiner Gesamtheit nur ein einziger beizulegender Zeitwert, und die Faktoren, die bei diesem zu Änderungen führen, bedingen sich gegenseitig. Daher wird eine Sicherungsbeziehung von einem Unternehmen stets für ein Sicherungsinstrument in seiner Gesamtheit designiert. Die einzigen zulässigen Ausnahmen sind:
(a) die Trennung eines Optionskontrakts in inneren Wert und Zeitwert, wobei nur die Änderung des inneren Werts einer Option als Sicherungsinstrument bestimmt und die Änderung des Zeitwerts ausgeklammert wird; sowie
(b) die Trennung von Zinskomponente und Kassakurs eines Terminkontrakts.

Diese Ausnahmen werden zugelassen, da der innere Wert der Option und die Prämie eines Terminkontrakts in der Regel getrennt bewertet werden können. Eine dynamische Sicherungsstrategie, bei der sowohl der innere Wert als auch der Zeitwert eines Optionskontrakts bewertet werden, kann die Bedingungen für die Bilanzierung von Sicherungsgeschäften erfüllen.

75. In einer Sicherungsbeziehung kann ein Teil des gesamten Sicherungsinstruments, beispielsweise 50 Prozent des Nominalvolumens, als Sicherungsinstrument bestimmt werden. Jedoch kann eine Sicherungsbeziehung nicht nur für einen Teil der Zeit, über den das Sicherungsinstrument noch läuft, bestimmt werden.

76. Ein einzelnes Sicherungsinstrument kann zur Absicherung verschiedener Risiken eingesetzt werden, wenn (a) die abzusichernden Risiken eindeutig ermittelt werden können, (b) die Wirksamkeit des Sicherungsgeschäfts nachgewiesen werden kann und (c) es möglich ist, eine exakte Zuordnung des Sicherungsinstruments zu den verschiedenen Risikopositionen zu gewährleisten.

77. Zwei oder mehrere Derivate oder Anteile davon (oder im Falle der Absicherung eines Währungsrisikos zwei oder mehrere nicht derivative Instrumente oder Anteile davon bzw. eine Kombination aus derivativen und nicht derivativen Instrumenten oder Anteilen davon) können auch dann in Verbindung berücksichtigt und zusammen als Sicherungsinstrument eingesetzt werden, wenn das/die aus einigen Derivaten resultierende(n) Risiko/Risiken das/die aus anderen resultierende(n) Risiko/Risiken ausgleicht/ausgleichen. Ein Collar oder ein anderes derivatives Finanzinstrument, bei dem eine geschriebene Option mit einer erworbenen Option kombiniert wird, erfüllt jedoch nicht die Anforderungen an ein Sicherungsinstrument, wenn es sich netto um eine geschriebene Option handelt (für die keine Nettoprämie vereinnahmt wird). Ebenso können zwei oder mehrere Finanzinstrumente (oder Anteile davon) als Sicherungsinstrumente designiert werden, jedoch nur wenn keines von ihnen eine geschriebene Option bzw. netto eine geschriebene Option ist.

Gesicherte Grundgeschäfte

Qualifizierende Grundgeschäfte

78. Ein gesichertes Grundgeschäft kann ein bilanzierter Vermögenswert oder eine bilanzierte Verbindlichkeit, eine bilanzunwirksame feste Verpflichtung, eine erwartete und mit hoher Wahrscheinlichkeit eintretende künftige Transaktion oder eine Nettoinvestition in einen ausländischen Geschäftsbetrieb sein. Dabei kann es sich (a) um einen einzelnen Vermögenswert, eine einzelne Verbindlichkeit, eine einzelne feste Verpflichtung, eine erwartete und mit hoher Wahrscheinlichkeit eintretende künftige Einzeltransaktion oder eine einzelne Nettoinvestition in einen ausländischen Geschäftsbetrieb oder (b) um eine Gruppe von Vermögenswerten, Verbindlichkeiten, festen Verpflichtungen, erwarteten und mit hoher Wahrscheinlichkeit eintretenden künftigen Transaktionen oder Nettoinvestitionen in ausländische Geschäftsbetriebe mit vergleichbarem Risikoprofil oder (c) bei der Absicherung eines Portfolios gegen Zinsänderungsrisiken um einen Teil eines Portfolios an finanziellen Vermögenswerten oder Verbindlichkeiten, die demselben Risiko unterliegen, handeln.

79. Im Gegensatz zu Krediten und Forderungen kann eine bis zur Endfälligkeit zu haltende Finanzinvestition kein im Hinblick auf Zins- und Kündigungsrisiken gesichertes Grundgeschäft sein, da die Einstufung als bis zur Endfälligkeit zu haltende Finanzinvestition die Absicht voraussetzt, die Finanzinvestition ohne Rücksicht auf zinsänderungsbedingte Schwankungen des beizulegenden Zeitwerts oder der Cashflows einer solchen Finanzinvestition auch tatsächlich bis zur Endfälligkeit zu halten. Eine bis zur Endfälligkeit zu haltende Fi-

nanzinvestition kann jedoch ein Grundgeschäft zur Absicherung von Währungs- und Ausfallrisiken sein.

80. Für die Bilanzierung von Sicherungsgeschäften können als gesicherte Grundgeschäfte nur Vermögenswerte, Verbindlichkeiten, feste Verpflichtungen oder erwartete und mit hoher Wahrscheinlichkeit eintretende künftige Transaktionen bestimmt werden, an denen eine nicht zum Unternehmen gehörende externe Partei beteiligt ist. Daraus folgt, dass Transaktionen zwischen Unternehmen derselben Unternehmensgruppe nur in den Einzelabschlüssen dieser Unternehmen, nicht aber im Konzernabschluss der Unternehmensgruppe als Sicherungsgeschäfte bilanziert werden können. Eine Ausnahme stellt das Währungsrisiko aus einem konzerninternen monetären Posten (z. B. eine Verbindlichkeit/Forderung zwischen zwei Tochtergesellschaften) dar, das die Voraussetzung für ein Grundgeschäft im Konzernabschluss erfüllt, wenn es zu Gewinnen und Verlusten aus einer Wechselkursrisikoposition führt, die gemäß IAS 21 *Auswirkungen von Wechselkursänderungen* bei der Konsolidierung nicht vollkommen eliminiert werden. Gemäß IAS 21 werden Wechselkursgewinne und -verluste von konzerninternen monetären Posten bei der Konsolidierung nicht vollkommen eliminiert, wenn der konzerninterne monetäre Posten zwischen zwei Unternehmen des Konzerns mit unterschiedlichen funktionalen Währungen abgewickelt wird. Des Weiteren können Währungsrisiken einer höchstwahrscheinlich eintretenden künftigen konzerninternen Transaktion die Kriterien eines gesicherten Grundgeschäfts für den Konzernabschluss erfüllen, sofern die Transaktion in einer anderen Währung als der funktionalen Währung des Unternehmens, das diese Transaktion abschließt, abgewickelt wird und sich das Währungsrisiko im Konzernergebnis niederschlägt.

Bestimmung finanzieller Posten als gesicherte Grundgeschäfte

81. Ist das gesicherte Grundgeschäft ein finanzieller Vermögenswert oder eine finanzielle Verbindlichkeit, so kann sich die Absicherung – sofern deren Wirksamkeit ermittelt werden kann – auf Risiken beschränken, denen lediglich ein Teil seiner Cashflows oder seines beizulegenden Zeitwertes ausgesetzt ist (wie ein oder mehrere ausgewählte vertragliche Cashflows oder Teile derer oder ein Anteil am beizulegenden Zeitwert). So kann beispielsweise ein identifizierbarer und gesondert bewertbarer Teil des Zinsrisikos eines zinstragenden Vermögenswertes oder einer zinstragenden Verbindlichkeit als gesichertes Risiko bestimmt werden (wie z. B. ein risikoloser Zinssatz oder ein Benchmarkzinsteil des gesamten Zinsrisikos eines gesicherten Finanzinstruments).

81A. Bei der Absicherung des beizulegenden Zeitwerts gegen das Zinsänderungsrisiko eines Portfolios finanzieller Vermögenswerte oder Verbindlichkeiten (und nur im Falle einer solchen Absicherung) kann der abgesicherte Teil anstatt als einzelner Vermögenswert (oder einzelne Verbindlichkeit) in Form eines Währungsbetrags (z. B. eines Dollar-, Euro-, Pfund- oder Rand-Betrags) festgelegt werden. Auch wenn das Portfolio für Zwecke des Risikomanagements Vermögenswerte und Verbindlichkeiten beinhalten kann, ist der festgelegte Betrag ein Betrag von Vermögenswerten oder ein Betrag von Verbindlichkeiten. Die Festlegung eines Nettobetrags aus Vermögenswerten und Verbindlichkeiten ist nicht statthaft. Das Unternehmen kann einen Teil des mit diesem festgelegten Betrag verbundenen Zinsänderungsrisikos absichern. So kann es beispielsweise bei der Absicherung eines Portfolios aus vorzeitig rückzahlbaren Vermögenswerten etwaige Änderungen des beizulegenden Zeitwerts, die auf Änderungen beim abgesicherten Zinssatz zurückzuführen sind, auf Grundlage der erwarteten statt der vertraglichen Zinsanpassungstermine absichern. [...].

Bestimmung nicht finanzieller Posten als gesicherte Grundgeschäfte

82. Handelt es sich bei dem gesicherten Grundgeschäft nicht um einen finanziellen Vermögenswert oder eine finanzielle Verbindlichkeit, so ist es entweder ein gegen Währungsrisiken gesichertes oder als ein insgesamt gegen alle Risiken gesichertes Geschäft zu bestimmen, denn zu ermitteln, in welchem Verhältnis die Veränderungen bei Cashflows und beizulegendem Zeitwert den einzelnen Risiken zuzuordnen sind, wäre mit Ausnahme des Währungsrisikos äußerst schwierig.

Bestimmung von Gruppen von Posten als gesicherte Grundgeschäfte

83. Gleichartige Vermögenswerte oder Verbindlichkeiten sind nur dann zusammenzufassen und als Gruppe gegen Risiken abzusichern, wenn die einzelnen Vermögenswerte oder Verbindlichkeiten in der Gruppe demselben, als abgesichert bestimmten Risikofaktor unterliegen. Des Weiteren muss zu erwarten sein, dass die dem abgesicherten Risiko der einzelnen Posten der Gruppe zuzurechnende Änderung des beizulegenden Zeitwerts zu der dem abgesicherten Risiko der gesamten Gruppe zuzurechnenden Änderung des beizulegenden Zeitwerts in etwa in einem proportionalen Verhältnis steht.

84. Da ein Unternehmen die Wirksamkeit einer Absicherung beurteilt, indem es die Änderung des beizulegenden Zeitwerts oder des Cashflows eines Sicherungsinstruments (oder einer Gruppe gleichartiger Sicherungsinstrumente) mit den entsprechenden Änderungen beim Grundgeschäft (oder einer Gruppe gleichartiger Grundgeschäfte) vergleicht, kommt ein Vergleich, bei dem ein Sicherungsinstrument nicht einem bestimmten Grundgeschäft, sondern einer gesamten Nettoposition (z. B. dem Saldo aller festverzinslichen Vermögenswerte und festverzinslichen Verbindlichkeiten mit vergleichbaren Laufzeiten) gegenübergestellt wird, nicht für eine Bilanzierung von Sicherungsgeschäften in Frage.

Bilanzierung von Sicherungsgeschäften

85. Bei der Bilanzierung von Sicherungsgeschäften wird der kompensatorische Effekt von Änderungen des beizulegenden Zeitwerts des Sicherungsinstruments und des Grundgeschäfts in der Gesamtergebnisrechnung erfasst.

86. Es gibt drei Arten von Sicherungsgeschäften:

(a) *Absicherung des beizulegenden Zeitwerts:* Eine Absicherung des Risikos, dass sich der beizulegende Zeitwert eines bilanzierten Vermögenswertes oder einer bilanzierten Verbindlichkeit oder einer bilanzunwirksamen festen Verpflichtung oder eines genau bezeichneten, auf ein bestimmtes Risiko zurückzuführenden Teils eines solchen Vermögenswertes, einer solchen Verbindlichkeit oder festen Verpflichtung ändert und auf den Gewinn oder Verlust auswirkt.

(b) *Absicherung von Zahlungsströmen:* Eine Absicherung gegen das Risiko schwankender Zahlungsströme, das (i) auf ein bestimmtes mit dem bilanzierten Vermögenswert oder der bilanzierten Verbindlichkeit (wie beispielsweise ein Teil oder alle künftigen Zinszahlungen einer variabel verzinslichen Schuld) oder dem mit einer erwarteten und mit hoher Wahrscheinlichkeit eintretenden künftigen Transaktion verbundenes Risiko zurückzuführen ist und (ii) Auswirkungen auf den Gewinn oder Verlust haben könnte.

(c) *Absicherung einer Nettoinvestition in einen ausländischen Geschäftsbetrieb,* im Sinne von IAS 21.

87. Eine Absicherung des Währungsrisikos einer festen Verpflichtung kann als eine Absicherung des beizulegenden Zeitwerts oder als eine Absicherung von Zahlungsströmen bilanziert werden.

88. Eine Sicherungsbeziehung erfüllt nur dann die Voraussetzungen für die Bilanzierung von Sicherungsgeschäften gemäß den Paragraphen 89-102, wenn alle folgenden Bedingungen erfüllt sind:

(a) Zu Beginn der Absicherung sind sowohl die Sicherungsbeziehung als auch die Risikomanagementzielsetzungen und -strategien, die das Unternehmen im Hinblick auf die Absicherung verfolgt, formal festzulegen und zu dokumentieren. Diese Dokumentation hat die Festlegung des Sicherungsinstruments, des Grundgeschäfts oder der abgesicherten Transaktion und der Art des abzusichernden Risikos zu beinhalten sowie eine Beschreibung, wie das Unternehmen die Wirksamkeit des Sicherungsinstruments bei der Kompensation der Risiken aus Änderungen des beizulegenden Zeitwertes oder der Cashflows des gesicherten Grundgeschäfts bestimmen wird.

(b) Es wird davon ausgegangen, dass das Ziel, Änderungen bei beizulegendem Zeitwert oder Cashflows, die dem abgesicherten Risiko zuzuordnen sind, der für diese spezielle Sicherungsbeziehung ursprünglich dokumentierten Risikomanagementstrategie entsprechend zu kompensieren, mit der betreffenden Absicherung mit hoher Wahrscheinlichkeit erreicht wird (siehe Anhang A Paragraphen A105-A113).

(c) Bei Absicherungen von Zahlungsströmen muss eine der Absicherung zugrunde liegende erwartete künftige Transaktion eine hohe Eintrittswahrscheinlichkeit haben und Risiken im Hinblick auf Schwankungen der Zahlungsströme ausgesetzt sein, die sich letztlich im Gewinn oder Verlust niederschlagen könnten.

(d) Die Wirksamkeit des Sicherungsgeschäfts ist verlässlich bestimmbar, d. h. der beizulegende Zeitwert oder die Cashflows des Grundgeschäfts, die auf das abgesicherte Risiko zurückzuführen sind, und der beizulegende Zeitwert des Sicherungsinstruments können verlässlich bestimmt werden (siehe Paragraphen 46 und 47 und Anhang A Paragraphen A80 und A81 für die Regelungen zur Bestimmung des beizulegenden Zeitwerts).

(e) Das Sicherungsgeschäft wird fortlaufend bewertet und für sämtliche Rechnungslegungsperioden, für die es designiert wurde, als faktisch hoch wirksam beurteilt.

Absicherung des beizulegenden Zeitwertes

89. Erfüllt die Absicherung des beizulegenden Zeitwertes im Verlauf der Periode die in Paragraph 88 genannten Voraussetzungen, so ist sie wie folgt zu bilanzieren:

(a) der Gewinn oder Verlust aus der erneuten Bewertung des Sicherungsinstruments zum beizulegenden Zeitwert (für ein derivatives Sicherungsinstrument) oder die Währungskomponente seines gemäß IAS 21 bewerteten Buchwertes (für nicht derivative Sicherungsinstrumente) ist im Gewinn oder Verlust zu erfassen; und

(b) der Buchwert eines Grundgeschäfts ist um den abgesicherten Risiko zuzurechnenden Gewinn oder Verlust aus dem Grundgeschäft anzupassen und im Gewinn oder Verlust zu erfassen. Dies gilt für den Fall, dass das Grundgeschäft ansonsten zu den Anschaffungskosten bewertet wird. Der dem abgesicherten Risiko zuzurechnende Gewinn oder Verlust ist im Gewinn oder Verlust zu erfassen, wenn es sich bei dem Grundgeschäft um einen zur Veräußerung verfügbaren finanziellen Vermögenswert handelt.

89A. Bei einer Absicherung des beizulegenden Zeitwertes gegen das Zinsänderungsrisiko eines Teils eines Portfolios finanzieller Vermögenswerte oder finanzieller Verbindlichkeiten (und nur im Falle einer solchen Absicherung) kann die Anforderung von Paragraph 89(b) erfüllt werden, indem der dem Grundgeschäft zuzurechnende Gewinn oder Verlust entweder durch:

(a) einen einzelnen gesonderten Posten innerhalb der Vermögenswerte für jene Zinsanpassungsperioden, in denen das Grundgeschäft ein Vermögenswert ist, oder

(b) einen einzelnen gesonderten Posten innerhalb der Verbindlichkeiten für jene Zinsanpassungsperioden, in denen das Grundgeschäft eine Verbindlichkeit ist.

Die unter (a) und (b) genannten gesonderten Posten sind in unmittelbarer Nähe der finanziellen Vermögenswerte bzw. Verbindlichkeiten darzustellen. Die in diesen gesonderten Posten ausgewiesenen Beträge sind bei der Ausbuchung der dazugehörigen Vermögenswerte oder Verbindlichkeiten aus der Bilanz zu entfernen.

90. Werden nur bestimmte, mit dem Grundgeschäft verbundene Risiken abgesichert, sind erfasste Änderungen des beizulegenden Zeitwertes eines Grundgeschäfts, die nicht dem abgesicherten Risiko zuzurechnen sind, nach einer der beiden Methoden in Paragraph 55 zu bilanzieren.

91. Ein Unternehmen hat die in Paragraph 89 dargelegte Bilanzierung von Sicherungsgeschäften künftig einzustellen, wenn:

(a) das Sicherungsinstrument ausläuft oder veräußert, beendet oder ausgeübt wird (in diesem Sinne gilt eine Fortsetzung oder die Ersetzung eines Sicherungsinstruments durch ein anderes nicht als Auslaufen oder Beendigung, sofern ein derartiger Ersatz oder eine derartige Fortsetzung Teil der dokumentierten Sicherungsstrategie des Unternehmens ist);

(b) das Sicherungsgeschäft nicht mehr die in Paragraph 88 genannten Kriterien für eine Bilanzierung solcher Geschäfte erfüllt; oder

(c) das Unternehmen die Designation zurückzieht.

92. Jede auf Paragraph 89(b) beruhende Berichtigung des Buchwertes eines gesicherten Finanzinstruments, das zu fortgeführten Anschaffungskosten bewertet wird (oder im Falle einer Absicherung eines Portfolios gegen Zinsänderungsrisiken des gesonderten Bilanzpostens, wie in Paragraph 89A beschrieben) ist ergebniswirksam aufzulösen. Sobald die Berichtigung gibt, kann die Auflösung beginnen, sie darf aber nicht später als zu dem Zeitpunkt beginnen, an dem das Grundgeschäft nicht mehr um Änderungen des beizulegenden Zeitwertes, die auf das abzusichernde Risiko zurückzuführen sind, angepasst wird. Die Berichtigung basiert auf einem zum Zeitpunkt des Amortisationsbeginns neu berechneten Effektivzinssatz. Wenn jedoch im Falle einer Absicherung des beizulegenden Zeitwerts gegen Zinsänderungsrisiken eines Portfolios finanzieller Vermögenswerte oder finanzieller Verbindlichkeiten (und nur bei einer solchen Absicherung) eine Amortisation unter Einsatz eines neu berechneten Effektivzinssatzes nicht durchführbar ist, so ist der Korrekturbetrag mittels einer linearen Amortisationsmethode aufzulösen. Der Korrekturbetrag ist bis zur Fälligkeit des Finanzinstruments oder im Falle der Absicherung eines Portfolios gegen Zinsänderungsrisiken bei Ablauf des entsprechenden Zinsanpassungstermins vollständig aufzulösen.

93. Wird eine bilanzunwirksame feste Verpflichtung als Grundgeschäft designiert, so wird die nachfolgende kumulierte Änderung des beizulegenden Zeitwertes der festen Verpflichtung, die dem gesicherten Risiko zuzuordnen ist, als Vermögenswert oder Verbindlichkeit mit einem entsprechendem Gewinn oder Verlust im Gewinn oder Verlust erfasst (siehe Paragraph 89(b)). Die Änderungen des beizulegenden Zeitwerts des Sicherungsinstruments sind ebenfalls im Gewinn oder Verlust zu erfassen.

94. Geht ein Unternehmen eine feste Verpflichtung ein, einen Vermögenswert zu erwerben oder eine Verbindlichkeit zu übernehmen, der/die im Rahmen einer Absicherung eines beizulegenden Zeitwerts ein Grundgeschäft darstellt, wird der Buchwert des Vermögenswertes oder der Verbindlichkeit, der aus der Erfüllung der festen Verpflichtung des Unternehmens hervorgeht, im Zugangszeitpunkt um die kumulierte Änderung des beizulegenden Zeitwertes der festen Verpflichtung, der auf das in der Bilanz erfasste abgesicherte Risiko zurückzuführen ist, berichtigt.

Absicherung von Zahlungsströmen

95. Erfüllt die Absicherung von Zahlungsströmen im Verlauf der Periode die in Paragraph 88 genannten Voraussetzungen, so hat die Bilanzierung folgendermaßen zu erfolgen:

(a) der Teil des Gewinns oder Verlusts aus einem Sicherungsinstrument, der als wirksame Absicherung ermittelt wird (siehe Paragraph 88), ist im sonstigen Ergebnis zu erfassen; und

(b) der unwirksame Teil des Gewinns oder Verlusts aus dem Sicherungsinstrument ist im Gewinn oder Verlust zu erfassen.

96. Ausführlicher dargestellt wird eine Absicherung von Zahlungsströmen folgendermaßen bilanziert:

(a) die eigenständige, mit dem Grundgeschäft verbundene Eigenkapitalkomponente wird um den niedrigeren der folgenden Beträge (in absoluten Zahlen) berichtigt:

  (i) den kumulierten Gewinn oder Verlust aus dem Sicherungsinstrument seit Beginn der Sicherungsbeziehung; und

  (ii) die kumulierte Änderung des beizulegenden Zeitwertes (Barwertes) der erwarteten künftigen Cashflows aus dem Grundgeschäft seit Beginn der Sicherungsbeziehung;

(b) ein verbleibender Gewinn oder Verlust aus einem Sicherungsinstrument oder einer bestimmten Komponente davon (das keine effektive Sicherung darstellt) wird im Gewinn oder Verlust erfasst; und

(c) sofern die dokumentierte Risikomanagementstrategie eines Unternehmens für eine bestimmte Sicherungsbeziehung einen bestimmten Teil des Gewinns oder Verlusts oder damit verbundener Cashflows aus einem Sicherungsinstrument von der Beurteilung der Wirksamkeit der Sicherungsbeziehung ausschließt (siehe Paragraph 74, 75 und 88(a)), so ist dieser ausgeschlossene Gewinn- oder Verlustteil gemäß Paragraph 55 zu erfassen.

97. Resultiert eine Absicherung einer erwarteten Transaktion später im Ansatz eines finanziellen Vermögenswerts oder einer finanziellen Verbindlichkeit, sind die damit verbundenen Gewinne oder Verluste, die gemäß Paragraph 95 im sonstigen Gesamtergebnis erfasst wurden, in derselben Periode oder denselben Perioden als Umgliederungsbetrag (siehe IAS 1 (überarbeitet 2007)) vom Eigenkapital in den Gewinn oder Verlust umzugliedern, in denen die abgesicherten erwarteten Zahlungsströme den Gewinn oder Verlust beeinflussen (z.B. in den Perioden, in denen Zinserträge oder Zinsaufwendungen erfasst werden). Erwartet ein Unternehmen jedoch, dass der gesamte oder ein Teil des im sonstigen Gesamtergebnis erfassten Verlusts in einer oder mehreren der folgenden Perioden nicht wieder hereingeholt wird, hat es den voraussichtlich nicht wieder hereingeholten Betrag als Umgliederungsbetrag in den Gewinn oder Verlust umzubuchen.

98. Resultiert eine Absicherung einer erwarteten Transaktion später im Ansatz eines nicht finanziellen Vermögenswertes oder einer nicht finanziellen Verbindlichkeit oder wird eine erwartete Transaktion für einen nicht finanziellen Vermögenswert oder eine nicht finanzielle Verbindlichkeit zu einer festen Verpflichtung, für die die Bilanzierung für die Absicherung des beizulegenden Zeitwertes angewendet wird, hat das Unternehmen den nachfolgenden Punkt (a) oder (b) anzuwenden:

(a) Die entsprechenden Gewinne und Verluste, die gemäß Paragraph 95 im sonstigen Ergebnis erfasst wurden, sind in den Gewinn oder Verlust derselben Periode oder der Perioden umzugliedern, in denen der erworbene Vermögenswert oder die übernommene Verbindlichkeit den Gewinn oder Verlust beeinflusst (wie z. B. in den Perioden, in denen Abschreibungsaufwendungen oder Umsatzkosten erfasst werden) und als Umgliederungsbeträge auszuweisen (siehe IAS 1 (überarbeitet 2007)). Erwartet ein Unternehmen jedoch, dass der gesamte oder ein Teil des im sonstigen Ergebnis erfassten Verlusts in einer oder mehreren Perioden nicht wieder hereingeholt wird, hat es den voraussichtlich nicht wieder hereingeholten Betrag vom Eigenkapital in den Gewinn oder Verlust umzugliedern und als Umgliederungsbetrag auszuweisen.

(b) Die entsprechenden Gewinne und Verluste, die gemäß Paragraph 95 im sonstigen Ergebnis erfasst wurden, werden entfernt und Teil der Anschaffungskosten im Zugangszeitpunkt oder eines anderweitigen Buchwertes

des Vermögenswertes oder der Verbindlichkeit.

99. Ein Unternehmen hat sich bei seiner Rechnungslegungsmethode entweder für Punkt (a) oder für (b) des Paragraphen 98 zu entscheiden und diese Methode konsequent auf alle Sicherungsbeziehungen anzuwenden, auf die sich Paragraph 98 bezieht.

100. Bei anderen als den in Paragraph 97 und 98 angeführten Absicherungen von Zahlungsströmen sind die Beträge, die im sonstigen Gesamtergebnis erfasst wurden, in derselben Periode oder denselben Perioden als Umgliederungsbetrag (siehe IAS 1 (überarbeitet 2007)) vom Eigenkapital in den Gewinn oder Verlust umzugliedern, in denen die abgesicherten erwarteten Zahlungsströme den Gewinn oder Verlust beeinflussen (z.B. wenn ein erwarteter Verkauf stattfindet).

101. In allen nachstehenden genannten Fällen hat ein Unternehmen die in den Paragraphen 95-100 beschriebene Bilanzierung von Sicherungsgeschäften einzustellen:

(a) Das Sicherungsinstrument läuft aus oder wird veräußert, beendet oder ausgeübt (in diesem Sinne gilt ein Ersatz oder die Fortsetzung eines Sicherungsinstruments durch ein anderes nicht als Auslaufen oder Beendigung, sofern ein derartiger Ersatz oder eine derartige Fortsetzung Teil der dokumentierten Sicherungsstrategie des Unternehmens ist). In diesem Fall wird der kumulierte Gewinn oder Verlust aus dem Sicherungsinstrument, der seit der Periode, als die Sicherungsbeziehung als wirksam eingestuft wurde, im sonstigen Ergebnis erfasst wird (siehe Paragraph 95(a)), weiterhin gesondert im Eigenkapital ausgewiesen, bis die vorhergesehene Transaktion eingetreten ist. Tritt die Transaktion ein, so kommen Paragraph 97, 98 und 100 zur Anwendung.

(b) Das Sicherungsgeschäft erfüllt nicht mehr die in Paragraph 88 genannten Kriterien für die Bilanzierung solcher Geschäfte. In diesem Fall wird der kumulierte Gewinn oder Verlust aus dem Sicherungsinstrument, der seit der Periode, als die Sicherungsbeziehung als wirksam eingestuft wurde, im sonstigen Ergebnis erfasst wird (siehe Paragraph 95(a)), weiterhin gesondert im Eigenkapital ausgewiesen, bis die vorhergesehene Transaktion eingetreten ist. Tritt die Transaktion ein, so kommen Paragraph 97, 98 und 100 zur Anwendung.

(c) Mit dem Eintritt der erwarteten Transaktion wird nicht mehr gerechnet, so dass in diesem Fall alle entsprechenden kumulierten Gewinne oder Verluste aus dem Sicherungsinstrument, die seit der Periode, als die Sicherungsbeziehung als wirksam eingestuft wurde, im sonstigen Ergebnis erfasst wurde (siehe Paragraph 95(a)), vom Eigenkapital in den Gewinn oder Verlust umzugliedern sind. Auch

101 – 103E

wenn der Eintritt einer erwarteten Transaktion nicht mehr hoch wahrscheinlich ist (siehe Paragraph 88(c)), kann damit jedoch immer noch gerechnet werden.

(d) Das Unternehmen zieht die Designation zurück. Für Absicherungen einer erwarteten Transaktion wird der kumulierte Gewinn oder Verlust aus dem Sicherungsinstrument, der seit der Periode, als die Sicherungsbeziehung als wirksam eingestuft wurde, im sonstigen Ergebnis erfasst wird (siehe Paragraph 95(a)), weiterhin gesondert im Eigenkapital ausgewiesen, bis die erwartete Transaktion eingetreten ist oder deren Eintritt nicht mehr erwartet wird. Tritt die Transaktion ein, so kommen Paragraph 97, 98 und 100 zur Anwendung. Wenn der Eintritt der Transaktion nicht mehr erwartet wird, ist der im sonstigen Ergebnis erfasste kumulierte Gewinn oder Verlust vom Eigenkapital in den Gewinn oder Verlust umzugliedern.

Absicherungen einer Nettoinvestition

102. Absicherungen einer Nettoinvestition in einen ausländischen Geschäftsbetrieb, einschließlich einer Absicherung eines monetären Postens, der als Teil der Nettoinvestition behandelt wird (siehe IAS 21), sind in gleicher Weise zu bilanzieren wie die Absicherung von Zahlungsströmen:

(a) der Teil des Gewinns oder Verlusts aus einem Sicherungsinstrument, der als effektive Absicherung ermittelt wird (siehe Paragraph 88) ist im sonstigen Ergebnis zu erfassen; und

(b) der ineffektive Teil ist ergebniswirksam zu erfassen.

Der Gewinn oder Verlust aus einem Sicherungsinstrument, der dem effektiven Teil der Sicherungsbeziehung zuzurechnen ist und im sonstigen Ergebnis erfasst wurde, ist bei der Veräußerung oder teilweisen Veräußerung des ausländischen Geschäftsbetriebs gemäß IAS 21, Paragraphen 48–49 vom Eigenkapital in den Gewinn oder Verlust als Umgliederungsbetrag (siehe IAS 1 (überarbeitet 2007)) umzugliedern.

ZEITPUNKT DES INKRAFTTRETENS UND ÜBERGANGSVORSCHRIFTEN

103. Dieser Standard (einschließlich der im März 2004 herausgegebenen Änderungen) ist erstmals in der ersten Periode eines am 1. Januar 2005 oder danach beginnenden Geschäftsjahres anzuwenden. Eine frühere Anwendung ist zulässig. Dieser Standard (einschließlich der im März 2004 herausgegebenen Änderungen) darf nicht auf Perioden eines vor dem 1. Januar 2005 beginnenden Geschäftsjahres angewandt werden, es sei denn, das Unternehmen wendet ebenfalls IAS 32 (herausgegeben Dezember 2003) an. Wenn ein Unternehmen diesen Standard für Perioden anwendet, die vor dem 1. Januar 2005 beginnen, so ist dies anzugeben.

103A. Ein Unternehmen hat die Änderungen in Paragraph 2(j) auf Geschäftsjahre anzuwenden, die am oder nach dem 1. Januar 2006 beginnen. Falls das Unternehmen IFRIC 5 *Rechte auf Anteile an Fonds für Entsorgung, Wiederherstellung und Umweltsanierung* auf eine frühere Periode anwendet, ist die oben genannte Änderung auch auf diese frühere Periode anzuwenden.

103B. Durch *finanzielle Garantien* (Änderungen des IAS 39 und des IFRS 4), die im August 2005 veröffentlicht wurden, wurden die Paragraphen 2(e) und (h), 4, 47 und A4 geändert, Paragraph A4A wurde hinzugefügt, ebenfalls wurde in Paragraph 9 eine neue Definition der finanziellen Garantie hinzugefügt und Paragraph 3 gestrichen. Diese Änderungen sind erstmals in der ersten Periode eines am 1. Januar 2006 oder danach beginnenden Geschäftsjahres anzuwenden. Eine frühere Anwendung wird empfohlen. Falls ein Unternehmen diese Änderungen auf eine frühere Periode anwendet, so hat es dies anzugeben und gleichzeitig die entsprechenden Änderungen des IAS 32([1]) und des IFRS 4 anzuwenden.

([1]) Wenn ein Unternehmen IFRS 7 anwendet, wird der Verweis auf IAS 32 durch einen Verweis auf IFRS 7 ersetzt.

103C. Infolge des IAS 1 (überarbeitet 2007) wurde die in allen IFRS verwendete Terminologie geändert. Außerdem wurden die Paragraphen 26, 27, 34, 54, 55, 57, 67, 68, 95(a), 97, 98, 100, 102, 105, 108, A4D, A4E(d)(i), A56, A67, A83 und A99B geändert. Diese Änderungen sind erstmals in der ersten Berichtsperiode eines am 1. Januar 2009 oder danach beginnenden Geschäftsjahres anzuwenden. Wird IAS 1 (überarbeitet 2007) auf eine frühere Periode angewandt, sind diese Änderungen entsprechend auch anzuwenden.

103D. In der 2008 geänderten Fassung des IFRS 3 wurde Paragraph 2(f) gestrichen. Diese Änderung ist erstmals in der ersten Berichtsperiode eines am oder nach dem 1. Juli 2009 beginnenden Geschäftsjahres anzuwenden. Wendet ein Unternehmen IFRS 3 (in der 2008 geänderten Fassung) auf eine frühere Periode an, so ist auch diese Änderung auf die frühere Periode anzuwenden. Die Änderung gilt allerdings nicht für bedingte Gegenleistungen, die sich aus einem Unternehmenszusammenschluss ergeben haben, bei dem der Erwerbszeitpunkt vor der Anwendung von IFRS 3 (in der 2008 geänderten Fassung) liegt. Eine solche Gegenleistung ist stattdessen nach den Paragraphen 65A–65E der 2010 geänderten Fassung des IFRS 3 zu bilanzieren.

103E. Durch IAS 27 (in der vom International Accounting Standards Board 2008 geänderten Fassung) wurde Paragraph 102 geändert. Diese Änderung ist erstmals in der ersten Periode eines am 1. Juli 2009 oder danach beginnenden Geschäftsjahres anzuwenden. Wendet ein Unternehmen IAS 27 (in der 2008 geänderten Fassung) auf eine frühere Periode an, so hat es auf diese Periode auch die genannte Änderung anzuwenden.

103F. Die Änderung in Paragraph 2 ist erstmals auf Geschäftsjahre anzuwenden, die am oder nach dem 1. Januar 2009 beginnen. Wendet ein Unternehmen *Kündbare Finanzinstrumente und bei Liquidation entstehende Verpflichtungen* (im Februar 2008 veröffentlichte Änderungen an IAS 32 und IAS 1) auf eine frühere Periode an, so ist auch die Änderung in Paragraph 2 auf diese frühere Periode anzuwenden.

103G. Die Paragraphen A99BA, A99E, A99F, A110A und A110B sind rückwirkend in der ersten Periode eines am 1. Juli 2009 oder danach beginnenden Geschäftsjahres gemäß IAS 8 *Rechnungslegungsmethoden, Änderungen von rechnungslegungsbezogenen Schätzungen und Fehler* anzuwenden. Eine frühere Anwendung ist zulässig. Falls ein Unternehmen *Geeignete Grundgeschäfte* (Änderung des IAS 39) für Perioden anwendet, die vor dem 1. Juli 2009 beginnen, so ist dies anzugeben.

103H. Durch *Umgliederung finanzieller Vermögenswerte* (im Oktober 2008 veröffentlichte Änderungen an IAS 39 und IFRS 7) wurden die Paragraphen 50 und A8 geändert und die Paragraphen 50B–50F hinzugefügt. Diese Änderungen sind ab dem 1. Juli 2008 anzuwenden. Umgliederungen gemäß den Paragraphen 50B, 50D oder 50E dürfen nicht vor dem 1. Juli 2008 vorgenommen werden. Umgliederungen ab dem 1. November 2008 dürfen erst an dem Tag wirksam werden, an dem sie tatsächlich vorgenommen wurden. Umgliederungen gemäß den Paragraphen 50B, 50D oder 50E dürfen nicht rückwirkend auf Perioden vor dem 1. Juli 2008 angewandt werden.

103I. Durch *Umgliederung finanzieller Vermögenswerte – Zeitpunkt des Inkrafttretens und Übergangsvorschriften* (im November 2008 veröffentlichte Änderungen an IAS 39 und IFRS 7) wurde Paragraph 103H geändert. Diese Änderung ist ab dem 1. Juli 2008 anzuwenden.

103J. Die durch *Eingebettete Derivate* (im März 2009 veröffentlichte Änderungen an IFRIC 9 und IAS 39) geänderte Fassung des Paragraphen 12 ist erstmals in der ersten Berichtsperiode eines am 30. Juni 2009 oder danach endenden Geschäftsjahrs anzuwenden.

103K. Die Paragraphen 2g, 97, 100 und A30g wurden durch die *Verbesserungen der IFRS* vom April 2009 geändert. Ein Unternehmen hat die Änderungen der Paragraphen 2g, 97 und 100 für Berichtsperioden eines am 1. Januar 2010 oder danach beginnenden Geschäftsjahres prospektiv auf alle noch nicht abgelaufenen Verträge anzuwenden. Die Änderung des Paragraphen A30g ist erstmals in der ersten Berichtsperiode eines am 1 Januar 2010 oder danach beginnenden Geschäftsjahres anzuwenden. Eine frühere Anwendung ist zulässig. Wendet ein Unternehmen die Änderung für ein früheres Geschäftsjahr an, hat es dies anzugeben.

103N. Durch die im Mai 2010 veröffentlichten *Verbesserungen an den IFRS* wurde Paragraph 103D geändert. Diese Änderung ist erstmals in der ersten Berichtsperiode eines am oder nach dem 1. Juli 2010 beginnenden Geschäftsjahres anzuwenden. Eine frühere Anwendung ist zulässig.

104. Dieser Standard ist rückwirkend anzuwenden mit Ausnahme der Darlegungen in den Paragraphen 105-108. Der Eröffnungsbilanzwert der Gewinnrücklagen für die früheste vorangegangene dargestellte Periode sowie alle anderen Vergleichsbeträge sind so anzupassen, als wäre dieser Standard immer angewandt worden, es sei denn, eine solche Anpassung wäre nicht möglich. Ist dies der Fall, hat das Unternehmen dies anzugeben und aufzuführen, inwieweit die Informationen angepasst wurden.

105. Ein Unternehmen darf bei erstmaliger Anwendung dieses Standards einen früher angesetzten Vermögenswert als zur Veräußerung verfügbar einstufen. Bei jedem derartigen Vermögenswert hat ein Unternehmen alle kumulierten Änderungen des beizulegenden Zeitwerts in einem getrennten Posten des Eigenkapitals bis zur nachfolgenden Ausbuchung oder Wertminderung zu erfassen und dann diesen kumulierten Gewinn oder Verlust als Umgliederungsbetrag in den Gewinn oder Verlust umzugliedern (siehe IAS 1 (überarbeitet 2007)). Außerdem hat das Unternehmen:

(a) den finanziellen Vermögenswert mittels der neuen Einstufung an die Vergleichsabschlüsse anzupassen; und

(b) den beizulegenden Zeitwert der finanziellen Vermögenswerte zum Zeitpunkt der Einstufung sowie deren Klassifizierung und den Buchwert in den vorhergehenden Abschlüssen anzugeben.

105A. Die Paragraphen 11A, 48A, A4B-A4K, A33A und A33B sowie die Änderungen der Paragraphen 9, 12 und 13 aus dem Jahr 2005 sind erstmals in der Periode eines am 1. Januar 2006 oder danach beginnenden Geschäftsjahres anzuwenden. Eine frühere Anwendung wird empfohlen.

105B. Ein Unternehmen, das die Paragraphen 11A, 48A, A4B-A4K, A33A und A33B sowie die Änderungen der Paragraphen 9, 12 und 13 aus dem Jahr 2005 erstmals für Geschäftsjahre anwendet, die vor dem 1. Januar 2006 beginnen,

(a) darf früher angesetzte finanzielle Vermögenswerte oder Verbindlichkeiten bei der erstmaligen Anwendung der neuen und geänderten Paragraphen als erfolgswirksam zum beizulegenden Zeitwert bewertet einstufen, wenn sie zu diesem Zeitpunkt die Kriterien für eine derartige Einstufung erfüllten. Bei vor dem 1. September 2005 beginnenden Geschäftsjahren braucht diese Einstufung erst zum 1. September 2005 vorgenommen zu werden und kann auch finanzielle Vermögenswerte und finanzielle Verbindlichkeiten umfassen, die zwischen dem Beginn des betreffenden Geschäftsjahres und dem 1. September 2005 angesetzt wurden. Ungeachtet Paragraph 91 ist bei allen finanziellen Vermögenswerten und Verbindlichkeiten, die gemäß diesem Unterparagraphen als erfolgswirksam zum beizulegenden Zeitwert bewertet eingestuft werden und bisher im Rahmen der Bilanzierung von Sicherungsgeschäften als gesicherte Grundgeschäft designiert waren, diese Designation zum gleichen Zeitpunkt aufzuheben, zu dem ihre Einstufung als erfolgswirksam zum beizulegenden Zeitwert bewertet erfolgt.

(b) hat den beizulegenden Zeitwert von gemäß Unterparagraph (a) eingestuften finanziellen Vermögenswerten bzw. Verbindlichkeiten zum Zeitpunkt der Einstufung sowie deren Klassifizierung und Buchwert in den vorhergehenden Abschlüssen anzugeben.

(c) hat die Einstufung finanzieller Vermögenswerte bzw. Verbindlichkeiten, die bisher als erfolgswirksam zum beizulegenden Zeitwert bewertet designiert waren, aufzuheben, wenn diese den neuen und geänderten Paragraphen zufolge die Kriterien für eine solche Einstufung nicht mehr erfüllen. Wird ein finanzieller Vermögenswert bzw. eine finanzielle Verbindlichkeit nach Aufhebung der Einstufung zu fortgeführten Anschaffungskosten bewertet, gilt der Tag, an dem die Einstufung aufgehoben wurde, als Zeitpunkt des erstmaligen Ansatzes.

(d) hat den beizulegenden Zeitwert finanzieller Vermögenswerte bzw. Verbindlichkeiten, deren Einstufung gemäß Unterparagraph (c) aufgehoben wurde, zum Zeitpunkt dieser Aufhebung sowie ihre neuen Klassifizierungen anzugeben.

105C. Ein Unternehmen, das die Paragraphen 11A, 48A, A4B-A4K, A33A und A33B sowie die Änderungen der Paragraphen 9, 12 und 13 aus dem Jahr 2005 für Geschäftsjahre anwendet, die am oder nach dem 1. Januar 2006 beginnen,

(a) *hat die Einstufung finanzieller Vermögenswerte oder Verbindlichkeiten, die bisher als erfolgswirksam zum beizulegenden Zeitwert bewertet eingestuft waren, nur dann aufzuheben, wenn diese den neuen und geänderten Paragraphen zufolge die Kriterien für eine solche Einstufung nicht mehr erfüllen. Wird ein finanzieller Vermögenswert bzw. eine finanzielle Verbindlichkeit nach Aufhebung der Einstufung zu fortgeführten Anschaffungskosten bewertet, gilt der Tag, an dem die Einstufung aufgehoben wurde, als Zeitpunkt des erstmaligen Ansatzes.*

(b) darf vorher angesetzte finanzielle Vermögenswerte bzw. Verbindlichkeiten nicht als erfolgswirksam zum beizulegenden Zeitwert bewertet einstufen.

(c) hat den beizulegenden Zeitwert finanzieller Vermögenswerte bzw. Verbindlichkeiten, deren Einstufung gemäß Unterparagraph (a) aufgehoben wurde, zum Zeitpunkt dieser Aufhebung sowie ihre neuen Klassifizierungen anzugeben.

105D. Ein Unternehmen hat seine Vergleichsabschlüsse an die neuen Einstufungen nach Paragraph 105B bzw. 105C anzupassen, sofern ein finanzieller Vermögenswert, eine finanzielle Verbindlichkeit oder eine Gruppe von finanziellen Vermögenswerten und/oder Verbindlichkeiten, die als erfolgswirksam zum beizulegenden Zeitwert eingestuft werden, *die in Paragraph 9(b)(i), 9(b)(ii) oder 11A genannten Kriterien zu Beginn der Vergleichsperiode oder, bei einem Erwerb nach Beginn der Vergleichsperiode, zum Zeitpunkt des erstmaligen Ansatzes erfüllt hätte.*

106. Ein Unternehmen hat die Ausbuchungsvorschriften der Paragraphen 15-37 und der Paragraphen A36-A52 des Anhangs A prospektiv anzuwenden, es sei denn Paragraph 107 lässt etwas anderes zu. Dementsprechend darf das Unternehmen Vermögenswerte, die es infolge einer Transaktion, die vor dem 1. Januar 2004 stattfand, gemäß IAS 39 (in der im Jahr 2000 überarbeiteten Fassung) ausgebucht hat, die nach dem vorliegenden Standard aber nicht ausgebucht würden, nicht erfassen.

107. Ungeachtet Paragraph 106 kann ein Unternehmen die Ausbuchungsvorschriften der Paragraphen 15-37 und der Paragraphen A36-A52 des Anhangs A rückwirkend ab einem vom Unternehmen beliebig zu wählenden Zeitpunkt anwenden, sofern die Informationen, die erforderlich waren, um IAS 39 auf Vermögenswerte und Verbindlichkeiten anzuwenden, die infolge vergangener Transaktionen ausgebucht wurden, zum Zeitpunkt der erstmaligen Bilanzierung dieser Transaktionen vorlagen.

107A. Unbeschadet der Bestimmungen in Paragraph 104 kann ein Unternehmen die Vorschriften im letzten Satz von Paragraph A76 und in Paragraph A76A alternativ auf eine der beiden folgenden Arten anwenden:

(a) prospektiv auf Transaktionen, die nach dem 25. Oktober 2002 abgeschlossen wurden; oder

(b) prospektiv auf Transaktionen, die nach dem 1. Januar 2004 abgeschlossen wurden.

108. Ein Unternehmen darf den Buchwert nicht finanzieller Vermögenswerte und nicht finanzieller Verbindlichkeiten nicht anpassen, um Gewinne und Verluste aus Absicherungen von Zahlungsströmen, die vor dem Beginn des Geschäftsjahres, in dem der vorliegende Standard zuerst angewendet wurde, in den Buchwert eingeschlossen waren, auszuschließen. Zu Beginn der Berichtsperiode, in der der vorliegende Standard erstmalig angewendet wird, ist jeder außerhalb des Gewinns oder Verlusts (im sonstigen Ergebnis oder direkt im Eigenkapital) erfasste Betrag für eine Absicherung einer festen Verpflichtung, die gemäß diesem Standard als eine Absicherung des beizulegenden Zeitwerts behandelt wird, in einen Vermögenswert oder eine Verbindlichkeit umzugliedern, mit Ausnahme einer Absicherung des Währungsrisikos, die weiterhin als Absicherung von Zahlungsströmen behandelt wird.

108A. Der letzte Satz des Paragraphen 80 sowie die Paragraphen A99A und A99B sind erstmals in der ersten Periode eines am 1. Januar 2006 oder danach beginnenden Geschäftsjahres anzuwenden. Eine frühere Anwendung wird empfohlen. Wenn ein Unternehmen eine erwartete externe Transaktion, die

(a) auf die funktionale Währung des Unternehmens lautet, das die Transaktion abschließt,
(b) zu einem Risiko führt, das sich auf das Konzernergebnis auswirkt (d. h. auf eine andere Währung als die Darstellungswährung des Konzerns lautet), und
(c) die Kriterien für die Bilanzierung von Sicherungsgeschäften erfüllen würde, wenn sie nicht auf die funktionale Währung des abschließenden Unternehmens lautete,

als gesichertes Grundgeschäft eingestuft hat, kann es auf die Periode(n) vor dem Zeitpunkt der Anwendung des letzten Satzes des Paragraphen 80 und der Paragraphen A99A und A99B im Konzernabschluss die Bilanzierung für Sicherungsgeschäfte anwenden.

108B. Ein Unternehmen muss den Paragraphen A99B nicht auf Vergleichsinformationen anwenden, die sich auf Perioden vor dem Zeitpunkt der Anwendung des letzten Satzes des Paragraphen 80 und des Paragraphen A99A beziehen.

108C. Die Paragraphen 9, 73 und A8 wurden durch die *Verbesserungen der IFRS* vom Mai 2008 geändert und Paragraph 50A wurde durch sie hinzugefügt. Paragraph 80 wurde durch die *Verbesserungen der IFRS* vom April 2009 geändert. Diese Änderungen sind erstmals in der ersten Berichtsperiode eines am 1. Januar 2009 oder danach beginnenden Geschäftsjahrs anzuwenden. Ein Unternehmen wendet die Änderungen von Paragraph 9 und Paragraph 50A ab dem Termin und auf die Art und Weise an, die es für die Änderungen von 2005 wie in Paragraph 105A beschrieben zugrunde legte. Eine frühere Anwendung aller Änderungen ist zulässig. Wendet ein Unternehmen die Änderungen für ein früheres Geschäftsjahr an, hat es dies anzugeben.

RÜCKNAHME ANDERER VERLAUTBARUNGEN

109. Dieser Standard ersetzt IAS 39 *Finanzinstrumente: Ansatz und Bewertung* in der im Oktober 2000 überarbeiteten Fassung.

110. Dieser Standard und die dazugehörigen Anwendungsleitlinien ersetzen die vom IAS 39 Implementation Guidance Committee herausgegebenen Anwendungsleitlinien, die vom früheren IASC festgelegt wurden.

ANHANG A
LEITLINIEN FÜR DIE ANWENDUNG

Dieser Anhang ist Bestandteil des Standards.

ANWENDUNGSBEREICH (PARAGRAPHEN 2-7)

A1. Einige Verträge sehen eine Zahlung auf der Basis klimatischer, geologischer oder sonstiger physikalischer Variablen vor. (Verträge basierend auf klimatischen Variablen werden gelegentlich auch als „Wetterderivate" bezeichnet.) Wenn diese Verträge nicht im Anwendungsbereich von IFRS 4 liegen, fallen sie in den Anwendungsbereich dieses Standards.

A2. Die Vorschriften für Versorgungspläne für Arbeitnehmer, die in den Anwendungsbereich von IAS 26 *Bilanzierung und Berichterstattung von Altersversorgungsplänen* fallen, und für Verträge über Nutzungsentgelte, die an das Umsatzvolumen oder die Höhe der Erträge aus Dienstleistungen gekoppelt sind und nach IAS 18 bilanziert werden, werden durch den vorliegenden Standard nicht geändert.

A3. Gelegentlich tätigt ein Unternehmen aus seiner Sicht „strategische Investitionen" in von anderen Unternehmen emittierte Eigenkapitalinstrumente mit der Absicht, eine langfristige Geschäftsbeziehung zu diesem Unternehmen aufzubauen oder zu vertiefen. Das Unternehmen des Eigentümers muss anhand von IAS 28 feststellen, ob für die Bilanzierung einer solchen Finanzinvestition die Equity-Methode sachgerecht ist. Anhand IAS 31 stellt das Unternehmen des Eigentümers fest, ob die Quotenkonsolidierung oder die Equity-Methode die sachgerechte Bilanzierungsmethode ist. Sind weder die Equity-Methode noch die Quotenkonsolidierung sachgerecht, hat das Unternehmen eine solche strategische Finanzinvestition nach vorliegendem Standard zu bilanzieren.

A3A. Dieser Standard gilt für finanzielle Vermögenswerte und Verbindlichkeiten von Versicherern, mit Ausnahme der Rechte und Verpflichtungen, die Paragraph 2(e) ausschließt, da sie sich aus Verträgen im Anwendungsbereich von IFRS 4 ergeben.

A4. Finanzielle Garantien können verschiedene Rechtsformen haben (Garantie, einige Arten von Akkreditiven, Verzugs-Kreditderivat, Versicherungsvertrag, o.ä.), die für ihre Behandlung in der Rechnungslegung aber unerheblich sind. Wie sie behandelt werden sollten, zeigen folgende Beispiele (siehe Paragraph 2(e)):

(a) Auch wenn eine finanzielle Garantie der Definition eines Versicherungsvertrags nach IFRS 4 entspricht, wendet der Garantiegeber diesen Standard an, wenn das übertragene Risiko signifikant ist. Hat der Garantiegeber jedoch zuvor ausdrücklich erklärt, dass er solche Verträge als Versicherungsverträge betrachtet und auf Versicherungsverträge anwendbare Rechnungslegungsmethoden verwendet hat, dann kann er wählen, ob er auf solche finanziellen Garantien diesen Standard oder IFRS 4 anwendet. Wenn der Garantiegeber diesen Standard anwendet, hat er gemäß Paragraph 43 eine finanzielle Garantie erstmalig zum beizulegenden Zeitwert anzusetzen. Wenn diese finanzielle Garantie in einem eigenständigen Geschäft zwischen voneinander unabhängigen Geschäftspartnern einer

nicht nahe stehende Partei gewährt wurde, entspricht ihr beizulegender Zeitwert bei Vertragsabschluss der erhaltenen Prämie, solange das Gegenteil nicht belegt ist. Wenn die finanzielle Garantie bei Vertragsabschluss nicht als erfolgswirksam zum beizulegenden Zeitwert bewertet eingestuft wurde, oder sofern die Paragraphen 29-37 und A47-A52 nicht anwendbar sind (wenn die Übertragung eines finanziellen Vermögenswertes nicht die Bedingungen für eine Ausbuchung erfüllt oder ein anhaltendes Engagements zugrunde gelegt wird), bewertet der Garantiegeber sie anschließend zum höheren Wert von:
   (i) dem gemäß IAS 37 bestimmten Betrag; und
   (ii) dem erstmalig angesetzten Betrag abzüglich, der gemäß IAS 18 (siehe Paragraph 47(c)) erfassten kumulativen Abschreibung, wenn zutreffend.
(b) Bei einigen kreditbezogenen Garantien muss der Garantienehmer, um eine Zahlung zu erhalten weder dem Risiko ausgesetzt sein, dass der Schuldner fällige Zahlungen aus dem durch eine Garantie unterlegten Vermögenswert nicht leistet, noch aufgrund dessen einen Schaden erlitten haben. Ein Beispiel hierfür ist eine Garantie, die Zahlungen für den Fall vorsieht, dass bei einem bestimmten Bonitätsrating oder Kreditindex Änderungen eintreten. Bei solchen Garantien handelt es sich laut Definition in diesem Standard nicht um finanzielle Garantien und laut Definition in IFRS 4 auch nicht um Versicherungsverträge. Solche Garantien sind Derivate und der Garantiegeber wendet diesen Standard auf sie an.
(c) Wenn eine finanzielle Garantie in Verbindung mit einem Warenverkauf gewährt wurde, wendet der Garantiegeber IAS 18 an und bestimmt, wann er den Ertrag aus der Garantie und aus dem Warenverkauf erfasst.

A4A. Erklärungen, wonach ein Garantiegeber Verträge als Versicherungsverträge betrachtet, finden sich in der Regel im Schriftwechsel des Garantiegebers mit Kunden und Regulierungsbehörden, in Verträgen, Geschäftsunterlagen und im Abschluss. Versicherungsverträge unterliegen außerdem oft Bilanzierungsvorschriften, die sich von den Vorschriften für andere Transaktionstypen, wie Verträge von Banken oder Handelsgesellschaften, unterscheiden. In solchen Fällen wird der Abschluss des Garantiegebers in der Regel eine Erklärung enthalten, dass er jene Bilanzierungsvorschriften verwendet hat.

DEFINITIONEN
(PARAGRAPHEN 8 UND 9)

Einstufung als erfolgswirksam zum beizulegenden Zeitwert bewertet

A4B. Gemäß Paragraph 9 dieses Standards darf ein Unternehmen einen finanziellen Vermögenswert, eine finanzielle Verbindlichkeit oder eine Gruppe von Finanzinstrumenten (finanziellen Vermögenswerten, finanziellen Verbindlichkeiten oder einer Kombination aus beidem) als erfolgswirksam zum beizulegenden Zeitwert bewertet einstufen, wenn dadurch relevantere Informationen vermittelt werden.

A4C. Die Entscheidung eines Unternehmens zur Einstufung eines finanziellen Vermögenswertes bzw. einer finanziellen Verbindlichkeit als erfolgswirksam zum beizulegenden Zeitwert bewertet ist mit der Entscheidung für eine Rechnungslegungsmethode vergleichbar (auch wenn anders als bei einer gewählten Rechnungslegungsmethode keine konsequente Anwendung auf alle ähnlichen Geschäftsvorfälle verlangt wird). Wenn ein Unternehmen ein derartiges Wahlrecht hat, muss die gewählte Methode gemäß Paragraph 14(b) IAS 8 *Bilanzierungs- und Bewertungsmethoden, Änderungen von Schätzungen und Fehler* dazu führen, dass der Abschluss zuverlässige und relevante Informationen über die Auswirkungen von Geschäftsvorfällen, sonstigen Ereignissen und Bedingungen auf die Vermögens-, Finanz- oder Ertragslage des Unternehmens vermittelt. Für die Einstufung als erfolgswirksam zum beizulegenden Zeitwert bewertet werden in Paragraph 9 die beiden Umstände genannt, unter denen die Bedingung relevanterer Informationen erfüllt wird. Dementsprechend muss ein Unternehmen, das sich für eine Einstufung gemäß Paragraph 9 entscheidet, nachweisen, dass einer dieser beiden Umstände (oder alle beide) zutrifft/zutreffen.

Paragraph 9(b)(i): Durch die Einstufung wird eine ansonsten entstehende Inkongruenz bei der Bewertung oder beim Ansatz beseitigt oder erheblich verringert

A4D. Nach IAS 39 richtet sich die Bewertung eines finanziellen Vermögenswertes oder einer finanziellen Verbindlichkeit und die Erfassung der Bewertungsänderungen danach, wie der Posten eingestuft wurde und ob er Teil einer designierten Sicherungsbeziehung ist. Diese Vorschriften können zu Inkongruenzen bei der Bewertung oder beim Ansatz führen (auch als „Rechnungslegungsanomalie" bezeichnet). Dies ist z. B. dann der Fall, wenn ein finanzieller Vermögenswert, ohne die Möglichkeit als erfolgswirksam zum beizulegenden Zeitwert bewertet eingestuft zu werden, als zur Veräußerung verfügbar eingestuft wird (wodurch die meisten Änderungen des beizulegenden Zeitwertes im sonstigen Ergebnis erfasst werden) und eine nach Auffassung des Unternehmens zugehörige Verbindlichkeit zu fortgeführten Anschaffungskosten (d. h. ohne Erfassung von Änderungen des beizulegenden Zeitwertes) bewertet wird. Unter solchen Umständen mag ein Unternehmen zu dem Schluss kommen, dass sein Abschluss relevantere Informationen vermitteln würde, wenn sowohl der Vermögenswert als auch die Verbindlichkeit als erfolgswirksam zum beizulegenden Zeitwert bewertet eingestuft würden.

A4E. Die folgenden Beispiele veranschaulichen, wann diese Bedingung erfüllt sein könnte. In allen Fällen darf ein Unternehmen diese Bedingung nur dann für die Einstufung finanzieller Vermögenswerte bzw. Verbindlichkeiten als erfolgswirksam zum beizulegenden Zeitwert bewertet heranziehen, wenn es den Grundsatz in Paragraph 9(b)(i) erfüllt.

(a) Ein Unternehmen hat Verbindlichkeiten, deren Zahlungsströme vertraglich an die Wertentwicklung von Vermögenswerten gekoppelt sind, die ansonsten als zur Veräußerung verfügbar eingestuft würden. Beispiel: Ein Versicherer hat Verbindlichkeiten mit einer ermessensabhängigen Überschussbeteiligung, deren Höhe von den realisierten und/oder nicht realisierten Kapitalerträgen eines bestimmten Portfolios von Vermögenswerten des Versicherers abhängt. Spiegelt die Bewertung dieser Verbindlichkeiten die aktuellen Marktpreise wider, bedeutet eine Einstufung der Vermögenswerte als erfolgswirksam zum beizulegenden Zeitwert bewertet, dass Änderungen des beizulegenden Zeitwertes der finanziellen Vermögenswerte in der gleichen Periode wie die zugehörigen Änderungen des Wertes der Verbindlichkeiten erfolgswirksam erfasst werden.

(b) Ein Unternehmen hat Verbindlichkeiten aus Versicherungsverträgen, in deren Bewertung aktuelle Informationen einfließen (wie durch Paragraph 24 des IFRS 4 gestattet), und aus seiner Sicht zugehörige finanzielle Vermögenswerte, die ansonsten als zur Veräußerung verfügbar eingestuft oder zu fortgeführten Anschaffungskosten bewertet würden.

(c) Ein Unternehmen hat finanzielle Vermögenswerte und/oder Verbindlichkeiten, die dem gleichen Risiko unterliegen, wie z. B. dem Zinsänderungsrisiko, das zu gegenläufigen Veränderungen der beizulegenden Zeitwerte führt, die sich weitgehend aufheben. Jedoch würden nur einige Instrumente erfolgswirksam zum beizulegenden Zeitwert bewertet werden (d. h. sind Derivate oder als zu Handelszwecken gehalten eingestuft). Es ist auch möglich, dass die Voraussetzungen für die Bilanzierung von Sicherungsgeschäften nicht erfüllt werden, z. B. weil das in Paragraph 88 genannte Kriterium der Wirksamkeit nicht gegeben ist.

(d) Ein Unternehmen hat finanzielle Vermögenswerte, finanzielle Verbindlichkeiten oder beides, die dem gleichen Risiko unterliegen, wie z. B. dem Zinsänderungsrisiko, das zu gegenläufigen Veränderungen der beizulegenden Zeitwerte führt, die sich weitgehend aufheben. Keines der Instrumente ist ein Derivat, so dass das Unternehmen nicht die Voraussetzungen für die Bilanzierung von Sicherungsgeschäften erfüllt. Ohne eine Bilanzierung als Sicherungsgeschäft kommt es darüber hinaus bei der Erfassung von Gewinnen und Verlusten zu erheblichen Inkongruenzen. Zum Beispiel:

(i) das Unternehmen hat ein Portfolio festverzinslicher Vermögenswerte, die ansonsten als zur Veräußerung verfügbar eingestuft würden, mit festverzinslichen Schuldverschreibungen refinanziert, wobei sich die Änderungen der beizulegenden Zeitwerte weitgehend aufheben. Durch den einheitlichen Ausweis der Vermögenswerte und der Schuldverschreibungen als erfolgswirksam zum beizulegenden Zeitwert bewertet wird die Inkongruenz berichtigt, die sich andernfalls dadurch ergeben hätte, dass die Vermögenswerte zum beizulegenden Zeitwert bei Erfassung der Wertänderungen im sonstigen Ergebnis und die Schuldverschreibungen zu fortgeführten Anschaffungskosten bewertet worden wären.

(ii) das Unternehmen hat eine bestimmte Gruppe von Krediten durch die Emission gehandelter Anleihen refinanziert, wobei sich die Änderungen der beizulegenden Zeitwerte weitgehend aufheben. Wenn das Unternehmen darüber hinaus die Anleihen regelmäßig kauft und verkauft, die Kredite dagegen nur selten, wenn überhaupt, kauft und verkauft, wird durch den einheitlichen Ausweis der Kredite und Anleihen als erfolgswirksam zum beizulegenden Zeitwert bewertet die Inkongruenz bezüglich des Zeitpunktes der Erfolgserfassung beseitigt, die sonst aus ihrer Bewertung zu fortgeführten Anschaffungskosten und der Erfassung eines Gewinns bzw. Verlusts bei jedem Anleihe-Rückkauf resultieren würde.

A4F. In Fällen wie den im vorstehenden Paragraphen beschriebenen Beispielen lassen sich dadurch, dass finanzielle Vermögenswerte und Verbindlichkeiten, auf die sonst andere Bewertungsmaßstäbe Anwendung fänden, beim erstmaligen Ansatz als erfolgswirksam zum beizulegenden Zeitwert eingestuft werden, Inkongruenzen bei der Bewertung oder beim Ansatz beseitigen oder erheblich verringern und relevantere Informationen vermitteln. Aus Praktikabilitätsgründen braucht das Unternehmen nicht alle Vermögenswerte und Verbindlichkeiten, die bei der Bewertung oder beim Ansatz zu Inkongruenzen führen, genau zeitgleich einzugehen. Eine angemessene Verzögerung wird zugestanden, sofern jede Transaktion bei ihrem erstmaligen Ansatz als erfolgswirksam zum beizulegenden Zeitwert bewertet eingestuft wird und etwaige verbleibende Transaktionen zu diesem Zeitpunkt voraussichtlich eintreten werden.

A4G. Es wäre nicht zulässig, nur einige finanzielle Vermögenswerte und Verbindlichkeiten, die Ursache der Inkongruenzen sind, als erfolgswirksam zum beizulegenden Zeitwert bewertet einzustufen, wenn die Inkongruenzen dadurch nicht beseitigt oder erheblich verringert und folglich keine relevanteren Informationen vermittelt würden. Zulässig wäre es dagegen, aus einer Vielzahl ähnlicher finanzieller Vermögenswerte oder Verbindlichkeiten nur einige wenige einzustufen, wenn die Inkongruenzen dadurch erheblich (und möglicherweise stärker als mit anderen zulässigen Einstufungen) verringert würden. Beispiel: Angenommen, ein Unternehmen hat eine Reihe ähnlicher finanzieller Verbindlichkeiten über insgesamt WE 100([1]) und eine Reihe ähnlicher finanzieller Vermögenswerte über insgesamt WE 50, die jedoch nach unterschiedlichen Bewertungsmethoden bewertet werden. Das Unternehmen kann die Bewertungsinkongruenzen erheblich verringern, indem es beim erstmaligen Ansatz alle Vermögenswerte, jedoch nur einige Verbindlichkeiten (z. B. einzelne Verbindlichkeiten über eine Summe von WE 45) als erfolgswirksam zum beizulegenden Zeitwert bewertet einstuft. Da ein Finanzinstrument jedoch immer nur als Ganzes als erfolgswirksam zum beizulegenden Zeitwert bewertet eingestuft werden kann, muss das Unternehmen in diesem Beispiel eine oder mehrere Verbindlichkeiten in ihrer Gesamtheit designieren. Das Unternehmen darf die Einstufung weder auf eine Komponente einer Verbindlichkeit (z. B. Wertänderungen, die nur einem Risiko zuzurechnen sind, wie etwa Änderungen eines Referenzzinssatzes) noch auf einen Anteil einer Verbindlichkeit (d. h. einen Prozentsatz) beschränken.

([1]) In diesem Standard werden Geldbeträge in „Währungseinheiten" (WE) angegeben.

Paragraph 9(b)(ii): Eine Gruppe von finanziellen Vermögenswerten und/oder Verbindlichkeiten wird gemäß einer dokumentierten Risikomanagement- oder Anlagestrategie zum beizulegenden Zeitwert gesteuert und ihre Wertentwicklung entsprechend beurteilt

A4H. Ein Unternehmen kann eine Gruppe von finanziellen Vermögenswerten und/oder Verbindlichkeiten so steuern und ihre Wertentwicklung so beurteilen, dass die erfolgswirksame Bewertung dieser Gruppe mit dem beizulegenden Zeitwert zu relevanteren Informationen führt. In diesem Fall liegt das Hauptaugenmerk nicht auf der Art der Finanzinstrumente, sondern auf der Art und Weise, wie das Unternehmen diese steuert und ihre Wertentwicklung beurteilt.

A4I. Die folgenden Beispiele veranschaulichen, wann diese Bedingung erfüllt sein könnte. In allen Fällen darf ein Unternehmen diese Bedingung nur dann für die Einstufung finanzieller Vermögenswerte bzw. Verbindlichkeiten als erfolgswirksam zum beizulegenden Zeitwert bewertet heranziehen, wenn es den Grundsatz in Paragraph 9(b)(ii) erfüllt.

(a) Das Unternehmen ist eine Beteiligungsgesellschaft, ein Investmentfonds, eine Investmentgesellschaft oder ein ähnliches Unternehmen, dessen Geschäftszweck in der Anlage in finanziellen Vermögenswerten besteht mit der Absicht, einen Gewinn aus der Gesamtrendite in Form von Zinsen oder Dividenden sowie Änderungen des beizulegenden Zeitwertes zu erzielen. IAS 28 und IAS 31 gestatten den Ausschluss solcher Finanzinvestitionen aus ihrem Anwendungsbereich, sofern sie erfolgswirksam zum beizulegenden Zeitwert bewertet werden. Ein Unternehmen kann die gleiche Bilanzierungs- und Bewertungsmethode auch auf andere Finanzinvestitionen anwenden, die auf Gesamtertragsbasis gesteuert werden, bei denen sein Einfluss jedoch nicht groß genug ist, um in den Anwendungsbereich des IAS 28 oder IAS 31 zu fallen.

(b) Das Unternehmen hat finanzielle Vermögenswerte und Verbindlichkeiten, die ein oder mehrere Risiken teilen und gemäß einer dokumentierten Richtlinie zum Asset-Liability-Management gesteuert und beurteilt werden. Ein Beispiel wäre ein Unternehmen, das „strukturierte Produkte" mit mehreren eingebetteten Derivaten emittiert hat und die daraus resultierenden Risiken mit einer Mischung aus derivativen und nicht-derivativen Finanzinstrumenten auf Basis des beizulegenden Zeitwertes steuert. Ein ähnliches Beispiel wäre ein Unternehmen, das festverzinsliche Kredite ausreicht und das daraus resultierende Risiko einer Änderung des Referenzzinssatzes mit einer Mischung aus derivativen und nicht-derivativen Finanzinstrumenten steuert.

(c) Das Unternehmen ist ein Versicherer, der ein Portfolio von finanziellen Vermögenswerten hält, dieses Portfolio im Hinblick auf die größtmögliche Gesamtrendite (d. h. Zinsen oder Dividenden und Änderungen des beizulegenden Zeitwertes) steuert und seine Wertentwicklung auf dieser Grundlage beurteilt. Das Portfolio kann zur Deckung bestimmter Verbindlichkeiten und/oder Eigenkapital dienen. Werden mit dem Portfolio bestimmte Verbindlichkeiten gedeckt, kann die Bedingung in Paragraph 9(b)(ii) in Bezug auf die Vermögenswerte unabhängig davon erfüllt sein, ob der Versicherer die Verbindlichkeiten ebenfalls auf Grundlage des beizulegenden Zeitwertes steuert und beurteilt. Die Bedingung in Paragraph 9(b)(ii) kann erfüllt sein, wenn der Versicherer das Ziel verfolgt, die Gesamtrendite aus den Vermögenswerten langfristig zu maximieren, und zwar selbst dann, wenn die an die Inhaber von Verträgen mit Überschussbeteiligung ausgezahlten Beträge von anderen Faktoren, wie z. B. Höhe der in einem kürzeren Zeitraum (z. B. einem Jahr) erzielten Gewinne, abhängen oder im Ermessen des Versicherers liegen.

A4J. Wie bereits erwähnt, bezieht sich diese Bedingung auf die Art und Weise, wie das Unternehmen die betreffende Gruppe von Finanzinstrumenten steuert und ihre Wertentwicklung beurteilt. Dementsprechend hat ein Unternehmen, das Finanzinstrumente auf Grundlage dieser Bedingung als erfolgswirksam zum beizulegenden Zeitwert bewertet einstuft, (vorbehaltlich der vorgeschriebenen Einstufung beim erstmaligen Ansatz) alle in Frage kommenden Finanzinstrumente, die gemeinsam gesteuert und beurteilt werden, ebenfalls so einzustufen.

A4K. Die Dokumentation über die Strategie des Unternehmens muss nicht umfangreich sein, aber den Nachweis der Übereinstimmung mit Paragraph 9(b)(ii) erbringen. Eine solche Dokumentation ist nicht für jeden einzelnen Posten erforderlich, sondern kann auch auf Basis eines Portfolios erfolgen. Beispiel: Wenn aus dem System zur Steuerung der Wertentwicklung für eine Abteilung – das von Personen in Schlüsselpositionen des Unternehmens genehmigt wurde – eindeutig hervorgeht, dass die Wertentwicklung auf Basis der Gesamtrendite beurteilt wird, ist für den Nachweis der Übereinstimmung mit Paragraph 9(b)(ii) keine weitere Dokumentation notwendig.

Effektivzinssatz

A5. In einigen Fällen werden finanzielle Vermögenswerte mit einem hohen Disagio erworben, das die angefallenen Kreditausfälle widerspiegelt. Diese angefallenen Kreditausfälle sind bei der Ermittlung des Effektivzinssatzes in die geschätzten Cashflows einzubeziehen.

A6. Bei Anwendung der Effektivzinsmethode werden alle in die Berechnung des Effektivzinssatzes einfließenden Gebühren, gezahlten oder erhaltenen Entgelte, Transaktionskosten und anderen Agien oder Disagien normalerweise über die erwartete Laufzeit des Finanzinstruments amortisiert. Beziehen sich die Gebühren, gezahlten oder erhaltenen Entgelte, Transaktionskosten, Agien oder Disagien jedoch auf einen kürzeren Zeitraum, so ist dieser Zeitraum zugrunde zu legen. Dies ist dann der Fall, wenn die Variable, auf die sich die Gebühren, gezahlten oder erhaltenen Entgelte, Transaktionskosten, Agien oder Disagien beziehen, vor der voraussichtlichen Fälligkeit des Finanzinstruments an Marktverhältnisse angepasst wird. In einem solchen Fall ist als angemessene Amortisationsperiode der Zeitraum bis zum nächsten Anpassungstermin zu wählen. Spiegelt ein Agio oder Disagio auf ein variabel verzinstes Finanzinstrument beispielsweise die seit der letzten Zinszahlung angefallenen Zinsen oder die Marktzinsänderungen seit der letzten Anpassung des variablen Zinssatzes an die Marktverhältnisse wider, so wird dieses bis zum nächsten Zinsanpassungstermin amortisiert. Dies ist darauf zurückzuführen, dass das Agio oder Disagio für den Zeitraum bis zum nächsten Zinsanpassungstermin gilt, da die Variable, auf die sich das Agio oder Disagio bezieht (das heißt der Zinssatz), zu diesem Zeitpunkt an die Marktverhältnisse angepasst wird. Ist das Agio oder Disagio dagegen durch eine Änderung des Kredit-Spreads auf die im Finanzinstrument angegebene variable Verzinsung oder durch andere, nicht an den Marktzins gekoppelte Variablen entstanden, erfolgt die Amortisation über die erwartete Laufzeit des Finanzinstruments.

A7. Bei variabel verzinslichen finanziellen Vermögenswerten und Verbindlichkeiten führt die periodisch vorgenommene Neuschätzung der Cashflows, die der Änderung der Marktverhältnisse Rechnung trägt, zu einer Änderung des Effektivzinssatzes. Wird ein variabel verzinslicher finanzieller Vermögenswert oder eine variabel verzinsliche finanzielle Verbindlichkeit zunächst mit einem Betrag angesetzt, der dem bei Endfälligkeit zu erhaltenen bzw. zu zahlenden Kapitalbetrag entspricht, hat die Neuschätzung künftiger Zinszahlungen in der Regel keine wesentlichen Auswirkungen auf den Buchwert des Vermögenswertes bzw. der Verbindlichkeit.

A8. Ändert ein Unternehmen seine Schätzungen bezüglich der Mittelabflüsse oder zuflüsse, ist der Buchwert des finanziellen Vermögenswerts oder der finanziellen Verbindlichkeit (oder der Gruppe von Finanzinstrumenten) so anzupassen, dass er die tatsächlichen und geänderten geschätzten Cashflows wiedergibt. Das Unternehmen berechnet den Buchwert neu, indem es den Barwert der geschätzten künftigen Cashflows mit dem ursprünglichen Effektivzinssatz des Finanzinstruments bzw. mit dem revidierten gemäß Paragraph 92 berechneten Effektivzinssatz ermittelt. Die Berichtigung wird als Ertrag oder Aufwand im Gewinn oder Verlust erfasst. Wird ein finanzieller Vermögenswert gemäß Paragraph 50B, 50D oder 50E neu eingestuft und erhöht ein Unternehmen in der Folge seine Schätzungen bezüglich der künftigen Mittelzuflüsse, da diese Bareinnahmen in verstärktem Maße zurück erlangt werden können, so ist der Effekt dieser Steigerung als eine Berichtigung des Effektivzinssatzes ab dem Termin der geänderten Schätzung und nicht als Berichtigung des Buchwerts des Vermögenswerts ab dem Termin der geänderten Schätzung auszuweisen.

Derivate

A9. Typische Beispiele für Derivate sind Futures und Forwards sowie Swaps und Optionen. Ein Derivat hat in der Regel einen Nennbetrag in Form eines Währungsbetrags, einer Anzahl von Aktien, einer Anzahl von Einheiten gemessen in Gewicht oder Volumen oder anderer im Vertrag genannter Einheiten. Ein Derivat beinhaltet jedoch nicht die Verpflichtung aufseiten des Inhabers oder Stillhalters, den Nennbetrag bei Vertragsabschluss auch tatsächlich zu investieren oder in Empfang zu nehmen. Alternativ könnte ein Derivat zur Zahlung eines festen Betrags oder eines Betrages, der sich infolge des Eintritts eines künftigen, vom Nennbetrag unabhängigen Sachverhalts (jedoch nicht proportional zu einer Änderung des Basiswertes) ändern kann, verpflichten. So kann beispielsweise eine Vereinbarung zu einer feste Zahlung von WE 1 000(^{1}) verpflichten, wenn der 6-Monats-LIBOR um 100 Basispunkte steigt. Eine derartige Vereinbarung stellt auch ohne die Angabe eines Nennbetrags ein Derivat dar.

(^{1}) In diesem Standard werden Geldbeträge in „Währungseinheiten" (WE) angegeben.

A10. Unter die Definition eines Derivats fallen in diesem Standard Verträge, die auf Bruttobasis durch Lieferung des zugrunde liegenden Postens erfüllt werden (beispielsweise ein Forward-Geschäft über den Kauf eines festverzinslichen Schuldinstruments). Ein Unternehmen kann einen Vertrag über den Kauf oder Verkauf eines nicht finanziellen Postens geschlossen haben, der durch einen Ausgleich in bar oder anderen Finanzinstrumenten oder durch den Tausch von Finanzinstrumenten erfüllt werden kann (beispielsweise ein Vertrag über den Kauf oder Verkauf eines Rohstoffs zu einem festen Preis zu einem zukünftigen Termin). Ein derartiger Vertrag fällt in den Anwendungsbereich dieses Standards, soweit er nicht zum Zweck der Lieferung eines nicht finanziellen Postens gemäß dem voraussichtlichen Einkaufs-, Verkaufs- oder Nutzungsbedarf des Unternehmens geschlossen wurde und in diesem Sinne weiter gehalten wird (siehe Paragraphen 5-7).

A11. Eines der Kennzeichen eines Derivats besteht darin, dass es eine Anfangsauszahlung erfordert, die im Vergleich zu anderen Vertragsformen, von denen zu erwarten ist, dass sie in ähnlicher Weise auf Änderungen der Marktbedingungen reagieren, geringer ist. Ein Optionsvertrag erfüllt diese Definition, da die Prämie geringer ist als die Investition, die für den Erwerb des zugrunde liegenden Finanzinstruments, an das die Option gekoppelt ist, erforderlich wäre. Ein Währungsswap, der zu Beginn einen Tausch verschiedener Währungen mit dem gleichen beizulegenden Zeitwert erfordert, erfüllt diese Definition, da keine Anfangsauszahlung erforderlich ist.

A12. Durch einen marktüblichen Kauf oder Verkauf entsteht zwischen dem Handelstag und dem Erfüllungstag eine Festpreisverpflichtung, die die Definition eines Derivats erfüllt. Auf Grund der kurzen Dauer der Verpflichtung wird ein solcher Vertrag jedoch nicht als Derivat erfasst. Stattdessen schreibt dieser Standard eine spezielle Bilanzierung für solche „marktüblichen" Verträge vor (siehe Paragraph 38 und A53-A56).

A12A. Die Definition eines Derivats bezieht sich auf nicht finanzielle Variablen, die nicht spezifisch für eine Partei des Vertrages sind. Diese beinhalten einen Index zu Erdbebenschäden in einem bestimmten Gebiet und einen Index zu Temperaturen in einer bestimmten Stadt. Nicht finanzielle Variablen, die spezifisch für eine Partei dieses Vertrages sind, beinhalten den Eintritt oder Nichteintritt eines Feuers, das einen Vermögenswert einer Vertragspartei beschädigt oder zerstört. Eine Änderung des beizulegenden Zeitwerts eines nicht finanziellen Vermögenswertes ist spezifisch für den Eigentümer, wenn der beizulegende Zeitwert nicht nur Änderungen der Marktpreise für solche Vermögenswerte (eine finanzielle Variable) widerspiegelt, sondern auch den Zustand des bestimmten, im Eigentum befindlichen nicht finanziellen Vermögenswert (eine nicht finanzielle Variable). Wenn beispielsweise eine Garantie über den Restwert eines bestimmten Fahrzeugs den Garantiegeber dem Risiko von Änderungen des physischen Zustands des Fahrzeugs aussetzt, so ist die Änderung dieses Restwertes spezifisch für den Eigentümer des Fahrzeugs.

Transaktionskosten

A13. Zu den Transaktionskosten gehören an Vermittler (einschließlich als Verkaufsvertreter agierende Mitarbeiter), Berater, Makler und Händler gezahlte Gebühren und Provisionen, an Aufsichtsbehörden und Wertpapierbörsen zu entrichtende Abgaben sowie Steuern und Gebühren. Unter Transaktionskosten fallen weder Agio oder Disagio für Schuldinstrumente, Finanzierungskosten oder interne Verwaltungs- oder Haltekosten.

Zu Handelszwecken gehaltene finanzielle Vermögenswerte und Verbindlichkeiten

A14. Handel ist normalerweise durch eine aktive und häufige Kauf- und Verkaufstätigkeit gekennzeichnet, und zu Handelszwecken gehaltene Finanzinstrumente dienen im Regelfall der Gewinnerzielung aus kurzfristigen Schwankungen der Preise oder Händlermargen.

A15. Zu den zu Handelszwecken gehaltenen finanziellen Verbindlichkeiten gehören:

(a) derivative Verbindlichkeiten, die nicht als Sicherungsinstrumente bilanziert werden;

(b) Lieferverpflichtungen eines Leerverkäufers (eines Unternehmens, das geliehene, noch nicht in seinem Besitz befindliche finanzielle Vermögenswerte verkauft);

(c) finanzielle Verbindlichkeiten, die mit der Absicht eingegangen wurden, in kurzer Frist zurückgekauft zu werden (beispielsweise ein notiertes Schuldinstrument, das vom Emittenten je nach Änderung seines beizulegenden Zeitwerts kurzfristig zurückgekauft werden kann); und

(d) finanzielle Verbindlichkeiten, die Teil eines Portfolios eindeutig identifizierter und gemeinsam verwalteter Finanzinstrumente sind, für die in der jüngeren Vergangenheit Nachweise für kurzfristige Gewinnmitnahmen bestehen.

Allein die Tatsache, dass eine Verbindlichkeit zur Finanzierung von Handelsaktivitäten verwendet wird, genügt nicht, um sie als „zu Handelszwecken gehalten" einzustufen.

Bis zur Endfälligkeit zu haltende Finanzinvestitionen

A16. Ein Unternehmen hat nicht die feste Absicht, eine Investition in einen finanziellen Vermögenswert mit fester Laufzeit bis zur Endfälligkeit zu halten, wenn:

(a) das Unternehmen beabsichtigt, den finanziellen Vermögenswert für einen nicht definierten Zeitraum zu halten;

(b) das Unternehmen jederzeit bereit ist, den finanziellen Vermögenswert (außer in nicht wiederkehrenden, vom Unternehmen nicht vernünftigerweise vorhersehbaren Situationen) als Reaktion auf Änderungen der Marktzinsen oder -risiken, des Liquiditätsbedarfs, Änderungen der Verfügbarkeit und Verzinsung alternativer Finanzinvestitionen, Änderungen der Finanzierungsquellen und -bedingungen oder Änderungen des Währungsrisikos zu verkaufen; oder

(c) der Emittent das Recht hat, den finanziellen Vermögenswert zu einem Betrag zu begleichen, der wesentlich unter den fortgeführten Anschaffungskosten liegt.

A17. Ein Schuldinstrument mit variabler Verzinsung kann die Kriterien für eine bis zur Endfälligkeit zu haltende Finanzinvestition erfüllen. Eigenkapitalinstrumente können keine bis zur Endfälligkeit zu haltenden Finanzinvestitionen sein, da sie entweder eine unbegrenzte Laufzeit haben (wie beispielsweise Stammaktien) oder weil die Beträge, die der Inhaber empfangen kann, in nicht vorherbestimmbarer Weise schwanken können (wie bei Aktienoptionen, Optionsscheinen und ähnlichen Rechten). In Bezug auf die Definition der bis zur Endfälligkeit zu haltenden Finanzinvestitionen bedeuten feste oder bestimmbare Zahlungen und feste Laufzeiten, dass eine vertragliche Vereinbarung existiert, die die Höhe und den Zeitpunkt von Zahlungen an den Inhaber wie Zins- oder Kapitalzahlungen definiert. Ein signifikantes Risiko von Zahlungsausfällen schließt die Einstufung eines finanziellen Vermögenswertes als bis zur Endfälligkeit zu haltende Finanzinvestition nicht aus, solange die vertraglich vereinbarten Zahlungen fest oder bestimmbar sind und die anderen Kriterien für diese Einstufung erfüllt werden. Sehen die Bedingungen eines ewigen Schuldinstruments Zinszahlungen für einen unbestimmten Zeitraum vor, kann es nicht als „bis zur Endfälligkeit zu halten" klassifiziert werden, weil es keinen Fälligkeitstermin gibt.

A18. Ein durch den Emittenten kündbarer finanzieller Vermögenswert erfüllt die Kriterien einer bis zur Endfälligkeit zu haltenden Finanzinvestition, wenn der Inhaber beabsichtigt und in der Lage ist, diesen bis zur Kündigung oder Fälligkeit zu halten und er den vollständigen Buchwert der Finanzinvestition im Wesentlichen wiedererlangen wird. Die Kündigungsoption des Emittenten verkürzt bei Ausübung lediglich die Laufzeit des Vermögenswertes. Eine Einstufung als bis zur Endfälligkeit zu haltender Vermögenswert kommt jedoch nicht in Betracht, wenn der Vermögenswert in einer Weise gekündigt werden kann, die es dem Inhaber unmöglich macht, den Buchwert im Wesentlichen zurückzuerlangen. Bei der Bestimmung, ob der Buchwert im Wesentlichen wiedererlangt werden kann, sind Agien sowie aktivierte Transaktionskosten zu berücksichtigen.

A19. Ein durch den Inhaber kündbarer finanzieller Vermögenswert (d. h., der Inhaber hat das Recht, vom Emittenten die Rückzahlung oder anderweitige Rücknahme des finanziellen Vermögenswertes vor Fälligkeit zu verlangen) kann nicht als bis zur Endfälligkeit zu haltende Finanzinvestition eingestuft werden, weil das Bezahlen einer Verkaufsmöglichkeit bei einem finanziellen Vermögenswert im Widerspruch zur festen Absicht steht, den finanziellen Vermögenswert bis zur Endfälligkeit zu halten.

A20. Bei den meisten finanziellen Vermögenswerten ist der beizulegende Zeitwert als Bewertungsmaßstab den fortgeführten Anschaffungskosten vorzuziehen. Eine Ausnahme bildet hierbei die Kategorie der bis zur Endfälligkeit zu haltenden Finanzinvestitionen, allerdings nur für den Fall, dass das Unternehmen die feste Absicht hat und in der Lage ist, die Finanzinvestition bis zur Endfälligkeit zu halten. Sollte es aufgrund der Unternehmensaktivitäten Zweifel an der Absicht und Fähigkeit geben, besagte Finanzinvestitionen bis zur Endfälligkeit zu halten, so schließt Paragraph 9 die Anwendung der Ausnahmeregelung für einen angemessenen Zeitraum aus.

A21. Ein äußerst unwahrscheinliches „Katastrophenszenario" wie ein Run auf eine Bank oder eine vergleichbare Situation für ein Versicherungsunternehmen wird von einem Unternehmen bei der Bestimmung der festen Absicht oder Fähigkeit, eine Finanzinvestition bis zur Endfälligkeit zu halten, nicht berücksichtigt.

A22. Verkäufe vor Endfälligkeit können die in Paragraph 9 genannten Kriterien erfüllen – und stellen daher die Absicht des Unternehmens, die Finanzinvestition bis zur Endfälligkeit zu halten, nicht in Frage –, wenn sie auf einen der folgenden Sachverhalte zurückzuführen sind:

(a) eine wesentliche Bonitätsverschlechterung des Emittenten. Beispielsweise stellt ein Verkauf nach einer Herabstufung des Bonitätsratings durch eine externe Ratingagentur nicht die Absicht des Unternehmens in Frage, andere Finanzinvestitionen bis zur Endfälligkeit zu halten, wenn die Herabstufung einen objektiven Hinweis auf eine wesentliche Verschlechterung der Bonität des Emittenten gegenüber dem Bonitätsrating beim erstmaligen Ansatz liefert. In ähnlicher Weise erlauben interne Ratings zur Einschätzung von Risikopositionen die Identifikation von Emittenten, deren Bonität sich wesentlich verschlechtert hat, sofern die Methode, mit der das Unternehmen die internen Ratings vergibt und ändert, zu einem konsistenten, verlässlichen und objektiven Maßstab für die Bonität des Emittenten führt. Liegen Nachweise für eine Wertminderung eines finanziellen Vermögenswertes vor (siehe Paragraph 58 und 59), wird die Bonitätsverschlechterung häufig als wesentlich angesehen.

(b) eine Änderung der Steuergesetzgebung, mit der die Steuerbefreiung von Zinsen auf die bis zur Endfälligkeit zu haltenden Finanzinvestitionen abgeschafft oder wesentlich reduziert wird (außer Änderungen der Steuergesetzgebung, die die auf Zinserträge anwendbaren Grenzsteuersätze verändern).

(c) ein bedeutender Unternehmenszusammenschluss oder eine bedeutende Veräußerung (wie der Verkauf eines Unternehmenssegments), der/die zur Aufrechterhaltung der aktuellen Zinsrisikoposition oder Kreditrisikopolitik des Unternehmens den Verkauf oder die Übertragung von bis zur Endfälligkeit zu haltenden Finanzinvestitionen erforderlich macht (auch wenn ein Unternehmenszusammenschluss einen Sachverhalt darstellt, der der Kontrolle des Unternehmens unterliegt, können Änderungen des Anlageportfolios zur Aufrechterhaltung der Zinsrisikoposition oder der Kreditrisikopolitik eher Folge als Ursache dieses Zusammenschlusses sein).

(d) eine wesentliche Änderung der gesetzlichen oder aufsichtsrechtlichen Bestimmungen im Hinblick auf die Zulässigkeit von Finanzinvestitionen oder den zulässigen Höchstbetrag für bestimmte Finanzanlagen, die das Unternehmen zwingt, bis zur Endfälligkeit zu haltende Finanzinvestitionen vorzeitig zu veräußern.

(e) eine wesentliche Erhöhung der von der für den Industriezweig aufsichtsrechtlich geforderten Eigenkapitalausstattung, die das Unternehmen zwingt, den Bestand von bis zur Endfälligkeit zu haltenden Finanzinvestitionen durch Verkäufe zu reduzieren.

(f) eine wesentliche Erhöhung der aufsichtsrechtlichen Risikogewichtung von bis zur Endfälligkeit zu haltenden Finanzinvestitionen.

A23. Ein Unternehmen verfügt nicht über die nachgewiesene Fähigkeit, eine Investition in einen finanziellen Vermögenswert mit fester Laufzeit bis zur Endfälligkeit zu halten, wenn:

(a) es nicht die erforderlichen finanziellen Ressourcen besitzt, um eine Finanzinvestition bis zur Endfälligkeit zu halten; oder

(b) es bestehenden gesetzlichen oder anderen Beschränkungen unterliegt, die seine Absicht, einen finanziellen Vermögenswert bis zur Endfälligkeit zu halten, zunichte machen könnten. (Gleichwohl bedeutet die Kaufoption des Emittenten nicht zwangsläufig, dass die Absicht eines Unternehmens, einen finanziellen Vermögenswert bis zur Endfälligkeit zu halten, zunichte gemacht wird – siehe Paragraph A18.)

A24. Andere als die in Paragraph A16-A23 beschriebenen Umstände können darauf hindeuten, dass ein Unternehmen nicht die feste Absicht hat oder nicht über die Fähigkeit verfügt, eine Finanzinvestition bis zur Endfälligkeit zu halten.

A25. Die Absicht oder Fähigkeit, eine Finanzinvestition bis zur Endfälligkeit zu halten, ist vom Unternehmen nicht nur beim erstmaligen Ansatz der betreffenden finanziellen Vermögenswerte, sondern auch an jedem nachfolgenden Abschlussstichtag zu beurteilen.

Kredite und Forderungen

A26. Alle nicht derivativen finanziellen Vermögenswerte mit festen oder bestimmbaren Zahlungen (einschließlich Kredite, Forderungen aus Lieferungen und Leistungen, Investitionen in Schuldinstrumente und Bankeinlagen) können potenziell die Definition von Krediten und Forderungen erfüllen. Von einer Einstufung als Kredite und Forderungen ausgenommen sind allerdings an einem aktiven Markt notierte finanzielle Vermögenswerte (beispielsweise notierte Schuldinstrumente, siehe Paragraph A71). Finanzielle Vermögenswerte, die nicht der Definition von Krediten und Forderungen entsprechen, können als bis zur Endfälligkeit zu haltende Finanzinvestitionen eingestuft werden, sofern sie die hierfür erforderlichen Voraussetzungen erfüllen (siehe Paragraph 9 und A16-A25). Beim erstmaligen Ansatz eines finanziellen Vermögenswertes, der ansonsten als Kredit oder Forderung eingestuft würde, kann dieser als „erfolgswirksam zum beizulegenden Zeitwert bewertet" oder als „zur Veräußerung verfügbar" eingestuft werden.

EINGEBETTETE DERIVATE (PARAGRAPHEN 10-13)

A27. Wenn der Basisvertrag keine angegebene oder vorbestimmte Laufzeit hat und einen Residualanspruch am Reinvermögen eines Unternehmens begründet, sind seine wirtschaftlichen Merkmale und Risiken die eines Eigenkapitalinstruments, und ein eingebettetes Derivat müsste Eigenkapitalmerkmale in Bezug auf das gleiche Unternehmen aufweisen, um als eng mit dem Basisvertrag verbunden zu gelten. Wenn der Basisvertrag kein Eigenkapitalinstrument darstellt und die Definition eines Finanzinstruments erfüllt, sind seine wirtschaftlichen Merkmale und Risiken die eines Schuldinstruments.

A28. Eingebettete Derivate ohne Optionscharakter (wie etwa ein eingebetteter Forward oder Swap), sind auf der Grundlage ihrer angegebenen oder unausgesprochen enthaltenen materiellen Bedingungen vom zugehörigen Basisvertrag zu trennen, so dass sie beim erstmaligen Ansatz einen beizulegenden Zeitwert von Null aufweisen. Eingebettete Derivate mit Optionscharakter (wie eingebettete Verkaufsoptionen, Kaufoptionen, Caps, Floors oder Swaptions) sind auf der Grundlage der angegebenen Bedingungen des Optionsmerkmals vom Basisvertrag zu trennen. Der anfängliche Buchwert des Basisinstruments entspricht dem Restbetrag nach Trennung vom eingebetteten Derivat.

A29. Mehrere in ein Instrument eingebettete Derivate werden normalerweise als ein einziges zusammengesetztes eingebettetes Derivat behandelt. Davon ausgenommen sind jedoch als Eigenkapital eingestufte eingebettete Derivate (siehe IAS 32), die gesondert von den als Vermögenswerte oder Verbindlichkeiten eingestuften zu bilanzieren sind. Eine gesonderte Bilanzierung erfolgt auch dann, wenn sich die in ein Instrument eingebetteten Derivate unterschiedlichem Risiko ausgesetzt sind und jederzeit getrennt werden können und unabhängig voneinander sind.

A30. In den folgenden Beispielen sind die wirtschaftlichen Merkmale und Risiken eines eingebetteten Derivats nicht eng mit dem Basisvertrag verbunden (Paragraph 11(a)). In diesen Beispielen und in der Annahme, dass die Bedingungen aus

Paragraph 11(b) und (c) erfüllt sind, bilanziert ein Unternehmen das eingebettete Derivat getrennt von seinem Basisvertrag.

(a) Eine in ein Instrument eingebettete Verkaufsoption, die es dem Inhaber ermöglicht, vom Emittenten den Rückkauf des Instruments für einen an einen Eigenkapital- oder Rohstoffpreis oder -index gekoppelten Betrag an Zahlungsmitteln oder anderen Vermögenswerten zu verlangen, ist nicht eng mit dem Basisvertrag verbunden.

(b) Eine in ein Eigenkapitalinstrument eingebettete Kaufoption, die dem Emittenten den Rückkauf dieses Eigenkapitalinstruments zu einem bestimmten Preis ermöglicht, ist aus Sicht des Inhabers nicht eng mit dem originären Eigenkapitalinstrument verbunden (aus Sicht des Emittenten stellt die Kaufoption ein Eigenkapitalinstrument dar und fällt, sofern die Kriterien für eine derartige Einstufung gemäß IAS 32 erfüllt sind, nicht in den Anwendungsbereich dieses Standards.).

(c) Eine Option oder automatische Regelung zur Verlängerung der Restlaufzeit eines Schuldinstruments ist nicht eng mit dem originären Schuldinstrument verbunden, es sei denn, zum Zeitpunkt der Verlängerung findet gleichzeitig eine Anpassung an den ungefähren herrschenden Marktzins statt. Wenn ein Unternehmen ein Schuldinstrument emittiert und der Inhaber dieses Schuldinstruments einem Dritten eine Kaufoption auf das Schuldinstrument einräumt, stellt die Kaufoption für den Fall, dass der Emittent bei ihrer Ausübung dazu verpflichtet werden kann, sich an der Vermarktung des Schuldinstruments zu beteiligen oder diese zu erleichtern, für diesen eine Verlängerung der Laufzeit des Schuldinstruments dar.

(d) In ein Schuldinstrument oder einen Versicherungsvertrag eingebettete eigenkapitalindizierte Zins- oder Kapitalzahlungen – bei denen die Höhe der Zinsen oder des Kapitalbetrags an den Wert von Eigenkapitalinstrumenten gekoppelt ist – sind nicht eng mit dem Basisinstrument verbunden, da das Basisinstrument und das eingebettete Derivat unterschiedlichen Risiken ausgesetzt sind.

(e) In ein Schuldinstrument oder einen Versicherungsvertrag eingebettete güterindizierte Zins- oder Kapitalzahlungen – bei denen die Höhe der Zinsen oder des Kapitalbetrags an den Preis eines Gutes (z. B. Gold) gebunden ist – sind nicht eng mit dem Basisinstrument verbunden, da das Basisinstrument und das eingebettete Derivat unterschiedlichen Risiken ausgesetzt sind.

(f) Ein in ein wandelbares Schuldinstrument eingebettetes Recht auf Umwandlung in Eigenkapital ist aus Sicht des Inhabers des Instruments nicht eng mit dem Basisschuldinstrument verbunden (aus Sicht des Emittenten stellt die Option zur Umwandlung in Eigenkapital ein Eigenkapitalinstrument dar und fällt, sofern die Kriterien für eine derartige Einstufung gemäß IAS 32 erfüllt sind, nicht in den Anwendungsbereich dieses Standards.)

g) Eine Kaufs-, Verkaufs- oder Vorauszahlungsoption, die in einen Basisvertrag oder Basis-Versicherungsvertrag eingebettet ist, ist nicht eng mit dem Basisvertrag verbunden,

   i) wenn der Ausübungspreis der Option an jedem Ausübungszeitpunkt nicht annähernd gleich den fortgeführten Anschaffungskosten des Basis-Schuldinstruments oder des Buchwertes des Basis-Versicherungsvertrages ist oder

   ii) wenn der Ausübungspreis einer Vorauszahlungsoption den Kreditgeber für einen Betrag bis zum geschätzten Barwert der für die Restdauer des Basisvertrags nicht erhaltenen Zinsen entschädigt. Der Betrag der nicht erhaltenen Zinsen errechnet sich aus dem im Voraus gezahlten Kapitalbetrag multipliziert mit dem Zinsunterschiedsbetrag. Beim Zinsunterschiedsbetrag handelt es sich um den Betrag, um den der Effektivzinssatz des Basisvertrags den Effektivzinssatz übersteigt, den das Unternehmen vom Vorauszahlungstermin erhalten würde, wenn es den im Voraus gezahlten Kapitalbetrag für die Restdauer des Basisvertrags in einen ähnlichen Vertrag reinvestieren würde.

Die Beurteilung, ob die Kaufs- oder Verkaufsoption eng mit dem Basisvertrag verbunden ist, erfolgt vor Abtrennung der Eigenkapitalkomponente einer Wandelschuldverschreibung gemäß IAS 32.

(h) Kreditderivate, die in ein Basisschuldinstrument eingebettet sind und einer Vertragspartei (dem „Begünstigten") die Möglichkeit einräumen, das Ausfallrisiko eines bestimmten Referenzvermögenswertes, der sich unter Umständen nicht in seinem Eigentum befindet, auf eine andere Vertragspartei (dem „Garantiegeber") zu übertragen, sind nicht eng mit dem Basisschuldinstrument verbunden. Solche Kreditderivate ermöglichen es dem Garantiegeber, das mit dem Referenzvermögenswert verbundene Ausfallrisiko zu übernehmen, ohne dass sich der dazugehörige Referenzvermögenswert direkt in seinem Besitz befinden muss.

A31. Ein Beispiel für ein hybrides Instrument ist ein Finanzinstrument, das den Inhaber berechtigt, das Finanzinstrument im Tausch gegen einen an einen Eigenkapital- oder Güterindex, der zu- oder abnehmen kann, gekoppelten Betrag an Zahlungsmitteln oder anderen finanziellen Vermögenswerten an den Emittenten zurückzuverkaufen („kündbares Instrument"). Soweit der Emittent das kündbare Instrument beim erstmaligen Ansatz nicht als finanzielle Verbindlichkeit einstuft, die erfolgswirksam zum beizulegenden Zeitwert be-

2/27. IAS 39
Anhang A

wertet wird, ist er verpflichtet, ein eingebettetes Derivat (d. h. die indexgebundene Kapitalzahlung) gemäß Paragraph 11 getrennt zu erfassen, weil der Basisvertrag ein Schuldinstrument gemäß Paragraph A27 darstellt und die indexgebundene Kapitalzahlung gemäß Paragraph 30(a) nicht eng mit dem Basisschuldinstrument verbunden ist. Da die Kapitalzahlung zu- und abnehmen kann, handelt es sich beim eingebetteten Derivat um ein Derivat ohne Optionscharakter, dessen Wert an die zugrunde liegende Variable gekoppelt ist.

A32. Im Falle eines kündbaren Instruments, das jederzeit gegen einen Betrag an Zahlungsmitteln in Höhe des entsprechenden Anteils am Reinvermögen des Unternehmens zurückgegeben werden kann (wie Anteile an einem offenen Investmentfonds oder einige fondsgebundene Investmentprodukte), wird das zusammengesetzte Finanzinstrument durch Trennung des eingebetteten Derivats und Bilanzierung der einzelnen Bestandteile mit dem Rückzahlungsbetrag bewertet, der am Abschlussstichtag zahlbar wäre, wenn der Inhaber sein Recht auf Rückverkauf des Instruments an den Emittenten wahrnehmen würde.

A33. In den folgenden Beispielen sind die wirtschaftlichen Merkmale und Risiken eines eingebetteten Derivats eng mit den wirtschaftlichen Merkmalen und Risiken des Basisvertrags verbunden. In diesen Beispielen wird das eingebettete Derivat nicht gesondert vom Basisvertrag bilanziert.

(a) Ein eingebettetes Derivat, in dem das Basisobjekt ein Zinssatz oder ein Zinsindex ist, der den Betrag der ansonsten aufgrund des verzinslichen Basis-Schuldinstruments oder Basis-Versicherungsvertrages zahlbaren oder zu erhaltenden Zinsen ändern kann, ist eng mit dem Basisvertrag verbunden, es sei denn das strukturierte Finanzinstrument kann in einer Weise erfüllt werden, dass der Inhaber im Wesentlichen nicht all seine Einlagen zurückerhält, oder das eingebettete Derivat kann zumindest die anfängliche Verzinsung des Basisvertrages des Inhabers verdoppeln, und damit kann sich eine Verzinsung ergeben, die mindestens das Zweifache des Marktzinses für einen Vertrag mit den gleichen Bedingungen wie der Basisvertrag beträgt.

(b) Eine eingebettete Ober- oder Untergrenze auf Zinssätze eines Schuldinstruments oder Versicherungsvertrages ist eng mit dem Basisvertrag verbunden, wenn zum Zeitpunkt des Abschlusses des Vertrages die Zinsobergrenze gleich oder höher als der herrschende Marktzins ist oder die Zinsuntergrenze gleich oder unter dem herrschenden Marktzins liegt und die Zinsober- oder -untergrenze im Verhältnis zum Basisvertrag keine Hebelwirkung aufweist. Ebenso sind in einem Vertrag enthaltene Vorschriften zum Kauf oder Verkauf eines Vermögenswertes (z. B. eines Rohstoffs), die einen Cap und Floor auf den für den Vermögenswert zu zahlenden oder zu erhaltenden Preis vorsehen, eng mit dem Basisvertrag verbunden, wenn sowohl Cap als auch Floor zu Beginn aus dem Geld wären und keine Hebelwirkung aufwiesen.

(c) Ein eingebettetes Fremdwährungsderivat, das Ströme von Kapital- oder Zinszahlungen erzeugt, die auf eine Fremdwährung lauten und in ein Basisschuldinstrument eingebettet sind (z. B. eine Doppelwährungsanleihe), ist eng mit dem Basisschuldinstrument verbunden. Ein solches Derivat wird nicht von seinem Basisinstrument getrennt, da IAS 21 vorschreibt, dass Fremdwährungsgewinne und -verluste aus monetären Posten im Gewinn oder Verlust erfasst werden.

(d) Ein eingebettetes Fremdwährungsderivat in einem Basisvertrag, der ein Versicherungsvertrag bzw. kein Finanzinstrument ist (wie ein Kauf- oder Verkaufvertrag für einen nichtfinanziellen Vermögenswert, dessen Preis auf eine Fremdwährung lautet), ist eng mit dem Basisvertrag verbunden, sofern es keine Hebelwirkung aufweist, keine Optionsklausel beinhaltet und Zahlungen in einer der folgenden Währungen erfordert:

(i) die funktionale Währung einer substanziell an dem Vertrag beteiligten Partei;

(ii) der im internationalen Handel üblichen Währung für die hiermit verbundenen erworbenen oder gelieferten Waren oder Dienstleistungen (z. B. US-Dollar bei Erdölgeschäften) oder

(iii) einer Währung, die in dem wirtschaftlichen Umfeld, in dem die Transaktion stattfindet, in Verträgen über den Kauf oder Verkauf nicht finanzieller Posten üblicherweise verwendet wird (z. B. eine relativ stabile und liquide Währung, die üblicherweise bei lokalen Geschäftstransaktionen oder im Außenhandel verwendet wird).

(e) Eine in einen Zins- oder Kapitalstrip eingebettete Vorfälligkeitsoption ist eng mit dem Basisvertrag verbunden, wenn der Basisvertrag (i) anfänglich aus der Trennung des Rechts auf Empfang vertraglich festgelegter Cashflows eines Finanzinstruments resultierte, in das ursprünglich kein Derivat eingebettet war, und (ii) keine Bedingungen beinhaltet, die nicht auch Teil des ursprünglichen originären Schuldinstruments sind.

(f) Ein in einen Basisvertrag in Form eines Leasingverhältnisses eingebettetes Derivat ist eng mit dem Basisvertrag verbunden, wenn das eingebettete Derivat (i) ein an die Inflation gekoppelter Index wie z. B. im Falle einer Anbindung von Leasingzahlungen an einen Verbraucherpreisindex (vorausgesetzt, das Leasingverhältnis wurde nicht als Leveraged-Lease-Finanzierung gestaltet und der Index ist an die Inflationsentwicklung im Wirtschaftsumfeld des Unternehmens geknüpft), (ii) Eventualmietzahlungen auf Umsatzbasis oder (iii) Eventualmietzahlungen basierend auf variablen Zinsen ist.

(g) Ein fondsgebundenes Merkmal, das in einem Basis-Finanzinstrument oder Basis-Versicherungsvertrag eingebettet ist, ist eng mit dem Basisinstrument bzw. Basisvertrag verbunden, wenn die anteilsbestimmten Zahlungen zum aktuellen Wert der Anteilseinheiten bestimmt werden, die dem beizulegenden Zeitwert der Vermögenswerte des Fonds entsprechen. Ein fondsgebundenes Merkmal ist eine vertragliche Bestimmung, die Zahlungen in Anteilseinheiten eines internen oder externen Investmentfonds vorschreibt.

(h) Ein Derivat, das in einen Versicherungsvertrag eingebettet ist, ist eng mit dem Basis-Versicherungsvertrag verbunden, wenn das eingebettete Derivat und der Basis-Versicherungsvertrag so voneinander abhängig sind, dass das Unternehmen das eingebettete Derivat nicht abgetrennt (d. h. ohne Berücksichtigung des Basisvertrags) bewerten kann.

Instrumente mit eingebetteten Derivaten

A33A. Wenn ein Unternehmen Vertragspartei eines hybriden (zusammengesetzten) Finanzinstruments mit einem oder mehreren eingebetteten Derivaten wird, ist es gemäß Paragraph 11 verpflichtet, jedes derartige eingebettete Derivat zu identifizieren, zu beurteilen, ob es vom Basisvertrag getrennt werden muss, und die zu trennenden Derivate beim erstmaligen Ansatz und zu den folgenden Abschlussstichtagen zum beizulegenden Zeitwert zu bewerten. Diese Vorschriften können komplexer sein oder zu weniger verlässlichen Wertansätzen führen, als wenn das gesamte Instrument erfolgswirksam zum beizulegenden Zeitwert bewertet würde. Aus diesem Grund gestattet dieser Standard eine Einstufung des gesamten Instruments als erfolgswirksam zum beizulegenden Zeitwert bewertet.

A33B. Eine solche Einstufung ist unabhängig davon zulässig, ob eine Trennung der eingebetteten Derivate vom Basisvertrag nach Maßgabe von Paragraph 11 vorgeschrieben oder verboten ist. Paragraph 11A würde jedoch in den in Paragraph 11A(a) und (b) beschriebenen Fällen keine Einstufung des hybriden (zusammengesetzten) Finanzinstruments als erfolgswirksam zum beizulegenden Zeitwert zu bewerten rechtfertigen, weil dadurch die Komplexität nicht verringert oder die Verlässlichkeit nicht erhöht würde.

ANSATZ UND AUSBUCHUNG (PARAGRAPHEN 14-42)

Erstmaliger Ansatz (Paragraph 14)

A34. Nach dem in Paragraph 14 dargelegten Grundsatz hat ein Unternehmen sämtliche vertraglichen Rechte und Verpflichtungen im Zusammenhang mit Derivaten in seiner Bilanz als Vermögenswerte bzw. Verbindlichkeiten anzusetzen. Davon ausgenommen sind Derivate, die verhindern, dass eine Übertragung finanzieller Vermögenswerte als Verkauf bilanziert wird (siehe Paragraph A49). Erfüllt die Übertragung eines finanziellen Vermögenswertes nicht die Bedingungen für eine Ausbuchung, wird der übertragene Vermögenswert vom Empfänger nicht als Vermögenswert angesetzt (siehe Paragraph A50).

A35. Im Folgenden werden Beispiele für die Anwendung des in Paragraph 14 aufgestellten Grundsatzes aufgeführt:

(a) unbedingte Forderungen und Verbindlichkeiten sind als Vermögenswert oder Verbindlichkeit anzusetzen, wenn das Unternehmen Vertragspartei wird und infolgedessen das Recht auf Empfang oder die rechtliche Verpflichtung zur Zahlung flüssiger Mittel hat.

(b) Vermögenswerte und Verbindlichkeiten, die infolge einer festen Verpflichtung zum Kauf oder Verkauf von Gütern oder Dienstleistungen zu erwerben bzw. einzugehen sind, sind im Allgemeinen erst dann anzusetzen, wenn mindestens eine Vertragspartei den Vertrag erfüllt hat. So wird beispielsweise ein Unternehmen, das eine feste Bestellung entgegennimmt, zum Zeitpunkt der Auftragszusage im Allgemeinen keinen Vermögenswert ansetzen (und das den Auftrag erteilende Unternehmen wird keine Verbindlichkeit bilanzieren), sondern den Ansatz erst dann vornehmen, wenn die bestellten Waren versandt oder geliefert oder die Dienstleistungen erbracht wurden. Fällt eine feste Verpflichtung zum Kauf oder Verkauf nicht finanzieller Posten gemäß Paragraph 5-7 in den Anwendungsbereich dieses Standards, wird ihr beizulegender Nettozeitwert am Tag, an dem die Verpflichtung eingegangen wurde, als Vermögenswert oder Verbindlichkeit angesetzt (siehe (c) unten). Wird eine bisher nicht bilanzwirksame feste Verpflichtung bei einer Absicherung des beizulegenden Zeitwerts als gesichertes Grundgeschäft designiert, so sind alle Änderungen des beizulegenden Nettozeitwerts, die auf das gesicherte Risiko zurückzuführen sind, nach Beginn der Absicherung als Vermögenswert oder Verbindlichkeit zu erfassen (siehe Paragraph 93 und 94).

(c) ein Forward-Geschäft, das in den Anwendungsbereich dieses Standards fällt (siehe Paragraph 2-7), ist mit dem Tag, an dem die vertragliche Verpflichtung eingegangen wurde, und nicht erst am Erfüllungstag als Vermögenswert oder Verbindlichkeit anzusetzen. Wenn ein Unternehmen Vertragspartei bei einem Forward-Geschäft wird, haben das Recht und die Verpflichtung häufig den gleichen beizulegenden Zeitwert, so dass der beizulegende Nettozeitwert des Forward-Geschäfts Null ist. Ist der beizulegende Nettozeitwert des Rechts und der Verpflichtung nicht Null, ist der Vertrag als Vermögenswert oder Verbindlichkeit anzusetzen.

(d) Optionsverträge, die in den Anwendungsbereich dieses Standards fallen (siehe Paragraph 2-7), werden als Vermögenswerte oder Ver-

2/27. IAS 39 Anhang A

bindlichkeiten angesetzt, wenn der Inhaber oder Stillhalter Vertragspartei wird.

(e) geplante künftige Geschäftsvorfälle sind, unabhängig von ihrer Eintrittswahrscheinlichkeit, keine Vermögenswerte oder Verbindlichkeiten, da das Unternehmen nicht Vertragspartei geworden ist.

AUSBUCHUNG EINES FINANZIELLEN VERMÖGENSWERTES (PARAGRAPHEN 15-37)

A36. Das folgende Prüfschema in Form eines Flussdiagramms veranschaulicht, ob und in welchem Umfang ein finanzieller Vermögenswert ausgebucht wird.

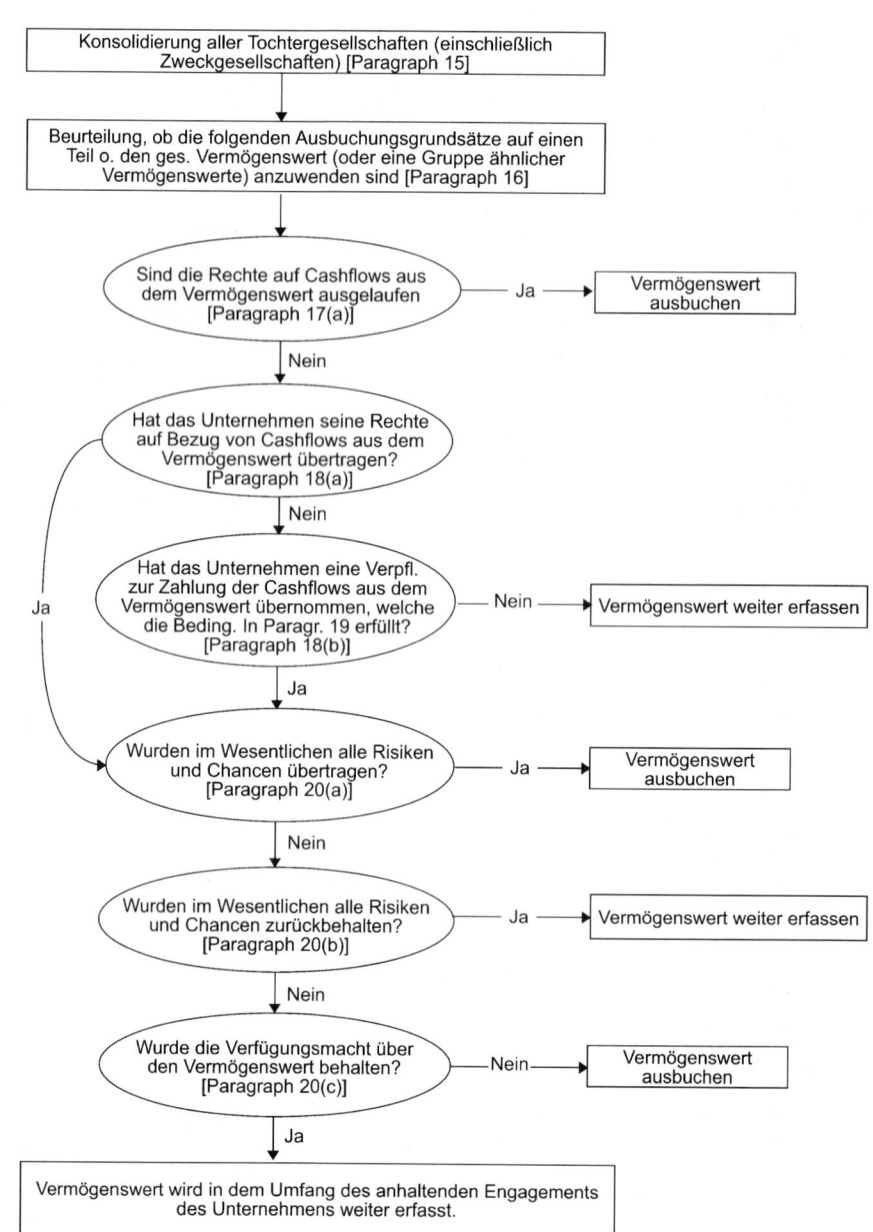

```
┌─────────────────────────────────────────────────────┐
│ Konsolidierung aller Tochtergesellschaften          │
│ (einschließlich Zweckgesellschaften) [Paragraph 15] │
└─────────────────────────────────────────────────────┘
                         │
┌─────────────────────────────────────────────────────┐
│ Beurteilung, ob die folgenden Ausbuchungsgrundsätze │
│ auf einen Teil o. den ges. Vermögenswert (oder eine │
│ Gruppe ähnlicher Vermögenswerte) anzuwenden sind    │
│ [Paragraph 16]                                      │
└─────────────────────────────────────────────────────┘
                         │
        ╱─────────────────────────────╲
       │ Sind die Rechte auf Cashflows │ ── Ja ──▶ Vermögenswert
       │ aus dem Vermögenswert         │           ausbuchen
       │ ausgelaufen [Paragraph 17(a)] │
        ╲─────────────────────────────╱
                     Nein
                      │
        ╱─────────────────────────────╲
       │ Hat das Unternehmen seine     │
       │ Rechte auf Bezug von Cashflows│ ── Nein ─┐
       │ aus dem Vermögenswert         │          │
       │ übertragen? [Paragraph 18(a)] │          │
        ╲─────────────────────────────╱           │
                     Ja                           │
                      │                           │
        ╱─────────────────────────────╲           │
       │ Hat das Unternehmen eine      │          │
  Ja ──│ Verpfl. zur Zahlung der       │── Nein ──▶ Vermögenswert
       │ Cashflows aus dem Vermögens-  │          weiter erfassen
       │ wert übernommen, welche die   │
       │ Beding. In Paragr. 19 erfüllt?│
       │ [Paragraph 18(b)]             │
        ╲─────────────────────────────╱
                     Ja
                      │
        ╱─────────────────────────────╲
       │ Wurden im Wesentlichen alle   │ ── Ja ──▶ Vermögenswert
       │ Risiken und Chancen           │           ausbuchen
       │ übertragen? [Paragraph 20(a)] │
        ╲─────────────────────────────╱
                     Nein
                      │
        ╱─────────────────────────────╲
       │ Wurden im Wesentlichen alle   │ ── Ja ──▶ Vermögenswert
       │ Risiken und Chancen           │           weiter erfassen
       │ zurückbehalten? [Paragraph 20(b)]│
        ╲─────────────────────────────╱
                     Nein
                      │
        ╱─────────────────────────────╲
       │ Wurde die Verfügungsmacht     │ ── Nein ─▶ Vermögenswert
       │ über den Vermögenswert        │           ausbuchen
       │ behalten? [Paragraph 20(c)]   │
        ╲─────────────────────────────╱
                     Ja
                      │
┌─────────────────────────────────────────────────────┐
│ Vermögenswert wird in dem Umfang des anhaltenden    │
│ Engagements des Unternehmens weiter erfasst.        │
└─────────────────────────────────────────────────────┘
```

Vereinbarungen, bei denen ein Unternehmen die vertraglichen Rechte auf den Bezug von Cashflows aus finanziellen Vermögenswerten zurückbehält, jedoch eine vertragliche Verpflichtung zur Zahlung der Cashflows an einen oder mehrere Empfänger übernimmt (Paragraph 18(b))

A37. Die in Paragraph 18(b) beschriebene Situation (in der ein Unternehmen die vertraglichen Rechte auf den Bezug von Cashflows aus finanziellen Vermögenswerten zurückbehält, jedoch eine vertragliche Verpflichtung zur Zahlung der Cashflows an einen oder mehrere Empfänger übernimmt) trifft beispielsweise dann zu, wenn das Unternehmen eine Zweckgesellschaft oder ein Treuhandfonds ist, die an Eigentümer eine nutzbringende Beteiligung an den zugrunde liegenden finanziellen Vermögenswerten, deren Eigentümer sie ist, ausgibt und die Verwaltung bzw. Abwicklung dieser finanziellen Vermögenswerte übernimmt. In diesem Fall kommen die finanziellen Vermögenswerte für eine Ausbuchung in Betracht, sofern die Voraussetzungen der Paragraphen 19 und 20 erfüllt sind.

A38. In Anwendung von Paragraph 19 könnte das Unternehmen beispielsweise der Herausgeber des finanziellen Vermögenswertes sein, oder es könnte sich um einen Konzern mit einer konsolidierten Zweckgesellschaft handeln, die den finanziellen Vermögenswert erworben hat und die Cashflows an nicht verbundene Drittanteilseigner weitergibt.

Beurteilung der Übertragung der mit dem Eigentum verbundenen Risiken und Chancen (Paragraph 20)

A39. Beispiele für Fälle, in denen ein Unternehmen im Wesentlichen alle mit dem Eigentum verbundenen Risiken und Chancen überträgt, sind:

(a) ein unbedingter Verkauf eines finanziellen Vermögenswertes;

(b) ein Verkauf eines finanziellen Vermögenswertes in Kombination mit einer Option, den finanziellen Vermögenswert zu dessen beizulegendem Zeitwert zum Zeitpunkt des Rückkaufs zurückzukaufen; und

(c) ein Verkauf eines finanziellen Vermögenswertes in Kombination mit einer Verkaufs- oder Kaufoption, die weit aus dem Geld ist (d. h. einer Option, die so weit aus dem Geld ist, dass es äußerst unwahrscheinlich ist, dass sie vor Fälligkeit im Geld sein wird).

A40. Beispiele für Fälle, in denen ein Unternehmen im Wesentlichen alle mit dem Eigentum verbundenen Risiken und Chancen zurückbehält, sind:

(a) ein Verkauf, kombiniert mit einem Rückkauf, bei dem der Rückkaufspreis festgelegt ist oder dem Verkaufspreis zuzüglich einer Verzinsung entspricht;

(b) eine Wertpapierleihe;

(c) ein Verkauf eines finanziellen Vermögenswertes, gekoppelt mit einem Total Return Swap, bei dem das Marktrisiko auf das Unternehmen zurückübertragen wird;

(d) ein Verkauf eines finanziellen Vermögenswertes in Kombination mit einer Verkaufs- oder Kaufoption, die weit im Geld ist (d. h. einer Option, die so weit im Geld ist, dass es äußerst unwahrscheinlich ist, dass sie vor Fälligkeit aus dem Geld sein wird); und

(e) ein Verkauf kurzfristiger Forderungen, bei dem das Unternehmen eine Garantie auf Entschädigung des Empfängers für wahrscheinlich eintretende Kreditausfälle übernimmt.

A41. Wenn ein Unternehmen feststellt, dass es mit der Übertragung so gut wie alle mit dem Eigentum des finanziellen Vermögenswertes verbundenen Risiken und Chancen übertragen hat, wird der übertragene Vermögenswert in künftigen Perioden nicht mehr erfasst, es sei denn, er wird in einem neuen Geschäftsvorfall zurückerworben.

Beurteilung der Übertragung der Verfügungsgewalt

A42. Ein Unternehmen hat die Verfügungsgewalt über einen übertragenen Vermögenswert nicht behalten, wenn der Empfänger die tatsächliche Fähigkeit zur Veräußerung des übertragenen Vermögenswertes besitzt. Ein Unternehmen hat die Verfügungsgewalt über einen übertragenen Vermögenswert behalten, wenn der Empfänger nicht die tatsächliche Fähigkeit zur Veräußerung des übertragenen Vermögenswertes besitzt. Der Empfänger verfügt über die tatsächliche Fähigkeit zum Veräußerung des übertragenen Vermögenswertes, wenn er an einem aktiven Markt gehandelt wird, da er den übertragenen Vermögenswert bei Bedarf am Markt wieder erwerben könnte, falls er ihn an das Unternehmen zurückgeben muss. Beispielsweise kann ein Empfänger über die tatsächliche Fähigkeit zum Verkauf eines übertragenen Vermögenswertes verfügen, wenn dem Unternehmen zwar eine Rückkaufsoption eingeräumt wurde, der Empfänger den übertragenen Vermögenswert jedoch bei Ausübung der Option jederzeit am Markt erwerben kann. Der Empfänger verfügt nicht über die tatsächliche Fähigkeit zum Verkauf des übertragenen Vermögenswertes, wenn sich das Unternehmen eine derartige Option vorbehält und der Empfänger den übertragenen Vermögenswert nicht jederzeit erwerben kann, falls das Unternehmen seine Option ausübt.

A43. Der Empfänger verfügt nur dann über die tatsächliche Fähigkeit zur Veräußerung des übertragenen Vermögenswertes, wenn er ihn als Ganzes an einen außen stehenden Dritten veräußern und von dieser Fähigkeit einseitig Gebrauch machen kann, ohne dass die Übertragung zusätzlichen Beschränkungen unterliegt. Die entscheidende Frage lautet, welche Möglichkeiten der Empfänger tatsächlich hat und nicht, welche vertraglichen Verfügungsmöglichkeiten und -verbote ihm in Bezug auf den übertragenen Vermögenswert zustehen bzw. auferlegt sind. Insbesondere gilt:

(a) ein vertraglich eingeräumtes Recht auf Veräußerung eines übertragenen Vermögenswertes hat kaum eine tatsächliche Auswirkung, wenn für den übertragenen Vermögenswert kein Markt vorhanden ist; und
(b) die Fähigkeit, einen übertragenen Vermögenswert zu veräußern, hat kaum eine tatsächliche Auswirkung, wenn von ihr nicht frei Gebrauch gemacht werden kann. Aus diesem Grund gilt:
  (i) die Fähigkeit des Empfängers, einen übertragenen Vermögenswert zu veräußern, muss von den Handlungen Dritter unabhängig sein (d. h. es muss sich um eine einseitige Fähigkeit handeln); und
  (ii) der Empfänger muss in der Lage sein, den übertragenen Vermögenswert ohne einschränkende Bedingungen oder Auflagen für die Übertragung zu veräußern (z. B. Bedingungen bezüglich der Bedienung eines Kredits oder eine Option, die den Empfänger zum Rückkauf des Vermögenswertes berechtigt).

A44. Allein die Tatsache, dass der Empfänger den übertragenen Vermögenswert wahrscheinlich nicht veräußern kann, bedeutet noch nicht, dass der Übertragende die Verfügungsgewalt über den übertragenen Vermögenswert behalten hat. Die Verfügungsgewalt wird vom Übertragenden jedoch weiterhin ausgeübt, wenn eine Verkaufsoption oder Garantie den Empfänger davon abhält, den übertragenen Vermögenswert zu veräußern. Ist beispielsweise der Wert einer Verkaufsoption oder Garantie ausreichend hoch, wird der Empfänger vom Verkauf des übertragenen Vermögenswertes abgehalten, da er ihn tatsächlich nicht ohne eine ähnliche Option oder andere einschränkende Bedingungen an einen Dritten verkaufen würde. Stattdessen würde der Empfänger den übertragenen Vermögenswert aufgrund der mit der Garantie oder Verkaufsoption verbundenen Berechtigung zum Empfang von Zahlungen weiter halten. In diesem Fall hat der Übertragende die Verfügungsgewalt an dem übertragenen Vermögenswert behalten.

Übertragungen, die die Bedingungen für eine Ausbuchung erfüllen

A45. Ein Unternehmen kann als Gegenleistung für die Verwaltung bzw. Abwicklung der übertragenen Vermögenswerte das Recht auf den Empfang eines Teils der Zinszahlungen auf diese Vermögenswerte zurückbehalten. Der Anteil der Zinszahlungen, auf die das Unternehmen bei Beendigung oder Übertragung des Verwaltungs-/Abwicklungsvertrags verzichten würde, ist dem Vermögenswert oder der Verbindlichkeit aus dem Verwaltungsrecht zuzuordnen. Der Anteil der Zinszahlungen, der dem Unternehmen weiterhin zustehen würde, stellt eine Forderung aus Zinsstrip dar. Würde das Unternehmen beispielsweise nach Beendigung oder Übertragung des Verwaltungs-/Abwicklungsvertrags auf keine Zinszahlungen verzichten, ist die gesamte Zinsspanne als Forderung aus Zinsstrip zu behandeln. Bei Anwendung von Paragraph 27 werden zur Aufteilung des Buchwertes der Forderung zwischen dem Teil des Vermögenswertes, der ausgebucht wird, und dem Teil, der weiterhin erfasst bleibt, die beizulegenden Zeitwerte des Vermögenswertes aus dem Verwaltungsrecht und der Forderung aus Zinsstrip zugrunde gelegt. Falls keine Verwaltungs-/Abwicklungsgebühr festgelegt wurde oder die zu erhaltende Gebühr voraussichtlich keine angemessene Vergütung für die Verwaltung bzw. Abwicklung durch das Unternehmen darstellt, ist eine Verbindlichkeit für die Verwaltungs- bzw. Abwicklungsverpflichtung zum beizulegenden Zeitwert zu erfassen.

A46. Bei der in Paragraph 27 vorgeschriebenen Schätzung der beizulegenden Zeitwerte jenes Teils, der weiterhin erfasst bleibt, und jenes Teils, der ausgebucht wird, sind zusätzlich zu Paragraph 28 die Vorschriften der Paragraphen 48-49 und A69-A82 zur Bestimmung der beizulegenden Zeitwerte anzuwenden.

Übertragungen, die die Bedingungen für eine Ausbuchung nicht erfüllen

A47. Das folgende Beispiel ist eine Anwendung des in Paragraph 29 aufgestellten Grundsatzes. Wenn ein übertragener Vermögenswert aufgrund einer von einem Unternehmen gewährten Garantie für Ausfallverluste aus dem übertragenen Vermögenswert nicht ausgebucht werden kann, weil das Unternehmen so gut wie alle mit dem Eigentum des übertragenen Vermögenswertes verbundenen Risiken und Chancen zurückbehalten hat, wird der übertragene Vermögenswert weiter in seiner Gesamtheit und das erhaltene Entgelt als Verbindlichkeit erfasst.

Anhaltendes Engagement bei übertragenen Vermögenswerten

A48. Im Folgenden sind Beispiele für die Bewertung eines übertragenen Vermögenswertes und der zugehörigen Verbindlichkeit gemäß Paragraph 30 aufgeführt.

Alle Vermögenswerte

(a) Wenn ein übertragener Vermögenswert aufgrund einer von einem Unternehmen gewährten Garantie zur Zahlung von Ausfallverlusten aus dem übertragenen Vermögenswert nicht nach Maßgabe des anhaltenden Engagements ausgebucht werden kann, ist der übertragene Vermögenswert zum Zeitpunkt der Übertragung mit dem niedrigeren Wert aus (i) dem Buchwert des Vermögenswertes und (ii) dem Höchstbetrag des erhaltenen Entgelts, den das Unternehmen eventuell zurückzahlen müsste (dem „garantierten Betrag") zu bewerten. Die zugehörige Verbindlichkeit wird bei Zugang mit dem Garantiebetrag zuzüglich des beizulegenden Zeitwerts der Garantie (der normalerweise dem für die Garantie erhaltenen Entgelt entspricht) bewertet. Anschließend ist der anfängliche beizulegende Zeitwert der Garantie zeitproportional im Gewinn oder Verlust zu erfassen (siehe IAS 18) und der Buchwert des Vermögenswertes um etwaige Wertminderungsaufwendungen zu kürzen.

Zu fortgeführten Anschaffungskosten bewertete Vermögenswerte

(b) Wenn die Verpflichtung eines Unternehmens aufgrund einer geschriebenen Verkaufsoption oder das Recht eines Unternehmens aufgrund einer gehaltenen Kaufoption dazu führt, dass ein übertragener Vermögenswert nicht ausgebucht werden kann, und der übertragene Vermögenswert zu fortgeführten Anschaffungskosten bewertet wird, ist die zugehörige Verbindlichkeit mit deren Anschaffungskosten (also dem erhaltenen Entgelt), bereinigt um die Amortisation der Differenz zwischen den Anschaffungskosten und den fortgeführten Anschaffungskosten des übertragenen Vermögenswertes am Fälligkeitstermin der Option, zu bewerten. Als Beispiel soll angenommen werden, dass die fortgeführten Anschaffungskosten und der Buchwert des Vermögenswertes zum Zeitpunkt der Übertragung WE 98 betragen und das erhaltene Entgelt WE 95 beträgt. Am Ausübungstag der Option werden die fortgeführten Anschaffungskosten des Vermögenswertes bei WE 100 liegen. Der anfängliche Buchwert der entsprechenden Verbindlichkeit beträgt WE 95; die Differenz zwischen WE 95 und WE 100 ist unter Anwendung der Effektivzinsmethode im Gewinn oder Verlust zu erfassen. Bei Ausübung der Option wird die Differenz zwischen dem Buchwert der zugehörigen Verbindlichkeit und dem Ausübungspreis im Gewinn oder Verlust erfasst.

Vermögenswerte, die zum beizulegenden Zeitwert bewertet werden

(c) Wenn ein übertragener Vermögenswert aufgrund einer vom Unternehmen zurückbehaltenen Kaufoption nicht ausgebucht werden kann und der übertragene Vermögenswert zum beizulegenden Zeitwert bewertet wird, erfolgt die Bewertung des Vermögenswertes weiterhin zum beizulegenden Zeitwert. Die zugehörige Verbindlichkeit wird (i) zum Ausübungspreis der Option, abzüglich des Zeitwertes der Option, wenn diese im oder am Geld ist, oder (ii) zum beizulegenden Zeitwert des übertragenen Vermögenswertes, abzüglich des Zeitwertes der Option, wenn diese aus dem Geld ist, bewertet. Durch Berichtigung der Bewertung der zugehörigen Verbindlichkeit wird gewährleistet, dass der Nettobuchwert des Vermögenswertes und der zugehörigen Verbindlichkeit dem Recht aus der Kaufoption entspricht. Beträgt beispielsweise der beizulegende Zeitwert des zugrunde liegenden Vermögenswertes WE 80, der Ausübungspreis der Option WE 95 und der Zeitwert der Option WE 5, so entspricht der Buchwert der entsprechenden Verbindlichkeit WE 75 (WE 80 – WE 5) und der Buchwert des übertragenen Vermögenswertes WE 80 (also seinem beizulegenden Zeitwert).

(d) Wenn ein übertragener Vermögenswert aufgrund einer geschriebenen Verkaufsoption eines Unternehmens nicht ausgebucht werden kann und der übertragene Vermögenswert zum beizulegenden Zeitwert bewertet wird, erfolgt die Bewertung der zugehörigen Verbindlichkeit zum Ausübungspreis der Option plus deren Zeitwert. Die Bewertung des Vermögenswertes zum beizulegenden Zeitwert ist auf den niedrigeren Wert aus beizulegendem Zeitwert und Ausübungspreis der Option beschränkt, da das Unternehmen keinen Anspruch auf Steigerungen des beizulegenden Zeitwertes des übertragenen Vermögenswertes hat, die über den Ausübungspreis der Option hinausgehen. Dadurch wird gewährleistet, dass der Nettobuchwert des Vermögenswertes und der zugehörigen Verbindlichkeit dem beizulegenden Zeitwert der Verpflichtung aus der Verkaufsoption entspricht. Beträgt beispielsweise der beizulegende Zeitwert des zugrunde liegenden Vermögenswertes WE 120, der Ausübungspreis der Option WE 100 und der Zeitwert der Option WE 5, so entspricht der Buchwert der zugehörigen Verbindlichkeit WE 105 (WE 100 + WE 5) und der Buchwert des Vermögenswertes WE 100 (in diesem Fall dem Ausübungspreis der Option).

(e) Wenn ein übertragener Vermögenswert aufgrund eines Collar in Form einer erworbenen Kaufoption und geschriebenen Verkaufsoption nicht ausgebucht werden kann und der Vermögenswert zum beizulegenden Zeitwert bewertet wird, erfolgt seine Bewertung weiterhin zum beizulegenden Zeitwert. Die zugehörige Verbindlichkeit wird (i) mit der Summe aus dem Ausübungspreis der Kaufoption und dem beizulegenden Zeitwert der Verkaufsoption, abzüglich des Zeitwertes der Kaufoption, wenn diese im oder am Geld ist, oder (ii) mit der Summe aus dem beizulegenden Zeitwert des Vermögenswertes und dem beizulegenden Zeitwert der Verkaufsoption, abzüglich des Zeitwertes der Kaufoption, wenn diese aus dem Geld ist, bewertet. Durch Berichtigung der zugehörigen Verbindlichkeit wird gewährleistet, dass der Nettobuchwert des Vermögenswertes und der zugehörigen Verbindlichkeit dem beizulegenden Zeitwert der vom Unternehmen gehaltenen und geschriebenen Optionen entspricht. Als Beispiel soll angenommen werden, dass ein Unternehmen einen finanziellen Vermögenswert überträgt, der zum beizulegenden Zeitwert bewertet wird. Gleichzeitig erwirbt es eine Kaufoption mit einem Ausübungspreis von WE 120 und schreibt eine Verkaufsoption mit einem Ausübungspreis von WE 80. Der beizulegende Zeitwert des Vermögenswertes zum Zeitpunkt der Übertragung beträgt WE 100. Der Zeitwert der Verkaufs- und Kaufoption liegt bei WE 1 bzw. WE 5. In diesem Fall setzt das Unternehmen einen Vermögenswert in Höhe von WE 100 (dem beizulegenden Zeitwert des Vermögenswertes) und eine Verbindlichkeit in Höhe von WE 96 [(WE 100 + WE 1) − WE 5] an. Daraus ergibt sich ein Nettobuchwert von WE 4, der dem beizulegenden Zeitwert der vom Unternehmen gehaltenen und geschriebenen Optionen entspricht.

Alle Übertragungen

A49. Soweit die Übertragung eines finanziellen Vermögenswertes nicht die Kriterien für eine Ausbuchung erfüllt, werden die im Zusammenhang mit der Übertragung vertraglich eingeräumten Rechte oder Verpflichtungen des Übertragenden nicht gesondert als Derivate bilanziert, wenn ein Ansatz des Derivats einerseits und des übertragenen Vermögenswertes oder der aus der Übertragung stammenden Verbindlichkeit andererseits dazu führen würde, dass die gleichen Rechte bzw. Verpflichtungen doppelt erfasst werden. Beispielsweise kann eine vom Übertragenden zurückbehaltene Kaufoption dazu führen, dass eine Übertragung finanzieller Vermögenswerte nicht als Veräußerung bilanziert werden kann. In diesem Fall wird die Kaufoption nicht gesondert als derivativer Vermögenswert angesetzt.

A50. Soweit die Übertragung eines finanziellen Vermögenswertes nicht die Kriterien für eine Ausbuchung erfüllt, wird der übertragene Vermögenswert vom Empfänger nicht als Vermögenswert angesetzt. Der Empfänger bucht die Zahlung oder andere entrichtete Entgelte aus und setzt eine Forderung gegenüber dem Übertragenden an. Hat der Übertragende sowohl das Recht als auch die Verpflichtung, die Verfügungsgewalt über den gesamten übertragenen Vermögenswert gegen einen festen Betrag zurückzuerwerben (wie dies beispielsweise bei einer Rückkaufvereinbarung der Fall ist), kann der Empfänger seine Forderung als Kredit oder Forderung ansetzen.

Beispiele

A51. Die folgenden Beispiele veranschaulichen die Anwendung der Ausbuchungsgrundsätze dieses Standards.

(a) *Rückkaufvereinbarungen und Wertpapierleihe.* Wenn ein finanzieller Vermögenswert verkauft und gleichzeitig eine Vereinbarung über dessen Rückkauf zu einem festen Preis oder zum Verkaufspreis zuzüglich einer Verzinsung geschlossen wird oder ein finanzieller Vermögenswert mit der vertraglichen Verpflichtung zur Rückgabe an den Übertragenden verliehen wird, erfolgt keine Ausbuchung, weil der Übertragende so gut wie alle mit dem Eigentum verbundenen Risiken und Chancen zurückbehält. Erwirbt der Empfänger das Recht, den Vermögenswert zu verkaufen oder zu verpfänden, dann hat der Übertragende diesen Vermögenswert in der Bilanz umzugliedern, z. B. als ausgeliehenen Vermögenswert oder ausstehenden Rückkauf.

(b) *Rückkaufvereinbarungen und Wertpapierleihe – im Wesentlichen gleiche Vermögenswerte.* Wenn ein finanzieller Vermögenswert verkauft und gleichzeitig eine Vereinbarung über den Rückkauf des gleichen oder im Wesentlichen gleichen Vermögenswertes zu einem festen Preis oder zum Verkaufspreis zuzüglich einer Verzinsung geschlossen wird oder ein finanzieller Vermögenswert mit der vertraglichen Verpflichtung zur Rückgabe des gleichen oder im Wesentlichen gleichen Vermögenswertes an den Übertragenden ausgeliehen oder verliehen wird, erfolgt keine Ausbuchung, weil der Übertragende so gut wie alle mit dem Eigentum verbundenen Risiken und Chancen zurückbehält.

(c) *Rückkaufvereinbarungen und Wertpapierleihe – Substitutionsrecht.* Wenn eine Rückkaufvereinbarung mit einem festen Rückkaufpreis oder einem Preis, der dem Verkaufspreis zuzüglich einer Verzinsung entspricht, oder ein ähnliches Wertpapierleihgeschäft dem Empfänger das Recht einräumt, den übertragenen Vermögenswert am Rückkauftermin durch ähnliche Vermögenswerte mit dem gleichen beizulegenden Zeitwert zu ersetzen, wird der im Rahmen einer Rückkaufvereinbarung oder Wertpapierleihe verkaufte oder verliehene Vermögenswert nicht ausgebucht, weil der Übertragende so gut wie alle mit dem Eigentum verbundenen Risiken und Chancen zurückbehält.

(d) *Vorrecht auf Rückkauf zum beizulegenden Zeitwert.* Wenn ein Unternehmen einen finanziellen Vermögenswert verkauft und nur im Falle einer anschließenden Veräußerung durch den Empfänger ein Vorrecht auf Rückkauf zum beizulegenden Zeitwert zurückbehält, ist dieser Vermögenswert auszubuchen, weil das Unternehmen so gut wie alle mit dem Eigentum verbundenen Risiken und Chancen übertragen hat.

(e) *Wash Sale.* Der Rückerwerb eines finanziellen Vermögenswertes kurz nach dessen Verkauf wird manchmal als „Wash Sale" bezeichnet. Ein solcher Rückkauf schließt eine Ausbuchung nicht aus, sofern die ursprüngliche Transaktion die Kriterien für eine Ausbuchung erfüllte. Nicht zulässig ist jedoch eine Ausbuchung des Vermögenswertes jedoch, wenn gleichzeitig mit einer Vereinbarung über den Verkauf eines finanziellen Vermögenswertes eine Vereinbarung über dessen Rückerwerb zu einem festen Preis oder dem Verkaufspreis zuzüglich einer Verzinsung geschlossen wird.

(f) *Verkaufsoptionen und Kaufoptionen, die weit im Geld sind.* Wenn ein übertragener finanzieller Vermögenswert vom Übertragenden zurückerworben werden kann und die Kaufoption weit im Geld ist, erfüllt die Übertragung nicht die Bedingungen für eine Ausbuchung, weil der Übertragende so gut wie alle mit dem Eigentum verbundenen Risiken und Chancen zurückbehalten hat. Gleiches gilt, wenn der übertragene finanzielle Vermögenswert vom Empfänger zurückveräußert werden kann und die Verkaufsoption weit im Geld ist. Auch in diesem Fall erfüllt die Übertragung nicht die Bedingungen für eine Ausbuchung, weil der Übertragende so gut wie alle mit dem Eigentum verbundenen Risiken und Chancen zurückbehalten hat.

(g) *Verkaufsoptionen und Kaufoptionen, die weit aus dem Geld sind.* Ein finanzieller Vermögenswert, der nur in Verbindung mit einer weit aus dem Geld liegenden vom Empfänger gehaltenen Verkaufsoption oder einer weit aus dem Geld liegenden vom Übertragenden gehaltenen Kaufoption übertragen wird, ist auszubuchen, weil der Übertragende so gut wie alle mit dem Eigentum verbundenen Risiken und Chancen übertragen hat.

(h) *Jederzeit verfügbare Vermögenswerte mit einer Kaufoption, die weder weit im Geld noch weit aus dem Geld ist.* Hält ein Unternehmen eine Kaufoption auf einen am Markt jederzeit verfügbaren Vermögenswert und ist die Option weder weit im noch weit aus dem Geld, so ist der Vermögenswert auszubuchen. Dies ist damit zu begründen, dass das Unternehmen (i) so gut wie alle mit dem Eigentum verbundenen Risiken und Chancen weder behalten noch übertragen und (ii) nicht die Verfügungsgewalt behalten hat. Ist der Vermögenswert jedoch nicht jederzeit am Markt verfügbar, ist eine Ausbuchung in der Höhe des Teils des Vermögenswertes, der der Kaufoption unterliegt, ausgeschlossen, weil das Unternehmen die Verfügungsgewalt über den Vermögenswert behalten hat.

(i) *Ein nicht jederzeit verfügbarer Vermögenswert, der einer von einem Unternehmen geschriebenen Verkaufsoption unterliegt, die weder weit im Geld noch weit aus dem Geld ist.* Wenn ein Unternehmen einen nicht jederzeit am Markt verfügbaren Vermögenswert überträgt und eine Verkaufsoption schreibt, die nicht weit aus dem Geld ist, werden aufgrund der geschriebenen Verkaufsoption so gut wie alle mit dem Eigentum verbundenen Risiken und Chancen weder behalten noch übertragen. Das Unternehmen übt weiterhin die Verfügungsgewalt über den Vermögenswert aus, wenn der Wert der Verkaufsoption so hoch ist, dass das Empfänger vom Verkauf des Vermögenswertes abgehalten wird. In diesem Fall ist der Vermögenswert nach Maßgabe des anhaltenden Engagements des Übertragenden weiterhin anzusetzen (siehe Paragraph A44). Das Unternehmen überträgt die Verfügungsgewalt über den Vermögenswert, wenn der Wert der Verkaufsoption nicht hoch genug ist, um den Empfänger von einem Verkauf des Vermögenswertes abzuhalten. In diesem Fall ist der Vermögenswert auszubuchen.

(j) *Vermögenswerte, die einer Verkaufs- oder Kaufoption oder einer Forwardrückkaufsvereinbarung zum beizulegenden Zeitwert unterliegen.* Ein finanzieller Vermögenswert, dessen Übertragung nur mit einer Verkaufs- oder Kaufoption oder einer Forwardrückkaufsvereinbarung verbunden ist, deren Ausübungs- oder Rückkaufspreis dem beizulegenden Zeitwert des finanziellen Vermögenswertes zum Zeitpunkt des Rückerwerbs entspricht, ist auszubuchen, weil so gut wie alle mit dem Eigentum verbundenen Risiken und Chancen übertragen werden.

(k) *Kauf- oder Verkaufsoptionen mit Barausgleich.* Die Übertragung eines finanziellen Vermögenswertes, der einer Verkaufs- oder Kaufoption oder einer Forwardrückkaufsvereinbarung mit Nettobarausgleich unterliegt, ist im Hinblick darauf zu beurteilen, ob so gut wie alle mit dem Eigentum verbundenen Risiken und Chancen behalten oder übertragen wurden. Hat das Unternehmen nicht so gut wie alle mit dem Eigentum des übertragenen Vermögenswertes verbundenen Risiken und Chancen zurückbehalten, ist zu bestimmen, ob es weiterhin die Verfügungsgewalt über den übertragenen Vermögenswert ausübt. Die Tatsache, dass die Verkaufs- oder Kaufoption oder die Forwardrückkaufsvereinbarung durch einen Ausgleich in bar erfüllt wird, bedeutet nicht automatisch, dass das Unternehmen die Verfügungsgewalt übertragen hat (siehe Paragraph A44 und (g), (h) und (i) oben).

(l) *Rückübertragungsanspruch.* Ein Rückübertragungsanspruch ist eine bedingungslose Rückkaufoption (Kaufoption), die dem Unternehmen das Recht gibt, übertragene Vermögenswerte unter dem Vorbehalt bestimmter Beschränkungen zurückzuverlangen. Sofern eine derartige Option dazu führt, dass das Unternehmen so gut wie alle mit dem Eigentum verbundenen Risiken und Chancen weder behält noch überträgt, ist eine Ausbuchung nur in Höhe des Betrags ausgeschlossen, der unter dem Vorbehalt des Rückkaufs steht (unter der Annahme, dass der Empfänger die Vermögenswerte nicht veräußern kann). Wenn beispielsweise der Buchwert und der Erlös aus der Übertragung von Krediten WE 100 000 beträgt und jeder einzelne Kredit zurückerworben werden kann, die Summe aller zurückerworbenen Kredite jedoch WE 10 000 nicht übersteigen darf, erfüllen WE 90 000 der Kredite die Bedingungen für eine Ausbuchung.

(m) *Clean-up-Calls.* Ein Unternehmen, bei dem es sich um einen Übertragenden handeln kann, das übertragene Vermögenswerte verwaltet bzw. abwickelt, kann einen *Clean-up-*

Call für den Kauf der verbleibenden übertragenen Vermögenswerte halten, wenn die Höhe der ausstehenden Vermögenswerte unter einen bestimmten Grenzwert fällt, bei dem die Kosten für die Verwaltung bzw. Abwicklung dieser Vermögenswerte den damit verbundenen Nutzen übersteigen. Sofern ein solcher *Clean-up-Call dazu* führt, dass das Unternehmen so gut wie alle mit dem Eigentum verbundenen Risiken und Chancen weder behält noch überträgt, und der Empfänger die Vermögenswerte nicht veräußern kann, ist eine Ausbuchung nur in dem Umfang der Vermögenswerte ausgeschlossen, der Gegenstand der Kaufoption ist.

(n) *Nachrangige zurückbehaltene Anteile und Kreditgarantien.* Ein Unternehmen kann dem Empfänger eine Kreditsicherheit gewähren, indem es einige oder alle am übertragenen Vermögenswert zurückbehaltenen Anteile nachordnet. Alternativ kann ein Unternehmen dem Empfänger eine Kreditsicherheit in Form einer unbeschränkten oder auf einen bestimmten Betrag beschränkten Kreditgarantie gewähren. Behält das Unternehmen so gut wie alle mit dem Eigentum des übertragenen Vermögenswerts verbundenen Risiken und Chancen, ist dieser Vermögenswert weiterhin in seiner Gesamtheit zu erfassen. Wenn das Unternehmen einige, aber nicht so gut wie alle mit dem Eigentum verbundenen Risiken und Chancen zurückbehält und weiterhin die Verfügungsgewalt ausübt, ist eine Ausbuchung in der Höhe des Betrags an flüssigen Mitteln oder anderen Vermögenswerten ausgeschlossen, den das Unternehmen eventuell zahlen müsste.

(o) *Total Return-Swaps.* Ein Unternehmen kann einen finanziellen Vermögenswert an einen Empfänger verkaufen und mit diesem einen Total Return-Swap vereinbaren, bei dem sämtliche Zinszahlungsströme aus dem zugrunde liegenden Vermögenswert im Austausch gegen eine feste Zahlung oder eine variable Ratenzahlung an das Unternehmen zurückfließen und alle Erhöhungen und Kürzungen des beizulegenden Zeitwerts des zugrunde liegenden Vermögenswertes vom Unternehmen übernommen werden. In diesem Fall darf kein Teil des Vermögenswertes ausgebucht werden.

(p) *Zinsswaps.* Ein Unternehmen kann einen festverzinslichen finanziellen Vermögenswert auf einen Empfänger übertragen und mit diesem einen Zinsswap vereinbaren, bei dem der Empfänger einen festen Zinssatz erhält und einen variablen Zinssatz auf der Grundlage eines Nennbetrags, der dem Kapitalbetrag des übertragenen finanziellen Vermögenswertes entspricht, zahlt. Der Zinsswap schließt die Ausbuchung des übertragenen Vermögenswertes nicht aus, sofern die Zahlungen auf den Swap nicht von Zinszahlungen auf den übertragenen Vermögenswert abhängen.

(q) *Amortisierende Zinsswaps.* Ein Unternehmen kann einen festverzinslichen finanziellen Vermögenswert, der im Laufe der Zeit zurückgezahlt wird, auf einen Empfänger übertragen und mit diesem einen amortisierenden Zinsswap vereinbaren, bei dem der Empfänger einen festen Zinssatz erhält und einen variablen Zinssatz auf der Grundlage eines Nennbetrags zahlt. Amortisiert sich der Nennbetrag des Swaps so, dass er zu jedem beliebigen Zeitpunkt dem jeweils ausstehenden Kapitalbetrag des übertragenen finanziellen Vermögenswertes entspricht, würde der Swap im Allgemeinen dazu führen, dass ein wesentliches Vorauszahlungsrisiko beim Unternehmen verbleibt. In diesem Fall hat es den übertragenen Vermögenswert entweder zur Gänze oder nach Maßgabe seines anhaltenden Engagements weiter zu erfassen. Ist die Amortisation des Nennbetrags des Swaps nicht an den ausstehenden Kapitalbetrag des übertragenen Vermögenswertes gekoppelt, so würde dieser Swap nicht dazu führen, dass das Vorauszahlungsrisiko in Bezug auf den Vermögenswert beim Unternehmen verbleibt. Folglich wäre eine Ausbuchung des übertragenen Vermögenswertes nicht ausgeschlossen, sofern die Zahlungen im Rahmen des Swaps nicht von Zinszahlungen auf den übertragenen Vermögenswert abhängen und der Swap nicht dazu führt, dass das Unternehmen andere wesentliche Risiken und Chancen zurückbehält.

A52. Dieser Paragraph veranschaulicht die Anwendung des Konzepts des anhaltenden Engagements, wenn das anhaltende Engagement sich auf einen Teil eines finanziellen Vermögenswertes bezieht.

Es wird angenommen, dass ein Unternehmen ein Portfolio vorzeitig rückzahlbarer Kredite mit einem Kupon- und Effektivzinssatz von 10 % und einem Kapitalbetrag und fortgeführten Anschaffungskosten in Höhe von WE 10 000 besitzt. Das Unternehmen schließt eine Transaktion ab, mit der dem Empfänger gegen eine Zahlung von WE 9 115 ein Recht auf die Tilgungsbeträge in Höhe von WE 9 000 zuzüglich eines Zinssatzes von 9,5 % auf diese Beträge erwirbt. Das Unternehmen behält die Rechte an WE 1 000 der Tilgungsbeträge zuzüglich eines Zinssatzes von 10 % auf diesen Betrag zuzüglich der Überschussspanne von 0,5 % auf der verbleibenden Kapitalbetrag in Höhe von WE 9 000. Die Zahlungseingänge aus vorzeitigen Rückzahlungen werden zwischen dem Unternehmen und dem Empfänger im Verhältnis von 1:9 aufgeteilt; alle Ausfälle werden jedoch vom Anteil des Unternehmens in Höhe von WE 1 000 abgezogen, bis dieser Anteil erschöpft ist. Der beizulegende Zeitwert der Kredite zum Zeitpunkt der Transaktion beträgt WE 10 100 und der geschätzte beizulegende Zeitwert der Überschussspanne von 0,5 % beträgt WE 40.

Das Unternehmen stellt fest, dass es einige mit dem Eigentum verbundene wesentliche Risiken und Chancen (beispielsweise ein wesentliches Vorauszahlungsrisiko) übertragen, jedoch auch einige mit dem Eigentum verbundene wesentliche Risiken und Chancen (aufgrund seines nachrangigen zurückbehaltenen Anteils) behalten hat und außerdem weiterhin die Verfügungsgewalt ausübt. Es wendet daher das Konzept des anhaltenden Engagements an.

Bei der Anwendung dieses Standards analysiert das Unternehmen die Transaktion als (a) Beibehaltung eines zurückbehaltenen Anteils von WE 1 000 sowie (b) Nachordnung dieses zurückbehaltenen Anteils, um dem Empfänger eine Kreditsicherheit für Kreditausfälle zu gewähren.

Das Unternehmen berechnet, dass WE 9 090 (90 % × WE 10 100) des erhaltenen Entgelts in Höhe von WE 9 115 der Gegenleistung für einen Anteil von 90 % entsprechen. Der Rest des erhaltenen Entgelts (WE 25) entspricht der Gegenleistung, die das Unternehmen für die Nachordnung seines zurückbehaltenen Anteils erhalten hat, um dem Empfänger eine Kreditsicherheit für Kreditausfälle zu gewähren. Die Überschussspanne von 0,5 % stellt ebenfalls eine für die Kreditsicherheit erhaltene Gegenleistung dar. Dementsprechend beträgt die für die Kreditsicherheit erhaltene Gegenleistung insgesamt WE 65 (WE 25 + WE 40).

Das Unternehmen berechnet den Gewinn oder Verlust aus der Veräußerung auf Grundlage des 90-prozentigen Anteils an den Cashflows. Unter der Annahme, dass zum Zeitpunkt der Übertragung keine gesonderten beizulegenden Zeitwerte für den übertragenen Anteil von 10 % und den zurückbehaltenen Anteil von 90 % verfügbar sind, teilt das Unternehmen den Buchwert des Vermögenswertes gemäß Paragraph 28 wie folgt auf:

	Geschätzter beizulegender Zeitwert	Prozentsatz	Zugewiesener Buchwert
Übertragener Anteil	9 090	90 %	9 000
Zurückbehaltener Anteil	1 010	10 %	1 000
Summe	**10 100**		**10 000**

Zur Berechnung des Gewinns oder Verlusts aus dem Verkauf des 90-prozentigen Anteils an den Cashflows zieht das Unternehmen den zugewiesenen Buchwert des übertragenen Anteils von der erhaltenen Gegenleistung ab. Daraus ergibt sich ein Wert von WE 90 (WE 9 090 – WE 9 000). Der Buchwert des vom Unternehmen zurückbehaltenen Anteils beträgt WE 1 000.

Außerdem erfasst das Unternehmen das anhaltende Engagement, das durch Nachordnung seines zurückbehaltenen Anteils für Kreditverluste entsteht. Folglich setzt es einen Vermögenswert in Höhe von WE 1 000 (den Höchstbetrag an Cashflows, den es auf Grund der Nachordnung nicht erhalten würde) und eine zugehörige Verbindlichkeit in Höhe von WE 1 065 an (den Höchstbetrag an Cashflows, den es auf Grund der Nachordnung nicht erhalten würde, d. h. WE 1 000 zuzüglich des beizulegenden Zeitwertes der Nachordnung in Höhe von WE 65).

Unter Einbeziehung aller vorstehenden Informationen wird die Transaktion wie folgt gebucht:

	Soll	Haben
Ursprünglicher Vermögenswert	–	9 000
Angesetzter Vermögenswert bezüglich Nachordnung des Residualanspruchs	1 000	–
Vermögenswert für das in Form einer Überschussspanne erhaltene Entgelt	40	–
Gewinn oder Verlust (Gewinn bei der Übertragung)	–	90
Schuld	–	1 065
Erhaltene Zahlung	9 115	–
Summe	**10 155**	**10 155**

Unmittelbar nach der Transaktion beträgt der Buchwert des Vermögenswertes WE 2 040, bestehend aus WE 1 000 (den Kosten, die dem den zurückbehaltenen Anteil zugewiesen sind) und WE 1 040 (dem zusätzlichen anhaltenden Engagement des Unternehmens aufgrund der Nachordnung seines zurückbehaltenen Anteils für Kreditverluste, wobei in diesem Betrag auch die Überschussspanne von WE 40 enthalten ist).

In den Folgeperioden erfasst das Unternehmen zeitproportional das für die Kreditsicherheit erhaltene Entgelt (WE 65), grenzt die Zinsen auf den erfassten Vermögenswert unter Anwendung der Effektivzinsmethode ab und erfasst etwaige Kreditwertminderungen auf die angesetzten Vermögenswerte. Als Beispiel für Letzteres soll angenommen werden, dass im darauffolgenden Jahr ein Kreditwertminderungsaufwand für die zugrunde liegenden Kredite in Höhe von WE 300 anfällt. Das Unternehmen schreibt den angesetzten Vermögenswert um WE 600 ab (WE 300 für seinen zurückbehaltenen Anteil und WE 300 für das zusätzliche anhaltende Engagement, das durch Nachordnung des zurückbehaltenen Anteils für Kreditverluste entsteht) und verringert die erfasste Verbindlichkeit um WE 300. Netto wird der Gewinn oder Verlust also mit einer Kreditwertminderung von WE 300 belastet.

Marktüblicher Kauf und Verkauf eines finanziellen Vermögenswertes (Paragraph 38)

A53. Ein marktüblicher Kauf oder Verkauf eines finanziellen Vermögenswertes ist entweder zum Handelstag oder zum Erfüllungstag, wie in Paragraph A55 und A56 beschrieben, zu bilanzieren. Die gewählte Methode ist konsequent auf alle Käufe und Verkäufe finanzieller Vermögenswerte anzuwenden, die der gleichen Kategorie von finanziellen Vermögenswerten gemäß Definition in Paragraph 9 angehören. Für diese Zwecke bilden zu Handelszwecken gehaltene Vermögenswerte eine eigenständige Kategorie, die von den Vermögenswerten zu unterscheiden ist, die als „erfolgswirksam zum beizulegenden Zeitwert bewertet" eingestuft werden.

A54. Ein Vertrag, der einen Nettoausgleich für eine Änderung des Vertragswertes vorschreibt oder gestattet, stellt keinen marktüblichen Vertrag dar. Ein solcher Vertrag ist hingegen im Zeitraum zwischen Handels- und Erfüllungstag wie ein Derivat zu bilanzieren.

A55. Der Handelstag ist der Tag, an dem das Unternehmen die Verpflichtung zum Kauf oder Verkauf eines Vermögenswertes eingegangen ist. Die Bilanzierung zum Handelstag bedeutet (a) den Ansatz eines zu erhaltenden Vermögenswertes und der dafür zu zahlenden Verbindlichkeit am Handelstag und (b) die Ausbuchung eines verkauften Vermögenswertes, die Erfassung etwaiger Gewinne oder Verluste aus dem Abgang und die Einbuchung einer Forderung gegenüber dem Käufer auf

Zahlung am Handelstag. In der Regel beginnen Zinsen für den Vermögenswert und die korrespondierende Verbindlichkeit nicht vor dem Erfüllungstag bzw. dem Eigentumsübergang aufzulaufen.

A56. Der Erfüllungstag ist der Tag, an dem ein Vermögenswert an oder durch das Unternehmen geliefert wird. Die Bilanzierung zum Erfüllungstag bedeutet (a) den Ansatz eines Vermögenswertes am Tag seines Eingangs beim Unternehmen und (b) die Ausbuchung eines Vermögenswertes und die Erfassung eines etwaigen Gewinns oder Verlusts aus dem Abgang am Tag seiner Übergabe durch das Unternehmen. Wird die Bilanzierung zum Erfüllungstag angewandt, so hat das Unternehmen jede Änderung des beizulegenden Zeitwerts eines zu erhaltenden Vermögenswertes in der Zeit zwischen Handels- und Erfüllungstag in der gleichen Weise zu erfassen, wie es den erworbenen Vermögenswert bewertet. Mit anderen Worten wird eine Änderung des Wertes bei Vermögenswerten, die zu Anschaffungskosten oder fortgeführten Anschaffungskosten angesetzt werden, nicht erfasst; bei Vermögenswerten, die als erfolgswirksam zum beizulegenden Zeitwert bewertet eingestuft sind, erfolgt eine Erfassung im Gewinn oder Verlust und bei Vermögenswerten, die als zur Veräußerung verfügbar eingestuft sind, eine Erfassung im Eigenkapital.

Ausbuchung einer finanziellen Verbindlichkeit (Paragraphen 39-42)

A57. Eine finanzielle Verbindlichkeit (oder ein Teil davon) ist getilgt, wenn der Schuldner entweder:

(a) die Verbindlichkeit (oder einen Teil davon) durch Zahlung an den Gläubiger beglichen hat, was in der Regel durch Zahlungsmittel, andere finanzielle Vermögenswerte, Waren oder Dienstleistungen erfolgt; oder

(b) per Gesetz oder durch den Gläubiger rechtlich von seiner ursprünglichen Verpflichtung aus der Verbindlichkeit (oder einem Teil davon) entbunden wird. (Wenn der Schuldner eine Garantie gegeben hat, kann diese Bedingung noch erfüllt sein.)

A58. Wird ein Schuldinstrument von seinem Emittenten zurückgekauft, ist die Verbindlichkeit auch dann getilgt, wenn der Emittent ein Market Maker für dieses Instrument ist oder beabsichtigt, es kurzfristig wieder zu veräußern.

A59. Die Zahlung an eine dritte Partei, einschließlich eines Treuhandfonds (gelegentlich auch als „In-Substance-Defeasance" bezeichnet), bedeutet für sich genommen nicht, dass der Schuldner von seiner ursprünglichen Verpflichtung dem Gläubiger gegenüber entbunden ist, sofern er nicht rechtlich hieraus entbunden wurde.

A60. Wenn ein Schuldner einer dritten Partei eine Zahlung für die Übernahme einer Verpflichtung leistet und seinen Gläubiger davon unterrichtet, dass die dritte Partei seine Schuldverpflichtung übernommen hat, bucht der Schuldner die Schuldverpflichtung nicht aus, es sei denn, die Bedingung aus Paragraph A57(b) ist erfüllt. Wenn ein Schuldner einer dritten Partei eine Zahlung für die Übernahme einer Verpflichtung leistet und von seinem Gläubiger hieraus rechtlich entbunden wird, hat der Schuldner die Schuld getilgt. Vereinbart der Schuldner jedoch, Zahlungen auf die Schuld direkt an die dritte Partei oder den ursprünglichen Gläubiger zu leisten, erfasst der Schuldner eine neue Schuldverpflichtung gegenüber der dritten Partei.

A61. Obwohl eine rechtliche Entbindung, sei es per Gerichtsentscheid oder durch den Gläubiger, zur Ausbuchung einer Verbindlichkeit führt, kann das Unternehmen unter Umständen eine neue Verbindlichkeit ansetzen, falls die für eine Ausbuchung erforderlichen Kriterien aus den Paragraphen 15-37 für übertragene finanzielle Vermögenswerte nicht erfüllt sind. Wenn diese Kriterien nicht erfüllt sind, werden die übertragenen Vermögenswerte nicht ausgebucht, und das Unternehmen setzt eine neue Verbindlichkeit für die übertragenen Vermögenswerte an.

A62. Vertragsbedingungen gelten als substanziell verschieden im Sinne von Paragraph 40, wenn der abgezinste Barwert der Cashflows unter den neuen Vertragsbedingungen, einschließlich etwaiger Gebühren, die netto unter Anrechnung erhaltener und unter Anwendung des ursprünglichen Effektivzinssatzes abgezinster Gebühren gezahlt wurden, mindestens 10 Prozent von dem abgezinsten Barwert der restlichen Cashflows der ursprünglichen finanziellen Verbindlichkeit abweicht. Wird ein Austausch von Schuldinstrumenten oder die Änderung der Vertragsbedingungen wie eine Tilgung bilanziert, so sind alle angefallenen Kosten oder Gebühren als Teil des Gewinns oder Verlusts aus der Tilgung zu buchen. Wird der Austausch oder die Änderung nicht wie eine Tilgung erfasst, so führen gegebenenfalls angefallene Kosten oder Gebühren zu einer Anpassung des Buchwertes der Verbindlichkeit und werden über die Restlaufzeit der geänderten Verbindlichkeit amortisiert.

A63. In einigen Fällen wird der Schuldner vom Gläubiger aus seiner gegenwärtigen Zahlungsverpflichtung entlassen, leistet jedoch eine Zahlungsgarantie für den Fall, dass die Partei, die die ursprüngliche Verpflichtung übernommen hat, dieser nicht nachkommt. In diesem Fall hat der Schuldner:

(a) eine neue finanzielle Verbindlichkeit basierend auf dem beizulegenden Zeitwert der Garantieverpflichtung anzusetzen; und

(b) einen Gewinn oder Verlust zu erfassen, der der Differenz zwischen (i) etwaigen gezahlten Erlösen und (ii) dem Buchwert der ursprünglichen finanziellen Verbindlichkeit abzüglich des beizulegenden Zeitwertes der neuen finanziellen Verbindlichkeit entspricht.

BEWERTUNG (PARAGRAPHEN 43-70)

Erstmalige Bewertung finanzieller Vermögenswerte und Verbindlichkeiten (Paragraph 43)

A64. Bei dem erstmaligen Ansatz eines Finanzinstruments ist der beizulegende Zeitwert in der Regel der Transaktionspreis (d. h. der beizulegende Zeitwert des gegebenen oder erhaltenen Entgelts, siehe auch Paragraph A76). Wenn jedoch ein Teil des gegebenen oder erhaltenen Entgelts sich auf etwas anderes als das Finanzinstrument bezieht, wird der beizulegende Zeitwert des Finanzinstruments unter Anwendung eines Bewertungsverfahrens (siehe Paragraphen A74-A79) geschätzt. Der beizulegende Zeitwert eines langfristigen Kredits oder einer langfristigen Forderung ohne Verzinsung kann beispielsweise als Barwert aller künftigen Einzahlungen geschätzt werden, die unter Verwendung des herrschenden Marktzinses für ein ähnliches Instrument (vergleichbar im Hinblick auf Währung, Laufzeit, Art des Zinssatzes und sonstiger Faktoren) mit vergleichbarer Bonität abgezinst werden. Jeder zusätzlich geliehene Betrag stellt einen Aufwand bzw. eine Ertragsminderung dar, sofern er nicht die Kriterien für den Ansatz eines Vermögenswertes anderer Art erfüllt.

A65. Wenn ein Unternehmen einen Kredit ausreicht, der zu einem marktüblichen Zinssatz verzinst wird (z. B. zu 5 Prozent, wenn der Marktzinssatz für ähnliche Kredite 8 Prozent beträgt), und als Entschädigung für ein im Voraus gezahltes Entgelt erhält, setzt das Unternehmen den Kredit zu dessen beizulegendem Zeitwert an, d. h. abzüglich des erhaltenen Entgelts. Das Unternehmen schreibt das Disagio erfolgswirksam unter Anwendung der Effektivzinsmethode zu.

Folgebewertung finanzieller Vermögenswerte (Paragraph 45 und 46)

A66. Wird ein Finanzinstrument, das zunächst als finanzieller Vermögenswert angesetzt wurde, zum beizulegenden Zeitwert bewertet und fällt dieser unter Null, so ist dieses Finanzinstrument eine finanzielle Verbindlichkeit gemäß Paragraph 47.

A67. Das folgende Beispiel beschreibt die Behandlung von Transaktionskosten bei der erstmaligen Bewertung und der Folgebewertung von zur Veräußerung verfügbaren finanziellen Vermögenswerten. Ein Vermögenswert wird für WE 100 zuzüglich einer Kaufprovision von WE 2 erworben. Beim erstmaligen Ansatz wird der Vermögenswert mit WE 102 angesetzt. Der nächste Abschlussstichtag ist ein Tag später, an dem der notierte Marktpreis für den Vermögenswert WE 100 beträgt. Beim Verkauf des Vermögenswertes wäre eine Provision von WE 3 zu entrichten. Zu diesem Zeitpunkt wäre der Vermögenswert mit WE 100 zu bewerten (ohne Berücksichtigung der etwaigen Provision im Verkaufsfall) und ein Verlust von WE 2 im Eigenkapital zu erfassen. Wenn der zur Veräußerung verfügbare finanzielle Vermögenswert feste oder bestimmbare Zahlungen hat, werden die Transaktionskosten unter Anwendung der Effektivzinsmethode erfolgswirksam abgeschrieben. Wenn der zur Veräußerung verfügbare finanzielle Vermögenswert keine festen oder bestimmbaren Zahlungen hat, werden die Transaktionskosten erfolgswirksam erfasst, wenn der Vermögenswert ausgebucht oder wertgemindert ist.

A68. Als Kredite und Forderungen eingestufte Instrumente werden ungeachtet der Absicht des Unternehmens, sie bis zur Endfälligkeit zu halten zu ihren fortgeführten Anschaffungskosten bewertet.

Überlegungen zur Bewertung mit dem beizulegenden Zeitwert (Paragraphen 48-49)

A69. Der Definition des beizulegenden Zeitwertes liegt die Prämisse der Unternehmensfortführung zu Grunde, derzufolge weder die Absicht noch die Notwendigkeit zur Liquidation, zur wesentlichen Einschränkung des Geschäftsbetriebs oder zum Eingehen von Geschäften zu ungünstigen Bedingungen besteht. Der beizulegende Zeitwert wird daher nicht durch den Betrag bestimmt, den ein Unternehmen aufgrund von erzwungenen Geschäften, zwangsweisen Liquidationen oder durch Notverkäufe erzielen oder bezahlen würde. Der beizulegende Zeitwert spiegelt indes die Bonität des Instruments wider.

A70. Dieser Standard verwendet im Rahmen von notierten Marktpreisen die Begriffe „Geldkurs" und „Briefkurs" (manchmal als „aktueller Angebotspreis" bezeichnet) und den Begriff „Geld-Brief-Spanne", um nur Transaktionskosten einzuschließen. Andere Berichtigungen zur Bestimmung des beizulegenden Zeitwerts (z. B. für das Ausfallrisiko der Gegenseite) sind nicht in dem Begriff „Geld-Brief-Spanne" enthalten.

Aktiver Markt: Notierter Preis

A71. Ein Finanzinstrument gilt als an einem aktiven Markt notiert, wenn notierte Preise an einer Börse, von einem Händler, Broker, einer Branchengruppe, einem Preisberechnungs-Service oder einer Aufsichtsbehörde leicht und regelmäßig erhältlich sind und diese Preise aktuelle und regelmäßig auftretende Markttransaktionen wie unter unabhängigen Dritten darstellen. Der beizulegende Zeitwert wird durch einen zwischen einem vertragswilligen Käufer und einem vertragswilligen Verkäufer in einer Transaktion zu marktüblichen Bedingungen vereinbarten Preis bestimmt. Die Bestimmung des beizulegenden Zeitwerts für ein an einem aktiven Markt gehandeltes Finanzinstrument dient dem Ziel, zu dem Preis zu gelangen, zu dem am Abschlussstichtag eine Transaktion mit diesem Instrument (d. h. ohne dessen Änderung oder Umgestaltung) an dem vorteilhaftesten aktiven Markt, zu dem das Unternehmen unmittelbaren Zugang hat, erfolgen würde. Das Unternehmen passt jedoch den Preis des vorteilhaften Markts an, um Unterschiede des Ausfallrisikos der Gegenpartei zwischen den an diesem Markt gehandelten Instrumenten und dem bewerteten Instrument widerzuspiegeln. Das Vorhandensein öffentlich notierter Marktpreise auf einem aktiven Markt ist der bestmögliche objektive Hinweis auf den beizulegenden Zeitwert und wird falls existent für die Bewertung des finanziellen Vermögenswertes oder der finanziellen Verbindlichkeit verwendet.

A72. Für Vermögenswerte, die das Unternehmen hält, sowie für Verbindlichkeiten, die vom Unternehmen begeben werden, entspricht der sachgerechte notierte Marktpreis üblicherweise dem vom Käufer gebotenen Geldkurs. Für Vermögenswerte, deren Erwerb beabsichtigt ist, oder für Verbindlichkeiten, die weiter gehalten werden, ist der aktuelle Briefkurs sachgerecht. Hält ein Unternehmen Vermögenswerte und Verbindlichkeiten mit sich kompensierenden Marktrisiken, kann es als Grundlage zur Bestimmung des beizulegenden Zeitwertes für die Kompensierung der Risikopositionen Mittelkurse verwenden und den Geld- bzw. Briefkurs gegebenenfalls auf die offene Nettoposition anwenden. Sind weder die aktuellen Geld- noch Briefkurse verfügbar, kann der beizulegende Zeitwert aus den bei den jüngsten Transaktionen erzielten Kursen abgeleitet werden, allerdings unter der Voraussetzung, dass sich die wirtschaftlichen Eckdaten seit dem Transaktionszeitpunkt nicht wesentlich verändert haben. Wenn sich seit dem Transaktionszeitpunkt die Voraussetzungen verändert haben (z. B. eine Änderung des risikolosen Zinssatzes nach der jüngsten Kursnotierung einer Industrieanleihe), spiegelt der beizulegende Zeitwert falls sachgerecht die Änderung der Gegebenheiten hinsichtlich der aktuellen Kurse oder Zinssätze für ähnliche Finanzinstrumente wider. Wenn das Unternehmen nachweisen kann, dass der letzte Transaktionspreis nicht dem beizulegenden Zeitwert entspricht (weil er beispielsweise den Betrag widerspiegelte, den ein Unternehmen aufgrund von erzwungenen Geschäften, zwangsweisen Liquidationen oder durch Notverkäufe erzielen oder bezahlen würde), wird dieser Preis ebenso angepasst. Der beizulegende Zeitwert eines Portfolios von Finanzinstrumenten ist das Produkt aus der Anzahl der Anteile der Finanzinstrumente und deren notierten Marktpreisen. Falls kein öffentlich notierter Preis auf einem aktiven Markt für das Finanzinstrument als Ganzes vorhanden ist, wohl aber für seine einzelnen Bestandteile, wird der beizulegende Zeitwert aus den jeweiligen Marktpreisen für die Bestandteile bestimmt.

A73. Wenn ein Zinssatz (anstelle eines Preises) auf einem aktiven Markt notiert wird, verwendet das Unternehmen diesen in seinem Bewertungsverfahren zur Bestimmung des beizulegenden Zeitwerts. Wenn der auf dem Markt notierte Zinssatz kein Ausfallrisiko oder andere Faktoren beinhaltet, die von den Marktteilnehmern bei der Bewertung des Instruments berücksichtigt würden, wird vom Unternehmen eine Anpassung um diese Faktoren vorgenommen.

Kein aktiver Markt: Bewertungsverfahren

A74. Wenn für ein Finanzinstrument kein aktiver Markt besteht, bestimmt ein Unternehmen den beizulegenden Zeitwert anhand eines Bewertungsverfahrens. Zu den Bewertungsverfahren gehört der Rückgriff auf unlängst aufgetretene Geschäftsvorfälle zwischen sachverständigen, vertragswilligen und unabhängigen Geschäftspartnern – sofern verfügbar –, der Vergleich mit dem aktuellen beizulegenden Zeitwert eines anderen, im Wesentlichen identischen Finanzinstruments, DCF-Verfahren sowie Optionspreismodelle. Gibt es ein Bewertungsverfahren, das von den Marktteilnehmern üblicherweise für die Preisfindung dieses Finanzinstruments verwendet wird, und hat dieses Verfahren nachweislich verlässliche Schätzwerte für Preise geliefert, die bei tatsächlichen Marktvorgängen erzielt wurden, setzt das Unternehmen dieses Verfahren ein.

A75. Durch Anwendung eines Bewertungsverfahrens soll der Transaktionspreis festgestellt werden, der sich am Bewertungsstichtag zwischen unabhängigen Vertragspartnern bei Vorliegen normaler Geschäftsbedingungen ergeben hätte. Der beizulegende Zeitwert wird auf Grundlage der Ergebnisse eines Bewertungsverfahrens geschätzt, das sich in größtmöglichem Umfang auf Marktdaten und so wenig wie möglich auf unternehmensspezifische Daten stützt. Ein Bewertungsverfahren ermöglicht erwartungsgemäß eine realistische Schätzung des beizulegenden Zeitwerts, wenn (a) es auf angemessene Weise widerspiegelt, wie der Markt voraussichtlich das Finanzinstrument bewerten könnte, und (b) die dabei verwendeten Daten auf angemessene Weise die inhärenten Markterwartungen und Berechnungen der Risiko-Rentabilitätsfaktoren der Finanzinstrumente darstellen.

A76. Ein Bewertungsverfahren (a) berücksichtigt daher alle Faktoren, die Marktteilnehmer bei einer Preisfestlegung beachten würden, und (b) ist mit den anerkannten wirtschaftlichen Methoden für die Preisfindung von Finanzinstrumenten konsistent. Ein Unternehmen justiert sein Bewertungsverfahren regelmäßig und prüft seine Validität, indem es Preise von gegenwärtig zu beobachtenden aktuellen Markttransaktionen für dasselbe Instrument (d. h. ohne Änderung oder Umgestaltung) oder Preise, die auf verfügbaren, beobachtbaren Marktdaten beruhen, verwendet. Ein Unternehmen erhält stetig Marktdaten von demselben Markt, an dem das Finanzinstrument aufgelegt oder erworben wurde. Beim erstmaligen Ansatz ist der beste Nachweis des beizulegenden Zeitwertes eines Finanzinstruments der Transaktionspreis (d. h. der beizulegende Zeitwert des gegebenen oder erhaltenen Entgelts), es sei denn, der beizulegende Zeitwert dieses Finanzinstruments wird durch einen Vergleich mit anderen beobachtbaren aktuellen Markttransaktionen desselben Instruments (d. h ohne Änderung oder Umgestaltung) nachgewiesen oder beruht auf einem Bewertungsverfahren, dessen Variablen nur Daten von beobachtbaren Märkten umfassen.

A76A. Die Folgebewertung eines finanziellen Vermögenswertes oder einer finanziellen Verbindlichkeit und die nachfolgende Erfassung von Gewinnen und Verlusten müssen den Vorschriften dieses Standards entsprechen. Die Anwendung von Paragraph A76 kann dazu führen, dass beim erstmaligen Ansatz eines finanziellen Vermögenswertes oder einer finanziellen Verbindlichkeit kein Gewinn oder Verlust erfasst wird. In diesem Fall ist gemäß IAS 39 ein Gewinn oder Verlust nach dem erstmaligen Ansatz nur insoweit zu erfassen, wie er durch die Änderung eines Faktors (einschließlich Zeit) entstanden ist, den Marktteilnehmer bei der Festlegung eines Preises berücksichtigen würden.

A77. Der erstmalige Erwerb oder die Ausreichung eines finanziellen Vermögenswertes oder das Eingehen einer finanziellen Verbindlichkeit ist eine Markttransaktion, die die Grundlage für die Schätzung des beizulegenden Zeitwertes des Finanzinstruments liefert. Insbesondere wenn das Finanzinstrument ein Schuldinstrument ist (wie ein Kredit), kann sein beizulegender Zeitwert durch Rückgriff auf die Marktbedingungen ermittelt werden, die zum Zeitpunkt des Erwerbs oder der Ausreichung gültig waren, sowie auf die aktuellen Marktbedingungen oder auf die Zinssätze, die derzeit vom Unternehmen oder von anderen auf ähnliche Schuldinstrumente (d. h. ähnliche Restlaufzeit, Cashflow-Verläufe, Währung, Ausfallrisiko, Sicherheiten) berechnet werden. Vorausgesetzt, dass sich seit Ausreichung des Schuldinstruments weder das Ausfallrisiko des Schuldners noch die anwendbaren Kredit-Spreads geändert haben, kann alternativ eine Schätzung des aktuellen Marktzinses auf Grundlage eines Leitzinssatzes, der eine bessere Bonität widerspiegelt als das zugrunde liegende Schuldinstrument, abgeleitet werden, bei der der Kredit-Spread konstant gehalten wird und Anpassungen des Leitzinssatzes seit dem Ausreichungszeitpunkt berücksichtigt werden. Haben sich die Bedingungen seit der jüngsten Markttransaktion geändert, wird die entsprechende Änderung des beizulegenden Zeitwerts des bewerteten Finanzinstruments anhand aktueller Kurse oder Zinssätze für ähnliche Finanzinstrumente bestimmt und hinsichtlich bestehender Unterschiede zum bewerteten Instruments auf angemessene Weise angepasst.

A78. Es kann sein, dass nicht zu jedem Bewertungsstichtag dieselben Informationen zur Verfügung stehen. Zu dem Zeitpunkt, an dem beispielsweise ein Unternehmen einen Kredit abschließt oder ein nicht aktiv gehandeltes Schuldinstrument erwirbt, hat das Unternehmen einen Transaktionspreis, der gleichzeitig der Marktpreis ist. Allerdings kann zum nächsten Bewertungsstichtag der Fall eintreten, dass keine neuen Transaktionsinformationen zur Verfügung stehen und, obwohl das Unternehmen das allgemeine Niveau des Marktzinses ermitteln kann, kann der Fall eintreten, dass es das Bonitäts- oder Risikoniveau nicht kennt, das Marktteilnehmer zu diesem Zeitpunkt bei der Bewertung des Finanzinstruments berücksichtigen würden. Ein Unternehmen hat möglicherweise keine Informationen aus jüngsten Transaktionen, um den angemessenen Kredit-Spread auf den Basiszins zu bestimmen und diesen zur Ermittlung eines Abzinsungssatzes für eine Barwert-Berechnung heranzuziehen. Solange das Gegenteil nicht belegt ist, wäre es vernünftig anzunehmen, dass sich der Aufschlag seit dem Zeitpunkt der Kreditvergabe nicht verändert hat. Allerdings wird vom Unternehmen erwartet, dass es angemessene Anstrengungen unternimmt, um Belege für die Änderung dieser Faktoren zu suchen. Wenn es Belege für eine Änderung gibt, hätte das Unternehmen die Auswirkungen dieser Änderung bei der Bestimmung des beizulegenden Zeitwerts des Finanzinstruments zu berücksichtigen.

A79. Bei der Anwendung der Analyse von diskontierten Cashflows verwendet ein Unternehmen ein oder mehrere Diskontierungssätze, die den derzeitigen Zinssätzen für Finanzinstrumente entsprechen, die im Wesentlichen gleiche Bedingungen und Eigenschaften aufweisen, wozu auch die Bonität des Finanzinstruments, die Restlaufzeit, über die der Zinssatz festgeschrieben ist, die verbleibende Laufzeit der Rückzahlung des Kapitalbetrags und die Währung, in der Zahlungen erfolgen, gehören. Kurzfristige Forderungen und Verbindlichkeiten ohne festgelegten Zinssatz können mit dem ursprünglichen Rechnungsbetrag bewertet werden, falls der Abzinsungseffekt unwesentlich ist.

Kein aktiver Markt: Eigenkapitalinstrumente

A80. Der beizulegende Zeitwert von Finanzinvestitionen in Eigenkapitalinstrumente, die über keinen auf einem aktiven Markt notierten Preis verfügen, sowie von Derivaten, die mit ihnen verbunden sind und die durch Lieferung solcher nicht notierten Eigenkapitalinstrumente beglichen werden müssen (siehe Paragraphen 46(c) und 47), kann verlässlich bestimmt werden, wenn (a) die Schwankungsbreite der vernünftigen Schätzungen des beizulegenden Zeitwerts für dieses Instrument nicht signifikant ist oder (b) die Eintrittswahrscheinlichkeiten der verschiedenen Schätzungen innerhalb dieser Bandbreite auf angemessene Weise beurteilt und bei der Schätzung des beizulegenden Zeitwertes verwendet werden können.

A81. Es gibt zahlreiche Situationen, in denen die Schwankungsbreite der vernünftigen Schätzungen des beizulegenden Zeitwertes von Finanzinvestitionen in Eigenkapitalinstrumente, die über keinen notierten Marktpreis verfügen, und von Derivaten, die mit ihnen verbunden sind und durch die Lieferung solcher nicht notierten Eigenkapitalinstrumente beglichen werden müssen (siehe Paragraphen 46(c) und 47), voraussichtlich nicht signifikant ist. In der Regel ist die Schätzung des beizulegenden Zeitwerts eines von einem Dritten erworbenen finanziellen Vermögenswertes möglich. Wenn jedoch die Schwankungsbreite der vernünftigen Schätzungen des beizulegenden Zeitwertes signifikant ist und die Eintrittswahrscheinlichkeiten der verschiedenen Schätzungen nicht auf angemessene Weise beurteilt werden können, ist eine Bewertung des Finanzinstruments zum beizulegenden Zeitwert ausgeschlossen.

In Bewertungsverfahren einfließende Daten

A82. Eine angemessene Methode zur Schätzung des beizulegenden Zeitwertes eines bestimmten Finanzinstruments berücksichtigt beobachtbare Marktdaten über die Marktbedingungen und

2/27. IAS 39
Anhang A

andere Faktoren, die voraussichtlich den beizulegenden Zeitwert des Finanzinstruments beeinflussen. Der beizulegende Zeitwert eines Finanzinstruments wird auf einem oder mehreren der folgenden Faktoren (und vielleicht anderen) beruhen.

(a) *Zeitwert des Geldes (d. h Basiszinssatz oder risikolosen Zinssatz).* Basiszinssätze können in der Regel von beobachtbaren Preisen von Staatsanleihen abgeleitet werden und werden oft in wirtschaftlichen Veröffentlichungen angegeben. Diese Zinssätze verändern sich typischerweise mit den erwarteten Zahlungszeitpunkten der prognostizierten Cashflows entlang einer Renditekurve von Zinssätzen für verschiedene Zeithorizonte. Aus praktischen Gründen kann ein Unternehmen als Richtzinssatz einen anerkannten und leicht beobachtbaren allgemeinen Zinssatz, wie den LIBOR oder einen Swap-Satz verwenden. (Da ein Zinssatz, wie der LIBOR, kein risikoloser Zinssatz ist, wird die für das jeweilige Finanzinstrument angemessene Anpassung des Ausfallrisikos auf Grundlage seines Ausfallrisikos in Relation zum Ausfallrisiko des Richtzinssatzes ermittelt.) In einigen Ländern können die zentralen Staatsanleihen signifikante Ausfallrisiken bergen und keinen stabilen Basis-Richtzinssatz für auf diese Währung lautende Finanzinstrumente liefern. In diesen Ländern haben einige Unternehmen eventuell eine bessere Bonitätsbewertung und einen niedrigeren Kreditzins als der Zentralstaat. In solchen Fällen können die Basis-Zinssätze besser durch Rückgriff auf Zinssätze von den am höchsten bewerteten für die Währung dieses Rechtskreises ausgegebenen Unternehmensanleihen ermittelt werden.

(b) *Ausfallrisiko.* Die Auswirkung eines Ausfallrisikos auf den beizulegenden Zeitwert (d. h. der Aufschlag auf den Basiszinssatz für Ausfallrisiko) kann von beobachtbaren Marktpreisen für gehandelte Finanzinstrumente unterschiedlicher Bonität oder von beobachtbaren Zinssätzen, die Kreditgeber für Kredite mit unterschiedlichen Bewertungen berechnen, abgeleitet werden.

(c) *Wechselkurse.* Für die meisten größeren Währungen gibt es aktive Devisenmärkte und die Kurse werden täglich in der Wirtschaftspresse veröffentlicht.

(d) *Warenpreise.* Für viele Waren gibt es beobachtbare Marktpreise.

(e) *Kurse von Eigenkapital.* Kurse (und Kursindizes) von gehandelten Eigenkapitalinstrumenten sind in einigen Märkten leicht beobachtbar. Auf dem Barwert basierende Methoden können zur Schätzung der aktuellen Marktpreise von Eigenkapitalinstrumenten, für die es keine beobachtbaren Preise gibt, verwendet werden.

(f) *Volatilität (d. h das Ausmaß künftiger Preisänderungen bei den Finanzinstrumenten oder anderen Posten).* Der Umfang der Volatilität aktiv gehandelter Posten kann in der Regel auf Grundlage historischer Marktdaten oder unter Verwendung der in den aktuellen Marktpreisen impliziten Volatilitäten angemessen geschätzt werden.

(g) *Risiko der vorzeitigen Rückzahlung und Rückgaberisiko.* Erwartete vorzeitige Rückzahlungsmuster für finanzielle Vermögenswerte und erwartete Rückgabemuster für finanzielle Verbindlichkeiten können auf Grundlage historischer Daten geschätzt werden. (Der beizulegende Zeitwert einer finanziellen Verbindlichkeit, die von der Gegenpartei zurückgekauft werden kann, kann nicht niedriger als der Barwert des Rückkaufwertes sein – siehe Paragraph 49.)

(h) *Verwaltungs- bzw. Abwicklungsgebühren für einen finanziellen Vermögenswert oder eine finanzielle Verbindlichkeit.* Verwaltungs- bzw. Abwicklungsgebühren können durch Vergleiche mit aktuellen Gebühren von anderen Marktteilnehmern geschätzt werden. Wenn die Kosten für die Verwaltung bzw. Abwicklung eines finanziellen Vermögenswertes oder einer finanziellen Verbindlichkeit wesentlich sind und andere Marktteilnehmer mit vergleichbaren Kosten konfrontiert sind, würde der Emittent sie bei der Ermittlung des beizulegenden Zeitwerts des betreffenden finanziellen Vermögenswertes oder der betreffenden finanziellen Verbindlichkeit berücksichtigen. Es ist wahrscheinlich, dass der beizulegende Zeitwert bei Begründung vertraglicher Rechte hinsichtlich künftiger Gebühren den Anschaffungskosten entspricht, es sei denn, die künftigen Gebühren und die zugehörigen Kosten sind mit den Vergleichswerten am Markt unvereinbar.

Gewinne und Verluste (Paragraphen 55-57)

A83. Ein Unternehmen wendet auf finanzielle Vermögenswerte und Verbindlichkeiten, die monetäre Posten im Sinne von IAS 21 sind und auf eine Fremdwährung lauten, IAS 21 an. Gemäß IAS 21 sind alle Gewinne und Verluste aus der Währungsumrechnung eines monetären Vermögenswertes und einer monetären Verbindlichkeit im Gewinn oder Verlust zu erfassen. Eine Ausnahme ist ein monetärer Posten, der als Sicherungsinstrument entweder zum Zwecke der Absicherung von Zahlungsströmen (siehe Paragraphen 95-101) oder zur Absicherung einer Nettoinvestition (siehe Paragraph 102) eingesetzt wird. Zum Zwecke der Erfassung von Gewinnen und Verlusten aus der Währungsumrechnung gemäß IAS 21 wird ein zur Veräußerung verfügbarer monetärer Vermögenswert so behandelt, als würde er zu fortgeführten Anschaffungskosten in der Fremdwährung bilanziert. Dementsprechend werden für solche finanzielle Vermögenswerte Umrechnungsdifferenzen aus Änderungen der fortgeführten Anschaffungskosten erfolgswirksam erfasst, und andere Änderungen des Buchwerts gemäß Paragraph 55(b) erfasst. Im Hinblick auf zur Veräußerung verfügbare finanzielle Vermögenswerte, die keine monetären Posten gemäß IAS 21 darstellen (Eigenkapitalinstrumente beispielsweise), beinhalten die direkt gemäß Paragraph 55(b) im sonstigen Ergebnis erfassten Gewinne oder Verluste jeden dazugehörigen Fremdwährungsbestandteil. Besteht zwischen einem nicht derivativen monetären Vermögenswert und einer nicht derivativen monetären Verbindlichkeit eine Sicherungsbeziehung, werden Änderungen des Fremdwährungsbestandteils dieser Finanzinstrumente erfolgswirksam erfasst.

Wertminderung und Uneinbringlichkeit von finanziellen Vermögenswerten (Paragraphen 58-70)

Finanzielle Vermögenswerte, die zu fortgeführten Anschaffungskosten bilanziert werden (Paragraphen 63-65)

A84. Die Bewertung einer Wertminderung eines finanziellen Vermögenswertes, der zu fortgeführten Anschaffungskosten bilanziert wird, erfolgt unter Verwendung des ursprünglichen effektiven Zinssatzes des Finanzinstruments, da eine Abzinsung unter Verwendung des aktuellen Marktzinses zu einer auf dem beizulegenden Zeitwert basierenden Bewertung des finanziellen Vermögenswertes führen würde, der ansonsten mit den fortgeführten Anschaffungskosten bewertet wird. Wenn die Bedingungen eines Kredits, einer Forderung oder einer bis zur Endfälligkeit gehaltenen Finanzinvestition aufgrund finanzieller Schwierigkeiten des Kreditnehmers oder des Emittenten neu verhandelt oder anderweitig geändert werden, wird die Wertminderung mithilfe des ursprünglichen vor der Änderung anwendbaren Effektivzinssatzes bewertet. Cashflows kurzfristiger Forderungen werden nicht abgezinst, falls der Abzinsungseffekt unwesentlich ist. Ist ein Kredit, eine Forderung oder eine bis zur Endfälligkeit zu haltende Finanzinvestition mit einem variablen Zinssatz ausgestattet, entspricht der zur Bewertung des Wertminderungsaufwands verwendete Abzinsungssatz gemäß Paragraph 63 dem (den) auf Maßgabe des Vertrags festgesetzten aktuellen effektiven Zinssatz(-sätzen). Ein Gläubiger kann aus praktischen Gründen die Wertminderung eines zu fortgeführten Anschaffungskosten bilanzierten finanziellen Vermögenswerts auf der Grundlage eines beizulegenden Zeitwerts des Finanzinstruments unter Verwendung eines beobachtbaren Marktpreises bewerten. Die Berechnung des Barwertes der geschätzten künftigen Cashflows eines besicherten finanziellen Vermögenswertes spiegelt die Cashflows wider, die aus einer Zwangsvollstreckung entstehen können, abzüglich der Kosten für den Erwerb und den Verkauf der Sicherheit, je nachdem ob eine Zwangsvollstreckung wahrscheinlich ist oder nicht.

A85. Das Verfahren zur Schätzung der Wertminderung berücksichtigt alle Ausfallrisikopositionen, nicht nur die geringer Bonität. Verwendet ein Unternehmen beispielsweise ein internes Bonitätsbewertungssystem, berücksichtigt es alle Bonitätsbewertungen und nicht nur diejenigen, die eine erhebliche Bonitätsverschlechterung widerspiegeln.

A86. Das Verfahren zur Schätzung der Höhe eines Wertminderungsaufwands kann sich entweder aus einem einzelnen Betrag oder aus einer Bandbreite möglicher Beträge ergeben. Im letzteren Fall erfasst ein Unternehmen einen Wertminderungsaufwand, der der bestmöglichen Schätzung innerhalb der Bandbreite[1] entspricht, wobei alle vor Herausgabe des Abschlusses relevanten Informationen über die zum Abschlussstichtag herrschenden Bedingungen berücksichtigt werden.

[1] IAS 37, Paragraph 39 enthält eine Anwendungsleitlinie über die Ermittlung der bestmöglichen Schätzung innerhalb einer Bandbreite möglicher Ergebnisse.

A87. Zum Zwecke einer gemeinsamen Wertminderungsbeurteilung werden finanzielle Vermögenswerte zusammengefasst, die ähnliche Ausfallrisikoeigenschaften haben, die über die Fähigkeit des Schuldners Auskunft geben, alle fälligen Beträge nach Maßgabe der vertraglichen Bedingungen zu begleichen (zum Beispiel auf der Grundlage eines Bewertungs- oder Einstufungsprozesses hinsichtlich des Ausfallrisikos, der die Art des Vermögenswertes, die Branche, den geographischen Standort, die Art der Sicherheiten, den Verzugsstatus und andere relevante Faktoren berücksichtigt). Die ausgewählten Eigenschaften sind für die Schätzung künftiger Cashflows für Gruppen solcher Vermögenswerte relevant, da sie einen Hinweis auf die Fähigkeit des Schuldners liefern, alle fälligen Beträge nach Maßgabe der vertraglichen Bedingungen der beurteilten Vermögenswerte zu begleichen. Die Wahrscheinlichkeiten von Verlusten und andere Statistiken zu Verlusten unterscheiden jedoch auf Gruppenebene zwischen (a) Vermögenswerten, die einzeln auf Wertminderung beurteilt wurden und nicht wertgemindert beurteilt wurden und (b) Vermögenswerten, die einzeln auf Wertminderung bewertet wurden, was dazu führt, dass ein anderer Wertminderungsbetrag erforderlich sein kann. Hat ein Unternehmen keine Gruppe von Vermögenswerten mit ähnlichen Risikoeigenschaften, wird keine zusätzliche Einschätzung vorgenommen.

A88. Gruppenweise erfasste Wertminderungsaufwendungen stellen eine Zwischenstufe dar bis zur Identifizierung der Wertminderungsaufwendungen für die einzelnen Vermögenswerte innerhalb der Gruppe von finanziellen Vermögenswerten, die gemeinsam auf Wertminderung beurteilt werden. Sobald Informationen zur Verfügung stehen, die ausdrücklich den Nachweis über Verluste bei einzeln wertgeminderten Vermögenswerten innerhalb einer Gruppe erbringen, werden diese Vermögenswerte aus der Gruppe entfernt.

A89. Künftige Cashflows aus einer Gruppe finanzieller Vermögenswerte, die gemeinsam auf Wertminderung beurteilt werden, werden aufgrund der historischen Ausfallquote für Vermögenswerte mit ähnlichen Ausfallrisikoeigenschaften wie diejenigen der Gruppe geschätzt. Unternehmen, die

2/27. IAS 39
Anhang A

keine unternehmensspezifische Forderungsausfallquoten oder unzureichende Erfahrungswerte haben, verwenden die Erfahrung von Vergleichsunternehmen derselben Branche für vergleichbare Gruppen finanzieller Vermögenswerte. Die historische Ausfallquote wird auf Grundlage der aktuellen beobachtbaren Daten angepasst, um die Auswirkungen des aktuellen Umfelds widerzuspiegeln, die nicht der Periode, auf der die historische Ausfallquote beruht, betrafen, und um die Auswirkungen des Umfelds in der historischen Periode, die nicht mehr aktuell sind, zu eliminieren. Schätzungen von Änderungen der künftigen Cashflows spiegeln die Änderungen der in Zusammenhang stehenden beobachtbaren Daten von einer Periode zur anderen wider und sind mit diesen hinsichtlich der Richtung der Änderung konsistent (wie Änderungen der Arbeitslosenquote, Grundstückspreise, Warenpreise, des Zahlungsstatus oder anderer Faktoren, die einen Hinweis auf entstandene Verluste innerhalb der Gruppe und deren Ausmaß liefern). Die Methoden und Annahmen zur Schätzung der künftigen Cashflows werden regelmäßig überprüft, um Differenzen zwischen geschätzten Ausfällen und aktuellen Ausfällen zu verringern.

A90. Als Beispiel für die Anwendung des Paragraphen A89 kann ein Unternehmen aufgrund der historischen Quoten feststellen, dass einer der Hauptgründe für den Forderungsausfall bei Kreditkartenforderungen der Tod des Kreditnehmers ist. Das Unternehmen kann beobachten, dass sich die Sterblichkeitsrate von einem Jahr zum anderen nicht ändert. Dennoch ist anzunehmen, dass einige der Kreditnehmer aus der Gruppe der Kreditkartenforderungen in diesem Jahr verstorben sind, was auf einen Wertminderungsaufwand bei diesen Krediten hinweist, selbst wenn sich das Unternehmen zum Jahresende noch nicht bewusst ist, welche Kreditnehmer konkret verstorben sind. Es wäre angemessen, für diese „eingetretenen aber nicht bekannt gewordenen" Verluste einen Wertminderungsaufwand zu erfassen. Es wäre jedoch nicht angemessen, einen Wertminderungsaufwand für Sterbefälle, die erwartungsgemäß in künftigen Perioden eintreten, zu erfassen, da das erforderliche Verlustereignis (der Tod des Kreditnehmers) noch nicht eingetreten ist.

A91. Bei der Verwendung von historischen Ausfallquoten zur Schätzung der künftigen Cashflows ist es wichtig, dass die Informationen über die historischen Ausfallquoten auf Gruppen angewandt werden, die gleichermaßen definiert sind, wie die Gruppen, für die diese historischen Quoten beobachtet wurden. Durch den Einsatz dieser Methode kann daher für jede Gruppe auf Informationen über vergangene Ausfallquoten von Gruppen von Vermögenswerten mit ähnlichen Ausfalleigenschaften und relevanten beobachtbaren Daten, die die aktuellen Bedingungen widerspiegeln, zurückgegriffen werden.

A92. Auf Formeln basierende Ansätze oder statistische Methoden können für die Bestimmung der Wertminderungsaufwendungen innerhalb einer Gruppe finanzieller Vermögenswerte (z. B. für kleinere Restschulden) verwendet werden, solange sie den Anforderungen in den Paragraphen 63-65 und A87-A91 entsprechen. Jede verwendete Methode würde den Zinseffekt mit einbeziehen, die Cashflows für die gesamte Restlaufzeit eines Vermögenswertes (nicht nur des kommenden Jahres) berücksichtigen, das Alter der Kredite innerhalb des Portfolios berücksichtigen und zu keinem Wertminderungsaufwand beim erstmaligen Ansatz eines finanziellen Vermögenswertes führen.

Zinsertrag nach Erfassung einer Wertminderung

A93. Sobald ein finanzieller Vermögenswert oder eine Gruppe von ähnlichen finanziellen Vermögenswerten aufgrund eines Wertminderungsaufwands abgeschrieben wurde, wird der Zinsertrag danach mithilfe des Zinssatzes erfasst, der zur Abzinsung der künftigen Cashflows bei der Bestimmung des Wertminderungsaufwands verwendet wurde.

SICHERUNGSGESCHÄFTE (PARAGRAPHEN 71-102)

Sicherungsinstrumente (Paragraphen 72-77)

Qualifizierende Instrumente (Paragraphen 72 und 73)

A94. Der mögliche Verlust aus einer von einem Unternehmen geschriebenen Option kann erheblich höher ausfallen als der mögliche Wertzuwachs des dazuzugehörigen Grundgeschäfts. Mit anderen Worten ist eine geschriebene Option kein wirksames Mittel zur Reduzierung des Gewinn- oder Verlustrisikos eines Grundgeschäfts. Eine geschriebene Option erfüllt daher nicht die Kriterien eines Sicherungsinstruments, es sei denn, sie wird zur Glattstellung einer erworbenen Option eingesetzt; hierzu gehören auch Optionen, die in ein anderes Finanzinstrument eingebettet sind (beispielsweise eine geschriebene Kaufoption, mit der das Risiko aus einer kündbaren Verbindlichkeit abgesichert werden soll). Eine erworbene Option hingegen führt zu potenziellen Gewinnen, die entweder den Verlusten entsprechen oder diese übersteigen; sie beinhaltet daher die Möglichkeit, das Gewinn- oder Verlustrisiko aus Änderungen des beizulegenden Zeitwertes oder des Cashflows zu reduzieren. Sie kann folglich die Kriterien eines Sicherungsinstruments erfüllen.

A95. Eine bis zur Endfälligkeit zu haltende Finanzinvestition, die mit den fortgeführten Anschaffungskosten bilanziert wird, kann zur Absicherung eines Währungsrisikos als Sicherungsinstrument eingesetzt werden.

A96. Eine Finanzinvestition in ein nicht notiertes Eigenkapitalinstrument, das nicht mit dem beizulegenden Zeitwert bilanziert wird, da dieser nicht verlässlich bestimmt werden kann oder ein Derivat, das mit einem nicht notierten Eigenkapitalinstrument verbunden ist, und das durch Lieferung eines solchen beglichen werden muss (siehe Paragraphen 46(c) und 47), kann nicht als ein Sicherungsinstrument eingesetzt werden.

A97. Die eigenen Eigenkapitalinstrumente eines Unternehmens sind keine finanziellen Vermögenswerte oder Verbindlichkeiten des Unternehmens und können daher nicht als Sicherungsinstrumente eingesetzt werden.

GESICHERTE GRUNDGESCHÄFTE (PARAGRAPHEN 78-84)

Qualifizierende Grundgeschäfte (Paragraphen 78-80)

A98. Eine feste Verpflichtung zum Erwerb eines Unternehmens im Rahmen eines Unternehmenszusammenschlusses kann nicht als Grundgeschäft gelten, mit Ausnahme der damit verbundenen Währungsrisiken, da die anderen abzusichernden Risiken nicht gesondert ermittelt und bewertet werden können. Bei diesen anderen Risiken handelt es sich um allgemeine Geschäftsrisiken.

A99. Eine nach der Equity-Methode bilanzierte Finanzinvestition kann kein Grundgeschäft zur Absicherung des beizulegenden Zeitwerts sein, da bei der Equity-Methode der Anteil des Investors am Ergebnis des assoziierten Unternehmens und nicht die Veränderung des beizulegenden Zeitwerts der Finanzinvestition erfolgswirksam erfasst wird. Aus einem ähnlichem Grund kann eine Finanzinvestition in ein konsolidiertes Tochterunternehmen kein Grundgeschäft zur Absicherung des beizulegenden Zeitwertes sein, da bei einer Konsolidierung der Periodengewinn oder -verlust einer Tochtergesellschaft und nicht etwaige Änderungen des beizulegenden Zeitwerts der Finanzinvestition erfolgswirksam erfasst wird. Anders verhält es sich bei der Absicherung einer Nettoinvestition in einen ausländischen Geschäftsbetrieb, da es sich hierbei um die Absicherung eines Währungsrisikos handelt und nicht um die Absicherung des beizulegenden Zeitwertes hinsichtlich etwaiger Änderungen des Investitionswertes.

A99A. In Paragraph 80 heißt es, dass das Währungsrisiko einer höchstwahrscheinlich eintretenden künftigen konzerninternen Transaktion die Kriterien eines gesicherten Grundgeschäfts in einem Cashflow-Sicherungsgeschäft für den Konzernabschluss erfüllen kann, sofern die Transaktion auf eine andere Währung lautet als die funktionale Währung des Unternehmens, das diese Transaktion abschließt, und das Währungsrisiko sich im Konzernergebnis niederschlägt. Diesbezüglich kann es sich bei einem Unternehmen um ein Mutterunternehmen, Tochterunternehmen, assoziiertes Unternehmen, ein Gemeinschaftsunternehmen oder eine Niederlassung handeln. Wenn das Währungsrisiko einer erwarteten künftigen konzerninternen Transaktion sich nicht im Konzernergebnis niederschlägt, kann die konzerninterne Transaktion nicht die Definition eines gesicherten Grundgeschäfts erfüllen. Dies ist in der Regel der Fall für Zahlungen von Nutzungsentgelten, Zinsen oder Verwaltungsgebühren zwischen Mitgliedern desselben Konzerns, sofern es sich nicht um eine entsprechende externe Transaktion handelt. Wenn das Währungsrisiko einer erwarteten künftigen konzerninternen Transaktion sich jedoch im Konzernergebnis niederschlägt, kann die konzerninterne Transaktion die Definition eines gesicherten Grundgeschäfts erfüllen. Ein Beispiel hierfür sind erwartete Verkäufe oder Käufe von Vorräten zwischen Mitgliedern desselben Konzerns, wenn die Vorräte an eine Partei außerhalb des Konzerns weiterverkauft werden. Ebenso kann ein erwarteter künftiger Verkauf von Sachanlagen des Konzernunternehmens, welches diese gefertigt hat, an ein anderes Konzernunternehmen, welches diese Sachanlagen in seinem Betrieb benutzen wird, das Konzernergebnis beeinflussen. Dies könnte beispielsweise der Fall sein, weil die Sachanlage von dem erwerbenden Unternehmen abgeschrieben wird, und der erstmalig für diese Sachanlage angesetzte Betrag sich ändern könnte, wenn die erwartete künftige konzerninterne Transaktion in einer anderen Währung als der funktionalen Währung des erwerbenden Unternehmens durchgeführt wird.

A99B. Wenn eine Absicherung einer erwarteten konzerninternen Transaktion die Kriterien für eine Bilanzierung als Sicherungsbeziehung erfüllt, sind alle gemäß Paragraph 95(a) im sonstigen Ergebnis erfassten Gewinne oder Verluste in derselben Periode oder denselben Perioden, in denen das Währungsrisiko der abgesicherten Transaktion das Konzernergebnis beeinflusst, vom Eigenkapital in den Gewinn oder Verlust umzugliedern und als Umgliederungsbeträge auszuweisen.

A99BA. Ein Unternehmen kann in einer Sicherungsbeziehung alle Änderungen der Cashflows oder des beizulegenden Zeitwerts eines Grundgeschäfts designieren. Es können auch nur die oberhalb oder unterhalb eines festgelegten Preises oder einer anderen Variablen liegenden Änderungen der Cashflows oder des beizulegenden Zeitwerts eines gesicherten Grundgeschäfts designiert werden (einseitiges Risiko). Bei einem gesicherten Grundgeschäft spiegelt der reine Wert einer Option, die (in der Annahme, dass ihre wesentlichen Bedingungen denen des designierten Risikos entsprechen) als Sicherungsinstrument erworben wurde, ein einseitiges Risiko wider, ihr Zeitwert dagegen nicht. Ein Unternehmen kann beispielsweise die Schwankung künftiger Cashflow-Ergebnisse designieren, die aus einer Preiserhöhung bei einem erwarteten Warenkauf resultieren. In einem solchen Fall werden nur Cashflow-Verluste designiert, die aus der Erhöhung des Preises oberhalb des festgelegten Grenzwerts resultieren. Das abgesicherte Risiko umfasst nicht den Zeitwert einer erworbenen Option, da der Zeitwert kein Bestandteil der erwarteten Transaktion ist, der den Gewinn oder Verlust beeinflusst (Paragraph 86(b)).

Bestimmung von finanziellen Posten als gesicherte Grundgeschäfte (Paragraphen 81 und 81A)

A99C. Ein Unternehmen kann […] alle Cashflows des gesamten finanziellen Vermögenswertes oder der finanziellen Verbindlichkeit als Grundgeschäft bestimmen und sie gegen nur ein bestimmtes Risiko absichern (z. B. gegen Änderungen, die den Veränderungen des LIBOR zuzurechnen sind). Beispielsweise kann ein Unternehmen im Falle einer finanziellen Verbindlichkeit, deren Effektivzinssatz 100 Basispunkten unter dem LIBOR liegt, die gesamte Verbindlichkeit (d. h der Kapitalbetrag zuzüglich der Zinsen zum LIBOR abzüglich 100 Basispunkte) als Grundgeschäft bestimmen und die gesamte Verbindlichkeit gegen Änderungen des beizulegenden Zeitwertes oder der Cashflows, die auf Veränderungen des LIBORs zurückzuführen sind, absichern. Das Unternehmen kann auch einen anderen Hedge-Faktor als eins zu eins wählen, um die Wirksamkeit der Absicherung, wie in Paragraph A100 beschrieben, zu verbessern.

A99D. Wenn ein festverzinsliches Finanzinstrument einige Zeit nach seiner Emission abgesichert wird und sich die Zinssätze zwischenzeitlich geändert haben, kann das Unternehmen einen Teil bestimmen, der einem Richtzinssatz entspricht [...]. Als Beispiel wird angenommen, dass ein Unternehmen einen festverzinslichen finanziellen Vermögenswert über WE 100 mit einem Effektivzinssatz von 6 Prozent zu einem Zeitpunkt emittiert, an dem der LIBOR 4 Prozent beträgt. Die Absicherung dieses Vermögenswertes beginnt zu einem späteren Zeitpunkt, zu dem der LIBOR auf 8 Prozent gestiegen ist und der beizulegende Zeitwert des Vermögenswertes auf WE 90 gefallen ist. Das Unternehmen berechnet, dass der Effektivzinssatz 9,5 Prozent betragen würde, wenn es den Vermögenswert zu dem Zeitpunkt erworben hätte, als es ihn erstmalig als Grundgeschäft zu seinem zu diesem Zeitpunkt geltenden beizulegenden Zeitwert von WE 90 bestimmt hätte. [...]. Das Unternehmen kann einen Anteil des LIBOR von 8 Prozent bestimmen, der zum einem Teil aus den vertraglichen Zinszahlungen und zum anderen Teil aus der Differenz zwischen dem aktuellen beizulegenden Zeitwert (d. h WE 90) und dem bei Fälligkeit zu zahlenden Betrag (d. h. WE 100) besteht.

A99E. Nach Paragraph 81 kann ein Unternehmen auch einen Teil der Änderung des beizulegenden Zeitwerts oder der Cashflow-Schwankungen eines Finanzinstruments designieren. So können beispielsweise

a) alle Cashflows eines Finanzinstruments für Änderungen der Cashflows oder des beizulegenden Zeitwerts, die einigen (aber nicht allen) Risiken zuzuordnen sind, designiert werden; oder

b) einige (aber nicht alle) Cashflows eines Finanzinstruments für Änderungen der Cashflows oder des beizulegenden Zeitwerts, die allen bzw. nur einigen Risiken zuzuordnen sind, designiert werden (d. h. ein „Teil" der Cashflows des Finanzinstruments kann für Änderungen, die allen bzw. nur einigen Risiken zuzuordnen sind, designiert werden).

A99F. Die designierten Risiken und Teilrisiken sind dann für eine Bilanzierung als Sicherungsbeziehung geeignet, wenn sie einzeln identifizierbare Bestandteile des Finanzinstruments sind, und Änderungen der Cashflows oder des beizulegenden Zeitwerts des gesamten Finanzinstruments, die auf Veränderungen der ermittelten Risiken und Anteilen beruhen, verlässlich bewertet werden können. Zum Beispiel:

a) Bei festverzinslichen Finanzinstrumenten, die für den Fall, dass sich ihr beizulegender Zeitwert durch Änderung eines risikolosen Zinssatzes oder Benchmarkzinssatzes ändert, abgesichert sind, wird der risikolose Zinssatz oder Benchmarkzinssatz in der Regel sowohl als einzeln identifizierbarer Bestandteil des Finanzinstruments wie auch als verlässlich bewertbar betrachtet.

b) Die Inflation ist weder einzeln identifizierbar noch verlässlich bewertbar und kann nicht als Risiko oder Teil eines Finanzinstruments designiert werden, es sei denn, die unter (c) genannten Anforderungen sind erfüllt.

c) Ein vertraglich genau designierter Inflationsanteil der Cashflows einer anerkannten inflationsgebundenen Anleihe ist (unter der Voraussetzung, dass keine separate Bilanzierung als eingebettetes Derivat erforderlich ist) so lange einzeln identifizierbar und verlässlich bewertbar, wie andere Cashflows des Instruments von dem Inflationsanteil nicht betroffen sind.

Bestimmung nicht finanzieller Posten als gesicherte Grundgeschäfte (Paragraph 82)

A100. Preisänderungen eines Bestandteils oder einer Komponente eines nicht finanziellen Vermögenswertes oder einer nicht finanziellen Verbindlichkeit haben in der Regel keine vorhersehbaren, getrennt bestimmbaren Auswirkungen auf den Preis des Postens, die mit den Auswirkungen z. B. einer Änderung des Marktzinses auf den Kurs einer Anleihe vergleichbar wären. Daher kann ein nicht finanzieller Vermögenswert oder eine nicht finanzielle Verbindlichkeit nur insgesamt oder für Währungsrisiken als Grundgeschäft bestimmt werden. Gibt es einen Unterschied zwischen den Bedingungen des Sicherungsinstruments und des Grundgeschäfts (wie für die Absicherung eines geplanten Kaufs von brasilianischem Kaffee durch ein Forwardgeschäft auf den Kauf von kolumbianischem Kaffee zu ansonsten vergleichbaren Bedingungen), kann die Sicherungsbeziehung dennoch als solche gelten, sofern die Voraussetzungen aus Paragraph 88, einschließlich derjenigen, dass die Absicherung als in hohem Maße tatsächlich wirksam eingeschätzt wird, erfüllt sind. Für diesen Zweck kann der Wert des Sicherungsinstruments größer oder kleiner als der des Grundgeschäfts sein, wenn dadurch die Wirksamkeit der Sicherungsbeziehung verbessert wird. Eine Regressionsanalyse könnte beispielsweise durchgeführt werden, um einen statistischen Zusammenhang zwischen dem Grundgeschäft (z. B. einer Transaktion mit brasilianischem Kaffee) und dem Sicherungsinstrument (z. B. einer Transaktion mit kolumbianischem Kaffee) aufzustellen. Gibt es einen validen statistischen Zusammenhang zwischen den beiden Variablen (d. h zwischen dem Preis je Einheit von brasilianischem Kaffee und kolumbianischem Kaffee), kann die Steigung der Regressionskurve zur Feststellung des Hedge-Faktors, der die erwartete Wirksamkeit maximiert, verwendet werden. Liegt beispielsweise die Steigung der Regressionskurve bei 1,02, maximiert ein Hedge-Faktor, der auf 0,98 Mengeneinheiten der gesicherten Posten zu 1,00 Mengeneinheiten der Sicherungsinstrumente basiert, die erwartete Wirksamkeit. Die Sicherungsbeziehung kann jedoch zu einer Unwirksamkeit führen, die im Zeitraum der Sicherungsbeziehung im Gewinn oder Verlust erfasst wird.

Bestimmung von Gruppen von Posten als gesicherte Grundgeschäfte (Paragraphen 83 und 84)

A101. Eine Absicherung einer gesamten Nettoposition (z. B. der Saldo aller festverzinslichen Vermögenswerte und festverzinslichen Verbindlichkeiten mit ähnlichen Laufzeiten) im Gegensatz zu einer Absicherung eines einzelnen Postens erfüllt nicht die Kriterien für eine Bilanzierung als Sicherungsgeschäft. Allerdings können bei einem solchen Sicherungszusammenhang annähernd die gleichen Auswirkungen auf den Gewinn oder Verlust erzielt werden wie bei einer Bilanzierung von Sicherungsgeschäften, wenn nur ein Teil der zugrunde liegenden Posten als Grundgeschäft bestimmt wird. Wenn beispielsweise eine Bank über Vermögenswerte von WE 100 und Verbindlichkeiten in Höhe von WE 90 verfügt, deren Risiken und Laufzeiten in ähnlich sind, und die Bank das verbleibende Nettorisiko von WE 10 absichert, so kann sie WE 10 dieser Vermögenswerte als Grundgeschäft bestimmen. Eine solche Bestimmung kann erfolgen, wenn es sich bei den besagten Vermögenswerten und Verbindlichkeiten um festverzinsliche Instrumente handelt, was in diesem Fall einer Absicherung des beizulegenden Zeitwertes entspricht, oder wenn es sich um variabel verzinsliche Instrumente handelt, wobei es sich dann um eine Absicherung von Cashflows handelt. Ähnlich wäre dies im Falle eines Unternehmens, das eine feste Verpflichtung zum Kauf in einer Fremdwährung in Höhe von WE 100 sowie eine feste Verpflichtung zum Verkauf in dieser Währung in Höhe von WE 90 eingegangen ist; in diesem Fall kann es den Nettobetrag von WE 10 durch den Kauf eines Derivats absichern, das als Sicherungsinstrument zum Erwerb von WE 10 als Teil der festen Verpflichtung zum Kauf von WE 100 bestimmt wird.

Bilanzierung von Sicherungsgeschäften (Paragraphen 85-102)

A102. Ein Beispiel für die Absicherung des beizulegenden Zeitwerts ist die Absicherung des Risikos aus einer Änderung des beizulegenden Zeitwerts eines festverzinslichen Schuldinstruments aufgrund einer Zinsänderung. Eine solche Sicherungsbeziehung kann vonseiten des Emittenten oder des Inhabers des Schuldinstruments eingegangen werden.

A103. Ein Beispiel für eine Absicherung von Cashflows ist der Einsatz eines Swap-Kontrakts, mit dem variabel verzinsliche Verbindlichkeiten gegen festverzinsliche Verbindlichkeiten getauscht werden (d. h eine Absicherung gegen Risiken aus einer künftigen Transaktion, wobei die abgesicherten künftigen Cashflows hierbei die künftigen Zinszahlungen darstellen).

A104. Die Absicherung einer festen Verpflichtung (z. B. eine Absicherung gegen Risiken einer Änderung des Kraftstoffpreises im Rahmen einer nicht bilanzierten vertraglichen Verpflichtung eines Energieversorgers zum Kauf von Kraftstoff zu einem festgesetzten Preis) ist eine Absicherung des Risikos einer Änderung des beizulegenden Zeitwerts. Demzufolge stellt solch eine Sicherungsbeziehung eine Absicherung des beizulegenden Zeitwertes dar. Nach Paragraph 87 könnte jedoch eine Absicherung des Währungsrisikos einer festen Verpflichtung alternativ als eine Absicherung von Cashflows behandelt werden.

Beurteilung der Wirksamkeit einer Sicherungsbeziehung

A105. Eine Sicherungsbeziehung wird nur dann als hochwirksam angesehen, wenn die beiden folgenden Voraussetzungen erfüllt sind:

(a) Zu Beginn der Sicherungsbeziehung und in den darauf folgenden Perioden wird die Absicherung als in hohem Maße wirksam hinsichtlich der Erreichung einer Kompensation der Risiken aus Änderungen des beizulegenden Zeitwertes oder der Cashflows in Bezug auf das abgesicherte Risiko eingeschätzt. Eine solche Einschätzung kann auf verschiedene Weisen nachgewiesen werden, u. a. durch einen Vergleich bisheriger Änderungen des beizulegenden Zeitwertes oder der Cashflows des Grundgeschäfts, die auf das abgesicherte Risiko zurückzuführen sind, mit bisherigen Änderungen des beizulegenden Zeitwertes oder der Cashflows des Sicherungsinstruments oder durch den Nachweis einer hohen statistischen Korrelation zwischen dem beizulegenden Zeitwert oder den Cashflows des Grundgeschäfts und denen des Sicherungsinstruments. Das Unternehmen kann einen anderen Hedge-Faktor als eins zu eins wählen, um die Wirksamkeit der Absicherung, wie in Paragraph A100 beschrieben, zu verbessern.

(b) Die aktuellen Ergebnisse der Sicherungsbeziehung liegen innerhalb einer Bandbreite von 80-125 Prozent. Sehen die aktuellen Ergebnisse aus, dass beispielsweise der Verlust aus einem Sicherungsinstrument WE 120 und der Gewinn aus dem monetären Instrument WE 100 beträgt, so kann die Kompensation anhand der Berechnung 120/100 bewertet werden, was einem Ergebnis von 120 Prozent oder anhand von 100/120 einem Ergebnis von 83 Prozent entspricht. Angenommen, dass in diesem Beispiel die Sicherungsbeziehung die Voraussetzungen unter (a) erfüllt, würde das Unternehmen daraus schließen, dass die Sicherungsbeziehung in hohem Maße wirksam gewesen ist.

A106. Eine Beurteilung der Wirksamkeit von Sicherungsinstrumenten hat mindestens zum Zeitpunkt der Aufstellung des jährlichen Abschlusses oder des Zwischenabschlusses zu erfolgen.

A107. Dieser Standard schreibt keine bestimmte Methode zur Beurteilung der Wirksamkeit einer Sicherungsbeziehung vor. Die von einem Unternehmen gewählte Methode zur Beurteilung der Wirksamkeit einer Sicherungsbeziehung richtet sich nach seiner Risikomanagementstrategie. Wenn beispielsweise die Risikomanagementstrategie eines Unternehmens vorsieht, die Höhe des Sicherungsinstruments periodisch anzupassen, um Änderungen der abgesicherten Position widerzuspiegeln, hat das Unternehmen den Nachweis zu erbringen, dass die Sicherungsbeziehung nur für die Periode als in hohem Maße wirksam eingeschätzt wird, bis die Höhe des Sicherungsinstruments das nächste Mal angepasst wird. In manchen Fällen werden für verschiedene Sicherungsbeziehungen unterschiedliche Methoden verwendet. In der Dokumentation seiner Sicherungsstrategie macht ein Unternehmen Angaben über die zur Beurteilung der Wirksamkeit eingesetzten Methoden und Verfahren. Diese sollten auch angeben, ob bei der Beurteilung sämtliche Gewinne oder Verluste aus einem Sicherungsinstrument berücksichtigt werden oder ob der Zeitwert des Instruments unberücksichtigt bleibt.

A107A. […].

A108. Sind die wesentlichen Bedingungen des Sicherungsinstruments und des gesicherten Vermögenswertes, der gesicherten Verbindlichkeit, der festen Verpflichtung oder der sehr wahrscheinlichen vorhergesehenen Transaktion gleich, so ist wahrscheinlich, dass sich die Änderungen des beizulegenden Zeitwertes und der Cashflows, die auf das abgesicherte Risiko zurückzuführen sind, gegenseitig vollständig ausgleichen, und dies gilt sowohl zu Beginn der Sicherungsbeziehung als auch danach. So ist beispielsweise ein Zinsswap voraussichtlich ein wirksames Sicherungsinstrumentbeziehung, wenn Nominal- und Kapitalbetrag, Laufzeiten, Zinsanpassungstermine, die Zeitpunkte der Zins- und Tilgungsein- und -auszahlungen sowie die Bemessungsgrundlage zur Festsetzung der Zinsen für das Sicherungsinstrument und das Grundgeschäft gleich sind. Außerdem ist die Absicherung eines erwarteten Warenkaufs, dessen Eintritt hoch wahrscheinlich ist, durch ein Forwardgeschäft eine hoch wirksam, sofern:

(a) das Forwardgeschäft den Erwerb einer Ware der gleichen Art und Menge, zum gleichen Zeitpunkt und Ort wie das erwartete Grundgeschäft zum Gegenstand hat;

(b) der beizulegende Zeitwert des Forwardgeschäfts zu Beginn Null ist; und

(c) entweder die Änderung des Disagios oder des Agios des Forwardgeschäfts aus der Beurteilung der Wirksamkeit herausgenommen und direkt im Gewinn oder Verlust erfasst wird oder die Änderung der erwarteten Cashflows aus der erwarteten Transaktion, deren Eintritt hoch wahrscheinlich ist, auf dem Forwardkurs der zugrunde liegenden Ware basiert.

A109. Manchmal kompensiert das Sicherungsinstrument nur einen Teil des abgesicherten Risikos. So dürfte eine Sicherungsbeziehung nur zum Teil wirksam sein, wenn das Sicherungsinstrument und das Grundgeschäft auf verschiedene Währungen lauten und beide sich nicht parallel entwickeln. Des gleichen dürfte die Absicherung eines Zinsrisikos mithilfe eines derivativen Finanzinstruments nur bedingt wirksam sein, wenn ein Teil der Änderung des beizulegenden Zeitwerts des derivativen Finanzinstruments auf das Ausfallrisiko der Gegenseite zurückzuführen ist.

A110. Um die Kriterien für eine Bilanzierung als Sicherungsgeschäft zu erfüllen, muss sich die Sicherungsbeziehung nicht nur auf allgemeine Geschäftsrisiken sondern auf ein bestimmtes, identifizier- und bestimmbares Risiko beziehen und sich letztlich auf den Gewinn oder Verlust des Unternehmens auswirken. Die Absicherung gegen Veralterung von materiellen Vermögenswerten oder gegen das Risiko einer staatlichen Enteignung von Gegenständen kann nicht als Sicherungsgeschäft bilanziert werden, denn die Wirksamkeit lässt sich nicht bewerten, da die hiermit verbundenen Risiken nicht verlässlich geschätzt werden können.

A110A. Nach Paragraph 74(a) kann ein Unternehmen inneren Wert und Zeitwert eines Optionskontrakts voneinander trennen und nur die Änderung des inneren Werts des Optionskontrakts als Sicherungsinstrument designieren. Eine solche Designation kann zu einer Sicherungsbeziehung führen, mit der sich Veränderungen der Cashflows, die durch ein abgesichertes einseitiges Risiko einer erwarteten Transaktion bedingt sind, äußerst wirksam kompensieren lassen, wenn die wesentlichen Bedingungen der erwarteten Transaktion und des Sicherungsinstruments gleich sind.

A110B. Designiert ein Unternehmen eine erworbene Option zur Gänze als Sicherungsinstrument eines einseitigen Risikos einer erwarteten Transaktion, wird die Sicherungsbeziehung nicht gänzlich wirksam sein, da die gezahlte Optionsprämie den Zeitwert einschließt, ein designiertes einseitiges Risiko Paragraph A99BA zufolge den Zeitwert einer Option aber nicht einschließt. In diesem Fall wird es folglich keinen vollständigen Ausgleich zwischen den Cashflows aus dem Zeitwert der gezahlten Optionsprämie und dem designierten abgesicherten Risiko geben.

A111. Im Falle eines Zinsänderungsrisikos kann die Wirksamkeit einer Sicherungsbeziehung durch die Erstellung eines Fälligkeitsplans für finanzielle Vermögenswerte und Verbindlichkeiten beurteilt werden, aus dem das Nettozinsänderungsrisiko für jede Periode hervorgeht, vorausgesetzt das Nettorisiko ist mit einem besonderen Vermögenswert oder einer besonderen Verbindlichkeit verbunden (oder einer besonderen Gruppe von Vermögenswerten oder Verbindlichkeiten bzw. einem bestimmten Teil davon), auf die das Nettorisiko zurückzuführen ist, und die Wirksamkeit der Absicherung wird in Bezug auf diesen Vermögenswert oder diese Verbindlichkeit beurteilt.

A112. Bei der Beurteilung der Wirksamkeit einer Sicherungsbeziehung berücksichtigt ein Unternehmen in der Regel den Zeitwert des Geldes. Der feste Zinssatz eines Grundgeschäfts muss dabei nicht exakt mit dem festen Zinssatz eines zur Absicherung des beizulegenden Zeitwertes bestimmten Swaps übereinstimmen. Auch muss der variable Zinssatz eines zinstragenden Vermögenswertes oder einer Verbindlichkeit nicht mit dem variablen Zinssatz eines zur Absicherung von Zahlungsströmen bestimmten Swaps übereinstimmen. Der beizulegende Zeitwert eines Swaps ergibt sich aus seinem Nettoausgleich. So können die festen und variablen Zinssätze eines Swaps ausgetauscht werden, ohne dass dies Auswirkungen auf den Nettoausgleich hat, wenn beide in gleicher Höhe getauscht werden.

A113. Wenn die Kriterien für die Wirksamkeit einer Sicherungsbeziehung nicht erfüllt werden, stellt das Unternehmen die Bilanzierung von Sicherungsgeschäften ab dem Zeitpunkt ein, an dem die Wirksamkeit der Sicherungsbeziehung letztmals nachgewiesen wurde. Wenn jedoch ein Unternehmen das Ereignis oder die Änderung des Umstands, wodurch die Sicherungsbeziehung die Wirksamkeitskriterien nicht mehr erfüllte, identifiziert und nachweist, dass die Sicherungsbeziehung vor Eintritt des Ereignisses oder des geänderten Umstands wirksam war, stellt das Unternehmen die Bilanzierung des Sicherungsgeschäfts ab dem Zeitpunkt des Ereignisses oder der Änderung des Umstands ein.

Bilanzierung der Absicherung des beizulegenden Zeitwerts zur Absicherung eines Portfolios gegen Zinsänderungsrisiken

A114. Für die Absicherung eines beizulegenden Zeitwerts gegen das mit einem Portfolio von finanziellen Vermögenswerten und Verbindlichkeiten verbundenen Zinsänderungsrisiko wären die Anforderungen dieses Standards erfüllt, wenn das Unternehmen die unter den nachstehenden Punkten (a)-(i) und den Paragraphen A115-A132 dargelegten Verfahren einhält.

(a) Das Unternehmen identifiziert als Teil seines Risikomanagement-Prozesses ein Portfolio von Posten, deren Zinsänderungsrisiken abgesichert werden sollen. Das Portfolio kann nur Vermögenswerte, nur Verbindlichkeiten oder auch beides, Vermögenswerte und Verbindlichkeiten umfassen. Das Unternehmen kann zwei oder mehrere Portfolios bestimmen (seine zur Veräußerung verfügbaren Vermögenswerte können beispielsweise in einem gesonderten Portfolio zusammengefasst werden), wobei es die nachstehenden Anleitungen für jedes Portfolio gesondert anwendet.

(b) Das Unternehmen teilt das Portfolio nach Zinsanpassungsperioden auf, die nicht auf vertraglich fixierten, sondern vielmehr auf erwarteten Zinsanpassungsterminen basieren. Diese Aufteilung in Zinsanpassungsperioden kann auf verschiedene Weise durchgeführt werden, einschließlich in Form einer Aufstellung von Cashflows in den Perioden, in denen sie erwartungsgemäß anfallen, oder einer Aufstellung von nominalen Kapitalbeträgen in allen Perioden, bis zum erwarteten Zeitpunkt der Zinsanpassung.

(c) Auf Grundlage dieser Aufteilung legt das Unternehmen den Betrag fest, den es absichern möchte. Als Grundgeschäft bestimmt das Unternehmen aus dem identifizierten Portfolio einen Betrag von Vermögenswerten oder Verbindlichkeiten (jedoch keinen Nettobetrag), der dem abzusichernden Betrag entspricht. […].

(d) Das Unternehmen bestimmt das abzusichernde Zinsänderungsrisiko. Dieses Risiko könnte einen Teil des Zinsänderungsrisikos jedes Postens innerhalb der abgesicherten Position darstellen, wie beispielsweise ein Richtzinssatz (z. B. LIBOR).

(e) Das Unternehmen bestimmt ein oder mehrere Sicherungsinstrumente für jede Zinsanpassungsperiode.

(f) Gemäß den zuvor erwähnten Einstufungen aus (c)-(e) beurteilt das Unternehmen zu Beginn und in den Folgeperioden, ob es die Sicherungsbeziehung innerhalb der für die Absicherung relevanten Periode als in hohem Maße wirksam einschätzt.

(g) Das Unternehmen bewertet regelmäßig die Änderung des beizulegenden Zeitwertes des Grundgeschäfts (wie unter (c) bestimmt), die auf das abgesicherte Risiko zurückzuführen ist (wie unter (d) bestimmt) […]. Sofern bestimmt wird, dass die Sicherungsbeziehung zum Zeitpunkt ihrer Beurteilung gemäß der vom Unternehmen dokumentierten Methode zur Beurteilung der Wirksamkeit tatsächlich in hohem Maße wirksam war, erfasst das Unternehmen die Änderung des beizulegenden Zeitwertes des Grundgeschäfts erfolgswirksam im Gewinn oder Verlust und in einem der beiden Posten der Bilanz, wie im Paragraphen 89A beschrieben. Die Änderung des beizulegenden Zeitwertes braucht nicht einzelnen Vermögenswerten oder Verbindlichkeiten zugeordnet zu werden.

(h) Das Unternehmen bestimmt die Änderung des beizulegenden Zeitwerts des/der Sicherungsinstrument(s)e (wie unter (e) festgelegt) und erfasst sie im Gewinn oder Verlust als Gewinn oder Verlust. Der beizulegende Zeitwert des/der Sicherungsinstrument(s)e wird in der Bilanz als Vermögenswert oder Verbindlichkeit angesetzt.

2/27. IAS 39
Anhang A

(i) Jede Unwirksamkeit([1]) wird im Gewinn oder Verlust als Differenz zwischen der Änderung des unter (g) erwähnten beizulegenden Zeitwertes und desjenigen unter (h) erwähnten erfasst.

([1]) Die gleichen Wesentlichkeitsüberlegungen gelten in diesem Zusammenhang wie auch im Rahmen aller IFRS.

A115. Nachstehend wird dieser Ansatz detaillierter beschrieben. Der Ansatz ist nur auf eine Absicherung des beizulegenden Zeitwertes gegen ein Zinsänderungsrisiko in Bezug auf ein Portfolio von finanziellen Vermögenswerten oder finanziellen Verbindlichkeiten anzuwenden.

A116. Das in Paragraph A114(a) identifizierte Portfolio könnte Vermögenswerte und Verbindlichkeiten beinhalten. Alternativ könnte es sich auch um ein Portfolio handeln, das nur Vermögenswerte oder nur Verbindlichkeiten umfasst. Das Portfolio wird verwendet, um die Höhe der abzusichernden Vermögenswerte oder Verbindlichkeiten zu bestimmen. Das Portfolio als solches wird jedoch nicht als Grundgeschäft bestimmt.

A117. Bei der Anwendung von Paragraph A114(b) legt das Unternehmen den erwarteten Zinsanpassungstermin eines Postens auf den früheren der Termine fest, wenn dieser Posten erwartungsgemäß fällig wird oder an die Marktzinsen angepasst wird. Die erwarteten Zinsanpassungstermine werden zu Beginn der Sicherungsbeziehung und während seiner Laufzeit geschätzt, sie basieren auf historischen Erfahrungen und anderen verfügbaren Informationen, einschließlich Informationen und Erwartungen über Vorfälligkeitsquoten, Zinssätze und die Wechselwirkung zwischen diesen. Ohne unternehmensspezifische Erfahrungswerte oder bei unzureichenden Erfahrungswerten verwenden Unternehmen die Erfahrungen vergleichbarer Unternehmen für vergleichbare Finanzinstrumente. Diese Schätzwerte werden regelmäßig überprüft und im Hinblick auf Erfahrungswerte angepasst. Im Falle eines festverzinslichen, vorzeitig rückzahlbaren Postens ist der erwartete Zinsanpassungstermin der Zeitpunkt, an dem die Rückzahlung erwartet wird, es sei denn, es findet zu einem früheren Zeitpunkt eine Zinsanpassung an Marktzinsen statt. Bei einer Gruppe von vergleichbaren Posten kann die Aufteilung in Perioden aufgrund von erwarteten Zinsanpassungsterminen in der Form durchgeführt werden, dass ein Prozentsatz der Gruppe und nicht einzelne Posten jeder Periode zugewiesen werden. Für solche Zuordnungszwecke dürfen auch andere Methoden verwendet werden. Für die Zuordnung von Tilgungsdarlehen auf Perioden, die auf erwarteten Zinsanpassungsterminen basieren, kann beispielsweise ein Multiplikator für Vorfälligkeitsquoten verwendet werden. Die Methode für eine solche Zuordnung hat jedoch in Übereinstimmung mit dem Risikomanagementverfahren und der -zielsetzung des Unternehmens zu erfolgen.

A118. Ein Beispiel für eine in Paragraph A114(c) beschriebene Bestimmung: Wenn in einer bestimmten Zinsanpassungsperiode ein Unternehmen schätzt, dass es festverzinsliche Vermögenswerte von WE 100 und festverzinsliche Verbindlichkeiten von WE 80 hat und beschließt, die gesamte Nettoposition von WE 20 abzusichern, so bestimmt es Vermögenswerte in Höhe von WE 20 (einen Teil der Vermögenswerte) als Grundgeschäft.([2]) Die Bestimmung wird vorwiegend als „Betrag einer Währung" (z. B. ein Betrag in Dollar, Euro, Pfund oder Rand) und nicht als einzelne Vermögenswerte bezeichnet. Daraus folgt, dass alle Vermögenswerte (oder Verbindlichkeiten), aus denen der abgesicherte Betrag resultiert, d. h. im vorstehenden Beispiel alle Vermögenswerte von WE 100, folgende Kriterien erfüllen müssen: Posten, deren beizulegender Zeitwerte sich bei Änderung der abgesicherten Zinssätze ändern[...].

([2]) Dieser Standard erlaubt einem Unternehmen, jeden Betrag verfügbarer, qualifizierender Vermögenswerten oder Verbindlichkeiten zu bestimmen, d. h in diesem Beispiel jeden Betrag von Vermögenswerten zwischen WE 0 und WE 100.

A119. Das Unternehmen hat auch die anderen in Paragraph 88(a) aufgeführten Anforderungen zur Bestimmung und Dokumentation zu erfüllen. Die Unternehmenspolitik bezüglich aller Faktoren, die zur Identifizierung des abzusichernden Betrags und zur Beurteilung der Wirksamkeit verwendet werden, wird bei einer Absicherung eines Portfolios gegen Zinsänderungsrisiken durch die Bestimmung und Dokumentation festgelegt. Folgende Faktoren sind eingeschlossen:

(a) welche Vermögenswerte und Verbindlichkeiten in eine Absicherung des Portfolios einzubeziehen sind und auf welcher Basis sie aus dem Portfolio entfernt werden können.

(b) wie Zinsanpassungstermine geschätzt werden, welche Annahmen von Zinssätzen den Schätzungen von Vorfälligkeitsquoten unterliegen und welches die Basis für die Änderung dieser Schätzungen ist. Dieselbe Methode wird sowohl für die erstmaligen Schätzungen, die zu dem Zeitpunkt erfolgen, wenn ein Vermögenswert oder eine Verbindlichkeit in das gesicherte Portfolio eingebracht wird, als auch für alle späteren Korrekturen dieser Schätzwerte verwendet.

(c) die Anzahl und Dauer der Zinsanpassungsperioden.

(d) wie häufig das Unternehmen die Wirksamkeit überprüfen wird[...].

(e) die verwendete Methode, um den Betrag der Vermögenswerte oder Verbindlichkeiten, die als Grundgeschäft eingesetzt werden, zu bestimmen[...].

(f) [...]. ob das Unternehmen die Wirksamkeit für jede Zinsanpassungsperiode einzeln prüfen wird, für alle Perioden gemeinsam oder eine Kombination von beidem durchführen wird.

Die für die Bestimmung und Dokumentation der Sicherungsbeziehung festgelegten Methoden haben den Risikomanagementverfahren und der

-zielsetzung des Unternehmens zu entsprechen. Die Methoden sind nicht willkürlich zu ändern. Sie müssen auf Grundlage der Änderungen der Bedingungen am Markt und anderer Faktoren gerechtfertigt sein und auf den Risikomanagementverfahren und der -zielsetzung des Unternehmens beruhen und mit diesen in Einklang stehen.

A120. Das Sicherungsinstrument, auf das in Paragraph A114(e) verwiesen wird, kann ein einzelnes Derivat oder ein Portfolio von Derivaten sein, die alle dem nach Paragraph A114(d) bestimmten gesicherten Zinsänderungsrisiko ausgesetzt sind (z. B. ein Portfolio von Zinsswaps die alle dem Risiko des LIBOR ausgesetzt sind). Ein solches Portfolio von Derivaten kann kompensierende Risikopositionen enthalten. Es kann jedoch keine geschriebenen Optionen oder geschriebenen Nettooptionen enthalten, weil der Standard([1]) nicht zulässt, dass solche Optionen als Sicherungsinstrumente eingesetzt werden (außer wenn eine geschriebene Option als Kompensation für eine Kaufoption eingesetzt wird). Wenn das Sicherungsinstrument den nach Paragraph A114(c) bestimmten Betrag für mehr als eine Zinsanpassungsperiode absichert, wird er allen abzusichernden Perioden zugeordnet. Das gesamte Sicherungsinstrument muss jedoch diesen Zinsanpassungsperioden zugeordnet werden, da der Standard([2]) untersagt, eine Sicherungsbeziehung nur für einen Teil der Zeit, in der das Sicherungsinstrument in Umlauf ist, einzusetzen.

([1]) Siehe Paragraphen 77 und A94
([2]) Siehe Paragraph 75

A121. Bewertet ein Unternehmen die Änderung des beizulegenden Zeitwerts eines vorzeitig rückzahlbaren Postens gemäß Paragraph A114(g), wird der beizulegende Zeitwert des vorzeitig rückzahlbaren Postens auf zwei Arten durch die Änderung des Zinssatzes beeinflusst: Sie beeinflusst den beizulegenden Zeitwert der vertraglichen Cashflows und den beizulegenden Zeitwert der Vorfälligkeitsoption, die in dem vorzeitig rückzahlbarem Posten enthalten ist. Paragraph 81 des Standards gestattet einem Unternehmen, einen Teil eines finanziellen Vermögenswertes oder einer finanziellen Verbindlichkeit, der einem gemeinsamen Risiko ausgesetzt ist, als Grundgeschäft zu bestimmen, sofern die Wirksamkeit bewertet werden kann. […]

A122. Der Standard gibt nicht die zur Bestimmung des in Paragraph A114(g) genannten Betrags verwendeten Methoden vor, insbesondere nicht zur Änderung des beizulegenden Zeitwertes des Grundgeschäfts, das dem abgesicherten Risiko zuzuordnen ist. […]. Es ist unangebracht zu vermuten, dass Änderungen des beizulegenden Zeitwertes des Grundgeschäfts den Änderungen des Sicherungsinstruments wertmäßig gleichen.

A123. Wenn das Grundgeschäft für eine bestimmte Zinsanpassungsperiode ein Vermögenswert ist, verlangt Paragraph 89A, dass die Änderung seines Wertes in einem gesonderten Posten innerhalb der Vermögenswerten dargestellt wird. Wenn dagegen das Grundgeschäft für eine bestimmte Zinsanpassungsperiode eine Verbindlichkeit ist, wird die Änderung ihres Wertes in einem gesonderten Posten innerhalb der Verbindlichkeiten dargestellt. Hierbei handelt es sich um die gesonderten Posten, auf die sich Paragraph A114(g) bezieht. Eine detaillierte Zuordnung zu einzelnen Vermögenswerten (oder Verbindlichkeiten) wird nicht verlangt.

A124. Paragraph A114(i) weist darauf hin, dass Unwirksamkeit in dem Maße auftritt, in dem die Änderung des beizulegenden Zeitwertes des gesicherten Risiko zuzurechnenden Grundgeschäfts sich von der Änderung des beizulegenden Zeitwertes des Sicherungsderivats unterscheidet. Eine solche Differenz kann aus verschiedenen Gründen auftreten, u. a.:

(a) […];
(b) Posten aus dem gesicherten Portfolio wurden wertgemindert oder ausgebucht;
(c) die Zahlungstermine des Sicherungsinstruments und des Grundgeschäfts sind verschieden; und
(d) andere Gründe […].

Eine solche Unwirksamkeit([1]) ist zu identifizieren und erfolgswirksam zu erfassen.

([1]) Die gleichen Wesentlichkeitsüberlegungen gelten in diesem Zusammenhang wie auch im Rahmen aller IFRS.

A125. Die Wirksamkeit der Absicherung wird im Allgemeinen verbessert:

(a) wenn das Unternehmen die Posten mit verschiedenen Rückzahlungseigenschaften auf eine Art aufteilt, die die Verhaltensunterschiede von vorzeitigen Rückzahlungen berücksichtigt.
(b) wenn die Anzahl der Posten im Portfolio größer ist. Wenn nur wenige Posten zu dem Portfolio gehören, ist eine relativ hohe Unwirksamkeit wahrscheinlich, wenn bei einem der Posten eine Vorauszahlung früher oder später als erwartet erfolgt. Wenn dagegen das Portfolio viele Posten umfasst, kann das Verhalten von Vorauszahlungen genauer vorausgesagt werden.
(c) wenn die verwendeten Zinsanpassungsperioden kürzer sind (z. B. Zinsanpassungsperioden von 1 Monat anstelle von 3 Monaten) Kürzere Zinsanpassungsperioden verringern den Effekt von Inkongruenz zwischen dem Zinsanpassungs- und dem Zahlungstermin (innerhalb der Zinsanpassungsperioden) des Grundgeschäfts und des Sicherungsinstruments.
(d) je größer die Häufigkeit ist, mit der der Betrag des Sicherungsinstruments angepasst wird, um Änderungen des Grundgeschäfts widerzuspiegeln (z. B. aufgrund von Änderungen der Erwartungen bei den vorzeitigen Rückzahlungen).

A126. Ein Unternehmen überprüft regelmäßig die Wirksamkeit. [...]

A127. Bei der Bewertung der Wirksamkeit unterscheidet das Unternehmen zwischen Überarbeitungen der geschätzten Zinsanpassungstermine der bestehenden Vermögenswerte (oder Verbindlichkeiten) und der Emission neuer Vermögenswerte (oder Verbindlichkeiten), wobei nur erstere Unwirksamkeit auslösen. [...]. Sobald eine Unwirksamkeit, wie zuvor erwähnt, erfasst wurde, erstellt das Unternehmen für jede Zinsanpassungsperiode eine neue Schätzung der gesamten Vermögenswerte (oder Verbindlichkeiten), wobei neue Vermögenswerte (oder Verbindlichkeiten), die seit der letzten Überprüfung der Wirksamkeit emittiert wurden, einbezogen werden, und bestimmt einen neuen Betrag für das Grundgeschäft und einen neuen Prozentsatz für die Absicherung. [...].

A128. Posten, die ursprünglich in eine Zinsanpassungsperiode aufgeteilt wurden, können ausgebucht sein, da vorzeitige Rückzahlungen oder Abschreibungen aufgrund von Wertminderung oder Verkauf früher als erwartet stattfanden. In diesem Falle ist der Änderungsbetrag des beizulegenden Zeitwerts des gesonderten Postens (siehe Paragraph A114(g)), der sich auf den ausgebuchten Posten bezieht, aus der Bilanz zu entfernen und in den Gewinn oder Verlust, der bei der Ausbuchung des Postens entsteht, einzubeziehen. Zu diesem Zweck ist es notwendig, die Zinsanpassungsperiode(n) zu kennen, der der ausgebuchte Posten zugeteilt war, um ihn aus dieser/diesen zu entfernen und um folglich den Betrag aus dem gesonderten Posten (siehe Paragraph A114(g)) zu entfernen. Wenn bei der Ausbuchung eines Postens die Zinsanpassungsperiode bestimmt werden kann, zu der er gehörte, wird er aus dieser Periode entfernt. Ist dies nicht möglich, wird er aus der frühesten Periode entfernt, wenn die Ausbuchung aufgrund höher als erwarteter vorzeitiger Rückzahlungen stattfand, oder allen Perioden zugeordnet, die den ausgebuchten Posten in einer systematischen und vernünftigen Weise enthalten, sofern der Posten verkauft oder wertgemindert wurde.

A129. Jeder sich auf eine bestimmte Periode beziehender Betrag, der bei Ablauf der Periode nicht ausgebucht wurde, wird im Gewinn oder Verlust für diesen Zeitraum erfasst (siehe Paragraph 89A). [...]..

A130. [...].

A131. Wenn der gesicherte Betrag für die Zinsanpassungsperiode verringert wird, ohne dass die zugehörigen Vermögenswerte (oder Verbindlichkeiten) ausgebucht werden, ist der zu der Wertminderung gehörende Betrag, der in dem gesonderten Posten, wie in Paragraph A114(g) beschrieben, enthalten ist, gemäß Paragraph 92 abzuschreiben.

A132. Ein Unternehmen möchte eventuell den in den Paragraphen A114-A131 dargelegten Ansatz auf die Absicherung eines Portfolios, das zuvor als Absicherung von Zahlungsströmen gemäß IAS 39 bilanziert wurde, anwenden. Dieses Unternehmen würde den vorherigen Einsatz der Absicherung von Zahlungsströmen gemäß Paragraph 101 (d)rückgängig machen und die Anforderungen dieses Paragraphen anwenden. Es würde gleichzeitig das Sicherungsgeschäft als Absicherung des beizulegenden Zeitwertes neu bestimmen und in den Paragraphen A114-A131 beschriebenen Ansatz prospektiv auf die nachfolgenden Bilanzierungsperioden anwenden.

ÜBERGANG (PARAGRAPHEN 103-108B)

A133. Ein Unternehmen kann eine künftige konzerninterne Transaktion als ein gesichertes Grundgeschäft zu Beginn eines Geschäftsjahres, das am oder nach dem 1. Januar 2005 beginnt (oder im Sinne einer Anpassung der Vergleichsinformationen zu Beginn einer früheren Vergleichsperiode), im Rahmen eines Sicherungsgeschäfts designiert haben, das die Voraussetzungen für eine Bilanzierung als Sicherungsbeziehung gemäß diesem Standard erfüllt (im Rahmen der Änderung des letzten Satzes von Paragraph 80). Ein solches Unternehmen kann diese Einstufung dazu nutzen, die Bilanzierung von Sicherungsgeschäften auf den Konzernabschluss ab Beginn des Geschäftsjahres anzuwenden, das am oder nach dem 1. Januar 2005 beginnt (oder zu Beginn einer früheren Vergleichsperiode). Ein solches Unternehmen hat ebenso die Paragraphen A99A und A99B ab Beginn des Geschäftsjahres anzuwenden, am oder nach dem 1. Januar 2005 beginnt. Gemäß Paragraph 108B hat es jedoch Paragraph A99A nicht auf Vergleichsinformationen für frühere Perioden anzuwenden.

INTERNATIONAL ACCOUNTING STANDARD 40
Als Finanzinvestition gehaltene Immobilien

IAS 40, VO (EG) Nr. 1126/2008 i.d.F.

1 VO (EG) Nr. 1274/2008 [IAS 1]   **2** VO (EG) Nr. 70/2009

GLIEDERUNG	§§
ZIELSETZUNG	1
ANWENDUNGSBEREICH	2–4
DEFINITIONEN	5–15
ERFASSUNG	16–19
BEWERTUNG BEI ERSTMALIGEM ANSATZ	20–29
FOLGEBEWERTUNG	30–56
Rechnungslegungsmethode	30–32C
Modell des beizulegenden Zeitwerts	33–52
Unfähigkeit, den beizulegenden Zeitwert verlässlich zu ermitteln	53–55
Anschaffungskostenmodell	56
ÜBERTRAGUNGEN	57–65
ABGÄNGE	66–73
ANGABEN	74–79
Modell des beizulegenden Zeitwerts und Anschaffungskostenmodell	74–75
Modell des beizulegenden Zeitwerts	76–78
Anschaffungskostenmodell	79
ÜBERGANGSVORSCHRIFTEN	80–84
Modell des beizulegenden Zeitwerts	80–82
Anschaffungskostenmodell	83–84
ZEITPUNKT DES INKRAFTTRETENS	85–85B
RÜCKNAHME VON IAS 40 (2000)	86

ZIELSETZUNG

1. Die Zielsetzung dieses Standards ist die Regelung der Bilanzierung für als Finanzinvestition gehaltene Immobilien und die damit verbundenen Angabeerfordernisse.

ANWENDUNGSBEREICH

2. Dieser Standard ist für den Ansatz und die Bewertung von als Finanzinvestition gehaltenen Immobilien sowie für die Angaben zu diesen Immobilien anzuwenden.

3. Dieser Standard bezieht sich u. a. auf die Bewertung von als Finanzinvestition gehaltenen Immobilien im Abschluss eines Leasingnehmers, die als Finanzierungsleasingverhältnis bilanziert werden, sowie die Bewertung als Finanzinvestition gehaltener Immobilien im Abschluss eines Leasinggebers, die im Rahmen eines Operating-Leasingverhältnisses an einen Leasingnehmer vermietet wurden. Dieser Standard regelt keine Sachverhalte, die in IAS 17 *Leasingverhältnisse* behandelt werden, einschließlich

(a) der Einstufung der Leasingverhältnisse als Finanzierungs- oder Operating-Leasingverhältnisse;

(b) der Erfassung von Leasingerträgen aus als Finanzinvestition gehaltenen Immobilien (siehe auch IAS 18 *Umsatzerlöse*);

(c) der Bewertung geleaster Immobilien, die als Operating-Leasingverhältnis bilanziert werden, im Abschluss eines Leasingnehmers;

(d) der Bewertung der Nettoinvestition in ein Finanzierungsleasingverhältnis im Abschluss eines Leasinggebers;

(e) der Bilanzierung von Sale-and-leaseback-Transaktionen; und

(f) der Angaben über Finanzierungs- und Operating-Leasingverhältnisse.

4. Dieser Standard ist nicht anwendbar auf:

(a) biologische Vermögenswerte, die mit landwirtschaftlicher Tätigkeit im Zusammenhang stehen (siehe IAS 41 *Landwirtschaft*); und

(b) Abbau- und Schürfrechte sowie Bodenschätze wie Öl, Erdgas und ähnliche nicht-regenerative Ressourcen.

DEFINITIONEN

5. Die folgenden Begriffe werden in diesem

Standard mit der angegebenen Bedeutung verwendet:

Der *Buchwert* ist der Betrag, mit dem ein Vermögenswert in der Bilanz erfasst wird.

Anschaffungs- oder Herstellungskosten sind der zum Erwerb oder zur Herstellung eines Vermögenswerts entrichtete Betrag an Zahlungsmitteln oder Zahlungsmitteläquivalenten oder der beizulegende Zeitwert einer anderen Entgeltform zum Zeitpunkt des Erwerbs oder der Herstellung oder, falls zutreffend, der Betrag, der diesem Vermögenswert beim erstmaligen Ansatz gemäß den besonderen Bestimmungen anderer IFRS, wie IFRS 2 *Anteilsbasierte Vergütung*, beigelegt wird.

Der *beizulegende Zeitwert* ist der Betrag, zu dem ein Vermögenswert zwischen sachverständigen, vertragswilligen und voneinander unabhängigen Geschäftspartnern getauscht werden könnte.

Als Finanzinvestition gehaltene Immobilien sind Immobilien (Grundstücke oder Gebäude – oder Teile von Gebäuden – oder beides), die (vom Eigentümer oder vom Leasingnehmer im Rahmen eines Finanzierungsleasingverhältnisses) zur Erzielung von Mieteinnahmen und/oder zum Zwecke der Wertsteigerung gehalten werden und nicht

(a) zur Herstellung oder Lieferung von Gütern bzw. zur Erbringung von Dienstleistungen oder für Verwaltungszwecke; oder

(b) im Rahmen der gewöhnlichen Geschäftstätigkeit des Unternehmens verkauft werden.

Vom Eigentümer selbst genutzte Immobilien sind Immobilien, die (vom Eigentümer oder vom Leasingnehmer im Rahmen eines Finanzierungsleasingverhältnisses) zum Zwecke der Herstellung oder der Lieferung von Gütern bzw. der Erbringung von Dienstleistungen oder für Verwaltungszwecke gehalten werden.

6. Eine von einem Leasingnehmer im Rahmen eines Operating-Leasingverhältnisses geleaste Immobilie ist dann, und nur dann, als eine als Finanzinvestition gehaltene Immobilie einzustufen und zu bilanzieren, wenn diese Immobilie ansonsten die Definition von als Finanzinvestition gehaltenen Immobilien erfüllen würde und der Leasingnehmer für den erfassten Vermögenswert das in den Paragraphen 33-55 beschriebene Modell des beizulegenden Zeitwerts anwendet. Diese alternative Einstufung kann für jede Immobilie einzeln gewählt werden. Sobald die alternative Einstufung jedoch für eine im Rahmen eines Operating-Leasingverhältnisses geleaste Immobilie festgelegt wurde, sind alle als Finanzinvestition gehaltenen Immobilien nach dem Modell des beizulegenden Zeitwertes zu bilanzieren. Bei Wahl dieser alternativen Einstufung unterliegt jede so eingestufte Immobilie der Berichtspflicht nach den Paragraphen 74-78.

7. Als Finanzinvestition gehaltene Immobilien werden zur Erzielung von Mieteinnahmen und/ oder zum Zwecke der Wertsteigerung gehalten. Daher erzeugen als Finanzinvestition gehaltene Immobilien Cashflows, die weitgehend unabhängig von den anderen vom Unternehmen gehaltenen Vermögenswerten anfallen. Darin unterscheiden sich als Finanzinvestition gehaltene Immobilien von vom Eigentümer selbstgenutzten Immobilien. Die Herstellung oder die Lieferung von Gütern bzw. die Erbringung von Dienstleistungen (oder die Nutzung der Immobilien für Verwaltungszwecke) führt zu Cashflows, die nicht nur den als Finanzinvestition gehaltenen Immobilien, sondern auch anderen Vermögenswerten, die im Herstellungs- oder Lieferprozess genutzt werden, zuzurechnen sind. IAS 16 *Sachanlagen* ist auf die vom Eigentümer selbst genutzten Immobilien anzuwenden.

8. Beispiele für als Finanzinvestition gehaltene Immobilien sind:

(a) Grundstücke, die langfristig zum Zwecke der Wertsteigerung und nicht kurzfristig zum Verkauf im Rahmen der gewöhnlichen Geschäftstätigkeit gehalten werden;

(b) Grundstücke, die für eine gegenwärtig unbestimmte künftige Nutzung gehalten werden. (Legt ein Unternehmen nicht fest, ob das Grundstück zur Selbstnutzung oder kurzfristig zum Verkauf im Rahmen der gewöhnlichen Geschäftstätigkeit gehalten wird, ist das Grundstück als zum Zwecke der Wertsteigerung gehalten zu behandeln);

(c) ein Gebäude, welches sich im Besitz des Unternehmens befindet (oder vom Unternehmen im Rahmen eines Finanzierungsleasingverhältnisses gehalten wird) und im Rahmen eines oder mehrerer Operating-Leasingverhältnisse vermietet wird;

(d) ein leer stehendes Gebäude, welches zur Vermietung im Rahmen eines oder mehrerer Operating-Leasingverhältnisse gehalten wird.

(e) Immobilien, die für die künftige Nutzung als Finanzinvestition erstellt oder entwickelt werden.

9. Beispiele, die keine als Finanzinvestition gehaltenen Immobilien darstellen und daher nicht in den Anwendungsbereich dieses Standards fallen, sind:

(a) Immobilien, die zum Verkauf im Rahmen der gewöhnlichen Geschäftstätigkeit oder des Erstellungs- oder Entwicklungsprozesses für einen solchen Verkauf beabsichtigt sind (siehe IAS 2 *Vorräte*), beispielsweise Immobilien, die ausschließlich zum Zwecke der Weiterveräußerung in naher Zukunft oder für die Entwicklung und den Weiterverkauf erworben wurden;

(b) für Dritte erstellte oder entwickelte Immobilien (siehe IAS 11 *Fertigungsaufträge*);

(c) vom Eigentümer selbst genutzte Immobilien (siehe IAS 16), einschließlich (neben anderen) der Immobilien, die künftig vom Eigentümer selbst genutzt werden sollen, Immobilien, die für die zukünftige Entwicklung und anschließende Selbstnutzung gehalten wer-

den, von Arbeitnehmern genutzte Immobilien (unabhängig davon, ob die Arbeitnehmer einen marktgerechten Mietzins zahlen oder nicht) und vom Eigentümer selbst genutzte Immobilien, die zur Weiterveräußerung bestimmt sind;
(d) [gestrichen]
(e) Immobilien, die im Rahmen eines Finanzierungsleasingverhältnisses an ein anderes Unternehmen vermietet wurden.

10. Einige Immobilien werden teilweise zur Erzielung von Mieteinnahmen oder zum Zwecke der Wertsteigerung und teilweise zum Zwecke der Herstellung oder Lieferung von Gütern bzw. der Erbringung von Dienstleistungen oder für Verwaltungszwecke gehalten. Wenn diese Teile gesondert verkauft (oder im Rahmen eines Finanzierungsleasingverhältnisses gesondert vermietet) werden können, bilanziert das Unternehmen diese Teile getrennt. Können die Teile nicht gesondert verkauft werden, stellen die gehaltenen Immobilien nur dann eine Finanzinvestition dar, wenn der Anteil, der für Zwecke der Herstellung oder Lieferung von Gütern bzw. Erbringung von Dienstleistungen oder für Verwaltungszwecke gehalten wird, unbedeutend ist.

11. In einigen Fällen bietet ein Unternehmen den Mietern von ihm gehaltener Immobilien Nebenleistungen an. Ein Unternehmen behandelt solche Immobilien dann als Finanzinvestition, wenn die Leistungen für die Vereinbarung insgesamt unbedeutend sind. Ein Beispiel hierfür sind Sicherheits- und Instandhaltungsleistungen seitens des Eigentümers eines Verwaltungsgebäudes für die das Gebäude nutzenden Mieter.

12. In anderen Fällen sind die erbrachten Leistungen wesentlich. Besitzt und führt ein Unternehmen beispielsweise ein Hotel, ist der den Gästen angebotene Service von wesentlicher Bedeutung für die gesamte Vereinbarung. Daher ist ein vom Eigentümer geführtes Hotel eine vom Eigentümer selbst genutzte und keine als Finanzinvestition gehaltene Immobilie.

13. Die Bestimmung, ob die Nebenleistungen so bedeutend sind, dass Immobilien nicht die Kriterien einer Finanzinvestition erfüllen, kann schwierig sein. Beispielsweise überträgt der Hoteleigentümer manchmal einige Verantwortlichkeiten im Rahmen eines Geschäftsführungsvertrags auf Dritte. Die Regelungen solcher Verträge variieren beträchtlich. Einerseits kann die Position des Eigentümers substanziell der eines passiven Eigentümers entsprechen. Andererseits kann der Eigentümer einfach alltägliche Funktionen ausgelagert haben, während er weiterhin die wesentlichen Risiken aus Schwankungen der Cashflows, die aus dem Betrieb des Hotels herrühren, trägt.

14. Die Feststellung, ob eine Immobilie die Kriterien einer Finanzinvestition erfüllt, erfordert eine sorgfältige Beurteilung. Damit ein Unternehmen diese Beurteilung einheitlich in Übereinstimmung mit der Definition für als Finanzinvestition gehaltene Immobilien und den damit verbundenen Anwendungsleitlinien in den Paragraphen 7-13 vornehmen kann, legt es hierfür Kriterien fest. Gemäß Paragraph 75(c) ist ein Unternehmen zur Angabe dieser Kriterien verpflichtet, falls die Zuordnung Schwierigkeiten bereitet.

15. In einigen Fällen besitzt ein Unternehmen Immobilien, die an sein Mutterunternehmen oder ein anderes Tochterunternehmen vermietet und von diesen genutzt werden. Die Immobilien stellen im Konzernabschluss keine als Finanzinvestition gehaltenen Immobilien dar, da sie aus der Sicht des Konzerns selbstgenutzt sind. Aus der Sicht des Unternehmens, welches Eigentümer der Immobilie ist, handelt es sich jedoch um eine als Finanzinvestition gehaltene Immobilie, sofern die Definition nach Paragraph 5 erfüllt ist. Daher behandelt der Leasinggeber die Immobilie in seinem Einzelabschluss als Finanzinvestition.

ERFASSUNG

16. Als Finanzinvestition gehaltene Immobilien sind dann, und nur dann, als Vermögenswert anzusetzen, wenn

(a) es wahrscheinlich ist, dass dem Unternehmen der künftige wirtschaftliche Nutzen, der mit den als Finanzinvestition gehaltenen Immobilien verbunden ist, zufließen wird; und

(b) die Anschaffungs- oder Herstellungskosten der als Finanzinvestition gehaltenen Immobilien verlässlich bewertet werden können.

17. Nach diesem Ansatz bewertet ein Unternehmen alle Anschaffungs- oder Herstellungskosten der als Finanzinvestition gehaltenen Immobilien zum Zeitpunkt ihres Anfalls. Hierzu zählen die anfänglich anfallenden Kosten für den Erwerb von als Finanzinvestition gehaltenen Immobilien sowie die späteren Kosten für den Ausbau, die teilweise Ersetzung oder Instandhaltung einer Immobilie.

18. Gemäß dem Ansatz in Paragraph 16 beinhaltet der Buchwert von als Finanzinvestition gehaltenen Immobilien nicht die Kosten der täglichen Instandhaltung dieser Immobilien. Diese Kosten werden sofort im Gewinn oder Verlust erfasst. Bei den Kosten der täglichen Instandhaltung handelt es sich in erster Linie um Personalkosten und Kosten für Verbrauchsgüter, die auch Kosten für kleinere Teile umfassen können. Als Zweck dieser Aufwendungen wird häufig „Reparaturen und Instandhaltung" der Immobilie angegeben.

19. Ein Teil der als Finanzinvestition gehaltenen Immobilien kann durch Ersetzung erworben worden sein. Beispielsweise können die ursprünglichen Innenwände durch neue Wände ersetzt worden sein. Gemäß dem Ansatz berücksichtigt ein Unternehmen im Buchwert von als Finanzinvestition gehaltenen Immobilien die Kosten für die Ersetzung eines Teils bestehender als Finanzinvestition gehaltener Immobilien zum Zeitpunkt ihres Anfalls, sofern die Ansatzkriterien erfüllt sind. Der Buchwert der ersetzten Teile wird gemäß den in diesem Standard aufgeführten Ausbuchungsvorschriften ausgebucht.

BEWERTUNG BEI ERSTMALIGEM ANSATZ

20. Als Finanzinvestition gehaltene Immobilien sind bei Zugang mit ihren Anschaffungs- oder Herstellungskosten zu bewerten. Die Transaktionskosten sind in die erstmalige Bewertung mit einzubeziehen.

21. Die Kosten der erworbenen als Finanzinvestition gehaltenen Immobilien umfassen den Erwerbspreis und die direkt zurechenbaren Kosten. Zu den direkt zurechenbaren Kosten zählen beispielsweise Honorare und Gebühren für Rechtsberatung, auf die Übertragung der Immobilien anfallende Steuern und andere Transaktionskosten.

22. [gestrichen]

23. Die Anschaffungs- oder Herstellungskosten der als Finanzinvestition gehaltenen Immobilien erhöhen sich nicht durch:

(a) Anlaufkosten (es sei denn, dass diese notwendig sind, um die als Finanzinvestition gehaltenen Immobilien in den vom Management beabsichtigten betriebsbereiten Zustand zu versetzen),

(b) anfängliche Betriebsverluste, die anfallen, bevor die als Finanzinvestition gehaltenen Immobilien die geplante Belegungsquote erreichen, oder

(c) ungewöhnlich hohe Materialabfälle, Personalkosten oder andere Ressourcen, die bei der Erstellung oder Entwicklung der als Finanzinvestition gehaltenen Immobilien anfallen.

24. Erfolgt die Bezahlung der als Finanzinvestition gehaltenen Immobilien auf Ziel, entsprechen die Anschaffungs- oder Herstellungskosten dem Gegenwert bei Barzahlung. Die Differenz zwischen diesem Betrag und der zu leistenden Gesamtzahlung wird über den Zeitraum des Zahlungsziels als Zinsaufwand erfasst.

25. Die anfänglichen Kosten geleaster Immobilien, die als Finanzinvestition eingestuft sind, sind gemäß den in Paragraph 20 des IAS 17 enthaltenen Vorschriften für Finanzierungsleasingverhältnisse anzusetzen, d. h. in Höhe des beizulegenden Zeitwerts des Vermögenswerts oder mit dem Barwert der Mindestleasingzahlungen, sofern dieser Wert niedriger ist. Gemäß dem gleichen Paragraphen ist ein Betrag in gleicher Höhe als Schuld anzusetzen.

26. Für diesen Zweck werden alle für ein Leasingverhältnis geleisteten Sonderzahlungen den Mindestleasingzahlungen zugerechnet und sind daher in den Anschaffungs- oder Herstellungskosten des Vermögenswertes enthalten, werden jedoch von den Schulden ausgenommen. Ist eine geleaste Immobilie als Finanzinvestition eingestuft, wird das Recht an der Immobilie und nicht die Immobilie selbst mit dem beizulegenden Zeitwert bilanziert. Anwendungsleitlinien zur Bestimmung des beizulegenden Zeitwerts von Immobilien sind in den Paragraphen 33-52 über das Modell des beizulegenden Zeitwerts enthalten. Diese Anwendungsleitlinien gelten auch für die Bestimmung des beizulegenden Zeitwerts, wenn dieser Wert für die Anschaffungs- oder Herstellungskosten beim erstmaligen Ansatz herangezogen wird.

27. Eine oder mehrere als Finanzinvestition gehaltene Immobilien können im Austausch gegen einen oder mehrere nicht monetäre Vermögenswerte oder eine Kombination aus monetären und nicht monetären Vermögenswerten erworben werden. Die folgenden Ausführungen beziehen sich auf einen Tausch von einem nicht monetären Vermögenswert gegen einen anderen, finden aber auch auf alle anderen im vorstehenden Satz genannten Tauschvorgänge Anwendung. Die Anschaffungs- oder Herstellungskosten solcher Finanzinvestition gehaltenen Immobilien werden mit dem beizulegenden Zeitwert bewertet, es sei denn, (a) der Tauschvorgang hat keinen wirtschaftlichen Gehalt, oder (b) weder der beizulegende Zeitwert des erhaltenen noch des aufgegebenen Vermögenswerts ist zuverlässig ermittelbar. Der erworbene Vermögenswert wird in dieser Art bewertet, auch wenn ein Unternehmen den aufgegebenen Vermögenswert nicht sofort ausbuchen kann. Wenn der erworbene Vermögenswert nicht zum beizulegenden Zeitwert bewertet wird, werden die Anschaffungskosten zum Buchwert des aufgegebenen Vermögenswerts bewertet.

28. Ein Unternehmen legt fest, ob ein Tauschgeschäft wirtschaftliche Substanz hat, indem es prüft, in welchem Umfang sich die künftigen Cashflows infolge der Transaktion voraussichtlich ändern. Ein Tauschgeschäft hat wirtschaftliche Substanz, wenn

(a) die Zusammensetzung (Risiko, Zeit und Höhe) des Cashflows des erhaltenen Vermögenswertes sich von der Zusammensetzung des Cashflows des übertragenen Vermögenswertes unterscheidet, oder

(b) der unternehmensspezifische Wert jenes Teils der Geschäftstätigkeit des Unternehmens, der vom Tauschvorgang betroffen ist, sich durch den Tauschvorgang ändert, und

(c) die Differenz in (a) oder (b) sich im Wesentlichen auf den beizulegenden Zeitwert der getauschten Vermögenswerte bezieht.

Für den Zweck der Bestimmung ob ein Tauschgeschäft wirtschaftliche Substanz hat, spiegelt der unternehmensspezifische Wert des Teils der Geschäftstätigkeiten des Unternehmens, der von der Transaktion betroffen ist, Cashflows nach Steuern wider. Das Ergebnis dieser Analysen kann eindeutig sein, ohne dass ein Unternehmen detaillierte Kalkulationen erbringen muss.

29. Der beizulegende Zeitwert eines Vermögenswerts, für den keine vergleichbaren Markttransaktionen vorhanden sind, gilt als verlässlich ermittelbar, wenn (a) die Schwankungsbandbreite der vernünftigen Schätzungen des beizulegenden Zeitwerts für diesen Vermögenswert nicht signifikant ist oder (b) die Eintrittswahrscheinlichkeiten der verschiedenen Schätzungen innerhalb dieser Bandbreite vernünftig geschätzt und bei der Schätzung des beizulegenden Zeitwerts verwendet werden können. Ist das Unternehmen nicht in der

Lage, weder den beizulegenden Zeitwert des erhaltenen noch des aufgegebenen Vermögenswerts zu bestimmen, wird der beizulegende Zeitwert des aufgegebenen Vermögenswerts zur Bewertung der Anschaffungs- oder Herstellungskosten verwendet, solange der beizulegende Zeitwert des erhaltenen Vermögenswerts nicht eindeutiger zu ermitteln ist.

FOLGEBEWERTUNG

Rechnungslegungsmethode

30. Mit den in den Paragraphen 32A und 34 dargelegten Ausnahmen hat ein Unternehmen als seine Rechnungslegungsmethoden entweder das Modell des beizulegenden Zeitwerts gemäß den Paragraphen 33-55 oder das Anschaffungskostenmodell gemäß Paragraph 56 zu wählen und diese Methode auf alle als Finanzinvestition gehaltene Immobilien anzuwenden.

31. IAS 8 *Rechnungslegungsmethoden, Änderungen von rechnungslegungsbezogenen Schätzungen und Fehler* schreibt vor, dass eine freiwillige Änderung einer Rechnungslegungsmethode nur dann vorgenommen werden darf, wenn die Änderung zu einem Abschluss führt, der verlässliche und sachgerechtere Informationen über die Auswirkungen der Ereignisse, Geschäftsvorfälle oder Bedingungen auf die Vermögens- und Ertragslage oder die Cashflows des Unternehmens gibt. Es ist höchst unwahrscheinlich, dass ein Wechsel vom Modell des beizulegenden Zeitwerts zum Anschaffungskostenmodell eine sachgerechtere Darstellung zur Folge hat.

32. Der vorliegende Standard verlangt von allen Unternehmen die Bestimmung des beizulegenden Zeitwerts der als Finanzinvestition gehaltenen Immobilien, sei es zum Zwecke der Bewertung (wenn das Unternehmen das Modell des beizulegenden Zeitwertes verwendet) oder der Angabe (wenn es sich für das Anschaffungskostenmodell entschieden hat). Obwohl ein Unternehmen nicht dazu verpflichtet ist, wird ihm empfohlen, den Zeitwert der als Finanzinvestition gehaltenen Immobilien auf der Grundlage einer Bewertung durch einen unabhängigen Gutachter, der eine entsprechende berufliche Qualifikation und aktuelle Erfahrungen mit der Lage und der Art der zu bewertenden Immobilien hat, zu bestimmen.

32A. Ein Unternehmen kann

(a) entweder das Modell des beizulegenden Zeitwerts oder das Anschaffungskostenmodell für alle als Finanzinvestition gehaltene Immobilien wählen, die Verbindlichkeiten bedecken, aufgrund derer die Höhe der Rückzahlungen direkt von dem beizulegenden Zeitwert von bestimmten Vermögenswerten einschließlich von als Finanzinvestition gehaltenen Immobilien bzw. den Kapitalerträgen daraus bestimmt wird; und

(b) entweder das Modell des beizulegenden Zeitwerts oder das Anschaffungskostenmodell für alle anderen als Finanzinvestition gehaltenen Immobilien wählen, ungeachtet der in (a) getroffenen Wahl.

32B. Einige Versicherer und andere Unternehmen unterhalten einen internen Immobilienfonds, der fiktive Anteilseinheiten ausgibt, die teilweise von Investoren in verbundenen Verträgen und teilweise vom Unternehmen gehalten werden. Paragraph 32A untersagt einem Unternehmen, die im Fonds gehaltenen Immobilien teilweise zu Anschaffungskosten und teilweise zum beizulegenden Zeitwert zu bewerten.

32C. Wenn ein Unternehmen verschiedene Modelle für die beiden in Paragraph 32A beschriebenen Kategorien wählt, sind Verkäufe von als Finanzinvestition gehaltenen Immobilien zwischen Beständen von Vermögenswerten, die nach verschiedenen Modellen bewertet werden, zum beizulegenden Zeitwert anzusetzen und die kumulativen Änderungen des beizulegenden Zeitwerts sind im Gewinn oder Verlust zu erfassen. Wenn eine als Finanzinvestition gehaltene Immobilie von einem Bestand, für das das Modell des beizulegenden Zeitwerts verwendet wird, an einen Bestand, für den das Anschaffungskostenmodell verwendet wird, verkauft wird, wird demzufolge der beizulegende Zeitwert der Immobilie zum Zeitpunkt des Verkaufs als deren Anschaffungskosten angesehen.

Modell des beizulegenden Zeitwerts

33. Nach dem erstmaligen Ansatz hat ein Unternehmen, welches das Modell des beizulegenden Zeitwertes gewählt hat, alle als Finanzinvestition gehaltenen Immobilien mit Ausnahme der in Paragraph 53 beschriebenen Fälle mit dem beizulegenden Zeitwert zu bewerten.

34. Ist eine im Rahmen eines Operating-Leasingverhältnisses geleaste Immobilie als Finanzinvestition gemäß Paragraph 6 eingestuft, besteht die in Paragraph 30 genannte Wahlfreiheit nicht, sondern es muss das Modell des beizulegenden Zeitwerts angewendet werden.

35. Ein Gewinn oder Verlust, der durch die Änderung des beizulegenden Zeitwerts der als Finanzinvestition gehaltenen Immobilien entsteht, ist im Gewinn oder Verlust der Periode zu berücksichtigen, in der er entstanden ist.

36. Der beizulegende Zeitwert von als Finanzinvestition gehaltenen Immobilien entspricht dem Preis, zu dem die Immobilien zwischen sachverständigen, vertragswilligen und voneinander unabhängigen Geschäftspartnern getauscht werden könnten (siehe Paragraph 5). Der beizulegende Zeitwert schließt insbesondere geschätzte Preise aus, die durch Nebenabreden oder besondere Umstände erhöht oder gesenkt werden, z. B. untypische Finanzierungen, Sale-and-leaseback-Vereinbarungen oder besondere in Verbindung mit dem Verkauf gewährte Vergünstigungen oder Zugeständnisse.

37. Ein Unternehmen bestimmt den beizulegenden Zeitwert ohne Abzug der dem Unternehmen gegebenenfalls beim Verkauf oder bei einem an-

ders gearteten Abgang entstehenden Transaktionskosten.

38. Der beizulegende Zeitwert von als Finanzinvestition gehaltenen Immobilien spiegelt die Marktbedingungen am Abschlussstichtag wider.

39. Der beizulegende Zeitwert bezieht sich auf einen bestimmten Zeitpunkt. Da sich die Marktbedingungen ändern können, kann der als beizulegender Zeitwert ausgewiesene Betrag bei einer Schätzung zu einem anderen Zeitpunkt falsch oder unangemessen sein. Die Definition des beizulegenden Zeitwerts geht zudem vom gleichzeitigen Austausch und der Erfüllung des Kaufvertrags ohne jede Preisänderung aus, die zwischen sachverständigen, vertragswilligen und voneinander unabhängigen Geschäftspartnern vereinbart werden könnte, wenn Austausch und Erfüllung nicht gleichzeitig stattfinden.

40. Der beizulegende Zeitwert der als Finanzinvestition gehaltenen Immobilien berücksichtigt neben anderen Dingen die Mieterträge aus den gegenwärtigen Mietverhältnissen sowie angemessene und vertretbare Annahmen, die dem entsprechen, was sachverständige und vertragswillige Geschäftspartner für Mieterträge aus zukünftigen Mietverhältnissen nach den aktuellen Marktbedingungen annehmen würden. Außerdem gibt er auf einer ähnlichen Grundlage alle Mittelabflüsse (einschließlich Mietzahlungen und anderer Abflüsse) wider, die in Bezug auf die Immobilie zu erwarten sind. Einige dieser Mittelabflüsse sind als Verbindlichkeiten erfasst, während andere erst zu einem späteren Zeitpunkt im Abschluss ausgewiesen werden (z. B. regelmäßige Zahlungen wie Eventualmietzahlungen).

41. Paragraph 25 nennt die Grundlage für den erstmaligen Ansatz der Anschaffungskosten für ein Recht an einer geleasten Immobilie. Paragraph 33 schreibt erforderlichenfalls eine Neubewertung der geleasten Immobilie mit dem beizulegenden Zeitwert vor. Bei einem zu Marktpreisen abgeschlossenen Leasingverhältnis sollte der beizulegende Zeitwert eines Rechts an einer geleasten Immobilie zum Zeitpunkt des Erwerbs, abzüglich aller erwarteten Leasingzahlungen (einschließlich der Leasingzahlungen im Zusammenhang mit den erfassten Schulden), Null sein. Dieser beizulegende Zeitwert ändert sich nicht, unabhängig davon, ob geleaste Vermögenswerte und Schulden für Rechnungslegungszwecke mit dem beizulegenden Zeitwert oder mit dem Barwert der Mindestleasingzahlungen gemäß Paragraph 20 des IAS 17 angesetzt werden. Die Neubewertung eines geleasten Vermögenswertes von den Anschaffungskosten gemäß Paragraph 25 zum beizulegenden Zeitwert gemäß Paragraph 33 darf daher zu keinem anfänglichen Gewinn oder Verlust führen, sofern der beizulegende Zeitwert nicht zu verschiedenen Zeitpunkten ermittelt wird. Dies könnte dann der Fall sein, wenn nach dem ersten Ansatz das Modell des beizulegenden Zeitwerts gewählt wird.

42. Die Definition des beizulegenden Zeitwerts bezieht sich auf „sachverständige und vertragswillige Geschäftspartner". In diesem Zusammenhang bedeutet „sachverständig", dass sowohl der vertragswillige Käufer als auch der vertragswillige Verkäufer ausreichend über die Art und die Merkmale der als Finanzinvestition gehaltenen Immobilien, ihre gegenwärtige und mögliche Nutzung und über die Marktbedingungen zum Abschlussstichtag informiert sind. Ein vertragswilliger Käufer ist jemand, der zum Kauf motiviert, aber nicht gezwungen ist. Ein solcher Käufer ist weder übereifrig noch entschlossen, um jeden Preis zu kaufen. Der angenommene Käufer würde keinen höheren Preis als den bezahlen, der von einem Markt, bestehend aus sachverständigen und vertragswilligen Käufern und Verkäufern, gefordert würde.

43. Ein vertragswilliger Verkäufer ist weder übereifrig noch zum Verkauf gezwungen, er ist weder bereit, zu jedem Preis zu verkaufen noch wird er einen unter den aktuellen Marktbedingungen als unvernünftig angesehenen Preis verlangen. Der vertragswillige Verkäufer ist daran interessiert, die als Finanzinvestition gehaltenen Immobilien zu dem nach den Marktgegebenheiten bestmöglichen erzielbaren Preis zu verkaufen. Die tatsächlichen Verhältnisse des gegenwärtigen Eigentümers der als Finanzinvestition gehaltenen Immobilien sind nicht Teil dieser Betrachtung, da der vertragswillige Verkäufer ein hypothetischer Eigentümer ist. (Ein vertragswilliger Verkäufer würde beispielsweise nicht die besondere steuerliche Situation des gegenwärtigen Immobilieneigentümers berücksichtigen.)

44. Die Definition des beizulegenden Zeitwerts bezieht sich auf Transaktionen zwischen unabhängigen Geschäftspartnern. Eine solche Transaktion ist ein Geschäftsabschluss zwischen Parteien, die keine besondere oder spezielle Beziehung zueinander haben, die marktuntypische Transaktionspreise begründet. Es ist zu unterstellen, dass die Transaktion zwischen einander nicht nahe stehenden, voneinander unabhängig handelnden Unternehmen stattfindet.

45. Den bestmöglichen substanziellen Hinweis für den beizulegenden Zeitwert erhält man durch auf einem aktiven Markt notierte aktuelle Preise ähnlicher Immobilien, die sich am gleichen Ort und im gleichen Zustand befinden und Gegenstand vergleichbarer Mietverhältnisse und anderer, mit den Immobilien zusammenhängender Verträge sind. Ein Unternehmen hat dafür Sorge zu tragen, jegliche Unterschiede hinsichtlich Art, Lage oder Zustand der Immobilien in den Vertragsbedingungen der Mietverhältnisse und in anderen, mit den Immobilien zusammenhängender Verträgen festzustellen.

46. Liegen aktuelle Preise eines aktiven Markts in der nach Paragraph 45 verlangten Art nicht vor, berücksichtigt ein Unternehmen Informationen verschiedenster Quellen, einschließlich

(a) aktueller Preise eines aktiven Markts für Immobilien abweichender Art, anderen Zustands oder Standorts (oder solche, die abweichenden Leasingverhältnissen oder anderweitigen Verträgen unterliegen), die angepasst wurden, um diese Unterschiede widerzuspiegeln;

(b) der vor kurzem auf einem weniger aktiven Markt erzielten Preise für ähnliche Immobilien, die berichtigt wurden, um die Änderungen der wirtschaftlichen Rahmenbedingungen seit dem Zeitpunkt der Transaktion, zu dem diese Preise erzielt wurden, widerzuspiegeln; und

(c) diskontierter Cashflow-Prognosen, die auf einer verlässlichen Schätzung von zukünftigen Cashflows beruhen, gestützt durch die Vertragsbedingungen bestehender Mietverhältnisse und anderer Verträge sowie durch (wenn möglich) externe substanzielle Hinweise wie aktuelle marktübliche Mieten für ähnliche Immobilien am gleichen Ort und im gleichen Zustand und für die Abzinsungssätze verwendet wurden, die die gegenwärtigen Bewertungen des Marktes hinsichtlich der Unsicherheit der Höhe und des zeitlichen Anfalls künftiger Cashflows widerspiegeln.

47. In einigen Fällen können die verschiedenen, im vorherigen Paragraphen aufgeführten Quellen zu unterschiedlichen Schlussfolgerungen bezüglich des beizulegenden Zeitwerts der als Finanzinvestition gehaltenen Immobilien führen. Ein Unternehmen hat die Gründe für die Unterschiede zu berücksichtigen, um zum verlässlichsten Schätzwert innerhalb einer Bandbreite vernünftiger Abschätzungen des beizulegenden Zeitwertes zu gelangen.

48. Wenn ein Unternehmen eine als Finanzinvestition gehaltene Immobilie erstmals erwirbt (oder wenn eine bereits vorhandene Immobilie nach einer Nutzungsänderung erstmals als Finanzinvestition gehalten wird), liegen in Ausnahmefällen eindeutige substanzielle Hinweise vor, dass die Bandbreite vernünftiger Schätzungen für der beizulegenden Zeitwert so groß und die Eintrittswahrscheinlichkeiten der verschiedenen Ergebnisse so schwierig zu ermitteln sind, dass die Zweckmäßigkeit der Verwendung eines einzelnen Schätzwerts für den beizulegenden Zeitwert bezweifelt werden muss. Dies kann darauf hindeuten, dass der beizulegende Zeitwert der als Finanzinvestition gehaltenen Immobilie nicht fortlaufend verlässlich bestimmt werden kann (siehe Paragraph 53).

49. Der beizulegende Zeitwert unterscheidet sich von dem in IAS 36 *Wertminderung von Vermögenswerten* definierten Nutzungswert. Der beizulegende Zeitwert spiegelt den Kenntnisstand und die Erwartungen sachverständiger und vertragswilliger Käufer und Verkäufer wider. Dagegen spiegelt der Nutzungswert die Erwartungen des Unternehmens wider, einschließlich der Auswirkungen unternehmensspezifischer Faktoren, die nur für das Unternehmen zutreffen können, nicht aber im Allgemeinen für Unternehmen anwendbar sind. Der beizulegende Zeitwert berücksichtigt beispielsweise nicht die folgenden Faktoren, soweit sie sachverständigen und vertragswilligen Käufern und Verkäufern nicht ohne Weiteres zur Verfügung stehen würden:

(a) den zusätzlichen Wert, der sich aus der Bildung eines Portfolios von Immobilien an unterschiedlichen Standorten ergibt;

(b) Synergieeffekte zwischen als Finanzinvestition gehaltenen Immobilien und anderen Vermögenswerten;

(c) Rechtsansprüche oder gesetzliche Einschränkungen, die lediglich für den gegenwärtigen Eigentümer gelten; und

(d) Steuervorteile oder Steuerbelastungen, die nur für den gegenwärtigen Eigentümer bestehen.

50. Bei der Bestimmung des Buchwerts von als Finanzinvestition gehaltenen Immobilien nach dem Modell des beizulegenden Zeitwerts hat das Unternehmen Vermögenswerte und Schulden, die bereits als solche einzeln erfasst wurden, nicht erneut anzusetzen. Zum Beispiel:

(a) Ausstattungsgegenstände wie Aufzug oder Klimaanlage sind häufig ein integraler Bestandteil des Gebäudes und im Allgemeinen in den beizulegenden Zeitwert der als Finanzinvestition gehaltenen Immobilien mit einzubeziehen und nicht gesondert als Sachanlage zu erfassen;

(b) der beizulegende Zeitwert eines im möblierten Zustand vermieteten Bürogebäudes schließt im Allgemeinen den beizulegenden Zeitwert der Möbel mit ein, da die Mieteinnahmen sich auf das möblierte Bürogebäude beziehen. Sind Möbel im beizulegenden Zeitwert der als Finanzinvestition gehaltenen Immobilien enthalten, erfasst das Unternehmen die Möbel nicht als gesonderten Vermögenswert;

(c) der beizulegende Zeitwert der als Finanzinvestition gehaltenen Immobilien beinhaltet nicht im Voraus bezahlte oder abgegrenzte Mieten aus Operating-Leasingverhältnissen, da das Unternehmen diese als gesonderte Schuld oder gesonderten Vermögenswert erfasst;

(d) der beizulegende Zeitwert von geleasten als Finanzinvestition gehaltenen Immobilien spiegelt die erwarteten Cashflows wider (einschließlich erwarteter Eventualmietzahlungen). Wurden bei der Bewertung einer Immobilie die erwarteten Zahlungen nicht berücksichtigt, müssen daher zur Bestimmung des Buchwerts von als Finanzinvestition gehaltenen Immobilien nach dem Modell des beizulegenden Zeitwerts alle erfassten Schulden aus dem Leasingverhältnis wieder hinzugefügt werden.

51. Der beizulegende Zeitwert der als Finanzinvestition gehaltenen Immobilien spiegelt weder zukünftige Ausgaben zur Verbesserung oder Wertsteigerung noch den damit einhergehenden künftigen Nutzen wider.

52. In einigen Fällen erwartet ein Unternehmen, dass der Barwert der mit einer als Finanzinvestition gehaltenen Immobilie verbundenen Auszahlungen (andere als die Auszahlungen, die sich auf erfasste Schulden beziehen) den Barwert der damit zusammenhängenden Einzahlungen übersteigt. Zur Beurteilung, ob eine Schuld anzusetzen und, wenn ja, wie diese zu bewerten ist, zieht ein Unternehmen IAS 37 *Rückstellungen, Eventualverbindlichkeiten und Eventualforderungen* heran.

Unfähigkeit, den beizulegenden Zeitwert verlässlich zu ermitteln

53. Es besteht die widerlegbare Vermutung, dass ein Unternehmen in der Lage ist, den beizulegenden Zeitwert einer als Finanzinvestition gehaltenen Immobilie fortwährend verlässlich zu bestimmen. In Ausnahmefällen liegen jedoch eindeutige substanzielle Hinweise dahingehend vor, dass ein Unternehmen, das eine als Finanzinvestition gehaltene Immobilie erstmals erwirbt (oder wenn eine bereits vorhandene Immobilie nach einer Nutzungsänderung erstmals als Finanzinvestition gehalten wird), nicht in der Lage ist, den beizulegenden Zeitwert der als Finanzinvestition gehaltenen Immobilie fortlaufend verlässlich zu bestimmen. Dieses wird dann, aber nur dann der Fall sein, wenn vergleichbare Markttransaktionen selten und anderweitige zuverlässige Schätzungen für den beizulegenden Zeitwert (beispielsweise basierend auf diskontierten Cashflow-Prognosen) nicht verfügbar sind. Wenn ein Unternehmen entscheidet, dass der beizulegende Zeitwert einer als Finanzinvestition gehaltenen Immobilie, die noch erstellt wird, nicht verlässlich zu bestimmen ist, aber davon ausgeht, dass der beizulegende Zeitwert der Immobilie nach Abschluss der Erstellung verlässlich bestimmbar wird, so bewertet es die als Finanzinvestition gehaltene Immobilie, die noch erstellt wird, zu den Anschaffungs- oder Herstellungskosten, bis dass entweder der beizulegende Zeitwert verlässlich bestimmt werden kann oder die Erstellung abgeschlossen ist (je nachdem, welcher Zeitpunkt früher liegt). Wenn ein Unternehmen entscheidet, dass der beizulegende Zeitwert einer als Finanzinvestition gehaltenen Immobilie (bei der es sich nicht um eine in der Erstellung befindliche Immobilie handelt) nicht fortwährend verlässlich zu bestimmen ist, hat das Unternehmen die als Finanzinvestition gehaltene Immobilie nach dem Anschaffungskostenmodell in IAS 16 zu bewerten. Der Restwert der als Finanzinvestition gehaltenen Immobilie ist mit Null anzunehmen. Das Unternehmen hat IAS 16 bis zum Abgang der als Finanzinvestition gehaltenen Immobilie anzuwenden.

53A. Sobald ein Unternehmen in der Lage ist, den beizulegenden Zeitwert der als Finanzinvestition gehaltenen Immobilie, die noch erstellt wird und die zuvor zu den Anschaffungs- oder Herstellungskosten bewertet wurde, verlässlich zu bestimmen, hat es diese Immobilie zum beizulegenden Zeitwert anzusetzen. Nach Abschluss der Erstellung dieser Immobilie wird davon ausgegangen, dass der beizulegende Zeitwert verlässlich zu bestimmen ist. Sollte dies nicht der Fall sein, ist die Immobilie gemäß Paragraph 53 nach dem Anschaffungskostenmodell in IAS 16 zu bewerten.

53B. Die Vermutung, dass der beizulegende Zeitwert einer sich noch in Erstellung befindlichen als Finanzinvestition gehaltenen Immobilie verlässlich zu bestimmen ist, kann lediglich beim erstmaligen Ansatz widerlegt werden. Ein Unternehmen, das einen Posten einer als Finanzinvestition gehaltenen Immobilie zum beizulegenden Zeitwert bewertet hat, kann nicht den Schluss ziehen, dass der beizulegende Zeitwert einer als Finanzinvestition gehaltenen Immobilie, deren Erstellung abgeschlossen ist, nicht verlässlich zu bestimmen ist.

54. In den Ausnahmefällen, in denen ein Unternehmen aus den in Paragraph 53 genannten Gründen gezwungen ist, eine als Finanzinvestition gehaltene Immobilie nach dem Anschaffungskostenmodell des IAS 16 zu bewerten, bewertet es seine gesamten sonstigen als Finanzinvestition gehaltenen Immobilien, einschließlich der sich noch in Erstellung befindlichen Immobilien, zum beizulegenden Zeitwert. In diesen Fällen kann ein Unternehmen zwar für eine einzelne als Finanzinvestition gehaltene Immobilie das Anschaffungskostenmodell anwenden, hat jedoch für alle anderen Immobilien nach dem Modell des beizulegenden Zeitwerts zu bilanzieren.

55. Hat ein Unternehmen eine als Finanzinvestition gehaltene Immobilie bisher zum beizulegenden Zeitwert bewertet, hat es die Immobilie bis zu deren Abgang (oder bis zu dem Zeitpunkt, ab dem die Immobilie selbst genutzt wird oder für einen späteren Verkauf im Rahmen der gewöhnlichen Geschäftstätigkeit entwickelt wird) weiterhin zum beizulegenden Zeitwert zu bewerten, auch wenn vergleichbare Markttransaktionen seltener auftreten oder Marktpreise seltener verfügbar sind.

Anschaffungskostenmodell

56. Sofern sich ein Unternehmen nach dem erstmaligen Ansatz für das Anschaffungskostenmodell entschieden hat, es seine gesamten als Finanzinvestition gehaltenen Immobilien nach den Vorschriften des IAS 16 für dieses Modell zu bewerten, ausgenommen solche, die gemäß IFRS 5 *Zur Veräußerung gehaltene langfristige Vermögenswerte und aufgegebene Geschäftsbereiche* als zur Veräußerung gehalten eingestuft werden (oder zu einer als zur Veräußerung gehalten eingestuften Veräußerungsgruppe gehören). Als Finanzinvestition gehaltenen Immobilien, die die Kriterien für die Einstufung als zur Veräußerung gehalten erfüllen (oder zu einer als zur Veräußerung gehalten eingestuften Veräußerungsgruppe gehören), sind in Übereinstimmung mit IFRS 5 zu bewerten.

ÜBERTRAGUNGEN

57. Übertragungen in den oder aus dem Bestand der als Finanzinvestition gehaltenen Immobilien sind dann, und nur dann vorzunehmen,

wenn eine Nutzungsänderung vorliegt, die sich wie folgt belegen lässt:

(a) Beginn der Selbstnutzung als Beispiel für eine Übertragung von als Finanzinvestition gehaltenen zu vom Eigentümer selbst genutzten Immobilien;

(b) Beginn der Entwicklung mit der Absicht des Verkaufs als Beispiel für eine Übertragung von als Finanzinvestition gehaltenen Immobilien in das Vorratsvermögen;

(c) Ende der Selbstnutzung als Beispiel für eine Übertragung der von dem Eigentümer selbst genutzten Immobilie in den Bestand der als Finanzinvestition gehaltenen Immobilien; oder

(d) Beginn eines Operating-Leasingverhältnisses mit einer anderen Partei als Beispiel für eine Übertragung aus dem Vorratsvermögen in als Finanzinvestition gehaltene Immobilien.

(e) [gestrichen]

58. Nach Paragraph 57(b) ist ein Unternehmen dann, und nur dann, verpflichtet, Immobilien von als Finanzinvestition gehaltenen Immobilien in das Vorratsvermögen zu übertragen, wenn eine Nutzungsänderung vorliegt, die durch den Beginn der Entwicklung mit der Absicht des Verkaufs belegt wird. Trifft ein Unternehmen die Entscheidung, eine als Finanzinvestition gehaltene Immobilie ohne Entwicklung zu veräußern, behandelt es die Immobilie solange weiter als Finanzinvestition und nicht als Vorräte, bis sie ausgebucht (und damit aus der Bilanz entfernt) wird. In ähnlicher Weise wird, wenn ein Unternehmen beginnt, eine vorhandene als Finanzinvestition gehaltene Immobilie für die weitere zukünftige Nutzung als Finanzinvestition zu sanieren, diese weiterhin als Finanzinvestition eingestuft und während der Sanierung nicht in den Bestand der vom Eigentümer selbst genutzten Immobilien umgegliedert.

59. Die Paragraphen 60-65 behandeln Fragen des Ansatzes und der Bewertung, die das Unternehmen bei der Anwendung des Modells des beizulegenden Zeitwerts für als Finanzinvestition gehaltene Immobilien zu berücksichtigen hat. Wenn ein Unternehmen das Anschaffungskostenmodell anwendet, führen Übertragungen zwischen als Finanzinvestition gehaltenen, vom Eigentümer selbst genutzten Immobilien oder Vorräten für Bewertungs- oder Angabezwecke weder zu einer Buchwertänderung der übertragenen Immobilien noch zu einer Veränderung ihrer Anschaffungs- oder Herstellungskosten.

60. Bei einer Übertragung von als Finanzinvestition gehaltenen und zum beizulegenden Zeitwert bewerteten Immobilien in den Bestand der vom Eigentümer selbst genutzten Immobilien oder Vorräte entsprechen die Anschaffungs- oder Herstellungskosten der Immobilien bei der Folgebewertung gemäß IAS 16 oder IAS 2 deren beizulegendem Zeitwert zum Zeitpunkt der Nutzungsänderung.

61. Wird eine vom Eigentümer selbstgenutzte zu einer als Finanzinvestition gehaltenen Immobilie, die zum beizulegenden Zeitwert bewertet wird, hat ein Unternehmen bis zu dem Zeitpunkt der Nutzungsänderung IAS 16 anzuwenden. Das Unternehmen hat einen zu diesem Zeitpunkt bestehenden Unterschiedsbetrag zwischen dem nach IAS 16 ermittelten Buchwert der Immobilien und dem beizulegenden Zeitwert in der selben Weise wie eine Neubewertung gemäß IAS 16 zu behandeln.

62. Bis zu dem Zeitpunkt, an dem eine vom Eigentümer selbstgenutzte Immobilie zu einer als Finanzinvestition gehaltenen und zum beizulegenden Zeitwert bewerteten Immobilie wird, hat ein Unternehmen die Immobilie abzuschreiben und jegliche eingetretene Wertminderungsaufwendungen zu erfassen. Das Unternehmen hat einen zu diesem Zeitpunkt bestehenden Unterschiedsbetrag zwischen dem nach IAS 16 ermittelten Buchwert der Immobilien und dem beizulegenden Zeitwert in der selben Weise wie eine Neubewertung gemäß IAS 16 zu behandeln. Mit anderen Worten:

(a) jede auftretende Minderung des Buchwerts der Immobilie ist im Gewinn oder Verlust zu erfassen. In dem Umfang, in dem jedoch ein der Immobilie zuzurechnender Betrag in der Neubewertungsrücklage eingestellt ist, ist die Minderung im sonstigen Ergebnis zu erfassen und die Neubewertungsrücklage innerhalb des Eigenkapitals entsprechend zu kürzen.

(b) eine sich ergebende Erhöhung des Buchwerts ist folgendermaßen zu behandeln:

(i) soweit die Erhöhung einen früheren Wertminderungsaufwand für diese Immobilie aufhebt, ist die Erhöhung im Gewinn oder Verlust zu erfassen. Der im Gewinn oder Verlust erfasste Betrag darf den Betrag nicht übersteigen, der zur Aufstockung auf den Buchwert benötigt wird, der sich ohne die Erfassung des Wertminderungsaufwands (abzüglich mittlerweile vorgenommener Abschreibungen) ergeben hätte;

(ii) ein noch verbleibender Teil der Erhöhung wird im sonstigen Ergebnis erfasst und führt zu einer Erhöhung der Neubewertungsrücklage innerhalb des Eigenkapitals. Bei einem anschließenden Abgang der als Finanzinvestition gehaltenen Immobilie kann die Neubewertungsrücklage unmittelbar in die Gewinnrücklagen umgebucht werden. Die Übertragung von der Neubewertungsrücklage in die Gewinnrücklagen erfolgt nicht über die Gesamtergebnisrechnung.

63. Bei einer Übertragung von den Vorräten in die als Finanzinvestition gehaltenen Immobilien, die dann zum beizulegenden Zeitwert bewertet werden, ist ein zu diesem Zeitpunkt bestehender Unterschiedsbetrag zwischen dem beizulegenden Zeitwert der Immobilie und dem vorherigen Buchwert im Gewinn oder Verlust zu erfassen.

64. Die bilanzielle Behandlung von Übertragungen aus den Vorräten in die als Finanzinvestition gehaltenen Immobilien, die dann zum beizulegenden Zeitwert bewertet werden, entspricht der Behandlung einer Veräußerung von Vorräten.

65. Wenn ein Unternehmen die Erstellung oder Entwicklung einer selbst hergestellten und als Finanzinvestition gehaltenen Immobilie abschließt, die dann zum beizulegenden Zeitwert bewertet wird, ist ein zu diesem Zeitpunkt bestehender Unterschiedsbetrag zwischen dem beizulegenden Zeitwert der Immobilie und dem vorherigen Buchwert im Gewinn oder Verlust zu erfassen.

ABGÄNGE

66. Eine als Finanzinvestition gehaltene Immobilie ist bei ihrem Abgang oder dann, wenn sie dauerhaft nicht mehr genutzt werden soll und ein zukünftiger wirtschaftlicher Nutzen aus ihrem Abgang nicht mehr erwartet wird, auszubuchen (und damit aus der Bilanz zu entfernen).

67. Der Abgang einer als Finanzinvestition gehaltenen Immobilie kann durch den Verkauf oder den Abschluss eines Finanzierungsleasingverhältnisses erfolgen. Bei der Bestimmung des Abgangszeitpunkts der als Finanzinvestition gehaltenen Immobilien wendet das Unternehmen die Bedingungen des IAS 18 hinsichtlich der Erfassung von Erträgen aus dem Verkauf von Waren und Erzeugnissen an und berücksichtigt die diesbezüglichen Anwendungsleitlinien im Anhang zu IAS 18. IAS 17 ist beim Abgang infolge des Abschlusses eines Finanzierungsleasings oder einer Sale-and-leaseback-Transaktion anzuwenden.

68. Wenn ein Unternehmen gemäß dem Ansatz in Paragraph 16 die Kosten für die Ersetzung eines Teils einer als Finanzinvestition gehaltenen Immobilie im Buchwert berücksichtigt, hat es den Buchwert des ersetzten Teils auszubuchen. Bei als Finanzinvestition gehaltenen Immobilien, die nach dem Anschaffungskostenmodell bilanziert werden, kann es vorkommen, dass ein ersetztes Teil nicht gesondert abgeschrieben wurde. Sollte die Ermittlung des Buchwerts des ersetzten Teils für ein Unternehmen praktisch nicht durchführbar sein, kann es die Kosten für die Ersetzung als Anhaltspunkt für die Anschaffungskosten des ersetzten Teils zum Zeitpunkt seines Kaufs oder seiner Erstellung verwenden. Beim Modell des beizulegenden Zeitwertes spiegelt der beizulegende Zeitwert der als Finanzinvestition gehaltenen Immobilien unter Umständen bereits die Wertminderung des zu ersetzenden Teils wider. In anderen Fällen kann es schwierig sein zu erkennen, um wie viel der beizulegende Zeitwert für das ersetzte Teil gemindert werden sollte. Sollte eine Minderung des beizulegenden Zeitwertes für das ersetzte Teil praktisch nicht durchführbar sein, können alternativ die Kosten für die Ersetzung in den Buchwert des Vermögenswerts einbezogen werden. Anschließend erfolgt eine Neubewertung des beizulegenden Zeitwerts, wie sie bei Zugängen ohne eine Ersetzung erforderlich wäre.

69. Gewinne oder Verluste, die bei Stilllegung oder Abgang von als Finanzinvestition gehaltenen Immobilien entstehen, sind als Unterschiedsbetrag zwischen dem Nettoveräußerungserlös und dem Buchwert des Vermögenswerts zu bestimmen und in der Periode der Stilllegung bzw. des Abgangs im Gewinn oder Verlust zu erfassen (es sei denn, dass IAS 17 bei Sale-and-leaseback-Transaktionen etwas anderes erfordert).

70. Das erhaltene Entgelt beim Abgang einer als Finanzinvestition gehaltenen Immobilie ist zunächst mit dem beizulegenden Zeitwert zu erfassen. Insbesondere dann, wenn die Zahlung für eine als Finanzinvestition gehaltene Immobilie nicht sofort erfolgt, ist das erhaltene Entgelt beim Erstansatz in Höhe des Gegenwertes des Barpreises zu erfassen. Der Unterschiedsbetrag zwischen dem Nennbetrag des Entgelts und dem Gegenwert bei Barzahlung wird als Zinsertrag gemäß IAS 18 nach der Effektivzinsmethode erfasst.

71. Ein Unternehmen wendet IAS 37 oder – soweit sachgerecht – andere Standards auf etwaige Schulden an, die nach dem Abgang einer als Finanzinvestition gehaltenen Immobilie verbleiben.

72. Entschädigungen von Dritten für die Wertminderung, den Verlust oder die Aufgabe von als Finanzinvestition gehaltenen Immobilien sind bei Erhalt der Entschädigung im Gewinn oder Verlust zu erfassen.

73. Wertminderungen oder der Verlust von als Finanzinvestition gehaltenen Immobilien, damit verbundene Ansprüche auf oder Zahlungen von Entschädigung von Dritten und jeglicher nachfolgende Kauf oder nachfolgende Erstellung von Ersatzvermögenswerten stellen einzelne wirtschaftliche Ereignisse dar und sind gesondert wie folgt zu bilanzieren:

(a) Wertminderungen von als Finanzinvestition gehaltenen Immobilien werden gemäß IAS 36 erfasst;

(b) Stilllegungen oder Abgänge von als Finanzinvestition gehaltenen Immobilien werden gemäß den Paragraphen 66-71 des vorliegenden Standards erfasst;

(c) Entschädigungen von Dritten für die Wertminderung, den Verlust oder die Aufgabe von als Finanzinvestition gehaltenen Immobilien werden bei Erhalt der Entschädigung im Gewinn oder Verlust erfasst; und

(d) die Kosten von Vermögenswerten, die in Stand gesetzt, als Ersatz gekauft oder erstellt wurden, werden gemäß den Paragraphen 20-29 des vorliegenden Standards ermittelt.

ANGABEN

Modell des beizulegenden Zeitwerts und Anschaffungskostenmodell

74. Die unten aufgeführten Angaben sind zusätzlich zu denen nach IAS 17 zu machen. Gemäß IAS 17 gelten für den Eigentümer einer als Finanzinvestition gehaltenen Immobilie die Angabepflichten für einen Leasinggeber zu den von ihm

abgeschlossenen Leasingverhältnissen. Ein Unternehmen, welches eine Immobilie im Rahmen eines Finanzierungs- oder Operating-Leasingverhältnisses als Finanzinvestition hält, macht die Angaben eines Leasingnehmers zu den Finanzierungsleasingverhältnissen sowie die Angaben eines Leasinggebers zu allen Operating-Leasingverhältnissen, die das Unternehmen abgeschlossen hat.

75. Folgende Angaben sind erforderlich:
(a) ob es das Modell des beizulegenden Zeitwerts oder das Anschaffungskostenmodell anwendet
(b) bei Anwendung des Modells des beizulegenden Zeitwerts, ob und unter welchen Umständen die im Rahmen von Operating-Leasingverhältnissen gehaltenen Immobilien als Finanzinvestition eingestuft und bilanziert werden;
(c) sofern eine Zuordnung Schwierigkeiten bereitet (siehe Paragraph 14), die vom Unternehmen verwendeten Kriterien, nach denen zwischen als Finanzinvestition gehaltenen, vom Eigentümer selbst genutzten und Immobilien, die zum Verkauf im Rahmen der gewöhnlichen Geschäftstätigkeit gehalten werden, unterschieden wird;
(d) die Methoden und wesentlichen Annahmen, die bei der Bestimmung des beizulegenden Zeitwerts der als Finanzinvestition gehaltenen Immobilien angewandt wurden, einschließlich einer Aussage, ob die Bestimmung des beizulegenden Zeitwertes durch Marktdaten unterlegt wurde oder aufgrund der Art der Immobilien und in Ermangelung vergleichbarer Marktdaten überwiegend auf anderen Faktoren (die das Unternehmen anzugeben hat) beruhte;
(e) das Ausmaß, in dem der beizulegende Zeitwert der als Finanzinvestition gehaltenen Immobilien (wie in den Abschlüssen bewertet oder angegeben) auf der Grundlage einer Bewertung durch einen unabhängigen Gutachter basiert, der eine entsprechende berufliche Qualifikation und aktuelle Erfahrungen mit der Lage und der Art der zu bewertenden, als Finanzinvestition gehaltenen Immobilien hat. Hat eine solche Bewertung nicht stattgefunden, ist diese Tatsache anzugeben;
(f) die im Gewinn oder Verlust erfassten Beträge für:
 (i) Mieteinnahmen aus als Finanzinvestition gehaltenen Immobilien;
 (ii) direkte betriebliche Aufwendungen (einschließlich Reparaturen und Instandhaltung), die denjenigen als Finanzinvestition gehaltenen Immobilien direkt zurechenbar sind, mit denen während der Periode Mieteinnahmen erzielt wurden; und
 (iii) direkte betriebliche Aufwendungen (einschließlich Reparaturen und Instandhaltung), die denjenigen als Finanzinvestition gehaltenen Immobilien direkt zurechenbar sind, mit denen während der Periode keine Mieteinnahmen erzielt wurden;
 (iv) die kumulierte Änderung des beizulegenden Zeitwerts, die beim Verkauf einer als Finanzinvestition gehaltenen Immobilie von einem Bestand von Vermögenswerten, in dem das Anschaffungskostenmodell verwendet wird, auf einen Bestand, in dem das Modell des beizulegenden Zeitwerts verwendet wird, im Gewinn oder Verlust erfasst wird (siehe Paragraph 32C);
(g) die Existenz und die Höhe von Beschränkungen hinsichtlich der Veräußerbarkeit von als Finanzinvestition gehaltenen Immobilien oder der Überweisung von Erträgen und Veräußerungserlösen;
(h) vertragliche Verpflichtungen, als Finanzinstitutionen gehaltene Immobilien zu kaufen, zu erstellen oder zu entwickeln, oder solche für Reparaturen, Instandhaltung oder Verbesserungen.

Modell des beizulegenden Zeitwerts

76. Zusätzlich zu den nach Paragraph 75 erforderlichen Angaben hat ein Unternehmen, welches das Modell des beizulegenden Zeitwerts gemäß den Paragraphen 33-55 anwendet, eine Überleitungsrechnung zu erstellen, die die Entwicklung des Buchwerts der als Finanzinvestition gehaltenen Immobilien zu Beginn und zum Ende der Periode zeigt und dabei Folgendes darstellt:
(a) Zugänge, wobei diejenigen Zugänge gesondert anzugeben sind, die auf einen Erwerb und die auf nachträgliche im Buchwert eines Vermögenswerts erfasste Anschaffungskosten entfallen;
(b) Zugänge, die aus dem Erwerb im Rahmen von Unternehmenszusammenschlüssen resultieren;
(c) Vermögenswerte, die gemäß IFRS 5 als zur Veräußerung gehalten eingestuft werden oder zu einer als zur Veräußerung gehalten eingestuften Veräußerungsgruppe gehören, und andere Abgänge;
(d) Nettogewinne oder -verluste aus der Berichtigung des beizulegenden Zeitwerts;
(e) Nettoumrechnungsdifferenzen aus der Umrechnung von Abschlüssen in eine andere Darstellungswährung und aus der Umrechnung eines ausländischen Geschäftsbetriebs in die Darstellungswährung des berichtenden Unternehmens;
(f) Übertragungen in den bzw. aus dem Bestand der Vorräte und der vom Eigentümer selbst genutzten Immobilien; und
(g) andere Änderungen.

77. Wird die Bewertung einer als Finanzinvestition gehaltenen Immobilie für die Abschlüsse erheblich angepasst, beispielsweise um wie in Para-

graph 50 beschrieben einen erneuten Ansatz von Vermögenswerten oder Schulden zu vermeiden, die bereits als gesonderte Vermögenswerte und Schulden erfasst wurden, hat das Unternehmen eine Überleitungsrechnung zwischen der ursprünglichen Bewertung und der in den Abschlüssen enthaltenen angepassten Bewertung zu erstellen, in der der Gesamtbetrag aller erfassten zurückaddierten Leasingverpflichtungen und alle anderen wesentlichen Berichtigungen gesondert dargestellt ist.

78. In den in Paragraph 53 beschriebenen Ausnahmefällen, in denen ein Unternehmen als Finanzinvestition gehaltene Immobilien nach dem Anschaffungskostenmodell gemäß IAS 16 bewertet, hat die in Paragraph 76 vorgeschriebenen Überleitungsrechnung die Beträge dieser als Finanzinvestition gehaltenen Immobilien getrennt von den Beträgen der anderen als Finanzinvestition gehaltenen Immobilien auszuweisen. Zusätzlich hat ein Unternehmen Folgendes anzugeben:

(a) eine Beschreibung der als Finanzinvestition gehaltenen Immobilien;

(b) eine Erklärung, warum der beizulegende Zeitwert nicht verlässlich bestimmt werden kann;

(c) wenn möglich, die Schätzungsbandbreite, innerhalb derer der beizulegende Zeitwert höchstwahrscheinlich liegt;

(d) bei Abgang der als Finanzinvestition gehaltenen Immobilien, die nicht zum beizulegenden Zeitwert bewertet wurden:

  (i) den Umstand, dass das Unternehmen als Finanzinvestition gehaltene Immobilien veräußert hat, die nicht zum beizulegenden Zeitwert bewertet wurden;

  (ii) den Buchwert dieser als Finanzinvestition gehaltenen Immobilien zum Zeitpunkt des Verkaufs; und

  (iii) den als Gewinn oder Verlust erfassten Betrag.

Anschaffungskostenmodell

79. Zusätzlich zu den nach Paragraph 75 erforderlichen Angaben hat das Unternehmen, welches das Anschaffungskostenmodell gemäß Paragraph 56 anwendet, Folgendes anzugeben:

(a) die verwendeten Abschreibungsmethoden;

(b) die zugrunde gelegten Nutzungsdauern oder Abschreibungssätze;

(c) den Bruttobuchwert und die kumulierten Abschreibungen (zusammengefasst mit den kumulierten Wertminderungsaufwendungen) zu Beginn und zum Ende der Periode;

(d) eine Überleitungsrechnung, welche die Entwicklung des Buchwertes der als Finanzinvestition gehaltenen Immobilien zu Beginn und zum Ende der gesamten Periode zeigt und dabei Folgendes darstellt:

  (i) Zugänge, wobei diejenigen Zugänge gesondert anzugeben sind, welche auf einen Erwerb und welche auf als Vermögenswert erfasste nachträgliche Ausgaben entfallen;

  (ii) Zugänge, die aus dem Erwerb im Rahmen von Unternehmenszusammenschlüssen resultieren;

  (iii) Vermögenswerte, die gemäß IFRS 5 als zur Veräußerung gehalten eingestuft werden oder zu einer als zur Veräußerung gehalten eingestuften Veräußerungsgruppe gehören, und andere Abgänge;

  (iv) Abschreibungen;

  (v) den Betrag der Wertminderungsaufwendungen, der während der Periode gemäß IAS 36 erfasst wurde, und den Betrag an wieder aufgehobenen Wertminderungsaufwendungen;

  (vi) Nettoumrechnungsdifferenzen aus der Umrechnung von Abschlüssen in eine andere Darstellungswährung und aus der Umrechnung eines ausländischen Geschäftsbetriebs in die Darstellungswährung des berichtenden Unternehmens;

  (vii) Übertragungen in den bzw. aus dem Bestand der Vorräte und der vom Eigentümer selbst genutzten Immobilien; und

  (viii) sonstige Änderungen; sowie

(e) den beizulegenden Zeitwert der als Finanzinvestition gehaltenen Immobilien. In den in Paragraph 53 beschriebenen Ausnahmefällen, in denen ein Unternehmen den beizulegenden Zeitwert der als Finanzinvestition gehaltenen Immobilien nicht verlässlich bestimmen kann, hat es Folgendes anzugeben:

  (i) eine Beschreibung der als Finanzinvestition gehaltenen Immobilien;

  (ii) eine Erklärung, warum der beizulegende Zeitwert nicht verlässlich ermittelt werden kann; und

  (iii) wenn möglich, die Schätzungsbandbreite, innerhalb derer der beizulegende Zeitwert höchstwahrscheinlich liegt.

ÜBERGANGSVORSCHRIFTEN

Modell des beizulegenden Zeitwerts

80. Ein Unternehmen, das bisher IAS 40 (2000) angewandt hat und sich entscheidet, einige oder alle im Rahmen von Operating-Leasingverhältnissen geleasten Immobilien als Finanzinvestition einzustufen und zu bilanzieren, hat die Auswirkung dieser Entscheidung als eine Berichtigung des Eröffnungsbilanzwerts der Gewinnrücklagen in der Periode zu erfassen, in der die Entscheidung erstmals getroffen wurde. Ferner:

(a) hat das Unternehmen früher (im Abschluss oder anderweitig) den beizulegenden Zeitwert dieser Immobilien in vorhergehenden Perioden veröffentlicht und wurde der beizulegende Zeitwert auf einer Grundlage ermittelt, die den Anforderungen der Definition des beizulegenden Zeitwerts in Paragraph 5 und

den Anwendungsleitlinien der Paragraphen 36-52 genügt, wird dem Unternehmen empfohlen, aber nicht vorgeschrieben:
- (i) den Eröffnungsbilanzwert der Gewinnrücklagen für die früheste ausgewiesene Periode, für die der beizulegende Zeitwert veröffentlicht wurde, anzupassen; sowie
- (ii) die Vergleichsinformationen für diese Perioden anzupassen; und

(b) hat das Unternehmen früher keine der unter a) beschriebenen Informationen veröffentlicht, sind die Vergleichsinformationen nicht anzupassen und ist diese Tatsache anzugeben.

81. Dieser Standard schreibt eine andere Behandlung als nach IAS 8 vor. Nach IAS 8 sind Vergleichsinformationen anzupassen, es sei denn, dies ist in der Praxis nicht durchführbar.

82. Wenn ein Unternehmen zum ersten Mal diesen Standard anwendet, umfasst die Berichtigung des Eröffnungsbilanzwertes der Gewinnrücklagen die Umgliederung aller Beträge, die für als Finanzinvestition gehaltene Immobilien in der Neubewertungsrücklage erfasst wurden.

Anschaffungskostenmodell

83. IAS 8 ist auf alle Änderungen der Rechnungslegungsmethoden anzuwenden, die vorgenommen werden, wenn ein Unternehmen diesen Standard zum ersten Mal anwendet und sich für das Anschaffungskostenmodell entscheidet. Zu den Auswirkungen einer Änderung der Rechnungslegungsmethoden gehört auch die Umgliederung aller Beträge, die für als Finanzinvestition gehaltene Immobilien in der Neubewertungsrücklage erfasst wurden.

84. Die Anforderungen der Paragraphen 27-29 bezüglich der erstmaligen Bewertung von als Finanzinvestition gehaltenen Immobilien, die durch einen Tausch von Vermögenswerten erworben werden, sind nur prospektiv auf künftige Transaktionen anzuwenden.

ZEITPUNKT DES INKRAFTTRETENS

85. Dieser Standard ist erstmals in der ersten jährlichen Periode, die am 1. Januar 2005 oder danach beginnt, anzuwenden. Eine frühere Anwendung wird empfohlen. Wenn ein Unternehmen diesen Standard für Perioden anwendet, die vor dem 1. Januar 2005 beginnen, so ist diese Tatsache anzugeben.

85A. Infolge des IAS 1 Darstellung des Abschlusses (überarbeitet 2007) wurde die in allen IFRS verwendete Terminologie geändert. Außerdem wurde Paragraph 62 geändert. Diese Änderungen sind erstmals in der ersten Berichtsperiode eines 1. Januar 2009 oder danach beginnenden Geschäftsjahres anzuwenden. Wird IAS 1 (überarbeitet 2007) auf eine frühere Periode angewandt, sind diese Änderungen entsprechend auch anzuwenden.

85B. Die Paragraphen 8, 9, 48, 53, 54 und 57 werden im Rahmen der *Verbesserungen der IFRS* vom Mai 2008 geändert, Paragraph 22 wird gestrichen und die Paragraphen 53A und 53B werden hinzugefügt. Ein Unternehmen kann die Änderungen prospektiv erstmals in der ersten Berichtsperiode eines am 1. Januar 2009 oder danach beginnenden Geschäftsjahres anwenden. Ein Unternehmen kann die Änderungen auf als sich noch in Erstellung befindliche als Finanzinvestition gehaltene Immobilien für Stichtage vor dem 1. Januar 2009 anwenden, sofern die jeweils beizulegenden Zeitwerte der sich noch in Erstellung befindlichen als Finanzinvestition gehaltenen Immobilien zu den jeweiligen Stichtagen bestimmt wurden. Eine frühere Anwendung ist zulässig. Wendet ein Unternehmen diese Änderungen auf eine frühere Periode an, so ist dies anzugeben und gleichzeitig sind die Änderungen auf Paragraph 5 und Paragraph 81E von IAS 16 *Sachanlagen anzuwenden*.

RÜCKNAHME VON IAS 40 (2000)

86. Der vorliegende Standard ersetzt IAS 40 *Als Finanzinvestition gehaltene Immobilien* (herausgegeben 2000).

INTERNATIONAL ACCOUNTING STANDARD 41
Landwirtschaft

IAS 41, VO (EG) Nr. 1126/2008 i.d.F.

1 VO (EG) Nr. 1274/2008 [IAS 1]   **2** VO (EG) Nr. 70/2009
3 VO (EG) Nr. 70/2009 [IAS 20]

GLIEDERUNG	§§
ZIELSETZUNG	
ANWENDUNGSBEREICH	1–4
DEFINITIONEN	5–9
Definitionen, die mit der Landwirtschaft im Zusammenhang stehen	5–7
Allgemeine Definitionen	8–9
ANSATZ UND BEWERTUNG	10–33
Gewinne und Verluste	26–29
Unfähigkeit, den beizulegenden Zeitwert verlässlich zu ermitteln	30–33
ZUWENDUNGEN DER ÖFFENTLICHEN HAND	34–38
ANGABEN	39–57
Allgemeines	40–53
Zusätzliche Angaben für biologische Vermögenswerte, wenn der beizulegende Zeitwert nicht verlässlich bewertet werden kann	54–56
Zuwendungen der öffentlichen Hand	57
ZEITPUNKT DES INKRAFTTRETENS UND ÜBERGANGSVORSCHRIFTEN	58–60

ZIELSETZUNG

Die Zielsetzung dieses Standards ist die Regelung der Bilanzierung, der Darstellung im Abschluss und der Angabepflichten für landwirtschaftliche Tätigkeit.

ANWENDUNGSBEREICH

1. Dieser Standard ist für die Rechnungslegung über folgende Punkte anzuwenden, wenn sie mit einer landwirtschaftlichen Tätigkeit im Zusammenhang stehen:

(a) biologische Vermögenswerte;

(b) landwirtschaftliche Erzeugnisse zum Zeitpunkt der Ernte; und

(c) Zuwendungen der öffentlichen Hand, die von den Paragraphen 34-35 behandelt werden.

2. Dieser Standard ist nicht anwendbar auf:

(a) Grundstücke, die im Zusammenhang mit landwirtschaftlicher Tätigkeit stehen (siehe IAS 16, *Sachanlagen*, und IAS 40, *Als Finanzinvestition gehaltene Immobilien*); und

(b) immaterielle Vermögenswerte, die im Zusammenhang mit landwirtschaftlicher Tätigkeit stehen (siehe IAS 38, *Immaterielle Vermögenswerte*).

3. Dieser Standard auf landwirtschaftliche Erzeugnisse, welche die Produkte der biologischen Vermögenswerte des Unternehmens darstellen, nur zum Zeitpunkt der Ernte anzuwenden. Danach ist IAS 2 *Vorräte* oder ein anderer anwendbarer Standard anzuwenden. Dementsprechend behandelt dieser Standard nicht die Verarbeitung landwirtschaftlicher Erzeugnisse nach der Ernte, beispielsweise die Verarbeitung von Trauben zu Wein durch den Winzer, der die Trauben selbst angebaut hat. Obwohl diese Verarbeitung eine logische und natürliche Ausdehnung landwirtschaftlicher Tätigkeit sein kann, und die stattfindenden Vorgänge eine gewisse Ähnlichkeit zur biologischen Transformation aufweisen können, fällt eine solche Verarbeitung nicht in die in diesem Standard zugrunde gelegte Definition der landwirtschaftlichen Tätigkeit.

4. Die folgende Tabelle enthält Beispiele von biologischen Vermögenswerten, landwirtschaftlichen Erzeugnissen und Produkten, die das Ergebnis der Verarbeitung nach der Ernte darstellen:

Biologische Vermögenswerte	Landwirtschaftliche Erzeugnisse	Produkte aus Weiterverarbeitung
Schafe	Wolle	Garne, Teppiche
Bäume einer Waldflur	umgestürzte Bäume	gefällte Baumstämme, Bauholz, Nutzholz
Pflanzen	Baumwolle	Fäden, Kleidung
	Geerntete Zuckerrohre	Zucker
Milchvieh	Milch	Käse

Schweine	Rümpfe geschlachteter Tiere	Würste, geräucherte Schinken
Büsche	Blätter	Tee, getrockneter Tabak
Weinstöcke	Weintrauben	Wein
Obstbäume	Gepflücktes Obst	Verarbeitetes Obst

DEFINITIONEN

Definitionen, die mit der Landwirtschaft im Zusammenhang stehen

5. Die folgenden Begriffe werden in diesem Standard mit der angegebenen Bedeutung verwendet:

Landwirtschaftliche Tätigkeit liegt vor, wenn ein Unternehmen die biologische Umwandlung oder Ernte biologischer Vermögenswerte betreibt, um diese abzusetzen oder in landwirtschaftliche Erzeugnisse oder in zusätzliche biologische Vermögenswerte umzuwandeln.

Landwirtschaftliches Erzeugnis ist das geerntete Produkt der biologischen Vermögenswerte des Unternehmens.

Ein *biologischer Vermögenswert* ist ein lebendes Tier oder eine lebende Pflanze.

Die *biologische Transformation* umfasst den Prozess des Wachstums, des Rückgangs, der Fruchtbringung und der Vermehrung, welcher qualitative oder quantitative Änderungen eines biologischen Vermögenswerts verursacht.

Eine *Gruppe biologischer Vermögenswerte* ist die Zusammenfassung gleichartiger lebender Tiere oder Pflanzen.

Ernte ist die Abtrennung des Erzeugnisses von dem biologischen Vermögenswert oder das Ende der Lebensprozesse eines biologischen Vermögenswerts.

Verkaufskosten sind die zusätzlichen Kosten, die dem Verkauf eines Vermögenswerts direkt zugeordnet werden können, mit Ausnahme der Finanzierungskosten und der Ertragsteuern.

6. Die landwirtschaftliche Tätigkeit deckt eine breite Spanne von Tätigkeiten ab, zum Beispiel Viehzucht, Forstwirtschaft, jährliche oder kontinuierliche Ernte, Kultivierung von Obstgärten und Plantagen, Blumenzucht und Aquakultur (einschließlich Fischzucht). Innerhalb dieser Vielfalt bestehen bestimmte gemeinsame Merkmale:

(a) *Fähigkeit zur Änderung*. Lebende Tiere und Pflanzen sind zur biologischen Transformation fähig;

(b) *Management der Änderung*. Das Management fördert die biologische Transformation durch Verbesserung oder zumindest Stabilisierung der Bedingungen, die für die Durchführung des Prozesses notwendig sind (beispielsweise Nahrungssituation, Feuchtigkeit, Temperatur, Fruchtbarkeit und Helligkeit). Ein solches Management unterscheidet die landwirtschaftliche Tätigkeit von anderen Tätigkeiten. Beispielsweise ist die Nutzung unbewirtschafteter Ressourcen (wie Hochseefischen und Entwaldung) keine landwirtschaftliche Tätigkeit; und

(c) *Beurteilung von Änderungen*. Als routinemäßige Managementfunktion wird die durch biologische Transformation oder Ernte herbeigeführte Änderung der Qualität (beispielsweise genetische Eigenschaften, Dichte, Reife, Fettgehalt, Proteingehalt und Faserstärke) oder Quantität (beispielsweise Nachkommenschaft, Gewicht, Kubikmeter, Faserlänge oder -dicke und die Anzahl von Keimen) beurteilt und überwacht.

7. Biologische Transformationen führen zu folgenden Formen von Ergebnissen:

(a) Änderungen des Vermögenswerts durch (i) Wachstum (eine Zunahme der Quantität oder Verbesserung der Qualität eines Tieres oder einer Pflanze), (ii) Rückgang (eine Abnahme der Quantität oder Verschlechterung der Qualität eines Tieres oder einer Pflanze), oder (iii) Vermehrung (Erzeugung zusätzlicher lebender Tiere oder Pflanzen); oder

(b) Fruchtbringung von landwirtschaftlichen Erzeugnissen wie Latex, Teeblätter, Wolle und Milch.

Allgemeine Definitionen

8. Die folgenden Begriffe werden in diesem Standard mit der angegebenen Bedeutung verwendet:

Ein *aktiver Markt* ist ein Markt, der die nachstehenden Bedingungen kumulativ erfüllt:

(a) die auf dem Markt gehandelten Produkte sind homogen;

(b) vertragswillige Käufer und Verkäufer können in der Regel jederzeit gefunden werden; und

(c) Preise stehen der Öffentlichkeit zur Verfügung.

Der *Buchwert* ist der Betrag, mit dem ein Vermögenswert in der Bilanz erfasst wird.

Der *beizulegende Zeitwert* ist der Betrag, zu dem zwischen sachverständigen, vertragswilligen und voneinander unabhängigen Geschäftspartnern ein Vermögenswert getauscht oder eine Schuld beglichen werden könnte.

Zuwendungen der öffentlichen Hand sind definiert in IAS 20 *Bilanzierung und Darstellung von Zuwendungen der öffentlichen Hand*.

9. Der beizulegende Zeitwert eines Vermögenswerts basiert auf seinem gegenwärtigen Ort und Zustand. Daraus geht hervor, dass beispielsweise der beizulegende Zeitwert eines Rinds auf einem Hof dem jeweiligen Marktpreis des Rinds abzüglich der Transportkosten und anderer Kosten, die durch das Angebot des Rindes auf diesem Markt entstehen, entspricht.

ANSATZ UND BEWERTUNG

10. Ein Unternehmen hat biologische Vermögenswerte und landwirtschaftliche Erzeugnisse dann, und nur dann, anzusetzen, wenn
(a) das Unternehmen den Vermögenswert aufgrund von Ereignissen der Vergangenheit beherrscht; und
(b) es wahrscheinlich ist, dass dem Unternehmen ein mit dem Vermögenswert verbundener künftiger wirtschaftlicher Nutzen zufließen wird; und
(c) der beizulegende Zeitwert oder die Anschaffungs- oder Herstellungskosten des Vermögenswerts verlässlich bewertet werden können.

11. Bei landwirtschaftlichen Tätigkeiten kann die Beherrschung beispielsweise durch das rechtliche Eigentum an einem Rind und durch das Brandzeichen oder eine andere Markierung, die bei Erwerb, Geburt oder Entwöhnung des Kalbes von der Mutterkuh angebracht wurde, bewiesen werden. Der künftige Nutzen wird gewöhnlich durch die Bewertung der wesentlichen körperlichen Eigenschaften ermittelt.

12. Ein biologischer Vermögenswert ist beim erstmaligen Ansatz und an jedem Abschlussstichtag zu seinem beizulegenden Zeitwert abzüglich der Verkaufskosten zu bewerten; davon ausgenommen ist der in Paragraph 30 beschriebene Fall, in dem der beizulegende Zeitwert nicht verlässlich bewertet werden kann.

13. Landwirtschaftliche Erzeugnisse, die von den biologischen Vermögenswerten des Unternehmens geerntet werden, sind zum Zeitpunkt der Ernte mit dem beizulegenden Zeitwert abzüglich der Verkaufskosten zu bewerten. Zu diesem Zeitpunkt stellt eine solche Bewertung die Anschaffungs- oder Herstellungskosten für die Anwendung von IAS 2 *Vorräte* oder einem anderen anwendbaren Standard dar.

14. [gestrichen]

15. Die Ermittlung des beizulegenden Zeitwerts für einen biologischen Vermögenswert oder ein landwirtschaftliches Erzeugnis kann vereinfacht werden durch die Gruppierung von biologischen Vermögenswerten oder landwirtschaftlichen Erzeugnissen nach wesentlichen Eigenschaften, beispielsweise nach Alter oder Qualität. Ein Unternehmen wählt die Eigenschaften danach aus, welche auf dem Markt als Preisgrundlage herangezogen werden.

16. Unternehmen schließen oft Verträge ab, um ihre biologischen Vermögenswerte oder landwirtschaftlichen Erzeugnisse zu einem späteren Zeitpunkt zu verkaufen. Die Vertragspreise sind nicht notwendigerweise für die Ermittlung des beizulegenden Zeitwertes relevant, da der beizulegende Zeitwert die gegenwärtige Marktsituation widerspiegelt, in welcher ein vertragswilliger Käufer und Verkäufer eine Geschäftsbeziehung eingehen. Demnach ist der beizulegende Zeitwert eines biologischen Vermögenswerts oder eines landwirtschaftlichen Erzeugnisses aufgrund der Existenz eines Vertrags nicht anzupassen. In einigen Fällen kann der Vertrag über den Verkauf eines biologischen Vermögenswerts oder landwirtschaftlichen Erzeugnisses ein belastender Vertrag sein, wie in IAS 37 *Rückstellungen, Eventualverbindlichkeiten und Eventualforderungen* definiert. IAS 37 wird auf belastende Verträge angewandt.

17. Wenn für einen biologischen Vermögenswert oder ein landwirtschaftliches Erzeugnis ein aktiver Markt an seinem gegenwärtigen Ort und in seinem gegenwärtigen Zustand existiert, ist der notierte Preis in diesem Markt die angemessene Grundlage für die Bestimmung des beizulegenden Zeitwerts für diesen Vermögenswert. Wenn ein Unternehmen Zugang zu verschiedenen aktiven Märkten hat, nutzt das Unternehmen den relevantesten Markt. Wenn beispielsweise ein Unternehmen Zugang zu zwei aktiven Märkten hat, würde es den bestehenden Preis in dem Markt zu Grunde legen, der voraussichtlich genutzt wird.

18. Wenn ein aktiver Markt nicht existiert, legt ein Unternehmen – sofern vorhanden – einen oder mehrere der folgenden Punkte für die Bestimmung des beizulegenden Zeitwerts zu Grunde:
(a) den jüngsten Markttransaktionspreis, vorausgesetzt, dass keine wesentliche Änderung der wirtschaftlichen Rahmenbedingungen zwischen dem Transaktionszeitpunkt und dem Abschlussstichtag eingetreten ist;
(b) Marktpreise für ähnliche Vermögenswerte mit Anpassungen, um die Unterschiede widerzuspiegeln; und
(c) Branchen-Benchmarks, wie der Wert einer Obstplantage, ausgedrückt durch Exportkisten, Scheffel oder Hektar, und der Wert der Rinder, ausgedrückt durch Kilogramm Fleisch.

19. In einigen Fällen können die in Paragraph 18 aufgeführten Informationsquellen verschiedene Schlussfolgerungen für den beizulegenden Zeitwert eines biologischen Vermögenswertes oder eines landwirtschaftlichen Erzeugnisses nahe legen. Ein Unternehmen berücksichtigt die Gründe für diese Unterschiede, um innerhalb einer relativ engen Bandbreite vernünftiger Schätzungen die verlässlichste Schätzung für den beizulegenden Zeitwert zu erhalten.

20. Unter gewissen Umständen können marktbestimmte Preise oder Werte nicht für einen biologischen Vermögenswert in seinem gegenwärtigen Zustand verfügbar sein. Unter diesen Umständen nutzt ein Unternehmen für die Ermittlung des beizulegenden Zeitwerts den Barwert der erwarteten Netto-Cashflows eines Vermögenswerts abgezinst mit einem aktuellen marktbestimmten Zinssatz.

21. Die Zielsetzung der Berechnung des Barwerts der erwarteten Netto-Cashflows ist die Ermittlung des beizulegenden Zeitwerts eines biologischen Vermögenswerts an seinem gegenwärtigen Ort und in seinem gegenwärtigen Zustand. Ein Unternehmen berücksichtigt dies bei der Ermitt-

lung eines angemessenen Abzinsungssatzes und bei der Schätzung der voraussichtlichen Netto-Cashflows. Bei der Berechnung des Barwerts der erwarteten Netto-Cashflows schließt ein Unternehmen die Netto-Cashflows mit ein, von denen die Marktteilnehmer erwarten, dass der Vermögenswert sie auf dem relevantesten Markt erzeugt.

22. Ein Unternehmen berücksichtigt nicht die Cashflows für die Finanzierung der Vermögenswerte, für Steuern oder für die Wiederherstellung biologischer Vermögenswerte nach der Ernte (beispielsweise die Kosten für die Wiederanpflanzung von Bäumen einer Waldflur nach der Abholzung).

23. Mit der Zustimmung zu einem unabhängigen Transaktionspreis berücksichtigen sachverständige, vertragswillige Käufer und Verkäufer die Möglichkeit von Schwankungen der Cashflows. Daraus folgt, dass der beizulegende Zeitwert die Möglichkeit solcher Schwankungen widerspiegelt. Daher berücksichtigt ein Unternehmen die Erwartungen über mögliche Schwankungen der Cashflows entweder in den erwarteten Cashflows, dem Abzinsungssatz oder in einer Kombination der beiden. Bei der Ermittlung des Abzinsungssatzes geht ein Unternehmen von Annahmen aus, die mit denen für die Schätzung der erwarteten Cashflows übereinstimmen, um die Wirkung einer doppelten oder fehlenden Berücksichtigung einiger Annahmen zu vermeiden.

24. Die Anschaffungs- oder Herstellungskosten können manchmal dem beizulegenden Zeitwert näherungsweise entsprechen, insbesondere wenn:

(a) geringe biologische Transformationen seit der erstmaligen Kostenverursachung stattgefunden haben (beispielsweise unmittelbar vor dem Abschlussstichtag gepflanzte Obstbaumsämlinge); oder

(b) der Einfluss der biologischen Transformation auf den Preis voraussichtlich nicht wesentlich ist (beispielsweise das Anfangswachstum in einem 30jährigen Produktionszyklus eines Kiefernbestandes).

25. Biologische Vermögenswerte sind oft körperlich mit dem Grundstück verbunden (beispielsweise Bäume in einer Waldflur). Möglicherweise besteht kein eigenständiger Markt für biologische Vermögenswerte, die mit dem Grundstück verbunden sind, jedoch ein aktiver Markt für kombinierte Vermögenswerte, d. h. für biologische Vermögenswerte, für unbestellte Grundstücke und für Bodenverbesserungen als ein Bündel. Ein Unternehmen kanndie Informationen über die kombinierten Vermögenswerte zur Ermittlung des beizulegenden Zeitwerts der biologischen Vermögenswerte nutzen. Beispielsweise kann zur Erzielung des beizulegenden Zeitwerts der biologischen Vermögenswerte der beizulegende Zeitwert des unbestellten Grundstückes und der Bodenverbesserungen von dem beizulegenden Zeitwert der kombinierten Vermögenswerte abgezogen werden.

Gewinne und Verluste

26. Ein Gewinn oder Verlust, der beim erstmaligen Ansatz eines biologischen Vermögenswerts zum beizulegenden Zeitwert abzüglich der Verkaufskosten und durch eine Änderung des beizulegenden Zeitwerts abzüglich der Verkaufskosten eines biologischen Vermögenswertes entsteht, ist in den Gewinn oder Verlust der Periode einzubeziehen, in der er entstanden ist.

27. Ein Verlust kann beim erstmaligen Ansatz eines biologischen Vermögenswerts entstehen, weil bei der Ermittlung des beizulegenden Zeitwerts abzüglich der Verkaufskosten eines biologischen Vermögenswerts die Verkaufskosten abgezogen werden. Ein Gewinn kann beim erstmaligen Ansatz eines biologischen Vermögenswerts entstehen, wenn beispielsweise ein Kalb geboren wird.

28. Ein Gewinn oder Verlust, der beim erstmaligen Ansatz von landwirtschaftlichen Erzeugnissen zum beizulegenden Zeitwert abzüglich der Verkaufskosten entsteht, ist in den Gewinn oder Verlust der Periode einzubeziehen, in der er entstanden ist.

29. Ein Gewinn oder Verlust kann beim erstmaligen Ansatz von landwirtschaftlichen Erzeugnissen als Folge der Ernte entstehen.

Unfähigkeit, den beizulegenden Zeitwert verlässlich zu ermitteln

30. Es wird angenommen, dass der beizulegende Zeitwert für einen biologischen Vermögenswert verlässlich bestimmt werden kann. Diese Annahme kann jedoch lediglich beim erstmaligen Ansatz eines biologischen Vermögenswerts widerlegt werden, für den marktbestimmte Preise oder Werte nicht vorhanden sind und für den die alternative Schätzungen des beizulegenden Zeitwertes als eindeutig nicht verlässlich gelten. In einem solchen Fall ist dieser biologische Vermögenswert mit seinen Anschaffungs- oder Herstellungskosten abzüglich aller kumulierten Abschreibungen und aller kumulierten Wertminderungsaufwendungen zu bewerten. Sobald der beizulegende Zeitwert eines solchen biologischen Vermögenswerts verlässlich ermittelbar wird, hat ein Unternehmen ihn zum beizulegenden Zeitwert abzüglich der Verkaufskosten zu bewerten. Der beizulegende Zeitwert gilt als verlässlich ermittelbar, sobald ein langfristiger biologischer Vermögenswert gemäß IFRS 5 *Zur Veräußerung gehaltene langfristige Vermögenswerte und aufgegebene Geschäftsbereiche* die Kriterien für eine Einstufung als zur Veräußerung gehalten erfüllt (oder in eine als zur Veräußerung gehalten eingestufte Veräußerungsgruppe aufgenommen wird).

31. Die Annahme in Paragraph 30 kann lediglich beim erstmaligen Ansatz widerlegt werden. Ein Unternehmen, das früher einen biologischen Vermögenswert zum beizulegenden Zeitwert abzüglich der Verkaufskosten bewertet hat, fährt mit der Bewertung des biologischen Vermögenswerts zum beizulegenden Zeitwert abzüglich der Verkaufskosten bis zum Abgang fort.

32. In jedem Fall bewertet ein Unternehmen landwirtschaftliche Erzeugnisse zum Zeitpunkt

der Ernte zum beizulegenden Zeitwert abzüglich der Verkaufskosten. Dieser Standard folgt der Auffassung, dass der beizulegende Zeitwert der landwirtschaftlichen Erzeugnisse zum Zeitpunkt der Ernte immer verlässlich bewertet werden kann.

33. Bei der Ermittlung der Anschaffungs- oder Herstellungskosten, der kumulierten Abschreibungen und der kumulierten Wertminderungsaufwendungen berücksichtigt ein Unternehmen IAS 2 *Vorräte* IAS 16 *Sachanlagen* und IAS 36 *Wertminderung von Vermögenswerten*.

ZUWENDUNGEN DER ÖFFENTLICHEN HAND

34. Eine unbedingte Zuwendung der öffentlichen Hand, die mit einem biologischen Vermögenswert im Zusammenhang steht, der zum beizulegenden Zeitwert abzüglich der Verkaufskosten bewertet wird, ist nur dann im Gewinn oder Verlust zu erfassen, wenn die Zuwendung der öffentlichen Hand einforderbar wird.

35. Wenn eine Zuwendung der öffentlichen Hand, einschließlich einer Zuwendung der öffentlichen Hand für die Nichtausübung einer bestimmten landwirtschaftlichen Tätigkeit, die mit einem biologischen Vermögenswert im Zusammenhang steht, der zum beizulegenden Zeitwert abzüglich der Verkaufskosten bewertet wird, bedingt ist, hat ein Unternehmen die Zuwendung der öffentlichen Hand nur dann im Gewinn oder Verlust zu erfassen, wenn die mit der Zuwendung der öffentlichen Hand verbundenen Bedingungen eingetreten sind.

36. Die Bedingungen für Zuwendungen der öffentlichen Hand sind vielfältig. Beispielsweise kann eine Zuwendung der öffentlichen Hand verlangen, dass ein Unternehmen eine bestimmte Fläche fünf Jahre bewirtschaftet und die Rückzahlung aller Zuwendungen der öffentlichen Hand fordern, wenn weniger als fünf Jahre bewirtschaftet wird. In diesem Fall wird die Zuwendung der öffentlichen Hand nicht im Gewinn oder Verlust erfasst, bis dass die fünf Jahre vergangen sind. Wenn die Zuwendung der öffentlichen Hand es jedoch erlaubt, einen Teil der Zuwendung der öffentlichen Hand aufgrund des Zeitablaufs zu behalten, erfasst das Unternehmen diesen Teil der Zuwendung der öffentlichen Hand zeitproportional im Gewinn oder Verlust.

37. Wenn eine Zuwendung der öffentlichen Hand mit einem biologischen Vermögenswert im Zusammenhang steht, der zu seinen Anschaffungs- oder Herstellungskosten abzüglich aller kumulierten Abschreibungen und aller kumulierten Wertminderungsaufwendungen bewertet wird (siehe Paragraph 30), wird IAS 20 *Bilanzierung und Darstellung von Zuwendungen der öffentlichen Hand* angewandt.

38. Dieser Standard schreibt eine andere Behandlung als IAS 20 vor, wenn eine Zuwendung der öffentlichen Hand mit einem biologischen Vermögenswert im Zusammenhang steht, der zum beizulegenden Zeitwert abzüglich der Verkaufskosten bewertet wird, oder wenn eine Zuwendung der öffentlichen Hand die Nichtausübung einer bestimmten landwirtschaftlichen Tätigkeit verlangt. IAS 20 wird lediglich auf eine Zuwendung der öffentlichen Hand angewandt, die mit einem biologischen Vermögenswert im Zusammenhang steht, der zu seinen Anschaffungs- oder Herstellungskosten abzüglich aller kumulierten Abschreibungen und aller kumulierten Wertminderungsaufwendungen bewertet wird.

ANGABEN

39. [gestrichen]

Allgemeines

40. Ein Unternehmen hat den Gesamtbetrag des Gewinns oder Verlusts anzugeben, der während der laufenden Periode beim erstmaligen Ansatz biologischer Vermögenswerte und landwirtschaftlicher Erzeugnisse und durch die Änderung des beizulegenden Zeitwerts abzüglich der Verkaufskosten der biologischen Vermögenswerte entsteht.

41. Ein Unternehmen hat jede Gruppe von biologischen Vermögenswerten zu beschreiben.

42. Die nach Paragraph 41 geforderten Angaben können in Form verbaler oder wertmäßiger Beschreibungen erfolgen.

43. Einem Unternehmen wird empfohlen, wertmäßige Beschreibung jeder Gruppe von biologischen Vermögenswerten zur Verfügung zu stellen, erforderlichenfalls unterschieden nach verbrauchbaren und produzierenden biologischen Vermögenswerten oder nach reifen und unreifen biologischen Vermögenswerten. Beispielsweise kann ein Unternehmen den Buchwert von verbrauchbaren biologischen Vermögenswerten und von produzierenden biologischen Vermögenswerten nach Gruppen angeben. Ein Unternehmen kann weiterhin diese Buchwerte nach reifen und unreifen Vermögenswerten aufteilen. Diese Unterscheidungen stellen Informationen zur Verfügung, die hilfreich sein können, um den zeitlichen Anfall künftiger Cashflows abschätzen zu können. Ein Unternehmen gibt die Grundlage für solche Unterscheidungen an.

44. Verbrauchbare biologische Vermögenswerte sind solche, die als landwirtschaftliche Erzeugnisse geerntet oder als biologische Vermögenswerte verkauft werden sollen. Beispiele für verbrauchbare biologische Vermögenswerte sind der Viehbestand für die Fleischproduktion, der Viehbestand für den Verkauf, Fische in Farmen, Getreide wie Mais und Weizen sowie Bäume, die als Nutzholz wachsen. Produzierende biologische Vermögenswerte unterscheiden sich von verbrauchbaren biologischen Vermögenswerten; z. B. Viehbestand, der für die Milchproduktion gehalten wird, Weinstöcke, Obstbäume sowie Bäume, die der Brennholzgewinnung dienen, während der Baum erhalten bleibt. Produzierende biologische Vermögenswerte sind keine landwirtschaftlichen Erzeugnisse, vielmehr sind sie selbstregenerierend.

45. Biologische Vermögenswerte können entweder als reife oder als unreife biologische Vermögenswerte klassifiziert werden. Reife biologische Vermögenswerte sind solche, die den Erntegrad erlangt haben (für verbrauchbare biologische Vermögenswerte) oder gewöhnliche Ernten tragen können (für produzierende biologische Vermögenswerte).

46. Wenn nicht an anderer Stelle innerhalb von Informationen, die mit dem Abschluss veröffentlicht werden, angegeben, hat ein Unternehmen Folgendes zu beschreiben:
(a) die Art seiner Tätigkeiten, die mit jeder Gruppe von biologischen Vermögenswerten verbunden sind; und
(b) nicht finanzielle Maßgrößen oder Schätzungen für die körperlichen Mengen von
   (i) jeder Gruppe von biologischen Vermögenswerten des Unternehmens zum Periodenende; und
   (ii) Produktionsmengen landwirtschaftlicher Erzeugnisse während der Periode.

47. Ein Unternehmen hat die Methoden und wesentlichen Annahmen anzugeben, die bei der Ermittlung des beizulegenden Zeitwerts jeder Gruppe landwirtschaftlicher Erzeugnisse zum Erntezeitpunkt und jeder Gruppe biologischer Vermögenswerte angewandt werden.

48. Ein Unternehmen hat den zum Erntezeitpunkt ermittelten beizulegenden Zeitwert abzüglich der Verkaufskosten der landwirtschaftlichen Erzeugnisse, die während der Periode geerntet wurden, anzugeben.

49. Folgende Angaben sind erforderlich:
(a) die Existenz und die Buchwerte biologischer Vermögenswerte, mit denen ein beschränktes Eigentumsrecht verbunden ist, und die Buchwerte biologischer Vermögenswerte, die als Sicherheit für Verbindlichkeiten begeben sind;
(b) der Betrag von Verpflichtungen für die Entwicklung oder den Erwerb von biologischen Vermögenswerten; und
(c) Finanzrisikomanagementstrategien, die mit der landwirtschaftlichen Tätigkeit im Zusammenhang stehen.

50. Ein Unternehmen hat eine Überleitungsrechnung der Änderungen des Buchwerts der biologischen Vermögenswerte zwischen dem Beginn und dem Ende der Berichtsperiode anzugeben. Die Überleitungsrechnung hat zu enthalten:
(a) den Gewinn oder Verlust aufgrund von Änderungen der beizulegenden Zeitwerte abzüglich der Verkaufskosten;
(b) Erhöhungen infolge von Käufen;
(c) Verringerungen, die Verkäufen und biologischen Vermögenswerten, die gemäß IFRS 5 als zur Veräußerung gehalten eingestuft werden (oder zu einer als zur Veräußerung gehaltenen klassifizierten Veräußerungsgruppe gehören), zuzurechnen sind;
(d) Verringerungen infolge der Ernte;
(e) Erhöhungen, die aus Unternehmenszusammenschlüssen resultieren;
(f) Nettoumrechnungsdifferenzen aus der Umrechnung von Abschlüssen in eine andere Darstellungswährung und aus der Umrechnung eines ausländischen Geschäftsbetriebs in die Darstellungswährung des berichtenden Unternehmens; und
(g) sonstige Änderungen.

51. Der beizulegende Zeitwert abzüglich der Verkaufskosten eines biologischen Vermögenswertes kann sich infolge von körperlichen Änderungen und infolge von Preisänderungen auf dem Markt ändern. Eine gesonderte Angabe von körperlichen Änderungen und von Preisänderungen ist nützlich, um die Ertragskraft der Berichtsperiode und die Zukunftsaussichten zu beurteilen, insbesondere wenn ein Produktionszyklus länger als ein Jahr dauert. In solchen Fällen wird einem Unternehmen empfohlen, den im Periodenergebnis enthaltenen Betrag der Änderung des beizulegenden Zeitwertes abzüglich der Verkaufskosten aufgrund von körperlichen Änderungen und aufgrund von Preisänderungen je Gruppe oder auf andere Weise anzugeben. Diese Informationen sind grundsätzlich weniger nützlich, wenn der Produktionszyklus weniger als ein Jahr dauert (beispielsweise bei der Hühnerzucht oder dem Getreideanbau).

52. Biologische Transformationen führen vielen Arten der körperlichen Änderung – Wachstum, Rückgang, Fruchtbringung und Vermehrung –, welche sämtlich beobachtbar und bewertbar sind. Jede dieser körperlichen Änderungen hat einen unmittelbaren Bezug zu künftigen wirtschaftlichen Nutzen. Eine Änderung des beizulegenden Zeitwerts eines biologischen Vermögenswerts aufgrund der Ernte ist ebenfalls eine körperliche Änderung.

53. Landwirtschaftliche Tätigkeit ist häufig klimatischen, krankheitsbedingten und anderen natürlichen Risiken ausgesetzt. Tritt ein Ereignis ein, durch das ein wesentlicher Ertrags- bzw. Aufwandsposten entsteht, sind die Art und der Betrag dieses Postens gemäß IAS 1 *Darstellung des Abschlusses* auszuweisen. Beispiele für solche Ereignisse sind das Ausbrechen einer Viruserkrankung, eine Überschwemmung, starke Dürre oder Frost sowie eine Insektenplage.

Zusätzliche Angaben für biologische Vermögenswerte, wenn der beizulegende Zeitwert nicht verlässlich bewertet werden kann

54. Wenn ein Unternehmen biologische Vermögenswerte am Periodenende zu ihren Anschaffungs- oder Herstellungskosten abzüglich aller kumulierten Abschreibungen und aller kumulierten Wertminderungsaufwendungen (siehe Paragraph 30) bewertet, hat ein Unternehmen für solche biologischen Vermögenswerte anzugeben:
(a) eine Beschreibung der biologischen Vermögenswerte;

(b) eine Erklärung, warum der beizulegende Zeitwert nicht verlässlich bemessen werden kann;
(c) sofern möglich eine Schätzungsbandbreite, innerhalb welcher der beizulegende Zeitwert höchstwahrscheinlich liegt;
(d) die verwendete Abschreibungsmethode;
(e) die verwendeten Nutzungsdauern oder Abschreibungssätze; und
(f) den Bruttobuchwert und die kumulierten Abschreibungen (zusammengefasst mit den kumulierten Wertminderungsaufwendungen) zu Beginn und zum Ende der Periode.

55. Wenn ein Unternehmen während der Berichtsperiode biologische Vermögenswerte zu ihren Anschaffungs- oder Herstellungskosten abzüglich aller kumulierten Abschreibungen und aller kumulierten Wertminderungsaufwendungen (siehe Paragraph 30) bewertet, hat ein Unternehmen jeden bei Ausscheiden solcher biologischen Vermögenswerte erfassten Gewinn oder Verlust anzugeben. Die in Paragraph 50 geforderte Überleitungsrechnung hat die Beträge gesondert anzugeben, die mit solchen biologischen Vermögenswerten im Zusammenhang stehen. Die Überleitungsrechnung hat zusätzlich die folgenden Beträge, die mit diesen biologischen Vermögenswerten im Zusammenhang stehen, im Periodenergebnis zu berücksichtigen:
(a) Wertminderungsaufwendungen;
(b) Wertaufholungen aufgrund früherer Wertminderungsaufwendungen; und
(c) Abschreibungen.

56. Wenn der beizulegende Zeitwert der biologischen Vermögenswerte während der Berichtsperiode verlässlich ermittelbar wird, die früher zu den Anschaffungs- oder Herstellungskosten abzüglich aller kumulierten Abschreibungen und aller kumulierten Wertminderungsaufwendungen bewertet wurden, hat ein Unternehmen für diese biologischen Vermögenswerte anzugeben:
(a) eine Beschreibung der biologischen Vermögenswerte;

(b) eine Begründung, warum der beizulegende Zeitwert verlässlich ermittelbar wurde; und
(c) die Auswirkung der Änderung.

Zuwendungen der öffentlichen Hand

57. Ein Unternehmen hat folgende mit der in diesem Standard abgedeckten landwirtschaftlichen Tätigkeit in Verbindung stehenden Punkte anzugeben:
(a) die Art und das Ausmaß der im Abschluss erfassten öffentlichen Zuwendungen der öffentlichen Hand;
(b) unerfüllte Bedingungen und andere Haftungsverhältnisse, die im Zusammenhang mit Zuwendungen der öffentlichen Hand stehen; und
(c) wesentliche zu erwartende Verringerungen des Umfangs der Zuwendungen der öffentlichen Hand.

ZEITPUNKT DES INKRAFTTRETENS UND ÜBERGANGSVORSCHRIFTEN

58. Dieser Standard ist erstmals in der ersten Berichtsperiode eines am 1. Januar 2003 oder danach beginnenden Geschäftsjahres anzuwenden. Eine frühere Anwendung wird empfohlen. Wenn ein Unternehmen diesen Standard für Berichtsperioden anwendet, die vor dem 1. Januar 2003 beginnen, so ist diese Tatsache anzugeben.

59. Dieser Standard enthält keine besonderen Übergangsvorschriften. Die erstmalige Anwendung dieses Standards wird gemäß IAS 8 *Rechnungslegungsmethoden, Änderungen von rechnungslegungsbezogenen Schätzungen und Fehler* behandelt.

60. Die Paragraphen 5, 6, 17, 20 und 21 werden im Rahmen der *Verbesserungen der IFRS* vom Mai 2008 geändert und Paragraph 14 wird gestrichen. Ein Unternehmen kann die Änderung prospektiv erstmals in der ersten Berichtsperiode eines am 1. Januar 2009 oder danach beginnenden Geschäftsjahres anwenden. Eine frühere Anwendung ist zulässig. Wendet ein Unternehmen diese Änderungen auf eine frühere Periode an, so ist dies anzugeben.

3. INTERNATIONAL FINANCIAL REPORTING STANDARDS

3. **International Financial Reporting Standards**
   - 3/1. IFRS 1: Erstmalige Anwendung der International Financial Reporting Standards 417
   - 3/2. IFRS 2: Anteilsbasierte Vergütung 433
   - 3/3. IFRS 3: Unternehmenszusammenschlüsse 455
   - 3/4. IFRS 4: Versicherungsverträge 483
   - 3/5. IFRS 5: Zur Veräußerung gehaltene langfristige Vermögenswerte und aufgegebene Geschäftsbereiche 499
   - 3/6. IFRS 6: Exploration und Evaluierung von Bodenschätzen 509
   - 3/7. IFRS 7: Finanzinstrumente: Angaben 513
   - 3/8. IFRS 8: Geschäftssegmente 531

INTERNATIONAL FINANCIAL REPORTING STANDARD 1
Erstmalige Anwendung der International Financial Reporting Standards

IFRS 1, VO (EG) Nr. 1136/2009 i.d.F.

1 VO (EU) Nr. 550/2010
3 VO (EU) Nr. 662/2010 [IFRIC 19]
2 VO (EU) Nr. 574/2010
4 VO (EU) Nr. 149/2011

GLIEDERUNG

	§§
ZIELSETZUNG	1
ANWENDUNGSBEREICH	2–5
ERFASSUNG UND BEWERTUNG	6–33
IFRS-Eröffnungsbilanz	6
Rechnungslegungsmethoden	7–12
Ausnahmen zur retrospektiven Anwendung anderer IFRS	13–17
Schätzungen	14–17
Befreiungen von anderen IFRS	18–19
DARSTELLUNG UND ANGABEN	20–33
Vergleichsinformationen	21–22
Nicht mit IFRS übereinstimmende Vergleichsinformationen und Zusammenfassungen historischer Daten	22
Erläuterung des Übergangs auf IFRS	23–33
Überleitungsrechnungen	24–28
Bestimmung finanzieller Vermögenswerte und finanzieller Verbindlichkeiten	29
Verwendung des beizulegenden Zeitwerts als Ersatz für Anschaffungs- oder Herstellungskosten	30
Verwendung des als Ersatz für Anschaffungs- oder Herstellungskosten angesetzten Werts der Anteile an Tochterunternehmen, gemeinschaftlich geführten Unternehmen und assoziierten Unternehmen	31
Verwendung des als Ersatz für Anschaffungs- oder Herstellungskosten angesetzten Werts für Erdöl- und Erdgasvorkommen	31A
Verwendung eines Ersatzes für Anschaffungs- oder Herstellungskosten bei preisregulierten Geschäftsbereichen	31B
Zwischenberichte	32–33
ZEITPUNKT DES INKRAFTTRETENS	34–39E
RÜCKNAHME VON IFRS 1 (HERAUSGEGEBEN 2003)	40
ANLAGE A Definitionen	
ANHANG B Ausnahmen zur retrospektiven Anwendung anderer IFRS	B1–B7
ANLAGE C Befreiungen für Unternehmenszusammenschlüsse	C1–C5
ANHANG D Befreiungen von anderen IFRS	D1–D25
ANLAGE E Kurzfristige Befreiungen von IFRS	E3

ZIELSETZUNG

1. Die Zielsetzung dieses IFRS ist es sicherzustellen, dass der *erste IFRS-Abschluss* eines Unternehmens und dessen Zwischenberichte, die sich auf eine Periode innerhalb des Berichtszeitraums dieses ersten Abschlusses beziehen, hochwertige Informationen enthalten, die

(a) für Abschlussadressaten transparent und über alle dargestellten Perioden hinweg vergleichbar sind,

(b) einen geeigneten Ausgangspunkt für die Rechnungslegung gemäß den *International Financial Reporting Standards (IFRS)* darstellen; und

3/1. IFRS 1
1 – 8

(c) zu Kosten erstellt werden können, die den Nutzen nicht übersteigen.

ANWENDUNGSBEREICH

2. Ein Unternehmen muss diesen IFRS in
(a) seinem ersten IFRS-Abschluss; und
(b) ggf. jedem Zwischenbericht, den es gemäß IAS 34 *Zwischenberichterstattung* erstellt und der sich auf eine Periode innerhalb des Berichtszeitraums dieses ersten IFRS-Abschlusses bezieht, anwenden.

3. Der erste IFRS-Abschluss eines Unternehmens ist der erste Abschluss des Geschäftsjahres, in welchem das Unternehmen die IFRS durch eine ausdrückliche und uneingeschränkte Bestätigung in diesem Abschluss der Übereinstimmung mit IFRS anwendet. Ein Abschluss gemäß IFRS ist der erste IFRS-Abschluss eines Unternehmens, falls dieses beispielsweise

(a) seinen aktuellsten vorherigen Abschluss
    (i) gemäß nationalen Vorschriften, die nicht in jeder Hinsicht mit IFRS übereinstimmen;
    (ii) in allen Einzelheiten entsprechend den IFRS, jedoch ohne eine ausdrückliche und uneingeschränkte Bestätigung der Übereinstimmung mit IFRS innerhalb des Abschlusses;
    (iii) mit einer ausdrücklichen Bestätigung der Übereinstimmung mit einigen, jedoch nicht allen IFRS;
    (iv) gemäß nationalen, von IFRS abweichenden Vorschriften unter Verwendung individueller IFRS zur Berücksichtigung von Posten, für die keine nationalen Vorgaben bestanden; oder
    (v) gemäß nationalen Vorschriften mit einer Überleitung einiger Beträge auf gemäß IFRS ermittelte Beträge erstellt hat;

(b) nur zur internen Nutzung einen Abschluss gemäß IFRS erstellt hat, ohne diesen den Eigentümern des Unternehmens oder sonstigen externen Abschlussadressaten zur Verfügung zu stellen;

(c) für Konsolidierungszwecke eine Konzernberichterstattung gemäß IFRS erstellt hat, ohne einen kompletten Abschluss gemäß Definition in IAS 1 *Darstellung des Abschlusses* (überarbeitet 2007) zu erstellen; oder

(d) für frühere Perioden keine Abschlüsse veröffentlicht hat.

4. Dieser IFRS ist anzuwenden, falls ein Unternehmen zum ersten Mal IFRS anwendet. Er muss nicht angewandt werden, falls ein Unternehmen beispielsweise

(a) keine weiteren Abschlüsse gemäß nationalen Vorschriften veröffentlicht und in der Vergangenheit solche Abschlüsse sowie zusätzliche Abschlüsse mit einer ausdrücklichen und uneingeschränkten Bestätigung der Übereinstimmung mit IFRS veröffentlicht hat;

(b) im vorigen Jahr Abschlüsse gemäß nationalen Vorschriften erstellt hat, die eine ausdrückliche und uneingeschränkte Bestätigung der Übereinstimmung mit IFRS enthalten; oder

(c) im vorigen Jahr Abschlüsse veröffentlicht hat, die eine ausdrückliche und uneingeschränkte Bestätigung der Übereinstimmung mit IFRS enthalten, selbst wenn die Abschlussprüfer für diese Abschlüsse einen eingeschränkten Bestätigungsvermerk erteilt haben.

5. Dieser IFRS gilt nicht für Änderungen der Rechnungslegungsmethoden eines Unternehmens, das IFRS bereits anwendet. Solche Änderungen werden in

(a) Bestimmungen hinsichtlich der Änderungen von Rechnungslegungsmethoden in IAS 8 *Rechnungslegungsmethoden, Änderungen von rechnungslegungsbezogenen Schätzungen und Fehler*; und

(b) spezifischen Übergangsvorschriften anderer IFRS behandelt.

ERFASSUNG UND BEWERTUNG
IFRS-Eröffnungsbilanz

6. Zum *Zeitpunkt des Übergangs auf IFRS* muss ein Unternehmen eine *IFRS-Eröffnungsbilanz* erstellen und darstellen. Diese stellt den Ausgangspunkt seiner Rechnungslegung gemäß IFRS dar.

Rechnungslegungsmethoden

7. Ein Unternehmen hat in seiner IFRS-Eröffnungsbilanz und für alle innerhalb seines ersten IFRS-Abschlusses dargestellten Perioden einheitliche Rechnungslegungsmethoden anzuwenden. Diese Rechnungslegungsmethoden müssen allen IFRS entsprechen, die am Ende seiner ersten IFRS-Berichtsperiode gelten (mit Ausnahme der in den Paragraphen 13–19 sowie den Anhängen B–E genannten Fälle).

8. Ein Unternehmen darf keine unterschiedlichen, früher geltenden IFRS-Versionen anwenden. Ein neuer, noch nicht verbindlicher IFRS darf von einem Unternehmen angewandt werden, falls für diesen IFRS eine frühere Anwendung zulässig ist.

Beispiel: Einheitliche Anwendung der neuesten IFRS-Versionen
Hintergrund
Das Ende der ersten IFRS-Berichtsperiode von Unternehmen A ist der 31. Dezember 20X5. Unternehmen A entschließt sich, in diesem Abschluss lediglich Vergleichsinformationen für ein Jahr darzustellen (siehe Paragraph 21). Der Zeitpunkt des Übergangs auf IFRS ist daher der Beginn des Geschäftsjahres am 1. Januar 20X4 (oder entsprechend dem Geschäftsjahresende am 31.Dezember 20X3). Unternehmen A veröffentlichte seinen Abschluss jedes Jahr zum 31.Dezember (bis einschließlich zum 31.Dezember 20X4) nach den vorherigen Rechnungslegungsgrundsätzen.

Anwendung der Vorschriften
Unternehmen A muss die IFRS anwenden, die für Perioden gelten, die am 31.Dezember 20X5 enden, und zwar:

(a) bei der Erstellung und Darstellung seiner IFRS-Eröffnungsbilanz zum 1. Januar 20X4; und
(b) bei der Erstellung und Darstellung seiner Bilanz zum 31. Dezember 20X5 (einschließlich der Vergleichszahlen für 20X4), seiner Gesamtergebnisrechnung, Eigenkapitalveränderungsrechnung und Kapitalflussrechnung für das Jahr bis zum 31. Dezember 20X5 (einschließlich der Vergleichszahlen für 20X4) sowie der Angaben (einschließlich Vergleichsinformationen für 20X4).

Falls ein neuer IFRS noch nicht verbindlich ist, aber eine frühere Anwendung zulässt, darf Unternehmen A diesen IFRS in seinem ersten IFRS-Abschluss anwenden, ist dazu jedoch nicht verpflichtet.

9. Die Übergangsvorschriften anderer IFRS gelten für Änderungen der Rechnungslegungsmethoden eines Unternehmens, das IFRS bereits anwendet. Sie gelten nicht für den Übergang eines *erstmaligen Anwenders* auf IFRS, mit Ausnahme der in den Anhängen B-E beschriebenen Regelungen.

10. Mit Ausnahme der in den Paragraphen 13–19 und den Anhängen B–E beschriebenen Fälle ist ein Unternehmen in seiner IFRS-Eröffnungsbilanz dazu verpflichtet,
(a) alle Vermögenswerte und Schulden anzusetzen, deren Ansatz nach den IFRS vorgeschrieben ist;
(b) keine Posten als Vermögenswerte oder Schulden anzusetzen, falls die IFRS deren Ansatz nicht erlauben;
(c) alle Posten umzugliedern, die nach vorherigen Rechnungslegungsgrundsätzen als eine bestimmte Kategorie Vermögenswert, Schuld oder Bestandteil des Eigenkapitals angesetzt wurden, gemäß den IFRS jedoch eine andere Kategorie Vermögenswert, Schuld oder Bestandteil des Eigenkapitals darstellen; und
(d) die IFRS bei der Bewertung aller angesetzten Vermögenswerte und Schulden anzuwenden.

11. Die Rechnungslegungsmethoden, die ein Unternehmen in seiner IFRS-Eröffnungsbilanz verwendet, können sich von den Methoden der zum selben Zeitpunkt verwendeten vorherigen Rechnungslegungsgrundsätze unterscheiden. Die sich ergebenden Berichtigungen resultieren aus Ereignissen und Geschäftsvorfällen vor dem Zeitpunkt des Übergangs auf IFRS. Ein Unternehmen hat solche Berichtigungen daher zum Zeitpunkt des Übergangs auf IFRS direkt in den Gewinnrücklagen (oder, falls angemessen, in einer anderen Eigenkapitalkategorie) zu erfassen.

12. Dieser IFRS legt zwei Arten von Ausnahmen vom Grundsatz fest, dass die IFRS-Eröffnungsbilanz eines Unternehmens mit den Vorschriften aller IFRS übereinstimmen muss:
(a) Anhang B verbietet die retrospektive Anwendung einiger Aspekte anderer IFRS.
(b) Die Anhänge C–E befreien von einigen Vorschriften anderer IFRS.

Ausnahmen zur retrospektiven Anwendung anderer IFRS

13. Dieser IFRS verbietet die retrospektive Anwendung einiger Aspekte anderer IFRS. Diese Ausnahmen sind in den Paragraphen 14–17 und in Anhang B dargelegt.

Schätzungen

14. Zum Zeitpunkt des Übergangs auf IFRS müssen gemäß IFRS vorgenommene Schätzungen eines Unternehmens mit Schätzungen nach vorherigen Rechnungslegungsgrundsätzen zu demselben Zeitpunkt (nach Anpassungen zur Berücksichtigung unterschiedlicher Rechnungslegungsmethoden) übereinstimmen, es sei denn, es liegen objektive Hinweise vor, dass diese Schätzungen fehlerhaft waren.

15. Ein Unternehmen kann nach dem Zeitpunkt des Übergangs auf IFRS Informationen zu Schätzungen erhalten, die es nach vorherigen Rechnungslegungsgrundsätzen vorgenommen hatte. Gemäß Paragraph 14 muss ein Unternehmen diese Informationen wie nicht zu berücksichtigende Ereignisse nach der Berichtsperiode im Sinne von IAS 10 *Ereignisse nach der Berichtsperiode* behandeln. Der Zeitpunkt des Übergangs auf IFRS eines Unternehmens sei beispielsweise der 1. Januar 20X4. Am 15. Juli 20X4 werden neue Informationen bekannt, die eine Korrektur der am 31. Dezember 20X3 nach vorherigen Rechnungslegungsgrundsätzen vorgenommenen Schätzungen notwendig machen. Das Unternehmen darf diese neuen Informationen in seiner IFRS-Eröffnungsbilanz nicht berücksichtigen (es sei denn, die Schätzungen müssen wegen unterschiedlicher Rechnungslegungsmethoden angepasst werden oder es bestehen objektive Hinweise, dass sie fehlerhaft waren). Stattdessen hat das Unternehmen die neuen Informationen in der Gewinn- oder Verlustrechnung (oder ggf. im sonstigen Gesamtergebnis) des Geschäftsjahres zum 31. Dezember 20X4 zu berücksichtigen.

16. Ein Unternehmen muss unter Umständen zum Zeitpunkt des Übergangs auf IFRS Schätzungen gemäß IFRS vornehmen, die für diesen Zeitpunkt nach den vorherigen Rechnungslegungsgrundsätzen nicht vorgeschrieben waren. Um mit IAS 10 übereinzustimmen, müssen diese Schätzungen gemäß IFRS die Gegebenheiten zum Zeitpunkt des Übergangs auf IFRS wiedergeben. Insbesondere Schätzungen von Marktpreisen, Zinssätzen oder Wechselkursen zum Zeitpunkt des Übergangs auf IFRS müssen den Marktbedingungen dieses Zeitpunkts entsprechen.

17. Die Paragraphen 14–16 gelten für die IFRS-Eröffnungsbilanz. Sie gelten auch für Vergleichsperioden, die in dem ersten IFRS-Abschluss eines Unternehmens dargestellt werden. In diesem Fall werden die Verweise auf den Zeitpunkt des Übergangs auf IFRS durch Verweise auf das Ende der Vergleichsperiode ersetzt.

Befreiungen von anderen IFRS

18. Ein Unternehmen kann eine oder mehrere der in den Anhängen C–E aufgeführten Befreiungen in Anspruch nehmen. Ein Unternehmen darf

diese Befreiungen nicht analog auf andere Sachverhalte anwenden.

19. Einige der in den Anhängen C–E aufgeführten Befreiungen beziehen sich auf den *beizulegenden Zeitwert*. Zur Bestimmung des beizulegenden Zeitwerts gemäß diesem IFRS hat ein Unternehmen die Definition des beizulegenden Zeitwerts in Anhang A anzuwenden und speziellere Leitlinien in anderen IFRS zur Ermittlung des beizulegenden Zeitwerts der betreffenden Vermögenswerte oder Schulden zu berücksichtigen. Diese beizulegenden Zeitwerte müssen die Gegebenheiten des Zeitpunkts wiedergeben, für den sie ermittelt wurden.

DARSTELLUNG UND ANGABEN

20. Dieser IFRS enthält keine Befreiungen von den Darstellungs- und Angabepflichten anderer IFRS.

Vergleichsinformationen

21. Um IAS 1 zu entsprechen, muss der erste IFRS-Abschluss mindestens drei Bilanzen, zwei Gesamtergebnisrechnungen, zwei gesonderte Gewinn- und Verlustrechnungen (falls erstellt), zwei Kapitalflussrechnungen und zwei Eigenkapitalveränderungsrechnungen sowie die zugehörigen Anhangangaben, einschließlich Vergleichsinformationen, enthalten.

Nicht mit IFRS übereinstimmende Vergleichsinformationen und Zusammenfassungen historischer Daten

22. Einige Unternehmen veröffentlichen Zusammenfassungen ausgewählter historischer Daten für Perioden vor der ersten Periode, für die sie umfassende Vergleichsinformationen gemäß IFRS bekannt geben. Nach diesem IFRS müssen solche Zusammenfassungen nicht die Ansatz- und Bewertungsvorschriften der IFRS erfüllen. Des Weiteren stellen einige Unternehmen Vergleichsinformationen nach vorherigen Rechnungslegungsgrundsätzen und nach IAS 1 vorgeschriebene Vergleichsinformationen dar. In Abschlüssen mit Zusammenfassungen historischer Daten oder Vergleichsinformationen nach vorherigen Rechnungslegungsgrundsätzen muss ein Unternehmen

(a) die vorherigen Rechnungslegungsgrundsätzen entsprechenden Informationen deutlich als nicht gemäß IFRS erstellt kennzeichnen; und

(b) die wichtigsten Anpassungsarten angeben, die für eine Übereinstimmung mit IFRS notwendig wären. Eine Quantifizierung dieser Anpassungen muss das Unternehmen nicht vornehmen.

Erläuterung des Übergangs auf IFRS

23. **Ein Unternehmen muss erläutern, wie sich der Übergang von vorherigen Rechnungslegungsgrundsätzen auf IFRS auf seine dargestellte Vermögens-, Finanz- und Ertragslage sowie seinen Cashflow ausgewirkt hat.**

Überleitungsrechnungen

24. Um Paragraph 23 zu entsprechen, muss der erste IFRS-Abschluss eines Unternehmens folgende Bestandteile enthalten:

(a) Überleitungen des nach vorherigen Rechnungslegungsgrundsätzen ausgewiesenen Eigenkapitals auf das Eigenkapital gemäß IFRS für:

(i) den Zeitpunkt des Übergangs auf IFRS; und

(ii) das Ende der letzten Periode, die in dem letzten, nach vorherigen Rechnungslegungsgrundsätzen aufgestellten Abschluss eines Geschäftsjahres des Unternehmens dargestellt wurde;

(b) eine Überleitung des Gesamtergebnisses, das im letzten Abschluss nach vorherigen Rechnungslegungsgrundsätzen ausgewiesen wurde, auf das Gesamtergebnis derselben Periode nach IFRS. Den Ausgangspunkt für diese Überleitung bildet das Gesamtergebnis nach vorherigen Rechnungslegungsgrundsätzen für die betreffende Periode bzw., wenn ein Unternehmen kein Gesamtergebnis ausgewiesen hat, das Ergebnis nach vorherigen Rechnungslegungsgrundsätzen;

(c) falls das Unternehmen bei der Erstellung seiner IFRS-Eröffnungsbilanz zum ersten Mal Wertminderungsaufwendungen erfasst oder aufgehoben hat, die Angaben nach IAS 36 *Wertminderung von Vermögenswerten*, die notwendig gewesen wären, falls das Unternehmen diese Wertminderungsaufwendungen oder Wertaufholungen in der Periode erfasst hätte, die zum Zeitpunkt des Übergangs auf IFRS beginnt.

25. Die nach Paragraph 24(a) und (b) vorgeschriebenen Überleitungsrechnungen müssen ausreichend detailliert sein, damit die Adressaten die wesentlichen Anpassungen der Bilanz und der Gesamtergebnisrechnung nachvollziehen können. Falls ein Unternehmen im Rahmen seiner vorherigen Rechnungslegungsgrundsätze eine Kapitalflussrechnung veröffentlicht hat, muss es auch die wesentlichen Anpassungen der Kapitalflussrechnung erläutern.

26. Falls ein Unternehmen auf Fehler aufmerksam wird, die im Rahmen der vorherigen Rechnungslegungsgrundsätze entstanden sind, ist in den nach Paragraph 24(a) und (b) vorgeschriebenen Überleitungsrechnungen die Korrektur solcher Fehler von Änderungen der Rechnungslegungsmethoden abzugrenzen.

27. IAS 8 gilt nicht für Änderungen an Rechnungslegungsmethoden, die ein Unternehmen bei erstmaliger Anwendung der IFRS oder vor der Vorlage seines ersten IFRS-Abschlusses vornimmt. Die Bestimmungen des IAS 8 zu Änderungen an Rechnungslegungsmethoden gelten für den ersten IFRS-Abschluss eines Unternehmens daher nicht.

27A. Ändert ein Unternehmen in der von seinem ersten IFRS-Abschluss erfassten Periode seine Rechnungslegungsmethoden oder die Inanspruchnahme der in diesem IFRS vorgesehenen Befreiungen, so hat es die zwischen seinem ersten IFRS-Zwischenbericht und seinem ersten IFRS-Abschluss vorgenommenen Änderungen gemäß Paragraph 23 zu erläutern und die in Paragraph 24 Buchstaben a und b vorgeschriebenen Überleitungsrechnungen zu aktualisieren.

28. Falls ein Unternehmen für frühere Perioden keine Abschlüsse veröffentlichte, muss es in seinem ersten IFRS-Abschluss darauf hinweisen.

Bestimmung finanzieller Vermögenswerte und finanzieller Verbindlichkeiten

29. Ein Unternehmen kann einen früher angesetzten finanziellen Vermögenswert oder eine finanzielle Verbindlichkeit als einen finanziellen Vermögenswert oder eine finanzielle Verbindlichkeit, der/die erfolgswirksam zum beizulegenden Zeitwert bewertet wird, oder einen finanziellen Vermögenswert als zur Veräußerung verfügbar gemäß Paragraph D 19 bestimmen. In diesem Fall hat das Unternehmen den beizulegenden Zeitwert der in jede Kategorie eingestuften finanziellen Vermögenswerte und finanziellen Verbindlichkeiten zum Zeitpunkt der Einstufung sowie deren Einstufung und den Buchwert aus den vorhergehenden Abschlüssen anzugeben.

Verwendung des beizulegenden Zeitwerts als Ersatz für Anschaffungs- oder Herstellungskosten

30. Falls ein Unternehmen in seiner IFRS-Eröffnungsbilanz für eine Sachanlage, eine als Finanzinvestition gehaltene Immobilie oder einen immateriellen Vermögenswert (siehe Paragraphen D5 und D7) den beizulegenden Zeitwert als Ersatz für Anschaffungs- oder Herstellungskosten verwendet, sind in dem ersten IFRS-Abschluss des Unternehmens für jeden einzelnen Bilanzposten der IFRS-Eröffnungsbilanz folgende Angaben zu machen:

(a) die Summe dieser beizulegenden Zeitwerte; und

(b) die Gesamtanpassung der nach vorherigen Rechnungslegungsgrundsätzen ausgewiesenen Buchwerte.

Verwendung des als Ersatz für Anschaffungs- oder Herstellungskosten angesetzten Werts der Anteile an Tochterunternehmen, gemeinschaftlich geführten Unternehmen und assoziierten Unternehmen

31. Verwendet ein Unternehmen in seiner IFRS-Eröffnungsbilanz einen Ersatzwert für Anschaffungs- oder Herstellungskosten eines Anteils an einem Tochterunternehmen, gemeinschaftlich geführten Unternehmen oder assoziierten Unternehmen in dessen Einzelabschluss (siehe Paragraph D 15), so sind im ersten IFRS-Einzelabschluss des Unternehmens folgende Angaben zu machen:

(a) die Summe der als Ersatz für Anschaffungs- oder Herstellungskosten angesetzten Werte derjenigen Anteile, die nach den vorherigen Rechnungslegungsgrundsätzen als Buchwerte ausgewiesen wurden;

(b) die Summe der als Ersatz für Anschaffungs- oder Herstellungskosten angesetzten Werte, die als beizulegender Zeitwert ausgewiesen werden; und

(c) die Gesamtanpassung der nach vorherigen Rechnungslegungsgrundsätzen ausgewiesenen Buchwerte.

Verwendung des als Ersatz für Anschaffungs- oder Herstellungskosten angesetzten Werts für Erdöl- und Erdgasvorkommen

31A. Nutzt ein Unternehmen die in Paragraph D8A(b) genannte Ausnahme für Erdöl- und Erdgasvorkommen, so hat es dies sowie die Grundlage anzugeben, auf der Buchwerte, die nach vorherigen Rechnungslegungsgrundsätzen ermittelt wurden, zugeordnet werden.

Verwendung eines Ersatzes für Anschaffungs- oder Herstellungskosten bei preisregulierten Geschäftsbereichen

31B. Nimmt ein Unternehmen für preisregulierte Geschäftsbereiche die in Paragraph D8B vorgesehene Befreiung in Anspruch, hat es dies anzugeben und zu erläutern, auf welcher Grundlage die Buchwerte nach den früheren Rechnungslegungsgrundsätzen bestimmt wurden.

Zwischenberichte

32. Um Paragraph 23 zu entsprechen, muss ein Unternehmen, falls es einen Zwischenbericht nach IAS 34 veröffentlicht, der einen Teil der in seinem ersten IFRS-Abschluss erfassten Periode abdeckt, zusätzlich zu den Vorschriften aus IAS 34 die folgenden Maßgaben erfüllen:

(a) Falls das Unternehmen für die entsprechende Zwischenberichtsperiode des unmittelbar vorangegangenen Geschäftsjahres ebenfalls einen Zwischenbericht veröffentlicht hat, muss jeder dieser Zwischenberichte Folgendes enthalten:

(i) eine Überleitung des nach den früheren Rechnungslegungsgrundsätzen ermittelten Eigenkapitals zum Ende der entsprechenden Zwischenberichtsperiode auf das Eigenkapital gemäß IFRS zum selben Zeitpunkt und

(ii) eine Überleitung auf das nach den IFRS ermittelte Gesamtergebnis für die entsprechende Zwischenberichtsperiode (die aktuelle und die von Beginn des Geschäftsjahres bis zum Zwischenberichtstermin fortgeführte) Zwischenberichtsperiode. Als Ausgangspunkt für diese Überleitung ist das Gesamtergebnis zu verwenden, das nach den früheren Rechnungslegungsgrundsätzen für diese Periode ermittelt wurde, bzw., wenn ein Unternehmen kein Gesamtergebnis ausgewiesen hat, der nach den früheren Rechnungslegungsgrundsätzen ermittelte Gewinn oder Verlust.

(b) Zusätzlich zu den unter a vorgeschriebenen Überleitungsrechnungen muss der erste Zwischenbericht eines Unternehmens nach IAS 34, der einen Teil der in seinem ersten IFRS-Abschluss erfassten Periode abdeckt, die in Paragraph 24 Buchstaben a und b beschriebenen Überleitungsrechnungen (ergänzt um die in den Paragraphen 25 und 26 enthaltenen Einzelheiten) oder einen Querverweis auf ein anderes veröffentlichtes Dokument enthalten, das diese Überleitungsrechnungen beinhaltet.

(c) Ändert ein Unternehmen seine Rechnungslegungsmethoden oder die Inanspruchnahme der in diesem IFRS vorgesehenen Befreiungen, so hat es die Änderungen in jedem dieser Zwischenberichte gemäß Paragraph 23 zu erläutern und die unter a und b vorgeschriebenen Überleitungsrechnungen zu aktualisieren.

33. IAS 34 schreibt Mindestangaben vor, die auf der Annahme basieren, dass die Adressaten der Zwischenberichte auch Zugriff auf die aktuellsten Abschlüsse eines Geschäftsjahres haben. IAS 34 schreibt jedoch auch vor, dass ein Unternehmen „alle Ereignisse oder Geschäftsvorfälle anzugeben hat, die für ein Verständnis der aktuellen Zwischenberichtsperiode wesentlich sind". Falls ein erstmaliger Anwender in seinem letzten Abschluss eines Geschäftsjahres nach vorherigen Rechnungslegungsgrundsätzen daher keine Informationen veröffentlicht hat, die zum Verständnis der aktuellen Zwischenberichtsperioden notwendig sind, muss sein Zwischenbericht diese Informationen offen legen oder einen Querverweis auf ein anderes veröffentlichtes Dokument beinhalten, das diese enthält.

ZEITPUNKT DES INKRAFTTRETENS

34. Ein Unternehmen hat diesen IFRS anzuwenden, falls der Zeitraum seines ersten IFRS-Abschlusses am 1. Juli 2009 oder später beginnt. Eine frühere Anwendung ist zulässig.

35. Die Änderungen in den Paragraphen D1(n) und D 23 sind erstmals in der ersten Berichtsperiode eines am 1. Juli 2009 oder danach beginnenden Geschäftsjahres anzuwenden. Wird IAS 23 *Fremdkapitalkosten* (überarbeitet 2007) auf eine frühere Periode angewandt, sind diese Änderungen entsprechend auch anzuwenden.

36. Durch IFRS 3 *Unternehmenszusammenschlüsse* (überarbeitet 2008) wurden die Paragraphen 19, C1 und C4(f) und (g) geändert. Wird IFRS 3 (überarbeitet 2008) auf eine frühere Periode angewandt, sind diese Änderungen entsprechend auch anzuwenden.

37. Durch IAS 27 *Konzern- und Einzelabschlüsse* (überarbeitet 2008) wurden die Paragraphen 13 und B7 geändert.. Wenn ein Unternehmen IAS 27 (geändert 2008) für eine frühere Berichtsperiode anwendet, so sind auch diese Änderungen für jene frühere Periode anzuwenden.

38. Durch den im Mai 2008 herausgegebenen Paragraphen *Anschaffungs- oder Herstellungskosten von Anteilen an Tochterunternehmen, ge-* meinschaftlich geführten Unternehmen oder assoziierten Unternehmen (Änderungen des IFRS 1 und IAS 27) wurden die Paragraphen 31, D1(g), D14 und D15 hinzugefügt. Diese Paragraphen sind erstmals in der ersten Berichtsperiode eines am 1. Juli 2009 oder danach beginnenden Geschäftsjahres anzuwenden. Eine frühere Anwendung ist zulässig. Wenn ein Unternehmen diese Paragraphen für eine frühere Berichtsperiode anwendet, so ist diese Tatsache anzugeben.

39. Durch die im Mai 2008 herausgegebenen *Verbesserungen der IFRS* wurde der Paragraph B7 geändert. Diese Änderungen sind erstmals in der ersten Berichtsperiode eines am 1. Juli 2009 oder danach beginnenden Geschäftsjahres anzuwenden. Wenn ein Unternehmen IAS 27 (geändert 2008) für eine frühere Berichtsperiode anwendet, so sind auch diese Änderungen für jene frühere Periode anzuwenden.

39A. *Zusätzliche Befreiungen für erstmalige Anwender* (Änderungen zu IFRS 1) von Juli 2009 fügte die Paragraphen 31A, D8A, D9A und D21A hinzu und änderte Paragraph D1(c), (d) und (l) ab. Diese Änderungen sind erstmals in der ersten Berichtsperiode eines am 1. Januar 2010 oder danach beginnenden Geschäftsjahrs anzuwenden. Eine frühere Anwendung ist zulässig. Wendet ein Unternehmen die Änderungen für ein früheres Geschäftsjahr an, hat es dies anzugeben.

39C. Durch *Begrenzte Befreiung erstmaliger Anwender von Vergleichsangaben nach IFRS 7* (im Januar 2010 veröffentlichte Änderung an IFRS 1) wurde Paragraph E3 hinzugefügt. Diese Änderung ist erstmals in der ersten Berichtsperiode eines am oder nach dem 1. Juli 2010 beginnenden Geschäftsjahres anzuwenden. Eine frühere Anwendung ist zulässig. Wendet ein Unternehmen die Änderung auf eine frühere Berichtsperiode an, hat es dies anzugeben.

39E. Durch die im Mai 2010 veröffentlichten *Verbesserungen an den IFRS* wurden die Paragraphen 27A, 31B und D8B eingefügt und die Paragraphen 27, 32, D1(c) und D8 geändert. Diese Änderungen sind erstmals in der ersten Berichtsperiode eines am oder nach dem 1. Januar 2011 beginnenden Geschäftsjahres anzuwenden. Eine frühere Anwendung ist zulässig. Wendet ein Unternehmen die Änderungen auf eine frühere Periode an, hat es dies anzugeben. Unternehmen, die schon in Geschäftsjahren vor Inkrafttreten des IFRS 1 auf IFRS umgestellt oder IFRS 1 in einem früheren Geschäftsjahr angewandt haben, dürfen die Änderung an Paragraph D8 im ersten Geschäftsjahr nach Inkrafttreten der Änderung rückwirkend anwenden. Wendet ein Unternehmen Paragraph D8 rückwirkend an, so hat es dies anzugeben.

RÜCKNAHME VON IFRS 1 (HERAUSGEGEBEN 2003)

40. Dieser IFRS ersetzt IFRS 1 (herausgegeben 2003 und geändert im Mai 2008).

3/1. IFRS 1
Anlage A, Anhang B

ANLAGE A
DEFINITIONEN

Dieser Anhang ist integraler Bestandteil des IFRS.

Zeitpunkt des Übergangs auf IFRS	Der Beginn der frühesten Periode, für die ein Unternehmen in seinem **ersten IFRS-Abschluss** vollständige Vergleichsinformationen nach IFRS veröffentlicht.
als Ersatz für Anschaffungs- oder Herstellungskosten angesetzter Wert	Ein Wert, der zu einem bestimmten Datum als Ersatz für Anschaffungs- oder Herstellungskosten oder fortgeführte Anschaffungs- oder Herstellungskosten verwendet wird. Anschließende Abschreibungen gehen davon aus, dass das Unternehmen den Ansatz des Vermögenswerts oder der Schuld ursprünglich an diesem bestimmten Datum vorgenommen hatte und dass seine Anschaffungs- oder Herstellungskosten dem als Ersatz für Anschaffungs- oder Herstellungskosten angesetzten Wert entsprachen.
beizulegender Zeitwert	Der Betrag, zu dem zwischen sachverständigen, vertragswilligen und voneinander unabhängigen Geschäftspartnern unter marktüblichen Bedingungen ein Vermögenswert getauscht oder eine Schuld beglichen werden könnte.
erster IFRS-Abschluss	Der erste Abschluss eines Geschäftsjahres, in dem ein Unternehmen die **International Financial Reporting Standards (IFRS)** durch eine ausdrückliche und uneingeschränkte Bestätigung der Übereinstimmung mit den IFRS anwendet.
erste IFRS-Berichtsperiode	Die letzte Berichtsperiode, auf die sich der **erste IFRS-Abschluss** eines Unternehmens bezieht.
erstmaliger Anwender	Ein Unternehmen, das seinen **ersten IFRS-Abschluss** darstellt.
International Financial Reporting Standards (IFRS)	Durch den International Accounting Standards Board (IASB) verabschiedete Standards und Interpretationen. Sie umfassen: a) International Financial Reporting Standards; b) International Accounting Standards und c) Interpretationen des International Financial Reporting Interpretations Committee (IFRIC) bzw. des ehemaligen Standing Interpretations Committee (SIC).
IFRS-Eröffnungsbilanz	Die Bilanz eines Unternehmens zum **Zeitpunkt des Übergangs auf IFRS**.
vorherige Rechnungslegungsgrundsätze	Die Rechnungslegungsbasis eines **erstmaligen Anwenders** unmittelbar vor der Anwendung der IFRS.

ANHANG B
Ausnahmen zur retrospektiven Anwendung anderer IFRS

Dieser Anhang ist integraler Bestandteil des IFRS.

B1. Ein Unternehmen hat folgende Ausnahmen anzuwenden:

(a) die Ausbuchung finanzieller Vermögenswerte und finanzieller Verbindlichkeiten (Paragraphen B2 und B3);

(b) Bilanzierung von Sicherungsgeschäften (Paragraphen B4-B6) und

(c) nicht beherrschende Anteile (Paragraph B7).

Ausbuchung finanzieller Vermögenswerte und finanzieller Verbindlichkeiten

B2. Ein erstmaliger Anwender hat die Ausbuchungsvorschriften in IAS 39 *Finanzinstrumente: Ansatz und Bewertung* prospektiv für Transaktionen, die am oder nach dem 1. Januar 2004 auftreten, anzuwenden, es sei denn Paragraph B3 lässt etwas anderes zu. Mit anderen Worten: Falls ein erstmaliger Anwender nicht derivative finanzielle Vermögenswerte oder nicht derivative finanzielle Verbindlichkeiten nach seinen vorherigen Rechnungslegungsgrundsätzen infolge einer vor dem 1. Januar 2004 stattgefundenen Transaktion ausgebucht hat, ist ein Ansatz der Vermögenswerte und Verbindlichkeiten gemäß IFRS nicht gestattet (es

3/1. IFRS 1
Anhang B, C

sei denn, ein Ansatz ist aufgrund einer späteren Transaktion oder eines späteren Ereignisses möglich).

B3. Ungeachtet Paragraph B2 kann ein Unternehmen die Ausbuchungsvorschriften in IAS 39 rückwirkend ab einem vom Unternehmen beliebig zu wählenden Datum anwenden, sofern die benötigten Informationen, um IAS 39 auf infolge vergangener Transaktionen ausgebuchte finanzielle Vermögenswerte und finanzielle Verbindlichkeiten anzuwenden, zum Zeitpunkt der erstmaligen Bilanzierung dieser Transaktionen vorlagen.

Bilanzierung von Sicherungsgeschäften

B4. Wie in IAS 39 gefordert, muss ein Unternehmen zum Zeitpunkt des Übergangs auf IFRS:
(a) alle derivativen Finanzinstrumente zu ihrem beizulegenden Zeitwert bewerten; und
(b) alle aus derivativen Finanzinstrumenten entstandenen abgegrenzten Verluste und Gewinne, die nach vorherigen Rechnungslegungsgrundsätzen wie Vermögenswerte oder Schulden ausgewiesen wurden, ausbuchen.

B5. Die IFRS-Eröffnungsbilanz eines Unternehmens darf kein Sicherungsgeschäft enthalten, das die Kriterien für eine Bilanzierung von Sicherungsgeschäften gemäß IAS 39 nicht erfüllt (zum Beispiel viele Sicherungsgeschäfte, bei denen das Sicherungsinstrument ein Kassainstrument oder eine geschriebene Option ist; bei denen das gesicherte Grundgeschäft eine Nettoposition darstellt oder bei denen das Sicherungsgeschäft durch eine bis zur Endfälligkeit zu haltende Finanzinvestition gegen Zinsrisiken absichert). Falls ein Unternehmen jedoch nach vorherigen Rechnungslegungsgrundsätzen eine Nettoposition als gesichertes Grundgeschäft eingestuft hatte, darf es innerhalb dieser Nettoposition einen Einzelposten als ein gesichertes Grundgeschäft gemäß IFRS einstufen, falls es diesen Schritt spätestens zum Zeitpunkt des Übergangs auf IFRS vornimmt.

B6. Wenn ein Unternehmen vor dem Zeitpunkt des Übergangs auf IFRS eine Transaktion als ein Sicherungsgeschäft bestimmt hat, das Sicherungsgeschäft jedoch nicht die Bilanzierungsbedingungen für Sicherungsgeschäfte in IAS 39 erfüllt, hat das Unternehmen die Paragraphen 91 und 101 von IAS 39 anzuwenden, um die Bilanzierung des Sicherungsgeschäfts einzustellen. Vor dem Zeitpunkt des Übergangs auf IFRS eingegangene Transaktionen dürfen nicht rückwirkend als Sicherungsgeschäfte bezeichnet werden.

Nicht beherrschende Anteile

B7. Ein erstmaliger Anwender hat die folgenden Anforderungen des IAS 27 (geändert 2008) prospektiv ab dem Zeitpunkt des Übergangs auf IFRS anzuwenden:
(a) die Anforderung des Paragraphen 28, dass das Gesamtergebnis auf die Eigentümer des Mutterunternehmens und die nicht beherrschenden Anteile selbst dann aufgeteilt wird, wenn es dazu führt, dass die nicht beherrschenden Anteile einen Passivsaldo aufweisen;
(b) die Anforderungen der Paragraphen 30 und 31 hinsichtlich der Bilanzierung von Änderungen der Eigentumsanteile an einem Tochterunternehmen, die nicht zu einem Verlust der Beherrschung führen; und
(c) die Anforderungen der Paragraphen 34–37 hinsichtlich der Bilanzierung des Verlustes der Beherrschung über ein Tochterunternehmen und die entsprechenden Anforderungen des Paragraphen 8A des IFRS 5 *Zur Veräußerung gehaltene langfristige Vermögenswerte und aufgegebene Geschäftsbereiche*.

Wenn sich jedoch ein erstmaliger Anwender entscheidet, IFRS 3 (überarbeitet 2008) rückwirkend auf vergangene Unternehmenszusammenschlüsse anzuwenden, muss er auch IAS 27 (geändert 2008) im Einklang mit Paragraph C1 dieses IFRS anwenden.

ANLAGE C
Befreiungen für Unternehmenszusammenschlüsse

Dieser Anhang ist integraler Bestandteil des IFRS. Für Unternehmenszusammenschlüsse, die ein Unternehmen vor dem Zeitpunkt des Übergangs auf IFRS erfasst hat, sind die folgenden Vorschriften anzuwenden.

C1. Ein erstmaliger Anwender kann beschließen, IFRS 3 (überarbeitet 2008) nicht retrospektiv auf vergangene Unternehmenszusammenschlüsse (Unternehmenszusammenschlüsse, die vor dem Zeitpunkt des Übergangs auf IFRS stattfanden) anzuwenden. Falls ein erstmaliger Anwender einen Unternehmenszusammenschluss jedoch berichtigt, um eine Übereinstimmung mit IFRS 3 (überarbeitet 2008) herzustellen, muss er alle späteren Unternehmenszusammenschlüsse anpassen und ebenfalls IAS 27 (geändert 2008) von demselben Zeitpunkt an anwenden. Wenn ein erstmaliger Anwender sich beispielsweise entschließt, einen Unternehmenszusammenschluss zu berichtigen, der am 30. Juni 20X6 stattfand, muss er alle Unternehmenszusammenschlüsse anpassen, die zwischen dem 30. Juni 20X6 und dem Zeitpunkt des Übergangs auf IFRS vollzogen wurden, und ebenso IAS 27 (geändert 2008) ab dem 30. Juni 20X6 anwenden.

C2. Ein Unternehmen braucht IAS 21 *Auswirkungen von Wechselkursänderungen* nicht retrospektiv auf Anpassungen an den beizulegenden Zeitwert und den Geschäfts- und Firmenwert anzuwenden, die sich aus Unternehmenszusammenschlüssen ergeben, die vor dem Zeitpunkt der Umstellung auf die IFRS stattgefunden haben. Wendet ein Unternehmen IAS 21 retrospektiv auf derartige Anpassungen an den beizulegenden Zeitwert und den Geschäfts- und Firmenwert an, sind diese als Vermögenswerte und Schulden des Unternehmens und nicht als Vermögenswerte und Schulden des erworbenen Unternehmens zu behandeln. Der Geschäfts- oder Firmenwert und die Anpassungen an den beizulegenden Zeitwert sind daher bereits in der funktionalen Währung des berichtenden Unternehmens angegeben, oder es handelt sich um nicht monetäre Fremdwährungsposten, die mit dem nach den bisherigen Rechnungslegungsstandards anzuwendenden Wechselkurs umgerechnet werden.

C3. Ein Unternehmen kann den IAS 21 retrospektiv auf Anpassungen an den beizulegenden Zeitwert und den Geschäfts- oder Firmenwert anwenden im Zusammenhang mit

(a) allen Unternehmenszusammenschlüssen, die vor dem Tag der Umstellung auf die IFRS stattgefunden haben; oder

(b) allen Unternehmenszusammenschlüssen, die das Unternehmen zur Erfüllung von IFRS 3 gemäß Paragraph C1 oben anpassen möchte.

C4. Falls ein erstmaliger Anwender IFRS 3 nicht retrospektiv auf einen vergangenen Unternehmenszusammenschluss anwendet, hat dies für den Unternehmenszusammenschluss folgende Auswirkungen:

(a) Der erstmalige Anwender muss dieselbe Einstufung (als Erwerb durch den rechtlichen Erwerber oder umgekehrten Unternehmenserwerb durch das im rechtlichen Sinne erworbene Unternehmen oder eine Interessenzusammenführung) wie in seinem Abschluss nach vorherigen Rechnungslegungsgrundsätzen vornehmen.

(b) Der erstmalige Anwender muss zum Zeitpunkt des Übergangs auf IFRS alle im Rahmen eines vergangenen Unternehmenszusammenschlusses erworbenen Vermögenswerte oder übernommenen Schulden ansetzen, bis auf

(i) einige finanzielle Vermögenswerte und finanzielle Schulden, die nach vorherigen Rechnungslegungsgrundsätzen ausgebucht wurden (siehe Paragraph B2); und

(ii) Vermögenswerte, einschließlich Geschäfts- oder Firmenwert, und Schulden, die in der nach vorherigen Rechnungslegungsgrundsätzen erstellten Konzernbilanz des erwerbenden Unternehmens nicht zum Ansatz kamen und auch gemäß IFRS in der Einzelbilanz des erworbenen Unternehmens die Ansatzkriterien nicht erfüllen würden (siehe (f)–(i) unten).

Sich ergebende Änderungen muss der erstmalige Anwender durch Anpassung der Gewinnrücklagen (oder, falls angemessen, einer anderen Eigenkapitalkategorie) erfassen, es sei denn, die Änderung beruht auf dem Ansatz eines immateriellen Vermögenswerts, der bisher Bestandteil des Postens Geschäfts- oder Firmenwert war (siehe (g)(i) unten).

(c) Der erstmalige Anwender muss in seiner IFRS-Eröffnungsbilanz alle nach vorherigen Rechnungslegungsgrundsätzen bilanzierten

Posten, welche die Ansatzkriterien eines Vermögenswerts oder einer Schuld gemäß IFRS nicht erfüllen, ausbuchen. Die sich ergebenden Änderungen sind durch den erstmaligen Anwender wie folgt zu erfassen:

(i) Es kann sein, dass der erstmalige Anwender einen in der Vergangenheit stattgefundenen Unternehmenszusammenschluss als Erwerb klassifiziert und einen Posten als immateriellen Vermögenswert bilanziert hat, der die Ansatzkriterien eines Vermögenswertes gemäß IAS 38 *Immaterielle Vermögenswerte* nicht erfüllt. Dieser Posten (und, falls vorhanden, die damit zusammenhängenden latenten Steuern und nicht beherrschenden Anteile) ist auf den Geschäfts- oder Firmenwert umzugliedern (es sei denn, der Geschäfts- oder Firmenwert wurde nach vorherigen Rechnungslegungsgrundsätzen direkt mit dem Eigenkapital verrechnet (siehe (g)(i) und (i) unten).

(ii) Alle sonstigen sich ergebenden Änderungen sind durch den erstmaligen Anwender in den Gewinnrücklagen zu erfassen (^{1}).

(^{1}) Solche Änderungen enthalten Umgliederungen von oder auf immaterielle Vermögenswerte, falls der Geschäfts- oder Firmenwert nach vorherigen Rechnungslegungsgrundsätzen nicht als Vermögenswert bilanziert wurde. Dies ist der Fall, wenn das Unternehmen nach vorherigen Rechnungslegungsgrundsätzen (a) den Geschäfts- oder Firmenwert direkt mit dem Eigenkapital verrechnet oder (b) den Unternehmenszusammenschluss nicht als Erwerb behandelt hat.

(d) Die IFRS verlangen eine Folgebewertung einiger Vermögenswerte und Schulden, die nicht auf historischen Anschaffungs- und Herstellungskosten, sondern zum Beispiel auf dem beizulegenden Zeitwert basiert. Der erstmalige Anwender muss diese Vermögenswerte und Schulden in seiner Eröffnungsbilanz selbst dann auf dieser Basis bewerten, falls sie im Rahmen eines vergangenen Unternehmenszusammenschlusses erworben oder übernommen wurden. Jegliche dadurch entstehende Veränderungen des Buchwerts sind durch Anpassung der Gewinnrücklagen (oder, falls angemessen, einer anderen Eigenkapitalkategorie) anstatt durch Korrektur des Geschäfts- oder Firmenwerts zu erfassen.

(e) Der unmittelbar nach dem Unternehmenszusammenschluss nach vorherigen Rechnungslegungsgrundsätzen ermittelte Buchwert von im Rahmen dieses Unternehmenszusammenschlusses erworbenen Vermögenswerten und übernommenen Schulden ist gemäß IFRS als Ersatz für Anschaffungs- oder Herstellungskosten zu diesem Zeitpunkt festzulegen. Falls die IFRS zu einem späteren Zeitpunkt eine auf Anschaffungs- und Herstellungskosten basierende Bewertung dieser Vermögenswerte und Schulden verlangen, stellt dieser

3/1. IFRS 1
Anhang C

als Ersatz für Anschaffungs- oder Herstellungskosten angesetzte Wert ab dem Zeitpunkt des Unternehmenszusammenschlusses die Basis der auf Anschaffungs- oder Herstellungskosten basierenden Abschreibungen dar.

(f) Falls ein im Rahmen eines vergangenen Unternehmenszusammenschlusses erworbener Vermögenswert oder eine übernommene Schuld nach den vorherigen Rechnungslegungsgrundsätzen nicht bilanziert wurde, beträgt der als Ersatz für Anschaffungs- oder Herstellungskosten in der IFRS-Eröffnungsbilanz ausgewiesene Wert nicht zwangsläufig null. Stattdessen muss der Erwerber den Vermögenswert oder die Schuld in seiner Konzernbilanz ansetzen und so bewerten, wie es nach den IFRS in der Bilanz des erworbenen Unternehmens vorgeschrieben wäre. Zur Veranschaulichung: Falls der Erwerber in vergangenen Unternehmenszusammenschlüssen erworbene Finanzierungs-Leasingverhältnisse nach den vorherigen Rechnungslegungsgrundsätzen nicht aktiviert hatte, muss er diese Leasingverhältnisse in seinem Konzernabschluss so aktivieren, wie es IAS 17 *Leasingverhältnisse* für die IFRS-Bilanz des erworbenen Unternehmens vorschreiben würde. Falls der Erwerber eine Eventualverbindlichkeit, die zum Zeitpunkt des Übergangs auf IFRS noch besteht, nach den vorherigen Rechnungslegungsgrundsätzen nicht angesetzt hatte, muss er diese Eventualverbindlichkeit zu diesem Zeitpunkt ebenfalls ansetzen, es sei denn IAS 37 *Rückstellungen, Eventualverbindlichkeiten und Eventualforderungen* würde dessen Ansatz im Abschluss des erworbenen Unternehmens verbieten. Falls im Gegensatz dazu Vermögenswerte oder Schulden nach vorherigen Rechnungslegungsgrundsätzen Bestandteil des Geschäfts- oder Firmenwerts waren, gemäß IFRS 3 jedoch gesondert bilanziert worden wären, verbleiben diese Vermögenswerte oder Schulden im Geschäfts- oder Firmenwert, es sei denn, die IFRS würden ihren Ansatz im Einzelabschluss des erworbenen Unternehmens verlangen.

(g) Der Buchwert des Geschäfts- oder Firmenwerts in der IFRS-Eröffnungsbilanz entspricht nach Durchführung der folgenden zwei Anpassungen dem Buchwert nach vorherigen Rechnungslegungsgrundsätzen zum Zeitpunkt des Übergangs auf IFRS.

  (i) Wenn es der obige Paragraph (c)(i) verlangt, muss der erstmalige Anwender den Buchwert des Geschäfts- oder Firmenwerts erhöhen, falls er einen Posten umgliedert, der nach vorherigen Rechnungslegungsgrundsätzen als immaterieller Vermögenswert angesetzt wurde. Falls der erstmalige Anwender nach obigem Paragraph (f) analog einen immateriellen Vermögenswert bilanzieren muss, der nach vorherigen Rechnungslegungsgrundsätzen Bestandteil des aktivierten Geschäfts- oder Firmenwerts war, muss der erstmalige Anwender den Buchwert des Geschäfts- oder Firmenwerts entsprechend vermindern, falls angebracht, latente Steuern und nicht beherrschende Anteile korrigieren).

  (ii) Unabhängig davon, ob Anzeichen für eine Wertminderung des Geschäfts- oder Firmenwerts vorliegen, muss der erstmalige Anwender IAS 36 anwenden, um zum Zeitpunkt des Übergangs auf IFRS den Geschäfts- oder Firmenwert auf eine Wertminderung zu überprüfen und daraus resultierende Wertminderungsaufwendungen in den Gewinnrücklagen (oder, falls nach IAS 36 vorgeschrieben, in den Neubewertungsrücklagen) zu erfassen. Die Überprüfung auf Wertminderungen hat auf den Gegebenheiten zum Zeitpunkt des Übergangs auf IFRS zu basieren.

(h) Weitere Berichtigungen des Buchwerts des Geschäfts- oder Firmenwerts sind zum Zeitpunkt des Übergangs auf IFRS nicht gestattet. Der erstmalige Anwender darf beispielsweise den Buchwert des Geschäfts- oder Firmenwerts nicht berichtigen, um

  (i) laufende, im Rahmen des Unternehmenszusammenschlusses erworbene Forschungs- und Entwicklungskosten herauszurechnen (es sei denn, der damit zusammenhängende immaterielle Vermögensgegenstand würde die Ansatzkriterien gemäß IAS 38 in der Bilanz des erworbenen Unternehmens erfüllen);

  (ii) frühere Amortisationen des Geschäfts- oder Firmenwerts zu berichtigen;

  (iii) Berichtigungen des Geschäfts- oder Firmenwerts zu stornieren, die gemäß IFRS 3 nicht gestattet wären, jedoch nach vorherigen Rechnungslegungsgrundsätzen aufgrund von Anpassungen von Vermögenswerten und Schulden zwischen dem Zeitpunkt des Unternehmenszusammenschlusses und dem Zeitpunkt des Übergangs auf IFRS vorgenommen wurden.

(i) Falls der erstmalige Anwender den Geschäfts- oder Firmenwert im Rahmen der vorherigen Rechnungslegungsgrundsätze mit dem Eigenkapital verrechnet hat,

  (i) darf er diesen Geschäfts- oder Firmenwert nicht in seiner IFRS-Eröffnungsbilanz ansetzen. Des Weiteren darf er diesen Geschäfts- oder Firmenwert nicht ins Ergebnis umgliedern, falls er das Tochterunternehmen veräußert oder falls eine Wertminderung der in das Tochterunternehmen vorgenommenen Finanzinvestition auftritt.

(ii) sind Berichtigungen aus dem Eintreten einer Bedingung, von der der Erwerbspreis abhängt, in den Gewinnrücklagen zu erfassen.

(j) Es kann sein, dass der erstmalige Anwender keine Konsolidierung eines im Rahmen eines Unternehmenszusammenschlusses erworbenen Tochterunternehmens nach seinen vorherigen Rechnungslegungsgrundsätzen vorgenommen hat (zum Beispiel weil es durch das Mutterunternehmen nach den vorherigen Rechnungslegungsgrundsätzen nicht als Tochterunternehmen eingestuft war oder das Mutterunternehmen keinen Konzernabschluss erstellt hatte). Der erstmalige Anwender hat die Buchwerte der Vermögenswerte und Schulden des Tochterunternehmens so anzupassen, wie es die IFRS für die Bilanz des Tochterunternehmens vorschreiben würden. Der als Ersatz für Anschaffungs- oder Herstellungskosten zum Zeitpunkt des Übergangs auf IFRS angesetzte Wert entspricht beim Geschäfts- oder Firmenwert der Differenz zwischen:

(i) dem Anteil des Mutterunternehmens an diesen angepassten Buchwerten; und

(ii) den im Einzelabschluss des Mutterunternehmens bilanzierten Anschaffungs- oder Herstellungskosten der in das Tochterunternehmen vorgenommenen Finanzinvestition.

(k) Die Bewertung von nicht beherrschenden Anteilen und latenten Steuern folgt aus der Bewertung der anderen Vermögenswerte und Schulden. Die oben erwähnten Berichtigungen bilanzierter Vermögenswerte und Schulden wirken sich daher auf nicht beherrschende Anteile und latente Steuern aus.

C5. Die Befreiung für vergangene Unternehmenszusammenschlüsse gilt auch für in der Vergangenheit erworbene Anteile an assoziierten Unternehmen und an Gemeinschaftsunternehmen. Des Weiteren gilt das nach Paragraph C1 gewählte Datum entsprechend für alle derartigen Akquisitionen.

ANHANG D

BEFREIUNGEN VON ANDEREN IFRS

Dieser Anhang ist integraler Bestandteil des IFRS.

D1. Ein Unternehmen kann eine oder mehrere der folgenden Befreiungen in Anspruch nehmen:

(a) anteilsbasierte Vergütungen (Paragraphen D2 und D3);

(b) Versicherungsverträge (Paragraph D4);

(c) Ersatz für Anschaffungs- oder Herstellungskosten (Paragraphen D5–D8B);

(d) Leasingverhältnisse (Paragraphen D9 und D9A);

(e) Leistungen an Arbeitnehmer (Paragraphen D10 und D11);

(f) kumulierte Umrechnungsdifferenzen (Paragraphen D12 und D13);

(g) Anteile an Tochterunternehmen, gemeinschaftlich geführten Unternehmen und assoziierten Unternehmen (Paragraphen D14 und D15);

(h) Vermögenswerte und Schulden von Tochterunternehmen, assoziierten Unternehmen und Gemeinschaftsunternehmen (Paragraphen D16 und D17);

(i) zusammengesetzte Finanzinstrumente (Paragraph D18);

(j) Einstufung von früher angesetzten Finanzinstrumenten (Paragraph D19);

(k) Bewertung von finanziellen Vermögenswerten und finanziellen Verbindlichkeiten beim erstmaligen Ansatz mit dem beizulegenden Zeitwert (Paragraph D20);

(l) in den Sachanlagen enthaltene Kosten für die Entsorgung (Paragraphen D21 und D21A);

(m) finanzielle Vermögenswerte oder immaterielle Vermögenswerte, die gemäß IFRIC 12 *Vereinbarungen über Dienstleistungskonzessionen* bilanziert werden (Paragraph D22); und

(n) Fremdkapitalkosten (Paragraph D23).

(o) Übertragung von Vermögenswerten durch einen Kunden (Paragraph D24).

Ein Unternehmen darf diese Befreiungen nicht analog auf andere Sachverhalte anwenden.

Anteilsbasierte Vergütungen

D2. Obwohl ein Erstanwender nicht dazu verpflichtet ist, wird ihm empfohlen, IFRS 2 *Anteilsbasierte Vergütung* auf Eigenkapitalinstrumente anzuwenden, die am oder vor dem 7. November 2002 gewährt wurden. Ein Erstanwender kann IFRS 2 freiwillig auch auf Eigenkapitalinstrumente anwenden, die nach dem 7. November 2002 gewährt wurden, und diese Gewährung vor (a) dem Tag der Umstellung auf IFRS oder (b) dem 1. Januar 2005 – je nachdem, welcher Zeitpunkt früher lag – erfolgte. Eine freiwillige Anwendung des IFRS 2 auf solche Eigenkapitalinstrumente ist jedoch nur dann zulässig, wenn das Unternehmen den beizulegenden Zeitwert dieser Eigenkapitalinstrumente, der zum Bewertungsstichtag laut Definition in IFRS 2 ermittelt wurde, veröffentlicht hat. Alle gewährten Eigenkapitalinstrumente, auf die IFRS 2 keine Anwendung findet (also alle bis einschließlich 7. November 2002 zugeteilten Eigenkapitalinstrumente), unterliegen trotzdem den Angabepflichten gemäß den Paragraphen 44 und 45 des IFRS 2. Ändert ein Erstanwender die Vertragsbedingungen für gewährte Eigenkapitalinstrumente, auf die IFRS 2 nicht angewandt worden ist, ist das Unternehmen nicht zur Anwendung der Paragraphen 26-29 des IFRS 2 verpflichtet, wenn diese Änderung vor dem Tag der Umstellung auf IFRS erfolgte.

D3. Obwohl ein Erstanwender nicht dazu verpflichtet ist, wird ihm empfohlen, IFRS 2 auf

3/1. IFRS 1
Anhang D

Schulden für anteilsbasierte Vergütungen anzuwenden, die vor dem Tag der Umstellung auf IFRS beglichen wurden. Außerdem wird einem Erstanwender, obwohl er nicht dazu verpflichtet ist, empfohlen, IFRS 2 auf Schulden anzuwenden, die vor dem 1. Januar 2005 beglichen wurden. Bei Schulden, auf die IFRS 2 angewandt wird, ist ein Erstanwender nicht zu einer Anpassung der Vergleichsinformationen verpflichtet, soweit sich diese Informationen auf eine Berichtperiode oder einen Zeitpunkt vor dem 7. November 2002 beziehen.

Versicherungsverträge

D4. Ein Erstanwender kann die Übergangsvorschriften von IFRS 4 *Versicherungsverträge* anwenden. IFRS 4 beschränkt Änderungen der Rechnungslegungsmethoden für Versicherungsverträge und schließt Änderungen, die von Erstanwendern durchgeführt wurden, mit ein.

Beizulegender Zeitwert oder Neubewertung als Ersatz für Anschaffungs- oder Herstellungskosten

D5. Ein Unternehmen kann eine Sachanlage zum Zeitpunkt des Übergangs auf IFRS zu ihrem beizulegenden Zeitwert bewerten und diesen beizulegenden Zeitwert als Ersatz für Anschaffungs- oder Herstellungskosten an diesem Datum verwenden.

D6. Ein erstmaliger Anwender darf eine am oder vor dem Zeitpunkt des Übergangs auf IFRS nach vorherigen Rechnungslegungsgrundsätzen vorgenommene Neubewertung einer Sachanlage als Ersatz für Anschaffungs- oder Herstellungskosten zum Zeitpunkt der Neubewertung ansetzen, falls die Neubewertung zum Zeitpunkt ihrer Ermittlung weitgehend vergleichbar war mit

(a) dem beizulegenden Zeitwert; oder

(b) den Anschaffungs- oder Herstellungskosten bzw. den fortgeführten Anschaffungs- oder Herstellungskosten gemäß IFRS, angepasst beispielsweise zur Berücksichtigung von Veränderungen eines allgemeinen oder spezifischen Preisindex.

D7. Die Wahlrechte der Paragraphen D5 und D6 gelten auch für

(a) als Finanzinvestition gehaltene Immobilien, falls sich ein Unternehmen zur Verwendung des Anschaffungskostenmodells in IAS 40 *Als Finanzinvestition gehaltene Immobilien* entschließt; und

(b) immaterielle Vermögenswerte, die folgende Kriterien erfüllen:

   (i) die Ansatzkriterien aus IAS 38 (einschließlich einer verlässlichen Bewertung der historischen Anschaffungs- und Herstellungskosten); und

   (ii) die Kriterien aus IAS 38 zur Neubewertung (einschließlich der Existenz eines aktiven Markts).

Ein Unternehmen darf diese Wahlrechte nicht für andere Vermögenswerte oder Schulden verwenden.

D8. Ein erstmaliger Anwender kann gemäß den früheren Rechnungslegungsgrundsätzen für alle oder einen Teil seiner Vermögenswerte und Schulden einen als Ersatz für Anschaffungs- oder Herstellungskosten angesetzten Wert ermittelt haben, indem er sie wegen eines Ereignisses wie einer Privatisierung oder eines Börsengangs zu ihrem beizulegenden Zeitwert zu diesem bestimmten Datum bewertet hat.

(a) Wurde die Bewertung *am Tag der* Umstellung auf IFRS oder *davor* vorgenommen, darf das Unternehmen solche ereignisgesteuerten Bewertungen zum beizulegenden Zeitwert für die IFRS als Ersatz für Anschaffungs- oder Herstellungskosten zum Zeitpunkt dieser Bewertung verwenden.

(b) Wurde die Bewertung *nach* dem Datum der Umstellung auf IFRS, aber während der vom ersten IFRS-Abschluss erfassten Periode vorgenommen, dürfen die ereignisgesteuerten Bewertungen zum beizulegenden Zeitwert als Ersatz für Anschaffungs- oder Herstellungskosten verwendet werden, wenn das Ereignis eintritt. Ein Unternehmen hat die daraus resultierenden Berichtigungen zum Zeitpunkt der Bewertung direkt in den Gewinnrücklagen (oder, falls angemessen, in einer anderen Eigenkapitalkategorie) zu erfassen. Zum Zeitpunkt der Umstellung auf IFRS hat das Unternehmen entweder nach den Kriterien in den Paragraphen D5-D7 den als Ersatz für Anschaffungs- oder Herstellungskosten angesetzten Wert zu ermitteln oder die Vermögenswerte und Schulden nach den anderen Anforderungen dieses IFRS zu bewerten.

Ersatz für Anschaffungs- oder Herstellungskosten

D8A. Einigen nationalen Rechnungslegungsanforderungen zufolge werden Explorations- und Entwicklungsausgaben für Erdgas- und Erdölvorkommen in der Entwicklungs- oder Produktionsphase in Kostenstellen bilanziert, die sämtliche Erschließungsstandorte einer großen geografischen Zone umfassen. Ein erstmaliger Anwender, der nach solchen vorherigen Rechnungslegungsgrundsätzen bilanziert, kann sich dafür entscheiden, die Erdöl- und Erdgasvorkommen zum Zeitpunkt des Übergangs auf IFRS auf folgender Grundlage zu bewerten:

(a) Vermögenswerte für Exploration und Evaluierung zum Betrag, der nach den vorherigen Rechnungslegungsgrundsätzen des Unternehmens ermittelt wurde; und

(b) Vermögenswerte in der Entwicklungs- oder Produktionsphase zu dem Betrag, der für die Kostenstelle nach den vorherigen Rechnungslegungsgrundsätzen des Unternehmens ermittelt wurde. Das Unternehmen soll diesen Betrag den zugrunde liegenden Vermögenswerten der Kostenstelle anteilig auf der Basis der an diesem Tag vorhandenen Mengen oder Werte an Erdgas- oder Erdölreserven zuordnen.

Das Unternehmen wird die Vermögenswerte für Exploration und Evaluierung sowie die Vermögenswerte in der Entwicklungs- und Produktionsphase zum Zeitpunkt des Übergangs auf IFRS gemäß IFRS 6 *Exploration und Evaluierung von Bodenschätzen* bzw. IAS 36 auf Wertminderung hin prüfen und gegebenenfalls den gemäß Buchstabe (a) oder (b) ermittelten Betrag verringern. Für die Zwecke dieses Paragraphs umfassen die Erdgas- und Erdölvorkommen lediglich jene Vermögenswerte, die in Form der Exploration, Evaluierung, Entwicklung und Produktion von Erdöl und Erdgas genutzt werden.

D8B. Einige Unternehmen halten Sachanlagen oder immaterielle Vermögenswerte, die in preisregulierten Geschäftsbereichen verwendet werden bzw. früher verwendet wurden. Im Buchwert solcher Posten könnten Beträge enthalten sein, die nach den früheren Rechnungslegungsgrundsätzen bestimmt wurden, nach den IFRS aber nicht aktivierungsfähig sind. In diesem Fall kann ein erstmaliger Anwender den nach den früheren Rechnungslegungsgrundsätzen bestimmten Buchwert eines solchen Postens zum Zeitpunkt der Umstellung auf IFRS als Ersatz für Anschaffungs- oder Herstellungskosten verwenden. Nimmt ein Unternehmen diese Befreiung für einen Posten in Anspruch, muss es diese nicht zwangsläufig auch für alle anderen Posten nutzen. Zum Zeitpunkt der Umstellung auf IFRS hat ein Unternehmen jeden Posten, für den diese Befreiung in Anspruch genommen wird, einem Wertminderungstest nach IAS 36 zu unterziehen. Für die Zwecke dieses Paragraphen gilt ein Geschäftsbereich als preisreguliert, wenn die Preise, die den Kunden für Waren und Dienstleistung in Rechnung gestellt werden, von einer autorisierten Stelle festgesetzt werden, die befugt ist, für die Kunden verbindliche Preise festzusetzen, die gewährleisten, dass die dem Unternehmen bei Bereitstellung der regulierten Waren oder Dienstleistungen entstehenden Kosten gedeckt sind und dem Unternehmen gleichzeitig einen bestimmten Ertrag garantieren. Dieser Ertrag muss kein fester oder garantierter Betrag sein und kann als untere Schwelle oder Bandbreite festgelegt werden.

Leasingverhältnisse

D9. Ein Erstanwender kann die Übergangsvorschriften von IFRIC 4 *Feststellung, ob eine Vereinbarung ein Leasingverhältnis enthält*, anwenden. Demzufolge kann ein Erstanwender feststellen, ob eine zum Übergangszeitpunkt zu IFRS bestehende Vereinbarung ein Leasingverhältnis aufgrund der zu diesem Zeitpunkt bestehenden Tatsachen und Umstände enthält.

D9A. Hat ein erstmaliger Anwender ebenfalls festgestellt, dass eine Vereinbarung ein Leasingverhältnis im Sinne der vorherigen Rechnungslegungsgrundsätze enthält, so wie es auch von IFRIC 4 gefordert wird, allerdings zu einem anderen Termin als in IFRIC 4 vorgesehen, muss der erstmalige Anwender diese Feststellung beim Übergang auf IFRS nicht neu beurteilen. Für ein Unternehmen, das zu dem gleichen Ergebnis gelangt ist, dass eine Vereinbarung ein Leasingverhältnis im Sinne der vorherigen Rechnungslegungsgrundsätze enthält, müsste diese Feststellung zu dem gleichen Ergebnis führen wie jenes, das sich aus der Anwendung von IAS 17 *Leasingverhältnisse* und IFRIC 4 ergibt.

Leistungen an Arbeitnehmer

D10. Gemäß IAS 19 *Leistungen an Arbeitnehmer* kann ein Unternehmen einen „Korridor"-Ansatz verwenden, bei dem einige versicherungsmathematische Gewinne und Verluste nicht erfasst werden. Die retrospektive Anwendung dieses Ansatzes setzt voraus, dass ein Unternehmen die kumulierten versicherungsmathematischen Gewinne und Verluste seit Beginn des Plans bis zum Zeitpunkt des Übergangs auf IFRS erfasste bzw. nicht erfasste Gewinne und Verluste aufteilt. Ein erstmaliger Anwender darf jedoch die gesamten zum Zeitpunkt des Übergangs auf IFRS kumulierten versicherungsmathematischen Gewinne und Verluste erfassen, selbst wenn er für spätere versicherungsmathematische Gewinne und Verluste den Korridor-Ansatz verwendet. Falls ein erstmaliger Anwender von diesem Wahlrecht Gebrauch macht, muss er dies für alle Pläne tun.

D11. Ein Unternehmen kann die gemäß Paragraph 120A(p) des IAS 19 erforderlichen Beträge angeben, da die Beträge für jede Bilanzierungsperiode prospektiv seit dem Zeitpunkt des Übergangs auf IFRS ermittelt werden.

Kumulierte Umrechnungsdifferenzen

D12. IAS 21 verlangt, dass ein Unternehmen
(a) bestimmte Umrechnungsdifferenzen als sonstiges Gesamtergebnis einstuft und diese in einem gesonderten Bestandteil des Eigenkapitals kumuliert, und
(b) bei der Veräußerung eines ausländischen Geschäftsbetriebs die kumulierten Umrechnungsdifferenzen für diesen ausländischen Geschäftsbetrieb (einschließlich Gewinnen und Verlusten aus damit eventuell zusammenhängenden Sicherungsgeschäften) als Gewinn oder Verlust aus der Veräußerung vom Eigenkapital ins Ergebnis umgliedert.

D13. Ein erstmaliger Anwender muss diese Bestimmungen jedoch nicht für kumulierte Umrechnungsdifferenzen erfüllen, die zum Zeitpunkt des Übergangs auf IFRS bestanden. Falls ein erstmaliger Anwender diese Befreiung in Anspruch nimmt,
(a) wird angenommen, dass die kumulierten Umrechnungsdifferenzen für alle ausländischen Geschäftsbetriebe zum Zeitpunkt des Übergangs auf IFRS null betragen; und
(b) darf der Gewinn oder Verlust aus einer Weiterveräußerung eines ausländischen Ge-

schäftsbetriebs keine vor dem Zeitpunkt des Übergangs auf IFRS entstandenen Umrechnungsdifferenzen enthalten und muss die nach diesem Datum entstandenen Umrechnungsdifferenzen berücksichtigen.

Anteile an Tochterunternehmen, gemeinschaftlich geführten Unternehmen und assoziierten Unternehmen

D14. Wenn ein Unternehmen Einzelabschlüsse aufstellt, muss es gemäß IAS 27 (geändert 2008) seine Anteile an Tochterunternehmen, gemeinschaftlich geführten Unternehmen und assoziierten Unternehmen entweder

(a) zu Anschaffungs- oder Herstellungskosten oder

(b) in Übereinstimmung mit IAS 39 bilanzieren.

D15. Wenn ein erstmaliger Anwender solche Anteile gemäß Paragraph D14 zu Anschaffungs- oder Herstellungskosten bewertet, müssen diese Anteile in seiner separaten IFRS-Eröffnungsbilanz zu einem der folgenden Beträge bewertet werden:

(a) gemäß IAS 27 ermittelte Anschaffungs- oder Herstellungskosten oder

(b) als Ersatz für Anschaffungs- oder Herstellungskosten angesetzter Wert. Der für solche Anteile verwendete Ersatz für Anschaffungs- oder Herstellungskosten ist

(i) der (gemäß IAS 39 ermittelte) beizulegende Zeitwert in seinem Einzelabschluss zum Zeitpunkt des Übergangs auf IFRS oder

(ii) der zu dem Zeitpunkt nach vorherigen Rechnungslegungsgrundsätzen ermittelte Buchwert.

Ein erstmaliger Anwender kann für die Bewertung seiner Anteile an dem jeweiligen Tochterunternehmen, gemeinschaftlich geführten Unternehmen oder assoziierten Unternehmen zwischen (i) und (ii) oben wählen, sofern er sich für einen als Ersatz für Anschaffungs- oder Herstellungskosten angesetzten Wert entscheidet.

Vermögenswerte und Schulden von Tochterunternehmen, assoziierten Unternehmen und Gemeinschaftsunternehmen

D16. Falls ein Tochterunternehmen nach seinem Mutterunternehmen ein erstmaliger Anwender wird, muss das Tochterunternehmen in seinem Abschluss seine Vermögenswerte und Schulden entweder

(a) zu den Buchwerten bewerten, die basierend auf dem Zeitpunkt des Übergangs auf IFRS des Mutterunternehmens in dem Konzernabschluss des Mutterunternehmens angesetzt worden wären, falls keine Konsolidierungsanpassungen und keine Berichtigungen wegen der Auswirkungen des Unternehmenszusammenschlusses, in dessen Rahmen das Mutterunternehmen das Tochterunternehmen erwarb, vorgenommen worden wären; oder

(b) zu den Buchwerten bewerten, die aufgrund der weiteren Vorschriften dieses IFRS, basierend auf dem Zeitpunkt des Übergangs des Tochterunternehmens auf IFRS vorgeschrieben wären. Diese Buchwerte können sich von den in (a) beschriebenen unterscheiden,

(i) falls die Befreiungen in diesem IFRS zu Bewertungen führen, die vom Zeitpunkt des Übergangs auf IFRS abhängig sind; bzw.

(ii) falls die im Abschluss des Tochterunternehmens verwendeten Rechnungslegungsmethoden sich von denen des Konzernabschlusses unterscheiden. Beispielsweise kann das Tochterunternehmen das Anschaffungskostenmodell gemäß IAS 16 *Sachanlagen* als Rechnungslegungsmethode anwenden, während der Konzern das Modell der Neubewertung anwenden kann.

Ein ähnliches Wahlrecht steht einem assoziierten Unternehmen oder Gemeinschaftsunternehmen zu, das nach einem Unternehmen, das maßgeblichen Einfluss über es besitzt oder es gemeinschaftlich führt, zu einem erstmaligen Anwender wird.

D17. Falls ein Unternehmen jedoch nach seinem Tochterunternehmen (oder assoziierten Unternehmen oder Gemeinschaftsunternehmen) ein erstmaliger Anwender wird, muss das Unternehmen in seinem Konzernabschluss die Vermögenswerte und Schulden des Tochterunternehmens (oder des assoziierten Unternehmens oder des Gemeinschaftsunternehmens) nach Durchführung von Anpassungen im Rahmen der Konsolidierung, der Equity-Methode und der Auswirkungen des Unternehmenszusammenschlusses, im Rahmen dessen das Unternehmen das Tochterunternehmen erwarb, zu denselben Buchwerten wie in dem Abschluss des Tochterunternehmens (oder assoziierten Unternehmens oder Gemeinschaftsunternehmens) bewerten. Falls ein Mutterunternehmen entsprechend für seinen Einzelabschluss früher oder später als für seinen Konzernabschluss ein erstmaliger Anwender wird, muss es seine Vermögenswerte und Schulden, abgesehen von Konsolidierungsanpassungen, in beiden Abschlüssen identisch bewerten.

Zusammengesetzte Finanzinstrumente

D18. IAS 32 *Finanzinstrumente: Darstellung* verlangt, dass zusammengesetzte Finanzinstrumente beim erstmaligen Ansatz in gesonderte Schuld- und Eigenkapitalkomponenten aufgeteilt werden. Falls keine Schuldkomponente mehr aussteht, umfasst die retrospektive Anwendung von IAS 32 eine Aufteilung in zwei Eigenkapitalkomponenten. Der erste Bestandteil wird in den Gewinnrücklagen erfasst und stellt die kumulierten Zinsen dar, die für die Schuldkomponente anfielen. Der andere Bestandteil stellt die ursprüngliche Eigenkapitalkomponente dar. Falls die Schuldkomponente zum Zeitpunkt des Übergangs auf IFRS jedoch nicht mehr aussteht, muss ein erstmaliger Anwender gemäß diesem IFRS keine Aufteilung in zwei Bestandteile vornehmen.

Einstufung von früher angesetzten Finanzinstrumenten

D19. Gemäß IAS 39 kann ein finanzieller Vermögenswert beim erstmaligen Ansatz als zur Veräußerung verfügbar eingestuft werden oder ein Finanzinstrument (sofern es bestimmte Kriterien erfüllt) als finanzieller Vermögenswert oder finanzielle Verbindlichkeit, der/die erfolgswirksam zum beizulegenden Zeitwert bewertet wird, eingestuft werden. Ungeachtet dieser Bestimmung kommen in den folgenden Situationen Ausnahmen zur Anwendung:

(a) Ein Unternehmen darf eine Einstufung als zur Veräußerung verfügbar zum Zeitpunkt des Übergangs auf IFRS vornehmen.

(b) Ein Unternehmen darf zum Zeitpunkt des Übergangs auf IFRS jeden finanziellen Vermögenswert bzw. jede finanzielle Verbindlichkeit als erfolgswirksam zum beizulegenden Zeitwert bewertet einstufen, sofern der Vermögenswert bzw. die Verbindlichkeit zu diesem Zeitpunkt die Kriterien in Paragraph 9(b)(i), 9(b)(ii) oder 11A des IAS 39 erfüllt.

Bewertung von finanziellen Vermögenswerten und finanziellen Verbindlichkeiten beim erstmaligen Ansatz mit dem beizulegenden Zeitwert

D20. Unbeschadet der Bestimmungen in den Paragraphen 7 und 9 kann ein Unternehmen die Vorschriften im letzten Satz von Paragraph A76 und in Paragraph A76A des IAS 39 alternativ auf eine der beiden folgenden Arten anwenden:

(a) prospektiv auf Transaktionen, die nach dem 25. Oktober 2002 abgeschlossen wurden; oder

(b) prospektiv auf Transaktionen, die nach dem 1. Januar 2004 abgeschlossen wurden.

In den Sachanlagen enthaltene Kosten für die Entsorgung

D21. IFRIC 1 *Änderungen bestehender Rückstellungen für Entsorgungs-, Wiederherstellungs- und ähnliche Verpflichtungen* fordert, dass spezifizierte Änderungen einer Rückstellung für Entsorgungs-, Wiederherstellungs- oder ähnliche Verpflichtungen zu den Anschaffungskosten des dazugehörigen Vermögenswerts hinzugefügt oder davon abgezogen werden; der berichtete Abschreibungsbetrag des Vermögenswerts wird dann prospektiv über seine verbleibende Nutzungsdauer abgeschrieben. Ein Erstanwender braucht diese Anforderungen für Änderungen solcher Rückstellungen, die vor dem Zeitpunkt des Übergangs auf IFRS auftraten, nicht anzuwenden. Wenn ein Erstanwender diese Ausnahme nutzt, hat er

(a) zum Zeitpunkt des Übergangs auf IFRS die Rückstellung gemäß IAS 37 zu bewerten;

(b) sofern die Rückstellung im Anwendungsbereich von IFRIC 1 liegt, den Betrag, der in den Anschaffungskosten des zugehörigen Vermögenswerts beim ersten Auftreten der Verpflichtung enthalten gewesen wäre, zu schätzen, indem die Rückstellung zu dem Zeitpunkt unter Einsatz seiner bestmöglichen Schätzung des/der historisch risikobereinigten Abzinsungssatzes/sätze diskontiert wird, die für diese Rückstellung für die dazwischen liegenden Perioden angewandt worden wären; und

(c) zum Übergangszeitpunkt auf IFRS die kumulierte Abschreibung auf den Betrag auf Grundlage der laufenden Schätzung der Nutzungsdauer des Vermögenswerts unter Anwendung der vom Unternehmen gemäß IFRS eingesetzten Abschreibungsmethode zu berechnen.

D21A. Ein Unternehmen, das die Befreiung in Paragraph D8A(b) (für Erdgas- und Erdölvorkommen in der Entwicklungs- oder Produktionsphase, die in Kostenstellen bilanziert werden, die sämtliche Erschließungsstandorte einer großen geografischen Zone umfassen) anwendet, kann anstelle der Zugrundelegung von Paragraph D21 oder IFRIC 1:

(a) Entsorgungs-, Wiederherstellungs- und ähnliche Verpflichtungen zum Zeitpunkt des Übergangs auf IFRS gemäß IAS 37 bewerten; und

(b) den gesamten Unterschiedsbetrag zwischen diesem Betrag und dem Buchwert dieser Verpflichtungen zum Zeitpunkt des Übergangs auf IFRS, der nach den vorherigen Rechnungslegungsgrundsätzen des Unternehmens ermittelt wurde, direkt in den Gewinnrücklagen erfassen.

Finanzielle Vermögenswerte oder immaterielle Vermögenswerte, die gemäß IFRIC 12 bilanziert werden

D22. Ein Erstanwender kann die Übergangsvorschriften von IFRIC 12 anwenden.

Fremdkapitalkosten

D23. Ein Erstanwender kann die in den Paragraphen 27 und 28 des IAS 23 (überarbeitet 2007) aufgeführten Übergangsvorschriften anwenden. Der Zeitpunkt des Inkrafttretens, auf den in diesen Paragraphen verwiesen wird, ist der 1. Juli 2009 oder der Zeitpunkt des Übergangs auf IFRS, je nachdem, welcher Zeitpunkt später liegt.

Übertragung von Vermögenswerten durch einen Kunden

D24. Erstmalige Anwender können die Übergangsbestimmungen in Paragraph 22 von IFRIC 18 *Übertragung von Vermögenswerten durch einen Kunden* anwenden. Der dort genannte Zeitpunkt des Inkrafttretens ist entweder der 1. Juli

2009 oder – falls später – der Zeitpunkt der Umstellung auf IFRS. Darüber hinaus kann ein erstmaliger Anwender ein beliebiges Datum vor der Umstellung auf die IFRS bestimmen und auf alle Vermögenswertübertragungen, die das Unternehmen zu oder nach diesem Termin von einem Kunden erhält, IFRIC 18 anwenden.

Tilgung finanzieller Verbindlichkeiten durch Eigenkapitalinstrumente

D25. Bei erstmaliger Anwendung kann nach den Übergangsvorschriften von IFRIC 19 *Tilgung finanzieller Verbindlichkeiten durch Eigenkapitalinstrumente* verfahren werden.

ANLAGE E
Kurzfristige Befreiungen von IFRS

Dieser Anhang ist integraler Bestandteil des IFRS.

Angaben zu Finanzinstrumenten

E3. Ein erstmaliger Anwender kann die Übergangsvorschriften von IFRS 7 Paragraph 44G anwenden. (*)

(*) Paragraph E3 wurde infolge der im Januar 2010 veröffentlichten Änderung an IFRS 1 *Begrenzte Befreiung erstmaliger Anwender von Vergleichsangaben nach IFRS 7* hinzugefügt. Um eine nachträgliche Anwendung zu verhindern und sicherzustellen, dass erstmalige Anwender nicht gegenüber Unternehmen benachteiligt sind, die ihre Abschlüsse bereits nach den IFRS erstellen, hat der Board entschieden, dass auch erstmaligen Anwendern gestattet werden sollte, die in *Verbesserte Angaben zu Finanzinstrumenten* (Änderung an IFRS 7) enthaltenen Übergangsvorschriften in Anspruch zu nehmen.

3/2. IFRS 2

INTERNATIONAL FINANCIAL REPORTING STANDARD 2
Anteilsbasierte Vergütung

IFRS 2, VO (EG) Nr. 1126/2008 i.d.F.

1 VO (EG) Nr. 1261/2008
3 VO (EG) Nr. 495/2009 [IFRS 3]
5 VO (EG) Nr. 244/2010
2 VO (EG) Nr. 1274/2008 [IAS 1]
4 VO (EG) Nr. 243/2010

GLIEDERUNG	§§
ZIELSETZUNG	1
ANWENDUNGSBEREICH	2–6
ERFASSUNG	7–9
ANTEILSBASIERTE VERGÜTUNGEN MIT AUSGLEICH DURCH EIGENKAPITALINSTRUMENTE	10–29
Überblick	10–13A
Transaktionen, bei denen Dienstleistungen erhalten werden	14–15
Transaktionen, die unter Bezugnahme auf den beizulegenden Zeitwert der gewährten Eigenkapitalinstrumente bewertet werden	16–25
Ermittlung des beizulegenden Zeitwerts der gewährten Eigenkapitalinstrumente	16–18
Behandlung der Ausübungsbedingungen	19–21
Behandlung der Nicht-Ausübungsbedingungen	21A
Behandlung von Reload-Eigenschaften	22
Nach dem Tag der ersten Ausübungsmöglichkeit	23
Wenn der beizulegende Zeitwert der Eigenkapitalinstrumente nicht verlässlich geschätzt werden kann	24–25
Änderungen der Vertragsbedingungen, zu denen die Eigenkapitalinstrumente gewährt wurden, einschließlich Annullierungen und Erfüllungen	26–29
ANTEILSBASIERTE VERGÜTUNGEN MIT BARAUSGLEICH	30–33
ANTEILSBASIERTE VERGÜTUNGEN MIT WAHLWEISEM BARAUSGLEICH ODER AUSGLEICH DURCH EIGENKAPITALINSTRUMENTE	34–43
Anteilsbasierte Vergütungen mit Erfüllungswahlrecht bei der Gegenpartei	35–40
Anteilsbasierte Vergütungen mit Erfüllungswahlrecht beim Unternehmen	41–43
ANTEILSBASIERTE VERGÜTUNGEN ZWISCHEN UNTERNEHMEN EINER GRUPPE (ÄNDERUNGEN 2009)	43A–43D
ANGABEN	44–52
ÜBERGANGSVORSCHRIFTEN	53–59
ZEITPUNKT DES INKRAFTTRETENS	60–63
RÜCKNAHME VON INTERPRETATIONEN	64
ANHANG A Definitionen	
ANHANG B Anleitungen zur Anwendung	B1–B61

3/2. IFRS 2
1–9

ZIELSETZUNG

1. Die Zielsetzung dieses IFRS ist die Regelung der Bilanzierung von *anteilsbasierten Vergütungen*. Insbesondere schreibt er einem Unternehmen vor, die Auswirkungen anteilsbasierter Vergütungen in seinem Gewinn oder Verlust und seiner Vermögens- und Finanzlage zu berücksichtigen; dies schließt die Aufwendungen aus der Gewährung von *Aktienoptionen* an Mitarbeiter ein.

ANWENDUNGSBEREICH

2. Dieser IFRS ist bei der Bilanzierung aller anteilsbasierten Vergütungen anzuwenden, unabhängig davon, ob das Unternehmen alle oder einige der erhaltenen Güter oder der Dienstleistungen speziell identifizieren kann. Hierzu zählen, soweit in den Paragraphen 3A bis 6 nichts anderes angegeben ist:

a) *anteilsbasierte Vergütungen mit Ausgleich durch Eigenkapitalinstrumente*,

b) *anteilsbasierte Vergütungen mit Barausgleich* und

c) Transaktionen, bei denen das Unternehmen Güter oder Dienstleistungen erhält oder erwirbt und das Unternehmen oder der Lieferant dieser Güter oder Dienstleistungen die Wahl hat, ob der Ausgleich in bar (oder in anderen Vermögenswerten) oder durch die Ausgabe von Eigenkapitalinstrumenten erfolgen soll (mit Ausnahme der in Paragraph 3A–6 genannten Fälle).

Sollten keine speziell identifizierbaren Güter oder Leistungen vorliegen, können andere Umstände darauf hinweisen, dass das Unternehmen Güter oder Dienstleistungen erhalten hat (oder noch erhalten wird) und damit dieser IFRS anzuwenden ist.

3. [gestrichen]

3A. Bei einer anteilsbasierten Vergütung kann der Ausgleich von einem anderen Unternehmen der Gruppe (oder vom Anteilseigner eines beliebigen Unternehmens der Gruppe) im Namen des Unternehmens, das die Güter oder Dienstleistungen erhält oder erwirbt, vorgenommen werden. Paragraph 2 gilt also auch, wenn ein Unternehmen

a) Güter oder Dienstleistungen erhält, ein anderes Unternehmen derselben Gruppe (oder ein Anteilseigner eines beliebigen Unternehmens der Gruppe) aber zum Ausgleich der Transaktion verpflichtet ist, oder

b) zum Ausgleich der Transaktion verpflichtet ist, ein anderes Unternehmen der Gruppe aber die Güter oder Dienstleistungen erhält,

es sei denn, die Transaktion dient eindeutig einem anderen Zweck als der Vergütung der Güter oder Leistungen, die das Unternehmen erhält.

4. Im Sinne dieses IFRS stellt eine Transaktion mit einem Mitarbeiter (oder einer anderen Partei) in seiner bzw. ihrer Eigenschaft als Inhaber von Eigenkapitalinstrumenten des Unternehmens keine anteilsbasierte Vergütung dar. Gewährt ein Unternehmen beispielsweise allen Inhabern einer bestimmten Gattung seiner Eigenkapitalinstrumente das Recht, weitere Eigenkapitalinstrumente des Unternehmens zu einem Preis zu erwerben, der unter dem beizulegenden Zeitwert dieser Eigenkapitalinstrumente liegt, und wird einem Mitarbeiter nur deshalb ein solches Recht eingeräumt, weil er Inhaber von Eigenkapitalinstrumenten der betreffenden Gattung ist, unterliegt die Gewährung oder Ausübung dieses Rechts nicht den Vorschriften dieses IFRS.

5. Wie in Paragraph 2 ausgeführt, ist dieser IFRS... Dieser IFRS gilt jedoch nicht für Transaktionen, bei denen ein Unternehmen Güter als Teil des bei einem Unternehmenszusammenschluss gemäß IFRS 3 *Unternehmenszusammenschlüsse* (überarbeitet 2008), bei einem Zusammenschluss von Unternehmen unter gemeinschaftlicher Führung gemäß IFRS 3 Paragraph B1-B4 oder als Beitrag eines Unternehmens bei der Gründung eines Gemeinschaftsunternehmens im Sinne von IAS 31 *Anteile an Gemeinschaftsunternehmen* erworbenen Nettovermögens erhält. Daher fallen Eigenkapitalinstrumente ... (nicht in den Anwendungsbereich dieses IFRS).

6. Dieser IFRS ist nicht auf anteilsbasierte Vergütungen anzuwenden, bei denen das Unternehmen Güter oder Dienstleistungen im Rahmen eines Vertrags erhält oder erwirbt, der in den Anwendungsbereich der Paragraphen 8-10 von IAS 32 *Finanzinstrumente: Darstellung* (überarbeitet 2003)([1]) oder der Paragraphen 5-7 von IAS 39 *Finanzinstrumente: Ansatz und Bewertung* (überarbeitet 2003) fällt.

([1]) Der Titel des IAS 32 wurde 2005 geändert.

ERFASSUNG

7. Die gegen eine anteilsbasierte Vergütung erhaltenen oder erworbenen Güter oder Dienstleistungen sind zu dem Zeitpunkt anzusetzen, zu dem die Güter erworben oder die Dienstleistungen erhalten wurden. Das Unternehmen hat eine entsprechende Eigenkapitalerhöhung darzustellen, wenn die Güter oder Dienstleistungen gegen eine anteilsbasierte Vergütung mit Ausgleich durch Eigenkapitalinstrumente erhalten wurden, oder eine Schuld anzusetzen, wenn die Güter oder Dienstleistungen gegen eine anteilsbasierte Vergütung mit Barausgleich erworben wurden.

8. Kommen die gegen eine anteilsbasierte Vergütung erhaltenen oder erworbenen Güter oder Dienstleistungen nicht für einen Ansatz als Vermögenswert in Betracht, sind sie als Aufwand zu erfassen.

9. In der Regel entsteht ein Aufwand aus dem Verbrauch von Gütern oder Dienstleistungen. Beispielsweise werden Dienstleistungen normalerweise sofort verbraucht; in diesem Fall wird zum Zeitpunkt der Leistungserbringung durch die Vertragspartei ein Aufwand erfasst. Güter können über einen Zeitraum verbraucht oder, bei Vorräten, zu einem späteren Zeitpunkt verkauft werden; in diesem Fall wird ein Aufwand zu dem Zeitpunkt erfasst, zu dem die Güter verbraucht oder

verkauft werden. Manchmal ist es jedoch erforderlich, bereits vor dem Verbrauch oder Verkauf der Güter oder Dienstleistungen einen Aufwand zu erfassen, da sie nicht für den Ansatz als Vermögenswert in Betracht kommen. Beispielsweise könnte ein Unternehmen in der Forschungsphase eines Projekts Güter zur Entwicklung eines neuen Produkts erwerben. Diese Güter sind zwar nicht verbraucht worden, erfüllen jedoch unter Umständen nicht die Kriterien für einen Ansatz als Vermögenswert nach dem einschlägigen IFRS.

ANTEILSBASIERTE VERGÜTUNGEN MIT AUSGLEICH DURCH EIGENKAPITALINSTRUMENTE

Überblick

10. Bei anteilsbasierten Vergütungen, die durch Eigenkapitalinstrumente beglichen werden, sind die erhaltenen Güter oder Dienstleistungen und die entsprechende Erhöhung des Eigenkapitals direkt mit dem beizulegenden Zeitwert der erhaltenen Güter oder Dienstleistungen anzusetzen, es sei denn, dass dieser nicht verlässlich geschätzt werden kann. Kann der beizulegende Zeitwert der erhaltenen Güter oder Dienstleistungen nicht verlässlich geschätzt werden, ist deren Wert und die entsprechende Eigenkapitalerhöhung indirekt unter Bezugnahme auf[1] den beizulegenden Zeitwert der gewährten Eigenkapitalinstrumente zu ermitteln.

---

[1] In diesem IFRS wird die Formulierung „unter Bezugnahme auf" und nicht „zum" verwendet, weil die Bewertung der Transaktion letztlich durch Multiplikation des beizulegenden Zeitwerts der gewährten Eigenkapitalinstrumente an dem in Paragraph 11 bzw. 13 angegebenen Tag (je nach Sachlage) mit der Anzahl der ausübbaren Eigenkapitalinstrumente, wie in Paragraph 19 erläutert, erfolgt.

11. Zur Erfüllung der Bestimmungen von Paragraph 10 bei Transaktionen mit *Mitarbeitern und anderen, die ähnliche Leistungen erbringen*[2] ist der beizulegende Zeitwert der erhaltenen Leistungen unter Bezugnahme auf den beizulegenden Zeitwert der gewährten Eigenkapitalinstrumente zu ermitteln, da es in der Regel nicht möglich ist, den beizulegenden Zeitwert der erhaltenen Leistungen verlässlich zu schätzen, wie in Paragraph 12 näher erläutert wird. Für die Bewertung der Eigenkapitalinstrumente ist der beizulegende Zeitwert am *Tag der Gewährung* heranzuziehen.

---

[2] Im verbleibenden Teil dieses IFRS schließen alle Bezugnahmen auf Mitarbeiter auch andere Personen, die ähnliche Leistungen erbringen, ein.

12. Aktien, Aktienoptionen oder andere Eigenkapitalinstrumente werden Mitarbeitern normalerweise als Teil ihres Vergütungspakets zusätzlich zu einem Bargehalt und anderen Sonderleistungen gewährt. Im Regelfall ist es nicht möglich, die für bestimmte Bestandteile des Vergütungspakets eines Mitarbeiters erhaltenen Leistungen direkt zu bewerten. Oftmals kann auch der beizulegende Zeitwert des gesamten Vergütungspakets nicht unabhängig bestimmt werden, ohne direkt den beizulegenden Zeitwert der gewährten Eigenkapitalinstrumente zu ermitteln. Darüber hinaus werden Aktien oder Aktienoptionen manchmal im Rahmen einer Erfolgsbeteiligung und nicht als Teil der Grundvergütung gewährt, beispielsweise um die Mitarbeiter zum Verbleib im Unternehmen zu motivieren oder ihren Einsatz bei der Verbesserung des Unternehmensergebnisses zu honorieren. Mit der Gewährung von Aktien oder Aktienoptionen zusätzlich zu anderen Vergütungsformen bezahlt das Unternehmen ein zusätzliches Entgelt für den Erhalt zusätzlicher Leistungen. Der beizulegende Zeitwert dieser zusätzlichen Leistungen ist wahrscheinlich schwer zu schätzen. Aufgrund der Schwierigkeit, den beizulegenden Zeitwert der erhaltenen Leistungen direkt zu ermitteln, ist der beizulegende Zeitwert der erhaltenen Arbeitsleistungen unter Bezugnahme auf den beizulegenden Zeitwert der gewährten Eigenkapitalinstrumente zu bestimmen.

13. Zur Anwendung der Bestimmungen von Paragraph 10 auf Transaktionen mit anderen Parteien als Mitarbeitern gilt die widerlegbare Vermutung, dass der beizulegende Zeitwert der erhaltenen Güter oder Dienstleistungen verlässlich geschätzt werden kann. Der beizulegende Zeitwert ist an dem Tag zu ermitteln, an dem das Unternehmen die Güter erhält oder die Vertragspartei ihre Leistung erbringt. Sollte das Unternehmen diese Vermutung in seltenen Fällen widerlegen, weil es den beizulegenden Zeitwert der erhaltenen Güter oder Dienstleistungen nicht verlässlich schätzen kann, sind die erhaltenen Güter oder Dienstleistungen und die entsprechende Erhöhung des Eigenkapitals indirekt unter Bezugnahme auf den beizulegenden Zeitwert der gewährten Eigenkapitalinstrumente an dem Tag, an dem die Güter erhalten oder Leistungen erbracht wurden, zu bewerten.

13A. Sollte insbesondere die identifizierbare Gegenleistung (falls vorhanden), die das Unternehmen erhält, geringer erscheinen als der beizulegende Zeitwert der gewährten Eigenkapitalinstrumente oder der eingegangenen Verpflichtungen, so ist dies in der Regel ein Hinweis darauf, dass das Unternehmen eine weitere Gegenleistung (d h nicht identifizierbare Güter oder Leistungen) erhalten hat (oder noch erhalten wird). Die identifizierbaren Güter oder Dienstleistungen, die das Unternehmen erhalten hat, sind gemäß diesem IFRS zu bewerten. Die nicht identifizierbaren Güter oder Leistungen, die das Unternehmen erhalten hat (oder noch erhalten wird), sind mit der Differenz zwischen dem beizulegenden Zeitwert der anteilsbasierten Vergütung und dem beizulegenden Zeitwert aller erhaltenen (oder noch zu erhaltenden) identifizierbaren Güter oder Leistungen anzusetzen. Die nicht identifizierbaren Güter oder Leistungen, die das Unternehmen erhalten hat, sind zu dem Wert am Tag der Gewährung anzusetzen. Bei Transaktionen mit Barausgleich ist die Verbindlichkeit jedoch so lange zum Ende jedes Berichtszeitraums neu zu bewerten, bis sie nach den Paragraphen 30–33 beglichen ist.

Transaktionen, bei denen Dienstleistungen erhalten werden

14. Sind die gewährten Eigenkapitalinstrumente sofort *ausübbar*, ist die Vertragspartei nicht an eine bestimmte Dienstzeit gebunden, bevor sie einen uneingeschränkten Anspruch an diesen Eigenkapitalinstrumenten erwirbt. Sofern kein gegenteiliger substanzieller Hinweis vorliegt, ist von der Annahme auszugehen, dass die von der Vertragspartei als Entgelt für die Eigenkapitalinstrumente zu erbringenden Leistungen bereits erhalten wurden. In diesem Fall sind die erhaltenen Leistungen am Tag der Gewährung in voller Höhe mit einer entsprechenden Erhöhung des Eigenkapitals zu erfassen.

15. Ist die Ausübung der gewährten Eigenkapitalinstrumente von der Ableistung einer bestimmten Dienstzeit abhängig, ist von der Annahme auszugehen, dass die von der Vertragspartei als Entgelt für die Eigenkapitalinstrumente zu erbringenden Leistungen künftig im Laufe des *Erdienungszeitraums* erhalten werden. Diese Leistungen sind jeweils zum Zeitpunkt ihrer Erbringung während des Erdienungszeitraums mit einer einhergehenden Eigenkapitalerhöhung zu erfassen. Zum Beispiel:

(a) Wenn einem Arbeitnehmer Aktienoptionen unter der Bedingung eines dreijährigen Verbleibs im Unternehmen gewährt werden, ist zu unterstellen, dass die vom Arbeitnehmer als Entgelt für die Aktienoptionen zu erbringenden Leistungen künftig im Laufe dieses dreijährigen Erdienungszeitraums erhalten werden.

(b) Wenn einem Arbeitnehmer Aktienoptionen mit der Auflage gewährt werden, eine bestimmte Erfolgsbedingung zu erfüllen und so lange im Unternehmen zu bleiben, bis diese Bedingung eingetreten ist, und die Länge des Erdienungszeitraums je nach dem Zeitpunkt der Erfüllung der Erfolgsbedingung variiert, ist zu unterstellen, dass die vom Arbeitnehmer als Entgelt für die Aktienoptionen zu erbringenden Dienstleistungen künftig im Laufe des erwarteten Erdienungszeitraums erhalten werden. Die Dauer des erwarteten Erdienungszeitraums ist am Tag der Gewährung nach dem wahrscheinlichsten Eintreten der Erfolgsbedingung zu schätzen. Handelt es sich bei der Erfolgsbedingung um eine *Marktbedingung*, muss die geschätzte Dauer des erwarteten Erdienungszeitraums mit den bei der Schätzung des beizulegenden Zeitwerts der gewährten Optionen verwendeten Annahmen übereinstimmen und darf später nicht mehr geändert werden. Ist die Erfolgsbedingung keine Marktbedingung, hat das Unternehmen die geschätzte Dauer des Erdienungszeitraums bei Bedarf zu korrigieren, wenn spätere Informationen darauf hindeuten, dass die Länge des Erdienungszeitraums von den bisherigen Schätzungen abweicht.

Transaktionen, die unter Bezugnahme auf den beizulegenden Zeitwert der gewährten Eigenkapitalinstrumente bewertet werden

Ermittlung des beizulegenden Zeitwerts der gewährten Eigenkapitalinstrumente

16. Bei Transaktionen, die unter Bezugnahme auf den beizulegenden Zeitwert der gewährten Eigenkapitalinstrumente bewertet werden, ist der beizulegende Zeitwert der gewährten Eigenkapitalinstrumente am *Bewertungsstichtag* anhand der Marktpreise (sofern verfügbar) unter Berücksichtigung der besonderen Konditionen, zu denen die Eigenkapitalinstrumente gewährt wurden, (vorbehaltlich der Bestimmungen der Paragraphen 19-22) zu ermitteln.

17. Stehen keine Marktpreise zur Verfügung, ist der beizulegende Zeitwert der gewährten Eigenkapitalinstrumente mit einer Bewertungstechnik zu bestimmen, bei der geschätzt wird, welchen Preis die betreffenden Eigenkapitalinstrumente am Bewertungsstichtag bei einer Transaktion zwischen sachverständigen, vertragswilligen und voneinander unabhängigen Parteien unter marktüblichen Bedingungen erzielt hätten. Die Bewertungstechnik muss den allgemein anerkannten Bewertungsverfahren zur Ermittlung der Preise von Finanzinstrumenten entsprechen und alle Faktoren und Annahmen berücksichtigen, die sachverständige, vertragswillige Marktteilnehmer bei der Preisfestlegung in Erwägung ziehen würden (vorbehaltlich der Bestimmungen der Paragraphen 19-22).

18. Anhang B enthält weitere Leitlinien für die Ermittlung des beizulegenden Zeitwerts von Aktien und Aktienoptionen, wobei vor allem auf die üblichen Vertragsbedingungen bei der Gewährung von Aktien oder Aktienoptionen an Mitarbeiter eingegangen wird.

Behandlung der Ausübungsbedingungen

19. Die Gewährung von Eigenkapitalinstrumenten kann an die Erfüllung bestimmter *Ausübungsbedingungen* gekoppelt sein. Beispielsweise ist die Zusage von Aktien oder Aktienoptionen an einen Mitarbeiter in der Regel davon abhängig, dass er eine bestimmte Zeit im Unternehmen verbleibt. Manchmal sind auch Erfolgsbedingungen zu erfüllen, wie z. B. die Erzielung eines bestimmten Gewinnwachstums oder eine bestimmte Steigerung des Aktienkurses des Unternehmens. Im Gegensatz zu den Marktbedingungen fließen die Ausübungsbedingungen nicht in die Schätzung des beizulegenden Zeitwerts der Aktien oder Aktienoptionen am Bewertungsstichtag ein. Statt dessen sind die Ausübungsbedingungen durch Anpassung der Anzahl der in die Bestimmung des Transaktionsbetrags einbezogenen Eigenkapitalinstrumente zu berücksichtigen, so dass der für die Güter oder Dienstleistungen, die als Entgelt für die gewährten Eigenkapitalinstrumente erhalten werden, angesetzte Betrag letztlich auf der Anzahl der schließlich ausübbaren Eigenkapitalinstrumente beruht. Dementsprechend wird auf kumulierter

Basis kein Betrag für erhaltene Güter oder Dienstleistungen erfasst, wenn die gewährten Eigenkapitalinstrumente wegen der Nichterfüllung einer Ausübungsbedingung, beispielsweise beim Ausscheiden eines Mitarbeiters vor der festgelegten Dienstzeit oder Nichterreichen einer Leistungsvorgabe, vorbehaltlich der Bestimmungen von Paragraph 21 nicht ausgeübt werden können.

20. Zur Anwendung der Bestimmungen von Paragraph 19 ist für die während des Erdienungszeitraums erhaltenen Güter oder Dienstleistungen ein Betrag anzusetzen, der auf der bestmöglichen Schätzung der Anzahl der erwarteten ausübbaren Eigenkapitalinstrumente basiert, wobei diese Schätzung bei Bedarf zu korrigieren ist, wenn spätere Informationen darauf hindeuten, dass die Anzahl der erwarteten ausübbaren Eigenkapitalinstrumente von den bisherigen Schätzungen abweicht. Am Tag der ersten Ausübungsmöglichkeit ist die Schätzung vorbehaltlich der Bestimmungen von Paragraph 21 an die Anzahl der schließlich ausübbaren Eigenkapitalinstrumente anzugleichen.

21. Bei der Schätzung des beizulegenden Zeitwerts gewährter Eigenkapitalinstrumente sind die Marktbedingungen zu berücksichtigen, wie beispielsweise ein Zielkurs, an den die Ausübung (oder Ausübbarkeit) geknüpft ist. Daher hat ein Unternehmen bei der Gewährung von Eigenkapitalinstrumenten, die Marktbedingungen unterliegen, die von einer Vertragspartei erhaltenen Güter oder Dienstleistungen unabhängig vom Eintreten dieser Marktbedingungen zu erfassen, sofern die Vertragspartei alle anderen Ausübungsbedingungen erfüllt (etwa die Leistungen eines Mitarbeiters, der die vertraglich festgelegte Zeit im Unternehmen verblieben ist).

Behandlung der Nicht-Ausübungsbedingungen

21A. In gleicher Weise hat ein Unternehmen bei der Schätzung des beizulegenden Zeitwerts gewährter Eigenkapitalinstrumente alle Nicht-Ausübungsbedingungen zu berücksichtigen. Daher hat das Unternehmen bei der Gewährung von Eigenkapitalinstrumenten, die Nicht-Ausübungsbedingungen unterliegen, die von einer Vertragspartei erhaltenen Güter oder Dienstleistungen unabhängig vom Eintreten dieser Nicht-Ausübungsbedingungen zu erfassen, sofern die Vertragspartei alle Ausübungsbedingungen, die keine Marktbedingungen sind, erfüllt (etwa die Leistungen eines Mitarbeiters, der die vertraglich festgelegte Zeit im Unternehmen verblieben ist).

Behandlung von Reload-Eigenschaften

22. Bei Optionen mit *Reload-Eigenschaften* ist die Reload-Eigenschaft bei der Ermittlung des beizulegenden Zeitwerts der am Bewertungsstichtag gewährten Optionen nicht zu berücksichtigen. Stattdessen ist eine *Reload-Option* zu dem Zeitpunkt als neu gewährte Option zu verbuchen, zu dem sie später gewährt wird.

Nach dem Tag der ersten Ausübungsmöglichkeit

23. Nachdem die erhaltenen Güter oder Dienstleistungen gemäß den Paragraphen 10-22 mit einer entsprechenden Eigenkapitalerhöhung erfasst wurden, dürfen nach dem Tag der ersten Ausübungsmöglichkeit keine weiteren Änderungen am Gesamtwert des Eigenkapitals mehr vorgenommen werden. Beispielsweise darf die Erfassung eines Betrags für von einem Mitarbeiter erbrachte Leistungen nicht rückgängig gemacht werden, wenn die ausübbaren Eigenkapitalinstrumente später verwirkt oder, im Falle von Aktienoptionen, die Optionen nicht ausgeübt werden. Diese Vorschrift schließt jedoch nicht die Möglichkeit einer Umbuchung innerhalb des Eigenkapitals, also eine Umbuchung von einem Eigenkapitalposten in einen anderen, aus.

Wenn der beizulegende Zeitwert der Eigenkapitalinstrumente nicht verlässlich geschätzt werden kann

24. Die Vorschriften in den Paragraphen 16-23 sind anzuwenden, wenn eine anteilsbasierte Vergütung unter Bezugnahme auf den beizulegenden Zeitwert der gewährten Eigenkapitalinstrumente zu bewerten ist. In seltenen Fällen kann ein Unternehmen nicht in der Lage sein, den beizulegenden Zeitwert der gewährten Eigenkapitalinstrumente gemäß den Bestimmungen der Paragraphen 16-22 am Bewertungsstichtag verlässlich zu schätzen. Ausschließlich in diesen seltenen Fällen hat das Unternehmen stattdessen

(a) die Eigenkapitalinstrumente mit ihrem *inneren Wert* anzusetzen, und zwar erstmals zu dem Zeitpunkt, zu dem das Unternehmen die Güter erhält oder die Vertragspartei die Dienstleistung erbringt, und anschließend an jedem Berichtsstichtag sowie am Tag der endgültigen Erfüllung, wobei etwaige Änderungen des inneren Werts erfolgswirksam zu erfassen sind. Bei der Gewährung von Aktienoptionen gilt die anteilsbasierte Vergütungsvereinbarung als endgültig erfüllt, wenn die Optionen ausgeübt bzw. nicht mehr ausgeübt werden (z. B. durch Beendigung des Beschäftigungsverhältnisses) oder verfallen (z. B. nach Ablauf der Ausübungsfrist);

(b) die erhaltenen Güter oder Dienstleistungen auf Basis der Anzahl der schließlich ausübbaren (falls zutreffend) ausgeübten Eigenkapitalinstrumente anzusetzen. Bei Anwendung dieser Vorschrift auf Aktienoptionen sind beispielsweise die während des Erdienungszeitraums erhaltenen Güter oder Dienstleistungen gemäß den Paragraphen 14 und 15, mit Ausnahme der Bestimmungen in Paragraph 15(b) in Bezug auf das Vorliegen einer Marktbedingung, zu erfassen. Der Betrag, der für die während des Erdienungszeitraums erhaltenen Güter oder Dienstleistungen angesetzt wird, richtet sich nach der Anzahl der erwartungsgemäß ausübbaren Aktienoptionen. Diese Schätzung ist bei Bedarf zu korrigieren, wenn spätere Informationen darauf hindeuten, dass die erwartete Anzahl der ausübbaren Aktienoptionen von den bisherigen Schätzungen abweicht. Am Tag der ersten Ausübungsmöglichkeit ist die Schätzung an die Anzahl der schließlich ausübbaren Eigenkapitalinstrumente anzugleichen. Nach dem Tag der ersten Ausübungsmöglichkeit ist der für erhaltene Güter oder Dienstleistungen erfasste Betrag zurückzubuchen, wenn die Aktienoptionen später verwirkt werden oder nach Ablauf der Ausübungsfrist verfallen.

25. Für Unternehmen, die nach Paragraph 24 bilanzieren, sind die Vorschriften in den Paragraphen 26-29 nicht anzuwenden, da etwaige Änderungen der Vertragsbedingungen, zu denen die Eigenkapitalinstrumente gewährt wurden, bei der in Paragraph 24 beschriebenen Methode des inneren Werts bereits berücksichtigt werden. Für die Erfüllung gewährter Eigenkapitalinstrumente, die nach Paragraph 24 bewertet wurden, gilt jedoch:

(a) Tritt die Erfüllung während des Erdienungszeitraums ein, hat das Unternehmen die Erfüllung als vorgezogene Ausübungsmöglichkeit zu berücksichtigen und daher den Betrag, der ansonsten für die im restlichen Erdienungszeitraum erhaltenen Leistungen erfasst worden wäre, sofort zu erfassen.

(b) Alle zum Zeitpunkt der Erfüllung geleisteten Zahlungen sind als Rückkauf von Eigenkapitalinstrumenten, also als Abzug vom Eigenkapital, zu bilanzieren. Davon ausgenommen ist der Anteil des gezahlten Betrags, der den am Tag des Rückkaufs ermittelten beizulegenden Zeitwert der rückgekauften Eigenkapitalinstrumente übersteigt und als Aufwand zu erfassen ist.

Änderungen der Vertragsbedingungen, zu denen die Eigenkapitalinstrumente gewährt wurden, einschließlich Annullierungen und Erfüllungen

26. Es ist denkbar, dass ein Unternehmen die Vertragsbedingungen für die Gewährung der Eigenkapitalinstrumente ändert. Beispielsweise könnte es den Ausübungspreis für gewährte Mitarbeiteroptionen senken (also den Optionspreis neu festsetzen), wodurch sich der beizulegende Zeitwert dieser Optionen erhöht. Die Bestimmungen in den Paragraphen 27-29 für die Bilanzierung der Auswirkungen solcher Änderungen sind im Kontext anteilsbasierter Vergütungen mit Mitarbeitern formuliert. Sie gelten jedoch auch für anteilsbasierte Vergütungen mit anderen Parteien als Mitarbeitern, die unter Bezugnahme auf den beizulegenden Zeitwert der gewährten Eigenkapitalinstrumente erfasst werden. Im letzten Fall beziehen sich alle in den Paragraphen 27-29 enthaltenen Verweise auf den Tag der Gewährung stattdessen auf den Tag, an dem das Unternehmen die Güter erhält oder die Vertragspartei die Dienstleistung erbringt.

27. Die erhaltenen Leistungen sind mindestens mit dem am Tag der Gewährung ermittelten beizulegenden Zeitwert der gewährten Eigenkapitalinstrumente zu erfassen, es sei denn, diese Eigenkapitalinstrumente sind nicht ausübbar, weil am Tag der Gewährung eine vereinbarte Ausübungsbedingung (außer einer Marktbedingung) nicht erfüllt war. Dies gilt unabhängig von etwaigen Änderungen der Vertragsbedingungen, zu denen die Eigenkapitalinstrumente gewährt wurden, oder einer Annullierung oder Erfüllung der gewährten Eigenkapitalinstrumente. Außerdem hat ein Unternehmen die Auswirkungen von Änderungen zu erfassen, die den gesamten beizulegenden Zeitwert der anteilsbasierten Vergütungsvereinbarung erhöhen oder mit einem anderen Nutzen für den Mitarbeiter verbunden sind. Leitlinien für die Anwendung dieser Vorschrift sind in Anhang B zu finden.

28. Bei einer Annullierung (ausgenommen einer Annullierung durch Verwirkung, weil die Ausübungsbedingungen nicht erfüllt wurden) oder Erfüllung gewährter Eigenkapitalinstrumente während des Erdienungszeitraums gilt Folgendes:

(a) Das Unternehmen hat die Annullierung oder Erfüllung als vorgezogene Ausübungsmöglichkeit zu behandeln und daher den Betrag, der ansonsten für die im restlichen Erdienungszeitraum erhaltenen Leistungen erfasst worden wäre, sofort zu erfassen.

(b) Alle Zahlungen, die zum Zeitpunkt der Annullierung oder Erfüllung an den Mitarbeiter geleistet werden, sind als Rückkauf eines Eigenkapitalanteils, also als Abzug vom Eigenkapital, zu bilanzieren. Davon ausgenommen ist der Anteil des gezahlten Betrags, der den am Tag des Rückkaufs ermittelten beizulegenden Zeitwert der rückgekauften Eigenkapitalinstrumente übersteigt und als Aufwand zu erfassen ist. Enthält eine anteilsbasierte Vergütungsvereinbarung jedoch Schuldkomponenten, so ist der beizulegende Zeitwert der Schuld am Tag der Annullierung oder Erfüllung neu zu bewerten. Alle Zahlungen, die zur Erfüllung der Schuldkomponente geleistet werden, sind als eine Tilgung der Schuld zu bilanzieren.

(c) Wenn einem Arbeitnehmer neue Eigenkapitalinstrumente gewährt werden und das Unternehmen am Tag der Gewährung dieser neuen Eigenkapitalinstrumente angibt, die neuen Eigenkapitalinstrumente als Ersatz für die annullierten Eigenkapitalinstrumente gewährt wurden, sind die als Ersatz gewährten Eigenkapitalinstrumente auf gleiche Weise wie eine Änderung der ursprünglich gewährten Eigenkapitalinstrumente in Übereinstimmung mit Paragraph 27 und den Leitlinien in Anhang B zu bilanzieren. Der gewährte zusätzliche beizulegende Zeitwert entspricht der Differenz zwischen dem beizulegenden Zeitwert der als Ersatz bestimmten Eigenkapitalinstrumente und dem beizulegenden Nettozeitwert der annullierten Eigenkapitalinstrumente am Tag, an dem die Ersatzinstrumente gewährt wurden. Der beizulegende Nettozeitwert der annullierten

Eigenkapitalinstrumente ergibt sich aus ihrem beizulegenden Zeitwert unmittelbar vor der Annullierung, abzüglich des Betrags einer etwaigen Zahlung, die zum Zeitpunkt der Annullierung der Eigenkapitalinstrumente an den Mitarbeiter geleistet wurde und die gemäß (b) oben als Abzug vom Eigenkapital zu bilanzieren ist. Neue Eigenkapitalinstrumente, die nach Angabe des Unternehmens nicht als Ersatz für die annullierten Eigenkapitalinstrumente gewährt wurden, sind als neue gewährte Eigenkapitalinstrumente zu bilanzieren.

28A. Wenn ein Unternehmen oder eine Vertragspartei wählen kann, ob es bzw. sie eine Nicht-Ausübungsbedingung erfüllen will, und das Unternehmen oder die Vertragspartei es unterlässt, die Nicht-Ausübungsbedingung während des Erdienungszeitraums zu erfüllen, so ist dies als eine Annullierung zu behandeln.

29. Beim Rückkauf von ausgeübten Eigenkapitalinstrumenten sind die an den Mitarbeiter geleisteten Zahlungen als Abzug vom Eigenkapital zu bilanzieren. Davon ausgenommen ist der Anteil des gezahlten Betrags, der den am Tag des Rückkaufs ermittelten beizulegenden Zeitwert der rückgekauften Eigenkapitalinstrumente übersteigt und als Aufwand zu erfassen ist.

ANTEILSBASIERTE VERGÜTUNGEN MIT BARAUSGLEICH

30. Bei anteilsbasierten Vergütungen, die in bar abgegolten werden, sind die erworbenen Güter oder Dienstleistungen und die entstandene Schuld mit dem beizulegenden Zeitwert der Schuld zu erfassen. Bis zur Begleichung der Schuld ist der beizulegende Zeitwert der Schuld zu jedem Berichtsstichtag und am Erfüllungstag neu zu bestimmen und sind alle Änderungen des beizulegenden Zeitwerts erfolgswirksam zu erfassen.

31. Ein Unternehmen könnte seinen Mitarbeitern z. B. als Teil ihres Vergütungspakets Wertsteigerungsrechte gewähren, mit denen sie einen Anspruch auf eine künftige Barvergütung (anstelle eines Eigenkapitalinstruments) erwerben, die an den Kursanstieg der Aktien dieses Unternehmens gegenüber einem bestimmten Basiskurs über einen bestimmten Zeitraum gekoppelt ist. Eine andere Möglichkeit der Gewährung eines Anspruchs auf den Erhalt einer künftigen Barvergütung besteht darin, den Mitarbeitern ein Bezugsrecht auf Aktien (einschließlich zum Zeitpunkt der Ausübung der Aktienoptionen auszugebender Aktien) einzuräumen, die entweder rückkaufpflichtig sind (beispielsweise bei Beendigung des Beschäftigungsverhältnisses) oder nach Wahl des Mitarbeiters eingelöst werden können.

32. Das Unternehmen hat zu dem Zeitpunkt, zu dem die Mitarbeiter ihre Leistung erbringen, die erhaltenen Leistungen und gleichzeitig eine Schuld zur Abgeltung dieser Leistungen zu erfassen. Einige Wertsteigerungsrechte sind beispielsweise sofort ausübbar, so dass der Mitarbeiter nicht an die Ableistung einer bestimmten Dienstzeit gebunden ist, bevor er einen Anspruch auf die Barvergütung erwirbt. Sofern kein gegenteiliger substanzieller Hinweis vorliegt, ist zu unterstellen, dass die von den Mitarbeitern als Entgelt für die Wertsteigerungsrechte zu erbringenden Leistungen erhalten wurden. Dementsprechend hat das Unternehmen die erhaltenen Leistungen und die daraus entstehende Schuld sofort zu erfassen. Ist die Ausübung der Wertsteigerungsrechte von der Ableistung einer bestimmten Dienstzeit abhängig, sind die erhaltenen Leistungen und die daraus entstehende Schuld zu dem Zeitpunkt zu erfassen, zu dem die Leistungen von den Mitarbeitern während dieses Zeitraums erbracht wurden.

33. Die Schuld ist bei der erstmaligen Erfassung und zu jedem Berichtsstichtag bis zu ihrer Begleichung mit dem beizulegenden Zeitwert der Wertsteigerungsrechte anzusetzen. Hierzu ist ein Optionspreismodell anzuwenden, das die Vertragsbedingungen, zu denen die Wertsteigerungsrechte gewährt wurden, und den Umfang der bisher von den Mitarbeitern abgeleisteten Dienstzeit berücksichtigt.

ANTEILSBASIERTE VERGÜTUNGEN MIT WAHLWEISEM BARAUSGLEICH ODER AUSGLEICH DURCH EIGENKAPITAL-INSTRUMENTE

34. Bei anteilsbasierten Vergütungen, bei denen das Unternehmen oder die Gegenpartei vertraglich die Wahl haben, ob die Transaktion in bar (oder in anderen Vermögenswerten) oder durch die Ausgabe von Eigenkapitalinstrumenten abgegolten wird, ist die Transaktion bzw. sind deren Bestandteile als anteilsbasierte Vergütung mit Barausgleich zu bilanzieren, sofern und soweit für das Unternehmen eine Verpflichtung zum Ausgleich in bar oder in anderen Vermögenswerten besteht, bzw. als anteilsbasierte Vergütung mit Ausgleich durch Eigenkapitalinstrumente, sofern und soweit keine solche Verpflichtung vorliegt.

Anteilsbasierte Vergütungen mit Erfüllungswahlrecht bei der Gegenpartei

35. Lässt ein Unternehmen der Gegenpartei die Wahl, ob eine anteilsbasierte Vergütung in bar[1] oder durch die Ausgabe von Eigenkapitalinstrumenten beglichen werden soll, liegt die Gewährung eines zusammengesetzten Finanzinstruments vor, das aus einer Schuldkomponente (dem Recht der Gegenpartei auf Barvergütung) und einer Eigenkapitalkomponente (dem Recht der Gegenpartei auf einen Ausgleich durch Eigenkapitalinstrumente anstelle von flüssigen Mitteln) besteht. Bei Transaktionen mit anderen Parteien als Mitarbeitern, bei denen der beizulegende Zeitwert der erhaltenen Güter und Dienstleistungen direkt ermittelt wird, ist die Eigenkapitalkomponente des zusammengesetzten Finanzinstruments als Differenz zwischen dem beizulegenden Zeitwert der erhaltenen Güter oder Dienstleistungen und dem beizulegenden Zeitwert der Schuldkomponente zum Zeit-

punkt des Empfangs der Güter oder Dienstleistungen anzusetzen.

(¹) In den Paragraphen 35-43 schließen alle Verweise auf Barmittel auch andere Vermögenswerte des Unternehmens ein.

36. Bei anderen Transaktionen, einschließlich Transaktionen mit Mitarbeitern, ist der beizulegende Zeitwert des zusammengesetzten Finanzinstruments zum Bewertungsstichtag unter Berücksichtigung der Vertragsbedingungen zu bestimmen, zu denen die Rechte auf Barausgleich oder Ausgleich durch Eigenkapitalinstrumente gewährt wurden.

37. Zur Anwendung von Paragraph 36 ist zunächst der beizulegende Zeitwert der Schuldkomponente und im Anschluss daran der beizulegende Zeitwert der Eigenkapitalkomponente zu ermitteln – wobei zu berücksichtigen ist, dass die Gegenpartei beim Erhalt des Eigenkapitalinstruments ihr Recht auf Barvergütung verwirkt. Der beizulegende Zeitwert des zusammengesetzten Finanzinstruments entspricht der Summe der beizulegenden Zeitwerte der beiden Komponenten. Anteilsbasierte Vergütungen, bei denen die Gegenpartei die Form der Erfüllung frei wählen kann, sind jedoch häufig so strukturiert, dass beide Erfüllungsalternativen den gleichen beizulegenden Zeitwert haben. Die Gegenpartei könnte beispielsweise die Wahl zwischen dem Erhalt von Aktienoptionen oder in bar abgegoltenen Wertsteigerungsrechten haben. In solchen Fällen ist der beizulegende Zeitwert der Eigenkapitalkomponente gleich Null, d. h. der beizulegende Zeitwert des zusammengesetzten Finanzinstruments entspricht dem der Schuldkomponente. Umgekehrt ist der beizulegende Zeitwert der Eigenkapitalkomponente in der Regel größer als Null, wenn sich die beizulegenden Zeitwerte der Erfüllungsalternativen unterscheiden. In diesem Fall ist der beizulegende Zeitwert des zusammengesetzten Finanzinstruments größer als der beizulegende Zeitwert der Schuldkomponente.

38. Die erhaltenen oder erworbenen Güter oder Dienstleistungen sind entsprechend ihrer Klassifizierung als Schuld- oder Eigenkapitalkomponente des zusammengesetzten Finanzinstruments getrennt auszuweisen. Für die Schuldkomponente sind zu dem Zeitpunkt, zu dem die Gegenpartei die Güter liefert oder Leistungen erbringt, die erhaltenen Güter oder Dienstleistungen und gleichzeitig eine Schuld zur Begleichung dieser Güter oder Dienstleistungen gemäß den für anteilsbasierte Vergütungen mit Barausgleich geltenden Vorschriften (Paragraph 30-33) zu erfassen. Für die Eigenkapitalkomponente (falls vorhanden) sind zu dem Zeitpunkt, zu dem die Gegenpartei die Güter liefert oder Leistungen erbringt, die erhaltenen Güter oder Dienstleistungen und gleichzeitig eine Schuld zur Begleichung dieser Güter oder Dienstleistungen gemäß den für anteilsbasierte Vergütungen mit Ausgleich durch Eigenkapitalinstrumente geltenden Vorschriften (Paragraph 10-29) zu erfassen.

39. Am Erfüllungstag ist die Schuld mit dem beizulegenden Zeitwert neu zu bewerten. Erfolgt der Ausgleich nicht in bar, sondern durch die Ausgabe von Eigenkapitalinstrumenten, ist die Schuld als Entgelt für die ausgegebenen Eigenkapitalinstrumente direkt ins Eigenkapital umzubuchen.

40. Erfolgt der Ausgleich in bar anstatt durch die Ausgabe von Eigenkapitalinstrumenten, gilt die Schuld mit dieser Zahlung als vollständig beglichen. Alle vorher erfassten Eigenkapitalkomponenten bleiben im Eigenkapital. Durch ihre Entscheidung für einen Barausgleich verwirkt die Gegenpartei das Recht auf den Erhalt von Eigenkapitalinstrumenten. Diese Vorschrift schließt jedoch nicht die Möglichkeit einer Umbuchung innerhalb des Eigenkapitals, also eine Umbuchung von einem Eigenkapitalposten in einen anderen, aus.

Anteilsbasierte Vergütungen mit Erfüllungswahlrecht beim Unternehmen

41. Bei anteilsbasierten Vergütungen, die dem Unternehmen das vertragliche Wahlrecht einräumen, ob der Ausgleich in bar oder durch die Ausgabe von Eigenkapitalinstrumenten erfolgen soll, hat das Unternehmen zu bestimmen, ob eine gegenwärtige Verpflichtung zum Barausgleich besteht, und die anteilsbasierte Vergütung entsprechend abzubilden. Eine gegenwärtige Verpflichtung zum Barausgleich liegt dann vor, wenn die Möglichkeit eines Ausgleichs durch Eigenkapitalinstrumente keinen wirtschaftlichen Gehalt hat (z. B. weil dem Unternehmen die Ausgabe von Aktien gesetzlich verboten ist) oder der Barausgleich eine vergangene betriebliche Praxis oder erklärte Richtlinie des Unternehmens war oder das Unternehmen im Allgemeinen einen Barausgleich vornimmt, wenn die Gegenpartei diese Form des Ausgleichs wünscht.

42. Hat das Unternehmen eine gegenwärtige Verpflichtung zum Barausgleich, ist die Transaktion gemäß den Vorschriften für anteilsbasierte Vergütungen mit Barausgleich (Paragraph 30-33) zu bilanzieren.

43. Liegt eine solche Verpflichtung nicht vor, ist die Transaktion gemäß den Vorschriften für anteilsbasierte Vergütungen mit Ausgleich durch Eigenkapitalinstrumente (Paragraph 10-29) zu bilanzieren. Bei der Erfüllung kommen folgende Regelungen zur Anwendung:

(a) Entscheidet sich das Unternehmen für einen Barausgleich, ist die Barvergütung mit Ausnahme der unter (c) unten beschriebenen Fälle als Rückkauf von Eigenkapitalanteilen, also als Abzug vom Eigenkapital, zu behandeln.

(b) Entscheidet sich das Unternehmen für einen Ausgleich durch die Ausgabe von Eigenkapitalinstrumenten, ist mit Ausnahme der unter (c) unten beschriebenen Fälle keine weitere Buchung erforderlich (außer ggf. eine Umbuchung von einem Eigenkapitalposten in einen anderen).

(c) Wählt das Unternehmen die Form des Ausgleichs mit dem am Erfüllungstag höheren beizulegenden Zeitwert, ist ein zusätzlicher Aufwand für den Überschussbetrag zu erfassen, d. h. für die Differenz zwischen der Höhe der Barvergütung und dem beizulegenden Zeitwert der Eigenkapitalinstrumente, die sonst ausgegeben worden wären, bzw., je nach Sachlage, der Differenz zwischen dem beizulegenden Zeitwert der ausgegebenen Eigenkapitalinstrumente und dem Barbetrag, der sonst gezahlt worden wäre.

ANTEILSBASIERTE VERGÜTUNGEN ZWISCHEN UNTERNEHMEN EINER GRUPPE (ÄNDERUNGEN 2009)

43A. Bei anteilsbasierten Vergütungen zwischen Unternehmen einer Gruppe hat das Unternehmen, das die Güter oder Dienstleistungen erhält, diese Güter oder Leistungen in seinem Einzelabschluss als anteilsbasierte Vergütung mit Ausgleich durch Eigenkapitalinstrumente oder als anteilsbasierte Vergütung mit Barausgleich zu bewerten und zu diesem Zweck Folgendes zu prüfen:

a) die Art der gewährten Prämien und

b) seine eigenen Rechte und Pflichten.

Das Unternehmen, das die Güter oder Dienstleistungen erhält, kann einen anderen Betrag erfassen als die Unternehmensgruppe in ihrem Konzernabschluss oder ein anderes Unternehmen der Gruppe, die bzw. das bei der anteilsbasierten Vergütung den Ausgleich vornimmt.

43B. Das Unternehmen, das die Güter oder Dienstleistungen erhält, hat diese als anteilsbasierte Vergütung mit Ausgleich durch Eigenkapitalinstrumente zu bewerten, wenn

a) es sich bei den gewährten Prämien um seine eigenen Eigenkapitalinstrumente handelt oder

b) das Unternehmen nicht dazu verpflichtet ist, bei der anteilsbasierten Vergütung den Ausgleich vorzunehmen.

Gemäß den Paragraphen 19–21 muss ein Unternehmen eine solche anteilsbasierte Vergütung mit Ausgleich durch Eigenkapitalinstrumente in der Folge nur dann neu bewerten, wenn sich die marktbedingungsunabhängigen Ausübungsbedingungen geändert haben. In allen anderen Fällen hat das Unternehmen, das die Güter oder Dienstleistungen erhält, diese als anteilsbasierte Vergütung mit Barausgleich zu bewerten.

43C. Das Unternehmen, das bei einer anteilsbasierten Vergütung den Ausgleich vornimmt, während ein anderes Unternehmen der Gruppe die Güter oder Dienstleistungen erhält, hat diese Transaktion nur dann als anteilsbasierte Vergütung mit Ausgleich durch Eigenkapitalinstrumente zu erfassen, wenn der Ausgleich mit seinen eigenen Eigenkapitalinstrumenten erfolgt. In allen anderen Fällen ist die Transaktion als anteilsbasierte Vergütung mit Barausgleich zu erfassen.

43D. Bestimmte gruppeninterne Transaktionen sind mit Rückzahlungsvereinbarungen verbunden, die ein Unternehmen der Gruppe dazu verpflichten, ein anderes Unternehmen der Gruppe dafür zu bezahlen, dass es den Lieferanten der Güter oder Leistungen anteilsbasierte Vergütungen zur Verfügung gestellt hat. In einem solchen Fall hat das Unternehmen, das die Güter oder Leistungen erhält, die anteilsbasierte Vergütung ungeachtet etwaiger gruppeninterner Rückzahlungsvereinbarungen gemäß Paragraph 43B zu bilanzieren.

ANGABEN

44. Ein Unternehmen hat Informationen anzugeben, die Art und Ausmaß der in der Berichtsperiode bestehenden anteilsbasierten Vergütungsvereinbarungen für den Abschlussadressaten nachvollziehbar machen.

45. Um dem Grundsatz in Paragraph 44 Rechnung zu tragen, sind mindestens folgende Angaben erforderlich:

(a) eine Beschreibung der einzelnen Arten von anteilsbasierten Vergütungsvereinbarungen, die während der Berichtsperiode in Kraft waren, einschließlich der allgemeinen Vertragsbedingungen jeder Vereinbarung, wie Ausübungsbedingungen, maximale Anzahl gewährter Optionen und Form des Ausgleichs (ob in bar oder durch Eigenkapitalinstrumente). Ein Unternehmen mit substanziell ähnlichen Arten von anteilsbasierten Vergütungsvereinbarungen kann diese Angaben zusammenfassen, soweit zur Erfüllung des Grundsatzes in Paragraph 44 keine gesonderte Darstellung der einzelnen Vereinbarungen notwendig ist;

(b) Anzahl und gewichteter Durchschnitt der Ausübungspreise der Aktienoptionen für jede der folgenden Gruppen von Optionen:

(i) zu Beginn der Berichtsperiode ausstehende Optionen;

(ii) in der Berichtsperiode gewährte Optionen;

(iii) in der Berichtsperiode verwirkte Optionen;

(iv) in der Berichtsperiode ausgeübte Optionen;

(v) in der Berichtsperiode verfallene Optionen;

(vi) am Ende der Berichtsperiode ausstehende Optionen; und

(vii) am Ende der Berichtsperiode ausübbare Optionen;

(c) bei in der Berichtsperiode ausgeübten Optionen der gewichtete Durchschnittsaktienkurs am Tag der Ausübung. Wurden die Optionen während der Berichtsperiode regelmäßig ausgeübt, kann stattdessen der gewichtete Durchschnittsaktienkurs der Berichtsperiode herangezogen werden;

(d) für die am Ende der Berichtsperiode ausstehenden Optionen die Bandbreite an Ausübungspreisen und der gewichtete Durchschnitt der restlichen Vertragslaufzeit. Ist die

Bandbreite der Ausübungspreise sehr groß, sind die ausstehenden Optionen in Bereiche zu unterteilen, die zur Beurteilung der Anzahl und des Zeitpunktes der möglichen Ausgabe zusätzlicher Aktien und des bei Ausübung dieser Optionen realisierbaren Barbetrags geeignet sind.

46. Ein Unternehmen hat Informationen anzugeben, die den Abschlussadressaten deutlich machen, wie der beizulegende Zeitwert der erhaltenen Güter oder Dienstleistungen oder der beizulegende Zeitwert der gewährten Eigenkapitalinstrumente in der Berichtsperiode bestimmt wurde.

47. Wurde der beizulegende Zeitwert der im Austausch für Eigenkapitalinstrumente des Unternehmens erhaltenen Güter oder Dienstleistungen indirekt unter Bezugnahme auf den beizulegenden Zeitwert der gewährten Eigenkapitalinstrumente bemessen, hat das Unternehmen zur Erfüllung des Grundsatzes in Paragraph 46 mindestens folgende Angaben zu machen:

(a) für in der Berichtsperiode gewährte Aktienoptionen der gewichtete Durchschnitt der beizulegenden Zeitwerte dieser Optionen am Bewertungsstichtag sowie Angaben darüber, wie dieser beizulegende Zeitwert ermittelt wurde, einschließlich:

(i) das verwendete Optionspreismodell und die in dieses Modell einfließenden Daten, einschließlich gewichteter Durchschnittsaktienkurs, Ausübungspreis, erwartete Volatilität, Laufzeit der Option, erwartete Dividenden, risikoloser Zinssatz und andere in das Modell einfließende Parameter, einschließlich verwendete Methode und die zugrunde gelegten Annahmen zur Berücksichtigung der Auswirkungen einer erwarteten frühzeitigen Ausübung;

(ii) wie die erwartete Volatilität bestimmt wurde. Hierzu gehören auch erläuternde Angaben, inwieweit die erwartete Volatilität auf der historischen Volatilität beruht; und

(iii) ob und auf welche Weise andere Ausstattungsmerkmale der Optionsgewährung, wie z. B. Marktbedingung, in die Ermittlung des beizulegenden Zeitwerts einbezogen wurden;

(b) für andere in der Berichtsperiode gewährte Eigenkapitalinstrumente (keine Aktienoptionen) die Anzahl und der gewichtete Durchschnitt der beizulegenden Zeitwerte dieser Eigenkapitalinstrumente am Bewertungsstichtag sowie Angaben darüber, wie dieser beizulegende Zeitwert ermittelt wurde, einschließlich:

(i) wenn der beizulegende Zeitwert nicht anhand eines beobachtbaren Marktpreises ermittelt wurde, auf welche Weise er bestimmt wurde;

(ii) ob und auf welche Weise erwartete Dividenden bei der Ermittlung des beizulegenden Zeitwerts berücksichtigt wurden; und

(iii) ob und auf welche Weise andere Ausstattungsmerkmale der gewährten Eigenkapitalinstrumente in die Bestimmung des beizulegenden Zeitwerts eingeflossen sind;

(c) für anteilsbasierte Vergütungen, die in der Berichtsperiode geändert wurden:

(i) eine Erklärung, warum diese Änderungen vorgenommen wurden;

(ii) der zusätzliche beizulegende Zeitwert, der (infolge dieser Änderungen) gewährt wurde; und

(iii) ggf. Angaben darüber, wie der gewährte zusätzliche beizulegende Zeitwert unter Beachtung der Vorschriften von (a) und (b) oben bestimmt wurde.

48. Wurden die in der Berichtsperiode erhaltenen Güter oder Dienstleistungen direkt zum beizulegenden Zeitwert angesetzt, ist anzugeben, wie der beizulegende Zeitwert bestimmt wurde, d. h. ob er anhand eines Marktpreises für die betreffenden Güter oder Dienstleistungen ermittelt wurde.

49. Hat das Unternehmen die Vermutung in Paragraph 13 widerlegt, hat es diese Tatsache anzugeben und zu begründen, warum es zu einer Widerlegung dieser Vermutung kam.

50. Ein Unternehmen hat Informationen anzugeben, die den Abschlussadressaten die Auswirkungen anteilsbasierter Vergütungen auf das Periodenergebnis und die Vermögens- und Finanzlage des Unternehmens verständlich machen.

51. Um dem Grundsatz in Paragraph 50 Rechnung zu tragen, sind mindestens folgende Angaben erforderlich:

(a) der in der Berichtsperiode erfasste Gesamtaufwand für anteilsbasierte Vergütungen, bei denen die erhaltenen Güter oder Dienstleistungen nicht für eine Erfassung als Vermögenswert in Betracht kamen und daher sofort aufwandswirksam verbucht wurden. Dabei ist der Anteil am Gesamtaufwand, der auf anteilsbasierte Vergütungen mit Ausgleich durch Eigenkapitalinstrumente entfällt, gesondert auszuweisen;

(b) für Schulden aus anteilsbasierten Vergütungen:

(i) der Gesamtbuchwert am Ende der Berichtsperiode und

(ii) der gesamte innere Wert der Schulden am Ende der Berichtsperiode, bei denen das Recht der Gegenpartei auf Erhalt von flüssigen Mitteln oder anderen Vermögenswerten zum Ende der Berichtsperiode ausübbar war (z. B. ausübbare Wertsteigerungsrechte).

52. Sind die Angabepflichten dieses IFRS zur Erfüllung der Grundsätze in den Paragraphen 44,

46 und 50 nicht ausreichend, hat das Unternehmen zusätzliche Angaben zu machen, die zu einer Erfüllung dieser Grundsätze führen.

ÜBERGANGSVORSCHRIFTEN

53. Bei anteilsbasierten Vergütungen mit Ausgleich durch Eigenkapitalinstrumente ist dieser IFRS auf Aktien, Aktienoptionen und andere Eigenkapitalinstrumente anzuwenden, die nach dem 7. November 2002 gewährt wurden und zum Zeitpunkt des Inkrafttretens dieses IFRS noch nicht ausübbar waren.

54. Es wird empfohlen, aber nicht vorgeschrieben, diesen IFRS auf andere gewährte Eigenkapitalinstrumente anzuwenden, sofern das Unternehmen den am Bewertungsstichtag bestimmten beizulegenden Zeitwert dieser Eigenkapitalinstrumente veröffentlicht hat.

55. Bei allen gewährten Eigenkapitalinstrumenten, auf die dieser IFRS angewendet wird, ist eine Anpassung der Vergleichsinformationen und ggf. des Eröffnungsbilanzwerts der Gewinnrücklagen für die früheste dargestellte Berichtsperiode vorzunehmen.

56. Alle gewährten Eigenkapitalinstrumente, auf die dieser IFRS keine Anwendung findet (also alle bis einschließlich 7. November 2002 zugeteilten Eigenkapitalinstrumente), unterliegen dennoch den Angabepflichten gemäß Paragraph 44 und 45.

57. Ändert ein Unternehmen nach Inkrafttreten dieses IFRS die Vertragsbedingungen für gewährte Eigenkapitalinstrumente, auf die dieser IFRS nicht angewendet worden ist, sind dennoch für die Bilanzierung derartiger Änderungen die Paragraphen 26-29 maßgeblich.

58. Der IFRS ist rückwirkend auf Schulden aus anteilsbasierten Vergütungen anzuwenden, die zum Zeitpunkt des Inkrafttretens dieses IFRS bestanden. Für diese Schulden ist eine Anpassung der Vergleichsinformationen vorzunehmen. Hierzu gehört auch eine Anpassung des Eröffnungsbilanzwerts der Gewinnrücklagen in der frühesten dargestellten Berichtsperiode, für die die Vergleichsinformationen angepasst worden sind. Eine Pflicht zur Anpassung der Vergleichsinformationen besteht allerdings nicht für Informationen, die sich auf eine Berichtsperiode oder einen Tag vor dem 7. November 2002 beziehen.

59. Es wird empfohlen, aber nicht vorgeschrieben, den IFRS rückwirkend auf andere Schulden aus anteilsbasierten Vergütungen anzuwenden, beispielsweise auf Schulden, die in einer Berichtsperiode beglichen wurden, für die Vergleichsinformationen aufgeführt sind.

ZEITPUNKT DES INKRAFTTRETENS

60. Dieser IFRS ist erstmals in der ersten Berichtsperiode eines am 1. Januar 2005 oder danach beginnenden Geschäftsjahres anzuwenden. Eine frühere Anwendung wird empfohlen. Wenn ein Unternehmen den IFRS für Berichtsperioden anwendet, die vor dem 1. Januar 2005 beginnen, so ist diese Tatsache anzugeben.

61. IFRS 3 (überarbeitet 2008) und die *Verbesserungen der IFRS* vom April 2009 ändern Paragraph 5 ab. Diese Änderungen sind erstmals in der ersten Berichtsperiode eines am 1. Juli 2009 oder danach beginnenden Geschäftsjahrs anzuwenden. Eine frühere Anwendung ist zulässig. Wenn ein Unternehmen IFRS 3 (geändert 2008) auf eine frühere Periode anwendet, sind auch diese Änderungen entsprechend für diese frühere Periode anzuwenden.

62. Die folgenden Änderungen sind rückwirkend in der ersten Berichtsperiode eines am 1. Januar 2009 oder danach beginnenden Geschäftsjahres anzuwenden:

(a) die Vorschriften in Paragraph 21A hinsichtlich der Behandlung von Nicht-Ausübungsbedingungen;

(b) die in Anhang A überarbeiteten Definitionen von „ausübbar werden" und „Ausübungsbedingungen";

(c) die Änderungen in den Paragraphen 28 und 28A hinsichtlich Annullierungen.

Eine frühere Anwendung ist zulässig. Wenn ein Unternehmen diese Änderungen für eine Periode anwendet, die vor dem 1. Januar 2009 beginnt, so ist diese Tatsache anzugeben.

63. Die nachstehend aufgeführten Änderungen, die mit *Anteilsbasierte Vergütungen mit Barausgleich innerhalb einer Unternehmensgruppe* vom Juni 2009 vorgenommen wurden, sind vorbehaltlich der Übergangsvorschriften der Paragraphen 53-59 gemäß IAS 8 *Rechnungslegungsmethoden, Änderungen von rechnungslegungsbezogenen Schätzungen und Fehler* rückwirkend für Berichtsperioden eines am oder nach dem 1. Januar 2010 beginnenden Geschäftsjahres anzuwenden:

a) In Bezug auf die Bilanzierung von Transaktionen zwischen Unternehmen einer Gruppe die Änderung des Paragraphen 2, die Streichung des Paragraphen 3 und die Anfügung der Paragraphen 3A und 43A–43D sowie der Paragraphen B45, B47, B50, B54, B56–B58 und B60 in Anhang B.

b) Die geänderten Definitionen der folgenden Begriffe in Anhang A:

– anteilsbasierte Vergütung mit Barausgleich,

– anteilsbasierte Vergütung mit Ausgleich durch Eigenkapitalinstrumente,

– anteilsbasierte Vergütungsvereinbarung und

– anteilsbasierte Vergütung.

Sind die für eine rückwirkende Anwendung notwendigen Informationen nicht verfügbar, hat das Unternehmen in seinem Einzelabschluss die zuvor im Konzernabschluss erfassten Beträge zu übernehmen. Eine frühere Anwendung ist zulässig. Wendet ein Unternehmen diese Änderungen auf eine vor dem 1. Januar 2010 beginnende Berichtsperiode an, so hat es dies anzugeben.

3/2. IFRS 2
64, Anhang A

RÜCKNAHME VON INTERPRETATIONEN

64. *Anteilsbasierte Vergütungen mit Barausgleich innerhalb einer Unternehmensgruppe* vom Juni 2009 ersetzt IFRIC 8 *Anwendungsbereich von IFRS 2* und IFRIC 11 *IFRS 2 – Geschäfte mit eigenen Aktien und Aktien von Konzernunternehmen.* Mit den darin enthaltenen Änderungen werden die nachstehend genannten, früheren Anforderungen aus IFRIC 8 und IFRIC 11 übernommen:

a) In Bezug auf die Bilanzierung von Transaktionen, bei denen das Unternehmen nicht alle oder keine/s der erhaltenen Güter oder Leistungen speziell identifizieren kann, die Änderung des Paragraphen 2 und die Anfügung des Paragraphen 13A. Die dazugehörigen Anforderungen waren erstmals in der ersten Berichtsperiode eines am oder nach dem 1. Mai 2006 beginnenden Geschäftsjahres anzuwenden.

b) In Bezug auf die Bilanzierung von Transaktionen zwischen Unternehmen der Gruppe die Anfügung der Paragraphen B46, B48, B49, B51–B53, B55, B59 und B61 in Anhang B. Die dazugehörigen Anforderungen waren erstmals in der ersten Berichtsperiode eines am oder nach dem 1. März 2007 beginnenden Geschäftsjahres anzuwenden.

Diese Anforderungen wurden vorbehaltlich der Übergangsvorschriften des IFRS 2 gemäß IAS 8 rückwirkend angewandt.

ANHANG A
DEFINITIONEN

Dieser Anhang ist integraler Bestandteil des IFRS.

anteilsbasierte Vergütung mit Barausgleich	Eine **anteilsbasierte Vergütung**, bei der das Unternehmen Leistungen Zahlungsmittel oder andere Vermögenswerte zu übertragen, deren Höhe vom Güter oder Leistungen erhält und im Gegenzug die Verpflichtung eingeht, dem Lieferanten dieser Güter oder Kurs (oder Wert) der **Eigenkapitalinstrumente** (einschließlich Aktien oder **Aktienoptionen**) des Unternehmens oder eines anderen Unternehmens der Gruppe abhängt.
Mitarbeiter und andere, die ähnliche Leistungen erbringen	Personen, die persönliche Leistungen für das Unternehmen erbringen und die (a) rechtlich oder steuerlich als Mitarbeiter gelten, (b) für das Unternehmen auf dessen Anweisung tätig sind wie Personen, die rechtlich oder steuerlich als Mitarbeiter gelten, oder (c) ähnliche Leistungen wie Mitarbeiter erbringen. Der Begriff umfasst beispielsweise das gesamte Management, d. h. alle Personen, die für die Planung, Leitung und Überwachung der Tätigkeiten des Unternehmens zuständig und verantwortlich sind, einschließlich Non-Executive Directors.
Eigenkapitalinstrument	Ein Vertrag, der einen Residualanspruch an den Vermögenswerten nach Abzug aller dazugehörigen Schulden begründet.([1])
gewährtes Eigenkapitalinstrument	Das vom Unternehmen im Rahmen einer **anteilsbasierten Vergütung** übertragene (bedingte oder uneingeschränkte) Recht an einem **Eigenkapitalinstrument** des Unternehmens.
anteilsbasierte Vergütung mit Ausgleich durch Eigenkapitalinstrumente	Eine **anteilsbasierte Vergütung**, bei der das Unternehmen a) Güter oder Leistungen erhält und im Gegenzug eigene **Eigenkapitalinstrumente** (einschließlich Aktien oder **Aktienoptionen**) hingibt, oder b) Güter oder Leistungen erhält, aber nicht dazu verpflichtet ist, beim Lieferanten den Ausgleich vorzunehmen.
beizulegender Zeitwert	Der Betrag, zu dem zwischen sachverständigen, vertragswilligen und voneinander unabhängigen Geschäftspartnern unter marktüblichen Bedingungen ein Vermögenswert getauscht, eine Schuld beglichen oder ein **gewährtes Eigenkapitalinstrument** getauscht werden könnte.

3/2. IFRS 2
Anhang A

Tag der Gewährung	Tag, an dem das Unternehmen und eine andere Partei (einschließlich ein Mitarbeiter) eine **anteilsbasierte Vergütungsvereinbarung** treffen, worunter der Zeitpunkt zu verstehen ist, zu dem das Unternehmen und die Gegenpartei ein gemeinsames Verständnis über die Vertragsbedingungen der Vereinbarung erlangt haben. Am Tag der Gewährung verleiht das Unternehmen der Gegenpartei das Recht auf den Erhalt von flüssigen Mitteln, anderen Vermögenswerten oder **Eigenkapitalinstrumenten** des Unternehmens, das ggf. an die Erfüllung bestimmter **Ausübungsbedingung**en geknüpft ist. Unterliegt diese Vereinbarung einem Genehmigungsverfahren (z. B. durch die Eigentümer), entspricht der Tag der Gewährung dem Tag, an dem die Genehmigung erteilt wurde.
innerer Wert	Die Differenz zwischen dem **beizulegenden Zeitwert** der Aktien, zu deren Zeichnung oder Erhalt die Gegenpartei (bedingt oder uneingeschränkt) berechtigt ist, und (gegebenenfalls) dem von der Gegenpartei für diese Aktien zu entrichtenden Betrag. Beispielsweise hat eine **Aktienoption** mit einem Ausübungspreis von WE 15 (2) bei einer Aktie mit einem **beizulegenden Zeitwert** von WE 20 einen inneren Wert von WE 5.
Marktbedingung	Eine Bedingung für den Ausübungspreis, den Übergang des Rechtsanspruchs an oder die Ausübungsmöglichkeit von **Eigenkapitalinstrumenten**, die mit dem Marktpreis der **Eigenkapitalinstrumente** des Unternehmens in Zusammenhang stehen, wie beispielsweise die Erzielung eines bestimmten Aktienkurses oder eines bestimmten **inneren Werts** einer **Aktienoption** oder die Erreichung eines bestimmten Erfolgsziels, das auf dem Marktkurs der **Eigenkapitalinstrumente** des Unternehmens gegenüber einem Index von Marktpreisen der **Eigenkapitalinstrumente** anderer Unternehmen basiert.
Bewertungsstichtag	Tag, an dem der **beizulegende Zeitwert** der gewährten **Eigenkapitalinstrumente** für die Zwecke dieses Standards bestimmt wird. Bei Transaktionen mit **Mitarbeitern und anderen, die ähnliche Leistungen erbringen**, ist der Bewertungsstichtag der **Tag der Gewährung**. Bei Transaktionen mit anderen Parteien als Mitarbeitern (und Personen, die ähnliche Leistungen erbringen) ist der Bewertungsstichtag der Tag, an dem das Unternehmen die Güter erhält oder die Gegenpartei die Leistungen erbringt.
Reload-Eigenschaft	Ausstattungsmerkmal, das eine automatische Gewährung zusätzlicher **Aktienoptionen** vorsieht, wenn der Optionsinhaber bei der Ausübung vorher gewährter Optionen den Ausübungspreis mit den Aktien des Unternehmens und nicht in bar begleicht.
Reload-Option	Eine neue **Aktienoption**, die gewährt wird, wenn der Ausübungspreis einer früheren **Aktienoption** mit einer Aktie beglichen wird.
anteilsbasierte Vergütungsvereinbarung	Eine Vereinbarung zwischen dem Unternehmen (oder einem anderen Unternehmen der Gruppe ([a]) oder einem Anteilseigner eines Unternehmens der Gruppe) und einer anderen Partei (einschließlich eines Mitarbeiters), die Letztere – ggf. unter dem Vorbehalt der Erfüllung bestimmter **Ausübungsbedingungen** – dazu berechtigt, a) Zahlungsmittel oder andere Vermögenswerte des Unternehmens zu erhalten, deren Höhe vom Kurs (oder Wert) der **Eigenkapitalinstrumente** (einschließlich Aktien oder **Aktienoptionen**) des Unternehmens oder eines anderen Unternehmens der Gruppe abhängt, oder

	b) **Eigenkapitalinstrumente** (einschließlich Aktien oder **Aktienoptionen**) des Unternehmens oder eines anderen Unternehmens der Gruppe zu erhalten.
	([a]) Eine „Unternehmensgruppe" ist in IAS 27 *Konzern- und Einzelabschlüsse* Paragraph 4 aus Sicht des obersten Mutterunternehmens des berichtenden Unternehmens definiert als „Mutterunternehmen mit all seinen Tochterunternehmen".
anteilsbasierte Vergütung	Eine Transaktion, bei der das Unternehmen
	a) im Rahmen einer **anteilsbasierten Vergütungsvereinbarung** von einem Lieferanten (einschließlich eines Mitarbeiters) Güter oder Leistungen erhält, oder
	b) die Verpflichtung eingeht, im Rahmen einer **anteilsbasierten Vergütungsvereinbarung** beim Lieferanten den Ausgleich für die Transaktion vorzunehmen, ein anderes Unternehmen der Gruppe aber die betreffenden Güter oder Dienstleistungen erhält.
Aktienoption	Ein Vertrag, der den Inhaber berechtigt, aber nicht verpflichtet, die Aktien des Unternehmens während eines bestimmten Zeitraums zu einem festen oder bestimmbaren Preis zu kaufen.
ausübbar werden	Einen festen Rechtsanspruch erwerben. Im Rahmen einer **anteilsbasierten Vergütungsvereinbarung** wird das Recht einer Gegenpartei auf den Erhalt von flüssigen Mitteln, Vermögenswerten oder **Eigenkapitalinstrumenten** des Unternehmens ausübbar, wenn der Rechtsanspruch der Gegenpartei nicht mehr von der Erfüllung von **Ausübungsbedingungen** abhängt.
Ausübungsbedingungen	Die Bedingungen, die bestimmen, ob das Unternehmen die Leistungen erhält, durch welche die Gegenpartei den Rechtsanspruch erwirbt, im Rahmen einer **anteilsbasierten Vergütungsvereinbarung** flüssige Mittel, Vermögenswerte oder **Eigenkapitalinstrumente** zu erhalten. Ausübungsbedingungen sind entweder Dienstbedingungen oder Leistungsbedingungen. Dienstbedingungen verlangen von der Gegenpartei die Ableistung einer bestimmten Dienstzeit. Leistungsbedingungen verlangen von der Gegenpartei die Ableistung einer bestimmten Dienstzeit und die Erfüllung bestimmter Erfolgsziele (wie z.B. eine bestimmte Steigerung des Unternehmensgewinns innerhalb eines bestimmten Zeitraums). Eine Leistungsbedingung kann eine **Marktbedingung** enthalten.
Erdienungszeitraum	Zeitraum, in dem alle festgelegten **Ausübungsbedingungen** einer **anteilsbasierten Vergütungsvereinbarung** erfüllt werden müssen.

([1]) Im *Rahmenkonzept* ist eine Schuld definiert als eine gegenwärtige Verpflichtung des Unternehmens, die aus Ereignissen der Vergangenheit entsteht und deren Erfüllung für das Unternehmen erwartungsgemäß mit einem Abfluss von Ressourcen mit wirtschaftlichem Nutzen verbunden ist (z. B. einem Abfluss von Zahlungsmitteln oder anderen Vermögenswerten).
([2]) In diesem Anhang werden Geldbeträge in „Währungseinheiten" (WE) angegeben.

ANHANG B

ANLEITUNGEN ZUR ANWENDUNG

Dieser Anhang ist integraler Bestandteil des IFRS.

SCHÄTZUNG DES BEIZULEGENDEN ZEITWERTS DER GEWÄHRTEN EIGENKAPITALINSTRUMENTE

B1. Die Paragraphen B2-B41 dieses Anhangs behandeln die Ermittlung des beizulegenden Zeitwerts von gewährten Aktien und Aktienoptionen, wobei vor allem auf die üblichen Vertragsbedingungen bei der Gewährung von Aktien oder Aktienoptionen an Mitarbeiter eingegangen wird. Sie sind daher nicht erschöpfend. Da sich die nachstehenden Erläuterungen in erster Linie auf an Mitarbeiter gewährte Aktien und Aktienoptionen beziehen, wird außerdem unterstellt, dass der beizulegende Zeitwert der Aktien oder Aktienoptionen am Tag der Gewährung bestimmt wird. Viele der nachfolgend angeschnittenen Punkte (wie etwa die

Bestimmung der erwarteten Volatilität) gelten jedoch auch im Kontext einer Schätzung des beizulegenden Zeitwerts von Aktien oder Aktienoptionen, die anderen Parteien als Mitarbeitern zum Zeitpunkt des Empfangs der Güter durch das Unternehmen oder der Leistungserbringung durch die Gegenpartei gewährt werden.

Aktien

B2. Bei der Gewährung von Aktien an Mitarbeiter ist der beizulegende Zeitwert der Aktien anhand des Marktpreises der Aktien des Unternehmens (bzw. eines geschätzten Marktpreises, wenn die Aktien des Unternehmens nicht öffentlich gehandelt werden) unter Berücksichtigung der Vertragsbedingungen, zu denen die Aktien gewährt wurden (ausgenommen Ausübungsbedingungen, die gemäß Paragraph 19-21 nicht in die Bestimmung des beizulegenden Zeitwerts einfließen), zu ermitteln.

B3. Hat der Mitarbeiter beispielsweise während des Erdienungszeitraums keinen Anspruch auf den Bezug von Dividenden, ist dieser Faktor bei der Schätzung des beizulegenden Zeitwerts der gewährten Aktien zu berücksichtigen. Gleiches gilt, wenn die Aktien nach dem Tag der ersten Ausübungsmöglichkeit Übertragungsbeschränkungen unterliegen, allerdings nur insoweit die Beschränkungen nach der Ausübbarkeit einen Einfluss auf den Preis haben, den ein sachverständiger, vertragswilliger Marktteilnehmer für diese Aktie zahlen würde. Werden die Aktien zum Beispiel aktiv in einem hinreichend entwickelten, liquiden Markt gehandelt, haben Übertragungsbeschränkungen nach dem Tag der ersten Ausübungsmöglichkeit nur eine geringe oder überhaupt keine Auswirkung auf den Preis, den ein sachverständiger, vertragswilliger Marktteilnehmer für diese Aktien zahlen würde. Übertragungsbeschränkungen oder andere Beschränkungen während des Erdienungszeitraums sind bei der Schätzung des beizulegenden Zeitwerts der gewährten Aktien am Tag der Gewährung nicht zu berücksichtigen, weil diese Beschränkungen im Vorhandensein von Ausübungsbedingungen begründet sind, die gemäß Paragraph 19-21 bilanziert werden.

Aktienoptionen

B4. Bei der Gewährung von Aktienoptionen an Mitarbeiter stehen in vielen Fällen keine Marktpreise zur Verfügung, weil die gewährten Optionen Vertragsbedingungen unterliegen, die nicht für gehandelte Optionen gelten. Gibt es keine gehandelten Optionen mit ähnlichen Vertragsbedingungen, ist der beizulegende Zeitwert der gewährten Optionen mithilfe eines Optionspreismodells zu schätzen.

B5. Das Unternehmen hat Faktoren zu berücksichtigen, die sachverständige, vertragswillige Marktteilnehmer bei der Auswahl des anzuwendenden Optionspreismodells in Betracht ziehen würden. Viele Mitarbeiteroptionen haben beispielsweise eine lange Laufzeit, sind normalerweise vom Tag, an dem alle Ausübungsbedingungen erfüllt sind, bis zum Ende der Optionslaufzeit ausübbar und werden oft frühzeitig ausgeübt. Alle diese Faktoren müssen bei der Schätzung des beizulegenden Zeitwerts der Optionen am Tag der Gewährung berücksichtigt werden. Bei vielen Unternehmen schließt dies die Verwendung der Black-Scholes-Merton-Formel aus, die nicht die Möglichkeit einer Ausübung vor Ende der Optionslaufzeit zulässt und die Auswirkungen einer erwarteten frühzeitigen Ausübung nicht adäquat wiedergibt. Außerdem ist darin nicht vorgesehen, dass sich die erwartete Volatilität und andere in das Modell einfließende Parameter während der Laufzeit einer Option ändern können. Unter Umständen treffen die vorstehend genannten Faktoren jedoch nicht auf Aktienoptionen zu, die eine relativ kurze Vertragslaufzeit haben oder innerhalb einer kurzen Frist nach Erfüllung der Ausübungsbedingungen ausgeübt werden müssen. In solchen Fällen kann die Black-Scholes-Merton-Formel ein Ergebnis liefern, das sich im Wesentlichen mit dem eines flexibleren Optionspreismodells deckt.

B6. Alle Optionspreismodelle berücksichtigen mindestens die folgenden Faktoren:

(a) den Ausübungspreis der Option;

(b) die Laufzeit der Option;

(c) den aktuellen Kurs der zugrunde liegenden Aktien;

(d) die erwartete Volatilität des Aktienkurses;

(e) die erwarteten Dividenden auf die Aktien (falls zutreffend); und

(f) den risikolosen Zins für die Laufzeit der Option.

B7. Darüber hinaus sind andere Faktoren zu berücksichtigen, die sachverständige, vertragswillige Marktteilnehmer bei der Preisfestlegung in Betracht ziehen würden (ausgenommen Ausübungsbedingungen und Reload-Eigenschaften, die gemäß Paragraph 19-22 nicht in die Ermittlung des beizulegenden Zeitwerts einfließen).

B8. Beispielsweise können an Mitarbeiter gewährte Aktienoptionen normalerweise in bestimmten Zeiträumen nicht ausgeübt werden (z. B. während des Erdienungszeitraums oder in von den Aufsichtsbehörden festgelegten Fristen). Dieser Faktor ist zu berücksichtigen, wenn das verwendete Optionspreismodell ansonsten von der Annahme ausginge, dass die Option während ihrer Laufzeit jederzeit ausübbar wäre. Verwendet ein Unternehmen dagegen ein Optionspreismodell, das Optionen bewertet, die erst am Ende der Optionslaufzeit ausgeübt werden können, ist für den Umstand, dass während des Erdienungszeitraums (oder in anderen Zeiträumen während der Optionslaufzeit) keine Ausübung möglich ist, keine Berichtigung vorzunehmen, weil das Modell bereits davon ausgeht, dass die Optionen in diesen Zeiträumen nicht ausgeübt werden können.

B9. Ein ähnlicher, bei Mitarbeiteraktienoptionen häufig anzutreffender Faktor ist die Möglichkeit einer frühzeitigen Optionsausübung, beispielsweise weil die Option nicht frei übertragbar ist oder der Mitarbeiter bei seinem Ausscheiden alle ausübbaren Optionen ausüben muss. Die Auswirkungen einer erwarteten frühzeitigen Ausübung sind gemäß den Ausführungen in Paragraph B16-B21 zu berücksichtigen.

B10. Faktoren, die ein sachverständiger, vertragswilliger Marktteilnehmer bei der Festlegung des Preises einer Aktienoption (oder eines anderen Eigenkapitalinstruments) nicht berücksichtigen würde, sind bei der Schätzung des beizulegenden Zeitwerts gewährter Aktienoptionen (oder anderer Eigenkapitalinstrumente) nicht zu berücksichtigen. Beispielsweise sind bei der Gewährung von Aktienoptionen an Mitarbeiter Faktoren, die aus Sicht des einzelnen Mitarbeiters den Wert der Option beeinflussen, für die Schätzung des Preises, den ein sachverständiger, vertragswilliger Marktteilnehmer festlegen würde, unerheblich.

In Optionspreismodelle einfließende Daten

B11. Bei der Schätzung der erwarteten Volatilität und Dividenden der zugrunde liegenden Aktien lautet das Ziel, einen Näherungswert für die Erwartungen zu ermitteln, die sich in einem aktuellen Marktkurs oder verhandelten Tauschkurs für die Option widerspiegeln würden. Gleiches gilt für die Schätzung der Auswirkungen einer frühzeitigen Ausübung von Mitarbeiteraktienoptionen, bei denen das Ziel lautet, einen Näherungswert für die Erwartungen zu ermitteln, die eine außenstehende Partei mit Zugang zu detaillierten Informationen über das Ausübungsverhalten der Mitarbeiter anhand der am Tag der Gewährung verfügbaren Informationen hätte.

B12. Häufig dürfte es eine Bandbreite vernünftiger Einschätzungen in Bezug auf künftige Volatilität, Dividenden und Ausübungsverhalten geben. In diesem Fall ist durch Gewichtung der einzelnen Beträge innerhalb der Bandbreite nach der Wahrscheinlichkeit ihres Eintretens ein Erwartungswert zu berechnen.

B13. Zukunftserwartungen beruhen im Allgemeinen auf vergangenen Erfahrungen und werden angepasst, wenn sich die Zukunft bei vernünftiger Betrachtungsweise voraussichtlich anders als die Vergangenheit entwickeln wird. In einigen Fällen können bestimmbare Faktoren darauf hindeuten, dass unbereinigte historische Erfahrungswerte ein relativ schlechter Anhaltspunkt für künftige Entwicklungen sind. Wenn zum Beispiel ein Unternehmen mit zwei völlig unterschiedlichen Geschäftsbereichen denjenigen Bereich verkauft, der mit deutlich geringeren Risiken behaftet war, ist die vergangene Volatilität für eine vernünftige Einschätzung der Zukunft unter Umständen nicht aussagekräftig.

B14. In anderen Fällen stehen keine historischen Daten zur Verfügung. So wird ein erst kürzlich an der Börse eingeführtes Unternehmen nur wenige oder überhaupt keine Daten über die Volatilität seines Aktienkurses haben. Nicht notierte und neu notierte Unternehmen werden weiter unten behandelt.

B15. Zusammenfassend ist festzuhalten, dass ein Unternehmen seine Schätzungen in Bezug auf Volatilität, Ausübungsverhalten und Dividenden nicht einfach auf historische Daten gründen darf, ohne zu berücksichtigen, inwieweit die vergangenen Erfahrungen bei vernünftiger Betrachtungsweise für künftige Prognosen verwendbar sind.

Erwartete frühzeitige Ausübung

B16. Mitarbeiter üben Aktienoptionen aus einer Vielzahl von Gründen oft frühzeitig aus. Beispielsweise sind Mitarbeiteraktienoptionen in der Regel nicht übertragbar. Dies veranlasst die Mitarbeiter häufig zu einer frühzeitigen Ausübung ihrer Aktienoptionen, weil dies für sie die einzige Möglichkeit ist, ihre Position zu realisieren. Außerdem sind ausscheidende Mitarbeiter oftmals verpflichtet, ihre ausübbaren Optionen innerhalb eines kurzen Zeitraums auszuüben, da sie sonst verfallen. Dieser Faktor führt ebenfalls zu einer frühzeitigen Ausübung von Mitarbeiteraktienoptionen. Als weitere Faktoren für eine frühzeitige Ausübung sind Risikoscheu und mangelnde Vermögensdiversifizierung zu nennen.

B17. Die Methode zur Berücksichtigung der Auswirkungen einer erwarteten frühzeitigen Ausübung ist von der Art des angewendeten Optionspreismodells abhängig. Beispielsweise könnte hierzu ein Schätzwert der voraussichtlichen Optionslaufzeit verwendet werden (die bei einer Mitarbeiteraktienoption dem Zeitraum vom Tag der Gewährung bis zum Tag der voraussichtlichen Optionsausübung entspricht, der als Parameter in ein Optionspreismodell (z. B. die Black-Scholes-Merton-Formel) einfließt. Alternativ dazu könnte eine erwartete frühzeitige Ausübung in einem Binomial- oder ähnlichen Optionspreismodell abgebildet werden, das die Vertragslaufzeit als Parameter verwendet.

B18. Bei der Ermittlung des Schätzwerts für eine frühzeitige Ausübung sind folgende Faktoren zu berücksichtigen:

(a) die Länge des Erdienungszeitraums, da die Aktienoption im Regelfall erst nach Ablauf des Erdienungszeitraums ausgeübt werden kann. Die Bestimmung der Auswirkungen einer erwarteten frühzeitigen Ausübung auf die Bewertung basiert daher auf der Annahme, dass die Optionen ausübbar werden. Die Auswirkungen der Ausübungsbedingungen werden in den Paragraphen 19-21 behandelt;

(b) der durchschnittliche Zeitraum, den ähnliche Optionen in der Vergangenheit ausstehend waren;

(c) der Kurs der zugrunde liegenden Aktien. Vergangene Erfahrungen können darauf hindeuten, dass Mitarbeiter ihre Optionen meist dann ausüben, wenn der Aktienkurs ein bestimmtes Niveau über dem Ausübungspreis erreicht hat;

(d) der Rang des Mitarbeiters innerhalb der Organisation. Beispielsweise könnten Mitarbeiter in höheren Positionen erfahrungsgemäß dazu tendieren, ihre Optionen später auszuüben als Mitarbeiter in niedrigeren Positionen (in Paragraph B21 wird darauf näher eingegangen);

(e) voraussichtliche Volatilität der zugrunde liegenden Aktien. Im Durchschnitt könnten Mitarbeiter dazu tendieren, Aktienoptionen auf Aktien mit großer Schwankungsbreite früher auszuüben als auf Aktien mit geringer Volatilität.

B19. Wie in Paragraph B17 ausgeführt, könnte zur Berücksichtigung der Auswirkungen einer frühzeitigen Ausübung ein Schätzwert der erwarteten Optionslaufzeit verwendet werden, der als Parameter in ein Optionspreismodell einfließt. Bei der Schätzung der erwarteten Laufzeit von Aktienoptionen, die einer Gruppe von Mitarbeitern gewährt wurden, könnte diese Schätzung auf einem annähernd gewichteten Durchschnitt der erwarteten Laufzeit für die gesamte Mitarbeitergruppe oder auf einem annähernd gewichteten Durchschnitt der Laufzeiten für Untergruppen von Mitarbeitern innerhalb dieser Gruppe basieren, die anhand detaillierterer Daten über das Ausübungsverhalten der Mitarbeiter ermittelt werden (weitere Ausführungen siehe unten).

B20. Die Aufteilung gewährter Optionen in Mitarbeitergruppen mit einem relativ homogenen Ausübungsverhalten dürfte von großer Bedeutung sein. Der Wert einer Option stellt keine lineare Funktion der Optionslaufzeit dar; er nimmt mit fortschreitender Dauer der Laufzeit immer weniger zu. Ein Beispiel hierfür ist eine Option mit zweijähriger Laufzeit, die – wenn alle anderen Annahmen identisch sind – zwar mehr, jedoch nicht doppelt so viel wert ist wie eine Option mit einjähriger Laufzeit. Dies bedeutet, dass der gesamte beizulegende Zeitwert der gewährten Aktienoptionen bei einer Berechnung des geschätzten Optionswerts anhand einer einzigen gewichteten Durchschnittslaufzeit, die ganz unterschiedliche Einzellaufzeiten umfasst, zu hoch angesetzt würde. Eine solche Überbewertung kann durch die Aufteilung der gewährten Optionen in mehrere Gruppen, deren gewichtete Durchschnittslaufzeit eine relativ geringe Bandbreite an Laufzeiten umfasst, reduziert werden.

B21. Ähnliche Überlegungen sind bei der Verwendung eines Binomial- oder ähnlichen Modells anzustellen. Beispielsweise könnten die vergangenen Erfahrungen eines Unternehmens, das Mitarbeiteroptionen in allen Hierarchieebenen gewährt, darauf hindeuten, dass Führungskräfte in hohen Positionen ihre Optionen länger behalten als Mitarbeiter im mittleren Management und dass Mitarbeiter in unteren Positionen ihre Optionen meist früher als jede andere Gruppe ausüben. Außerdem könnten Mitarbeiter, denen empfohlen oder vorgeschrieben wird, eine Mindestanzahl an Eigenkapitalinstrumenten, einschließlich Optionen, ihres Arbeitgebers zu halten, ihre Optionen im Durchschnitt später ausüben als Mitarbeiter, die keiner derartigen Bestimmung unterliegen. In diesen Fällen führt die Aufteilung der Optionen in Empfängergruppen mit einem relativ homogenen Ausübungsverhalten zu einer richtigeren Schätzung des gesamten beizulegenden Zeitwerts der gewährten Aktienoptionen.

Erwartete Volatilität

B22. Die erwartete Volatilität ist eine Kennzahl für das Schwankungsmaß von Kursen innerhalb eines bestimmten Zeitraums. In Optionspreismodellen wird als Volatilitätskennzahl die auf Jahresbasis umgerechnete Standardabweichung der stetigen Rendite der Aktie über einen bestimmten Zeitraum verwendet. Die Volatilität wird normalerweise auf ein Jahr bezogen angegeben, um einen Vergleich unabhängig von der in der Berechnung verwendeten Zeitspanne (z. B. tägliche, wöchentliche oder monatliche Kursbeobachtungen) ermöglicht.

B23. Die (positive oder negative) Rendite einer Aktie in einem bestimmten Zeitraum gibt an, in welchem Umfang der Eigentümer von Dividenden und einer Steigerung (oder einem Rückgang) des Aktienkurses profitiert hat.

B24. Die erwartete auf Jahresbasis umgerechnete Volatilität einer Aktie entspricht der Bandbreite, in welche die stetige jährliche Rendite zirka zwei Drittel der Zeit voraussichtlich fallen wird. Wenn beispielsweise eine Aktie mit einer voraussichtlichen stetigen Rendite von 12 % eine Volatilität von 30 % aufweist, bedeutet dies, dass die Wahrscheinlichkeit, dass die Rendite der Aktie in einem Jahr zwischen - 18 % (12 % - 30 %) und 42 % (12 % + 30 %) liegt, rund zwei Drittel beträgt. Beträgt der Aktienkurs am Jahresbeginn WE 100 und werden keine Dividenden ausgeschüttet, liegt der Aktienkurs ungefähr zwei Drittel der Zeit am Jahresende voraussichtlich zwischen WE 83,53 (WE 100 × e–0,18) und WE 152,20 (WE 100 × e0,42).

B25. Bei der Schätzung der erwarteten Volatilität sind folgende Faktoren zu berücksichtigen:

(a) die implizite Volatilität, die sich gegebenenfalls aus gehandelten Aktienoptionen auf die Aktien oder andere gehandelten Instrumente des Unternehmens mit Optionseigenschaften (wie etwa wandelbare Schuldinstrumente), ergibt;

(b) die historische Volatilität des Aktienkurses im jüngsten Zeitraum, der im Allgemeinen der erwarteten Optionslaufzeit (unter Berücksichtigung der restlichen Vertragslaufzeit der Option und der Auswirkungen einer erwarteten frühzeitigen Ausübung) entspricht;

(c) der Zeitraum, seit dem die Aktien des Unternehmens öffentlich gehandelt werden. Ein neu notiertes Unternehmen hat im Vergleich zu ähnlichen Unternehmen, die bereits länger notiert sind, oftmals eine höhere historische Volatilität. Weitere Anwendungsleitlinien werden weiter unten gegeben;

(d) die Tendenz der Volatilität, wieder zu ihrem Mittelwert, also ihrem langjährigen Durchschnitt, zurückzukehren, und andere Faktoren, die darauf hinweisen, dass sich die erwartete künftige Volatilität von der vergangenen Volatilität unterscheiden könnte. War der Aktienkurs eines Unternehmens in einem bestimmbaren Zeitraum aufgrund eines gescheiterten Übernahmeangebots oder einer umfangreichen Restrukturierung extremen Schwankungen unterworfen, könnte dieser Zeitraum bei der Berechnung der historischen jährlichen Durchschnittsvolatilität außer acht gelassen werden;

(e) angemessene, regelmäßige Intervalle bei den Kursbeobachtungen. Die Kursbeobachtungen müssen von Periode zu Periode stetig durchgeführt werden. Beispielsweise könnte ein Unternehmen die Wochenschlusskurse und Wochenhöchststände verwenden; nicht zulässig ist es dagegen, in einigen Wochen den Schlusskurs und in anderen Wochen den Höchstkurs zu verwenden. Außerdem müssen die Kursbeobachtungen in der gleichen Währung wie der Ausübungspreis angegeben werden.

Neunotierte Unternehmen

B26. Wie in Paragraph B25 ausgeführt, hat ein Unternehmen die historische Volatilität des Aktienkurses im jüngsten Zeitraum zu berücksichtigen, der im Allgemeinen der erwarteten Optionslaufzeit entspricht. Besitzt ein neu notiertes Unternehmen nicht genügend Informationen über die historische Volatilität, sollte es die historische Volatilität dennoch bezogen auf den längsten Zeitraum berechnen, für den Handelsdaten verfügbar sind. Denkbar wäre auch, die historische Volatilität ähnlicher Unternehmen nach einer vergleichbaren Zeit der Börsennotierung heranzuziehen. Beispielsweise könnte ein Unternehmen, das erst seit einem Jahr an der Börse notiert ist und Optionen mit einer voraussichtlichen Laufzeit von fünf Jahren gewährt, die Struktur und das Ausmaß der historischen Volatilität von Unternehmen der gleichen Branche in den ersten sechs Jahren, in denen die Aktien dieser Unternehmen öffentlich gehandelt wurden, in Betracht ziehen.

Nichtnotierte Unternehmen

B27. Ein nicht notiertes Unternehmen kann bei der Schätzung der erwarteten Volatilität nicht auf historische Daten zurückgreifen. Stattdessen gibt es andere Faktoren zu berücksichtigen, auf die nachfolgend näher eingegangen wird.

B28. In einigen Fällen könnte ein nicht notiertes Unternehmen, das regelmäßig Optionen oder Aktien an Mitarbeiter (oder andere Parteien) ausgibt, einen internen Markt für seine Aktien eingerichtet haben. Bei der Schätzung der erwarteten Volatilität könnte dann die Volatilität dieser Aktienkurse berücksichtigt werden.

B29. Alternativ könnte die erwartete Volatilität anhand der historischen oder impliziten Volatilität vergleichbarer notierter Unternehmen, für die Informationen über Aktienkurse oder Optionspreise zur Verfügung stehen, geschätzt werden. Dies wäre angemessen, wenn das Unternehmen den Wert seiner Aktien auf Grundlage der Aktienkurse vergleichbarer notierter Unternehmen bestimmt hat.

B30. Hat das Unternehmen zur Schätzung des Werts seiner Aktien nicht die Aktienkurse vergleichbarer notierter Unternehmen herangezogen, sondern statt dessen eine andere Bewertungsmethode verwendet, könnte daraus in Übereinstimmung mit dieser Bewertungsmethode eine Schätzung der erwarteten Volatilität abgeleitet werden. Beispielsweise könnte die Bewertung der Aktien auf Basis des Nettovermögens oder Periodenüberschusses erfolgen. In diesem Fall könnte die erwartete Volatilität der Nettovermögenswerte oder Periodenüberschüsse in Betracht gezogen werden.

Erwartete Dividenden

B31. Ob erwartete Dividenden bei der Ermittlung des beizulegenden Zeitwerts gewährter Aktien oder Optionen zu berücksichtigen sind, hängt davon ab, ob die Gegenpartei Anspruch auf Dividenden oder ausschüttungsgleiche Beträge hat.

B32. Wenn Mitarbeitern beispielsweise Optionen gewährt wurden und sie zwischen dem Tag der Gewährung und dem Tag der Ausübung Anspruch auf Dividenden auf die zugrunde liegenden Aktien oder ausschüttungsgleiche Beträge haben (die bar ausgezahlt oder mit dem Ausübungspreis verrechnet werden), sind die gewährten Optionen so zu bewerten, als würden auf die zugrunde liegenden Aktien keine Dividenden ausgeschüttet, d. h. die Höhe der erwarteten Dividenden muss Null sein.

B33. Auf gleiche Weise ist bei der Schätzung des beizulegenden Zeitwerts gewährter Mitarbeiteroptionen am Tag der Gewährung keine Berichtigung für erwartete Dividenden notwendig, wenn die Mitarbeiter während des Erdienungszeitraums einen Anspruch auf Dividendenzahlungen haben.

B34. Haben die Mitarbeiter dagegen während des Erdienungszeitraums (bzw. im Falle einer Option vor der Ausübung) keinen Anspruch auf Dividenden oder ausschüttungsgleiche Beträge, sind bei der Bewertung der Anrechte auf den Bezug von Aktien oder Optionen am Tag der Gewährung die erwarteten Dividenden zu berücksichtigen. Dies bedeutet, dass bei der Verwendung eines Optionspreismodells die erwarteten Dividenden in die Schätzung des beizulegenden Zeitwerts einer gewährten Option einzubeziehen sind. Bei der Schätzung des beizulegenden Zeitwerts einer gewährten Aktie ist dieser um den Barwert der während des Erdienungszeitraums voraussichtlich zahlbaren Dividenden zu verringern.

B35. Optionspreismodelle verlangen im Allgemeinen die Angabe der erwarteten Dividendenrendite. Die Modelle lassen sich jedoch so modifizieren, dass statt einer Rendite ein erwarteter Dividendenbetrag verwendet wird. Ein Unternehmen kann die erwartete Rendite oder den erwarteten Dividendenbetrag verwenden. Im letzteren Fall sind die Dividendenerhöhungen der Vergangenheit zu berücksichtigen. Hat ein Unternehmen seine Dividenden beispielsweise bisher im Allgemeinen um rund 3 % pro Jahr erhöht, darf bei der Schätzung des Optionswerts kein fester Dividendenbetrag über die gesamte Laufzeit der Option angenommen werden, sofern es keine substanziellen Hinweise zur Stützung dieser Annahme gibt.

B36. Im Allgemeinen sollte die Annahme über erwartete Dividenden auf öffentlich zugänglichen Informationen beruhen. Ein Unternehmen, das keine Dividenden ausschüttet und keine künftigen Ausschüttungen beabsichtigt, hat von einer erwarteten Dividendenrendite von Null auszugehen. Ein junges aufstrebendes Unternehmen, das in der Vergangenheit keine Dividenden gezahlt hat, könnte jedoch mit dem Beginn von Dividendenausschüttungen während der erwarteten Laufzeit der Mitarbeiteraktienoptionen rechnen. Diese Unternehmen könnten einen Durchschnitt aus ihrer bisherigen Dividendenrendite (Null) und dem Mittelwert der Dividendenrendite einer sinnvollen Vergleichsgruppe verwenden.

Risikoloser Zins

B37. Normalerweise ist der risikolose Zins die derzeit verfügbare implizite Rendite auf Nullkupon-Staatsanleihen des Landes, in dessen Währung der Ausübungspreis ausgedrückt wird, mit einer Restlaufzeit, die der erwarteten Laufzeit der zu bewertenden Option (auf Grundlage der vertraglichen Restlaufzeit der Option und unter Berücksichtigung der Auswirkungen einer erwarteten frühzeitigen Ausübung) entspricht. Falls solche Staatsanleihen nicht vorhanden sind oder Umstände darauf hindeuten, dass die implizite Rendite auf Nullkupon-Staatsanleihen nicht den risikolosen Zins wiedergibt (zum Beispiel in Hochinflationsländern), muss unter Umständen ein geeigneter Ersatz verwendet werden. Bei der Ermittlung des beizulegenden Zeitwerts einer Option mit einer Laufzeit, die der erwarteten Laufzeit der zu bewertenden Option entspricht, ist ebenfalls ein geeigneter Ersatz zu verwenden, wenn die Marktteilnehmer den risikolosen Zins üblicherweise anhand dieses Ersatzes und nicht anhand der impliziten Rendite von Nullkupon-Staatsanleihen bestimmen.

Auswirkungen auf die Kapitalverhältnisse

B38. Normalerweise werden gehandelte Aktienoptionen von Dritten und nicht vom Unternehmen verkauft. Bei Ausübung dieser Aktienoptionen liefert der Verkäufer die Aktien an den Optionsinhaber, die dann von bestehenden Eigentümern gekauft werden. Die Ausübung gehandelter Aktienoptionen hat daher keinen Verwässerungseffekt.

B39. Werden die Aktienoptionen dagegen vom Unternehmen verkauft, werden bei der Ausübung dieser Optionen neue Aktien ausgegeben (entweder tatsächlich oder ihrem wirtschaftlichen Gehalt nach, falls vorher zurückgekaufte und gehaltene eigene Aktien verwendet werden). Da die Aktien zum Ausübungspreis und nicht zum aktuellen Marktpreis am Tag der Ausübung ausgegeben werden, könnte diese tatsächliche oder potenzielle Verwässerung einen Rückgang des Aktienkurses bewirken, so dass der Optionsinhaber bei der Ausübung keinen so großen Gewinn wie bei der Ausübung einer ansonsten gleichartigen gehandelten Option ohne Verwässerung des Aktienkurses erzielt.

B40. Ob dies eine wesentliche Auswirkung auf den Wert der gewährten Aktienoptionen hat, ist von verschiedenen Faktoren abhängig, wie etwa der Anzahl der bei Ausübung der Optionen neu ausgegebenen Aktien im Verhältnis zur Anzahl der bereits im Umlauf befindlichen Aktien. Außerdem könnte der Markt, wenn er die Gewährung von Optionen bereits erwartet, die potenzielle Verwässerung bereits in den Aktienkurs am Tag der Gewährung eingepreist haben.

B41. Das Unternehmen hat jedoch zu prüfen, ob der mögliche Verwässerungseffekt einer künftigen Ausübung der gewährten Aktienoptionen unter Umständen einen Einfluss auf den geschätzten beizulegenden Zeitwert zum Tag der Gewährung hat. Die Optionspreismodelle können zur Berücksichtigung dieses potenziellen Verwässerungseffekts entsprechend angepasst werden.

ÄNDERUNGEN VON ANTEILSBASIERTEN VERGÜTUNGSVEREINBARUNGEN MIT AUSGLEICH DURCH EIGENKAPITALINSTRUMENTE

B42. Paragraph 27 schreibt vor, dass ungeachtet etwaiger Änderungen der Vertragsbedingungen, zu denen die Eigenkapitalinstrumente gewährt wurden, oder einer Annullierung oder Erfüllung der gewährten Eigenkapitalinstrumente als Mindestanforderung die erhaltenen Leistungen, die zum beizulegenden Zeitwert der gewährten Eigenkapitalinstrumente am Tag der Gewährung bewertet wurden, zu erfassen sind, es sei denn, diese Eigenkapitalinstrumente sind aufgrund der Nichterfüllung einer am Tag der Gewährung vereinbarten Ausübungsbedingung (außer einer Marktbedingung) nicht ausübbar. Außerdem hat ein Unternehmen die Auswirkungen von Änderungen zu erfassen, die den gesamten beizulegenden Zeitwert der anteilsbasierten Vergütungsvereinbarung erhöhen oder mit einem anderen Nutzen für den Arbeitnehmer verbunden sind.

B43. Zur Anwendung der Bestimmungen von Paragraph 27 gilt:

(a) Wenn durch eine Änderung der unmittelbar vor und nach dieser Änderung ermittelte beizulegende Zeitwert der gewährten Eigenkapitalinstrumente zunimmt (z. B. durch Verringerung des Ausübungspreises), ist der gewährte zusätzliche beizulegende Zeitwert in die Berechnung des Betrags einzubeziehen, der für die als Entgelt für die gewährten Eigenkapitalinstrumente erhaltenen Leistungen erfasst wird. Der gewährte zusätzliche beizulegende Zeitwert ergibt sich aus der Differenz zwischen dem beizulegenden Zeitwert des geänderten Eigenkapitalinstruments und dem des ursprünglichen Eigenkapitalinstruments, die beide am Tag der Änderung geschätzt werden. Erfolgt die Änderung während des Erdienungszeitraums, ist zusätzlich zu dem Betrag, der auf dem beizulegenden Zeitwert der ursprünglichen Eigenkapitalinstrumente am Tag der Gewährung basiert und der über den restlichen ursprünglichen Erdienungszeitraum zu erfassen ist, der gewährte zusätzliche beizulegende Zeitwert in den Betrag einzubeziehen, der für ab dem Tag der Änderung bis zum Tag der ersten Ausübungsmöglichkeit der geänderten Eigenkapitalinstrumente erhaltene Leistungen erfasst wird. Erfolgt die Änderung nach dem Tag der ersten Ausübungsmöglichkeit, ist der gewährte zusätzliche beizulegende Zeitwert sofort zu erfassen bzw. über den Erdienungszeitraum, wenn der Mitarbeiter eine zusätzliche Dienstzeit ableisten muss, bevor er einen uneingeschränkten Anspruch auf die geänderten Eigenkapitalinstrumente erwirbt.

(b) Auf gleiche Weise ist bei einer Änderung, bei der die Anzahl der gewährten Eigenkapitalinstrumente erhöht wird, der zum Zeitpunkt der Änderung beizulegende Zeitwert der zusätzlich gewährten Eigenkapitalinstrumente bei der Ermittlung des Betrags gemäß den Bestimmungen unter (a) oben zu berücksichtigen, der für Leistungen erfasst wird, die als Entgelt für die gewährten Eigenkapitalinstrumente erhalten werden. Erfolgt die Änderung beispielsweise während des Erdienungszeitraums, ist zusätzlich zu dem Betrag, der auf dem beizulegenden Zeitwert der ursprünglich gewährten Eigenkapitalinstrumente am Tag der Gewährung basiert und der über den restlichen ursprünglichen Erdienungszeitraum zu erfassen ist, der beizulegende Zeitwert der zusätzlich gewährten Eigenkapitalinstrumente in den Betrag einzubeziehen, der für ab dem Tag der Änderung bis zum Tag der ersten Ausübungsmöglichkeit der geänderten Eigenkapitalinstrumente erhaltene Leistungen erfasst wird.

(c) Werden die Ausübungsbedingungen zugunsten des Mitarbeiters geändert, beispielsweise durch Verkürzung des Erdienungszeitraums oder durch Änderung oder Streichung einer Erfolgsbedingung (außer einer Marktbedingung, deren Änderungen gemäß (a) oben zu bilanzieren sind), sind bei Anwendung der Bestimmungen der Paragraphen 19-21 die geänderten Ausübungsbedingungen zu berücksichtigen.

B44. Werden die Vertragsbedingungen der gewährten Eigenkapitalinstrumente auf eine Weise geändert, die eine Minderung des gesamten beizulegenden Zeitwerts der anteilsbasierten Vergütungsvereinbarung zur Folge hat oder mit keinem anderen Nutzen für den Mitarbeiter verbunden ist, sind die als Entgelt für die gewährten Eigenkapitalinstrumente erhaltenen Leistungen trotzdem weiterhin so zu bilanzieren, als hätte diese Änderung nicht stattgefunden (außer es handelt sich um eine Annullierung einiger oder aller gewährten Eigenkapitalinstrumente, die gemäß Paragraph 28 zu behandeln ist). Zum Beispiel:

(a) Wenn infolge einer Änderung der unmittelbar vor und nach der Änderung ermittelte beizulegende Zeitwert der gewährten Eigenkapitalinstrumente abnimmt, hat das Unternehmen diese Minderung nicht zu berücksichtigen, sondern weiterhin den Betrag anzusetzen, der für die als Entgelt für die Eigenkapitalinstrumente erhaltenen Leistungen, bemessen nach dem beizulegenden Zeitwert der gewährten Eigenkapitalinstrumente am Tag der Gewährung, erfasst wurde.

(b) Führt die Änderung dazu, dass einem Mitarbeiter eine geringere Anzahl von Eigenkapitalinstrumenten gewährt wird, ist diese Herabsetzung gemäß den Bestimmungen von Paragraph 28 als Annullierung des betreffenden Anteils der gewährten Eigenkapitalinstrumente zu bilanzieren.

(c) Werden die Ausübungsbedingungen zuungunsten des Mitarbeiters geändert, beispielsweise durch Verlängerung des Erdienungszeitraums oder durch Änderung oder Aufnahme einer zusätzlichen Erfolgsbedingung (außer einer Marktbedingung, deren Änderungen gemäß (a) oben zu bilanzieren sind), sind bei Anwendung der Bestimmungen der Paragraphen 19-21 die geänderten Ausübungsbedingungen nicht zu berücksichtigen.

Anteilsbasierte Vergütungen zwischen Unternehmen einer Gruppe (Änderungen 2009)

B45. In den Paragraphen 43A–43C wird dargelegt, wie anteilsbasierte Vergütungen zwischen Unternehmen einer Gruppe in den Einzelabschlüssen der einzelnen Unternehmen zu bilanzieren sind. In den Paragraphen B46–B61 wird erläutert, wie die Anforderungen der Paragraphen 43A–43C anzuwenden sind. In Paragraph 43D wurde bereits darauf hingewiesen, dass es für anteilsbasierte Vergütungen zwischen Unternehmen einer Gruppe je nach Sachlage und Umständen eine Reihe von Gründen geben kann. Die hier geführte Diskussion ist deshalb nicht erschöpfend und geht von der Annahme aus, dass es sich in Fällen, in denen das Unternehmen, das die Güter oder Leistungen erhält, nicht zum Ausgleich der Transaktion verpflichtet ist, wenn es sich dabei ungeachtet etwaiger gruppeninterner Rückzahlungsvereinbarungen um eine Kapitaleinlage des Mutterunternehmens beim Tochterunternehmen handelt.

B46. Auch wenn es in der folgenden Diskussion hauptsächlich um Transaktionen mit Mitarbeitern geht, betrifft sie doch auch ähnliche anteilsbasierte Vergütungen von Güterlieferanten/Leistungserbringern, bei denen es sich nicht um Mitarbeiter handelt. So kann eine Vereinbarung zwischen einem Mutter- und einem Tochterunternehmen das Tochterunternehmen dazu verpflichten, das Mutterunternehmen für die Lieferung der Eigenkapitalinstrumente an die Mitarbeiter zu bezahlen. Wie eine solche gruppeninterne Zahlungsvereinbarung zu bilanzieren ist, wird in der folgenden Diskussion nicht behandelt.

B47. Bei anteilsbasierten Vergütungen zwischen Unternehmen einer Gruppe stellen sich in der Regel vier Fragen. Der Einfachheit halber werden diese nachfolgend am Beispiel eines Mutter- und dessen Tochterunternehmens erörtert.

Anteilsbasierte Vergütungsvereinbarungen mit Ausgleich durch eigene Eigenkapitalinstrumente

B48. Die erste Frage lautet, ob die nachstehend beschriebenen Transaktionen mit eigenen Eigenkapitalinstrumenten nach diesem IFRS als Ausgleich durch Eigenkapitalinstrumente oder als Barausgleich bilanziert werden sollten:

a) ein Unternehmen gewährt seinen Mitarbeitern Rechte auf seine Eigenkapitalinstumente (z.B. Aktienoptionen) und beschließt oder ist dazu verpflichtet, zur Erfüllung dieser Verpflichtung gegenüber seinen Mitarbeitern von einer anderen Partei Eigenkapitalinstrumente (z.B. eigene Anteile) zu erwerben; und
b) den Mitarbeitern eines Unternehmens werden entweder vom Unternehmen selbst oder von dessen Anteilseignern Rechte auf Eigenkapitalinstrumente des Unternehmens (z.B. Aktienoptionen) gewährt, wobei die benötigten Eigenkapitalinstrumente von den Anteilseignern des Unternehmens zur Verfügung gestellt werden.

B49. Anteilsbasierte Vergütungen, bei denen das Unternehmen im Gegenzug für seine Eigenkapitalinstrumente Leistungen erhält, sind als anteilsbasierte Vergütung mit Ausgleich durch Eigenkapitalinstrumente zu bilanzieren. Dies gilt unabhängig davon, ob das Unternehmen beschließt oder dazu verpflichtet ist, diese Eigenkapitalinstrumente von einer anderen Partei zu erwerben, damit es seinen aus der anteilsbasierten Vergütungsvereinbarung erwachsenden Verpflichtungen gegenüber seinen Mitarbeitern erfüllen kann. Dies gilt auch unabhängig davon, ob

a) die Rechte der Mitarbeiter auf Eigenkapitalinstrumente des Unternehmens vom Unternehmen selbst oder von dessen Anteilseigner(n) gewährt wurden, oder
b) die anteilsbasierte Vergütungsvereinbarung vom Unternehmen selbst oder von dessen Anteilseigner(n) erfüllt wurde.

B50. Ist es der Anteilseigner, der die Mitarbeiter seines Beteiligungsunternehmens anteilsbasiert vergüten muss, wird er eher Eigenkapitalinstrumente des Beteiligungsunternehmens als eigene Instumente zur Verfügung stellen. Gehört das Beteiligungsunternehmen zur gleichen Unternehmensgruppe wie der Anteilseigner, so hat dieser gemäß Paragraph 43C seine Verpflichtung anhand der Anforderungen zu bewerten, die für anteilsbasierte Vergütungen mit Barausgleich in seinem separaten Einzelabschluss und für anteilsbasierte Vergütungen mit Ausgleich durch Eigenkapitalinstrumente in seinem Konzernabschluss gelten.

Anteilsbasierte Vergütungsvereinbarungen mit Ausgleich durch Eigenkapitalinstrumente des Mutterunternehmens

B51. Die zweite Frage betrifft anteilsbasierte Vergütungen zwischen zwei oder mehr Unternehmen derselben Gruppe, für die ein Eigenkapitalinstrument eines anderen Unternehmens der Gruppe herangezogen wird. Dies ist beispielsweise der Fall, wenn den Mitarbeitern eines Tochterunternehmens für Leistungen, die sie für dieses Tochterunternehmen erbracht haben, Rechte auf Eigenkapitalinstrumente des Mutterunternehmens eingeräumt werden.

B52. Hierunter fallen die folgenden anteilsbasierten Vergütungsvereinbarungen:

a) ein Mutterunternehmen räumt den Mitarbeitern seines Tochterunternehmens unmittelbar Rechte auf seine Eigenkapitalinstrumente ein: in diesem Fall ist das Mutterunternehmen (nicht das Tochterunternehmen) zur Lieferung der Eigenkapitalinstrumente an die Mitarbeiter des Tochterunternehmens verpflichtet; und
b) ein Tochterunternehmen räumt seinen Mitarbeitern Rechte auf Eigenkapitalinstrumente seines Mutterunternehmens ein: in diesem Fall ist das Tochterunternehmen zur Lieferung der Eigenkapitalinstrumente an seine Mitarbeiter verpflichtet.

Ein Mutterunternehmen räumt den Mitarbeitern seines Tochterunternehmens Rechte auf seine Eigenkapitalinstrumente ein (Paragraph B52a)

B53. Da es in diesem Fall nicht das Tochterunternehmen ist, das seinen Mitarbeitern die Eigenkapitalinstrumente seines Mutterunternehmens liefern muss, hat das Tochterunternehmen gemäß Paragraph 43B die Leistungen, die es von seinen Mitarbeitern erhält, anhand der Anforderungen für anteilsbasierte Vergütungen mit Ausgleich durch Eigenkapitalinstrumente zu bewerten und die entsprechende Erhöhung des Eigenkapitals als Einlage des Mutterunternehmens zu erfassen.

B54. Da das Mutterunternehmen in diesem Fall den Ausgleich vornehmen und den Mitarbeitern des Tochterunternehmens eigene Eigenkapitalinstrumente liefern muss, hat das Mutterunternehmen gemäß Paragraph 43C diese Verpflichtung anhand der für anteilsbasierte Vergütungen mit Ausgleich durch Eigenkapitalinstrumente geltenden Regelungen zu bewerten.

Ein Tochterunternehmen räumt seinen Mitarbeitern Rechte auf Eigenkapitalinstrumente seines Mutterunternehmens ein (Paragraph B52b)

B55. Da das Tochterunternehmen keine der in Paragraph 43B genannten Bedingungen erfüllt, hat es die Transaktion mit seinen Mitarbeitern als Vergütung mit Barausgleich zu bilanzieren. Dies gilt unabhängig davon, auf welche Weise das Tochterunternehmen die Eigenkapitalinstrumente zur Erfüllung seiner Verpflichtungen gegenüber seinen Mitarbeitern erhält.

Anteilsbasierte Vergütungsvereinbarungen mit Barausgleich für die Mitarbeiter

B56. Die dritte Frage lautet, wie ein Unternehmen, das von Lieferanten (einschließlich Mitarbeitern) Güter oder Leistungen erhält, anteilsbasierte Vereinbarungen mit Barausgleich bilanzieren sollte, wenn es selbst nicht zur Leistung der erforderlichen Zahlungen verpflichtet ist. Hierzu folgende Beispiele, bei denen das Mutterunternehmen (und nicht das Unternehmen selbst) die erforderlichen Barzahlungen an die Mitarbeiter des Unternehmens leisten muss:

a) die Barzahlungen an die Mitarbeiter des Unternehmens sind an den Kurs der Eigenkapitalinstrumente dieses Unternehmens gekoppelt;

b) die Barzahlungen an die Mitarbeiter des Unternehmens sind an den Kurs der Eigenkapitalinstrumente von dessen Mutterunternehmen gekoppelt.

B57. Da in diesem Fall nicht das Tochterunternehmen den Ausgleich vornehmen muss, hat es die Transaktion mit seinen Mitarbeitern als Vergütung mit Ausgleich durch Eigenkapitalinstrumente zu bilanzieren und die entsprechende Erhöhung des Eigenkapitals als Einlage seines Mutterunternehmens zu erfassen. In der Folge muss das Tochterunternehmen die Kosten der Transaktion immer dann neu bewerten, wenn aufgrund von Nichterfüllung marktbedingungsunabhängiger Ausübungsbedingungen gemäß den Paragraphen 19-21 eine Änderung eingetreten ist. Hier liegt der Unterschied zur Bewertung der Transaktion als Barausgleich im Konzernabschluss.

B58. Da das Mutterunternehmen den Ausgleich vornehmen muss und die Vergütung der Mitarbeiter in bar erfolgt, hat das Mutterunternehmen (und die Unternehmensgruppe) in ihrem Konzernabschluss seine/ihre Verpflichtung anhand der Anforderungen für anteilsbasierte Vergütungen mit Barausgleich in Paragraph 43C zu bewerten.

Wechsel von Mitarbeitern zwischen Unternehmen der Gruppe

B59. Die vierte Frage betrifft anteilsbasierte Vergütungsvereinbarungen innerhalb der Unternehmensgruppe, die Mitarbeiter von mehr als einem Unternehmen der Gruppe betreffen. So könnte ein Mutterunternehmen den Mitarbeitern seiner Tochterunternehmen beispielsweise Rechte auf seine Eigenkapitalinstrumente einräumen, dies aber davon abhängig machen, dass die betreffenden Mitarbeiter der Unternehmensgruppe ihre Dienste für eine bestimmte Zeit zur Verfügung stellen. Ein Mitarbeiter eines Tochterunternehmens könnte im Laufe des festgelegten Erdienungszeitraums zu einem anderen Tochterunternehmen wechseln, ohne dass dies seine im Rahmen der ursprünglichen anteilsbasierten Vergütungsvereinbarung eingeräumten Rechte auf Eigenkapitalinstrumente des Mutterunternehmens beeinträchtigt. Sind die Tochterunternehmen nicht verpflichtet, die anteilsbasierte Vergütung der Mitarbeiter zu leisten, bilanzieren sie diese als Transaktion mit Ausgleich durch Eigenkapitalinstrumente. Jedes Tochterunternehmen bewertet die vom Mitarbeiter erhaltenen Leistungen unter Zugrundelegung des beizulegenden Zeitwerts des Eigenkapitalinstruments zu dem Zeitpunkt, zu dem die Rechte auf diese Eigenkapitalinstrumente gemäß Anhang A vom Mutterunternehmen ursprünglich gewährt wurden, und für den Teil des Erdienungszeitraums, den der Mitarbeiter bei dem betreffenden Tochterunternehmen abgeleistet hat.

B60. Muss das Tochterunternehmen den Ausgleich vornehmen und seinen Mitarbeitern Eigenkapitalinstrumente seines Mutterunternehmens liefern, so bilanziert es die Transaktion als Barausgleich. Jedes Tochterunternehmen bewertet die erhaltenen Leistungen für den Teil des Erdienungszeitraums, den der Mitarbeiter bei dem jeweiligen Tochterunternehmen tätig war, und legt zu diesem Zweck den beizulegenden Zeitwert des Eigenkapitalinstruments zum Zeitpunkt der Gewährung zugrunde. Zusätzlich dazu erfassen die einzelnen Tochterunternehmen jede Veränderung des beizulegenden Zeitwerts des Eigenkapitalinstruments, die während der Dienstzeit des Mitarbeiters in dem betreffenden Tochterunternehmen eingetreten ist.

B61. Es ist möglich, dass ein solcher Mitarbeiter nach dem Wechsel zwischen Konzernunternehmen eine in Anhang A definierte marktbedingungsunabhängige Ausübungsbedingung nicht mehr erfüllt und den Konzern beispielsweise vor Ablauf seiner Dienstzeit verlässt. In diesem Fall hat jedes Tochterunternehmen aufgrund der Tatsache, dass die Ausübungsbedingung Leistungserbringung für die Unternehmensgruppe ist, den Betrag, der zuvor für die vom Mitarbeiter gemäß den Grundsätzen des Paragraphen 19 erhaltene Leistungen erfasst wurde, anzupassen. Wenn die vom Mutterunternehmen eingeräumten Rechte auf Eigenkapitalinstrumente nicht ausübbar werden, weil ein Mitarbeiter eine marktbedingungsunabhängige Ausübungsbedingung nicht erfüllt, wird für die von diesem Mitarbeiter erhaltenen Leistungen deshalb in keinem der Abschlüsse der Unternehmen der Gruppe ein Betrag auf kumulativer Basis angesetzt.

INTERNATIONAL FINANCIAL REPORTING STANDARD 3
Unternehmenszusammenschlüsse

IFRS 3, VO (EG) Nr. 495/2009 i.d.F.

1 VO (EU) Nr. 149/2011

GLIEDERUNG	§§
ZIELSETZUNG	1
ANWENDUNGSBEREICH	2
IDENTIFIZIERUNG EINES UNTERNEHMENSZUSAMMENSCHLUSSES	3
DIE ERWERBSMETHODE	4–53
Identifizierung des Erwerbers	6–7
Bestimmung des Erwerbszeitpunkts	8–9
Ansatz und Bewertung der erworbenen identifizierbaren Vermögenswerte, der übernommenen Schulden und aller nicht beherrschenden Anteile an dem erworbenen Unternehmen	10–14
Ansatzgrundsatz	10
Ansatzbedingungen	11–14
Einstufung oder Bestimmung der bei einem Unternehmenszusammenschluss erworbenen identifizierbaren Vermögenswerte und übernommenen Schulden	15–17
Bewertungsgrundsatz	18–20
Ausnahmen von den Ansatz- oder Bewertungsgrundsätzen	21
Ausnahme vom Ansatzgrundsatz	22–23
Ausnahmen vom Ansatz- oder Bewertungsgrundsatz	24–25
Leistungen an Arbeitnehmer	26
Vermögenswerte für Entschädigungsleistungen	27–28
Ausnahmen vom Bewertungsgrundsatz	29
Anteilsbasierte Vergütungstransaktionen	30
Zur Veräußerung gehaltene Vermögenswerte	31
Ansatz und Bewertung des Geschäfts- oder Firmenwerts oder eines Gewinns aus einem Erwerb zu einem Preis unter Marktwert	32–33
Erwerb zu einem Preis unter dem Marktwert	34–36
Übertragene Gegenleistung	37–38
Bedingte Gegenleistung	39–40
Zusätzliche Leitlinien zur Anwendung der Erwerbsmethode auf besondere Arten von Unternehmenszusammenschlüssen	41–42
Unternehmenszusammenschluss ohne Übertragung einer Gegenleistung	43–44
Bewertungszeitraum	45–50
Bestimmung des Umfangs eines Unternehmenszusammenschlusses	51–52
Mit dem Unternehmenszusammenschluss verbundene Kosten	53
FOLGEBEWERTUNG UND FOLGEBILANZIERUNG	54–58
Zurückerworbene Rechte	55
Eventualverbindlichkeiten	56
Vermögenswerte für Entschädigungsleistungen	57
Bedingte Gegenleistung	58
ANGABEN	59–63
ZEITPUNKT DES INKRAFTTRETENS UND ÜBERGANGSVORSCHRIFTEN	64–67
Übergangsvorschriften	64–64C
Ertragsteuern	67

3/3. IFRS 3
1-9

RÜCKNAHME VON IFRS 3 (2004) 68
ANHANG A Definitionen
ANHANG B Anwendungsleitlinien B1–B69
ANHANG C Änderungen anderer IFRS

ZIELSETZUNG

1. Die Zielsetzung dieses IFRS ist es, die Relevanz, Verlässlichkeit und Vergleichbarkeit der Informationen zu verbessern, die ein berichtendes Unternehmen über einen *Unternehmenszusammenschluss* und dessen Auswirkungen in seinem Abschluss liefert. Um dies zu erreichen, stellt dieser IFRS Grundsätze und Vorschriften dazu auf, wie der *Erwerber*:

a) die erworbenen *identifizierbaren* Vermögenswerte, die übernommenen Schulden und alle *nicht beherrschenden Anteile* an dem *erworbenen Unternehmen* in seinem Abschluss ansetzt und bewertet;

b) den beim Unternehmenszusammenschluss erworbenen *Geschäfts- oder Firmenwert* oder einen Gewinn aus einem Erwerb unter dem Marktwert ansetzt und bewertet; und

c) bestimmt, welche Angaben zu machen sind, damit die Abschlussadressaten die Art und die finanziellen Auswirkungen des Unternehmenszusammenschlusses beurteilen können.

ANWENDUNGSBEREICH

2. Dieser IFRS ist auf Transaktionen oder andere Ereignisse anzuwenden, die die Definition eines Unternehmenszusammenschlusses erfüllen. Nicht anwendbar ist dieser IFRS auf:

a) die Gründung eines Gemeinschaftsunternehmens;

b) den Erwerb eines Vermögenswerts oder einer Gruppe von Vermögenswerten, die keinen *Geschäftsbetrieb* bilden. In solchen Fällen hat der Erwerber die einzelnen erworbenen identifizierbaren Vermögenswerte (einschließlich solcher, die die Definition und die Ansatzkriterien für *immaterielle Vermögenswerte* gemäß IAS 38 *Immaterielle Vermögenswerte* erfüllen) und die übernommenen Schulden zu identifizieren und anzusetzen. Die Anschaffungskosten der Gruppe sind den einzelnen identifizierbaren Vermögenswerten und Schulden zum Erwerbszeitpunkt auf Grundlage ihrer *beizulegenden Zeitwerte* zuzuordnen. Eine solche Transaktion oder ein solches Ereignis führt nicht zu einem Geschäfts- oder Firmenwert;

c) einen Zusammenschluss von Unternehmen oder Geschäftsbetrieben unter gemeinsamer Beherrschung (in den Paragraphen B1–B4 sind die entsprechenden Anwendungsleitlinien enthalten).

IDENTIFIZIERUNG EINES UNTERNEHMENSZUSAMMENSCHLUSSES

3. **Zur Klärung der Frage, ob eine Transaktion oder ein anderes Ereignis einen Unternehmenszusammenschluss darstellt, muss ein Unternehmen die Definition aus diesem IFRS anwenden, die verlangt, dass die erworbenen Vermögenswerte und übernommenen Schulden einen Geschäftsbetrieb darstellen. Stellen die erworbenen Vermögenswerte keinen Geschäftsbetrieb dar, hat das berichtende Unternehmen die Transaktion oder das andere Ereignis als einen Erwerb von Vermögenswerten zu bilanzieren.** Die Paragraphen B5–B12 geben Leitlinien zur Identifizierung eines Unternehmenszusammenschlusses und zur Definition eines Geschäftsbetriebs.

DIE ERWERBSMETHODE

4. **Jeder Unternehmenszusammenschluss ist anhand der Erwerbsmethode zu bilanzieren.**

5. Die Anwendung der Erwerbsmethode erfordert:

a) die Identifizierung des Erwerbers;

b) die Bestimmung des *Erwerbszeitpunkts*;

c) den Ansatz und die Bewertung der erworbenen identifizierbaren Vermögenswerte, der übernommenen Schulden und aller nicht beherrschenden Anteile an dem erworbenen Unternehmen; sowie

d) die Bilanzierung und Bestimmung des Geschäfts- oder Firmenwerts oder eines Gewinns aus einem Erwerb zu einem Preis unter Marktwert.

Identifizierung des Erwerbers

6. **Bei jedem Unternehmenszusammenschluss ist eines der beteiligten Unternehmen als der Erwerber zu identifizieren.**

7. Für die Identifizierung des Erwerbers, d. h. des Unternehmens, das die *Beherrschung* über das erworbene Unternehmen übernimmt, ist die Leitlinie des IAS 27 *Konzern- und Einzelabschlüsse* anzuwenden. Bei Unternehmenszusammenschlüssen, bei denen sich der Erwerber anhand der Leitlinien des IAS 27 nicht eindeutig bestimmen lässt, sind die in den Paragraphen B14–B18 genannten Faktoren heranzuziehen.

Bestimmung des Erwerbszeitpunkts

8. **Der Erwerber hat den Erwerbszeitpunkt zu bestimmen, d. h. den Zeitpunkt, an dem er die Beherrschung über das erworbene Unternehmen erlangt.**

9. Der Zeitpunkt, an dem der Erwerber die Beherrschung über das erworbene Unternehmen erlangt, ist im Allgemeinen der Tag, an dem er die Gegenleistung rechtsgültig transferiert, die Vermögenswerte erhält und die Schulden des erworbenen

Unternehmens übernimmt – der Tag des Abschlusses. Der Erwerber kann indes die Beherrschung zu einem Zeitpunkt erlangen, der entweder vor oder nach dem Tag des Abschlusses liegt. Der Erwerbszeitpunkt liegt beispielsweise vor dem Tag des Abschlusses, wenn in einer schriftlichen Vereinbarung vorgesehen ist, dass der Erwerber die Beherrschung über das erworbene Unternehmen zu einem Zeitpunkt vor dem Tag des Abschlusses erlangt. Ein Erwerber hat alle einschlägigen Tatsachen und Umstände bei der Ermittlung des Erwerbszeitpunkts zu berücksichtigen.

Ansatz und Bewertung der erworbenen identifizierbaren Vermögenswerte, der übernommenen Schulden und aller nicht beherrschenden Anteile an dem erworbenen Unternehmen

Ansatzgrundsatz

10. Zum Erwerbszeitpunkt hat der Erwerber die erworbenen identifizierbaren Vermögenswerte, die übernommenen Schulden und alle nicht beherrschenden Anteile an dem erworbenen Unternehmen getrennt vom Geschäfts- oder Firmenwert anzusetzen. Der Ansatz der erworbenen identifizierbaren Vermögenswerte und der übernommenen Schulden unterliegt den in den Paragraphen 11 und 12 genannten Bedingungen.

Ansatzbedingungen

11. Um im Rahmen der Anwendung der Erwerbsmethode die Ansatzkriterien zu erfüllen, müssen die erworbenen identifizierbaren Vermögenswerte und die übernommenen Schulden den im *Rahmenkonzept für die Aufstellung und Darstellung von Abschlüssen* dargestellten Definitionen von Vermögenswerten und Schulden zum Erwerbszeitpunkt entsprechen. Beispielsweise stellen Kosten, die der Erwerber für die Zukunft erwartet, keine zum Erwerbszeitpunkt bestehenden Schulden dar, wenn der Erwerber diese Kosten nicht zwingend auf sich nehmen muss, um seinem Plan entsprechend eine Tätigkeit des erworbenen Unternehmens aufzugeben oder Mitarbeiter des erworbenen Unternehmens zu entlassen oder zu versetzen. Daher erfasst der Erwerber diese Kosten bei der Anwendung der Erwerbsmethode nicht. Stattdessen erfasst er diese Kosten gemäß den anderen IFRS in seinen nach dem Unternehmenszusammenschluss erstellten Abschlüssen.

12. Der Ansatz im Rahmen der Erwerbsmethode setzt ferner voraus, dass die erworbenen identifizierbaren Vermögenswerte und übernommenen Schulden Teil dessen sind, was Erwerber und erworbenes Unternehmen (oder dessen früherer *Eigentümer*) in der Transaktion des Unternehmenszusammenschlusses getauscht haben, und dass diese nicht aus gesonderten Transaktionen stammen. Der Erwerber hat die Leitlinien der Paragraphen 51–53 anzuwenden, um zu bestimmen, welche erworbenen Vermögenswerte und welche übernommenen Schulden Teil des Austauschs für das erworbene Unternehmen sind und welche gegebenenfalls aus einer separaten Transaktion stammen, die entsprechend ihrer Art und gemäß den für sie anwendbaren IFRS zu bilanzieren ist.

13. Wenn der Erwerber den Ansatzgrundsatz und die Ansatzbedingungen anwendet, werden möglicherweise einige Vermögenswerte und Schulden angesetzt, das das erworbene Unternehmen zuvor nicht als Vermögenswerte und Schulden in seinem Abschluss angesetzt hatte. Der Erwerber setzt beispielsweise die erworbenen identifizierbaren immateriellen Vermögenswerte, wie einen Markennamen, ein Patent oder eine Kundenbeziehung an, die das erworbene Unternehmen nicht als Vermögenswerte in seinem Abschluss angesetzt hatte, da es diese intern entwickelt und die zugehörigen Kosten als Aufwendungen erfasst hatte.

14. Die Paragraphen B28–B40 bieten Leitlinien zum Ansatz von Operating-Leasingverhältnissen und immateriellen Vermögenswerten. In den Paragraphen 22–28 werden die Arten von identifizierbaren Vermögenswerten und Schulden beschrieben, die Posten enthalten, für die dieser IFRS begrenzte Ausnahmen von dem Ansatzgrundsatz und den Ansatzbedingungen vorschreibt.

Einstufung oder Bestimmung der bei einem Unternehmenszusammenschluss erworbenen identifizierbaren Vermögenswerte und übernommenen Schulden

15. Zum Erwerbszeitpunkt hat der Erwerber die erworbenen identifizierbaren Vermögenswerte und übernommenen Schulden – soweit erforderlich – einzustufen oder zu bestimmen, so dass anschließend andere IFRS angewendet werden können. Diese Einstufungen oder Bestimmungen basieren auf den Vertragsbedingungen, wirtschaftlichen Bedingungen, der Geschäftspolitik oder den Rechnungslegungsmethoden und anderen zum Erwerbszeitpunkt gültigen einschlägigen Bedingungen.

16. In manchen Situationen sehen die IFRS unterschiedliche Formen der Rechnungslegung vor, je nachdem wie ein Unternehmen den jeweiligen Vermögenswert oder die jeweilige Schuld einstuft oder bestimmt. Beispiele für Einstufungen oder Bestimmungen, welche der Erwerber auf Grundlage der zum Erwerbszeitpunkt bestehenden einschlägigen Bedingungen durchzuführen hat, sind u. a.:

a) die Einstufung bestimmter finanzieller Vermögenswerte und Verbindlichkeiten gemäß IAS 39 *Finanzinstrumente: Ansatz und Bewertung* als erfolgswirksam zum beizulegenden Zeitwert bewertete finanzielle Vermögenswerte oder Verbindlichkeiten oder als zur Veräußerung verfügbar bzw. bis zur Endfälligkeit zu haltende finanzielle Vermögenswerte;

b) die Bestimmung eines derivativen Finanzinstruments als ein Sicherungsinstrument gemäß IAS 39; und

c) die Beurteilung, ob ein eingebettetes Derivat gemäß IAS 39 vom Basisvertrag zu trennen ist (hierbei handelt es sich um eine „Einstufung" im Sinne der Verwendung dieses Begriffs in diesem IFRS).

17. Dieser IFRS sieht zwei Ausnahmen zu dem Grundsatz in Paragraph 15 vor:
a) die Einstufung eines Leasingvertrags gemäß IAS 17 *Leasingverhältnisse* entweder als ein Operating-Leasingverhältnis oder als ein Finanzierungsleasingverhältnis und
b) die Einstufung eines Vertrags als ein Versicherungsvertrag gemäß IFRS 4 *Versicherungsverträge*.

Der Erwerber hat diese Verträge basierend auf den Vertragsbedingungen und anderen Faktoren bei Abschluss des Vertrags einzustufen (oder falls die Vertragsbedingungen auf eine Weise geändert wurden, die deren Einstufung ändern würde, zum Zeitpunkt dieser Änderung, welche der Erwerbszeitpunkt sein könnte).

Bewertungsgrundsatz

18. Die erworbenen identifizierbaren Vermögenswerte und übernommenen Schulden sind zu ihrem beizulegenden Zeitwert zum Erwerbszeitpunkt zu bewerten.

19. Bei jedem Unternehmenszusammenschluss hat der Erwerber die Bestandteile der nicht beherrschenden Anteile an dem erworbenen Unternehmen, die gegenwärtig Eigentumsanteile sind und ihren Inhabern im Fall der Liquidation einen Anspruch auf einen entsprechenden Anteil am Nettovermögen des Unternehmens geben, zum Erwerbszeitpunkt nach einer der folgenden Methoden zu bewerten:
(a) zum beizulegenden Zeitwert oder
(b) zum entsprechenden Anteil der gegenwärtigen Eigentumsinstrumente an den für das identifizierbare Nettovermögen des erworbenen Unternehmens angesetzten Beträgen.

Alle anderen Bestandteile der nicht beherrschenden Anteile sind zum Zeitpunkt ihres Erwerbs zum beizulegenden Zeitwert zu bewerten, es sei denn, die IFRS schreiben eine andere Bewertungsgrundlage vor.

20. Die Paragraphen B41–B45 geben Leitlinien zur Bestimmung des beizulegenden Zeitwerts einzelner identifizierbarer Vermögenswerte und eines nicht beherrschenden Anteils an einem erworbenen Unternehmen. In den Paragraphen 24–31 werden die Arten von identifizierbaren Vermögenswerten und Schulden beschrieben, die Posten enthalten, für die dieser IFRS begrenzte Ausnahmen von dem Bewertungsgrundsatz vorschreibt.

Ausnahmen von den Ansatz- oder Bewertungsgrundsätzen

21. Dieser IFRS sieht begrenzte Ausnahmen von seinen Ansatz- und Bewertungsgrundsätzen vor. Die Paragraphen 22–31 beschreiben die besonderen Posten, für die Ausnahmen vorgesehen sind und die Art dieser Ausnahmen. Bei der Rechnungslegung dieser Posten gelten die Anforderungen der Paragraphen 22–31, was dazu führt, dass einige Posten:
a) entweder gemäß Ansatzbedingungen angesetzt werden, die zusätzlich zu den in den Paragraphen 11 und 12 beschriebenen Ansatzbedingungen gelten, oder gemäß den Anforderungen anderer IFRS angesetzt werden, wobei sich die Ergebnisse im Vergleich zur Anwendung der Ansatzgrundsätze und -bedingungen unterscheiden.
b) zu einem anderen Betrag als zu ihren beizulegenden Zeitwerten zum Erwerbszeitpunkt bewertet werden.

Ausnahme vom Ansatzgrundsatz

Eventualverbindlichkeiten

22. In IAS 37 *Rückstellungen, Eventualverbindlichkeiten und Eventualforderungen* wird eine Eventualverbindlichkeit wie folgt definiert:
a) eine mögliche Verpflichtung, die aus vergangenen Ereignissen resultiert und deren Existenz durch das Eintreten oder Nichteintreten eines oder mehrerer unsicherer künftiger Ereignisse erst noch bestätigt wird, die nicht vollständig unter der Kontrolle des Unternehmens stehen; oder
b) eine gegenwärtige Verpflichtung, die auf vergangenen Ereignissen beruht, jedoch nicht angesetzt wird, weil:
i) ein Abfluss von Ressourcen mit wirtschaftlichem Nutzen zur Erfüllung dieser Verpflichtung nicht wahrscheinlich ist, oder
ii) die Höhe der Verpflichtung nicht ausreichend verlässlich geschätzt werden kann.

23. Die Vorschriften des IAS 37 gelten nicht für die Bestimmung, welche Eventualverbindlichkeiten zum Erwerbszeitpunkt anzusetzen sind. Stattdessen hat der Erwerber eine bei einem Unternehmenszusammenschluss übernommene Eventualverbindlichkeit zum Erwerbszeitpunkt anzusetzen, wenn es sich um eine gegenwärtige Verpflichtung handelt, die aus früheren Ereignissen entstanden ist und deren beizulegender Zeitwert verlässlich bestimmt werden kann. Im Gegensatz zu IAS 37 setzt daher der Erwerber eine in einem Unternehmenszusammenschluss übernommene Eventualverbindlichkeit zum Erwerbszeitpunkt selbst dann an, wenn es unwahrscheinlich ist, dass ein Abfluss von Ressourcen mit wirtschaftlichem Nutzen erforderlich ist, um diese Verpflichtung zu erfüllen. Paragraph 56 enthält eine Leitlinie für die spätere Bilanzierung von Eventualverbindlichkeiten.

Ausnahmen vom Ansatz- oder Bewertungsgrundsatz

Ertragsteuern

24. Der Erwerber hat einen latenten Steuer-

anspruch oder eine latente Steuerschuld aus bei einem Unternehmenszusammenschluss erworbenen Vermögenswerten und übernommenen Schulden gemäß IAS 12 *Ertragsteuern* anzusetzen und zu bewerten.

25. Der Erwerber hat die möglichen steuerlichen Auswirkungen der temporären Differenzen und Verlustvorträge eines erworbenen Unternehmens, die zum Erwerbszeitpunkt bereits bestehen oder infolge des Erwerbs entstehen, gemäß IAS 12 zu bilanzieren.

Leistungen an Arbeitnehmer

26. Der Erwerber hat eine Verbindlichkeit (oder gegebenenfalls einen Vermögenswert) in Verbindung mit Vereinbarungen für Leistungen an Arbeitnehmer des erworbenen Unternehmens gemäß IAS 19 *Leistungen an Arbeitnehmer* anzusetzen und zu bewerten.

Vermögenswerte für Entschädigungsleistungen

27. Der Veräußerer kann bei einem Unternehmenszusammenschluss den Erwerber vertraglich für eine Erfolgsunsicherheit hinsichtlich aller oder eines Teils der spezifischen Vermögenswerte oder Schulden entschädigen. Der Veräußerer kann beispielsweise den Erwerber für Verluste, die über einen bestimmten Betrag einer Schuld aus einem besonderen Eventualfall hinausgehen, entschädigen; in anderen Worten, der Veräußerer möchte garantieren, dass die Schuld des Erwerbers einen bestimmten Betrag nicht überschreitet. Damit erhält der Erwerber einen Vermögenswert für Entschädigungsleistungen. Der Erwerber hat den Vermögenswert für Entschädigungsleistungen zur gleichen Zeit anzusetzen und auf der gleichen Grundlage zu bewerten, wie er den entschädigten Posten ansetzt und bewertet, vorbehaltlich der Notwendigkeit einer Wertberichtigung für uneinbringliche Beträge. Wenn die Entschädigungsleistung einen Vermögenswert oder eine Schuld betrifft, der/die zum Erwerbszeitpunkt angesetzt wird und zu dessen/deren zum Erwerbszeitpunkt geltenden beizulegenden Zeitwert bewertet wird, dann hat der Erwerber den Vermögenswert für die Entschädigungsleistung ebenso zum Erwerbszeitpunkt anzusetzen und mit dessen zum Erwerbszeitpunkt geltenden beizulegenden Zeitwert zu bewerten. Für einen zum beizulegenden Zeitwert bewerteten Vermögenswert für Entschädigungsleistungen sind die Auswirkungen der Ungewissheit bezüglich zukünftiger Cashflows aufgrund der Einbringlichkeit der Gegenleistungen in die Bestimmung des beizulegenden Zeitwerts mit einbegriffen und eine gesonderte Wertberichtigung ist nicht notwendig (in Paragraph B41 wird die entsprechende Anwendung beschrieben).

28. Unter bestimmten Umständen kann sich die Entschädigungsleistung auf einen Vermögenswert oder eine Schuld beziehen, der/die eine Ausnahme zu den Ansatz- oder Bewertungsgrundsätzen darstellt. Eine Entschädigungsleistung kann sich beispielsweise auf eine Eventualverbindlichkeit beziehen, die nicht zum Erwerbszeitpunkt angesetzt wird, da ihr beizulegender Zeitwert zu dem Stichtag nicht verlässlich bewertet werden kann. Alternativ kann sich eine Entschädigungsleistung auf einen Vermögenswert oder ein Schuld beziehen, der/die beispielsweise aus Leistungen an Arbeitnehmer stammt, welche auf einer anderen Grundlage als dem zum Erwerbszeitpunkt geltenden beizulegenden Zeitwert bestimmt werden. Unter diesen Umständen ist der Vermögenswert für Entschädigungsleistungen vorbehaltlich der Einschätzung der Geschäftsleitung bezüglich seiner Einbringlichkeit sowie der vertraglichen Begrenzung des Entschädigungsbetrags unter Zugrundelegung der gleichen Annahmen anzusetzen wie der entschädigte Posten selbst. Paragraph 57 enthält Leitlinie für die spätere Bilanzierung eines Vermögenswerts für Entschädigungsleistungen.

Ausnahmen vom Bewertungsgrundsatz

Zurückerworbene Rechte

29. Der Erwerber hat den Wert eines zurückerworbenen Rechts, das als ein immaterieller Vermögenswert auf der Grundlage der verbleibenden vertraglichen Bedingungen des zugehörigen Vertrags ausgewiesen war, unabhängig davon zu bewerten, ob Marktteilnehmer mögliche Vertragserneuerungen bei der Bestimmung dessen beizulegenden Zeitwerts berücksichtigen würden. In den Paragraphen B35 und B36 sind die entsprechenden Anwendungsleitlinien dargestellt.

Anteilsbasierte Vergütungstransaktionen

30. Der Erwerber hat eine Schuld oder ein Eigenkapitalinstrument, welche(s) sich auf anteilsbasierte Vergütungstransaktionen des erworbenen Unternehmens oder den Ersatz anteilsbasierter Vergütungstransaktionen des erworbenen Unternehmens durch anteilsbasierte Vergütungstransaktionen des Erwerbers bezieht, zum Erwerbszeitpunkt nach der Methode in IFRS 2 *Anteilsbasierte Vergütung* zu bewerten. (Das Ergebnis dieser Methode wird in diesem IFRS als der „auf dem Markt basierende Wert" der anteilsbasierten Vergütungstransaktion bezeichnet.)

Zur Veräußerung gehaltene Vermögenswerte

31. Der Erwerber hat einen erworbenen langfristigen Vermögenswert (oder eine Veräußerungsgruppe), der zum Erwerbszeitpunkt gemäß IFRS 5 *Zur Veräußerung gehaltene langfristige Vermögenswerte und aufgegebene Geschäftsbereiche* als zur Veräußerung gehalten eingestuft ist, zum beizulegenden Zeitwert abzüglich Veräußerungskosten gemäß den Paragraphen 15–18 dieses IFRS zu bewerten.

Ansatz und Bewertung des Geschäfts- oder Firmenwerts oder eines Gewinns aus einem Erwerb zu einem Preis unter Marktwert

32. **Der Erwerber hat den Geschäfts- oder Firmenwert zum Erwerbszeitpunkt anzusetzen, der sich aus dem Betrag ergibt, um den (a) (b) übersteigt:**

a) die Summe aus:

   i) der übertragenen Gegenleistung, die gemäß diesem IFRS im Allgemeinen zu dem am Erwerbszeitpunkt geltenden beizulegenden Zeitwert bestimmt wird (siehe Paragraph 37);

   ii) dem Betrag aller nicht beherrschenden Anteile an dem erworbenen Unternehmen, die gemäß diesem IFRS bewertet werden; und

   iii) dem zu dem am Erwerbszeitpunkt geltenden beizulegenden Zeitwert des zuvor vom Erwerber gehaltenen *Eigenkapitalanteils* an dem erworbenen Unternehmen, wenn es sich um einen sukzessiven Unternehmenszusammenschluss handelt (siehe Paragraphen 41 und 42).

b) der Saldo der zum Erwerbszeitpunkt bestehenden und gemäß IFRS 3 bewerteten Beträge der erworbenen identifizierbaren Vermögenswerte und der übernommenen Schulden.

33. Bei einem Unternehmenszusammenschluss, bei dem der Erwerber und das erworbene Unternehmen (oder dessen frühere Eigentümer) nur Eigenkapitalanteile tauschen, kann der zum Erwerbszeitpunkt geltende beizulegende Zeitwert der Eigenkapitalanteile des erworbenen Unternehmens eventuell verlässlicher bestimmt werden als der zum Erwerbszeitpunkt geltende beizulegende Zeitwert der Eigenkapitalanteile des Erwerbers. Wenn dies der Fall ist, hat der Erwerber den Betrag des Geschäfts- oder Firmenwerts zu ermitteln, indem er den zum Erwerbszeitpunkt geltenden beizulegenden Zeitwert der Eigenkapitalanteile des erworbenen Unternehmens anstatt den zum Erwerbszeitpunkt geltenden beizulegenden Zeitwert der übertragenen Eigenkapitalanteile verwendet. Zur Bestimmung des Betrags des Geschäfts- oder Firmenwerts bei einem Unternehmenszusammenschluss, bei dem keine Gegenleistung übertragen wird, hat der Erwerber den zum Erwerbszeitpunkt geltenden beizulegenden Zeitwert der Anteile des Erwerbers an dem erworbenen Unternehmen zu verwenden, der unter Einsatz einer Bewertungsmethode ermittelt wurde, anstelle des zum Erwerbszeitpunkt geltenden beizulegenden Zeitwerts der übertragenen Gegenleistung (Paragraph 32(a)(i)). In den Paragraphen B46–B49 sind die entsprechenden Anwendungsleitlinien dargestellt.

Erwerb zu einem Preis unter dem Marktwert

34. Gelegentlich macht ein Erwerber einen Erwerb zu einem Preis unter dem Marktwert, wobei es sich um einen Unternehmenszusammenschluss handelt, bei dem der Betrag in Paragraph 32(b) die Summe der in Paragraph 32(a) beschriebenen Beträge übersteigt. Wenn dieser Überschuss nach der Anwendung der Vorschriften in Paragraph 36 bestehen bleibt, hat der Erwerber den resultierenden Gewinn zum Erwerbszeitpunkt im Gewinn oder Verlust zu erfassen. Der Gewinn ist dem Erwerber zuzurechnen.

35. Einen Erwerb zu einem Preis unter dem Marktwert kann es beispielsweise bei einem Unternehmenszusammenschluss geben, bei dem es sich um einen Zwangsverkauf handelt und der Verkäufer unter Zwang handelt. Die Ausnahmen bei der Erfassung oder Bewertung besonderer Posten, die in den Paragraphen 22–31 beschrieben sind, können jedoch auch dazu führen, dass ein Gewinn aus einem Erwerb zu einem Preis unter dem Marktwert erfasst wird (oder dass sich der Betrag eines erfassten Gewinns ändert).

36. Vor der Erfassung eines Gewinns aus einem Erwerb zu einem Preis unter dem Marktwert hat der Erwerber nochmals zu beurteilen, ob er alle erworbenen Vermögenswerte und alle übernommenen Schulden richtig identifiziert hat und alle bei dieser Prüfung zusätzlich identifizierten Vermögenswerte oder Schulden anzusetzen. Danach hat der Erwerber die Verfahren zu überprüfen, mit denen die Beträge ermittelt worden sind, die zum Erwerbszeitpunkt gemäß diesem IFRS für folgende Sachverhalte ausgewiesen werden müssen:

a) identifizierbare Vermögenswerte und übernommene Schulden;

b) gegebenenfalls nicht beherrschende Anteile an dem übernommenen Unternehmen;

c) die zuvor vom Erwerber gehaltenen Eigenkapitalanteile an dem erworbenen Unternehmen bei einem sukzessiven Unternehmenszusammenschluss; sowie

d) die übertragene Gegenleistung.

Der Zweck dieser Überprüfung besteht darin sicherzustellen, dass bei den Bewertungen alle zum Erwerbszeitpunkt verfügbaren Informationen angemessen berücksichtigt worden sind.

Übertragene Gegenleistung

37. Die bei einem Unternehmenszusammenschluss übertragene Gegenleistung ist mit dem beizulegenden Zeitwert zu bewerten. Dieser berechnet sich, indem die vom Erwerber übertragenen Vermögenswerte, die Schulden, die der Erwerber von den früheren Eigentümern des erworbenen Unternehmens übernommen hat, und die vom Erwerber ausgegebenen Eigenkapitalanteile zum Erwerbszeitpunkt mit ihren beizulegenden Zeitwerten bewertet und diese beizulegenden Zeitwerte addiert werden. (Der Teil der anteilsbasierten Vergütungsprämien des Erwerbers, die gegen Prämien, die von den Mitarbeitern des erworbenen Unternehmens gehalten werden und die in der bei einem Unternehmenszusammenschluss übertragenen Gegenleistung enthalten sind, getauscht werden, ist jedoch gemäß Paragraph 30 und nicht zum beizulegenden Zeitwert zu bestimmen.) Beispiele für mögliche Formen der Gegenleistung sind u. a. Zahlungsmittel, sonstige Vermögenswerte, ein Geschäftsbetrieb oder ein Tochterunternehmen des Erwerbers, *bedingte Gegenleistungen*, Stamm- oder Vorzugsaktien, Optionen, Optionsscheine und An-

teile der Mitglieder von *Gegenseitigkeitsunternehmen*.

38. Zu den übertragenen Gegenleistungen können Vermögenswerte oder Schulden des Erwerbers gehören, denen Buchwerte zugrunde liegen, die von den zum Erwerbszeitpunkt geltenden beizulegenden Zeitwerten abweichen (z.B. nicht-monetäre Vermögenswerte oder ein Geschäftsbetrieb des Erwerbers). Wenn dies der Fall ist, hat der Erwerber die übertragenen Vermögenswerte oder Schulden zu ihren zum Erwerbszeitpunkt geltenden beizulegenden Zeitwerten neu zu bewerten und die daraus entstehenden Gewinne bzw. Verluste gegebenenfalls im Gewinn oder Verlust zu erfassen. Manchmal bleiben die übertragenen Vermögenswerte oder Schulden nach dem Unternehmenszusammenschluss jedoch im zusammengeschlossenen Unternehmen (da z. B. die Vermögenswerte oder Schulden an das übernommene Unternehmen und nicht an die früheren Eigentümer übertragen wurden), und der Erwerber behält daher die Beherrschung darüber. In dieser Situation hat der Erwerber diese Vermögenswerte und Schulden unmittelbar vor dem Erwerbszeitpunkt mit ihrem Buchwert zu bewerten und keinen Gewinn bzw. Verlust aus Vermögenswerten oder Schulden, die er vor und nach dem Unternehmenszusammenschluss beherrscht, im Gewinn oder Verlust zu erfassen.

Bedingte Gegenleistung

39. Die Gegenleistung, die der Erwerber im Tausch gegen das erworbene Unternehmen überträgt, enthält die Vermögenswerte oder Schulden, die aus einer Vereinbarung über eine bedingte Gegenleistung (siehe Paragraph 37) stammen. Der Erwerber hat den zum Erwerbszeitpunkt geltenden beizulegenden Zeitwert der bedingten Gegenleistung als Teil der für das erworbene Unternehmen übertragenen Gegenleistung zu bilanzieren.

40. Der Erwerber hat eine Verpflichtung zur Zahlung einer bedingten Gegenleistung als eine Schuld oder als Eigenkapital basierend auf den Definitionen eines Eigenkapitalinstruments und einer finanziellen Verbindlichkeit in Paragraph 11 des IAS 32 *Finanzinstrumente: Darstellung* oder anderer anwendbarer IFRS einzustufen. Der Erwerber hat ein Recht auf Rückgabe der zuvor übertragenen Gegenleistung als einen Vermögenswert einzustufen, falls bestimmte Bedingungen erfüllt werden. Paragraph 58 enthält eine Leitlinie für die spätere Bilanzierung bedingter Gegenleistungen.

Zusätzliche Leitlinien zur Anwendung der Erwerbsmethode auf besondere Arten von Unternehmenszusammenschlüssen

Sukzessiver Unternehmenszusammenschluss

41. Manchmal erlangt ein Erwerber die Beherrschung eines erworbenen Unternehmens, an dem er unmittelbar vor dem Erwerbszeitpunkt einen Eigenkapitalanteil hält. Zum Beispiel: Am 31. Dezember 20X1 hält Unternehmen A einen nicht beherrschenden Kapitalanteil von 35 Prozent an Unternehmen B. Zu diesem Zeitpunkt erwirbt Unternehmen A einen zusätzlichen Anteil von 40 Prozent an Unternehmen B, durch die es die Beherrschung über Unternehmen B übernimmt. Dieser IFRS bezeichnet eine solche Transaktion, die manchmal auch als ein schrittweiser Erwerb bezeichnet wird, als einen sukzessiven Unternehmenszusammenschluss.

42. Bei einem sukzessiven Unternehmenszusammenschluss hat der Erwerber seinen zuvor an dem Unternehmen gehaltenen Eigenkapitalanteil zu dem zum Erwerbszeitpunkt geltenden beizulegenden Zeitwert neu zu bestimmen und den daraus resultierenden Gewinn bzw. Verlust gegebenenfalls im Gewinn oder Verlust zu erfassen. In früheren Perioden hat der Erwerber eventuell Wertänderungen seines Eigenkapitalanteils an dem erworbenen Unternehmen im sonstigen Ergebnis erfasst (weil beispielsweise der Anteil als zur Veräußerung verfügbar eingestuft war). Ist das der Fall, so ist der Betrag, der im sonstigen Ergebnis erfasst war, auf derselben Grundlage zu erfassen, wie dies erforderlich wäre, wenn der Erwerber den zuvor gehaltenen Eigenkapitalanteil unmittelbar veräußert hätte.

Unternehmenszusammenschluss ohne Übertragung einer Gegenleistung

43. Ein Erwerber erlangt manchmal die Beherrschung eines erworbenen Unternehmens ohne eine Übertragung einer Gegenleistung. Auf diese Art von Zusammenschlüssen ist die Erwerbsmethode für die Bilanzierung von Unternehmenszusammenschlüssen anzuwenden. Dazu gehören die folgenden Fälle:

a) Das erworbene Unternehmen kauft eine ausreichende Anzahl seiner eigenen Aktien zurück, so dass ein bisheriger Anteilseigner (der Erwerber) die Beherrschung erlangt.

b) Vetorechte von Minderheiten, die früher den Erwerber daran hinderten, die Beherrschung eines erworbenen Unternehmens, an dem der Erwerber die Mehrheit der Stimmrechte hält, zu erlangen, erlöschen.

c) Der Erwerber und das erworbene Unternehmen vereinbaren, ihre Geschäftsbetriebe ausschließlich durch einen Vertrag zusammenzuschließen. Der Erwerber überträgt keine Gegenleistung im Austausch für die Beherrschung des erworbenen Unternehmens und hält keine Eigenkapitalanteile an dem erworbenen Unternehmen, weder zum Erwerbszeitpunkt noch zuvor. Als Beispiele für Unternehmenszusammenschlüsse, die ausschließlich durch einen Vertrag erfolgen, gelten: das Zusammenbringen von zwei Geschäftsbetrieben unter einem Vertrag über die Verbindung der ausgegebenen Aktien oder die Gründung eines Unternehmens mit zweifach notierten Aktien.

44. Bei einem ausschließlich auf einem Vertrag beruhenden Unternehmenszusammenschluss hat der Erwerber den Eigentümern des erworbenen

Unternehmens den Betrag des gemäß diesem IFRS angesetzten Nettovermögens des erworbenen Unternehmens zuzuordnen. In anderen Worten: Die Eigenkapitalanteile, die an dem erworbenen Unternehmen von anderen Vertragsparteien als dem Erwerber gehalten werden, sind in dem nach dem Zusammenschluss erstellten Abschluss des Erwerbers selbst dann nicht beherrschende Anteile, wenn dies bedeutet, dass alle Eigenkapitalanteile an dem erworbenen Unternehmen den nicht beherrschenden Anteilen zugeordnet werden.

Bewertungszeitraum

45. **Wenn die erstmalige Bilanzierung eines Unternehmenszusammenschlusses am Ende der Berichtsperiode, in der der Zusammenschluss stattfindet, unvollständig ist, hat der Erwerber für die Posten mit unvollständiger Bilanzierung vorläufige Beträge in seinem Abschluss anzugeben.** Während des Bewertungszeitraums hat der Erwerber die vorläufigen zum Erwerbszeitpunkt angesetzten Beträge rückwirkend zu korrigieren, um die neuen Informationen über Fakten und Umstände widerzuspiegeln, die zum Erwerbszeitpunkt bestanden und die die Bewertung der zu diesem Stichtag angesetzten Beträge beeinflusst hätten, wenn sie bekannt gewesen wären. Während des Bewertungszeitraums hat der Erwerber auch zusätzliche Vermögenswerte und Schulden anzusetzen, wenn er neue Informationen über Fakten und Umstände erhalten hat, die zum Erwerbszeitpunkt bestanden und die zum Ansatz dieser Vermögenswerte und Schulden zu diesem Stichtag geführt hätten, wenn sie bekannt gewesen wären. Der Bewertungszeitraum endet, sobald der Erwerber die Informationen erhält, die er über Fakten und Umstände zum Erwerbszeitpunkt gesucht hat oder erfährt, dass keine weiteren Informationen verfügbar sind. Der Bewertungszeitraum darf jedoch ein Jahr vom Erwerbszeitpunkt an nicht überschreiten.

46. Der Bewertungszeitraum ist der Zeitraum nach dem Erwerbszeitpunkt, in dem der Erwerber die bei einem Unternehmenszusammenschluss angesetzten vorläufigen Beträge berichtigen kann. Der Bewertungszeitraum gibt dem Erwerber eine angemessene Zeit, so dass dieser die Informationen erhalten kann, die benötigt werden, um Folgendes zum Erwerbszeitpunkt gemäß diesem IFRS zu identifizieren und zu bewerten:

a) die erworbenen identifizierbaren Vermögenswerte, übernommenen Schulden und alle nicht beherrschenden Anteile an dem erworbenen Unternehmen;

b) die für das erworbene Unternehmen übertragene Gegenleistung (oder der andere bei der Bestimmung des Geschäfts- oder Firmenwerts verwendete Betrag);

c) die bei einem sukzessiven Unternehmenszusammenschluss zuvor vom Erwerber an dem erworbenen Unternehmen gehaltenen Eigenkapitalanteile; und

d) der resultierende Geschäfts- oder Firmenwert oder Gewinn aus einem Erwerb zu einem Preis unter dem Marktwert.

47. Der Erwerber hat alle einschlägigen Faktoren bei der Ermittlung zu berücksichtigen, ob nach dem Erwerbszeitpunkt erhaltene Informationen zu einer Berichtigung der bilanzierten vorläufigen Beträge führen sollten oder ob diese Informationen Ereignisse betreffen, die nach dem Erwerbszeitpunkt stattfanden. Zu den einschlägigen Faktoren gehören der Tag, an dem zusätzliche Informationen erhalten werden, und die Tatsache, ob der Erwerber einen Grund für eine Änderung der vorläufigen Beträge identifizieren kann. Informationen, die kurz nach dem Erwerbszeitpunkt erhalten werden, spiegeln wahrscheinlich eher die Umstände, die zum Erwerbszeitpunkt herrschten wider als Informationen, die mehrere Monate später erhalten werden. Zum Beispiel: die Veräußerung eines Vermögenswerts an einen Dritten kurz nach dem Erwerbszeitpunkt zu einem Betrag, der wesentlich von dessen zu jenem Stichtag bestimmten vorläufigen beizulegenden Zeitwert abweicht, weist wahrscheinlich auf einen Fehler des vorläufigen Betrags hin, wenn kein dazwischen liegendes Ereignis, das dessen beizulegenden Zeitwert geändert hat, identifiziert werden kann.

48. Der Erwerber erfasst eine Erhöhung (Verringerung) des vorläufigen Betrages, der für einen identifizierbaren Vermögenswert (eine identifizierbare Schuld) angesetzt war, indem er den Geschäfts- oder Firmenwert verringert (erhöht). Aufgrund von neuen im Bewertungszeitraum erhaltenen Informationen werden manchmal die vorläufigen Beträge von mehr als einem Vermögenswert oder einer Schuld berichtigt. Der Erwerber könnte beispielsweise eine Schuld übernommen haben, die in Schadenersatzleistungen aufgrund eines Unfalls in einem der Betriebe des erworbenen Unternehmens besteht, die insgesamt oder teilweise von der Haftpflichtversicherung des erworbenen Unternehmens gedeckt sind. Erhält der Erwerber während des Bewertungszeitraums neue Informationen über den beizulegenden Zeitwert dieser Schuld zum Erwerbszeitpunkt, würden sich die Berichtigung des Geschäfts- oder Firmenwerts aufgrund einer Änderung für die Schuld angesetzten vorläufigen Betrags und eine entsprechende Berichtigung des Geschäfts- oder Firmenwerts aufgrund einer Änderung des vorläufigen Betrags, der für den gegen den Versicherer bestehenden Anspruch angesetzt wurde, (im Ganzen oder teilweise) gegenseitig aufheben.

49. Während des Bewertungszeitraums hat der Erwerber Berichtigungen der vorläufigen Beträge so zu erfassen, als ob die Bilanzierung des Unternehmenszusammenschlusses zum Erwerbszeitpunkt abgeschlossen worden wäre. Somit hat der Erwerber Vergleichsinformationen für frühere Perioden, die im Abschluss bei Bedarf dargestellt werden, zu überarbeiten und Änderungen bei er-

fassten planmäßigen Abschreibungen oder sonstigen Auswirkungen auf den Ertrag vorzunehmen, indem er die erstmalige Bilanzierung vervollständigt.

50. Nach dem Bewertungszeitraum hat der Erwerber die Bilanzierung eines Unternehmenszusammenschlusses nur zu überarbeiten, um einen Fehler gemäß IAS 8 *Rechnungslegungsmethoden, Änderungen von rechnungslegungsbezogenen Schätzungen und Fehler* zu berichtigen.

Bestimmung des Umfangs eines Unternehmenszusammenschlusses

51. Der Erwerber und das erworbene Unternehmen können eine vorher bestehende Beziehung oder eine andere Vereinbarung vor Beginn der Verhandlungen bezüglich des Unternehmenszusammenschlusses haben oder sie können während der Verhandlungen eine Vereinbarung unabhängig von dem Unternehmenszusammenschluss eingehen. In beiden Situationen hat der Erwerber alle Beträge zu identifizieren, die nicht zu dem gehören, was der Erwerber und das erworbene Unternehmen (oder seine früheren Eigentümer) bei dem Unternehmenszusammenschluss austauschten, d. h. Beträge die nicht Teil des Austauschs für das erworbene Unternehmen sind. Der Erwerber hat bei Anwendung der Erwerbsmethode nur die für das erworbene Unternehmen übertragene Gegenleistung und die im Austausch für das erworbene Unternehmen erworbenen Vermögenswerte und übernommenen Schulden anzusetzen. Separate Transaktionen sind gemäß den entsprechenden IFRS zu bilanzieren.

52. Eine Transaktion, die vom Erwerber oder im Auftrag des Erwerbers oder in erster Linie zum Nutzen des Erwerbers oder des zusammengeschlossenen Unternehmens eingegangen wurde, und nicht in erster Linie zum Nutzen des erworbenen Unternehmens (oder seiner früheren Eigentümer) vor dem Zusammenschluss, ist wahrscheinlich eine separate Transaktion. Folgende Beispiele für separate Transaktionen fallen nicht unter die Anwendung der Erwerbsmethode:

a) eine Transaktion, die tatsächlich vorher bestehende Beziehungen zwischen dem Erwerber und dem erworbenen Unternehmen abwickelt;

b) eine Transaktion, die Mitarbeiter oder ehemalige Eigentümer des erworbenen Unternehmens für künftige Dienste vergütet; und

c) eine Transaktion, durch die dem erworbenen Unternehmen oder dessen ehemaligen Eigentümern die mit dem Unternehmenszusammenschluss verbundenen Kosten des Erwerbers erstattet werden.

In den Paragraphen B50–B62 sind die entsprechenden Anwendungsleitlinien dargestellt.

Mit dem Unternehmenszusammenschluss verbundene Kosten

53. Mit dem Unternehmenszusammenschluss verbundene Kosten sind Kosten, die der Erwerber für die Durchführung eines Unternehmenszusammenschlusses eingeht. Diese Kosten umfassen Vermittlerprovisionen, Beratungs-, Anwalts-, Wirtschaftsprüfungs-, Bewertungs- und sonstige Fachberatungsgebühren, allgemeine Verwaltungskosten, einschließlich der Kosten für die Erhaltung einer internen Akquisitionsabteilung, sowie Kosten für die Registrierung und Emission von Schuldtiteln und Aktienpapieren. Der Erwerber hat die mit dem Unternehmenszusammenschluss verbundenen Kosten als Aufwand in den Perioden zu bilanzieren, in denen die Kosten anfallen und die Dienste empfangen werden, mit einer Ausnahme: Die Kosten für die Emission von Schuldtiteln oder Aktienpapieren sind gemäß IAS 32 und IAS 39 zu erfassen.

FOLGEBEWERTUNG UND FOLGEBILANZIERUNG

54. Im Allgemeinen hat ein Erwerber die erworbenen Vermögenswerte, die übernommenen oder eingegangenen Schulden sowie die bei einem Unternehmenszusammenschluss ausgegebenen Eigenkapitalinstrumente zu späteren Zeitpunkten gemäß ihrer Art im Einklang mit anderen anwendbaren IFRS zu bewerten und zu bilanzieren. Dieser IFRS sieht jedoch Leitlinien für die Folgebewertung und Folgebilanzierung der folgenden erworbenen Vermögenswerte, übernommenen oder eingegangenen Schulden und der bei einem Unternehmenszusammenschluss ausgegebenen Eigenkapitalinstrumente vor:

a) zurückerworbene Rechte;

b) zum Erwerbszeitpunkt angesetzte Eventualverbindlichkeiten;

c) Vermögenswerte für Entschädigungsleistungen; und

d) bedingte Gegenleistung.

In Paragraph B63 sind die entsprechenden Anwendungsleitlinien dargestellt.

Zurückerworbene Rechte

55. Ein zurückerworbenes Recht, das als ein immaterieller Vermögenswert angesetzt war, ist über die restliche vertragliche Dauer der Vereinbarung, durch die dieses Recht zugestanden wurde, abzuschreiben. Ein Erwerber, der nachfolgend ein zurückerworbenes Recht an einen Dritten veräußert, hat den Buchwert des immateriellen Vermögenswerts einzubeziehen, wenn er den Gewinn bzw. Verlust aus der Veräußerung ermittelt.

Eventualverbindlichkeiten

56. Nach dem erstmaligen Ansatz und bis die Verbindlichkeit beglichen, aufgehoben oder erloschen ist, hat der Erwerber eine bei einem Unternehmenszusammenschluss angesetzte Eventualverbindlichkeit zu dem höheren der nachstehenden Werte zu bestimmen:

a) dem Betrag, der gemäß IAS 37 angesetzt werden würde; und

b) gegebenenfalls dem erstmalig angesetzten

Betrag abzüglich der gemäß IAS 18 *Umsatzerlöse* erfassten kumulativen Abschreibung.

Diese Anforderungen sind nicht auf Verträge anzuwenden, die gemäß IAS 39 bilanziert werden.

Vermögenswerte für Entschädigungsleistungen

57. Am Ende jeder nachfolgenden Berichtsperiode hat der Erwerber einen Vermögenswert für Entschädigungsleistungen, der zum Erwerbszeitpunkt auf derselben Grundlage wie die ausgeglichene Schuld oder der entschädigte Vermögenswert angesetzt war, vorbehaltlich vertraglicher Einschränkungen hinsichtlich des Betrags zu bestimmen und im Falle eines Vermögenswerts für Entschädigungsleistungen, der nachfolgend nicht mit seinem beizulegenden Zeitwert bewertet wird, erfolgt eine Beurteilung des Managements bezüglich der Einbringbarkeit des Vermögenswerts für Entschädigungsleistungen. Der Erwerber darf den Vermögenswert für Entschädigungsleistungen nur dann ausbuchen, wenn er den Vermögenswert vereinnahmt, veräußert oder anderweitig den Anspruch darauf verliert.

Bedingte Gegenleistung

58. Einige Änderungen des beizulegenden Zeitwerts einer bedingten Gegenleistung, die der Erwerber nach dem Erwerbszeitpunkt erfasst, können aufgrund von zusätzlichen Informationen entstanden sein, die der Erwerber nach diesem Stichtag über Fakten und Umstände, die zum Erwerbszeitpunkt bereits existierten, erhalten hat. Solche Änderungen gehören gemäß den Paragraphen 45–49 zu den Berichtigungen innerhalb des Bewertungszeitraums. Änderungen aufgrund von Ereignissen nach dem Erwerbszeitpunkt, wie die Erreichung eines angestrebten Ziels, eines bestimmten Aktienkurses oder eines Meilensteins bei einem Forschungs- und Entwicklungsprojekts fallen jedoch nicht in die Berichtigungen innerhalb des Bewertungszeitraums. Der Erwerber hat Änderungen des beizulegenden Zeitwerts einer bedingten Gegenleistung, die nicht unter die Berichtigung innerhalb des Bewertungszeitraums fallen, wie folgt zu bilanzieren:

a) Eine bedingte Gegenleistung, die als Eigenkapital eingestuft ist, wird nicht neu bewertet und ihre spätere Abgeltung wird im Eigenkapital bilanziert.

b) Eine als ein Vermögenswert oder als eine Verbindlichkeit eingestufte bedingte Gegenleistung, die:

  i) ein Finanzinstrument im Rahmen von IAS 39 ist, wird zum beizulegenden Zeitwert bewertet, und ein daraus resultierender Gewinn bzw. Verlust wird gemäß diesem IFRS entweder im Gewinn oder Verlust oder im sonstigen Ergebnis erfasst;

  ii) nicht zum Anwendungsbereich des IAS 39 gehört, wird gemäß IAS 37 oder anderen IFRS, soweit erforderlich, bilanziert.

ANGABEN

59. **Der Erwerber hat Informationen offen zu legen, durch die die Abschlussadressaten die Art und finanziellen Auswirkungen von Unternehmenszusammenschlüssen beurteilen können, die entweder:**

a) **während der aktuellen Berichtsperiode; oder**

b) **nach dem Ende der Berichtsperiode, jedoch vor der Genehmigung zur Veröffentlichung des Abschlusses erfolgten.**

60. Zur Erfüllung der Zielsetzung des Paragraphen 59 hat der Erwerber die in den Paragraphen B64–B66 dargelegten Angaben zu machen.

61. **Der Erwerber hat Angaben zu machen, durch die die Abschlussadressaten die finanziellen Auswirkungen der in der aktuellen Berichtsperiode erfassten Berichtigungen in Bezug auf Unternehmenszusammenschlüsse, die in dieser Periode oder einer früheren Berichtsperiode stattfanden, beurteilen können.**

62. Zur Erfüllung der Zielsetzung des Paragraphen 61 hat der Erwerber die in Paragraph B67 dargelegten Angaben zu machen.

63. Wenn die von diesem IFRS und anderen IFRS geforderten spezifischen Angaben nicht die in den Paragraphen 59 und 61 dargelegten Zielsetzungen erfüllen, hat der Erwerber alle erforderlichen zusätzlichen Informationen anzugeben, um diese Zielsetzungen zu erreichen.

ZEITPUNKT DES INKRAFTTRETENS UND ÜBERGANGSVORSCHRIFTEN

Zeitpunkt des Inkrafttretens

64. Dieser IFRS ist prospektiv auf Unternehmenszusammenschlüsse anzuwenden, bei denen der Erwerbszeitpunkt zu Beginn der ersten Berichtsperiode des Geschäftsjahres, das am oder nach dem 1. Juli 2009 beginnt, oder danach liegt. Eine frühere Anwendung ist zulässig. Dieser IFRS ist jedoch nur zu Beginn der Berichtsperiode des am oder nach dem 30. Juni 2007 beginnenden Geschäftsjahres anzuwenden. Wendet ein Unternehmen diesen IFRS vor dem 1. Juli 2009 an, so ist dies anzugeben und gleichzeitig IAS 27 (in der vom International Accounting Standards Board 2008 geänderten Fassung) anzuwenden.

64B. Durch die im Mai 2010 veröffentlichten *Verbesserungen an den IFRS* wurden die Paragraphen 19, 30 und B56 geändert und die Paragraphen B62A und B62B eingefügt. Diese Änderungen sind erstmals in der ersten Berichtsperiode eines am oder nach dem 1. Juli 2010 beginnenden Geschäftsjahres anzuwenden. Eine frühere Anwendung ist zulässig. Wendet ein Unternehmen die Änderungen auf eine frühere Periode an, hat es dies anzugeben. Diese Änderungen sollten ab der erstmaligen Anwendung dieses IFRS prospektiv angewandt werden.

64C. Durch die im Mai 2010 veröffentlichten *Verbesserungen an den IFRS* wurden die Paragraphen 65A–65E eingefügt. Diese Änderungen sind erstmals in der ersten Berichtsperiode eines am oder nach dem 1. Juli 2010 beginnenden Geschäftsjahres anzuwenden. Eine frühere Anwendung ist zulässig. Wendet ein Unternehmen die Änderungen auf eine frühere Periode an, hat es dies anzugeben. Die Änderungen gelten für die Salden bedingter Gegenleistungen, die aus Unternehmenszusammenschlüssen resultieren, bei denen der Erwerbszeitpunkt vor der Anwendung dieses IFRS (Fassung 2008) liegt.

Übergangsvorschriften

65. Vermögenswerte und Schulden, die aus Unternehmenszusammenschlüssen stammen, deren Erwerbszeitpunkte vor der Anwendung dieses IFRS lagen, sind nicht aufgrund der Anwendung dieses IFRS anzupassen.

65A. Salden bedingter Gegenleistungen, die aus Unternehmenszusammenschlüssen resultieren, bei denen der Erwerbszeitpunkt vor dem Datum der erstmaligen Anwendung dieses IFRS (Fassung 2008) liegt, sind bei erstmaliger Anwendung dieses IFRS nicht zu berichten. Die Paragraphen 65B–65E sind bei der darauffolgenden Bilanzierung dieser Salden anzuwenden. Die Paragraphen 65B–65E gelten nicht für die Bilanzierung von Salden bedingter Gegenleistungen, die aus Unternehmenszusammenschlüssen resultieren, bei denen der Erwerbszeitpunkt mit dem Zeitpunkt der erstmaligen Anwendung dieses IFRS (Fassung 2008) zusammenfällt oder danach liegt. In den Paragraphen 65B–65E bezeichnet der Begriff Unternehmenszusammenschlüsse ausschließlich Zusammenschlüsse, bei denen der Erwerbszeitpunkt vor der Anwendung dieses IFRS (Fassung 2008) liegt.

65B. Sieht eine Vereinbarung über einen Unternehmenszusammenschluss vor, dass die Kosten des Zusammenschlusses in Abhängigkeit von künftigen Ereignissen berichtigt werden, so hat der Erwerber für den Fall, dass eine solche Berichtigung wahrscheinlich ist und sich verlässlich ermitteln lässt, den Betrag dieser Berichtigung in den Kosten des Zusammenschlusses zu berücksichtigen.

65C. Eine Vereinbarung über einen Unternehmenszusammenschluss kann vorsehen, dass die Kosten des Zusammenschlusses in Abhängigkeit von einem oder mehreren künftigen Ereignissen berichtigt werden dürfen. So könnte die Berichtigung beispielsweise davon abhängen, ob in künftigen Perioden eine bestimmte Gewinnhöhe gehalten oder erreicht wird oder der Marktpreis der emittierten Instrumente stabil bleibt. Trotz einer gewissen Unsicherheit kann der Betrag einer solchen Berichtigung normalerweise bei erstmaliger Bilanzierung des Zusammenschlusses geschätzt werden, ohne die Verlässlichkeit der Information zu beeinträchtigen. Treten die künftigen Ereignisse nicht ein oder muss die Schätzung korrigiert werden, sind die Kosten des Unternehmenszusammenschlusses entsprechend zu berichtigen.

65D. Auch wenn eine Vereinbarung über einen Unternehmenszusammenschluss eine solche Berichtigung vorsieht, wird sie bei erstmaliger Bilanzierung des Zusammenschlusses nicht in den Kosten des Zusammenschlusses berücksichtigt, wenn sie nicht wahrscheinlich ist oder nicht verlässlich bewertet werden kann. Wird die Berichtigung in der Folge wahrscheinlich und verlässlich bewertbar, ist die zusätzliche Gegenleistung als Berichtigung der Kosten des Zusammenschlusses zu behandeln.

65E. Wenn bei den vom Erwerber im Austausch für die Beherrschung des erworbenen Unternehmens übertragenen Vermögenswerten, emittierten Eigenkapitalinstrumenten oder eingegangenen bzw. übernommenen Schulden ein Wertverlust eintritt, kann der Erwerber unter bestimmten Umständen zu einer Nachzahlung an den Verkäufer gezwungen sein. Dies ist beispielsweise der Fall, wenn der Erwerber den Marktpreis von Eigenkapital- oder Schuldinstrumenten garantiert, die als Teil der Kosten des Unternehmenszusammenschlusses emittiert wurden, und zur Erreichung der ursprünglich bestimmten Kosten zusätzliche Eigenkapital- oder Schuldinstrumente emittieren muss. In einem solchen Fall werden für den Unternehmenszusammenschluss keine Mehrkosten ausgewiesen. Bei Eigenkapitalinstrumenten wird der beizulegende Zeitwert der Nachzahlung durch eine Herabsetzung des den ursprünglich emittierten Instrumenten zugeschriebenen Werts in gleicher Höhe ausgeglichen. Bei Schuldinstrumenten wird die Nachzahlung als Herabsetzung des Aufschlags bzw. als Heraufsetzung des Abschlags auf die ursprüngliche Emission betrachtet.

66. Ein Unternehmen, wie beispielsweise ein Gegenseitigkeitsunternehmen, das IFRS 3 noch nicht angewendet hat, und das einen oder mehrere Unternehmenszusammenschlüsse hatte, die mittels der Erwerbsmethode bilanziert wurden, hat die Übergangsvorschriften in den Paragraphen B68 und B69 anzuwenden.

Ertragsteuern

67. Bei Unternehmenszusammenschlüssen, deren Erwerbszeitpunkt vor Anwendung dieses IFRS lag, hat der Erwerber die Vorschriften in Paragraph 68 des IAS 12 (geändert durch diesen IFRS) prospektiv anzuwenden. D.h. der Erwerber darf bei der Bilanzierung früherer Unternehmenszusammenschlüsse zuvor erfasste Änderungen der angesetzten latenten Steueransprüche nicht anpassen. Von dem Zeitpunkt der Anwendung dieses IFRS an hat der Erwerber jedoch Änderungen der angesetzten latenten Steueransprüche als Anpassung im Gewinn oder Verlust (oder nicht im Gewinn oder Verlust, falls IAS 12 dies verlangt) zu erfassen.

RÜCKNAHME VON IFRS 3 (2004)

68. Dieser IFRS ersetzt IFRS 3 *Unternehmenszusammenschlüsse* (herausgegeben 2004).

ANHANG A

Definitionen

Dieser Anhang ist integraler Bestandteil des IFRS.

Erworbenes Unternehmen	Der Geschäftsbetrieb oder die Geschäftsbetriebe, über die der **Erwerber** bei einem **Unternehmenszusammenschluss** die Beherrschung erlangt.
Erwerber	Das Unternehmen, das die Beherrschung über das **erworbene Unternehmen** erlangt.
Erwerbszeitpunkt	Der Zeitpunkt, an dem der **Erwerber** die Beherrschung über das **erworbene Unternehmen** erhält.
Geschäftsbetrieb	Eine integrierte Gruppe von Tätigkeiten und Vermögenswerten, die mit dem Ziel geführt und geleitet werden kann, Erträge zu erwirtschaften, die in Form von Dividenden, niedrigeren Kosten oder sonstigem wirtschaftlichem Nutzen direkt den Anteilseignern oder anderen Eigentümern, Gesellschaftern oder Teilnehmern zugehen.
Unternehmenszusammenschluss	Eine Transaktion oder ein anderes Ereignis, durch die/das ein **Erwerber** die Beherrschung über einen **Geschäftsbetrieb** oder mehrere **Geschäftsbetriebe** erlangt. Transaktionen, die manchmal als „wahre Fusionen" oder „Fusionen unter Gleichen" bezeichnet werden, stellen auch **Unternehmenszusammenschlüsse** im Sinne dieses in diesem IFRS verwendeten Begriffs dar.
Bedingte Gegenleistung	Im Allgemeinen handelt es sich dabei um eine Verpflichtung des **Erwerbers**, zusätzliche Vermögenswerte oder **Eigenkapitalanteile** den ehemaligen Eigentümern eines **erworbenen Unternehmens** als Teil des Austauschs für die Beherrschung des **erworbenen Unternehmens** zu übertragen, wenn bestimmte künftige Ereignisse auftreten oder Bedingungen erfüllt werden. Eine bedingte Gegenleistung kann dem **Erwerber** jedoch auch das Recht auf Rückgabe der zuvor übertragenen Gegenleistung einräumen, falls bestimmte Bedingungen erfüllt werden.
Beherrschung	Beherrschung ist die Möglichkeit, die Finanz- und Geschäftspolitik eines Unternehmens zu bestimmen, um aus dessen Tätigkeiten Nutzen zu ziehen.
Eigenkapitalanteile	Im Sinne dieses IFRS wird der Begriff *Eigenkapitalanteile* allgemein benutzt und steht für Eigentumsanteile von Unternehmen im Besitz der Anleger sowie für Anteile von Eigentümern, Gesellschaftern oder Teilnehmern an **Gegenseitigkeitsunternehmen**.
beizulegender Zeitwert	Der Betrag, zu dem zwischen sachverständigen, vertragswilligen und voneinander unabhängigen Geschäftspartnern unter marktüblichen Bedingungen ein Vermögenswert getauscht oder eine Schuld beglichen werden könnte.
Geschäfts- oder Firmenwert	Ein Vermögenswert, der künftigen wirtschaftlichen Nutzen aus anderen bei einem **Unternehmenszusammenschluss** erworbenen Vermögenswerten darstellt, die nicht einzeln identifiziert und separat angesetzt werden.
identifizierbar	Ein Vermögenswert ist *identifizierbar*, wenn: a) er separierbar ist, d. h. er kann vom Unternehmen getrennt und verkauft, übertragen, lizenziert, vermietet oder getauscht werden. Dies kann einzeln oder in Verbindung mit einem Vertrag, einem identifizierbaren Vermögenswert oder einer identifizierbaren Schuld unabhängig davon erfolgen, ob das Unternehmen dies zu tun beabsichtigt; oder b) er aus vertraglichen oder anderen gesetzlichen Rechten entsteht, unabhängig davon ob diese Rechte vom Unternehmen oder von anderen Rechten und Verpflichtungen übertragbar oder separierbar sind.

3/3. IFRS 3
Anhang A, B

immaterielle Vermögenswerte	Ein identifizierbarer nicht-monetärer Vermögenswert ohne physische Substanz.
Gegenseitigkeitsunternehmen	Ein Unternehmen, bei dem es sich nicht um ein Unternehmen im Besitz der Anleger handelt, das seinen **Eigentümern**, Gesellschaftern oder Teilnehmern Dividenden, niedrigere Kosten oder sonstigen wirtschaftlichen Nutzen direkt zukommen lässt. Ein Versicherungsverein auf Gegenseitigkeit, eine Genossenschaftsbank und ein genossenschaftliches Unternehmen sind beispielsweise Gegenseitigkeitsunternehmen.
Nicht beherrschende Anteile	Das Eigenkapital eines Tochterunternehmens, das einem Mutterunternehmen weder unmittelbar noch mittelbar zugeordnet wird.
Eigentümer	In diesem IFRS wird der Begriff *Eigentümer* allgemein benutzt und steht für Inhaber von **Eigenkapitalanteilen** von Unternehmen im Besitz der Anleger sowie für Eigentümer oder Gesellschafter von oder Teilnehmer an **Gegenseitigkeitsunternehmen**.

ANHANG B
Anwendungsleitlinien

Dieser Anhang ist integraler Bestandteil des IFRS.

UNTERNEHMENSZUSAMMENSCHLÜSSE VON UNTERNEHMEN UNTER GEMEINSAMER BEHERRSCHUNG (ANWENDUNG DES PARAGRAPHEN 2(C))

B1. Dieser IFRS ist nicht auf Unternehmenszusammenschlüsse von Unternehmen oder Geschäftsbetrieben unter gemeinsamer Beherrschung anwendbar. Ein Unternehmenszusammenschluss von Unternehmen oder Geschäftsbetrieben unter gemeinsamer Beherrschung ist ein Zusammenschluss, in dem letztlich alle sich zusammenschließenden Unternehmen oder Geschäftsbetriebe von derselben Partei oder denselben Parteien sowohl vor als auch nach dem Unternehmenszusammenschluss beherrscht werden, und diese Beherrschung nicht vorübergehender Natur ist.

B2. Von einer Gruppe von Personen wird angenommen, dass sie ein Unternehmen beherrscht, wenn sie aufgrund vertraglicher Vereinbarungen gemeinsam die Möglichkeit hat, dessen Finanz- und Geschäftspolitik zu bestimmen, um aus dessen Geschäftstätigkeiten Nutzen zu ziehen. Daher ist ein Unternehmenszusammenschluss vom Anwendungsbereich des vorliegenden IFRS ausgenommen, wenn dieselbe Gruppe von Personen aufgrund vertraglicher Vereinbarungen die endgültige gemeinsame Möglichkeit hat, die Finanz- und Geschäftspolitik von jedem der sich zusammenschließenden Unternehmen zu bestimmen, um aus deren Geschäftstätigkeiten Nutzen zu ziehen, und wenn diese endgültige gemeinsame Befugnis nicht nur vorübergehender Natur ist.

B3. Die Beherrschung eines Unternehmens kann durch eine Person oder eine Gruppe von Personen, die gemäß einer vertraglichen Vereinbarung gemeinsam handeln, erfolgen, und es ist möglich, dass diese Person bzw. Gruppe von Personen den Rechnungslegungsvorschriften der IFRS unterliegt. Es ist daher für sich zusammenschließende Unternehmen nicht erforderlich, als eine Einheit von Unternehmen unter gemeinsamer Beherrschung betrachtet zu werden, um bei einem Unternehmenszusammenschluss in denselben Konzernabschluss einbezogen zu werden.

B4. Die Höhe der nicht beherrschenden Anteile an jedem der sich zusammenschließenden Unternehmen, vor und nach dem Unternehmenszusammenschluss, ist für die Bestimmung, ob der Zusammenschluss Unternehmen unter gemeinsamer Beherrschung umfasst, nicht relevant. Analog ist die Tatsache, dass eines der sich zusammenschließenden Unternehmen ein nicht in den Konzernabschluss einbezogenes Tochterunternehmen ist, für die Bestimmung, ob ein Zusammenschluss Unternehmen unter gemeinsamer Beherrschung einschließt, auch nicht relevant.

IDENTIFIZIERUNG EINES UNTERNEHMENSZUSAMMENSCHLUSSES (ANWENDUNG DES PARAGRAPHEN 3)

B5. Dieser IFRS definiert einen Unternehmenszusammenschluss als eine Transaktion oder ein anderes Ereignis, durch die/das ein Erwerber die Beherrschung über einen oder mehrere Geschäftsbetriebe erlangt. Ein Erwerber kann auf verschiedene Arten die Beherrschung eines erworbenen Unternehmens erlangen, zum Beispiel:

a) durch Übertragung von Zahlungsmitteln, Zahlungsmitteläquivalenten oder sonstigen Vermögenswerten (einschließlich Nettovermögenswerte, die einen Geschäftsbetrieb darstellen);
b) durch Eingehen von Schulden;
c) durch Ausgabe von Eigenkapitalanteilen;
d) durch Bereitstellung von mehr als einer Art von Gegenleistung; oder
e) ohne Übertragung einer Gegenleistung, einzig und allein durch einen Vertrag (siehe Paragraph 43).

B6. Ein Unternehmenszusammenschluss kann auf unterschiedliche Arten aufgrund rechtlicher, steuerlicher oder anderer Motive vorgenommen werden. Darunter fällt u. a.:

a) ein oder mehrere Geschäftsbetriebe werden zu Tochterunternehmen des Erwerbers oder das Nettovermögen eines oder mehrerer Geschäftsbetriebe wird rechtmäßig mit dem Erwerber zusammengelegt;

b) ein sich zusammenschließendes Unternehmen überträgt sein Nettovermögen bzw. seine Eigentümer übertragen ihre Eigenkapitalanteile an ein anderes sich zusammenschließendes Unternehmen bzw. seine Eigentümer;

c) alle sich zusammenschließenden Unternehmen übertragen ihre Nettovermögen bzw. die Eigentümer dieser Unternehmen übertragen ihre Eigenkapitalanteile auf ein neu gegründetes Unternehmen (manchmal als „Zusammenlegungs-Transaktion" bezeichnet); oder

d) eine Gruppe ehemaliger Eigentümer einer der sich zusammenschließenden Unternehmen übernimmt die Beherrschung des zusammengeschlossenen Unternehmens.

DEFINITION EINES GESCHÄFTS-BETRIEBS (ANWENDUNG DES PARAGRAPHEN 3)

B7. Ein Geschäftsbetrieb besteht aus Ressourceneinsatz und darauf anzuwendende Verfahren, die Leistungen erbringen können. Auch wenn Geschäftsbetriebe im Allgemeinen Leistungen erbringen, sind Leistungen nicht erforderlich, damit eine integrierte Gruppe die Kriterien eines Geschäftsbetriebs erfüllt. Die drei Elemente eines Geschäftsbetriebs lassen sich wie folgt definieren:

a) **Ressourceneinsatz:** Jede wirtschaftliche Ressource, die Leistungen erbringt oder erbringen kann, wenn ein oder mehrere Verfahren darauf angewendet werden. Beispiele hierfür sind langfristige Vermögenswerte (einschließlich immaterielle Vermögenswerte oder Rechte zur Benutzung langfristiger Vermögenswerte), geistiges Eigentum, die Fähigkeit, Zugriff auf erforderliche Materialien oder Rechte und Mitarbeiter zu erhalten.

b) **Verfahren:** Alle Systeme, Standards, Protokolle, Konventionen oder Regeln, die bei Anwendung auf einen Ressourceneinsatz oder auf Ressourceneinsätze Leistungen erzeugen oder erzeugen können. Beispiele hierfür sind strategische Managementprozesse, Betriebsverfahren und Ressourcenmanagementprozesse. Diese Verfahren sind in der Regel dokumentiert. Eine organisierte Belegschaft mit den notwendigen Fähigkeiten und Erfahrungen, die den Regeln und Konventionen folgt, kann jedoch die erforderlichen Verfahren bereitstellen, die auf Ressourceneinsätze zur Erzeugung von Leistungen angewendet werden können. (Buchhaltung, Rechnungsstellung, Lohn- und Gehaltsabrechnung und andere Verwaltungssysteme gehören typischerweise nicht zu den Verfahren, die zur Schaffung von Leistungen benutzt werden.)

c) **Leistung:** Das Ergebnis von Ressourceneinsatz und darauf angewendete Verfahren, das Erträge erwirtschaftet oder erwirtschaften kann, die in Form von Dividenden, niedrigeren Kosten oder sonstigem wirtschaftlichen Nutzen direkt den Anteilseignern oder anderen Eigentümern, Gesellschaftern oder Teilnehmern zugehen.

B8. Um im Sinne des definierten Ziels geführt und geleitet werden zu können, benötigt eine integrierte Gruppe von Tätigkeiten und Vermögenswerten zwei wesentliche Elemente – Ressourceneinsatz und darauf anzuwendende Verfahren, die zusammen gegenwärtig oder künftig verwendet werden, um Leistungen zu erzeugen. Ein Geschäftsbetrieb braucht jedoch nicht jeden Ressourceneinsatz oder jedes Verfahren einzubeziehen, der der Verkäufer für den Geschäftsbetrieb verwendete, wenn Marktteilnehmer den Geschäftsbetrieb erwerben und Leistungen produzieren können, indem sie beispielsweise diesen Geschäftsbetrieb in ihren eigenen Ressourceneinsatz und ihre eigenen Verfahren integrieren.

B9. Die Art der Elemente eines Geschäftsbetriebs unterscheidet sich von Branche zu Branche sowie aufgrund der Struktur der Geschäftsbereiche (Tätigkeiten) eines Unternehmens, einschließlich der Phase der Unternehmensentwicklung. Gut eingeführte Geschäftsbetriebe haben oft viele verschiedene Arten von Ressourceneinsätzen, Verfahren und Leistungen, wobei neue Geschäftsbetriebe häufig wenige Ressourceneinsätze und Verfahren und manchmal nur eine einzige Leistung (Produkt) haben. Fast alle Geschäftsbetriebe haben auch Schulden, aber ein Geschäftsbetrieb braucht keine Schulden zu haben.

B10. Es kann sein, dass eine integrierte Gruppe von Tätigkeiten und Vermögenswerten in der Aufbauphase keine Leistungen erzeugt. Wenn dem so ist, hat der Erwerber bei der Ermittlung, ob es sich bei dieser Gruppe um einen Geschäftsbetrieb handelt, andere Faktoren zu berücksichtigen. Diese Faktoren umfassen u. a., ob die Gruppe:

a) mit der Planung der Haupttätigkeiten begonnen hat;

b) Mitarbeiter, geistiges Eigentum und sonstigen Ressourceneinsatz sowie Verfahren hat, die auf jenen Ressourceneinsatz angewendet werden könnten;

c) einen Plan verfolgt, um Leistungen zu erzeugen; und

d) auf Kunden zugreifen kann, die diese Leistungen kaufen werden.

Nicht alle dieser Faktoren müssen für eine einzelne integrierte Gruppe von Tätigkeiten und Vermögenswerten in der Aufbauphase erfüllt werden, damit sie als Geschäftsbetrieb eingestuft wird.

B11. Die Ermittlung, ob eine einzelne Gruppe von Vermögenswerten und Tätigkeiten ein Geschäftsbetrieb ist, sollte darauf basieren, ob die integrierte Gruppe von einem Marktteilnehmer wie ein Geschäftsbetrieb geführt und geleitet werden kann. Somit ist es bei der Beurteilung, ob eine einzelne Gruppe ein Geschäftsbetrieb ist, nicht relevant, ob ein Verkäufer die Gruppe als einen Geschäftsbetrieb geführt hat oder ob der Erwerber beabsichtigt, sie als Geschäftsbetrieb zu führen.

B12. Sofern kein gegenteiliger Hinweis vorliegt, ist von der Annahme auszugehen, dass eine einzelne Gruppe von Vermögenswerten und Tätigkeiten, in der es einen Geschäfts- oder Firmenwert gibt, ein Geschäftsbetrieb ist. Ein Geschäftsbetrieb muss jedoch keinen Geschäfts- oder Firmenwert haben.

IDENTIFIZIERUNG DES ERWERBERS (ANWENDUNG DER PARAGRAPHEN 6 UND 7)

B13. Die Leitlinie in IAS 27 *Konzern- und Einzelabschlusse* ist fur die Identifizierung des Erwerbers, d. h. des Unternehmens, das die Beherrschung über das erworbene Unternehmen übernimmt, anzuwenden. Wenn ein Unternehmenszusammenschluss stattfand und mithilfe der Leitlinien in IAS 27 jedoch nicht eindeutig bestimmt werden kann, welche der sich zusammenschließenden Unternehmen der Erwerber ist, sind für diese Feststellung die Faktoren in den Paragraphen B14–B18 zu berücksichtigen.

B14. Bei einem Unternehmenszusammenschluss, der primär durch die Übertragung von Zahlungsmitteln oder sonstigen Vermögenswerten oder durch das Eingehen von Schulden getätigt wurde, ist der Erwerber im Allgemeinen das Unternehmen, das die Zahlungsmittel oder sonstigen Vermögenswerte überträgt oder die Schulden eingeht.

B15. Bei einem Unternehmenszusammenschluss, der primär durch den Austausch von Eigenkapitalanteilen getätigt wurde, ist der Erwerber in der Regel das Unternehmen, das seine Eigenkapitalanteile ausgibt. Bei einigen Unternehmenszusammenschlüssen, die allgemein „umgekehrter Unternehmenserwerb" genannt werden, ist das emittierende Unternehmen das erworbene Unternehmen. Die Paragraphen B19–B27 enthalten Leitlinien für die Bilanzierung von umgekehrtem Unternehmenserwerb. Weitere einschlägige Fakten und Umstände sind bei der Identifizierung des Erwerbers bei einem Unternehmenszusammenschluss, der durch den Austausch von Eigenkapitalanteilen getätigt wurde, zu berücksichtigen. Dazu gehören:

a) *die relativen Stimmrechte an dem zusammengeschlossenen Unternehmen nach dem Unternehmenszusammenschluss* – Der Erwerber ist im Allgemeinen das sich zusammenschließende Unternehmen, dessen Eigentümer als eine Gruppe den größten Anteil der Stimmrechte an dem zusammengeschlossenen Unternehmen behalten oder erhalten. Bei der Ermittlung, welche Gruppe von Eigentümern den größten Anteil an Stimmrechten behält oder erhält, hat ein Unternehmen das Bestehen von ungewöhnlichen oder besonderen Stimmrechtsvereinbarungen und Optionen, Optionsscheinen oder wandelbaren Wertpapieren zu berücksichtigen.

b) *das Bestehen eines großen Stimmrechtsanteils von Minderheiten an dem zusammengeschlossenen Unternehmen, wenn kein anderer Eigentümer oder keine organisierte Gruppe von Eigentümern einen wesentlichen Stimmrechtsanteil hat* – Der Erwerber ist im Allgemeinen das sich zusammenschließende Unternehmen, dessen alleiniger Eigentümer oder organisierte Gruppe von Eigentümern den größten Stimmrechtsanteil der Minderheiten an dem zusammengeschlossenen Unternehmen hält.

c) *die Zusammensetzung des Leitungsgremiums des zusammengeschlossenen Unternehmens* – Der Erwerber ist im Allgemeinen das sich zusammenschließende Unternehmen, dessen Eigentümer eine Mehrheit der Mitglieder des Leitungsgremiums des zusammengeschlossenen Unternehmens wählen, ernennen oder abberufen können.

d) *die Zusammenstellung der Geschäftsleitung des zusammengeschlossenen Unternehmens* – Der Erwerber ist im Allgemeinen das sich zusammenschließende Unternehmen, dessen (bisherige) Geschäftsleitung die Geschäftsleitung des zusammengeschlossenen Unternehmens dominiert.

e) *die Bedingungen des Austausches von Eigenkapitalanteilen* – Der Erwerber ist im Allgemeinen das sich zusammenschließende Unternehmen, das einen Aufschlag auf den vor dem Zusammenschluss geltenden beizulegenden Zeitwert der Eigenkapitalanteile des/der anderen sich zusammenschließenden Unternehmen(s) zahlt.

B16. Der Erwerber ist im Allgemeinen das sich zusammenschließende Unternehmen, dessen relative Größe (zum Beispiel gemessen in Vermögenswerten, Erlösen oder Gewinnen) wesentlich größer als die relative Größe des/der anderen sich zusammenschließenden Unternehmen(s) ist.

B17. Bei einem Unternehmenszusammenschluss, an dem mehr als zwei Unternehmen beteiligt sind, ist bei der Bestimmung des Erwerbers u. a. zu berücksichtigen, welches der sich zusammenschließenden Unternehmen den Zusammenschluss veranlasst hat und welche relative Größe die sich zusammenschließenden Unternehmen haben.

B18. Ein zur Durchführung eines Unternehmenszusammenschlusses neu gegründetes Unternehmen ist nicht unbedingt der Erwerber. Wird zur Durchführung eines Unternehmenszusammenschlusses ein neues Unternehmen gegründet, um Eigenkapitalanteile auszugeben, ist eines der sich zusammenschließenden Unternehmen, das vor dem Zusammenschluss bestand, unter Anwendung der Leitlinien in den Paragraphen B13–B17 als der Erwerber zu identifizieren. Ein neues Unternehmen, das als Gegenleistung Zahlungsmittel oder sonstige Vermögenswerte überträgt oder Schulden eingeht, kann hingegen der Erwerber sein.

3/3. IFRS 3
Anhang B

UMGEKEHRTER UNTERNEHMENSERWERB

B19. Bei einem umgekehrten Unternehmenserwerb wird das Unternehmen, das Wertpapiere ausgibt (der rechtliche Erwerber) zu Bilanzierungszwecken auf der Grundlage der Leitlinien in den Paragraphen B13–B18 als das erworbene Unternehmen identifiziert. Das Unternehmen, dessen Eigenkapitalanteile erworben wurden (das rechtlich erworbene Unternehmen) muss zu Bilanzierungszwecken der Erwerber sein, damit diese Transaktion als ein umgekehrter Unternehmenserwerb betrachtet wird. Manchmal wird beispielsweise ein umgekehrter Unternehmenserwerb durchgeführt, wenn ein nicht börsennotiertes Unternehmen ein börsennotiertes Unternehmen werden möchte, aber seine Kapitalanteile nicht registrieren lassen möchte. Hierzu veranlasst das nicht börsennotierte Unternehmen, dass ein börsennotiertes Unternehmen seine Eigenkapitalanteile im Austausch gegen die Eigenkapitalanteile des börsennotierten Unternehmens erwirbt. In diesem Beispiel ist das börsennotierte Unternehmen der **rechtliche Erwerber**, da es seine Kapitalanteile emittiert hat, und das nicht börsennotierte Unternehmen ist das **rechtlich erworbene Unternehmen**, da seine Kapitalanteile erworben wurden. Die Anwendung der Leitlinien in den Paragraphen B13–B18 führen indes zur Identifizierung:

a) des börsennotierten Unternehmens als **erworbenes Unternehmen** für Bilanzierungszwecke (das bilanziell erworbene Unternehmen); und

b) des nicht börsennotierten Unternehmens als der **Erwerber** für Bilanzierungszwecke (der bilanzielle Erwerber).

Das bilanziell erworbene Unternehmen muss die Definition eines Geschäftsbetriebs erfüllen, damit die Transaktion als umgekehrter Unternehmenserwerb bilanziert werden kann, und alle in diesem IFRS dargelegten Ansatz- und Bewertungsgrundsätze einschließlich der Anforderung, den Geschäfts- oder Firmenwert zu erfassen, sind anzuwenden.

Bestimmung der übertragenen Gegenleistung

B20. Bei einem umgekehrten Unternehmenserwerb gibt der bilanzielle Erwerber in der Regel keine Gegenleistung für das erworbene Unternehmen aus. Stattdessen gibt das bilanziell erworbene Unternehmen in der Regel seine Eigenkapitalanteile an die Eigentümer des bilanziellen Erwerbers aus. Der zum Erwerbszeitpunkt geltende beizulegende Zeitwert der vom bilanziellen Erwerber übertragenen Gegenleistung für seine Anteile am bilanziell erworbenen Unternehmen basiert demzufolge auf der Anzahl der Eigenkapitalanteile, welche das rechtliche Tochterunternehmen hätte ausgeben müssen, um an die Eigentümer des rechtlichen Mutterunternehmens den gleichen Prozentsatz an Eigenkapitalanteilen an dem aus dem umgekehrten Unternehmenserwerb stammenden zusammengeschlossenen Unternehmen auszugeben. Der beizulegende Zeitwert der Anzahl der Eigenkapitalanteile, der auf diese Weise ermittelt wurde, kann als der beizulegende Zeitwert der im Austausch für das erworbene Unternehmen übertragenen Gegenleistung verwendet werden.

Aufstellung und Darstellung von Konzernabschlüssen

B21. Nach einem umgekehrten Unternehmenserwerb aufgestellte Konzernabschlüsse werden unter dem Namen des rechtlichen Mutterunternehmens (des bilanziell erworbenen Unternehmens) veröffentlicht, jedoch mit einem Vermerk im Anhang, dass es sich hierbei um eine Fortführung des Abschlusses des rechtlichen Tochterunternehmens (des bilanziellen Erwerbers) handelt, und mit einer Anpassung, durch die rückwirkend das rechtliche Eigenkapital des bilanziellen Erwerbers bereinigt wird, um das rechtliche Eigenkapital des bilanziell erworbenen Unternehmens abzubilden. Diese Anpassung ist erforderlich, um das Eigenkapital des rechtlichen Mutterunternehmens (des bilanziell erworbenen Unternehmens) abzubilden. In diesem Konzernabschluss dargestellte Vergleichsinformationen werden ebenfalls rückwirkend angepasst, um das rechtliche Eigenkapital des rechtlichen Mutterunternehmens (des bilanziell erworbenen Unternehmens) widerzuspiegeln.

B22. Da diese Konzernabschlüsse eine Fortführung der Abschlüsse des rechtlichen Tochterunternehmens mit Ausnahme der Kapitalstruktur darstellen, zeigen sie:

a) die Vermögenswerte und Schulden des rechtlichen Tochterunternehmens (des bilanziellen Erwerbers), die zu ihren vor dem Zusammenschluss gültigen Buchwerten angesetzt und bewertet wurden;

b) die Vermögenswerte und Schulden des rechtlichen Mutterunternehmens (des bilanziell erworbenen Unternehmens), die im Einklang mit diesem IFRS angesetzt und bewertet wurden;

c) die Gewinnrücklagen und sonstigen Kapitalguthaben des rechtlichen Tochterunternehmens (des bilanziellen Erwerbers) **vor** dem Unternehmenszusammenschluss;

d) den in den Konzernabschlüssen für ausgegebene Eigenkapitalanteile angesetzten Betrag, der bestimmt wird, indem die ausgegebenen Eigenkapitalanteile des rechtlichen Tochterunternehmens (des bilanziellen Erwerbers), die unmittelbar vor dem Unternehmenszusammenschluss in Umlauf waren, dem beizulegenden Zeitwert des rechtlichen Mutterunternehmens (des bilanziell erworbenen Unternehmens), der gemäß diesem IFRS ermittelt wird, hinzugerechnet wird. Die Eigenkapitalstruktur (d.h. die Anzahl und Art der ausgegebenen Eigenkapitalanteile) spiegelt jedoch die Eigenkapitalstruktur des rechtlichen Mutterunternehmens) wider und umfasst die Eigenkapitalanteile des rechtlichen Mutterunternehmens, die zur Durchführung des Zusammenschlusses ausgegeben wurden. Dementsprechend wird die Eigenkapitalstruktur des rechtlichen Tochterunternehmens (des bilanziellen Erwerbers) mittels des im Erwerbsvertrag festgelegten Tauschverhältnisses neu ermittelt, um die Anzahl der anlässlich des umgekehrten Unternehmenserwerbs ausgegebenen Anteile des rechtlichen Mutterunternehmens (des bilanziell erworbenen Unternehmens) widerzuspiegeln.

e) den entsprechenden Anteil der nicht beherrschenden Anteile an den vor dem Zusammenschluss gültigen Buchwerten der Gewinnrücklagen und sonstigen Eigenkapitalanteilen des rechtlichen Tochterunternehmens (des bilanziellen Erwerbers), wie in den Paragraphen B23 und B24 beschrieben.

Nicht beherrschende Anteile

B23. Bei einem umgekehrten Unternehmenserwerb kann es vorkommen, dass Eigentümer des rechtlich erworbenen Unternehmens (des bilanziellen Erwerbers) ihre Eigenkapitalanteile nicht gegen Eigenkapitalanteile des rechtlichen Mutterunternehmens (des bilanziell erworbenen Unternehmens) umtauschen. Diese Eigentümer werden nach dem umgekehrten Unternehmenserwerb als nicht beherrschende Anteile im Konzernabschluss behandelt. Dies ist darauf zurückzuführen, dass die Eigentümer des rechtlich erworbenen Unternehmens, die ihre Eigenkapitalanteile nicht gegen Eigenkapitalanteile des rechtlichen Erwerbers umtauschen, nur an den Ergebnissen und dem Nettovermögen des rechtlich erworbenen Unternehmens beteiligt sind und nicht an den Ergebnissen und dem Nettovermögen des zusammengeschlossenen Unternehmens. Auch wenn der rechtliche Erwerber zu Bilanzierungszwecken das erworbene Unternehmen ist, sind umgekehrt die Eigentümer des rechtlichen Erwerbers an den Ergebnissen und dem Nettovermögen des zusammengeschlossenen Unternehmens beteiligt.

B24. Die Vermögenswerte und Schulden des rechtlich erworbenen Unternehmens werden im Konzernabschluss mit ihren vor dem Zusammenschluss gültigen Buchwerten bewertet und angesetzt (siehe Paragraph B22(a)). In einem umgekehrten Unternehmenserwerb spiegeln daher die nicht beherrschenden Anteile den entsprechenden Anteil an den vor dem Zusammenschluss gültigen Buchwerten des Nettovermögens des rechtlich erworbenen Unternehmens der nicht beherrschenden Anteilseigner selbst dann wider, wenn die nicht beherrschenden Anteile an anderem Erwerb mit dem beizulegenden Zeitwert zum Erwerbszeitpunkt bestimmt werden.

Ergebnis je Aktie

B25. Wie in Paragraph B22(d) beschrieben, hat die Eigenkapitalstruktur, die in den nach einem umgekehrten Unternehmenserwerb aufgestellten Konzernabschlüssen erscheint, die Eigenkapitalstruktur des rechtlichen Erwerbers (des bilanziell erworbenen Unternehmens) widerzuspiegeln, einschließlich der Eigenkapitalanteile, die vom rechtlichen Erwerber zur Durchführung des Unternehmenszusammenschlusses ausgegeben wurden.

B26. Für die Ermittlung der durchschnittlich gewichteten Anzahl der während der Periode, in der umgekehrte Unternehmenserwerb erfolgt, ausstehenden Stammaktien (der Nenner bei der Berechnung des Ergebnisses je Aktie):

a) ist die Anzahl der ausstehenden Stammaktien vom Beginn dieser Periode bis zum Erwerbszeitpunkt auf der Grundlage der durchschnittlich gewichteten Anzahl der in dieser Periode ausstehenden Stammaktien des rechtlich erworbenen Unternehmens (des bilanziellen Erwerbers), die mit dem im Fusionsvertrag angegebenen Tauschverhältnis multipliziert werden, zu berechnen; und

b) ist die Anzahl der ausstehenden Stammaktien vom Erwerbszeitpunkt bis zum Ende dieser Periode gleich der tatsächlichen Anzahl der ausstehenden Stammaktien des rechtlichen Erwerbers (des bilanziell erworbenen Unternehmens) während dieser Periode.

B27. Das unverwässerte Ergebnis je Aktie ist für jede Vergleichsperiode vor dem Erwerbszeitpunkt, die im Konzernabschluss nach einem umgekehrten Unternehmenserwerb dargestellt wird, zu berechnen, indem:

a) der den Stammaktionären in der jeweiligen Periode zurechenbare Gewinn oder Verlust des rechtlich erworbenen Unternehmens durch

b) die historisch durchschnittlich gewichtete Anzahl der ausstehenden Stammaktien des rechtlich erworbenen Unternehmens, die mit dem im Erwerbsvertrag angegebenen Tauschverhältnis multipliziert wird, geteilt wird.

ANSATZ BESONDERER ERWORBENER VERMÖGENSWERTE UND ÜBERNOMMENER SCHULDEN (ANWENDUNG DER PARAGRAPHEN 10–13)

Operating-Leasingverhältnisse

B28. Der Erwerber hat keine Vermögenswerte oder Schulden, die sich auf Operating-Leasingverhältnisse beziehen, in denen das erworbene Unternehmen der Leasingnehmer ist, anzusetzen, mit Ausnahme der in den Paragraphen B29 und B30 beschriebenen Fälle.

B29. Der Erwerber hat zu bestimmen, ob die Bedingungen jedes Operating-Leasingverhältnisses, in welchem das erworbene Unternehmen der Leasingnehmer ist, vorteilhaft oder nachteilig sind. Der Erwerber hat einen immateriellen Vermögenswert anzusetzen, wenn die Bedingungen des Operating-Leasingverhältnisses vorteilhaft hinsichtlich der Marktbedingungen sind, und eine Schuld anzusetzen, wenn die Bedingungen nachteilig hinsichtlich der Marktbedingungen sind. Der Paragraph B42 enthält Leitlinien zur Bestimmung des beizulegenden Zeitwerts von Vermögenswerten zum Erwerbszeitpunkt, die zu Operating-Leasingverhältnissen gehören, bei denen das erworbene Unternehmen der Leasinggeber ist.

B30. Ein identifizierbarer Vermögenswert kann mit einem Operating-Leasingverhältnis verbunden sein, der durch die Bereitschaft der Marktteilnehmer, einen Preis für das Leasingverhältnis selbst dann zu zahlen, wenn dieser den Marktbedingungen entspricht, belegt werden kann. Ein Leasingverhältnis von Gates an einem Flughafen oder von einer Einzelhandelsfläche in einem erstklassigen Einkaufsviertel kann beispielsweise Zugang zu einem Markt oder zu künftigem wirtschaftlichen Nutzen geben und somit als identifizierbarer immaterieller Vermögenswert, wie zum Beispiel eine Kundenbeziehung eingestuft werden. In dieser Situation hat der Erwerber diese(n) verbundenen immateriellen Vermögenswert(e) gemäß Paragraph B31 anzusetzen.

Immaterielle Vermögenswerte

B31. Der Erwerber hat die in einem Unternehmenszusammenschluss erworbenen immateriellen Vermögenswerte getrennt vom Geschäfts- oder Firmenwert anzusetzen. Ein immaterieller Vermögenswert ist identifizierbar, wenn er entweder das Separierbarkeitskriterium oder das vertragliche/gesetzliche Kriterium erfüllt.

B32. Ein immaterieller Vermögenswert, der das vertragliche/gesetzliche Kriterium erfüllt, ist identifizierbar, wenn der Vermögenswert weder übertragbar noch separierbar von dem erworbenen Unternehmen oder von anderen Rechten und Verpflichtungen ist. Zum Beispiel:

a) Ein erworbenes Unternehmen mietet eine Produktionsanlage innerhalb eines Operating-Leasingverhältnisses zu Bedingungen, die vorteilhaft in Bezug auf die Marktbedingungen sind. Die Leasingbedingungen verbieten ausdrücklich die Übertragung des Leasinggegenstandes (durch Verkauf oder Subleasing). Der Betrag, zu dem die Leasingbedingungen vorteilhaft sind, verglichen mit den Bedingungen von gegenwärtigen Markttransaktionen für dieselben oder ähnliche Sachverhalte, ist ein immaterieller Vermögenswert, der das vertragliche/gesetzliche Kriterium für einen vom Geschäfts- oder Firmenwert getrennten Ansatz erfüllt, selbst wenn der Erwerber den Leasingvertrag nicht verkaufen oder anderweitig übertragen kann.

b) Ein erworbenes Unternehmen besitzt und betreibt ein Kernkraftwerk. Die Lizenz zum Betrieb dieses Kernkraftwerks stellt einen immateriellen Vermögenswert dar, der das vertragliche/gesetzliche Kriterium für einen vom Geschäfts- oder Firmenwert getrennten Ansatz selbst dann erfüllt, wenn der Erwerber ihn nicht getrennt von dem erworbenen Kernkraftwerk verkaufen oder übertragen kann. Ein Erwerber kann der beizulegenden Zeitwert der Betriebslizenz und den beizulegenden Zeitwert des Kernkraftwerks als einen einzigen Vermögenswert für die Zwecke der Rechnungslegung ausweisen, wenn die Nutzungsdauern dieser Vermögenswerte ähnlich sind.

c) Ein erworbenes Unternehmen besitzt ein Technologiepatent. Es hat dieses Patent zur exklusiven Verwendung anderen außerhalb des heimischen Marktes in Lizenz gegeben und erhält dafür einen bestimmten Prozentsatz der künftigen ausländischen Erlöse. Sowohl das Technologiepatent als auch die damit verbundene Lizenzvereinbarung erfüllen die vertraglichen/gesetzlichen Kriterien für den vom Geschäfts- oder Firmenwert getrennten Ansatz, selbst wenn das Patent und die damit verbundene Lizenzvereinbarung nicht getrennt voneinander verkauft oder getauscht werden könnten.

B33. Das Separierbarkeitskriterium bedeutet, dass ein erworbener immaterieller Vermögenswert separierbar ist oder vom erworbenen Unternehmen getrennt und somit verkauft, übertragen, lizenziert, vermietet oder getauscht werden kann. Dies kann einzeln oder in Verbindung mit einem Vertrag, einem identifizierbaren Vermögenswert oder einer identifizierbaren Schuld erfolgen. Ein immaterieller Vermögenswert, den der Erwerber verkaufen, lizenzieren oder auf andere Weise gegen einen Wertgegenstand tauschen könnte, erfüllt das Separierbarkeitskriterium selbst dann, wenn der Erwerber nicht beabsichtigt, ihn zu verkaufen, zu lizenzieren oder auf andere Weise zu tauschen. Ein erworbener immaterieller Vermögenswert erfüllt das Separierbarkeitskriterium, wenn es einen substanziellen Hinweis auf eine Tauschtransaktion für diese Art von Vermögenswert oder einen ähnlichen Vermögenswert gibt, selbst wenn diese Transaktionen selten stattfinden und unabhängig davon, ob der Erwerber daran beteiligt ist. Kunden- und Abonnentenlisten werden zum Beispiel häufig lizenziert und erfüllen somit das Separierbarkeitskriterium. Selbst wenn ein erworbenes Unternehmen glaubt, dass seine Kundenlisten von anderen Kundenlisten abweichende Merkmale haben, so bedeutet in der Regel die Tatsache, dass Kundenlisten häufig lizenziert werden, dass die erworbene Kundenliste das Separierbarkeitskriterium erfüllt. Eine bei einem Unternehmenszusammenschluss erworbene Kundenliste würde jedoch dieses Separierbarkeitskriterium nicht erfüllen, wenn durch die Bestimmungen einer Geheimhaltungs- oder anderen Vereinbarung einem Unternehmen untersagt ist, Informationen über Kunden zu verkaufen, zu vermieten oder anderweitig auszutauschen.

B34. Ein immaterieller Vermögenswert, der alleine vom erworbenen oder zusammengeschlossenen Unternehmen nicht separierbar ist, erfüllt das Separierbarkeitskriterium, wenn er in Verbindung mit einem Vertrag, einem identifizierbaren Vermögenswert oder einer identifizierbaren Schuld separierbar ist. Zum Beispiel:

a) Marktteilnehmer tauschen Verbindlichkeiten aus Einlagen und damit verbundene Einlegerbeziehungen als immaterielle Vermögenswerte in beobachtbaren Tauschgeschäften. Daher hat der Erwerber die Einlegerbeziehungen als immaterielle Vermögenswerte getrennt vom Geschäfts- oder Firmenwert anzusetzen.

b) Ein erworbenes Unternehmen besitzt ein eingetragenes Warenzeichen und das dokumentierte jedoch nicht patentierte technische Fachwissen zur Herstellung des Markenproduktes. Zur Übertragung des Eigentumsrecht an einem Warenzeichen muss der Eigentümer auch alles andere übertragen, was erforderlich ist, damit der neue Eigentümer ein Produkt herstellen oder einen Service liefern kann, das/ der nicht vom Ursprünglichen zu unterscheiden ist. Da das nicht patentierte technische Fachwissen vom erworbenen oder zusammengeschlossenen Unternehmen getrennt und verkauft werden muss, wenn das damit verbundene Warenzeichen verkauft wird, erfüllt es das Separierbarkeitskriterium.

Zurückerworbene Rechte

B35. Im Rahmen eines Unternehmenszusammenschlusses kann ein Erwerber ein Recht, einen oder mehrere bilanzierte oder nicht bilanzierte Vermögenswerte des Erwerbers zu nutzen, zurückerwerben, wenn er dieses zuvor dem erworbenen Unternehmen gewährt hatte. Zu den Beispielen für solche Rechte gehört das Recht, den Handelsnamen des Erwerbers gemäß einem Franchisevertrag zu verwenden, oder das Recht, die Technologie des Erwerbers gemäß einer Technologie-Lizenzvereinbarung zu nutzen. Ein zurückerworbenes Recht ist ein identifizierbarer immaterieller Vermögenswert, den der Erwerber getrennt vom Geschäfts- oder Firmenwert ansetzt. Paragraph 29 enthält Leitlinie für die Bewertung eines zurückerworbenen Rechts und Paragraph 55 enthält eine Leitlinie für die nachfolgende Bilanzierung eines zurückerworbenen Rechts.

B36. Wenn die Bedingungen des Vertrags, der Anlass für ein zurückerworbenes Recht ist, vorteilhaft oder nachteilig in Bezug auf laufende Markttransaktionen für dieselben oder ähnliche Sachverhalte sind, hat der Erwerber den Gewinn bzw. Verlust aus der Erfüllung zu erfassen. Paragraph B52 enthält eine Leitlinie für die Bewertung der Gewinne bzw. Verluste aus dieser Erfüllung.

Belegschaft und sonstige Sachverhalte, die nicht identifizierbar sind

B37. Der Erwerber ordnet den Wert eines erworbenen immateriellen Vermögenswerts, der zum Erwerbszeitpunkt nicht identifizierbar ist, dem Geschäfts- oder Firmenwert zu. Ein Erwerber kann beispielsweise dem Bestehen einer Belegschaft – d. h. einer bestehenden Gesamtheit von Mitarbeitern, durch die der Erwerber einen erworbenen Geschäftsbetrieb vom Erwerbszeitpunkt an weiterführen kann – Wert zuweisen. Eine Belegschaft stellt nicht das intellektuelle Kapital des ausgebildeten Personals dar, also das (oft spezialisierte) Wissen und die Erfahrung, welche die Mitarbeiter eines erworbenen Unternehmens mitbringen. Da die Belegschaft kein identifizierbarer Vermögenswert ist, der getrennt vom Geschäfts- oder Firmenwert angesetzt werden kann, ist jeder ihr zuzuschreibender Wert Bestandteil des Geschäfts- oder Firmenwerts.

B38. Der Erwerber bezieht auch jeden Wert, der Posten zuzuordnen ist, die zum Erwerbszeitpunkt nicht als Vermögenswerte eingestuft werden, in den Geschäfts- oder Firmenwert mit hinein. Der Erwerber kann zum Beispiel potenziellen Verträgen, die das erworbene Unternehmen zum Erwerbszeitpunkt mit prospektiven neuen Kunden verhandelt, Wert zuweisen. Da diese potenziellen Verträge zum Erwerbszeitpunkt selbst keine Vermögenswerte sind, setzt der Erwerber sie nicht getrennt vom Geschäfts- oder Firmenwert an. Der Erwerber hat später den Wert dieser Verträge am Geschäfts- oder Firmenwert nicht aufgrund von Ereignissen nach dem Erwerbszeitpunkt neu zu beurteilen. Der Erwerber hat jedoch die Tatsachen und Umstände in Zusammenhang mit den Ereignissen, die kurz nach dem Erwerb eintraten, zu beurteilen, um zu ermitteln, ob ein getrennt ansetzbarer immaterieller Vermögenswert zum Erwerbszeitpunkt existierte.

B39. Nach dem erstmaligen Ansatz bilanziert ein Erwerber immaterielle Vermögenswerte, die bei einem Unternehmenszusammenschluss erworben wurden gemäß den Bestimmungen des IAS 38 *Immaterielle Vermögenswerte*. Wie in Paragraph 3 des IAS 38 beschrieben, werden einige erworbene immaterielle Vermögenswerte nach dem erstmaligen Ansatz gemäß den Vorschriften anderer IFRS bilanziert.

B40. Die Kriterien zur Identifizierbarkeit bestimmen, ob ein immaterieller Vermögenswert getrennt vom Geschäfts- oder Firmenwert angesetzt wird. Die Kriterien dienen jedoch weder als Leitlinie für die Bewertung des beizulegenden Zeitwerts eines immateriellen Vermögenswerts noch beschränken sie die Annahmen, die bei der Schätzung des beizulegenden Zeitwerts eines immateriellen Vermögenswerts zugrunde gelegt werden. Der Erwerber würde beispielsweise Annahmen berücksichtigen, die Marktteilnehmer bei der Bewertung des beizulegenden Zeitwerts in Betracht ziehen würden, wie Erwartungen hinsichtlich künftiger Vertragsverlängerungen. Für Vertragsverlängerungen selbst ist es nicht erforderlich die Kriterien der Identifizierbarkeit zu erfüllen. (Siehe jedoch Paragraph 29, in dem eine Ausnahme vom Grundsatz der Bewertung zum beizulegenden Zeitwert von zurückerworbenen Rechten bei einem Unternehmenszusammenschluss gemacht wird.) Die Paragraphen 36 und 37 des IAS 38 enthalten Leitlinien zur Ermittlung, ob immaterielle Vermögenswerte in eine einzelne Bilanzierungseinheit mit anderen immateriellen oder materiellen Vermögenswerten zusammengefasst werden sollten.

BEWERTUNG DES BEIZULEGENDEN ZEITWERTS VON BESONDEREN IDENTIFIZIERBAREN VERMÖGENS-

3/3. IFRS 3
Anhang B

WERTEN UND EINEM NICHT BEHERRSCHENDEN ANTEIL AN EINEM ERWORBENEN UNTERNEHMEN (ANWENDUNG DER PARAGRAPHEN 18 UND 19)

Vermögenswerte mit ungewissen Cashflows (Korrekturposten)

B41. Der Erwerber hat keine gesonderten Korrekturposten für Vermögenswerte, die bei einem Unternehmenszusammenschluss erworben und zum Erwerbszeitpunkt mit ihren beizulegenden Zeitwerten bestimmt wurden, zum Erwerbszeitpunkt zu erfassen, da die Auswirkungen der Ungewissheit über zukünftige Cashflows in der Bestimmung zum beizulegenden Zeitwert enthalten ist. Da dieser IFRS beispielsweise vom Erwerber verlangt, erworbene Forderungen, einschließlich Kredite, zu ihrem beizulegenden Zeitwert zum Erwerbszeitpunkt zu bestimmen, erfasst er keine gesonderten Korrekturposten für vertragliche Cashflows, die zu dem Zeitpunkt als uneinbringlich gelten.

Vermögenswerte, die zu Operating-Leasingverhältnissen gehören, bei denen das erworbene Unternehmen der Leasinggeber ist

B42. Bei der Bewertung des zum Erwerbszeitpunkt geltenden beizulegenden Zeitwerts eines Vermögenswerts, wie eines Gebäudes oder eines Patents, das zu einem Operating-Leasingverhältnis gehört, bei dem das erworbene Unternehmen der Leasinggeber ist, hat der Erwerber die Bedingungen des Leasingverhältnisses zu berücksichtigen. In anderen Worten, der Erwerber setzt keinen separaten Vermögenswert bzw. keine separate Schuld an, wenn die Bedingungen eines Operating-Leasingverhältnisses verglichen mit den Marktbedingungen entweder vorteilhaft oder nachteilig sind, wie dies in Paragraph B29 für Leasingverhältnisse gefordert wird, in denen das erworbene Unternehmen der Leasingnehmer ist.

Vermögenswerte, die der Erwerber nicht zu nutzen beabsichtigt bzw. auf eine andere Weise zu nutzen als normalerweise Marktteilnehmer sie nutzen würden

B43. Aus Wettbewerbs- oder sonstigen Gründen kann ein Erwerber beabsichtigen, einen erworbenen Vermögenswert, beispielsweise einen immateriellen Vermögenswert aus Forschung und Entwicklung nicht zu nutzen bzw. ihn auf eine andere Weise zu nutzen als Marktteilnehmer ihn normalerweise nutzen würden. Dennoch hat der Erwerber den Vermögenswert zum beizulegenden Zeitwert zu bestimmen, der gemäß der Nutzung durch andere Marktteilnehmer ermittelt wird.

Nicht beherrschende Anteile an einem erworbenen Unternehmen

B44. Durch diesen IFRS kann ein nicht beherrschender Anteil an einem erworbenen Unternehmen mit seinem beizulegenden Zeitwert zum Erwerbszeitpunkt bewertet werden. Manchmal kann ein Erwerber den zum Erwerbszeitpunkt gültigen beizulegenden Zeitwert eines nicht beherrschenden Anteils auf der Grundlage der aktiven Marktkurse der nicht vom Erwerber gehaltenen Kapitalanteile bestimmen. In anderen Situationen steht ein aktiver Marktkurs für die Kapitalanteile jedoch nicht zur Verfügung. Dann würde der Erwerber den beizulegenden Zeitwert der nicht beherrschenden Anteile unter Einsatz anderer Bewertungstechniken ermitteln.

B45. Die beizulegenden Zeitwerte der Anteile des Erwerbers an dem erworbenen Unternehmen und der nicht beherrschenden Anteile können auf einer Basis je Aktie voneinander abweichen. Der Hauptunterschied liegt wahrscheinlich darin, dass für die Beherrschung ein Aufschlag auf den beizulegenden Zeitwert je Aktie des Anteils des Erwerbers an dem erworbenen Unternehmen berücksichtigt wird oder umgekehrt für das Fehlen der Beherrschung ein Abschlag (auch als ein Minderheitsabschlag bezeichnet) auf den beizulegenden Zeitwert je Aktie des nicht beherrschenden Anteils berücksichtigt wird.

BEWERTUNG DES GESCHÄFTS- ODER FIRMENWERTS ODER EINES GEWINNS AUS EINEM ERWERB ZU EINEM PREIS UNTER DEM MARKTWERT

Bewertung des zum Erwerbszeitpunkt gültigen beizulegenden Zeitwerts der Anteile des Erwerbers an dem erworbenen Unternehmen unter Einsatz von Bewertungstechniken (Anwendung des Paragraphen 33)

B46. Bei einem Unternehmenszusammenschluss, der ohne die Übertragung einer Gegenleistung erfolgte, muss der Erwerber den zum Erwerbszeitpunkt gültigen beizulegenden Zeitwert seines Anteils an dem erworbenen Unternehmen anstelle des zum Erwerbszeitpunkt gültigen beizulegenden Zeitwert der übertragenen Gegenleistung dazu nutzen, den Geschäfts- oder Firmenwert oder einen Gewinn aus einem Erwerb zu einem Preis unter dem Marktwert zu bewerten (siehe Paragraphen 32–34). Der Erwerber hat den zum Erwerbszeitpunkt gültigen beizulegenden Zeitwert seiner Anteile an dem erworbenen Unternehmen zu bestimmen, indem er eine oder mehrere den Umständen angemessenen Bewertungstechnik(en) einsetzt, für die genügend Datenmaterial verfügbar ist. Wenn der Erwerber mehr als eine Bewertungstechnik einsetzt, hat er die Ergebnisse der Techniken unter Berücksichtigung der Relevanz und Verlässlichkeit der einfließenden Parameter und des Ausmaßes der verfügbaren Daten zu beurteilen.

Besondere Berücksichtigung bei der Anwendung der Erwerbsmethode auf den Zusammenschluss von Gegenseitigkeitsunternehmen (Anwendung des Paragraphen 33)

B47. Wenn sich zwei Gegenseitigkeitsunternehmen zusammenschließen, kann der beizulegende Zeitwert des Eigenkapital- oder Geschäftsanteils an dem erworbenen Unternehmen (oder der beizulegende Zeitwert des erworbenen Unternehmens) verlässlicher bestimmbar sein als der beizulegende Zeitwert der vom Erwerber übertragenen Geschäftsanteile. In einer solchen Situation verlangt Paragraph 33, dass der Erwerber den Betrag des Geschäfts- oder Firmenwerts zu ermitteln hat, indem er den zum Erwerbszeitpunkt geltenden beizulegenden Zeitwert der Eigenkapitalanteile des erworbenen Unternehmens anstatt den zum Erwerbszeitpunkt geltenden beizulegenden Zeitwert der als Gegenleistung übertragenen Eigenkapitalanteile verwendet. Darüber hinaus hat ein Erwerber bei einem Zusammenschluss von Gegenseitigkeitsunternehmen das Nettovermögen des erworbenen Unternehmens als eine unmittelbare Hinzufügung zum Kapital oder Eigenkapital in seiner Kapitalflussrechnung auszuweisen und nicht als eine Hinzufügung zu Gewinnrücklagen, was der Art entspräche, wie andere Arten von Unternehmen die Erwerbsmethode anwenden.

B48. Obgleich sie auch in mancher Hinsicht anderen Geschäftsbetrieben ähnlich sind, haben Gegenseitigkeitsunternehmen besondere Eigenschaften, die vor allem darauf beruhen, dass ihre Gesellschafter sowohl Kunden als auch Eigentümer sind. Mitglieder von Gegenseitigkeitsunternehmen erwarten im Allgemeinen, dass sie Nutzen aus ihrer Mitgliedschaft ziehen, häufig in Form von ermäßigten Gebühren auf Waren oder Dienstleistungen oder Gewinnausschüttungen an Mitglieder. Der Anteil der Gewinnausschüttungen an Mitglieder, der jedem einzelnen Mitglied zugeteilt ist, basiert oft auf dem Anteil der Geschäfte, die ein Mitglied mit dem Gegenseitigkeitsunternehmen im Verlauf des Jahres getätigt hat.

B49. Die Bestimmung des beizulegenden Zeitwerts eines Gegenseitigkeitsunternehmens muss die Annahmen umfassen, welche die Marktteilnehmer über den künftigen Nutzen für die Mitglieder machen würden sowie alle anderen relevanten Annahmen, welche die Marktteilnehmer über das Gegenseitigkeitsunternehmen machen würden. Es kann zum Beispiel ein geschätztes Cashflow-Modell zur Ermittlung des beizulegenden Zeitwerts eines Gegenseitigkeitsunternehmens verwendet werden. Die als in das Modell einfließenden Parameter verwendeten Cashflows sollten auf den erwarteten Cashflows des Gegenseitigkeitsunternehmens beruhen, welche wahrscheinlich auch die Reduzierungen aufgrund von Leistungen an Mitglieder, wie ermäßigte Gebühren auf Waren und Dienstleistungen widerspiegeln.

BESTIMMUNG DES UMFANGS EINES UNTERNEHMENSZUSAMMENSCHLUSSES (ANWENDUNG DER PARAGRAPHEN 51 UND 52)

B50. Der Erwerber hat bei der Ermittlung, ob eine Transaktion Teil eines Tausches für ein erworbenes Unternehmen ist oder ob die Transaktion getrennt vom Unternehmenszusammenschluss zu betrachten ist, die folgenden Faktoren, die weder in Verbindung miteinander exklusiv noch einzeln entscheidend sind, zu berücksichtigen:

a) **die Gründe für die Transaktion** – Wenn man versteht, warum die sich zusammenschließenden Parteien (der Erwerber und das erworbene Unternehmen und dessen Eigentümer, Direktoren und Manager, sowie deren Vertreter) eine bestimmte Transaktion eingegangen sind oder eine Vereinbarung abgeschlossen haben, kann dies einen Einblick dahingehend geben, ob sie Teil der übertragenen Gegenleistung und der erworbenen Vermögenswerte oder übernommenen Schulden ist. Wenn eine Transaktion beispielsweise in erster Linie zum Nutzen des Erwerbers oder des zusammengeschlossenen Unternehmens und nicht in erster Linie zum Nutzen des erworbenen Unternehmens oder dessen früheren Eigentümern erfolgt, ist es unwahrscheinlich, dass dieser Teil des gezahlten Transaktionspreises (und alle damit verbundenen Vermögenswerte oder Schulden) zum Tauschgeschäft für das erworbene Unternehmen gehört. Dementsprechend würde der Erwerber diesen Teil getrennt vom Unternehmenszusammenschluss bilanzieren;

b) **wer hat die Transaktion eingeleitet** – Wenn man versteht, wer die Transaktion eingeleitet hat, kann dies auch einen Einblick geben, ob sie Teil des Tauschgeschäfts für das erworbene Unternehmen ist. Eine Transaktion oder ein anderes Ereignis, das beispielsweise vom Erwerber eingeleitet wurde, ist eventuell mit dem Ziel eingegangen worden, dem Erwerber oder dem zusammengeschlossenen Unternehmen künftigen wirtschaftlichen Nutzen zu bringen, wobei das erworbene Unternehmen oder dessen Eigentümer vor dem Zusammenschluss wenig oder keinen Nutzen daraus erhalten haben. Andererseits wird eine vom erworbenen Unternehmen oder dessen früheren Eigentümern eingeleitete Transaktion oder Vereinbarung wahrscheinlich weniger zugunsten des Erwerbers oder des zusammengeschlossenen Unternehmens sein sondern eher Teil der Transaktion des Unternehmenszusammenschlusses sein;

c) **der Zeitpunkt der Transaktion** – Der Zeitpunkt der Transaktion kann auch einen Einblick geben, ob sie Teil des Tausches für das erworbene Unternehmen ist. Eine Transaktion zwischen dem Erwerber und dem erworbenen Unternehmen, zum Beispiel während der Verhandlungen bezüglich der Bedingungen des Unternehmenszusammenschlusses stattfindet, kann mit der Absicht des Unternehmenszusammenschlusses eingegangen worden sein, um dem Erwerber und dem zusammengeschlossenen Unternehmen zukünftigen wirtschaftlichen Nutzen zu bringen. In diesem Falle ziehen das erworbene Unternehmen oder dessen Eigentümer vor dem Unternehmenszusammenschluss wenig oder keinen Nutzen aus der Transaktion mit Ausnahme der Leistungen, die sie im Rahmen des zusammengeschlossenen Unternehmens erhalten.

TATSÄCHLICHE ERFÜLLUNG EINER ZUVOR BESTEHENDEN BEZIEHUNG ZWISCHEN DEM ERWERBER UND DEM ERWORBENEN UNTERNEHMEN BEI EINEM UNTERNEHMENSZUSAMMENSCHLUSS (ANWENDUNG DES PARAGRAPHEN 52(A))

B51. Der Erwerber und das erworbene Unternehmen können eine Beziehung haben, die bereits bestand, bevor sie einen Unternehmenszusammenschluss beabsichtigten, hier als „zuvor bestehende Beziehung" bezeichnet. Eine zuvor bestehende Beziehung zwischen dem Erwerber und dem erworbenen Unternehmen kann vertraglicher Natur (zum Beispiel: Verkäufer und Kunde oder Lizenzgeber und Lizenznehmer) oder nicht vertraglicher Natur (zum Beispiel: Kläger und Beklagter) sein.

B52. Wenn der Unternehmenszusammenschluss tatsächlich eine zuvor bestehende Beziehung erfüllt, erfasst der Erwerber einen Gewinn bzw. Verlust, der wie folgt bestimmt wird:

a) für eine zuvor bestehende nicht vertragliche Beziehung (wie ein Rechtsstreit): mit dem beizulegenden Zeitwert;

b) für eine zuvor bestehende vertragliche Beziehung: mit dem niedrigeren der Beträge unter (i) und (ii):

   i) der Betrag, zu dem der Vertrag aus Sicht des Erwerbers vorteilhaft oder nachteilig im Vergleich mit den Bedingungen für aktuelle Markttransaktionen derselben oder ähnlichen Sachverhalte ist. (Ein nachteiliger Vertrag ist ein Vertrag, der nachteilig im Hinblick auf aktuelle Marktbedingungen ist. Es handelt sich hierbei nicht unbedingt um einen belastenden Vertrag, bei dem die unvermeidbaren Kosten zur Erfüllung der vertraglichen Verpflichtungen höher sind als die erwartete wirtschaftliche Nutzen);

   ii) der in den Erfüllungsbedingungen des Vertrags genannte Betrag, der für die andere Vertragspartei, als die, für die der Vertrag nachteilig ist, durchsetzbar ist.

Wenn (ii) geringer als (i) ist, ist der Unterschied Bestandteil der Bilanzierung des Unternehmenszusammenschlusses.

Der Betrag des erfassten Gewinns bzw. Verlusts kann teilweise davon abhängen, ob der Erwerber zuvor einen damit verbundenen Vermögenswert oder eine Schuld angesetzt hatte, und der ausgewiesene Gewinn oder Verlust kann daher von dem unter Anwendung der obigen Anforderungen berechneten Betrag abweichen.

B53. Bei einer zuvor bestehenden Beziehung kann es sich um einen Vertrag handeln, den der Erwerber als ein zurückerworbenes Recht ausweist. Wenn der Vertrag Bedingungen enthält, die im Vergleich zu den Preisen derselben oder ähnlicher Sachverhalte bei aktuellen Markttransaktionen vorteilhaft oder nachteilig sind, erfasst der Erwerber getrennt vom Unternehmenszusammenschluss einen Gewinn bzw. Verlust für die tatsächliche Erfüllung des Vertrags, der gemäß Paragraph B52 bewertet wird.

Vereinbarungen über bedingte Zahlungen an Mitarbeiter oder verkaufende Anteilseigner (Anwendung des Paragraphen 52(b))

B54. Ob Vereinbarungen über bedingte Zahlungen an Mitarbeiter oder verkaufende Anteilseigner als bedingte Gegenleistung bei einem Unternehmenszusammenschluss gelten oder als separate Transaktionen angesehen werden, hängt von der Art der Vereinbarungen ab. Zur Beurteilung der Art der Vereinbarung kann es hilfreich sein, die Gründe zu verstehen, warum der Erwerbsvertrag eine Bestimmung für bedingte Zahlungen enthält, wer den Vertrag eingeleitet hat und wann die Vertragsparteien den Vertrag abgeschlossen haben.

B55. Wenn es nicht eindeutig ist, ob eine Vereinbarung über Zahlungen an Mitarbeiter oder verkaufende Anteilseigner zum Tausch gegen das erworbene Unternehmen gehört oder eine vom Unternehmenszusammenschluss separate Transaktion ist, hat der Erwerber die folgenden Hinweise zu beachten:

a) *Fortgesetzte Beschäftigung* – Die Bedingungen der fortgesetzten Beschäftigung der verkaufenden Anteilseigner, die Mitarbeiter in Schlüsselpositionen werden, können ein Indikator für den wirtschaftlichen Gehalt einer bedingten Entgeltvereinbarung sein. Die entsprechenden Bedingungen einer fortgesetzten Beschäftigung können in einem Anstellungsvertrag, Erwerbsvertrag oder sonstigen Dokument enthalten sein. Eine bedingte Entgeltvereinbarung, in der die Zahlungen bei einer Beendigung des Beschäftigungsverhältnisses automatisch verfallen, ist als Vergütung für Leistungen nach dem Zusammenschluss anzusehen. Vereinbarungen, in denen die bedingten Zahlungen nicht von einer Beendigung des Beschäftigungsverhältnisses beeinflusst sind, können darauf hinweisen, dass es sich bei den bedingten Zahlungen um eine zusätzliche Gegenleistung und nicht um eine Vergütung handelt.

b) *Dauer der fortgesetzten Beschäftigung* – Wenn die Dauer der erforderlichen Beschäftigung mit der Dauer der bedingten Zahlung übereinstimmt oder länger als diese ist, dann weist diese Tatsache darauf hin, dass die bedingten Zahlungen in der Substanz eine Vergütung darstellen.

c) *Vergütungshöhe* – Situationen, in denen die Vergütung von Mitarbeitern mit Ausnahme der bedingten Zahlungen ein angemessenes Niveau im Verhältnis zu den anderen Mitarbeitern in Schlüsselpositionen im zusammengeschlossenen Unternehmen einnimmt,

d) *Zusätzliche Zahlungen an Mitarbeiter* – Wenn verkaufende Anteilseigner, die nicht zu Mitarbeitern werden, niedrigere bedingte Zahlungen auf einer Basis je Anteil erhalten als verkaufende Anteilseigner, die Mitarbeiter des zusammengeschlossenen Unternehmens werden, kann diese Tatsache darauf hinweisen, dass der zusätzliche Betrag der bedingten Zahlungen an die verkaufenden Anteilseigner, die Mitarbeiter werden, als Vergütung zu betrachten ist.

e) *Anzahl der im Besitz befindlichen Anteile* – Die relative Anzahl der sich im Besitz der verkaufenden Anteilseigner, die Mitarbeiter in Schlüsselpositionen bleiben, befindlichen Anteile weisen eventuell auf den wirtschaftlichen Gehalt einer bedingten Entgeltvereinbarung hin. Wenn beispielsweise die verkaufenden Anteilseigner, die weitgehend alle Anteile an dem erworbenen Unternehmen hielten, weiterhin Mitarbeiter in Schlüsselpositionen sind, kann diese Tatsache darauf hinweisen, dass die Vereinbarung ihrem wirtschaftlichem Gehalt nach eine Vereinbarung mit Gewinnbeteiligung ist, die beabsichtigt Vergütungen für Dienstleistungen nach dem Zusammenschluss zu geben. Wenn verkaufende Anteilseigner, die weiterhin Mitarbeiter in Schlüsselpositionen bleiben, im Gegensatz nur eine kleine Anzahl von Anteilen des erworbenen Unternehmens besaßen, und alle verkaufenden Anteilseigner denselben Betrag der bedingten Gegenleistung auf einer Basis je Anteil erhalten, kann diese Tatsache darauf hinweisen, dass die bedingten Zahlungen eine zusätzliche Gegenleistung sind. Parteien, die vor dem Erwerb Eigentumsanteile hielten und mit verkaufenden Anteilseignern, die weiterhin Mitarbeiter in Schlüsselpositionen sind, in Verbindung stehen, z. B. Familienmitglieder, sind ebenfalls zu berücksichtigen.

f) *Verbindung zur Bewertung* – Wenn die ursprüngliche Gegenleistung, die zum Erwerbszeitpunkt übertragen wird, auf dem niedrigen Wert innerhalb einer Bandbreite, die bei der Bewertung des erworbenen Unternehmens erstellt wurde, basiert und die bedingte Formel sich auf diesen Bewertungsansatz bezieht, kann diese Tatsache darauf hinweisen, dass die bedingten Zahlungen eine zusätzliche Gegenleistung darstellen. Wenn die Formel für die bedingte Zahlung hingegen mit vorherigen Vereinbarungen mit Gewinnbeteiligung im Einklang ist, kann diese Tatsache drauf hindeuten, dass der wirtschaftliche Gehalt der Vereinbarung darin besteht, Vergütungen zu zahlen.

g) *Formel zur Ermittlung der Gegenleistung* – Die zur Ermittlung der bedingten Zahlung verwendete Formel kann hilfreich bei der Beurteilung des wirtschaftlichen Gehalts der Vereinbarung sein. Wenn beispielsweise eine bedingte Zahlung auf der Grundlage verschiedener Ergebnisse ermittelt wird, kann dies darauf hindeuten, dass die Verpflichtung beim Unternehmenszusammenschluss eine bedingte Gegenleistung ist, und dass mit der Formel beabsichtigt wird, den beizulegenden Zeitwert des erworbenen Unternehmens festzulegen oder zu überprüfen. Eine bedingte Zahlung, die ein bestimmter Prozentsatz des Ergebnisses ist, kann hingegen darauf hindeuten, dass die Verpflichtung gegenüber Mitarbeitern eine Vereinbarung mit Gewinnbeteiligung ist, um Mitarbeiter für ihre erbrachten Dienste zu entlohnen.

h) *Sonstige Vereinbarungen und Themen* – Die Bedingungen anderer Vereinbarungen mit verkaufenden Anteilseignern (wie wettbewerbsbeschränkende Vereinbarungen, noch zu erfüllende Verträge, Beratungsverträge und Immobilien-Leasingverträge) sowie die Behandlung von Einkommensteuern auf bedingte Zahlungen können darauf hinweisen, dass bedingte Zahlungen etwas anderem zuzuordnen sind als der Gegenleistung für das erworbene Unternehmen. In Verbindung mit dem Erwerb kann der Erwerber beispielsweise einen Immobilien-Leasingvertrag mit einem bedeutsamen verkaufenden Anteilseigner abschließen. Wenn die im Leasingvertrag spezifizierten Leasingzahlungen wesentlich unter dem Marktpreis liegen, können einige oder alle bedingten Zahlungen an den Leasinggeber (den verkaufenden Anteilseigner), die aufgrund einer separaten Vereinbarung für bedingte Zahlungen vorgeschrieben sind, dem wirtschaftlichen Gehalt nach Zahlungen für die Nutzung der geleasten Immobilie sein, die der Erwerber in seinem Abschluss nach dem Zusammenschluss getrennt ansetzt. Wenn hingegen im Leasingvertrag Leasingzahlungen gemäß den Marktbedingungen für diese geleaste Immobilie spezifiziert sind, kann die Vereinbarung für bedingte Zahlungen an den verkaufenden Anteilseigner als eine bedingte Gegenleistung bei dem Unternehmenszusammenschluss betrachtet werden.

Die anteilsbasierten Vergütungsprämien des Erwerbers werden gegen die von den Mitarbeitern des erworbenen Unternehmens gehaltenen Prämien ausgetauscht (Anwendung des Paragraphen 52(b))

B56. Ein Erwerber kann seine anteilsbasierten Vergütungsprämien[1] (Ersatzprämien) gegen Prämien, die von Mitarbeitern des erworbenen Unternehmens gehalten werden, austauschen. Der Tausch von Aktienoptionen oder anderen anteilsbasierten Vergütungsprämien in Verbindung mit einem Unternehmenszusammenschluss wird als Änderung der anteilsbasierten Vergütungsprämien gemäß IFRS 2 *Anteilsbasierte Vergütung* bilanziert. Ersetzt der Erwerber die Prämien des erworbenen Unternehmens, ist entweder der gesamte marktbasierte Wert der Ersatzprämien des Erwerbers oder ein Teil davon in die Bewertung der bei dem Unternehmenszusammenschluss übertragenen Gegenleistung mit einzubeziehen. Die Paragraphen B57–B62 liefern Leitlinien für die Zuweisung des marktbasierten Werts.

In Fällen, in denen Prämien des erworbenen Unternehmens infolge eines Unternehmenszusammenschlusses verfallen würden und der Erwerber diese Prämien – auch wenn er nicht dazu verpflichtet ist – ersetzt, ist jedoch der gesamte marktbasierte Wert der Ersatzprämien gemäß IFRS 2 im Abschluss nach dem Zusammenschluss als Vergütungsaufwand auszuweisen. Das bedeutet, dass keiner der marktbasierten Werte dieser Prämien in die Bewertung der beim Unternehmenszusammenschluss übertragenen Gegenleistung einzubeziehen ist. Der Erwerber ist verpflichtet, die Prämien des erworbenen Unternehmens zu ersetzen, wenn das erworbene Unternehmen oder dessen Mitarbeiter die Möglichkeit haben, den Ersatz geltend zu machen. Zwecks Anwendung dieser Leitlinien ist der Erwerber beispielsweise verpflichtet, die Prämien des erworbenen Unternehmens zu ersetzen, wenn dies in einem der Folgenden vorgeschrieben ist:

(a) den Bedingungen der Erwerbsvereinbarung,

(b) den Bedingungen der Prämien des erworbenen Unternehmens oder

(c) den anwendbaren Gesetzen oder Verordnungen.

([1]) In den Paragraphen B56–B62 bezeichnet der Begriff „anteilsbasierte Vergütungsprämien" unverfallbare wie verfallbare anteilsbasierte Vergütungstransaktionen.

B57. Um den Anteil einer Ersatzprämie, der Teil der für das erworbene Unternehmen übertragenen Gegenleistung ist, und den Anteil, der als Vergütung für Dienste nach dem Zusammenschluss verwendet wird, zu bestimmen, hat der Erwerber sowohl seine gewährten Ersatzprämien als auch die Prämien des erworbenen Unternehmens zum Erwerbszeitpunkt gemäß IFRS 2 zu bestimmen. Der Anteil des marktbasierten Werts der Ersatzprämien, der Teil der übertragenen Gegenleistung im Tausch gegen das erworbene Unternehmen ist, entspricht dem Anteil der Prämien des erworbenen Unternehmens, der den Diensten vor dem Zusammenschluss zuzuteilen ist.

B58. Der Anteil der Ersatzprämie, der dem Dienst vor dem Zusammenschluss zuzuteilen ist, ist der marktbasierte Wert der Prämie des erworbenen Unternehmens, multipliziert mit dem Verhältnis aus dem Anteil des Erdienungszeitraums mit dem höheren aus dem gesamten Erdienungszeitraum oder des ursprünglichen Erdienungszeitraums der Prämie des erworbenen Unternehmens. Der Erdienungszeitraum ist der Zeitraum, in dem alle bestimmten Ausübungsbedingungen erfüllt werden müssen. Ausübungsbedingungen sind in IFRS 2 definiert.

B59. Der Anteil der nicht ausübbaren Ersatzprämien, der den Diensten nach dem Zusammenschluss zuzurechnen ist und daher als Vergütungsaufwand im Abschluss nach dem Zusammenschluss erfasst wird, entspricht dem gesamten marktbasierten Wert der Ersatzprämien abzüglich des Betrags, der den Diensten vor Zusammenschluss zuzuordnen ist. Daher ordnet der Erwerber jeden Überschuss des marktbasierten Werts der Ersatzprämie über den marktbasierten Wert der Prämie des erworbenen Unternehmens dem Dienst nach dem Zusammenschluss zu und erfasst diesen Überschuss als Vergütungsaufwand im Abschluss nach dem Zusammenschluss. Der Erwerber hat einen Teil der Ersatzprämie dem Dienst nach dem Zusammenschluss zuzurechnen, wenn er Dienstleistungen nach dem Zusammenschluss verlangt, unabhängig davon, ob die Mitarbeiter bereits alle erforderlichen Dienste geleistet hatten, so dass ihre vom erworbenen Unternehmen gewährten Prämien bereits vor dem Erwerbszeitpunkt ausübbar waren.

B60. Der Anteil der nicht ausübbaren Ersatzprämien, die Diensten vor dem Zusammenschluss zuzuordnen sind, sowie der Anteil für Dienste nach dem Zusammenschluss hat die bestmögliche Schätzung der Anzahl der Ersatzprämien widerzuspiegeln, die unverfallbar sein sollen. Wenn beispielsweise der marktbasierte Wert einer Ersatzprämie, die einem Dienst vor dem Zusammenschluss zugeschrieben wird, 100 WE beträgt und der Erwerber erwartet, dass nur 95 Prozent der Prämie unverfallbar ist, so werden 95 WE in die für den Unternehmenszusammenschluss übertragene Gegenleistung einbezogen. Änderungen der geschätzten Anzahl der zu erwartenden unverfallbaren Ersatzprämien sind im Vergütungsaufwand in den Perioden ausgewiesen, in denen die Änderungen oder Verwirkungen auftreten, – nicht als Anpassungen der beim Unternehmenszusammenschluss übertragenen Gegenleistung. Ähnlich ist es bei Auswirkungen anderer Ereignisse, wie Änderungen oder dem Eintreten von Prämien mit Leistungsbedingungen, die nach dem Erwerbszeitpunkt auftreten, sie werden gemäß IFRS 2 bilanziert, indem der Vergütungsaufwand für die Periode ermittelt wird, in der das Ereignis eintritt.

B61. Dieselben Anforderungen gelten für die Ermittlung der Anteile einer Ersatzprämie, die Diensten vor und nach dem Zusammenschluss zuzuteilen sind, ungeachtet dessen ob eine Ersatzprämie als eine Schuld oder als ein Eigenkapitalinstrument gemäß den Bestimmungen des IFRS 2 eingestuft ist. Alle Änderungen des marktbasierten Werts der nach dem Erwerbszeitpunkt als Schulden eingestuften Prämien und der dazugehörigen Ertragsteuerauswirkungen werden in der/den Periode(n) im Abschluss nach dem Zusammenschluss des Erwerbers erfasst, in der/denen die Änderungen auftreten.

B62. Die Ertragsteuerauswirkungen der Ersatzprämien der anteilsbasierten Vergütungen sind gemäß den Bestimmungen des IAS 12 *Ertragsteuern* zu bilanzieren.

3/3. IFRS 3
Anhang B

Aktienbasierte Vergütungstransaktionen des erworbenen Unternehmens mit Ausgleich durch Eigenkapitalinstrumente

B62A. Das erworbene Unternehmen hat möglicherweise aktienbasierte Vergütungstransaktionen ausstehen, die der Erwerber nicht gegen seine aktienbasierten Vergütungstransaktionen austauscht. Sind diese aktienbasierten Vergütungstransaktionen des erworbenen Unternehmens unverfallbar, sind sie Teil des nicht beherrschenden Anteils am erworbenen Unternehmen und werden zu ihrem marktbasierten Wert angesetzt. Sind sie verfallbar, werden sie gemäß den Paragraphen 19 und 30 zu ihrem marktbasierten Wert angesetzt, so als fiele der Erwerbszeitpunkt mit dem Gewährungszeitpunkt zusammen.

B62B. Der marktbasierte Wert verfallbarer aktienbasierter Vergütungstransaktionen wird dem nicht beherrschenden Anteil zugeordnet, wobei die Zuordnung nach dem Anteil des abgeschlossenen Teils des Erdienungszeitraums am gesamten Erdienungszeitraum bzw. (wenn größer) am ursprünglichen Erdienungszeitraum der aktienbasierten Vergütungstransaktion erfolgt. Der Saldo wird den Leistungen nach dem Zusammenschluss zugeordnet.

ANDERE IFRS, DIE LEITLINIEN FÜR DIE FOLGEBEWERTUNG UND DIE NACHFOLGENDE BILANZIERUNG BEREITSTELLEN (ANWENDUNG DES PARAGRAPHEN 54)

B63. Zu den Beispielen anderer IFRS, die Leitlinien für die Folgebewertung und die nachfolgende Bilanzierung der bei einem Unternehmenszusammenschluss erworbenen Vermögenswerte und übernommenen oder eingegangenen Schulden bereitstellen, gehören die Folgenden:

a) IAS 38 beschreibt die Bilanzierung identifizierbarer immaterieller Vermögenswerte, die bei einem Unternehmenszusammenschluss erworben wurden. Der Erwerber bestimmt den Geschäfts- oder Firmenwert zum Erwerbszeitpunkt abzüglich aller kumulierten Wertminderungsaufwendungen. IAS 36 *Wertminderung von Vermögenswerten* beschreibt die Bilanzierung von Wertminderungsaufwendungen.

b) IFRS 4 *Versicherungsverträge* stellt Leitlinien für die nachfolgende Bilanzierung eines Versicherungsvertrages bereit, der bei einem Unternehmenszusammenschluss erworben wurde.

c) IAS 12 beschreibt die nachfolgende Bilanzierung latenter Steueransprüche (einschließlich nicht angesetzter latenter Steueransprüche) und latenter Steuerschulden, die bei einem Unternehmenszusammenschluss erworben wurden.

d) IFRS 2 stellt Leitlinien für die Folgebewertung und die nachfolgende Bilanzierung des Anteils des von einem Erwerber ausgegebenen Ersatzes von anteilsbasierten Vergütungsprämien bereit, die den künftigen Diensten der Mitarbeiter zuzuordnen sind.

e) IAS 27 (in der vom International Accounting Standards Board 2008 geänderten Fassung) stellt Leitlinien für die Bilanzierung der Änderungen der Beteiligungsquote eines Mutterunternehmens an einem Tochterunternehmen nach Übernahme der Beherrschung bereit.

ANGABEN (ANWENDUNG DER PARAGRAPHEN 59 UND 61)

B64. Zur Erfüllung der Zielsetzung in Paragraph 59 hat der Erwerber für jeden Unternehmenszusammenschluss, der während der Berichtsperiode stattfindet, die folgenden Angaben zu machen:

a) Name und Beschreibung des erworbenen Unternehmens.

b) Erwerbszeitpunkt.

c) Prozentsatz der erworbenen Eigenkapitalanteile mit Stimmrecht.

d) Hauptgründe für den Unternehmenszusammenschluss und Beschreibung der Art und Weise, wie der Erwerber die Beherrschung über das erworbene Unternehmen erlangt hat.

e) eine qualitative Beschreibung der Faktoren, die zur Erfassung des Geschäfts- oder Firmenwerts führen, wie beispielsweise die erwarteten Synergien aus gemeinschaftlichen Tätigkeiten des erworbenen Unternehmens und dem Erwerber, immateriellen Vermögenswerten, die nicht für einen gesonderten Ansatz eingestuft sind oder sonstige Faktoren.

f) Der zum Erwerbszeitpunkt gültige beizulegende Zeitwert der gesamten übertragenen Gegenleistung und der zum Erwerbszeitpunkt gültige beizulegende Zeitwert jeder Hauptgruppe von Gegenleistungen, wie:

 i) Zahlungsmittel;

 ii) sonstige materielle oder immaterielle Vermögenswerte, einschließlich eines Geschäftsbetriebs oder Tochterunternehmens des Erwerbers;

 iii) eingegangene Schulden, zum Beispiel eine Schuld für eine bedingte Gegenleistung; und

 iv) Eigenkapitalanteile des Erwerbers, einschließlich der Anzahl der ausgegebenen oder noch auszugebenden Instrumente oder Anteile sowie der Methode zur Ermittlung des beizulegenden Zeitwerts dieser Instrumente und Anteile.

g) für Vereinbarungen über eine bedingte Gegenleistung und Vermögenswerte für Entschädigungsleistungen:

 i) der zum Erwerbszeitpunkt erfasste Betrag;

 ii) eine Beschreibung der Vereinbarung und die Grundlage für die Ermittlung des Zahlungsbetrags; sowie

3/3. IFRS 3
Anhang B

    iii) eine Schätzung der Bandbreite der Ergebnisse (nicht abgezinst) oder, falls eine Bandbreite nicht geschätzt werden kann, die Tatsache und die Gründe, warum eine Bandbreite nicht geschätzt werden kann. Wenn der Höchstbetrag der Zahlung unbegrenzt ist, hat der Erwerber diese Tatsache anzugeben.

h) für erworbene Forderungen:
    i) den beizulegenden Zeitwert der Forderungen;
    ii) die Bruttobeträge der vertraglichen Forderungen; und
    iii) die zum Erwerbszeitpunkt bestmögliche Schätzung der vertraglichen Cashflows, die voraussichtlich uneinbringlich sein werden.

Die Angaben sind für die Hauptgruppen der Forderungen, wie Kredite, direkte Finanzierungs-Leasingverhältnisse und alle sonstigen Gruppen von Forderungen, zu machen.

i) die zum Erwerbszeitpunkt für jede Hauptgruppe von erworbenen Vermögenswerten und übernommenen Schulden erfassten Beträge.

j) für jede gemäß Paragraph 23 angesetzte Eventualverbindlichkeit die in Paragraph 85 des IAS 37 *Rückstellungen, Eventualverbindlichkeiten und Eventualforderungen* verlangten Angaben. Falls eine Eventualverbindlichkeit nicht angesetzt wurde, da ihr beizulegender Zeitwert nicht verlässlich bestimmt werden kann, hat der Erwerber folgende Angaben zu machen:
    i) die in Paragraph 86 des IAS 37 geforderten Angaben; und
    ii) die Gründe, warum die Verbindlichkeit nicht verlässlich bewertet werden kann.

k) die Gesamtsumme des Geschäfts- oder Firmenwerts, der erwartungsgemäß für Steuerzwecke abzugsfähig ist.

l) für Transaktionen, die gemäß Paragraph 51 getrennt vom Erwerb der Vermögenswerte oder der Übernahme der Schulden bei einem Unternehmenszusammenschluss ausgewiesen werden:
    i) eine Beschreibung jeder Transaktion;
    ii) wie der Erwerber jede Transaktion bilanziert;
    iii) die für jede Transaktion ausgewiesenen Beträge und die Posten im Abschluss, in denen jeder Betrag erfasst ist; und
    iv) falls die Transaktion die tatsächliche Erfüllung der zuvor bestehenden Beziehung ist, die für die Ermittlung des Erfüllungsbetrags eingesetzte Methode.

m) Die unter (l) geforderten Angaben zu den getrennt ausgewiesenen Transaktionen haben auch den Betrag der zugehörigen Abschlusskosten und separat dazu diejenigen Kosten, die als Aufwand erfasst wurden, sowie den oder die Posten der Gesamtergebnisrechnung, in dem oder in denen diese Aufwendungen erfasst wurden, einzubeziehen. Der Betrag der Ausgabekosten, der nicht als Aufwand erfasst wurde, sowie die Art dessen Erfassung sind ebenso anzugeben.

n) bei einem Erwerb zu einem Preis unter dem Marktwert (siehe Paragraphen 34–36):
    i) der Betrag eines gemäß Paragraph 34 erfassten Gewinns sowie der Posten der Gesamtergebnisrechnung, in dem dieser Gewinn erfasst wurde; und
    ii) eine Beschreibung der Gründe, weshalb die Transaktion zu einem Gewinn führte.

o) für jeden Unternehmenszusammenschluss, bei dem der Erwerber zum Erwerbszeitpunkt weniger als 100 Prozent der Eigenkapitalanteile an dem erworbenen Unternehmen hält:
    i) der zum Erwerbszeitpunkt angesetzte Betrag des nicht beherrschenden Anteils an dem erworbenen Unternehmen und die Bewertungsgrundlage für diesen Betrag; und
    ii) für jeden nicht beherrschenden Anteil an dem erworbenen Unternehmen, der zum beizulegenden Zeitwert bestimmt wurde, die Bewertungstechniken und die in das Hauptmodell einfließenden Parameter zur Ermittlung dieses Werts.

p) bei einem sukzessiven Unternehmenszusammenschluss:
    i) der zum Erwerbszeitpunkt geltende beizulegende Zeitwert des Eigenkapitalanteils an dem erworbenen Unternehmen, der unmittelbar vor dem Erwerbszeitpunkt vom Erwerber gehalten wurde; und
    ii) der Betrag jeglichen Gewinns bzw. Verlusts, der aufgrund einer Neubewertung des Eigenkapitalanteils an dem erworbenen Unternehmen, das vor dem Unternehmenszusammenschluss vom Erwerber gehalten wurde (siehe Paragraph 42), mit dem beizulegenden Zeitwert erfasst wurde und der Posten der Gesamtergebnisrechnung, in dem dieser Gewinn bzw. Verlust erfasst wurde.

q) die folgenden Angaben:
    i) die Erlöse sowie der Gewinn oder Verlust des erworbenen Unternehmens seit dem Erwerbszeitpunkt, welche in der Konzerngesamtergebnisrechnung für die betreffende Periode enthalten sind; und
    ii) die Erlöse und der Gewinn oder Verlust des zusammengeschlossenen Unternehmens für die aktuelle Periode als ob der Erwerbszeitpunkt für alle Unternehmenszusammenschlüsse, die während des Geschäftsjahres stattfanden, am Anfang der Periode des laufenden Geschäftsjahres gewesen wäre.

Wenn die Offenlegung der in diesem Unterparagraphen geforderten Angaben undurchführbar ist, hat der Erwerber diese Tatsache anzugeben und zu erklären, warum diese Angaben undurchführbar sind. Dieser IFRS verwendet den Begriff „undurchführbar" mit derselben Bedeutung wie IAS 8 *Rechnungslegungsmethoden, Änderungen von rechnungslegungsbezogenen Schätzungen und Fehler*.

B65. Für die Unternehmenszusammenschlüsse der Periode, die einzeln betrachtet unwesentlich, zusammen betrachtet jedoch wesentlich sind, hat der Erwerber die in den Paragraphen B64(e)–(q) vorgeschriebenen Angaben zusammengefasst zu machen.

B66. Wenn der Erwerbszeitpunkt eines Unternehmenszusammenschlusses nach dem Ende der Berichtsperiode jedoch vor der Genehmigung zur Veröffentlichung des Abschlusses liegt, hat der Erwerber die in Paragraph B64 vorgeschriebenen Angaben zu machen, es sei denn die erstmalige Bilanzierung des Unternehmenszusammenschlusses ist zum Zeitpunkt der Genehmigung des Abschlusses zur Veröffentlichung nicht vollständig. In diesem Fall hat der Erwerber zu beschreiben, welche Angaben nicht gemacht werden konnten und die Gründe, die dazu geführt haben.

B67. Zur Erfüllung der Zielsetzung in Paragraph 61 hat der Erwerber für jeden wesentlichen Unternehmenszusammenschluss oder zusammengefasst für einzeln betrachtet unwesentliche Unternehmenszusammenschlüsse, die gemeinsam wesentlich sind, folgende Angaben zu machen:

a) wenn die erstmalige Bilanzierung eines Unternehmenszusammenschlusses unvollständig ist (siehe Paragraph 45) im Hinblick auf gewisse Vermögenswerte, Schulden, nicht beherrschende Anteile oder zu berücksichtigende Posten und die im Abschluss für den Unternehmenszusammenschluss ausgewiesenen Beträge nur vorläufig ermittelt wurden:

   i) die Gründe, weshalb die erstmalige Bilanzierung des Unternehmenszusammenschlusses unvollständig ist;

   ii) die Vermögenswerte, Schulden, Eigenkapitalanteile oder zu berücksichtigende Posten, für welche die erstmalige Bilanzierung unvollständig ist; sowie

   iii) die Art und der Betrag aller Berichtigungen im Bewertungszeitraum, die gemäß Paragraph 49 in der Periode erfasst wurden.

b) für jede Periode nach dem Erwerbszeitpunkt bis das Unternehmen einen Vermögenswert einer bedingten Gegenleistung vereinnahmt, veräußert oder anderweitig den Anspruch darauf verliert oder bis das Unternehmen eine Schuld als bedingte Gegenleistung erfüllt oder bis diese Schuld aufgehoben oder erloschen ist:

   i) alle Änderungen der angesetzten Beträge, einschließlich der Differenzen, die sich aus der Erfüllung ergeben;

   ii) alle Änderungen der Bandbreite der Ergebnisse (nicht abgezinst) sowie die Gründe für diese Änderungen; und

   iii) die Bewertungstechniken und die in das Hauptmodell einfließenden Parameter zur Bewertung der bedingten Gegenleistung.

c) für bei einem Unternehmenszusammenschluss angesetzte Eventualverbindlichkeiten hat der Erwerber für jede Gruppe von Rückstellungen die in den Paragraphen 84 und 85 des IAS 37 vorgeschriebenen Angaben zu machen.

d) eine Überleitung des Buchwerts des Geschäfts- oder Firmenwerts zu Beginn und zum Ende der Berichtsperiode unter gesonderter Angabe:

   i) des Bruttobetrags und der kumulierten Wertminderungsaufwendungen zu Beginn der Periode.

   ii) des zusätzlichen Geschäfts- oder Firmenwerts, der während der Periode angesetzt wird, mit Ausnahme von dem Geschäfts- oder Firmenwert, der in einer Veräußerungsgruppe enthalten ist, die beim Erwerb die Kriterien zur Einstufung „als zur Veräußerung gehalten" gemäß IFRS 5 *Zur Veräußerung gehaltene langfristige Vermögenswerte und aufgegebene Geschäftsbereiche* erfüllt.

   iii) der Berichtigungen aufgrund nachträglich gemäß Paragraph 67 erfasster latenter Steueransprüche während der Periode.

   iv) des Geschäfts- oder Firmenwerts, der in einer gemäß IFRS 5 als „zur Veräußerung gehalten" eingestuften Veräußerungsgruppe enthalten ist, und des Geschäfts- oder Firmenwerts, der während der Periode ausgebucht wurde, ohne vorher zu einer als „zur Veräußerung gehalten" eingestuften Veräußerungsgruppe gehört zu haben.

   v) der Wertminderungsaufwendungen, die während der Periode gemäß IAS 36 erfasst wurden. (IAS 36 verlangt zusätzlich zu dieser Anforderung Angaben über den erzielbaren Betrag und die Wertminderung des Geschäfts- oder Firmenwerts.)

   vi) der Nettoumrechnungsdifferenzen, die während der Periode gemäß IAS 21 *Auswirkungen von Wechselkursänderungen* entstanden.

   vii) aller anderen Veränderungen des Buchwerts während der Periode.

   viii) des Bruttobetrags und der kumulierten Wertminderungsaufwendungen zum Ende der Berichtsperiode.

3/3. IFRS 3
Anhang B, C

e) des Betrags jedes in der laufenden Periode erfassten Gewinnes oder Verlustes mit einer Erläuterung, der:
   i) sich auf die in einem Unternehmenszusammenschluss, der in der laufenden oder einer früheren Periode stattfand, erworbenen identifizierbaren Vermögenswerte oder übernommenen Schulden bezieht; und
   ii) von solchem Umfang, Art oder Häufigkeit ist, dass diese Angabe für das Verständnis des Abschlusses des zusammengeschlossenen Unternehmens relevant ist.

ÜBERGANGSVORSCHRIFTEN FÜR UNTERNEHMENSZUSAMMENSCHLÜSSE, BEI DENEN NUR GEGENSEITIGKEITSUNTERNEHMEN BETEILIGT SIND ODER DIE AUF REIN VERTRAGLICHER BASIS ERFOLGEN (ANWENDUNG DES PARAGRAPHEN 66)

B68. In Paragraph 64 ist aufgeführt, dass dieser IFRS prospektiv auf Unternehmenszusammenschlüsse angewendet wird, bei denen der Erwerbszeitpunkt zu Beginn der ersten Berichtsperiode des Geschäftsjahres, das am oder nach dem 1. Juli 2009 beginnt, oder danach liegt. Eine frühere Anwendung ist zulässig. Dieser IFRS ist jedoch erstmals zu Beginn der Berichtsperiode eines am 30. Juni 2007 oder danach beginnenden Geschäftsjahres anzuwenden. Wendet ein Unternehmen diesen IFRS vor dem Zeitpunkt des Inkrafttretens an, so ist dies anzugeben und gleichzeitig IAS 27 (in der vom International Accounting Standards Board 2008 geänderten Fassung) anzuwenden.

B69. Die Vorschrift, diesen IFRS prospektiv anzuwenden, wirkt sich folgendermaßen auf einen Unternehmenszusammenschluss aus, bei dem nur Gegenseitigkeitsunternehmen beteiligt sind oder der auf rein vertraglicher Basis erfolgt, wenn der Erwerbszeitpunkt hinsichtlich dieses Unternehmenszusammenschlusses vor der Anwendung dieses IFRS liegt:

a) *Einstufung* – Ein Unternehmen hat weiterhin den früheren Unternehmenszusammenschluss gemäß den früheren auf solche Zusammenschlüsse anwendbaren Rechnungslegungsmethoden einzustufen.

b) *Früher angesetzter Geschäfts- oder Firmenwert* – Zu Beginn der ersten Berichtsperiode des Geschäftsjahres, in dem dieser IFRS angewendet wird, ist der Buchwert des Geschäfts- oder Firmenwerts, der aus einem früheren Unternehmenszusammenschluss stammte, dessen Buchwert zu diesem Zeitpunkt gemäß den vorherigen Rechnungslegungsmethoden des Unternehmens. Bei der Ermittlung dieses Betrages hat das Unternehmen den Buchwert der kumulierten Amortisation dieses Geschäfts- oder Firmenwerts mit einer entsprechenden Minderung des Geschäfts- oder Firmenwerts aufzurechnen. Es sind keine anderen Berichtigungen des Buchwerts des Geschäfts- oder Firmenwerts durchzuführen.

c) *Geschäfts- oder Firmenwert, der zuvor als ein Abzug vom Eigenkapital ausgewiesen wurde* – Die vorherigen Rechnungslegungsmethoden des Unternehmens können zu einem Geschäfts- oder Firmenwert geführt haben, der als ein Abzug vom Eigenkapital ausgewiesen wurde. In dieser Situation hat das Unternehmen den Geschäfts- oder Firmenwert nicht als ein Vermögenswert zu Beginn der ersten Berichtsperiode des ersten Geschäftsjahres auszuweisen, in dem dieser IFRS angewendet wird. Des Weiteren ist kein Teil dieses Geschäfts- oder Firmenwerts im Gewinn oder Verlust zu erfassen, wenn das Unternehmen den gesamten Geschäftsbetrieb oder einen Teil davon, zu dem dieser Geschäfts- oder Firmenwert gehört, veräußert oder wenn eine zahlungsmittelgenerierende Einheit, zu der dieser Geschäfts- oder Firmenwert gehört, wertgemindert wird.

d) *Folgebilanzierung des Geschäfts- oder Firmenwerts* – Vom Beginn der ersten Berichtsperiode des ersten Geschäftsjahres, in der dieser IFRS angewendet wird, hat das Unternehmen die planmäßige Abschreibung des Geschäfts- oder Firmenwerts aus dem früheren Unternehmenszusammenschluss einzustellen und den Geschäfts- oder Firmenwert gemäß IAS 36 auf Wertminderung zu prüfen.

e) *Zuvor angesetzter negativer Geschäfts- oder Firmenwert* – Ein Unternehmen, das den vorherigen Unternehmenszusammenschluss unter Anwendung der Erwerbsmethode bilanzierte, kann einen passivischen Abgrenzungsposten für einen Überschuss seines Anteils an dem beizulegenden Nettozeitwert der identifizierbaren Vermögenswerte und Schulden des erworbenen Unternehmens über die Anschaffungskosten dieses Anteils (manchmal negativer Geschäfts- oder Firmenwert genannt) erfasst haben. In diesem Fall hat das Unternehmen den Buchwert dieses passivischen Abgrenzungspostens zu Beginn der ersten Berichtsperiode des ersten Geschäftsjahres, in der dieser IFRS angewendet wird, auszubuchen und eine entsprechende Berichtigung in der Eröffnungsbilanz der Gewinnrücklagen zu dem Zeitpunkt vorzunehmen.

ANHANG C
Änderungen anderer IFRS

[eingearbeitet]

INTERNATIONAL FINANCIAL REPORTING STANDARD 4
Versicherungsverträge

IFRS 4, VO (EG) Nr. 1126/2008 i.d.F.

1 VO (EG) Nr. 1274/2008 [IAS 1]
2 VO (EG) Nr. 494/2009 [IAS 27]
3 VO (EG) Nr. 1165/2009

GLIEDERUNG	§§
ZIELSETZUNG	1
ANWENDUNGSBEREICH	2–12
Eingebettete Derivate	7–9
Entflechtung von Einlagenkomponenten	10–12
ERFASSUNG UND BEWERTUNG	13–35
Vorübergehende Befreiung von der Anwendung einiger anderer IFRS	13–20
Angemessenheitstest für Verbindlichkeiten	15–19
Wertminderung von Rückversicherungsvermögenswerten	20
Änderungen der Rechnungslegungsmethoden	21–30
Aktuelle Marktzinssätze	24
Fortführung bestehender Vorgehensweisen	25
Vorsicht	26
Zukünftige Kapitalanlage-Margen	27–29
Schattenbilanzierung	30
Erwerb von Versicherungsverträgen durch Unternehmenszusammenschluss oder Portfolioübertragung	31–33
Ermessensabhängige Überschussbeteiligung	34–35
Ermessensabhängige Überschussbeteiligung in Versicherungsverträgen	34
Ermessensabhängige Überschussbeteiligung in Finanzinstrumenten	35
ANGABEN	36–39A
Erläuterung der ausgewiesenen Beträge	36–37
Art und Ausmaß der Risiken, die sich aus Versicherungsverträgen ergeben	38–39A
ZEITPUNKT DES INKRAFTTRETENS UND ÜBERGANGSVORSCHRIFTEN	40–45
Angaben	42–44
Neueinstufung von finanziellen Vermögenswerten	45
ANHANG A Definitionen	
ANHANG B Definition eines Versicherungsvertrags	B1–B29

ZIELSETZUNG

1. Zielsetzung dieses IFRS ist es, die Rechnungslegung für *Versicherungsverträge* für jedes Unternehmen, das solche Verträge im Bestand hält (in diesem IFRS als ein *Versicherer* bezeichnet), zu bestimmen, bis der Board die zweite Phase des Projekts über Versicherungsverträge abgeschlossen hat. Insbesondere fordert dieser IFRS:

(a) begrenzte Verbesserungen der Rechnungslegung des Versicherers für Versicherungsverträge.

(b) Angaben zur Identifizierung und Erläuterung der aus Versicherungsverträgen stammenden Beträge im Abschluss eines Versicherers, die den Abschlussadressaten helfen, den Betrag, den Zeitpunkt und die Unsicherheit der künftigen Cashflows aus Versicherungsverträgen zu verstehen.

ANWENDUNGSBEREICH

2. Dieser IFRS ist von einem Unternehmen anzuwenden auf:

(a) Versicherungsverträge (einschließlich *Rückversicherungsverträge*), die es im Bestand hält und Rückversicherungsverträge, die es nimmt;

(b) Finanzinstrumente mit einer *ermessensabhängigen Überschussbeteiligung*, die es im Bestand hält (siehe Paragraph 35). IFRS 7 *Finanzinstrumente: Angaben* verlangt Angaben zu Finanzinstrumenten, einschließlich der Finanzinstrumente, die solche Rechte beinhalten.

3. Dieser IFRS behandelt keine anderen Aspekte der Rechnungslegung von Versicherern, wie die Rechnungslegung für finanzielle Vermögenswerte, die Versicherer halten, und für finanzielle Verbindlichkeiten, die Versicherer begeben (siehe IAS 32 *Finanzinstrumente: Darstellung*, IAS 39 *Finanzinstrumente: Ansatz und Bewertung und IFRS 7*), außer in den in Paragraph 45 aufgeführten Übergangsvorschriften.

4. Dieser IFRS ist von einem Unternehmen nicht anzuwenden auf:
(a) Produktgewährleistungen, die direkt vom Hersteller, Groß- oder Einzelhändler gewährt werden (siehe IAS 18 *Umsatzerlöse* und IAS 37 *Rückstellungen, Eventualverbindlichkeiten und Eventualforderungen*);
(b) Vermögenswerte und Verbindlichkeiten von Arbeitgebern aufgrund von Versorgungsplänen für Arbeitnehmer (siehe IAS 19 *Leistungen an Arbeitnehmer* und IFRS 2 *Anteilsbasierte Vergütung*) und Verpflichtungen aus der Versorgungszusage, die unter leistungsorientierten Altersversorgungsplänen berichtet werden (siehe IAS 26 *Bilanzierung und Berichterstattung von Altersversorgungsplänen*);
(c) vertragliche Rechte oder vertragliche Verpflichtungen, die abhängig vom künftigen Gebrauch oder Gebrauchsrecht eines nicht-finanziellen Sachverhalts (z. B. Lizenzgebühren, Nutzungsentgelte, mögliche Leasingzahlungen und ähnliche Sachverhalte) sowie von der in einem Finanzierungsleasing eingebetteten Restwertgarantie eines Leasingnehmers sind (siehe IAS 17 *Leasingverhältnisse*, IAS 18 *Umsatzerlöse* und IAS 38 *Immaterielle Vermögenswerte*);
(d) finanzielle Garantien, es sei denn, der Garantiegeber hat zuvor ausdrücklich erklärt, dass er solche Verträge als Versicherungsverträge betrachtet und auf Versicherungsverträge anwendbare Bilanzierungsmethoden verwendet hat. In einem solchen Fall kann der Garantiegeber wählen, ob er auf derartige finanzielle Garantien entweder IAS 39, IAS 32 und IFRS 7 oder diesen Standard anwendet. Der Garantiegeber kann diese Entscheidung für jeden Vertrag einzeln treffen, aber die für den jeweiligen Vertrag getroffene Entscheidung kann nicht revidiert werden;
(e) im Rahmen eines Unternehmenszusammenschlusses zu zahlende oder ausstehende bedingte Entgelte (siehe IFRS 3 *Unternehmenszusammenschlüsse*);
(f) *Erstversicherungsverträge*, die das Unternehmen nimmt (d. h. Erstversicherungsverträge, in denen das Unternehmen der *Versicherungsnehmer* ist). Ein *Zedent* indes hat diesen IFRS auf Rückversicherungsverträge anzuwenden, die er nimmt.

5. Zur Vereinfachung der Bezugnahme bezeichnet dieser IFRS jedes Unternehmen, das einen Versicherungsvertrag im Bestand hält, als einen Versicherer, unabhängig davon, ob der Halter für rechtliche Zwecke oder Aufsichtszwecke als Versicherer angesehen wird.

6. Ein Rückversicherungsvertrag ist eine Form eines Versicherungsvertrags. Dementsprechend gelten in diesem IFRS alle Hinweise auf Versicherungsverträge ebenso für Rückversicherungsverträge.

Eingebettete Derivate

7. IAS 39 verlangt von einem Unternehmen, einige eingebettete Derivate von ihrem Basisvertrag abzutrennen, zu ihrem *beizulegenden Zeitwert* zu bewerten und Änderungen des beizulegenden Zeitwerts erfolgswirksam zu berücksichtigen. IAS 39 ist auf Derivate anzuwenden, die in Versicherungsverträgen eingebettet sind, sofern das eingebettete Derivat nicht selbst ein Versicherungsvertrag ist.

8. Als eine Ausnahme von den Anforderungen in IAS 39 braucht ein Versicherer das Recht eines Versicherungsnehmers, einen Versicherungsvertrag zu einem festen Betrag zurückzukaufen (oder zu einem Betrag, der sich aus einem festen Betrag und einem Zinssatz ergibt) nicht abzutrennen und zum beizulegenden Zeitwert zu bewerten, auch dann nicht, wenn der Rückkaufswert vom Buchwert der Basis-*Versicherungsverbindlichkeit* abweicht. Die Anforderung in IAS 39 ist indes auf eine in Versicherungsverträgen enthaltene Verkaufsoption oder ein Rückkaufsrecht anzuwenden, wenn der Rückkaufswert sich infolge einer Änderung einer finanziellen Variablen (wie etwa ein Aktien- oder Warenpreis bzw. -index) oder einer nicht-finanziellen Variablen, die nicht für eine der Vertragsparteien spezifisch ist, verändert. Außerdem gilt diese Anforderung ebenso, wenn das Recht des Inhabers auf Ausübung einer Verkaufsoption oder eines Rückkaufsrechts von der Änderung einer solchen Variablen ausgelöst wird (z. B. eine Verkaufsoption kann ausgeübt werden, wenn ein Börsenindex einen bestimmten Stand erreicht).

9. Paragraph 8 gilt ebenso für Rückkaufs- oder entsprechende Beendigungsrechte im Fall von Finanzinstrumenten mit ermessensabhängiger Überschussbeteiligung.

Entflechtung von Einlagenkomponenten

10. Einige Versicherungsverträge enthalten sowohl eine Versicherungskomponente als auch eine *Einlagenkomponente*. In einigen Fällen muss oder darf ein Versicherer diese Komponenten *entflechten*:
(a) eine Entflechtung ist erforderlich, wenn die beiden folgenden Bedingungen erfüllt sind:
(i) der Versicherer kann die Einlagenkomponente (einschließlich aller eingebetteten Rückkaufsrechte) abgetrennt (d. h. ohne Berücksichtigung der Versicherungskomponente) bewerten;
(ii) ohne diese Voraussetzung würden die

Rechnungslegungsmethoden des Versicherers nicht vorschreiben, alle Verpflichtungen und Rechte, die aus der Einlagenkomponente resultieren, anzusetzen;
(b) eine Entflechtung ist erlaubt, aber nicht vorgeschrieben, wenn der Versicherer die Einlagenkomponente abgetrennt, wie in (a)(i) beschrieben, bewerten kann, aber seine Rechnungslegungsmethoden den Ansatz aller Verpflichtungen und Rechte aus der Einlagenkomponente verlangen, ungeachtet der Grundsätze, die für die Bewertung dieser Rechte und Verpflichtungen verwendet werden;
(c) eine Entflechtung ist untersagt, wenn ein Versicherer die Einlagenkomponente nicht abgetrennt, wie in (a)(i) beschrieben, bewerten kann.

11. Nachstehend ein Beispiel für den Fall, dass die Rechnungslegungsmethoden eines Versicherers nicht verlangen, dass alle aus einer Einlagekomponente entstehenden Verpflichtungen angesetzt werden. Ein Zedent erhält eine Erstattung von Schäden von einem *Rückversicherer*, aber der Vertrag verpflichtet den Zedenten, die Erstattung in künftigen Jahren zurückzuzahlen. Diese Verpflichtung entstammt einer Einlagekomponente. Wenn die Rechnungslegungsmethoden des Zedenten es andernfalls erlauben würden, die Erstattung als Erträge zu erfassen, ohne die daraus resultierende Verpflichtung anzusetzen, ist eine Entflechtung erforderlich.

12. Zur Entflechtung eines Vertrags hat ein Versicherer:
(a) diesen IFRS auf die Versicherungskomponente anzuwenden.
(b) IAS 39 auf die Einlagenkomponente anzuwenden.

ERFASSUNG UND BEWERTUNG

Vorübergehende Befreiung von der Anwendung einiger anderer IFRS

13. Die Paragraphen 10-12 von IAS 8 *Rechnungslegungsmethoden, Änderungen von rechnungslegungsbezogenen Schätzungen und Fehler* legen die Kriterien fest, die ein Unternehmen zur Entwicklung der Rechnungslegungsmethode zu verwenden hat, wenn kein IFRS ausdrücklich für einen Sachverhalt anwendbar ist. Der vorliegende IFRS nimmt jedoch Versicherer von der Anwendung dieser Kriterien auf seine Rechnungslegungsmethoden für Folgendes aus:
(a) Versicherungsverträge, die er im Bestand hält (einschließlich zugehöriger Abschlusskosten und zugehöriger immaterieller Vermögenswerte, wie solche, die in den Paragraphen 31 und 32 beschrieben sind); und
(b) Rückversicherungsverträge, die er nimmt.

14. Trotzdem nimmt der vorliegende IFRS den Versicherer von einigen Auswirkungen der in den Paragraphen 10-12 von IAS 8 dargelegten Krite-

rien nicht aus. Ein Versicherer ist insbesondere verpflichtet,
(a) jede Rückstellung für eventuelle künftige Schäden nicht als Verbindlichkeit anzusetzen, wenn diese Schäden bei Versicherungsverträgen anfallen, die am Berichtsstichtag nicht bestehen (wie z. B. Großrisiken- und Schwankungsrückstellungen);
(b) den *Angemessenheitstest für Verbindlichkeiten*, wie in den Paragraphen 15-19 beschrieben, durchzuführen;
(c) eine Versicherungsverbindlichkeit (oder einen Teil einer Versicherungsverbindlichkeit) dann, und nur dann, aus seiner Bilanz auszubuchen, wenn diese getilgt ist – d. h. wenn die im Vertrag genannte Verpflichtung erfüllt oder gekündigt oder erloschen ist;
(d) Folgendes nicht zu saldieren:
 (i) *Rückversicherungsvermögenswerte* mit den zugehörigen Versicherungsverbindlichkeiten; oder
 (ii) Erträge oder Aufwendungen von Rückversicherungsverträgen mit den Aufwendungen oder Erträgen von den zugehörigen Versicherungsverträgen;
(e) zu berücksichtigen, ob seine Rückversicherungsvermögenswerte wertgemindert sind (siehe Paragraph 20).

Angemessenheitstest für Verbindlichkeiten

15. Ein Versicherer hat an jedem Berichtsstichtag unter Verwendung aktueller Schätzungen künftiger Cashflows aufgrund seiner Versicherungsverträge einzuschätzen, ob seine angesetzten Versicherungsverbindlichkeiten angemessen sind. Zeigt die Einschätzung, dass der Buchwert seiner Versicherungsverbindlichkeiten (abzüglich der zugehörigen abgegrenzten Abschlusskosten und der zugehörigen immateriellen Vermögenswerte, wie die in den Paragraphen 31 und 32 behandelten) im Hinblick auf die geschätzten künftigen Cashflows unangemessen ist, ist der gesamte Fehlbetrag erfolgswirksam zu erfassen.

16. Wendet ein Versicherer einen Angemessenheitstest für Verbindlichkeiten an, der den spezifizierten Mindestanforderungen entspricht, schreibt dieser IFRS keine weiteren Anforderungen vor. Die Mindestanforderungen sind die Folgenden:
(a) Der Test berücksichtigt aktuelle Schätzungen aller vertraglichen Cashflows und aller zugehörigen Cashflows, wie Regulierungskosten und Cashflows, die aus enthaltenen Optionen und Garantien stammen.
(b) Zeigt der Test, dass die Verbindlichkeit unangemessen ist, wird der gesamte Fehlbetrag erfolgswirksam erfasst.

17. Verlangen die Rechnungslegungsmethoden eines Versicherers keinen Angemessenheitstest für Verbindlichkeiten, der die im Paragraph 16 beschriebenen Mindestanforderungen erfüllt, hat der Versicherer:
(a) den Buchwert der betreffenden Versiche-

rungsverbindlichkeiten(¹) festzustellen, der vermindert ist um den Buchwert von:

(¹) Die betreffenden Versicherungsverbindlichkeiten sind diejenigen Versicherungsverbindlichkeiten (und zugehörige abgegrenzte Abschlusskosten sowie zugehörige immaterielle Vermögenswerte), für die die Rechnungslegungsmethoden des Versicherers keinen Angemessenheitstest für Verbindlichkeiten verlangen, der die Mindestanforderungen aus Paragraph 16 erfüllt.

(i) allen zugehörigen abgegrenzten Abschlusskosten; und

(ii) allen zugehörigen immateriellen Vermögenswerten, wie diejenigen, die bei einem Unternehmenszusammenschluss oder der Übertragung eines Portfolios erworben wurden (siehe Paragraphen 31 und 32). Zugehörige Rückversicherungsvermögenswerte werden indes nicht berücksichtigt, da ein Versicherer diese gesondert bilanziert (siehe Paragraph 20);

(b) festzustellen, ob der in (a) beschriebene Betrag geringer als der Buchwert ist, der gefordert wäre, wenn die betreffende Versicherungsverbindlichkeit im Anwendungsbereich von IAS 37 läge. Wenn er geringer ist, hat der Versicherer die gesamte Differenz erfolgswirksam zu erfassen und den Buchwert der zugehörigen abgegrenzten Abschlusskosten oder der zugehörigen immateriellen Vermögenswerte zu vermindern bzw. den Buchwert der betreffenden Versicherungsverbindlichkeiten zu erhöhen.

18. Erfüllt der Angemessenheitstest für Verbindlichkeiten eines Versicherers die Mindestanforderungen aus Paragraph 16, wird der Test entsprechend der in ihm bestimmten Zusammenfassung von Verträgen angewendet. Wenn sein Angemessenheitstest für Verbindlichkeiten diese Mindestanforderungen nicht erfüllt, ist der in Paragraph 17 beschriebene Vergleich auf einen Teilbestand von Verträgen anzuwenden, die ungefähr ähnliche Risiken beinhalten und zusammen als ein einzelnes Portefeuille geführt werden.

19. Der im Paragraph 17(b) beschriebene Betrag (d. h. das Ergebnis der Anwendung von IAS 37) hat zukünftige Kapitalanlage-Margen (siehe Paragraphen 27-29) dann widerzuspiegeln und nur dann, wenn der in Paragraph 17(a) beschriebene Betrag auch diese Margen widerspiegelt.

Wertminderung von Rückversicherungsvermögenswerten

20. Ist der Rückversicherungsvermögenswert eines Zedenten wertgemindert, hat der Zedent den Buchwert entsprechend zu reduzieren und diesen Wertminderungsaufwand erfolgswirksam zu erfassen. Ein Rückversicherungsvermögenswert ist dann und nur dann wertgemindert, wenn:

(a) ein objektiver substantieller Hinweis vorliegt, dass der Zedent als Folge eines nach dem erstmaligen Ansatz des Rückversicherungsvermögenswerts eingetretenen Ereignisses möglicherweise nicht alle ihm nach den Vertragsbedingungen zustehenden Beträge erhalten wird; und

(b) dieses Ereignis eine verlässlich bewertbare Auswirkung auf die Beträge hat, die der Zedent vom Rückversicherer erhalten wird.

Änderungen der Rechnungslegungsmethoden

21. Die Paragraphen 22-30 gelten sowohl für Änderungen, die ein Versicherer vornimmt, der bereits die IFRS verwendet als auch für Änderungen, die ein Versicherer vornimmt, wenn er die IFRS zum ersten Mal anwendet.

22. Ein Versicherer darf seine Rechnungslegungsmethoden für Versicherungsverträge dann und nur dann ändern, wenn diese Änderung den Abschluss für die wirtschaftliche Entscheidungsfindung der Adressaten relevanter macht, ohne weniger verlässlich zu sein, oder verlässlicher macht, ohne weniger relevant für jene Entscheidungsfindung zu sein. Ein Versicherer hat die Relevanz und Verlässlichkeit anhand der Kriterien von IAS 8 zu beurteilen.

23. Zur Rechtfertigung der Änderung seiner Rechnungslegungsmethoden für Versicherungsverträge hat ein Versicherer zu zeigen, dass die Änderung seinen Abschluss näher an die Erfüllung der Kriterien in IAS 8 bringt, wobei die Änderung eine vollständige Übereinstimmung mit jenen Kriterien nicht erreichen muss. Die folgenden besonderen Sachverhalte werden nachstehend erläutert:

(a) aktuelle Zinssätze (Paragraph 24);

(b) Fortführung bestehender Vorgehensweisen (Paragraph 25);

(c) Vorsicht (Paragraph 26);

(d) zukünftige Kapitalanlage-Margen (Paragraphen 27-29); und

(e) Schattenbilanzierung (Paragraph 30).

Aktuelle Marktzinssätze

24. Ein Versicherer darf, ohne dazu verpflichtet zu sein, seine Rechnungslegungsmethoden so ändern, dass er eine Neubewertung bestimmter Versicherungsverbindlichkeiten(¹) vornimmt, um die aktuellen Marktzinssätze widerzuspiegeln, und die Änderungen dieser Verbindlichkeiten erfolgswirksam erfasst. Dabei darf er auch Rechnungslegungsmethoden einführen, die andere aktuelle Schätzwerte und Annahmen für die Bewertung dieser Verbindlichkeiten fordern. Das Wahlrecht in diesem Paragraphen erlaubt einem Versicherer, seine Rechnungslegungsmethoden für bestimmte Verbindlichkeiten zu ändern, ohne diese Methoden konsequent auf alle ähnlichen Verbindlichkeiten anzuwenden, wie es andernfalls von IAS 8 verlangt würde. Wenn ein Versicherer Verbindlichkeiten für diese Wahl bestimmt, dann hat er die aktuellen Marktzinsen (und ggf. die anderen aktuellen Schätzwerte und Annahmen) konsequent in allen Perioden auf alle diese Verbindlichkeiten anzuwenden, bis sie erloschen sind.

(¹) In diesem Paragraphen enthaltenen Versicherungsver-

bindlichkeiten zugehörige abgegrenzte Abschlusskosten und zugehörige immaterielle Vermögenswerte, wie die in den Paragraphen 31 und 32 beschriebenen.

Fortführung bestehender Vorgehensweisen

25. Ein Versicherer kann die folgenden Vorgehensweisen fortführen, aber die Einführung einer solchen erfüllt nicht Paragraph 22:
(a) Bewertung von Versicherungsverbindlichkeiten auf einer nicht abgezinsten Basis.
(b) Bewertung der vertraglichen Rechte auf künftige Kapitalanlage-Gebühren mit einem Betrag, der deren beizulegenden Zeitwert übersteigt, der durch einen Vergleich mit aktuellen Gebühren, die von anderen Marktteilnehmern für ähnliche Dienstleistungen erhoben werden, angenähert werden kann. Es ist wahrscheinlich, dass der beizulegende Zeitwert bei Begründung dieser vertraglichen Rechte den Anschaffungskosten entspricht, es sei denn die künftigen Kapitalanlage-Gebühren und die zugehörigen Kosten fallen aus dem Rahmen der Vergleichswerte im Markt.
(c) Der Gebrauch uneinheitlicher Rechnungslegungsmethoden für Versicherungsverträge (und zugehörige abgegrenzte Abschlusskosten und zugehörige immaterielle Vermögenswerte, sofern vorhanden) von Tochterunternehmen, abgesehen von denen, die durch Paragraph 24 erlaubt sind. Im Fall von uneinheitlichen Rechnungslegungsmethoden darf ein Versicherer sie ändern, sofern diese Änderung die Rechnungslegungsmethoden nicht noch uneinheitlicher macht und überdies die anderen Anforderungen in diesem IFRS erfüllt.

Vorsicht

26. Ein Versicherer braucht seine Rechnungslegungsmethoden für Versicherungsverträge nicht zu ändern, um übermäßige Vorsicht zu beseitigen. Bewertet ein Versicherer indes seine Versicherungsverträge bereits mit ausreichender Vorsicht, so hat er keine zusätzliche Vorsicht mehr einzuführen.

Zukünftige Kapitalanlage-Margen

27. Ein Versicherer braucht seine Rechnungslegungsmethoden für Versicherungsverträge nicht zu ändern, um die Berücksichtigung zukünftiger Kapitalanlage-Margen zu unterlassen. Es besteht jedoch eine widerlegbare Vermutung, dass der Abschluss eines Versicherers weniger relevant und verlässlich wird, wenn er eine Rechnungslegungsmethode einführt, die zukünftige Kapitalanlage-Margen bei der Bewertung von Versicherungsverträgen berücksichtigt, es sei denn diese Margen beeinflussen die vertraglichen Zahlungen. Zwei Beispiele von Rechnungslegungsmethoden, die diese Margen berücksichtigen, sind:
(a) Verwendung eines Abzinsungssatzes, der die geschätzten Erträge aus den Vermögenswerten des Versicherers berücksichtigt; oder

(b) Hochrechnung der Erträge aus diesen Vermögenswerten aufgrund einer geschätzten Verzinsung, Abzinsung dieser hochgerechneten Erträge mit einem anderen Zinssatz und Einschluss des Ergebnisses in die Bewertung der Verbindlichkeit.

28. Ein Versicherer kann die in Paragraph 27 beschriebene widerlegbare Vermutung dann und nur dann widerlegen, wenn die anderen Komponenten der Änderung der Rechnungslegungsmethoden die Relevanz und Verlässlichkeit seiner Abschlüsse genügend verbessern, um die Verschlechterung der Relevanz und Verlässlichkeit aufzuwiegen, die durch den Einschluss zukünftiger Kapitalanlage-Margen bewirkt wird. Man nehme beispielsweise an, dass die bestehenden Rechnungslegungsmethoden eines Versicherers für Versicherungsverträge übermäßig vorsichtige bei Vertragsabschluss festzusetzende Annahmen und einen von einer Regulierungsbehörde vorgeschriebenen Abzinsungssatz ohne direkten Bezug zu den Marktkonditionen vorsehen und einige enthaltene Optionen und Garantien ignorieren. Der Versicherer könnte seine Abschlüsse relevanter und nicht weniger verlässlich machen, wenn er zu umfassenden anleger-orientierten Grundsätzen der Rechnungslegung übergehen würde, die weit gebräuchlich sind und Folgendes vorsehen:
(a) aktuelle Schätzungen und Annahmen;
(b) eine vernünftige (aber nicht übermäßig vorsichtige) Marge, um das Risiko und die Ungewissheit zu berücksichtigen;
(c) Bewertungen, die sowohl den inneren Wert als auch den Zeitwert der enthaltenen Optionen und Garantien berücksichtigen; und
(d) einen aktuellen Marktabzinsungssatz, selbst wenn dieser Abzinsungssatz die geschätzten Erträge aus den Vermögenswerten des Versicherers berücksichtigt.

29. Bei einigen Bewertungsansätzen wird der Abzinsungssatz zur Bestimmung des Barwerts zukünftiger Gewinnmargen verwendet. Diese Gewinnmargen werden dann verschiedenen Perioden mittels einer Formel zugewiesen. Bei diesen Methoden beeinflusst der Abzinsungssatz die Bewertung der Verbindlichkeit nur indirekt. Insbesondere hat die Verwendung eines weniger geeigneten Abzinsungssatzes eine begrenzte oder keine Einwirkung auf die Bewertung der Verbindlichkeit bei Vertragsabschluss. Bei anderen Methoden bestimmt der Abzinsungssatz jedoch die Bewertung der Verbindlichkeit direkt. In letzterem Fall ist es höchst unwahrscheinlich, dass ein Versicherer die im Paragraphen 27 beschriebene widerlegbare Vermutung widerlegen kann, da die Einführung eines auf den Vermögenswerten basierenden Abzinsungssatzes einen signifikanteren Effekt hat.

Schattenbilanzierung

30. In einigen Bilanzierungsmodellen haben die realisierten Gewinne und Verluste der Vermögenswerte eines Versicherers einen direkten Effekt auf die Bewertung einiger oder aller seiner (a) Ver-

sicherungsverbindlichkeiten, (b) zugehörigen abgegrenzten Abschlusskosten und (c) zugehörigen immateriellen Vermögenswerte, wie die in den Paragraphen 31 und 32 beschriebenen. Ein Versicherer darf, ohne dazu verpflichtet zu sein, seine Rechnungslegungsmethoden so ändern, dass ein erfasster, aber nicht realisierter Gewinn oder Verlust aus einem Vermögenswert diese Bewertungen in der selben Weise beeinflussen kann, wie es ein realisierter Gewinn oder Verlust täte. Die zugehörige Anpassung der Versicherungsverbindlichkeit (oder abgegrenzten Abschlusskosten oder immateriellen Vermögenswerte) ist dann und nur dann im sonstigen Ergebnis zu berücksichtigen, wenn die nicht realisierten Gewinne oder Verluste im sonstigen Ergebnis berücksichtigt werden. Diese Vorgehensweise wird manchmal als „Schattenbilanzierung" beschrieben.

Erwerb von Versicherungsverträgen durch Unternehmenszusammenschluss oder Portfolioübertragung

31. Im Einklang mit IFRS 3 hat ein Versicherer zum Erwerbszeitpunkt die von ihm in einem Unternehmenszusammenschluss übernommenen Versicherungsverbindlichkeiten und erworbenen *Versicherungsvermögenswerte* mit dem beizulegenden Zeitwert zu bewerten. Ein Versicherer darf jedoch, ohne dazu verpflichtet zu sein, eine ausgeweitete Darstellung verwenden, die den beizulegenden Zeitwert der erworbenen Versicherungsverträge in zwei Komponenten aufteilt:

(a) eine Verbindlichkeit, die gemäß den Rechnungslegungsmethoden des Versicherers für von ihm gehaltene Versicherungsverträge bewertet wird; und

(b) einen immateriellen Vermögenswert, der die Differenz zwischen (i) dem beizulegenden Zeitwert der erworbenen vertraglichen Rechte und übernommenen vertraglichen Verpflichtungen aus Versicherungsverträgen und (ii) dem in (a) beschriebenen Betrag darstellt. Die Folgebewertung dieses Vermögenswerts hat im Einklang mit der Bewertung der zugehörigen Versicherungsverbindlichkeit zu erfolgen.

32. Ein Versicherer, der einen Bestand von Versicherungsverträgen erwirbt, kann die in Paragraph 31 beschriebene ausgeweitete Darstellung verwenden.

33. Die in den Paragraphen 31 und 32 beschriebenen immateriellen Vermögenswerte sind vom Anwendungsbereich von IAS 36 *Wertminderung von Vermögenswerten* und von IAS 38 ausgenommen. IAS 36 und IAS 38 sind jedoch auf Kundenlisten und Kundenbeziehungen anzuwenden, die Erwartungen auf künftige Verträge beinhalten, die nicht in den Rahmen der vertraglichen Rechte und Verpflichtungen der Versicherungsverträge fallen, die zum Zeitpunkt des Unternehmenszusammenschlusses oder der Übertragung des Portfolios bestanden.

Ermessensabhängige Überschussbeteiligung

Ermessensabhängige Überschussbeteiligung in Versicherungsverträgen

34. Einige Versicherungsverträge enthalten sowohl eine ermessensabhängige Überschussbeteiligung als auch ein *garantiertes Element*. Der Versicherer eines solchen Vertrags:

(a) darf, ohne dazu verpflichtet zu sein, das garantierte Element getrennt von der ermessensabhängigen Überschussbeteiligung ansetzen. Wenn der Versicherer diese nicht getrennt ansetzt, hat er den gesamten Vertrag als eine Verbindlichkeit zu klassifizieren. Setzt der Versicherer sie getrennt an, dann ist das garantierte Element als eine Verbindlichkeit zu klassifizieren.

(b) hat, wenn er die ermessensabhängige Überschussbeteiligung getrennt vom garantierten Element ansetzt, diese entweder als eine Verbindlichkeit oder als eine gesonderte Komponente des Eigenkapitals zu klassifizieren. Dieser IFRS bestimmt nicht, wie der Versicherer festlegt, ob dieses Recht eine Verbindlichkeit oder Eigenkapital ist. Der Versicherer darf dieses Recht in eine Verbindlichkeit und Eigenkapitalkomponenten aufteilen und hat für diese Aufteilung eine einheitliche Rechnungslegungsmethode zu verwenden. Der Versicherer darf dieses Recht nicht als eine Zwischenkategorie klassifizieren, die weder Verbindlichkeit noch Eigenkapital ist;

(c) darf alle erhaltenen Beiträge als Erträge erfassen, ohne dabei einen Teil abzutrennen, der zur Eigenkapitalkomponente gehört. Die sich ergebenden Änderungen des garantierten Elements und des Anteils an der ermessensabhängigen Überschussbeteiligung, der als Verbindlichkeit klassifiziert ist, sind erfolgswirksam zu erfassen. Wenn ein Teil oder die gesamte ermessensabhängige Überschussbeteiligung als Eigenkapital klassifiziert ist, kann ein Teil des Gewinns oder des Verlustes diesem Recht zugerechnet werden (auf dieselbe Weise wie ein Teil einem nicht beherrschenden Anteil zugerechnet werden kann). Der Versicherer hat den Teil eines Gewinns oder Verlustes, der einer Eigenkapitalkomponente einer ermessensabhängigen Überschussbeteiligung zuzurechnen ist, als Ergebnisverwendung und nicht als Aufwendungen oder Erträge zu erfassen (siehe IAS 1 *Darstellung des Abschlusses*);

(d) hat für den Fall, dass ein eingebettetes Derivat im Vertrag enthalten ist, das in den Anwendungsbereich von IAS 39 fällt, IAS 39 auf dieses eingebettete Derivat anzuwenden;

(e) hat in jeder Hinsicht, soweit nichts anderes in den Paragraphen 14-20 und 34(a)-(d) aufgeführt ist, seine bestehenden Rechnungslegungsmethoden für solche Verträge fortzuführen, es sei denn er ändert seine Rechnungslegungsmethoden in Übereinstimmung mit den Paragraphen 21-30.

Ermessensabhängige Überschussbeteiligung in Finanzinstrumenten

35. Die Anforderungen in Paragraph 34 gelten ebenso für ein Finanzinstrument, das eine ermessensabhängige Überschussbeteiligung enthält. Ferner

(a) hat der Verpflichtete, wenn er die gesamte ermessensabhängige Überschussbeteiligung als eine Verbindlichkeit klassifiziert, den Angemessenheitstest für Verbindlichkeiten nach den Paragraphen 15-19 auf den ganzen Vertrag anzuwenden (d. h. sowohl auf das garantierte Element als auch auf die ermessensabhängige Überschussbeteiligung). Der Verpflichtete braucht den Betrag, der sich aus der Anwendung von IAS 39 auf das garantierte Element ergeben würde, nicht zu bestimmen;

(b) darf, wenn der Verpflichtete das Recht teilweise oder ganz als eine getrennte Komponente des Eigenkapitals klassifiziert, die für den ganzen Vertrag angesetzte Verbindlichkeit nicht kleiner als der Betrag sein, der sich bei der Anwendung von IAS 39 auf das garantierte Element ergeben würde. Dieser Betrag beinhaltet den inneren Wert einer Option, den Vertrag zurückzukaufen, braucht jedoch nicht seinen Zeitwert zu beinhalten, wenn Paragraph 9 diese Option von der Bewertung zum beizulegenden Zeitwert ausnimmt. Der Verpflichtete braucht den Betrag, der sich aus der Anwendung von IAS 39 auf das garantierte Element ergeben würde, weder anzugeben noch separat auszuweisen. Weiterhin braucht der Verpflichtete diesen Betrag nicht zu bestimmen, wenn die gesamte angesetzte Verbindlichkeit offensichtlich höher ist;

(c) darf der Verpflichtete weiterhin die Beiträge für diese Verträge als Erträge und die sich ergebende Erhöhung des Buchwerts der Verbindlichkeit als Aufwand erfassen, obwohl diese Verträge Finanzinstrumente sind;

(d) muss, wenngleich diese Verträge Finanzinstrumente sind, der Verpflichtete, der IFRS 7 Paragraph 20(b) auf Verträge mit einer ermessensabhängigen Überschussbeteiligung anwendet, die gesamten im Periodenergebnis erfassten Zinsaufwendungen angeben, braucht diese Zinsaufwendungen jedoch nicht mit der Effektivzinsmethode zu berechnen.

ANGABEN

Erläuterung der ausgewiesenen Beträge

36. Ein Versicherer hat Angaben zu machen, die den Betrag in seinem Abschluss, die aus Versicherungsverträgen stammen, identifizieren und erläutern.

37. Zur Erfüllung von Paragraph 36 hat der Versicherer folgende Angaben zu machen:

(a) seine Rechnungslegungsmethoden für Versicherungsverträge und zugehörige Vermögenswerte, Verbindlichkeiten, Erträge und Aufwendungen;

(b) die angesetzten Vermögenswerte, Verbindlichkeiten, Erträge und Aufwendungen (und, wenn zur Darstellung der Kapitalflussrechnung die direkte Methode verwendet wird, Cashflows), die sich aus Versicherungsverträgen ergeben. Wenn der Versicherer ein Zedent ist, hat er außerdem folgende Angaben zu machen:

  (i) erfolgswirksam erfasste Gewinne und Verluste aus der Rückversicherungsnahme; und

  (ii) wenn der Zedent die Gewinne und Verluste, die sich aus Rückversicherungsnahmen ergeben, abgrenzt und tilgt, die Tilgung für die Berichtsperiode und die ungetilgt verbleibenden Beträge am Anfang und Ende der Periode;

(c) das zur Bestimmung der Annahmen verwendete Verfahren, die die größte Auswirkung auf die Bewertung der unter (b) beschriebenen angesetzten Beträge haben. Sofern es durchführbar ist, hat ein Versicherer auch zahlenmäßige Angaben dieser Annahmen zu geben;

(d) die Auswirkung von Änderungen der zur Bewertung von Versicherungsvermögenswerten und Versicherungsverbindlichkeiten verwendeten Annahmen, wobei der Effekt jeder einzelnen Änderung, der sich wesentlich auf den Abschluss auswirkt, gesondert aufgezeigt wird;

(e) Überleitungsrechnungen der Änderungen der Versicherungsverbindlichkeiten, Rückversicherungsvermögenswerte und, sofern vorhanden, zugehöriger abgegrenzter Abschlusskosten.

Art und Ausmaß der Risiken, die sich aus Versicherungsverträgen ergeben

38. Ein Versicherer hat Angaben zu machen, die es den Abschlussadressaten ermöglichen, Art und Ausmaß der Risiken, die sich aus Versicherungsverträgen ergeben, zu bewerten.

39. Zur Erfüllung von Paragraph 38 hat der Versicherer folgende Angaben zu machen:

(a) seine Ziele, Methoden und Prozesse bei der Steuerung der Risiken, die sich aus Versicherungsverträgen ergeben, und die zur Steuerung dieser Risiken eingesetzten Methoden;

(b) [gestrichen]

(c) Informationen über das *Versicherungsrisiko* (sowohl vor als auch nach dem Ausgleich des Risikos durch Rückversicherung), einschließlich Informationen über:

  (i) die Sensitivität bezüglich des Versicherungsrisikos (siehe Paragraph 39A);

  (ii) Konzentration von Versicherungsrisiken einschließlich einer Beschreibung der Art der Bestimmung von Konzentrationen durch das Management und Beschreibung der gemeinsamen Merkmale, durch die jede Konzentration identifiziert wird (z. B. Art des versicherten Ereignisses, geographischer Bereich oder Währung);

(iii) tatsächliche Schäden verglichen mit früheren Schätzungen (d. h. Schadenentwicklung). Die Angaben zur Schadenentwicklung gehen bis zu der Periode zurück, in der die erste wesentliche Schaden eingetreten ist, für den noch Ungewissheit über den Betrag und den Zeitpunkt der Schadenzahlung besteht, aber sie müssen nicht mehr als zehn Jahre zurückgehen. Ein Versicherer braucht diese Angaben nicht für Schäden zu machen, für die die Ungewissheit über den Betrag und den Zeitpunkt der Schadenzahlung üblicherweise innerhalb eines Jahres geklärt ist;

(d) Die Informationen über Ausfallrisiken, Liquiditätsrisiken und Marktrisiken, die IFRS 7 Paragraphen 31–42 fordern würde, wenn die Versicherungsverträge in den Anwendungsbereich von IFRS 7 fielen. Doch

i) muss ein Versicherer die von IFRS 7 Paragraph 39 Buchstaben a und b geforderten Fälligkeitsanalysen nicht vorlegen, wenn er stattdessen Angaben über den voraussichtlichen zeitlichen Ablauf der Nettomittelabflüsse aufgrund von anerkannten Versicherungsverbindlichkeiten macht. Dies kann in Form einer Analyse der voraussichtlichen Fälligkeit der in der Bilanz angesetzten Beträge geschehen.

(ii) wendet ein Versicherer eine alternative Methode zur Steuerung der Sensitivität hinsichtlich der Marktbedingungen an, wie etwa eine Analyse des inhärenten Werts (Embedded Value Analyse), so kann er diese Sensitivitätsanalyse verwenden, um die Anforderungen des IFRS 7, Paragraph 40(a) zu erfüllen. Ein solcher Versicherer hat auch die in Paragraph 41 des IFRS 7 verlangten Angaben bereitzustellen.

(e) Informationen über Marktrisiken aus eingebetteten Derivaten, die in einem Basisversicherungsvertrag enthalten sind, wenn der Versicherer die eingebetteten Derivate nicht zum beizulegenden Zeitwert bewerten muss und dies auch nicht tut.

39A. Ein Versicherer hat zur Erfüllung der Vorschrift in Paragraph 39(c)(i) entweder die Angaben unter (a) oder (b) zu machen:

(a) eine Sensitivitätsanalyse, aus der ersichtlich ist, wie der Gewinn oder Verlust und das Eigenkapital beeinflusst worden wären, wenn Änderungen der entsprechenden Risikovariablen, die am Abschlussstichtag in angemessener Weise möglich gewesen wären, eingetreten wären; die Methoden und Annahmen zur Erstellung der Sensitivitätsanalyse; sowie sämtliche Änderungen der Methoden und Annahmen gegenüber früheren Perioden. Wendet indes ein Versicherer eine alternative Methode an, um die Sensitivität hinsichtlich Marktbedingungen zu steuern, wie beispielsweise die Analyse des inhärenten Werts (Embedded Value Analyse), kann er die Vorschrift erfüllen, indem er die alternative Sensitivitätsanalyse angibt und die in IFRS 7 Paragraph 41(a) geforderten Angaben macht;

(b) qualitative Informationen über die Sensitivität und Informationen über die Bestimmungen und Bedingungen von Versicherungsverträgen, die sich wesentlich auf den Betrag, den Zeitpunkt und die Ungewissheit der künftigen Zahlungsströme des Versicherers auswirken.

ZEITPUNKT DES INKRAFTTRETENS UND ÜBERGANGSVORSCHRIFTEN

40. Die Übergangsvorschriften in den Paragraphen 41-45 gelten sowohl für ein Unternehmen, das bereits IFRS anwendet, wenn es erstmals diesen IFRS anwendet, und für ein Unternehmen, das IFRS zum ersten Mal anwendet (Erstanwender).

41. Dieser IFRS ist erstmals in der ersten Berichtsperiode eines am 1. Januar 2005 oder danach beginnenden Geschäftsjahres anzuwenden. Eine frühere Anwendung wird empfohlen. Wendet ein Unternehmen diesen IFRS auf eine frühere Periode an, so ist dies anzugeben.

41A. Durch *finanzielle Garantien* (Änderungen des IAS 39 und IFRS 4), die im August 2005 veröffentlicht wurden, wurden die Paragraphen 4(d), B18(g) und B19(f) geändert. Diese Änderungen sind erstmals in der ersten Berichtsperiode eines am 1. Januar 2006 oder danach beginnenden Geschäftsjahres anzuwenden. Eine frühere Anwendung wird empfohlen. Falls ein Unternehmen diese Änderungen auf eine frühere Periode anwendet, so hat es diese Tatsache anzugeben und die entsprechenden Änderungen des IAS 39 und IAS 32[1] gleichzeitig anzuwenden.

---
[1] Wenn ein Unternehmen IFRS 7 anwendet, wird der Verweis auf IAS 32 durch einen Verweis auf IFRS 7 ersetzt.

41B. Infolge des IAS 1 (überarbeitet 2007) wurde die in allen IFRS verwendete Terminologie geändert. Außerdem wurde Paragraph 30 geändert. Diese Änderungen sind erstmals in der ersten Berichtsperiode eines am 1. Januar 2009 oder danach beginnenden Geschäftsjahres anzuwenden. Wird IAS 1 (überarbeitet 2007) auf eine frühere Periode angewandt, sind diese Änderungen entsprechend auch anzuwenden.

Angaben

42. Ein Unternehmen braucht die Angabepflichten in diesem IFRS nicht auf Vergleichsinformationen anzuwenden, die sich auf vor dem 1. Januar 2005 beginnende Geschäftsjahre beziehen, mit Ausnahme der Angaben gemäß Paragraph

37(a) und (b) über Rechnungslegungsmethoden und angesetzte Vermögenswerte, Verbindlichkeiten, Erträge und Aufwendungen (und Cashflows bei Verwendung der direkten Methode).

43. Wenn es undurchführbar ist, eine bestimmte Vorschrift der Paragraphen 10-35 auf Vergleichsinformationen anzuwenden, die sich auf Geschäftsjahre beziehen, die vor dem 1. Januar 2005 beginnen, hat ein Unternehmen dies anzugeben. Die Anwendung des Angemessenheitstests für Verbindlichkeiten (Paragraphen 15-19) auf solche Vergleichsinformationen könnte manchmal undurchführbar sein, aber es ist höchst unwahrscheinlich, dass es undurchführbar ist, andere Vorschriften der Paragraphen 10-35 bei solchen Vergleichsinformationen anzuwenden. IAS 8 erläutert den Begriff „undurchführbar".

44. Bei der Anwendung des Paragraphen 39(c)(iii) braucht ein Unternehmen keine Informationen über Schadenentwicklung anzugeben, bei der der Schaden mehr als fünf Jahre vor dem Ende des ersten Geschäftsjahres, für das dieser IFRS angewendet wird, zurückliegt. Ist es überdies bei erstmaliger Anwendung dieses IFRS undurchführbar, Informationen über die Schadenentwicklung vor dem Beginn der frühesten Berichtsperiode bereit zu stellen, für die ein Unternehmen vollständige Vergleichsinformationen in Übereinstimmung mit diesem IFRS darlegt, so hat das Unternehmen dies anzugeben.

Neueinstufung von finanziellen Vermögenswerten

45. Wenn ein Versicherer seine Rechnungslegungsmethoden für Versicherungsverbindlichkeiten ändert, ist er berechtigt, jedoch nicht verpflichtet, einige oder alle seiner finanziellen Vermögenswerte als „erfolgswirksam zum beizulegenden Zeitwert bewertet" einzustufen. Diese Neueinstufung ist erlaubt, wenn ein Versicherer bei der erstmaligen Anwendung dieses IFRS seine Rechnungslegungsmethoden ändert und wenn er nachfolgend Änderungen der Methoden durchführt, die von Paragraph 22 zugelassen sind. Diese Neueinstufung ist eine Änderung der Rechnungslegungsmethoden und IAS 8 ist anzuwenden.

ANHANG A
DEFINITIONEN

Dieser Anhang ist integraler Bestandteil des IFRS.

Zedent	Der **Versicherungsnehmer** eines **Rückversicherungsvertrags**.
Einlagenkomponente	Eine vertragliche Komponente, die nicht als ein Derivat nach IAS 39 bilanziert wird und die in den Anwendungsbereich von IAS 39 fallen würde, wenn sie ein eigenständiger Vertrag wäre.
Erstversicherungsvertrag	Ein **Versicherungsvertrag**, der kein **Rückversicherungsvertrag** ist.
Ermessensabhängige Überschussbeteiligung	Ein vertragliches Recht, als Ergänzung zu **garantierten Leistungen** zusätzliche Leistungen zu erhalten: (a) die wahrscheinlich einen signifikanten Anteil an den gesamten vertraglichen Leistungen ausmachen; (b) deren Betrag oder Fälligkeit vertraglich im Ermessen des Verpflichteten liegt; und (c) die vertraglich beruhen auf: (i) dem Ergebnis eines bestimmten Bestands an Verträgen oder eines bestimmten Typs von Verträgen; (ii) den realisierten und/oder nicht realisierten Kapitalerträgen eines bestimmten Portefeuilles von Vermögenswerten, die vom Verpflichteten gehalten werden; oder (iii) dem Gewinn oder Verlust der Gesellschaft, des Sondervermögens oder der Unternehmenseinheit, die bzw. das den Vertrag im Bestand hält.
beizulegender Zeitwert	Der Betrag, zu dem zwischen sachverständigen, vertragswilligen und voneinander unabhängigen Geschäftspartnern unter marktüblichen Bedingungen ein Vermögenswert getauscht oder eine Schuld beglichen werden könnte.

3/4. IFRS 4
Anhang A

finanzielle Garantie	Ein Vertrag, aufgrund dessen der Garantiegeber zu bestimmten Zahlungen verpflichtet ist, um den Garantienehmer für einen Schaden zu entschädigen, den er erleidet, weil ein bestimmter Schuldner gemäß den ursprünglichen oder veränderten Bedingungen eines Schuldinstruments eine fällige Zahlung nicht leistet.
Finanzrisiko	Das Risiko einer möglichen künftigen Änderung von einem oder mehreren eines genannten Zinssatzes, Wertpapierkurses, Rohstoffpreises, Wechselkurses, Preis- oder Zinsindexes, Bonitätsratings oder Kreditindexes oder einer anderen Variablen, vorausgesetzt dass im Fall einer nicht-finanziellen Variablen die Variable nicht spezifisch für eine der Parteien des Vertrages ist.
garantierte Leistungen	Zahlungen oder andere Leistungen, auf die der jeweilige **Versicherungsnehmer** oder Investor einen unbedingten Anspruch hat, der nicht im Ermessen des Verpflichteten liegt.
garantiertes Element	Eine Verpflichtung, **garantierte Leistungen** zu erbringen, die in einem Vertrag mit **ermessensabhängiger Überschussbeteiligung** enthalten sind.
Versicherungsvermögenswert	Ein Netto-Anspruch des **Versicherers** aus einem **Versicherungsvertrag**.
Versicherungsvertrag	Ein Vertrag, nach dem eine Partei (der **Versicherer**) ein signifikantes **Versicherungsrisiko** von einer anderen Partei (dem **Versicherungsnehmer**) übernimmt, indem sie vereinbart, dem Versicherungsnehmer eine Entschädigung zu leisten, wenn ein spezifiziertes ungewisses künftiges Ereignis (das **versicherte Ereignis**) den Versicherungsnehmer nachteilig betrifft. (Für die Hinweise zu dieser Definition siehe Anhang B.)
Versicherungsverbindlichkeit	Eine Netto-Verpflichtung des **Versicherers** aus einem **Versicherungsvertrag**.
Versicherungsrisiko	Ein Risiko, mit Ausnahme eines **Finanzrisikos**, das von demjenigen, der den Vertrag nimmt, auf denjenigen, der ihn hält, übertragen wird.
Versichertes Ereignis	Ein ungewisses künftiges Ereignis, das von einem **Versicherungsvertrag** gedeckt ist und ein **Versicherungsrisiko** bewirkt.
Versicherer	Die Partei, die nach einem **Versicherungsvertrag** eine Verpflichtung hat, den **Versicherungsnehmer** zu entschädigen, falls ein **versichertes Ereignis** eintritt.
Angemessenheitstest für Verbindlichkeiten	Eine Einschätzung, ob der Buchwert einer **Versicherungsverbindlichkeit** aufgrund einer Überprüfung der künftigen Cashflows erhöht (oder der Buchwert der zugehörigen abgegrenzten Abschlusskosten oder der zugehörigen immateriellen Vermögenswerte gesenkt) werden muss.
Versicherungsnehmer	Die Partei, die nach einem **Versicherungsvertrag** das Recht auf Entschädigung hat, falls ein **versichertes Ereignis** eintritt.
Rückversicherungsvermögenswerte	Ein Netto-Anspruch des **Zedenten** aus einem **Rückversicherungsvertrag**.
Rückversicherungsvertrag	Ein **Versicherungsvertrag**, den ein **Versicherer** (der **Rückversicherer**) hält, nach dem er einen anderen Versicherer (den **Zedenten**) für Schäden aus einem oder mehreren Verträgen, die der Zedent im Bestand hält, entschädigen muss.
Rückversicherer	Die Partei, die nach einem **Rückversicherungsvertrag** eine Verpflichtung hat, den **Zedenten** zu entschädigen, falls ein **versichertes Ereignis** eintritt.
entflechten	Bilanzieren der Komponenten eines Vertrages, als wären sie selbstständige Verträge.

ANHANG B

DEFINITION EINES VERSICHERUNGSVERTRAGS

Dieser Anhang ist integraler Bestandteil des IFRS.

B1. Dieser Anhang enthält Anwendungsleitlinien zur Definition eines Versicherungsvertrages in Anhang A. Er behandelt die folgenden Sachverhalte:

(a) den Begriff „ungewisses künftiges Ereignis" (Paragraphen B2-B4);
(b) Naturalleistungen (Paragraphen B5-B7);
(c) Versicherungsrisiko und andere Risiken (Paragraphen B8-B17);
(d) Beispiele für Versicherungsverträge (Paragraphen B18-B21);
(e) signifikantes Versicherungsrisiko (Paragraphen B22-B28); und
(f) Änderungen im Umfang des Versicherungsrisikos (Paragraphen B29 und B30).

UNGEWISSES KÜNFTIGES EREIGNIS

B2. Ungewissheit (oder Risiko) ist das Wesentliche eines Versicherungsvertrags. Dementsprechend besteht bei Abschluss eines Versicherungsvertrages mindestens bei einer der folgenden Fragen Ungewissheit:

(a) ob ein *versichertes Ereignis* eintreten wird;
(b) wann es eintreten wird; oder
(c) wie hoch die Leistung des Versicherers sein wird, wenn es eintritt.

B3. Bei einigen Versicherungsverträgen ist das versicherte Ereignis das Bekanntwerden eines Schadens während der Vertragslaufzeit, selbst wenn der Schaden die Folge eines Ereignisses ist, das vor Abschluss des Vertrages eintrat. In anderen Versicherungsverträgen ist das versicherte Ereignis ein Ereignis, das während der Vertragslaufzeit eintritt, selbst wenn der daraus resultierende Schaden nach Ende der Vertragslaufzeit bekannt wird.

B4. Einige Versicherungsverträge decken Ereignisse, die bereits eingetreten sind, aber deren finanzielle Auswirkung noch ungewiss ist. Ein Beispiel ist ein Rückversicherungsvertrag, der dem Erstversicherer Deckung für ungünstige Entwicklungen von Schäden gewährt, die bereits von den Versicherungsnehmern gemeldet wurden. Bei solchen Verträgen ist das versicherte Ereignis das Bekanntwerden der endgültigen Höhe dieser Schäden.

NATURALLEISTUNGEN

B5. Einige Versicherungsverträge verlangen oder erlauben die Erbringung von Naturalleistungen. Beispielsweise kann ein Versicherer einen gestohlenen Gegenstand direkt ersetzen, statt dem Versicherungsnehmer eine Erstattung zu zahlen. Als weiteres Beispiel nutzt ein Versicherer eigene Krankenhäuser und medizinisches Personal, um medizinische Dienste zu leisten, die durch die Verträge zugesagt sind.

B6. Einige Dienstleistungsverträge gegen festes Entgelt, in denen der Umfang der Dienstleistung von einem ungewissen Ereignis abhängt, erfüllen die Definition eines Versicherungsvertrages in diesem IFRS, fallen jedoch in einigen Ländern nicht unter die Regulierungsvorschriften für Versicherungsverträge. Ein Beispiel ist ein Wartungsvertrag, in dem der Dienstleister sich verpflichtet, bestimmte Geräte nach einer Funktionsstörung zu reparieren. Das feste Dienstleistungsentgelt beruht auf der erwarteten Anzahl von Funktionsstörungen, aber es ist ungewiss, ob ein bestimmtes Gerät defekt sein wird. Die Funktionsstörung des Geräts betrifft dessen Betreiber nachteilig und der Vertrag entschädigt den Betreiber (durch eine Dienstleistung, nicht durch Geld). Ein anderes Beispiel ist ein Vertrag über einen Pannenservice für Automobile, in dem sich der Dienstleister verpflichtet, für eine feste jährliche Gebühr Pannenhilfe zu leisten oder den Wagen in eine nahegelegene Werkstatt zu schleppen. Der letztere Vertrag könnte die Definition eines Versicherungsvertrages sogar dann erfüllen, wenn sich der Dienstleister nicht verpflichtet, Reparaturen durchzuführen oder Teile zu ersetzen.

B7. Die Anwendung des vorliegenden IFRS auf die in Paragraph B6 beschriebenen Verträge ist wahrscheinlich nicht aufwändiger als die Anwendung von denjenigen IFRS, die gültig wären, wenn solche Verträge außerhalb des Anwendungsbereiches dieses IFRS lägen.

(a) Es ist unwahrscheinlich, dass es wesentliche Verbindlichkeiten für bereits eingetretene Funktionsstörungen und Pannen gibt.

(b) Wenn IAS 18 *Umsatzerlöse* gelten würde, würde der Dienstleister Erträge entsprechend dem Stand der Erfüllung (und gemäß anderen spezifizierten Kriterien) ansetzen. Diese Methode ist ebenso nach diesem IFRS akzeptabel, was dem Dienstleister erlaubt, (i) seine bestehenden Rechnungslegungsmethoden für diese Verträge weiterhin anzuwenden, sofern sie nicht durch Paragraph 14 verbotenen Vorgehensweisen beinhalten, und (ii) seine Rechnungslegungsmethoden zu verbessern, wenn dies durch die Paragraphen 22-30 erlaubt ist.

(c) Der Dienstleister prüft, ob die Kosten zur Erfüllung seiner vertraglichen Verpflichtungen die im Voraus erhaltenen Erträge überschreiten. Hierzu wendet er den in den Paragraphen 15-19 dieses IFRS beschriebenen Angemessenheitstest für Verbindlichkeiten an. Würde dieser IFRS für diese Verträge nicht gelten, würde der Dienstleister zur Bestimmung, ob diese Verträge belastend sind, IAS 37 anwenden.

(d) Für diese Verträge ist es unwahrscheinlich, dass die Angabepflichten in diesem IFRS die von anderen IFRS geforderten Angaben signifikant erhöhen.

3/4. IFRS 4
Anhang B

UNTERSCHEIDUNG ZWISCHEN VERSICHERUNGSRISIKO UND ANDEREN RISIKEN

B8. Die Definition eines Versicherungsvertrages bezieht sich auf ein Versicherungsrisiko, das dieser IFRS als Risiko definiert, mit Ausnahme eines *Finanzrisikos*, das vom Nehmer eines Vertrages auf den Halter übertragen wird. Ein Vertrag, der den Halter ohne signifikantes Versicherungsrisiko einem Finanzrisiko aussetzt, ist kein Versicherungsvertrag.

B9. Die Definition von Finanzrisiko in Anhang A enthält eine Liste von finanziellen und nicht-finanziellen Variablen. Diese Liste umfasst auch nicht-finanzielle Variablen, die nicht spezifisch für eine Partei des Vertrages sind, so wie ein Index über Erdbebenschäden in einem bestimmten Gebiet oder ein Index über Temperaturen in einer bestimmten Stadt. Nicht-finanzielle Variablen, die spezifisch für eine Partei dieses Vertrages sind, so wie der Eintritt oder Nichteintritt eines Feuers, das einen Vermögenswert dieser Partei beschädigt oder zerstört, sind hier ausgeschlossen. Außerdem ist das Risiko, dass sich der beizulegende Zeitwert eines nicht-finanziellen Vermögenswerts ändert, kein Finanzrisiko, wenn der beizulegende Zeitwert nicht nur Änderungen der Marktpreise für solche Vermögenswerte (eine finanzielle Variable) widerspiegelt, sondern auch den Zustand eines bestimmten nicht-finanziellen Vermögenswerts im Besitz einer Partei eines Vertrages (eine nicht-finanzielle Variable). Wenn beispielsweise eine Garantie des Restwertes eines bestimmten Autos den Garantiegeber dem Risiko von Änderungen des physischen Zustands des Autos aussetzt, ist dieses Risiko ein Versicherungsrisiko und kein Finanzrisiko.

B10. Einige Verträge setzen den Halter zusätzlich zu einem signifikanten Versicherungsrisiko einem Finanzrisiko aus. Zum Beispiel beinhalten viele Lebensversicherungsverträge sowohl die Garantie einer Mindestverzinsung für die Versicherungsnehmer (Finanzrisiko bewirkend) als auch die Zusage von Leistungen im Todesfall, die zu manchen Zeitpunkten den Stand des Versicherungskontos übersteigen (Versicherungsrisiko in Form von Sterblichkeitsrisiko bewirkend). Hierbei handelt es sich um Versicherungsverträge.

B11. Bei einigen Verträgen löst das versicherte Ereignis die Zahlung eines Betrages aus, der an einen Preisindex gekoppelt ist. Solche Verträge sind Versicherungsverträge, sofern die durch das versicherte Ereignis bedingte Zahlung signifikant sein kann. Ist beispielsweise eine Leibrente an einen Index der Lebenshaltungskosten gebunden, so wird ein Versicherungsrisiko übertragen, weil die Zahlung durch ein ungewisses Ereignis – dem Überleben des Leibrentners – ausgelöst wird. Die Kopplung an den Preisindex ist ein eingebettetes Derivat, gleichzeitig wird jedoch ein Versicherungsrisiko übertragen. Wenn die daraus folgende Übertragung von Versicherungsrisiko signifikant ist, erfüllt das eingebettete Derivat die Definition eines Versicherungsvertrages, in welchem Fall es nicht abgetrennt und zum beizulegenden Zeitwert bewertet werden muss (siehe Paragraph 7 dieses IFRS).

B12. Die Definition von Versicherungsrisiko bezieht sich auf ein Risiko, das der Versicherer vom Versicherungsnehmer übernimmt. Mit anderen Worten ist Versicherungsrisiko ein vorher existierendes Risiko, das vom Versicherungsnehmer auf den Versicherer übertragen wird. Daher ist ein neues, durch den Vertrag entstandenes Risiko kein Versicherungsrisiko.

B13. Die Definition eines Versicherungsvertrages bezieht sich auf eine nachteilige Wirkung auf den Versicherungsnehmer. Die Definition begrenzt die Zahlung des Versicherers nicht auf einen Betrag, der der finanziellen Wirkung des nachteiligen Ereignisses entspricht. Zum Beispiel schließt die Definition „Neuwertversicherungen" nicht aus, unter denen dem Versicherungsnehmer genügend gezahlt wird, damit dieser den geschädigten bisherigen Vermögenswert durch einen neuwertigen Vermögenswert ersetzen kann. Entsprechend beschränkt die Definition die Zahlung aufgrund eines Risikolebensversicherungsvertrages nicht auf den finanziellen Schaden, den die Angehörigen des Verstorbenen erleiden, noch schließt sie die Zahlung von vorher festgelegten Beträgen aus, um den Schaden zu bewerten, der durch Tod oder Unfall verursacht würde.

B14. Einige Verträge bestimmen eine Leistung, wenn ein spezifiziertes ungewisses Ereignis eintritt, aber schreiben nicht vor, dass als Vorbedingung für die Leistung eine nachteilige Auswirkung auf den Versicherungsnehmer erfolgt sein muss. Solch ein Vertrag ist kein Versicherungsvertrag, auch dann nicht wenn der Nehmer den Vertrag dazu benutzt, um eine zugrunde liegende Risikoposition auszugleichen. Benutzt der Nehmer beispielsweise ein Derivat, um eine zugrunde liegende nicht-finanzielle Variable abzusichern, die mit Cashflows von einem Vermögenswert des Unternehmens korreliert, so ist das Derivat kein Versicherungsvertrag, weil die Zahlung nicht davon abhängt, ob der Nehmer nachteilig durch die Minderung der Cashflows aus dem Vermögenswert betroffen ist. Umgekehrt bezieht sich die Definition eines Versicherungsvertrages auf ein ungewisses Ereignis, für das eine nachteilige Wirkung auf den Versicherungsnehmer eine vertragliche Voraussetzung für die Leistung ist. Diese vertragliche Voraussetzung verlangt vom Versicherer keine Überprüfung, ob das Ereignis tatsächlich eine nachteilige Wirkung verursacht hat, aber sie erlaubt dem Versicherer, eine Leistung zu verweigern, wenn er nicht überzeugt ist, dass das Ereignis eine nachteilige Wirkung verursacht hat.

B15. Storno- oder Bestandsfestigkeitsrisiko (d. h. das Risiko, dass die Gegenpartei den Vertrag früher oder später kündigt als bei der Preisfestsetzung des Vertrages vom Anbieter erwartet) ist kein Versicherungsrisiko, da die Leistung an die Gegenpartei nicht von einem ungewissen künftigen Ereignis abhängt, das die Gegenpartei nachteilig betrifft. Entsprechend ist ein Kostenrisiko (d. h. das Risiko von unerwarteten Erhöhungen der Verwaltungskosten, die mit der Verwaltung eines Vertrages, nicht jedoch der Kosten, die mit versicherten Ereignissen verbunden sind) kein Versicherungsrisiko, da eine unerwartete Erhöhung der Kosten die Gegenpartei nicht nachteilig betrifft.

B16. Deswegen ist ein Vertrag, der den Halter einem Storno-, Bestandsfestigkeits- oder Kostenrisiko aussetzt, kein Versicherungsvertrag, sofern er den Halter nicht auch einem Versicherungsrisiko aussetzt. Wenn jedoch der Halter dieses Vertrages dieses Risiko mithilfe eines zweiten Vertrages herabsetzt, in dem er einen Teil dieses Risikos auf eine andere Partei überträgt, so setzt dieser zweite Vertrag diese andere Partei einem Versicherungsrisiko aus.

B17. Ein Versicherer kann signifikantes Versicherungsrisiko nur dann vom Versicherungsnehmer übernehmen, wenn der Versicherer ein vom Versicherungsnehmer getrenntes Unternehmen ist. Im Falle eines Gegenseitigkeitsversicherers übernimmt dieser von jedem Versicherungsnehmer Risiken und erreicht mit diesen einen Portefeuilleausgleich. Obwohl die Versicherungsnehmer kollektiv das Portefeuillerisiko in ihrer Eigenschaft als Eigentümer tragen, übernimmt dennoch der Gegenseitigkeitsversicherer das Risiko des einzelnen Versicherungsvertrags.

BEISPIELE FÜR VERSICHERUNGSVERTRÄGE

B18. Bei den folgenden Beispielen handelt es sich um Versicherungsverträge, wenn das übertragene Versicherungsrisiko signifikant ist:

(a) Diebstahlversicherung oder Sachversicherung;

(b) Produkthaftpflicht-, Berufshaftpflicht-, allgemeine Haftpflicht- oder Rechtsschutzversicherung;

(c) Lebensversicherung und Beerdigungskostenversicherung (obwohl der Tod sicher ist, ist es ungewiss, wann er eintreten wird oder bei einigen Formen der Lebensversicherung, ob der Tod während der Versicherungsdauer eintreten wird);

(d) Leibrenten und Pensionsversicherungen (d. h. Verträge, die eine Entschädigung für das ungewisse künftige Ereignis – das Überleben des Leibrentners oder Pensionärs – zusagen, um den Leibrentner oder Pensionär zu unterstützen, einen bestimmten Lebensstandard aufrecht zu erhalten, der ansonsten nachteilig durch dessen Überleben beeinträchtigt werden würde);

(e) Erwerbsminderungsversicherung und Krankheitskostenversicherung;

(f) Bürgschaften, Kautionsversicherungen, Gewährleistungsbürgschaften und Bietungsbürgschaften (d. h. Verträge, die eine Entschädigung zusagen, wenn eine andere Partei eine vertragliche Verpflichtung nicht erfüllt, z. B. eine Verpflichtung ein Gebäude zu errichten);

(g) Kreditversicherung, die bestimmte Zahlungen zur Erstattung eines Schadens des Nehmers zusagt, den er erleidet, weil ein bestimmter Schuldner gemäß den ursprünglichen oder veränderten Bedingungen eines Schuldinstruments eine fällige Zahlung nicht leistet. Diese Verträge können verschiedene rechtliche Formen haben, wie die einer Garantie, einiger Arten von Akkreditiven, eines Verzugs-Kreditderivats oder eines Versicherungsvertrages. Wenngleich diese Verträge die Definition eines Versicherungsvertrages erfüllen, entsprechen sie jedoch auch der Definition einer finanziellen Garantie gemäß IAS 39 und fallen in den Anwendungsbereich des IAS 32 (1) und IAS 39, jedoch nicht dieses IFRS (siehe Paragraph 4(d)). Hat jedoch ein Garantiegeber finanzieller Garantien zuvor ausdrücklich erklärt, dass er solche Verträge als Versicherungsverträge betrachtet und auf Versicherungsverträge anwendbare Bilanzierungsmethoden verwendet, dann kann dieser Garantiegeber wählen, ob er auf solche finanziellen Garantien entweder IAS 39 und IAS 32([1]) oder diesen Standard anwendet;

([1]) Wenn ein Unternehmen IFRS 7 anwendet, wird der Verweis auf IAS 32 durch einen Verweis auf IFRS 7 ersetzt.

(h) Produktgewährleistungen. Produktgewährleistungen, die von einer anderen Partei für vom Hersteller, Groß- oder Einzelhändler verkaufte Waren gewährt werden, fallen in den Anwendungsbereich dieses IFRS. Produktgewährleistungen, die hingegen direkt vom Hersteller, Groß- oder Einzelhändler gewährt werden, sind außerhalb des Anwendungsbereichs, weil sie in den Anwendungsbereich von IAS 18 und IAS 37 fallen;

(i) Rechtstitelversicherungen (d. h. Versicherung gegen die Aufdeckung von Mängeln eines Rechtstitels auf Grundeigentum, die bei Abschluss des Versicherungsvertrages nicht erkennbar waren). In diesem Fall ist die Aufdeckung eines Mangels eines Rechtstitels das versicherte Ereignis und nicht der Mangel als solcher;

(j) Reiseserviceversicherung (d. h. Entschädigung in bar oder in Form von Dienstleistungen an Versicherungsnehmer für Schäden, die sie während einer Reise erlitten haben). Die Paragraphen B6 und B7 erläutern einige Verträge dieser Art;

(k) Katastrophenbonds, die verringerte Zahlungen von Kapital, Zinsen oder beidem vorsehen, wenn ein bestimmtes Ereignis den Emittenten des Bonds nachteilig betrifft (ausgenommen wenn dieses bestimmte Ereignis kein signifikantes Versicherungsrisiko bewirkt, zum Beispiel wenn dieses Ereignis eine

3/4. IFRS 4
Anhang B

Änderung eines Zinssatzes oder Wechselkurses ist);

(l) Versicherungs-Swaps und andere Verträge, die eine Zahlung auf Basis von Änderungen der klimatischen, geologischen oder sonstigen physikalischen Variablen vorsehen, die spezifisch für eine Partei des Vertrages sind;

(m) Rückversicherungsverträge.

B19. Die folgenden Beispiele stellen keine Versicherungsverträge dar:

(a) Kapitalanlageverträge, die die rechtliche Form eines Versicherungsvertrages haben, aber den Versicherer keinem signifikanten Versicherungsrisiko aussetzen, z. B. Lebensversicherungsverträge, bei denen der Versicherer kein signifikantes Sterblichkeitsrisiko trägt (solche Verträge sind nicht-versicherungsartige Finanzinstrumente oder Dienstleistungsverträge, siehe Paragraphen B20 und B21);

(b) Verträge, die die rechtliche Form von Versicherungen haben, aber jedes signifikante Versicherungsrisiko durch unkündbare und durchsetzbare Mechanismen an den Versicherungsnehmer rückübertragen, indem sie die künftigen Zahlungen des Versicherungsnehmers als direkte Folge der versicherten Schäden anpassen, wie beispielsweise einige Finanzrückversicherungs- oder Gruppenversicherungsverträge (solche Verträge sind in der Regel nicht-versicherungsartige Finanzinstrumente oder Dienstleistungsverträge, siehe Paragraphen B20 und B21);

(c) Selbstversicherung, in anderen Worten Selbsttragung eines Risikos das durch eine Versicherung gedeckt werden könnte (hier gibt es keinen Versicherungsvertrag, da es keine Vereinbarung mit einer anderen Partei gibt);

(d) Verträge (wie Rechtsverhältnisse von Spielbanken) die eine Zahlung bestimmen, wenn ein bestimmtes ungewisses künftiges Ereignis eintritt, aber nicht als vertragliche Bedingung für die Zahlung verlangen, dass das Ereignis den Versicherungsnehmer nachteilig betrifft. Dies schließt jedoch nicht die Festlegung eines vorab bestimmten Auszahlungsbetrages zur Quantifizierung des durch ein spezifiziertes Ereignis, wie Tod oder Unfall, verursachten Schadens aus (siehe auch Paragraph B13);

(e) Derivate, die eine Partei einem Finanzrisiko aber nicht einem Versicherungsrisiko aussetzen, weil sie bestimmen, dass diese Partei Zahlungen nur bei Änderungen eines oder mehrerer eines genannten Zinssatzes, Wertpapierkurses, Rohstoffpreises, Wechselkurses, Preis- oder Zinsindexes, Bonitätsratings oder Kreditindexes oder einer anderen Variablen zu leisten hat, sofern im Fall einer nicht-finanziellen Variablen die Variable nicht spezifisch für eine Partei des Vertrages ist (siehe IAS 39);

(f) eine kreditbezogenen Garantie (oder Akkreditiv, Verzugskredit-Derivat oder Kreditversicherungsvertrag), die Zahlungen auch dann verlangt, wenn der Inhaber keinen Schaden dadurch erleidet, dass der Schuldner eine fällige Zahlung nicht leistet (siehe IAS 39);

(g) Verträge, die eine auf einer klimatischen, geologischen oder physikalischen Variablen begründete Zahlung vorsehen, die nicht spezifisch für eine Vertragspartei ist (allgemein als Wetterderivate bezeichnet);

(h) Katastrophenbonds, die verringerte Zahlungen von Kapital, Zinsen oder beidem vorsehen, welche auf einer klimatischen, geologischen oder anderen physikalischen Variablen beruhen, die nicht spezifisch für eine Vertragspartei ist.

B20. Wenn die in Paragraph B19 beschriebenen Verträge finanzielle Vermögenswerte oder finanzielle Verbindlichkeiten bewirken, fallen sie in den Anwendungsbereich von IAS 39. Unter anderem bedeutet dies, dass die Vertragsparteien das manchmal als „Einlagenbilanzierung" bezeichnete Verfahren verwenden, das Folgendes beinhaltet:

(a) eine Partei setzt das erhaltene Entgelt als eine finanzielle Verbindlichkeit an und nicht als Umsatzerlöse;

(b) die andere Partei setzt das gezahlte Entgelt als einen finanziellen Vermögenswert an und nicht als Aufwendungen.

B21. Wenn die in Paragraph B19 beschriebenen Verträge weder finanzielle Vermögenswerte noch finanzielle Verbindlichkeiten bewirken, gilt IAS 18. Gemäß IAS 18 werden *Umsatzerlöse*, die mit einem Geschäft verbunden sind, welche die Erbringung von Dienstleistungen einschließt, entsprechend dem Fertigstellungsgrad des Geschäfts angesetzt, wenn der Ausgang des Geschäfts verlässlich geschätzt werden kann.

SIGNIFIKANTES VERSICHERUNGSRISIKO

B22. Ein Vertrag ist nur dann ein Versicherungsvertrag, wenn er ein signifikantes Versicherungsrisiko überträgt. Die Paragraphen B8-B21 behandeln das Versicherungsrisiko. Die folgenden Paragraphen behandeln die Einschätzung, ob ein Versicherungsrisiko signifikant ist.

B23. Ein Versicherungsrisiko ist dann und nur dann signifikant, wenn ein versichertes Ereignis bewirken könnte, dass ein Versicherer unter irgendwelchen Umständen signifikante zusätzliche Leistungen zu erbringen hat, ausgenommen der Umstände, denen es an kommerzieller Bedeutung fehlt (d. h. die keine wahrnehmbare Wirkung auf die wirtschaftliche Sicht des Geschäfts haben). Wenn signifikante zusätzliche Leistungen unter Umständen von kommerzieller Bedeutung zu erbringen wären, kann die Bedingung des vorhergehenden Satzes sogar dann erfüllt sein, wenn das versicherte Ereignis höchst unwahrscheinlich ist oder wenn der erwartete (d. h. wahrscheinkeitsgewichtete) Barwert der bedingten Cashflows nur einen kleinen Teil des erwarteten Barwerts aller übrigen vertraglichen Cashflows ausmacht.

B24. Die in Paragraph 23 beschriebenen zusätzlichen Leistungen beziehen sich auf Beträge, die über die zu Erbringenden hinausgehen, wenn kein versichertes Ereignis eintreten würde (ausgenommen der Umstände, denen es an kommerzieller Bedeutung fehlt). Diese zusätzlichen Beträge schließen Schadensbearbeitungs- und Schadensfeststellungskosten mit ein, aber beinhalten nicht:

(a) den Verlust der Möglichkeit, den Versicherungsnehmer für künftige Dienstleistungen zu belasten. So bedeutet beispielsweise im Fall eines an Kapitalanlagen gebundenen Lebensversicherungsvertrages der Tod des Versicherungsnehmers, dass der Versicherer nicht länger Kapitalanlagedienstleistungen erbringt und dafür eine Gebühr einnimmt. Dieser wirtschaftliche Schaden stellt für den Versicherer indes kein Versicherungsrisiko dar, wie auch ein Investmentfondsmanager kein Versicherungsrisiko in Bezug auf den möglichen Tod eines Kunden trägt. Daher ist der potenzielle Verlust von künftigen Kapitalanlagegebühren bei der Einschätzung, wie viel Versicherungsrisiko von dem Vertrag übertragen wird, nicht relevant;

(b) den Verzicht auf Abzüge im Todesfall, die bei Kündigung oder Rückkauf vorgenommen würden. Da der Vertrag diese Abzüge erst eingeführt hat, stellt der Verzicht auf diese Abzüge keine Entschädigung des Versicherungsnehmers für ein vorher bestehendes Risiko dar. Daher sind sie bei der Einschätzung, wie viel Versicherungsrisiko von dem Vertrag übertragen wird, nicht relevant;

(c) eine Zahlung, die von einem Ereignis abhängt, das keinen signifikanten Schaden für den Nehmer des Vertrages hervorruft. Betrachtet man beispielsweise einen Vertrag, der den Anbieter verpflichtet, eine Million Währungseinheiten zu zahlen, wenn ein Vermögenswert einen physischen Schaden erleidet, der einen insignifikanten wirtschaftlichen Schaden von einer Währungseinheit für den Besitzer verursacht. Durch diesen Vertrag überträgt der Nehmer auf den Versicherer das insignifikante Risiko, eine Währungseinheit zu verlieren. Gleichzeitig bewirkt der Vertrag ein Risiko, das kein Versicherungsrisiko ist, aufgrund dessen der Anbieter 999.999 Währungseinheiten zahlen muss, wenn das spezifizierte Ereignis eintritt. Weil der Anbieter kein signifikantes Versicherungsrisiko vom Nehmer übernimmt, ist der Vertrag kein Versicherungsvertrag;

(d) mögliche Rückversicherungsdeckung. Der Versicherer bilanziert diese gesondert.

B25. Ein Versicherer hat die Signifikanz des Versicherungsrisikos für jeden einzelnen Vertrag einzuschätzen, ohne Bezugnahme auf die Wesentlichkeit für den Abschluss.(¹) Daher kann ein Versicherungsrisiko auch signifikant sein, selbst wenn die Wahrscheinlichkeit wesentlicher Verluste aus dem Bestand an Verträgen in Summe minimal ist. Diese Einschätzung auf Basis des einzelnen Vertrages macht es eher möglich, einen Vertrag als einen Versicherungsvertrag zu klassifizieren. Ist indes von einem relativ homogenen Bestand von kleinen Verträgen bekannt, dass alle Versicherungsrisiken übertragen, braucht ein Versicherer nicht jeden Vertrag dieses Bestandes einzeln zu überprüfen, um nur wenige Verträge, die jedoch keine Derivate sein dürfen, mit einer Übertragung von insignifikantem Versicherungsrisiko herauszufinden.

(¹) Für diesen Zweck bilden Verträge, die gleichzeitig mit einer einzigen Gegenpartei geschlossen wurden (oder Verträge, die auf andere Weise voneinander abhängig sind) einen einzigen Vertrag.

B26. Aus den Paragraphen B23-B25 folgt, dass ein Vertrag, der die Zahlung von einer über der Erlebensfallleistung liegenden Leistung im Todesfall vorsieht, ein Versicherungsvertrag ist, es sei denn, dass die zusätzliche Leistung im Todesfall insignifikant ist (beurteilt in Bezug auf den Vertrag und nicht auf den gesamten Bestand der Verträge). Wie in Paragraph B24(b) vermerkt, wird der Verzicht auf Kündigungs- oder Rückkaufabzügen im Todesfall bei dieser Einschätzung nicht berücksichtigt, wenn dieser Verzicht den Versicherungsnehmer nicht für ein vorher bestehendes Risiko entschädigt. Entsprechend ist ein Rentenversicherungsvertrag, der für den Rest des Lebens des Versicherungsnehmers regelmäßige Zahlungen vorsieht, ein Versicherungsvertrag, es sei denn, die gesamten vom Überleben abhängigen Zahlungen sind insignifikant.

B27. Paragraph B23 bezieht sich auf zusätzliche Leistungen. Diese zusätzlichen Leistungen können ein Erfordernis beinhalten, die Leistungen früher zu erbringen, wenn das versicherte Ereignis früher eintritt und die Zahlung nicht entsprechend der Zinseffekte berichtigt ist. Ein Beispiel hierfür ist eine lebenslängliche Todesfallversicherung mit fester Versicherungssumme (in anderen Worten, eine Versicherung, die eine feste Leistung im Todesfall vorsieht, wann immer der Versicherungsnehmer stirbt, ohne Ende des Versicherungsschutzes). Es ist gewiss, dass der Versicherungsnehmer sterben wird, aber der Zeitpunkt des Todes ist ungewiss. Der Versicherer wird bei jenen individuellen Verträgen einen Verlust erleiden, deren Versicherungsnehmer früh sterben, selbst wenn es insgesamt im Bestand der Verträge keinen Verlust gibt.

B28. Wenn ein Versicherungsvertrag in eine Einlagenkomponente und eine Versicherungskomponente entflochten wird, wird die Signifikanz des übertragenen Versicherungsrisikos in Bezug auf die Versicherungskomponente eingeschätzt. Die Signifikanz des innerhalb eines eingebetteten Derivates übertragenen Versicherungsrisikos wird in Bezug auf das eingebettete Derivat eingeschätzt.

3/4. IFRS 4
Anhang B

Änderungen im Umfang des Versicherungsrisikos

B29. Einige Verträge übertragen bei Abschluss kein Versicherungsrisiko auf den Versicherer, obwohl sie zu einer späteren Zeit Versicherungsrisiko übertragen. Man betrachte z. B. einen Vertrag, der einen spezifizierten Kapitalertrag vorsieht und ein Wahlrecht für den Versicherungsnehmer beinhaltet, das Ergebnis der Kapitalanlage bei Ablauf zum Erwerb einer Leibrente zu benutzen, deren Preis sich nach den aktuellen Rentenbeitragssätzen bestimmt, die von dem Versicherer zum Ausübungszeitpunkt des Wahlrechtes von anderen neuen Leibrentnern erhoben werden. Der Vertrag überträgt kein Versicherungsrisiko auf den Versicherer, bis das Wahlrecht ausgeübt wird, weil der Versicherer frei bleibt, den Preis der Rente so zu bestimmen, dass sie das zu dem Zeitpunkt auf den Versicherer übertragene Versicherungsrisiko widerspiegelt. Wenn der Vertrag indes die Rentenfaktoren angibt (oder eine Grundlage für die Bestimmung der Rentenfaktoren), überträgt der Vertrag das Versicherungsrisiko auf den Versicherer ab Vertragsabschluss.

B30. Ein Vertrag, der die Kriterien eines Versicherungsvertrags erfüllt, bleibt ein Versicherungsvertrag bis alle Rechte und Verpflichtungen aus dem Vertrag aufgehoben oder erloschen sind.

INTERNATIONAL FINANCIAL REPORTING STANDARD 5
Zur Veräußerung gehaltene langfristige Vermögenswerte und aufgegebene Geschäftsbereiche

IFRS 5, VO (EG) Nr. 1126/2008 i.d.F.

1 VO (EG) Nr. 1274/2008 [IAS 1]
2 VO (EG) Nr. 70/2009
3 VO (EG) Nr. 70/2009 [IAS 41]
4 VO (EG) Nr. 494/2009 [IAS 27]
5 VO (EG) Nr. 1142/2009 [IFRIC 17]
6 VO (EG) Nr. 243/2010

GLIEDERUNG	§§
ZIELSETZUNG	1
ANWENDUNGSBEREICH	2–5B
EINSTUFUNG VON LANGFRISTIGEN VERMÖGENSWERTEN (ODER VERÄUSSERUNGSGRUPPEN) ALS ZUR VERÄUSSERUNG GEHALTEN ODER ALS ZUR AUSSCHÜTTUNG AN EIGENTÜMER GEHALTEN	6–14
Zur Stilllegung bestimmte langfristige Vermögenswerte	13–14
BEWERTUNG VON LANGFRISTIGEN VERMÖGENSWERTEN (ODER VERÄUSSERUNGSGRUPPEN), DIE ALS ZUR VERÄUSSERUNG GEHALTEN EINGESTUFT WERDEN	15–29
Bewertung eines langfristigen Vermögenswerts (oder einer Veräußerungsgruppe)	15–19
Erfassung von Wertminderungsaufwendungen und Wertaufholungen	20–25
Änderungen eines Veräußerungsplans	26–29
DARSTELLUNG UND ANGABEN	30–42
Darstellung von aufgegebenen Geschäftsbereichen	31–36A
Gewinn oder Verlust aus fortzuführenden Geschäftsbereichen	37
Darstellung von langfristigen Vermögenswerten oder Veräußerungsgruppen, die als zur Veräußerung gehalten eingestuft werden	38–40
Zusätzliche Angaben	41–42
ÜBERGANGSVORSCHRIFTEN	43
ZEITPUNKT DES INKRAFTTRETENS	44–44E
RÜCKNAHME VON IAS 35	45
ANHANG A Definitionen	
ANHANG B Ergänzungen zu Anwendungen	B1

ZIELSETZUNG

1. Die Zielsetzung dieses IFRS ist es, die Bilanzierung von zur Veräußerung gehaltenen Vermögenswerten sowie die Darstellung von und die Anhangangaben zu *aufgegebenen Geschäftsbereichen* festzulegen. Im Besonderen schreibt dieser IFRS vor:

(a) Vermögenswerte, die als zur Veräußerung gehalten eingestuft werden, sind mit dem niedrigeren Wert aus Buchwert und *beizulegendem Zeitwert* abzüglich *Veräußerungskosten* zu bewerten und die Abschreibung dieser Vermögenswerte auszusetzen; und

(b) Vermögenswerte, die als zur Veräußerung gehalten eingestuft werden, sind als gesonderter Posten in der Bilanz und die Ergebnisse aufgegebener Geschäftsbereiche als gesonderter Posten in der Gesamtergebnisrechnung auszuweisen.

ANWENDUNGSBEREICH

2. Die Einstufungs- und Darstellungspflichten dieses IFRS gelten für alle angesetzten *langfristigen Vermögenswerte*([1]) und alle Veräußerungsgruppen eines Unternehmens. Die Bewertungsvorschriften dieses IFRS sind auf alle angesetzten langfristigen Vermögenswerte und Veräußerungsgruppen (wie in Paragraph 4 beschrieben) anzuwenden, mit Ausnahme der in Paragraph 5 aufgeführten Vermögenswerte, die weiterhin gemäß dem jeweils angegebenen Standard zu bewerten sind.

([1]) Bei einer Einstufung der Vermögenswerte gemäß einer Liquiditätsdarstellung sind als langfristige Vermögenswerte alle Vermögenswerte einzustufen, die Beträge enthalten, deren Realisierung mehr als zwölf Monate nach dem Abschlussstichtag erwartet wird. Auf die Einstufung solcher Vermögenswerte ist Paragraph 3 anzuwenden.

3. Vermögenswerte, die gemäß IAS 1 *Darstellung des Abschlusses* als langfristige Vermögenswerte eingestuft wurden, dürfen nur dann in kurzfristige Vermögenswerte umgegliedert werden, wenn sie die Kriterien für eine Einstufung als „zur Veräußerung gehalten" gemäß diesem IFRS erfüllen. Vermögenswerte einer Gruppe, die ein Unternehmen normalerweise als langfristige Vermögenswerte betrachten würde und die ausschließlich mit der Absicht einer Weiterveräußerung erworben wurden, dürfen nur dann als kurzfristige Vermögenswerte eingestuft werden, wenn sie die Kriterien für eine Einstufung als „zur Veräußerung gehalten" gemäß diesem IFRS erfüllen.

4. Manchmal veräußert ein Unternehmen eine Gruppe von Vermögenswerten und möglicherweise einige direkt mit ihnen in Verbindung stehende Schulden gemeinsam in einer einzigen Transaktion. Bei einer solchen Veräußerungsgruppe kann es sich um eine Gruppe von *zahlungsmittelgenerierenden Einheiten*, eine einzelne zahlungsmittelgenerierende Einheit oder einen Teil einer zahlungsmittelgenerierenden Einheit handeln.(^{2}) Die Gruppe kann alle Arten von Vermögenswerten und Schulden des Unternehmens umfassen, einschließlich kurzfristige Vermögenswerte, kurzfristige Schulden und Vermögenswerte, die gemäß Paragraph 5 von den Bewertungsvorschriften dieses IFRS ausgenommen sind. Enthält die Veräußerungsgruppe einen langfristigen Vermögenswert, der in den Anwendungsbereich der Bewertungsvorschriften dieses IFRS fällt, sind diese Bewertungsvorschriften auf die gesamte Gruppe anzuwenden, d. h. die Gruppe ist zum niedrigeren Wert aus Buchwert oder beizulegendem Zeitwert abzüglich Veräußerungskosten anzusetzen. Die Vorschriften für die Bewertung der einzelnen Vermögenswerte und Schulden innerhalb einer Veräußerungsgruppe werden in den Paragraphen 18, 19 und 23 ausgeführt.

(^{2}) Sobald jedoch erwartet wird, dass die in Verbindung mit einem Vermögenswert oder einer Gruppe von Vermögenswerten anfallenden Cashflows hauptsächlich durch Veräußerung und nicht durch fortgesetzte Nutzung erzeugt werden, werden sie weniger abhängig von den Cashflows aus anderen Vermögenswerten, so dass eine Veräußerungsgruppe, die Bestandteil einer zahlungsmittelgenerierenden Einheit war, zu einer eigenen zahlungsmittelgenerierenden Einheit wird.

5. Die Bewertungsvorschriften dieses IFRS(^{3}) sind nicht anzuwenden auf die folgenden Vermögenswerte, die als einzelne Vermögenswerte oder Bestandteil einer Veräußerungsgruppe durch die nachfolgend angegebenen Standards abgedeckt werden:

(^{3}) Mit Ausnahme der Paragraphen 18 und 19, die eine Bewertung der betreffenden Vermögenswerte gemäß anderen maßgeblichen IFRS vorschreiben.

(a) latente Steueransprüche (IAS 12 *Ertragsteuern*);

(b) Vermögenswerte, die aus Leistungen an Arbeitnehmer resultieren (IAS 19 *Leistungen an Arbeitnehmer*);

(c) finanzielle Vermögenswerte, die in den Anwendungsbereich von IAS 39 *Finanzinstrumente: Ansatz und Bewertung* fallen;

(d) langfristige Vermögenswerte, die nach dem Modell des beizulegenden Zeitwerts in IAS 40 *Als Finanzinvestition gehaltene Immobilien* bilanziert werden;

(e) langfristige Vermögenswerte, die mit dem beizulegenden Zeitwert abzüglich der Verkaufskosten gemäß IAS 41 *Landwirtschaft* angesetzt werden;

(f) vertragliche Rechte im Rahmen von Versicherungsverträgen laut Definition in IFRS 4 *Versicherungsverträge*.

5A. Die in diesem IFRS aufgeführten Einstufungs-, Darstellungs- und Bewertungsvorschriften für langfristige Vermögenswerte (oder Veräußerungsgruppen), die als zur Veräußerung gehalten eingestuft sind, gelten ebenso für langfristige Vermögenswerte (oder Veräußerungsgruppen), die als zur Ausschüttung an Eigentümer (in ihrer Eigenschaft als Eigentümer) gehalten eingestuft sind (zur Ausschüttung an Eigentümer gehalten).

5B. Dieser IFRS legt fest, welche Angaben zu langfristigen Vermögenswerten (oder Veräußerungsgruppen), die als zur Veräußerung gehalten eingestuft werden, oder zu aufgegebenen Geschäftsbereichen zu machen sind. Angaben in anderen IFRS gelten nicht für diese Vermögenswerte (oder Veräußerungsgruppen), es sei denn, diese IFRS schreiben Folgendes vor:

a) spezifische Angaben zu langfristigen Vermögenswerten (oder Veräußerungsgruppen), die als zur Veräußerung gehalten eingestuft werden, oder zu aufgegebenen Geschäftsbereichen; oder

b) Angaben zur Bewertung der Vermögenswerte und Schulden einer Veräußerungsgruppe, die nicht unter die Bewertungsanforderung gemäß IFRS 5 fallen und sofern derlei Angaben nicht bereits im Anhang zum Abschluss gemacht werden.

Zusätzliche Angaben zu langfristigen Vermögenswerten (oder Veräußerungsgruppen), die als zur Veräußerung gehalten eingestuft werden, oder zu aufgegebenen Geschäftsbereichen können erforderlich werden, um den allgemeinen Anforderungen von IAS 1 und insbesondere dessen Paragraphen 15 und 125 zu genügen.

EINSTUFUNG VON LANGFRISTIGEN VERMÖGENSWERTEN (ODER VERÄUSSERUNGSGRUPPEN) ALS ZUR VERÄUSSERUNG GEHALTEN ODER ALS ZUR AUSSCHÜTTUNG AN EIGENTÜMER GEHALTEN

6. Ein langfristiger Vermögenswert (oder eine Veräußerungsgruppe) ist als zur Veräußerung gehalten einzustufen, wenn der zugehörige Buchwert

überwiegend durch ein Veräußerungsgeschäft und nicht durch fortgesetzte Nutzung realisiert wird.

7. Damit dies der Fall ist, muss der Vermögenswert (oder die Veräußerungsgruppe) im gegenwärtigen Zustand zu Bedingungen, die für den Verkauf derartiger Vermögenswerte (oder Veräußerungsgruppen) gängig und üblich sind, sofort veräußerbar sein, und eine solche Veräußerung muss *höchstwahrscheinlich* sein.

8. Eine Veräußerung ist dann höchstwahrscheinlich, wenn die zuständige Managementebene einen Plan für den Verkauf des Vermögenswerts (oder der Veräußerungsgruppe) beschlossen hat und mit der Suche nach einem Käufer und der Durchführung des Plans aktiv begonnen wurde. Des Weiteren muss der Vermögenswert (oder die Veräußerungsgruppe) tatsächlich zum Erwerb für einen Preis angeboten werden, der in einem angemessenen Verhältnis zum gegenwärtig beizulegenden Zeitwert steht. Außerdem muss die Veräußerung erwartungsgemäß innerhalb eines Jahres ab dem Zeitpunkt der Einstufung für eine Erfassung als abgeschlossener Verkauf in Betracht kommen, soweit gemäß Paragraph 9 nicht etwas anderes gestattet ist, und die zur Umsetzung des Plans erforderlichen Maßnahmen müssen den Schluss zulassen, dass wesentliche Änderungen am Plan oder eine Aufhebung des Plans unwahrscheinlich erscheinen. Die Wahrscheinlichkeit der Genehmigung der Anteilseigner (sofern dies gesetzlich vorgeschrieben ist) ist im Rahmen der Beurteilung, ob der Verkauf eine hohe Eintrittswahrscheinlichkeit hat, zu berücksichtigen.

8A. Ein Unternehmen, das an einen Verkaufsplan gebunden ist, der den Verlust der Beherrschung eines Tochterunternehmens zur Folge hat, hat alle Vermögenswerte und Schulden dieses Tochterunternehmens als zur Veräußerung gehalten einzustufen, sofern die Kriterien in den Paragraphen 6-8 erfüllt sind, und zwar unabhängig davon, ob das Unternehmen auch nach dem Verkauf eine nichtbeherrschende Beteiligung am ehemaligen Tochterunternehmen behalten wird.

9. Ereignisse oder Umstände können dazu führen, dass der Verkauf erst nach einem Jahr stattfindet. Eine Verlängerung des für den Verkaufsabschluss benötigten Zeitraums schließt nicht die Einstufung eines Vermögenswerts (oder einer Veräußerungsgruppe) als zur Veräußerung gehalten aus, wenn die Verzögerung auf Ereignisse oder Umstände zurückzuführen ist, die außerhalb der Kontrolle des Unternehmens liegen, und ausreichende substanzielle Hinweise vorliegen, dass das Unternehmen weiterhin an seinem Plan zum Verkauf des Vermögenswerts (oder der Veräußerungsgruppe) festhält. Dies ist der Fall, wenn die in Anhang B angegebenen Kriterien erfüllt werden.

10. Veräußerungsgeschäfte umfassen auch den Tausch von langfristigen Vermögenswerten gegen andere langfristige Vermögenswerte, wenn der Tauschvorgang gemäß IAS 16 *Sachanlagen* wirtschaftliche Substanz hat.

11. Wird ein langfristiger Vermögenswert (oder eine Veräußerungsgruppe) ausschließlich mit der Absicht einer späteren Veräußerung erworben, darf der langfristige Vermögenswert (oder die Veräußerungsgruppe) nur dann zum Erwerbszeitpunkt als zur Veräußerung gehalten eingestuft werden, wenn das Ein-Jahres-Kriterium in Paragraph 8 erfüllt ist (mit Ausnahme der in Paragraph 9 gestatteten Fälle) und es höchstwahrscheinlich ist, dass andere in den Paragraphen 7 und 8 genannte Kriterien, die zum Erwerbszeitpunkt nicht erfüllt waren, innerhalb kurzer Zeit nach dem Erwerb (in der Regel innerhalb von drei Monaten) erfüllt werden.

12. Werden die in den Paragraphen 7 und 8 genannten Kriterien nach dem Abschlussstichtag erfüllt, darf der langfristige Vermögenswert (oder die Veräußerungsgruppe) im betreffenden veröffentlichten Abschluss nicht als zur Veräußerung gehalten eingestuft werden. Werden diese Kriterien dagegen nach dem Abschlussstichtag, jedoch vor der Genehmigung zur Veröffentlichung des Abschlusses erfüllt, sind die in Paragraph 41(a), (b) und (d) enthaltenen Informationen im Anhang anzugeben.

12A. Langfristige Vermögenswerte (oder Veräußerungsgruppen) werden als zur Ausschüttung an Eigentümer gehalten eingestuft, wenn das Unternehmen verpflichtet ist, die Vermögenswerte (oder Veräußerungsgruppen) an die Eigentümer auszuschütten. Dies ist dann der Fall, wenn die Vermögenswerte in ihrem gegenwärtigen Zustand zur sofortigen Ausschüttung verfügbar sind und die Ausschüttung eine hohe Eintrittswahrscheinlichkeit hat. Eine Ausschüttung ist dann höchstwahrscheinlich, wenn Maßnahmen zur Durchführung der Ausschüttung eingeleitet wurden und davon ausgegangen werden kann, dass die Ausschüttung innerhalb eines Jahres nach dem Tag der Einstufung vollendet ist. Aus den für die Durchführung der Ausschüttung erforderlichen Maßnahmen sollte hervorgehen, dass es unwahrscheinlich ist, dass wesentliche Änderungen an der Ausschüttung vorgenommen werden oder dass die Ausschüttung rückgängig gemacht wird. Die Wahrscheinlichkeit der Genehmigung der Anteilseigner (sofern dies gesetzlich vorgeschrieben ist) ist im Rahmen der Beurteilung, ob die Ausschüttung eine hohe Eintrittswahrscheinlichkeit hat, zu berücksichtigen.

Zur Stilllegung bestimmte langfristige Vermögenswerte

13. Zur Stilllegung bestimmte langfristige Vermögenswerte (oder Veräußerungsgruppen) dürfen nicht als zur Veräußerung gehalten eingestuft werden. Dies ist darauf zurückzuführen, dass der zugehörige Buchwert überwiegend durch fortgesetzte Nutzung realisiert wird. Erfüllt die stillzulegende Veräußerungsgruppe jedoch die in Paragraph 32(a)-(c) genannten Kriterien, sind die Ergebnisse und Cashflows der Veräußerungsgruppe zu dem Zeitpunkt, zu dem sie nicht mehr genutzt wird, als aufgegebener Geschäftsbereich gemäß den Paragraphen 33 und 34 darzustellen. Stilllegende

langfristige Vermögenswerte (oder Veräußerungsgruppen) beinhalten auch langfristige Vermögenswerte (oder Veräußerungsgruppen), die bis zum Ende ihrer wirtschaftlichen Nutzungsdauer genutzt werden sollen, und langfristige Vermögenswerte (oder Veräußerungsgruppen), die zur Stilllegung und nicht zur Veräußerung vorgesehen sind.

14. Ein langfristiger Vermögenswert, der vorübergehend außer Betrieb genommen wurde, darf nicht wie ein stillgelegter langfristiger Vermögenswert behandelt werden.

BEWERTUNG VON LANGFRISTIGEN VERMÖGENSWERTEN (ODER VERÄUSSERUNGSGRUPPEN), DIE ALS ZUR VERÄUSSERUNG GEHALTEN EINGESTUFT WERDEN

Bewertung eines langfristigen Vermögenswerts (oder einer Veräußerungsgruppe)

15. Langfristige Vermögenswerte (oder Veräußerungsgruppen), die als zur Veräußerung gehalten eingestuft werden, sind zum niedrigeren Wert aus Buchwert und beizulegendem Zeitwert abzüglich Veräußerungskosten anzusetzen.

15A. Langfristige Vermögenswerte (oder Veräußerungsgruppen), die als zur Ausschüttung an Eigentümer gehalten eingestuft werden, sind zum niedrigeren Wert aus Buchwert und beizulegendem Zeitwert abzüglich Ausschüttungskosten anzusetzen (*).

(*) Ausschüttungskosten sind die zusätzlich anfallenden Kosten, die direkt der Ausschüttung zuzurechnen sind, mit Ausnahme der Finanzierungskosten und des Ertragsteueraufwands.

16. Wenn neu erworbene Vermögenswerte (oder Veräußerungsgruppen) die Kriterien für eine Einstufung als zur Veräußerung erfüllen (siehe Paragraph 11), führt die Anwendung von Paragraph 15 dazu, dass diese Vermögenswerte (oder Veräußerungsgruppen) beim erstmaligen Ansatz mit dem niedrigeren Wert aus dem Buchwert, wenn eine solche Einstufung nicht erfolgt wäre (beispielsweise den Anschaffungs- oder Herstellungskosten), und dem beizulegenden Zeitwert abzüglich Veräußerungskosten bewertet werden. Dementsprechend sind Vermögenswerte (oder Veräußerungsgruppen), die im Rahmen eines Unternehmenszusammenschlusses erworben werden, mit dem beizulegenden Zeitwert abzüglich Veräußerungskosten anzusetzen.

17. Wird der Verkauf erst nach einem Jahr erwartet, sind die Veräußerungskosten mit ihrem Barwert zu bewerten. Ein Anstieg des Barwerts der Veräußerungskosten aufgrund des Zeitablaufs ist im Gewinn oder Verlust unter Finanzierungskosten auszuweisen.

18. Unmittelbar vor der erstmaligen Einstufung eines Vermögenswerts (oder einer Veräußerungsgruppe) als zur Veräußerung gehalten sind die Buchwerte des Vermögenswerts (bzw. alle Vermögenswerte und Schulden der Gruppe) gemäß den einschlägigen IFRS zu bewerten.

19. Bei einer späteren Neubewertung einer Veräußerungsgruppe sind die Buchwerte der Vermögenswerte und Schulden, die nicht in den Anwendungsbereich der Bewertungsvorschriften dieses IFRS fallen, jedoch zu einer Veräußerungsgruppe gehören, die als zur Veräußerung gehalten eingestuft wird, zuerst gemäß den einschlägigen IFRS neu zu bewerten und anschließend mit dem beizulegenden Zeitwert abzüglich der Veräußerungskosten für die Veräußerungsgruppe anzusetzen.

Erfassung von Wertminderungsaufwendungen und Wertaufholungen

20. Ein Unternehmen hat bei einer erstmaligen oder späteren außerplanmäßigen Abschreibung des Vermögenswerts (oder der Veräußerungsgruppe) auf den beizulegenden Zeitwert abzüglich Veräußerungskosten einen Wertminderungsaufwand zu erfassen, soweit dieser nicht gemäß Paragraph 19 berücksichtigt wurde.

21. Ein späterer Anstieg des beizulegenden Zeitwerts abzüglich Veräußerungskosten für einen Vermögenswert ist als Gewinn zu erfassen, jedoch nur bis zur Höhe des kumulierten Wertminderungsaufwands, der gemäß diesem IFRS oder davor gemäß IAS 36 *Wertminderung von Vermögenswerten* erfasst wurde.

22. Ein späterer Anstieg des beizulegenden Zeitwerts abzüglich Veräußerungskosten für eine Veräußerungsgruppe ist als Gewinn zu erfassen:
(a) soweit dieser Anstieg nicht gemäß Paragraph 19 erfasst wurde; jedoch
(b) nur bis zur Höhe des kumulierten Wertminderungsaufwands, der für die langfristigen Vermögenswerte, die in den Anwendungsbereich der Bewertungsvorschriften dieses IFRS fallen, gemäß diesem IFRS oder davor gemäß IAS 36 erfasst wurde.

23. Der für eine Veräußerungsgruppe erfasste Wertminderungsaufwand (oder spätere Gewinn) verringert (bzw. erhöht) den Buchwert der langfristigen Vermögenswerte in der Gruppe, die den Bewertungsvorschriften dieses IFRS unterliegen, in der in den Paragraphen 104(a) und (b) und 122 des IAS 36 (überarbeitet 2004) angegebenen Verteilungsreihenfolge.

24. Ein Gewinn oder Verlust, der bis zum Tag der Veräußerung eines langfristigen Vermögenswerts (oder einer Veräußerungsgruppe) bisher nicht erfasst wurde, ist am Tag der Ausbuchung zu erfassen. Die Vorschriften zur Ausbuchung sind dargelegt in:
(a) Paragraph 67-72 des IAS 16 (überarbeitet 2003) für Sachanlagen und
(b) Paragraph 112-117 des IAS 38 *Immaterielle Vermögenswerte* (überarbeitet 2004) für immaterielle Vermögenswerte.

25. Ein langfristiger Vermögenswert darf, solange er als zur Veräußerung gehalten eingestuft wird oder zu einer als zur Veräußerung gehalten

eingestuften Veräußerungsgruppe gehört, nicht planmäßig abgeschrieben werden. Zinsen und andere Aufwendungen, die den Schulden einer als zur Veräußerung gehalten eingestuften Veräußerungsgruppe zugerechnet werden können, sind weiterhin zu erfassen.

Änderungen eines Veräußerungsplans

26. Vermögenswerte (oder Veräußerungsgruppen), die als zur Veräußerung gehalten eingestuft wurden, die in den Paragraphen 7-9 genannten Kriterien jedoch nicht mehr erfüllen, dürfen nicht mehr als zur Veräußerung gehalten eingestuft werden.

27. Ein langfristiger Vermögenswert, der nicht mehr als zur Veräußerung gehalten eingestuft wird (oder nicht mehr zu einer als zur Veräußerung gehalten eingestuften Veräußerungsgruppe gehört) ist anzusetzen mit dem niedrigeren Wert aus:
(a) dem Buchwert, bevor der Vermögenswert (oder die Veräußerungsgruppe) als zur Veräußerung gehalten eingestuft wurde, bereinigt um alle planmäßigen Abschreibungen oder Neubewertungen, die ohne eine Einstufung des Vermögenswerts (oder der Veräußerungsgruppe) als zur Veräußerung gehalten erfasst worden wären, und
(b) dem *erzielbaren Betrag* zum Zeitpunkt der späteren Entscheidung, nicht zu verkaufen.([1])

([1]) Ist der langfristige Vermögenswert Bestandteil einer zahlungsmittelgenerierenden Einheit, entspricht der erzielbare Betrag dem Buchwert, der nach Verteilung eines Wertminderungsaufwands bei dieser zahlungsmittelgenerierenden Einheit gemäß IAS 36 erfasst worden wäre.

28. Notwendige Berichtigungen des Buchwerts langfristiger Vermögenswerte, die nicht mehr als zur Veräußerung gehalten eingestuft werden, sind in der Berichtsperiode, in der die Kriterien der Paragraphen 7-9 nicht mehr erfüllt sind, im Gewinn oder Verlust([1]) aus fortzuführenden Geschäftsbereichen zu berücksichtigen. Die Berichtigung ist in der Gesamtergebnisrechnung unter der gleichen Position wie die gegebenenfalls gemäß Paragraph 37 dargestellten Gewinne oder Verluste auszuweisen.

---
[1]) Es sei denn, die Vermögenswerte sind Sachanlagen oder immaterielle Vermögenswerte, die vor einer Einstufung als zur Veräußerung gehalten gemäß IAS 16 oder IAS 38 neu bewertet wurden; in diesem Fall ist die Anpassung als eine Zu- oder Abnahme des Neubewertungsbetrags zu behandeln.

29. Bei der Herausnahme einzelner Vermögenswerte oder Schulden aus einer als zur Veräußerung gehalten eingestuften Veräußerungsgruppe sind die verbleibenden Vermögenswerte und Schulden der zum Verkauf stehenden Veräußerungsgruppe nur dann als Gruppe zu bewerten, wenn die Gruppe die Kriterien der Paragraphen 7-9 erfüllt. Andernfalls sind die verbleibenden langfristigen Vermögenswerte der Gruppe, die für sich genommen die Kriterien für eine Einstufung als zur Veräußerung gehalten erfüllen, einzeln mit dem niedrigeren Wert aus Buchwert und dem zu

diesem Zeitpunkt beizulegenden Zeitwert abzüglich Veräußerungskosten anzusetzen. Alle langfristigen Vermögenswerte, die diesen Kriterien nicht entsprechen, dürfen nicht mehr als zur Veräußerung gehaltene langfristige Vermögenswerte gemäß Paragraph 26 eingestuft werden.

DARSTELLUNG UND ANGABEN

30. Ein Unternehmen hat Informationen darzustellen und anzugeben, die es den Abschlussadressaten ermöglichen, die finanziellen Auswirkungen von aufgegebenen Geschäftsbereichen und der Veräußerung langfristiger Vermögenswerte (oder Veräußerungsgruppen) zu beurteilen.

Darstellung von aufgegebenen Geschäftsbereichen

31. Ein *Unternehmensbestandteil* bezeichnet einen Geschäftsbereich und die zugehörigen Cashflows, die betrieblich und für die Zwecke der Rechnungslegung vom restlichen Unternehmen klar abgegrenzt werden können. Mit anderen Worten: ein Unternehmensbestandteil ist während seiner Nutzungsdauer eine zahlungsmittelgenerierende Einheit oder eine Gruppe von zahlungsmittelgenerierenden Einheiten gewesen.

32. Ein aufgegebener Geschäftsbereich ist ein Unternehmensbestandteil, der veräußert wurde oder als zur Veräußerung gehalten eingestuft wird und der
(a) einen gesonderten, wesentlichen Geschäftszweig oder geografischen Geschäftsbereich darstellt,
(b) Teil eines einzelnen, abgestimmten Plans zur Veräußerung eines gesonderten wesentlichen Geschäftszweigs oder geografischen Geschäftsbereichs ist oder
(c) ein Tochterunternehmen darstellt, das ausschließlich mit der Absicht einer Weiterveräußerung erworben wurde.

33. Folgende Angaben sind erforderlich:
(a) ein gesonderter Betrag in der Gesamtergebnisrechnung, welcher der Summe entspricht aus:
   (i) dem Gewinn oder Verlust nach Steuern des aufgegebenen Geschäftsbereichs und
   (ii) dem Ergebnis nach Steuern, das bei der Bewertung mit dem beizulegenden Zeitwert abzüglich Veräußerungskosten oder bei der Veräußerung der Vermögenswerte oder Veräußerungsgruppe(n), die den aufgegebenen Geschäftsbereich darstellen, erfasst wurde.
(b) eine Untergliederung des gesonderten Betrags unter (a) in:
   (i) Erlöse, Aufwendungen und Gewinn oder Verlust vor Steuern des aufgegebenen Geschäftsbereichs;
   (ii) den zugehörigen Ertragsteueraufwand gemäß Paragraph 81(h) des IAS 12;

(iii) den Gewinn oder Verlust, der bei der Bewertung mit dem beizulegenden Zeitwert abzüglich Veräußerungskosten oder bei der Veräußerung der Vermögenswerte oder Veräußerungsgruppe(n), die den aufgegebenen Geschäftsbereich darstellen, erfasst wurde; und

(iv) den zugehörigen Ertragsteueraufwand gemäß Paragraph 81(h) des IAS 12.

Diese Gliederung kann in der Gesamtergebnisrechnung oder in den Anhangangaben zur Gesamtergebnisrechnung dargestellt werden. Die Darstellung in der Gesamtergebnisrechnung hat in einem eigenen Abschnitt für aufgegebene Geschäftsbereiche, also getrennt von den fortzuführenden Geschäftsbereichen, zu erfolgen. Eine Gliederung ist nicht für Veräußerungsgruppen erforderlich, bei denen es sich um neu erworbene Tochterunternehmen handelt, die zum Erwerbszeitpunkt die Kriterien für eine Einstufung als zur Veräußerung gehalten erfüllen (siehe Paragraph 11).

(c) die Netto-Cashflows, die der laufenden Geschäftstätigkeit sowie der Investitions- und Finanzierungstätigkeit des aufgegebenen Geschäftsbereiches zuzurechnen sind. Diese Angaben können im Abschluss oder in den Anhangangaben zum Abschluss dargestellt werden. Sie sind nicht für Veräußerungsgruppen erforderlich, bei denen es sich um neu erworbene Tochterunternehmen handelt, die zum Erwerbszeitpunkt die Kriterien für eine Einstufung als zur Veräußerung gehalten erfüllen (siehe Paragraph 11).

(d) der Betrag der Erträge aus fortzuführenden Geschäftsbereichen und aus aufgegebenen Geschäftsbereichen, der den Eigentümern des Mutterunternehmens zuzurechnen ist. Diese Angaben können entweder im Anhang oder in der Gesamtergebnisrechnung dargestellt werden.

33A. Wenn ein Unternehmen die Ergebnisbestandteile in einer gesonderten Gewinn- und Verlustrechnung gemäß Paragraph 81 von IAS 1 (überarbeitet 2007) darstellt, so muss dieser Abschlussbestandteil einen eigenen Abschnitt für aufgegebene Geschäftsbereiche enthalten.

34. Die Angaben gemäß Paragraph 33 sind für frühere im Abschluss dargestellte Berichtsperioden so anzupassen, dass sich die Angaben auf alle Geschäftsbereiche beziehen, die bis zum Abschlussstichtag der zuletzt dargestellten Berichtsperiode aufgegeben wurden.

35. Alle in der gegenwärtigen Periode vorgenommenen Änderungen von Beträgen, die früher im Abschnitt für aufgegebene Geschäftsbereiche dargestellt wurden und in direktem Zusammenhang mit der Veräußerung eines aufgegebenen Geschäftsbereichs in einer vorangegangenen Periode stehen, sind unter einem Abschnitt in einer gesonderten Kategorie auszuweisen. Es sind die Art und Höhe solcher Berichtigungen anzugeben. Im Folgenden werden einige Beispiele für Situationen genannt, in denen derartige Berichtigungen auftreten können:

(a) Auflösung von Unsicherheiten, die durch die Bedingungen des Veräußerungsgeschäfts entstehen, wie beispielsweise die Auflösung von Kaufpreisanpassungen und Klärung von Entschädigungsfragen mit dem Käufer.

(b) Auflösung von Unsicherheiten, die auf die Geschäftstätigkeit des Unternehmensbestandteils vor seiner Veräußerung zurückzuführen sind oder in direktem Zusammenhang damit stehen, wie beispielsweise beim Verkäufer verbliebene Verpflichtungen aus der Umwelt- und Produkthaftung.

(c) Abgeltung von Verpflichtungen im Rahmen eines Versorgungsplans für Arbeitnehmer, sofern diese Abgeltung in direktem Zusammenhang mit dem Veräußerungsgeschäft steht.

36. Wird ein Unternehmensbestandteil nicht mehr als zur Veräußerung gehalten eingestuft, ist das Ergebnis dieses Unternehmensbestandteils, das zuvor gemäß den Paragraphen 33-35 im Abschnitt für aufgegebene Geschäftsbereiche ausgewiesen wurde, umzugliedern und für alle dargestellten Berichtsperioden in die Erträge aus fortzuführenden Geschäftsbereichen einzubeziehen. Die Beträge für vorangegangene Berichtsperioden sind mit dem Hinweis zu versehen, dass es sich um angepasste Beträge handelt.

36A. Ein Unternehmen, das an einen Verkaufsplan gebunden ist, der den Verlust der Beherrschung eines Tochterunternehmens zur Folge hat, legt alle in den Paragraphen 33-36 geforderten Informationen offen, wenn es sich bei dem Tochterunternehmen um eine Veräußerungsgruppe handelt, die die Definition eines aufgegebenen Geschäftsbereichs im Sinne von Paragraph 32 erfüllt.

Gewinn oder Verlust aus fortzuführenden Geschäftsbereichen

37. Alle Gewinne oder Verluste aus der Neubewertung von langfristigen Vermögenswerten (oder Veräußerungsgruppen), die als zur Veräußerung gehalten eingestuft werden und nicht die Definition eines aufgegebenen Geschäftsbereichs erfüllen, sind im Gewinn oder Verlust aus fortzuführenden Geschäftsbereichen zu erfassen.

Darstellung von langfristigen Vermögenswerten oder Veräußerungsgruppen, die als zur Veräußerung gehalten eingestuft werden

38. Langfristige Vermögenswerte, die als zur Veräußerung gehalten eingestuft werden, sowie die Vermögenswerte einer als zur Veräußerung gehalten eingestuften Veräußerungsgruppe sind in der Bilanz getrennt von anderen Vermögenswerten darzustellen. Die Schulden einer als zur Veräußerung gehalten eingestuften Veräußerungsgruppe sind getrennt von anderen Schulden in der Bilanz auszuweisen. Diese Vermögenswerte und Schulden dürfen nicht miteinander saldiert und müssen als gesonderter Betrag abgebildet werden. Die Hauptgruppen der Vermögenswerte und Schulden,

die als zur Veräußerung gehalten eingestuft werden, sind außer in dem gemäß Paragraph 39 gestatteten Fall entweder in der Bilanz oder im Anhang gesondert anzugeben. Alle im sonstigen Ergebnis erfassten kumulativen Erträge oder Aufwendungen, die in Verbindung mit langfristigen Vermögenswerten (oder Veräußerungsgruppen) stehen, die als zur Veräußerung gehalten eingestuft werden, sind gesondert auszuweisen.

39. Handelt es sich bei der Veräußerungsgruppe um ein neu erworbenes Tochterunternehmen, das zum Erwerbszeitpunkt die Kriterien für eine Einstufung als zur Veräußerung gehalten erfüllt (siehe Paragraph 11), ist eine Angabe der Hauptgruppen der Vermögenswerte und Schulden nicht erforderlich.

40. Die Beträge, die für langfristige Vermögenswerte oder Vermögenswerte und Schulden von Veräußerungsgruppen, die als zur Veräußerung gehalten eingestuft werden, in den Bilanzen vorangegangener Berichtsperioden ausgewiesen wurden, sind nicht neu zu gliedern oder anzupassen, um die bilanzielle Gliederung für die zuletzt dargestellte Berichtsperiode widerzuspiegeln.

Zusätzliche Angaben

41. Ein Unternehmen hat in der Berichtsperiode, in der ein langfristiger Vermögenswert (oder eine Veräußerungsgruppe) entweder als zur Veräußerung gehalten eingestuft oder verkauft wurde, im Anhang die folgenden Informationen anzugeben:

(a) eine Beschreibung des langfristigen Vermögenswerts (oder der Veräußerungsgruppe);

(b) eine Beschreibung der Sachverhalte und Umstände der Veräußerung oder der Sachverhalte und Umstände, die zu der erwarteten Veräußerung führen, sowie die voraussichtliche Art und Weise und der voraussichtliche Zeitpunkt dieser Veräußerung;

(c) der gemäß den Paragraphen 20-22 erfasste Gewinn oder Verlust und, falls dieser nicht gesondert in der Gesamtergebnisrechnung ausgewiesen wird, in welcher Kategorie der Gesamtergebnisrechnung dieser Gewinn oder Verlust berücksichtigt wurde;

(d) gegebenenfalls das Segment, in dem der langfristige Vermögenswert (oder die Veräußerungsgruppe) gemäß IFRS 8 *Geschäftssegmente* ausgewiesen wird.

42. Wenn die Paragraphen 26 oder 29 Anwendung finden, sind in der Berichtsperiode, in der eine Änderung des Plans zur Veräußerung des langfristigen Vermögenswerts (oder der Veräußerungsgruppe) beschlossen wurde, die Sachverhalte und Umstände zu beschreiben, die zu dieser Entscheidung geführt haben. Die Auswirkungen der Entscheidung auf das Ergebnis für die dargestellte Berichtsperiode und die dargestellten vorangegangenen Berichtsperioden sind anzugeben.

ÜBERGANGSVORSCHRIFTEN

43. Der IFRS ist prospektiv auf langfristige Vermögenswerte (oder Veräußerungsgruppen) anzuwenden, welche nach dem Zeitpunkt des Inkrafttretens des IFRS die Kriterien für eine Einstufung als zur Veräußerung gehalten erfüllen, sowie auf Geschäftsbereiche, welche nach dem Zeitpunkt des Inkrafttretens die Kriterien für eine Einstufung als aufgegebene Geschäftsbereiche erfüllen. Die Vorschriften des IFRS können auf alle langfristigen Vermögenswerte (oder Veräußerungsgruppen) angewendet werden, die vor dem Zeitpunkt des Inkrafttretens die Kriterien für eine Einstufung als zur Veräußerung gehalten erfüllen, sowie auf Geschäftsbereiche, welche die Kriterien für eine Einstufung als aufgegebene Geschäftsbereiche erfüllen, sofern die Bewertungen und anderen notwendigen Informationen zur Anwendung des IFRS zu dem Zeitpunkt durchgeführt bzw. eingeholt wurden, zu dem diese Kriterien ursprünglich erfüllt wurden.

ZEITPUNKT DES INKRAFTTRETENS

44. Dieser IFRS ist erstmals in der ersten Berichtsperiode eines am 1. Januar 2005 oder danach beginnenden Geschäftsjahres anzuwenden. Eine frühere Anwendung wird empfohlen. Wenn ein Unternehmen den IFRS für Berichtsperioden anwendet, die vor dem 1. Januar 2005 beginnen, so ist diese Tatsache anzugeben.

44A. Infolge des IAS 1 (überarbeitet 2007) wurde die in allen IFRS verwendete Terminologie geändert. Außerdem wurden die Paragraphen 3 und 38 geändert, und Paragraph 33A wurde hinzugefügt. Diese Änderungen sind erstmals in der ersten Berichtsperiode eines am 1. Januar 2009 oder danach beginnenden Geschäftsjahres anzuwenden. Wird IAS 1 (überarbeitet 2007) auf eine frühere Periode angewandt, sind diese Änderungen entsprechend auch anzuwenden.

44B. Durch IAS 27 (in der vom International Accounting Standards Board 2008 geänderten Fassung) wurde Paragraph 33(d) hinzugefügt. Diese Änderung ist erstmals in der ersten Periode eines am 1. Juli 2009 oder danach beginnenden Geschäftsjahres anzuwenden. Wendet ein Unternehmen IAS 27 (in der 2008 geänderten Fassung) auf eine frühere Berichtsperiode an, so hat es auf diese Periode auch die genannte Änderung anzuwenden. Diese Änderung ist rückwirkend anzuwenden.

44C. Die Paragraphen 8A und 36A werden im Rahmen der Verbesserungen der IFRS vom Mai 2008 hinzugefügt. Diese Änderungen sind erstmals in der ersten Berichtsperiode eines am 1. Juli 2009 oder danach beginnenden Geschäftsjahres anzuwenden. Eine frühere Anwendung ist zulässig. Diese Änderungen sind jedoch nicht auf Berichtsperioden eines vor dem 1. Juli 2009 beginnenden Geschäftsjahres anzuwenden, es sei denn, IFRS 27 (überarbeitet Mai 2008) wird ebenfalls angewandt. Wenn ein Unternehmen diese Änderungen vor dem 1. Juli 2009 anwendet, hat es diese

Tatsache anzugeben. Ein Unternehmen wendet die Änderungen künftig ab dem Datum an, an dem es IFRS 5 erstmals zugrunde legt, und zwar vorbehaltlich der Übergangsbestimmungen von IAS 27 Paragraph 45 (überarbeitet Mai 2008).

44D. Durch IFRIC 17 *Sachdividenden an Eigentümer* wurden im November 2008 die Paragraphen 5A, 12A und 15A hinzugefügt und Paragraph 8 geändert. Diese Änderungen sind prospektiv auf langfristige Vermögenswerte (oder Veräußerungsgruppen), die als zur Ausschüttung an Eigentümer gehalten eingestuft sind, in der ersten Berichtsperiode eines am 1. Juli 2009 oder danach beginnenden Geschäftsjahres anzuwenden. Eine rückwirkende Anwendung ist nicht zulässig. Eine frühere Anwendung ist zulässig. Wendet ein Unternehmen diese Änderungen auf eine vor dem 1. Juli 2009 beginnende Berichtsperiode an, so hat es diese Tatsache anzugeben und ebenso IFRS 3 *Unternehmenszusammenschlüsse* (überarbeitet 2008), IAS 27 (geändert im Mai 2008) und IFRIC 17 anzuwenden.

44E. Paragraph 5B wurde durch die *Verbesserungen der IFRS* vom April 2009 hinzugefügt. Diese Änderungen sind erstmals in der ersten Berichtsperiode eines am 1. Januar 2010 oder danach beginnenden Geschäftsjahres prospektiv anzuwenden. Eine frühere Anwendung ist zulässig. Wendet ein Unternehmen die Änderung für ein früheres Geschäftsjahr an, hat es dies anzugeben.

RÜCKNAHME VON IAS 35

45. Dieser IFRS ersetzt IAS 35 *Aufgabe von Geschäftsbereichen*.

ANHANG A

DEFINITIONEN

Dieser Anhang ist integraler Bestandteil des IFRS.

zahlungsmittelgenerierende Einheit	Die kleinste identifizierbare Gruppe von Vermögenswerten, die Mittelzuflüsse erzeugt, die weitestgehend unabhängig von den Mittelzuflüssen anderer Vermögenswerte oder anderer Gruppen von Vermögenswerten sind.
Unternehmensbestandteil	Ein Geschäftsbereich und die zugehörigen Cashflows, die betrieblich und für die Zwecke der Rechnungslegung vom restlichen Unternehmen klar abgegrenzt werden können.
Veräußerungskosten	Zusätzliche Kosten, die der Veräußerung eines Vermögenswerts (oder einer Veräußerungsgruppe) direkt zugeordnet werden können, mit Ausnahme der Finanzierungskosten und des Ertragsteueraufwands.
kurzfristiger Vermögenswert	Ein Unternehmen hat einen Vermögenswert in folgenden Fällen als kurzfristig einzustufen: (a) die Realisierung des Vermögenswerts wird innerhalb des normalen Geschäftszyklus erwartet, oder der Vermögenswert wird zum Verkauf oder Verbrauch innerhalb dieses Zeitraums gehalten; (b) der Vermögenswert wird primär für Handelszwecke gehalten; (c) die Realisierung des Vermögenswerts wird innerhalb von zwölf Monaten nach dem Abschlussstichtag erwartet; oder (d) es handelt sich um Zahlungsmittel oder Zahlungsmitteläquivalente (gemäß der Definition in IAS 7), es sei denn, der Tausch oder die Nutzung des Vermögenswerts zur Erfüllung einer Verpflichtung sind für einen Zeitraum von mindestens zwölf Monaten nach dem Abschlussstichtag eingeschränkt.
aufgegebener Geschäftsbereich	Ein Unternehmensbestandteil, der veräußert wurde oder als zur Veräußerung gehalten eingestuft wird und: (a) einen gesonderten, wesentlichen Geschäftszweig oder geografischen Geschäftsbereich darstellt, (b) Teil eines einzelnen, abgestimmten Plans zur Veräußerung eines gesonderten wesentlichen Geschäftszweigs oder geografischen Geschäftsbereichs ist oder (c) ein Tochterunternehmen darstellt, das ausschließlich mit der Absicht einer Weiterveräußerung erworben wurde.

Veräußerungsgruppe	Eine Gruppe von Vermögenswerten, die gemeinsam in einer einzigen Transaktion durch Verkauf oder auf andere Weise veräußert werden sollen, sowie die mit diesen Vermögenswerten direkt in Verbindung stehenden Schulden, die bei der Transaktion übertragen werden. Die Gruppe beinhaltet den bei einem Unternehmenszusammenschluss erworbenen Geschäfts- oder Firmenwert, wenn sie eine zahlungsmittelgenerierende Einheit darstellt, welcher der Geschäfts- oder Firmenwert gemäß den Vorschriften der Paragraphen 80-87 des IAS 36 *Wertminderung von Vermögenswerten* (überarbeitet 2004) zugeordnet wurde, oder es sich um einen Geschäftsbereich innerhalb einer solchen zahlungsmittelgenerierenden Einheit handelt.
beizulegender Zeitwert	Der Betrag, zu dem zwischen sachverständigen, vertragswilligen und voneinander unabhängigen Geschäftspartnern unter marktüblichen Bedingungen ein Vermögenswert getauscht oder eine Schuld beglichen werden könnte.
feste Kaufverpflichtung	Eine für beide Parteien verbindliche und in der Regel einklagbare Vereinbarung mit einer nicht nahe stehenden Partei, die (a) alle wesentlichen Bestimmungen, einschließlich Preis und Zeitpunkt der Transaktion, enthält und (b) so schwerwiegende Konsequenzen bei einer Nichterfüllung festlegt, dass eine Erfüllung höchstwahrscheinlich ist.
höchstwahrscheinlich	Erheblich wahrscheinlicher als wahrscheinlich.
langfristiger Vermögenswert	Ein Vermögenswert, der nicht die Definition eines kurzfristigen Vermögenswerts erfüllt.
wahrscheinlich	Es spricht mehr dafür als dagegen.
erzielbarer Betrag	Der höhere Betrag aus dem beizulegenden Zeitwert eines Vermögenswerts abzüglich Veräußerungskosten und seinem Nutzungswert.
Nutzungswert	Der Barwert der geschätzten künftigen Cashflows, die aus der fortgesetzten Nutzung eines Vermögenswerts und seinem Abgang am Ende seiner Nutzungsdauer erwartet werden.

ANHANG B
ERGÄNZUNGEN ZU ANWENDUNGEN

Dieser Anhang ist integraler Bestandteil des IFRS

VERLÄNGERUNG DES FÜR DEN VERKAUFSABSCHLUSS BENÖTIGTEN ZEITRAUMS

B1. Wie in Paragraph 9 ausgeführt, schließt eine Verlängerung des für den Verkaufsabschluss benötigten Zeitraums nicht die Einstufung eines Vermögenswerts (oder einer Veräußerungsgruppe) als zur Veräußerung gehalten aus, wenn die Verzögerung auf Ereignisse oder Umstände zurückzuführen ist, die außerhalb der Kontrolle des Unternehmens liegen, und ausreichende substanzielle Hinweise vorliegen, dass das Unternehmen weiterhin an seinem Plan zum Verkauf des Vermögenswerts (oder der Veräußerungsgruppe) festhält. Ein Abweichen von der in Paragraph 8 vorgeschriebenen Ein-Jahres-Frist ist daher in den folgenden Situationen zulässig, in denen solche Ereignisse oder Umstände eintreten:

(a) zu dem Zeitpunkt, zu dem das Unternehmen einen Plan zur Veräußerung eines langfristigen Vermögenswerts (oder einer Veräußerungsgruppe) beschließt, erwartet es bei vernünftiger Betrachtungsweise, dass andere Parteien (mit Ausnahme des Käufers) die Übertragung des Vermögenswerts (oder der Veräußerungsgruppe) von Bedingungen abhängig machen werden, durch die sich der für den Verkaufsabschluss benötigte Zeitraum verlängern wird, und:

(i) die zur Erfüllung dieser Bedingungen erforderlichen Maßnahmen erst nach Erlangen einer *festen Kaufverpflichtung* ergriffen werden können, und

(ii) es höchstwahrscheinlich ist, dass eine feste Kaufverpflichtung innerhalb von einem Jahr erlangt wird.

(b) ein Unternehmen erlangt eine feste Kaufverpflichtung, in deren Folge ein Käufer oder andere Parteien die Übertragung eines Vermögenswerts (oder einer Veräußerungsgruppe), die vorher als zur Veräußerung gehalten eingestuft wurden, unerwartet von Bedingungen abhängig machen, durch die sich der für den Verkaufsabschluss benötigte Zeitraum verlängern wird, und:

3/5. IFRS 5
Anhang B

- (i) rechtzeitig Maßnahmen zur Erfüllung der Bedingungen ergriffen wurden, und
- (ii) ein günstiger Ausgang der den Verkauf verzögernden Faktoren erwartet wird.

(c) während der ursprünglichen Ein-Jahres-Frist treten Umstände ein, die vorher für unwahrscheinlich erachtet wurden, aufgrund dessen langfristige Vermögenswerte (oder Veräußerungsgruppen), die vorher als zur Veräußerung gehalten eingestuft wurden, nicht bis zum Ablauf dieser Frist veräußert werden, und:

- (i) während der ursprünglichen Ein-Jahres-Frist das Unternehmen die erforderlichen Maßnahmen zur Berücksichtigung der geänderten Umstände ergriffen hat,
- (ii) der langfristige Vermögenswert (oder die Veräußerungsgruppe) tatsächlich zu einem Preis vermarktet wird, der angesichts der geänderten Umstände angemessen ist, und
- (iii) die in den Paragraphen 7 und 8 genannten Kriterien erfüllt werden.

3/6. IFRS 6
1 – 6

INTERNATIONAL FINANCIAL REPORTING STANDARD 6
Exploration und Evaluierung von Bodenschätzen

IFRS 6, VO (EG) Nr. 1126/2008

GLIEDERUNG	§§
ZIELSETZUNG	1–2
ANWENDUNGSBEREICH	3–5
ANSATZ VON VERMÖGENSWERTEN FÜR EXPLORATION UND EVALUIERUNG	6–7
Vorübergehende Befreiung von der Anwendung der Paragraphen 11 und 12 des IAS 8	6–7
BEWERTUNG VON VERMÖGENSWERTEN FÜR EXPLORATION UND EVALUIERUNG	8–14
Bewertung bei erstmaligem Ansatz	8
Bestandteile der Anschaffungs- oder Herstellungskosten von Vermögenswerten für Exploration und Evaluierung	9–11
Folgebewertung	12
Änderungen von Rechnungslegungsmethoden	13–14
DARSTELLUNG	15–17
Einstufung von Vermögenswerten für Exploration und Evaluierung	15–16
Umgliederung von Vermögenswerten für Exploration und Evaluierung	17
WERTMINDERUNG	18–22
Erfassung und Bewertung	18–20
Festlegung des Niveaus, auf dem Vermögenswerte für Exploration und Evaluierung auf Wertminderung überprüft werden	21–22
ANGABEN	22–25
ZEITPUNKT DES INKRAFTTRETENS	26
ÜBERGANGSVORSCHRIFTEN	27
ANHANG A Definitionen	

ZIELSETZUNG

1. Zielsetzung dieses IFRS ist es, die Rechnungslegung für die *Exploration und Evaluierung von Bodenschätzen festzulegen*.

2. Im Besonderen schreibt dieser IFRS vor:

(a) begrenzte Verbesserungen bei der derzeitigen Bilanzierung von *Ausgaben für Exploration und Evaluierung*;

(b) Vermögenswerte, die als *Vermögenswerte für Exploration und Evaluierung* angesetzt werden, gemäß diesem IFRS auf Wertminderung zu überprüfen und etwaige Wertminderungen gemäß IAS 36 *Wertminderung von Vermögenswerten zu bewerten*;

(c) Angaben, welche die im Abschluss des Unternehmens für die Exploration und Evaluierung von Bodenschätzen erfassten Beträge kennzeichnen und erläutern, und den Abschlussadressaten die Höhe, die Zeitpunkte und die Eintrittswahrscheinlichkeit künftiger Zahlungsströme verständlich machen, die aus den angesetzten Vermögenswerten für Exploration und Evaluierung resultieren.

ANWENDUNGSBEREICH

3. Dieser IFRS ist auf die einem Unternehmen entstehenden Ausgaben für Exploration und Evaluierung anzuwenden.

4. Dieser IFRS behandelt keine anderen Aspekte der Bilanzierung von Unternehmen, die sich im Rahmen ihrer Geschäftstätigkeit mit der Exploration und Evaluierung von Bodenschätzen befassen.

5. Dieser IFRS gilt nicht für Ausgaben, die entstehen:

(a) vor der Exploration und Evaluierung von Bodenschätzen, z. B. Ausgaben, die anfallen, bevor das Unternehmen die Rechte zur Exploration eines bestimmten Gebietes erhalten hat;

(b) nach dem Nachweis der technischen Durchführbarkeit und der ökonomischen Realisierbarkeit der Gewinnung von Bodenschätzen.

ANSATZ VON VERMÖGENSWERTEN FÜR EXPLORATION UND EVALUIERUNG

Vorübergehende Befreiung von der Anwendung der Paragraphen 11 und 12 des IAS 8

6. Bei der Entwicklung von Rechnungs-

legungsmethoden hat ein Unternehmen, das Vermögenswerte für Exploration und Evaluierung ansetzt, Paragraph 10 des IAS 8 *Rechnungslegungsmethoden, Änderungen von rechnungslegungsbezogenen Schätzungen und Fehler* anzuwenden.

7. Die Paragraphen 11 und 12 des IAS 8 nennen Quellen für verbindliche Vorschriften und Leitlinien, die das Management bei der Entwicklung von Rechnungslegungsmethoden für Geschäftsvorfälle berücksichtigen muss, auf die kein IFRS ausdrücklich zutrifft. Vorbehaltlich der folgenden Paragraphen 9 und 10 befreit dieser IFRS ein Unternehmen davon, jene Paragraphen auf die Rechnungslegungsmethoden anzuwenden, die für den Ansatz und die Bewertung von Vermögenswerten für Exploration und Evaluierung gelten.

BEWERTUNG VON VERMÖGENSWERTEN FÜR EXPLORATION UND EVALUIERUNG

Bewertung bei erstmaligem Ansatz

8. Vermögenswerte für Exploration und Evaluierung sind mit ihren Anschaffungs- oder Herstellungskosten zu bewerten.

Bestandteile der Anschaffungs- oder Herstellungskosten von Vermögenswerten für Exploration und Evaluierung

9. Ein Unternehmen hat eine Methode festzulegen, nach der zu bestimmen ist, welche Ausgaben als Vermögenswerte für Exploration und Evaluierung angesetzt werden, und diese Methode einheitlich anzuwenden. Bei dieser Entscheidung ist zu berücksichtigen, wieweit die Ausgaben mit der Suche nach bestimmten Bodenschätzen in Verbindung gebracht werden können. Es folgen einige Beispiele für Ausgaben, die in die erstmalige Bewertung von Vermögenswerten für Exploration und Evaluierung einbezogen werden könnten (die Liste ist nicht vollständig):

(a) Erwerb von Rechten zur Exploration;
(b) topografische, geologische, geochemische und geophysikalische Studien;
(c) Probebohrungen;
(d) Erdbewegungen;
(e) Probenentnahme und
(f) Tätigkeiten in Zusammenhang mit der Beurteilung der technischen Durchführbarkeit und der ökonomischen Realisierbarkeit der Gewinnung von Bodenschätzen.

10. Ausgaben in Verbindung mit der Erschließung von Bodenschätzen sind nicht als Vermögenswerte für Exploration und Evaluierung anzusetzen. Das *Rahmenkonzept* und IAS 38 *Immaterielle Vermögenswerte* enthalten Leitlinien für den Ansatz von Vermögenswerten, die aus der Erschließung resultieren.

11. Gemäß IAS 37 *Rückstellungen, Eventualverbindlichkeiten und Eventualforderungen* sind alle Beseitigungs- und Wiederherstellungsverpflichtungen zu erfassen, die in einer bestimmten Periode im Zuge der Exploration und Evaluierung von Bodenschätzen anfallen.

Folgebewertung

12. Nach dem erstmaligen Ansatz sind die Vermögenswerte für Exploration und Evaluierung entweder nach dem Anschaffungskostenmodell oder nach dem Neubewertungsmodell zu bewerten. Bei Anwendung des Neubewertungsmodells (entweder gemäß IAS 16 *Sachanlagen* oder gemäß IAS 38) muss dieses mit der Einstufung der Vermögenswerte (siehe Paragraph 15) übereinstimmen.

Änderungen von Rechnungslegungsmethoden

13. Ein Unternehmen darf seine Rechnungslegungsmethoden für Ausgaben für Exploration und Evaluierung ändern, wenn diese Änderung den Abschluss für die wirtschaftliche Entscheidungsfindung der Adressaten relevanter macht, ohne weniger verlässlich zu sein, oder verlässlicher macht, ohne weniger relevant für jene Entscheidungsfindung zu sein. Ein Unternehmen hat die Relevanz und Verlässlichkeit anhand der Kriterien des IAS 8 zu beurteilen.

14. Zur Rechtfertigung der Änderung seiner Rechnungslegungsmethoden für Ausgaben für Exploration und Evaluierung hat ein Unternehmen nachzuweisen, dass die Änderung seinen Abschluss näher an die Erfüllung der Kriterien in IAS 8 bringt, wobei die Änderung eine vollständige Übereinstimmung mit jenen Kriterien nicht erreichen muss.

DARSTELLUNG

Einstufung von Vermögenswerten für Exploration und Evaluierung

15. Ein Unternehmen hat Vermögenswerte für Exploration und Evaluierung je nach Art als materielle oder immaterielle Vermögenswerte einzustufen und diese Einstufung stetig anzuwenden.

16. Einige Vermögenswerte für Exploration und Evaluierung werden als immaterielle Vermögenswerte behandelt (z. B. Bohrrechte), während andere materielle Vermögenswerte darstellen (z. B. Fahrzeuge und Bohrinseln). Soweit bei der Entwicklung eines immateriellen Vermögenswerts ein materieller Vermögenswert verbraucht wird, ist der Betrag in Höhe dieses Verbrauchs Bestandteil der Kosten des immateriellen Vermögenswerts. Jedoch führt die Tatsache, dass ein materieller Vermögenswert zur Entwicklung eines immateriellen Vermögenswerts eingesetzt wird, nicht zur Umgliederung dieses materiellen Vermögenswerts in einen immateriellen Vermögenswert.

Umgliederung von Vermögenswerten für Exploration und Evaluierung

17. Ein Vermögenswert für Exploration und Evaluierung ist nicht mehr als solcher einzustufen, wenn die technische Durchführbarkeit und die ökonomische Realisierbarkeit einer Gewinnung von Bodenschätzen nachgewiesen werden kann. Das Unternehmen hat die Vermögenswerte für Ex-

ploration und Evaluierung vor einer Umgliederung auf Wertminderung zu überprüfen und einen etwaigen Wertminderungsaufwand zu erfassen.

WERTMINDERUNG

Erfassung und Bewertung

18. Vermögenswerte für Exploration und Evaluierung sind auf Wertminderung zu überprüfen, wenn Tatsachen und Umstände darauf hindeuten, dass der Buchwert eines Vermögenswerts für Exploration und Evaluierung seinen erzielbaren Betrag übersteigt. Wenn Tatsachen und Umstände Anhaltspunkte dafür geben, dass dies der Fall ist, hat ein Unternehmen, außer wie in Paragraph 21 unten beschrieben, einen etwaigen Wertminderungsaufwand gemäß IAS 36 zu bewerten, darzustellen und zu erläutern.

19. Bei der Identifizierung eines möglicherweise wertgeminderten Vermögenswerts für Exploration und Evaluierung findet – ausschließlich in Bezug auf derartige Vermögenswerte – anstelle der Paragraphen 8-17 des IAS 36 Paragraph 20 dieses IFRS Anwendung. Paragraph 20 verwendet den Begriff „Vermögenswerte", ist aber sowohl auf einen einzelnen Vermögenswert für Exploration und Evaluierung als auch auf eine zahlungsmittelgenerierende Einheit anzuwenden.

20. Eine oder mehrere der folgenden Tatsachen und Umstände deuten darauf hin, dass ein Unternehmen die Vermögenswerte für Exploration und Evaluierung auf Wertminderung zu überprüfen hat (die Liste ist nicht vollständig):

(a) Der Zeitraum, für den das Unternehmen das Recht zur Exploration eines bestimmten Gebietes erworben hat, ist während der Berichtsperiode abgelaufen oder wird in naher Zukunft ablaufen und voraussichtlich nicht verlängert werden.

(b) Erhebliche Ausgaben für die weitere Exploration und Evaluierung von Bodenschätzen in einem bestimmten Gebiet sind weder veranschlagt noch geplant.

(c) Die Exploration und Evaluierung von Bodenschätzen in einem bestimmten Gebiet haben nicht zur Entdeckung wirtschaftlich förderbarer Mengen an Bodenschätzen geführt und das Unternehmen hat beschlossen, seine Aktivitäten in diesem Gebiet einzustellen.

(d) Es liegen genügend Daten vor, aus denen hervorgeht, dass die Erschließung eines bestimmten Gebiets zwar wahrscheinlich fortgesetzt wird, der Buchwert des Vermögenswerts für Exploration und Evaluierung durch eine erfolgreiche Erschließung oder Veräußerung jedoch voraussichtlich nicht vollständig wiedererlangt werden kann.

In diesen und ähnlichen Fällen hat das Unternehmen eine Wertminderungsprüfung nach IAS 36 durchzuführen. Jeglicher Wertminderungsaufwand ist gemäß IAS 36 als Aufwand zu erfassen.

Festlegung des Niveaus, auf dem Vermögenswerte für Exploration und Evaluierung auf Wertminderung überprüft werden

21. Ein Unternehmen hat eine Rechnungslegungsmethode zu wählen, mit der die Vermögenswerte für Exploration und Evaluierung zum Zwecke ihrer Überprüfung auf Wertminderung zahlungsmittelgenerierenden Einheiten oder Gruppen von zahlungsmittelgenerierenden Einheiten zugeordnet werden. Eine zahlungsmittelgenerierende Einheit oder Gruppe von Einheiten, der ein Vermögenswert für Exploration und Evaluierung zugeordnet wird, darf nicht größer sein als ein gemäß IFRS 8 *Geschäftssegmente* bestimmtes Geschäftssegment.

22. Das vom Unternehmen festgelegte Niveau zur Überprüfung von Vermögenswerten für Exploration und Evaluierung auf Wertminderung kann eine oder mehrere zahlungsmittelgenerierende Einheiten umfassen.

ANGABEN

23. Ein Unternehmen hat Angaben zu machen, welche die in seinem Abschluss erfassten Beträge für die Exploration und Evaluierung von Bodenschätzen kennzeichnen und erläutern.

24. Zur Erfüllung der Vorschrift in Paragraph 23 sind folgende Angaben erforderlich:

(a) die Rechnungslegungsmethoden des Unternehmens für Ausgaben für Exploration und Evaluierung, einschließlich des Ansatzes von Vermögenswerten für Exploration und Evaluierung.

(b) die Höhe der Vermögenswerte, Schulden, Erträge und Aufwendungen sowie der Cashflows aus betrieblicher und Investitionstätigkeit, die aus der Exploration und Evaluierung von Bodenschätzen resultieren.

25. Ein Unternehmen hat die Vermögenswerte für Exploration und Evaluierung als gesonderte Gruppe von Vermögenswerten zu behandeln und die gemäß IAS 16 oder IAS 38 verlangten Angaben in Übereinstimmung mit der Einstufung der Vermögenswerte zu machen.

ZEITPUNKT DES INKRAFTTRETENS

26. Dieser IFRS ist erstmals in der ersten Berichtsperiode eines am 1. Januar 2006 oder danach beginnenden Geschäftsjahres anzuwenden. Eine frühere Anwendung wird empfohlen. Wenn ein Unternehmen den IFRS für Berichtsperioden anwendet, die vor dem 1. Januar 2006 beginnen, so ist diese Tatsache anzugeben.

ÜBERGANGSVORSCHRIFTEN

27. Wenn es undurchführbar ist, eine bestimmte Vorschrift des Paragraphen 18 auf Vergleichsinformationen anzuwenden, die sich auf vor dem 1. Januar 2006 beginnende Berichtsperioden beziehen, so ist dies anzugeben. IAS 8 erläutert den Begriff „undurchführbar".

3/6. IFRS 6
Anhang A

ANHANG A

DEFINITIONEN

Dieser Anhang ist integraler Bestandteil des IFRS.

Vermögenswerte für Exploration und Evaluierung	Ausgaben für Exploration und Evaluierung, die gemäß den Rechnungslegungsmethoden des Unternehmens als Vermögenswerte angesetzt werden.
Ausgaben für Exploration und Evaluierung	Ausgaben, die einem Unternehmen in Zusammenhang mit der Exploration und Evaluierung von Bodenschätzen entstehen, bevor die technische Durchführbarkeit und die ökonomische Realisierbarkeit einer Gewinnung der Bodenschätze nachgewiesen werden kann.
Exploration und Evaluierung von Bodenschätzen	Suche nach Bodenschätzen, einschließlich Mineralien, Öl, Erdgas und ähnlichen nicht regenerativen Ressourcen, nachdem das Unternehmen die Rechte zur Exploration eines bestimmten Gebietes erhalten hat, sowie die Feststellung der technischen Durchführbarkeit und der ökonomischen Realisierbarkeit der Gewinnung der Bodenschätze.

3/7. IFRS 7

INTERNATIONAL FINANCIAL REPORTING STANDARD 7
Finanzinstrumente: Angaben

IFRS 7, VO (EG) Nr. 1126/2008 i.d.F.

1 VO (EG) Nr. 1274/2008 [IAS 1]
3 VO (EG) Nr. 70/2009 [IAS 28 und IAS 31]
5 VO (EG) Nr. 824/2009
7 VO (EU) Nr. 571/2010 [IFRS 7]
2 VO (EG) Nr. 53/2009
4 VO (EG) Nr. 495/2009 [IFRS 3]
6 VO (EG) Nr. 1165/2009
8 VO (EU) Nr. 149/2011

GLIEDERUNG	§§
ZIELSETZUNG	1–2
ANWENDUNGSBEREICH	3–5
KLASSEN VON FINANZINSTRUMENTEN UND UMFANG DER ANGABEPFLICHTEN	6
BEDEUTUNG DER FINANZINSTRUMENTE FÜR DIE VERMÖGENS-, FINANZ- UND ERTRAGSLAGE	7–30
Bilanz	8–19
Kategorien finanzieller Vermögenswerte und Verbindlichkeiten	8
Finanzielle Vermögenswerte oder Verbindlichkeiten, die erfolgswirksam zum beizulegenden Zeitwert bewertet werden	9–11
Umgliederungen	12–12A
Ausbuchung	13
Sicherheiten	14–15
Wertberichtigungsposten für Kreditausfälle	16
Zusammengesetzte Finanzinstrumente mit mehreren eingebetteten Derivaten	17
Zahlungsverzögerungen bzw. -ausfälle und Vertragsverletzungen	18–19
Gesamtergebnisrechnung	20
Ertrags-, Aufwands-, Gewinn- oder Verlustposten	20
Weitere Angaben	21–30
Rechnungslegungsmethoden	21
Bilanzierung von Sicherungsgeschäften	22–24
Beizulegender Zeitwert	25–30
ART UND AUSMASS VON RISIKEN, DIE SICH AUS FINANZINSTRUMENTEN ERGEBEN	31–42
Qualitative Angaben	33
Quantitative Angaben	34–42
Ausfallrisiko	36
Finanzielle Vermögenswerte, die entweder überfällig oder wertgemindert sind	37
Sicherheiten und andere erhaltene Kreditbesicherungen	38
Liquiditätsrisiko	39
Marktrisiko	40–42
ZEITPUNKT DES INKRAFTTRETENS UND ÜBERGANGSVORSCHRIFTEN	43–44L
RÜCKNAHME VON IAS 30	45
ANHANG A Definitionen	
ANHANG B Leitlinien für die Anwendung	B1–B28

ZIELSETZUNG

1. Zielsetzung dieses IFRS ist es, von Unternehmen Angaben in ihren Abschlüssen zu verlangen, durch die die Abschlussadressaten einschätzen können,

(a) welche Bedeutung Finanzinstrumente für die Vermögens-, Finanz- und Ertragslage des Unternehmens haben; und

(b) welche Art und welches Ausmaß die Risiken haben, die sich aus Finanzinstrumenten ergeben, und denen das Unternehmen während der Berichtsperiode und zum Berichtsstichtag ausgesetzt ist, und wie das Unternehmen diese Risiken steuert.

2. Die in diesem IFRS enthaltenen Grundsätze ergänzen die Grundsätze für den Ansatz, die Bewertung und die Darstellung finanzieller Vermögenswerte und finanzieller Verbindlichkeiten in IAS 32 *Finanzinstrumente: Darstellung* und IAS 39 *Finanzinstrumente: Ansatz und Bewertung*.

ANWENDUNGSBEREICH

3. Dieser IFRS ist von allen Unternehmen auf alle Arten von Finanzinstrumenten anzuwenden; davon ausgenommen sind:

a) Anteile an Tochterunternehmen, assoziierten Unternehmen und Gemeinschaftsunternehmen, die gemäß IAS 27 *Konzern und Einzelabschlüsse*, IAS 28 *Anteile an assoziierten Unternehmen* oder IAS 31 *Anteile an Gemeinschaftsunternehmen* bilanziert werden. In einigen Fällen darf ein Unternehmen jedoch nach IAS 27, IAS 28 oder IAS 31 einen Anteil an einem Tochterunternehmen, einem assoziierten Unternehmen oder einem Gemeinschaftsunternehmen gemäß IAS 39 bilanzieren; in diesen Fällen gelten die Angabepflichten dieses IFRS. Der vorliegende IFRS ist auch auf alle Derivate anzuwenden, die an Anteile an Tochterunternehmen, assoziierten Unternehmen oder Gemeinschaftsunternehmen gebunden sind, es sei denn, das Derivat entspricht der Definition eines Eigenkapitalinstruments in IAS 32.

(b) Rechte und Verpflichtungen eines Arbeitgebers aus Altersversorgungsplänen, auf die IAS 19 *Leistungen an Arbeitnehmer* anzuwenden ist.

(c) [gestrichen]

(d) Versicherungsverträge im Sinne der Definition von IFRS 4 *Versicherungsverträge*. Anzuwenden ist dieser IFRS allerdings auf Derivate, die in Versicherungsverträge eingebettet sind, wenn IAS 39 von dem Unternehmen deren getrennte Bilanzierung verlangt. Ein Versicherer hat diesen IFRS darüber hinaus auf *finanzielle Garantien* anzuwenden, wenn er zum Ansatz und zur Bewertung dieser Verträge IAS 39 anwendet. Entscheidet er sich jedoch gemäß Paragraph 4(d) des IFRS 4, die finanziellen Garantien gemäß IFRS 4 anzusetzen und zu bewerten, so hat er IFRS 4 anzuwenden.

(e) Finanzinstrumente, Verträge und Verpflichtungen im Zusammenhang mit anteilsbasierten Vergütungen, auf die IFRS 2 *Anteilsbasierte Vergütung* anzuwenden ist. Davon ausgenommen sind die in den Anwendungsbereich der Paragraphen 5-7 des IAS 39 fallenden Verträge, auf die dieser IFRS anzuwenden ist.

(f) Instrumente, die nach den Paragraphen 16A und 16B oder 16C und 16D des IAS 32 als Eigenkapitalinstrumente eingestuft werden müssen.

4. Dieser IFRS ist auf bilanzwirksame und bilanzunwirksame Finanzinstrumente anzuwenden. Bilanzwirksame Finanzinstrumente umfassen finanzielle Vermögenswerte und finanzielle Verbindlichkeiten, die in den Anwendungsbereich von IAS 39 fallen. Zu den bilanzunwirksamen Finanzinstrumenten gehören einige andere Finanzinstrumente, die zwar nicht in den Anwendungsbereich von IAS 39, wohl aber in den dieses IFRS fallen (z. B. Kreditzusagen).

5. Anzuwenden ist dieser IFRS ferner auf Verträge über den Kauf oder Verkauf eines nicht finanziellen Postens, die unter IAS 39 fallen (siehe IAS 39, Paragraphen 5-7).

KLASSEN VON FINANZINSTRUMENTEN UND UMFANG DER ANGABEPFLICHTEN

6. Wenn in diesem IFRS Angaben zu einzelnen Klassen von Finanzinstrumenten verlangt werden, hat ein Unternehmen Finanzinstrumente so in Klassen einzuordnen, dass diese der Art der geforderten Informationen angemessen sind und den Eigenschaften dieser Finanzinstrumente Rechnung tragen. Ein Unternehmen hat genügend Informationen zu liefern, um eine Überleitungsrechnung auf die in der Bilanz dargestellten Posten zu ermöglichen.

BEDEUTUNG DER FINANZINSTRUMENTE FÜR DIE VERMÖGENS-, FINANZ- UND ERTRAGSLAGE

7. Ein Unternehmen hat Angaben zu machen, die den Abschlussadressaten ermöglichen, die Bedeutung der Finanzinstrumente für dessen Vermögens-, Finanz- und Ertragslage zu beurteilen.

Bilanz

Kategorien finanzieller Vermögenswerte und Verbindlichkeiten

8. Für jede der folgenden Kategorien gemäß IAS 39 ist in der Bilanz oder im Anhang der Buchwert anzugeben:

(a) finanzielle Vermögenswerte, die erfolgswirksam zum beizulegenden Zeitwert bewertet werden, wobei diejenigen, die (i) beim erstmaligen Ansatz als solche eingestuft werden, und diejenigen, die (ii) gemäß IAS 39 als zu

Handelszwecken gehalten eingestuft werden, getrennt voneinander aufzuführen sind;
(b) bis zur Endfälligkeit zu haltende Finanzinvestitionen;
(c) Kredite und Forderungen;
(d) zur Veräußerung verfügbare finanzielle Vermögenswerte;
(e) finanzielle Verbindlichkeiten, die erfolgswirksam zum beizulegenden Zeitwert bewertet werden, wobei diejenigen, die (i) beim erstmaligen Ansatz als solche eingestuft werden, und diejenigen, die (ii) gemäß IAS 39 als zu Handelszwecken gehalten eingestuft werden, getrennt voneinander aufzuführen sind; sowie
(f) finanzielle Verbindlichkeiten, die zu fortgeführten Anschaffungskosten bewertet werden.

Finanzielle Vermögenswerte oder Verbindlichkeiten, die erfolgswirksam zum beizulegenden Zeitwert bewertet werden

9. Hat ein Unternehmen einen Kredit oder eine Forderung (bzw. eine Gruppe von Krediten oder Forderungen) als erfolgswirksam zum beizulegenden Zeitwert bewertet eingestuft, sind folgende Angaben erforderlich:
(a) das maximale *Ausfallrisiko* (siehe Paragraph 36 (a)) des Kredits oder der Forderung (oder der Gruppe von Krediten oder Forderungen) zum Berichtsstichtag.
(b) der Betrag, um den ein zugehöriges Kreditderivat oder ähnliches Instrument dieses maximale Ausfallrisiko abschwächt.
(c) der Betrag, um den sich der beizulegende Zeitwert des Kredits oder der Forderung (oder der Gruppe von Krediten oder Forderungen) während der Berichtsperiode und kumuliert geändert hat, soweit dies auf Änderungen beim Ausfallrisiko des finanziellen Vermögenswerts zurückzuführen ist. Dieser Betrag wird entweder:
  (i) als Änderung des beizulegenden Zeitwerts bestimmt, soweit diese nicht auf solche Änderungen der Marktbedingungen zurückzuführen ist, die das *Marktrisiko* beeinflussen; oder
  (ii) mithilfe einer alternativen Methode bestimmt, mit der nach Ansicht des Unternehmens genauer bestimmt werden kann, in welchem Umfang sich der beizulegende Zeitwert durch das geänderte Ausfallrisiko ändert.
Zu den Änderungen der Marktbedingungen, die ein Marktrisiko bewirken, zählen Änderungen eines zu beobachtenden (Referenz-) Zinssatzes, Rohstoffpreises, Wechselkurses oder Preis- bzw. Zinsindexes.
(d) die Höhe der Änderung des beizulegenden Zeitwerts jedes zugehörigen Kreditderivats oder ähnlichen Instruments, die während der

Berichtsperiode und kumuliert seit der Einstufung des Kredits oder der Forderung eingetreten ist.

10. Hat ein Unternehmen eine finanzielle Verbindlichkeit als Finanzinstrument eingestuft, das gemäß IAS 39 Paragraph 9 erfolgswirksam zum beizulegenden Zeitwert bewertet wird, sind folgende Angaben erforderlich:
(a) der Betrag, um den sich der beizulegende Zeitwert der finanziellen Verbindlichkeit während der Berichtsperiode und kumuliert geändert hat, soweit dies auf Änderungen beim Ausfallrisiko der finanziellen Verbindlichkeit zurückzuführen ist. Dieser Betrag wird entweder:
  (i) als Änderung des beizulegenden Zeitwerts bestimmt, soweit diese nicht auf solche Änderungen der Marktbedingungen zurückzuführen ist, die das *Marktrisiko* beeinflussen (siehe Anhang B, Paragraph B4); oder
  (ii) mithilfe einer alternativen Methode bestimmt, mit der nach Ansicht des Unternehmens genauer bestimmt werden kann, in welchem Umfang sich der beizulegende Zeitwert durch das geänderte Ausfallrisiko ändert.
Zu den Änderungen der Marktbedingungen, die das Marktrisiko beeinflussen, gehören Änderungen eines Referenzzinssatzes, des Preises eines Finanzinstruments eines anderen Unternehmens, eines Rohstoffpreises, Wechselkurses oder Preis- oder Zinsindexes. Bei Verträgen mit fondsgebundenen Merkmalen umfassen Änderungen der Marktbedingungen auch Änderungen in der Wertentwicklung eines verbundenen internen oder externen Investmentfonds.
(b) die Differenz zwischen dem Buchwert der finanziellen Verbindlichkeit und dem Betrag, den das Unternehmen vertragsgemäß bei Fälligkeit an den Gläubiger zahlen müsste.

11. Ein Unternehmen hat anzugeben,
(a) welche Methoden es zur Erfüllung der Vorschriften in den Paragraphen 9(c) und 10(a) angewandt hat.
(b) warum es gegebenenfalls zu der Auffassung gelangt ist, dass die Angaben, die es gemäß den Paragraphen 9(c) und 10(a) gemacht hat, die durch das geänderte Ausfallrisiko bedingte Änderung des beizulegenden Zeitwerts des finanziellen Vermögenswerts bzw. der finanziellen Verbindlichkeit nicht glaubwürdig darstellen, und welche Faktoren seiner Meinung nach hierfür verantwortlich sind.

Umgliederungen

12. Hat ein Unternehmen einen finanziellen Vermögenswert (gemäß IAS 39, Paragraph 51–54) umgegliedert in einen, der
(a) anstatt zum beizulegenden Zeitwert nunmehr mit den Anschaffungskosten oder fortgeführ-

ten Anschaffungskosten bewertet wird, oder der

(b) anstatt mit den Anschaffungskosten oder fortgeführten Anschaffungskosten nunmehr zum beizulegenden Zeitwert bewertet wird,

so sind der umgegliederte Betrag für jede Kategorie sowie die Gründe für diese Umgliederung anzugeben.

12A. Hat ein Unternehmen einen finanziellen Vermögenswert gemäß Paragraph 50B oder 50D des IAS 39 aus der Kategorie der erfolgswirksam zum beizulegenden Zeitwert zu bewertenden Finanzinstrumente oder gemäß Paragraph 50E des IAS 39 aus der Kategorie zur Veräußerung verfügbar umgegliedert, so hat es folgende Angaben zu machen:

(a) den umgegliederten Betrag für jede Kategorie;

(b) für jede Berichtsperiode bis zur Ausbuchung die Buchwerte und die beizulegenden Zeitwerte aller finanziellen Vermögenswerte, die in der aktuellen und in früheren Perioden umgegliedert wurden;

(c) für den Fall, dass ein finanzieller Vermögenswert gemäß Paragraph 50B umgegliedert wird, die außergewöhnliche Situation sowie die Fakten und Umstände, aus denen hervorgeht, dass die Situation außergewöhnlich war;

(d) für die Berichtsperiode, in der der finanzielle Vermögenswert umgegliedert wurde, den durch die Bewertung zum beizulegenden Zeitwert verursachten Gewinn oder Verlust in Bezug auf den finanziellen Vermögenswert, der im Gewinn oder Verlust oder im sonstigen Gesamtergebnis in dieser und in der vorhergehenden Berichtsperiode erfasst ist;

(e) für jede Berichtsperiode nach der Umgliederung (einschließlich der Berichtsperiode, in der der finanzielle Vermögenswert umgegliedert wurde) bis zur Ausbuchung des finanziellen Vermögenswerts den durch eine Bewertung zum beizulegenden Zeitwert verursachten Gewinn oder Verlust, der im Gewinn oder Verlust oder im sonstigen Gesamtergebnis ausgewiesen worden wäre, wäre der finanzielle Vermögenswert nicht umgegliedert worden, sowie der Gewinn, Verlust, Ertrag und Aufwand, der im Gewinn oder Verlust erfasst wurde; sowie

(f) den Effektivzinssatz und die geschätzten Beträge der Cashflows, die das Unternehmen zum Zeitpunkt der Umgliederung des finanziellen Vermögenswerts zu erzielen hofft.

Ausbuchung

13. Ein Unternehmen kann finanzielle Vermögenswerte so übertragen haben, dass keiner von ihnen oder nur ein Teil die Kriterien für eine Ausbuchung erfüllt (siehe IAS 39, Paragraph 15–37). Das Unternehmen hat für jede Klasse derartiger finanzieller Vermögenswerte folgende Angaben zu machen:

(a) Art der Vermögenswerte;

(b) Art der mit dem Eigentum verbundenen Risiken und Chancen, die für das Unternehmen weiterhin bestehen;

(c) wenn das Unternehmen alle Vermögenswerte weiterhin ansetzt, den Buchwert der Vermögenswerte und der dazugehörigen Verbindlichkeiten; und

(d) wenn das Unternehmen die Vermögenswerte weiterhin nach Maßgabe seines anhaltenden Engagements ansetzt, den Gesamtbetrag der ursprünglichen Vermögenswerte, den Betrag der weiterhin angesetzten Vermögenswerte sowie den Buchwert der dazugehörigen Verbindlichkeiten.

Sicherheiten

14. Das Unternehmen hat Folgendes anzugeben:

(a) den Buchwert der finanziellen Vermögenswerte, die es als Sicherheit für Verbindlichkeiten oder Eventualverbindlichkeiten gestellt hat, einschließlich der Beträge, die gemäß IAS 39 Paragraph 37(a) umgegliedert wurden; und

(b) die Vertragsbedingungen für diese Besicherung.

15. Sofern ein Unternehmen Sicherheiten (in Form finanzieller oder nicht finanzieller Vermögenswerte) hält und diese ohne Vorliegen eines Zahlungsverzugs ihres Eigentümers verkaufen oder als Sicherheit weiterreichen darf, hat es Folgendes anzugeben:

(a) den beizulegenden Zeitwert der gehaltenen Sicherheiten;

(b) den beizulegenden Zeitwert aller verkauften oder weitergereichten Sicherheiten, und ob das Unternehmen zur Rückgabe an den Eigentümer verpflichtet ist; und

(c) die Vertragsbedingungen, die mit der Nutzung dieser Sicherheiten verbunden sind.

Wertberichtigungsposten für Kreditausfälle

16. Werden finanzielle Vermögenswerte durch Kreditausfälle wertgemindert und verbucht das Unternehmen diese Wertminderung auf einem getrennten Konto (z. B. einem Wertberichtigungskonto zur Buchung einzelner Wertminderungen oder einem ähnlichen Konto zur Buchung von Sammelwertminderungen von Vermögenswerten), anstatt direkt den Buchwert des Vermögenswerts zu mindern, so hat es für die einzelnen Klassen von finanziellen Vermögenswerten in Bezug auf die Änderungen, die in der Berichtsperiode auf diesem Konto eingetreten sind, eine Überleitungsrechnung vorzulegen.

Zusammengesetzte Finanzinstrumente mit mehreren eingebetteten Derivaten

17. Hat ein Unternehmen ein Finanzinstrument emittiert, das sowohl eine Fremd- als auch eine Eigenkapitalkomponente enthält (siehe IAS 32, Pa-

ragraph 28), und sind in das Instrument mehrere Derivate eingebettet, deren Werte voneinander abhängen (wie etwa ein kündbares wandelbares Schuldinstrument), so ist dieser Umstand anzugeben.

Zahlungsverzögerungen bzw. -ausfälle und Vertragsverletzungen

18. Für am Berichtsstichtag angesetzte *Darlehensverbindlichkeiten* sind folgende Angaben zu machen:

(a) Einzelheiten zu allen in der Berichtsperiode eingetretenen Zahlungsverzögerungen bzw. -ausfällen, welche die Tilgungs- oder Zinszahlungen, den Tilgungsfonds oder die Tilgungsbedingungen der Darlehensverbindlichkeiten betreffen;

(b) der am Berichtsstichtag angesetzte Buchwert der Darlehensverbindlichkeiten, bei denen die Zahlungsverzögerungen bzw. -ausfälle aufgetreten sind; und

(c) ob die Zahlungsverzögerungen bzw. -ausfälle behoben oder die Bedingungen für die Darlehensverbindlichkeiten neu ausgehandelt wurden, bevor die Veröffentlichung des Abschlusses genehmigt wurde.

19. Ist es in der Berichtsperiode neben den in Paragraph 18 beschriebenen Verstößen noch zu anderen Verletzungen von Darlehensverträgen gekommen, hat ein Unternehmen auch in Bezug auf diese die in Paragraph 18 geforderten Angaben zu machen, sofern die Vertragsverletzungen den Kreditgeber berechtigen, eine vorzeitige Rückzahlung zu fordern (sofern die Verletzungen am oder vor dem Berichtsstichtag nicht behoben oder die Darlehenskonditionen neu verhandelt wurden).

Gesamtergebnisrechnung

Ertrags-, Aufwands-, Gewinn- oder Verlustposten

20. Ein Unternehmen hat die folgenden Ertrags-, Aufwands-, Gewinn- oder Verlustposten entweder in der Gesamtergebnisrechnung oder im Anhang anzugeben:

(a) Nettogewinne oder Nettoverluste in Bezug auf:

(i) finanziellen Vermögenswerten oder Verbindlichkeiten, die erfolgswirksam zum beizulegenden Zeitwert bewertet werden, wobei jene finanziellen Vermögenswerte oder Verbindlichkeiten, die beim erstmaligen Ansatz als solche eingestuft wurden, getrennt von den finanziellen Vermögenswerten oder Verbindlichkeiten ausgewiesen werden, die gemäß IAS 39 als zu Handelszwecken gehalten eingestuft werden;

(ii) zur Veräußerung verfügbare finanzielle Vermögenswerte, wobei die Gewinne oder Verluste, die in der Berichtsperiode im sonstigen Ergebnis und der vom Eigenkapital in den Gewinn oder Verlust umgegliederte Betrag getrennt auszuweisen sind;

(iii) bis zur Endfälligkeit zu haltenden Finanzinvestitionen;

(iv) Krediten und Forderungen; und

(v) finanziellen Verbindlichkeiten, die zu fortgeführten Anschaffungskosten bewertet werden;

(b) den (nach der Effektivzinsmethode berechneten) Gesamtzinsertrag und Gesamtzinsaufwand für finanzielle Vermögenswerte oder Verbindlichkeiten, die nicht erfolgswirksam zum beizulegenden Zeitwert bewertet werden;

(c) das als Ertrag oder Aufwand dargestellte Entgelt (mit Ausnahme der Beträge, die in die Bestimmung der Effektivzinssätze einbezogen werden) aus:

(i) finanziellen Vermögenswerten oder Verbindlichkeiten, die nicht erfolgswirksam zum beizulegenden Zeitwert bewertet werden; und

(ii) Treuhänder- und anderen fiduziarischen Geschäften, die auf eine Vermögensverwaltung für fremde Rechnung einzelner Personen, Sondervermögen, Pensionsfonds und anderer institutioneller Anleger hinauslaufen;

(d) den gemäß IAS 39 Paragraph A93 aufgelaufenen Zinsertrag auf wertgeminderte finanzielle Vermögenswerte; und

(e) den Betrag jedes Wertminderungsaufwands für jede Klasse von finanziellen Vermögenswerten.

Weitere Angaben

Rechnungslegungsmethoden

21. Gemäß Paragraph 117 des IAS 1 *Darstellung des Abschlusses* (überarbeitet 2007) macht ein Unternehmen in der zusammenfassenden Darstellung der maßgeblichen Rechnungslegungsmethoden Angaben über die bei der Erstellung des Abschlusses herangezogene(n) Bewertungsgrundlage(n) und die sonstigen angewandten Rechnungslegungsmethoden, die für das Verständnis des Abschlusses relevant sind.

Bilanzierung von Sicherungsgeschäften

22. Ein Unternehmen hat getrennt für jede Art der in IAS 39 beschriebenen Sicherungsbeziehungen (d. h. Absicherung des beizulegenden Zeitwerts, Absicherung von Zahlungsströmen und Absicherung einer Nettoinvestition in einen ausländischen Geschäftsbetrieb) Folgendes anzugeben:

(a) eine Beschreibung der einzelnen Arten von Sicherungsbeziehung;

(b) eine Beschreibung der Finanzinstrumente, die zum Berichtsstichtag als Sicherungsinstrumente eingesetzt wurden, sowie ihre beizulegenden Zeitwerte; und

(c) die Art der abgesicherten Risiken.

23. Für Absicherungen von Zahlungsströmen hat ein Unternehmen folgende Angaben zu machen:
(a) die Perioden, in denen die Zahlungsströme voraussichtlich eintreten werden und in denen sie sich voraussichtlich auf das Periodenergebnis auswirken werden;
(b) eine Beschreibung aller erwarteten künftigen Transaktionen, die zuvor wie Sicherungsgeschäfte bilanziert wurden, deren Eintritt jedoch nicht mehr erwartet wird;
(c) der Betrag, der während der Periode im sonstigen Ergebnis erfasst wurde;
(d) der Betrag, der vom Eigenkapital ins Periodenergebnis umgegliedert wurde, wobei der Betrag, der in jedem Posten der Gesamtergebnisrechnung enthalten ist, gezeigt wird; und
(e) der Betrag, der während der Berichtsperiode aus dem Eigenkapital entfernt und in die erstmaligen Anschaffungskosten oder einen Buchwert eines nicht finanziellen Vermögenswerts oder einer nicht finanziellen Verbindlichkeit einbezogen wurde, dessen Erwerb bzw. deren Eingehen eine abgesicherte vorhergesehene Transaktion mit höchster Eintrittswahrscheinlichkeit war.

24. Folgende gesonderte Angaben sind erforderlich:
(a) bei der Absicherung des beizulegenden Zeitwerts Gewinne oder Verluste:
   (i) aus dem Sicherungsinstrument; und
   (ii) aus dem gesicherten Grundgeschäft, soweit sie dem abgesicherten Risiko zuzuordnen sind;
(b) der im Periodenergebnis erfasste unwirksame Teil der Absicherung von Zahlungsströmen; und
(c) der im Periodenergebnis erfasste unwirksame Teil der Absicherung der Nettoinvestitionen in ausländische Geschäftsbetriebe.

Beizulegender Zeitwert

25. Sofern Paragraph 29 nicht etwas anderes bestimmt, hat ein Unternehmen für jede einzelne Klasse von finanziellen Vermögenswerten und Verbindlichkeiten (siehe Paragraph 6) den beizulegenden Zeitwert so anzugeben, dass ein Vergleich mit den entsprechenden Buchwerten möglich ist.

26. Bei der Angabe der beizulegenden Zeitwerte sind die finanziellen Vermögenswerte und Verbindlichkeiten in Klassen einzuteilen, wobei eine Saldierung zwischen den einzelnen Klassen nur insoweit zulässig ist, wie die zugehörigen Buchwerte in der Bilanz saldiert sind.

27. Ein Unternehmen hat für jede Klasse von Finanzinstrumenten anzugeben, nach welchen Methoden und – wenn Bewertungstechniken verwendet werden – unter welchen Annahmen der beizulegende Zeitwert der einzelnen Klassen von finanziellen Vermögenswerten oder finanziellen Verbindlichkeiten bestimmt wurde. So hat das Unternehmen gegebenenfalls anzugeben, von welchen Annahmen es in Bezug auf Vorfälligkeitsraten, geschätzte Kreditausfallquoten sowie Zins- und Abzinsungssätze ausgegangen ist. Wurde die Bewertungstechnik geändert, hat das Unternehmen dies ebenfalls anzugeben und die Änderung zu begründen.

27A. Für die Zwecke der in Paragraph 27B geforderten Angaben hat ein Unternehmen bei seinen Bewertungen zum beizulegenden Zeitwert eine hierarchische Einstufung vorzunehmen, die der Erheblichkeit der in die Bewertungen einfließenden Faktoren Rechnung trägt. Diese umfasst drei Stufen:
a) die auf aktiven Märkten für identische Vermögenswerte oder Verbindlichkeiten notierten (unverändert übernommenen) Preise (Stufe 1),
b) Inputfaktoren, bei denen es sich nicht um die auf Stufe 1 berücksichtigten notierten Preise handelt, die sich aber für den Vermögenswert oder die Verbindlichkeit entweder direkt (d.h. als Preis) oder indirekt (d.h. in Ableitung von Preisen) beobachten lassen (Stufe 2) und
c) nicht auf beobachtbaren Marktdaten basierende Faktoren für die Bewertung des Vermögenswerts oder der Verbindlichkeit (nicht beobachtbare Inputfaktoren) (Stufe 3).

Auf welcher Ebene die Bewertung zum beizulegenden Zeitwert insgesamt eingestuft wird, bestimmt sich nach der niedrigsten Stufe, deren Input für die Bewertung als Ganzes erheblich ist. Die Erheblichkeit eines Inputfaktors wird anhand der Gesamtbewertung beurteilt. Werden bei einer Bewertung zum beizulegenden Zeitwert beobachtbare Inputfaktoren verwendet, die auf der Grundlage nicht beobachtbarer Inputfaktoren erheblich angepasst werden müssen, handelt es sich um eine Bewertung der Stufe 3. Um die Erheblichkeit eines bestimmten Inputfaktors für die Bewertung als Ganzes beurteilen zu können, muss den für den Vermögenswert oder die Verbindlichkeit charakteristischen Faktoren Rechnung getragen werden.

27B. Werden Finanzinstrumente in der Bilanz zum beizulegenden Zeitwert bewertet, hat das Unternehmen für jede Klasse von Finanzinstrumenten Folgendes anzugeben:
a) die Stufe, auf der die Bewertungen zum beizulegenden Zeitwert insgesamt eingestuft werden, wobei die Bewertungen nach den in Paragraph 27A festgelegten Stufen aufzuschlüsseln sind.
b) jede erhebliche Umgliederung zwischen Stufe 1 und Stufe 2 einschließlich der Gründe für die Umgliederung. Umgliederungen in die einzelnen Stufen sind gesondert von den Umgliederungen aus den einzelnen Stufen anzugeben und zu erläutern. Ob eine Umgliederung erheblich ist, wird zu diesem Zweck anhand des Gewinns oder Verlusts und der

Summe der Vermögenswerte oder Verbindlichkeiten beurteilt.

c) bei Bewertungen der Stufe 3 eine Überleitungsrechnung von den Eröffnungs- zu den Schlussbilanzen, wobei in der Periode eingetretene Veränderungen gesondert angegeben werden müssen, wenn sie auf einen der folgenden Faktoren zurückzuführen sind:
   i) auf die im Gewinn oder Verlust erfasste Summe der Gewinne oder Verluste samt einer Beschreibung, an welcher Stelle der Gesamtergebnisrechnung oder (falls vorgelegt) der separaten Gewinn- und Verlustrechnung sie ausgewiesen sind,
   ii) auf die im sonstigen Ergebnis erfasste Summe der Gewinne oder Verluste,
   iii) auf Käufe, Verkäufe, Emissionen und Erfüllungen (wobei jede Bewegung gesondert anzugeben ist), und
   iv) auf Umgliederungen in oder aus Stufe 3 (z.B. Umgliederungen, die auf Veränderungen bei der Beobachtbarkeit von Marktdaten zurückzuführen sind) samt der Gründe für diese Umgliederungen. Erreichen diese einen erheblichen Umfang, sind die Umgliederungen in die Stufe 3 gesondert von den Umgliederungen aus der Stufe 3 anzugeben und zu erörtern.

d) für die unter Buchstabe c Ziffer i genannte Periode die Summe der im Gewinn oder Verlust erfassten Gewinne oder Verluste, die auf Gewinne oder Verluste bei diesen am Ende der Berichtsperiode gehaltenen Vermögenswerten und Verbindlichkeiten zurückzuführen sind, samt einer Beschreibung, an welcher Stelle der Gesamtergebnisrechnung oder der separaten Gewinn- und Verlustrechnung (falls vorgelegt) sie ausgewiesen sind,

e) würde sich bei einer Bewertung auf Stufe 3 der beizulegende Zeitwert erheblich ändern, wenn einer oder mehrere der Inputfaktoren durch plausible alternative Annahmen ersetzt würden, hat das Unternehmen dies anzugeben und die Auswirkungen dieser Änderungen offen zu legen. Das Unternehmen hat ferner anzugeben, wie es die Auswirkungen der durch die Umstellung auf plausible Alternativannahmen bedingten Änderungen berechnet hat. Wie erheblich diese Auswirkungen sind, ist mit Blick auf den Gewinn oder Verlust und die Summe der Vermögenswerte oder Verbindlichkeiten bzw. – wenn die Änderungen des beizulegenden Zeitwerts im sonstigen Ergebnis ausgewiesen werden, mit Blick auf die Summe des Eigenkapitals zu beurteilen.

Die in diesem Paragraphen vorgeschriebenen quantitativen Angaben sind von den Unternehmen in Tabellenform vorzulegen, es sei denn, ein anderes Format ist zweckmäßiger.

28. Wenn für ein Finanzinstrument kein aktiver Markt besteht, bestimmt ein Unternehmen den beizulegenden Zeitwert anhand eines Bewertungsverfahrens (siehe IAS 39, Paragraphen A74-A79). Den besten Hinweis auf den beizulegenden Zeitwert liefert beim erstmaligen Ansatz jedoch der Transaktionspreis (d. h. der beizulegende Zeitwert des gezahlten oder vereinnahmten Entgelts), es sei denn, die in IAS 39, Paragraph A76 genannten Bedingungen sind erfüllt. Daraus folgt, dass es eine Differenz zwischen dem beizulegenden Zeitwert beim erstmaligen Ansatz und dem Betrag geben könnte, der zu diesem Zeitpunkt unter Verwendung eines Bewertungsverfahrens bestimmt werden würde. Wenn eine solche Differenz besteht, hat ein Unternehmen für jede Klasse von Finanzinstrument folgende Angaben zu machen:

(a) seine Rechnungslegungsmethoden zur Erfassung dieser Differenz im Periodenergebnis, um eine Veränderung der Faktoren (einschließlich des Zeitfaktors) widerzuspiegeln, die Marktteilnehmer bei einer Preisfestlegung beachten würden (siehe IAS 39, Paragraph A76A); und

(b) die Summe der im Periodenergebnis noch zu erfassenden Differenzen zu Beginn und am Ende der Berichtsperiode und eine Überleitung der Änderungen dieser Differenz.

29. Angaben über den beizulegenden Zeitwert werden nicht verlangt:

(a) wenn der Buchwert einen angemessenen Näherungswert für den beizulegenden Zeitwert darstellt, beispielsweise bei Finanzinstrumenten wie kurzfristigen Forderungen und Verbindlichkeiten aus Lieferungen und Leistungen;

(b) bei einer Finanzinvestition in Eigenkapitalinstrumente, die keinen notierten Marktpreis in einem aktiven Markt haben oder mit diesen verknüpfte Derivate, die gemäß IAS 39 zu den Anschaffungskosten bewertet werden, da ihr beizulegender Zeitwert nicht verlässlich bestimmt werden kann; oder

(c) wenn bei einem Vertrag mit einer ermessensabhängigen Überschussbeteiligung (wie in IFRS 4 beschrieben) deren beizulegender Zeitwert nicht verlässlich bestimmt werden kann.

30. In den in den Paragraphen 29 (b) und (c) beschriebenen Fällen hat ein Unternehmen folgende Angaben zu machen, um Abschlussadressaten zu helfen, sich selbst ein Urteil über das Ausmaß der möglichen Differenzen zwischen dem Buchwert und dem beizulegenden Zeitwert dieser finanziellen Vermögenswerte oder Verbindlichkeiten zu bilden:

(a) die Tatsache, dass für diese Finanzinstrumente keine Angaben zum beizulegenden Zeitwert gemacht wurden, da er nicht verlässlich bestimmt werden kann;

(b) eine Beschreibung der Finanzinstrumente, ihres Buchwerts und eine Erklärung, warum der

beizulegende Zeitwert nicht verlässlich bestimmt werden kann;
(c) Informationen über den Markt für diese Finanzinstrumente;
(d) Informationen darüber, ob und auf welche Weise das Unternehmen beabsichtigt, diese Finanzinstrumente zu veräußern; und
(e) die Tatsache, dass Finanzinstrumente, deren beizulegender Zeitwert früher nicht verlässlich bestimmt werden konnte, ausgebucht werden, sowie deren Buchwert zum Zeitpunkt der Ausbuchung und den Betrag des erfassten Gewinns oder Verlusts.

ART UND AUSMASS VON RISIKEN, DIE SICH AUS FINANZINSTRUMENTEN ERGEBEN

31. Ein Unternehmen hat seine Angaben so zu gestalten, dass die Abschlussadressaten Art und Ausmaß der mit Finanzinstrumenten verbundenen Risiken, denen das Unternehmen zum Berichtsstichtag ausgesetzt ist, beurteilen können.

32. Die in den Paragraphen 33–42 geforderten Angaben sind auf Risiken aus Finanzinstrumenten gerichtet und darauf, wie diese gesteuert werden. Zu diesen Risiken gehören u. a. Ausfallrisiken, *Liquiditätsrisiken* und Marktrisiken.

32A. Werden quantitative Angaben durch qualitative Angaben ergänzt, können die Abschlussadressaten eine Verbindung zwischen zusammenhängenden Angaben herstellen und sich so ein Gesamtbild von Art und Ausmaß der aus Finanzinstrumenten resultierenden Risiken machen. Das Zusammenwirken aus qualitativen und quantitativen Angaben trägt dazu bei, dass die Adressaten die Risiken, denen das Unternehmen ausgesetzt ist, besser einschätzen können.

Qualitative Angaben

33. Für jede Risikoart in Verbindung mit Finanzinstrumenten hat ein Unternehmen folgende Angaben zu machen:
(a) Umfang und Ursache der Risiken;
(b) seine Ziele, Methoden und Prozesse zur Steuerung dieser Risiken und die zur Bewertung der Risiken eingesetzten Methoden; und
(c) etwaige Änderungen von (a) oder (b) gegenüber der vorhergehenden Periode.

Quantitative Angaben

34. Für jede Risikoart in Verbindung mit Finanzinstrumenten hat ein Unternehmen folgende Angaben zu machen:
(a) zusammengefasste quantitative Daten bezüglich des jeweiligen Risikos, dem es am Ende der Berichtsperiode ausgesetzt ist; Diese Angaben beruhen auf den Informationen, die Personen in Schlüsselpositionen (Definition siehe IAS 24 *Angaben über Beziehungen zu nahe stehenden Unternehmen und Personen*), wie dem Geschäftsführungs- und/oder Aufsichtsorgan des Unternehmens oder dessen Vorsitzenden, intern erteilt werden.
(b) die in den Paragraphen 36-42 vorgeschriebenen Angaben, soweit sie nicht bereits unter a gemacht werden;
(c) Risikokonzentrationen, sofern sie nicht aus den gemäß a und b gemachten Angaben hervorgehen.

35. Sind die zum Berichtsstichtag angegebenen quantitativen Daten für die Risiken, denen ein Unternehmen während der Periode ausgesetzt war, nicht repräsentativ, so sind zusätzliche repräsentative Angaben zu machen.

Ausfallrisiko

36. Ein Unternehmen hat für jede Klasse von Finanzinstrumenten Folgendes anzugeben:
(a) den Betrag, der das maximale Ausfallrisiko, dem das Unternehmen am Ende der Berichtsperiode ausgesetzt ist, am besten darstellt, wobei gehaltene Sicherheiten und andere Kreditbesicherungen nicht berücksichtigt werden (z.B. Aufrechnungsvereinbarungen, die nicht die Saldierungskriterien gemäß IAS 32 erfüllen); für Finanzinstrumente, deren Buchwert das maximale Ausfallrisiko am besten darstellt, ist diese Angabe nicht vorgeschrieben.
(b) in Bezug auf den Betrag, der das maximale Ausfallrisiko am besten darstellt (unabhängig davon, ob er gemäß Buchstabe a angegeben oder vom Buchwert eines Finanzinstruments dargestellt wird), eine Beschreibung des als Sicherheit gehaltenen Sicherungsgegenstandes und anderer Kreditbesicherungen (z.B. Quantifizierung des Umfangs, in dem Sicherheiten und andere Kreditbesicherungen das Ausfallrisiko vermindern).
(c) Informationen über die Werthaltigkeit der finanziellen Vermögenswerte, die weder überfällig noch wertgemindert sind.
(d) [gestrichen]

Finanzielle Vermögenswerte, die entweder überfällig oder wertgemindert sind

37. Ein Unternehmen hat für jede Klasse von finanziellen Vermögenswerten Folgendes anzugeben:
(a) eine Analyse des Alters der finanziellen Vermögenswerte, die zum Ende der Berichtsperiode überfällig, aber nicht wertgemindert sind und
(b) eine Analyse der finanziellen Vermögenswerte, für die zum Ende der Berichtsperiode einzeln eine Wertminderung festgestellt wurde, einschließlich der Faktoren, die das Unternehmen bei der Feststellung der Wertminderung berücksichtigt hat.
(c) [gestrichen]

Sicherheiten und andere erhaltene Kreditbesicherungen

38. Wenn ein Unternehmen in der Berichtsperiode durch Inbesitznahme von Sicherheiten, die es in Form von Sicherungsgegenständen hält, oder durch Inanspruchnahme anderer Kreditbesicherungen (wie Garantien) finanzielle und nichtfinanzielle Vermögenswerte erhält und diese den Ansatzkriterien in anderen IFRS entsprechen, so hat das Unternehmen für solche zum Bilanzstichtag gehaltene Vermögenswerte Folgendes anzugeben:
(a) Art und Buchwert der Vermögenswerte und
(b) für den Fall, dass die Vermögenswerte nicht leicht liquidierbar sind, seine Methoden, um derartige Vermögenswerte zu veräußern oder sie in seinem Geschäftsbetrieb einzusetzen.

Liquiditätsrisiko

39. Ein Unternehmen hat Folgendes vorzulegen:
a) eine Fälligkeitsanalyse für nicht derivative finanzielle Verbindlichkeiten (einschließlich bereits zugesagter finanzieller Garantien), die die verbleibenden vertraglichen Restlaufzeiten darstellt,
b) Eine Fälligkeitsanalyse für derivative finanzielle Verbindlichkeiten. Bei derivativen finanziellen Verbindlichkeiten, bei denen die vertraglichen Restlaufzeiten für das Verständnis des für die Cashflows festgelegten Zeitbands (siehe Paragraph B11b) wesentlich sind, muss diese Fälligkeitsanalyse die verbleibenden vertraglichen Restlaufzeiten darstellen,
c) eine Beschreibung, wie das mit a) und b) verbundene Liquiditätsrisiko gesteuert wird.

Marktrisiko
Sensitivitätsanalyse

40. Sofern ein Unternehmen Paragraph 41 nicht erfüllt, hat es folgende Angaben zu machen:
(a) eine Sensitivitätsanalyse für jede Art von Marktrisiko, dem ein Unternehmen zum Berichtsstichtag ausgesetzt ist und aus der hervorgeht, wie sich Änderungen der relevanten Risikoparameter, die zu diesem Zeitpunkt für möglich gehalten wurden, auf Periodenergebnis und Eigenkapital ausgewirkt haben würden;
(b) die bei der Erstellung der Sensitivitätsanalyse verwendeten Methoden und Annahmen; und
(c) Änderungen der verwendeten Methoden und Annahmen im Vergleich zur vorangegangenen Berichtsperiode sowie die Gründe für diese Änderungen.

41. Wenn ein Unternehmen eine Sensitivitätsanalyse, wie eine Value-at-Risk-Analyse, erstellt, die die gegenseitigen Abhängigkeiten zwischen den Risikoparametern (z. B. Zins- und den Währungsrisiken) widerspiegelt, und diese zur Steuerung der finanziellen Risiken benutzt, kann es diese Sensitivitätsanalyse anstelle der in Paragraph 40 genannten Analyse verwenden. Weiterhin sind folgende Angaben zu machen:
(a) eine Erklärung der für die Erstellung der Sensitivitätsanalyse verwendeten Methoden und der Hauptparameter und Annahmen, die der Analyse zugrunde liegen; sowie
(b) eine Erläuterung der Ziele der verwendeten Methode und der Einschränkungen, die dazu führen können, dass die Informationen die beizulegenden Zeitwerte der betreffenden Vermögenswerte und Verbindlichkeiten nicht vollständig widerspiegeln.

Weitere Angaben zum Marktrisiko

42. Wenn die gemäß Paragraph 40 oder 41 zur Verfügung gestellten Sensitivitätsanalysen für den Risikogehalt eines Finanzinstruments nicht repräsentativ sind (da beispielsweise das Risiko zum Jahresende nicht das Risiko während des Jahres widerspiegelt), hat das Unternehmen diese Tatsache sowie die Gründe anzugeben, weshalb es diese Sensitivitätsanalysen für nicht repräsentativ hält.

ZEITPUNKT DES INKRAFTTRETENS UND ÜBERGANGSVORSCHRIFTEN

43. Dieser IFRS ist erstmals in der ersten Berichtsperiode eines am 1. Januar 2007 oder danach beginnenden Geschäftsjahres anzuwenden. Eine frühere Anwendung wird empfohlen. Wendet ein Unternehmen diesen IFRS auf eine frühere Periode an, so ist dies anzugeben.

44. Wenn ein Unternehmen diesen IFRS auf Geschäftsjahre anwendet, die vor dem 1. Januar 2006 beginnen, braucht es für die in den Paragraphen 31-42 geforderten Angaben über Art und Ausmaß der Risiken aus Finanzinstrumenten keine Vergleichsinformationen zu geben.

44A. Infolge des IAS 1 (überarbeitet 2007) wurde die in allen IFRS verwendete Terminologie geändert. Außerdem wurden die Paragraphen 20, 21, 23(c) und (d), 27(c) und B5 von Anhang B geändert. Diese Änderungen sind erstmals in der ersten Berichtsperiode eines am 1. Januar 2009 oder danach beginnenden Geschäftsjahres anzuwenden. Wird IAS 1 (überarbeitet 2007) auf eine frühere Periode angewandt, sind diese Änderungen entsprechend auch anzuwenden.

44B. In der 2008 geänderten Fassung des IFRS 3 wurde Paragraph 3(c) gestrichen. Diese Änderung ist erstmals in der ersten Berichtsperiode eines am oder nach dem 1. Juli 2009 beginnenden Geschäftsjahres anzuwenden. Wendet ein Unternehmen IFRS 3 (in der 2008 geänderten Fassung) auf eine frühere Periode an, so ist auch diese Änderung auf die frühere Periode anzuwenden. Die Änderung gilt allerdings nicht für bedingte Gegenleistungen, die sich aus einem Unternehmenszusammenschluss ergeben haben, bei dem der Erwerbszeitpunkt vor der Anwendung von IFRS 3 (in der 2008 geänderten Fassung) liegt. Eine solche Gegenleistung ist stattdessen nach den Paragraphen 65A–65E der 2010 geänderten Fassung von IFRS 3 zu bilanzieren.

44C. Die Änderung in Paragraph 3 ist erstmals auf Geschäftsjahre anzuwenden, die am oder nach dem 1. Januar 2009 beginnen. Wendet ein Unternehmen *Kündbare Finanzinstrumente und bei Liquidation entstehende Verpflichtungen* (im Februar 2008 veröffentlichte Änderungen an IAS 32 und IAS 1) auf eine frühere Periode an, so ist auch die Änderung in Paragraph 3 auf diese frühere Periode anzuwenden.

44D. Paragraph 3(a) wird im Rahmen der *Verbesserungen der IFRS* vom Mai 2008 geändert. Diese Änderungen sind erstmals in der ersten Berichtsperiode eines am 1. Januar 2009 oder danach beginnenden Geschäftsjahres anzuwenden. Eine frühere Anwendung ist zulässig. Falls ein Unternehmen diese Änderungen auf eine frühere Periode anwendet, so hat es diese Tatsache anzugeben und die entsprechenden Änderungen von Paragraph 1 des IAS 28, Paragraph 1 des IAS 31 und Paragraph 4 des IAS 32 (überarbeitet Mai 2008) gleichzeitig anzuwenden. Ein Unternehmen kann die Änderungen prospektiv anwenden.

44E. Durch *Umgliederung finanzieller Vermögenswerte* (im Oktober 2008 veröffentlichte Änderungen an IAS 39 und IFRS 7) wurde Paragraph 12 geändert und Paragraph 12A hinzugefügt. Diese Änderungen sind ab dem 1. Juli 2008 anzuwenden.

44F. Durch *Umgliederung finanzieller Vermögenswerte – Zeitpunkt des Inkrafttretens und Übergangsvorschriften* (im November 2008 veröffentlichte Änderungen an IAS 39 und IFRS 7) wurde Paragraph 44E geändert. Diese Änderung ist ab dem 1. Juli 2008 anzuwenden.

44G. Durch *Verbesserte Angaben zu Finanzinstrumenten* (im März 2009 veröffentlichte Änderungen an IFRS 7) wurden die Paragraphen 27, 39 und B11 geändert und die Paragraphen 27A, 27B, B10A und B11A–B11F hinzugefügt. Diese Änderungen sind erstmals in der ersten Berichtsperiode eines am oder nach dem 1. Januar 2009 beginnenden Geschäftsjahres anzuwenden. Die durch die Änderungen vorgeschriebenen Angaben müssen nicht vorgelegt werden für

a) Jahres- oder Zwischenperioden, einschließlich Bilanzen, die innerhalb einer jährlichen Vergleichsperiode, die vor dem 31. Dezember 2009 endet, gezeigt werden, oder

b) Bilanzen, deren früheste Vergleichsperiode vor dem 31. Dezember 2009 beginnt.

Eine frühere Anwendung ist zulässig. Wendet ein Unternehmen die Änderungen auf eine frühere Berichtsperiode an, hat es dies anzugeben. (*)

(*) Paragraph 44G wurde infolge der im Januar 2010 veröffentlichten Änderung an IFRS 1 (*Begrenzte Befreiung erstmaliger Anwender von Vergleichsangaben nach IFRS 7*) geändert. Diese Änderung wurde vom Board zur Klarstellung seiner Schlussfolgerungen und der beabsichtigten Übergangsvorschriften für *Verbesserte Angaben zu Finanzinstrumenten* (Änderungen an IFRS 7) vorgenommen.

44K. Durch die im Mai 2010 veröffentlichten *Verbesserungen an den IFRS* wurde Paragraph 44B geändert. Diese Änderung ist erstmals in der ersten Berichtsperiode eines am oder nach dem 1. Juli 2010 beginnenden Geschäftsjahres anzuwenden. Eine frühere Anwendung ist zulässig.

44L. Durch die im Mai 2010 veröffentlichten *Verbesserungen an den IFRS* wurde Paragraph 32A eingefügt und die Paragraphen 34 und 36–38 geändert. Diese Änderungen sind erstmals in der ersten Berichtsperiode eines am oder nach dem 1. Januar 2011 beginnenden Geschäftsjahres anzuwenden. Eine frühere Anwendung ist zulässig. Wendet ein Unternehmen die Änderungen auf frühere Periode an, hat es dies anzugeben.

RÜCKNAHME VON IAS 30

45. Dieser IFRS ersetzt IAS 30 *Angaben im Abschluss von Banken und ähnlichen Finanzinstitutionen*.

ANHANG A
DEFINITIONEN

Dieser Anhang ist integraler Bestandteil des IFRS.

Ausfallrisiko	Die Gefahr, dass ein Vertragspartner bei einem Geschäft über ein Finanzinstrument bei dem anderen Partner finanzielle Verluste verursacht, da er seinen Verpflichtungen nicht nachkommt.
Währungsrisiko	Das Risiko, dass sich der beizulegende Zeitwert oder die künftigen Zahlungsströme eines Finanzinstruments aufgrund von Wechselkursänderungen verändern.
Zinsänderungsrisiko	Das Risiko, dass sich der beizulegende Zeitwert oder die künftigen Zahlungsströme eines Finanzinstruments aufgrund von Schwankungen der Marktzinssätze verändern.
Liquiditätsrisiko	Das Risiko, dass ein Unternehmen möglicherweise Verbindlichkeiten vertragsgemäß durch Lieferung von Zahlungsmitteln oder anderen finanziellen nicht in der Lage ist, seine finanziellen Vermögenswerten zu erfüllen.

3/7. IFRS 7
Anhang A, B

Darlehensverbindlichkeiten	Darlehensverbindlichkeiten sind finanzielle Verbindlichkeiten mit Ausnahme kurzfristiger Verbindlichkeiten aus Lieferungen und Leistungen, die den üblichen Zahlungsfristen unterliegen.
Marktrisiko	Das Risiko, dass sich der beizulegende Zeitwert oder die künftigen Zahlungsströme eines Finanzinstruments aufgrund von Schwankungen der Marktpreise verändern. Das Marktrisiko beinhaltet drei Arten von Risiken: **Währungsrisiko, Zinsänderungsrisiko und sonstige Preisrisiken.**
Sonstige Preisrisiken	Das Risiko, dass sich der beizulegende Zeitwert oder die künftigen Zahlungsströme eines Finanzinstruments aufgrund von Marktpreisschwankungen (mit Ausnahme solcher, die von **Zinsänderungs-** oder **Währungsrisiken** hervorgerufen werden) verändern, sei es, dass diese Änderungen spezifischen Faktoren des einzelnen Finanzinstruments oder seinem Emittenten zuzuordnen sind, oder, dass sich diese Faktoren auf alle am Markt gehandelten ähnlichen Finanzinstrumente auswirken.
überfällig	Ein finanzieller Vermögenswert ist überfällig, wenn eine Gegenpartei eine Zahlung nicht vertragsgemäß geleistet hat.

Die folgenden Begriffe sind in IAS 32 Paragraph 11 oder IAS 39 Paragraph 9 definiert und werden in diesem IFRS in der in IAS 32 und IAS 39 angegebenen Bedeutung verwendet.

– fortgeführte Anschaffungskosten eines finanziellen Vermögenswerts oder einer finanziellen Verbindlichkeit
– zur Veräußerung verfügbare finanzielle Vermögenswerte
– Ausbuchung
– Derivat
– Effektivzinsmethode
– Eigenkapitalinstrument
– beizulegender Zeitwert
– finanzieller Vermögenswert
– Finanzinstrument
– finanzielle Verbindlichkeit
– finanzielle Vermögenswerte oder finanzielle Verbindlichkeiten, die erfolgswirksam zum beizulegenden Zeitwert bewertet werden
– finanzielle Garantie
– zu Handelszwecken gehaltene finanzielle Vermögenswerte oder finanzielle Verbindlichkeiten
– erwartete Transaktion
– Sicherungsinstrument
– bis zur Endfälligkeit zu haltende Finanzinvestitionen
– Kredite und Forderungen
– marktüblicher Kauf oder Verkauf

ANHANG B
LEITLINIEN FÜR DIE ANWENDUNG

Dieser Anhang ist integraler Bestandteil des IFRS.

KLASSEN VON FINANZINSTRUMENTEN UND UMFANG DER ANGABEPFLICHTEN (PARAGRAPH 6)

B1. Paragraph 6 verlangt von einem Unternehmen, die Finanzinstrumente in Klassen einzuordnen, die der Art der veröffentlichten Angaben angemessen sind und den Merkmalen dieser Finanzinstrumente Rechnung tragen. Die in Paragraph 6 beschriebenen Klassen werden vom Unternehmen bestimmt und unterscheiden sich demzufolge von den in IAS 39 spezifizierten Kategorien von Finanzinstrumenten (in denen festgelegt ist, wie Finanzinstrumente bewertet werden und wie die Änderungen des beizulegenden Zeitwerts erfasst werden).

B2. Bei der Bestimmung von Klassen von Finanzinstrumenten hat ein Unternehmen zumindest:

(a) zwischen den Finanzinstrumenten, die zu fortgeführten Anschaffungskosten, und denen, die mit dem beizulegenden Zeitwert bewertet werden, zu unterscheiden;

(b) die nicht in den Anwendungsbereich dieses IFRS fallenden Finanzinstrumente als gesonderte Klasse(n) zu behandeln.

B3. Ein Unternehmen entscheidet angesichts der individuellen Umstände, wie viele Details es angibt, um den Anforderungen dieses IFRS gerecht zu werden, wie viel Gewicht es auf verschiedene Aspekte dieser Vorschriften legt und wie es Informationen zusammenfasst, um das Gesamtbild darzustellen, ohne dabei Informationen mit unterschiedlichen Eigenschaften zu kombinieren. Es ist notwendig abzuwägen zwischen einem überladenen Bericht mit ausschweifenden Ausführungen zu Details, die dem Abschlussadressaten möglicherweise wenig nützen, und der Verschleierung wichtiger Informationen durch zu weit gehende Verdichtung. So darf ein Unternehmen beispielsweise wichtige Informationen nicht dadurch verschleiern, dass es sie unter zahlreichen unbedeutenden Details aufführt. Ein Unternehmen darf Informationen auch nicht so zusammenfassen, dass wichtige Unterschiede zwischen einzelnen Geschäftsvorfällen oder damit verbundenen Risiken verschleiert werden.

BEDEUTUNG DER FINANZINSTRUMENTE FÜR DIE VERMÖGENS-, FINANZ- UND ERTRAGSLAGE

Finanzielle Verbindlichkeiten, die erfolgswirksam zum beizulegenden Zeitwert bewertet werden (Paragraphen 10 und 11)

B4. Stuft ein Unternehmen eine finanzielle Verbindlichkeit als erfolgswirksam zum beizulegenden Zeitwert zu bewerten ein, so muss es gemäß Paragraph 10(a) angeben, um welchen Betrag sich der beizulegende Zeitwert der finanziellen Verbindlichkeit durch Änderungen beim Ausfallrisiko dieser Verbindlichkeit ändert. Paragraph 10(a)(i) gestattet es einem Unternehmen, diesen Betrag als den Betrag der Änderung des beizulegenden Zeitwerts der Verbindlichkeit anzugeben, der nicht den veränderten Marktbedingungen zuzurechnen ist, die zu Marktrisiken führen. Bestehen die einzigen relevanten Änderungen der Marktbedingungen bei einer Verbindlichkeit in Änderungen eines beobachtbaren (Referenz-) Zinssatzes, kann dieser Betrag wie folgt geschätzt werden:

(a) Zunächst berechnet das Unternehmen anhand des beobachtbaren Marktpreises sowie der vertraglichen Zahlungsströme der Verbindlichkeit zu Beginn der Berichtsperiode die interne Verzinsung der Verbindlichkeit. Von dieser Verzinsung wird der beobachtbare (Referenz-)Zinssatz zu Beginn der Berichtsperiode abgezogen, um den instrumentspezifischen Bestandteil der internen Verzinsung zu ermitteln.

(b) Als nächstes berechnet das Unternehmen den Barwert der mit der Verbindlichkeit verbundenen Zahlungsströme und zieht zu diesem Zweck die vertraglichen Zahlungsströme der Verbindlichkeit am Ende der Berichtsperiode sowie einen Abzinsungssatz heran, der der Summe aus (i) dem beobachtbaren (Referenz-)Zinssatz am Ende der Berichtsperiode und (ii) dem unter (a) ermittelten instrumentspezifischen Bestandteil der internen Verzinsung entspricht.

(c) Die Differenz zwischen dem beobachtbaren Marktpreis der Verbindlichkeit am Ende der Berichtsperiode und dem unter (b) ermittelten Betrag entspricht dem beizulegenden Zeitwert, der nicht auf Änderungen des beobachtbaren (Referenz-) Zinssatzes zurückzuführen ist. Dies ist der anzugebende Betrag.

Dieses Beispiel beruht auf der Annahme, dass Änderungen des beizulegenden Zeitwerts, die nicht auf ein geändertes Ausfallrisiko des Finanzinstruments oder auf Zinsänderungen zurückzuführen sind, unerheblich sind. Enthält das Finanzinstrument in diesem Beispiel ein eingebettetes Derivat, bleibt die Änderung des beizulegenden Zeitwerts dieses eingebetteten Derivats bei der Ermittlung des Betrags gemäß Paragraph 10(a) unberücksichtigt.

Weitere Angaben – Rechnungslegungsmethoden (Paragraph 21)

B5. Nach Paragraph 21 sind die bei Erstellung des Abschlusses herangezogenen Bewertungsgrundlage(n) sowie die sonstigen für das Verständnis des Abschlusses relevanten Rechnungslegungsmethoden anzugeben. Für Finanzinstrumente können diese Angaben folgende Informationen umfassen:

(a) für finanzielle Vermögenswerte oder Verbindlichkeiten, die als erfolgswirksam zum beizulegenden Zeitwert bewertet eingestuft werden:

(i) die Art der finanziellen Vermögenswerte bzw. Verbindlichkeiten, die das Unternehmen als erfolgswirksam zum beizulegenden Zeitwert bewertet eingestuft hat;

(ii) die Kriterien für eine solche Einstufung dieser finanziellen Vermögenswerte bzw. Verbindlichkeiten beim erstmaligen Ansatz; und

(iii) wie das Unternehmen die in IAS 39, Paragraphen 9, 11A bzw. 12 genannten Kriterien für eine solche Einstufung erfüllt hat. Bei Finanzinstrumenten, die gemäß Buchstabe (b) Ziffer (i) der in IAS 39 enthaltenen Definition eines finanziellen Vermögenswerts oder einer finanziellen Verbindlichkeit, der/die erfolgswirksam zum beizulegenden Zeitwert bewertet wird, eingestuft wurden, beinhalten diese Angaben eine Schilderung der zugrunde liegenden Umstände, die sonst zu Inkongruenzen bei der Bewertung oder dem Ansatz geführt hätten. Bei Finanzinstrumenten, die gemäß Buchstabe (b) Ziffer (ii) der in IAS 39 enthaltenen Definition eines finanziellen Vermögenswerts oder einer finanziellen Verbindlichkeit, der/die erfolgswirksam zum beizulegenden Zeitwert bewertet wird, eingestuft werden, beinhalten diese Angaben eine Schilderung, wie die Einstufung als erfolgswirksam zum beizulegenden Zeitwert bewertet mit der dokumentierten Risikomanagement- oder Anlagestrategie des Unternehmens in Einklang steht.

(b) die Kriterien für eine Einstufung der finanziellen Vermögenswerte als zur Veräußerung verfügbar.

(c) ob Kassageschäfte von finanziellen Vermögenswerten zum Handelstag oder zum Erfüllungstag bilanziert werden (siehe IAS 39, Paragraph 38).

(d) wenn ein Wertberichtigungsposten verwendet wird, um den Buchwert von finanziellen Vermögenswerten, die durch Kreditausfälle wertgemindert sind, zu reduzieren:
   (i) die Kriterien zur Bestimmung des Zeitpunkts, zu dem der Buchwert der wertgeminderten finanziellen Vermögenswerte direkt reduziert wird (oder im Fall einer Wertaufholung einer Wertminderung direkt erhöht wird) und wann der Wertberichtigungsposten verwendet wird; und
   (ii) die Kriterien für die Ausbuchung von Beträgen des Wertberichtigungskontos gegen den Buchwert wertgeminderter finanzieller Vermögenswerte (siehe Paragraph 16).

(e) wie Nettogewinne oder -verluste aus jeder Kategorie von Finanzinstrumenten eingestuft werden (siehe Paragraph 20(a)), ob beispielsweise die Nettogewinne oder -verluste aus Posten, die erfolgswirksam zum beizulegenden Zeitwert bewertet werden, Zins- oder Dividendenerträge enthalten.

(f) die Kriterien, nach denen ein Unternehmen feststellt, dass ein objektiver Hinweis auf einen eingetretenen Wertminderungsaufwand vorliegt (siehe Paragraph 20(e)).

(g) wenn die Bedingungen der finanziellen Vermögenswerte neu verhandelt wurden, da sie andernfalls überfällig oder wertgemindert sein würden, sind die Rechnungslegungsmethoden für die finanziellen Vermögenswerte anzugeben, die Gegenstand der neu verhandelten Bedingungen sind (siehe Paragraph 36(d)).

Gemäß IAS 1, Paragraph 113 muss das Unternehmen außerdem in der zusammenfassenden Darstellung der maßgeblichen Rechnungslegungsmethoden oder in den sonstigen Erläuterungen die Ermessensausübung des Managements bei der Anwendung der Rechnungslegungsmethoden – mit Ausnahme solcher, bei denen Schätzungen verwendet werden – angeben, die die Beträge im Abschluss am meisten beeinflussen.

Paragraph 122 des IAS 1 (überarbeitet 2007) verlangt auch, dass Unternehmen in der zusammenfassenden Darstellung der wesentlichen Rechnungslegungsmethoden oder in den sonstigen Erläuterungen die Ermessensausübung des Managements bei der Anwendung der Rechnungslegungsmethoden – mit Ausnahme solcher, bei denen Schätzungen einfließen –, die die Beträge im Abschluss am Wesentlichsten beeinflussen, angeben.

ART UND AUSMASS VON RISIKEN, DIE SICH AUS FINANZINSTRUMENTEN ERGEBEN (PARAGRAPHEN 31-42)

B6. Die in den Paragraphen 31-42 geforderten Angaben sind entweder im Abschluss oder mittels eines Querverweises vom Abschluss zu einer anderen Verlautbarung zu machen, wie beispielsweise einem Lage- oder Risikobericht, der den Abschlussadressaten zu denselben Bedingungen und zur selben Zeit wie der Abschluss zugänglich ist. Ohne diese anhand eines Querverweises eingebrachten Informationen ist der Abschluss unvollständig.

Quantitative Angaben (Paragraph 34)

B7. Paragraph 34(a) verlangt die Angabe von zusammengefassten quantitativen Daten über die Risiken, denen ein Unternehmen ausgesetzt ist, die auf den intern Personen in Schlüsselpositionen des Unternehmens erteilten Informationen beruhen. Wenn ein Unternehmen verschiedene Methoden zur Risikosteuerung einsetzt, hat es die Angaben zu machen, die es durch die Methode(n), die die relevantesten und verlässlichsten Informationen liefern, erhalten hat. In IAS 8 *Rechnungslegungsmethoden, Änderungen von rechnungslegungsbezogenen Schätzungen und Fehler* werden Relevanz und Zuverlässigkeit erörtert.

B8. Paragraph 34(c) verlangt Angaben über Risikokonzentrationen. Risikokonzentrationen entstehen bei Finanzinstrumenten mit ähnlichen Merkmalen, die ähnlich auf wirtschaftliche und sonstige Änderungen reagieren. Die Identifizierung von Risikokonzentrationen verlangt eine Ermessensausübung, bei der die individuellen Umstände des Unternehmens berücksichtigt werden. Die Angaben über Risikokonzentrationen umfassen:

(a) eine Beschreibung über die Art und Weise, wie das Management die Konzentrationen ermittelt;

(b) eine Beschreibung des gemeinsamen Merkmals, das für jedes Risikobündel charakteristisch ist (z. B. Vertragspartner, geografisches Gebiet, Währung oder Markt); und

(c) den Gesamtbetrag der Risikoposition aller Finanzinstrumente, die dieses gemeinsame Merkmal aufweisen.

Maximale Ausfallrisikoposition (Paragraph 36(a))

B9. Paragraph 36(a) verlangt die Angabe des Betrags, der das maximale Ausfallrisiko des Unternehmens am besten widerspiegelt. Bei finan-

3/7. IFRS 7
Anhang B

ziellen Vermögenswerten ist dies in der Regel der Bruttobuchwert abzüglich

(a) aller gemäß IAS 32 saldierten Beträge und

(b) jedem gemäß IAS 39 erfassten Wertminderungsaufwand.

B10. Tätigkeiten, die zu Ausfallrisiken und zum damit verbundenen maximalen Ausfallrisiko führen, umfassen u. a.:

(a) Gewährung von Krediten und Forderungen an Kunden und Geldanlagen bei anderen Unternehmen. In diesen Fällen ist das maximale Ausfallrisiko der Buchwert der betreffenden finanziellen Vermögenswerte.

(b) Abschluss von derivativen Verträgen, wie Devisenkontrakten, Zinsswaps und Kreditderivaten. Wenn der daraus folgende Vermögenswert zum beizulegenden Zeitwert bewertet wird, wird das maximale Ausfallrisiko am Berichtsstichtag dem Buchwert entsprechen.

(c) Gewährung finanzieller Garantien. In diesem Falle entspricht das maximale Ausfallrisiko dem maximalen Betrag, den ein Unternehmen zu zahlen haben könnte, wenn die Garantie in Anspruch genommen wird. Dieser Betrag kann erheblich größer sein als der als Verbindlichkeit angesetzte Betrag.

(d) Eine Kreditzusage, die über ihre gesamte Dauer unwiderruflich ist oder nur bei einer wesentlichen nachteiligen Veränderung widerrufen werden kann. Wenn der Emittent die Kreditzusage nicht auf Nettobasis in Zahlungsmitteln oder einem anderen Finanzinstrument erfüllen kann, bildet der gesamte Betrag der Verpflichtung das maximale Ausfallrisiko. Dies ist der Fall aufgrund der Unsicherheit, ob in Zukunft auf den Betrag eines ungenutzten Teils zurückgegriffen werden kann. Dieser Betrag kann erheblich über dem als Verbindlichkeit angesetzten Betrag liegen.

Art und Ausmaß von Risiken, die sich aus Finanzinstrumenten ergeben (Paragraphen 31–42)

Quantitative Angaben zum Liquiditätsrisiko (Paragraphen 34(a), 39(a) und 39(b))

B10A. Nach Paragraph 34 Buchstabe a muss ein Unternehmen zusammengefasste quantitative Daten über den Umfang seines Liquiditätsrisikos vorlegen und sich dabei auf die intern an Personen in Schlüsselpositionen erteilten Informationen stützen. Das Unternehmen hat ebenfalls darzulegen, wie diese Daten ermittelt werden. Könnten die darin enthaltenen Abflüsse von Zahlungsmitteln (oder anderen finanziellen Vermögenswerten) entweder

a) erheblich früher eintreten als angegeben, oder

b) in ihrer Höhe erheblich abweichen (z.B. bei einem Derivat, für das von einem Nettoausgleich ausgegangen wird, die Gegenpartei aber einen Bruttoausgleich verlangen kann),

so hat das Unternehmen dies anzugeben und quantitative Angaben vorzulegen, die es den Abschlussadressaten ermöglichen, den Umfang des damit verbundenen Risikos einzuschätzen. Sollten diese Angaben bereits in den in Paragraph 39 Buchstaben a oder b vorgeschriebenen Fälligkeitsanalysen enthalten sein, ist das Unternehmen von dieser Auflage befreit.

B11. Bei Erstellung der in Paragraph 39 Buchstaben a und b vorgeschriebenen Fälligkeitsanalysen bestimmt ein Unternehmen nach eigenem Ermessen eine angemessene Zahl von Zeitbändern. So könnte es beispielsweise die folgenden Zeitbänder als für seine Belange angemessen festlegen:

a) bis zu einem Monat,

b) länger als ein Monat und bis zu drei Monaten,

c) länger als drei Monate und bis zu einem Jahr und

d) länger als ein Jahr und bis zu fünf Jahren.

B11A. Bei der Erfüllung der in Paragraph 39 Buchstaben a und b genannten Anforderungen darf ein Unternehmen Derivate, die in hybride (strukturierte) Finanzinstrumente eingebettet sind, nicht von diesen trennen. Bei solchen Instrumenten hat das Unternehmen Paragraph 39 Buchstabe a anzuwenden.

B11B. Nach Paragraph 39 Buchstabe b muss ein Unternehmen für derivative finanzielle Verbindlichkeiten eine quantitative Fälligkeitsanalyse vorlegen, aus der die vertraglichen Restlaufzeiten ersichtlich sind, wenn diese Restlaufzeiten für das Verständnis des für die Cashflows festgelegten Zeitbands wesentlich sind. Dies wäre beispielsweise der Fall bei

a) einem Zinsswap mit fünfjähriger Restlaufzeit, der der Absicherung der Zahlungsströme bei einem finanziellen Vermögenswert oder einer finanziellen Verbindlichkeit mit variablem Zinssatz dient.

b) Kreditzusagen jeder Art.

B11C. Nach Paragraph 39 Buchstaben a und b muss ein Unternehmen Fälligkeitsanalysen vorlegen, aus denen die vertraglichen Restlaufzeiten bestimmter finanzieller Verbindlichkeiten ersichtlich sind. Hierfür gilt Folgendes:

a) Kann eine Gegenpartei wählen, zu welchem Zeitpunkt sie einen Betrag zahlt, wird die Verbindlichkeit dem Zeitband zugeordnet, in dem das Unternehmen frühestens zur Zahlung aufgefordert werden kann. Dem frühesten Zeitband zuzuordnen sind beispielsweise finanzielle Verbindlichkeiten, die ein Unternehmen auf Verlangen zurückzahlen muss (z.B. Sichteinlagen).

b) Ist ein Unternehmen zur Leistung von Teilzahlungen verpflichtet, wird jede Teilzahlung dem Zeitband zugeordnet, in dem das Unternehmen frühestens zur Zahlung aufgefordert werden kann. So ist eine nicht in Anspruch genommene Kreditzusage dem Zeitband zuzuordnen, in dem der frühestmögliche Zeitpunkt der Inanspruchnahme liegt.

c) Bei übernommenen Finanzgarantien ist der Garantiehöchstbetrag dem Zeitband zuzuordnen, in dem die Garantie frühestens abgerufen werden kann.

B11D. Bei den in den Fälligkeitsanalysen gemäß Paragraph 39 Buchstaben a und b anzugebenden vertraglich festgelegten Beträgen handelt es sich um die nicht abgezinsten vertraglichen Cashflows, z.b. um

a) Verpflichtungen aus Finanzierungsleasing auf Bruttobasis (vor Abzug der Finanzierungskosten),
b) in Terminvereinbarungen genannte Preise zum Kauf finanzieller Vermögenswerte gegen Zahlungsmittel,
c) Nettobetrag für einen Festzinsempfänger-Swap, für den Nettocashflows getauscht werden,
d) vertraglich festgelegte, im Rahmen eines derivativen Finanzinstruments zu tauschende Beträge (z.B. ein Währungsswap), für die Zahlungen auf Bruttobasis getauscht werden, und
e) Kreditverpflichtungen auf Bruttobasis.

Derartige nicht abgezinste Cashflows weichen von dem in der Bilanz ausgewiesenen Betrag ab, da dieser auf abgezinsten Cashflows beruht. Ist der zu zahlende Betrag nicht festgelegt, wird die Betragsangabe nach Maßgabe der am Ende des Berichtszeitraums vorherrschenden Bedingungen bestimmt. Ist der zu zahlende Betrag beispielsweise an einen Index gekoppelt, kann bei der Betragsangabe der Indexstand am Ende der Periode zugrunde gelegt werden.

B11E. Nach Paragraph 39 Buchstabe c muss ein Unternehmen darlegen, wie es das mit den quantitativen Angaben gemäß Paragraph 39 Buchstaben a und b verbundene Liquiditätsrisiko steuert. Für finanzielle Vermögenswerte, die zur Steuerung des Liquiditätsrisikos gehalten werden (wie Vermögenswerte, die sofort veräußerbar sind oder von denen erwartet wird, dass die mit ihnen verbundenen Mittelzuflüsse die durch finanzielle Verbindlichkeiten verursachten Mittelabflüsse ausgleichen), muss ein Unternehmen eine Fälligkeitsanalyse vorlegen, wenn diese für die Abschlussadressaten zur Bewertung von Art und Umfang des Liquiditätsrisikos erforderlich ist.

B11F. Bei den in Paragraph 39 Buchstabe c vorgeschriebenen Angaben könnte ein Unternehmen u.a. auch berücksichtigen, ob es

a) zur Deckung seines Liquiditätsbedarfs auf zugesagte Kreditfazilitäten (wie Commercial Paper Programme) oder andere Kreditlinien (wie Standby Fazilitäten) zugreifen kann,
b) zur Deckung seines Liquiditätsbedarfs über Einlagen bei Zentralbanken verfügt,
c) über stark diversifizierte Finanzierungsquellen verfügt,
d) erhebliche Liquiditätsrisikokonzentrationen bei seinen Vermögenswerten oder Finanzierungsquellen aufweist,
e) über interne Kontrollverfahren und Notfallpläne zur Steuerung des Liquiditätsrisikos verfügt,
f) über Instrumente verfügt, die (z.b. bei einer Herabstufung seiner Bonität) vorzeitig zurückgezahlt werden müssen,
g) über Instrumente verfügt, die die Hinterlegung einer Sicherheit erfordern könnten (z.B. Nachschussaufforderung bei Derivaten),
h) über Instrumente verfügt, bei denen das Unternehmen wählen kann, ob es seinen finanziellen Verbindlichkeiten durch die Lieferung von Zahlungsmitteln (bzw. einem anderen finanziellen Vermögenswert) oder durch die Lieferung eigener Aktien nachkommt, oder
i) über Instrumente verfügt, die einer Globalverrechnungsvereinbarung unterliegen.

B12–B16. [gestrichen]

Marktrisiko – Sensitivitätsanalyse (Paragraphen 40 und 41)

B17. Paragraph 40(a) verlangt eine Sensitivitätsanalyse für jede Art von Marktrisiko, dem das Unternehmen ausgesetzt ist. Gemäß Paragraph B3 entscheidet ein Unternehmen, wie es Informationen zusammenfasst, um ein Gesamtbild zu vermitteln, ohne Informationen mit verschiedenen Merkmalen über Risiken aus sehr unterschiedlichen wirtschaftlichen Umfeldern zu kombinieren. Zum Beispiel:

(a) ein Unternehmen, das mit Finanzinstrumenten handelt, kann Angaben über zu Handelszwecken gehaltene Finanzinstrumente getrennt von denen machen, die nicht zu Handelszwecken gehalten werden.

(b) ein Unternehmen würde nicht die Marktrisiken aus Hochinflationsgebieten mit denen aus Gebieten mit einer sehr niedrigen Inflationsrate zusammenfassen.

Ist ein Unternehmen nur einer Art von Marktrisiko ausschließlich unter einheitlichen wirtschaftlichen Rahmenbedingungen ausgesetzt, muss es die Angaben nicht aufschlüsseln.

B18. Gemäß Paragraph 40(a) ist eine Sensitivitätsanalyse durchzuführen, um die Auswirkungen von für möglich gehaltenen Änderungen der Risikoparameter (z. B. maßgebliche Marktzinsen, Devisenkurse, Aktienkurse oder Rohstoffpreise) auf das Periodenergebnis und Eigenkapital aufzuzeigen. Zu diesem Zweck:

(a) müssen Unternehmen nicht ermitteln, wie das Periodenergebnis ausgefallen wäre, wenn die relevanten Risikoparameter anders gewesen wären. Stattdessen geben Unternehmen die Auswirkungen auf das Periodenergebnis und Eigenkapital am Abschlussstichtag an, wobei angenommen wird, dass eine für möglich gehaltene Änderung der relevanten Risikoparameter am Abschlussstichtag eingetreten ist

3/7. IFRS 7
Anhang B

und auf die zu diesem Zeitpunkt bestehenden Risikopositionen angewendet wurde. Hat ein Unternehmen beispielsweise am Jahresende eine Verbindlichkeit mit variabler Verzinsung, würde es die Auswirkungen auf das Periodenergebnis (z. B. Zinsaufwendungen) für das laufende Jahr angeben, wenn sich die Zinsen in plausiblem Umfang verändert hätten.

(b) Unternehmen müssen nicht die Auswirkungen jeder Änderung innerhalb eines Bereichs von für möglich gehaltenen Änderungen der relevanten Risikoparameter auf das Periodenergebnis und Eigenkapital angeben. Angaben zu den Auswirkungen der Änderungen im Rahmen einer plausiblen Spanne wären ausreichend.

B19. Bei der Bestimmung einer für möglich gehaltenen Änderung der relevanten Risikovariablen hat ein Unternehmen folgende Punkte zu berücksichtigen:

(a) das wirtschaftliche Umfeld, in dem es tätig ist. Eine für möglich gehaltene Änderung darf weder unwahrscheinliche oder „Worst-case"-Szenarien noch „Stresstests" enthalten. Wenn zudem das Ausmaß der Änderungen der zugrunde liegenden Risikoparameter stabil ist, braucht das Unternehmen die gewählte für möglich gehaltene Änderung der Risikovariablen nicht abzuändern. Angenommen, die Zinsen betragen 5 Prozent und ein Unternehmen ermittelt, dass eine Schwankung der Zinsen von ± 50 Basispunkten vernünftigerweise möglich ist. Wenn die Zinssätze auf 4,5 Prozent oder 5,5 Prozent anstiegen, würde es die Auswirkungen im Periodenergebnis und im Eigenkapital angeben. In der folgenden Berichtsperiode wurden die Zinsen auf 5,5 Prozent angehoben. Das Unternehmen ist weiterhin der Auffassung, dass Zinsen um ± 50 Basispunkte schwanken können (d. h. das Ausmaß der Änderung der Zinsen bleibt stabil). Wenn die Zinssätze auf 5 Prozent oder 6 Prozent geändert würden, würde das Unternehmen die Auswirkungen im Periodenergebnis und im Eigenkapital angeben. Das Unternehmen wäre nicht verpflichtet, seine Einschätzung, dass Zinsen vernünftigerweise um ± 50 Basispunkte schwanken können, zu revidieren, es sei denn, es gibt einen substanziellen Hinweis darauf, dass die Zinsen erheblich volatiler geworden sind.

(b) die Zeitspanne, für die es seine Einschätzung durchführt. Die Sensitivitätsanalyse hat die Auswirkungen der Änderungen zu zeigen, die für die Periode als vernünftigerweise möglich gelten, bis das Unternehmen diese Angaben erneut offen legt, was normalerweise in der folgenden Berichtsperiode geschieht.

B20. Paragraph 41 erlaubt einem Unternehmen, eine Sensitivitätsanalyse zu verwenden, die wechselseitigen Beziehungen zwischen den Risikoparametern widerspiegelt, wie beispielsweise die Value-at-Risk-Methode, wenn es diese Analyse zur Steuerung seines Finanzrisikos verwendet. Dies gilt auch dann, wenn eine solche Methode nur das Verlustpotenzial, nicht aber das Gewinnpotenzial bewertet. Ein solches Unternehmen könnte Paragraph 41(a) erfüllen, indem es die verwendete Art des Value-at-Risk-Modells offen legt (z. B. ob dieses Modell auf der Monte-Carlo-Simulation beruht), eine Erklärung darüber abgibt, wie das Modell funktioniert, und die wesentlichen Annahmen (z. B. Haltedauer und Konfidenzniveau) erläutert. Unternehmen können auch die historische Betrachtungsperiode und die auf diese Beobachtungen angewendeten Gewichtungen innerhalb der entsprechenden Periode angeben, sowie eine Erläuterung darüber, wie Optionen bei diesen Berechnungen behandelt werden und welche Volatilitäten und Korrelationen (oder alternative Monte-Carlo-Simulationen der Wahrscheinlichkeitsverteilung) verwendet werden.

B21. Ein Unternehmen hat für alle Geschäftsfelder Sensitivitätsanalysen vorzulegen, kann aber für verschiedene Klassen von Finanzinstrumenten unterschiedliche Arten von Sensitivitätsanalysen vorsehen.

Zinsänderungsrisiko

B22. Ein *Zinsänderungsrisiko* entsteht bei zinsbringenden, in der Bilanz angesetzten Finanzinstrumenten (wie Krediten und Forderungen sowie emittierten Schuldinstrumenten) und bei einigen Finanzinstrumenten, die nicht in der Bilanz angesetzt sind (wie gewissen Kreditverpflichtungen).

Währungsrisiko

B23. Das *Währungsrisiko* (Devisenkursrisiko) entsteht bei Finanzinstrumenten, die auf eine Fremdwährung lauten, d. h. auf eine andere Währung als auf die funktionale Währung, in der sie bewertet werden. Für die Zwecke dieses IFRS entstehen Währungsrisiken nicht aus Finanzinstrumenten, die keine monetären Posten sind, noch aus Finanzinstrumenten, die auf die funktionale Währung lauten.

B24. Eine Sensitivitätsanalyse wird für jede Währung, deren Risiko ein Unternehmen besonders ausgesetzt ist, angegeben.

Sonstige Preisrisiken

B25. *Sonstige Preisrisiken* entstehen bei Finanzinstrumenten aufgrund von Änderungen der Warenpreise oder der Aktienkurse. Zur Erfüllung von Paragraph 40 könnte ein Unternehmen die Auswirkungen eines Rückgangs eines spezifischen Aktienmarktindex, von Warenpreisen oder anderen Risikovariablen angeben. Gewährt ein Unternehmen beispielsweise Restwertgarantien, die in Finanzinstrumenten bestehen, so gibt das Unternehmen eine Wertsteigerung oder einen Wertrückgang der Vermögenswerte an, auf die sich die Garantien beziehen.

B26. Zwei Beispiele von Finanzinstrumenten, die zu Aktienkursrisiken führen, sind (a) ein Bestand an Aktien eines anderen Unternehmens und (b) eine Anlage in einen Fonds, der wiederum Investitionen in Eigenkapitalinstrumente hält. Zu den weiteren Beispielen gehören Terminkontrakte und Optionen zum Kauf oder Verkauf von bestimmten Mengen von Eigenkapitalinstrumenten sowie Swaps, die an Aktienkurse gebunden sind. Änderungen der Marktpreise der zugrunde liegenden Eigenkapitalinstrumente wirken sich auf die beizulegenden Zeitwerte dieser Finanzinstrumente aus.

B27. Gemäß Paragraph 40(a) wird die Sensitivität des Gewinns und Verlustes (der beispielsweise aus Instrumenten, die erfolgswirksam zum beizulegenden Zeitwert eingestuft werden, und aus Wertminderungen von zur Veräußerung verfügbaren finanziellen Vermögenswerten stammt) getrennt von der Sensitivität des Eigenkapitals (das beispielsweise aus Instrumenten, die als zur Veräußerung verfügbar eingestuft werden, stammt) angegeben.

B28. Finanzinstrumente, die ein Unternehmen als Eigenkapitalinstrumente eingestuft hat, werden nicht neu bewertet. Das Aktienkursrisiko dieser Instrumente wirkt sich weder auf das Periodenergebnis noch auf das Eigenkapital aus. Demzufolge ist keine Sensitivitätsanalyse erforderlich.

INTERNATIONAL FINANCIAL REPORTING STANDARD 8
Geschäftssegmente

IFRS 8, VO (EG) Nr. 1126/2008 i.d.F.

1 VO (EG) Nr. 1274/2008 [IAS 1]
3 VO (EU) Nr. 632/2010 [IAS 24]
2 (VO (EG) Nr. 243/2010

GLIEDERUNG	§§
GRUNDPRINZIP	1
ANWENDUNGSBEREICH	2–4
GESCHÄFTSSEGMENTE	5–10
BERICHTSPFLICHTIGE SEGMENTE	11–19
Kriterien für die Zusammenfassung	12
Quantitative Schwellenwerte	13–19
ANGABEN	20–24
Allgemeine Informationen	22
Informationen über das Ergebnis und über die Vermögenswerte und Schulden	23–24
BEWERTUNG	25–30
Überleitungsrechnungen	28
Anpassung zuvor veröffentlichter Informationen	29–30
ANGABEN AUF UNTERNEHMENSEBENE	31–34
Informationen über Produkte und Dienstleistungen	32
Informationen über geographische Gebiete	33
Informationen über wichtige Kunden	34
ÜBERGANGSVORSCHRIFTEN UND ZEITPUNKT DES INKRAFTTRETENS	35–36B
RÜCKNAHME VON IAS 14	37
ANHANG A Definitionen	

GRUNDPRINZIP

1. Ein Unternehmen hat Informationen anzugeben, anhand derer Abschlussadressaten die Art und die finanziellen Auswirkungen der von ihm ausgeübten Geschäftstätigkeiten sowie das wirtschaftliche Umfeld, in dem es tätig ist, beurteilen können.

ANWENDUNGSBEREICH

2. Dieser IFRS ist anwendbar auf:
(a) den Einzelabschluss eines Unternehmens:
   (i) dessen Schuld- oder Eigenkapitalinstrumente an einem öffentlichen Markt gehandelt werden (d. h. einer inländischen oder ausländischen Börse oder einem OTC-Markt, einschließlich lokaler und regionaler Märkte); oder
   (ii) das seinen Abschluss einer Wertpapieraufsichtsbehörde oder einer anderen Regulierungsbehörde zwecks Emission beliebiger Kategorien von Instrumenten an einem öffentlichen Markt vorlegt; und
(b) den Konzernabschluss einer Gruppe mit einem Mutterunternehmen:
   (i) dessen Schuld- oder Eigenkapitalinstrumente an einem öffentlichen Markt gehandelt werden (d. h. einer inländischen oder ausländischen Börse oder einem OTC-Markt, einschließlich lokaler und regionaler Märkte); oder
   (ii) das seinen Konzernabschluss einer Wertpapieraufsichtsbehörde oder einer anderen Regulierungsbehörde zwecks Emission beliebiger Kategorien von Instrumenten an einem öffentlichen Markt vorlegt.

3. Entscheidet sich ein Unternehmen, das nicht zur Anwendung dieses IFRS verpflichtet ist, Informationen über Segmente anzugeben, die diesem IFRS nicht genügen, so darf es diese Informationen nicht als Segmentinformationen bezeichnen.

4. Enthält ein Geschäftsbericht sowohl den Konzernabschluss eines Mutterunternehmens, das in den Anwendungsbereich dieses IFRS fällt, als auch dessen Einzelabschluss, sind die Segmentinformationen lediglich im Konzernabschluss zu machen.

GESCHÄFTSSEGMENTE

5. Ein Geschäftssegment ist ein Unternehmensbestandteil:

(a) der Geschäftstätigkeiten betreibt, mit denen Umsatzerlöse erwirtschaftet werden und bei denen Aufwendungen anfallen können (einschließlich Umsatzerlöse und Aufwendungen im Zusammenhang mit Geschäftsvorfällen mit anderen Bestandteilen desselben Unternehmens),

(b) dessen Betriebsergebnisse regelmäßig von der verantwortlichen Unternehmensinstanz im Hinblick auf Entscheidungen über die Allokation von Ressourcen zu diesem Segment und die Bewertung seiner Ertragskraft überprüft werden; und

(c) für den separate Finanzinformationen vorliegen.

Ein Geschäftssegment kann Geschäftstätigkeiten ausüben, für das es noch Umsatzerlöse erwirtschaften muss. So können z. B. Gründungstätigkeiten Geschäftssegmente vor der Erwirtschaftung von Umsatzerlösen sein.

6. Nicht jeder Teil eines Unternehmens ist notwendigerweise ein Geschäftssegment oder Teil eines Geschäftssegmentes. So kann/können z. B. der Hauptsitz eines Unternehmens oder einige wichtige Abteilungen überhaupt keine Umsatzerlöse erwirtschaften oder aber Umsatzerlöse, die nur gelegentlich für die Tätigkeiten des Unternehmens anfallen. In diesem Fall wären sie keine Geschäftssegmente. Im Sinne dieses IFRS sind Pläne für Leistungen nach Beendigung des Arbeitsverhältnisses keine Geschäftssegmente.

7. Der Begriff „verantwortliche Unternehmensinstanz" bezeichnet eine Funktion, bei der es sich nicht unbedingt um die eines Managers mit einer bestimmten Bezeichnung handeln muss. Diese Funktion besteht in der Allokation von Ressourcen für die Geschäftssegmente eines Unternehmens sowie der Bewertung ihrer Ertragskraft. Oftmals handelt es sich bei der verantwortlichen Unternehmensinstanz um den Vorsitzenden des Geschäftsführungsorgans oder um seinen „Chief Operating Officer". Allerdings kann es sich dabei auch um eine Gruppe geschäftsführender Direktoren oder sonstige handeln.

8. Viele Unternehmen grenzen ihre Geschäftssegmente anhand der drei in Paragraph 5 genannten Merkmale ab. Allerdings kann ein Unternehmen auch Berichte vorlegen, in denen die Geschäftstätigkeiten auf vielfältigste Art und Weise dargestellt werden. Verwendet die verantwortliche Unternehmensinstanz mehr als eine Reihe von Segmentinformationen, können andere Faktoren zur Identifizierung einer Reihe von Bereichen als die Geschäftssegmente des Unternehmens herangezogen werden. Dazu zählen die Wesensart der Geschäftstätigkeiten jedes Bereichs, das Vorhandensein von Führungskräften, die dafür verantwortlich sind, und dem Geschäftsführungsund/oder Aufsichtsorgan vorgelegten Informationen.

9. In der Regel hat ein Geschäftssegment ein Segmentmanagement, das direkt der verantwortlichen Unternehmensinstanz unterstellt ist und regelmäßige Kontakte mit ihr pflegt, um über die Tätigkeiten, die Finanzergebnisse, Prognosen oder Pläne für das betreffende Segment zu diskutieren. Der Begriff „Segmentmanagement" bezeichnet eine Funktion, bei der es sich nicht unbedingt um die eines Managers mit einer bestimmten Bezeichnung handeln muss. Die verantwortliche Unternehmensinstanz kann zugleich das Segmentmanagement für einige Geschäftssegmente sein. Ein einzelner Manager kann das Segmentmanagement für mehr als ein Geschäftssegment ausüben. Wenn die Merkmale von Paragraph 5 auf mehr als eine Reihe von Bereichen einer Organisation zutreffen, es aber nur eine Reihe gibt, für die das Segmentmanagement verantwortlich ist, so stellt diese Reihe von Bereichen die Geschäftssegmente dar.

10. Die Merkmale von Paragraph 5 können auf zwei oder mehrere sich überschneidende Reihen von Bereichen zutreffen, für die die Manager verantwortlich sind. Diese Struktur wird manchmal als Matrixorganisation bezeichnet. In einigen Unternehmen sind manche Manager beispielsweise für die unterschiedlichen Produkt- und Dienstleistungslinien weltweit verantwortlich, wohingegen andere Manager für bestimmte geografische Gebiete zuständig sind. Die verantwortliche Unternehmensinstanz überprüft die Betriebsergebnisse beider Reihen von Bereichen, für die beiderseits Finanzinformationen vorliegen. In einem solchen Fall bestimmt das Unternehmen unter Bezugnahme auf das Grundprinzip, welche Reihe von Bereichen die Geschäftssegmente darstellen.

BERICHTSPFLICHTIGE SEGMENTE

11. Ein Unternehmen berichtet gesondert über jedes Geschäftssegment, das:

(a) gemäß den Paragraphen 5-10 abgegrenzt wurde oder das Ergebnis der Zusammenfassung von zwei oder mehreren dieser Segmente gemäß Paragraph 12 ist, und

(b) die quantitativen Schwellenwerte von Paragraph 13 überschreitet.

In den Paragraphen 14-19 werden andere Situationen angegeben, in denen gesonderte Informationen über ein Geschäftssegment vorgelegt werden müssen.

Kriterien für die Zusammenfassung

12. Die Geschäftssegmente weisen oftmals eine ähnliche langfristige Ertragsentwicklung auf, wenn sie vergleichbare wirtschaftliche Merkmale haben. Z. B. geht man von ähnlichen langfristigen Durchschnittsbruttogewinnmargen bei zwei Geschäftssegmenten aus, wenn ihre wirtschaftlichen Merkmale vergleichbar sind. Zwei oder mehrere Geschäftssegmente können zu einem einzigen zusammengefasst werden, sofern die Zusammenfassung mit dem Grundprinzip dieses IFRS vereinbar ist, die Segmente vergleichbare wirtschaftliche

Merkmale aufweisen und auch hinsichtlich jedes der nachfolgend genannten Aspekte vergleichbar sind:
(a) Art der Produkte und Dienstleistungen;
(b) Art der Produktionsprozesse;
(c) Art oder Gruppe der Kunden für die Produkte und Dienstleistungen;
(d) Methoden des Vertriebs ihrer Produkte oder der Erbringung von Dienstleistungen; und
(e) falls erforderlich, Art der regulatorischen Rahmenbedingungen, z. B. im Bank- oder Versicherungswesen oder bei öffentlichen Versorgungsbetrieben.

Quantitative Schwellenwerte

13. Ein Unternehmen legt gesonderte Informationen über ein Geschäftssegment vor, das einen der nachfolgend genannten quantitativen Schwellenwerte erfüllt:
(a) Sein ausgewiesener Umsatzerlös, einschließlich der Verkäufe an externe Kunden und Verkäufe oder Transfers zwischen den Segmenten, beträgt mindestens 10 % der zusammengefassten internen und externen Umsatzerlösen aller Geschäftssegmente.
(b) Der absolute Betrag seines ausgewiesenen Ergebnisses entspricht mindestens 10 % des höheren der beiden nachfolgend genannten absoluten Werte: (i) des zusammengefassten ausgewiesenen Gewinns aller Geschäftssegmente, die keinen Verlust gemeldet haben; (ii) des zusammengefassten ausgewiesenen Verlusts aller Geschäftssegmente, die einen Verlust gemeldet haben.
(c) Seine Vermögenswerte haben einen Anteil von mindestens 10 % an den kumulierten Aktiva aller Geschäftssegmente.

Geschäftssegmente, die keinen dieser quantitativen Schwellenwerte erfüllen, können als berichtspflichtig angesehen und gesondert angegeben werden, wenn die Geschäftsführung der Auffassung ist, dass Informationen über das Segment für die Abschlussadressaten nützlich wären.

14. Ein Unternehmen kann Informationen über Geschäftssegmente, die die quantitativen Schwellenwerte nicht erfüllen, mit Informationen über andere Geschäftssegmente, die diese Schwellenwerte ebenfalls nicht erfüllen, nur dann zum Zwecke der Schaffung eines berichtspflichtigen Segments zusammenfassen, wenn die Geschäftssegmente ähnliche wirtschaftliche Merkmale aufweisen und die meisten in Paragraph 12 genannten Kriterien für eine Zusammenfassung gemeinsam haben.

15. Machen die gesamten externen Umsatzerlöse, die von den Geschäftssegmenten ausgewiesen werden, weniger als 75 % der Umsatzerlöse des Unternehmens aus, können(*) weitere Geschäftssegmente als berichtspflichtige Segmente herangezogen werden (auch wenn sie die Kriterien in Paragraph 13 nicht erfüllen), bis mindestens 75 % der Umsatzerlöse des Unternehmens auf berichtspflichtige Segmente entfällt.

(*) Im englischen Original heißt es „müssen" statt „können" (Anm. d. Hrsg.).

16. Informationen über andere Geschäftstätigkeiten und Geschäftssegmente, die nicht berichtspflichtig sind, werden in einer Kategorie „Alle sonstigen Segmente" zusammengefasst und dargestellt, die von sonstigen Abstimmungsposten in den Überleitungsrechnungen zu unterscheiden ist, die gemäß Paragraph 28 gefordert werden. Die Herkunft der Umsatzerlöse, die in der Kategorie „Alle sonstigen Segmente" erfasst werden, ist zu beschreiben.

17. Vertritt das Management die Auffassung, dass ein in der vorangegangenen Berichtsperiode als berichtspflichtig identifiziertes Segment auch weiterhin von Bedeutung ist, so werden Informationen über dieses Segment auch in der laufenden Periode gesondert vorgelegt, selbst wenn die in Paragraph 13 genannten Kriterien für die Berichtspflicht nicht mehr erfüllt sind.

18. Wird ein Geschäftssegment in der laufenden Berichtsperiode als ein berichtspflichtiges Segment im Sinne der quantitativen Schwellenwerte identifiziert, so sind die Segmentdaten für eine frühere Periode, die zu Vergleichszwecken erstellt wurden, anzupassen, um das neuerdings berichtspflichtige Segment als gesondertes Segment darzustellen, auch wenn dieses Segment in der früheren Periode nicht die Kriterien für die Berichtspflicht in Paragraph 13 erfüllt hat, es sei denn, die erforderlichen Informationen sind nicht verfügbar und die Kosten für ihre Erstellung wären übermäßig hoch.

19. Es kann eine praktische Obergrenze für die Zahl berichtspflichtiger Segmente geben, die ein Unternehmen gesondert darstellt, über die hinaus die Segmentinformationen zu detailliert würden. Auch wenn hinsichtlich der Zahl der gemäß Paragraph 13-18 berichtspflichtigen Segmente keine Begrenzung besteht, sollte ein Unternehmen prüfen, ob bei mehr als zehn Segmenten eine praktische Obergrenze erreicht ist.

ANGABEN

20. Ein Unternehmen hat Informationen anzugeben, anhand derer Abschlussadressaten die Art und finanziellen Auswirkungen der von ihm ausgeübten Geschäftstätigkeiten sowie das wirtschaftliche Umfeld, in dem es tätig ist, beurteilen können.

21. Zwecks Anwendung des in Paragraph 20 genannten Grundsatzes hat ein Unternehmen für jede Periode, für die eine Gesamtergebnisrechnung erstellt wurde, folgende Angaben zu machen:
(a) allgemeine Informationen, so wie in Paragraph 22 beschrieben;
(b) Informationen über das ausgewiesene Ergebnis eines Segments, einschließlich genau beschriebener Umsatzerlöse und Aufwendungen, die in das ausgewiesene Periodenergeb-

nis eines Segments einbezogen sind, über die Segmentvermögenswerte und die Segmentschulden und über die Grundlagen der Bewertung, so wie in den Paragraphen 23-27 beschrieben; und

(c) Überleitungsrechnungen von den Summen der Segmentumsatzerlöse, des ausgewiesenen Segmentperiodenergebnisses, der Segmentvermögenswerte und Segmentschulden und sonstiger wichtiger Segmentposten auf die entsprechenden Beträge des Unternehmens, so wie in Paragraph 28 beschrieben.

Überleitungsrechnungen für Beträge in der Bilanz der berichtspflichtigen Segmente in Bezug auf die Beträge in der Bilanz des Unternehmens sind für jeden Stichtag fällig, an dem eine Bilanz vorgelegt wird. Informationen über frühere Perioden sind gemäß Paragraph 29 und 30 anzupassen.

Allgemeine Informationen

22. Ein Unternehmen hat die folgenden allgemeinen Informationen anzugeben:
(a) Faktoren, die zur Identifizierung der berichtspflichtigen Segmente des Unternehmens verwendet werden. Dazu zählen die Organisationsgrundlage (z. B. die Tatsache, ob sich die Geschäftsführung dafür entschieden hat, das Unternehmen auf der Grundlage der Unterschiede zwischen Produkten und Dienstleistungen, nach geografischen Gebieten, nach dem regulatorischen Umfeld oder einer Kombination von Faktoren zu organisieren, und der Umstand, ob Geschäftssegmente zusammengefasst wurden), und
(b) Arten von Produkten und Dienstleistungen, die die Grundlage der Umsatzerlöse jedes berichtspflichtigen Segments darstellen.

Informationen über das Ergebnis und über die Vermögenswerte und Schulden

23. Ein Unternehmen hat eine Bewertung des Gewinns oder Verlusts für jedes berichtspflichtige Segment vorzulegen. Ein Unternehmen hat eine Bewertung aller Vermögenswerte und der Schulden für jedes berichtspflichtige Segment vorzulegen, wenn ein solcher Betrag der verantwortlichen Unternehmensinstanz gemeldet wird. Ein Unternehmen hat zudem die folgenden Angaben zu jedem berichtspflichtigen Segment zu machen, wenn die angegebenen Beträge in die Bewertung des Gewinns oder Verlusts des Segments einbezogen werden oder der verantwortlichen Unternehmensinstanz überprüft oder ansonsten dieser regelmäßig übermittelt werden, auch wenn sie nicht in die Bewertung des Gewinns oder Verlusts des Segments einfließen:
(a) Umsatzerlöse, die von externen Kunden stammen;
(b) Umsatzerlöse aufgrund von Geschäftsvorfällen mit anderen Geschäftssegmenten desselben Unternehmens;
(c) Zinserträge;
(d) Zinsaufwendungen;
(e) planmäßige Abschreibungen und Amortisationen;
(f) wesentliche Ertrags- und Aufwandsposten, die gemäß Paragraph 97 von IAS 1 *Darstellung des Abschlusses* (überarbeitet 2007) genannt werden;
(g) Anteil des Unternehmens am Periodenergebnis von assoziierten Unternehmen und Gemeinschaftsunternehmen, die nach der Equity-Methode bilanziert werden;
(h) Ertragsteueraufwand oder -ertrag; und
(i) wesentliche zahlungsunwirksame Posten, bei denen es sich nicht um planmäßige Abschreibungen handelt.

Ein Unternehmen weist die Zinserträge gesondert vom Zinsaufwand für jedes berichtspflichtige Segment aus, es sei denn, die meisten Umsatzerlöse des Segments wurden aufgrund von Zinsen erwirtschaftet und die verantwortliche Unternehmensinstanz stützt sich in erster Linie auf die Nettozinserträge, um die Ertragskraft des Segments zu beurteilen und Entscheidungen über die Allokation der Ressourcen für das Segment zu treffen. In einem solchen Fall kann ein Unternehmen die segmentbezogenen Zinserträge abzüglich des Zinsaufwands angeben und über diese Vorgehensweise informieren.

24. Ein Unternehmen hat zudem die folgenden Angaben zu einem jeden berichtspflichtigen Segment zu machen, wenn die angegebenen Beträge in die Bewertung der Vermögenswerte des Segments einbezogen werden, die von der verantwortlichen Unternehmensinstanz überprüft oder ansonsten dieser regelmäßig übermittelt wurden, auch wenn sie nicht in die Bewertung der Vermögenswerte des Segments einfließen:
(a) Betrag der Beteiligungen an assoziierten Unternehmen und Gemeinschaftsunternehmen, die nach der Equity-Methode bilanziert werden; und
(b) Betrag der Zugänge zu den langfristigen Vermögenswerten([1]), ausgenommen Finanzinstrumente, latente Steueransprüche, Leistungen nach Beendigung des Arbeitsverhältnisses (siehe IAS 19 *Leistungen an Arbeitnehmer* Paragraphen 54-58) und Rechte aus Versicherungsverträgen.

([1]) Bei einer Klassifizierung der Vermögenswerte gemäß einer Liquiditätsdarstellung sind als langfristige Vermögenswerte alle Vermögenswerte einzustufen, die Beträge beinhalten, deren Realisierung nach mehr als zwölf Monaten nach dem Abschlussstichtag erwartet wird.

BEWERTUNG

25. Der Betrag jedes dargestellten Segmentpostens soll dem Wert entsprechen, welcher der verantwortlichen Unternehmensinstanz übermittelt wird, damit diese die Ertragskraft des Segments bewerten und Entscheidungen über die Allokation der Ressourcen für das Segment treffen kann. Anpassungen und Eliminierungen, die wäh-

rend der Erstellung eines Unternehmensabschlusses und bei der Allokation von Umsatzerlösen, Aufwendungen sowie Gewinnen oder Verlusten vorgenommen werden, sind bei der Ermittlung des ausgewiesenen Gewinns oder Verlusts des Segments nur dann zu berücksichtigen, wenn sie in die Bewertung des Gewinns oder Verlusts des Segments eingeflossen sind, die von der verantwortlichen Unternehmensinstanz zu Grunde gelegt wird. Ebenso sind für dieses Segment nur jene Vermögenswerte und Schulden auszuweisen, die in die Bewertungen der Vermögenswerte und der Schulden des Segments eingeflossen sind, die wiederum von der verantwortlichen Unternehmensinstanz genutzt werden. Werden Beträge dem Gewinn oder Verlust sowie den Vermögenswerten oder Schulden eines berichtspflichtigen Segments zugewiesen, so hat die Allokation dieser Beträge auf vernünftiger Basis zu erfolgen.

26. Verwendet die verantwortliche Unternehmensinstanz zur Bewertung der Ertragskraft des Segments und zur Entscheidung über die Art der Allokation der Ressourcen lediglich einen Wertmaßstab für den Gewinn oder Verlust und die Vermögenswerte sowie Schulden eines Geschäftssegments, so sind der Gewinn oder Verlust und die Vermögenswerte sowie Schulden gemäß diesem Wertmaßstab zu berichten. Verwendet die verantwortliche Unternehmensinstanz mehr als einen Wertmaßstab für den Gewinn oder Verlust und die Vermögenswerte sowie Schulden eines Geschäftssegments, so sind jene Wertmaßstäbe zu verwenden, die die Geschäftsführung gemäß den Bewertungsgrundsätzen als am ehesten mit denjenigen konsistent ansieht, die für die Bewertung der entsprechenden Beträge im Abschluss des Unternehmens zu Grunde gelegt werden.

27. Ein Unternehmen hat die Bewertungsgrundlagen für den Gewinn oder Verlust eines Segments sowie die Vermögenswerte und Schulden jedes berichtspflichtigen Segments zu erläutern. Die Mindestangaben umfassen:

(a) die Rechnungslegungsgrundlage für sämtliche Geschäftsvorfälle zwischen berichtspflichtigen Segmenten;

(b) die Art etwaiger Unterschiede zwischen den Bewertungen des Gewinns oder Verlusts eines berichtspflichtigen Segments und dem Gewinn oder Verlust des Unternehmens vor Steueraufwand oder -ertrag eines Unternehmens und Aufgabe von Geschäftsbereichen (falls nicht aus den Überleitungsrechnungen in Paragraph 28 ersichtlich). Diese Unterschiede könnten Rechnungslegungsmethoden und Strategien für die Allokation von zentral angefallenen Kosten umfassen, die für das Verständnis der erfassten Segmentinformationen erforderlich sind;

(c) die Art etwaiger Unterschiede zwischen den Bewertungen der Vermögenswerte eines berichtspflichtigen Segments und den Vermögenswerten des Unternehmens (falls nicht aus den Überleitungsrechnungen in Paragraph 28 ersichtlich). Diese Unterschiede könnten Rechnungslegungsmethoden und Strategien für die Allokation von gemeinsam genutzten Vermögenswerten umfassen, die für das Verständnis der erfassten Segmentinformationen erforderlich sind;

(d) die Art etwaiger Unterschiede zwischen den Bewertungen der Schulden eines berichtspflichtigen Segments und den Schulden des Unternehmens (falls nicht aus den Überleitungsrechnungen in Paragraph 28 ersichtlich). Diese Unterschiede könnten Rechnungslegungsmethoden und Strategien für die Allokation von gemeinsam genutzten Schulden umfassen, die für das Verständnis der erfassten Segmentinformationen erforderlich sind;

(e) die Art etwaiger Änderungen der Bewertungsmethoden im Vergleich zu früheren Perioden, die zur Bestimmung des Gewinns oder Verlusts des Segments verwendet werden, und gegebenenfalls die Auswirkungen dieser Änderungen auf die Bewertung des Gewinns oder Verlusts des Segments;

(f) Art und Auswirkungen etwaiger asymmetrischer Allokationen auf berichtspflichtige Segmente. Beispielsweise könnte ein Unternehmen einen Abschreibungsaufwand einem Segment zuordnen, ohne dass das Segment die entsprechenden abschreibungsfähigen Vermögenswerte erhalten hat.

Überleitungsrechnungen

28. Ein Unternehmen hat Überleitungsrechnungen für alle nachfolgend genannten Beträge vorzulegen:

(a) Gesamtbetrag der Umsatzerlöse der berichtspflichtigen Segmente zu den Umsatzerlösen des Unternehmens;

(b) Gesamtbetrag der Bewertungen der Gewinne oder Verluste der berichtspflichtigen Segmente zum Gewinn oder Verlust des Unternehmens vor Steueraufwand (Steuerertrag) und Aufgabe von Geschäftsbereichen. Weist ein Unternehmen indes berichtspflichtigen Segmenten Posten wie Steueraufwand (Steuerertrag) zu, kann es die Überleitungsrechnung vom Gesamtbetrag der Bewertungen der Gewinne oder Verluste der Segmente zum Gewinn oder Verlust des Unternehmens unter Ausklammerung dieser Posten erstellen;

(c) Gesamtbetrag der Vermögenswerte der berichtspflichtigen Segmente zu den Vermögenswerten des Unternehmens;

(d) Gesamtbetrag der Schulden der berichtspflichtigen Segmente zu den Schulden des Unternehmens, wenn die Segmentschulden gemäß Paragraph 23 ausgewiesen werden;

(e) Summe der Beträge der berichtspflichtigen Segmente für jede andere wesentliche angegebene Information auf den entsprechenden Betrag für das Unternehmen.

Alle wesentlichen Abstimmungsposten in den Überleitungsrechnungen sind gesondert zu identifizieren und zu beschreiben. So ist z. B. der Betrag jeder wesentlichen Anpassung, die für die Abstimmung des Gewinns oder Verlusts des Segments mit dem Gewinn oder Verlust des Unternehmens erforderlich ist und ihren Ursprung in unterschiedlichen Rechnungslegungsmethoden hat, gesondert zu identifizieren und zu beschreiben.

Anpassung zuvor veröffentlichter Informationen

29. Ändert ein Unternehmen die Struktur seiner internen Organisation auf eine Art und Weise, die die Zusammensetzung seiner berichtspflichtigen Segmente verändert, müssen die entsprechenden Informationen für frühere Perioden, einschließlich Zwischenperioden, angepasst werden, es sei denn, die erforderlichen Informationen sind nicht verfügbar und die Kosten für ihre Erstellung wären übermäßig hoch. Die Feststellung, ob Informationen nicht verfügbar sind und die Kosten für ihre Erstellung übermäßig hoch liegen, hat für jeden angegebenen Einzelposten gesondert zu erfolgen. Nach einer geänderten Zusammensetzung seiner berichtspflichtigen Segmente hat ein Unternehmen Angaben dazu zu machen, ob es die entsprechenden Posten der Segmentinformationen für frühere Perioden angepasst hat.

30. Ändert ein Unternehmen die Struktur seiner internen Organisation auf eine Art und Weise, die die Zusammensetzung seiner berichtspflichtigen Segmente verändert, und werden die entsprechenden Informationen für frühere Perioden, einschließlich Zwischenperioden, nicht angepasst, um der Änderung Rechnung zu tragen, hat ein Unternehmen in dem Jahr, in dem die Änderung eintritt, Angaben zu den Segmentinformationen für die derzeitige Berichtsperiode sowohl auf der Grundlage der alten als auch der neuen Segmentstruktur zu machen, es sei denn, die erforderlichen Informationen sind nicht verfügbar und die Kosten für ihre Erstellung wären übermäßig hoch.

ANGABEN AUF UNTERNEHMENSEBENE

31. Die Paragraphen 32-34 sind auf alle in den Anwendungsbereich dieses IFRS fallenden Unternehmen anzuwenden. Dazu zählen auch Unternehmen, die nur ein einziges berichtspflichtiges Segment haben. Bei einigen Unternehmen sind die Geschäftsbereiche nicht auf der Grundlage der Unterschiede von Produkten und Dienstleistungen oder Unterschiede zwischen den geografischen Tätigkeitsbereichen organisiert. Die berichtspflichtigen Segmente eines solchen Unternehmens können Umsatzerlöse ausweisen, die in einem breiten Spektrum von ihrem Wesen nach unterschiedlichen Produkten und Dienstleistungen erwirtschaftet wurden, oder aber mehrere berichtspflichtige Segmente können ihrem Wesen nach ähnliche Produkte und Dienstleistungen anbieten. Ebenso können die berichtspflichtigen Segmente eines Unternehmens Vermögenswerte in verschiedenen geografischen Gebieten halten und Umsatzerlöse von Kunden in diesen verschiedenen geografischen Bereichen ausweisen, oder aber mehrere dieser berichtspflichtigen Segmente sind in ein und demselben geografischen Gebiet tätig. Die in den Paragraphen 32-34 geforderten Informationen sind nur dann anzugeben, wenn sie nicht bereits als Teil der Informationen des berichtspflichtigen Segments gemäß diesem IFRS vorgelegt wurden.

Informationen über Produkte und Dienstleistungen

32. Ein Unternehmen hat die Umsatzerlöse von externen Kunden für jedes Produkt und jede Dienstleistung bzw. für jede Gruppe vergleichbarer Produkte und Dienstleistungen auszuweisen, es sei denn, die erforderlichen Informationen sind nicht verfügbar und die Kosten für ihre Erstellung wären übermäßig hoch. In diesem Fall ist dieser Umstand anzugeben. Die Beträge der ausgewiesenen Umsatzerlöse stützen sich auf die Finanzinformationen, die für die Erstellung des Unternehmensabschlusses verwendet werden.

Informationen über geografische Gebiete

33. Ein Unternehmen hat folgende geografische Angaben zu machen, es sei denn, die erforderlichen Informationen sind nicht verfügbar und die Kosten für ihre Erstellung wären übermäßig hoch:

(a) Umsatzerlöse, die von externen Kunden erwirtschaftet wurden und die (i) dem Herkunftsland des Unternehmens und (ii) allen Drittländern insgesamt zugewiesen werden, in denen das Unternehmen Umsatzerlöse erwirtschaftet. Wenn die Umsatzerlöse von externen Kunden, die einem einzigen Drittland zugewiesen werden, eine wesentliche Höhe erreichen, sind diese Umsatzerlöse gesondert anzugeben. Ein Unternehmen hat anzugeben, auf welcher Grundlage die Umsatzerlöse von externen Kunden den einzelnen Ländern zugewiesen werden.

(b) langfristige Vermögenswerte[1], ausgenommen Finanzinstrumente, latente Steueransprüche, Leistungen nach Beendigung des Arbeitsverhältnisses und Rechte aus Versicherungsverträgen, die (i) im Herkunftsland des Unternehmens und (ii) in allen Drittländern insgesamt gelegen sind, in dem das Unternehmen Vermögenswerte hält. Wenn die Vermögenswerte in einem einzigen Drittland eine wesentliche Höhe erreichen, sind diese Vermögenswerte gesondert anzugeben.

---

[1] Bei einer Klassifizierung der Vermögenswerte gemäß einer Liquiditätsdarstellung sind als langfristige Vermögenswerte alle Vermögenswerte einzustufen, die Beträge beinhalten, deren Realisierung nach mehr als zwölf Monaten nach dem Abschlussstichtag erwartet wird.

Die angegebenen Beträge stützen sich auf die Finanzinformationen, die für die Erstellung des Unternehmensabschlusses verwendet werden. Wenn die erforderlichen Informationen nicht verfügbar sind und die Kosten für ihre Erstellung übermäßig hoch liegen würden, ist diese Tatsache anzugeben. Über die von diesem Paragraphen geforderten Informationen hinaus kann ein Unternehmen Zwischensummen für die geografischen Informationen über Ländergruppen vorlegen.

Informationen über wichtige Kunden

34 Ein Unternehmen hat Informationen über den Grad seiner Abhängigkeit von seinen wichtigen Kunden vorzulegen. Wenn sich die Umsatzerlöse aus Geschäftsvorfällen mit einem einzigen externen Kunden auf mindestens 10 % der Umsatzerlöse des Unternehmens belaufen, hat das Unternehmen diese Tatsache anzugeben sowie den Gesamtbetrag der Umsatzerlöse von jedem derartigen Kunden und die Identität des Segments bzw. der Segmente, in denen die Umsatzerlöse ausgewiesen werden. Das Unternehmen muss die Identität eines wichtigen Kunden oder die Höhe der Umsatzerlöse, die jedes Segment in Bezug auf diesen Kunden ausweist, nicht offenlegen. Im Sinne dieses IFRS ist eine Gruppe von Unternehmen, von denen das berichtende Unternehmen weiß, dass sie unter gemeinsamer Beherrschung stehen, als ein einziger Kunde anzusehen. Ob eine staatliche Stelle (einschließlich Institutionen mit hoheitlichen Aufgaben und ähnliche Körperschaften, unabhängig davon, ob sie auf lokaler, nationaler oder internationaler Ebene angesiedelt sind) sowie Unternehmen, von denen das berichtende Unternehmen weiß, dass sie der Beherrschung durch diese staatliche Stelle unterliegen, als ein einziger Kunde angesehen werden, muss allerdings zunächst geprüft werden. Bei dieser Prüfung trägt das berichtende Unternehmen dem Umfang der wirtschaftlichen Integration zwischen diesen Unternehmen Rechnung.

ÜBERGANGSVORSCHRIFTEN UND ZEITPUNKT DES INKRAFTTRETENS

35. Dieser IFRS ist erstmals in der ersten Berichtsperiode eines am 1. Januar 2009 oder danach beginnenden Geschäftsjahres anzuwenden. Eine frühere Anwendung ist zulässig. Wenn ein Unternehmen diesen IFRS für Berichtsperioden anwendet, die vor dem 1. Januar 2009 beginnen, so ist diese Tatsache anzugeben.

35A. Paragraph 23 wurde durch die *Verbesserungen der IFRS* vom April 2009 geändert. Diese Änderungen sind erstmals in der ersten Berichtsperiode eines am 1. Januar 2010 oder danach beginnenden Geschäftsjahrs anzuwenden. Eine frühere Anwendung ist zulässig. Wendet ein Unternehmen die Änderung für ein früheres Geschäftsjahr an, hat es dies anzugeben.

36. Segmentinformationen für frühere Geschäftsjahre, die als Vergleichsinformationen für das erste Jahr der Anwendung (einschließlich der Anwendung der Änderung von Paragraph 23 vom April 2009) vorgelegt werden, müssen angepasst werden, um die Anforderungen dieses IFRS zu erfüllen, es sei denn, die erforderlichen Informationen sind nicht verfügbar und die Kosten für ihre Erstellung wären übermäßig hoch.

36A. Infolge des IAS 1 (überarbeitet 2007) wurde die in allen IFRS verwendete Terminologie geändert. Außerdem wurde Paragraph 23(f) geändert. Diese Änderungen sind erstmals in der ersten Berichtsperiode eines am 1. Januar 2009 oder danach beginnenden Geschäftsjahres anzuwenden. Wird IAS 1 (überarbeitet 2007) auf eine frühere Periode angewandt, sind diese Änderungen entsprechend auch anzuwenden.

36B. Durch IAS 24 *Angaben über Beziehungen zu nahestehenden Unternehmen und Personen* (in der 2009 geänderten Fassung) wurde Paragraph 34 für Berichtsperioden eines am oder nach dem 1. Januar 2011 beginnenden Geschäftsjahres geändert. Wendet ein Unternehmen IAS 24 (in der 2009 geänderten Fassung) auf eine frühere Periode an, so hat es auch die Änderungen an Paragraph 34 auf diese frühere Periode anzuwenden.

RÜCKNAHME VON IAS 14

37. Dieser IFRS ersetzt IAS 14 *Segmentberichterstattung*.

ANHANG A

DEFINITIONEN

Dieser Anhang ist integraler Bestandteil des IFRS.

Geschäftssegment   Ein Geschäftssegment ist ein Unternehmensbestandteil:

(a) der Geschäftstätigkeiten betreibt, mit denen Umsatzerlöse erwirtschaftet werden und bei denen Aufwendungen anfallen können (einschließlich Umsatzerlöse und Aufwendungen im Zusammenhang mit Geschäftsvorfällen mit anderen Bestandteilen desselben Unternehmens),

(b) dessen Betriebsergebnisse regelmäßig von der verantwortlichen Unternehmensinstanz im Hinblick auf Entscheidungen über die Allokation von Ressourcen zu diesem Segment und die Bewertung seiner Ertragskraft überprüft werden; und

(c) für den separate Finanzinformationen vorliegen.

4. SIC-INTERPRETATIONEN

4. **SIC-Interpretationen**
4/1.	SIC-7: Einführung des Euro	541
4/2.	SIC-10: Beihilfen der öffentlichen Hand – Kein spezifischer Zusammenhang mit betrieblichen Tätigkeiten	542
4/3.	SIC-12: Konsolidierung – Zweckgesellschaften	543
4/4.	SIC-13: Gemeinschaftlich geführte Unternehmen – Nicht monetäre Einlagen durch Partnerunternehmen	545
4/5.	SIC-15: Operating-Leasingverhältnisse – Anreize	547
4/6.	SIC-21: Ertragsteuern – Realisierung von neubewerteten, nicht planmäßig abzuschreibenden Vermögenswerten	548
4/7.	SIC-25: Ertragsteuern – Änderungen im Steuerstatus eines Unternehmens oder seiner Anteilseigner	549
4/8.	SIC-27: Beurteilung des wirtschaftlichen Gehalts von Transaktionen in der rechtlichen Form von Leasingverhältnissen	550
4/9.	SIC-29: Dienstleistungskonzessionsvereinbarungen: Angaben	553
4/10.	SIC-31: Umsatzerlöse – Tausch von Werbedienstleistungen	555
4/11.	SIC-32: Immaterielle Vermögenswerte – Kosten von Internetseiten	556

SIC-7
Einführung des Euro

SIC-7, VO (EG) Nr. 1126/2008 i.d.F.

1 VO (EG) Nr. 1274/2008 [IAS 1]   2 VO (EG) Nr. 494/2009 [IAS 27]

GLIEDERUNG	§§
FRAGESTELLUNG	1–2
BESCHLUSS	3–4

VERWEISE

- IAS 1 *Darstellung des Abschlusses* (überarbeitet 2007)
- IAS 8 *Rechnungslegungsmethoden, Änderungen von rechnungslegungsbezogenen Schätzungen und Fehler*
- IAS 10 *Ereignisse nach dem Abschlussstichtag* (überarbeitet 2003)
- IAS 21 *Auswirkungen von Wechselkursänderungen* (überarbeitet 2003)
- IAS 27 *Konzern- und Einzelabschlüsse* (überarbeitet 2008)

FRAGESTELLUNG

1. Ab 1. Januar 1999, dem Zeitpunkt des Inkrafttretens der Wirtschafts- und Währungsunion (WWU), wird der Euro eine Währung eigenen Rechts werden und die Wechselkurse zwischen dem Euro und den teilnehmenden nationalen Währungen werden unwiderruflich festgelegt, d. h. das Risiko nachfolgender Währungsdifferenzen hinsichtlich dieser Währungen ist ab diesem Tag beseitigt.

2. Die Fragestellung betrifft die Anwendung des IAS 21 auf die Umstellung von nationalen Währungen teilnehmender Mitgliedstaaten der Europäischen Union auf den Euro („die Umstellung").

BESCHLUSS

3. Die Vorschriften des IAS 21 bezüglich der Umrechnung von Fremdwährungstransaktionen und Abschlüssen ausländischer Geschäftsbetriebe sind streng auf die Umstellung anzuwenden. Der gleiche Grundgedanke gilt für die Festlegung von Wechselkursen, wenn Länder in späteren Phasen der WWU beitreten.

4. Das heißt im Besonderen, dass:

(a) Monetäre Vermögenswerte und Schulden in einer Fremdwährung, die aus Geschäftsvorfällen resultieren, sind weiterhin zum Stichtagskurs in die funktionale Währung umzurechnen.. Etwaige sich ergebende Umrechnungsdifferenzen sind sofort als Ertrag oder als Aufwand zu erfassen, mit der Ausnahme, dass ein Unternehmen weiterhin seine bestehenden Rechnungslegungsmethoden für Gewinne und Verluste aus der Währungsumrechnung, die aus der Absicherung des Währungsrisikos eines erwarteten Geschäftsvorfalls entstehen, anzuwenden hat;

(b) kumulierte Umrechnungsdifferenzen im Zusammenhang mit der Umrechnung von Abschlüssen ausländischer Geschäftsbetriebe im sonstigen Ergebnis zu erfassen, im Eigenkapital zu kumulieren und erst bei der Veräußerung oder teilweisen Veräußerung der Nettoinvestitionen in den ausländischen Geschäftsbetrieb vom Eigenkapital in den Gewinn oder Verlust umzugliedern sind; und ...

(c) Umrechnungsdifferenzen aus der Umrechnung von Schulden, die auf Fremdwährungen der Teilnehmerstaaten lauten, sind nicht dem Buchwert des dazugehörenden Vermögenswerts zuzurechnen.

DATUM DES BESCHLUSSES

Oktober 1997

ZEITPUNKT DES INKRAFTTRETENS

Diese Interpretation tritt am 1. Juni 1998 in Kraft. Änderungen der Rechnungslegungsmethoden sind gemäß den Bestimmungen des IAS 8 vorzunehmen.

Infolge des IAS 1 (überarbeitet 2007) wurde die in allen IFRS verwendete Terminologie geändert. Außerdem wurde Paragraph 4 geändert. Diese Änderungen sind erstmals in der ersten Berichtsperiode eines am 1. Januar 2009 oder danach beginnenden Geschäftsjahres anzuwenden. Wird IAS 1 (überarbeitet 2007) auf eine frühere Periode angewandt, sind diese Änderungen entsprechend auch anzuwenden.

Durch IAS 27 (in der vom International Accounting Standards Board 2008 geänderten Fassung) wurde Paragraph 4(b) geändert. Diese Änderung ist erstmals in der ersten Periode eines am 1. Juli 2009 oder danach beginnenden Geschäftsjahres anzuwenden. Wendet ein Unternehmen IAS 27 (in der 2008 geänderten Fassung) auf eine frühere Periode an, so hat es auf diese Periode auch die genannte Änderung anzuwenden.

SIC-10
Beihilfen der öffentlichen Hand – Kein spezifischer Zusammenhang mit betrieblichen Tätigkeiten

SIC-10, VO (EG) Nr. 1126/2008 i.d.F.

1 VO (EG) Nr. 1274/2008 [IAS 1]

GLIEDERUNG	§§
FRAGESTELLUNG	1–2
BESCHLUSS	3

VERWEISE

- IAS 8 *Rechnungslegungsmethoden, Änderungen von rechnungslegungsbezogenen Schätzungen und Fehler*
- IAS 20 *Bilanzierung und Darstellung von Zuwendungen der öffentlichen Hand*

FRAGESTELLUNG

1. In manchen Ländern können Beihilfen der öffentlichen Hand auf die Förderung oder Langzeitunterstützung von Geschäftstätigkeiten entweder in bestimmten Regionen oder Industriezweigen ausgerichtet sein. Bedingungen, um diese Unterstützung zu erhalten, sind nicht immer speziell auf die betrieblichen Tätigkeiten des Unternehmens bezogen. Beispiele solcher Beihilfen sind Übertragungen von Ressourcen der öffentlichen Hand an Unternehmen, welche

(a) in einer bestimmten Branche tätig sind;

(b) weiterhin in kürzlich privatisierten Branchen tätig sind; oder

(c) ihre Geschäftstätigkeit in unterentwickelten Gebieten beginnen oder fortführen.

2. Die Fragestellung lautet, ob solche Beihilfen der öffentlichen Hand eine „Zuwendung der öffentlichen Hand" innerhalb des Anwendungsbereichs des IAS 20 darstellen und deshalb gemäß diesem Standard zu bilanzieren sind.

BESCHLUSS

3. Beihilfen der öffentlichen Hand für Unternehmen erfüllen die Definition für Zuwendungen der öffentlichen Hand des IAS 20, auch wenn es außer der Forderung, in bestimmten Regionen oder Industriezweigen tätig zu sein, keine Bedingungen gibt, die sich speziell auf die Geschäftstätigkeit des Unternehmens beziehen. Diese Zuwendungen sind deshalb nicht unmittelbar in dem den Anteilseignern zurechenbaren Anteil am Eigenkapital zu erfassen.

DATUM DES BESCHLUSSES

Januar 1998

ZEITPUNKT DES INKRAFTTRETENS

Diese Interpretation tritt am 1. August 1998 in Kraft. Änderungen der Rechnungslegungsmethoden sind gemäß IAS 8 zu berücksichtigen.

SIC-12
Konsolidierung – Zweckgesellschaften

SIC-12, VO (EG) Nr. 1126/2008

GLIEDERUNG	§§
FRAGESTELLUNG	1–7
BESCHLUSS	8–10

VERWEISE

- IAS 8 *Rechnungslegungsmethoden, Änderungen von rechnungslegungsbezogenen Schätzungen und Fehler*
- IAS 19 *Leistungen an Arbeitnehmer*
- IAS 27 *Konzern- und Einzelabschlüsse*
- IAS 32 *Finanzinstrumente: Darstellung*
- IFRS 2 *Anteilsbasierte Vergütung*

FRAGESTELLUNG

1. Ein Unternehmen kann gegründet werden, um ein enges und genau definiertes Ziel zu erreichen (z. B. um ein Leasinggeschäft, Forschungs- und Entwicklungsaktivitäten oder eine Verbriefung von Finanzinstrumenten durchzuführen). Solch eine Zweckgesellschaft („Special Purpose Entity", kurz „Zweckgesellschaft (SPE)") kann die Rechtsform einer Kapitalgesellschaft, eines Treuhandfonds, einer Personengesellschaft oder einer anderen Nicht-Kapitalgesellschaft haben. SPE werden oft mit rechtlichen Vereinbarungen gegründet, die ihrem Vorstand, ihrem Treuhänder oder ihrer Geschäftsführung strenge und manchmal dauerhafte Schranken bezüglich der Entscheidungsmacht über die Geschäfte der SPE auferlegen. Häufig legen diese Bestimmungen fest, dass die Geschäftspolitik, die die laufende Tätigkeit der SPE festlegt, nicht geändert werden kann, außer vielleicht durch ihren Gründer oder Sponsor (d. h. sie funktionieren als sog. „Autopilot").

2. Der Sponsor (oder das Unternehmen, zu dessen Gunsten die SPE gegründet wurde) transferiert häufig Vermögenswerte zur SPE, erhält das Recht zur Nutzung von Vermögenswerten der SPE oder erbringt Dienstleistungen für die SPE, während andere Parteien („Kapitalgeber") die Finanzierung der SPE übernehmen können. Ein Unternehmen, das Geschäftsvorfälle mit einer SPE abwickelt (häufig der Gründer oder Sponsor), kann wirtschaftlich betrachtet die SPE beherrschen.

3. Eine nutzbringende Beteiligung an einer SPE kann beispielsweise in Form eines Schuldinstruments, eines Eigenkapitalinstruments, einer Gewinnbeteiligung, eines Restanspruchs oder eines Leasingverhältnisses bestehen. Einige nutzbringende Beteiligungen können dem Halter einfach eine fixe oder festgesetzte Rendite verschaffen, während andere dem Halter Rechte an oder Zugang zu sonstigem künftigen wirtschaftlichen Nutzen aus der Geschäftstätigkeit der SPE verschaffen. In den meisten Fällen sichert sich der Gründer oder Sponsor (oder das Unternehmen, zu dessen Gunsten die SPE gegründet wurde) eine wesentliche nutzbringende Beteiligung an der Geschäftstätigkeit der SPE, selbst wenn er wenig oder kein Eigenkapital der SPE hält.

4. IAS 27 schreibt die Konsolidierung von Unternehmen vor, die von dem berichtenden Unternehmen beherrscht werden. Der Standard gibt jedoch keine expliziten Anwendungsleitlinien für die Konsolidierung von SPE vor.

5. Die Fragestellung lautet, unter welchen Umständen ein Unternehmen eine SPE zu konsolidieren hat.

6. Diese Interpretation ist nicht auf Pläne für Leistungen nach Beendigung des Arbeitsverhältnisses oder auf andere langfristige Leistungen an Arbeitnehmer anzuwenden, auf die IAS 19 Anwendung findet.

7. Ein Transfer von Vermögenswerten von einem Unternehmen auf eine SPE kann gegebenenfalls als ein Verkauf durch das Unternehmen klassifiziert werden. Auch wenn der Transfer als Verkauf klassifiziert wird, können die Bestimmungen von IAS 27 und dieser Interpretation bedeuten, dass das Unternehmen die SPE zu konsolidieren hat. Diese Interpretation bezieht sich nicht auf Umstände, die als Verkauf zu behandeln sind, oder auf die Eliminierung von Konsequenzen eines solchen Verkaufs im Rahmen der Konsolidierung.

BESCHLUSS

8. Eine SPE ist zu konsolidieren, wenn die wirtschaftliche Betrachtung des Verhältnisses zwischen einem Unternehmen und der SPE zeigt, dass die SPE durch das Unternehmen beherrscht wird.

9. Im Zusammenhang mit einer SPE kann Beherrschung durch die Vorherbestimmung der Geschäftstätigkeit der SPE (die als „Autopilot" funktioniert) oder anderweitig entstehen. IAS 27 Paragraph 13 gibt mehrere Umstände an, die eine Beherrschung auch in den Fällen zur Folge haben, in denen ein Unternehmen die Hälfte der Stimmrechte eines anderen Unternehmens oder weniger hält. Gleichermaßen kann eine Beherrschung sogar in Fällen bestehen, in denen ein Unternehmen wenig oder kein Eigenkapital der SPE hält. Die Anwendung des Beherrschungskonzepts erfordert in je-

4/3. SIC-12
9 – 11

dem einzelnen Fall eine Beurteilung unter Berücksichtigung sämtlicher relevanter Faktoren.

10. Zusätzlich zu den in IAS 27 Paragraph 13 beschriebenen Situationen können zum Beispiel folgende Umstände auf ein Verhältnis hinweisen, bei dem ein Unternehmen eine SPE beherrscht und folglich die SPE zu konsolidieren hat (zusätzliche Anwendungsleitlinien werden im Anhang dieser Interpretation aufgeführt):

(a) bei wirtschaftlicher Betrachtung wird die Geschäftstätigkeit der SPE zu Gunsten des Unternehmens entsprechend seiner besonderen Geschäftsbedürfnisse geführt, so dass das Unternehmen Nutzen aus der Geschäftstätigkeit der SPE zieht;

(b) bei wirtschaftlicher Betrachtung verfügt das Unternehmen über die Entscheidungsmacht, den überwiegenden Teil des Nutzens aus der Geschäftstätigkeit der SPE zu ziehen, oder das Unternehmen hat durch die Einrichtung eines „Autopilot"-Mechanismus diese Entscheidungsmacht delegiert;

(c) bei wirtschaftlicher Betrachtung verfügt das Unternehmen über das Recht, die Mehrheit des Nutzens aus der SPE zu ziehen, und ist deshalb unter Umständen Risiken ausgesetzt, die mit der Geschäftstätigkeit der SPE verbunden sind; oder

(d) bei wirtschaftlicher Betrachtung behält das Unternehmen den überwiegenden Teil der mit der SPE oder ihren Vermögenswerten verbundenen Rest- oder Eigentumsrisiken, um Nutzen aus ihrer Geschäftstätigkeit zu ziehen.

11. [gestrichen]

DATUM DES BESCHLUSSES

Juni 1998

ZEITPUNKT DES INKRAFTTRETENS

Diese Interpretation tritt für Berichtsperioden in Kraft, die am oder nach dem 1. Juli 1999 beginnen; eine frühere Anwendung wird empfohlen. Änderungen der Rechnungslegungsmethoden sind gemäß IAS 8 zu berücksichtigen. Die Änderung in Paragraph 6 ist erstmals in der ersten Berichtsperiode eines am 1. Januar 2005 oder danach beginnenden Geschäftsjahres anzuwenden. Wenn ein Unternehmen IFRS 2 für eine frühere Berichtsperiode anwendet, so ist auch diese Änderung für jene frühere Periode anzuwenden.

SIC-13
Gemeinschaftlich geführte Unternehmen – Nicht monetäre Einlagen durch Partnerunternehmen

SIC-13, VO (EG) Nr. 1126/2008

GLIEDERUNG	§§
FRAGESTELLUNG	1–4
BESCHLUSS	5–8

VERWEISE

- IAS 8 *Rechnungslegungsmethoden, Änderungen von rechnungslegungsbezogenen Schätzungen und Fehler*
- IAS 16 *Sachanlagen*
- IAS 18 *Umsatzerlöse*
- IAS 31 *Anteile an Gemeinschaftsunternehmen*

FRAGESTELLUNG

1. IAS 31 Paragraph 48 bezieht sich in folgender Weise sowohl auf Einlagen als auch auf Verkäufe zwischen einem Partnerunternehmen und einem Gemeinschaftsunternehmen: „Wenn ein Partnerunternehmen Einlagen an ein Gemeinschaftsunternehmen leistet oder Vermögenswerte verkauft, so ist bei der Erfassung eines Anteils der aus diesem Geschäftsvorfall stammenden Gewinne oder Verluste als der wirtschaftliche Gehalt des Geschäftsvorfalls zu berücksichtigen." Darüber hinaus besagt IAS 31 Paragraph 24, dass „ein gemeinschaftlich geführtes Unternehmen ... ein Gemeinschaftsunternehmen in Form einer Kapitalgesellschaft, Personengesellschaft oder anderen rechtlichen Einheit [ist], an der jedes Partnerunternehmen beteiligt ist." Es gibt keine explizite Anwendungsleitlinie zur Erfassung von Gewinnen und Verlusten, die aus Einlagen von nicht monetären Vermögenswerten in gemeinschaftlich geführte Unternehmen („Jointly Controlled Entities" kurz „JCEs") resultieren.

2. Einlagen in eine JCE sind Übertragungen von Vermögenswerten des Partnerunternehmens im Tausch gegen Kapitalanteile an der JCE. Solche Einlagen können verschiedene Formen aufweisen. Einlagen können gleichzeitig von den Partnerunternehmen entweder bei der Gründung der JCE oder danach geleistet werden. Das vom Partnerunternehmen im Tausch gegen die in die JCE eingebrachten Vermögenswerte erhaltene Entgelt kann auch Zahlungsmittel oder eine andere Gegenleistung umfassen, die nicht von künftigen Cashflows der JCE abhängig ist („zusätzliches Entgelt").

3. Die Fragestellungen lauten:
(a) wann hat das Partnerunternehmen einen angemessenen Teil an Gewinnen und Verlusten, die aus der Einlage eines nicht monetären Vermögenswerts in eine JCE im Tausch gegen einen Kapitalanteil an der JCE resultieren, im Periodenergebnis zu erfassen;
(b) wie ist ein zusätzliches Entgelt vom Partnerunternehmen zu bilanzieren; und
(c) wie sind unrealisierte Gewinne und Verluste im Konzernabschluss des Partnerunternehmens darzustellen?

4. Diese Interpretation behandelt die Bilanzierung beim Partnerunternehmen von nicht monetären Einlagen in eine JCE im Tausch gegen Kapitalanteile an der JCE, die entweder unter Verwendung der Equity-Methode oder der Quotenkonsolidierung bilanziert werden.

BESCHLUSS

5. Bei Anwendung von IAS 31 Paragraph 48 auf nicht monetäre Einlagen in eine JCE im Tausch gegen Kapitalanteile an der JCE hat ein Partnerunternehmen im Periodenergebnis der Berichtsperiode den Teil des Gewinns oder Verlusts zu erfassen, der dem Kapitalanteil der anderen Partnerunternehmen zuzurechnen ist, es sei denn,
(a) die mit dem Eigentum der/s eingebrachten nicht monetären Vermögenswerte/s verbundenen signifikanten Risiken und Nutzenzugänge wurden nicht auf die JCE übertragen; oder
(b) der mit der nicht monetären Einlage verbundene Gewinn oder Verlust kann nicht verlässlich bewertet werden; oder
(c) der Einlage fehlt es an wirtschaftlicher Substanz, wie dies in IAS 16 beschrieben wird.

Wenn Ausnahme (a), (b) oder (c) zutrifft, wird der Gewinn oder Verlust als nicht realisiert betrachtet und deshalb nicht im Periodenergebnis erfasst, es sei denn, Paragraph 6 trifft ebenfalls zu.

6. Wenn ein Partnerunternehmen zusätzlich zu einem Kapitalanteil an der JCE monetäre oder nicht monetäre Vermögenswerte erhält, ist ein angemessener Teil des sich aus diesem Geschäftsvorfall ergebenden Gewinns oder Verlusts im Periodenergebnis des Partnerunternehmens zu erfassen.

7. Sich aus der Einlage nicht monetärer Vermögenswerte in die JCE ergebende unrealisierte Gewinne oder Verluste sind bei der Quotenkonsoli-

dierung gegen die zu Grunde liegenden Vermögenswerte oder bei der Equity-Methode gegen die Anteile an dem Unternehmen zu eliminieren. Solche unrealisierten Gewinne oder Verluste sind im Konzernabschluss des Partnerunternehmens nicht als erfolgsneutral abgegrenzte Gewinne oder Verluste darzustellen.

8-13. [Nicht anwendbar auf Kerntext der Interpretation]

DATUM DES BESCHLUSSES

Juni 1998

ZEITPUNKT DES INKRAFTTRETENS

Diese Interpretation tritt für Berichtsperioden in Kraft, die am oder nach dem 1. Januar 1999 beginnen; eine frühere Anwendung wird empfohlen. Änderungen der Rechnungslegungsmethoden sind gemäß IAS 8 zu berücksichtigen.

14. Die Änderungen zur Bilanzierung von Transaktionen nicht monetärer Einlagen, wie in Paragraph 5 beschrieben, sind prospektiv auf künftige Geschäftsvorfälle anzuwenden.

15. Die Änderungen zu diesen Interpretationen, die von IAS 16 gemacht wurden, sind erstmals in der ersten Berichtsperiode eines am 1. Januar 2005 oder danach beginnenden Geschäftsjahres anzuwenden. Wenn ein Unternehmen diesen Standard für eine frühere Periode anwendet, sind diese Änderungen entsprechend auch anzuwenden.

SIC-15
Operating-Leasingverhältnisse – Anreize

SIC-15, VO (EG) Nr. 1126/2008 i.d.F.

1 VO (EG) Nr. 1274/2008 [IAS 1]

GLIEDERUNG	§§
FRAGESTELLUNG	1–2
BESCHLUSS	3–6

VERWEISE

- IAS 1 *Darstellung des Abschlusses* (überarbeitet 2007)
- IAS 8 *Rechnungslegungsmethoden, Änderungen von rechnungslegungsbezogenen Schätzungen und Fehler*
- IAS 17 *Leasingverhältnisse* (überarbeitet 2003)

FRAGESTELLUNG

1. Bei der Aushandlung eines neuen oder erneuerten Operating-Leasingverhältnisses kann der Leasinggeber dem Leasingnehmer Anreize geben, den Vertrag abzuschließen. Beispiele für solche Anreize sind eine Barzahlung an den Leasingnehmer oder die Rückerstattung oder Übernahme von Kosten des Leasingnehmers durch den Leasinggeber (wie Verlegungskosten, Mietereinbauten und Kosten in Verbindung mit einer vorher bestehenden vertraglichen Verpflichtung des Leasingnehmers). Alternativ dazu kann vereinbart werden, dass in den Anfangsperioden der Laufzeit des Leasingverhältnisses keine oder eine reduzierte Miete gezahlt wird.

2. Die Fragestellung lautet, wie Anreize bei einem Operating-Leasingverhältnis in den Abschlüssen sowohl des Leasingnehmers als auch des Leasinggebers zu erfassen sind.

BESCHLUSS

3. Sämtliche Anreize für Vereinbarungen über ein neues oder erneuertes Operating-Leasingverhältnis sind als Bestandteil des Nettoentgelts zu erfassen, das für die Nutzung des geleasten Vermögenswerts vereinbart wurde, unabhängig von der Ausgestaltung des Anreizes oder der Form sowie der Zeitpunkte der Zahlungen.

4. Der Leasinggeber hat die Summe der Kosten für Anreize als eine Reduktion von Mieterträgen linear über die Laufzeit des Leasingverhältnisses zu erfassen, es sei denn, eine andere systematische Verteilungsmethode entspricht dem zeitlichen Verlauf der Verringerung des Nutzens des geleasten Vermögenswerts.

5. Der Leasingnehmer hat die Summe des Nutzens aus Anreizen als eine Reduktion der Mietaufwendungen linear über die Laufzeit des Leasingverhältnisses zu erfassen, es sei denn, eine andere systematische Verteilungsmethode entspricht dem zeitlichen Verlauf des Nutzens des Leasingnehmers aus der Nutzung des geleasten Vermögenswerts.

6. Kosten, die dem Leasingnehmer entstehen, einschließlich der Kosten in Verbindung mit einem vorher bestehenden Leasingverhältnis (zum Beispiel Kosten für die Beendigung, Verlegung oder Mietereinbauten), sind von dem Leasingnehmer gemäß den auf diese Kosten anwendbaren Standards zu bilanzieren, einschließlich der Kosten, die durch eine Anreizvereinbarung tatsächlich rückerstattet werden.

DATUM DES BESCHLUSSES

Juni 1998

ZEITPUNKT DES INKRAFTTRETENS

Diese Interpretation tritt für Leasingverhältnisse in Kraft, die am oder nach dem 1. Januar 1999 beginnen.

SIC-21
Ertragsteuern – Realisierung von neubewerteten, nicht planmäßig abzuschreibenden Vermögenswerten

SIC-21, VO (EG) Nr. 1126/2008

GLIEDERUNG	§§
FRAGESTELLUNG	1–4
BESCHLUSS	5

VERWEISE

- IAS 8 *Rechnungslegungsmethoden, Änderungen von rechnungslegungsbezogenen Schätzungen und Fehler*
- IAS 12 *Ertragsteuern*
- IAS 16 *Sachanlagen* (überarbeitet 2003)
- IAS 40 *Als Finanzinvestition gehaltene Immobilien* (überarbeitet 2003)

FRAGESTELLUNG

1. Die Bewertung latenter Steuerschulden und latenter Steueransprüche hat gemäß IAS 12 Paragraph 51 die steuerlichen Konsequenzen zu berücksichtigen, die daraus resultieren, in welcher Art und Weise ein Unternehmen zum Abschlussstichtag erwartet, den Buchwert derjenigen Vermögenswerte zu realisieren oder den Buchwert derjenigen Schulden zu erfüllen, die temporäre Differenzen verursachen.

2. IAS 12 Paragraph 20 stellt fest, dass die Neubewertung eines Vermögenswerts nicht immer den zu versteuernden Gewinn (steuerlichen Verlust) der Periode der Neubewertung berührt und dass die steuerliche Basis des Vermögenswerts trotz der Neubewertung möglicherweise nicht verändert wird. Wenn die künftige Realisierung des Buchwerts zu versteuern sein wird, ist jeder Differenzbetrag zwischen dem Buchwert eines neu bewerteten Vermögenswerts und seiner steuerlichen Basis eine temporäre Differenz und führt zu einer latenten Steuerschuld oder einem latenten Steueranspruch.

3. Die Fragestellung lautet, wie der Begriff „Realisierung" im Zusammenhang mit einem Vermögenswert zu interpretieren ist, der nicht abgeschrieben (nicht planmäßig abzuschreibender Vermögenswert) wird und gemäß Paragraph 31 von IAS 16 neu bewertet wird.

4. Diese Interpretation findet auch auf als Finanzinvestition gehaltene Immobilien Anwendung, die zum Neubewertungsbetrag gemäß IAS 40 Paragraph 33 angesetzt werden, aber als nicht planmäßig abzuschreibend zu betrachten wären, wenn IAS 16 Anwendung fände.

BESCHLUSS

5. Die latente Steuerschuld oder der latente Steueranspruch aus der Neubewertung eines nicht abzuschreibenden Vermögenswerts gemäß IAS 16 Paragraph 31 ist auf der Grundlage der steuerlichen Konsequenzen zu bewerten, die sich aus der Realisierung des Buchwerts dieses Vermögenswerts durch seinen Verkauf ergäben, unabhängig davon, nach welcher Methode der Buchwert ermittelt worden ist. Sofern das Steuerrecht einen Steuersatz für den zu versteuernden Betrag aus dem Verkauf eines Vermögenswerts bestimmt, der sich von dem Steuersatz für den zu versteuernden Betrag aus der Nutzung eines Vermögenswerts unterscheidet, ist der erstgenannte Steuersatz zur Bewertung der im Zusammenhang mit einem nicht planmäßig abzuschreibenden Vermögenswert stehenden latenten Steuerschuld oder des entsprechenden latenten Steueranspruchs anzuwenden.

DATUM DES BESCHLUSSES

August 1999

ZEITPUNKT DES INKRAFTTRETENS

Dieser Beschluss tritt am 15. Juli 2000 in Kraft. Änderungen der Rechnungslegungsmethoden sind gemäß IAS 8 zu berücksichtigen.

SIC-25
Ertragsteuern – Änderungen im Steuerstatus eines Unternehmens oder seiner Anteilseigner

SIC-25, VO (EG) Nr. 1126/2008 i.d.F.

1 VO (EG) Nr. 1274/2008 [IAS 1]

GLIEDERUNG	§§
FRAGESTELLUNG	1–3
BESCHLUSS	4

VERWEISE

- IAS 1 *Darstellung des Abschlusses* (überarbeitet 2007)
- IAS 8 *Rechnungslegungsmethoden, Änderungen von rechnungslegungsbezogenen Schätzungen und Fehler*
- IAS 12 *Ertragsteuern*

FRAGESTELLUNG

1. Eine Änderung im Steuerstatus eines Unternehmens oder seiner Anteilseigner kann für ein Unternehmen eine Erhöhung oder Verringerung der Steuerschulden oder Steueransprüche zur Folge haben. Dies kann beispielsweise durch die Börsennotierung von Eigenkapitalinstrumenten oder durch eine Eigenkapitalrestrukturierung eines Unternehmens eintreten. Weiterhin kann dies durch einen Umzug des beherrschenden Anteilseigners ins Ausland eintreten. Als Folge eines solchen Ereignisses kann ein Unternehmen anders besteuert werden; es kann beispielsweise Steueranreize erlangen oder verlieren oder künftig einem anderen Steuersatz unterliegen.

2. Eine Änderung im Steuerstatus eines Unternehmens oder seiner Anteilseigner kann eine sofortige Auswirkung auf die tatsächlichen Steuerschulden oder Steueransprüche des Unternehmens haben. Eine solche Änderung kann weiterhin die durch das Unternehmen erfassten latenten Steuerschulden oder Steueransprüche erhöhen oder verringern, abhängig davon, welche steuerlichen Konsequenzen sich aus der Änderung im Steuerstatus hinsichtlich der Realisierung oder Erfüllung des Buchwerts der Vermögenswerte und Schulden des Unternehmens ergeben.

3. Die Fragestellung lautet, wie ein Unternehmen die steuerlichen Konsequenzen der Änderung im Steuerstatus des Unternehmens oder seiner Anteilseigner zu bilanzieren hat.

BESCHLUSS

4. Die Änderung im Steuerstatus eines Unternehmens oder seiner Anteilseigner führt nicht zu einer Erhöhung oder Verringerung von außerhalb des Gewinns oder Verlusts erfassten Beträgen. Die Konsequenzen, die sich aus der Änderung im Steuerstatus für die tatsächlichen und latenten Ertragsteuern ergeben, sind im Periodenergebnis zu erfassen, es sei denn, diese Konsequenzen stehen mit Geschäftsvorfällen und Ereignissen im Zusammenhang, die in der gleichen oder anderen Periode unmittelbar dem erfassten Eigenkapitalbetrag gutgeschrieben oder belastet werden oder im sonstigen Ergebnis erfasst werden. Die steuerlichen Konsequenzen, die sich auf Änderungen des erfassten Eigenkapitalbetrags in der gleichen oder einer anderen Periode beziehen (also auf Änderungen, die nicht im Periodenergebnis erfasst werden), sind ebenfalls unmittelbar dem Eigenkapital gutzuschreiben oder zu belasten. Die steuerlichen Konsequenzen, die sich auf im sonstigen Ergebnis erfasste Beträge beziehen, sind ebenfalls im sonstigen Ergebnis zu erfassen.

DATUM DES BESCHLUSSES

August 1999

ZEITPUNKT DES INKRAFTTRETENS

Dieser Beschluss tritt am 15. Juli 2000 in Kraft. Änderungen der Rechnungslegungsmethoden sind gemäß IAS 8 zu berücksichtigen.

Infolge des IAS 1 (überarbeitet 2007) wurde die in allen IFRS verwendete Terminologie geändert. Außerdem wurde Paragraph 4 geändert. Diese Änderungen sind erstmals in der ersten Berichtsperiode eines am 1. Januar 2009 oder danach beginnenden Geschäftsjahres zu berücksichtigen. Wird IAS 1 (überarbeitet 2007) auf eine frühere Periode angewandt, sind diese Änderungen entsprechend auch anzuwenden.

SIC-27
Beurteilung des wirtschaftlichen Gehalts von Transaktionen in der rechtlichen Form von Leasingverhältnissen

SIC-27, VO (EG) Nr. 1126/2008

GLIEDERUNG	§§
FRAGESTELLUNG	1–2
BESCHLUSS	3–9
ANGABEN	10–11

VERWEISE

- IAS 8 Rechnungslegungsmethoden, Änderungen von rechnungslegungsbezogenen Schätzungen und Fehler
- IAS 11 Fertigungsaufträge
- IAS 17 *Leasingverhältnisse* (überarbeitet 2003)
- IAS 18 Umsatzerlöse
- IAS 37 Rückstellungen, Eventualverbindlichkeiten und Eventualforderungen
- IAS 39 *Finanzinstrumente: Ansatz und Bewertung* (überarbeitet 2003)
- IFRS 4 *Versicherungsverträge*

FRAGESTELLUNG

1. Ein Unternehmen kann mit einem oder mehreren nicht nahe stehenden Unternehmen (einem Investor) eine Transaktion oder mehrere strukturierte Transaktionen (eine Vereinbarung) abschließen, die in die rechtliche Form eines Leasingverhältnisses gekleidet ist/sind. Zum Beispiel kann ein Unternehmen Vermögenswerte an einen Investor leasen und dieselben Vermögenswerte dann zurückleasen oder alternativ die Vermögenswerte veräußern und dann dieselben Vermögenswerte zurückleasen. Die Form der jeweiligen Vereinbarung sowie die Vertragsbedingungen können sich erheblich voneinander unterscheiden. Bei dem Beispiel der Lease-and-leaseback-Transaktion liegt der eigentliche Zweck der Vereinbarung möglicherweise nicht darin, das Recht auf Nutzung eines Vermögenswerts zu übertragen, sondern einen Steuervorteil für den Investor zu erzielen, der mit dem Unternehmen durch Zahlung eines Entgelts geteilt wird.

2. Wenn eine Vereinbarung mit einem Investor in der rechtlichen Form eines Leasingverhältnisses getroffen wurde, lauten die Fragestellungen wie folgt:

(a) Wie kann festgestellt werden, ob mehrere Transaktionen miteinander verknüpft und somit zusammengefasst als ein einheitlicher Geschäftsvorfall zu bilanzieren sind?

(b) Erfüllt die Vereinbarung die Definition eines Leasingverhältnisses nach IAS 17; und, falls nicht:

(i) Stellen ein möglicherweise bestehendes separates Investmentkonto und möglicherweise existierende Leasingverpflichtungen Vermögenswerte bzw. Schulden des Unternehmens dar (siehe z. B. das in Anhang A, Paragraph 2(a), genannte Beispiel)?

(ii) Wie hat das Unternehmen andere sich aus der Vereinbarung ergebende Verpflichtungen zu bilanzieren?;

(iii) Wie hat das Unternehmen die Bezahlung, die es möglicherweise vom Investor erhält, zu bilanzieren?.

BESCHLUSS

3. Mehrere Transaktionen, die die rechtliche Form eines Leasingverhältnisses einschließen, sind miteinander verknüpft und als ein einheitlicher Geschäftsvorfall zu bilanzieren, wenn die wirtschaftlichen Auswirkungen insgesamt nur bei einer Gesamtbetrachtung der einzelnen Transaktionen verständlich sind. Dies ist zum Beispiel der Fall, wenn mehrere Transaktionen wirtschaftlich eng miteinander zusammenhängen, als ein einheitliches Geschäft verhandelt werden und gleichzeitig oder unmittelbar aufeinander folgend durchgeführt werden. (Anhang A enthält Veranschaulichungen der Anwendung dieser Interpretation.)

4. Die Bilanzierung hat den wirtschaftlichen Gehalt der Vereinbarung widerzuspiegeln. Zur Bestimmung des wirtschaftlichen Gehalts sind alle Aspekte und Folgen einer Vereinbarung zu beurteilen, wobei Aspekte und Folgen mit wirtschaftlichen Auswirkungen vorrangig zu berücksichtigen sind.

5. IAS 17 findet Anwendung, wenn der wirtschaftliche Gehalt einer Vereinbarung die Übertragung des Rechts auf Nutzung eines Vermögenswerts für einen vereinbarten Zeitraum umfasst. U.a. weisen folgende Indikatoren unabhängig voneinander darauf hin, dass der wirtschaftliche Gehalt einer Vereinbarung möglicherweise nicht ein Leasingverhältnis nach IAS 17 darstellt (Anhang B enthält Veranschaulichungen der Anwendung dieser Interpretation.):

(a) alle mit dem Eigentum an dem betreffenden Vermögenswert verbundenen Risiken und Nutzenzugänge verbleiben beim Unternehmen, das in Bezug auf die Nutzung des Vermögenswerts im Wesentlichen über dieselben Rechte verfügt wie vor der Vereinbarung;

(b) Hauptzweck der Vereinbarung ist die Erzielung eines bestimmten Steuerergebnisses, nicht aber die Übertragung des Rechts auf Nutzung eines Vermögenswerts; und

(c) die Vereinbarung enthält eine Option zu Bedingungen, die deren Ausübung fast sicher machen (z. B. eine Verkaufsoption, die zu einem Preis ausgeübt werden kann, der deutlich höher ist als der voraussichtliche beizulegende Zeitwert zum Optionsausübungszeitpunkt).

6. Bei der Beurteilung, ob der wirtschaftliche Gehalt eines separaten Investmentkontos und Leasingverpflichtungen Vermögenswerte bzw. Schulden des Unternehmens darstellen, sind die Definitionen und Anwendungsleitlinien in den Paragraphen 49-64 des *Rahmenkonzepts* anzuwenden. U.a. weisen folgende Indikatoren in ihrer Gesamtheit darauf hin, dass ein separates Investmentkonto und Leasingverpflichtungen den Definitionen eines Vermögenswerts bzw. einer Schuld nicht entsprechen und deshalb nicht von dem Unternehmen bilanziell zu erfassen sind:

(a) das Unternehmen hat kein Verfügungsrecht über das Investmentkonto zur Verfolgung seiner eigenen Ziele und ist nicht verpflichtet, die Leasingzahlungen zu leisten. Dies trifft zum Beispiel zu, wenn zum Schutz des Investors im Voraus ein Betrag auf ein separates Investmentkonto eingezahlt wird, das nur für Zahlungen an den Investor genutzt werden darf, der Investor sein Einverständnis dazu gibt, dass die Leasingverpflichtungen aus den Mitteln des Investmentkontos erfüllt werden, und das Unternehmen die Zahlungen von dem Investmentkonto an den Investor nicht zurückhalten kann;

(b) das Unternehmen geht nur ein als unwahrscheinlich zu klassifizierendes Risiko ein, den gesamten Betrag vom Investor erhaltenen Entgelts zurückzuerstatten und möglicherweise einen zusätzlichen Betrag zu zahlen, oder es besteht, wenn ein Entgelt nicht gezahlt wurde, ein unwahrscheinliches Risiko, einen Betrag aus einer anderen Zahlungsverpflichtung zu zahlen (z. B. einer Garantie). Ein nur unwahrscheinliches Risiko besteht zum Beispiel dann, wenn vereinbart wird, einen vorausgezahlten Betrag in risikolose Vermögenswerte zu investieren, die voraussichtlich ausreichende Cashflows erzeugen, um die Leasingverpflichtungen zu erfüllen; und

(c) außer den Anfangszahlungen der Vereinbarung sind die einzigen im Zusammenhang mit der Vereinbarung erwarteten Cashflows die Leasingzahlungen, die ausschließlich aus Mitteln geleistet werden, die von dem separaten Investmentkonto stammen, das mit den Anfangszahlungen eingerichtet wurde.

7. Andere aus einer derartigen Vereinbarung resultierende Verpflichtungen, einschließlich der Gewährung von Garantien und Verpflichtungen für den Fall der vorzeitigen Beendigung, sind je nach vereinbarten Bedingungen gemäß IAS 37, IAS 39 oder IFRS 4 zu bilanzieren.

8. Bei der Bestimmung, wann ein Entgelt, das ein Unternehmen möglicherweise erhält, als Ertrag zu erfassen ist, sind die Kriterien aus IAS 18, Paragraph 20 auf die Sachverhalte und Umstände jeder Vereinbarung anzuwenden. Es sind hierbei z. B. die folgenden Faktoren zu berücksichtigen: ob die Vereinnahmung des Entgelts ein anhaltendes Engagement in Form von Verpflichtungen zu wesentlichen zukünftigen Leistungen voraussetzt, ob eine Beteiligung an Risiken vorliegt, die Bedingungen, zu denen Garantien vereinbart wurden, und das Risiko einer Rückzahlung des Entgelts. U.a. weisen folgende Indikatoren unabhängig voneinander darauf hin, dass die Erfassung des gesamten zu Beginn der Vereinbarungslaufzeit erhaltenen Entgelts zu diesem Zeitpunkt als Ertrag nicht zulässig ist:

(a) Verpflichtungen, bestimmte maßgebliche Tätigkeiten auszuüben oder zu unterlassen, stellen Bedingungen für die Vereinnahmung des erhaltenen Entgelts dar, weshalb die Unterzeichnung einer rechtsverbindlichen Vereinbarung nicht die wichtigste Handlung ist, die im Rahmen der Vereinbarung gefordert wird;

(b) der Nutzung des betreffenden Vermögenswerts sind Beschränkungen auferlegt, die die Fähigkeit des Unternehmens, den Vermögenswert zu nutzen (z. B. zu gebrauchen, zu verkaufen oder zu verpfänden) praktisch beschränken und wesentlich ändern;

(c) die Rückzahlung eines Teils oder des gesamten Betrags des Entgelts und möglicherweise einen zusätzlichen Betrag zu zahlen, ist unwahrscheinlich. Dies liegt vor, wenn zum Beispiel

(a) der betreffende Vermögenswert kein spezieller Vermögenswert ist, der von dem Unternehmen zur Fortführung der Geschäftstätigkeit benötigt wird, und daher die Möglichkeit besteht, dass das Unternehmen einen Betrag zahlt, um die Vereinbarung vorzeitig zu beenden; oder

(b) das Unternehmen aufgrund der Bedingungen der Vereinbarung verpflichtet ist oder über einen begrenzten oder vollständigen Ermessensspielraum verfügt, einen vorausgezahlten Betrag in Vermögenswerte zu investieren, die einem mehr als unwesentlichen Risiko unterliegen (z. B. Kursänderungs-, Zinsänderungs- oder Kreditrisiko). In diesem Fall ist das Risiko, dass der Wert der Investition nicht ausreicht, um die Leasingverpflichtungen zu erfüllen, nicht unwahrscheinlich und daher besteht die Möglichkeit, dass das Unternehmen noch einen gewissen Betrag zahlen muss.

9. Das Entgelt ist in der Gewinn- und Verlustrechnung entsprechend seinem wirtschaftlichen Gehalt und seiner Natur darzustellen.

ANGABEN

10. Alle Aspekte einer Vereinbarung, die nach ihrem wirtschaftlichen Gehalt kein Leasingverhältnis nach IAS 17 einschließt sind bei der Bestimmung der für das Verständnis der Vereinbarung und der angewandten Bilanzierungsmethode erforderlichen Angaben zu berücksichtigen. Ein Unternehmen hat für jeden Zeitraum, in dem eine derartige Vereinbarung besteht, die folgenden Angaben zu machen:

(a) eine Beschreibung der Vereinbarung einschließlich
 (i) des betreffenden Vermögenswerts und etwaiger Beschränkungen seiner Nutzung;
 (ii) der Laufzeit und anderer wichtiger Bedingungen der Vereinbarung;
 (iii) miteinander verknüpfter Transaktionen, einschließlich aller Optionen; und

(b) die Bilanzierungsmethode, die auf die erhaltenen Entgelte angewandt wurde, den Betrag, der in der Berichtsperiode als Ertrag erfasst wurde, und den Posten der Gewinn- und Verlustrechnung, in welchem er enthalten ist.

11. Die gemäß Paragraph 10 dieser Interpretation erforderlichen Angaben sind individuell für jede Vereinbarung oder zusammengefasst für jede Gruppe von Vereinbarungen zu machen. In einer Gruppe werden Vereinbarungen über Vermögenswerte ähnlicher Art (z. B. Kraftwerke) zusammengefasst.

DATUM DES BESCHLUSSES

Februar 2000

ZEITPUNKT DES INKRAFTTRETENS

Diese Interpretation tritt am 31. Dezember 2001 in Kraft. Änderungen der Rechnungslegungsmethoden sind gemäß IAS 8 zu berücksichtigen.

SIC-29
Dienstleistungskonzessionsvereinbarungen: Angaben

SIC-29, VO (EG) Nr. 1126/2008 i.d.F.

1 VO (EG) Nr. 1274/2008 [IAS 1] 2 VO (EG) Nr. 254/2009 [IFRIC 12]

GLIEDERUNG	§§
FRAGESTELLUNG	1–5
BESCHLUSS	6–7

VERWEISE

- IAS 1 *Darstellung des Abschlusses* (überarbeitet 2007)
- IAS 16 *Sachanlagen* (überarbeitet 2003)
- IAS 17 *Leasingverhältnisse* (überarbeitet 2003)
- IAS 37 *Rückstellungen, Eventualverbindlichkeiten und Eventualforderungen*
- IAS 38 *Immaterielle Vermögenswerte* (überarbeitet 2004)

FRAGESTELLUNG

1. Ein Unternehmen (der Betreiber) kann mit einem anderen Unternehmen (dem Konzessionsgeber) eine Vereinbarung zum Erbringen von Dienstleistungen schließen, die der Öffentlichkeit Zugang zu wichtigen wirtschaftlichen und sozialen Einrichtungen gewähren. Der Konzessionsgeber kann ein privates oder öffentliches Unternehmen einschließlich eines staatlichen Organs sein. Beispiele für Dienstleistungskonzessionen sind Vereinbarungen über Abwasserkläranlagen und Wasserversorgungssysteme, Autobahnen, Parkhäuser und -plätze, Tunnel, Brücken, Flughäfen und Fernmeldenetze. Ein Beispiel für Vereinbarungen, die keine Dienstleistungskonzessionen darstellen, ist ein Unternehmen, das seine internen Dienstleistungen auslagert (z. B. die Kantine, die Gebäudeinstandhaltung, das Rechnungswesen oder Funktionsbereiche der Informationstechnologie).

2. Bei einer Vereinbarung über eine Dienstleistungskonzession überträgt der Konzessionsgeber dem Betreiber für die Laufzeit der Konzession normalerweise

(a) das Recht, Dienstleistungen zu erbringen, die der Öffentlichkeit Zugang zu wichtigen wirtschaftlichen und sozialen Einrichtungen gewähren; und

(b) in einigen Fällen das Recht, bestimmte materielle, immaterielle und/oder finanzielle Vermögenswerte zu benutzen, im Austausch dafür, dass der Betreiber

(c) sich verpflichtet, die Dienstleistungen entsprechend bestimmter Vertragsbedingungen für die Laufzeit der Konzession zu erbringen; und

(d) sich verpflichtet, gegebenenfalls nach Ablauf der Konzession die Rechte zurückzugeben, die er am Anfang der Laufzeit der Konzession erhalten bzw. während der Laufzeit der Konzession erworben hat.

3. Das gemeinsame Merkmal aller Vereinbarungen über Dienstleistungskonzessionen ist, dass der Betreiber sowohl ein Recht erhält als auch die Verpflichtung eingeht, öffentliche Dienstleistungen zu erbringen.

4. Die Fragestellung lautet, welche Informationen im Anhang der Abschlüsse eines Betreibers und eines Konzessionsgebers anzugeben sind.

5. Bestimmte Aspekte und Angaben im Zusammenhang mit einigen Vereinbarungen über Dienstleistungskonzessionen werden schon von anderen International Financial Reporting Standards behandelt (z. B. bezieht sich IAS 16 auf den Erwerb von Sachanlagen, IAS 17 auf das Leasing von Vermögenswerten und IAS 38 auf den Erwerb von immateriellen Vermögenswerten). Eine Vereinbarung über eine Dienstleistungskonzession kann aber noch zu erfüllende schwebende Verträge enthalten, die in den International Financial Reporting Standards nicht behandelt werden; es sei denn, es handelt sich um belastende Verträge, auf die IAS 37 anzuwenden ist. Daher behandelt diese Interpretation zusätzliche Angaben hinsichtlich Vereinbarungen über Dienstleistungskonzessionen.

BESCHLUSS

6. Bei der Bestimmung der angemessenen Angaben im Anhang sind alle Aspekte einer Vereinbarung über eine Dienstleistungskonzession zu berücksichtigen. Betreiber und Konzessionsgeber haben in jeder Berichtsperiode folgende Angaben zu machen:

(a) eine Beschreibung der Vereinbarung;

(b) wesentliche Bestimmungen der Vereinbarung, die den Betrag, den Zeitpunkt und die Wahrscheinlichkeit des Eintretens künftiger Cashflows beeinflussen können (z. B. die Laufzeit der Konzession, Termine für die Neufestsetzung der Gebühren und die Basis, aufgrund derer Gebührenanpassungen oder Neuverhandlungen bestimmt werden);

(c) Art und Umfang (z. B. Menge, Laufzeit oder gegebenenfalls Betrag) von
  (i) Rechten, bestimmte Vermögenswerte zu nutzen;
  (ii) zu erfüllenden Verpflichtungen oder Rechten auf das Erbringen von Dienstleistungen;
  (iii) Verpflichtungen, Sachanlagen zu erwerben oder zu errichten;
  (iv) Verpflichtungen, bestimmte Vermögenswerte am Ende der Laufzeit der Konzession zu übergeben oder Ansprüche, solche zu diesem Zeitpunkt zu erhalten;
  (v) Verlängerungs- und Kündigungsoptionen; und
  (vi) anderen Rechten und Verpflichtungen (z. B. Großreparaturen und -instandhaltungen); und
(d) Veränderungen der Vereinbarung während der Laufzeit und
(e) wie die Vereinbarung eingestuft wurde.

6A Ein Betreiber hat die Umsätze und die Gewinne oder Verluste anzugeben, die innerhalb des Berichtszeitraums durch die Erbringung der Bauleistung gegen einen finanziellen oder immateriellen Vermögenswert entstanden sind.

7. Die gemäß Paragraph 6 dieser Interpretation erforderlichen Angaben sind individuell für jede Vereinbarung über eine Dienstleistungskonzession oder zusammengefasst für jede Gruppe von Vereinbarungen zu Dienstleistungskonzessionen zu machen. Eine Gruppe von Vereinbarungen über Dienstleistungskonzessionen umfasst Dienstleistungen ähnlicher Art (z. B. Maut-Einnahmen, Telekommunikations-Dienstleistungen und Abwasserklärdienste).

DATUM DES BESCHLUSSES

Mai 2001

ZEITPUNKT DES INKRAFTTRETENS

Diese Interpretation tritt am 31. Dezember 2001 in Kraft.

SIC-31
Umsatzerlöse – Tausch von Werbedienstleistungen

SIC-31, VO (EG) Nr. 1126/2008

GLIEDERUNG	§§
FRAGESTELLUNG	1–4
BESCHLUSS	5

VERWEISE

- IAS 8 *Rechnungslegungsmethoden, Änderungen von rechnungslegungsbezogenen Schätzungen und Fehler*
- IAS 18 *Umsatzerlöse*

FRAGESTELLUNG

1. Ein Unternehmen (Verkäufer) kann ein Tauschgeschäft abschließen, bei dem es Werbedienstleistungen erbringt und dafür vom Kunden (Kunde) Werbedienstleistungen erhält. Mögliche Formen dieser Dienstleistungen sind: Schaltung von Anzeigen auf Internetseiten, Plakatanschläge, Werbesendungen im Radio oder Fernsehen, die Veröffentlichung von Anzeigen in Zeitschriften oder Zeitungen oder die Präsentation in einem anderen Medium.

2. In einigen dieser Fälle kommt es beim Tausch der Werbedienstleistungen zwischen den Unternehmen zu keiner weiteren Barzahlung oder anderen Entgeltform. In einigen anderen Fällen werden zusätzlich Barzahlungen oder andere Entgeltformen in gleicher oder ähnlicher Höhe ausgetauscht.

3. Ein Verkäufer, der im Zuge seiner gewöhnlichen Geschäftstätigkeit Werbedienstleistungen erbringt, erfasst den Umsatzerlös des auf Werbedienstleistungen beruhenden Tauschgeschäfts nach IAS 18, wenn unter anderem die folgenden Kriterien erfüllt sind: die ausgetauschten Dienstleistungen sind art- und wertmäßig unterschiedlich (IAS 18 Paragraph 12) und die Höhe des Umsatzerlöses kann verlässlich bewertet werden (IAS 18.20 (a)). Diese Interpretation ist nur auf den Tausch von art- und wertmäßig unterschiedlichen Werbedienstleistungen anzuwenden. Der Tausch von art- und wertgleichen Werbedienstleistungen ist ein Geschäft, bei dem nach IAS 18 kein Umsatzerlös entsteht.

4. Die Fragestellung lautet, unter welchen Umständen ein Verkäufer den Umsatzerlös verlässlich mit dem beizulegenden Zeitwert einer Werbedienstleistung ermitteln kann, die in einem Tauschgeschäft erhalten oder erbracht wurde.

BESCHLUSS

5. Der Umsatzerlös aus einem Tausch von Werbedienstleistungen kann nicht verlässlich mit dem beizulegenden Zeitwert der erhaltenen Werbedienstleistungen bewertet werden. Der Verkäufer kann jedoch den Umsatzerlös verlässlich mit dem beizulegenden Zeitwert der von ihm im Zuge eines Tauschgeschäfts erbrachten Werbedienstleistungen bewerten, wenn er als Vergleichsmaßstab ausschließlich Geschäfte heranzieht, die keine Tauschgeschäfte sind und die:

(a) Werbung betreffen, die der Werbung des zu beurteilenden Tauschgeschäfts gleicht;

(b) häufig vorkommen;

(c) im Verhältnis zu allen abgeschlossenen Werbegeschäften des Unternehmens, die der Werbung des zu beurteilenden Tauschgeschäfts gleichen, nach Anzahl und Wert überwiegen;

(d) durch Barzahlung bzw. eine andere Entgeltform (z. B. marktfähige Wertpapiere, nicht monetäre Vermögenswerte und andere Dienstleistungen), ,deren beizulegender Zeitwert verlässlich ermittelt werden kann, beglichen wurden; und

(e) nicht mit demselben Vertragspartner wie bei dem zu beurteilenden Tauschgeschäft abgeschlossen wurden.

DATUM DES BESCHLUSSES
Mai 2001

ZEITPUNKT DES INKRAFTTRETENS

Diese Interpretation tritt am 31. Dezember 2001 in Kraft. Änderungen der Rechnungslegungsmethoden sind gemäß IAS 8 zu berücksichtigen.

SIC-32
Immaterielle Vermögenswerte – Kosten von Internetseiten

SIC-32, VO (EG) Nr. 1126/2008 i.d.F.

1 VO (EG) Nr. 1274/2008 [IAS 1]

GLIEDERUNG	§§
FRAGESTELLUNG	1–6
BESCHLUSS	7–10

VERWEISE

- IAS 1 *Darstellung des Abschlusses* (überarbeitet 2007)
- IAS 2 *Vorräte* (überarbeitet 2003)
- IAS 11 *Fertigungsaufträge*
- IAS 16 *Sachanlagen* (überarbeitet 2003)
- IAS 17 *Leasingverhältnisse* (überarbeitet 2003)
- IAS 36 *Wertminderung von Vermögenswerten* (überarbeitet 2004)
- IAS 38 *Immaterielle Vermögenswerte* (überarbeitet 2004)
- IFRS 3 *Unternehmenszusammenschlüsse*.

FRAGESTELLUNG

1. Einem Unternehmen können interne Ausgaben durch die Entwicklung und den Betrieb einer eigenen Internetseite für den betriebsinternen oder -externen Gebrauch entstehen. Eine Internetseite, die für den betriebsexternen Gebrauch entworfen wird, kann verschiedenen Zwecken dienen, zum Beispiel der Verkaufsförderung und Bewerbung der unternehmenseigenen Produkte und Dienstleistungen, dem Anbieten von elektronischen Dienstleistungen oder dem Verkauf von Produkten und Dienstleistungen. Eine Internetseite für den innerbetrieblichen Gebrauch kann dem Speichern von Richtlinien der Unternehmenspolitik und von Kundendaten dienen, wie auch dem Suchen von betriebsrelevanten Informationen.

2. Die Entwicklungsstadien einer Internetseite lassen sich wie folgt beschreiben:

(a) Planung – umfasst die Durchführung von Realisierbarkeitsstudien, die Definition von Zweck und Leistungsumfang, die Bewertung von Alternativen und die Festlegung von Prioritäten.

(b) Einrichtung und Entwicklung der Infrastruktur – umfasst die Einrichtung einer Domain, den Erwerb und die Entwicklung der Hardware und der Betriebssoftware, die Installation der entwickelten Anwendungen und die Belastungsprobe.

(c) Entwicklung des graphischen Designs – umfasst das Design des Erscheinungsbilds der Internetseiten.

(d) Inhaltliche Entwicklung – umfasst die Erstellung, den Erwerb, die Vorbereitung und das Hochladen von textlicher oder graphischer Information für die Internetseite im Zuge der Entwicklung der Internetseite. Diese Information kann entweder in separaten Datenbanken gespeichert werden, die in die Internetseite integriert werden (oder auf die von der Internetseite aus Zugriff besteht) oder die direkt in die Internetseiten einprogrammiert werden.

3. Nach dem Abschluss der Entwicklung einer Internetseite beginnt das Stadium des Betriebs. Während dieses Stadiums unterhält und verbessert ein Unternehmen die Anwendungen, die Infrastruktur, das graphische Design und den Inhalt der Internetseite.

4. Bei der Bilanzierung von internen Ausgaben für die Entwicklung und den Betrieb einer unternehmenseigenen Internetseite für den betriebsinternen oder -externen Gebrauch, lauten die Fragestellungen wie folgt:

(a) Handelt es sich bei der Internetseite um einen selbst geschaffenen internen Vermögenswert, der den Vorschriften von IAS 38 unterliegt?

(b) Welches ist die angemessene Bilanzierungsmethode für diese Ausgaben?

5. Diese Interpretation gilt nicht für Ausgaben für den Erwerb, die Entwicklung und den Betrieb der Hardware (z. B. Web-Server, Staging-Server, Produktions-Server und Internetanschlüsse) einer Internetseite. Diese Ausgaben sind gemäß IAS 16 zu bilanzieren. Wenn ein Unternehmen Ausgaben für einen Internetdienstleister tätigt, der dessen Internetseite als Provider ins Netz stellt, ist die Ausgabe darüber hinaus gemäß IAS 1. 88 und dem *Rahmenkonzept* bei Erhalt der Dienstleistung zu erfassen.

6. IAS 38 gilt nicht für immaterielle Vermögenswerte, die von einem Unternehmen im Verlauf seiner gewöhnlichen Geschäftstätigkeit zum Verkauf gehalten werden (siehe IAS 2 und IAS 11) und nicht für Leasingverhältnisse, die in den Anwendungsbereich von IAS 17 fallen. Dementsprechend gilt diese Interpretation nicht für Ausgaben im Zuge der Entwicklung oder des Betriebs einer Internetseite (oder Internetseiten-Software), die an ein anderes Unternehmen veräußert werden

soll. Wenn eine Internetseite im Rahmen eines Operating-Leasingverhältnisses gemietet wird, wendet der Leasinggeber diese Interpretation an. Wenn eine Internetseite im Rahmen eines Finanzierungsleasings gehalten wird, wendet der Leasingnehmer diese Interpretation nach erstmaligem Ansatz des Leasinggegenstandes an.

BESCHLUSS

7. Bei einer unternehmenseigenen Internetseite, der eine Entwicklung vorausgegangen ist und die für den betriebsinternen oder -externen Gebrauch bestimmt ist, handelt es sich um einen selbst geschaffenen immateriellen Vermögenswert, der den Vorschriften von IAS 38 unterliegt.

8. Eine Internetseite, der eine Entwicklung vorausgegangen ist, ist aber nur dann als immaterieller Vermögenswert anzusetzen, wenn das Unternehmen außer den allgemeinen Voraussetzungen für Ansatz und erstmalige Bewertung, wie in IAS 38.21 beschrieben, auch die Voraussetzungen gemäß IAS 38 Paragraph 57 erfüllt. Insbesondere kann ein Unternehmen die Voraussetzungen für den Nachweis, dass seine Internetseite einen voraussichtlichen künftigen wirtschaftlichen Nutzen gemäß IAS 38 Paragraph 57(d) erzeugen wird, erfüllen, wenn sie zum Beispiel Umsatzerlöse erwirtschaftet werden können, darunter direkte Umsatzerlöse, weil Bestellungen aufgegeben werden können. Ein Unternehmen ist nicht in der Lage nachzuweisen, in welcher Weise eine Internetseite, die ausschließlich oder hauptsächlich zu dem Zweck entwickelt wurde, die unternehmenseigenen Produkte und Dienstleistungen in ihrem Verkauf zu fördern und zu bewerben, einen voraussichtlichen künftigen wirtschaftlichen Nutzen erzeugen wird, und daraus folgt, dass die Ausgaben für die Entwicklung der Internetseite bei ihrem Anfall als Aufwand zu erfassen sind.

9. Jede interne Ausgabe für die Entwicklung und den Betrieb einer unternehmenseigenen Internetseite ist gemäß IAS 38 auszuweisen. Die Art der jeweiligen Tätigkeit, für die Ausgaben entstehen (z. B. für die Schulung von Angestellten oder die Unterhaltung der Internetseite) sowie die Stadien der Entwicklung und nach der Entwicklung der Internetseite, ist zu bewerten, um die angemessene Bilanzierungsmethode zu bestimmen (zusätzliche Anwendungsleitlinien sind im Anhang dieser Interpretation zu entnehmen). Zum Beispiel:

(a) Das Planungsstadium gleicht seiner Art nach der Forschungsphase aus IAS 38 Paragraph 54-56. Ausgaben während dieses Stadiums sind bei ihrem Anfall als Aufwand zu erfassen.

(b) Die Stadien Einrichtung und Entwicklung der Infrastruktur, Entwicklung des graphischen Designs und inhaltliche Entwicklung, gleichen ihrem Wesen nach, sofern der Inhalt nicht zum Zweck der Verkaufsförderung und Werbung der unternehmenseigenen Produkte und Dienstleistungen entwickelt wird, der Entwicklungsphase aus IAS 38 Paragraph 57-

64. Ausgaben, die in diesen Stadien getätigt werden, sind Teil der Kosten einer Internetseite, die als immaterieller Vermögenswert gemäß Paragraph 8 dieser Interpretation angesetzt wird, wenn die Ausgaben direkt zugerechnet werden können und für die Erstellung, Aufbereitung und Vorbereitung der Internetseite für den beabsichtigten Gebrauch notwendig sind. Zum Beispiel sind Ausgaben für den Erwerb oder die Erstellung von Internetseiten-spezifischem Inhalt (bei dem es sich nicht um Inhalte handelt, die die unternehmenseigenen Produkte und Dienstleistungen in ihrem Verkauf fördern und für sie werben) oder Ausgaben, die den Gebrauch des Inhalts der Internetseite ermöglichen (z. B. die Zahlung einer Gebühr für eine Nachdrucklizenz), als Teil der Entwicklungskosten zu erfassen, wenn diese Bedingungen erfüllt werden. Gemäß IAS 38 Paragraph 71 sind Ausgaben für einen immateriellen Posten, der ursprünglich in früheren Abschlüssen als Aufwand erfasst wurde, zu einem späteren Zeitpunkt jedoch nicht mehr als Teil der Kosten eines immateriellen Vermögenswerts zu erfassen (z. B. wenn die Kosten für das Copyright vollständig abgeschrieben sind und der Inhalt danach auf einer Internetseite bereitgestellt wird).

(c) Ausgaben, die während des Stadiums der inhaltlichen Entwicklung getätigt werden, wenn es um Inhalte geht, die zur Verkaufsförderung und Bewerbung der unternehmenseigenen Produkte und Dienstleistungen entwickelt werden (z. B. Produkt-Fotografien), sind gemäß IAS 38 Paragraph 69(c) bei ihrem Anfall als Aufwand zu erfassen. Sind zum Beispiel Ausgaben für professionelle Dienstleistungen im Zusammenhang mit dem Fotografieren mit Digitaltechnik von unternehmenseigenen Produkten und der Verbesserung der Produktpräsentation zu bewerten, sind diese Ausgaben bei Erhalt der Dienstleistungen im laufenden Prozess als Aufwand zu erfassen, nicht, wenn diese Digitalaufnahmen auf der Internetseite präsentiert werden.

(d) Das Betriebsstadium beginnt, sobald die Entwicklung einer Internetseite abgeschlossen ist. Ausgaben, die in diesem Stadium getätigt werden, sind bei ihrem Anfall als Aufwand zu erfassen, es sei denn, sie erfüllen die Ansatzkriterien aus IAS 38 Paragraph 18.

10. Eine Internetseite, die als ein immaterieller Vermögenswert gemäß Paragraph 8 der vorliegenden Interpretation angesetzt wird, ist nach dem erstmaligen Ansatz gemäß den Regelungen von IAS 38 Paragraph 72-87 zu bewerten. Die bestmöglich geschätzte Nutzungsdauer einer Internetseite hat kurz zu sein.

DATUM DES BESCHLUSSES

Mai 2001

ZEITPUNKT DES INKRAFTTRETENS

Diese Interpretation tritt am 25. März 2002 in

Kraft. Die Auswirkungen der Umsetzung dieser Interpretation sind nach den Übergangsbestimmungen gemäß IAS 38, in der 1998 herausgegebenen Fassung, zu bilanzieren. Wenn eine Internetseite also die Kriterien für einen Ansatz als immaterieller Vermögenswert nicht erfüllt, aber vorher als Vermögenswert angesetzt war, ist dieser Posten auszubuchen, wenn diese Interpretation in Kraft tritt. Wenn eine Internetseite bereits existiert und die Ausgaben für ihre Entwicklung die Kriterien für den Ansatz als immaterieller Vermögenswert erfüllen, vorher aber nicht als Vermögenswert angesetzt war, ist der immaterielle Vermögenswert nicht anzusetzen, wenn diese Interpretation in Kraft tritt. Wenn eine Internetseite bereits existiert und die Ausgaben für ihre Entwicklung die Kriterien für den Ansatz als immaterieller Vermögenswert erfüllen, sie vorher als Vermögenswert angesetzt war und ursprünglich mit Herstellungskosten bewertet wurde, wird der ursprünglich angesetzte Betrag als zutreffend bestimmt angesehen.

Infolge des IAS 1 (überarbeitet 2007) wurde die in allen IFRS verwendete Terminologie geändert. Außerdem wurde Paragraph 5 geändert. Diese Änderungen sind erstmals in der ersten Berichtsperiode eines am 1. Januar 2009 oder danach beginnenden Geschäftsjahres anzuwenden. Wird IAS 1 (überarbeitet 2007) auf eine frühere Periode angewandt, sind diese Änderungen entsprechend auch anzuwenden.

5. IFRIC-INTERPRETATIONEN

5. **IFRIC-Interpretationen**
   - 5/1. IFRIC 1: Änderungen bestehender Rückstellungen für Entsorgungs-, Wiederherstellungs- und ähnliche Verpflichtungen 561
   - 5/2. IFRIC 2: Geschäftsanteile an Genossenschaften und ähnliche Instrumente 563
   - 5/3. IFRIC 4: Feststellung, ob eine Vereinbarung ein Leasingverhältnis enthält 569
   - 5/4. IFRIC 5: Rechte auf Anteile an Fonds für Entsorgung, Rekultivierung und Umweltsanierung 573
   - 5/5. IFRIC 6: Verbindlichkeiten, die sich aus einer Teilnahme an einem spezifischen Markt ergeben – Elektro- und Elektronik-Altgeräte 575
   - 5/6. IFRIC 7: Anwendung des Anpassungsansatzes unter IAS 29 „Rechnungslegung in Hochinflationsländern" 577
   - 5/7. IFRIC 9: Neubeurteilung eingebetteter Derivate 579
   - 5/8. IFRIC 10: Zwischenberichterstattung und Wertminderung 581
   - 5/9. IFRIC 12: Dienstleistungskonzessionsvereinbarungen 583
   - 5/10. IFRIC 13: Kundenbindungsprogramme 588
   - 5/11. IFRIC 14: IAS 19 – Die Begrenzung eines leistungsorientierten Vermögenswertes, Mindestdotierungsverpflichtungen und ihre Wechselwirkung 591
   - 5/12. IFRIC 15: Verträge über die Errichtung von Immobilien 595
   - 5/13. IFRIC 16: Absicherung einer Nettoinvestition in einem ausländischen Geschäftsbetrieb 598
   - 5/14. IFRIC 17: Sachdividenden an Eigentümer 605
   - 5/15. IFRIC 18: Übertragung von Vermögenswerten durch einen Kunden 608
   - 5/16. IFRIC 19: Tilgung finanzieller Verbindlichkeiten durch Eigenkapitalinstrumente 611

IFRIC INTERPRETATION 1
Änderungen bestehender Rückstellungen für Entsorgungs-, Wiederherstellungs- und ähnliche Verpflichtungen

IFRIC 1, VO (EG) Nr. 1126/2008 i.d.F.

1 VO (EG) Nr. 1260/2008 [IAS 23]   2 VO (EG) Nr. 1274/2008 [IAS 1]

GLIEDERUNG	§§
HINTERGRUND	1
ANWENDUNGSBEREICH	2
FRAGESTELLUNG	3
BESCHLUSS	4–8
ZEITPUNKT DES INKRAFTTRETENS	9–9A
ÜBERGANGSVORSCHRIFTEN	10

VERWEISE

- IAS 1 *Darstellung des Abschlusses* (überarbeitet 2007)
- IAS 8 *Rechnungslegungsmethoden, Änderungen von rechnungslegungsbezogenen Schätzungen und Fehler*
- IAS 16 *Sachanlagen* (überarbeitet 2003)
- IAS 23 *Fremdkapitalkosten*
- IAS 36 *Wertminderung von Vermögenswerten* (überarbeitet 2004)
- IAS 37 *Rückstellungen, Eventualverbindlichkeiten und Eventualforderungen*

HINTERGRUND

1. Viele Unternehmen sind verpflichtet, Sachanlagen zu demontieren, zu entfernen und wiederherzustellen. In dieser Interpretation werden solche Verpflichtungen als „Rückstellungen für Entsorgungs-, Wiederherstellungs- und ähnliche Verpflichtungen" bezeichnet. Gemäß IAS 16 umfassen die Anschaffungskosten von Sachanlagen die erstmalig geschätzten Kosten für die Demontage und das Entfernen des Gegenstands sowie die Wiederherstellung des Standorts, an dem er sich befindet, d. h. die Verpflichtung, die ein Unternehmen entweder bei Erwerb des Gegenstands eingeht oder anschließend, wenn es während einer gewissen Periode den Gegenstand zu anderen Zwecken als zur Herstellung von Vorräten nutzt. IAS 37 enthält Vorschriften zur Bewertung von Rückstellungen für Entsorgungs-, Wiederherstellungs- und ähnliche Verpflichtungen. Diese Interpretation enthält Leitlinien zur Bilanzierung der Auswirkung von Bewertungsänderungen bestehender Rückstellungen für Entsorgungs-, Wiederherstellungs- und ähnliche Verpflichtungen.

ANWENDUNGSBEREICH

2. Diese Interpretation wird auf Bewertungsänderungen jeder bestehenden Rückstellung für Entsorgungs-, Wiederherstellungs- oder ähnliche Verpflichtungen angewandt, die sowohl

(a) im Rahmen der Anschaffungs- oder Herstellungskosten einer Sachanlage gemäß IAS 16 als auch

(b) als eine Verbindlichkeit gemäß IAS 37 angesetzt wurde.

Eine Rückstellung für Entsorgungs-, Wiederherstellungs- oder ähnliche Verpflichtungen kann beispielsweise beim Abbruch einer Fabrikanlage, bei der Sanierung von Umweltschäden in der rohstoffgewinnenden Industrie oder bei der Entfernung von Sachanlagen entstehen

FRAGESTELLUNG

3. Diese Interpretation behandelt, wie die Auswirkung der folgenden Ereignisse auf die Bewertung einer bestehenden Rückstellung für Entsorgungs-, Wiederherstellungs- oder ähnliche Verpflichtungen zu bilanzieren ist:

(a) eine Änderung des geschätzten Abflusses von Ressourcen mit wirtschaftlichem Nutzen (z. B. Cashflows), der für die Erfüllung der Verpflichtung erforderlich ist;

(b) eine Änderung des aktuellen auf dem Markt basierenden Abzinssatzes gemäß Definition aus IAS 37 Paragraph 47 (dies schließt Änderungen des Zinseffekts und für die Schuld spezifische Risiken ein); und

(c) eine Erhöhung, die den Zeitablauf widerspiegelt (dies wird auch als Aufzinsung bezeichnet).

BESCHLUSS

4. Bewertungsänderungen einer bestehenden Rückstellung für Entsorgungs-, Wiederherstellungs- oder ähnliche Verpflichtungen, die aus Änderungen der geschätzten Fälligkeit oder Höhe des Abflusses von Ressourcen mit wirtschaftlichem Nutzen, der zur Erfüllung der Verpflichtung erforderlich ist, oder auf einer Änderung des Abzin-

5/1. IFRIC 1
4 – 10

sungssatzes beruhen, sind gemäß den nachstehenden Paragraphen 5-7 zu behandeln.

5. Wird der dazugehörige Vermögenswert nach dem Anschaffungskostenmodell bewertet,

(a) sind Änderungen der Rückstellung gemäß (b) zu den Anschaffungskosten des dazugehörigen Vermögenswerts in der laufenden Periode hinzuzufügen oder davon abzuziehen;

(b) darf der von den Anschaffungskosten des Vermögenswerts abgezogene Betrag seinen Buchwert nicht übersteigen. Wenn eine Abnahme der Rückstellung den Buchwert des Vermögenswerts übersteigt, ist dieser Überhang unmittelbar erfolgswirksam zu erfassen;

(c) hat das Unternehmen, wenn die Berichtigung zu einem Zugang zu den Anschaffungskosten eines Vermögenswerts führt, zu bedenken, ob dies ein Anhaltspunkt dafür ist, dass der neue Buchwert des Vermögenswerts nicht voll erzielbar sein könnte. Liegt ein solcher Anhaltspunkt vor, hat das Unternehmen den Vermögenswert auf Wertminderung zu prüfen, indem es seinen erzielbaren Betrag schätzt, und jeden Wertminderungsaufwand gemäß IAS 36 zu erfassen.

6. Wird der dazugehörige Vermögenswert nach dem Neubewertungsmodell bewertet:

(a) gehen die Änderungen in die für diesen Vermögenswert angesetzten Neubewertungsrücklage ein, so dass:

(i) eine Abnahme der Rückstellung (gemäß (b)) direkt im sonstigen Ergebnis erfasst wird und zu einer Erhöhung der Neubewertungsrücklage im Eigenkapital führt, es sei denn, sie ist erfolgswirksam zu erfassen, soweit sie eine in der Vergangenheit als Aufwand erfasste Abwertung desselben Vermögenswerts rückgängig macht;

(ii) eine Erhöhung der Rückstellung erfolgswirksam erfasst wird, es sei denn, sie ist im sonstigen Ergebnis zu erfassen und führt zu einer Minderung der Neubewertungsrücklage im Eigenkapital, soweit sie den Betrag der entsprechenden Neubewertungsrücklage nicht übersteigt;

(b) ist, für den Fall, dass eine Abnahme der Rückstellung den Buchwert überschreitet, der angesetzt worden wäre, wenn der Vermögenswert nach dem Anschaffungskostenmodell bilanziert worden wäre, der Überhang umgehend erfolgswirksam zu erfassen;

(c) ist eine Änderung der Rückstellung ein Anhaltspunkt dafür, dass der Vermögenswert neu bewertet werden müsste, um sicherzustellen dass der Buchwert nicht wesentlich von dem abweicht, der unter Verwendung des beizulegenden Zeitwerts zum Abschlussstichtag ermittelt werden würde. Jede dieser Neubewertungen ist bei der Bestimmung der Beträge, die erfolgswirksam oder im sonstigen Ergebnis gemäß (a) erfasst werden, zu berücksichtigen. Ist eine Neubewertung erforderlich, sind alle Vermögenswerte dieser Klasse neu zu bewerten.

(d) ist nach IAS 1 jeder im sonstigen Ergebnis erfasste Ertrags- und Aufwandsposten in der Gesamtergebnisrechnung auszuweisen. Zur Erfüllung dieser Anforderung ist die Veränderung der Neubewertungsrücklage, die auf einer Änderung der Rückstellung beruht, gesondert zu identifizieren und als solche anzugeben.

7. Der berichtigte Abschreibungsbetrag des Vermögenswerts wird über seine Nutzungsdauer abgeschrieben. Wenn der dazugehörige Vermögenswert das Ende seiner Nutzungsdauer erreicht hat, sind daher alle späteren Änderungen der Rückstellung erfolgswirksam zu erfassen, wenn sie anfallen. Dies gilt sowohl für das Anschaffungskostenmodell als auch für das Neubewertungsmodell.

8. Die periodische Aufzinsung ist im Gewinn oder Verlust als Finanzierungsaufwand zu erfassen, wenn sie anfällt. Eine Aktivierung nach IAS 23 ist nicht erlaubt.

ZEITPUNKT DES INKRAFTTRETENS

9. Diese Interpretation ist erstmals in der ersten Berichtsperiode eines am 1. September 2004 oder danach beginnenden Geschäftsjahrs anzuwenden. Eine frühere Anwendung wird empfohlen. Wenn ein Unternehmen diese Interpretation für Berichtsperioden anwendet, die vor dem 1. September 2004 beginnen, so ist diese Tatsache anzugeben.

9A. Infolge des IAS 1 (überarbeitet 2007) wurde die in allen IFRS verwendete Terminologie geändert. Außerdem wurde Paragraph 6 geändert. Diese Änderungen sind erstmals in der ersten Berichtsperiode eines am 1. Januar 2009 oder danach beginnenden Geschäftsjahrs anzuwenden. Wird IAS 1 (überarbeitet 2007) auf eine frühere Periode angewendet, sind diese Änderungen entsprechend auch anzuwenden.

ÜBERGANGSVORSCHRIFTEN

10. Änderungen der Rechnungslegungsmethoden sind gemäß den Bestimmungen von IAS 8 *Rechnungslegungsmethoden, Änderungen von rechnungslegungsbezogenen Schätzungen und Fehler* vorzunehmen.([1])

([1]) Wenn ein Unternehmen diese Interpretation für eine Berichtsperiode, die vor dem 1. Januar 2005 beginnt, anwendet, hat das Unternehmen die Bestimmungen der früheren Fassung von IAS 8 mit dem Titel *Periodenergebnis, grundlegende Fehler und Änderungen der Bilanzierungs- und Bewertungsmethoden* anzuwenden, es sei denn, das Unternehmen wendet die _berarbeitete Fassung dieses Standards f_r die fr_here Periode an.

IFRIC INTERPRETATION 2
Geschäftsanteile an Genossenschaften und ähnliche Instrumente

IFRIC 2, VO (EG) Nr. 1126/2008 i.d.F.

1 VO (EG) Nr. 53/2009

GLIEDERUNG	§§
HINTERGRUND	1–2
ANWENDUNGSBEREICH	3
FRAGESTELLUNG	4
BESCHLUSS	5–12
ANGABEN	13
ZEITPUNKT DES INKRAFTTRETENS	14–14A
ANHANG	

VERWEISE

– IAS 32 *Finanzinstrumente: Angaben und Darstellung* (überarbeitet 2003)(*)

(*) Im August 2005 wurde der Titel von IAS 32 in „IAS 32 *Finanzinstrumente: Darstellung*" geändert. Im Februar 2008 änderte der IASB den IAS 32 dahingehend, dass Instrumente, die über alle in den Paragraphen 16A und 16B oder 16C und 16D beschriebenen Merkmale verfügen und die dort genannten Bedingungen erfüllen, als Eigenkapital einzustufen sind.

– IAS 39 *Finanzinstrumente: Ansatz und Bewertung* (überarbeitet 2003)

HINTERGRUND

1. Genossenschaften und ähnliche Unternehmen werden von einer Gruppe von Personen zur Verfolgung gemeinsamer wirtschaftlicher oder sozialer Interessen gegründet. In den einzelstaatlichen Gesetzen ist eine Genossenschaft meist als eine Gesellschaft definiert, welche die gegenseitige wirtschaftliche Förderung ihrer Mitglieder mittels eines gemeinschaftlichen Geschäftsbetriebs bezweckt (Prinzip der Selbsthilfe). Die Anteile der Mitglieder einer Genossenschaft werden häufig unter der Bezeichnung Geschäftsanteile, Genossenschaftsanteile o.ä. geführt und nachfolgend als „Geschäftsanteile" bezeichnet.

2. IAS 32 stellt Grundsätze für die Klassifizierung von Finanzinstrumenten als finanzielle Verbindlichkeiten oder Eigenkapital auf. Diese Grundsätze beziehen sich insbesondere auf die Klassifizierung kündbarer Instrumente, die den Inhaber zur Rückgabe an den Emittenten gegen flüssige Mittel oder andere Finanzinstrumente berechtigen. Die Anwendung dieser Grundsätze auf die Geschäftsanteile an Genossenschaften und ähnliche Instrumente gestaltet sich schwierig. Einige Adressaten des International Accounting Standards Board haben den Wunsch geäußert, Unterstützung zu erhalten, wie die Grundsätze des IAS 32 auf Geschäftsanteile und ähnliche Instrumente, die bestimmte Merkmale aufweisen, anzuwenden sind und unter welchen Umständen diese Merkmale einen Einfluss auf die Klassifizierung als Verbindlichkeiten oder Eigenkapital haben.

ANWENDUNGSBEREICH

3. Diese Interpretation ist auf Finanzinstrumente anzuwenden, die in den Anwendungsbereich von IAS 32 fallen, einschließlich an Genossenschaftsmitglieder ausgegebener Anteile, mit denen das Eigentumsrecht der Mitglieder am Unternehmen verbrieft wird. Sie erstreckt sich nicht auf Finanzinstrumente, die in eigenen Eigenkapitalinstrumenten des Unternehmens zu erfüllen sind oder erfüllt werden können.

FRAGESTELLUNG

4. Viele Finanzinstrumente, darunter auch Geschäftsanteile, sind mit Eigenschaften wie Stimmrechten und Ansprüchen auf Dividenden verbunden, die für eine Klassifizierung als Eigenkapital sprechen. Einige Finanzinstrumente berechtigen den Inhaber, eine Rücknahme gegen flüssige Mittel oder andere finanzielle Vermögenswerte zu verlangen, können jedoch Beschränkungen hinsichtlich einer solchen Rücknahme unterliegen. Wie lässt sich anhand dieser Rücknahmebedingungen bestimmen, ob ein Finanzinstrument als Verbindlichkeit oder Eigenkapital einzustufen ist?

BESCHLUSS

5. Das vertragliche Recht des Inhabers eines Finanzinstruments (worunter auch ein Geschäftsanteil an einer Genossenschaft fällt), eine Rücknahme zu verlangen, führt nicht von vornherein zu einer Klassifizierung des Finanzinstruments als finanzielle Verbindlichkeit. Vielmehr hat ein Unternehmen bei der Entscheidung, ob ein Finanzinstrument als finanzielle Verbindlichkeit oder Eigenkapital einzustufen ist, alle rechtlichen Be-

stimmungen und Gegebenheiten des Finanzinstruments zu berücksichtigen. Hierzu gehören auch die einschlägigen lokalen Gesetze und Vorschriften sowie die zum Zeitpunkt der Klassifizierung gültige Satzung des Unternehmens. Voraussichtliche künftige Änderungen dieser Gesetze, Vorschriften oder der Satzung sind dagegen nicht zu berücksichtigen.

6. Geschäftsanteile, die dem Eigenkapital zugeordnet würden, wenn die Mitglieder nicht das Recht hätten, eine Rücknahme zu verlangen, stellen Eigenkapital dar, wenn eine der in den Paragraphen 7 und 8 genannten Bedingungen erfüllt ist oder die Geschäftsanteile alle in den Paragraphen 16A und 16B oder 16C und 16D des IAS 32 beschriebenen Merkmale aufweisen und die dort genannten Bedingungen erfüllen. Sichteinlagen, einschließlich Kontokorrentkonten, Einlagenkonten und ähnliche Verträge, die Mitglieder in ihrer Eigenschaft als Kunden schließen, sind als finanzielle Verbindlichkeiten des Unternehmens einzustufen.

7. Geschäftsanteile stellen Eigenkapital dar, wenn das Unternehmen ein uneingeschränktes Recht auf Ablehnung der Rücknahme von Geschäftsanteilen besitzt.

8. Lokale Gesetze, Vorschriften oder die Satzung des Unternehmens können die Rücknahme von Geschäftsanteilen mit verschiedenen Verboten belegen, wie z. B. uneingeschränkten Verboten oder Verboten, die auf Liquiditätskriterien beruhen. Ist eine Rücknahme nach lokalen Gesetzen, Vorschriften oder der Satzung des Unternehmens uneingeschränkt verboten, sind die Geschäftsanteile als Eigenkapital zu behandeln. Dagegen führen Bestimmungen in lokalen Gesetzen, Vorschriften oder der Satzung des Unternehmens, die eine Rücknahme nur dann verbieten, wenn bestimmte Bedingungen – wie beispielsweise Liquiditätsgrenzen – erfüllt (oder nicht erfüllt) sind, nicht zu einer Klassifizierung von Geschäftsanteilen als Eigenkapital.

9. Ein uneingeschränktes Verbot kann absolut sein und alle Rücknahmen verbieten. Ein uneingeschränktes Verbot kann aber auch nur teilweise gelten und die Rücknahme von Geschäftsanteilen insoweit verbieten, als durch die Rücknahme die Anzahl der Geschäftsanteile oder die Höhe des auf die Geschäftsanteile eingezahlten Kapitals einen bestimmten Mindestbetrag unterschreitet. Geschäftsanteile, die nicht unter das Rücknahmeverbot fallen, stellen Verbindlichkeiten dar, es sei denn, das Unternehmen verfügt über das in Paragraph 7 beschriebene uneingeschränkte Recht auf Ablehnung der Rücknahme oder die Geschäftsanteile weisen alle in den Paragraphen 16A und 16B oder 16C und 16D des IAS 32 beschriebenen Merkmale auf und erfüllen die dort genannten Bedingungen. In einigen Fällen kann sich die Anzahl der Anteile oder die Höhe des eingezahlten Kapitals, die bzw. das von einem Rücknahmeverbot betroffen sind bzw. ist, von Zeit zu Zeit ändern. Eine derartige Änderung führt zu einer Umbuchung zwischen finanziellen Verbindlichkeiten und Eigenkapital.

10. Beim erstmaligen Ansatz hat das Unternehmen seine als finanzielle Verbindlichkeit klassifizierten Geschäftsanteile zum beizulegenden Zeitwert zu bewerten. Bei uneingeschränkt rückgabefähigen Geschäftsanteilen ist der beizulegende Zeitwert dieser finanziellen Verbindlichkeit mindestens mit dem gemäß den Rücknahmebestimmungen in der Satzung des Unternehmens oder gemäß dem einschlägigen Gesetz zahlbaren Höchstbetrag anzusetzen, abgezinst vom frühest möglichen Fälligkeitszeitpunkt an (siehe Beispiel 3).

11. Nach Paragraph 35 des IAS 32 sind Ausschüttungen an Inhaber von Eigenkapitalinstrumenten, gemindert um alle damit verbundenen Ertragsteuervorteile, direkt vom Eigenkapital abzusetzen. Bei Finanzinstrumenten, die als finanzielle Verbindlichkeiten klassifiziert werden, sind Zinsen, Dividenden und andere Erträge unbeschadet ihrer möglichen gesetzlichen Bezeichnung als Dividenden, Zinsen oder ähnlich als Aufwand zu berücksichtigen.

12. Der Anhang, der integraler Bestandteil des Beschlusses ist, enthält Beispiele für die Anwendung dieses Beschlusses.

ANGABEN

13. Führt eine Änderung des Rücknahmeverbots zu einer Umklassifizierung zwischen finanziellen Verbindlichkeiten und Eigenkapital, hat das Unternehmen den Betrag, den Zeitpunkt und den Grund für die Umklassifizierung gesondert anzugeben.

ZEITPUNKT DES INKRAFTTRETENS

14. Der Zeitpunkt des Inkrafttretens und die Übergangsbestimmungen dieser Interpretation entsprechen denen des IAS 32 (überarbeitet 2003). Diese Interpretation ist erstmals für Geschäftsjahre anzuwenden, die am oder nach dem 1. Januar 2005 beginnen. Wenn ein Unternehmen diese Interpretation für Berichtsperioden anwendet, die vor dem 1. Januar 2005 beginnen, so ist diese Tatsache anzugeben. Diese Interpretation ist rückwirkend anzuwenden.

14A. Die Änderungen an den Paragraphen 6, A1 und A12 sind erstmals auf Geschäftsjahre anzuwenden, die am oder nach dem 1. Januar 2009 beginnen. Wendet ein Unternehmen Kündbare Finanzinstrumente und bei Liquidation entstehende Verpflichtungen (im Februar 2008 veröffentlichte Änderungen an IAS 32 und IAS 1) auf eine frühere Periode an, so sind auch die Änderungen an den Paragraphen 6, 9, A1 und A12 auf diese frühere Periode anzuwenden.

ANHANG

BEISPIELE FÜR DIE ANWENDUNG DES BESCHLUSSES

Dieser Anhang ist integraler Bestandteil der Interpretation.

A1. Dieser Anhang enthält sieben Beispiele für die Anwendung des IFRIC-Beschlusses. Die Beispiele stellen keine erschöpfende Liste dar; es sind auch andere Konstellationen denkbar. Jedes Beispiel beruht auf der Annahme, dass außer den im Beispiel genannten Gegebenheiten keine weiteren Bedingungen vorliegen, die eine Einstufung des Finanzinstruments als finanzielle Verbindlichkeit erforderlich machen würden, und dass das Finanzinstrument nicht alle der in den Paragraphen 16A und 16B oder 16C und 16D des IAS 32 beschriebenen Merkmale aufweist oder die dort genannten Bedingungen nicht erfüllt.

UNEINGESCHRÄNKTES RECHT AUF ABLEHNUNG DER RÜCKNAHME (PARAGRAPH 7)

Beispiel 1

Sachverhalt

A2. Die Satzung des Unternehmens besagt, dass Rücknahmen nach freiem Ermessen des Unternehmens durchgeführt werden. Dieser Ermessensspielraum ist in der Satzung nicht weiter ausgeführt und wird auch keinen Beschränkungen unterworfen. In der Vergangenheit hat das Unternehmen die Rücknahme von Geschäftsanteilen noch nie abgelehnt, obwohl der Vorstand hierzu berechtigt ist.

Klassifizierung

A3. Das Unternehmen verfügt über das uneingeschränkte Recht, die Rücknahme abzulehnen. Folglich stellen die Geschäftsanteile Eigenkapital dar. IAS 32 stellt Grundsätze für die Klassifizierung auf, die auf den Vertragsbedingungen des Finanzinstruments beruhen, und merkt an, dass eine Zahlungshistorie oder beabsichtigte freiwillige Zahlungen keine Einstufung als Verbindlichkeit auslösen. In Paragraph AG26 von IAS 32 heißt es:

Wenn Vorzugsaktien nicht rückkauffähig sind, hängt die angemessene Klassifizierung von den anderen mit ihnen verbundenen Rechten ab. Die Klassifizierung erfolgt entsprechend der wirtschaftlichen Substanz der vertraglichen Vereinbarungen und den Begriffsbestimmungen für finanzielle Verbindlichkeiten und für Eigenkapitalinstrumente. Wenn Gewinnausschüttungen an Inhaber von kumulativen oder nicht-kumulativen Vorzugsaktien im Ermessensspielraum des Emittenten liegen, gelten die Aktien als Eigenkapitalinstrumente. Die Klassifizierung einer Vorzugsaktie als Eigenkapitalinstrument oder als finanzielle Verbindlichkeit wird beispielsweise nicht beeinflusst durch:

(a) die Vornahme von Ausschüttungen in der Vergangenheit;

(b) die Absicht, künftig Ausschüttungen vorzunehmen;

(c) eine mögliche nachteilige Auswirkung auf den Kurs der Stammaktien des Emittenten, falls keine Ausschüttungen vorgenommen werden (aufgrund von Beschränkungen hinsichtlich der Zahlung von Dividenden auf Stammaktien, wenn keine Dividenden auf Vorzugsaktien gezahlt werden);

(d) die Höhe der Rücklagen des Emittenten;

(e) eine Gewinn- oder Verlusterwartung des Emittenten für eine Berichtsperiode; oder

(f) die Fähigkeit oder Unfähigkeit des Emittenten, die Höhe seines Periodenergebnisses zu beeinflussen.

Beispiel 2

Sachverhalt

A4. Die Satzung des Unternehmens besagt, dass Rücknahmen nach freiem Ermessen des Unternehmens durchgeführt werden. Sie führt jedoch weiter aus, dass ein Antrag auf Rücknahme automatisch genehmigt wird, sofern das Unternehmen mit dieser Zahlung nicht gegen lokale Liquiditäts- oder Reservevorschriften verstoßen würde.

Klassifizierung

A5. Das Unternehmen verfügt nicht über das uneingeschränkte Recht auf Ablehnung der Rücknahme. Folglich stellen die Geschäftsanteile eine finanzielle Verbindlichkeit dar. Die vorstehend beschriebene Einschränkung bezieht sich auf die Fähigkeit des Unternehmens, eine Verbindlichkeit zu begleichen. Rücknahmen werden nur dann und so lange beschränkt, wenn bzw. wie die Liquiditäts- oder Reserveanforderungen nicht erfüllt sind. Folglich führen diese Einschränkungen nach den Grundsätzen von IAS 32 nicht zu einer Klassifizierung des Finanzinstruments als Eigenkapital. In Paragraph AG25 des IAS 32 heißt es:

Vorzugsaktien können mit verschiedenen Rechten ausgestattet emittiert werden. Bei der Einstufung einer Vorzugsaktie als finanzielle Verbindlichkeit oder als Eigenkapitalinstrument bewertet ein Emittent die einzelnen Rechte, die mit der Aktie verbunden sind, um zu bestimmen, ob sie die grundlegenden Eigenschaften einer finanziellen Verbindlichkeit erfüllt. Beispielsweise beinhaltet eine Vorzugsaktie, die einen Rückkauf zu einem bestimmten Zeitpunkt oder auf Wunsch des Inhabers vorsieht, eine finanzielle Verbindlichkeit, da der Emittent zur Abgabe von finanziellen Vermögenswerten an den Aktieninhaber verpflichtet ist. *Die potenzielle Unfähigkeit eines Emittenten, der vertraglich vereinbarten Rückkaufverpflichtung von Vorzugsaktien nachzukommen, sei es aus Mangel an Finanzmitteln, aufgrund einer gesetzlich vorgeschriebenen Verfügungsbeschränkung oder ungenügender Gewinne oder Rückstellungen, macht die Verpflichtung nicht hinfällig.* [Kursivschreibung hinzugefügt]

5/2. IFRIC 2
Anhang

RÜCKNAHMEVERBOTE (PARAGRAPHEN 8 UND 9)

Beispiel 3

Sachverhalt

A6. Eine Genossenschaft hat an ihre Mitglieder zu unterschiedlichen Zeitpunkten und unterschiedlichen Beträgen bisher die folgenden Anteile ausgegeben:
(a) 1. Januar 20X1 100 000 Anteile zu je WE 10 (WE 1 000 000);
(b) 1. Januar 20X2 100 000Anteile zu je WE 20 (weitere WE 2 000 000, so dass insgesamt Anteile im Wert von WE 3 000 000 ausgegeben wurden).

Die Anteile sind auf Verlangen zu ihrem jeweiligen Ausgabepreis rücknahmepflichtig.

A7. Die Satzung des Unternehmens besagt, dass kumulative Rücknahmen nicht mehr als 20 Prozent der größten Anzahl jemals in Umlauf gewesener Geschäftsanteile betragen dürfen. Am 31. Dezember 20X2 hatte das Unternehmen 200 000 umlaufende Anteile, was der höchsten Anzahl von Geschäftsanteilen entspricht, die je in Umlauf waren. Bisher wurden keine Anteile zurückgenommen. Am 1. Januar 20X3 ändert das Unternehmen seine Satzung und setzt die Höchstgrenze für kumulative Rücknahmen auf 25 Prozent der größten Anzahl jemals in Umlauf gewesener Geschäftsanteile herauf.

Klassifizierung

Vor der Satzungsänderung

A8. Die Anteile, die nicht unter das Rücknahmeverbot fallen, stellen finanzielle Verbindlichkeiten dar. Die Genossenschaft bewertet diese finanziellen Verbindlichkeiten beim erstmaligen Ansatz mit dem beizulegenden Zeitwert. Da diese Anteile auf Verlangen rücknahmepflichtig sind, bestimmt sie den beizulegenden Zeitwert gemäß den Bestimmungen von Paragraph 49 des IAS 39, in dem es heißt: „Der beizulegende Zeitwert einer kurzfristig abrufbaren finanziellen Verbindlichkeit (z. B. einer Sichteinlage) ist nicht niedriger als der auf Sicht zahlbare Betrag ..." Die Genossenschaft setzt daher als finanzielle Verbindlichkeit den höchsten Betrag an, der gemäß den Rücknahmebestimmungen auf Verlangen zahlbar wäre.

A9. Am 1. Januar 20X1 beträgt der gemäß den Rücknahmevorschriften zahlbare Höchstbetrag 20 000 Anteile zu je WE 10. Dementsprechend klassifiziert das Unternehmen WE 200 000 als finanzielle Verbindlichkeit und WE 800 000 als Eigenkapital. Am 1. Januar 20X2 erhöht sich jedoch der gemäß den Rücknahmevorschriften zahlbare Höchstbetrag durch die Ausgabe neuer Anteile zu WE 20 auf 40 000 Anteile zu je WE 20. Durch die Ausgabe zusätzlicher Anteile zu WE 20 entsteht eine neue Verbindlichkeit, die beim erstmaligen Ansatz zum beizulegenden Zeitwert bewertet wird. Die Verbindlichkeit nach Ausgabe dieser Anteile beträgt 20 Prozent aller umlaufenden Anteile (200 000), bewertet mit je WE 20, also WE 800 000. Dies erfordert den Ansatz einer weiteren Verbindlichkeit in Höhe von WE 600 000. In diesem Beispiel wird weder Gewinn noch Verlust erfasst. Folglich sind jetzt WE 800 000 als finanzielle Verbindlichkeit und WE 2 200 000 als Eigenkapital klassifiziert. Dieses Beispiel beruht auf der Annahme, dass diese Beträge zwischen dem 1. Januar 20X1 und dem 31. Dezember 20X2 nicht geändert werden.

Nach der Satzungsänderung

A10. Nach Änderung ihrer Satzung kann die Genossenschaft jetzt verpflichtet werden, maximal 25 Prozent ihrer umlaufenden Anteile (= 50 000 Anteile) zu je WE 20 zurückzunehmen. Entsprechend stuft die Genossenschaft am 1. Januar 20X3 WE 1 000 000 als finanzielle Verbindlichkeit ein. Dies entspricht dem Höchstbetrag, der gemäß den Rücknahmevorschriften und in Übereinstimmung mit Paragraph 49 des IAS 39 auf Sicht zahlbar ist. Sie bucht daher am 1. Januar 20X3 WE 200 000 vom Eigenkapital in die finanziellen Verbindlichkeiten um; WE 2 000 000 bleiben weiterhin als Eigenkapital klassifiziert. In diesem Beispiel werden bei der Umbuchung weder Gewinn noch Verlust erfasst.

Beispiel 4

Sachverhalt

A11. Das lokale Genossenschaftsgesetz oder die Satzung der Genossenschaft verbieten die Rücknahme von Geschäftsanteilen, wenn das eingezahlte Kapital aus Geschäftsanteilen dadurch unter die Grenze von 75 Prozent des Höchstbetrages des eingezahlten Kapitals aus Geschäftsanteilen fallen würde. Der Höchstbetrag für eine bestimmte Genossenschaft beträgt WE 1 000 000. Am Abschlussstichtag lag das eingezahlte Kapital bei WE 900 000.

Einstufung

A12. In diesem Fall würden WE 750.000 als Eigenkapital und WE 150.000 als finanzielle Verbindlichkeit eingestuft werden. Zusätzlich zu den bereits zitierten Paragraphen heißt es in Paragraph 18(b) des IAS 32 u.a.:

… Finanzinstrumente, die den Inhaber berechtigen, sie gegen flüssige Mittel oder andere finanzielle Vermögenswerte an den Emittenten zurückzugeben („kündbare Instrumente"), stellen mit Ausnahme der nach den Paragraphen 16A und 16B oder 16C und 16D als Eigenkapitalinstrumente eingestuften Instrumente finanzielle Verbindlichkeiten dar. Ein Finanzinstrument ist selbst dann eine finanzielle Verbindlichkeit, wenn der Betrag an flüssigen Mitteln oder anderen finanziellen Vermögenswerten auf der Grundlage eines Indexes oder einer anderen veränderlichen Bezugsgröße ermittelt wird. Wenn der Inhaber über ein Wahlrecht verfügt, das Finanzinstrument gegen flüssige Mittel oder andere finanzielle Vermögenswerte an den Emittenten zurückzugeben, erfüllt das kündbare Finanzinstrument die Definition einer finanziellen Verbindlichkeit, sofern es sich nicht um ein nach den Paragraphen 16A und 16B oder 16C und 16D als Eigenkapitalinstrument eingestuftes Instrument handelt.

A13. Das in diesem Beispiel beschriebene Rücknahmeverbot unterscheidet sich von den Beschränkungen, die in den Paragraphen 19 und A25 des IAS 32 geschildert werden. Jene Beschränkungen stellen eine Beeinträchtigung der Fähigkeit des Unternehmens dar, den fälligen Betrag einer finanziellen Verbindlichkeit zu begleichen, d. h. sie verhindern die Zahlung der Verbindlichkeit nur dann, wenn bestimmte Bedingungen erfüllt sind. Im Gegensatz dazu liegt in diesem Beispiel bei Erreichen einer festgelegten Grenze ein uneingeschränktes Rücknahmeverbot vor, das unabhängig von der Fähigkeit des Unternehmens besteht, die Geschäftsanteile zurückzunehmen (z. B. unter Berücksichtigung seiner Barreserven, Gewinne oder ausschüttungsfähigen Rücklagen). Tatsächlich wird das Unternehmen durch das Rücknahmeverbot daran gehindert, eine finanzielle, durch den Inhaber kündbare Verbindlichkeit einzugehen, die über eine bestimmte Höhe des eingezahlten Kapitals hinausgeht. Daher stellt der Teil der Anteile, der dem Rücknahmeverbot unterliegt, keine finanzielle Verbindlichkeit dar. Die einzelnen Geschäftsanteile können zwar, jeder für sich genommen, rücknahmepflichtig sein, jedoch ist bei einem Teil aller im Umlauf befindlichen Anteile eine Rücknahme nur bei einer Liquidation des Unternehmens möglich.

Beispiel 5

Sachverhalt

A14. Der Sachverhalt dieses Beispiels ist der gleiche wie in Beispiel 4. Zusätzlich darf das Unternehmen am Abschlussstichtag aufgrund von Liquiditätsvorschriften des lokalen Rechtskreises nur dann Geschäftsanteile zurücknehmen, wenn sein Bestand an flüssigen Mitteln und kurzfristigen Anlagen einen bestimmten Wert überschreitet. Diese Liquiditätsvorschriften am Abschlussstichtag haben zur Folge, dass das Unternehmen für die Rücknahme von Geschäftsanteilen nicht mehr als WE 50 000 aufwenden kann.

Klassifizierung

A15. Wie in Beispiel 4 klassifiziert das Unternehmen WE 750 000 als Eigenkapital und WE 150 000 als finanzielle Verbindlichkeit. Der Grund hierfür liegt darin, dass die Klassifizierung als Eigenkapital auf dem uneingeschränkten Recht des Unternehmens auf Ablehnung einer Rücknahme beruht und nicht auf bedingten Einschränkungen, die eine Rücknahme nur dann verhindern, wenn und solange Liquiditäts- oder andere Bedingungen nicht erfüllt sind. In diesem Fall sind die Bestimmungen der Paragraphen 19 und AG25 des IAS 32 anzuwenden.

Beispiel 6

Sachverhalt

A16. Laut Satzung darf das Unternehmen Geschäftsanteile nur in der Höhe des Gegenwerts zurücknehmen, die in den letzten drei Jahren durch die Ausgabe zusätzlicher Geschäftsanteile an neue oder vorhandene Mitglieder erzielt wurden. Die Rücknahmeanträge von Mitgliedern müssen mit dem Erlös aus der Ausgabe von Geschäftsanteilen abgegolten werden. Während der drei letzten Jahre betrug der Erlös aus der Ausgabe von Geschäftsanteilen WE 12 000, und es wurden keine Geschäftsanteile zurückgenommen.

Klassifizierung

A17. Das Unternehmen klassifiziert WE 12 000 der Geschäftsanteile als finanzielle Verbindlichkeit. In Übereinstimmung mit den Schlussfolgerungen in Beispiel 4 stellen Geschäftsanteile, die einem uneingeschränkten Rücknahmeverbot unterliegen, keine finanziellen Verbindlichkeiten dar. Ein solches uneingeschränktes Verbot gilt für einen Betrag in Höhe des Erlöses aus der Ausgabe von Anteilen, die vor mehr als drei Jahren stattfand, weshalb dieser Betrag als Eigenkapital klassifiziert wird. Der Betrag in Höhe des Erlöses aus Anteilen, die in den letzten drei Jahren ausgegeben wurden unterliegt jedoch keinem uneingeschränkten Rücknahmeverbot. Folglich entsteht durch die Ausgabe von Geschäftsanteilen in den letzten drei Jahren solange eine finanzielle Verbindlichkeit, bis diese Anteile nicht mehr kündbar sind. Das Unternehmen hat also eine finanzielle Verbindlichkeit in Höhe des Erlöses aus Anteilen, die in den letzten drei Jahren ausgegeben wurden, abzüglich etwaiger in diesem Zeitraum getätigter Rücknahmen.

Beispiel 7

Sachverhalt

A18. Das Unternehmen ist eine Genossenschaftsbank. Das lokale Gesetz, das die Tätigkeit von Genossenschaftsbanken regelt, schreibt vor, dass mindestens 50 Prozent der gesamten „offenen Verbindlichkeiten" des Unternehmens (die laut Definition im Gesetz auch die Konten mit Geschäftsanteilen umfassen) in Form von eingezahltem Kapital der Mitglieder vorliegen muss. Diese Bestimmung hat zur Folge, dass eine Genossenschaft, bei der alle offenen Verbindlichkeiten in Form von Geschäftsanteilen vorliegen, sämtliche Anteile zurücknehmen kann. Am 31. Dezember 20X1 hat das Unternehmen offene Verbindlichkeiten von insgesamt WE 200 000, wovon WE 125 000 auf Konten mit Geschäftsanteilen entfallen. Gemäß den Vertragsbedingungen für Konten mit Geschäftsanteilen ist der Inhaber berechtigt, eine Rücknahme seiner Anteile zu verlangen, und die Satzung des Unternehmens enthält keine Rücknahmebeschränkungen.

Klassifizierung

A19. In diesem Beispiel werden die Geschäftsanteile als finanzielle Verbindlichkeiten klassifiziert. Das Rücknahmeverbot ist mit den Beschränkungen vergleichbar, die in den Paragraphen 19 und AG25 des IAS 32 beschrieben werden. Diese

5/2. IFRIC 2
Anhang

Beschränkung stellt eine bedingte Beeinträchtigung der Fähigkeit des Unternehmens dar, den fälligen Betrag einer finanziellen Verbindlichkeit zu begleichen, d. h. sie verhindert die Zahlung der Verbindlichkeit nur dann, wenn bestimmte Bedingungen erfüllt sind. Im konkreten Fall könnte das Unternehmen verpflichtet sein, den gesamten Betrag der Geschäftsanteile (WE 125 000) zurückzunehmen, wenn es alle anderen Verbindlichkeiten (WE 75 000) zurückgezahlt hätte. Folglich wird das Unternehmen durch das Rücknahmeverbot nicht daran gehindert, eine finanzielle Verbindlichkeit für die Rücknahme von Anteilen einzugehen, die über eine bestimmte Anzahl von Geschäftsanteilen oder einen bestimmten Betrag des eingezahlten Kapitals hinausgeht. Es bietet dem Unternehmen nur die Möglichkeit, eine Rücknahme aufzuschieben, bis die Bedingung – in diesem Fall die Rückzahlung anderer Verbindlichkeiten – erfüllt ist. Die Geschäftsanteile unterliegen in diesem Beispiel keinem uneingeschränkten Rücknahmeverbot und sind daher als finanzielle Verbindlichkeiten einzustufen.

5/3. IFRIC 4
1 – 4

IFRIC INTERPRETATION 4
Feststellung, ob eine Vereinbarung ein Leasingverhältnis enthält

IFRIC 4, VO (EG) Nr. 1126/2008, i.d.F.

1 VO (EG) Nr. 254/2009 [IFRIC 12]

GLIEDERUNG	§§
HINTERGRUND	1–3
ANWENDUNGSBEREICH	4–5
FRAGESTELLUNGEN	5
BESCHLUSS	6–15
Feststellung, ob eine Vereinbarung ein Leasingverhältnis ist oder enthält	6–9
Die Erfüllung der Vereinbarung hängt von der Nutzung eines bestimmten Vermögenswerts ab	7–8
Die Vereinbarung überträgt ein Recht auf Nutzung des Vermögenswerts	9
Beurteilung oder Neubeurteilung, ob eine Vereinbarung ein Leasingverhältnis ist oder enthält	10–11
Trennung der Leasingzahlungen von anderen Zahlungen	12–15
ZEITPUNKT DES INKRAFTTRETENS	16
ÜBERGANGSVORSCHRIFTEN	17

VERWEISE
- IAS 8 *Rechnungslegungsmethoden, Änderungen von rechnungslegungsbezogenen Schätzungen und Fehler*
- IAS 16 *Sachanlagen* (überarbeitet 2003)
- IAS 17 *Leasingverhältnisse* (überarbeitet 2003)
- IAS 38 *Immaterielle Vermögenswerte* (überarbeitet 2004)

HINTERGRUND

1. Ein Unternehmen kann eine Vereinbarung abschließen, die eine Transaktion oder mehrere miteinander verbundene Transaktionen enthält, die nicht in die rechtliche Form eines Leasingverhältnisses gekleidet ist, die jedoch gegen eine Zahlung oder eine Reihe von Zahlungen das Recht auf Nutzung eines Vermögenswerts (z. B. einer Sachanlage) überträgt. Zu den Beispielen von Vereinbarungen, bei denen ein Unternehmen (der Lieferant) einem anderen Unternehmen (dem Käufer) ein derartiges Recht auf Nutzung eines Vermögenswerts übertragen kann, häufig in Verbindung mit Dienstleistungen, gehören:

- Outsourcingvereinbarungen (z. B. das Auslagern der Datenverarbeitungsprozesse eines Unternehmens);
- Vereinbarungen in der Telekommunikationsbranche, in denen Anbieter von Netzkapazitäten Verträge abschließen, um Erwerbern Kapazitätsrechte einzuräumen;
- Take-or-Pay- und ähnliche Verträge, die die Käufer zu bestimmten Zahlungen verpflichten ungeachtet dessen, ob sie die vertraglich festgelegten Produkte abnehmen bzw. Dienstleistungen in Anspruch nehmen oder nicht (z. B. ein Take-or-Pay-Vertrag bezüglich der Übernahme der weitgehend gesamten Produktion eines Stromversorgers).

2. Diese Interpretation dient als Leitlinie zur Feststellung, ob solche Vereinbarungen Leasingverhältnisse sind oder enthalten, die gemäß IAS 17 zu bilanzieren sind. Es wird jedoch keine Leitlinie für die Bestimmung gegeben, wie ein solches Leasingverhältnis nach jenem Standard zu klassifizieren ist.

3. Der einem Leasingverhältnis zugrunde liegende Vermögenswert kann Teil eines umfassenderen Vermögenswerts sein. Diese Interpretation befasst sich nicht damit, wie zu bestimmen ist, wann ein Teil eines umfassenderen Vermögenswerts selbst der zugrunde liegende Vermögenswert ist, auf den IAS 17 anzuwenden ist. Dennoch fallen Vereinbarungen, denen ein Vermögenswert zugrunde liegt, der eine Bilanzierungseinheit gemäß IAS 16 oder gemäß IAS 38 darstellt, in den Anwendungsbereich dieser Interpretation.

ANWENDUNGSBEREICH

4. Diese Interpretation ist nicht auf Vereinbarungen anwendbar, die

a) Leasingverhältnisse darstellen oder enthalten, die vom Anwendungsbereich des IAS 17 ausgeschlossen sind, oder

b) öffentlich-private *Dienstleistungskonzessionsvereinbarungen* darstellen, auf die IFRIC 12

Dienstleistungskonzessionsvereinbarungen anwendbar ist.

FRAGESTELLUNGEN

5. In dieser Interpretation werden die folgenden Fragen behandelt:
(a) Wie kann festgestellt werden, ob eine Vereinbarung ein in IAS 17 beschriebenes Leasingverhältnis ist oder enthält?
(b) Wann ist die Beurteilung oder eine Neubeurteilung darüber vorzunehmen, ob eine Vereinbarung ein Leasingverhältnis ist oder enthält?
(c) Wenn eine Vereinbarung ein Leasingverhältnis ist oder enthält, wie sind die Leasingzahlungen von den Zahlungen für alle anderen Komponenten der Vereinbarung zu trennen?.

BESCHLUSS

Feststellung, ob eine Vereinbarung ein Leasingverhältnis ist oder enthält

6. Die Feststellung, ob eine Vereinbarung ein Leasingverhältnis ist oder enthält, hat auf der Grundlage des wirtschaftlichen Gehalts der Vereinbarung zu erfolgen und verlangt eine Beurteilung, ob
(a) die Erfüllung der Vereinbarung von der Nutzung eines bestimmten Vermögenswerts oder bestimmter Vermögenswerte (der Vermögenswert) abhängt; und
(b) die Vereinbarung ein Recht auf Nutzung des Vermögenswerts überträgt.

Die Erfüllung der Vereinbarung hängt von der Nutzung eines bestimmten Vermögenswerts ab

7. Auch wenn in einer Vereinbarung ein bestimmter Vermögenswert explizit identifiziert werden kann, handelt es sich hierbei nicht um ein Leasingverhältnis, wenn die Erfüllung der Vereinbarung nicht von der Nutzung dieses bestimmten Vermögenswerts abhängt. Wenn der Lieferant beispielsweise verpflichtet ist, eine bestimmte Menge an Waren zu liefern bzw. Dienstleistungen zu erbringen und das Recht und die Möglichkeit hat, diese Waren bzw. Dienstleistungen unter Nutzung anderer nicht in der Vereinbarung spezifizierter Vermögenswerte bereitzustellen, dann hängt die Erfüllung der Vereinbarung nicht von dem bestimmten Vermögenswert ab und die Vereinbarung enthält kein Leasingverhältnis. Eine Gewährleistungsverpflichtung, die den Ersatz gleicher oder ähnlicher Vermögenswerte zulässt oder verlangt, wenn der bestimmte Vermögenswert nicht richtig funktioniert, schließt eine Behandlung als Leasingverhältnis nicht aus. Außerdem schließt eine vertragliche Bestimmung (bedingt oder nicht), durch die der Lieferant aus irgendeinem Grund an oder nach einem bestimmten Zeitpunkt andere Vermögenswerte ersetzen darf oder muss, die Behandlung als Leasingverhältnis vor dem Austauschzeitpunkt nicht aus.

8. Ein Vermögenswert wurde stillschweigend spezifiziert, wenn der Lieferant zur Erfüllung seiner Verpflichtung beispielsweise nur einen Vermögenswert besitzt oder least und es für den Lieferanten nicht wirtschaftlich durchführbar oder praktikabel ist, seine Verpflichtung durch den Einsatz alternativer Vermögenswerte zu erfüllen.

Die Vereinbarung überträgt ein Recht auf Nutzung des Vermögenswerts

9. Eine Vereinbarung überträgt das Recht auf Nutzung des Vermögenswerts, wenn die Vereinbarung dem Käufer (Leasingnehmer) das Recht überträgt, die Verwendung des zugrunde liegenden Vermögenswerts zu kontrollieren. Das Recht, die Verwendung eines zugrunde liegenden Vermögenswerts zu kontrollieren, wird übertragen, wenn eine der nachstehenden Bedingungen erfüllt wird:
(a) Der Käufer hat die Fähigkeit oder das Recht, den Vermögenswert zu betreiben oder andere anzuweisen, den Vermögenswert in einer von ihm festgelegten Art zu betreiben, wobei er mehr als nur einen geringfügigen Betrag des Ausstoßes oder Nutzens des Vermögenswerts erhält oder kontrolliert.
(b) Der Käufer hat die Fähigkeit oder das Recht, den physischen Zugang zu dem zugrunde liegenden Vermögenswert zu bestimmen, während er mehr als einen geringfügigen Betrag des Ausstoßes oder Nutzens des Vermögenswerts erhält oder kontrolliert.
(c) Tatsachen und Umstände weisen auf die Unwahrscheinlichkeit hin, dass außer dem Käufer eine oder mehrere Parteien einen mehr als geringfügigen Betrag des Ausstoßes oder Nutzens, den der Vermögenswert im Zeitraum der Vereinbarung produziert oder erzeugt, übernehmen werden und der Preis, den der Käufer für das Ergebnis zahlen wird, weder vertraglich pro Produktionseinheit festgelegt wird noch dem aktuellen Marktpreis je Einheit des Ergebnisses zum Zeitpunkt der Lieferung des Ergebnisses entspricht.

Beurteilung oder Neubeurteilung, ob eine Vereinbarung ein Leasingverhältnis ist oder enthält

10. Ob eine Vereinbarung ein Leasingverhältnis enthält, ist auf der Grundlage aller Tatsachen und Umstände bei Abschluss der Vereinbarung zu beurteilen, d. h. an dem früheren der beiden folgenden Zeitpunkte: dem Tag der Vereinbarung oder dem Tag, an dem sich die Vertragsparteien über die wesentlichen Bestimmungen der Vereinbarung geeinigt haben. Eine Neubeurteilung, ob eine Vereinbarung nach Vertragsbeginn ein Leasingverhältnis enthält, ist nur dann vorzunehmen, wenn eine der folgenden Bedingungen erfüllt ist:
(a) Die Vertragsbedingungen werden geändert, sofern sich die Änderung nicht nur auf eine Erneuerung oder Verlängerung der Vereinbarung bezieht.
(b) Die Vertragsparteien üben eine Erneuerungsoption aus oder vereinbaren eine Verlänge-

rungsbestimmungen nicht ursprünglich in der Laufzeit des Leasingverhältnisses gemäß Paragraph 4 des IAS 17 enthalten sind. Eine Erneuerung oder Verlängerung der Vereinbarung, durch die keine der Bestimmungen der ursprünglichen Vereinbarung vor Ende ihrer Laufzeit geändert wird, ist nur nach den Paragraphen 6-9 hinsichtlich der Erneuerungs- oder Verlängerungsperiode zu bewerten.

(c) Die Feststellung, ob die Vertragserfüllung von einem bestimmten Vermögenswert abhängt, wird geändert.

(d) Der Vermögenswert wird wesentlich geändert, z. B. eine erhebliche physische Änderung einer Sachanlage.

11. Bei einer Neubeurteilung einer Vereinbarung sind die Tatsachen und Umständen zugrunde zu legen, die zum Zeitpunkt der Neubeurteilung erwartet werden; dies gilt auch für die Neubeurteilung der Restlaufzeit der Vereinbarung. Änderungen der Schätzwerte (z. B. des geschätzten Betrags des an den Käufer oder an andere potenzielle Käufer zu liefernden Ausstoßes) würden keine Neubeurteilung verursachen. Wenn eine Vereinbarung neu beurteilt und dabei festgestellt wird, dass sie ein Leasingverhältnis enthält (oder kein Leasingverhältnis enthält), ist die Rechnungslegung für Leasingverhältnisse anzuwenden (oder nicht mehr anzuwenden):

(a) im Fall von (a), (c) oder (d) in Paragraph 10 ab dem Zeitpunkt, zu dem die Änderung der Umstände eintritt, die eine Neubeurteilung hervorrufen;

(b) im Fall von (b) in Paragraph 10 ab dem Beginn der Erneuerungs- oder Verlängerungsperiode.

Trennung der Leasingzahlungen von anderen Zahlungen

12. Wenn eine Vereinbarung ein Leasingverhältnis enthält, haben die Vertragsparteien die Bestimmungen von IAS 17 auf die Leasingkomponente der Vereinbarung anzuwenden, es sei denn, es liegt gemäß Paragraph 2 von IAS 17 eine Ausnahme von diesen Bestimmungen vor. Wenn eine Vereinbarung ein Leasingverhältnis enthält, ist dieses Leasingverhältnis dementsprechend als ein Finanzierungs- oder ein Operating-Leasingverhältnis gemäß den Paragraphen 7-19 des IAS 17 zu klassifizieren. Andere Bestandteile der Vereinbarung, die nicht in den Anwendungsbereich von IAS 17 fallen, sind nach anderen Standards zu bilanzieren.

13. Hinsichtlich der Anwendung der Bestimmungen des IAS 17 sind die von der Vereinbarung geforderten Zahlungen und anderen Entgelte von Beginn der Vereinbarung an oder bei deren Neubeurteilung in diejenigen für das Leasingverhältnis und diejenigen für andere Posten auf Grundlage ihrer relativen beizulegenden Zeitwerte zu trennen. Die in Paragraph 4 von IAS 17 beschriebenen Mindestleasingzahlungen enthalten nur Zahlungen für Leasingverhältnisse (d. h. das Recht auf Nutzung des Vermögenswerts) und schließen Zahlungen für andere Bestandteile dieser Vereinbarung aus (z. B. für Dienstleistungen und Kosten des Ressourceneinsatzes).

14. In manchen Fällen erfordert die Trennung der Leasingzahlungen von den Zahlungen für andere Bestandteile der Vereinbarung, dass der Käufer ein Schätzverfahren anwendet. Ein Käufer kann beispielsweise die Leasingzahlungen schätzen, indem er sich auf eine Leasingvereinbarung für einen vergleichbaren Vermögenswert bezieht, die keine anderen Bestandteile enthält, oder indem er die Zahlungen für die anderen Bestandteile der Vereinbarung schätzt, wobei er sich auf vergleichbare Vereinbarungen bezieht und dann diese Zahlungen von der Gesamtsumme der gemäß der Vereinbarung zu leistenden Zahlungen abzieht.

15. Wenn ein Käufer zu dem Ergebnis gelangt, dass es undurchführbar ist, die Zahlungen verlässlich zu trennen, so hat er

(a) im Fall eines Finanzierungsleasings einen Vermögenswert und eine Schuld zu einem dem beizulegenden Zeitwert des zugrunde liegenden Vermögenswerts, der in den Paragraphen 7 und 8 als Gegenstand des Leasingverhältnisses identifiziert wurde, entsprechenden Betrag anzusetzen. Die Schuld ist anschließend unter Anwendung des Grenzfremdkapitalzinssatzes[1] des Käufers zu reduzieren, wenn Zahlungen erfolgst sind und die auf die Schuld angerechneten Finanzierungskosten erfasst wurden;

---
[1] d. h. der in Paragraph 4 des IAS 17 beschriebene Grenzfremdkapitalzinssatz des Leasingnehmers.

(b) im Fall eines Operating-Leasingverhältnisses alle Zahlungen bezüglich dieser Vereinbarung als Leasingzahlungen zu behandeln, um die Angabepflichten des IAS 17 zu erfüllen, jedoch

(i) jene Zahlungen von den Mindestleasingzahlungen anderer Vereinbarungen, die keine Zahlungen für nicht zu einem Leasingverhältnis gehörende Posten beinhalten, getrennt anzugeben und

(ii) zu erklären, dass die angegebenen Zahlungen auch Zahlungen für nicht zum Leasingverhältnis gehörende Bestandteile der Vereinbarung enthalten.

ZEITPUNKT DES INKRAFTTRETENS

16. Diese Interpretation ist erstmals in der ersten Berichtsperiode eines am 1. Januar 2006 oder danach beginnenden Geschäftsjahres anzuwenden. Eine frühere Anwendung wird empfohlen. Wenn ein Unternehmen diese Interpretation für Berichtsperioden anwendet, die vor dem 1. Januar 2006 beginnen, so ist diese Tatsache anzugeben.

ÜBERGANGSVORSCHRIFTEN

17. IAS 8 führt aus, wie ein Unternehmen eine Änderung der Rechnungslegungsmethoden anwendet, die aus der erstmaligen Anwendung einer

5/3. IFRIC 4

17 Interpretation resultiert. Wenn ein Unternehmen diese Interpretation erstmals anwendet, muss es diese Anforderungen nicht erfüllen. Wenn ein Unternehmen diese Ausnahme nutzt, so sind die Paragraphen 6-9 der Interpretation auf Vereinbarungen anzuwenden, die zu Beginn der frühesten Periode bestehen, in der Vergleichszahlen gemäß IFRS aufgrund der zu Beginn dieser Periode bestehenden Tatsachen und Umstände dargelegt werden.

IFRIC INTERPRETATION 5
Rechte auf Anteile an Fonds für Entsorgung, Rekultivierung und Umweltsanierung

IFRIC 5, VO (EG) Nr. 1126/2008

GLIEDERUNG	§§
HINTERGRUND	1–3
ANWENDUNGSBEREICH	4–5
FRAGESTELLUNGEN	6
BESCHLUSS	7–10
Bilanzierung eines Anteils an einem Fonds	7–9
Bilanzierung von Verpflichtungen zur Leistung zusätzlicher Beiträge	10
ANGABEN	11–13
ZEITPUNKT DES INKRAFTTRETENS	14
ÜBERGANGSVORSCHRIFTEN	15

VERWEISE

- IAS 8 *Rechnungslegungsmethoden, Änderungen von rechnungslegungsbezogenen Schätzungen und Fehler*
- IAS 27 *Konzern- und Einzelabschlüsse*
- IAS 28 *Anteile an assoziierten Unternehmen*
- IAS 31 *Anteile an Gemeinschaftsunternehmen*
- IAS 37 *Rückstellungen, Eventualverbindlichkeiten und Eventualforderungen*
- IAS 39 *Finanzinstrumente: Ansatz und Bewertung* (überarbeitet 2003)
- SIC-12 *Konsolidierung – Zweckgesellschaften* (überarbeitet 2004)

HINTERGRUND

1. Fonds für Entsorgung, Rekultivierung und Umweltsanierung, nachstehend als „Entsorgungsfonds" oder „Fonds" bezeichnet, dienen zur Trennung von Vermögenswerten, die für die Finanzierung eines Teils oder aller Kosten bestimmt sind, die bei der Entsorgung von Anlagen (z. B. eines Kernkraftwerks) oder gewisser Sachanlagen (z. B. Autos) oder der Umweltsanierung (z. B. Bereinigung von Gewässerverschmutzung oder Rekultivierung von Bergbaugeländen) anfallen, zusammen als „Entsorgung" bezeichnet.

2. Beiträge zu diesen Fonds können auf freiwilliger Basis beruhen oder durch eine Verordnung bzw. gesetzlich vorgeschrieben sein. Die Fonds können eine der folgenden Strukturen aufweisen:

(a) Von einem einzelnen Teilnehmer eingerichtete Fonds zur Finanzierung seiner eigenen Entsorgungsverpflichtungen, sei es für einen bestimmten oder für mehrere, geografisch verteilte Orte.

(b) Von mehreren Teilnehmern eingerichtete Fonds zur Finanzierung ihrer individuellen oder gemeinsamen Entsorgungsverpflichtungen, wobei die Teilnehmer einen Anspruch auf Erstattung der Entsorgungsaufwendungen bis zur Höhe ihrer Beiträge und der angefallenen Erträge aus diesen Beiträgen abzüglich ihres Anteils an den Verwaltungskosten des Fonds haben. Die Teilnehmer unterliegen eventuell der Pflicht, zusätzliche Beiträge zu leisten, beispielsweise im Fall der Insolvenz eines Teilnehmers.

(c) Von mehreren Teilnehmern eingerichtete Fonds zur Finanzierung ihrer individuellen oder gemeinsamen Entsorgungsverpflichtungen, wobei das erforderliche Beitragsniveau auf der derzeitigen Tätigkeit eines Teilnehmers basiert und der von diesem Teilnehmer erzielte Nutzen auf seiner vergangenen Tätigkeit beruht. In diesen Fällen besteht eine potenzielle Inkongruenz bezüglich der Höhe der von einem Teilnehmer geleisteten Beiträge (auf Grundlage der derzeitigen Tätigkeit) und des aus dem Fonds realisierbaren Werts (auf Grundlage der vergangenen Tätigkeit).

3. Im Allgemeinen haben diese Fonds folgende Merkmale:

(a) Der Fonds wird von unabhängigen Treuhändern gesondert verwaltet.

(b) Unternehmen (Teilnehmer) leisten Beiträge an den Fonds, die in verschiedene Vermögenswerte, die sowohl Anlagen in Schuld- als auch in Beteiligungstitel umfassen können, investiert werden und die den Teilnehmern für die Leistung ihrer Entsorgungsaufwendungen zur Verfügung stehen. Die Treuhänder bestimmen, wie die Beiträge im Rahmen der in der maßgebenden Satzung des Fonds dargelegten Beschränkungen und in Übereinstimmung mit den anzuwendenden Gesetzen und anderen Vorschriften investiert werden.

(c) Die Teilnehmer übernehmen die Verpflichtung, Entsorgungsaufwendungen zu leisten.

5/4. IFRIC 5
3 – 15

Die Teilnehmer können jedoch eine Erstattung des Entsorgungsaufwands aus dem Fonds bis zu dem niedrigeren Wert aus dem Entsorgungsaufwand und dem Anteil des Teilnehmers an den Vermögenswerten des Fonds erhalten.

(d) Die Teilnehmer können einen begrenzten oder keinen Zugriff auf einen Überschuss der Vermögenswerte des Fonds über diejenigen haben, die zum Ausgleich des in Frage kommenden Entsorgungsaufwands gebraucht werden.

ANWENDUNGSBEREICH

4. Diese Interpretation ist in Abschlüssen eines Teilnehmers für die Bilanzierung von Anteilen an Entsorgungsfonds anzuwenden, welche die beiden folgenden Merkmale aufweisen:

(a) die Vermögenswerte werden gesondert verwaltet (indem sie entweder in einer getrennten juristischen Einheit oder als getrennte Vermögenswerte in einem anderen Unternehmen gehalten werden); und

(b) das Zugriffsrecht eines Teilnehmers auf die Vermögenswerte ist begrenzt.

5. Ein Restanspruch an einen Fonds, der sich über einen Erstattungsanspruch hinaus erstreckt, wie beispielsweise ein vertragliches Recht auf Ausschüttung nach Durchführung aller Entsorgungen oder auf Auflösung des Fonds, kann als ein Eigenkapitalinstrument in den Anwendungsbereich von IAS 39 fallen und unterliegt nicht dem Anwendungsbereich dieser Interpretation.

FRAGESTELLUNGEN

6. In dieser Interpretation werden die folgenden Fragen behandelt:

(a) Wie hat ein Teilnehmer seinen Anteil an einem Fonds zu bilanzieren?

(b) Falls ein Teilnehmer verpflichtet ist, zusätzliche Beiträge zu leisten, beispielsweise im Falle der Insolvenz eines anderen Teilnehmers, wie ist diese Verpflichtung zu bilanzieren?

BESCHLUSS

Bilanzierung eines Anteils an einem Fonds

7. Der Teilnehmer hat seine Verpflichtung, den Entsorgungsaufwand zu leisten, als Rückstellung und seinen Anteil an dem Fonds getrennt anzusetzen, es sei denn, der Teilnehmer haftet nicht für die Zahlung des Entsorgungsaufwands, selbst wenn der Fond nicht zahlt.

8. Der Teilnehmer hat festzustellen, ob er den Fonds beherrscht, die gemeinschaftliche Führung des Fonds oder einen maßgeblichen Einfluss auf den Fonds nach IAS 27, IAS 28, IAS 31 oder SIC-12 ausübt. Wenn dies der Fall ist, hat der Teilnehmer seinen Anteil an dem Fonds in Übereinstimmung mit diesen Standards zu bilanzieren.

9. Beherrscht der Teilnehmer den Fonds nicht, übt er keine gemeinschaftliche Führung des Fonds oder keinen maßgeblichen Einfluss auf den Fonds aus, so hat er den Erstattungsanspruch aus dem Fonds als Erstattung gemäß IAS 37 anzusetzen. Diese Erstattung ist zu dem niedrigeren Betrag aus

(a) dem Betrag der angesetzten Entsorgungsverpflichtung; und

(b) dem Anteil des Teilnehmers am beizulegenden Zeitwert der den Teilnehmern zustehenden Nettovermögenswerte des Fonds zu bewerten.

Änderungen des Buchwerts des Anspruchs, Erstattungen mit Ausnahme von Beiträgen an den Fonds und Zahlungen aus dem Fonds zu erhalten, sind erfolgswirksam in der Berichtperiode zu erfassen, in der die Änderungen anfallen.

Bilanzierung von Verpflichtungen zur Leistung zusätzlicher Beiträge

10. Ist ein Teilnehmer verpflichtet, mögliche zusätzliche Beiträge zu leisten, beispielsweise im Fall der Insolvenz eines anderen Teilnehmers oder falls der Wert der vom Fonds gehaltenen Finanzinvestitionen so weit fällt, dass die Vermögenswerte nicht mehr ausreichen, um die Erstattungsverpflichtungen des Fonds zu erfüllen, so ist diese Verpflichtung eine Eventualverbindlichkeit, die in den Anwendungsbereich von IAS 37 fällt. Der Teilnehmer hat nur dann eine Schuld anzusetzen, wenn es wahrscheinlich ist, dass zusätzliche Beiträge geleistet werden.

ANGABEN

11. Ein Teilnehmer hat die Art seines Anteils an einem Fonds sowie alle Zugriffsbeschränkungen zu den Vermögenswerten des Fonds anzugeben.

12. Wenn ein Teilnehmer eine Verpflichtung hat, mögliche zusätzliche Beiträge zu leisten, die jedoch nicht als Schuld angesetzt sind (siehe Paragraph 10), so hat er die in IAS 37 Paragraph 86 verlangten Angaben zu leisten.

13. Bilanziert ein Teilnehmer seinen Anteil an dem Fonds gemäß Paragraph 9, so hat er die in IAS 37, Paragraph 85(c) verlangten Angaben zu leisten.

ZEITPUNKT DES INKRAFTTRETENS

14. Diese Interpretation ist erstmals in der ersten Berichtperiode eines am 1. Januar 2006 oder danach beginnenden Geschäftsjahres anzuwenden. Eine frühere Anwendung wird empfohlen. Wenn ein Unternehmen diese Interpretation für Berichtsperioden anwendet, die vor dem 1. Januar 2006 beginnen, so ist diese Tatsache anzugeben.

ÜBERGANGSVORSCHRIFTEN

15. Änderungen der Rechnungslegungsmethoden sind in Übereinstimmung mit den Bestimmungen von IAS 8 vorzunehmen.

IFRIC INTERPRETATION 6
Verbindlichkeiten, die sich aus einer Teilnahme an einem spezifischen Markt ergeben – Elektro- und Elektronik-Altgeräte

IFRIC 6, VO (EG) Nr. 1126/2008

GLIEDERUNG	§§
HINTERGRUND	1–5
ANWENDUNGSBEREICH	6–7
FRAGESTELLUNG	8
BESCHLUSS	9
ZEITPUNKT DES INKRAFTTRETENS	10
ÜBERGANGSVORSCHRIFTEN	11

VERWEISE

- IAS 8 *Rechnungslegungsmethoden, Änderungen von rechnungslegungsbezogenen Schätzungen und Fehler*
- IAS 37 *Rückstellungen, Eventualverbindlichkeiten und Eventualforderungen*

HINTERGRUND

1. In Paragraph 17 des IAS 37 heißt es, dass ein verpflichtendes Ereignis ein Ereignis der Vergangenheit ist, das zu einer gegenwärtigen Verpflichtung führt, zu deren Erfüllung ein Unternehmen keine realistische Alternative hat.

2. Gemäß Paragraph 19 des IAS 37 werden Rückstellungen nur für „diejenigen aus Ereignissen der Vergangenheit resultierenden Verpflichtungen angesetzt, die unabhängig von der künftigen Geschäftstätigkeit eines Unternehmens entstehen".

3. Die Richtlinie der Europäischen Union über Elektro- und Elektronik-Altgeräte, welche die Sammlung, Behandlung, Verwertung und umweltgerechte Beseitigung von Altgeräten regelt, hat Fragen bezüglich des Ansatzzeitpunktes der durch die Entsorgung von Elektro- und Elektronik-Altgeräten entstehenden Verbindlichkeit aufgeworfen. Die Richtlinie unterscheidet zwischen „neuen" und „historischen" Altgeräten sowie zwischen Altgeräten aus Privathaushalten und Altgeräten aus anderer Verwendung als in Privathaushalten. Neue Altgeräte betreffen Produkte, die nach dem 13. August 2005 verkauft wurden. Alle vor diesem Termin verkauften Haushaltsgeräte gelten als historische Altgeräte im Sinne der Richtlinie.

4. Die Richtlinie besagt, dass die Kosten für die Entsorgung historischer Haushaltsgeräte von den Herstellern des betreffenden Gerätetyps zu tragen sind, die in einem Zeitraum auf dem Markt vorhanden sind, der in den anwendbaren Rechtsvorschriften eines jeden Mitgliedstaats festzulegen ist (Erfassungszeitraum). Die Richtlinie besagt auch, dass jeder Mitgliedstaat einen Mechanismus einzurichten hat, mittels dessen die Hersteller einen anteiligen Kostenbeitrag, „z. B. im Verhältnis zu ihrem jeweiligen Marktanteil für den betreffenden Gerätetyp", leisten.

5. Verschiedene in der Interpretation verwendete Begriffe wie „Marktanteil" und „Erfassungszeitraum" werden unter Umständen in den gültigen Rechtsvorschriften der einzelnen Mitgliedstaaten sehr unterschiedlich definiert. Beispielsweise kann die Dauer des Erfassungszeitraums ein Jahr oder nur einen Monat betragen. Gleichfalls können die Bemessung des Marktanteils und die Formel für die Berechnung der Verpflichtung in den verschiedenen einzelstaatlichen Rechtsvorschriften unterschiedlich ausfallen. Allerdings betreffen diese Beispiele lediglich die Bewertung der Verbindlichkeit, die nicht in den Anwendungsbereich der Interpretation fällt.

ANWENDUNGSBEREICH

6. Diese Interpretation enthält Leitlinien für den Ansatz von Verbindlichkeiten im Abschluss von Herstellern, die sich aus der Entsorgung gemäß der EU-Richtlinie über Elektro- und Elektronik-Altgeräte hinsichtlich des Verkaufs historischer Haushaltsgeräte ergeben.

7. Diese Interpretation behandelt weder neue Altgeräte noch historische Altgeräte, die nicht aus Privathaushalten stammen. Die Verbindlichkeit für eine derartige Entsorgung ist in IAS 37 hinreichend geregelt. Sollten jedoch in den einzelstaatlichen Rechtsvorschriften neue Altgeräte aus Privathaushalten auf die gleiche Art und Weise wie historische Altgeräte aus Privathaushalten behandelt werden, gelten die Grundsätze der Interpretation durch Bezugnahme auf die in den Paragraphen 10-12 von IAS 8 vorgesehene Hierarchie. Die Hierarchie von IAS 8 gilt auch für andere Vorschriften, die Verpflichtungen auf eine Art und Weise vorschreiben, dem dem in der EU-Richtlinie genannten Kostenzuweisungsverfahren ähnelt.

5/5. IFRIC 6 8-11

FRAGESTELLUNG

8. Das IFRIC wurde im Zusammenhang mit der Entsorgung von Elektro- und Elektronik-Altgeräten gebeten festzulegen, was das verpflichtende Ereignis gemäß Paragraph 14(a) von IAS 37 für den Ansatz einer Rückstellung für die Entsorgungskosten darstellt:
- Die Herstellung oder der Verkauf des historischen Haushaltsgeräts?
- Die Teilnahme am Markt während des Erfassungszeitraums?
- Der Kostenanfall bei der Durchführung der Entsorgungstätigkeiten?

BESCHLUSS

9. Die Teilnahme am Markt während des Erfassungszeitraums stellt das verpflichtende Ereignis gemäß Paragraph 14(a) von IAS 37 dar. Folglich entsteht bei der Herstellung oder beim Verkauf der Produkte keine Verbindlichkeit für die Kosten der Entsorgung historischer Haushaltsgeräte. Da die Verpflichtung bei historischen Haushaltsgeräten an die Marktteilnahme während des Erfassungszeitraums und nicht an die Herstellung oder den Verkauf der zu entsorgenden Geräte geknüpft ist, besteht keine Verpflichtung, sofern und solange kein Marktanteil während des Erfassungszeitraums vorhanden ist. Der zeitliche Eintritt des verpflichtenden Ereignisses kann auch unabhängig von dem Zeitraum sein, innerhalb dessen die Entsorgungstätigkeiten durchgeführt werden und die entsprechenden Kosten entstehen.

ZEITPUNKT DES INKRAFTTRETENS

10. Diese Interpretation ist erstmals in der ersten Berichtsperiode eines am 1. Dezember 2005 oder danach beginnenden Geschäftsjahres anzuwenden. Eine frühere Anwendung wird empfohlen. Wenn ein Unternehmen diese Interpretation für Berichtsperioden anwendet, die vor dem 1. Dezember 2005 beginnen, so ist diese Tatsache anzugeben.

ÜBERGANGSVORSCHRIFTEN

11. Änderungen der Rechnungslegungsmethoden sind gemäß IAS 8 zu berücksichtigen.

IFRIC INTERPRETATION 7
Anwendung des Anpassungsansatzes unter IAS 29 Rechnungslegung in Hochinflationsländern

IFRIC 7, VO (EG) Nr. 1126/2008 i.d.F.

1 VO (EG) Nr. 1274/2008 [IAS 1]

GLIEDERUNG	§§
HINTERGRUND	1
FRAGESTELLUNGEN	2
BESCHLUSS	3–5
ZEITPUNKT DES INKRAFTTRETENS	6

VERWEISE
- IAS 12 *Ertragsteuern*
- IAS 29 *Rechnungslegung in Hochinflationsländern*

HINTERGRUND

1. Mit dieser Interpretation werden Leitlinien für die Anwendung der Vorschriften von IAS 29 in einem Berichtszeitraum festgelegt, in dem ein Unternehmen die Existenz einer Hochinflation in dem Land seiner funktionalen Währung feststellt(¹), sofern dieses Land im letzten Berichtszeitraum nicht als hochinflationär anzusehen war und das Unternehmen folglich seinen Abschluss gemäß IAS 29 anpasst.

(¹) Die Feststellung der Hochinflation basiert auf der eigenen Einschätzung des Unternehmens, die es sich gemäß den Kriterien in Paragraph 3 des IAS 29 bildet.

FRAGESTELLUNGEN

2. Folgende Fragen werden in dieser Interpretation behandelt:
(a) Wie sollte das Erfordernis „... in der am Abschlussstichtag geltenden Maßeinheit anzugeben ..." in Paragraph 8 des IAS 29 ausgelegt werden, wenn ein Unternehmen diesen Standard anwendet?
(b) Wie sollte ein Unternehmen latente Steuern in der Eröffnungsbilanz in seinem angepassten Abschluss bilanzieren?

BESCHLUSS

3. In dem Berichtszeitraum, in dem ein Unternehmen feststellt, dass es in der funktionalen Währung eines Hochinflationslandes Bericht erstattet, im letzten Berichtszeitraum jedoch nicht hochinflationär war, hat das Unternehmen die Vorschriften von IAS 29 so anzuwenden, als wäre dieses Land immer schon hochinflationär gewesen. Folglich sind nicht monetäre Posten, die zu den historischen Anschaffungs- und Herstellungskosten bewertet werden, in der Eröffnungsbilanz des frühesten Berichtszeitraums, der im Abschluss dargestellt wird, anzupassen, so dass den Auswirkungen der Inflation ab dem Zeitpunkt Rechnung getragen wird, zu dem die Vermögenswerte erworben und die Verbindlichkeiten eingegangen oder übernommen wurden, und zwar bis zum Abschlussstichtag. Für nicht monetäre Posten, die in der Eröffnungsbilanz mit Beträgen angesetzt wurden, die zu einem anderen Zeitpunkt als dem des Erwerbs der Vermögenswerte oder des Eingehens der Verbindlichkeiten bestimmt wurden, muss die Anpassung stattdessen den Auswirkungen der Inflation Rechnung tragen, die zwischen dem Zeitpunkt, an dem die Buchwerte bestimmt wurden, und dem Abschlussstichtag aufgetreten sind.

4. Am Abschlussstichtag werden latente Steuern gemäß IAS 12 erfasst und bewertet. Die Beträge der latenten Steuern in der Eröffnungsbilanz des Berichtszeitraums werden jedoch wie folgt ermittelt:
(a) Das Unternehmen bewertet die latenten Steuern gemäß IAS 12 neu, nachdem es die nominalen Buchwerte der nicht monetären Posten zum Zeitpunkt der Eröffnungsbilanz des Berichtszeitraums durch Anwendung der zu diesem Zeitpunkt geltenden Maßeinheit angepasst hat.
(b) Die gemäß a) neu bewerteten latenten Steuern werden an die Änderung der Maßeinheit von dem Zeitpunkt der Eröffnungsbilanz des Berichtszeitraums bis zum Abschlussstichtag dieses Berichtszeitraums angepasst.

Ein Unternehmen wendet den unter a) und b) genannten Ansatz zur Anpassung der latenten Steuern in der Eröffnungsbilanz von allen Vergleichszeiträumen an, die in den angepassten Abschlüssen für den Berichtszeitraum dargestellt werden, in dem das Unternehmen IAS 29 anwendet.

5. Nachdem ein Unternehmen seinen Abschluss angepasst hat, werden alle Vergleichszahlen einschließlich der latenten Steuern im Abschluss für einen späteren Berichtszeitraum angepasst, indem nur der angepasste Abschluss für den späteren Berichtszeitraum um die Änderung der

5/6. IFRIC 7
5, 6

Maßeinheit für diesen folgenden Berichtszeitraum geändert wird.

ZEITPUNKT DES INKRAFTTRETENS

6. Diese Interpretation ist erstmals in der ersten Berichtsperiode eines am 1. März 2006 oder danach beginnenden Geschäftsjahres anzuwenden. Eine frühere Anwendung wird empfohlen. Wenn ein Unternehmen diese Interpretation für Berichtsperioden anwendet, die vor dem 1. März 2006 beginnen, so ist diese Tatsache anzugeben.

IFRIC INTERPRETATION 9
Neubeurteilung eingebetteter Derivate

IFRIC 9, VO (EG) Nr. 1126/2008 i.d.F.

1 VO (EG) Nr. 495/2009 [IFRS 3] **2** VO (EG) Nr. 1171/2009
3 VO (EG) Nr. 243/2010

GLIEDERUNG	§§
HINTERGRUND	1–2
ANWENDUNGSBEREICH	3–5
FRAGESTELLUNGEN	6
BESCHLUSS	7–8
ZEITPUNKT DES INKRAFTTRETENS UND ÜBERGANGSVORSCHRIFTEN	9–11

VERWEISE

- IAS 39 *Finanzinstrumente: Ansatz und Bewertung*
- IFRS 1 *Erstmalige Anwendung der International Financial Reporting Standards*
- IFRS 3 *Unternehmenszusammenschlüsse*

HINTERGRUND

1. In IAS 39 Paragraph 10 wird ein eingebettetes Derivat beschrieben als „Bestandteil eines strukturierten (zusammengesetzten) Finanzinstruments, das auch einen nicht derivativen Basisvertrag enthält, mit dem Ergebnis, dass ein Teil der Cashflows des zusammengesetzten Finanzinstruments ähnlichen Schwankungen ausgesetzt ist wie ein freistehendes Derivat".

2. IAS 39, Paragraph 11 fordert, dass ein eingebettetes Derivat von dem Basisvertrag zu trennen und dann, aber nur dann, als Derivat zu bilanzieren ist, wenn

(a) die wirtschaftlichen Merkmale und Risiken des eingebetteten Derivats nicht eng mit den wirtschaftlichen Merkmalen und Risiken des Basisvertrags verbunden sind;

(b) ein eigenständiges Instrument mit den gleichen Bedingungen wie das eingebettete Derivat die Definition eines Derivats erfüllen würde; und

(c) das strukturierte (zusammengesetzte) Finanzinstrument nicht ergebniswirksam zum beizulegenden Zeitwert bewertet wird (d. h. ein Derivat, das in einem ergebniswirksam zum beizulegenden Zeitwert bewerteten finanziellen Vermögenswert oder einer finanziellen Verbindlichkeit eingebettet ist, ist nicht eigenständig).

ANWENDUNGSBEREICH

3. Vorbehaltlich der nachfolgenden Paragraphen 4 und 5 ist diese Interpretation auf alle eingebetteten Derivate anzuwenden, die in den Anwendungsbereich von IAS 39 fallen.

4. Diese Interpretation geht nicht auf Fragen der Neubewertung ein, die sich aus einer Neubeurteilung der eingebetteten Derivate ergeben.

5. Diese Interpretation gilt nicht für in Verträge eingebettete Derivate, die bei folgenden Gelegenheiten erworben wurden:

a) bei einem Unternehmenszusammenschluss (im Sinne von IFRS 3 *Unternehmenszusammenschlüsse* (überarbeitet 2008);

b) bei einem Zusammenschluss von Unternehmen unter gemeinschaftlicher Führung gemäß IFRS 3 (überarbeitet 2008) Paragraph B1–B4 oder

c) bei der Gründung eines Gemeinschaftsunternehmens im Sinne von IAS 31 *Anteile an Gemeinschaftsunternehmen*

oder für ihre eventuelle Neubeurteilung zum Tag des Erwerbs. (¹)

(¹) IFRS 3 (überarbeitet 2008) behandelt den Erwerb von Verträgen mit eingebetteten Derivaten bei einem Unternehmenszusammenschluss.

FRAGESTELLUNGEN

6. IAS 39 schreibt vor, dass ein Unternehmen zu dem Zeitpunkt, an dem es Vertragspartei wird, beurteilt, ob etwaige in diesen Vertrag eingebettete Derivate von dem Basisvertrag zu trennen und als Derivate im Sinne dieses Standards zu bilanzieren sind. In dieser Interpretation werden die folgenden Fragen behandelt:

(a) Ist eine solche Beurteilung lediglich zu dem Zeitpunkt vorzunehmen, an dem das Unternehmen Vertragspartei wird, oder ist diese Beurteilung während der Vertragslaufzeit zu überprüfen?

(b) Hat ein Erstanwender seine Beurteilung auf der Grundlage der Bedingungen vorzunehmen, die bestanden, als das Unternehmen Vertragspartei wurde, oder zu den Bedingungen, die bestanden, als das Unternehmen die IFRS zum ersten Mal angewandt hat?

BESCHLUSS

7. Ein Unternehmen beurteilt, ob ein eingebettetes Derivat vom Basisvertrag zu trennen und als Derivat zu bilanzieren ist, wenn es zum ersten Mal Vertragspartei wird. Eine spätere Neubeurteilung ist untersagt, es sei denn, dass sich a) die Vertragsbedingungen so stark ändern, dass es zu einer erheblichen Änderung der Zahlungsströme kommt, die sich ansonsten durch den Vertrag ergeben würden, oder b) ein finanzieller Vermögenswert aus der Kategorie ergebniswirksam zum beizulegenden Zeitwert bewertet ausgegliedert wird; in beiden Fällen ist eine Beurteilung erforderlich. Ob die Änderung der Zahlungsströme erheblich ist, ermittelt ein Unternehmen, indem es prüft, in welchem Ausmaß sich die erwarteten Zahlungsströme in Bezug auf das eingebettete Derivat, den Basisvertrag oder beide ändern, und ob diese Änderung im Vergleich zu den vorher im Rahmen des Vertrags erwarteten Zahlungsströmen erheblich ist.

7A. Ob ein eingebettetes Derivat bei Umgliederung eines finanziellen Vermögenswerts aus der Kategorie erfolgswirksam zum beizulegenden Zeitwert bewertet gemäß Paragraph 7 vom Basisvertrag getrennt und als Derivat bilanziert werden muss, ist anhand der Umstände zu einem der folgenden Zeitpunkte zu bewerten:

a) dem Zeitpunkt, zu dem das Unternehmen zum ersten Mal Vertragspartei wurde oder – falls später –

b) dem Zeitpunkt, zu dem sich die Vertragsbedingungen so stark geändert haben, dass sich auch die Zahlungsströme, die sich ansonsten aus dem Vertrag ergeben hätten, erheblich geändert haben.

IAS 39 Paragraph 11 Buchstabe c gilt für diese Bewertung nicht (d.h. der hybride (zusammengesetzte) Vertrag ist so zu behandeln als wäre er nicht ergebniswirksam zum beizulegenden Zeitwert bewertet worden). Ist ein Unternehmen zu dieser Bewertung nicht in der Lage, muss der hybride (zusammengesetzte) Vertrag zur Gänze in der Kategorie ergebniswirksam zum beizulegenden Zeitwert bewertet verbleiben.

8. Ein Erstanwender beurteilt, ob ein eingebettetes Derivat vom Basisvertrag zu trennen und als Derivat zu bilanzieren ist, auf der Grundlage der Bedingungen, die an dem späteren der beiden nachfolgend genannten Termine galten: dem Zeitpunkt, an dem das Unternehmen Vertragspartei wurde, oder dem Zeitpunkt, an dem eine Neubeurteilung im Sinne von Paragraph 7 erforderlich wird.

ZEITPUNKT DES INKRAFTTRETENS UND ÜBERGANGSVORSCHRIFTEN

9. Diese Interpretation ist erstmals in der ersten Berichtsperiode eines am 1. Juni 2006 oder danach beginnenden Geschäftsjahres anzuwenden. Eine frühere Anwendung wird empfohlen. Wenn ein Unternehmen diese Interpretation für Berichtsperioden anwendet, die vor dem 1. Juni 2006 beginnen, so ist diese Tatsache anzugeben. Diese Interpretation ist rückwirkend anzuwenden.

10. Durch *Eingebettete Derivate* (im März 2009 veröffentlichte Änderungen an IFRIC 9 und IAS 39) wurde Paragraph 7 geändert und Paragraph 7A hinzugefügt. Diese Änderungen sind erstmals in der ersten Berichtsperiode eines am 30. Juni 2009 oder danach endenden Geschäftsjahrs anzuwenden.

11. Paragraph 5 wurde durch die *Verbesserungen der IFRS* vom April 2009 geändert. Diese Änderungen sind erstmals in der ersten Berichtsperiode eines am 1. Juli 2009 oder danach beginnenden Geschäftsjahres prospektiv anzuwenden. Wenn ein Unternehmen IFRS 3 (überarbeitet 2008) auf eine frühere Periode anwendet, ist auch diese Änderung entsprechend auf diese frühere Periode anzuwenden und ist dies anzugeben.

IFRIC INTERPRETATION 10
Zwischenberichterstattung und Wertminderung

IFRIC 10, VO (EG) Nr. 1126/2008

GLIEDERUNG	§§
HINTERGRUND	1–2
FRAGESTELLUNG	3–7
BESCHLUSS	8–9
ZEITPUNKT DES INKRAFTTRETENS UND ÜBERGANGSVORSCHRIFTEN	10

VERWEISE

- IAS 34 *Zwischenberichterstattung*
- IAS 36 *Wertminderung von Vermögenswerten*
- IAS 39 *Finanzinstrumente: Ansatz und Bewertung*

HINTERGRUND

1. Ein Unternehmen ist verpflichtet, den Geschäfts- oder Firmenwert sowie Investitionen in Eigenkapitalinstrumente und in finanzielle Vermögenswerte, die zu Anschaffungskosten angesetzt worden sind, zu jedem Abschlussstichtag auf Wertminderungen zu prüfen und gegebenenfalls einen Wertminderungsaufwand zu diesem Stichtag gemäß IAS 36 und IAS 39 zu erfassen. Allerdings können sich die Bedingungen zu einem späteren Abschlussstichtag derart verändert haben, dass der Wertminderungsaufwand geringer ausgefallen wäre oder hätte vermieden werden können, wenn die Wertberichtigung erst zu diesem Zeitpunkt erfolgt wäre. Diese Interpretation bietet einen Leitfaden, inwieweit ein solcher Wertminderungsaufwand wieder rückgängig gemacht werden kann.

2. Die Interpretation befasst sich mit dem Zusammenhang zwischen den Anforderungen von IAS 34 und der Erfassung des Wertminderungsaufwands von Geschäfts- oder Firmenwerten nach IAS 36 und bestimmten in IAS 39 genannten finanziellen Vermögenswerten sowie mit den Auswirkungen dieses Zusammenhangs auf spätere Zwischenabschlüsse und jährliche Abschlüsse.

FRAGESTELLUNG

3. Nach IAS 34 Paragraph 28 hat ein Unternehmen die gleichen Rechnungslegungsmethoden in seinem Zwischenabschluss anzuwenden, die in seinem jährlichen Abschluss angewandt werden. Auch darf die „Häufigkeit der Berichterstattung eines Unternehmens (jährlich, halb- oder vierteljährlich) die Höhe des Jahresergebnisses nicht beeinflussen. Um diese Zielsetzung zu erreichen, sind Bewertungen für Zwischenberichtszwecke unterjährig auf einer vom Geschäftsjahresbeginn bis zum Zwischenberichtstermin kumulierten Grundlage vorzunehmen."

4. Nach IAS 36 Paragraph 124 darf ein „für den Geschäfts- oder Firmenwert erfasster Wertminderungsaufwand nicht in den folgenden Berichtsperioden aufgeholt werden".

5. Nach IAS 39 Paragraph 69 dürfen „ergebniswirksam erfasste Wertberichtigungen für ein gehaltenes Eigenkapitalinstrument, das als zur Veräußerung verfügbar eingestuft wird, nicht ergebniswirksam rückgängig gemacht werden".

6. Nach IAS 39 Paragraph 66 darf ein Wertminderungsaufwand für finanzielle Vermögenswerte, die zu Anschaffungskosten bilanziert werden (wie ein Wertminderungsaufwand bei einem nicht notierten Eigenkapitalinstrument, das nicht zum beizulegenden Zeitwert angesetzt wird, weil sein beizulegender Zeitwert nicht verlässlich ermittelt werden kann) nicht rückgängig gemacht werden.

7. In dieser Interpretation werden die folgenden Fragen behandelt:

Muss ein Unternehmen den in einem Zwischenbericht für den Geschäfts- oder Firmenwert, für gehaltene Eigenkapitalinstrumente und für finanzielle Vermögenswerte, die zu Anschaffungskosten bilanziert werden, erfassten Wertminderungsaufwand rückgängig machen, wenn kein oder ein geringerer Aufwand erfasst worden wäre, wenn die Wertminderung erst zu einem späteren Abschlussstichtag vorgenommen worden wäre?

BESCHLUSS

8. Ein Unternehmen darf einen in einem früheren Berichtszeitraum erfassten Wertminderungsaufwand für den Geschäfts- oder Firmenwert, für gehaltene Eigenkapitalinstrumente oder finanzielle Vermögenswerte, die zu Anschaffungskosten bilanziert werden, nicht rückgängig machen.

9. Ein Unternehmen darf diesen Beschluss nicht analog auf andere Bereiche anwenden, in denen es zu einer Kollision zwischen dem IAS 34 mit anderen Standards kommen kann.

ZEITPUNKT DES INKRAFTTRETENS UND ÜBERGANGSVORSCHRIFTEN

10. Diese Interpretation ist erstmals in der ersten Berichtsperiode eines am 1. November 2006 oder danach beginnenden Geschäftsjahres anzuwenden. Eine frühere Anwendung wird empfohlen. Wenn ein Unternehmen diese Interpretation für Berichtsperioden anwendet, die vor dem 1. November 2006 beginnen, so ist diese Tatsache

5/8. IFRIC 10

anzugeben. Ein Unternehmen hat die Interpretation auf den Geschäfts- oder Firmenwert ab dem Zeitpunkt anzuwenden, an dem es erstmals den IAS 36 anwendet. Das Unternehmen hat die Interpretation auf gehaltene Eigenkapitalinstrumente oder finanzielle Vermögenswerte, die zu Anschaffungskosten bilanziert werden, ab dem Zeitpunkt anzuwenden, an dem es erstmals die Bewertungskriterien des IAS 39 anwendet.

5/9. IFRIC 12

IFRIC INTERPRETATION 12
Dienstleistungskonzessionsvereinbarungen

IFRIC 12, VO (EG) Nr. 254/2009

GLIEDERUNG	§§
HINTERGRUND	1–3
ANWENDUNGSBEREICH	4–9
FRAGESTELLUNGEN	10
BESCHLUSS	11–27
Behandlung der Rechte, die dem Betreiber im Zusammenhang mit der Infrastruktureinrichtung zustehen	11
Ansatz und Bewertung der vereinbarten Gegenleistung	12–13
Bau- oder Ausbauleistungen	14
Vom Konzessionsgeber an den Betreiber erbrachte Gegenleistung	15–19
Betriebsleistungen	20
Vertragliche Verpflichtungen, einen festgelegten Grad der Gebrauchstauglichkeit der Infrastruktureinrichtung wiederherzustellen	21
Beim Betreiber anfallende Fremdkapitalkosten	22
Finanzieller Vermögenswert	23–25
Immaterieller Vermögenswert	26
Dem Betreiber vom Konzessionsgeber zur Verfügung gestellte Gegenstände	27
ZEITPUNKT DES INKRAFTTRETENS	28
ÜBERGANGSVORSCHRIFTEN	29–30
ANHANG A Anwendungsleitlinien	AL1–AL8
ANHANG B Änderungen an IFRS 1 und an anderen Interpretationen	B1–B3

VERWEISE

- Rahmenkonzept für die Aufstellung und Darstellung von Abschlüssen
- IFRS 1 *Erstmalige Anwendung der International Financial Reporting Standards*
- IFRS 7 *Finanzinstrumente: Angaben*
- IAS 8 *Rechnungslegungsmethoden, Änderungen von rechnungslegungsbezogenen Schätzungen und Fehler*
- IAS 11 *Fertigungsaufträge*
- IAS 16 *Sachanlagen*
- IAS 17 *Leasingverhältnisse*
- IAS 18 *Umsatzerlöse*
- IAS 20 *Bilanzierung und Darstellung von Zuwendungen der öffentlichen Hand*
- IAS 23 *Fremdkapitalkosten*
- IAS 32 *Finanzinstrumente: Darstellung*
- IAS 36 *Wertminderung von Vermögenswerten*
- IAS 37 *Rückstellungen, Eventualverbindlichkeiten und Eventualforderungen*
- IAS 38 *Immaterielle Vermögenswerte*
- IAS 39 *Finanzinstrumente: Ansatz und Bewertung*
- IFRIC 4 *Feststellung, ob eine Vereinbarung ein Leasingverhältnis enthält*
- SIC-29 *Angabe – Vereinbarungen über Dienstleistungskonzessionen*

HINTERGRUND

1. In vielen Ländern werden die Infrastruktureinrichtungen zur Erfüllung öffentlicher Aufgaben – wie Straßen, Brücken, Tunnel, Gefängnisse, Krankenhäuser, Flughäfen, Wasserversorgungssysteme, Energieversorgungssysteme und Telekommunikationsnetze – traditionell von der öffentlichen Hand errichtet, betrieben und instand gehalten und durch Zuweisungen aus den öffentlichen Haushalten finanziert.

2. In einigen Ländern haben die Regierungen verschiedene Vertragsmodelle eingeführt, um für Privatinvestoren einen Anreiz zu schaffen, sich an der Entwicklung, der Finanzierung, dem Betrieb und der Instandhaltung solcher Infrastruktureinrichtungen zu beteiligen. Die Infrastruktureinrichtung kann entweder schon bestehen oder sie wird während der Laufzeit des Vertrags errichtet. Eine vertragliche Vereinbarung, die in den Anwendungsbereich dieser Interpretation fällt, regelt normalerweise, dass ein Privatunternehmen (der Betreiber) eine Infrastruktureinrichtung zur Erfüllung öffentlicher Aufgaben errichtet oder verbessert (z.B. durch eine Erhöhung der Kapazität) und dass er diese Infrastruktureinrichtung für eine bestimmte Zeit betreibt und instand hält. Für diese während

5/9. IFRIC 12
2 – 11

der Dauer der Vereinbarung erbrachten Dienstleistungen erhält der Betreiber ein Entgelt. Die Vereinbarung wird durch einen Vertrag geregelt, der den Standard der zu erbringenden Leistungen, die Preisanpassungsmechanismen sowie die Verfahren zur Schlichtung von Streitigkeiten regelt. Solche Vereinbarungen werden oft als „Bau- und Betriebsübertragungen", „Sanierungs- und Betriebsübertragungen" oder als „öffentlich-private" Konzessionsvereinbarungen bezeichnet.

3. Ein Merkmal dieser Dienstleistungskonzessionsvereinbarungen ist der öffentliche Charakter der vom Betreiber übernommenen Verpflichtung. Da die Infrastruktureinrichtungen öffentliche Aufgaben zu erfüllen haben, erbringen sie ihre Dienstleistungen unabhängig von der Person des Betreibers für die Öffentlichkeit. Der Betreiber wird vertraglich verpflichtet, für die Öffentlichkeit an Stelle der öffentlichen Einrichtung eine Dienstleistung zu erbringen. Andere häufige Merkmale sind:

a) die übertragende Partei (der Konzessionsgeber) ist entweder ein öffentlich-rechtlich organisiertes Unternehmen oder ein staatliches Organ oder ein privatrechtliches Unternehmen, dem die Verantwortung für die Erfüllung der öffentlichen Aufgaben übertragen worden ist;

b) der Betreiber ist zumindest teilweise für den Betrieb der Infrastruktureinrichtung und die damit zu erbringenden Dienstleistungen verantwortlich und handelt nicht nur stellvertretend für den Konzessionsgeber in dessen Namen;

c) der Vertrag regelt die Ausgangspreise, die der Betreiber verlangen kann, sowie die Preisanpassungen während der Laufzeit der Vereinbarung;

d) der Betreiber ist verpflichtet, dem Konzessionsgeber die Infrastruktureinrichtung bei Vertragsende in einem bestimmten Zustand gegen ein geringes oder ohne zusätzliches Entgelt zu übergeben, unabhängig davon, wer die Infrastruktureinrichtung ursprünglich finanziert hat.

ANWENDUNGSBEREICH

4. Diese Interpretation enthält Leitlinien für die Rechnungslegung der Betreiber im Rahmen öffentlich-privater Dienstleistungskonzessionsvereinbarungen.

5. Diese Interpretation ist auf öffentlich-private Dienstleistungskonzessionsvereinbarungen anwendbar, wenn

a) der Konzessionsgeber kontrolliert oder bestimmt, welche Dienstleistungen der Betreiber mit der Infrastruktureinrichtung zu erbringen hat, an wen er sie zu erbringen hat und zu welchem Preis, und wenn

b) der Konzessionsgeber nach Ablauf der Vereinbarung aufgrund von Eigentumsansprüchen oder von anderen vergleichbaren Rechten alle verbleibenden wichtigen Interessen an der Infrastruktureinrichtung kontrolliert.

6. Auf Infrastruktureinrichtungen, die während ihrer gesamten wirtschaftlichen Nutzungsdauer (gesamte Nutzungsdauer der Vermögenswerte) einer öffentlich-privaten Dienstleistungskonzessionsvereinbarung unterliegen, ist diese Interpretation dann anwendbar, wenn die Bedingungen des Paragraphen 5 Buchstabe a vorliegen. Die Paragraphen AL1–AL8 geben Leitlinien für die Festlegung an die Hand, ob und in welchem Umfang Konzessionsvereinbarungen in den Anwendungsbereich dieser Interpretation fallen.

7. Diese Interpretation ist anwendbar

a) auf Infrastruktureinrichtungen, die der Betreiber für die Zwecke der Dienstleistungskonzessionsvereinbarung selbst errichtet oder von einem Dritten erwirbt, sowie

b) auf bestehende Infrastruktureinrichtungen, die der Konzessionsgeber dem Betreiber für die Zwecke der Vereinbarung zugänglich macht.

8. Diese Interpretation enthält keine Aussage über die Rechnungslegung für Infrastruktureinrichtungen, die vom Betreiber bereits vor Abschluss der Vereinbarung als Sachanlagen gehalten und angesetzt wurden. Auf solche Infrastruktureinrichtungen sind die (in IAS 16 enthaltenen) IFRS-Ausbuchungsvorschriften anwendbar.

9. Diese Interpretation regelt nicht die Rechnungslegung durch die Konzessionsgeber.

FRAGESTELLUNGEN

10. Diese Interpretation enthält die allgemeinen Regeln für den Ansatz und die Bewertung von Verpflichtungen und damit verbundenen Ansprüchen aus Dienstleistungskonzessionsvereinbarungen. Welche Angaben im Zusammenhang mit Vereinbarungen von Betreiber- und Konzessionsmodellen zu machen sind, ist in SIC-29 *Angabe – Vereinbarungen über Dienstleistungskonzessionen* geregelt. Die in dieser Interpretation behandelten Fragestellungen sind:

a) Behandlung der Rechte, die dem Betreiber im Zusammenhang mit der Infrastruktureinrichtung zustehen,

b) Ansatz und Bewertung der vereinbarten Gegenleistung,

c) Bau oder Ausbauleistungen,

d) Betreiberleistungen,

e) Fremdkapitalkosten,

f) nachfolgende Bilanzierung eines finanziellen und eines immateriellen Vermögenswerts und

g) dem Betreiber vom Konzessionsgeber zur Verfügung gestellte Gegenstände.

BESCHLUSS

Behandlung der Rechte, die dem Betreiber im Zusammenhang mit der Infrastruktureinrichtung zustehen

11. Im Anwendungsbereich dieser Interpretation

ist eine Infrastruktureinrichtung nicht als Sachanlage anzusetzen, da der Dienstleistungskonzessionsvertrag den Betreiber nicht dazu berechtigt, selbst über die Nutzung der öffentlichen Infrastruktureinrichtung zu bestimmen und diese zu kontrollieren. Der Betreiber hat Zugang zur Infrastruktureinrichtung, um die öffentlichen Aufgaben entsprechend den vertraglich vereinbarten Modalitäten an Stelle des Konzessionsgebers zu erfüllen.

Ansatz und Bewertung der vereinbarten Gegenleistung

12. Im Rahmen der in den Anwendungsbereich dieser Interpretation fallenden Verträge handelt der Betreiber als Dienstleistungserbringer. Der Betreiber erbaut eine Infrastruktureinrichtung oder baut sie aus (Bau- oder Ausbauleistung), die dazu bestimmt ist, öffentliche Aufgaben zu erfüllen, er betreibt diese Einrichtung für einen vereinbarten Zeitraum und ist in dieser Zeit auch für deren Instandhaltung verantwortlich (Betriebsleistungen).

13. Der Betreiber hat den Ertrag aus den von ihm erbrachten Dienstleistungen entsprechend IAS 11 und IAS 18 zu bewerten und zu erfassen. Erbringt der Betreiber im Rahmen einer einzigen Vereinbarung mehr als eine Dienstleistung, (d.h. Bau- oder Ausbauleistungen und Betriebsleistungen), so hat er die erhaltene oder zu erhaltende Gegenleistung entsprechend dem jeweils beizulegenden Zeitwert der erbrachten Einzelleistungen aufzuteilen, wenn eine solche Aufteilung in Einzelbeträge möglich ist. Wie die Gegenleistung bilanziell zu behandeln ist, hängt von der Art der Gegenleistung ab. Wie dann eine erbrachte Gegenleistung als finanzieller Vermögenswert oder als immaterieller Vermögenswert anzusetzen ist, wird weiter unten in den Paragraphen 23 bis 26 erläutert.

Bau- oder Ausbauleistungen

14. Der Betreiber hat Umsätze und Aufwendungen im Zusammenhang mit Bau- oder Ausbauleistungen entsprechend IAS 11 zu erfassen.

Vom Konzessionsgeber an den Betreiber erbrachte Gegenleistung

15. Erbringt der Betreiber Bau- oder Ausbauleistungen, so ist die hierfür erhaltene oder zu erhaltende Gegenleistung zu ihrem beizulegenden Zeitwert anzusetzen. Die Gegenleistung kann bestehen in Ansprüchen auf:
a) einen finanziellen Vermögenswert oder
b) einen immateriellen Vermögenswert.

16. Der Betreiber setzt dann einen finanziellen Vermögenswert an, wenn er als Gegenleistung für die Bauleistungen einen unbedingten vertraglichen Anspruch darauf hat, vom Konzessionsgeber oder auf dessen Anweisung einen Geldbetrag oder einen anderen finanziellen Vermögenswert zu erhalten. Der Konzessionsgeber hat so gut wie keine Möglichkeit, die Zahlung zu vermeiden, da der Zahlungsanspruch in der Regel gerichtlich durchsetzbar ist. Der Betreiber hat einen unbedingten Zahlungsanspruch, wenn der Konzessionsgeber sich gegenüber dem Betreiber vertraglich zur Zahlung a) eines bestimmten oder bestimmbaren Betrags oder b) des Differenzbetrags (falls ein solcher existiert) zwischen den von den Nutzern für die Dienstleistung gezahlten Beträgen und bestimmten oder bestimmbaren Beträgen verpflichtet hat, auch wenn die Zahlung dieses Differenzbetrages davon abhängt, ob der Betreiber bestimmten Qualitäts- oder Effizienzanforderungen genügt.

17. Der Betreiber muss einen immateriellen Vermögenswert ansetzen, wenn er als Gegenleistung ein Recht (eine Konzession) erhält, von den Benutzern der öffentlichen Dienstleistungen eine Gebühr zu verlangen. Das Recht, von den Benutzern der öffentlichen Dienstleistung eine Gebühr verlangen zu können, stellt keinen unbedingten Zahlungsanspruch dar, da deren Gesamtbetrag davon abhängt, in welchem Umfang von den öffentlichen Dienstleistungen Gebrauch gemacht wird.

18. Erhält der Betreiber für seine Bauleistungen eine Gegenleistung, die teilweise aus einem finanziellen Vermögenswert und teilweise aus einem immateriellen Vermögenswert besteht, so sind die einzelnen Bestandteile der Gegenleistung jeweils separat anzusetzen. Die erhaltenen oder zu erhaltenden Bestandteile der Gegenleistung sind erstmalig mit ihrem beizulegenden Zeitwert anzusetzen.

19. Welcher Kategorie die vom Konzessionsgeber an den Betreiber geleistete Gegenleistung angehört, ist aufgrund der vertraglichen Bestimmungen und – wenn anwendbar – nach dem geltenden Vertragsrecht zu bestimmen.

Betriebsleistungen

20. Der Betreiber hat Umsätze und Aufwendungen im Zusammenhang mit den Betriebsleistungen nach IAS 18 zu bilanzieren.

Vertragliche Verpflichtungen, einen festgelegten Grad der Gebrauchstauglichkeit der Infrastruktureinrichtung wiederherzustellen

21. Die dem Betreiber erteilte Konzession kann bedingt sein durch die Verpflichtung, a) einen gewissen Grad der Gebrauchstauglichkeit der Infrastruktureinrichtung aufrecht zu erhalten oder b) zum Ende des Konzessionsvertrages vor der Rückgabe an den Konzessionsgeber einen bestimmten Zustand der Infrastruktureinrichtung wiederherzustellen. Mit Ausnahme von Ausbauleistungen (s. Paragraph 14) sind vertragliche Verpflichtungen, einen bestimmten Zustand der Infrastruktureinrichtung aufrecht zu erhalten oder wiederherzustellen, entsprechend IAS 37 anzusetzen und zu bewerten, d.h. zum bestmöglichen Schätzwert der Aufwendungen, die erforderlich wären, um die Verpflichtung am Bilanzstichtag zu erfüllen.

Beim Betreiber anfallende Fremdkapitalkosten

22. Gemäß IAS 23 sind der Vereinbarung zurechenbare Fremdkapitalkosten für die Zeitspanne, in der sie anfallen, als Aufwand anzusetzen, es sei

5/9. IFRIC 12
22 – 30, Anhang A

denn, der Betreiber hat einen vertraglichen Anspruch auf einen immateriellen Vermögenswert (das Recht, für die Inanspruchnahme der öffentlichen Dienstleistung Gebühren zu verlangen). In diesem Fall werden der Vereinbarung zuordenbare Fremdkapitalkosten während der Bauphase entsprechend diesem Standard aktiviert.

Finanzieller Vermögenswert

23. Auf einen gemäß den Paragraphen 16 und 18 angesetzten Vermögenswert sind IAS 32 und IAS 39 sowie IFRS 7 anwendbar.

24. Der an den oder vom Konzessionsgeber bezahlte Betrag wird entsprechend IAS 39 bilanziert als:

a) Kredit oder Forderung,

b) zur Veräußerung verfügbarer finanzieller Vermögenswert, oder

c) falls beim erstmaligen Ansatz so erfasst, als erfolgswirksam zum beizulegenden Zeitwert bewerteter finanzieller Vermögenswert, sofern die Bedingungen für diese Einstufung gegeben sind.

25. Wird der vom Konzessionsgeber geschuldete Betrag entweder als Kredit oder Forderung oder als zur Veräußerung verfügbarer finanzieller Vermögenswert bilanziert, verlangt IAS 39, dass die nach der Effektivzinsmethode berechneten Zinsen im Gewinn oder Verlust erfasst werden.

Immaterieller Vermögenswert

26. Auf einen nach den Paragraphen 17 und 18 angesetzten immateriellen Vermögenswert ist IAS 38 anwendbar. Die Paragraphen 45 bis 47 des IAS 38 enthalten Leitlinien zur Bewertung immaterieller Vermögenswerte, die im Austausch gegen einen oder mehrere nicht-monetäre Vermögenswerte oder gegen eine Kombination aus monetären und nicht-monetären Vermögenswerten erworben wurden.

Dem Betreiber vom Konzessionsgeber zur Verfügung gestellte Gegenstände

27. Entsprechend Paragraph 11 sind Infrastruktureinrichtungen, die dem Betreiber zum Zwecke der Dienstleistungskonzessionsvereinbarung zugänglich gemacht werden, nicht als Sachanlagen des Betreibers anzusetzen. Der Konzessionsgeber kann dem Betreiber auch andere Gegenstände zur Verfügung stellen, mit denen der Betreiber nach Belieben verfahren kann. Sind solche Vermögenswerte Bestandteil der vom Konzessionsgeber zu erbringenden Gegenleistung, stellen sie keine Zuwendungen der öffentlichen Hand im Sinne von IAS 20 dar. Sie sind als Vermögenswerte des Betreibers anzusetzen und bei ihrem erstmaligen Ansatz mit dem beizulegenden Zeitwert zu bewerten. Hat der Betreiber im Tausch gegen diese Vermögenswerte eine noch unerfüllte Verpflichtung übernommen, so ist diese als Schuld zu ansetzen.

ZEITPUNKT DES INKRAFTTRETENS

28. Diese Interpretation ist auf am 1. Januar 2008 oder danach beginnende Geschäftsjahre anzuwenden. Eine frühere Anwendung ist zulässig. Wenn ein Unternehmen diese Interpretation für Berichtsperioden anwendet, die vor dem 1. Januar 2008 beginnen, so ist diese Tatsache anzugeben.

ÜBERGANGSVORSCHRIFTEN

29. Vorbehaltlich des Paragraphen 30 werden Änderungen in den Rechnungslegungsmethoden entsprechend IAS 8, das heißt rückwirkend, berücksichtigt.

30. Falls eine rückwirkende Anwendung dieser Interpretation bei einer bestimmten Dienstleistungskonzessionsvereinbarung für den Betreiber nicht durchführbar sein sollte, so hat er

a) diejenigen finanziellen Vermögenswerte und immateriellen Vermögenswerte anzusetzen, die zu Beginn der ersten dargestellten Berichtsperiode vorhanden waren,

b) die früheren Buchwerte dieser finanziellen und immateriellen Vermögenswerte (unabhängig von ihrer bisherigen Zuordnung) als die aktuellen Buchwerte anzusetzen, und

c) zu prüfen, ob bei den für diesen Zeitpunkt angesetzten finanziellen und immateriellen Vermögenswerten eine Wertminderung vorliegt. Sollte dies praktisch nicht möglich sein, so sind die angesetzten Buchwerte auf Wertminderung zu Beginn der laufenden Berichtsperiode zu prüfen.

Anhang A

ANWENDUNGSLEITLINIEN

Dieser Anhang ist integraler Bestandteil der Interpretation.

ANWENDUNGSBEREICH (Paragraph 5)

AL1. Paragraph 5 dieser Interpretation legt fest, dass eine Infrastruktureinrichtung in den Anwendungsbereich dieser Interpretation fällt, wenn folgende Voraussetzungen erfüllt sind:

a) der Konzessionsgeber kontrolliert oder bestimmt, welche Dienstleistungen der Betreiber mit der Infrastruktureinrichtung zu erbringen hat, an wen er sie zu erbringen hat und zu welchem Preis, und

b) der Konzessionsgeber kontrolliert nach Ablauf der Vereinbarung aufgrund von Eigentumsansprüchen oder von anderen vergleichbaren Rechten alle verbleibenden wichtigen Interessen an der Infrastruktureinrichtung.

AL2. Die unter Buchstabe a aufgeführte Kontroll- oder Regelungsbefugnis kann sich aus Vertrag oder auf anderen Umständen ergeben (z.B. durch eine Regulierungsstelle) und umfasst sowohl die Fälle, in denen der Konzessionsgeber der alleinige Abnehmer der erbrachten Leistungen ist, als auch die Fälle, in denen andere Benutzer ganz oder zum Teil Abnehmer der Leistungen sind. Bei der Prüfung, ob diese Voraussetzung erfüllt ist, sind mit dem Konzessionsgeber verbundene Parteien als diesem zugehörig zu betrachten. Ist der Konzessionsgeber öffentlich-rechtlich organisiert, so wird die gesamte öffentliche Hand zusammen mit allen Regulierungsstellen, die im öffentlichen Interesse tätig werden, als dem Konzessionsgeber zugehörig angesehen.

AL3. Zur Erfüllung der unter Buchstabe a genannten Voraussetzung muss der Konzessionsgeber die Preisgebung nicht vollständig kontrollieren. Es reicht aus, dass der Preis vom Konzessionsgeber, durch Vertrag oder einer Regulierungsbehörde reguliert wird, zum Beispiel durch einen Preisbegrenzungsmechanismus. Die Voraussetzung muss jedoch für den Kernbereich der Vereinbarung vor liegen. Unwesentliche Bestimmungen wie ein Preisbegrenzungsmechanismus, der nur unter fern liegenden Umständen greift, bleiben unberücksichtigt. Umgekehrt ist das Preiselement des Kontrollerfordernisses auch dann erfüllt, wenn der Ertrag für den Konzessionsgeber dadurch begrenzt ist, dass er zwar dazu berechtigt ist, die Preise frei festzusetzen, jedoch jeden zusätzlichen Gewinn an den Konzessionsgeber zu zahlen hat.

AL4. Um die Voraussetzungen unter Buchstabe b zu erfüllen, muss die die Kontrolle über die wesentlichen noch bestehenden Rechte und Ansprüche an der Infrastruktureinrichtung sowohl praktisch die Möglichkeit des Betreibers beschränken, die Infrastruktureinrichtung zu verkaufen oder zu belasten, als auch dem Konzessionsgeber für die Dauer der Vereinbarung ein fortlaufendes Nutzungsrecht einräumen. Der Restwert der Infrastruktureinrichtung ist ihr geschätzter Marktwert am Ende der Vereinbarungslaufzeit in dem zu diesem Zeitpunkt zu erwartenden Zustand.

AL5. Es ist zwischen der Kontrolle und dem Führen der Geschäfte zu unterscheiden. Behält der Konzessionsgeber sowohl das unter Paragraph 5 Buchstabe a beschriebene Maß an Kontrolle über die Einrichtung als auch die mit dieser zusammenhängenden verbleibenden wesentlichen Rechte und Ansprüche, so führt der Betreiber der Einrichtung lediglich deren Geschäft für den Konzessionsgeber, auch wenn er dabei in vielen Fällen eine weit reichende Entscheidungsbefugnis innehat.

AL6. Liegen die beiden Voraussetzungen der Buchstaben a und b zusammen vor, so wird die Einrichtung in einem solchen Fall einschließlich aller während der gesamten Dauer ihrer wirtschaftlichen Nutzung erforderlichen Erneuerungen (s. Paragraph 21) vom Konzessionsgeber kontrolliert. Muss der Betreiber zum Beispiel während der Laufzeit der Vereinbarung einen Bestandteil der Einrichtung teilweise ersetzen (z.B. den Belag einer Straße oder das Dach eines Gebäudes), so ist der Einrichtungsbestandteil als Einheit zu werten. Die Voraussetzung des Buchstaben b ist daher für die gesamte Infrastruktureinrichtung einschließlich des ersetzten Teils erfüllt, wenn der Konzessionsgeber auch die Kontrolle über die wesentlichen noch bestehenden Rechte und Ansprüche an diesem endgültigen Ersatzteil innehat.

AL7. In manchen Fällen ist die Nutzung der Infrastruktureinrichtung teilweise geregelt wie in Paragraph 5 Buchstabe a beschrieben und teilweise ungeregelt. Diese Vereinbarungen können verschiedener Art sein:

a) jede Infrastruktureinrichtung, die physisch abtrennbar ist, eigenständig betrieben werden kann und die Voraussetzungen einer zahlungsmittelgenerierenden Einheit gemäß IAS 36 erfüllt, ist gesondert zu untersuchen, wenn sie ausschließlich für vertraglich nicht geregelte Zwecke genutzt wird. Dies ist z.B. bei einem zur Behandlung von Privatpatienten genutzten Flügel eines Krankenhauses der Fall, wenn das übrige Krankenhaus für die Behandlung gesetzlich versicherter Patienten genutzt wird.

b) sind lediglich Nebentätigkeiten nicht geregelt (z.B. ein Krankenhauskiosk), so werden sie bei der Frage der tatsächlichen Kontrolle nicht berücksichtigt, weil eine solche Nebentätigkeit die Kontrolle in den Fällen, in denen der Konzessionsgeber die Leistung entsprechend Paragraph 5 kontrolliert, nicht beeinträchtigt.

AL8. Der Betreiber kann das Recht haben, die in Paragraph AL7 Buchstabe a beschriebene abtrennbare Infrastruktureinrichtung zu nutzen, oder eine in Paragraph AL7 Buchstabe b beschriebene Nebentätigkeit auszuüben. In beiden Fällen kann zwischen dem Konzessionsgeber und dem Betreiber ein Leasingverhältnis bestehen. Dieses ist dann entsprechend IAS 17 zu erfassen.

Anhang B

ÄNDERUNGEN AN IFRS 1 UND AN ANDEREN INTERPRETATIONEN

[eingearbeitet]

IFRIC INTERPRETATION 13
Kundenbindungsprogramme

IFRIC 13, VO (EG) Nr. 1262/2008 i.d.F.

1 VO (EG) Nr. 149/2011

GLIEDERUNG	§§
HINTERGRUND	1–2
ANWENDUNGSBEREICH	3
FRAGESTELLUNG	4
BESCHLUSS	5–9
ZEITPUNKT DES INKRAFTTRETENS UND ÜBERGANGSVORSCHRIFTEN	10
ZEITPUNKT DES INKRAFTTRETENS UND ÜBERGANGSVORSCHRIFTEN	10A–11
ANHANG Anleitungen zur Anwendung	A1–A3

VERWEISE

- IAS 8 *Bilanzierungs- und Bewertungsmethoden, Änderungen von Schätzungen und Fehler*
- IAS 18 *Erträge*
- IAS 37 *Rückstellungen, Eventualschulden und Eventualforderungen*

HINTERGRUND

1. Kundenbindungsprogramme werden von Unternehmen verwendet, um Kunden Anreize zum Kauf ihrer Güter oder Dienstleistungen zu bieten. Jedes Mal, wenn ein Kunde Güter oder Dienstleistungen erwirbt, gewährt das Unternehmen dem Kunden eine Prämiengutschrift (häufig als „Treuepunkte" bezeichnet). Der Kunde kann die Prämiengutschriften gegen Prämien wie etwa kostenlose oder preisreduzierte Güter oder Dienstleistungen einlösen.

2. Es gibt eine Vielzahl von Kundenbindungsprogrammen. Bei manchen muss der Kunde eine bestimmte Mindestanzahl oder einen bestimmten Mindestwert von Prämiengutschriften ansammeln, bevor er in der Lage ist, diese einzulösen. Die Prämiengutschriften können an Einzel- oder Gruppenkäufe oder die Loyalität des Kunden über einen festgelegten Zeitraum geknüpft sein. Das Unternehmen kann das Kundenbindungsprogramm selbst durchführen oder sich dem Programm eines Dritten anschließen. Die angebotenen Prämien können Güter oder Dienstleistungen umfassen, die das Unternehmen selbst liefert, und/oder den Anspruch auf Güter oder Dienstleistungen von Dritten beinhalten.

ANWENDUNGSBEREICH

3. Diese Interpretation ist anzuwenden auf Prämiengutschriften im Rahmen von Kundenbindungsprogrammen,

(a) die ein Unternehmen seinen Kunden als Teil eines Verkaufsgeschäfts, d. h. des Verkaufs von Gütern, der Erbringung von Dienstleistungen oder der Nutzung von Vermögenswerten des Unternehmens durch den Kunden, gewährt; und

(b) die der Kunde vorbehaltlich der Erfüllung weiterer Voraussetzungen künftig gegen kostenlose oder vergünstigte Güter oder Dienstleistungen einlösen kann.

Die Interpretation regelt die Bilanzierung von Unternehmen, die Prämiengutschriften an Kunden vergeben.

FRAGESTELLUNG

4. Folgende Fragen werden in dieser Interpretation behandelt:

(a) Sollte die Verpflichtung eines Unternehmens zur künftigen Bereitstellung von kostenlosen oder reduzierten Gütern oder Dienstleistungen („Prämien") wie folgt erfasst und bewertet werden:

(i) Zurechnung eines Teils der aus dem Verkaufsgeschäft erhaltenen Gegenleistung zu den Prämiengutschriften und Verschiebung der Ertragserfassung (Anwendung von Paragraph 13 des IAS 18); oder

(ii) Ansatz einer Rückstellung für die geschätzten künftigen Aufwendungen für die Bereitstellung der Prämien (Anwendung von Paragraph 19 des IAS 18); und

(b) wenn ein Teil der Gegenleistung den Prämiengutschriften zugerechnet wird:

(i) in welcher Höhe sollte die Zurechnung erfolgen;

(ii) wann sollte der Ertrag erfasst werden; und

(iii) wie sollte der Ertrag bewertet werden, wenn die Prämien durch Dritte geliefert werden?

BESCHLUSS

5. Ein Unternehmen hat Paragraph 13 von IAS 18 anzuwenden und Prämiengutschriften als einzelne abgrenzbare Bestandteile des bzw. der Verkaufsgeschäft(e) zu bilanzieren, bei dem bzw. denen sie gewährt wurden („ursprünglicher Verkauf"). Der beizulegende Zeitwert der erhaltenen oder zu erhaltenden Gegenleistung aus dem ursprünglichen Verkauf ist zwischen den Prämiengutschriften und den anderen Bestandteilen des Geschäftsvorfalls aufzuteilen.

6. Der Teil der Gegenleistung, der den Prämiengutschriften zugeordnet wird, ist zu ihrem beizulegenden Zeitwert zu bewerten, d. h. mit dem Betrag, für den die Prämiengutschriften separat hätten verkauft werden können.

7. Stellt das Unternehmen die Prämien selbst bereit, ist der den Prämiengutschriften zugerechnete Teil der Gegenleistung erst dann als Ertrag zu erfassen, wenn die Gutschriften eingelöst werden und das Unternehmen seine Verpflichtung zur Aushändigung der Prämien erfüllt hat. Die Höhe des erfassten Ertrags richtet sich nach der Anzahl der Prämiengutschriften, die gegen Prämien eingelöst wurden, in Relation zur Gesamtzahl der voraussichtlich einzulösenden Gutschriften.

8. Werden die Prämien durch Dritte bereitgestellt, hat das Unternehmen zu prüfen, ob es die den Prämiengutschriften zugeordnete Gegenleistung auf eigene Rechnung (d. h. Auftraggeber) oder im Auftrag der anderen Partei (d. h. als Vermittler für diese Partei) vereinnahmt.

(a) Wenn das Unternehmen die Gegenleistung im Auftrag eines Dritten vereinnahmt,
  (i) bestimmt es seinen Ertrag als den ihm verbleibenden Nettobetrag, d. h. die Differenz zwischen der den Prämiengutschriften zugeordneten Gegenleistung und dem Betrag, den es an den Dritten für die Bereitstellung der Prämien zahlen muss, und
  (ii) erfasst es diesen Nettobetrag dann als Ertrag, wenn beim Dritten die Verpflichtung zur Lieferung der Prämien und der Anspruch auf eine entsprechende Gegenleistung entstanden ist. Dies kann zeitgleich mit der Gewährung der Prämiengutschriften geschehen. Steht es dem Kunden frei, die Prämiengutschriften beim Unternehmen oder beim Dritten einzulösen, ist dies unter Umständen nur dann der Fall, wenn der Kunde sich für eine Einlösung bei einem Dritten entscheidet.

(b) Vereinnahmt das Unternehmen die Gegenleistung auf eigene Rechnung, bestimmt es seinen Ertrag als Bruttobetrag der den Prämiengutschriften zugeordneten Gegenleistung und erfasst diesen Ertrag, wenn es seine Verpflichtungen in Bezug auf die Prämien erfüllt hat.

9. Wenn erwartet wird, dass zu irgendeinem Zeitpunkt die unvermeidbaren Kosten für die Erfüllung der Verpflichtungen zur Lieferung der Prämien die erhaltene oder zu erhaltende Gegenleistung übersteigen (d. h. die Gegenleistung, die den Prämiengutschriften beim ursprünglichen Verkauf zugerechnet wurde, aber noch nicht als Ertrag erfasst wurde, zuzüglich einer etwaigen weiteren zu erhaltenden Gegenleistung bei Einlösung der Prämiengutschriften durch den Kunden), liegt für das Unternehmen ein belastender Vertrag vor. Für den Unterschiedsbetrag ist eine Verbindlichkeit gemäß IAS 37 anzusetzen. Der Ansatz einer solchen Verbindlichkeit kann notwendig werden, wenn die voraussichtlichen Kosten für die Bereitstellung der Prämien steigen, etwa weil das Unternehmen seine Erwartungen hinsichtlich der Anzahl künftig einzulösender Prämiengutschriften revidiert.

ZEITPUNKT DES INKRAFTTRETENS UND ÜBERGANGSVORSCHRIFTEN

10. Diese Interpretation ist erstmals in der ersten Berichtsperiode eines am 1. Juli 2008 oder danach beginnenden Geschäftsjahres anzuwenden. Eine frühere Anwendung ist zulässig. Wenn ein Unternehmen diese Interpretation für Berichtsperioden anwendet, die vor dem 1. Juli 2008 beginnen, so ist diese Tatsache anzugeben.

ZEITPUNKT DES INKRAFTTRETENS UND ÜBERGANGSVORSCHRIFTEN

10A. Durch die im Mai 2010 veröffentlichten *Verbesserungen an den IFRS* wurde Paragraph AG2 geändert. Diese Änderung ist erstmals in der ersten Berichtsperiode eines am oder nach dem 1. Januar 2011 beginnenden Geschäftsjahres anzuwenden. Eine frühere Anwendung ist zulässig. Wendet ein Unternehmen die Änderung auf eine frühere Periode an, hat es dies anzugeben.

11. Änderungen der Bilanzierungs- und Bewertungsmethoden sind gemäß IAS 8 zu berücksichtigen.

ANHANG

ANLEITUNGEN ZUR ANWENDUNG

Dieser Anhang ist Bestandteil der Interpretation.

BESTIMMUNG DES BEIZULEGENDEN ZEITWERTES VON PRÄMIENGUTSCHRIFTEN

A1. Paragraph 6 des Beschlusses schreibt vor, dass der Teil der Gegenleistung, der den Prämiengutschriften zugeordnet wird, zu deren beizulegenden Zeitwert zu bewerten ist, d. h. mit dem Betrag, für den die Prämiengutschriften separat hätten verkauft werden können. Wenn der beizulegende Zeitwert nicht direkt beobachtbar ist, muss er geschätzt werden.

AG2. Ein Unternehmen kann den beizulegenden Zeitwert von Prämiengutschriften anhand des beizulegenden Zeitwertes der Prämien schätzen,

5/10. IFRIC 13
Anhang

gegen die sie eingelöst werden können. Der beizulegende Zeitwert der Prämiengutschriften trägt gegebenenfalls Folgendem Rechnung:

(a) der Höhe der Nachlässe oder Anreize, die Kunden angeboten würden, die keine Prämiengutschriften aus einem ursprünglichen Verkauf erworben haben, und

(b) dem Anteil der Prämiengutschriften, die von Kunden voraussichtlich nicht eingelöst werden.

Wenn Kunden verschiedene Prämien zur Auswahl stehen, spiegelt der beizulegende Zeitwert der Prämiengutschriften die beizulegenden Zeitwerte der angebotenen Prämien wider, die im Verhältnis zur erwarteten Häufigkeit gewichtet werden, mit der Kunden die einzelnen Prämien wählen.

A3. In einigen Fällen können andere Schätzungsmethoden verfügbar sein. Wenn beispielsweise ein Dritter die Prämien liefert und vom Unternehmen für jede gewährte Prämiengutschrift bezahlt wird, könnte der beizulegende Zeitwert der Prämiengutschriften anhand des an den Dritten gezahlten Betrags zuzüglich einer angemessenen Gewinnmarge geschätzt werden. Die Auswahl und Anwendung einer Schätzmethode, die den Anforderungen von Paragraph 6 des Beschlusses genügt und unter den jeweiligen Umständen am angemessensten ist, erfordert eine Ermessensentscheidung.

IFRIC INTERPRETATION 14
IAS 19 – Die Begrenzung eines leistungsorientierten Vermögenswertes, Mindestdotierungsverpflichtungen und ihre Wechselwirkung

IFRIC 14, VO (EG) Nr. 1263/2008 i.d.F.

1 VO (EG) Nr. 1274/2008 [IAS 1] **2** VO (EU) Nr. 633/2010

GLIEDERUNG	§§
HINTERGRUND	1 3A
ANWENDUNGSBEREICH	4–5
FRAGESTELLUNG	6
BESCHLUSS	7–26
Verfügbarkeit einer Rückerstattung oder Minderung künftiger Beitragszahlungen	7–17
Als Rückerstattung verfügbarer wirtschaftlicher Nutzen	11–15
Als Beitragsminderung verfügbarer wirtschaftlicher Nutzen	16–17
Auswirkung einer Mindestfinanzierungsvorschrift auf den als Minderung künftiger Beiträge verfügbaren wirtschaftlichen Nutzen	18–22
Wann eine Mindestfinanzierungsvorschrift zum Ansatz einer Verbindlichkeit führen kann	23–26
ZEITPUNKT DES INKRAFTTRETENS	27–27B
ÜBERGANGSBESTIMMUNGEN	28–29

VERWEISE
- IAS 1 *Darstellung des Abschlusses*
- IAS 8 *Bilanzierungs- und Bewertungsmethoden, Änderungen von Schätzungen und Fehler*
- IAS 19 *Leistungen an Arbeitnehmer*
- IAS 37 *Rückstellungen, Eventualschulden und Eventualforderungen*

HINTERGRUND

1. Paragraph 58 von IAS 19 begrenzt die Bewertung eines leistungsorientierten Vermögenswertes auf den „Barwert eines wirtschaftlichen Nutzens, der in Form von Rückerstattungen aus dem Plan oder Minderungen künftiger Beitragszahlungen zur Verfügung steht" zuzüglich nicht erfasster Gewinne und Verluste. Es sind Fragen aufgekommen, wann Rückerstattungen oder Minderungen künftiger Beitragszahlungen als verfügbar betrachtet werden sollten, vor allem dann, wenn Mindestdotierungsverpflichtungen bestehen.

2. In vielen Ländern gibt es Mindestdotierungsverpflichtungen, um die Sicherheit der Pensionsleistungszusagen zu erhöhen, die Mitgliedern eines Altersversorgungsplans gemacht werden. Solche Verpflichtungen sehen normalerweise Mindestbeiträge vor, die über einen bestimmten Zeitraum an einen Plan zu leisten sind. Deshalb kann eine Mindestdotierungsverpflichtung die Fähigkeit des Unternehmens zur Minderung künftiger Beitragszahlungen einschränken.

3. Außerdem kann die Bewertungsobergrenze eines leistungsorientierten Vermögenswertes dazu führen, dass eine Mindestfinanzierungsvorschrift belastend wird. Normalerweise würde eine Vorschrift, Beitragszahlungen an einen Plan zu leisten, keine Auswirkungen auf die Bewertung des Vermögenswerts oder der Verbindlichkeit aus einem leistungsorientierten Plans haben. Dies liegt daran, dass die Beträge zum Zeitpunkt der Zahlung Planvermögen werden und damit die zusätzliche Nettoverbindlichkeit null beträgt. Eine Mindestdotierungsverpflichtung begründet jedoch eine Verbindlichkeit, wenn die erforderlichen Beiträge dem Unternehmen nach ihrer Zahlung nicht zur Verfügung stehen.

3A. Im November 2009 änderte der International Accounting Standards Board IFRIC 14, um eine unbeabsichtigte Folge der Behandlung von Beitragsvorauszahlungen in Fällen, in denen Mindestdotierungsverpflichtungen bestehen, zu beseitigen.

ANWENDUNGSBEREICH

4. Diese Interpretation ist auf alle Leistungen nach Beendigung des Arbeitsverhältnisses aus leistungsorientierten Plänen und auf andere langfristig fällige Leistungen an Arbeitnehmer aus leistungsorientierten Plänen anwendbar.

5. Für die Zwecke dieser Interpretation bezeichnen Mindestdotierungsverpflichtungen alle Vorschriften zur Dotierung eines leistungsorientierten Plans, der Leistungen nach Beendigung des Arbeitsverhältnisses oder andere langfristig fällige Leistungen an Arbeitnehmer beinhaltet.

FRAGESTELLUNG

6. Folgende Fragen werden in dieser Interpretation behandelt:
(a) Wann sollen Rückerstattungen oder Minderungen künftiger Beitragszahlungen als verfügbar gemäß Paragraph 58 von IAS 19 betrachtet werden?
(b) Wie kann sich eine Mindestdotierungsverpflichtung auf die Verfügbarkeitkeit künftiger Beitragsminderungen auswirken?
(c) Wann kann eine Mindestdotierungsverpflichtung zum Ansatz einer Verbindlichkeit führen?

BESCHLUSS

Verfügbarkeit einer Rückerstattung oder Minderung künftiger Beitragszahlungen

7. Ein Unternehmen hat die Verfügbarkeit einer Rückerstattung oder Minderung künftiger Beitragszahlungen gemäß den Regelungen des Plans und den im Rechtskreis des Plans maßgeblichen gesetzlichen Vorschriften zu bestimmen.

8. Ein wirtschaftlicher Nutzen in Form von Rückerstattungen oder Minderungen künftiger Beitragszahlungen ist verfügbar, wenn das Unternehmen diesen Nutzen zu irgendeinem Zeitpunkt während der Laufzeit des Plans oder bei Erfüllung der Planschulden realisieren kann. Ein solcher wirtschaftlicher Nutzen kann insbesondere auch dann verfügbar sein, wenn er zum Abschlussstichtag nicht sofort realisierbar ist.

9. Der verfügbare wirtschaftliche Nutzen ist von der beabsichtigten Verwendung des Überschusses unabhängig. Ein Unternehmen hat den maximalen wirtschaftlichen Nutzen zu bestimmen, der ihm aus Rückerstattungen, Minderungen künftiger Beitragszahlungen oder einer Kombination aus beidem zufließt. Ein Unternehmen darf keinen wirtschaftlichen Nutzen aus einer Kombination von Erstattungsansprüchen und Minderungen künftiger Beiträge ansetzen, die auf sich gegenseitig ausschließenden Annahmen beruhen.

10. Gemäß IAS 1 hat ein Unternehmen Angaben zu den am Abschlussstichtag bestehenden Hauptquellen von Schätzungsunsicherheiten zu machen, die ein beträchtliches Risiko dahingehend enthalten, dass eine wesentliche Anpassung des Buchwertes des Nettovermögenswerts oder der Nettoschuld, die in der Bilanz ausgewiesen werden, erforderlich wird. Hierzu können auch Angaben zu etwaigen Einschränkungen hinsichtlich der gegenwärtigen Realisierbarkeit des Überschusses gehören oder die Angabe, auf welcher Grundlage der verfügbare wirtschaftliche Nutzen bestimmt wurde.

Als Rückerstattung verfügbarer wirtschaftlicher Nutzen

Erstattungsanspruch

11. Eine Rückerstattung ist für ein Unternehmen verfügbar, wenn es einen nicht-bedingten Anspruch auf die Erstattung hat:

(a) während der Laufzeit des Plans, unter der Annahme, dass die Planverbindlichkeiten nicht erfüllt werden müssen, um die Rückerstattung zu erhalten (in einigen Rechtskreisen kann ein Unternehmen z. B. während der Laufzeit des Plans einen Erstattungsanspruch haben, der unabhängig davon besteht, ob die Planverbindlichkeiten beglichen sind); oder

(b) unter der Annahme, dass die Planverbindlichkeiten während der Zeit schrittweise erfüllt werden, bis alle Berechtigten aus dem Plan ausgeschieden sind; oder

(c) unter der Annahme, dass die Planverbindlichkeiten vollständig durch ein einmaliges Ereignis erfüllt werden (d.h. bei einer Auflösung des Plans).

Ein nicht-bedingter Erstattungsanspruch kann unabhängig vom Deckungsgrad des Plans zum Abschlussstichtag bestehen.

12. Wenn der Anspruch des Unternehmens auf Rückerstattung von Überschüssen von dem Eintreten oder Nichteintreten eines oder mehrerer unsicherer zukünftiger Ereignisse abhängt, die nicht vollständig unter seiner Kontrolle stehen, dann hat das Unternehmen keinen nicht-bedingten Anspruch und darf keinen Vermögenswert ansetzen.

13. Der als Rückerstattung verfügbare wirtschaftliche Nutzen ermittelt sich als Betrag des Überschusses zum Abschlussstichtag (dem beizulegenden Zeitwert des Planvermögens abzüglich des Barwertes der leistungsorientierten Verpflichtung), auf den das Unternehmen einen Erstattungsanspruch hat, abzüglich aller zugehörigen Kosten. Unterliegt eine Erstattung beispielsweise einer Steuer, die aber es sich nicht um die Einkommensteuer handelt, ist die Höhe der Erstattung abzüglich dieser Steuer zu bestimmen.

14. Bei der Bewertung einer verfügbaren Rückerstattung im Falle einer Planauflösung (Paragraph 11 (c)) sind die Kosten des Plans für die Abwicklung der Planverbindlichkeiten und Leistung der Rückerstattung zu berücksichtigen. Beispielsweise hat ein Unternehmen Honorare in Abzug zu bringen, wenn diese vom Plan und nicht vom Unternehmen gezahlt werden, sowie die Kosten für etwaige Versicherungsprämien, die zur Absicherung der Verbindlichkeit bei Auflösung notwendig sind.

15. Wird die Höhe einer Rückerstattung als voller Betrag oder Teil des Überschusses und nicht als fester Betrag bestimmt, hat das Unternehmen keine Abzinsung für den Zeitwert des Geldes vorzunehmen, selbst wenn die Erstattung erst zu einem künftigen Zeitpunkt realisiert werden kann.

Als Beitragsminderung verfügbarer wirtschaftlicher Nutzen

16. Unterliegen Beiträge für künftige Leistungen keinen Mindestdotierungsverpflichtungen, ist der als Minderung künftiger Beiträge verfügbare wirtschaftliche Nutzen

(a) [gestrichen]

(b) der künftige Dienstzeitaufwand für das Unternehmen in jeder Periode der erwarteten Lebensdauer des Plans oder der erwarteten Lebensdauer des Unternehmens, falls diese kürzer ist. Nicht im künftigen Dienstzeitaufwand für das Unternehmen enthalten sind die Beträge, die von den Arbeitnehmern aufgebracht werden.

17, Die bei der Ermittlung des künftigen Dienstzeitaufwands zugrunde gelegten Annahmen müssen sowohl mit den Annahmen, die bei der Bestimmung der leistungsorientierten Verpflichtung herangezogen werden, als auch mit der Situation zum Bilanzstichtag gemäß IAS 19 vereinbar sein. Aus diesem Grund ist für die Zukunft so lange von unveränderten Leistungen des Plans auszugehen, wie dieser nicht geändert wird, und ein unveränderter Personalstand anzunehmen, es sei denn, das Unternehmen ist zum Bilanzstichtag nachweislich dazu verpflichtet, die Zahl der am Plan teilnehmenden Arbeitnehmer zu verringern. In letztgenanntem Fall ist diese Verringerung bei der Annahme des künftigen Personalstands zu berücksichtigen.

Auswirkung einer Mindestfinanzierungsvorschrift auf den als Minderung künftiger Beiträge verfügbaren wirtschaftlichen Nutzen

18. Ein Unternehmen hat jede Mindestdotierungsverpflichtung zu einem festgelegten Zeitpunkt daraufhin zu analysieren, welche Beiträge a) zur Deckung einer vorhandenen Unterschreitung der Mindestdotierungsgrenze für zurückliegende Leistungen und welche b) zur Deckung der künftigen Leistungen erforderlich sind.

19. Beiträge zur Deckung einer vorhandenen Unterschreitung der Mindestdotierungsgrenze für bereits erhaltene Leistungen haben keinen Einfluss auf künftige Beiträge für künftige Leistungen. Diese können zum Ansatz einer Verbindlichkeit gemäß Paragraphen 23–26 führen.

20. Unterliegen Beiträge für künftige Leistungen einer Mindestdotierungsverpflichtung, ist der als Minderung künftiger Beiträge verfügbare wirtschaftliche Nutzen die Summe aus

(a) allen Beträgen, durch die sich künftige Beiträge, die im Rahmen einer Mindestdotierungsverpflichtung zu entrichten sind, verringern, weil das Unternehmen eine Vorauszahlung geleistet (d.h. den Betrag vor seiner eigentlichen Fälligkeit gezahlt) hat, und

(b) dem gemäß den Paragraphen 16 und 17 geschätzten künftigen Dienstzeitaufwand in jeder Periode abzüglich der geschätzten Beiträge, die im Rahmen einer Mindestdotierungsverpflichtung für künftige Leistungen in diesen Perioden entrichtet werden müssten, würde keine Vorauszahlung gemäß Buchstabe a erfolgen.

21. Bei der Schätzung der im Rahmen einer Mindestdotierungsverpflichtung für künftige Leistungen zu entrichtenden Beiträge hat das Unternehmen die Auswirkungen etwaiger vorhandener Überschüsse zu berücksichtigen, die anhand der Mindestdotierung, aber unter Ausschluss der in Paragraph 20 Buchstabe a genannten Vorauszahlung bestimmt werden. Die vom Unternehmen zugrunde gelegten Annahmen müssen mit der Mindestdotierung und für den Fall, dass in dieser Dotierung ein Faktor unberücksichtigt bleibt, mit den bei Bestimmung der leistungsorientierten Verpflichtung zugrunde gelegten Annahmen, sowie mit der Situation zum Bilanzstichtag gemäß IAS 19 vereinbar sein. In die Schätzung fließen alle Änderungen ein, die unter der Annahme, dass das Unternehmen die Mindestbeiträge zum Fälligkeitstermin entrichtet, erwartet werden. Nicht berücksichtigt werden dürfen dagegen die Auswirkungen von Änderungen, die bei den Bestimmungen für die Mindestdotierung erwartet werden und die zum Bilanzstichtag nicht beschlossen oder vertraglich vereinbart sind.

22. Wenn ein Unternehmen den in Paragraph 20 Buchstabe b genannten Betrag bestimmt und die im Rahmen einer Mindestdotierungsverpflichtung für künftige Leistungen zu entrichtenden Beiträge den künftigen Dienstzeitaufwand nach IAS 19 in einer beliebigen Periode übersteigen, reduziert sich der als Minderung künftiger Beiträge verfügbare wirtschaftliche Nutzen. Der in Paragraph 20 Buchstabe b genannte Betrag kann jedoch niemals kleiner als Null sein.

Wann eine Mindestfinanzierungsvorschrift zum Ansatz einer Verbindlichkeit führen kann

23. Falls ein Unternehmen im Rahmen einer Mindestdotierungsverpflichtung verpflichtet ist, aufgrund einer bestehenden Unterschreitung der Mindestdotierungsgrenze zusätzliche Beiträge für bereits erhaltene Leistungen einzuzahlen, muss das Unternehmen ermitteln, ob die zu zahlenden Beiträge als Rückerstattung oder Minderung künftiger Beitragszahlungen verfügbar sein werden, wenn sie in den Plan eingezahlt worden sind.

24. In dem Maße, in dem die zu zahlenden Beiträge nach ihrer Einzahlung in den Plan nicht verfügbar sein werden, hat das Unternehmen zum Zeitpunkt des Entstehens der Verpflichtung eine Verbindlichkeit anzusetzen. Die Verbindlichkeit führt zu einer Reduzierung des leistungsorientierten Vermögenswertes oder einer Erhöhung der leistungsorientierten Verbindlichkeit, so dass durch die Anwendung von IAS 19 Paragraph 58 kein Gewinn oder Verlust zu erwarten ist, wenn die Beitragszahlungen geleistet worden sind.

25. Ein Unternehmen hat Paragraph 58A von IAS 19 anzuwenden, bevor es die Verbindlichkeit gemäß Paragraph 24 bestimmt.

26. Die Verbindlichkeit aus der Mindestdotierungsverpflichtung und jede spätere Neubewertung dieser Verbindlichkeit ist sofort in Übereinstimmung mit dem vom Unternehmen angewandten Verfahren zur Erfassung der Auswirkung der Obergrenze in Paragraph 58 von IAS 19 auf die Bewertung des leistungsorientierten Vermögenswertes anzusetzen. Insbesondere gilt:

(a) Ein Unternehmen, das die Auswirkung der

Obergrenze in Paragraph 58 gemäß Paragraph 61(g) von IAS 19 erfolgswirksam erfasst, hat die Anpassung sofort erfolgswirksam zu erfassen;

(b) ein Unternehmen, das die Auswirkung der Obergrenze in Paragraph 58 gemäß Paragraph 93C von IAS 19 in dem sonstigen Ergebnis erfasst, hat die Anpassung sofort in dem sonstigen Ergebnis zu erfassen.

ZEITPUNKT DES INKRAFTTRETENS

27. Diese Interpretation ist erstmals in der ersten Berichtsperiode eines am 1. Januar 2008 oder danach beginnenden Geschäftsjahres anzuwenden. Eine frühere Anwendung ist zulässig.

27A. Infolge des IAS 1 (überarbeitet 2007) wurde die in allen IFRS verwendete Terminologie geändert. Außerdem wurde Paragraph 26 geändert. Diese Änderungen sind erstmals in der ersten Berichtsperiode eines am 1. Januar 2009 oder danach beginnenden Geschäftsjahres anzuwenden. Wird IAS 1 (überarbeitet 2007) auf eine frühere Periode angewendet, sind diese Änderungen entsprechend auch anzuwenden.

27B. Mit *Vorauszahlungen im Rahmen einer Mindestdotierungsverpflichtung* wurde der Paragraph 3A hinzugefügt und wurden die Paragraphen 16–18 und 20–22 geändert. Diese Änderungen sind erstmals in der ersten Berichtsperiode eines am oder nach dem 1. Januar 2011 beginnenden Geschäftsjahrs anzuwenden. Eine frühere Anwendung ist zulässig. Wendet ein Unternehmen die Änderungen auf eine frühere Periode an, hat es dies anzugeben.

ÜBERGANGSBESTIMMUNGEN

28. Diese Interpretation ist von Beginn der ersten dargestellten Berichtsperiode im ersten Abschluss anzuwenden, für den diese Interpretation gilt. Alle Anpassungen aufgrund der erstmaligen Anwendung dieser Interpretation sind in den Gewinnrücklagen zu Beginn dieser Periode zu erfassen.

29. Die in den Paragraphen 3A, 16–18 und 20–22 vorgenommenen Änderungen sind mit Beginn der frühesten Vergleichsperiode, die im ersten nach dieser Interpretation erstellten Abschluss dargestellt ist, anzuwenden. Sollte das Unternehmen diese Interpretation schon vor Anwendung der Änderungen angewandt haben, hat es die aus der Anwendung der Änderungen resultierende Berichtigung zu Beginn der frühesten dargestellten Vergleichsperiode in den Gewinnrücklagen zu erfassen.

5/12. IFRIC 15
1 – 7

IFRIC INTERPRETATION 15
Verträge über die Errichtung von Immobilien

IFRIC 15, VO (EG) Nr. 636/2009

GLIEDERUNG	§§
HINTERGRUND	1–3
ANWENDUNGSBEREICH	4–5
FRAGESTELLUNGEN	6
BESCHLUSS	7–21
Klärung der Frage, ob ein Vertrag unter IAS 11 oder IAS 18 fällt	10–12
Bilanzierung von Umsatzerlösen aus der Errichtung von Immobilien	13–21
Bei dem Vertrag handelt es sich um einen Fertigungsauftrag	13–14
Der Vertrag sieht die Erbringung von Dienstleistungen vor	15
Der Vertrag sieht den Verkauf von Gütern vor	16–19
Angaben	20–21
ÄNDERUNGEN ZUM ANHANG DES IAS 18	22–23
ZEITPUNKT DES INKRAFTTRETENS UND ÜBERGANGSVORSCHRIFTEN	24–25

VERWEISE

- IAS 1 *Darstellung des Abschlusses* (überarbeitet 2007)
- IAS 8 *Rechnungslegungsmethoden, Änderungen von rechnungslegungsbezogenen Schätzungen und Fehler*
- IAS 11 *Fertigungsaufträge*
- IAS 18 *Umsatzerlöse*
- IAS 37 *Rückstellungen, Eventualverbindlichkeiten und Eventualforderungen*
- IFRIC 12 *Dienstleistungskonzessionsvereinbarungen*
- IFRIC 13 *Kundentreueprogramme*

HINTERGRUND

1. In der Immobilienbranche können Unternehmen, die selbst oder durch Subunternehmen Immobilien errichten, vor Vollendung der Errichtung Verträge mit einem oder mehreren Käufern abschließen. Solche Verträge haben verschiedene Formen.

2. Unternehmen, die beispielsweise Wohnimmobilien errichten, können mit dem Verkauf einzelner Einheiten (Wohnungen oder Häuser) „ab Plan" bereits beginnen, wenn die Immobilie noch im Bau ist oder mit dem Bau noch nicht einmal begonnen wurde. Jeder Käufer schließt einen Vertrag mit dem Unternehmen ab, eine bestimmte Einheit zu kaufen, sobald sie bezugsbereit ist. In der Regel leistet der Käufer eine Anzahlung an das Unternehmen, die nur dann rückerstattungsfähig ist, wenn das Unternehmen die fertig gestellte Einheit nicht vertragsgemäß übergibt. In der Regel wird erst bei Vertragserfüllung, wenn der Käufer in den Besitz der Einheit gelangt, der Restbetrag des Kaufpreises an das Unternehmen gezahlt.

3. Unternehmen, die die Errichtung von Gewerbe- oder Industrieimmobilien betreiben, können mit einem einzigen Käufer einen Vertrag abschließen. Vom Käufer können zwischen dem Zeitpunkt des Vertragsabschlusses und der Vertragserfüllung Abschlagszahlungen verlangt werden. Die Errichtung kann auf einem Grundstück erfolgen, das der Käufer vor Baubeginn bereits besitzt oder least.

ANWENDUNGSBEREICH

4. Unternehmen, die selbst oder durch Subunternehmen Immobilien errichten, haben diese Interpretation auf die Bilanzierung von Umsätzen und zugehörigen Aufwendungen anzuwenden.

5. Verträge über die Errichtung von Immobilien fallen in den Anwendungsbereich dieser Interpretation. Zusätzlich zur Errichtung von Immobilien können solche Verträge auch die Lieferung anderer Güter oder Dienstleistungen enthalten.

FRAGESTELLUNGEN

6. Die vorliegende Interpretation behandelt zwei Fragestellungen:
   (a) Fällt ein Vertrag in den Anwendungsbereich des IAS 11 oder des IAS 18?
   (b) Wann sind Umsatzerlöse aus der Errichtung von Immobilien zu erfassen?

BESCHLUSS

7. In den folgenden Ausführungen wird davon ausgegangen, dass das Unternehmen den Vertrag über die Errichtung der Immobilie und alle damit verbundenen Verträge vorher analysiert hat und zu dem Schluss gekommen ist, dass ihm weder ein weiteres bestehendes Verfügungsrecht, wie es gewöhnlich mit dem Eigentum verbunden ist, noch eine wirksame Verfügungsgewalt über die errichtete Immobilie verbleibt, die eine Erfassung eini-

ger oder aller Entgelte als Umsatzerlöse ausschließen würde. Sollte die Erfassung eines Teils der Entgelte als Umsatzerlöse ausgeschlossen sein, gelten die folgenden Ausführungen nur für den Teil des Vertrags, für den Umsatzerlöse erfasst werden.

8. Ein Unternehmen kann sich im Rahmen eines einzigen Vertrags dazu verpflichten, zusätzlich zur Errichtung der Immobilie auch Güter oder Dienstleistungen zu liefern (z. B. ein Grundstück zu verkaufen oder Hausverwaltungsdienstleistungen zu erbringen). Nach IAS 18 Paragraph 13 muss ein solcher Vertrag eventuell in einzeln identifizierbare Bestandteile aufgeteilt werden, wobei einer die Errichtung der Immobilie enthält. Der beizulegende Zeitwert des gesamten für den Vertrag erhaltenen oder zu erhaltenden Entgelts ist den einzelnen Bestandteilen zuzuordnen. Wenn einzelne Bestandteile identifiziert werden, wendet das Unternehmen die Paragraphen 10–12 dieser Interpretation auf den die Errichtung der Immobilie betreffenden Teil an, um zu bestimmen, ob dieser Bestandteil unter IAS 11 oder IAS 18 fällt. Die Segmentierungskriterien in IAS 11 sind auf jeden Vertragsbestandteil anzuwenden, der als Fertigungsauftrag ausgewiesen wurde.

9. Die folgende Erörterung bezieht sich auf einen Vertrag über die Errichtung einer Immobilie, gilt aber auch für einen Bestandteil zur Errichtung einer Immobilie, der in einem Vertrag identifiziert wurde, der darüber hinaus noch andere Bestandteile umfasst.

Klärung der Frage, ob ein Vertrag unter IAS 11 oder IAS 18 fällt

10. Ob ein Vertrag über die Errichtung einer Immobilie in den Anwendungsbereich von IAS 11 oder IAS 18 fällt, hängt von den Vertragsbestimmungen und allen Begleitumständen und sonstigen maßgeblichen Tatsachen ab. Zur Entscheidung dieser Frage muss jeder Vertrag einzeln beurteilt werden.

11. IAS 11 ist anwendbar, wenn der Vertrag die Definition eines in IAS 11 Paragraph 3 beschriebenen Fertigungsauftrags erfüllt, d.h. es sich um einen „Vertrag über die kundenspezifische Fertigung einzelner Gegenstände oder einer Anzahl von Gegenständen …" handelt. Ein Vertrag über die Errichtung einer Immobilie entspricht dieser Definition, wenn der Käufer die Möglichkeit hat, vor Baubeginn die strukturellen Hauptelemente des Bauplans zu bestimmen und/oder nach Baubeginn die strukturellen Hauptelemente zu ändern (unabhängig davon, ob er von dieser Möglichkeit Gebrauch macht). Wenn IAS 11 anwendbar ist, umfasst der Fertigungsauftrag auch alle Verträge oder Bestandteile über die Erbringung von Dienstleistungen, die direkt mit der Errichtung der Immobilie gemäß Paragraph 5(a) des IAS 11 und Paragraph 4 des IAS 18 in Verbindung stehen.

12. Haben die Käufer bei einem Vertrag über die Errichtung von Immobilien dagegen nur begrenzt die Möglichkeit, den Bauplan der Immobilie zu beeinflussen, wie etwa ein Design aus den vom Unternehmen vorgegebenen Variationen auszuwählen oder das Basisdesign lediglich unwesentlich zu ändern, handelt es sich um einen Vertrag über den Verkauf von Gütern, der in den Anwendungsbereich von IAS 18 fällt.

Bilanzierung von Umsatzerlösen aus der Errichtung von Immobilien

Bei dem Vertrag handelt es sich um einen Fertigungsauftrag

13. Sofern der Vertrag in den Anwendungsbereich von IAS 11 fällt und das Ergebnis verlässlich geschätzt werden kann, hat das Unternehmen die Umsatzerlöse nach Maßgabe des Grads der Auftragserfüllung gemäß IAS 11 zu erfassen.

14. Sollte der Vertrag die Definition eines Fertigungsauftrags nicht erfüllen und damit in den Anwendungsbereich des IAS 18 fallen, hat das Unternehmen zu bestimmen, ob es sich um einen Vertrag über die Erbringung von Dienstleistungen oder einen Vertrag über den Verkauf von Gütern handelt.

Der Vertrag sieht die Erbringung von Dienstleistungen vor

15. Wenn das Unternehmen keine Fertigungsmaterialien erwerben oder liefern muss, handelt es sich bei dem Vertrag wahrscheinlich nur um einen Vertrag über die Erbringung von Dienstleistungen gemäß IAS 18. In diesem Fall schreibt IAS 18 vor, dass Umsatzerlöse nach Maßgabe des Erfüllungsgrads des Geschäfts gemäß der Methode der Gewinnrealisierung nach dem Fertigstellungsgrad zu erfassen sind, wenn die Kriterien in Paragraph 20 des IAS 18 erfüllt werden. Bei Geschäften dieser Art gelten für die Erfassung von Umsatzerlösen und zugehörigen Aufwendungen generell die Anforderungen des IAS 11 (IAS 18 Paragraph 21).

Der Vertrag sieht den Verkauf von Gütern vor

16. Wenn ein Unternehmen zur Erfüllung seiner vertraglichen Verpflichtung, dem Käufer eine Immobilie zu liefern, Dienstleistungen samt Fertigungsmaterialien zur Verfügung stellen muss, handelt es sich um einen Vertrag über den Verkauf von Gütern und sind die in IAS 18 Paragraph 14 beschriebenen Kriterien zur Erfassung der Umsatzerlöse anzuwenden.

17. Das Unternehmen kann dem Käufer mit zunehmendem Baufortschritt die Verfügungsmacht sowie die maßgeblichen Risiken und Chancen, die mit dem Eigentum an der in Errichtung befindlichen Immobilie in ihrem jeweiligen Zustand verbunden sind, übertragen. In diesem Fall hat das Unternehmen die Umsatzerlöse nach Maßgabe des Fertigstellungsgrads unter Verwendung der Methode der Gewinnrealisierung nach dem Fertigstellungsgrad zu erfassen, wenn im Laufe der Bauarbeiten alle in IAS 18 Paragraph 14 genannten Kriterien kontinuierlich erfüllt werden. Bei Geschäften dieser Art gelten für die Erfassung von

Umsatzerlösen und zugehörigen Aufwendungen generell die Anforderungen des IAS 11.

18. Das Unternehmen kann dem Käufer zu einem einzigen Zeitpunkt (z.B. bei Fertigstellung oder bei bzw. nach Übergabe) die Verfügungsmacht sowie die maßgeblichen Risiken und Chancen, die mit dem Eigentum an der Immobilie insgesamt verbunden sind, übertragen. In diesem Fall hat das Unternehmen die Umsatzerlöse nur dann zu erfassen, wenn alle in IAS 18 Paragraph 14 genannten Kriterien erfüllt sind.

19. Muss ein Unternehmen an einer bereits an den Käufer übergebenen Immobilie weitere Arbeiten vornehmen, hat es gemäß IAS 18 Paragraph 19 eine Schuld anzusetzen und einen Aufwand zu erfassen. Die Schuld ist gemäß IAS 37 zu bewerten. Wenn ein Unternehmen weitere Güter liefern oder Dienstleistungen erbringen muss, die in Bezug auf die bereits an den Käufer übergebene Immobilie einzeln identifizierbar sind, würde es die übrigen Güter oder Dienstleistungen gemäß Paragraph 8 dieses Standards als einen separaten Bestandteil des Verkaufs identifizieren.

Angaben

20. Wenn ein Unternehmen bei Verträgen, bei denen im Laufe der Bauarbeiten kontinuierlich alle in IAS 18 Paragraph 14 genannten Kriterien erfüllt sind (siehe Paragraph 17 dieser Interpretation), Umsatzerlöse gemäß der Methode der Gewinnrealisierung nach dem Fertigstellungsgrad erfasst hat, hat es folgende Angaben zu machen:

(a) Angaben darüber, wie es bestimmt, welche Verträge während der gesamten Bauarbeiten alle in IAS 18 Paragraph 14 genannten Kriterien erfüllen;

(b) die Höhe der innerhalb dieser Periode mit diesen Verträgen erzielten Umsatzerlöse; und

(c) die Methoden zur Ermittlung des Grades der Erfüllung der in Ausführung befindlichen Verträge.

21. Für die in Paragraph 20 beschriebenen Verträge, die sich zum Bilanzstichtag in Bearbeitung befinden, sind außerdem folgende Angaben zu machen:

(a) die Summe der bis zum Stichtag angefallenen Kosten und ausgewiesenen Gewinne (abzüglich erfasster Verluste); und

(b) der Betrag erhaltener Anzahlungen.

ÄNDERUNGEN ZUM ANHANG DES IAS 18

22–23. [Änderung betrifft nicht den Kerntext der nummerierten Standards]

ZEITPUNKT DES INKRAFTTRETENS UND ÜBERGANGSVORSCHRIFTEN

24. Diese Interpretation ist erstmals in der ersten Berichtsperiode eines am 1. Januar 2009 oder danach beginnenden Geschäftsjahres anzuwenden. Eine frühere Anwendung ist zulässig. Wenn ein Unternehmen diese Interpretation für Berichtsperioden anwendet, die vor dem 1. Januar 2009 beginnen, so ist dies anzugeben.

25. Änderungen der Rechnungslegungsmethoden sind gemäß IAS 8 rückwirkend zu berücksichtigen.

IFRIC INTERPRETATION 16
Absicherung einer Nettoinvestition in einen ausländischen Geschäftsbetrieb

IFRIC 16, VO (EG) Nr. 460/2009 i.d.F.

1 VO (EG) Nr. 246/2010

GLIEDERUNG	§§
HINTERGRUND	1–6
ANWENDUNGSBEREICH	7–8
FRAGESTELLUNGEN	9
BESCHLUSS	10–17
Wo kann das Sicherungsinstrument gehalten werden	14–15
Veräußerung eines abgesicherten ausländischen Geschäftsbetriebs	16–17
ZEITPUNKT DES INKRAFTTRETENS	18
ÜBERGANGSVORSCHRIFTEN	19

VERWEISE

– IAS 8 *Rechnungslegungsmethoden, Änderungen von rechnungslegungsbezogenen Schätzungen und Fehler*
– IAS 21 *Auswirkungen von Wechselkursänderungen*
– IAS 39 *Finanzinstrumente: Ansatz und Bewertung*

HINTERGRUND

1. Viele berichtende Unternehmen haben Investitionen in ausländische Geschäftsbetriebe (gemäß der Definition in IAS 21 Paragraph 8). Solche ausländischen Geschäftsbetriebe können Tochterunternehmen, assoziierte Unternehmen, Gemeinschaftsunternehmen oder Niederlassungen sein. Nach IAS 21 muss ein Unternehmen die funktionale Währung jedes ausländischen Geschäftsbetriebs als die Währung des primären Wirtschaftsumfelds des betreffenden Geschäftsbetriebs bestimmen. Bei der Umrechnung der Vermögens-, Finanz- und Ertragslage eines ausländischen Geschäftsbetriebs in die Darstellungswährung muss ein Unternehmen Währungsumrechnungsdifferenzen bis zur Veräußerung des ausländischen Geschäftsbetriebs im sonstigen Ergebnis erfassen.

2. Die Voraussetzungen für eine Bilanzierung von Sicherungsgeschäften für das aus einer Nettoinvestition in einen ausländischen Geschäftsbetrieb resultierende Währungsrisiko sind nur erfüllt, wenn das Nettovermögen dieses ausländischen Geschäftsbetriebs im Abschluss enthalten ist. (^{1}). Bei dem in Bezug auf das Währungsrisiko aufgrund einer Nettoinvestition in einen ausländischen Geschäftsbetrieb gesicherten Grundgeschäft kann es sich um einen Betrag des Nettovermögens handeln, der dem Buchwert des Nettovermögens des ausländischen Geschäftsbetriebs entspricht oder geringer als dieser ist.

(^{1}) Dies betrifft Konzernabschlüsse, Abschlüsse, bei denen Anteile unter Verwendung der Equity-Methode bilanziert werden, Abschlüsse, bei denen Anteile von Partnerunternehmen an Gemeinschaftsunternehmen quotenkonsolidiert werden (kann gemäß den vom International Accounting Standards Board im September 2007 veröffentlichten Vorschlägen in ED 9 *Gemeinschaftliche Vereinbarungen* geändert werden) und Abschlüsse, zu denen eine Niederlassung gehört.

3. IAS 39 verlangt bei der Bilanzierung einer Sicherungsbeziehung die Bestimmung eines geeigneten Grundgeschäfts und eines geeigneten Sicherungsinstruments. Besteht im Fall einer Absicherung einer Nettoinvestition eine designierte Sicherungsbeziehung, wird der Gewinn oder Verlust aus dem Sicherungsinstrument, das als effektive Absicherung der Nettoinvestition bestimmt ist, im sonstigen Ergebnis erfasst, wobei die Währungsumrechnungsdifferenzen aus der Umrechnung der Vermögens-, Finanz- und Ertragslage des ausländischen Geschäftsbetriebs mit einbezogen werden.

4. Ein Unternehmen mit vielen ausländischen Geschäftsbetrieben kann mehreren Währungsrisiken ausgesetzt sein. Diese Interpretation enthält Anleitungen zur Ermittlung der Währungsrisiken, die sich bei der Absicherung einer Nettoinvestition in einen ausländischen Geschäftsbetrieb als abgesichertes Risiko eignen.

5. Nach IAS 39 darf ein Unternehmen sowohl ein derivatives als auch ein nicht derivatives Finanzinstrument (oder eine Kombination aus beidem) als Sicherungsinstrument bei Währungsrisiken bestimmen. Mit dieser Interpretation werden Leitlinien darauf festgelegt, an welcher Stelle innerhalb einer Gruppe Sicherungsinstrumente, die eine Nettoinvestition in einen ausländi-

schen Geschäftsbetrieb absichern, gehalten werden können, um die Voraussetzungen für eine Bilanzierung von Sicherungsgeschäften zu erfüllen.

6. Nach IAS 21 und IAS 39 müssen kumulierte Beträge, die im sonstigen Ergebnis erfasst sind und sich sowohl auf Währungsdifferenzen aus der Umrechnung der Vermögens-, Finanz- und Ertragslage des ausländischen Geschäftsbetriebs als auch auf Gewinne oder Verluste aus dem Sicherungsinstrument beziehen, das als effektive Absicherung der Nettoinvestition bestimmt wurde, bei Veräußerung des ausländischen Geschäftsbetriebs durch das Mutterunternehmen als Umgliederungsbetrag vom Eigenkapital in den Gewinn oder Verlust umgegliedert werden. Diese Interpretation enthält Leitlinien im Hinblick darauf, wie ein Unternehmen die Beträge, die in Bezug auf das Sicherungsinstrument und das Grundgeschäft vom Eigenkapital in den Gewinn oder Verlust umzugliedern sind, bestimmen sollte.

ANWENDUNGSBEREICH

7. Diese Interpretation ist von einem Unternehmen anzuwenden, das das Währungsrisiko aus seinen Nettoinvestitionen in ausländische Geschäftsbetriebe absichert und die Bedingungen für eine Bilanzierung von Sicherungsgeschäften gemäß IAS 39 erfüllen möchte. Zur Vereinfachung wird in dieser Interpretation stellvertretend für ein Unternehmen auf ein Mutterunternehmen und stellvertretend für den Abschluss, in dem das Nettovermögen der ausländischen Geschäftsbetriebe enthalten ist, auf den Konzernabschluss Bezug genommen. Alle Verweise auf ein Mutterunternehmen gelten gleichermaßen für ein Unternehmen, das eine Nettoinvestition in einen ausländischen Geschäftsbetrieb hat, bei dem es sich um ein Gemeinschaftsunternehmen, ein assoziiertes Unternehmen oder eine Niederlassung handelt.

8. Diese Interpretation gilt nur für Absicherungen von Nettoinvestitionen in ausländische Geschäftsbetriebe; sie darf nicht analog auf die Bilanzierung anderer Sicherungsgeschäfte angewandt werden.

FRAGESTELLUNGEN

9. Investitionen in ausländische Geschäftsbetriebe dürfen direkt von einem Mutterunternehmen oder indirekt von seinem bzw. seinen Tochterunternehmen gehalten werden. In dieser Interpretation geht es um folgende Fragestellungen:

(a) *die Art des abgesicherten Risikos und der Betrag des Grundgeschäfts, für das eine Sicherungsbeziehung in Betracht kommt:*

  (i) ob das Mutterunternehmen nur die Währungsumrechnungsdifferenz aus einer Differenz zwischen der funktionalen Währung des Mutterunternehmens und seines ausländischen Geschäftsbetriebs als ein abgesichertes Risiko bestimmen darf, oder ob es ebenso die Währungsumrechnungsdifferenzen aus den Differenzen zwischen der Darstellungswährung des Konzernabschlusses des Mutterunternehmens und der funktionalen Währung des ausländischen Geschäftsbetriebs bestimmen darf;

  (ii) wenn das Mutterunternehmen den ausländischen Geschäftsbetrieb indirekt hält, ob das abgesicherte Risiko nur die Währungsumrechnungsdifferenzen aus Differenzen der funktionalen Währungen zwischen dem ausländischen Geschäftsbetrieb und seinem direkten Mutterunternehmen enthält oder ob das abgesicherte Risiko auch alle Währungsumrechnungsdifferenzen zwischen der funktionalen Währung des ausländischen Geschäftsbetriebs und jedem zwischengeschalteten und obersten Mutterunternehmen enthalten kann (d.h. ob die Tatsache, dass die Nettoinvestition in den ausländischen Geschäftsbetrieb von einem zwischengeschaltetem Mutterunternehmen gehalten wird, das wirtschaftliche Risiko des obersten Mutterunternehmens beeinflusst).

(b) *wo kann innerhalb einer Gruppe das Sicherungsinstrument gehalten werden:*

  (i) ob eine geeignete Bilanzierung von Sicherungsbeziehungen nur dann begründet werden kann, wenn das seine Nettoinvestition absichernde Unternehmen eine an dem Sicherungsinstrument beteiligte Partei ist, oder ob jedes Unternehmen der Gruppe, unabhängig von seiner funktionalen Währung, das Sicherungsinstrument halten kann;

  (ii) ob die Art des Sicherungsinstruments (derivatives oder nicht derivatives Instrument) oder die Konsolidierungsmethode die Beurteilung der Wirksamkeit einer Sicherungsbeziehung beeinflusst.

(c) *welche Beträge sind bei der Veräußerung eines ausländischen Geschäftsbetrieb vom Eigenkapital in den Gewinn oder Verlust umzugliedern:*

  (i) welche Beträge der Währungsumrechnungsrücklage des Mutterunternehmens hinsichtlich des Sicherungsinstruments und des betreffenden Geschäftsbetriebs sind im Konzernabschluss des Mutterunternehmens vom Eigenkapital in den Gewinn oder Verlust umzugliedern, wenn ein abgesicherter ausländischer Geschäftsbetrieb veräußert wird;

  (ii) ob die Konsolidierungsmethode die Bestimmung der vom Eigenkapital in den Gewinn oder Verlust umzugliedernden Beträge beeinflusst.

BESCHLUSS

Art des abgesicherten Risikos und Betrag des Grundgeschäfts, für das eine Sicherungsbeziehung in Betracht kommt

10. Die Bilanzierung von Sicherungsbeziehun-

gen kann nur auf die Währungsumrechnungsdifferenzen angewandt werden, die zwischen der funktionalen Währung des ausländischen Geschäftsbetriebs und der funktionalen Währung des Mutterunternehmens entstehen.

11. Bei einer Absicherung des Währungsrisikos aus einer Nettoinvestition in einen ausländischen Geschäftsbetrieb kann das Grundgeschäft ein Betrag des Nettovermögens sein, der dem Buchwert des Nettovermögens des ausländischen Geschäftsbetriebs im Konzernabschluss des Mutterunternehmens entspricht oder geringer als dieser ist. Der Buchwert des Nettovermögens eines ausländischen Geschäftsbetriebs, der im Konzernabschluss des Mutterunternehmens als Grundgeschäft designiert sein kann, hängt davon ab, ob irgendein niedriger angesiedeltes Mutterunternehmen des ausländischen Geschäftsbetriebs die Bilanzierung von Sicherungsbeziehungen auf alle oder einen Teil des Nettovermögens des betreffenden ausländischen Geschäftsbetriebs angewandt hat und diese Bilanzierung im Konzernabschluss des Mutterunternehmens beibehalten wurde.

12. Das abgesicherte Risiko kann als das zwischen der funktionalen Währung des ausländischen Geschäftsbetriebs und der funktionalen Währung eines (direkten, zwischengeschalteten oder obersten) Mutterunternehmens dieses ausländischen Geschäftsbetriebs entstehende Währungsrisiko bestimmt werden. Die Tatsache, dass die Nettoinvestition von einem zwischengeschalteten Mutterunternehmen gehalten wird, hat keinen Einfluss auf die Art des wirtschaftlichen Risikos, das dem obersten Mutterunternehmen aus dem Währungsrisiko entsteht.

13. Ein Währungsrisiko aus einer Nettoinvestition in einen ausländischen Geschäftsbetrieb kann nur einmal die Voraussetzungen für eine Bilanzierung von Sicherungsbeziehungen im Konzernabschluss erfüllen. Wenn dasselbe Nettovermögen eines ausländischen Geschäftsbetriebs von mehr als einem Mutterunternehmen innerhalb der Gruppe (z.B. sowohl von einem direkten als auch indirekten Mutterunternehmen) für dasselbe Risiko abgesichert wird, kann daher nur eine Sicherungsbeziehung die Voraussetzungen für die Bilanzierung von Sicherungsbeziehungen im Konzernabschluss des obersten Mutterunternehmens erfüllen. Eine von einem Mutterunternehmen in seinem Konzernabschluss designierte Sicherungsbeziehung braucht nicht von einem anderen Mutterunternehmen auf höherer Ebene beibehalten zu werden. Wird sie vom Mutterunternehmen auf höherer Ebene nicht beibehalten, muss jedoch die Bilanzierung von Sicherungsbeziehungen, die von einem Mutterunternehmen auf niedrigerer Ebene angewandt wurde, aufgehoben werden, ehe die Bilanzierung von Sicherungsbeziehungen des Mutterunternehmens auf höherer Ebene anerkannt wird.

Wo kann das Sicherungsinstrument gehalten werden

14. Ein derivatives oder nicht derivatives Instrument (oder eine Kombination aus beidem) kann bei der Absicherung einer Nettoinvestition in einen ausländischen Geschäftsbetrieb als Sicherungsinstrument bestimmt werden. Das (die) Sicherungsinstrument(e) kann (können) von einem oder mehreren Unternehmen innerhalb der Gruppe so lange gehalten werden, wie die Voraussetzungen für die Designation, Dokumentation und Wirksamkeit des IAS 39 Paragraph 88 hinsichtlich der Absicherung einer Nettoinvestition erfüllt sind. Die Absicherungsstrategie der Gruppe ist vor allem eindeutig zu dokumentieren, da die Möglichkeit unterschiedlicher Designationen auf verschiedenen Ebenen der Gruppe besteht.

15. Zur Beurteilung der Wirksamkeit wird die Wertänderung des Sicherungsinstruments hinsichtlich des Währungsrisikos bezogen auf die funktionale Währung des Mutterunternehmens, die als Basis für die Bewertung des abgesicherten Risikos gilt, gemäß der Dokumentation zur Bilanzierung von Sicherungsgeschäften ermittelt. Je nachdem wo das Sicherungsinstrument gehalten wird, kann die gesamte Wertänderung ohne Bilanzierung von Sicherungsgeschäften im Gewinn oder Verlust, im sonstigen Ergebnis oder in beiden erfasst werden. Die Beurteilung der Wirksamkeit wird jedoch nicht dadurch beeinflusst, ob die Wertänderung des Sicherungsinstruments im Gewinn oder Verlust oder im sonstigen Ergebnis erfasst wird. Im Rahmen der Anwendung der Bilanzierung von Sicherungsgeschäften ist der gesamte effektive Teil der Änderung im sonstigen Ergebnis enthalten. Die Beurteilung der Wirksamkeit wird weder davon beeinflusst, ob das Sicherungsinstrument ein derivatives oder nicht derivatives Instrument ist, noch von der Konsolidierungsmethode.

Veräußerung eines abgesicherten ausländischen Geschäftsbetriebs

16. Wenn ein abgesicherter ausländischer Geschäftsbetrieb veräußert wird, ist der Betrag, der als Umgliederungsbetrag aus der Währungsumrechnungsrücklage im Konzernabschluss des Mutterunternehmens bezüglich des Sicherungsinstruments in den Gewinn oder Verlust umgegliedert wird, der gemäß IAS 39 Paragraph 102 zu ermittelnde Betrag. Dieser Betrag entspricht dem kumulierten Gewinn oder Verlust aus dem Sicherungsinstrument, das als wirksame Absicherung bestimmt wurde.

17. Der Betrag, der aus der Währungsumrechnungsrücklage des Konzernabschlusses eines Mutterunternehmens hinsichtlich der Nettoinvestition in den betreffenden ausländischen Geschäftsbetrieb gemäß IAS 21 Paragraph 48 in den Gewinn oder Verlust umgegliedert worden ist, entspricht dem in der Währungsumrechnungsrücklage des betreffenden Mutterunternehmens bezüglich dieses ausländischen Geschäftsbetriebs enthaltenen Betrag. Im Konzernabschluss des obersten Mutterunternehmens wird der gesamte, für alle ausländischen Geschäftsbetriebe in der Währungsumrechnungsrücklage erfasste Nettobetrag durch die Konsolidierungsmethode nicht beeinflusst. Die

Anwendung der direkten oder schrittweisen Konsolidierungsmethode ([1]) seitens des obersten Mutterunternehmens kann jedoch den Betrag seiner Währungsumrechnungsrücklage hinsichtlich eines einzelnen ausländischen Geschäftsbetriebs beeinflussen. Der Einsatz der schrittweisen Konsolidierungsmethode kann dazu führen, dass ein anderer Betrag als der für die Bestimmung der Wirksamkeit der Absicherung verwendete in den Gewinn oder Verlust umgegliedert wird. Diese Differenz kann durch die Bestimmung des Betrags beseitigt werden, der sich bezüglich des ausländischen Geschäftsbetriebs ergeben hätte, wenn die direkte Konsolidierungsmethode angewandt worden wäre. IAS 21 schreibt diese Anpassung nicht vor. Entscheidet sich ein Unternehmen jedoch für diese Methode, hat es diese bei allen Nettoinvestitionen konsequent beizubehalten.

([1]) Die direkte Methode ist die Konsolidierungsmethode, durch welche der Abschluss des ausländischen Geschäftsbetriebs direkt in die funktionale Währung des obersten Mutterunternehmens umgerechnet wird. Die schrittweise Methode ist die Konsolidierungsmethode, durch welche der Abschluss des ausländischen Geschäftsbetriebs zuerst in die funktionale Währung irgendeines zwischengeschalteten Mutterunternehmens und dann in die funktionale Währung des obersten Mutterunternehmens (oder die Darstellungswährung, sofern diese unterschiedlich ist) umgerechnet wird.

ZEITPUNKT DES INKRAFTTRETENS

18. Diese Interpretation ist erstmals in der ersten Berichtsperiode eines am 1. Oktober 2008 oder danach beginnenden Geschäftsjahres anzuwenden. Die Änderung zu Paragraph 14 aufgrund der *Verbesserungen der IFRS* vom April 2009 ist erstmals in der ersten Berichtsperiode eines am 1. Juli 2009 oder danach beginnenden Geschäftsjahres anzuwenden. Eine frühere Anwendung ist zulässig. Wenn ein Unternehmen diese Interpretation für Berichtsperioden anwendet, die vor dem 1. Oktober 2008 beginnen, oder die Änderung zu Paragraph 14 vor dem 1. Juli 2009, so ist dies anzugeben.

ÜBERGANGSVORSCHRIFTEN

19. IAS 8 führt aus, wie ein Unternehmen eine Änderung der Rechnungslegungsmethoden anwendet, die aus der erstmaligen Anwendung einer Interpretation resultiert. Wenn ein Unternehmen diese Interpretation erstmals anwendet, muss es diese Anforderungen nicht erfüllen. Wenn ein Unternehmen ein Sicherungsinstrument als Absicherung einer Nettoinvestition bestimmt hat, das Sicherungsgeschäft jedoch nicht die Bilanzierungsbedingungen für Sicherungsgeschäfte in dieser Interpretation erfüllt, so hat das Unternehmen IAS 39 anzuwenden, um diese Bilanzierung von Sicherungsgeschäften prospektiv einzustellen.

ANLAGE
Anleitungen zur Anwendung

Dieser Anhang ist integraler Bestandteil der Interpretation.

A1. Dieser Anhang veranschaulicht die Anwendung dieser Interpretation am Beispiel der unten dargestellten Unternehmensstruktur. In jedem Fall würden die beschriebenen Sicherungsbeziehungen gemäß IAS 39 auf ihre Wirksamkeit geprüft werden, wenngleich diese Prüfung in diesem Anhang nicht erörtert wird. Das Mutterunternehmen, d.h. das oberste Mutterunternehmen, stellt seinen Konzernabschluss in seiner funktionalen Währung, dem Euro (EUR) dar. Jedes Tochterunternehmen steht in seinem hundertprozentigen Besitz. Die Nettoinvestition des Mutterunternehmens von 500 Mio. £ in das Tochterunternehmen B (funktionale Währung: Pfund Sterling (GBP)) umfasst 159 Mio. £, den Gegenwert der Nettoinvestition von 300 Mio. US$ von Tochterunternehmen B in Tochterunternehmen C (funktionale Währung: US-Dollar (USD)). Mit anderen Worten, das Nettovermögen von Tochterunternehmen B beträgt 341 Mio. £ ohne seine Investition in Tochterunternehmen C.

Art des abgesicherten Risikos, für das eine Sicherungsbeziehung in Betracht kommt (Paragraphen 10–13)

A2. Das Mutterunternehmen kann seine Nettoinvestition in seine Tochterunternehmen A, B und C gegen die Währungsrisiken zwischen deren jeweiligen funktionalen Währungen (Japanischer Yen (JPY), Pfund Sterling und US-Dollar) und dem Euro absichern. Des Weiteren kann das Mutterunternehmen das Währungsrisiko USD/GBP zwischen den funktionalen Währungen des Tochterunternehmens B und des Tochterunternehmens C absichern. Im Konzernabschluss kann das Tochterunternehmen B seine Nettoinvestition in Tochterunternehmen C hinsichtlich des Währungsrisikos zwischen deren funktionalen Währungen des US-Dollars und des Pfund Sterlings absichern. Im folgenden Beispiel ist das designierte Risiko das Risiko des sich ändernden Devisenkassakurses, da die Sicherungsinstrumente keine Derivate sind. Wenn die Sicherungsinstrumente Terminkontrakte wären, könnte das Mutterunternehmen das Währungsrisiko den Terminkontrakten zuordnen.

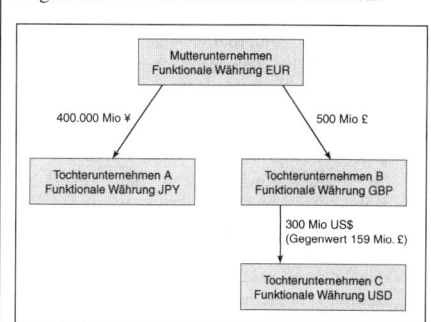

5/13. IFRIC 16 Anlage

Betrag des Grundgeschäfts, für das eine Sicherungsbeziehung in Betracht kommt (Paragraphen 10–13)

A3. Das Mutterunternehmen möchte das Währungsrisiko seiner Nettoinvestition in Tochterunternehmen C absichern. Es wird angenommen, dass das Tochterunternehmen A Fremdmittel in Höhe von 300 Mio. US$ aufgenommen hat. Zu Beginn der Berichtsperiode beläuft sich das Nettovermögen des Tochterunternehmens A auf 400.000 Mio. ¥, einschließlich der Einnahmen aus der externen Kreditaufnahme von 300 Mio. US$.

A4. Das Grundgeschäft kann einem Nettovermögen entsprechen, das gleich dem Buchwert der Nettoinvestition des Mutterunternehmens in Tochterunternehmen C (300 Mio. US$) in seinem Konzernabschluss ist oder darunter liegt. Das Mutterunternehmen kann in seinem Konzernabschluss die externe Kreditaufnahme von 300 Mio. US$ von Tochterunternehmen A als eine Absicherung des Risikos der sich ändernden Devisenkassakurses EUR/USD verbunden mit seiner Nettoinvestition in das Nettovermögen von 300 Mio. US$ des Tochterunternehmens C designieren. In diesem Fall sind nach Anwendung der Bilanzierung von Sicherungsgeschäften sowohl die Währungsdifferenz EUR/USD hinsichtlich der externen Kreditaufnahme von 300 Mio. US$ des Tochterunternehmens A als auch die Währungsdifferenz EUR/USD der Nettoinvestition von 300 Mio. US$ in das Tochterunternehmen C in der Währungsumrechnungsrücklage des Konzernabschlusses des Mutterunternehmens enthalten.

A5. Ohne Bilanzierung von Sicherungsgeschäften würde die gesamte Währungsumrechnungsdifferenz USD/EUR bei der externen Kreditaufnahme von 300 Mio. US$ von Tochterunternehmen A im Konzernabschluss des Mutterunternehmens wie folgt erfasst:

– die Wechselkursänderung des USD/JPY Kassakurses umgerechnet in Euro im Gewinn oder Verlust und

– die Wechselkursänderung des JPY/EUR Kassakurses im sonstigen Ergebnis.

Anstatt der Bestimmung in Paragraph A4 kann das Mutterunternehmen in seinem Konzernabschluss die externe 300 Mio. US$ Kreditaufnahme von Tochterunternehmen A als eine Absicherung des Währungsrisikos des Kassakurses von GBP/USD zwischen Tochterunternehmen C und B bestimmen. In diesem Fall würde stattdessen die gesamte Währungsumrechnungsdifferenz USD/EUR bezüglich der externen Kreditaufnahme von 300 Mio. US$ von Tochterunternehmen A im Konzernabschluss des Mutterunternehmens wie folgt erfasst:

– die Wechselkursänderung des GBP/USD Kassakurses in der Währungsumrechnungsrücklage im Hinblick auf Tochterunternehmen C,

– die Wechselkursänderung des GBP/JPY Kassakurses umgerechnet in Euro im Gewinn oder Verlust und

– die Wechselkursänderung des JPY/EUR Kassakurses im sonstigen Ergebnis.

A6. Das Mutterunternehmen kann in seinem Konzernabschluss die externe Kreditaufnahme von 300 Mio. US$ von Tochterunternehmen A nicht als Absicherung beider Währungsrisiken (Kassakurs EUR/USD und Kassakurs GBP/USD) bestimmen. Ein einzelnes Sicherungsinstrument kann dasselbe designierte Risiko nur einmal absichern. Das Tochterunternehmen B kann in seinem Konzernabschluss keine Bilanzierung von Sicherungsgeschäften vornehmen, da das Sicherungsinstrument außerhalb der Gruppe gehalten wird und Tochterunternehmen B und C betrifft.

Wo kann innerhalb einer Gruppe das Sicherungsinstrument gehalten werden (Paragraphen 14 und 15)?

A7. Wie in Paragraph A5 ausgeführt, würde ohne die Bilanzierung von Sicherungsgeschäften die gesamte Wertänderung beim Währungsrisiko der externen Kreditaufnahme von 300 Mio. US$ von Tochterunternehmen A sowohl im Gewinn oder Verlust (USD/JPY Kassakursrisiko) als auch im sonstigen Ergebnis (EUR/JPY Kassakursrisiko) im Konzernabschluss des Mutterunternehmens ausgewiesen. Zur Beurteilung der Wirksamkeit der in Paragraph A4 designierten Absicherung werden beide Beträge herangezogen, da die Wertänderung sowohl beim Sicherungsinstrument als auch beim Grundgeschäft gemäß der Absicherungsdokumentation in Bezug auf die funktionale Währung des Mutterunternehmens, dem Euro, gegenüber der funktionalen Währung des Tochterunternehmens C, dem US-Dollar, ermittelt wird. Die Konsolidierungsmethode (d.h. die direkte oder schrittweise Methode) beeinflusst die Beurteilung der Wirksamkeit der Absicherung nicht.

Beträge, die bei Veräußerung eines ausländischen Geschäftsbetriebs in den Gewinn oder Verlust umgegliedert werden (Paragraphen 16 und 17)

A8. Wenn das Tochterunternehmen C veräußert wird, werden folgende Beträge von der Währungsumrechnungsrücklage in den Gewinn oder Verlust des Konzernabschlusses des Mutterunternehmens umgegliedert:

(a) in Bezug auf die externe Kreditaufnahme von 300 Mio. US$ von Tochterunternehmen A der Betrag, der gemäß IAS 39 ermittelt werden muss, d.h. die gesamte Wertänderung beim Währungsrisiko, die im sonstigen Ergebnis als der wirksame Teil der Absicherung erfasst wurde; sowie

(b) In Bezug auf die Nettoinvestition von 300 Mio. US$ in das Tochterunternehmen C der Betrag, der durch die Konsolidierungsmethode des Unternehmens ermittelt wurde. Wenn das Mutterunternehmen die direkte Methode verwendet, wird seine Währungsumrechnungsrücklage in Bezug auf Tochterunternehmen C direkt durch den EUR/USD Wechselkurs bestimmt. Wenn das Mutterunternehmen die schrittweise Methode verwendet, wird seine Währungsumrechnungsrücklage in Bezug auf Tochterunternehmen C durch die von Tochterunternehmen B anerkannte Währungsumrechnungsrücklage, die den GBP/USD Wechselkurs widerspiegelt, bestimmt und in die funktionale Währung des Mutterunternehmens unter Verwendung des EUR/GBP Wechselkurses umgerechnet. Hat das Mutterunternehmen in früheren Perioden die schrittweise Konsolidierungsmethode verwendet, so ist es weder dazu verpflichtet noch wird es daran gehindert, den Betrag der Währungsumrechnungsrücklage zu bestimmen, der bei Veräußerung des Tochterunternehmens C umzugliedern ist und den es erfasst hätte, wenn es immer die direkte Methode gemäß seiner Rechnungslegungsmethode eingesetzt hätte.

Absicherung von mehr als einem ausländischen Geschäftsbetrieb (Paragraphen 11, 13 und 15)

A9. Die folgenden Beispiele veranschaulichen dass das Risiko, das im Konzernabschluss des Mutterunternehmens abgesichert werden kann, immer das Risiko zwischen der funktionalen Währung (Euro) und den funktionalen Währungen der Tochterunternehmen B und C ist. Unabhängig davon, wie die Sicherungsgeschäfte bestimmt sind, können die Höchstbeträge, die effektive Sicherungsgeschäfte sein können, in der Währungsumrechnungsrücklage des Konzernabschlusses des Mutterunternehmens enthalten sein, wenn beide ausländischen Geschäftsbetriebe für 300 Mio. US$ für das Währungsrisiko EUR/USD bzw. für 341 Mio. £ für das Währungsrisiko EUR/GBP abgesichert sind. Andere durch Wechselkursänderungen bedingte Wertänderungen sind im Konzerngewinn oder -verlust des Mutterunternehmens enthalten. Natürlich wäre es möglich, dass das Mutterunternehmen 300 Mio. US$ nur für Änderungen der USD/GBP Devisenkassakurse und 500 Mio. £ nur für Änderungen der GBP/EUR Devisenkassakurse bestimmt.

Mutterunternehmen hält sowohl USD als auch GBP Sicherungsinstrumente

A10. Das Mutterunternehmen möchte das Währungsumrechnungsrisiko bei seiner Nettoinvestition in Tochterunternehmen B und seiner Nettoinvestition in Tochterunternehmen C absichern. Es wird angenommen, dass das Mutterunternehmen geeignete, auf US-Dollar und Pfund Sterling lautende Sicherungsinstrumente hält, die es als Sicherungsgeschäfte für seine Nettoinvestitionen in Tochterunternehmen B und C designieren könnte. In seinem Konzernabschluss kann das Mutterunternehmen zu diesem Zweck unter anderem Folgendes designieren:

(a) 300 Mio. US$ Sicherungsinstrument, das als ein Sicherungsgeschäft für die Nettoinvestition von 300 Mio. US$ in Tochterunternehmen C mit dem Risiko des sich ändernden Devisenkassakurses (EUR/USD) zwischen dem Mutterunternehmen und dem Tochterunternehmen C bestimmt ist, und einem Sicherungsinstrument von bis zu 341 Mio. £, das als ein Sicherungsgeschäft für die Nettoinvestition von 341 Mio. £ in Tochterunternehmen B mit dem Risiko des sich ändernden Devisenkassakurses (EUR/GBP) zwischen dem Mutterunternehmen und dem Tochterunternehmen B bestimmt ist.

(b) 300 Mio. US$ Sicherungsinstrument, das als ein Sicherungsgeschäft für die Nettoinvestition von 300 Mio. US$ in Tochterunternehmen C mit dem Risiko des sich ändernden Devisenkassakurses (GBP/USD) zwischen dem Tochterunternehmen B und Tochterunternehmen C bestimmt ist, und einem Sicherungsinstrument von bis zu 500 Mio. £, das als ein Sicherungsgeschäft für die Nettoinvestition von 500 Mio. £ in Tochterunternehmen B mit dem Risiko des sich ändernden Devisenkassakurses (EUR/GBP) zwischen dem Mutterunternehmen und dem Tochterunternehmen B bestimmt ist.

A11. Das EUR/USD Risiko aus der Nettoinvestition des Mutterunternehmens in Tochterunternehmen C unterscheidet sich von dem EUR/GBP Risiko aus der Nettoinvestition des Mutterunternehmens in Tochterunternehmen B. In dem in Paragraph A10(a) beschriebenen Fall hat das Mutterunternehmen jedoch aufgrund seiner Bestimmung des von ihm gehaltenen USD Sicherungsinstruments bereits das EUR/USD Risiko aus seiner Nettoinvestition in Tochterunternehmen C voll abgesichert. Wenn das Mutterunternehmen auch ein von ihm gehaltenes GBP Instrument als ein Sicherungsgeschäft für seine Nettoinvestition von 500 Mio. £ in Tochterunternehmen B bestimmt hat, würden 159 Mio. £ dieser Nettoinvestition, die den Gegenwert seiner USD Nettoinvestition in Tochterunternehmen C darstellen, für das GBP/EUR Risiko im Konzernabschluss des Mutterunternehmens zweimal abgesichert sein.

A12. In dem in Paragraph A10(b) beschriebenen Fall ist, wenn das Mutterunternehmen das abgesicherte Risiko als das Risiko des sich ändernden Devisenkassakurses (GBP/USD) zwischen Tochterunternehmen B und Tochterunternehmen C bestimmt, nur der GBP/USD Teil der Wertänderung des 300 Mio. US$ Sicherungsinstruments in der Währungsumrechnungsrücklage des Mutterunternehmens in Bezug auf das Tochterunternehmen C enthalten. Der Rest der Änderung (Gegenwert zur GBP/EUR Änderung von 159 Mio. £) ist im Konzerngewinn oder -verlust des Mutterunternehmens enthalten (siehe Paragraph A5). Da die Bestimmung des USD/GBP Risikos zwischen den Tochterunternehmen B und C das GBP/EUR Risiko nicht enthält, kann das Mutterunternehmen auch bis zu 500 Mio. £ seiner Nettoinvestition in das Tochterunternehmen B mit dem Risiko des sich ändernden Devisenkassakurses (GBP/EUR) zwischen dem Mutterunternehmen und dem Tochterunternehmen B bestimmen.

5/13. IFRIC 16 Anlage

Tochterunternehmen B hält das USD Sicherungsinstrument

A13. Es wird angenommen, dass das Tochterunternehmen B einen externen Kredit von 300 Mio. US$ hält, dessen Einnahmen durch ein auf Pfund Sterling lautendes konzerninternes Darlehen übertragen wurden. Da sowohl seine Vermögenswerte als auch seine Schulden sich um 159 Mio. £ erhöhten, blieb das Nettovermögen des Tochterunternehmens B unverändert. Tochterunternehmen B konnte den externen Kredit als ein Sicherungsgeschäft für das GBP/USD Risiko seiner Nettoinvestition in das Tochterunternehmen C in seinem Konzernabschluss bestimmen. Das Mutterunternehmen konnte die Bestimmung dieses Sicherungsinstruments des Tochterunternehmens B als ein Sicherungsgeschäft für seine Nettoinvestition von 300 Mio. US$ in Tochterunternehmen C für das GBP/USD Risiko (siehe Paragraph 13) beibehalten und das Mutterunternehmen konnte das GBP Sicherungsinstrument bestimmen, das es als Sicherungsgeschäft für seine gesamte Nettoinvestition von 500 Mio. £ in Tochterunternehmen B hält. Das erste vom Tochterunternehmen B bestimmte Sicherungsgeschäft würde in Bezug auf die funktionale Währung von Tochterunternehmen B (Pfund Sterling) beurteilt werden, und das zweite vom Mutterunternehmen designierte Sicherungsgeschäft würde in Bezug auf die funktionale Währung des Mutterunternehmens (Euro) beurteilt werden. In diesem Fall wurde nur das GBP/USD Risiko der Nettoinvestition des Mutterunternehmens in Tochterunternehmen C im Konzernabschluss des Mutterunternehmens durch das USD Sicherungsinstrument abgesichert und nicht das gesamte EUR/USD Risiko. Daher kann das gesamte EUR/GBP Risiko der Nettoinvestition von 500 Mio. £ des Mutterunternehmens in das Tochterunternehmen B im Konzernabschluss des Mutterunternehmens abgesichert werden.

A14. Die Bilanzierung der Darlehensverbindlichkeit von 159 Mio. £ des Mutterunternehmens an das Tochterunternehmen B muss jedoch auch berücksichtigt werden. Wenn die Darlehensverbindlichkeit des Mutterunternehmens nicht als Teil seiner Nettoinvestition in Tochterunternehmen B betrachtet wird, da sie die Bedingungen in IAS 21 Paragraph 15 nicht erfüllt, würde die Währungsdifferenz GBP/EUR aus der Umrechnung im Konzerngewinn oder -verlust des Mutterunternehmens enthalten sein. Wenn die Darlehensverbindlichkeit von 159 Mio. £ an Tochterunternehmen B als Teil der Nettoinvestition des Mutterunternehmens berücksichtigt wird, würde diese Nettoinvestition nur 341 Mio. £ betragen und der Betrag, den das Mutterunternehmen als Grundgeschäft für das GBP/EUR Risiko bestimmen könnte, würde dementsprechend von 500 Mio. £ auf 341 Mio. £ reduziert werden.

A15. Wenn das Mutterunternehmen die vom Tochterunternehmen B bestimmte Sicherungsbeziehung aufheben würde, könnte das Mutterunternehmen die von Tochterunternehmen B gehaltene externe Kreditaufnahme über 300 Mio. US$ als Sicherungsgeschäft seiner 300 Mio. US$ Nettoinvestition in Tochterunternehmen C für das EUR/USD Risiko bestimmen und das selbst gehaltene GBP Sicherungsinstrument als ein Sicherungsgeschäft für nur bis zu 341 Mio. £ der Nettoinvestition in Tochterunternehmen B designieren. In diesem Fall würde die Wirksamkeit beider Sicherungsgeschäfte in Bezug auf die funktionale Währung (Euro) des Mutterunternehmens ermittelt. Folglich würde sowohl die USD/GBP Wertänderung der von Tochterunternehmen B gehaltene externen Kreditaufnahme als auch die GBP/EUR Wertänderung der Darlehensverbindlichkeit des Mutterunternehmens gegenüber Tochterunternehmen B (Gegenwert insgesamt von USD/EUR) in der Währungsumrechnungsrücklage im Konzernabschluss des Mutterunternehmens enthalten sein. Da das Mutterunternehmen das EUR/USD Risiko aus seiner Investition in Tochterunternehmen C bereits voll abgesichert hat, kann es nur noch bis zu 341 Mio. £ für das EUR/GBP Risiko seiner Nettoinvestition in Tochterunternehmen B absichern.

5/14. IFRIC 17
1 – 6

IFRIC INTERPRETATION 17
Sachdividenden an Eigentümer

IFRIC 17, VO (EG) Nr. 1142/2009

GLIEDERUNG	§§
HINTERGRUND	1–2
ANWENDUNGSBEREICH	3–8
FRAGESTELLUNGEN	9
BESCHLUSS	10–17
Zeitpunkt des Ansatzes einer Dividendenverbindlichkeit	10
Bewertung einer Dividendenverbindlichkeit	11–13
Bilanzierung einer etwaigen Differenz zwischen dem Buchwert der ausgeschütteten Vermögenswerte und dem Buchwert der Dividendenverbindlichkeit zum Zeitpunkt der Erfüllung der Dividendenverbindlichkeit	14
Darstellung und Angaben	15–17
ZEITPUNKT DES INKRAFTTRETENS	18

VERWEISE

- IFRS 3 *Unternehmenszusammenschlüsse* (überarbeitet 2008)
- IFRS 5 *Zur Veräußerung gehaltene langfristige Vermögenswerte und aufgegebene Geschäftsbereiche*
- IFRS 7 *Finanzinstrumente: Angaben*
- IAS 1 *Darstellung des Abschlusses* (überarbeitet 2007)
- IAS 10 *Ereignisse nach der Berichtsperiode*
- IAS 27 *Konzern- und Einzelabschlüsse* (geändert im Mai 2008)

HINTERGRUND

1. Manchmal schüttet ein Unternehmen andere Vermögenswerte als Zahlungsmittel (Sachwerte) als Dividenden an seine Eigentümer (*) aus, die in ihrer Eigenschaft als Eigentümer handeln. In diesen Fällen kann ein Unternehmen seinen Eigentümern auch ein Wahlrecht einräumen, entweder Sachwerte oder einen Barausgleich zu erhalten. Das IFRIC erhielt Anfragen, in denen es ersucht wurde, Leitlinien zur Bilanzierung dieser Art von Dividendenausschüttungen zu erstellen.

(*) In Paragraph 7 des IAS 1 werden Eigentümer als Inhaber von Instrumenten, die als Eigenkapital eingestuft werden, definiert.

2. Die International Financial Reporting Standards (IFRS) enthalten keine Leitlinien dahingehend, wie ein Unternehmen Ausschüttungen an seine Eigentümer bewerten soll (die allgemein als Dividenden bezeichnet werden). Gemäß IAS 1 muss ein Unternehmen Einzelheiten zu Dividenden, die als Ausschüttungen an Eigentümer erfasst werden, entweder in der Eigenkapitalveränderungsrechnung oder im Anhang zum Abschluss darstellen.

ANWENDUNGSBEREICH

3. Diese Interpretation ist auf die folgenden Arten nicht gegenseitiger Ausschüttungen von Vermögenswerten an die Eigentümer eines Unternehmens, die in ihrer Eigenschaft als Eigentümer handeln, anzuwenden:

(a) Ausschüttungen von Sachwerten (z.B. Sachanlagen, Geschäftsbetriebe laut Definition in IFRS 3, Eigentumsanteile an einem anderen Unternehmen oder einer Veräußerungsgruppe laut Definition in IFRS 5); und

(b) Ausschüttungen, die Eigentümer wahlweise als Sachwerte oder als Barausgleich erhalten können.

4. Diese Interpretation gilt nur für Dividendenausschüttungen, bei denen alle Eigentümer von Eigenkapitalinstrumenten derselben Gattung gleich behandelt werden.

5. Diese Interpretation gilt nicht für die Ausschüttung eines Sachwerts, der letztlich vor und nach der Ausschüttung von derselben Partei bzw. denselben Parteien kontrolliert wird. Diese Ausnahme gilt für den Einzel- und Konzernabschluss eines Unternehmens, das die Dividende ausschüttet.

6. Gemäß Paragraph 5 ist diese Interpretation nicht anzuwenden, wenn der Sachwert letztlich von denselben Parteien vor wie auch nach der Ausschüttung kontrolliert wird. Paragraph B2 des IFRS 3 bestimmt: „Von einer Gruppe von Personen wird angenommen, dass sie ein Unternehmen beherrscht, wenn sie aufgrund vertraglicher Vereinbarungen gemeinsam die Möglichkeit hat, dessen Finanz- und Geschäftspolitik zu bestimmen, um aus dessen Geschäftstätigkeiten Nutzen zu ziehen." Daher ist diese Interpretation aufgrund der Tatsache, dass dieselben Parteien den Vermögenswert sowohl vor als auch nach der Ausschüttung kontrollieren, auf Dividendenausschüttungen nicht

5/14. IFRIC 17
6 – 17

anzuwenden, wenn eine Gruppe einzelner Anteilseigner, an die die Dividende ausgeschüttet wird, aufgrund vertraglicher Vereinbarungen die endgültige gemeinsame Befugnis über das ausschüttende Unternehmen haben.

7. Gemäß Paragraph 5 ist diese Interpretation nicht anzuwenden, wenn ein Unternehmen einige seiner Eigentumsanteile an einem Tochterunternehmen ausschüttet, die Beherrschung über das Tochterunternehmen jedoch behält. Wenn ein Unternehmen eine Dividende ausschüttet, die dazu führt, dass es einen nicht beherrschenden Anteil an seinem Tochterunternehmen hält, bilanziert das Unternehmen diese Ausschüttung gemäß IAS 27 (geändert 2008).

8. Diese Interpretation behandelt nur die Bilanzierung eines Unternehmens, das Sachdividenden ausschüttet. Es wird nicht die Bilanzierung bei den Anteilseignern behandelt, die eine solche Dividendenausschüttung erhalten.

FRAGESTELLUNGEN

9. Wenn ein Unternehmen eine Dividendenausschüttung beschließt und verpflichtet ist, die betreffenden Vermögenswerte an seine Eigentümer auszuschütten, muss es eine Schuld für die Dividendenverbindlichkeit ansetzen. In dieser Interpretation werden demzufolge die folgenden Fragen behandelt:

(a) Wann muss das Unternehmen die Dividendenverbindlichkeit ansetzen?

(b) Wie hat ein Unternehmen die Dividendenverbindlichkeit zu bewerten?

(c) Wenn ein Unternehmen die Dividendenverbindlichkeit erfüllt, wie hat es eine etwaige Differenz zwischen dem Buchwert der ausgeschütteten Vermögenswerte und dem Buchwert der Dividendenverbindlichkeit zu bilanzieren?

BESCHLUSS

Zeitpunkt des Ansatzes einer Dividendenverbindlichkeit

10. Die Verpflichtung, eine Dividende zu zahlen, ist zu dem Zeitpunkt anzusetzen, an dem die Dividende ordnungsgemäß genehmigt wurde und nicht mehr im Ermessen des Unternehmens liegt, d.h.

(a) wenn die beispielsweise vom Management bzw. vom Geschäftsführungs- und/oder Aufsichtsorgan festgelegte Dividende vom zuständigen Organ, z.B. den Anteilseignern, genehmigt wird, sofern eine solche Genehmigung gesetzlich vorgeschrieben ist, oder

(b) wenn die Dividende, z.B. vom Management bzw. vom Geschäftsführungs- und/oder Aufsichtsorgan, festgelegt wird, sofern keine weitere Genehmigung gesetzlich vorgeschrieben ist.

Bewertung einer Dividendenverbindlichkeit

11. Eine Verbindlichkeit, Sachwerte als Dividende an die Eigentümer des Unternehmens auszuschütten, ist mit dem beizulegenden Zeitwert der zu übertragenden Vermögenswerte zu bewerten.

12. Wenn ein Unternehmen seinen Eigentümern die Möglichkeit gibt, zwischen einem Sachwert oder einem Barausgleich zu wählen, muss es die Dividendenverbindlichkeit unter Berücksichtigung des beizulegenden Zeitwerts jeder Alternative und der damit verbundenen Wahrscheinlichkeit der Wahl der Eigentümer hinsichtlich der beiden Alternativen schätzen.

13. An jedem Abschlussstichtag und am Erfüllungstag muss das Unternehmen den Buchwert der Dividendenverbindlichkeit überprüfen und anpassen, wobei alle Änderungen der Dividendenverbindlichkeit im Eigenkapital als Anpassungen des Ausschüttungsbetrags zu erfassen sind.

Bilanzierung einer etwaigen Differenz zwischen dem Buchwert der ausgeschütteten Vermögenswerte und dem Buchwert der Dividendenverbindlichkeit zum Zeitpunkt der Erfüllung der Dividendenverbindlichkeit

14. Wenn ein Unternehmen die Dividendenverbindlichkeit erfüllt, hat es eine etwaige Differenz zwischen dem Buchwert der ausgeschütteten Vermögenswerte und dem Buchwert der Dividendenverbindlichkeit im Gewinn oder Verlust zu erfassen.

Darstellung und Angaben

15. Die in Paragraph 14 beschriebene Differenz ist als ein gesonderter Posten im Gewinn oder Verlust darzustellen.

16. Ein Unternehmen hat ggf. die folgenden Informationen anzugeben:

(a) den Buchwert der Dividendenverbindlichkeit zu Beginn und zum Ende der Berichtsperiode; und

(b) die Erhöhung oder Minderung des Buchwerts, der gemäß Paragraph 13 infolge einer Änderung des beizulegenden Zeitwerts der auszuschüttenden Vermögenswerte in der Berichtsperiode erfasst wurde.

17. Wenn ein Unternehmen nach dem Abschlussstichtag, jedoch vor der Genehmigung zur Veröffentlichung des Abschlusses beschließt, einen Sachwert als Dividende auszuschütten, muss es die folgenden Angaben machen:

(a) die Art des auszuschüttenden Vermögenswerts;

(b) den Buchwert des auszuschüttenden Vermögenswerts zum Abschlussstichtag; und

(c) den zum Abschlussstichtag geschätzten beizulegenden Zeitwert des auszuschüttenden Vermögenswerts, sofern dieser von seinem Buchwert abweicht, sowie Informationen über die zur Ermittlung des beizulegenden Zeitwerts angewandte Methode, wie dies in

Paragraph 27 (a) und (b) des IFRS 7 vorgeschrieben ist.

ZEITPUNKT DES INKRAFTTRETENS

18. Diese Interpretation ist prospektiv in der ersten Berichtsperiode eines am 1. Juli 2009 oder danach beginnenden Geschäftsjahres anzuwenden. Eine rückwirkende Anwendung ist nicht zulässig. Eine frühere Anwendung ist zulässig. Wendet ein Unternehmen diese Interpretation auf eine vor dem 1. Juli 2009 beginnende Berichtsperiode an, so hat es diese Tatsache anzugeben und ebenso IFRS 3 (überarbeitet 2008), IAS 27 (geändert im Mai 2008) und IFRS 5 (geändert durch diese Interpretation) anzuwenden.

IFRIC INTERPRETATION 18
Übertragung von Vermögenswerten durch einen Kunden

IFRIC 18, VO (EG) Nr. 1164/2009

GLIEDERUNG	§§
HINTERGRUND	1–3
ANWENDUNGSBEREICH	4–7
FRAGESTELLUNGEN	8
BESCHLUSS	9–21
Ist die Definition eines Vermögenswerts erfüllt?	9–10
Wie ist die übertragene Sachanlage beim erstmaligen Ansatz zu bewerten?	11
Wie lautet die Gegenbuchung?	12–13
Ermittlung der einzeln abgrenzbaren Dienstleistungen	14–17
Erfassung der Umsatzerlöse	18–20
Wie hat das Unternehmen von einem Kunden übertragene Zahlungsmittel zu bilanzieren?	21
ZEITPUNKT DES INKRAFTTRETENS UND ÜBERGANGSVORSCHRIFTEN	22

VERWEISE

- Rahmenkonzept für die Aufstellung und Darstellung von Abschlüssen
- IFRS 1 *Erstmalige Anwendung der International Financial Reporting Standards* (in der 2008 geänderten Fassung)
- IAS 8 *Rechnungslegungsmethoden, Änderungen von rechnungslegungsbezogenen Schätzungen und Fehler*
- IAS 16 *Sachanlagen*
- IAS 18 *Umsatzerlöse*
- IAS 20 *Bilanzierung und Darstellung von Zuwendungen der öffentlichen Hand*
- IFRIC 12 *Dienstleistungskonzessionsvereinbarungen*

HINTERGRUND

1. In der Versorgungswirtschaft kann ein Unternehmen von einem Kunden Sachanlagen erhalten, die es dann dazu verwenden muss, diesen Kunden an ein Leitungsnetz anzuschließen und ihm dauerhaft Zugang zur Versorgung mit Strom, Gas, Wasser oder ähnlichen Versorgungsgütern zu gewähren. Alternativ kann ein Unternehmen von einem Kunden auch Zahlungsmittel für den Erwerb oder die Herstellung solcher Sachanlagen erhalten. Für den Bezug der Güter oder Dienstleistungen müssen die Kunden in der Regel zusätzliche Entgelte entrichten, die sich nach dem Verbrauch bemessen.

2. Vermögenswertübertragungen durch einen Kunden kann es aber auch in anderen Branchen geben. So kann beispielsweise ein Unternehmen, das seine informationstechnologischen Prozesse auslagert, die vorhandenen Sachanlagen auf den Anbieter der ausgelagerten Tätigkeit übertragen.

3. Auch kann es Fälle geben, in denen das übertragende Unternehmen nicht mit dem Unternehmen identisch ist, das letztlich dauerhaften Zugang zu den betreffenden Gütern und Dienstleistungen erhält, d.h. deren Empfänger ist. Der Einfachheit halber wird das Unternehmen, das den Vermögenswert überträgt, in dieser Interpretation jedoch als Kunde bezeichnet.

ANWENDUNGSBEREICH

4. In dieser Interpretation wird dargelegt, wie ein Unternehmen Sachanlagenübertragungen durch einen Kunden zu bilanzieren hat.

5. In den Anwendungsbereich dieser Interpretation fallen Verträge, bei denen ein Unternehmen von einem Kunden eine Sachanlage erhält, die es dann dazu verwenden muss, diesen Kunden an ein Leitungsnetz anzuschließen und/oder ihm dauerhaft Zugang zu den betreffenden Gütern oder Dienstleistungen zu gewähren.

6. Sie gilt auch für Verträge, bei denen ein Unternehmen von einem Kunden Zahlungsmittel erhält, die es einzig und allein zum Bau oder Erwerb einer Sachanlage verwenden darf und dann dazu nutzen muss, diesen Kunden an ein Leitungsnetz anzuschließen und/oder ihm dauerhaften Zugang zu Gütern oder Dienstleistungen zu gewähren.

7. Diese Interpretation gilt nicht für Verträge, bei denen die Übertragung eine Zuwendung der öffentlichen Hand im Sinne von IAS 20 ist oder eine Infrastruktur betrifft, die Gegenstand einer unter IFRIC 12 fallenden Dienstleistungskonzessionsvereinbarung ist.

FRAGESTELLUNGEN

8. In dieser Interpretation werden folgende Fragestellungen behandelt:

a) Ist die Definition eines Vermögenswerts erfüllt?

b) Wenn die Definition eines Vermögenswerts erfüllt ist, wie ist die übertragene Sachanlage beim erstmaligen Ansatz zu bewerten?
c) Wenn sie beim erstmaligen Ansatz zum beizulegenden Zeitwert bewertet wird, wie lautet die damit verbundene Gegenbuchung?
d) Wie hat das Unternehmen von einem Kunden übertragene Zahlungsmittel zu bilanzieren?

BESCHLUSS

Ist die Definition eines Vermögenswerts erfüllt?

9. Wird einem Unternehmen von einem Kunden eine Sachanlage übertragen, so hat das Unternehmen zu bewerten, ob diese der im *Rahmenkonzept* festgelegten Definition eines Vermögenswerts entspricht. Nach Paragraph 49 Buchstabe a des *Rahmenkonzepts* ist ein Vermögenswert eine „Ressource, die aufgrund von Ereignissen der Vergangenheit in der Verfügungsmacht des Unternehmens steht, und von der erwartet wird, dass dem Unternehmen aus ihr künftiger wirtschaftlicher Nutzen zufließt." In den meisten Fällen erhält das Unternehmen auch das Eigentumsrecht an der übertragenen Sachanlage. Für die Frage, ob ein Vermögenswert vorliegt, ist das Eigentumsrecht aber nicht entscheidend. Wenn der übertragene Posten auch weiterhin in der Verfügungsmacht des Kunden steht, wäre die Definition von Vermögenswert deshalb trotz Eigentumsübertragung nicht erfüllt.

10. Ein Unternehmen, das die Verfügungsmacht über einen Vermögenswert besitzt, kann mit diesem in der Regel nach Belieben verfahren. Es kann den Vermögenswert beispielsweise gegen andere Vermögenswerte tauschen, zur Produktion von Waren oder Dienstleistungen einsetzen, für seine Benutzung durch Dritte ein Entgelt verlangen, ihn zum Ausgleich von Verbindlichkeiten verwenden, ihn verwahren oder an die Eigentümer ausschütten. Das Unternehmen, das von einem Kunden eine Sachanlagenübertragung erhält, trägt bei der Beurteilung seiner Verfügungsmacht über den übertragenen Gegenstand allen maßgeblichen Sachverhalten und Umständen Rechnung. So kann das Unternehmen, auch wenn es die übertragene Sachanlage dazu verwenden muss, eine oder mehrere Dienstleistungen für den Kunden zu erbringen, möglicherweise über deren Betrieb und Wartung und über den Zeitpunkt ihres Austauschs entscheiden. In einem solchen Fall müsste das Unternehmen normalerweise zu dem Schluss gelangen, dass es die Verfügungsmacht über die betreffende Sachanlage besitzt.

Wie ist die übertragene Sachanlage beim erstmaligen Ansatz zu bewerten?

11. Gelangt das Unternehmen zu dem Schluss, dass die Definition eines Vermögenswerts erfüllt ist, hat es die übertragene Sachanlage gemäß IAS 16 Paragraph 7 zu erfassen und deren Anschaffungskosten beim erstmaligen Ansatz gemäß Paragraph 24 dieses Standards zum beizulegenden Zeitwert zu bewerten.

Wie lautet die Gegenbuchung?

12. Im Folgenden wird davon ausgegangen, dass das Unternehmen, dem eine Sachanlage übertragen wird, zu dem Schluss gelangt ist, dass der übertragene Posten nach den Paragraphen 9–11 anzusetzen und zu bewerten ist.

13. In IAS 18 Paragraph 12 heißt es: „Werden Erzeugnisse, Waren oder Dienstleistungen gegen art- oder wertmäßig unterschiedliche Erzeugnisse, Waren oder Dienstleistungen ausgetauscht, stellt der Austausch einen Geschäftsvorfall dar, der einen Umsatzerlös bewirkt." Nach den unter diese Interpretation fallenden Verträgen würde die Übertragung einer Sachanlage einen Tausch art- oder wertmäßig unterschiedlicher Erzeugnisse, Waren oder Dienstleistungen darstellen. Damit hat das Unternehmen Umsatzerlöse gemäß IAS 18 zu erfassen.

Ermittlung der einzeln abgrenzbaren Dienstleistungen

14. Ein Unternehmen kann sich bereit erklären, im Tausch gegen die übertragenen Sachanlagen eine oder mehrere Dienstleistungen zu erbringen, z.B. den Kunden an ein Leitungsnetz anzuschließen und/oder ihm dauerhaft Zugang zur Versorgung mit Gütern oder Dienstleistungen zu gewähren. Gemäß IAS 18 Paragraph 13 muss das Unternehmen in einem solchen Fall ermitteln, welche der im Vertrag enthaltenen Dienstleistungen einzeln abgrenzbar sind.

15. Ob der Anschluss eines Kunden an ein Leitungsnetz eine einzeln abgrenzbare Dienstleistung darstellt, lässt sich u.a. dadurch feststellen, ob
a) der Kunde eine Verbindung zu einem Dienst erhält, die für ihn einen eigenständigen Wert darstellt,
b) sich der beizulegende Zeitwert dieser Verbindung verlässlich feststellen lässt.

16. Ein Hinweis darauf, dass die Gewährung eines dauerhaften Zugangs zur Versorgung mit Gütern oder Dienstleistungen eine einzeln abgrenzbare Dienstleistung darstellt, liegt vor, wenn der Kunde, der die Übertragung vornimmt, den dauerhaften Zugang, die Güter bzw. Dienstleistungen oder beides künftig zu einem günstigeren Preis erhält als ohne die Übertragung der Sachanlagen.

17. Umgekehrt liegt ein Hinweis darauf, dass die Verpflichtung, dem Kunden dauerhaften Zugang zur Versorgung mit Gütern oder Dienstleistungen zu gewähren, aus der Betriebslizenz des Unternehmens oder einer anderen Regelung und nicht aus dem Vertrag über die Übertragung der Sachanlagen erwächst, dann vor, wenn der Kunde, der die Übertragung vornimmt, für den dauerhaften Zugang, für die Güter bzw. Dienstleistungen oder für beides den gleichen Preis bezahlt wie Kunden, die keine Übertragung vorgenommen haben.

Erfassung der Umsatzerlöse

18. Wird nur eine Dienstleistung ermittelt, hat das Unternehmen die Umsatzerlöse bei Erbringung

der Dienstleistung gemäß IAS 18 Paragraph 20 zu erfassen.

19. Wird mehr als eine einzeln abgrenzbare Dienstleistung ermittelt, muss nach IAS 18 Paragraph 13 jeder einzelnen Dienstleistung der beizulegende Zeitwert des laut Vertrag erhaltenen oder zu beanspruchenden Entgelts zugeordnet werden; auf jede Dienstleistung werden dann die Erfassungskriterien des IAS 18 angewandt.

20. Wird festgestellt, dass eine laufende Dienstleistung Teil des Vertrags ist, ist auch der Zeitraum, während dessen für die betreffende Dienstleistung Umsatzerlöse zu erfassen sind, normalerweise im Vertrag mit dem Kunden festgelegt. Legt der Vertrag keinen Zeitraum fest, sind die Umsatzerlöse maximal für die Nutzungsdauer des übertragenen Vermögenswerts, mit dem die laufende Dienstleistung erbracht wird, zu erfassen.

Wie hat das Unternehmen von einem Kunden übertragene Zahlungsmittel zu bilanzieren?

21. Erhält ein Unternehmen von einem Kunden Zahlungsmittel, so muss es beurteilen, ob der Vertrag gemäß Paragraph 6 in den Geltungsbereich dieser Interpretation fällt. Wenn ja, hat das Unternehmen zu beurteilen, ob die erstellte oder erworbene Sachanlage die Definition eines Vermögenswerts gemäß den Paragraphen 9 und 10 erfüllt. Wird die Definition eines Vermögenswerts erfüllt, hat das Unternehmen die Sachanlage gemäß IAS 16 zu Anschaffungskosten anzusetzen und Umsatzerlöse gemäß den Paragraphen 13–20 in Höhe der vom Kunden erhaltenen Zahlungsmittel zu erfassen.

ZEITPUNKT DES INKRAFTTRETENS UND ÜBERGANGSVORSCHRIFTEN

22. Diese Interpretation ist prospektiv auf Übertragungen von Vermögenswerten anzuwenden, die ein Unternehmen am oder nach dem 1. Juli 2009 von einem Kunden erhält. Eine frühere Anwendung ist zulässig, sofern die Bewertungen und anderen Informationen, die zur Anwendung der Interpretation auf frühere Übertragungen erforderlich sind, zum Zeitpunkt dieser Übertragungen vorlagen. Ein Unternehmen hat anzugeben, ab welchem Datum die Interpretation angewandt wurde.

IFRIC INTERPRETATION 19
Tilgung finanzieller Verbindlichkeiten durch Eigenkapitalinstrumente

IFRIC 19, VO (EU) Nr. 662/2010

GLIEDERUNG	§§
HINTERGRUND	1
ANWENDUNGSBEREICH	2–3
FRAGESTELLUNGEN	4
BESCHLUSS	5 11
ZEITPUNKT DES INKRAFTTRETENS UND ÜBERGANGSVORSCHRIFTEN	12–13

VERWEISE

- Rahmenkonzept für die Aufstellung und Darstellung von Abschlüssen
- IFRS 2 *Anteilsbasierte Vergütung*
- IFRS 3 *Unternehmenszusammenschlüsse*
- IAS 1 *Darstellung des Abschlusses*
- IAS 8 *Rechnungslegungsmethoden, Änderungen von rechnungslegungsbezogenen Schätzungen und Fehler*
- IAS 32 *Finanzinstrumente: Darstellung*
- IAS 39 *Finanzinstrumente: Ansatz und Bewertung*

HINTERGRUND

1. Ein Schuldner und ein Gläubiger können die Konditionen einer finanziellen Verbindlichkeit neu aushandeln und vereinbaren, dass der Schuldner die Verbindlichkeit durch Ausgabe von Eigenkapitalinstrumenten an den Gläubiger ganz oder teilweise tilgt. Transaktionen dieser Art werden auch als „Debt-Equity-Swaps" bezeichnet. Das IFRIC wurde um Leitlinien für die Bilanzierung solcher Transaktionen gebeten.

ANWENDUNGSBEREICH

2. In dieser Interpretation geht es darum, wie ein Unternehmen bei der Bilanzierung zu verfahren hat, wenn die Konditionen einer finanziellen Verbindlichkeit neu ausgehandelt werden und dies dazu führt, dass das Unternehmen zur vollständigen oder teilweisen Tilgung dieser Verbindlichkeit Eigenkapitalinstrumente an den Gläubiger ausgibt. Sie gilt nicht für die Bilanzierung des Gläubigers.

3. Ein Unternehmen darf diese Interpretation nicht auf die genannten Transaktionen anwenden, wenn

a) der Gläubiger gleichzeitig auch ein direkter oder indirekter Anteilseigner ist und in dieser Eigenschaft handelt;

b) der Gläubiger und das Unternehmen vor und nach der Transaktion von derselben Partei/ denselben Parteien beherrscht werden, und die Transaktion bei wirtschaftlicher Betrachtung eine Kapitalausschüttung des Unternehmens oder eine Kapitaleinlage in das Unternehmen einschließt.

c) schon die ursprünglichen Konditionen der finanziellen Verbindlichkeit die Möglichkeit einer Tilgung durch Ausgabe von Eigenkapitalinstrumenten vorsehen.

FRAGESTELLUNGEN

4. In dieser Interpretation werden folgende Fragestellungen behandelt:

a) Sind die von einem Unternehmen zur vollständigen oder teilweisen Tilgung einer finanziellen Verbindlichkeit ausgegebenen Eigenkapitalinstrumente als „gezahltes Entgelt" gemäß IAS 39 Paragraph 41 anzusehen?

b) Wie sollte ein Unternehmen die zur Tilgung dieser finanziellen Verbindlichkeit ausgegebenen Eigenkapitalinstrumente beim erstmaligen Ansatz bewerten?

c) Wie sollte ein Unternehmen etwaige Differenzen zwischen dem Buchwert der getilgten finanziellen Verbindlichkeit und dem bei erstmaliger Bewertung der ausgegebenen Eigenkapitalinstrumente angesetzten Betrag erfassen?

BESCHLUSS

5. Gibt ein Unternehmen zur vollständigen oder teilweisen Tilgung einer finanziellen Verbindlichkeit Eigenkapitalinstrumente an einen Gläubiger aus, handelt es sich dabei um ein gezahltes Entgelt gemäß IAS 39 Paragraph 41. Ein Unternehmen darf eine finanzielle Verbindlichkeit (oder einen Teil derselben) nur dann aus seiner Bilanz entfernen, wenn sie gemäß IAS 39 Paragraph 39 getilgt ist.

6. Eigenkapitalinstrumente, die zur vollständigen oder teilweisen Tilgung einer finanziellen Verbindlichkeit an einen Gläubiger ausgegeben werden, sind bei ihrem erstmaligen Ansatz zum beizulegenden Zeitwert zu bewerten, es sei denn, dieser lässt sich nicht verlässlich ermitteln.

7. Lässt sich der beizulegende Zeitwert der ausgegebenen Eigenkapitalinstrumente nicht verlässlich ermitteln, ist der Bewertung der beizulegende Zeitwert der getilgten finanziellen Verbindlichkeit zugrunde zu legen. Schließt eine getilgte finanzielle Verbindlichkeit ein sofort fälliges Instrument (wie eine Sichteinlage) ein, ist IAS 39 Paragraph 49 bei der Bestimmung ihres beizulegenden Zeitwerts nicht anzuwenden.

8. Wird nur ein Teil der finanziellen Verbindlichkeit getilgt, hat das Unternehmen zu beurteilen, ob irgendein Teil des gezahlten Entgelts eine Änderung der Konditionen des noch ausstehenden Teils der Verbindlichkeit bewirkt. Ist dies der Fall, hat das Unternehmen das gezahlte Entgelt zwischen dem getilgten und dem noch ausstehenden Teil der Verbindlichkeit aufzuteilen. Bei dieser Aufteilung hat das Unternehmen alle mit der Transaktion zusammenhängenden relevanten Fakten und Umstände zu berücksichtigen.

9. Die Differenz zwischen dem Buchwert der getilgten finanziellen Verbindlichkeit (bzw. des getilgten Teils einer finanziellen Verbindlichkeit) und dem gezahlten Entgelt ist gemäß IAS 39 Paragraph 41 im Ergebnis zu berücksichtigen. Die ausgegebenen Eigenkapitalinstrumente sind erstmals an dem Tag anzusetzen und zu bewerten, an dem die finanzielle Verbindlichkeit (oder ein Teil derselben) getilgt wird.

10. Wenn nur ein Teil der finanziellen Verbindlichkeit getilgt wird, ist das Entgelt nach Paragraph 8 aufzuteilen. Der Teil des Entgelts, der der noch ausstehenden Verbindlichkeit zugewiesen wird, ist bei der Beurteilung der Frage, ob die Konditionen der noch ausstehenden Verbindlichkeit wesentlich geändert wurden, zu berücksichtigen. Ist dies der Fall, hat das Unternehmen die Änderung gemäß IAS 39 Paragraph 40 als Tilgung der ursprünglichen Verbindlichkeit und Ansatz einer neuen Verbindlichkeit zu behandeln.

11. Ein gemäß den Paragraphen 9 und 10 angesetzter Gewinn oder Verlust ist vom Unternehmen in der Gewinn- und Verlustrechnung oder im Anhang als gesonderter Posten anzugeben.

ZEITPUNKT DES INKRAFTTRETENS UND ÜBERGANGSVORSCHRIFTEN

12. Diese Interpretation ist erstmals in der ersten Berichtsperiode eines am oder nach dem 1. Juli 2010 beginnenden Geschäftsjahres anzuwenden. Eine frühere Anwendung ist zulässig. Wendet ein Unternehmen diese Interpretation auf Berichtsperioden an, die vor dem 1. Juli 2010 beginnen, hat es dies anzugeben.

13. Nach IAS 8 hat ein Unternehmen eine Änderung der Rechnungslegungsmethode mit Beginn der frühesten dargestellten Vergleichsperiode anzuwenden.

GLOSSAR ENGLISCH–DEUTSCH

actuarial gains and losses	versicherungsmathematische Gewinne und Verluste
asset	Vermögenswert
at fair value through profit or loss	erfolgswirksam zum beizulegenden Zeitwert
available for sale (afs)	zur Veräußerung verfügbar
business combination	Unternehmenszusammenschluss
cash flow hedge	Absicherung von Zahlungsströmen
cash-generating unit	zahlungsmittelgenerierende Einheit
compensation	Vergütung
completed contract method	Methode der Gewinnrealisierung bei Vertragserfüllung
contingent asset	Eventualforderung
contingent liability	Eventualschuld, Eventualverbindlichkeit
control	Beherrschung
cost	Anschaffungskosten, Anschaffungs- oder Herstellungskosten
cost of goods sold	Umsatzkosten
current	kurzfristig
deemed cost	Ersatz für Anschaffungs- oder Herstellungskosten
deferred taxes	latente Steuern
defined benefit obligation (DBO)	leistungsorientierte Verpflichtung
defined benefit plan	leistungsorientierter (Versorgungs-)Plan
defined contribution plan	beitragsorientierter (Versorgungs-)Plan
discontinued operations	aufgegebener Geschäftsbereich
disposal	Abgang
earnings per share	Ergebnis je Aktie
effective interest method	Effektivzinssatzmethode
embedded derivative	eingebettetes Derivat
end of the reporting period	Abschlussstichtag
equity	Eigenkapital
fair value	beizulegender Zeitwert
fair value hedge	Absicherung des beizulegenden Zeitwertes
finance lease	Finanzierungsleasing
financial statements	Abschluss
firm commitment	feste Verpflichtung
framework	Rahmenkonzept
goodwill	Firmenwert
hedge accounting	Bilanzierung von Sicherungsbeziehungen
held for trading	zu Handelszwecken gehalten, Handelsbestand
held to maturity (htm)	bis zur Endfälligkeit gehalten
impairment loss	Wertminderungsaufwand, außerplanmäßige Abschreibung
impairment test	Wertminderungstest
income statement	Gewinn- und Verlustrechnung
intangible asset	immaterieller Vermögenswert
interest cost	Zinsaufwand
investment property	als Finanzinvestition gehaltene Immobilien
materiality	Wesentlichkeit
minority interest	Minderheitsanteil

net realisable value	Nettoveräußerungswert
non-controlling interests	nicht beherrschende Anteile
notes	Anhang
off balance sheet financing	nicht bilanzierte Finanzierung
operating segment	Geschäftssegment
other comprehensive income	sonstiges Ergebnis
percentage of completion method	Methode der Gewinnrealisierung nach dem Fertigstellungsgrad
profit or loss	Gewinn oder Verlust
projected unit credit method	Methode der laufenden Einmalprämien
provision	Rückstellung
recoverable amount	erzielbarer Betrag
related party	nahe stehende Unternehmen und Personen
restatement	rückwirkende Korrektur
revaluation	Neubewertung
service cost	Dienstzeitaufwand
special purpose entity	Zweckgesellschaft
statement of cash flows	Kapitalflussrechnung
statement of changes in equity	Eigenkapitalveränderungsrechnung
statement of comprehensive income	Gesamtergebnisrechnung
statement of financial position	Bilanz
tax base	Steuerwert
total comprehensive income	Gesamtergebnis
treasury shares	eigene Aktien
value in use	Nutzungswert

GLOSSAR DEUTSCH–ENGLISCH

Abgang	disposal
Abschluss	financial statements
Abschlussstichtag	end of the reporting period
Absicherung des beizulegenden Zeitwertes	fair value hedge
Absicherung von Zahlungsströmen	cash flow hedge
als Finanzinvestition gehaltene Immobilien	investment property
Anhang	notes
Anschaffungskosten, Anschaffungs- oder Herstellungskosten	cost
aufgegebener Geschäftsbereich	discontinued operations
Beherrschung	control
beitragsorientierter (Versorgungs-)Plan	defined contribution plan
beizulegender Zeitwert	fair value
Bilanz	statement of financial position
Bilanzierung von Sicherungsbeziehungen	hedge accounting
bis zur Endfälligkeit gehalten	held to maturity (htm)
Dienstzeitaufwand	service cost
Effektivzinssatzmethode	effective interest method
eigene Aktien	treasury shares
Eigenkapital	equity
Eigenkapitalveränderungsrechnung	statement of changes in equity
eingebettetes Derivat	embedded derivative
erfolgswirksam zum beizulegenden Zeitwert	at fair value through profit or loss
Ergebnis je Aktie	earnings per share
Ersatz für Anschaffungs- oder Herstellungskosten	deemed cost
erzielbarer Betrag	recoverable amount
Eventualforderung	contingent asset
Eventualschuld	contingent liability
feste Verpflichtung	firm commitment
Finanzierungsleasing	finance lease
Firmenwert	goodwill
Gesamtergebnis	total comprehensive income
Gesamtergebnisrechnung	statement of comprehensive income
Geschäftssegment	operating segment
Gewinn oder Verlust	profit or loss
Gewinn- und Verlustrechnung	income statement
immaterieller Vermögenswert	intangible asset
Kapitalflussrechnung	statement of cash flows
kurzfristig	current
latente Steuern	deferred taxes
leistungsorientierte Verpflichtung	defined benefit obligation (DBO)
leistungsorientierter (Versorgungs-)Plan	defined benefit plan
Methode der Gewinnrealisierung bei Vertragserfüllung	completed contract method
Methode der Gewinnrealisierung nach dem Fertigstellungsgrad	percentage of completion method
Methode der laufenden Einmalprämien	projected unit credit method

Minderheitsanteil	minority interest
nahe stehende Unternehmen und Personen	related party
Nettoveräußerungswert	net realisable value
Neubewertung	revaluation
nicht beherrschende Anteile	non-controlling interests
nicht bilanzierte Finanzierung	off balance sheet financing
Nutzungswert	value in use
Rahmenkonzept	framework
Rückstellung	provision
rückwirkende Korrektur	restatement
sonstiges Ergebnis	other comprehensive income
Steuerwert	tax base
Umsatzkosten	cost of goods sold
Unternehmenszusammenschluss	business combination
Vergütung	compensation
Vermögenswert	asset
versicherungsmathematische Gewinne und Verluste	actuarial gains and losses
Wertminderungsaufwand, außerplanmäßige Abschreibung	impairment loss
Wertminderungstest	impairment test
Wesentlichkeit	materiality
zahlungsmittelgenerierende Einheit	cash-generating unit
Zinsaufwand	interest cost
zu Handelszwecken gehalten, Handelsbestand	held for trading
zur Veräußerung verfügbar	available for sale (afs)
Zweckgesellschaft	special purpose entity

STICHWORTVERZEICHNIS

F bezeichnet Rahmenkonzept (Framework)

A
Abschluss F.6
- Angabe der Rechnungslegungsmethode IAS 1.117–124
- Anhang IAS 1.77–80A, IAS 1.97–105, IAS 1.112–124
- Aufstellung der Veränderungen des Eigenkapitals IAS 1.106–110
- Berichtsperiode IAS 1.36–37
- Beschränkungen für relevante und verlässliche Informationen F.43–45
- Bestandteile F.7, F.47–81, IAS 1.10–14
- Bewertung F.34, F.86–88, F.99–101
- Darstellung IAS 1.1–138
- Darstellungsstetigkeit IAS 1.45–46
- darzustellende Informationen IAS 1.54–59
- Definitionen IAS 1.7–8
- den tatsächlichen Verhältnissen entsprechendes Bild F.46
- Erfassung von Abschlussposten F.82–98
- glaubwürdige Darstellung F.33–34
- Gliederung, Struktur und Inhalt IAS 1.47–138
- Identifizierung IAS 1.7–17
- Inhalt IAS 1.47–138
- Kosten der Aufstellung F.38, F.44
- Neutralität F.36, F.37
- qualitative Anforderungen F.24–46
- Relevanz F.26–30
- Saldierung IAS 1.32–35
- Struktur und Inhalt IAS 1.47–138
- Übereinstimmung mit den IFRS F.40, IAS 1.15–24
- Vergleichbarkeit F.39–42, IFRS 1.21–22
- Vergleichsinformationen IAS 1.36–41
- Vergleichszahlen F.42
- Verlässlichkeit F.31–38
- Verständlichkeit F.25
- Vollständigkeit F.38
- Vorsicht F.37
- Wesentlichkeit und Zusammenfassung von Posten IAS 1.29–31
- wirtschaftliche Betrachtungsweise F.35, F.51
- zeitliche Nähe F.43
- Zeitpunkt der Freigabe zur Veröffentlichung IAS 10.17–18
- Zielsetzung F.12–21
- Zweck F.6, F.12–14, IAS 1.9
- *siehe auch Bilanz; Gewinn- und Verlustrechnung; Rahmenkonzept für die Aufstellung und Darstellung von Abschlüssen*

Abschlussadressaten
- Kategorien F.9
- Management als Adressat und Aufsteller F.11

Abschlüsse für besondere Zwecke F.6

Abschreibung
- als Aufwendungen F.78
- biologische Vermögenswerte IAS 41.30, IAS 41.54–56
- Definition IAS 16.6
- Leasingverhältnisse IAS 17.27–29, IAS 17.53
- Sachanlagen IAS 16.43–62

Abschreibungsvolumen IAS 16.6, IAS 16.50–56

Absicherung
- *siehe Sicherungsbeziehungen*

Adressaten F.6, F.9–11, F.13–15

Aktien
- bedingt emissionsfähige Aktien IAS 33.24, IAS 33.52–57
- Ergebnis je Aktie IAS 33.19–29, IAS 33.36–40
- Geschäfte mit eigenen Aktien und Aktien von Konzernunternehmen IFRS 2.64
- Optionsscheine IAS 33.45–48
  - Anleitungen zur Anwendung IAS 33.A6–9
- verwässernde potenzielle Stammaktien IAS 33.41–63
  - Kontrollgröße IAS 33.A3
- wandelbare Instrumente IAS 33.49–51

Aktienoptionen
- Ergebnis je Aktie IAS 33.45–48
  - Anleitungen zur Anwendung IAS 33.A6–10
- *siehe auch Anteilsbasierte Vergütung; Mitarbeiteraktienoptionen*

Aktionäre
- Abschlussadressaten F.9

Als Finanzinvestition gehaltene Immobilien IAS 40.1–86
- Abgänge IAS 40.66–73
- Angaben IAS 40.74–79
- Ansatz IAS 40.16–19
- Anschaffungskostenmodell IAS 40.53–54, IAS 40.56, IAS 40.78–79
  - Angaben IAS 40.74–75, IAS 40.79
  - Übergangsvorschriften IAS 40.83–84
  - Übertragungen IAS 40.59
- Ausbuchung IAS 40.66
- Beispiele IAS 40.8
- Bewertung beim Ansatz IAS 40.20–29
- Bewertung nach dem Ansatz IAS 40.30–56
- Bilanzierungs- und Bewertungsmethoden IAS 40.30–32
- Erfassung von Erträgen IAS 40.67
- erstmalige Anwendung der IFRS IFRS 1.18(a)
- gegen nicht monetäre Vermögenswerte erworbene IAS 40.27
- Leasingverhältnisse IAS 40.3, IAS 40.25–26, IAS 40.40–41, IAS 40.74
- Modell des beizulegenden Zeitwertes IAS 40.33–55
  - Angaben IAS 40.74–78
  - Übergangsvorschriften IAS 40.80–82
  - Übertragungen IAS 40.59–65

Stichwortverzeichnis

– Unfähigkeit, den beizulegenden Zeitwert verlässlich zu ermitteln IAS 40.53–55, IAS 40.78
– Übertragungen IAS 40.57–65
– Unterschied gegenüber vom Eigentümer selbst genutzten Immobilien IAS 40.7, IAS 40.9(c), IAS 40.60–62
– Wertminderungen IAS 40.72–73, IAS 40.79(d)
Altersversorgungspläne
– Angaben IAS 26.34–36
– Bewertung des Planvermögens IAS 26.32–33
– Bilanzierung und Berichterstattung IAS 26.1–37
– deren Vermögenswerte bei Versicherungsunternehmen angelegt sind IAS 26.6
– vom Anwendungsbereich des IAS 32 ausgeschlossene Rechte und Pflichten des Arbeitgebers IAS 32.4(b)
– siehe auch *Beitragsorientierte Pläne*; *Leistungen nach Beendigung des Arbeitsverhältnisses*; *Leistungsorientierte Pläne*
Andere Aufwendungen F.79–80
– Finanzinstrumente IAS 32.2, IAS 32.35–41, IAS 32.AG37
– unrealisierte F.80
Andere Erträge F.75–76
– Finanzinstrumente IAS 32.2, IAS 32.35–41, IAS 32.AG37
Änderungen der Vermögens- und Finanzlage F.18–20, F.47
Änderungen von Schätzungen IAS 8.32–40
– Angaben IAS 8.39–40
– Definition IAS 8.5
– Fertigungsaufträge IAS 11.38
– Sachanlagen IAS 16.76
– Undurchführbarkeit hinsichtlich rückwirkender Anpassung IAS 8.50–53
– Unternehmenszusammenschlüsse IFRS 3.50
– Unterschied zu einer Änderung der Bilanzierungs- und Bewertungsmethoden IAS 8.35
– Zwischenberichterstattung IAS 34.27
Anhang F.21, F.88
– Angaben IAS 1.77–80A, IAS 1.97–105, IAS 1.112–138
– Darstellung, Struktur IAS 1.112–138
– Definition IAS 1.7
– Zwischenberichterstattung IAS 34.15–16A
Anleiheforderungen und Anleiheverbindlichkeiten IAS 32.AG4(d)
Anschaffungskosten
– Ersatz für Anschaffungs- oder Herstellungskosten IFRS 1.D8A–B
– Sachanlagen IAS 16.6, IAS 16.11–20
– Vorräte IAS 2.10–27
Anteile an assoziierten Unternehmen *siehe Assoziierte Unternehmen*
Anteile an Tochterunternehmen IAS 27.38–40
Anteilsbasierte Vergütung
– Angaben IFRS 2.44–52
– Angaben über nahe stehende Unternehmen und Personen IAS 24.17(e)
– Ansatz IFRS 2.7–9

– Anwendungsbereich des IFRS 2 IFRS 2.64
– Arten IFRS 2.2
– bei Unternehmenszusammenschlüssen IFRS 3.30, IFRS 3.B56, IFRS 3.B62–B62B
– bei Unternehmenszusammenschlüssen ausgegebene Eigenkapitalinstrumente IFRS 2.5
– Definitionen IFRS 2.A
– erstmalige Anwendung der IFRS IFRS 1.D2–3
– Finanzinstrument IFRS 2.6
– mit Ausgleich durch Eigenkapitalinstrumente IFRS 2.2–3, IFRS 2.10–29, IFRS 2.64
– Änderungen der Vertragsbedingungen IFRS 2.26–29
– Annullierungen IFRS 2.B42–44
– beizulegender Zeitwert IFRS 2.16–25, IFRS 2.B1–41
– Erfüllung IFRS 2.26–29
– Geschäftsvorfälle, bei denen Dienstleistungen erhalten werden IFRS 2.14–15, IFRS 2.64
– mit Barausgleich IFRS 2.30–33
– Vergütungen mit wahlweisem Barausgleich oder Ausgleich durch Eigenkapitalinstrumente IFRS 2.34–43, IFRIC 11.7–11
– Erfüllungswahlrecht bei der Gegenpartei IFRS 2.35–40
– Erfüllungswahlrecht beim Unternehmen IFRS 2.41–43
– zwischen Unternehmen einer Gruppe IFRS 2.34A
Arbeitnehmer
– Abschlussadressaten F.9
Assoziierte Unternehmen IAS 28.1–43, IAS 28.A1
– abweichende Abschlussstichtage des Anteilseigners und des assoziierten Unternehmens IAS 28.24–25
– Angaben IAS 28.37–40
– Angaben über nahe stehende Unternehmen und Personen IAS 24.19(d)
– Befreiungen von der Veröffentlichungspflicht IAS 28.13(b)–(c)
– Definition IAS 28.2
– Equity-Methode IAS 28.11–30
– Ergebnis je Aktie IAS 33.40
– erstmalige Anwendung der IFRS IFRS 1.14–15
– Eventualschulden IAS 28.40
– Geschäfts- oder Firmenwert IAS 28.23
– in Übereinstimmung mit IAS 39 zu bilanzierende Anteile IAS 28.18–19
– in Übereinstimmung mit IFRS 5 zu bilanzierende Anteile IAS 28.13(a), IAS 28.14
– Joint Venture, Unterscheidung zu IAS 31.9
– Kapitalflussrechnung IAS 7.37
– kurzfristig gehaltene, die von der Vorschrift einer Bilanzierung nach der Equity-Methode befreit sind IAS 28.13(a)
– latente Steuern IAS 12.38–45, IAS 12.81(f), IAS 12.87, IAS 12.87C
– maßgeblicher Einfluss IAS 28.6–10
– separate Einzelabschlüsse nach IFRS IAS 27.38–40, IAS 27.42, IAS 28.35–36
– Wertminderungsaufwand IAS 28.31–34

Stichwortverzeichnis

Aufgegebene Geschäftsbereiche
- Angabe des Steueraufwands IAS 12.81(h)
- Darstellung IFRS 5.31–36
Aufstellung der Veränderungen des Eigenkapitals IAS 1.106–110
- Aufstellung der erfassten Erträge und Aufwendungen IAS 19.93B, IAS 1.106–110
Aufwendungen F.69–73
- Definition F.70
- Erfassung F.94–98
- Posten im Abschluss F.70, F.78–80
Ausfallsrisiken IFRS 7.36
Ausländischer Geschäftsbetrieb
- Abgang IAS 21.48–49
- Ansatz von Umrechnungsdifferenzen IAS 21.27–34
- funktionale Währung IAS 21.9–14
- Nettoinvestition IAS 21.8, IAS 21.15
- Umrechnung der Ergebnisse in die Darstellungswährung IAS 21.44–47
Ausschüttung von Sachwerten IFRIC 17

B

Barwert
- Bestimmung des Nutzungswertes IAS 36.A1–21
- Bewertungsgrundlage F.100–101
Beihilfen der öffentlichen Hand
- Angaben IAS 20.39
- Beihilfen, die sich nicht bewerten lassen IAS 20.34–36
- Definition IAS 20.3
- Infrastruktur IAS 20.38
- zinslose Darlehen IAS 20.37
Beitragsorientierte Pläne
- Angaben IAS 19.46–47, IAS 26.34–36
- Ansatz und Bewertung IAS 19.44–45
- Beitragsminderung IFRIC 14.16
- Berichtsformat IAS 26.13–16
- Bewertung des Planvermögens IAS 26.32–33
- Definition IAS 19.7, IAS 26.8
- Mindestdotierungsverpflichtung IFRIC 14.19
- Unterscheidung von leistungsorientierten Plänen IAS 19.24–28
Beizulegender Zeitwert
- als Finanzinvestition gehaltene Immobilien IAS 40.33–55
- Angaben IFRS 7.27
- bei der erstmaligen Anwendung der IFRS IFRS 1.D5–8, IFRS 1.D20
- biologische Vermögenswerte IAS 41.8–33
- Definition in IAS 2 IAS 2.6–7
- Definition in IAS 32 IAS 32.11
- Finanzinstrumente IAS 39.48–49, IAS 39.AG69–82
Berichtspflichtiges Segment IFRS 8.11–19
- Definition IFRS 8.5
Berichtswährung *siehe Darstellungswährung*
Betriebliche Tätigkeit
- Definition IAS 7.6
- Kapitalflussrechnungen IAS 7.13–15, IAS 7.18–20
Bewertung

- Abschlussposten F.99–101
- Verlässlichkeit F.83, F.86
Bezugsrechte
- Ergebnis je Aktie IAS 33.45–48
- *siehe auch Kaufoptionen; Verkaufsoptionen*
Bilanz
- Darstellung IAS 1.54–80A
- darzustellende Informationen IAS 1.54–59
- Gliederung IAS 1.57
- Hochinflationsländer IAS 29.11–25, IAS 29.29
- kurzfristige Schulden IAS 1.69–76
- kurzfristige Vermögenswerte IAS 1.66–68
- Posten F.48, F.50
- Vermögens- und Finanzlage F.19–20
Bilanzielle Schätzungen *siehe Änderungen von Schätzungen; Schätzungen*
Bilanzierungs- und Bewertungsmethoden
- als Finanzinvestition gehaltene Immobilien IAS 40.30–32
- Änderungen der IAS 8.14–31
  - Angaben IAS 8.28–31
  - Anwendung von Änderungen IAS 8.19–27
  - Einschränkungen im Hinblick auf eine rückwirkende Anwendung IAS 8.23–27
  - rückwirkende Anwendung IAS 8.19(b), IAS 8.22
- Änderungen, die die Segmentinformationen beeinflussen IFRS 8.27
- Angabe von Änderungen der IAS 8.28–31
- Angabe von Beurteilungen des Managements bei der Anwendung von IAS 1.122–123
- Angaben F.40, IAS 1.117–124
- Angaben in Kapitalflussrechnungen IAS 7.46–49
- Angaben zur bevorstehenden Anwendung neu veröffentlichter Standards IAS 8.30–31
- Auswahl IAS 8.7–12
- Definition IAS 8.5
- Einheitlichkeit IAS 27.24–25
- erstmalige Anwendung der IFRS IFRS 1.7–12
- Finanzinstrumente IAS 32.60(b)–61
- Neubewertung von Vermögenswerten IAS 8.17, IAS 16.31–42
- Segment IFRS 8.23, IFRS 8.25–27
- Stetigkeit IAS 8.13
- Undurchführbarkeit hinsichtlich rückwirkender Anwendung IAS 8.50–53
- Zusammenfassung im Abschluss IAS 1.117–124
- Zwischenberichterstattung IAS 34.28–36
Biologische Transformation
- Angaben IAS 41.52
- Definition IAS 41.5
- Formen von Ergebnissen IAS 41.7
Biologische Vermögenswerte
- Abschreibung IAS 41.30, IAS 41.54–56
- Angaben IAS 41.40–57
- Ansatz und Bewertung IAS 41.10–33
- Anwendbarkeit des IAS 20 IAS 20.2(d), IAS 41.37–38
- Beispiele IAS 41.4
- beizulegender Zeitwert IAS 41.9–33
- Definition IAS 41.5

Stichwortverzeichnis

- Gewinne und Verluste IAS 41.26–29
- Unfähigkeit, den beizulegenden Zeitwert verlässlich zu ermitteln IAS 41.30–33, IAS 41.54–56
- Vorräte IAS 2.2–4, IAS 2.20
- Wertminderungsaufwand IAS 41.30, IAS 41.54–56
- Zuwendungen der öffentlichen Hand IAS 41.34–38

Bis zur Endfälligkeit gehaltene Finanzinvestitionen
- Definition IAS 39.9, IAS 39.AG16–25

C

Cashflows IAS 7.6
- Rahmenkonzept F.15–19
- Schätzung künftiger Cashflows zur Bestimmung des Nutzungswertes IAS 36.30–57, IAS 36.A1–21

D

Darstellung des Abschlusses IAS 1.1–138
- Rahmenkonzept *siehe Rahmenkonzept für die Aufstellung und Darstellung von Abschlüssen*

Darstellungswährung
- Definition IAS 21.8
- Umrechnung in IAS 21.38–47

Derivative Finanzinstrumente IAS 32.AG15–19
- Beispiele IAS 39.AG9
- Definition IAS 39.9, IAS 39.AG9–12A
- eingebettete Derivate IAS 39.2(e), IAS 39.10–13, IAS 39.AG27–33
  - Bewertung IAS 39.11A
  - Neubeurteilung IFRIC 9.7
- *siehe auch Finanzinstrumente, Derivate*

Dienstleistungskonzessionsvereinbarungen IFRIC 12, SIC 29
- Anwendungsbereich IFRIC 12.4–9
- Bau- oder Ausbauleistungen IFRIC 12.14
- Behandlung der Rechte (im Zusammenhang mit der Infrastruktureinrichtung) IFRIC 12.11
- beim Betreiber anfallende Fremdkapitalkosten IFRIC 12.22
- Betriebsleistungen IFRIC 12.20
- dem Betreiber zur Verfügung gestellte Gegenstände IFRIC 12.27
- Übergangsvorschriften IFRIC 12.29–30
- Vereinbarte Gegenleistung IFRIC 12.12–13
- vertragliche Verpflichtungen IFRIC 12.21

Dienstleistungslizenzen SIC 29

Dienstleistungsunternehmen
- Herstellungskosten von Vorräten IAS 2.19

Dividenden
- als Erlöse F.74
- Beschluss nach dem Abschlussstichtag IAS 10.12–13
- Dividendenausschüttung IFRIC 17
- Dividendenverbindlichkeit IFRIC 17
- Ertrag IAS 18.5(c), IAS 18.29–33
- ertragsteuerliche Konsequenzen IAS 12.52A–52B, IAS 12.65A, IAS 12.82A, IAS 12.87A–87B, IAS 32.40

- Finanzinstrumente IAS 32.2, IAS 32.35–41, IAS 32.AG37
- Kapitalflussrechnungen IAS 7.31–34
- Sachdividenden IFRIC 17
- zur Veräußerung gestuft IFRIC 17

E

Effektivzinssatz
- Definition IAS 39.9, IAS 39.AG5–8

Eigene Anteile
- Angaben IAS 32.33–34, IAS 32.AG36
- Angaben über nahe stehende Unternehmen und Personen IAS 32.34

Eigenkapital
- Definition im Rahmenkonzept F.49
- Posten im Abschluss F.47, F.51–52, F.65–68

Eigenkapitalinstrumente IAS 32.2, IAS 32.5
- Änderungen des beizulegenden Zeitwertes IAS 32.36
- anteilsbasierte Vergütung IFRS 2.2–3, IFRS 2.10–29, IFRS 2.64
- Ausschüttungen IAS 32.35–36
- bei Unternehmenszusammenschlüssen ausgegebene IFRS 2.5
- Beispiele IAS 32.AG13–14
- Definition IAS 32.11, IAS 32.AG13–14
- Erfüllung in den Eigenkapitalinstrumenten des Unternehmens IAS 32.16(b), IAS 32.21–24, IAS 32.AG27(a)–(d)
- Geschäfte mit eigenen Aktien und Aktien von Konzernunternehmen IFRS 2.64
- keine vertragliche Verpflichtung zur Abgabe von flüssigen Mitteln oder anderen finanziellen Vermögenswerten IAS 32.16(a), IAS 32.17–20, IAS 32.AG25–26
- Tilgung finanzieller Verbindlichkeiten durch Eigenkapitalinstrumente IFRIC 19
- Transaktionskosten IAS 32.35, IAS 32.37
- Unterscheidung von einer finanziellen Verbindlichkeit IAS 32.15–20, IAS 32.AG25–26
- Wertminderung IAS 39.61
- *siehe auch Anteilsbasierte Vergütung*

Eigenkapitalveränderungsrechnung IAS 1.106–107

Eingebettete Derivate IAS 39.10–13, IAS 39.AG27–33
- Fremdwährungsderivate IAS 39.AG33(d)
- Neubeurteilung IFRIC 9.7
- Versicherungsverträge IFRS 4.7–9

Einheitlichkeit F.41

Einzelabschluss IAS 27, IAS 28.35–36, IAS 31.3–6

Elektro- und Elektronik-Altgeräte IFRIC 6

Entgelte
- als Erlöse F.74

Entsorgungsfonds IFRIC 5.1–3

Equity-Methode IAS 28.11–12
- Anwendung IAS 28.13–30
- Ausnahmen von der Anwendung IAS 28.13(a)–13(c), IAS 31.2(c), IAS 31.6
- Definition IAS 28.2

Stichwortverzeichnis

- ein in der Währung eines Hochinflationslandes bilanzierendes Beteiligungsunternehmen IAS 29.20
- Einstellung mit dem Zeitpunkt des Wegfalls des maßgeblichen Einflusses IAS 28.18–19
- Kapitalflussrechnungen IAS 7.37–38

Ereignisse nach dem Abschlussstichtag IAS 10.1–24, IAS 10.A1–4
- Aktualisierung der Angaben über die Bedingungen zum Abschlussstichtag IAS 10.19–20
- Annahme der Unternehmensfortführung IAS 10.14–16
- berücksichtigungspflichtige Ereignisse IAS 10.8–9, IAS 10.19–20
- beschlossene Dividenden IAS 10.12–13
- Definition IAS 10.3
- erstmalige Anwendung der IFRS IFRS 1.14–17
- nicht zu berücksichtigende Ereignisse IAS 10.10–11, IAS 10.21–22

Erfolgsbeteiligungen
- Leistungen an Arbeitnehmer IAS 19.17–22

Ergebnis je Aktie IAS 33.1–76, IAS 33.A–B
- Aktien IAS 33.19–29, IAS 33.36–40
- Aktienoptionen IAS 33.45–48, IAS 33.A6–9
- Angaben IAS 33.70–73
- aus zwei Gattungen bestehende Stammaktien IAS 33.A13–14
- Ausgabe von Gratisaktien IAS 33.26–28
- bedingt emissionsfähige Aktien IAS 33.24, IAS 33.52–57
- Bewertung IAS 33.9–63
- Bezugsrechtausgabe IAS 33.26, IAS 33.27(b), IAS 33.A2
- Darstellung IAS 33.66–69
- durchschnittlicher Marktpreis von Stammaktien IAS 33.A4–5
- Ergebnis IAS 33.12–18, IAS 33.33–35
- gekaufte Optionen IAS 33.62
- Instrumente von Tochterunternehmen, Joint Ventures oder assoziierten Unternehmen IAS 33.40, IAS 33.11–12
- Mitarbeiteraktienoptionen IAS 33.48
- Optionsscheine IAS 33.45–48, IAS 33.A6–9
- rückwirkende Anpassungen IAS 33.64–65
- teilweise bezahlte Aktien IAS 33.A15–16
- umgekehrte Unternehmenserwerbe IFRS 3.B25–27
- Unternehmenszusammenschluss IAS 33.22
- unverwässert IAS 33.9–29
- Verträge, die in Stammaktien oder liquiden Mitteln erfüllt werden können IAS 33.58–61
- verwässert IAS 33.30–63
- wandelbare Instrumente IAS 33.49–51
- Zwischenberichterstattung IAS 34.11

Erlöse F.74, IAS 18.1–37
- Abschlags-/Teilzahlungen und Anzahlungen IAS 18.24
- Angaben IAS 18.35–36
- Bewertung IAS 18.9–12
- Definition IAS 18.7
- Dienstleistungsentgelte IAS 18.13
- Dividenden IAS 18.5(c), IAS 18.29–33
- erbrachte Dienstleistungen IAS 18.20–28

- Erfassung IAS 18.14–34
- Ertragserfassung nach Maßgabe des Fertigstellungsgrads IAS 18.21
- Eventualschulden IAS 18.36
- Lieferung von Waren unter dem Vorbehalt der Installation und Endkontrolle IAS 18.16(c)
- Nutzungsentgelte IAS 18.5(b), IAS 18.29–33
- Provisionen IAS 18.8
- Tausch oder Swap von Gütern und Dienstleistungen IAS 18.12
- Tausch von Werbedienstleistungen SIC 31.1–5
- Verkauf von Gütern IAS 18.14–19
- Zinsen IAS 18.5(a), IAS 18.29–34

Ernte
- Definition IAS 41.5
- siehe auch Landwirtschaftliche Erzeugnisse

Erstmalige Anwendung der IFRS IFRS 1.1–40, IFRS 1.D7
- als Finanzinvestition gehaltene Immobilien IFRS 1.18(a)
- anteilsbasierte Vergütungen IFRS 1.D2–D3
- Ausbuchung finanzieller Vermögenswerte und finanzieller Verbindlichkeiten IFRS 1.B2–B3
- Ausnahmen zur retrospektiven Anwendung anderer IFRS IFRS 1.14–17, IFRS 1.B
- Befreiungen von anderen IFRS IFRS 1.18–19, IFRS 1.C–E
- Bilanzierung von Sicherungsgeschäften IFRS 1.B4–B6
- Bilanzierungs- und Bewertungsmethoden IFRS 1.7–12
- Darstellung und Angaben IFRS 1.20–33
- Ereignisse nach dem Abschlussstichtag IFRS 1.15
- Erläuterung des Übergangs IFRS 1.23–33
- immaterielle Vermögenswerte IFRS 1.D7
- Leasing IFRS 1.D9–D9A
- Leistungen an Arbeitnehmer IFRS 1.D10–D11
- Schätzungen IFRS 1.14–17
- Tochterunternehmen, assoziierte Unternehmen und gemeinschaftlich geführte Unternehmen IFRS 1.D14–D17
- Umrechnungsdifferenzen IFRS 1.D12–D13
- Unternehmenszusammenschlüsse IFRS 1.C
- Vergleichsinformationen IFRS 1.21–22
- zusammengesetzte Finanzinstrumente IFRS 1.D18
- Zwischenberichterstattung IFRS 1.32–33

Erträge F.69–77
- Definition F.70
- Erfassung F.92–93
- Posten in der Gewinn- und Verlustrechnung F.70, F.74–77

Ertragskraft F.17, F.19, F.28, F.47, F.69–73

Ertragsteuern IAS 12.1–91
- Änderungen des steuerlichen Status eines Unternehmens oder seiner Anteilseigner SIC 25.1–4
- Angaben IAS 12.79–88
- Ansatz IAS 12.57–68C
- anteilsbasierte Vergütung IAS 12.68A–68C
- aufgegebene Geschäftsbereiche IAS 12.81(h)
- Bewertung IAS 12.46–56

Stichwortverzeichnis

- Bilanzierung von latenten Steuerschulden und Steuererstattungsansprüchen IAS 12.15–45
- Bilanzierung von tatsächlichen Steuerschulden und Steuererstattungsansprüchen IAS 12.12–14
- Darstellung IAS 12.69–78
- Dividenden IAS 12.52A–52B, IAS 12.65A, IAS 12.82A, IAS 12.87A–87B, IAS 32.40
- Eventualschulden IAS 12.88
- Gewinn- und Verlustrechnung IAS 12.58–60
- Kapitalflussrechnungen IAS 7.35–36
- Posten, die unmittelbar dem Eigenkapital gutgeschrieben oder belastet werden IAS 12.61–65A
- Realisierung von neubewerteten, nicht planmäßig abzuschreibenden Vermögenswerten SIC 21.1–5
- Saldierung IAS 12.71–76
- *siehe auch Latente Steuern*
Erzielbarer Betrag IAS 36.6
- *siehe auch Wertminderungsaufwand*
Euro
- Auswirkungen der Einführung auf die Bilanzierung von Fremdwährungen SIC 7
Eventualforderungen
- Angaben IAS 37.89–92
- Ansatz IAS 37.31–35
Eventualschulden
- Aktualisierung der Angaben über die Bedingungen zum Abschlussstichtag IAS 10.19–20
- Angaben IAS 37.86–88, IAS 37.91–92
- Angaben des Partnerunternehmens an einem Joint Venture IAS 31.54
- Ansatz IAS 37.27–30
- Ansatz in einem Unternehmenszusammenschluss IFRS 3.56
- assoziierte Unternehmen IAS 28.40
- Beziehung mit Rückstellungen IAS 37.12–13
- Definition IAS 37.10
- Erträge IAS 18.36
- Fertigungsaufträge IAS 11.45
- Leistungen aus Anlass der Beendigung des Arbeitsverhältnisses IAS 19.141
- Steuern IAS 12.88
- Zuwendungen der öffentlichen Hand IAS 20.11, IAS 20.39(c)
Exploration mineralischer Rohstoffe
- *siehe auch Vermögenswerte aus Exploration und Evaluierung*

F

Fair Value-Option IAS 39
Fehler IAS 8.41–49
- Angabe von Fehlern aus früheren Perioden IAS 8.49
- Einschränkungen bei rückwirkender Anpassung IAS 8.43–48
- rückwirkende Anpassung einer früheren Periode IAS 8.42–49
- Unternehmenszusammenschlüsse IFRS 3.50
- Undurchführbarkeit hinsichtlich rückwirkender Anpassung IAS 8.50–53
Fertigungsaufträge IAS 11.1–46

- Abweichungen IAS 11.11–13
- Änderungen von Schätzungen IAS 11.38
- Angaben IAS 11.39–45
- Auftragserlöse IAS 11.11–15
- Auftragskosten IAS 11.16–21
- ausgenommene Kosten IAS 11.20
- Ausschluss vom Anwendungsbereich des IAS 2, IAS 2.2
- Definition IAS 11.3
- Erfassung von Erlösen und Kosten IAS 11.22–35, IAS 18.21
- Eventualschulden und Eventualforderungen IAS 11.45
- Festpreisvertrag IAS 11.23
- Kostenzuschlagsvertrag IAS 11.24
- Methode der Gewinnrealisierung nach dem Fertigstellungsgrad IAS 11.25–26, IAS 11.38
- Nachforderungen und Abweichungen IAS 11.11–14
- Prämien IAS 11.11, IAS 11.15
- Segmentierung IAS 11.7–8, IAS 11.10
- unfertige Leistungen IAS 11.27
- Verluste IAS 11.22, IAS 11.36–37
Festpreisvertrag IAS 11.23
- Definition IAS 11.3
Finanzgarantie IAS 39.9, IAS 39.AG4; IFRS 4.A
- Bewertung IAS 39.47(c)
Finanzielle Verbindlichkeiten IAS 32.2, IAS 32.5
- Analyse der vertraglich vereinbarten Fälligkeitstermine IFRS 7.B11–16
- Ausbuchung IAS 39.39–42, IAS 39.AG57–63
- Ausbuchung und erstmalige Anwendung der IFRS IFRS 1.B2–B3
- bedingte Erfüllungsvereinbarungen IAS 32.25, IAS 32.AG28, IAS 32.16–19
- Bestimmung des beizulegenden Zeitwerts IAS 39.48–49
- Darlehensverbindlichkeiten
  - Angaben IFRS 7.18–19
- Definition IAS 32.11, IAS 32.19, IAS 39.9
- Erfüllung in den Eigenkapitalinstrumenten des Unternehmens IAS 32.16(b), IAS 32.21–24, IAS 32.AG27
- erstmalige Bewertung IAS 39.43–44, IAS 39.AG64–65
- Folgebewertung IAS 39.47
- Klassifizierung als IAS 32.18
- Saldierung IAS 32.42–50, IAS 32.AG38–39
- Unterscheidung von Eigenkapitalinstrumenten IAS 32.15–20, IAS 32.AG25–26
- Unterschied zwischen Ausbuchung und Saldierung IAS 32.44
- Zinsänderungsrisiko IAS 32.67–75
- zu Handelszwecken gehaltene IAS 39.9, IAS 39.AG15
- *siehe auch Finanzinstrumente; finanzielle Vermögenswerte*
Finanzielle Vermögenswerte IAS 32.2, IAS 32.5
- Arten IAS 32.AG3–5
- Ausbuchung IAS 39.15–37, IAS 39.AG36–52
- Angaben IFRS 7.13
- Beispiele IAS 39.AG51

Stichwortverzeichnis

- nicht qualifizierende Übertragungen IAS 39.29, IAS 39.AG47
- qualifizierende Übertragungen IAS 39.24–28, IAS.39.AG44–46
- Zurückbehaltung der vertraglichen Rechte auf den Bezug von Cashflows, jedoch vertragliche Verpflichtung zur Zahlung dieser IAS 39.19
- Ausbuchung und erstmalige Anwendung der IFRS IFRS 1.B2–B3
- Bestimmung des beizulegenden Zeitwerts IAS 39.48–49, IAS 39.AG69–82
- bis zur Endfälligkeit gehaltene Finanzinvestitionen IAS 39.9, IAS 39.AG16–25
- Definition IAS 32.11, IAS 32.AG3–12
- erfolgswirksam zum beizulegenden Zeitwert bewertete IAS 39.9
- erstmalige Bewertung IAS 39.43–44, IAS 39.AG64–65
- Folgebewertung IAS 39.45–46, IAS 39.AG66–68
- marktübliche Verträge IAS 39.38, IAS 39.AG53–56
- Saldierung IAS 32.42–50, IAS 32.AG38–39
- Unterschied zwischen Ausbuchung und Saldierung IAS 32.44
- Wertberichtigungskonto für Kreditausfälle IFRS 7.16, IFRS 7.B5(d)
- Wertminderung IAS 39.58–70
- zu Handelszwecken gehaltene IAS 39.9, IAS 39.AG14
- zur Veräußerung verfügbare Vermögenswerte IAS 39.9, IAS 39.67–70
- siehe auch Finanzinstrumente

Finanzierungsleasing
- Abschlüsse der Leasinggeber IAS 17.36–48
- Abschlüsse der Leasingnehmer IAS 17.20–32
- als Finanzinvestition gehaltene Immobilien IAS 40.3, IAS 40.25–26, IAS 40.67, IAS 40.74
- Angaben der Leasinggeber IAS 17.47–48
- Angaben der Leasingnehmer IAS 17.31–32
- Beginn der Laufzeit des Leasingverhältnisses und Beginn des Leasingverhältnisses IAS 17.20–22
- Definition IAS 17.4
- Finanzinstrument IAS 32.AG9
- Klassifizierung IAS 17.7–19
- Sale-and-leaseback-Transaktionen IAS 17.59–60, IAS 17.64

Finanzierungstätigkeit
- Definition IAS 7.6
- Kapitalflussrechnungen IAS 7.17, IAS 7.21

Finanzinstrumente
- Angaben IFRS 7.1–45
  - Kategorien von Finanzinstrumenten IFRS 7.8, IFRS 7.B1–3
  - Überleitungsrechung IFRS 7.6
- Angaben in der Gewinn- und Verlustrechnung oder im Anhang IFRS 7.20
- Angaben zum beizulegenden Zeitwert IFRS 7.25–30
- Ansatz IAS 39.14, IAS 39.AG34–35
- anteilsbasierte Vergütungen IFRS 2.6

- Ausbuchung IAS 32.44
- Ausbuchung eines finanziellen Vermögenswertes IAS 39.15–37, IAS 39.AG36–52
- Ausschluss vom Anwendungsbereich des IAS 2 IAS 2.2
- bedingte Erfüllungsvereinbarungen IAS 32.25, IAS 32.AG28, IAS 32.16–19
- Bestimmung des beizulegenden Zeitwerts IAS 39.48–49, IAS 39.AG69–82
  - kein aktiver Markt IAS 39.AG74–82
  - Verwendung von notierten Preisen an aktiven Märkten IAS 39.AG71–73
- Bewertung IAS 39.43–70, IAS 39.AG64–93
  - Gewinne und Verluste IAS 39.55–57, IAS 39.AG83
  - Umgliederungen IAS 39.50–54
  - Vermeidung von Inkongruenzen IAS 39.9(b), IAS 39.AG4D–G
  - Wertminderung und Uneinbringlichkeit von finanziellen Vermögenswerten IAS 39.58–70, IAS 39.AG84–93
- bilanzunwirksame Darstellung IAS 32.5
  - eigene Anteile IAS 32.33–34, IAS 32.AG36
  - Verbindlichkeiten und Eigenkapital IAS 32.15–27, IAS 32.AG.25–29
  - Zinsen, Dividenden, Verluste und Gewinne IAS 32.2, IAS 32.35–41, IAS 32.AG37
  - zusammengesetzte Finanzinstrumente IAS 32.28–32, IAS 32.AG30–35
- Definition IAS 32.11, IAS 32.AG3–24, IAS 39.8–9, IAS 39.AG5–26
- Derivate IAS 32.AG15–19
  - Definition IAS 39.9, IAS 39.AG9–12A
- Dividenden IAS 32.2, IAS 32.35–41, IAS 32.AG37
- Effektivzinssatz IAS 39.9, IAS 39.AG5–8
- eigene Anteile IAS 32.33–34, IAS 32.AG36
- Eigenkapital und Verbindlichkeiten
  - uneingeschränktes Recht auf Ablehnung der Rücknahme IFRIC 2.A2–5
- eingebettete Derivative IAS 39.10–13, IAS 39.AG27–33
- Erfüllung in den Eigenkapitalinstrumenten des Unternehmens IAS 32.16(b), IAS 32.21–24, IAS 32.AG27
- Erfüllungswahlrecht IAS 32.26–27
- ermessensabhängige Überschussbeteiligungen IFRS 4.35
- erstmalige Anwendung der IFRS
  - Angaben IFRS 1.29–31
  - Ansatz und Bewertung bei der Umstellung auf IFRS IFRS 1.D18–D20
  - zusammengesetzte Finanzinstrumente IFRS 1.D18
- Genossenschaftsanteile IFRIC 2.5–9
- gleichzeitiger Ausgleich von zwei Finanzinstrumenten IAS 32.48
- Klassifizierung IAS 32.2, IAS 32.15, IAS 32.18
- Konzernabschluss, Behandlung im IAS 32.AG29
- Kreditrisiko IFRS 7.36–37, IFRS 7.B9
- kündbare IAS 32.16A

Stichwortverzeichnis

- latente Steuern IAS 12.23, IAS 32.39
- Liquiditätsrisiko IFRS 7.39
- Marktrisiko IFRS 7.40–42; IFRS 7.B17–28
- Portfoliomanagement IAS 39.9(b), IAS 39.AG4H–K
- rechtliche Gestaltung IAS 32.18
- Risikoberichterstattung IFRS 7.31–42, IFRS 7.B6–28
  - Qualitative Angaben IFRS 7.34
  - Quantitative Angaben IFRS 7.33, IFRS 7.B7–8
- Saldierung IAS 32.44
- Saldierung eines finanziellen Vermögenswertes mit einer finanziellen Verbindlichkeit IAS 32.42–50, IAS 32.AG38–39
- Sicherungsbeziehungen IAS 39.71–102, IAS 39.AG94–132, IAS 39.AG4E(c)–(d)
  - Beurteilung der Wirksamkeit IAS 39.AG105–132
- strukturierte Produkte IAS 39.AG4I(b)
- Transaktionskosten IAS 32.35, IAS 32.AG37–39, IAS 39.AG13
- Unterscheidung eines Eigenkapitalinstruments von einer finanziellen Verbindlichkeit IAS 32.15–20, IAS 32.AG25–26; IFRIC 2
- Verluste und Gewinne IAS 32.2, IAS 32.35–41, IAS 32.AG37
- Verträge über den Kauf oder Verkauf nicht finanzieller Posten IAS 32.8–10, IAS 32.AG20–24, IAS 39.5–7, IAS 39.AG10
- Vertragsbedingungen IAS 32.60(a), IAS 32.62–63
- Warentermingeschäfte IAS 32.AG22–24, IAS 39.5–7, IAS 39.AG10
- wirtschaftliche Substanz IAS 32.18
- Zinsen IAS 32.2, IAS 32.35–41, IAS 32.AG37
- zusammengesetzte IAS 32.28–32, IAS 32.AG30–35
- *siehe auch Eigenkapitalinstrumente; finanzielle Vermögenswerte; finanzielle Verbindlichkeiten*

Fonds für Entsorgung, Wiederherstellung und Umweltsanierung IFRIC 5.1–3
- Angaben IFRIC 5.11–13
- Bilanzierung eines Anteils an einem Fonds IFRIC 5.7–9

Fondsgebundene Versicherungen IAS 31.1(b)
Forderungen F.85
Forderungen aus Lieferungen und Leistungen IAS 32.AG4(a)
Forschung und Entwicklung
- Angabe der Aufwendungen IAS 38.126–127
- Aufwendungen in Verbindung mit einem erworbenen Entwicklungsprojekt IAS 38.42–43
- Entwicklungsphase IAS 38.57–64
- Forschungsphase IAS 38.54–56
- Geschäftsvorfälle mit nahe stehenden Unternehmen und Personen IAS 24.21(e)

Forschungskosten
- latenter Steueranspruch IAS 12.9, IAS 12.26(b)

Forward-Kontrakte IAS 32.AG15
Fremdkapitalkosten IAS 23.1–30
- aktivierbare IAS 23.10–15
- Aktivierung IAS 23.17–25
- Angaben IAS 23.26
- Beginn der Aktivierung IAS 23.17–19
- Bilanzierung in der Währung eines Hochinflationslandes IAS 29.21
- Definition IAS 23.5–7
- Ende der Aktivierung IAS 23.22–25
- Unterbrechung der Aktivierung IAS 23.20–21

Fremdwährungsderivate
- eingebettete IAS 39.10, IAS 39.AG33(d)

Fremdwährungsgeschäfte
- Ansatz von Umrechnungsdifferenzen IAS 21.27–34
- Bilanzierung in der funktionalen Währung IAS 21.20–37
- Bilanzierung in Folgeperioden IAS 21.23–26
- Einführung des Euro SIC 7
- erstmaliger Ansatz IAS 21.20–22
- funktionale Währung IAS 21.9–14

Funktionale Währung IAS 21.9–14
- Definition IAS 21.8
- Hochinflationsländer IAS 21.14, IAS 21.43, IAS 29.8, IFRIC 7
- Wechsel IAS 21.35–37

Future-Kontrakte IAS 32.AG15

G

Gemeinschaftlich geführte Tätigkeiten IAS 31.13–17
- Abschlüsse IAS 31.15–17
- Beispiel IAS 31.14

Gemeinschaftlich geführte Unternehmen IAS 31.24–47
- als Finanzinvestition gehaltene IAS 31.1
- Befreiung von der Anwendung der Quotenkonsolidierung und der Equity-Methode IAS 31.2, IAS 31.6, IAS 31.42–45
- Beispiele IAS 31.27
- Equity-Methode IAS 31.38–41
  - Bedingungen für eine Befreiung IAS 31.2
  - Definition IAS 31.3
- nicht monetäre Einlagen durch Partnerunternehmen SIC 13
- Quotenkonsolidierung
  - Abschluss eines Partnerunternehmens IAS 31.30–37
  - Bedingungen für eine Befreiung IAS 31.2
  - Definition IAS 31.3
- separate Einzelabschlüsse nach IFRS IAS 27.38–40, IAS 27.43, IAS 31.3, IAS 31.5, IAS 31.46–47
- zur Veräußerung verfügbare Anteile IAS 31.2(a), IAS 31.42–43

Gemeinschaftlich geführtes Vermögen IAS 31.18–23
- Abschlüsse IAS 31.21–22
- Beispiel IAS 31.20
- wirtschaftliche Betrachtungsweise IAS 31.23

Gemeinschaftliche Vermögenswerte
- Definition IAS 36.6
- Prüfung von zahlungsmittelgenerierenden Einheiten auf Wertminderung IAS 36.100–103

Gemeinschaftsunternehmen *siehe* Joint Venture
Genossenschaften IFRIC 2.1

Stichwortverzeichnis

Genossenschaftsanteile
- Eigenkapital und Verbindlichkeiten IFRIC 2.5–9
- Rücknahmeverbote IFRIC 2.A6–19
- Verbindlichkeiten
  - Bewertung IFRIC 2.10

Geografische Segmente F.21

Gesamtergebnisrechnung F.19–20
- Darstellung IAS 1.81–105
- Darstellung des Ergebnisses je Aktie IAS 33.66–69
- darzustellende Informationen IAS 1.82–87
- Ertragsteuern IAS 12.58–60
- Hochinflationsländer IAS 29.26, IAS 29.30
- Minderheitsanteile siehe: nicht beherrschende Anteile
- nicht beherrschende Anteile IAS 1.83
- Posten F.48, F.72

Geschäfts- oder Firmenwert
- assoziierte Unternehmen IAS 28.23
- Ertragsteuern IAS 12.15(a), IAS 12.21, IAS 12.24(a), IAS 12.66–68
- immaterielle Vermögenswerte bei einem Unternehmenszusammenschluss IAS 38.11–12
- Latente Steuern IAS 12.15(a), IAS 12.21, IAS 12.24(a), IAS 12.66–68
- selbst geschaffener IAS 38.48–50
- Unternehmenszusammenschluss IFRS 3.32–33
  - Angabe von Änderungen des Buchwertes IFRS 3.B67
- Wertaufholung IAS 36.124–125
- Wertminderung IAS 36.80–99

Geschäftssegmente F.21
- Berichterstattung IFRS 8.20-24
- Definition IFRS 8.5
- Zusammenfassung IFRS 8.12

Gewährleistungen
- Ausschluss vom Anwendungsbereich des IFRS 4 IFRS 4.4(a)

Gewinn
- Bestimmung F.104–105
- Maßstab für die Ertragskraft F.69, F.73

Gewinnbeteiligungspläne
- Leistungen an Arbeitnehmer IAS 19.17–22

Gezeichnetes Kapital
- Angabe in der Bilanz IAS 1.54

Grundgeschäfte IAS 39.78–84
- Absicherung eines Währungsrisikos IAS 39.80
- Bestimmung finanzieller Posten als IAS 39.81–81A
- Bestimmung nicht finanzieller Posten als IAS 39.82, IAS 39.AG100
- Bestimmung von Gruppen von Posten als IAS 39.83–84, IAS 39.AG101
- qualifizierende Grundgeschäfte IAS 39.78–80, IAS 39.AG98–99

Grundstücke und Gebäude
- Leasingverhältnisse IAS 17.14–19

H

Hauptentscheidungsträger IFRS 8.5, IFRS 8.7

Herstellungskosten
- Ersatz für Anschaffungs- oder Herstellungskosten IFRS 1.D8A–B
- Sachanlagen IAS 16.6, IAS 16.11–22
- Vorräte IAS 2.10–27

Hochinflationsländer IAS 29.1–41
- Abschlüsse auf Basis der historischen Anschaffungs- oder Herstellungskosten IAS 29.11–28
- allgemeiner Preisindex IAS 29.37
- Angaben IAS 29.39–40
- Anhaltspunkte für eine Hochinflation IAS 29.3
- Anpassung der Bilanz IAS 29.11–25, IAS 29.29
- Anpassung des Abschlusses IAS 29.5–37
- ausländische Tochterunternehmen IAS 29.35
- Beendigung der Hochinflation in einer Volkswirtschaft IAS 29.38
- Equity-Methode, Bilanzierung eines Beteiligungsunternehmens nach der IAS 29.20
- Ergänzung zum Abschluss IAS 29.7
- erzielbarer Betrag von Vermögenswerten IAS 29.19
- Fremdkapitalkosten, Aktivierung von IAS 29.21
- funktionale Währung IAS 21.14, IAS 21.43, IAS 29.8
- Gewinn aus der Nettoposition der monetären Posten IAS 29.9, IAS 29.27–28, IAS 29.31
- im Rahmen eines Vertrags mit zinsfreier Stundung erworbene Vermögenswerten IAS 29.22
- Inflationsrate IAS 29.3
- Kapitalflussrechnungen IAS 29.33
- Konzernabschluss IAS 29.1, IAS 29.35–36
- Latente Steuern IFRIC 7.4
- Maßeinheit, am Abschlussstichtag geltende IAS 29.7–8, IFRIC 7.3
- monetäre Posten IAS 29.12
- Nettoposition der monetären Posten IAS 29.9, IAS 29.27–28, IAS 29.31
- nicht monetäre Posten IAS 29.14–15
- Preisindex, nicht verfügbar IAS 29.17
- primäre Abschlussbestandteile IAS 29.6–7
- Rechnungslegung in IFRIC 7
- Sachanlagen IAS 29.15–19
- Steuern IAS 29.32
- Tochterunternehmen IAS 29.35
- Vergleichszahlen IAS 29.8, IAS 29.34
- Wechselkurse, Änderungen IAS 29.8, IAS 29.34–35

I

Immaterielle Vermögenswerte
- Abgänge IAS 38.112–117
- Angabe der Schätzungen von Vermögenswerten mit unbegrenzter Nutzungsdauer IAS 36.134–137
- Angaben IAS 38.118–128
- Ansatz und Bewertung IAS 38.18–67
- Anschaffungskostenmodell als Bilanzierungs- und Bewertungsmodell IAS 38.74
- Ausbuchung IAS 38.112–117
- Auswirkungen der erstmaligen Anwendung der IFRS IFRS 1.D7
- Beherrschung IAS 38.13–16

Stichwortverzeichnis

– bei einem Unternehmenszusammenschluss erworbene Versicherungsverträge IFRS 4.31–33
– Bewertung nach dem Ansatz IAS 38.72–87; IAS 38.124–125
– Definition IAS 38.9–17
– Entwicklungsphase von selbst geschaffenen IAS 38.57–64
– Erfassung eines Aufwands IAS 38.68–71
– Erwerb durch eine Zuwendung der öffentlichen Hand IAS 38.44
– Erwerb im Rahmen eines Unternehmenszusammenschlusses IFRS 3.B31–B34, IAS 38.33–43
  – Bestimmung des beizulegenden Zeitwerts IAS 38.35–41
  – nachträgliche Ausgaben für ein erworbenes laufendes Forschungs- und Entwicklungsprojekt IAS 38.42–43
  – Versicherungsverträge IFRS 4.31–33
– Forschungs- und Entwicklungsausgaben IAS 38.126–127
– Forschungsphase IAS 38.54–56
– gesonderte Anschaffung IAS 38.25–32
– Gruppe von Vermögenswerten IAS 38.119
– Identifizierbarkeit IFRS 3.A, IAS 38.11–12
– keine Erfassung früherer Aufwendungen IAS 38.71
– Kriterien für die Erfassung IAS 38.21–23
– künftiger wirtschaftlicher Nutzen IAS 38.17
– landwirtschaftliche Tätigkeit IAS 41.2(b)
– mit begrenzter Nutzungsdauer IAS 38.97–106
  – Abschreibungszeitraum und Abschreibungsmethode IAS 38.97–99
  – Restwert IAS 38.100–103
  – Überprüfung der Abschreibungsperiode und Abschreibungsmethode IAS 38.104–106
– mit unbegrenzter Nutzungsdauer IAS 38.107–110
  – Angabe der Schätzungen zur Bewertung von Vermögenswerten IAS 36.134–137
  – Prüfung auf Wertminderung IAS 36.10, IAS 36.15, IAS 36.24, IAS 38.108, IAS 38.110
  – Überprüfung der Einschätzung der Nutzungsdauer IAS 38.109–110
– Neubewertung von Vermögenswerten IAS 38.75–87
– nicht vertragsgebundene Kundenbeziehungen IAS 38.16
– Nutzungsdauer IAS 38.88–96
  – Beschränkungen durch vertraglich eingeräumte oder andere gesetzliche Rechte IAS 38.94–96
  – Überprüfung der Einschätzung der Nutzungsdauer IAS 38.109–110
– Prüfung eines Vermögenswertes mit einer unbegrenzten Nutzungsdauer auf Wertminderung IAS 36.10, IAS 36.15, IAS 36.24, IAS 38.108, IAS 38.110
  – Häufigkeit und Zeitpunkt der Prüfung IAS 36.10(a)
– selbst geschaffene IAS 38.51–67
  – Kosten von IAS 38.65–67
– Separierbarkeit IAS 38.11–12

– Tausch von Vermögenswerten IAS 38.45–47
  – Anwendung von IAS 38 IAS 38.131
– Websitekosten SIC 32
– Wertminderung IAS 38.111
Immobilien
– als Finanzinvestition gehaltene Immobilien IAS 40.1–86
– Verträge über die Errichtung von Immobilien IFRIC 15.1–9
International Financial Reporting Standards (IFRS) IAS 1.11, IAS 8.5
Investitionstätigkeit
– Definition IAS 7.6
– Kapitalflussrechnungen IAS 7.16, IAS 7.21
Investoren
– Abschlussadressaten F.9–10

J
Joint Venture IAS 31.1–59
– Angabe der Eventualschuld durch das Partnerunternehmen IAS 31.54
– Angaben des Partnerunternehmens IAS 31.54–57
– Angaben über nahe stehende Unternehmen und Personen IAS 24.19(e)
– Ansatz der von Managern erhaltenen Entgelte als Erträge IAS 31.52–53
– Anwendbarkeit des IAS 32 auf Anteile an IAS 32.4(a)
– assoziierte Unternehmen, Unterscheidung zu IAS 31.9
– Bilanzierung von Anteilen im Abschluss eines Gesellschafters IAS 31.51–57
– Ergebnis je Aktie IAS 33.40, IAS 33.11–12
– erstmalige Anwendung der IFRS IFRS 1.D14–D17
– Formen von IAS 31.7
– gemeinschaftliche Führung IAS 31.8
– Geschäftsvorfälle zwischen einem Partnerunternehmen und einem Joint Venture IAS 31.48–50, SIC 13
– Kapitalflussrechnungen IAS 7.38
– latente Steuern in Verbindung mit Anteilen an IAS 12.38–45, IAS 12.81(f), IAS 12.87, IAS 12.87C
– nicht monetäre Einlagen durch Partnerunternehmen SIC 13
– vertragliche Vereinbarung IAS 31.9–12
– vom Anwendungsbereich ausgeschlossene IFRS 3.2(a)
– *siehe auch Gemeinschaftlich geführte Tätigkeiten; Gemeinschaftlich geführte Unternehmen; Gemeinschaftlich geführtes Vermögen*

K
Kapitalerhaltung
– finanzwirtschaftliche F.104, F.106–107
– Konzepte F.104–110
– leistungswirtschaftliche F.104, F.106, F.109
Kapitalerhaltungsanpassungen F.81, F.108, F.109
Kapitalflussrechnung
– Angabe der Bilanzierungs- und Bewertungsmethoden IAS 7.46–47

Stichwortverzeichnis

- assoziierte Unternehmen IAS 7.37
- Bestandteile der Zahlungsmittel und Zahlungsmitteläquivalent IAS 7.45–52
- betriebliche Tätigkeit 7.13–15, IAS 7.18–20
- Darstellung IAS 7.10–17
- Definitionen IAS 7.6
- Dividenden IAS 7.31–34
- Hochinflationsland IAS 29.33
- Ertragsteuern IAS 7.35–36
- Erwerb und Veräußerung von Tochterunternehmen IAS 7.39–42
- Finanzierungstätigkeit IAS 7.17, IAS 7.21
- Fremdwährung IAS 7.25–28
- historische Information IAS 7.5
- Investitionstätigkeit IAS 7.17, IAS 7.21
- Joint Ventures IAS 7.38
- konsolidierte IAS 7.38
- nicht zahlungswirksame Transaktionen IAS 7.43–44
- saldierte Darstellung IAS 7.22–24
- Segmentinformationen IAS 7.50(d), IAS 7.52
- Tochterunternehmen IAS 7.37
- Zinsen IAS 7.31–34

Kaufoptionen IAS 32.AG13–14, IAS 32.AG17
- nicht in die Ermittlung des verwässerten Ergebnisses je Aktie einbezogene IAS 33.62

Komponenten
- Teile von Sachanlagen IAS 16.43–49

Kontokorrentkredite
- Behandlung als Zahlungsmitteläquivalente IAS 7.8

Konzernabschluss IAS 27.1–46, IAS 27 Anhang
- abweichende Abschlussstichtage des Mutterunternehmens und eines Tochterunternehmens IAS 27.22–23
- Angaben IAS 27.41–42
- Anwendungsbereich IAS 27.12–17
- ausländischer Geschäftsbetrieb IAS 21.19, IAS 21.44–49
- Befreiung von der Aufstellung IAS 27.10–11, IAS 31.2(b), IAS 31.6
- Beherrschung IAS 27.13
- Darstellung IAS 27.9–11
- Hochinflationsland IAS 29.1, IAS 29.35–36
- einheitliche Bilanzierungs- und Bewertungsmethoden IAS 27.24–25
- Erwerb eines Tochterunternehmens IAS 27.19–21, IAS 27.26
- Finanzinstrumente IAS 32.AG29
- Kapitalflussrechnungen IAS 7.38
- konzerninterne Posten IAS 27.20–21
- Minderheitsanteile siehe: nicht beherrschende Anteile
- nicht beherrschende Anteile IAS 27.18(b)–(c), IAS 27.27
- umgekehrte Unternehmenserwerbe IFRS 3.B21–24
- Veräußerung eines Tochterunternehmens IAS 27.26
- Verfahren IAS 27.18–31
- von der Konsolidierung ausgenommenes Tochterunternehmen unter vorübergehender Beherrschung IAS 27.16–17

- Zweckgesellschaften SIC 12
- Zwischenberichterstattung IAS 34.14

Kostenzuschlagsvertrag IAS 11.24
- Definition IAS 11.3

Krankheitstage
- Abwesenheitsvergütungen IAS 19.11–16

Kredite
- Ertragserfassung von Entgelten für Finanzdienstleistungen für IAS 18.A14(b)

Kredite und Forderungen
- Definition IAS 39.9, IAS 39.46(a), IAS 39.AG26

Kreditgeber
- Abschlussadressaten F.9

Kreditzusagen IAS 39.4

Kunden
- Abschlussadressaten F.9

Kundenbindungsprogramme IFRIC 13
- Anleitung zur Anwendung IFRIC 13.A
- Anwendungsbereich IFRIC 13.3

Kurzfristige Schulden
- Darstellung in der Bilanz IAS 1.69–76
- Steuern IAS 12.12–14, IAS 12.46–49

Kurzfristige Vermögenswerte
- Darstellung in der Bilanz IAS 1.66–68
- Steuern IAS 12.12–14, IAS 12.46–49

L

Landwirtschaftliche Erzeugnisse
- Angaben IAS 41.40–57
- Ansatz und Bewertung IAS 41.10–33
- Beispiele IAS 41.4
- Definition IAS 41.5–6
- Gewinne und Verluste IAS 41.26–29
- Unfähigkeit den beizulegenden Zeitwert zu ermitteln IAS 41.30–33, IAS 41.54–56
- Vorräte IAS 2.2–4, IAS 2.20

Landwirtschaftliche Grundstücke
- Ausschluss vom Anwendungsbereich des IAS 41 IAS 41.2(a)
- damit verbundene biologische Vermögenswerte IAS 41.25

Landwirtschaftliche Tätigkeit IAS 41.1–59
- Definition IAS 41.5
- Immaterielle Vermögenswerte IAS 41.2(b)
- Zuwendungen der öffentlichen Hand IAS 41.34–38, IAS 41.57
- siehe auch Biologische Vermögenswerte

Latente Steuern
- Abzinsung IAS 12.53–56
- abzugsfähige temporäre Differenzen IAS 12.24–31
- Änderung des steuerlichen Status eines Unternehmens oder seiner Anteilseigner SIC 25
- Angaben IAS 12.79–88
- Ansatz IAS 12.57–68C
- Anteile an Tochterunternehmen, Zweigniederlassungen, assoziierten Unternehmen sowie Anteile an Joint Ventures IAS 12.38–45, IAS 12.81(f), IAS 12.87, IAS 12.87C
- anteilsbasierte Vergütung IAS 12.68A–68C
- Bewertung IAS 12.46–56
- Definitionen IAS 12.5

Stichwortverzeichnis

- Erneute Beurteilung von nicht angesetzten latenten Steueransprüchen IAS 12.37
- erstmaliger Ansatz eines Vermögenswertes oder einer Schuld IAS 12.22–23
- Finanzinstrumente IAS 12.23, IAS 32.39
- Geschäfts- oder Firmenwert IAS 12.15(a), IAS 12.21, IAS 12.24(a), IAS 12.66–68
- Gewinn- und Verlustrechnung IAS 12.58–60
- Hochinflationsländer IFRIC 7.4
- negativer Unterschiedsbetrag IAS 12.24(a), IAS 12.66–68
- noch nicht genutzte steuerliche Verluste und noch nicht genutzte Steuervorschriften IAS 12.34–36
- Posten, die unmittelbar dem Eigenkapital gutgeschrieben oder belastet werden IAS 12.61–65A
- Unternehmenszusammenschlüsse IFRS 3.66–68, IAS 12.19, IAS 12.26(c), IAS 12.66–68
- Währungsdifferenzen IAS 12.41, IAS 12.78, IAS 21.50, IFRIC 7.4
- Wertminderungsaufwand IAS 36.64
- zu versteuernde temporäre Differenzen IAS 12.5, IAS 12.15–18
- zum beizulegenden Zeitwert geführte Vermögenswerte IAS 12.20, IAS 12.26(d), SIC 21
- Zuwendungen der öffentlichen Hand IAS 12.4, IAS 12.33

Leasinggeber
- Finanzierungsleasing IAS 17.36–48
- Operating-Leasing IAS 17.49–57
- Sale-and-leaseback-Transaktionen IAS 17.66

Leasingnehmer
- Finanzierungsleasing IAS 17.20–32
- Operating-Leasing IAS 17.33–35
- Sale-and-leaseback-Transaktionen IAS 17.66

Leasingverhältnisse IAS 17.1–70, IAS 17.A, IFRIC 4.1–17
- Abschreibung IAS 17.27–29, IAS 17.53
- Abtrennung der Leasingzahlung IFRIC 4.12–15
- als Finanzinvestition gehaltene Immobilien IAS 40.3, IAS 40.25–26, IAS 40.40–41, IAS 40.74
- angabepflichtige Geschäftsvorfälle mit nahe stehenden Unternehmen und Personen IAS 24.21(d)
- Anreize bei Operating-Leasing SIC 15
- Definitionen IAS 17.4–6
- erstmalige Anwendung der IFRS IFRS 1.D9–D9A
- Feststellung, ob eine Vereinbarung ein Leasingverhältnis ist oder enthält IFRIC 4.6–9
- Finanzinstrument IAS 32.AG9
- Grundstücke und Gebäude IAS 17.14–19
- Klassifizierung IAS 17.7–19
- Sale-and-leaseback-Transaktionen IAS 17.58–66
- Wertminderung IAS 17.30, IAS 17.54
- wirtschaftlicher Gehalt von Transaktionen SIC 27
- *siehe auch Finanzierungsleasing; Leasinggeber; Leasingnehmer; Operating-Leasing*

Leistungen an Arbeitnehmer IAS 19.1–160
- Abwesenheitsvergütungen IAS 19.11–16
- andere langfristig fällige Leistungen und Leistungen nach Beendigung des Arbeitsverhältnisses IAS 19.126–131
- Angaben IAS 19.131
- Ansatz IAS 19.128–130
- Angaben zu kurzfristig fälligen Leistungen IAS 19.23
- Definitionen IAS 19.7
- Erfolgsbeteiligungen IAS 19.17–22
- erstmalige Anwendung der IFRS IFRS 1.D10–D11
- faktische Verpflichtung IAS 19.17–20, IAS 19.25–26, IAS 19.52–53
- Gewinnbeteiligungspläne IAS 19.17–22
- Kapitalbeteiligungsleistungen IAS 19.144–152
- kurzfristige IAS 19.8–23
- Leistungen aus Anlass der Beendigung des Arbeitsverhältnisses IAS 19.132–143
- Leistungen nach Beendigung des Arbeitsverhältnisses *siehe Leistungen nach Beendigung des Arbeitsverhältnisses; Altersversorgungspläne*

Leistungen aus Anlass der Beendigung des Arbeitsverhältnisses
- Angaben IAS 19.141
- Ansatz IAS 19.133–138
- Bewertung IAS 19.139–140
- Eventualschuld IAS 19.141

Leistungen nach Beendigung des Arbeitsverhältnisses
- Plan mehrerer Arbeitgeber IAS 19.29–35
- staatliche Pläne IAS 19.36–38
- Unternehmenszusammenschlüsse IAS 19.108
- versicherte Leistungen IAS 19.39–42
- vom Anwendungsbereich des IAS 32 ausgeschlossene Rechten und Pflichten des Arbeitgebers IAS 32.4(b)
- *siehe auch Beitragsorientierte Pläne; Leistungsorientierte Pläne*

Leistungsorientierte Pläne
- Abgeltung IAS 19.109–115
- Angaben IAS 19.120–125, IAS 26.34–36
- Ansatz und Bewertung IAS 19.49–62
- Abzinsungssatz und versicherungsmathematische Annahmen IAS 19.78–82
- Barwert leistungsorientierter Verpflichtungen und laufender Dienstzeitaufwand IAS 19.63–91
- Gehälter, Leistungen und Kosten medizinscher Versorgung IAS 19.83–91
- nachzurechnender Dienstzeitaufwand IAS 19.96–101
- Planvermögen IAS 19.102–107
- versicherungsmathematische Annahmen IAS 19.72–91
- versicherungsmathematische Bewertungsmethode IAS 19.64–66
- versicherungsmathematische Gewinne und Verluste IAS 19.92–95
- Zuordnung von Leistungen auf Dienstjahre IAS 19.67–71

Stichwortverzeichnis

- Berichtsformat IAS 26.28–31
- Bilanz IAS 19.54–60
- Bilanzierung faktischer Verpflichtungen IAS 19.52–53
- Bilanzierung und Berichterstattung IAS 26.17–31
- Darstellung IAS 19.116–119
  - finanzielle Kostenkomponenten IAS 19.119
  - Saldierung IAS 19.116–118
  - Unterscheidung von Kurz- und Langfristigkeit IAS 19.118
- Definition IAS 19.7, IAS 26.8
- die Risiken auf mehrere Unternehmen unter gemeinsamer Beherrschung verteilen IAS 19.34–34B
- Gewinn- und Verlustrechnung IAS 19.61–62
- Häufigkeit von versicherungsmathematischen Bewertungen IAS 26.27
- Plan mehrerer Arbeitgeber IAS 19.29–35
- Plankürzungen IAS 19.109–115
- Planvermögen
  - beizulegender Zeitwert IAS 19.102–104, IAS 26.32–33
  - Definition IAS 19.7
  - Erstattungsansprüche IAS 19.104A–104D
  - Erträge aus IAS 19.105–107
- Übergangsvorschriften für die erstmalige Anwendung des IAS 19 IAS 19.153–156
- Unterscheidung von beitragsorientierten Plänen IAS 19.24–28

Leistungsorientierter Vermögenswert (die Begrenzung von), Mindestdotierungsverpflichtungen und ihre Wechselwirkung IFRIC 14
- Ansatz einer Verbindlichkeit IFRIC 14.23–26
- Anwendungsbereich IFRIC 14.4–5
- wirtschaftlicher Nutzen IFRIC 14.11–22

Lieferanten
- Abschlussadressaten F.9

Liquide Mittel F.18
Liquidität F.16
Liquiditätsrisiko IFRS 7.39, IFRS 7.A, IFRS 7.B10A
Löhne und Gehälter
- als Aufwendungen F.78

M

Management
- Angabe der Vergütung IAS 24.17
- Aufsteller und Adressat von Abschlüssen F.11
- Beurteilung der Handlungen F.14, 1.7

Marktrisiko
- Finanzinstrumente IFRS 7.A

Marktübliche Verträge
- Ansatz und Ausbuchung IAS 39.38, IAS 39.AG53–56
- Definition IAS 39.AG12

Maßgeblicher Einfluss IAS 28.6–10
- Definition IAS 28.2

Mieten
- als Erlöse F.74

Mietkaufverträge IAS 17.5
Minderheitsanteile siehe: nicht beherrschende Anteile

Mindestdotierungsverpflichtungen siehe: Leistungsorientierter Vermögenswert
Mindestkapitalanforderungen IAS 1.135–136
Mineralien und mineralische Stoffe
- Ausschluss vom Anwendungsbereich des IAS 2 IAS 2.3

Mitarbeiteraktienoptionen
- Auswirkungen auf die Kapitalverhältnisse IFRS 2.B38–41
- beizulegender Zeitwert IFRS 2.B4–41
- Ergebnis je Aktie IAS 33.48
- erwartete Dividenden IFRS 2.B31–36
- erwartete Volatilität IFRS 2.B22–30
- frühzeitige Ausübung IFRS 2.B16–21
- risikoloser Zins IFRS 2.B37
- *siehe auch Anteilsbasierte Vergütung*

Monetäre Posten
- Definition in IAS 21 IAS 21.8, IAS 21.16

Mutterunternehmen
- Angaben über nahe stehende Unternehmen und Personen IAS 24.13–16, IAS 24.19
- Beherrschung IAS 27.13, IAS 27.26, IAS 27.30–37

N

Nahe stehende Unternehmen und Personen
- Angabepflichten IAS 24.13–23
- Definition IAS 24.9
- eigene Anteile IAS 32.34
- Einzelabschlüsse IAS 24.3
- Leistungen für Personen in Schlüsselpositionen des Managements IAS 24.17
- einer öffentlichen Stelle nahestehende Unternehmen IAS 24.9, IAS 24.25

Negativer Geschäfts- oder Firmenwert
- latenter Steueranspruch IAS 12.24(a), IAS 12.66–68

Nettoinvestition in einen ausländischen Geschäftsbetrieb IAS 21.8, IAS 21.16
- Absicherung IFRIC 16

Nettoumlaufvermögen F.18
Nettoveräußerungswert
- Bewertungsgrundlage F.100–101
- Definition IAS 2.6–7
- Vorräte IAS 2.6–7, IAS 2.28 33

Neubeurteilung eingebetteter Derivate IFRIC 9
Neubewertung
- Bilanzierungs- und Bewertungsmethoden IAS 8.17, IAS 16.31–42
- Immaterielle Vermögenswerte IAS 38.75–87
- Angaben IAS 38.75–87
- Sachanlagen IAS 16.77, IAS 36.60
- steuerliche Zwecke IAS 12.20, IAS 12.64–65, IAS 16.42, SIC 21
- Wertminderungsaufwand IAS 36.61
- Wertaufholung IAS 36.119

Neutralität F.36
Nicht beherrschende Anteile
- Gewinn- und Verlustrechnung IAS 1.83(a)
- Konzernabschluss IAS 27.18(b)–(c), IAS 27.27
- Prüfung von zahlungsmittelgenerierenden Einheiten mit Geschäfts- oder Firmenwert auf Wertminderung IAS 36.91–99

Stichwortverzeichnis

- umgekehrte Unternehmenserwerbe IFRS 3.B23–B24
Nicht kündbare Stammaktien IAS 32.AG13
Nutzungsdauer
- Immaterielle Vermögenswerte IAS 38.88–96
Nutzungsentgelte
- als Erlöse F.74, 18.5(b), IAS 18.29–33
Nutzungswert IAS 36.30–57, IAS 36.A1–21
- Abzinsungssatz IAS 36.55–57
- Behandlung künftiger Kosten IAS 26.48–49
- Grundlage für die Schätzungen der künftigen Cashflows IAS 36.33–38
- künftige Cashflows in Fremdwährung IAS 36.54
- Restrukturierung, Wirkung IAS 36.46–47
- Zusammensetzung der Schätzungen für die künftigen Cashflows IAS 36.39–53

O

Offene Investmentfonds
- Ausschluss vom Anwendungsbereich des IAS 31 IAS 31.1(b)
Operating Leasing
- Abschlüsse der Leasinggeber IAS 17.49–57
- Abschlüsse der Leasingnehmer IAS 17.33–35
- als Finanzinvestition gehaltene Immobilien IAS 40.3, IAS 40.6, IAS 40.74
- Angaben der Leasinggeber IAS 17.56–57
- Angaben der Leasingnehmer IAS 17.35
- Anreize SIC 15
- Definition IAS 17.4
- Klassifizierung IAS 17.7–19
- Sale-and-leaseback-Transaktionen IAS 17.61–63
Optionen IAS 32.AG15
Optionsscheine IAS 32.AG13
- Ergebnis je Aktie IAS 33.45–48, IAS 33.A6–9

P

Patente
- als Vermögenswerte F.56
Pensionen *siehe Altersversorgungspläne*
Periodenabgrenzung F.22
- Darstellung des Abschlusses IAS 1.27–28
Preisindex
- allgemeiner Preisindex in Hochinflationsländern IAS 29.37
Preisrisiken IFRS 7.A
Prognosen F.28
Provisionen
- Ertragserfassung IAS 18.8, IAS 18.A12–13
Prüfung auf Wertminderung
- Häufigkeit und Zeitpunkt IAS 36.9–11
- immaterieller Vermögenswert mit einer unbegrenzten Nutzungsdauer IAS 36.10(a), IAS 38.108, IAS 38.110
- zahlungsmittelgenerierende Einheiten mit einem Geschäfts- oder Firmenwert IAS 36.80–99
  - Zeitpunkt der Prüfungen auf Wertminderung IAS 36.96–99
- zahlungsmittelgenerierende Einheiten mit gemeinschaftlichen Vermögenswerten IAS 36.100–103

Q

Quotenkonsolidierung
- Abschluss eines Partnerunternehmens IAS 31.30–37
- Bedingungen für eine Befreiung IAS 31.2
- Definition IAS 31.3

R

Rahmenkonzept für die Aufstellung und Darstellung von Abschlüssen F.1–110
- Abschlüsse für allgemeine Zwecke F.6
- Abschlüsse für besondere Zwecke F.6
- Abschlussposten F.47–81
- Adressaten F.6, F.9–11, F.13, F.15
- andere als Finanzinformationen F.13
- Änderungen in der Vermögens- und Finanzlage F.18–20, F.47
- Angaben F.21, F.88
- Anhang F.21, F.88
- Anwendungsbereich F.5–8
- Arbeitnehmer F.9
- Aufwendungen F.70, F.78–80, F.94–98
- Barwert F.100–101
- Bedürfnisse der Abschlussadressaten F.9–10, F.13, F.15
- Bewertung von Abschlussposten F.99–101
- Bilanz F.19–20, F.48, F.50
- Cashflows F.15–19
- Definition der Abschlüsse F.6
- Definition der Posten F.49, F.70
- den tatsächlichen Verhältnissen entsprechendes Bild F.46
- Eigenkapital F.47, F.65–68
- Einheitlichkeit F.41
- Erfassung von Abschlussposten F.82–98
- Erträge F.70, F.74–77, F.92–93
- Ertragskraft F.17, F.74–77, F.92–93
- finanzwirtschaftliche Kapitalerhaltung F.104, F.108
- finanzwirtschaftliches Kapitalkonzept F.102–103
- Gewinn F.69, F.73, F.104–105
- Gewinn- und Verlustrechnung F.19–20, F.48, F.72
- Gläubiger F.9
- glaubwürdige Darstellung F.33–34
- Handeln des Managements F.14
- historische Anschaffungs- oder Herstellungskosten F.100–101
- IAS F.3, F.40, F.52
- Investoren F.9–10
- Kapitalerhaltungsanpassungen F.81, F.108, F.109
- Kapitalkonzepte F.102–103
- Konflikte mit den IAS F.3
- Kosten für die Bereitstellung von Informationen F.38, F.44
- Kreditgeber F.9
- Kunden F.9
- leistungswirtschaftliches Kapitalkonzept F.102–103
- Lieferanten F.9
- Management F.11

Stichwortverzeichnis

- Neutralität F.36
- Öffentlichkeit F.9
- Periodenabgrenzung F.22
- Prognosen F.28
- qualitative Anforderungen von Abschlüssen F.24–46
- Rechnungslegung F.7
- Rechnungslegungsmodelle F.101, F.110
- Regierungen und ihre Institutionen F.9
- Relevanz F.26–30, F.43–45
- Risiken und Unsicherheiten F.21, F.34
- Rücklagen F.66
- Rückstellungen F.64
- sachliche Abgrenzung F.95
- Schulden F.47–52, F.60–64, F.91
- Status F.2–3
- Tageswert F.100–101, F.106
- Übereinstimmung mit den IAS F.40
- Unsicherheit F.21, F.34
- Unternehmensfortführung F.23
- Veräußerungswert F.100–101
- Vergleichbarkeit F.39–42
- Vergleichszahlen F.42
- Verlässlichkeit F.31–38, F.83, F.86
- Verluste F.78–80
- Vermögens- und Finanzlage F.15–16, F.19, F.28, F.47, F.49–52
- Vermögenswerte F.47, F.49, F.53–59, F.89–90
- Verpflichtungen F.60–62
- Verständlichkeit F.25
- Verteilung von Aufwendungen F.96
- Vollständigkeit F.38, F.44
- Vorsicht F.37
- Wesentlichkeit F.29–30, F.38, F.84
- wirtschaftliche Betrachtungsweise F.35
- zeitliche Nähe F.43
- Zielsetzung des Abschlusses F.12–21
- Zweck F.1

Rechnungslegungsmethoden *siehe* Bilanzierungs- und Bewertungsmethoden

Restrukturierungsmaßnahmen
- Auswirkungen auf die Berechnung des Nutzungswertes IAS 36.46–47
- Rückstellungen IAS 37.70–83

Risiko
- glaubwürdige Darstellung F.34
- Rückstellungen IAS 37.42–44

Risikokonzentrationen IFRS 7.34(c), IFRS 7.B8

Rücklagen F.66

Rückstellungen
- Aktualisierung der Angaben über die Bedingungen zum Abschlussstichtag IAS 10.19–20
- Änderung der IAS 37.59–60
- Angaben IAS 37.84–92
- Ansatz IAS 37.1–26
- Barwert IAS 37.45–47
- Befreiung von der Angabepflicht IAS 37.92
- belastende Verträge IAS 37.66–69
- Bewertung IAS 37.36–52
- Beziehung zu Eventualschulden IAS 37.12–13
- Definition IAS 37.10
- Ereignis der Vergangenheit IAS 37.17–22
- Erstattungen IAS 37.53–58, IAS 37.85(c)
- Erträge aus dem erwarteten Abgang von Vermögenswerten IAS 37.51–52
- für Abfallbewirtschaftungskosten IFRIC 6.8–9
- für Entsorgungs-, Wiederherstellungs- und ähnliche Verpflichtungen IFRIC 1.1
  - Bewertungsänderungen IFRIC 1.3–8
- gegenwärtige Verpflichtung IAS 37.15–16
- künftige betriebliche Verluste IAS 37.64–65
- künftige Ereignisse IAS 37.48–50
- möglicher Abfluss von Ressourcen mit wirtschaftlichem Nutzen IAS 37.23–24
- realistische Schätzung der Verpflichtung IAS 37.25–26
- Restrukturierungsmaßnahmen IAS 37.70–83
- Schulden als F.64
- Unterscheidung von anderen Schulden IAS 37.11
- Verbrauch von IAS 37.61–62
- verpflichtendes Ereignis IAS 37.17–22
- für Entsorgungs-, Wiederherstellungs- und ähnliche Verpflichtungen IFRIC 1.1

Rückversicherungsverträge *siehe* Versicherungsverträge

S

Sachanlagen IAS 16.1–83
- Abschreibung IAS 16.43–62
- Abschreibungsmethode IAS 16.60–62
- Abschreibungsvolumen IAS 16.50–56
- Änderungen von Schätzungen IAS 16.76
- anfängliche Kosten IAS 16.11
- Angabe der Neubewertung IAS 16.77
- Angaben IAS 16.73–79
- Ansatz IAS 16.7–14
- Anschaffungskostenmodell IAS 16.30
- Ausbuchung IAS 16.67–72
- Bewertung beim Ansatz IAS 16.29
- Bewertung der Anschaffungs- und Herstellungskosten IAS 16.23–28
- Bewertung nach dem Ansatz IAS 16.29–66
- Definition IAS 16.6
- Entschädigung für Wertminderung IAS 16.65–66
- Hochinflationsländer IAS 29.15–19
- Modell der Neubewertung IAS 16.31–42, IAS 36.60
- nachträgliche Kosten IAS 16.12–14
- Neubewertung für steuerliche Zwecke IAS 12.20, IAS 12.64–65, IAS 16.42, SIC 21
- Umrechnungsdifferenzen IAS 21.31
- Wertminderung IAS 16.63, IAS 36.7–17
- *siehe auch* Vermögenswerte

Saldierung von Posten
- Darstellung der Ertragsteuern IAS 12.71–76
- Darstellung des Abschlusses IAS 1.32–35
- eines finanziellen Vermögenswertes mit einer finanziellen Verbindlichkeit IAS 32.42–50, IAS 32.AG38–39
- Globalverrechnungsvertrag für Finanzinstrumente IAS 32.50, IAS 32.AG38
- Recht auf Aufrechnung IAS 32.45–46, IAS 32.AG38
- wenn angemessen IAS 32.49

Stichwortverzeichnis

Sale-and-leaseback-Transaktionen IAS 17.58–66
– als Finanzinvestitionen gehaltene Immobilien IAS 40.67
Schätzungen
– Angabe der wichtigsten Quellen von Unsicherheiten im Anhang IAS 1.125–133
– Auswirkungen auf die erstmalige Anwendung der IFRS IFRS 1.14–17
– Zwischenberichterstattung IAS 34.41–42
– siehe auch Änderungen von Schätzungen
Schulden
– Ansatz F.91
– Definition im Rahmenkonzept F.49
– Posten im Abschluss F.47–52, F.60–64
Segmentberichterstattung IFRS 8.1–37
– Änderungen der Bilanzierungs- und Bewertungsmethoden IFRS 8.27
– Angaben IFRS 8.20–34
– berichtspflichtiges Segment IFRS 8.11–19
– Bilanzierungs- und Bewertungsmethoden IFRS 8.25–27
– Definitionen IFRS 8.5, IFRS 8.7
– Geschäftssegmente IFRS 8.5, IFRS 8.20–24
– Kapitalflussrechnungen IAS 7.50(d), IAS 7.52
– Schwellenwerte IFRS 8.13–19
– Überleitungsrechnungen IFRS 8.28
– Wertminderungsaufwand IAS 36.129, IAS 36.130(c)(ii), IAS 36.130(d)(i)
Segmente F.21
Segmenterträge IFRS 8.20, IFRS 8.23
Segmentmanager IFRS 8.9
Segmentschulden
– Angaben IFRS 8.21, IFRS 8.23
– Bewertung IFRS 8.25–27
Segmentvermögen
– Angaben IFRS 8.21, IFRS 8.23–24
– Bewertung IFRS 8.25–27
Sicherheiten
– ausgeübte IFRS 7.38
– gehaltene Sicherheiten
 – Angaben IFRS 7.15
– gestellte Sicherheiten IFRS 7.14
Sicherungsbeziehungen
– Absicherung des beizulegenden Zeitwertes IAS 39.89–94, IAS 39.AG102
– Absicherung von Zahlungsströmen IAS 39.95–101, IAS 39.AG103
– Absicherungen einer Nettoinvestition IAS 39.102
– Absicherungen fester Verpflichtungen IAS 39.93–94
– Angaben IFRS 7.22–25
– Anpassung der Anschaffungskosten IAS 39.97–99
– Definitionen IAS 39.9
– erstmalige Anwendung der IFRS IFRS 1.B4–B6
– Finanzinstrumente IAS 39.85–102, IAS 39.AG102–104
– nicht im Anwendungsbereich von IAS 21 IAS 21.5, IAS 21.27
– Sicherungsinstrumente
 – Bestimmung IAS 39.74–77

– qualifizierende Instrumente IAS 39.72–73, IAS 39.AG94–97
– Zinsänderungsrisiko IAS 39.AG114–132
– Währungsrisiko von künftigen konzerninternen Transaktionen IAS 39.80
Solvenz F.16
Steueraufwand (Steuerertrag)
– Angaben IAS 12.79–88
– aufgegebene Geschäftsbereiche IAS 12.81(h)
– Darstellung IAS 12.77
– Definition IAS 12.5–6
Steuern
– ein in der Währung eines Hochinflationslandes bilanzierendes Unternehmen IAS 29.32
– siehe auch Latente Steuern; Ertragsteuern
Steuerwert IAS 12.5, IAS 12.7–11

T
Tageswert
– Bewertungsgrundlage F.100–101
– leistungswirtschaftliche Kapitalerhaltung F.106
Tausch
– Erzeugnisse, Waren und Dienstleistungen IAS 18.12
– Sachanlagen IAS 16.24–25
– Werbedienstleistungen SIC 31
Termingeschäft IAS 32.AG18
Tochterunternehmen
– als Finanzinvestitionen gehaltene IAS 27.37–40
– Angaben über nahe stehende Unternehmen und Personen IAS 24.13, IAS 24.19(c)
– Anwendbarkeit des IAS 32 auf Anteile an IAS 32.4(a)
– Cashflows aus dem Erwerb und der Veräußerung von IAS 7.39–42
– Ergebnis je Aktie IAS 33.40; IAS 33.A11–12
– erstmalige Anwendung der IFRS IFRS 1.D14–D17
– Hochinflationsländer IAS 29.35
– Kapitalflussrechnungen IAS 7.37
– Konzernabschluss bei Erwerb und Abgang IAS 27.26
– latente Steuern IAS 12.38–45, IAS 12.81(f), IAS 12.87, IAS 12.87C
– separate Einzelabschlüsse nach IFRS IAS 27.38–40, IAS 27.43
Transaktionskosten IAS 39.43, IAS 39.AG13

U
Übereinstimmung
– mit IFRS F.40
– Angabe irreführender Aspekte der Übereinstimmung IAS 1.19–23
– Definition IAS 8.5
– Erklärung der Übereinstimmung IAS 1.15–17, IAS 34.19
– Zwischenberichterstattung IAS 34.19
Überleitungsrechnungen IFRS 8.28
Übertragung von Vermögenswerten durch Kunden IFRIC 18, IFRS 1.D24
Umgekehrte Unternehmenserwerbe IFRS 3.B15, IFRS 3.B19–B27

Stichwortverzeichnis

- Ergebnis je Aktie IFRS 3.B25–B27
- Konzernabschluss IFRS 3.B21–B22
- nicht beherrschende Anteile IFRS 3.B23–B24

Umsatzerlöse
- als Erlöse F.74

Umsatzkosten
- als Aufwendungen F.78

Umweltberichte IAS 1.14

Ungewissheit
- Angabe im Anhang und in den ergänzenden Übersichten F.21, IAS 1.125–133
- glaubwürdige Darstellung F.34
- Rückstellungen IAS 37.42–44
- und Vorsicht F.37

Unternehmensfortführung
- Aufstellung des Abschlusses IAS 1.25–26
- Ereignisse nach dem Abschlussstichtag IAS 10.14–16

Unternehmenszusammenschlüsse IFRS 3.1–68
- an denen Gegenseitigkeitsunternehmen beteiligt sind IFRS 3.66, IFRS 3.B47–49, IFRS 3.B68–69
- an denen Unternehmen unter gemeinsamer Beherrschung beteiligt sind IFRS 3.2(c), IFRS 3.B1–4
- Angaben IFRS 3.59–63
- Ansatz latenter Steueransprüche nach Fertigstellung der erstmaligen Bilanzierung IFRS 3.67
- anteilsbasierte Vergütungen als Gegenleistung IFRS 2.5
- Auswirkung einer geänderten Schätzung IFRS 3.63–64
- Berechnung des Ergebnisses je Aktie IAS 33.22
- Definition IFRS 3.A
- erstmalige Anwendung der IFRS IFRS 1.C, IFRS 1.B1–3
- Erwerb von Versicherungsverträgen durch IFRS 4.31–33
- Erwerbsmethode IFRS 3.4–5
  - Anwendung IFRS 3.6–58
- Erwerb zu einem Preis unter dem Marktwert IFRS 3.34–36
- Eventualschulden des erworbenen Unternehmens IFRS 3.56
- Geschäfts- oder Firmenwert IFRS 3.32–33
- identifizierbare immaterielle Vermögenswerte, die als vom Geschäfts- oder Firmenwert getrennte Vermögenswerte anzusetzen sind IAS 38.11–12
- identifizierbare Vermögenswerte und Schulden des erworbenen Unternehmens IFRS 3.10–14
- Identifizierung IFRS 3.3
- Identifizierung des Erwerbers IFRS 3.6–7
- immaterielle Vermögenswerte des erworbenen Unternehmens IFRS 3.2(b), IFRS 3.14, IFRS 3.B31–B40, IAS 38.33–43
  - Bestimmung des beizulegenden Zeitwertes IAS 38.35–41
  - nachträgliche Ausgaben für ein erworbenes laufendes Forschungs- und Entwicklungsprojekt IAS 38.42–43

- Versicherungsverträge IFRS 4.31–33
- Kosten, mit dem Unternehmenszusammenschluß verbundene IFRS 3.53
- latente Steuern IAS 12.19, IAS 12.26(c), IAS 12.66–68, IFRS 3.B66–68
- Leistungen nach Beendigung des Arbeitsverhältnisses IAS 19.108
- Prüfung von zahlungsmittelgenerierenden Einheiten mit einem Geschäfts- oder Firmenwert auf Wertminderung IAS 36.80–99
- sukzessiver Unternehmenszusammenschluss IFRS 3.41–42
- umgekehrte Unternehmenserwerbe IFRS 3.21, IFRS 3.B19–B27
- zurückerworbene Rechte IFRS 3.29, IFRS 3.54–55, IFRS 3.B35–B40

V

Veräußerungsgruppe *siehe Kurzfristige Vermögenswerte*

Veräußerungswert
- Bewertungsgrundlage F.100–101

Vergleichbarkeit
- Abschlüsse F.39–42

Vergleichsinformationen
- Darstellung im Abschluss IAS 1.38–44
- erstmalige Anwendung der IFRS IFRS 1.21–22
- retrospektive Anpassung IAS 8.42

Vergleichszahlen F.42
- Hochinflationsländer IAS 29.8, IAS 29.34

Verkauf von Gütern
- Geschäftsvorfälle mit nahe stehenden Unternehmen und Personen IAS 24.21
- Erlöse IAS 18.14–19

Verkaufsoptionen IAS 32.AG17
- Berechnung des Ergebnisses je Aktie IAS 33.62–63, IAS 33.A10

Vermittlungsgeschäfte
- Ertragserfassung von Provisionen IAS 18.8

Vermögens- und Finanzlage F.15–16, F.19, F.28, F.47, F.49–52
- Bewertung F.49–59
- Vermittlung eines den tatsächlichen Verhältnissen entsprechenden Bildes IAS 1.75
- *siehe auch Änderungen in der Vermögens- und Finanzlage*

Vermögenswerte
- Ansatz F.89–90
- auf Grund eines Leasingverhältnisses gehaltene F.57
- Definition im Rahmenkonzept F.49
- Posten im Abschluss F.47–59
- Wertminderung *siehe Wertminderung*
- Wertminderungsaufwand *siehe Wertminderungsaufwand*
- aus Exploration und Evaluierung
  - Ansatz IFRS 6.6–7
  - Bewertung bei erstmaligem Ansatz IFRS 6.8
  - Klassifizierung IFRS 6.15–16
  - Angaben IFRS 6.23–25
  - Folgebewertung IFRS 6.12
- *siehe auch Finanzielle Vermögenswerte; Kurzfristige Vermögenswerte; Sachanlagen*

Stichwortverzeichnis

Versicherungsnehmer, Bilanzierung durch
– vom Anwendungsbereich des IFRS 4 ausgeschlossen IFRS 4.4(f)
Versicherungsverträge IFRS 4.1–45, IFRS 4.A–C
– Änderungen der Bilanzierungs- und Bewertungsmethoden IFRS 4.21–29
– Änderungen im Umfang des Versicherungsrisikos IFRS 4.B29–30
– Angaben IFRS 4.36–39
– Angemessenheitstest für Verbindlichkeiten IFRS 4.15–19
– Ansatz und Bewertung IFRS 4.13–35
  – Ausbuchung IFRS 4.14(c)
  – Saldierung IFRS 4.14(d)
– Anwendbarkeit des IAS 32 IAS 32.4(c)
– bei einem Unternehmenszusammenschluss erworbene IFRS 4.31–33
– Beispiele IFRS 4.B18–21
– Definition IFRS 4.A
  – Leitlinien IFRS 4.B1–30
– eingebettete Derivate IFRS 4.7–9
– Entflechtung von Einlagenkomponenten IFRS 4.10–12
– ermessensabhängige Überschussbeteiligungen IFRS 4.34–35
– erstmalige Anwendung der IFRS IFRS 1.D4
– Kapitalanlagegebühren IFRS 4.25(b)
– Naturalleistungen IFRS 4.B5–7
– Risiken
  – Sensitivitätsanalyse IFRS 4.39A
– signifikantes Versicherungsrisiko IFRS 4.B22–28
– ungewisses künftiges Ereignis IFRS 4.B2–4
– Unterscheidung zwischen Versicherungsrisiko und anderen Risiken IFRS 4.B8–17
– Wertminderung von Rückversicherungsvermögenswerten IFRS 4.20
Verträge über die Errichtung von Immobilien
– Anwendungsbereich IFRIC 15.4–5
– Bilanzierung von Umsatzerlösen
  – Angaben IFRIC 15.20–21
  – Erbringung von Dienstleistungen IFRIC 15.26
  – Fertigungsauftrag IFRIC 15.13–14
  – Verkauf von Gütern IFRIC 15.16–19
Vertragliche Verpflichtung
– Definition IAS 32.AG7–8
– Finanzinstrument ohne vertragliche Verpflichtung IAS 32.16(a), IAS 32.17–20, IAS 32.AG25–26
– Rückstellungen für belastende Verträge IAS 37.66–69
Vollständigkeit F.38
Vorräte IAS 2.1–42
– Angaben IAS 2.36–39
– Anschaffungskosten IAS 2.11
– Bewertung IAS 2.9–33
– biologische Vermögenswerte IAS 2.2–4, IAS 2.20
– Definition in IAS 2 IAS 2.6–7
– Erfassung als Aufwand IAS 2.34–35
– Fremdwährungsgeschäfte IAS 21.25
– Herstellungskosten IAS 2.10–27

– landwirtschaftliche Erzeugnisse IAS 2.2–4, IAS 2.20
– Nettoveräußerungswert IAS 2.6–7, IAS 2.28–33
– unfertige Erzeugnisse im Rahmen von Fertigungsaufträgen, Ausschluss vom Anwendungsbereich des IAS 2 IAS 2.2
– vom Anwendungsbereich von IAS 2 ausgeschlossene Finanzinstrumente IAS 2.2
– Zuordnungsverfahren IAS 2.23–27
Vorsicht
– stille Reserven F.37
– und Ungewissheit F.37
Vorzugsaktien IAS 32.AG13
– Darstellung IFRIC 2.A3, A5
– Ergebnis je Aktie IAS 33.12–18, IAS 33.A8
– Klassifizierung als finanzielle Verbindlichkeit oder als Eigenkapitalinstrument IAS 32.18(a), IAS 32.AG25–26

W

Währungsswaps IAS 32.AG15
Wandelbare Instrumente
– Ergebnis je Aktie IAS 33.49–51
Warenverträge
– Anwendung von IAS 32 IAS 32.AG22–24
– Anwendung von IAS 39 IAS 39.5–7, IAS 39.AG10
Websitekosten SIC 32
Wechselforderungen und Wechselverbindlichkeiten IAS 32.AG4(b)
Wechselkurse
– Angaben IAS 21.51–57
– Ansatz von Umrechnungsdifferenzen IAS 21.27–34
– Auswirkungen von Änderungen IAS 21.1–62, IAS21.A–B, SIC 7
– Darstellungswährung IAS 21.8, IAS 21.38–47
– erstmalige Anwendung der IFRS IFRS 1.D12–D13
– funktionale Währung IAS 21.9–14, IAS 21.20–37
– Hochinflationsländer IAS 21.14, IAS 21.42–43, IAS 29.8, IAS 29.34–35, IFRIC 7
– Kapitalflussrechnungen IAS 7.25–28
– latente Steuerschulden IAS 12.41, IAS 12.78, IAS 21.50, IFRIC 7.4
– Umrechnung eines ausländischen Geschäftsbetriebs IAS 21.44–47
– Wechselkursrisiko IFRS 7.A
Werbeleistungen
– Tausch von Werbedienstleistungen SIC 31
Wertminderung
– als Finanzinvestition gehaltene Immobilien IAS 40.72–73, IAS 40.79(d)(v)
– beizulegender Zeitwert abzüglich der Verkaufskosten IAS 36.25–29
– Bewertung des erzielbaren Betrags IAS 36.18–57, IAS 36.74
– biologische Vermögenswerte IAS 41.30, IAS 41.54–56
– Entschädigung von Dritten IAS 16.65–66

Stichwortverzeichnis

- finanzielle Vermögenswerte IAS 39.58–70, IAS 39.AG84–93
  - Finanzinvestition in ein Eigenkapitalinstrument IAS 39.61
  - mit den fortgeführten Anschaffungskosten angesetzte ~ IAS 39.63–65, IAS 39.AG84–92
  - zur Veräußerung verfügbare Vermögenswerte IAS 39.67–70
- Fremdwährungsgeschäfte IAS 21.25
- immaterielle Vermögenswerte IAS 38.111
- Leasingverhältnisse IAS 17.30, IAS 17.54
- Nettoveräußerungspreis IAS 36.25–29
- Nutzungswert IAS 36.30–57, IAS 36.A1–21
- Prüfung auf Wertminderung
  - Häufigkeit und Zeitpunkt IAS 36.9–11
  - immaterieller Vermögenswert mit einer unbegrenzten Nutzungsdauer IAS 36.10(a), IAS 38.108, IAS 38.110
  - zahlungsmittelgenerierende Einheiten mit einem Geschäfts- oder Firmenwert IAS 36.80–99
  - zahlungsmittelgenerierende Einheiten mit gemeinschaftlichen Vermögenswerten IAS 36.100–103
- Rückversicherungsvermögenswerte IFRS 4.20
- Vermögenswerte IAS 16.63, IAS 36.7–17
- Vermögenswerte aus Exploration und Evaluierung IFRS 6.–22
- zahlungsmittelgenerierende Einheit siehe Zahlungsmittelgenerierende Einheit
- Zwischenberichterstattung IFRIC 10

Wertminderungsaufwand
- Angaben IAS 36.126–137
- Anhaltspunkte IAS 36.12–14
- Anhaltspunkte, Wertaufholung IAS 36.111–112
- Ansatz und Bewertung IAS 36.58–108
  - zahlungsmittelgenerierende Einheiten IAS 36.65–108
- Anteile an assoziierten Unternehmen IAS 28.31–34
- biologische Vermögenswerte IAS 41.30, IAS 41.54–56
- latente Steuern IAS 36.64
- neu bewerteter Vermögenswert IAS 36.61
  - Wertaufholung IAS 36.119–120
- Segmentberichterstattung IAS 36.129, IAS 36.130(c)(ii), IAS 36.130(d)(i)
- Wertaufholung IAS 36.109–125
  - Angaben IAS 36.126–137
  - einzelne Vermögenswerte IAS 36.109–121
  - Geschäfts- oder Firmenwert IAS 36.124–125
  - zahlungsmittelgenerierende Einheit IAS 36.122–123
  - zur Veräußerung gehaltene langfristige Vermögenswerte IFRS 5.20–25
- Wertschöpfungsrechnungen IAS 1.14

Wesentlichkeit
- Auswirkung auf die Relevanz einer Information F.29–30
- Darstellung des Abschlusses IAS 1.29–31
- Erfassung von Abschlussposten F.84
- und Vollständigkeit F.38
- Zwischenberichterstattung IAS 34.23–25

Wetterderivate IAS 39.AG1

Wirtschaftliche Betrachtungsweise
- und Verlässlichkeit F.35

Z

Zahlungsmittel F.18, IAS 7.7–9
- Definition IAS 7.6, IAS 32.AG3

Zahlungsmitteläquivalente IAS 7.7–9
- Definition IAS 7.6

Zahlungsmittelgenerierende Einheit
- Angabe des Wertminderungsaufwands oder der Wertaufholung IAS 36.130(d)–(g)
- Buchwert IAS 36.75–79
- Definition IAS 36.6
- erzielbarer Betrag IAS 36.18–57, IAS 36.74
- Verteilung des Wertminderungsaufwands IAS 36.104–108
- Zuordnung des Geschäfts- oder Firmenwertes IAS 36.80–90
  - Prüfung auf Wertminderung IAS 36.89–90
- Zuordnung von gemeinschaftlichen Vermögenswerten IAS 36.100–103

Zeitliche Nähe F.43

Zeitwert
- siehe beizulegender Zeitwert

Zinsänderungsrisiko
- Bilanzierung von Sicherungsbeziehungen IAS 39.89A, IAS 39.92, IAS 39.AG114–132
- Versicherungsverträge IFRS 4.39(d)–(e)

Zinsen
- als Erlöse F.74
- Erträge IAS 18.5(c), IAS 18.29–33
- Finanzinstrumente IAS 32.2, IAS 32.35–41, IAS 32.AG37
- Kapitalflussrechnungen IAS 7.31–34

Zinsrisiko IFRS 7.A

Zinsswaps IAS 32.AG15

Zur Veräußerung gehaltene langfristige Vermögenswerte
- Änderungen eines Veräußerungsplans IFRS 5.26–29
- Angaben IFRS 5.30–42
- Bewertung IFRS 5.15–29
  - Wertminderungsaufwand IFRS 5.20–25
- Darstellung IFRS 5.30–42
- Gewinn oder Verlust aus fortzuführenden Geschäftsbereichen IFRS 5.37
- Klassifizierung IFRS 5.6–14
- sofortige Veräußerbarkeit IFRS 5.7
- Verkaufsabschluss erwartungsgemäß innerhalb von einem Jahr IFRS 5.8
- Verlängerung des für den Verkaufsabschluss benötigten Zeitraums IFRS 5.9, IFRS 5.B1
- zur Stilllegung bestimmte IFRS 5.13–14

Zur Veräußerung verfügbare finanzielle Vermögenswerte
- Definition IAS 39.9
- Wertminderung IAS 39.67–70

Zusammenfassung
- von Posten IAS 1.29–31

Stichwortverzeichnis

Zusammengesetzte Finanzinstrumente
- Darstellung IAS 32.28–32, IAS 32.AG30–35
- Transaktionskosten IAS 32.38

Zuschüsse *siehe Beihilfen der öffentlichen Hand; Zuwendungen der öffentlichen Hand*

Zuwendungen der öffentlichen Hand IAS 20.1–41
- abschreibungsfähige Vermögenswerte IAS 20.17
- an Bedingungen geknüpfte IAS 20.19
- Angaben IAS 20.39
- Ansatz IAS 20.7–22
- Ausgleich bereits entstandener Aufwendungen oder Verluste IAS 20.20–22
- bedingte Darlehen IAS 20.3, IAS 20.10
- biologische Vermögenswerte IAS 41.30, IAS 41.54–56
  - Anwendbarkeit des IAS 20 IAS 20.2(d), IAS 41.37–38
- Darstellung von erfolgsbezogenen Zuwendungen IAS 20.29–31
- Darstellung von Zuwendungen für Vermögenswerte IAS 20.24–28
- Definitionen IAS 20.3
- Erfolgsunsicherheiten IAS 20.11, IAS 20.39(c)
- Fremdkapitalkosten IAS 23.18
- immaterielle Vermögenswerte durch IAS 38.44
- kein spezifischer Zusammenhang mit betrieblichen Tätigkeiten SIC 10
- landwirtschaftliche Tätigkeit IAS 41.37
- latenter Steueranspruch IAS 12.4, IAS 12.33
- Methode der Behandlung als Eigenkapital IAS 20.13–14
- Methode der erfolgswirksamen Behandlung IAS 20.13, IAS 20.15–17
- nicht abschreibungsfähige Vermögenswerte IAS 20.18
- nicht monetäre IAS 20.7, IAS 20.23, IAS 20.24
- Rückzahlung IAS 20.32–33

Zweigniederlassungen
- latente Steuern in Verbindung mit Anteilen an IAS 12.38–45, IAS 12.81(f), IAS 12.87, IAS 12.87C

Zwischenberichterstattung IAS 34.1–46
- Änderungen von Schätzungen IAS 34.27
- Angabe der Übereinstimmung mit den IAS IAS 34.19
- Angaben in Abschlüssen eines Geschäftsjahres IAS 34.26–27
- Anhangangaben IAS 34.15–16A
- Anpassung bereits dargestellter Zwischenberichtsperioden IAS 34.43–45
- Ansatz und Bewertung IAS 34.28–39
- Aufwendungen, die während des Geschäftsjahres unregelmäßig anfallen IAS 34.39
- Berichtsperioden, für die Zwischenabschlüsse darzustellen sind IAS 34.20–22
- Darstellung des Ergebnisses je Aktie IAS 34.11
- erstmalige Anwendung der IFRS IFRS 1.32–33
- Form und Inhalt IAS 34.9–14
- gleiche Bilanzierungs- und Bewertungsmethoden wie im jährlichen Abschluss IAS 34.28–36
- Inhalt IAS 34.5–7
- Konzernabschluss IAS 34.14
- Mindestbestandteile IAS 34.8
- saisonal, konjunkturell oder gelegentlich erzielte Erträge IAS 34.37–38
- Schätzungen IAS 34.41–42
- verkürzter Abschluss IAS 34.10
- vollständiger Abschluss IAS 34.9
- Wesentlichkeit IAS 34.23–25
- Wertminderung IFRIC 10